KARL HEINRICH FRESE

Betriebswirtschaftslehre

Betriebswirtschaftslehre

Betriebswirtschaftlicher Verlag Dr. Th. Gabler · Wiesbaden

Band IV

der Bank-Enzyklopädie

aus dem

Unterrichts- und Nachschlagewerk

der BANKAKADEMIE

Band I: Bankrecht
Band II: Bankbetriebslehre (1)
Band III: Bankbetriebslehre (2)
Band V: Volkswirtschaftslehre

ISBN 3 409 46021 7

Copyright by Betriebswirtschaftlicher Verlag Dr. Th. Gabler · Wiesbaden 1975

Inhaltsverzeichnis

	Seite
Einführung	7
A. Einführung in das Wirtschaften der Betriebe	9
I. Das betriebswirtschaftliche Wirtschaften	9
II. Die betrieblichen Funktionen	55
III. Betriebswirtschaftliche Begriffe	83
IV. Die rechnerische Erfassung des betrieblichen Geschehens	93
V. Die Zielsetzungen der Betriebswirtschaften	99
VI. Das Kapital im Betrieb	105
VII. Die Arbeit im Betrieb	139
B. Aufbau und Organisation der Betriebswirtschaft	165
I. Einführung	165
II. Die Arbeitsgliederung	184
C. Unternehmungs- und Konzentrationsformen	219
I. Gegenstandsungebundene Unternehmungsformen	221
II. Aufbau und Inhalt von Gesellschaftsverträgen	261
III. Gegenstandsgebundene Unternehmungsformen	271
IV. Unternehmungsformen des öffentlichen Rechts	281
V. Unternehmungsformen im Ausland	284
VI. Konzentrationsformen	300
VII. Kartellgesetzgebung in der Bundesrepublik	308
VIII. Kartellgesetzgebung in der EWG	311
IX. Kartellgesetzgebung in den USA	312
D. Das betriebliche Rechnungswesen	315
I. Gliederung und Aufgaben der Kostenrechnung und des Rechnungswesens	315
II. Grundsätze und Prinzipien der Kostenrechnung	320
III. Produktions- und Kostentheorie	323
IV. Kostenrechnungssysteme im Überblick	338
V. Begriff und Wesen der Kosten	344
VI. Die Betriebsabrechnung	349
VII. Kostenstellenrechnung	370
VIII. Kostenträgerrechnung — Kalkulation	392
IX. Die kurzfristige Erfolgsrechnung	408
X. Systemelemente der Plankostenrechnung	415
XI. Systemelemente der Teilkostenrechnung: Grenzplankostenrechnung — Deckungsbeitragsrechnung	438

E. Bilanzierung und Erfolgsrechnung 449
    I. Buchführung und Buchhaltung 451
    II. Die Grundlagen der Bilanzierung 455
    III. Die Grundsätze der Bilanzierung 461
    IV. Die Jahreserfolgsrechnung nach Handelsrecht 467
    V. Die Jahreserfolgsrechnung nach Steuerrecht 504
    VI. Die kurzfristige Erfolgsrechnung 507

F. Betriebswirtschaftliche Steuerlehre 521
    I. Einführung 523
    II. Kennzeichnung der wichtigsten betrieblichen Steuern 527
    III. Einflüsse der betrieblichen Steuern 576

G. Finanzierung und Finanzplanung 593
    I. Grundlagen der Finanzierungslehre 593
    II. Der Kapitalbedarf 608
    III. Die Deckung des Kapitalbedarfs 612
    IV. Die Umfinanzierung 653
    V. Die Kapitalherabsetzung 659
    VI. Die Finanzplanung 671

H. Unternehmensführung und betriebliche Entscheidungen 677
    I. Aufgaben der Unternehmensführung 677
    II. Begriff, Wesen und Abgrenzung 679
    III. Die Aufgaben der Unternehmensführung als Ausgangspunkt
        des Entscheidungsprozesses 682
    IV. Die Stufen des Entscheidungsprozesses 683
    V. Die Instrumente zur Realisierung unternehmerischer
        Entscheidungen 683
    VI. Der Entscheidungsprozeß unter Unsicherheit 710
    VII. Möglichkeiten und Wege zur Ausbildung unternehmerischer
        Führungskräfte 718

I. Bilanzanalyse/Bilanz- und Branchenvergleich 723
    I. Bilanzanalyse: Voraussetzungen, Grenzen und Möglichkeiten
        der Auswertung 723
    II. Betriebsvergleich 729
    III. Vermögensaufbau und Finanzierung in bilanzkritischer
        Betrachtung 736
    IV. Liquiditätsuntersuchungen und Zahlungsplan 760
    V. Rentabilität 773
    VI. Kennzahlen 782
    VII. Gesamtwert eines Unternehmens 789
    VIII. Roh- und Reingewinn-Richtsätze 795

Sachwortverzeichnis 809

Einführung

Die Zwecksetzung dieses Fachgebietes ist eindeutig: Der Leser soll zu den Problemen geführt werden, die in seinem eigenen Bankbetrieb entstehen. Von den Grundlagen her soll er aber auch in die Lage versetzt werden, das Für und Wider einer jeden bankbetrieblichen und geschäftspolitischen Maßnahme besser beurteilen zu können. So wird sein kaufmännisches Denken geschult.

Bisher war man es gewöhnt, bürokratisch zu denken, weil Zinsen und Gebühren weitgehend von hoher Hand festgesetzt wurden. In Zeiten der Zinsliberalisierung und Wettbewerbsfreiheit ist jedoch eine andere Denkweise erforderlich. Die Beschäftigung mit den betriebswirtschaftlichen Grundlagen soll deshalb vor allem das Kostendenken und das Kostenbewußtsein in den Bankbetrieben fördern.

Außerdem hat die Beschäftigung mit der Betriebswirtschaftslehre einen tieferen Sinn: Der Leser soll aufgeschlossen werden für die Probleme, die in den Betrieben seiner Kunden entstehen. Er darf es nicht damit bewenden lassen, eine alteingeführte Bilanzanalyse durchzuführen, sondern er soll sich daneben einfühlen können in die besondere Situation (Kosten, Marktstellung, Standort usw.) des betreffenden Kundenbetriebes. Erst dann wird er richtige bankbetriebliche Entscheidungen fällen und betriebswirtschaftlich richtige Ratschläge geben können. Dieser Punkt spielt z. B. auch eine Rolle bei der Anlageberatung im weitesten Sinne. Hier ist es ebenfalls erforderlich, Einblick in das Wirtschaften anderer Betriebe zu nehmen. Das kann man jedoch nur, wenn man sich mit den grundlegenden Problemen einer Betriebswirtschaft auseinandergesetzt hat.

Wenn hier der Theorie ein gewisser Rahmen eingeräumt wird, so basiert das auf folgenden Überlegungen:

1. Kein Betrieb kann auf die Forschungsergebnisse und die systematisierten Erfahrungen und Methoden anderer verzichten, wenn er selbst nicht ins Hintertreffen geraten will.

2. Die Erfahrungen machen es nicht allein, vor allem deswegen nicht, weil die Wirtschaft sich schnell ändert; deshalb muß zu der Erfahrung auch die Schulung und die Fortbildung treten, die den einzelnen befähigt, Dinge bewußt zu gestalten und eigene Lösungen für neue Aufgaben zu finden.

3. Bei Kreditinstituten ist zum Bestehen im Wettbewerb ein gut geschultes Personal unabdingbare Vorbedingung.

4. Die zunehmende wirtschaftliche und politische Integration Europas zwingt zur Anhebung des Bildungsstandes.

Jeder Betrieb, der diesen Überlegungen folgt, muß daran interessiert sein, daß sich seine Angehörigen auch auf betriebswirtschaftlichem Gebiet weiterbilden. Die Beschäftigung mit der Betriebswirtschaftslehre soll außerdem im logischen Denken schulen. Dieser Punkt ist besonders für das Fällen von Entscheidungen von Wichtigkeit. Vielfach wurden und werden betriebliche Entscheidungen auf Grund von Emotionen und unsachlichen Begründungen getroffen. Ein reiches Maß von innerbetrieblichen Informationen liefert das Rechnungswesen; diese Informationen werden jedoch nicht immer in ein klares Bild verwandelt, aus dem heraus folgerichtige Entscheidungen für die Führung des Unternehmens gefällt werden. Man begnügt sich vielmehr mit Verhaltensweisen, die auf der Erfahrung beruhen und neue Gegebenheiten des Marktes und der Entwicklung nicht berücksichtigen.

Die Betriebswirtschaftslehre konstruiert Denkmodelle und führt dafür Prämissen (= [wörtl.] Vorausgeschicktes, Voraussetzung, Vordersatz eines Schlusses) ein, die solche Modelle funktionsfähig machen, ohne Rücksicht darauf, ob die Praxis das Zahlenmaterial für die Prämissen liefern kann oder nicht. Die Praxis betrachtet jedoch ein Denkmodell mit irrealen, nicht zu errechnenden Prämissen nicht als Denkspiel, sondern als Spielerei. Aus diesen Gründen wird oft von einer „Lücke zwischen Theorie und Praxis" gesprochen.

Es mag daran liegen, daß das allgemeine Ziel der Theorie nicht mehr gesehen wird: Möglichst viele Aussagen über die Wirklichkeit machen und diese Aussagen aus allgemeinen theoretischen Erkenntnissen ableiten zu können.

Darin aber treffen sich die Theoretiker mit den Praktikern, denn auch den Praktikern liegt daran, möglichst viele Aussagen über die Wirklichkeit machen zu können.

Man darf daher weder in den Fehler verfallen, die Fruchtbarkeit theoretischer Aussagen völlig zu leugnen, noch darf man die Theorie so abstrakt formulieren, daß sie vom Praktiker nicht verstanden wird.

Die hier gewählte Darstellung soll dem Bedarf des Leserkreises weitgehend entgegenkommen: Es wird, wo immer es möglich ist, die Praxis zu Worte kommen; soweit es nötig ist, wird die Theorie zu Worte kommen (soviel Praxis wie möglich, soviel Theorie wie nötig). Wenn hier von dem gewichtigen Maß der Praxis gesprochen wird, so heißt das nicht, daß hier nicht auch Dinge vorgetragen werden, die in der Praxis nicht so oder noch nicht so gehandhabt werden. Das heißt außerdem nicht, daß die hier gewählte Sprache auch die Sprache der Praxis ist. Man wird umlernen und umdenken müssen, ja, man wird alten Begriffen einen neuen Begriffsinhalt geben müssen. Das fällt besonders am Anfang sehr schwer. Man sollte sich aber nicht entmutigen lassen, man erarbeitet sich damit einen tieferen Einblick in das betriebliche Geschehen.

Die Darstellung dieser „Betriebswirtschaftlichen Grundlagen" soll — als Überblick über den Gesamtbereich der Allgemeinen Betriebswirtschaftslehre — ein Bindeglied zwischen Theorie und Praxis sein.

A. Einführung in das Wirtschaften der Betriebe

Von Dipl.-Kfm. Siegfried S u d a

Unter „W i r t s c h a f t" versteht man jenen kulturellen Bereich, der sich mit der Deckung des menschlichen Bedarfs an Gütern befaßt. Die Aufspürung der Deckung des Bedarfs spielt sich in den „Zellen" einer Volkswirtschaft, in den Betrieben ab. Durch Veränderungen des Bedarfs entstehen in den einzelnen Betrieben verschiedene Probleme. Diese Probleme können gemeistert werden, wenn man ihre Abhängigkeit von den jeweiligen geographischen, klimatischen und sonstigen natürlichen Bedingungen, vom Stand der Arbeitsteilung und der Technik, des Verkehrs, des Kreditwesens usw. kennt.

I. Das betriebswirtschaftliche Wirtschaften

1. Überblick über die Probleme des betriebswirtschaftlichen Wirtschaftens

D e r Z w a n g z u m W i r t s c h a f t e n ergibt sich aus der realen Knappheit der Güter gegenüber dem Bedarf bzw. aus der Knappheit der Beschäftigungskraft des Menschen gemessen an der Zeit. Die Wirtschaft selbst ist Forschungsobjekt der Wirtschaftswissenschaften. Das große Gebiet der Wirtschaftswissenschaft ist aufgegliedert in zwei Disziplinen:

1. die Betriebswirtschaftslehre (die sich mit den „Zellen" der Wirtschaft befaßt) und

2. die Volkswirtschaftslehre (die sich mit dem Gesamtgeschehen in einer Volkswirtschaft befaßt und u. a. auch deren Standort im Rahmen der Weltwirtschaft berücksichtigt).

Beide Disziplinen ergänzen einander.

Wenn ein Betrieb im Rahmen der Wirtschaft tätig sein will, muß er sich einen **Zweck** setzen; der Zweck wiederum ist ausgerichtet auf die Deckung des Bedarfs an Gütern. Mit der Zwecksetzung selbst ergeben sich Probleme hinsichtlich der innerbetrieblichen **Organisation** (überspitzt könnte man sagen, daß jede Zweckänderung auch eine Änderung der innerbetrieblichen Organisation hervorruft). Damit einhergehend entstehen Probleme der Beschaffung von **Kapital**. Gemeint ist hier nicht nur die einmalige Kapitalbeschaffung im Zeitpunkt der Gründung, sondern die dauernde Aufgabe, zu jeder Zeit (während des „Lebens" des Betriebes) genügend Kapital für die Erfüllung des Betriebszweckes zur Verfügung zu haben.

Vereinfachend kann man sagen, daß die Zwecksetzung Auswirkungen hat auf die dispositiven Faktoren, die dem Betrieb zur Verfügung stehen müssen, um seinen einmal gesetzten Zweck optimal erfüllen zu können. Die Erfüllung des Betriebszweckes setzt voraus, daß sich das innerbetriebliche Geschehen an einem dafür geeigneten Standort abwickelt. Damit einhergehend entstehen Probleme der Beschaffung, der Lagerung, der Produktion (Fertigung) und des Absatzes (Vertrieb). Dabei darf nicht außer acht gelassen werden, daß auch die Ausstattung mit der erforderlichen Zahl von Mitarbeitern ein wichtiges betriebliches Problem ist; man spricht hierbei auch vom Element **Arbeit**.

Organisation, Kapital und Arbeit können sich nach außen jedoch nicht auswirken, wenn ihr Zusammenwirken nicht entsprechend disponiert und koordiniert wird. Das Betriebsgeschehen verlangt notwendigerweise nach dauernder Disposition. Die Probleme werden um so größer, je mehr man die Dispositionszusammenhänge erfassen will.

Das betriebliche Geschehen hat rein rechnerisch betrachtet wiederum Auswirkungen auf **Produktivität, Wirtschaftlichkeit, Rentabilität und Liquidität**. Hier handelt es sich um Faktoren, deren Optimierung das erklärte Ziel aller in einem Betrieb Tätigen sein müßte.

Nicht zuletzt sollen in diesem Zusammenhang auch die Probleme erwähnt werden, die in der Auswirkung der betrieblichen Leistung auf die Volkswirtschaft liegen. Umgekehrt entstehen Probleme für den Betrieb durch volkswirtschaftlich dringliche Maßnahmen der Wirtschaftspolitik.

So gesehen ergibt sich ein ganzer „Problemkranz", mit dem sich die Geschäftsleitung (und — für seinen Bereich — jeder im Betrieb Tätige) befassen muß. Alle Mitarbeiter sollten aus dieser Sicht bestrebt sein, den betrieblichen Ablauf und die betriebliche Leistung optimal zu gestalten. Erst wenn die hier aufgeführten Probleme in einer Betriebswirtschaft zufriedenstellend gelöst sind, wird man sagen können, daß sich der Betrieb „im Gleichgewicht" befindet. Dann erst ist er auch in der Lage, den gesetzten Betriebszweck optimal zu erfüllen.

a) Wirtschaft und Wirtschaften

Es ist oben bereits gesagt worden, daß die Wirtschaft Forschungsobjekt der Wirtschaftswissenschaften ist. Es gilt zunächst den Begriff „Wirtschaft" und die Zielsetzung der Wirtschaftswissenschaften zu umreißen.

Man kann die Wirtschaft danach einteilen, ob dieses planvolle Geschehen abhängig ist von einem Gesamtplan oder ob die einzelnen Wirtschaftssubjekte ihrerseits eigene Pläne aufstellen, die sich im Rahmen der Gesamtkonzeption „Deckung der Nachfrage" koordinieren. Wir sprechen in diesem Zusammenhang von Wirtschaftsordnungen (vgl. dazu: Volkswirtschaftliche Grundlagen).

<u>Unter „Wirtschaft" versteht man jenen kulturellen Bereich, der sich mit der Deckung des menschlichen Bedarfs[1] an Gütern befaßt. Diese Bedarfsdeckung soll planvoll geschehen.</u>

---

[1] Unter Bedarf versteht man die Menge von Gütern, die zur Befriedigung der Bedürfnisse erforderlich ist. Unter Bedürfnis versteht man die Vorstellung (besser das Gefühl) eines Mangels an wirtschaftlichen/geistigen Gütern. Es gibt subjektive Bedürfnisse (darunter versteht man die Menge von Gütern, die der Mensch als einzelner haben muß) und objektive Bedürfnisse, das ist die Menge von Gütern, die die Gemeinschaft haben muß (einfaches Beispiel: Feuerwehr).

Einführung in das Wirtschaften

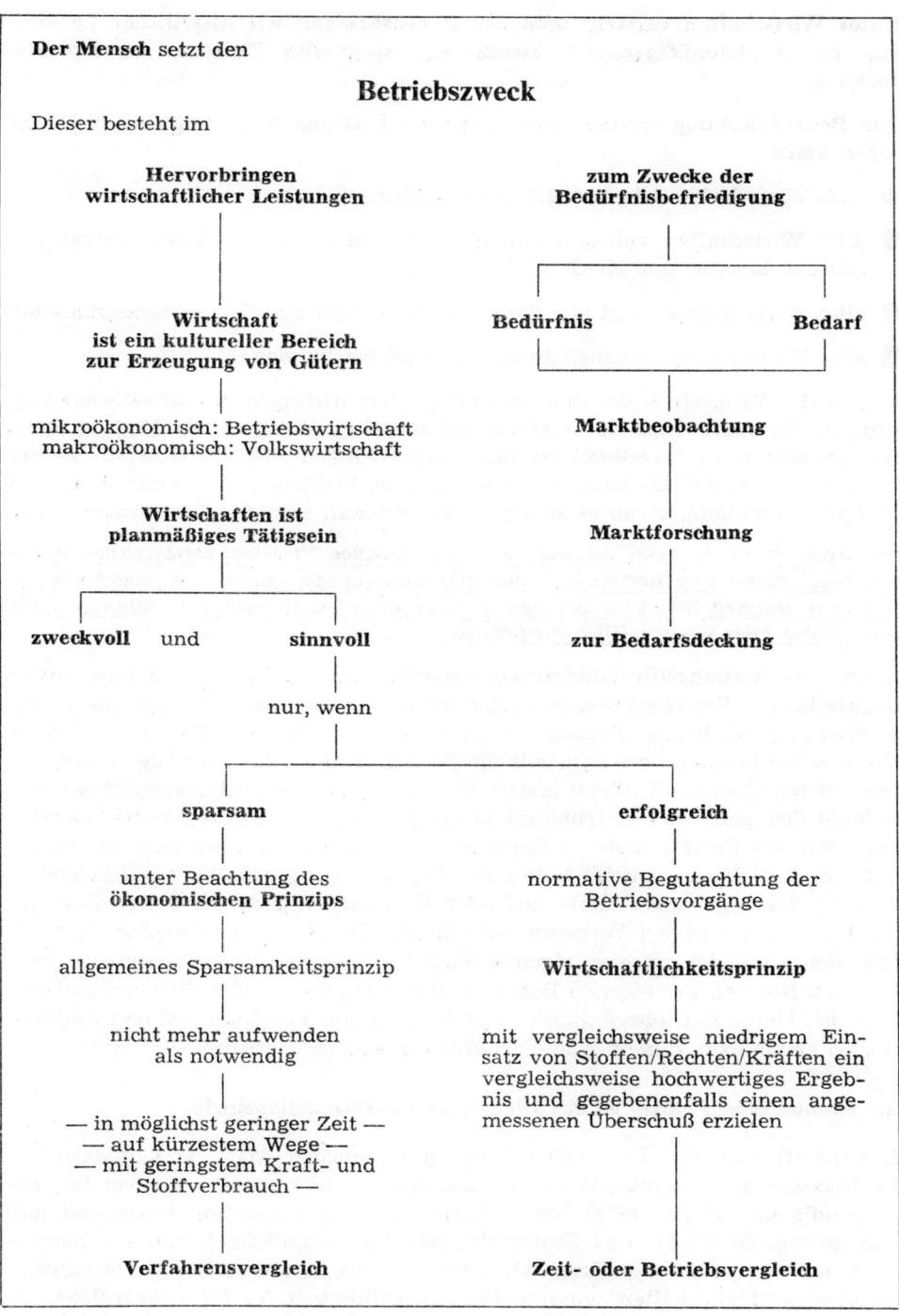

Unter Wirtschaften versteht man das Hervorbringen wirtschaftlicher Leistungen. Es ist planmäßiges, d. h. zweck- und sinnvolles Tätigsein zur Bedarfsdeckung.

Zur Bedarfsdeckung werden wirtschaftliche Leistungen benötigt, so daß man sagen kann:

- ❶ alles Wirtschaften ist planmäßige menschliche Tätigkeit;
- ❷ alles Wirtschaften vollzieht sich an einem betriebsgebundenen Vorrat von Stoffen, Rechten und Kräften;
- ❸ alles Wirtschaften dient der Bedarfsdeckung und der Einkommenserzielung;
- ❹ alles Wirtschaften ist arbeitsteilig und marktverbunden.

Nicht jedes Tätigsein schlechthin dient dem Hervorbringen wirtschaftlicher Leistungen. Vielmehr muß der Antrieb zweckvoll gesetzt und der Vollzug sinnvoll erdacht sein. Zweckvoll ist das Hervorbringen von Leistungen immer dann, wenn es der Deckung eines wirksamen Bedarfs dient, sinnvoll ist ein Tätigsein nur dann, wenn es sparsam und zugleich erfolgreich vollzogen wird.

<u>Sparsames Tätigsein heißt Beachten des ökonomischen Prinzips; erfolgreiches Tätigsein heißt normatives Begutachten der Betriebsvorgänge, um vom gegebenen Stand zu einem besseren Stand zu kommen. Anders ausgedrückt heißt es: Tätigsein unter Begutachtung des Wirtschaftlichkeitsprinzips.</u>

Unter dem Wirtschaftlichkeitsprinzip versteht man das Prinzip der normativen Begutachtung aller Handlungen; man muß so handeln, daß man mit einem vergleichsweise niedrigen Einsatz an Stoffen, Rechten und Kräften ein vergleichsweise hochwertiges Ergebnis (große Ausbringungsmenge) bzw. einen angemessenen Überschuß (Wert) erzielt. Wenn hier gesagt wird „vergleichsweise", so heißt das, gemessen an früheren Einsatzperioden des eigenen Betriebes oder gemessen am Einsatz anderer Betriebe. In diesem Zusammenhang ist zu erwähnen, daß das technische Mittel zur Durchführung des Wirtschaftlichkeitsprinzips der sogenannte **Zeit- und/oder Betriebsvergleich** ist. Unter Zeitvergleich versteht man den Vergleich mit früheren Handlungen im eigenen Betrieb bzw. den Vergleich unserer eigenen Einsatzmöglichkeiten orientiert an den früheren Normen des eigenen Betriebs oder orientiert an den Normen anderer Betriebe. Unter Betriebsvergleich versteht man den Vergleich mit den Einsatzmöglichkeiten bzw. Ergebnissen/Überschüssen anderer Betriebe.

Das ökonomische Prinzip ist das allgemeine Sparsamkeitsprinzip.

Es wird oft auch als „Vernunftsprinzip" angesprochen. Man versteht darunter die Maxime aller vernunftbegabten Menschen, nicht mehr aufzuwenden als notwendig und das in möglichst geringer Zeit, auf kürzestem Wege und mit dem geringsten Kraft- und Stoffverbrauch. Das technische Mittel des ökonomischen Prinzips ist der Vergleich zwischen zwei gegebenen organisatorisch-technischen Möglichkeiten; wir sprechen schlechthin vom **Verfahrensvergleich**.

b) Geschichte der Betriebswirtschaftslehre

(1) Vorgeschichte

In der Antike finden wir einige betriebswirtschaftliche Hinweise bei den Griechen (Xenophon und Aristoteles). Ein eigenes Lehrgebäude hatte diese Wissenschaft noch nicht. Bei den Römern gibt es nur sporadische Äußerungen über Wirtschaftsfragen; wo sie angerührt werden, beziehen sie sich speziell auf landwirtschaftliche Betriebe.

Das Mittelalter beschäftigt sich mit „Eigentum" — „Vermögen" — „Preis" — „Zins". Die philosophische Beschäftigung mit diesen Begriffen erfolgt aber nur unter sozial-ethischen Aspekten. In der Renaissance finden wir Anfänge betriebswirtschaftlicher Literatur. Erst die Einführung der arabischen Zahlen in den ober-italienischen Handelshäusern ermöglichte die Buchführung. Dieser Umstand wieder führte zu einer schnellen rechnerischen Erfassung des betrieblichen Geschehens.

Die weitere Entwicklung soll abrißartig (in vier Epochen) dargestellt werden. Die neue Entwicklung wird dabei wiederum in drei Abschnitte unterteilt. Diesen Abriß beschließt die Aufzählung einiger Gegenwartsprobleme der Betriebswirtschaftslehre.

(2) Erste Epoche

In der Anlaufperiode (1400 bis 1700) entstehen die Verkehrs- und Rechnungstechnik; Ausgangspunkt Oberitalien.

Die erste beschreibende Darstellung der doppelten Buchführung stammt von dem Franziskanermönch **Luca Paccioli** (1494) in: Summa de aritmètica, geomètrica, proporzioni et proporzionalità. Paccioli hat die Buchführung nicht erfunden, es handelt sich hier vielmehr um ihre Darstellung nach „venezianischer Manier".

Peri veröffentlichte 1683 sein Werk „il negociante" (der Kaufmann). **Jacques Savary** führte mit seinem Werk „Le Parfait Négociant" (1675) erstmalig eine wissenschaftliche Systematisierung des kaufmännischen Stoffes durch (Handlungswissenschaft).

(3) Zweite Epoche

Die Periode der systematischen Handlungswissenschaft (1700 bis 1800) ist gekennzeichnet durch den Merkantilismus und die Industrialisierung.

Im Merkantilsystem zeigt sich das Bestreben des Staates nach einer aktiven Handelsbilanz: „viel ausführen, wenig einführen". Das System ist gekennzeichnet durch Reglementierung bzw. durch Privilegien. In Deutschland nannten sich die Vertreter des Merkantilismus „Kameralisten",

Marperger, Ludovici, Justi, Sonnenfels, Leuchs (1804: System des Handels), Büsch (lehrte in Hamburg) sind einige Vertreter dieser Epoche.

(4) Dritte Epoche

Das 19. Jahrhundert bringt den Niedergang der Betriebswirtschaftslehre.

Im Zeitalter des Liberalismus handelte jeder nach seiner eigenen Manier, der Staat griff nicht ein (Blütezeit der Volkswirtschaftslehre).

(5) Vierte Epoche

Sie beginnt Ende des 19. Jahrhunderts und führt bis in die Gegenwart („Renaissance der Betriebswirtschaft"). Die Betriebswirtschaftslehre wird Hochschulwissenschaft; Gründung der Handelshochschulen in Leipzig (1898), Aachen, Köln, Mannheim.

1. Abschnitt: 1898 bis 1910

Periode des Aufbaus (beschreibende Handelstechnik). Forschungsschwerpunkt der jungen akademischen Betriebswirtschaftslehre ist die Bilanztheorie (Aufgabe und Leistungsvermögen der Jahresbilanz; Schmalenbach „Dynamische Bilanz"; Schmidt „Organische Tageswertbilanz") und das Rechnungswesen (Kontenrahmen, Kostenbegriff, Kostenrechnung). Es wird die erste Fachzeitschrift herausgegeben (1906) „Zeitschrift für handelswissenschaftliche Forschung" (ZfhF) (Schmalenbach)[1]; 1908 folgt Nicklisch mit der „Zeitschrift für Handelswissenschaft und Handelspraxis" (seit 1930 unter dem Titel „Die Betriebswirtschaft").

2. Abschnitt: 1910 bis 1919

Ausbau der Betriebswirtschaftslehre zu einer selbständigen Disziplin (= Periode der Systematisierung).

In der Zeit von 1910 bis 1918 erscheinen die für die Betriebswirtschaftslehre klassischen Werke:

H e l l a u e r : System der Welthandelslehre (1910)

S c h ä r : Handelsbetriebslehre (1911)

N i c k l i s c h : Allgemeine kaufmännische Betriebslehre als Privatlehre des Handels (und der Industrie), die mehrmals umgestaltet und erweitert wurde und 1929 bis 1932 unter dem Titel „Die Betriebswirtschaft" in 3 Bänden erschien.

3. Abschnitt: 1919 bis zur Gegenwart

Nachdem die Grundlagen geschaffen waren, konnte man zu den Tagesfragen übergehen. Die Blickrichtung gab Schmalenbach, indem er auf die Wirtschaftlichkeit hinwies und sich von der Rentabilität abwendete. In der Inflationszeit rückten Bewertungsfragen in den Vordergrund. Es entstanden die verschiedenen Bilanztheorien (Schmidt vertrat z. B. die Substanzerhaltung und stellte sich damit in den Gegensatz zu den Nominalisten, die die Kapitalerhaltung forderten). Bei der Währungsumstellung wurde das Geld knapper; deshalb traten zu

---

[1] Die Schmalenbach-Gesellschaft hat zur Wiederkehr des 90. Geburtstages des Gründers der Zeitschrift (1963) beschlossen, sie fortan Schmalenbachs „Zeitschrift für betriebswirtschaftliche Forschung" (ZfbF) zu nennen.

jener Zeit Finanzierungsfragen in den Vordergrund. Später entstehen Rationalisierungsfragen (Taylor: „Wissenschaftliche Betriebsführung"); dabei treten auf Zeitstudien, Fließfertigung, Diskussionen über die Monotonie der Arbeit. Während der Weltwirtschaftskrise (1930) stehen Sanierungsfragen an erster Stelle, später (1931) Rechtsfragen (Aktienrecht usw.). Nach 1933 beginnt die Vereinheitlichung des Rechnungswesens (Kontenrahmen wird verbindlich). Nach dem Ende des zweiten Weltkrieges werden die „Randgebiete" (Beschaffung und Absatz) in die Forschung einbezogen.

c) Gegenwartsprobleme der Betriebswirtschaftslehre

Als sogenannte „angewandte Wissenschaft" hat die Betriebswirtschaftslehre zu den jeweiligen Gegenwartsproblemen der Betriebe Stellung zu nehmen. Die Blickrichtung ist dabei oft so vielfältig, daß man die Zusammenhänge mitunter kaum erkennen kann. Etwas von der Vielfalt zeigt die nachstehende Zusammenfassung.

(1) Auf methodologischem Gebiet:

Diskussionen um die Anwendung der Mathematik in der Betriebswirtschaftslehre;
Diskussion um die Forschungsmethoden (Deduktion, Induktion);
Abgrenzung zu anderen Wissenschaften (Soziologie, Psychologie).

(2) Auf dem Rechts- und Organisationsgebiet:

Aktien- und GmbH-Rechts-Reform;
Reform des Genossenschaftsrechts;
Rechtsform und Steuer (GmbH & Co.);
Dekonzentrations- und dann Konzentrationsfragen (Kartelle, Konzerne);
Kartelldiskussion (Preisbindung der zweiten Hand);
Publizitätsfragen.

(3) Auf dem Gebiet der Soziologie und Psychologie:

Human relations, Mitbestimmung, Gewinnbeteiligung, Lohnformen.

(4) Auf dem Gebiet der Finanzierung:

Aktienemissionen, Bezugsrechte; Investmenttrusts; Beteiligungsgesellschaften, Liquiditätsprobleme.

(5) Auf dem Gebiet des Rechnungswesens:

Vereinheitlichung des Rechnungswesens;
Plankostenrechnung;
Bilanzierungsfragen;
Abschreibung;
Computerisierung (= Informationssysteme für die Unternehmensleitung
— MIS —)

(6) Auf dem Gebiet der betrieblichen Funktionen:

Einkauf, Verkauf, Exportförderung, Werbung, Marktforschung; Produktivitätssteigerung, Vollautomatisierung (auch in der Verwaltung).

(7) Auf dem Gebiet der Kooperation und Poolung

einzelner Funktionen oder Geschäftsarten

(8) Auf dem Gebiet der Unternehmungsführung:

Hier ist eine Schwerpunktverlagerung insofern festzustellen, als der Ablauf des betriebswirtschaftlichen Entscheidungsprozesses in den Vordergrund tritt. Das ist zwar nichts völlig Neues; der Wandel ist jedoch darin zu sehen, daß das betriebliche Geschehen nicht als „mechanischer Ablauf" betrachtet wird, sondern als ein Geschehen, dessen Entscheidungen letztlich auf die beteiligten Menschen zurückgeht. Diese Entscheidungen gilt es zu systematisieren, wobei eine Verfeinerung des begrifflichen und formalen Instrumentariums dieses Gebietes unerläßlich ist. Damit wird aber keine „neue Lehre" (etwa eine Managementlehre[1])) geschaffen.

Weitere wichtige Gebiete der modernen Unternehmensführung sind die Pflege der (mit-)menschlichen Beziehungen im Betrieb („Human Relations") und die Beziehungen des Unternehmens zu seiner Umwelt („Public Relations"). Ähnliche Bedeutung haben Begriffe wie „Industrial Relations" (für Beziehungen innerhalb der Industrie) und „Labour Relations" (für Beziehungen zwischen Unternehmern und Gewerkschaften).

Hier ist auch hinzuweisen auf die Einschaltung von Datenverarbeitungsanlagen. Man will dadurch

❶ die Betriebsergebnisse möglichst schnell ermitteln und

❷ alternative Entscheidungsmöglichkeiten mit ihren unterschiedlichen Auswirkungen möglichst umfassend und schnell bestimmen können.

---

[1]) Die Managementlehre, die in den USA bereits weite Verbreitung gefunden hat, ist eine typisch angewandte Wissenschaft. Ihr Erkenntnisobjekt ist die Unternehmensführung, im weiteren Sinne die Führung von Organisationen bzw. sozialen Systemen aller Art. Die Managementlehre untersucht, wie eine solche Organisation geführt werden muß, um die gesetzten Ziele optimal zu erreichen. Von der Betriebswirtschaftslehre, deren Erkenntnisobjekt der Betrieb ist, unterscheidet sich die Managementlehre trotz zahlreicher Überschneidungen durch den unterschiedlichen Denkansatz, die Forschungsmethoden und das verschiedene Erkenntnisziel. Eine exakte Einordnung der Managementlehre in das System der Betriebswirtschaftslehre ist daher nicht möglich.

2. Gegenstand der Betriebswirtschaftslehre

a) Erkenntnis- und Erfahrungsobjekt

Das Objekt der Betriebswirtschaftslehre ist der Betrieb. Der Betrieb in seiner Vielschichtigkeit ist theoretisch kaum zu erfassen. Man versucht deshalb — von der Tatsachenerkenntnis ausgehend — ganz bestimmte **Regeln** aufzustellen, nach denen das Betriebsgeschehen in allen Betrieben (konform) abläuft.

Aus diesen Regeln kann man in einem höheren Abstraktionsgrad bestimmte **Normen** feststellen. Man spricht hier nicht von Gesetzen, weil es im Wirtschaftsleben „Gesetze im juristischen Sinne" nicht gibt (man kann im Wirtschaftsleben höchstens von Gesetzmäßigkeiten sprechen).

Diese aus der Unüberschaubarkeit des Betriebsgeschehens herausgelösten Gesetzmäßigkeiten und Normen ergeben einen „theoretischen Betrieb" (= „idealisierter Betrieb"), wie er nur in der Gedankenwelt (= Theorie) darstellbar ist (wie er in der Praxis also nicht existiert).

Durch diese „Vereinfachung" kann man

- **das komplexe Betriebsgeschehen überschaubar machen** („in den Griff bekommen").
- es dirigieren,
- neue Möglichkeiten erforschen,
- **Probleme erkennen und**
- **Wege für ihre Lösung finden.**

Den Betrieb, in dem die Tatsachen erkannt werden, so wie sie sich in der Praxis darstellen, bezeichnet man als das **Erfahrungsobjekt** der Betriebswirtschaftslehre (im „konkreten Betrieb" werden die Erfahrungen gesammelt). Den Betrieb, der sich in der Gedankenwelt — rein theoretisch also — aufbauen läßt, bezeichnet man als das **Erkenntnisobjekt** der Betriebswirtschaftslehre (aus seiner Konstellation und Konstruktion lassen sich neue Erkenntnisse gewinnen).

Die Methode, mit der man zum Erkenntnisobjekt gelangen kann, bezeichnet man als die **induktive Methode.** Sie führt von dem Besonderen aller Betriebswirtschaften (vom Geschehen in den konkreten Betrieben) zu dem Allgemeinen des Erkenntnisobjektes, zu den Normen also, die für alle Betriebe Gültigkeit haben.

Man kommt durch die induktive Methode zu Aussagen bzw. zu Erkenntnissen, die nicht ohne weiteres und sofort in den Erfahrungsobjekten, in den konkret vorhandenen Betrieben also, erkennbar sind. Sie sind zumeist nur deshalb nicht sofort erkennbar, weil sie zum großen Teil verschwommen bzw. nicht sehr deutlich vorhanden sind; auf alle Fälle sind sie aber vorhanden, sonst könnten sie nicht Bestandteil des Allgemeinen, der Theorie, sein.

Umgekehrt kann man, und das ist gewissermaßen der Nutzeffekt aller theoretischen Beschäftigung, aus den Elementen des theoretischen Gebildes gewisse Schlüsse ziehen, die wieder für den praktischen Betrieb, für das Erfahrungsobjekt also, nützlich sind.

Wenn man in umgekehrter Richtung, von den Normen über Regeln zu neuen Tatsachen vorgeht, dann spricht man von der **deduktiven Methode**. Die deduktive Methode birgt die Gefahr in sich, daß man zu Aussagen kommt, die unter Umständen für den jeweiligen Betrieb nicht realisierbar sind, obwohl sie theoretisch durchaus möglich (und richtig) sind, wenn sie systematisch erarbeitet wurden. Deduktive Erkenntnisse erfüllen erst dann ihren Zweck, wenn man sie in der Praxis verifizieren kann. Es ist nicht ohne weiteres so, daß in allen Fällen das theoretisch Erarbeitete in der Praxis auch ausführbar ist.

Die hier aufgezeigten Wege lassen erkennen, daß bei jeder wissenschaftlichen Betätigung die Systematik und die Logik an erster Stelle stehen müssen. Diese zwei Begriffe aber sind die Grundlage für das Wort „Methode". Methode sagt nichts anderes als „Weg zur Erkenntnis".

Ein dritter Weg zur Erkenntnis, der nicht allgemein anerkannt wird, ist die sogenannte **Intuition**. Intuition heißt „innere Anschauung", „gefühlsmäßige Erkenntnis". Damit soll gesagt sein, daß der zündende Funke für die Lösung eines Problemes ganz plötzlich und aus dem Unterbewußtsein kommt. Eine Problemlösung kann jedoch nur dann auf diese Weise erfolgen, wenn man sich vorher mit allen damit zusammenhängenden Fragen intensiv beschäftigt hat. Diese intensive Beschäftigung führt (auch im Unterbewußtsein) erst zu Ergebnissen, wenn sie systematisch und logisch erfolgte. Mit anderen Worten, eine intuitive Lösung eines Problems kann nur durch intensive Beschäftigung mit dem Problem gefunden werden. Die intensive Beschäftigung aber ist das, was Pestalozzi mit „Anschauung" bezeichnet. Er sagte, „die Anschauung ist die Grundlage der Erkenntnis". Damit wäre die Intuition ebenfalls als ein „Weg zur Erkenntnis", als Methode zu bezeichnen.

Die gründliche Anschauung verlangt drei Dinge:

sammeln (conserver)
ordnen (classifier)
auswerten (communiquer)

Erst wenn diese drei Grundlagen der Erkenntnis verwirklicht sind, können Normen (Gesetze) bzw. Gesetzmäßigkeiten formuliert werden. Diese Gesetzmäßigkeiten bedürfen dann wiederum der Verifizierung durch die Praxis.

b) Betrieb und Unternehmung

Das Wirtschaften vollzieht sich in den „Zellen" der Volkswirtschaft, in den Betrieben. Der Begriff „Betrieb' wird in der Betriebswirtschaftslehre nicht einheitlich definiert.

Unter B e t r i e b verstehen wir die einzelne wirtschaftlich selbständige Einheit im Rahmen der Gesamtwirtschaft.

Die G e s a m t w i r t s c h a f t zeigt sich uns als ein System von Betrieben und Märkten.

Die Betriebe sind das Erfahrungsobjekt der Betriebswirtschaftslehre, die Märkte das Erfahrungsobjekt der Volkswirtschaftslehre.

Aus diesem Erfahrungsobjekt „Betrieb" leitet die Betriebswirtschaftslehre ihr spezielles Erkenntnisobjekt dadurch ab, daß sie sich nur mit dem Wirtschaften, also den wirtschaftlichen Vorgängen in den Betrieben, befaßt. Sie läßt damit betriebliche Vorgänge technischer, organisatorischer, psychologischer und soziologischer Art insoweit unberücksichtigt, als sie nicht zumindest mittelbar das Wirtschaften in den Betrieben beeinflussen.

In gleicher Weise bildet die Volkswirtschaftslehre sich dadurch aus ihrem Erfahrungsobjekt „Markt" ihr Erkenntnisobjekt, daß sie ihre Untersuchungen auf diejenigen Marktvorgänge begrenzt, die wirtschaftliche Aspekte haben.

In der Umgangssprache versteht man unter Betrieb die örtlich gebundene wirtschaftende Einheit; insoweit wäre dieser Begriff mit dem Ausdruck „Arbeitsstätte" gleichzusetzen. Dieser Betriebsbegriff würde nur den überschaubaren Bereich (als örtliche Einheit) erfassen, in dem die Leistungserstellung (räumlich und technisch) durchgeführt wird.

Die betriebswirtschaftlichen Forscher verwenden den Begriff „Betrieb" (im weiteren Sinne) als Oberbegriff. Der Betrieb ist dann eine Institution, in der durch planmäßigen und sinnvollen Einsatz der Betriebselemente (Arbeit, Vermögen/Kapital und Organisation) wirtschaftliche Leistungen erstellt werden zum Zwecke der Bedürfnisbefriedigung. Dieser Betriebsbegriff im weiteren Sinne umfaßt nicht nur die Wirtschaftsbetriebe, sondern auch die freien Berufe und die Haushalte (als ursprüngliche Betriebe).

(1) Der Betrieb

Ausgangspunkt ist der Urbetrieb, der Haushalt, der auf der Landwirtschaft basiert. Im übertragenen Sinne ist es der Familienbetrieb, dessen Wohl und Wehe von der Arbeitswilligkeit und der Intelligenz seiner Mitglieder sowie von der Ertragsfähigkeit des jeweiligen Bodens abhängig war. Diese Haushalte bezeichnet man deshalb als „ursprüngliche Betriebe". Heute findet man sie noch in den Familienhaushalten, die allerdings nicht mehr in dem Maße wie früher abgestellt sind auf den Erwerb aus landwirtschaftlicher Tätigkeit. Heute sind sie in der Mehrzahl ausgerichtet auf eine Tätigkeit in den sogenannten „abgeleiteten Betrieben", in Betrieben also, die später (aus den „Urbetrieben") entstanden sind, die ausgegliedert wurden aus den ursprünglichen Betrieben; zu denken ist z. B. an den Schuster-, an den Zimmerer-, an den Schneiderei-Betrieb und (in der nächsten Stufe) an die Industriebetriebe und schließlich an alle gewerblichen Betriebe bis hin zu den Großbetrieben.

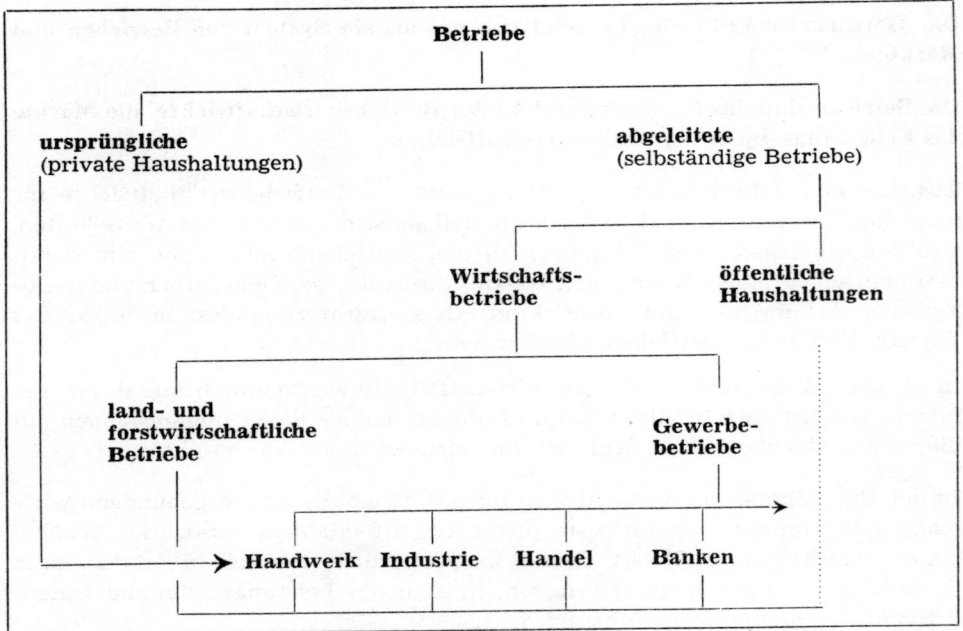

Die Frage, ob der (betriebswirtschaftliche) Betriebsbegriff auch die Gruppe umschließt, die sich etwa mit „freiberuflich Tätige" umschreiben läßt, ist zu bejahen. Auch von dieser Gruppe werden wirtschaftliche Leistungen zur Bedürfnisbefriedigung erbracht. Es gibt hierfür keine spezielle Betriebswirtschaftslehre, da eine Systematisierung dadurch erschwert wird, daß die Leistungen dieser Gruppe in der Regel sehr stark an Einzelpersonen und an deren technische/geistige/künstlerische Fähigkeiten gebunden sind.

Volkswirtschaftlich umfaßt der Betriebsbegriff nicht den Haushalt. In dieser Disziplin wird streng unterschieden zwischen dem Betrieb, der produziert, und dem Haushalt, der konsumiert. Dieser Unterschied kommt in dem volkswirtschaftlichen Kreislaufmodell zum Ausdruck.

Es wird zuweilen in Zweifel gezogen, ob auch die privaten und öffentlichen Haushalte zu den Betrieben im weiteren Sinne gehören. Betriebswirtschaftlich ist das zu bejahen, da auch hier Leistungen wirtschaftlicher Art erstellt werden. Es wird z. B. besonders deutlich bei Großküchen, Gaststättenbetrieben usw., die aus einem privaten Haushalt entstanden sind bzw. noch immer entstehen.

Der Betriebsbegriff im weitesten Sinne findet darin seine Rechtfertigung, daß in allen diesen Gebilden wirtschaftliche Leistungen zum Zwecke der Bedürfnisbefriedigung hervorgebracht werden. Das gilt nicht zuletzt auch für die privaten Haushalte, die ja in weitgehendem Maße darauf abstellen, die Bedürfnisse des täglichen Lebens zu befriedigen[1]).

Betriebswirtschaftlicher Betriebsbegriff B e t r i e b im weitesten Sinne		
Haushalte	Freie Berufe	übrige Betriebe (Unternehmungen)

Für den „Betrieb im weiteren Sinne" können deshalb folgende Postulate aufgestellt werden: Es muß

1. eine fortgesetzte Tätigkeit und

2. eine selbständige Tätigkeit vorliegen.

Letztlich ist bei dem Betriebsbegriff zu unterscheiden zwischen dem Betrieb im weiteren Sinne, der allumfassend ist, und dem Betrieb im engeren Sinne, den man — auf eine kurze Formel gebracht — auch als „technischen Betrieb" (oder als Arbeitsstätte) bezeichnen kann.

Dieser enger gefaßte Begriff hat insbesondere im Bereich der Kostenrechnung und davon ausgehend bei der **Untergliederung des Gesamterfolgs in Betriebserfolg und Neutralen Erfolg** Eingang gefunden.

Abweichend von der Forderung im Handelsgesetzbuch zum Begriff „Kaufmann", die darauf hinausläuft, daß stets ein Gewinn erzielt wird, zählen zu den Betrieben nach betriebswirtschaftlicher Anschauung auch planmäßige organisatorische Zusammenfassungen (Kombination) der Elementarfaktoren (menschliche Arbeitsleistung, Betriebsmittel, Werkstoffe) durch dispositive Arbeit zu dem Zweck, Sachgüter zu produzieren oder Güter immaterieller Art (Dienstleistungen) zu erbringen, sofern lediglich darauf abgestellt wird, kostendeckend zu arbeiten. Unter Umständen kann die Erfüllung eines Betriebszweckes auch ausgehen davon, daß (während einer gewissen Zeit) keine Kostendeckung erzielt werden kann.

---

[1]) Es gibt auch Forscher und Lehrer, die auf anderem Standpunkt stehen und unter dem Begriff Betriebswirtschaftslehre nur die theoretische Beschäftigung mit den abgeleiteten Betrieben (also mit den gewerblichen Betrieben) betrachten.

(2) „Betrieb" im Betriebsverfassungsgesetz

Das Betriebsverfassungsgesetz (BetrVerfG) verwendet den Begriff „Betrieb", obwohl es ihn nicht ausdrücklich definiert. Da sich das BetrVerfG aber an „Betriebe" wendet, hat hier die begriffliche Bestimmung eine ganz besondere praktische Bedeutung im Hinblick auf die Auswirkungen in arbeitsrechtlicher Hinsicht. Das Betriebsverfassungsgesetz schreibt vor, daß in Betrieben Betriebsräte gebildet werden.

Der Betriebs-Begriff des Betriebsverfassungsgesetzes zielt insbesondere auf den im Betriebsprozeß verfolgten arbeitstechnischen Zweck ab. Worin dieser Zweck besteht, ist für das Merkmal des Betriebes gleichgültig. Es ist nicht erforderlich, daß eine Erwerbsabsicht mit dem arbeitstechnischen Zweck verbunden ist, vielmehr kommt es darauf an, daß der Zweck fortgesetzt verfolgt wird. So ist z. B. das Büro eines Rechtsanwalts, die Verwaltung eines Krankenhauses ebenfalls „Betrieb" im Sinne des Betriebsverfassungsgesetzes.

<u>Erforderlich ist allerdings, daß der Betrieb im Sinne des Betriebsverfassungsgesetzes ein räumlich zusammengefaßter Arbeitsverband unter einer einheitlichen Leitung ist.</u>

Schwierigkeiten treten überall dort auf, wo — um es am Beispiel einer großen Aktiengesellschaft zu zeigen — ein „gemischt-wirtschaftlicher Zweck" in Gestalt von mehreren Betrieben anzutreffen ist. Es kann z. B. eine Aktiengesellschaft ein Bergwerk, einen Hochofen und ein Walzwerk betreiben. Da hier drei verschiedene arbeitstechnische Zwecke verfolgt werden, liegen auch drei „Betriebe" im Sinne des Betriebsverfassungsgesetzes vor. Sie sind als völlig selbständig zu betrachten, zumal die Interessen der einzelnen Belegschaften keine arbeits- oder betriebsverfassungsrechtlichen Berührungspunkte aufweisen. Demzufolge hat jeder einzelne Betrieb auch einen besonderen Betriebsrat zu wählen.

Weitere Schwierigkeiten treten bei Groß-Unternehmen dann auf, wenn die einzelnen Produktionsstätten an verschiedenen Orten liegen. Das ist z. B. bei reinen Handelsbetrieben der Fall, wo Ladengeschäfte, Auslieferungslager usw. an weit verstreuten Orten liegen. Alle diese Betriebsteile sind einem allgemeinen Betriebsziel untergeordnet. Ihr Merkmal ist daher eine gewisse Unselbständigkeit auch hinsichtlich des Betriebszweckes. Das Betriebsverfassungsgesetz spricht hier von „Nebenbetrieben". Sie gelten im Sinne des Betriebsverfassungsgesetzes grundsätzlich als unselbständige Teile des Hauptbetriebes. Demzufolge ist bei ihnen auch kein besonderer Betriebsrat zu wählen.

Allerdings gibt es von dieser Regel Ausnahmen. Es kann sein, daß ein solcher Nebenbetrieb wegen seiner besonderen arbeitstechnischen Gestaltung, wegen seines Umfanges eine gewisse soziale Eigenständigkeit im Verhältnis zum Hauptbetrieb besitzt. Sofern diese Voraussetzungen gegeben sind, ist er betriebsverfassungsrechtlich wie ein selbständiger Betrieb zu behandeln. Demzufolge hat auch ein solcher (Neben-)Betrieb einen eigenen Betriebsrat (zumindest aber einen Betriebsobmann) zu wählen, wenn die übrigen Voraussetzungen dafür gegeben sind.

Eine zweite Ausnahme ist erwähnenswert: Es kann sein, daß ein unselbständiger Nebenbetrieb trotz einheitlicher arbeitstechnischer Zwecksetzung wie ein eigener Betrieb zu behandeln ist: Das gilt immer aus praktischen Erwägungen dann, wenn der Nebenbetrieb so weit vom Hauptbetrieb entfernt liegt, daß allein schon dadurch die Abhängigkeit vom Hauptbetrieb nur locker sein kann. Wegen der großen Entfernung wäre z. B. auch das notwendige Zusammenwirken der Belegschaft, ihrer Betriebsvertretungen und der Betriebsleitung nicht gewährleistet. Die Betreuung der Arbeitnehmer des weit entfernten Nebenbetriebes durch den Betriebsrat des Hauptbetriebes wäre in Frage gestellt.

(3) Betriebsbegriffe

Der Betriebs-Begriff wird in Umgangssprache und Theorie nicht einheitlich angewendet. Deshalb soll die nachstehende lexikalische Zusammenstellung zeigen, in wie vielfältiger Weise im Wirtschaftsleben Begriffe anzutreffen sind, bei denen das Wort „Betrieb" Verwendung findet.

Betriebsabteilung: Teil des Betriebes, der eine bestimmte Funktion innerhalb des betrieblichen Arbeitsablaufes zu erfüllen hat.

Betriebsnummer: Einheitliche Kennzeichnung der Arbeitsstätten im Bundesgebiet durch mehrstellige Nummern für statistische und organisatorische Zwecke.

Betriebsstätte: Jede feste örtliche Anlage oder Einrichtung, die der Ausübung des Betriebes eines stehenden Gewerbes dient (§ 16 StAnpG), d. h. dem Gewerbetreibenden zur Verfügung stehende Stätte, an der er fortgesetzt arbeitet oder arbeiten läßt.

Betriebsversammlung: Nicht öffentliche Versammlung der Belegschaft eines Betriebes unter Leitung des Vorsitzenden des Betriebsrates (§§ 41 ff BetrVerfG). Die Betriebsversammlung kann dem Betriebsrat Anträge unterbreiten und zu seinen Entschlüssen Stellung nehmen. Die Behandlung nur solcher Angelegenheiten ist zulässig, die die Belange des Betriebes oder seiner Arbeitnehmer berühren.

Betriebsvorrichtungen: Alle Vorrichtungen einer Betriebsanlage, die in so enger Beziehung zu einem Gewerbebetrieb stehen, daß dieser unmittelbar mit ihnen betrieben wird (z. B. Fabrikschornsteine, Arbeitsbühnen zur Bedienung von Maschinen, Ziegelbrennöfen, Öltanks einer Raffinerie, Lastenaufzüge).

Betriebswissenschaft: (engl. Scientific management) Wissenschaftliche Betriebsführung, die „Lehre von all dem, was mit der industriellen Betriebsführung zusammenhängt" (A. Walther). Heute wird die Betriebswissenschaft vielfach als Arbeitswissenschaft (im weiteren Sinne) bezeichnet. Im Gegensatz zur Betriebswirtschaftslehre ist die Betriebswissenschaft technologisch ausgerichtet und behandelt auch viele psychologische und physiologische Fragen. Die Betriebswissenschaft ist eine angewandte Wissenschaft, die als Arbeitswissenschaft (im engeren Sinne) das Wesen der Arbeitsstudien und darüber hinaus die Arbeitspsychologie, Arbeitsphysiologie und Arbeitssoziologie umfaßt.

Eigenbetrieb: Gemeindeeigener Betrieb, geregelt in der Eigenbetriebsverordnung vom 21. 11. 1938. Es handelt sich hier um die Weiterentwicklung der Regiebetriebe, wobei die Mitwirkung der Gemeindevertretung durch Beiräte oder Werksausschüsse vorgesehen ist.

Familienbetrieb: Erwerbswirtschaftlicher Betrieb in Gesellschaftsformen, bei dem zwischen den Gesellschaftern verwandtschaftliche Beziehungen bestehen. Familienbetriebe entstehen meist durch Aufnahme von Kindern oder anderen Verwandten als Gesellschafter.

Filialbetrieb: Eine Betriebsform des Einzelhandels mit mehreren Verkaufsstellen, zentraler Verwaltung und großhandelsmäßigem Einkauf. „Filiale" ist im Sprachgebrauch jede (auch unselbständige) Verkaufsstelle, Auslieferungslager usw. einer Unternehmung.

Gewerbebetrieb: Rechtlich ein eingerichteter und in Tätigkeit befindlicher Betrieb, der die Voraussetzungen eines Gewerbes erfüllt. (Wirtschaftlich) Betriebe, deren Zweck die erwerbsmäßige Stoffumwandlung, -veredelung, -ausbesserung und -erhaltung ist. Zu unterscheiden sind als gewerbliche Betriebssysteme: Handwerk, Verlag, Heimarbeit, Hausindustrie und Fabrik.

Handelsbetrieb: Wirtschaftseinheit des Handels, dessen Kernfunktion als wichtiges Mitglied der Distribution innerhalb des Wirtschaftskreislaufes im Warenumsatz ohne Be- und Verarbeitung besteht. Je nach der Stellung innerhalb des Absatzweges ist zu unterscheiden zwischen Betrieben des Großhandels und des Einzelhandels.

Handwerksbetrieb: Gewerbebetrieb, der handwerksmäßig betrieben wird und vollständig oder in wesentlichen Teilen ein Gewerbe umfaßt.

Hilfsbetrieb: Gesonderter technischer Fertigungsbetrieb eines größeren Werkes, in dem nicht wie im Hauptbetrieb für den Absatz bestimmte Erzeugnisse hergestellt, sondern innerbetriebliche Leistungen für andere Abteilungen des eigenen Werkes erstellt werden.

Industriebetrieb: Wirtschaftlich-organisatorische Einheit, die der gewerblichen Gewinnung von Rohstoffen und Material dient sowie der Veredelung bzw. Herstellung von Gütern mit Hilfe von Maschinen durch mechanische oder chemische Be- oder Verarbeitung von Stoffen.

Kampagnebetrieb: Form einer von Erntezeiten abhängigen Produktionsweise (zumeist arbeitsintensive Fertigung); z. B. Zuckerrübenverarbeitung, Frucht- und Gemüsekonservenindustrie. Soweit nicht durch Aufnahme andersartiger Produktion (z. B. Kombination von Marmeladen- und Schokoladenfabrikation) ein Ausgleich geschaffen wird (= Kompensationsbetrieb), geht von Kampagnebetrieben in ihrem Einzugsbereich eine Beunruhigung des Arbeitsmarktes aus (Masseneinstellung und -entlassung).

Land- und forstwirtschaftlicher Betrieb: Zusammenfassende Bezeichnung für alle (selbständigen und Nebenerwerbs-) Betriebe, die sich mit der Nutzung des Bodens (Erdoberfläche) befassen, insbesondere Ackerbau, Viehzucht (= Landwirtschaft) und Waldwirtschaft (= Forstwirtschaft). Die Landwirtschaft und Forstwirtschaft ist neben Fischerei und Bergbau ein Zweig der Urproduktion.

Nebenbetrieb: Der gesonderte technische Fertigungsbereich eines größeren Werkes, in dem wie im Hauptbetrieb für den Absatz bestimmte Erzeugnisse hergestellt werden; jedoch entsprechen die Erzeugnisse des Nebenbetriebes nicht dem eigentlichen Werkszweck (Beispiel: im kombinierten Hüttenwerk die Hüttenzementfabrik). Nebenbetrieb ist begrifflich nicht zu verwechseln mit Hilfsbetrieb. Im Steuerrecht ist der Nebenbetrieb ein Betrieb, der dem Hauptbetrieb zu dienen bestimmt ist und nicht einen selbständigen Gewerbebetrieb darstellt (vgl. auch die Darstellung im Kapital „Betrieb im Betriebsverfassungsgesetz).

Öffentlicher Wirtschaftsbetrieb: Der öffentlichen Hand kommt bei der Zielsetzung und Führung des betreffenden Unternehmens die entscheidende Rolle zu. Es ist eine Abgrenzung zwischen öffentlichem Betrieb und öffentlicher Einrichtung vorzunehmen. Beide sind zwar 1. — im weiten Sinne — in wirtschaftlicher Weise zu führen, befinden sich 2. in öffentlichem Eigentum und dienen 3. bestimmten öffentlichen Zwecken. Bei dem eigentlichen öffentlichen Betrieb treten erwerbswirtschaftliche Ziele als begriffsbestimmend neben die öffentlichen, die gemeinwirtschaftlichen Ziele (sie können in Grenzfällen zum ausschließlichen Unternehmungsziel werden).

Regiebetrieb: (= Öffentlicher Wirtschaftsbetrieb) Von einem Regiebetrieb spricht man hin und wieder auch in der privaten Wirtschaft, wenn sich ein Industriebetrieb in dem Bestreben nach Bildung einer abgerundeten Wirtschaftseinheit einen Handwerksbetrieb und dergleichen angliedert (z. B. Großbrauereien stellen Reklameschilder in eigener Werkstatt her; Unternehmungen der Lebensmittelindustrie decken ihren Bedarf an Büromöbeln, Tischen, Tür- und Fensterreparaturen usw. in eigener Tischlerei; große Werke der Schwer- und Konsumgüterindustrie haben eigene Druckereien, Buchbindereien usw.).

Saisonbetrieb: Betrieb, dessen Produktions- oder Absatzprogramm während eines bestimmten Zeitraumes, i. d. R. eines Jahres, größeren, regelmäßig wiederkehrenden Schwankungen ausgesetzt ist. Die Schwankungen haben ihre Ursache im Wechsel der Jahreszeiten oder in menschlichen Sitten oder Gewohnheiten. Es handelt sich also um

Betriebe, bei denen vorübergehende Unterbrechungen der Tätigkeit durch die Art des Betriebs veranlaßt sind (z. B. Fremdenpensionen in Kurorten oder Seebädern, die während der Wintermonate nicht bewirtschaftet werden, Konservenfabriken, Eisdielen, Freiluftbadeanstalten usw.).

Schwerbeschädigtenbetrieb: Bei einem solchen Betrieb sind mindestens 50 % der beschäftigten Arbeitnehmer Schwerbeschädigte. Er besitzt eine ausdrückliche Eigenschaftsanerkennung durch die zuständige Landesbehörde.

Tendenzbetrieb: So bezeichnet das BetrVerfG einen Betrieb mit vorwiegend ideeller Zielsetzung, z. B. Blindenbetrieb, Rotes Kreuz, Caritas-Verband, ferner Gewerkschaften, wissenschaftliche Institute, Theater, Zeitungsbetriebe und Verlage.

(4) Die Unternehmung

Unter Unternehmung versteht man die organisatorisch-rechtliche Einheit, die erwerbswirtschaftliche Zwecke verfolgt. In der Wirtschaftswissenschaft und in der Wirtschaftspraxis wird das Unternehmen meist als Unternehmung bezeichnet. Das Wort Unternehmen findet man teilweise in gesetzlichen Vorschriften.

<u>Die Unternehmung ist im Bereich der Wirtschaftswissenschaft das wissenschaftlich-rechtlich organisierte Gebilde, in dem auf nachhaltigen Ertrag bringende Leistung abgestellt wird.</u>

Je nach der Art der Unternehmung unterscheidet man zwischen der Verfolgung des Gewinnmaximierungsprinzips und der Verfolgung des Angemessenheitsprinzips. Das Gewinnstreben richtet sich hier zumindest auf angemessene Verzinsung des eingesetzten Eigenkapitals.

Eine Unternehmung ist demnach eine

a) **rechtliche Einheit** — mehrere Gesellschafter in einer OHG bilden eine Unternehmung, die wiederum mehrere Betriebe (im engeren Sinne) haben kann —,

b) **finanzielle Einheit** (hinsichtlich der Verwendung des Kapitals) und ein

c) **soziales Gebilde** (Ausgleich von sozialen Spannungen und Gegensätzen).

Diesem Unternehmungsbegriff übergeordnet ist der Betrieb (im weiteren Sinne), dessen Begriffsinhalte oben skizziert wurden. Dem Unternehmungsbegriff untergeordnet ist der Betrieb (im engeren Sinne), der sich darstellt als

a) technische Einheit im Dienste der Unternehmung und

b) Einheit im Dienste der darin arbeitenden Menschen.

Die Unternehmung umfaßt im Gegensatz zu dem Betrieb (im engeren Sinne) über die arbeitstechnische Einheit hinaus auch die Sachen und Rechte, die mit dem Betrieb als arbeitstechnischer Produktionsstätte nicht in Zusammenhang stehen, aber der Unternehmung in ihrer meist wirtschaftlichen Zielsetzung zu dienen bestimmt sind. Hierzu gehören zum Beispiel Aktien, Kuxe und jede andere Form einer dinglichen oder schuldrechtlichen Beteiligung an anderen Unternehmungen.

Die Unternehmung läßt sich danach als die Einheit begreifen, die durch den wirtschaftlichen und ideellen Zweck bestimmt wird, dem ein Betrieb oder mehrere (organisatorisch verbundene) Betriebe (derselben Unternehmung) dienen.

Die Unternehmung kann begrifflich nicht „stilliegen", während die (technischen) Betriebe, also die Betriebe im engeren Sinne (= Arbeitsstätten) stillliegen können, weil eine Unternehmung mehrere Betriebe dieser Art haben kann.

Die Rechtsform ist der Ausdruck der gesetzlich umschriebenen Form, in der sich eine Unternehmung entfalten darf. Die unterschiedlichen Unternehmungsformen gehen zurück auf die verschiedenen Aufgaben, die die Unternehmungen zu erfüllen haben. Art, Inhalt, Umfang und Möglichkeit der Erfüllung dieser Aufgaben führten z. B. zur Schaffung von Einzelunternehmungen (Einzelkaufmann) und Gesellschaftsunternehmungen. Die Gesellschaftsunternehmungen können — je nach Art und Weise der kapitalmäßigen Beteiligung der einzelnen Gesellschafter und nach Art der Haftung — unterschieden werden in Personengesellschaften oder Kapitalgesellschaften (weitere Untergliederung vergleiche Kapitel „Arten der Betriebe").

Nach dem Träger des Eigentums kann man bei den Unternehmungen unterscheiden

a) private Unternehmungen,

b) gemischtwirtschaftliche Unternehmungen (Unternehmungen, die der Staat oder eine öffentlich-rechtliche Körperschaft unter Beteiligung privaten Kapitals betreibt),

c) öffentliche Unternehmungen (= öffentliche Wirtschaftsbetriebe).

Unter Unternehmungszusammenschlüssen versteht man die freiwillige Vereinigung von Unternehmungen zur Erreichung bestimmter Ziele bzw. zur Verfolgung bestimmter Zwecke (vgl. dazu das Kapitel „Unternehmungs- und Konzentrationsformen").

Als Gewerbe bezeichnet man (rechtlich) jede planmäßige in Absicht auf Gewinnerzielung vorgenommene, auf Dauer angelegte selbständige Tätigkeit, ausgenommen in der Land- und Forstwirtschaft und in freien Berufen. In der wirtschaftlichen Betrachtung steht der Gewerbe-Begriff im Gegensatz zum

Handel. Zum Gewerbe gehört vor allem die Be- und Verarbeitung von Gütern. Gewerbe kann als Tätigkeit von Industrie und Handwerk verstanden werden (in engerem Sinne bezeichnet man damit das Handwerk allein).

Wegen der Gewerbefreiheit sind Wahl von Beruf, Arbeitsplatz und Ausbildungsstätte frei. Die Ausübung einzelner Berufe kann aber gesetzlich geregelt werden. So wird z. B. für bestimmte Berufe die Berufsausübung im öffentlichen Interesse abhängig gemacht vom Nachweis bestimmter persönlicher, fachlicher oder anderer Voraussetzungen[1]).

Wohl nur für ein Fünftel der gewerblichen Wirtschaft (an der Gesamtzahl der Betriebe gemessen) besteht völlige Gewerbefreiheit in dem Sinne, daß die selbständige Erwerbstätigkeit keiner hoheitlichen Zulassung bedarf. Es sind das, von wenigen Ausnahmen abgesehen, die Betriebe der Industrie, des Großhandels, des Handelsvertreter- und des Handelsmakler-Gewerbes, der Werbewirtschaft und einiger Kleingewerbezweige.

Die an die Zulassung geknüpften Voraussetzungen können vielseitig sein: Es kann z. B. die persönliche Zuverlässigkeit zur Voraussetzung gemacht werden, es können die Ablegung bestimmter Prüfungen, das Vorhandensein bestimmter baulicher und technischer Einrichtungen sowie das Vorhandensein der zum Geschäftsbetrieb erforderlichen (Kapital-)Mittel gefordert werden.

(5) Unternehmerfunktionen

Als Unternehmer bezeichnet man eine Persönlichkeit, die eine Unternehmung plant, mit Erfolg gründet sowie sie selbständig und verantwortlich mit Initiative leitet, wobei sie persönliches Risiko und Kapitalrisiko übernimmt.

(a) Die Funktionen

Man unterscheidet folgende Unternehmerfunktionen:

(A) Eigentümerfunktion:

① langfristige Grundplanung,

② aktive Finanzierungspflicht (Zurverfügungstellung von angemessenem Eigenkapital),

③ Verfügungsgewalt über die Produktionsmittel.

---

[1]) Nachstehend sind die wichtigsten Erwerbstätigen, die einer persönlichen Erlaubnis bedürfen, aufgeführt: Apotheker, Bausparkassen, Bewachungsgewerbe, Bezirksschornsteinfegermeister, Vertrieb von Blindenwaren im Reisegewerbe, Einzelhandel, Gast- und Schankwirtschaften, Güterfernverkehr, Handwerk, Ingenieure, Kreditinstitute, Lotterie und Ausspielungen, Luftfahrtunternehmen und Luftfahrtveranstaltungen, Personenbeförderung zu Lande, Pfandleiher, private Krankenhäuser, Entbindungs- und Irrenanstalten, Reisegewerbe, Speiseeiswirtschaften, Spielgeräte und Gewinnspiele, Spielhallen, Straßenverkehrsgewerbe, unterhaltende Vorstellungen oder Lustbarkeiten, Versicherungsunternehmen, Versteigerergewerbe, Waffenhersteller und Waffenhandel und viele andere mehr.

(B) Risikofunktion

(C) Direktionsfunktion:

① kurzfristige Planung (1 Jahr — Wertbewegungen durch den Betrieb),
② Leitung des Gesamtbetriebes (Erteilung von Direktiven, Überwachung der Ausführung, Willensorganisation aufbauen und erhalten, Übernahme der Verantwortung),
③ Verwaltung,
④ passive Finanzierungspflicht (Sorge für die Beschaffung ausreichender Verfügungsmacht über Fremdkapital).

(D) Gestaltungsfunktion:

① neue Produktionsmittelkombinationen (neue Beschaffungs-, Fertigungs- und Absatzmethoden) müssen angewendet werden; sie müssen wirtschaftlicher sein als die alten,
② neue Finanzierungsweisen und Finanzierungsformen müssen benutzt werden,
③ neue Bedürfnisse müssen geweckt und befriedigt werden.

Der Unternehmer kann die Direktions- und Gestaltungsfunktion delegieren. Die Eigentümerfunktion und Risikofunktion muß ihm immer bleiben. Man unterscheidet — durch die neuere Entwicklung hervorgerufen — zwischen dem **selbständigen Unternehmer** (= **geborener Unternehmer**), der die Leitung auf Grund von Kapitalbesitz in den Händen hat, und dem **unselbständigen (angestellten) Unternehmer** (= **Manager**), der vom Willen anderer (von dem Willen der Kapitalgeber) abhängig ist (= **gekorener Unternehmer**). In diesem Sinne ist auch der Begriff „System der Manager" zu verstehen, er kennzeichnet die Übertragung der Direktionsfunktionen und der Gestaltungsfunktionen aus dem Kreis der ursprünglichen Unternehmerfunktionen auf diese gekorenen Unternehmer oder Manager.

(b) Die Wandlung des Unternehmertums

Für die Wandlung des Unternehmertums (vom Ur-Unternehmer zum angestellten Unternehmer — Manager —) gibt es verschiedene Gründe.

Es kann sein, daß der Unternehmer, der den Betrieb aufgebaut hat, nicht den Nachfolger findet, der sein Werk fortsetzt. Man spricht in diesem Zusammenhang von dem sogenannten „Problem der dritten Generation". Das soll nicht heißen, daß die späteren Generationen nicht intelligent genug für die Ausübung der Unternehmerfunktionen sind; im Gegenteil, sie interessieren sich nur nicht so sehr für die Leitung des eigenen Betriebes wie es erforderlich wäre. Sie geben deshalb zumeist die Direktionsfunktion und die Gestaltungsfunktion ab und behalten nur die Eigentümerfunktion. Sie kontrollieren zwar das Unternehmen, ohne es zu dirigieren.

Ein zweiter wesentlicher Grund für die Wandlung des Unternehmertums liegt in der **Verwissenschaftlichung der Betriebsführung.** Man braucht jetzt Experten für die moderne Produktionsgestaltung. Das „Zwei-Augen-System" ist weitgehend überholt. Es kann nicht mehr ein Unternehmer den gesamten Bereich überblicken, dirigieren und koordinieren.

Die **Technisierung der Betriebsführung** ist ebenfalls ein weiterer Grund. Gemeint ist damit die Spezialisierung und Koordinierung verschiedener Betriebsinteressen.

Alle diese Gründe waren ausschlaggebend für die Wandlung des Unternehmertums und führten zum angestellten Unternehmer, dem Manager. Er ergreift die Leitungs- und Gestaltungsfunktion, ohne selbst die Eigentümerfunktion und Risikofunktion zu haben. Der Nachweis seiner Tätigkeit ist nicht so sehr die Erzielung des maximalen Gewinnes als vielmehr die Verbesserung der Wirtschaftlichkeit durch Rationalisierung.

(c) Der „dynamische" Unternehmer

Jeder Unternehmer muß positive Eigenschaften aufweisen, wenn er im Konkurrenzkampf bestehen will.

Er muß

        ideenreich

+ **ruhelos**

+ **unzufrieden mit dem Erreichten**

+ **listenreich**

sein. Alle diese Eigenschaften

muß ein   = **dynamischer Unternehmer**
haben.

Der dynamische Unternehmer bringt Fortschritt für den Betrieb und Steigerung des Wohlstands. Das wiederum dient der Allgemeinheit. Als Gegenteil des dynamischen Unternehmers kennt man den „statischen Unternehmer". Dem statischen Unternehmer kommt es in erster Linie darauf an, „das Erworbene zu verwalten".

Es sei in diesem Zusammenhang festgestellt, daß nur der als Unternehmer auf die Dauer Erfolg haben wird, der das

        Können und Wissen

hat, das für den betreffenden Berufszweig erforderlich ist. So gesehen sollen auch alle Mitarbeiter für den Bereich ihres Wirkens Unternehmerfunktionen übernehmen.

(d) Führungsgruppen

Der Unternehmer der Jahrhundertwende, der „Alleinherrscher" gehört der Vergangenheit an. Seine Funktionen mußten delegiert werden. Es bildeten sich daher innerhalb der Betriebe im Laufe der Zeit bestimmte Führungsgruppen, so daß sich nunmehr folgendes Bild ergibt:

---

1. **Unternehmer-Manager:** Er bestimmt die Politik der Unternehmung und trägt hierfür die Verantwortung.

2. **Obere Führungskräfte:** Ihre Stellung rangiert unmittelbar unter dem Unternehmer; sie sind für die Durchführung der Unternehmungspolitik vor allem für die Koordinierung der verschiedenen Betriebsinteressen verantwortlich.

3. **Mittlere Führungskräfte:** Sie sind die Träger der Verantwortung für die Durchführung spezieller Aufgaben im Betrieb (mit umfassendem Verantwortungsbereich).

4. **Untere Führungskräfte:** Sie sind die Träger von Aufgaben mit begrenztem Verantwortungsbereich (in der Regel ohne Mitarbeiter mit Führungsbefugnis).

Die hier aufgezeigte Entwicklung ist noch nicht beendet. An die Stelle der Herrschaft des Unternehmers (was gleichbedeutend war mit Arbeitskampf) tritt die **Partnerschaft** zwischen dem angestellten Unternehmer und seinen Mitarbeitern: Partnerschaft als Mitbeteiligung sowohl an der Leitung als auch am Betriebserfolg. Aus dem Gegeneinander wird ein Miteinander, aus dem Lohnempfänger der Mitarbeiter und der Mitbesitzer. So gesehen, sind bereits einige Unternehmerfunktionen auf die Mitarbeiter übergegangen. Das betrifft jedoch nicht nur die Tätigkeit am Arbeitsplatz selbst, sondern auch die Eigenverantwortlichkeit für die eigenen Belange des Mitarbeiters.

Es gibt verschiedene Motive für die Begründung der Partnerschaft (= Mitunternehmerschaft der Arbeitnehmer): 1. (ethisch) soll durch Eigentum und Mitverantwortung die Persönlichkeitsentwicklung gefördert werden; 2. (sozialpolitisch) sollen durch die Beteiligung an den Produktionsmitteln die Klassengegensätze gemildert und eine private Altersversorgung erzielt werden; 3. (wirtschaftlich) durch Mitbesitz und Mitwirkung soll ein Leistungsanreiz gegeben und eine enge Bindung an den Betrieb gesichert werden.

c) Der Betriebsprozeß

Gegenstand der Betriebswirtschaftslehre ist das betriebliche Geschehen; im allgemeinen spricht man vom „Betriebsprozeß". Dabei denkt man zunächst an alle technischen Vorgänge in einem Betrieb (im engeren Sinne), an die Vorgänge an der Arbeitsstätte also. Man könnte hier auch von dem „**Arbeitsprozeß**" sprechen. Unter dem Arbeitsprozeß versteht man die Summe der Vorgänge chemischer, physikalischer und physiologischer Art, wie sie als Folge von Nutzungs-, Gebrauchs- und Verbrauchsakten an Stoffen/Rechten/Kräften zutage treten.

Unter dem Betriebsprozeß versteht man bei betriebswirtschaftlicher Betrachtungsweise die Summe aller betrieblichen Lebensäußerungen. Diese Betrachtungsweise ist darauf ausgerichtet, daß in jedem Betrieb durch die betrieblichen Lebensäußerungen bestimmte Werte (man kann auch sagen bestimmte „**M e h r -
w e r t e**") entstehen. Man spricht in diesem Zusammenhang deshalb auch vom **Wertbildungsprozeß** im Betrieb. Dem steht gegenüber der sogenannte **Wertverteilungsprozeß**, ein Prozeß also, der dem Wertbildungsprozeß diametral entgegenläuft. Der im Betrieb geschaffene Mehrwert (= Wertauftrieb) muß in diesem Wertverteilungsprozeß auf alle an der Produktion (= an der Erzielung des Mehrwertes) Beteiligten („gerecht") verteilt werden.

Das Ziel des Betriebsprozesses ist immer eine Einkommenserzielung; der Einsatz von Kapital und Arbeit soll sich „rentieren". Sinn des Betriebsprozesses ist es also, produktiv und wirtschaftlich tätig zu sein.

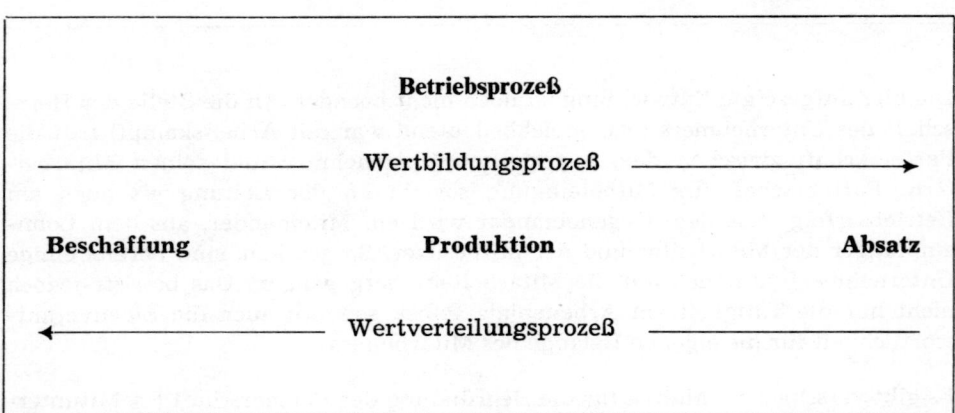

Den hier in wenigen Worten skizzierten Betriebsprozeß haben betriebswirtschaftliche Forscher zu definieren versucht. So spricht Sombart z. B. vom Betriebsprozeß als einer „organisierten Werkverrichtung"; Mellerowicz skizziert ihn als „Dauervollzug betrieblichen Handelns".

3. Gliederung der Betriebswirtschaftslehre

Um den Rahmen der Betriebswirtschaftslehre überschaubar und systematisch erfaßbar zu machen, muß man ihn gliedern. Es gibt verschiedene Gliederungsmöglichkeiten, die ihrerseits von unterschiedlichen Standpunkten ausgehen. Wir unterscheiden in der Hauptsache zwei Gliederungen, nämlich die traditionelle und die funktionale Gliederung.

a) Gliederung nach Wirtschaftszweigen

Bei der Gliederung, die als die traditionelle Gliederung anzusprechen ist, geht man davon aus, daß es als Oberbau eine „Allgemeine Betriebswirtschaftslehre" gibt. Dieser Lehrbereich widmet sich speziell der Grundlagenforschung. Die Aussagen, die hier gemacht werden, sind für alle „Besonderen Betriebswirtschaftslehren" maßgeblich. Als „Besondere (oder Spezielle) Betriebswirtschaftslehren" bezeichnet man zum Beispiel die Industriebetriebslehre, Handelsbetriebslehre, Bankbetriebslehre, Versicherungsbetriebslehre usw. Man kann sagen, daß es für alle Wirtschaftszweige „Besondere (bzw. Spezielle) Betriebswirtschaftslehren" gibt, die deshalb vielfach auch als „Wirtschaftszweiglehren" bezeichnet werden.

Die Allgemeine Betriebswirtschaftslehre beschränkt sich jedoch nicht nur auf allgemeine Aussagen, die für alle Betriebe und damit auch für die „Besonderen Betriebswirtschaftslehren" Gültigkeit haben, sie widmet sich auch der Forschung und Lehre besonderer Teilgebiete, die für alle „Besonderen Betriebswirtschaftslehren" von Wichtigkeit sind; zu nennen wären hier u. a. die Steuerlehre und das Revisions- und Treuhandwesen.

An einem Beispiel soll demonstriert werden, wie allgemein gültige Aussagen der Allgemeinen Betriebswirtschaftslehre im Rahmen einer Besonderen Betriebswirtschaftslehre (hier: Bankbetriebslehre) konkretisiert bzw. enger gefaßt werden.

Eine Aussage der Allgemeinen Betriebswirtschaftslehre, die für alle Besonderen Betriebswirtschaftslehren Gültigkeit hat, lautet zum Beispiel[1]):

> **Das Anlagevermögen s o l l durch das Eigenkapital gedeckt sein.**

Eine „weichere" Fassung dieser Aussage lautet: **Das Anlagevermögen soll durch Eigenkapital oder Eigenkapitalersatz in Form von langfristigem Fremdkapital gedeckt sein.**

Eine „erweiterte" Form dieser Aussage lautet: **Das Anlagevermögen und bestimmte Teile des Umlaufvermögens (= Eiserner Bestand) sollen durch Eigenkapital oder Eigenkapitalersatz in Form von langfristigem Fremdkapital gedeckt sein.**

---
[1]) Die Problematik dieser Aussage ist behandelt in dem Kapitel „Finanzierung und Finanzplanung".

Die Bankbetriebslehre (als eine Besondere Betriebswirtschaftslehre) konkretisiert diese Aussage, ja sie engt sie sogar beträchtlich ein. Dort heißt es nämlich:

> **Die dauernden Anlagen eines Kreditinstituts in Grundstücken, Gebäuden, Schiffen und Beteiligungen dürfen, nach den Buchwerten berechnet, zusammen das haftende Eigenkapital nicht übersteigen (§ 12 KWG).**

Anders ausgedrückt heißt das, die Bankbetriebslehre stellt das Postulat auf, das **Anlagevermögen m u ß durch das Eigenkapital gedeckt sein.** Wie sehr die Bankbetriebslehre (als Besondere Betriebswirtschaftslehre) die Aussage der Allgemeinen Betriebswirtschaftslehre einengt, geht auch daraus hervor, daß hier die „weichere „Form" — nämlich der Ersatz eines Teiles des Eigenkapitals durch langfristiges Fremdkapital (s. o.) — nicht tragbar ist. Auch die „erweiterte" Form gilt hier nicht.

b) Die funktionale Gliederung

Eine andere Gliederung der Betriebswirtschaftslehre benutzt die betrieblichen Funktionen als Einteilungskriterien. Der Begriff Funktion drückt eine Teilaufgabe aus mit Abhängigkeitscharakter von einem größeren Ganzen. Ausgangspunkt ist in jedem Falle die Betriebsaufgabe bzw. das Betriebsziel (vgl. oben: Betriebszweck). Die Aufgabe, das Betriebsziel oder den Betriebszweck zu erreichen, muß sinnvoll gegliedert und auf einzelne Funktionen verteilt werden. Es gibt mehrere betriebliche Funktionen, von denen hier zunächst nur einige genannt sein sollen: Beschaffung, Produktion, Absatz, Finanzierung.

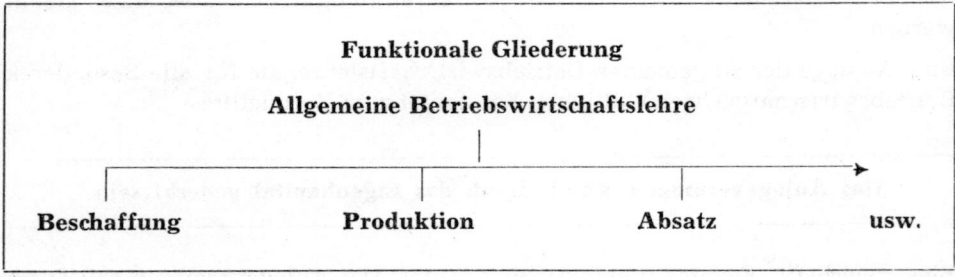

Dementsprechend geht man bei der funktionalen Gliederung der Betriebswirtschaftslehre wie folgt vor: Als Oberbau benutzt man die „Allgemeine Betriebswirtschaftslehre". Daneben faßt man die betrieblichen Funktionen in sogenannten Funktionslehren zusammen; die oben dargestellten Wirtschaftszweiglehren werden dann in Forschung und Lehre nur noch als Abrundung behandelt. Es muß noch erwähnt werden, daß die Funktionslehre nicht nur eine Prozeßlehre (Kataklaktik) ist, sondern gleichzeitig auch eine Strukturlehre (Morphologie); außer der Funktionsausführung werden auch die Funktionsträger behandelt.

c) Das System der Betriebswirtschaftslehre

Wenn man sich mit den betriebswirtschaftlichen Grundlagen befassen will, so ist es zweckmäßig, sich den „gesamten Rahmen" der Betriebswirtschaftslehre vor Augen zu halten; man spricht im allgemeinen von dem „System der Betriebswirtschaftslehre". Zunächst ist es wichtig, die Gliederung festzulegen. (Es ist bereits gezeigt worden, daß es mehrere Gliederungsmöglichkeiten gibt; offenbar sind alle diese Gliederungsmethoden berechtigt.)

Die Allgemeine Betriebswirtschaftslehre ist zu trennen von den Wirtschaftszweiglehren. Sie betrachtet den Gegenstand der Betriebswirtschaftslehre (= das Objekt), nämlich den Betrieb in seinen wirtschaftlichen Vorgängen als Erkenntnisobjekt der Betriebswirtschaftslehre.

Auf der anderen Seite hat man sich zu beschäftigen mit den Methoden, mit denen man (vom Erfahrungsobjekt) zum Erkenntnisobjekt (und umgekehrt) gelangen kann.

Die Allgemeine Betriebswirtschaftslehre fragt vor allem, welche Elemente vorhanden sein müssen, damit man von einem Betrieb sprechen kann. Neben der Betrachtung der Betriebselemente ist wichtig die Erläuterung der betrieblichen Funktionen. Unter Funktionen werden hier verstanden die Äußerungen der (vorhandenen) betrieblichen Elemente durch den Betriebsprozeß nach außen hin.

Dieses betriebliche Geschehen wiederum schlägt sich rechnerisch nieder im betrieblichen Rechnungswesen. Das betriebliche Rechnungswesen umfaßt sowohl Betriebselemente als auch Betriebsfunktionen. Die Ergebnisse des betrieblichen Rechnungswesens schlagen sich nieder in Produktivität, Wirtschaftlichkeit, Rentabilität und Liquidität. An Hand dieser Aussagen läßt sich feststellen, ob ein Betrieb „im Gleichgewicht" ist.

Hier sind die Ausgangspunkte für eine gute Betriebspolitik, die sich nicht erschöpft in der Bezeichnung des Wagnisses und des unternehmerischen Risikos, die sich auch erstreckt auf Fragen der Personalpolitik (Arbeitswissenschaft), der geeigneten Rechtsform (mit den entsprechenden Einflüssen auf die Besteuerung) und ganz besonders auf so wichtige Gebiete wie Marktforschung, Marktbeobachtung und Marktanalyse.

Der Überblick über das System der Betriebswirtschaftslehre (vgl. Schaubild auf Seite 28) zeigt, daß mannigfache Einflüsse in unterschiedlicher Gewichtung auf das betriebliche Gleichgewicht Einfluß nehmen. Aus diesem Grunde ist man zu der Überzeugung gekommen, daß es ein statisches Gleichgewicht in der Wirtschaft — und damit auch in den Betrieben — gar nicht geben kann. Wirtschaft und Betriebe sind vielmehr durch ungleich gewichtige Zustände gekennzeichnet; man spricht deshalb hier von einem dynamischen Gleichgewicht.

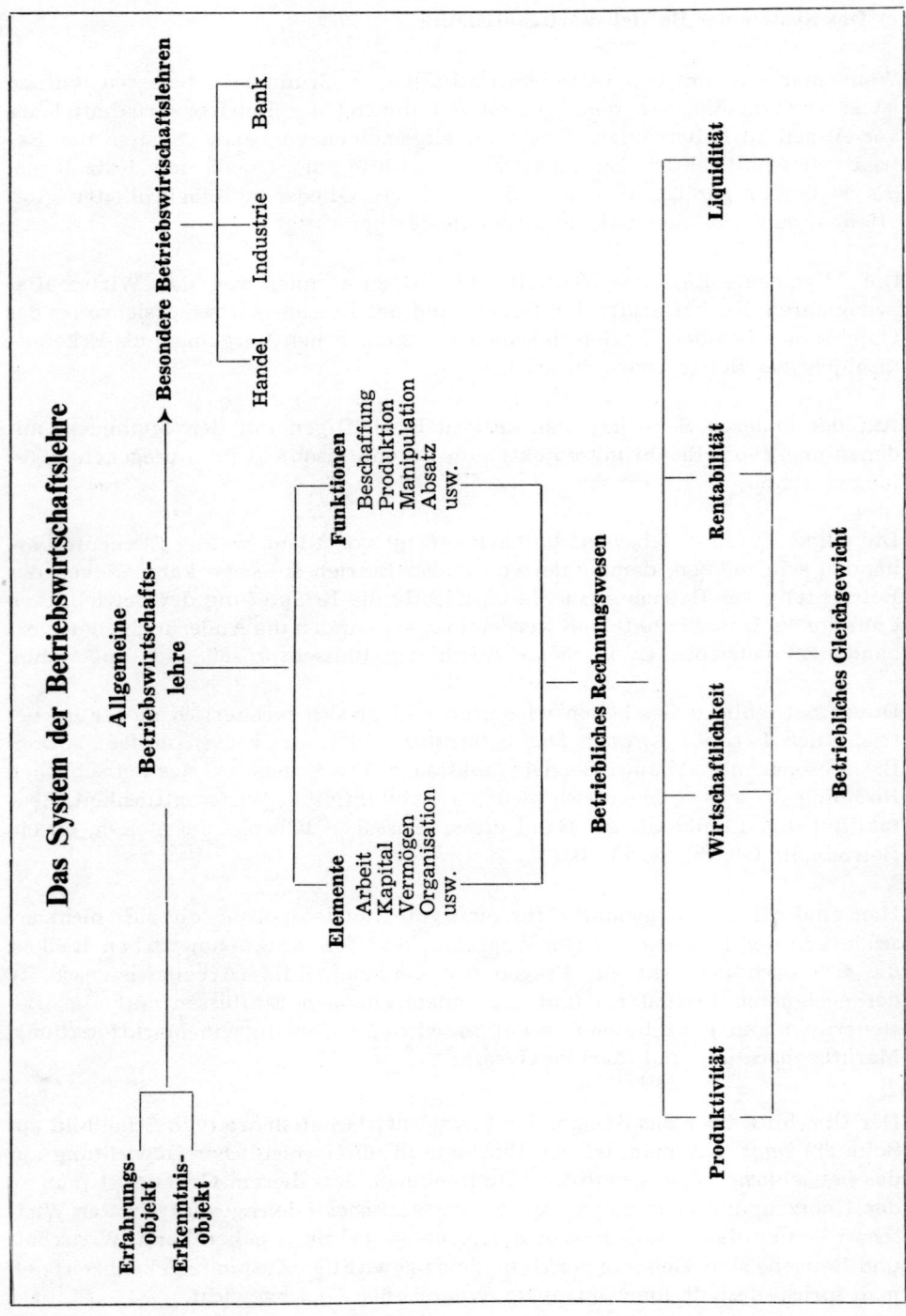

4. Abgrenzung der Betriebswirtschaftslehre zu anderen Wissenschaften

a) Abgrenzung zur Rechtswissenschaft

Zwischen Betriebswirtschaftslehre und Rechtswissenschaft besteht eine enge Verbindung. In der Rechtswissenschaft findet man die gesetzmäßige Verankerung von Unternehmungsformen, Wirtschaftsvorgängen usw. Die Unternehmungsform aber ist Ausdruck der gesetzlich umschriebenen Form, in der sich eine Unternehmung (am Markt) entfalten darf. (§ 17 HGB: „Die Firma[1]) eines Kaufmanns ist der Name, unter dem er im Handel seine Geschäfte betreibt und seine Unterschrift abgibt".)

Die unterschiedlichen Unternehmungsformen knüpfen in aller Regel an die unterschiedlichen Aufgaben an, die die Unternehmungen zu leisten haben. So kam es zur Schaffung von Einzelunternehmungen bzw. zur Gründung von Gesellschaftsunternehmungen. Beide Unternehmungstypen können — je nach Art und Weise der kapitalmäßigen Beteiligung der einzelnen Gesellschafter und nach Art der Haftung — verschiedene Formen aufweisen.

Zu den Personengesellschaften zählen Offene Handelsgesellschaften und Kommanditgesellschaften; zu den Kapitalgesellschaften zählen Aktiengesellschaften, Kommanditgesellschaften auf Aktien, Gesellschaften mit beschränkter Haftung u. a.

In der betriebswirtschaftlichen Forschung stand lange Zeit die juristische Einheit der Unternehmung im Mittelpunkt des Interesses. Später wurden dann die ersten „Wirtschaftstypen" der Unternehmung unterschieden. Nach dem zweiten Weltkrieg sind viele Forscher mit unternehmungsmorphologischen Ausführungen hervorgetreten. Ihr Streben galt der Typus- und Gestaltanalyse „kaufmännisch geleiteter" Industrie- und Handelsunternehmen mittels einer Vielzahl von Merkmalen und Merkmalsabstufungen. Dabei interessierten vor allen Dingen die äußere Form und die innere Aufgabe der Unternehmungen ebenso wie die in den Gebilden wirksamen Kräfte und die auch für die Umwelt spürbaren Wirkungen (das sind nur einige Gruppen der beachteten Merkmale).

Schließlich hat sich Gutenberg darauf konzentriert, „systemindifferente Grundformen" betrieblichen Wirtschaftens — die in allen Volkswirtschaften gegeben sind — als solche zu kennzeichnen. So kommt es, daß eine Forschungsrichtung besonders den „Sinn"-Merkmalen der Unternehmungsumwelt ihre Aufmerksamkeit schenkt. Hier unterscheidet man im einzelnen „psychische Kräfte" der Wirtschaftsgestalter (Motive, Talente, Charaktereigenschaften) von solchen „institutionalisierter Art", die nicht selten durch Satzungen und Rechtsvorschriften festgelegt sind und als solche das Verhalten der Gestalter beeinflussen.

---

[1]) Im Sprachgebrauch hat sich der Begriff „Firma" für die Unternehmung als solche durchgesetzt. Firma im Rechtssinne ist jedoch ausschließlich der kaufmännische Name, unter dem jemand auf dem Markt tätig wird.

Diese Forschungsrichtungen bleiben nicht ohne Rückwirkungen auf die Rechtswissenschaft. So haben z. B. sich bereits einzelne Erkenntnisse in der Änderung des Aktiengesetzes niedergeschlagen. Mit anderen Worten, die Gestaltungskraft der Wirtschaft hat die Rechtswissenschaft vor die Aufgabe gestellt, neuen Formen auch die rechtlichen Grundlagen zu geben. So kommt es, daß die Wirtschaft in der Regel dem Recht vorangeht; eine Ausnahme bildet die rechtliche Fixierung der GmbH (sie wurde von der Rechtswissenschaft — als „kleine Aktiengesellschaft" — entwickelt und erst dann in die Wirtschaftspraxis eingeführt).

b) Abgrenzung zur Volkswirtschaftslehre

Nach heute herrschender Auffassung ist die Betriebswirtschaftslehre eine selbständige Disziplin im Rahmen der Wirtschaftswissenschaften. Das schließt nicht aus, daß einige Forscher auch auf dem Standpunkt stehen, daß Betriebswirtschaftslehre und Volkswirtschaftslehre das gleiche sind; nur haben sie unterschiedliche Betrachterstandpunkte.

Betriebswirtschaftslehre und Volkswirtschaftslehre haben verschiedene Erfahrungsobjekte, nämlich Betrieb bzw. Markt, sie haben aber jeweils ein anderes Erkenntnisobjekt. Betriebswirtschaftslehre und Volkswirtschaftslehre haben auch verschiedene Erkenntnisobjekte (vgl. dazu die Ausführungen auf Seite 11).

Beide Disziplinen haben verschiedene Forschungsrichtungen. Die Betriebswirtschaftslehre geht z. B. aus von der Wertbildung im Betrieb über die Wertverteilung und die Betrachtung der Preisstellung und blickt auf den Markt. Bei der Volkswirtschaftslehre ist es umgekehrt. Die volkswirtschaftliche Forschungsrichtung geht aus von der Erkenntnis des Marktes über das Erforschen der Preisbildung und der Wertbildung hin zum Betrieb.

Für die Volkswirtschaftslehre sind Betriebe (Haushalte und Unternehmungen) verschiedene Komponenten des volkswirtschaftlichen Kreislaufs. Auf der einen Seite sind sie Nachfrager nach Konsumgütern, auf der anderen Seite sind sie Anbieter von Produktionsgütern (Arbeit, Kapital, Grund und Boden).

Ein weiterer Unterschied liegt in der Aufgabenstellung. Während sich die Betriebswirtschaftslehre mit der Erforschung und Erklärung des Betriebsprozesses zu befassen hat, hat die Volkswirtschaftslehre die Bildungsgesetze und volkswirtschaftlichen Funktionen des Preises aufzuzeigen.

Früher führte man noch folgendes Argument an: Die Betriebswirtschaftslehre betrachtet mehr als die Volkswirtschaftslehre die soziale Seite des Betriebes. Dieses Argument sollte hier nur erwähnt werden, da ihm die Praxis nicht voll entspricht.

5. Die Arten der Betriebe

Es gibt viele artbildende Merkmale für den Betrieb. Innerhalb jeder Betriebsart gibt es wiederum verschiedene Unterscheidungsmerkmale.

a) Übersicht über die Einteilungskriterien

Unterscheidungen sind möglich nach

(1) dem Wirtschaftszweig
Industrie
Handel
Handwerk
usw.

(2) der Branche
Lebensmittelhandel
Obsthandel
Gemüsehandel
usw.

(3) der Leistung
Sachgüterbetriebe (konkrete Leistung)
Dienstleistungsbetriebe (abstrakte Leistung)

(4) dem Kostencharakter
arbeitsintensive (lohnintensive) Betriebe
kapitalintensive Betriebe
materialintensive Betriebe

(5) der Vermögensstruktur
anlageintensive Betriebe
forderungsintensive Betriebe

(6) dem Standort
bodenständige Betriebe
halbständige Betriebe
wandernde Betriebe

(7) der Standortwahl
arbeitsorientierte Betriebe
konsumorientierte Betriebe
materialorientierte Betriebe

(8) der Wahlmöglichkeit des Standorts in
Betriebe mit freiem Standort
Betriebe mit gebundenem Standort

(9) dem Betätigungsbereich
Betriebe mit lokaler Bedeutung
Betriebe mit nationaler Bedeutung
Betriebe mit internationaler Bedeutung

(10) **der Behandlung des Werkstoffes**
   Stoffgewinnungsbetriebe
   Stoffumformungsbetriebe
   Stoffumwandlungsbetriebe
   Stoffveredelungsbetriebe

(11) **der Rechtsform**[1])

(12) **der Betriebsgröße**

(13) **der Zielsetzung der Betriebswirtschaft**
   erwerbswirtschaftliche Zielsetzung
   genossenschaftliche Zielsetzung
   kostendeckungswirtschaftliche Zielsetzung
   (nähere Erläuterungen hierzu enthält das Kapitel V)

b) Wirtschaftsgesinnung und Geschäftsprinzipien

Mit den unter (13) genannten unterschiedlichen Zielsetzungen sind zugleich unterschiedliche Wirtschaftsgesinnungen und Geschäftsprinzipien angesprochen als artbildende Merkmale von Betrieben.

(1) Die Wirtschaftsgesinnung

Es ist bereits oben erwähnt worden, daß sich der Betrieb nach ganz bestimmten Richtungen orientiert, und zwar einmal organisationsmäßig und dann auch hinsichtlich seiner Wirtschaftsgesinnung. Hierbei werden zwei grundsätzliche Auffassungen des Betriebes unterschieden, die sich diametral gegenüberstehen. Bevor diese beiden Auffassungen im einzelnen erläutert werden, soll aber darauf hingewiesen werden, daß in aller Regel weder die eine noch die andere Auffassung in der Praxis „in Reinkultur" anzutreffen sein wird. Vielmehr befindet sich die Praxis in mancher Beziehung auf dem Wege zur einen Auffassung und in anderer Beziehung auf dem Wege zu der anderen Auffassung (vergleichbar etwa mit der volkswirtschaftlichen Position, die schwanken kann zwischen einer absolut freien Marktwirtschaft und einer mehr oder weniger [zentral] gelenkten Wirtschaft).

Die instrumentale Auffassung geht von folgenden Überlegungen aus: der Betrieb dient der Leistungserstellung und der Einkommenserzielung. Alleiniger Risikoträger ist der Unternehmer. Alles, was der Betrieb erwirtschaftet, ist Gewinn des Unternehmers. Hier stellt sich die Frage der „gerechten" Beteiligung aller Betriebselemente, die an der Hervorbringung des im Betrieb erwirtschafteten Mehrwertes beteiligt waren. Das läuft hinaus auf die Frage der „gerechten" Entlohnung des Betriebselementes „Arbeit". Die instrumentale Auffassung sagt, „Lohn ist Kauf von Arbeit". Ist der Unternehmer mit einem Arbeiter über einen bestimmten (Arbeits-) „Preis" (= Lohn) einig geworden, so wird

---

[1]) Verwiesen sei hier auf das Kapitel „Unternehmungs- und Konzentrationsformen".

der Arbeitnehmer mit dieser „Kaufgeldsumme" (= Lohn) für den Einsatz seiner körperlichen und geistigen Kräfte voll abgegolten; er hat kein weiteres „Anrecht" auf gerechte Verteilung des Mehrwertes (etwa auf eine Jahreserfolgsbeteiligung — üblicherweise wird sie als Abschlußvergütung bezeichnet).

Die institutionelle Auffassung basiert auf einem anderen Gedankengang: der Betrieb erfüllt eine gesamtwirtschaftliche (soziale) Funktion; er ist eine Institution der Volkswirtschaft und dient der Bedürfnisbefriedigung. Die Unternehmer, die dieser Auffassung huldigen, wollen zwar einen „angemessenen Gewinn" erzielen, sie können Kosten und bestimmte Steuern in den Preis einkalkulieren und richten ihr Augenmerk auf den dann erzielbaren Mehrwert, den sie „gerecht" (auf Kapital und Arbeit) zu verteilen trachten. Der so gewährte Monatslohn ist in diesem Falle als „Vorleistung" zu bezeichnen. Die „Endabrechnung" einer Wirtschaftsperiode geschieht nach deren Ablauf (Jahreserfolgsrechnung). Somit erfolgt in diesem Zusammenhang die „Nachleistung", das heißt, die sich aus der Endabrechnung ergebende Nachschußzahlung (= Abschlußvergütung), die wiederum auf dem Jahreserfolg basiert. Gegen das Vorhandensein der institutionellen Auffassung spricht die heute überall praktizierte Selbstfinanzierung. Hierbei sei gleich bemerkt, daß jeder Unternehmer versucht, einen möglichst hohen Selbstfinanzierungsprozentsatz in den Preis einzukalkulieren. Die Allgemeine Betriebswirtschaftslehre wendet sich gegen eine überhöhte Selbstfinanzierungsquote (im einzelnen wird auf dieses Problem später eingegangen).

Gegen das Vorhandensein der institutionellen Auffassung spricht das Bestreben, die Arbeit „gerecht" am (Jahres-)Ergebnis zu beteiligen; weiterhin ist das Fachwort „Ergebnisbeteiligung" bekannt. Im politischen Raum spricht man in diesem Zusammenhang von Eigentumspolitik und Eigentumsbildung.

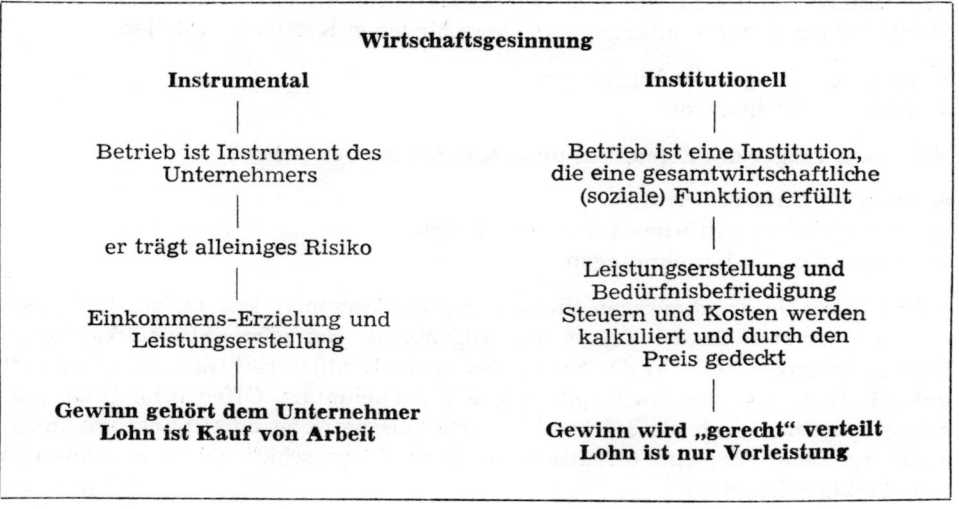

(2) Die Geschäftsprinzipien

Betriebe können verschiedene Geschäftsprinzipien verfolgen. Einige Betriebe haben z. B. als Leitmotiv das sogenannte privatwirtschaftliche oder erwerbswirtschaftliche Prinzip, andere wieder das gemeinwirtschaftliche Prinzip und wieder andere schließlich das sogenannte genossenschaftliche Prinzip.

Das privat- bzw. erwerbswirtschaftliche Prinzip ist ausgerichtet auf ein optimales Gewinnstreben (es wird hier nicht vom maximalen Gewinnstreben gesprochen, weil es in der Praxis kaum durchführbar ist). Unter optimalem Gewinnstreben versteht man das Bestreben, auf lange Sicht einen möglichst hohen Ertrag zu erwirtschaften.

Das gemeinwirtschaftliche Prinzip stellt ab auf Kostendeckung, es will soviel erwirtschaften, daß die Kosten gedeckt werden können; in der Regel handelt es sich dabei um die Befriedigung „allgemeinwirtschaftlicher Bedürfnisse", Vorhaben also, die in der Regel von einem privaten Betrieb nicht durchgeführt werden können, da sie einen entsprechenden Ertrag nicht erbringen.

Das genossenschaftliche Prinzip hat zwei Blickrichtungen: einmal ist es gemeinwirtschaftlich ausgerichtet, zum anderen aber fehlt auch die erwerbswirtschaftliche Linie nicht. Genossenschaftliches Leitmotiv ist es (nach dem Genossenschaftsgesetz) „die Wirtschaft der Genossen zu fördern". Insofern nähert es sich dem gemeinwirtschaftlichen Prinzip. Gleichwohl wird der erwerbswirtschaftliche Charakter nicht verneint, da auch die Genossenschaften bestrebt sind, eine „Dividende" am Schluß eines jeden Geschäftsjahres an die Genossen auszuschütten.

c) Die Rechtsform

Die Rechtsform ist der Ausdruck der gesetzlich umschriebenen Form, in der sich eine Unternehmung in der Volkswirtschaft entfalten darf. Man kann die am Markt tätigen Unternehmungen nach verschiedenen Kriterien einteilen:

1. nach dem Träger des Eigentums
2. nach der Rechtsform

Nach dem Träger des Eigentums unterscheidet man zwischen

a) privaten Unternehmungen
b) gemischtwirtschaftlichen Unternehmungen
c) öffentlichen Unternehmungen

Bei privaten Unternehmungen sind nur private Personen oder juristische Personen des privaten Rechts Träger des Eigentums. Bei gemischtwirtschaftlichen Unternehmungen betreibt der Staat oder eine öffentlich-rechtliche Körperschaft unter Beteiligung privaten Kapitals eine Unternehmung. Öffentliche Unternehmungen werden auch als öffentliche Wirtschaftsbetriebe bezeichnet; mit ihnen greift der Staat oder eine öffentlich-rechtliche Körperschaft als Unternehmer in das Marktgeschehen ein.

Wenn man die Unternehmungen nach der Rechtsform kennzeichnet, unterscheidet man zwischen

a) Einzelkaufmann

b) Personengesellschaft

c) Kapitalgesellschaft.

Die Einzelunternehmung (Einzelkaufmann) ist die am weitesten verbreitete Unternehmungsform der Erwerbswirtschaft. Der Einzelkaufmann haftet mit seinem gesamten (d. h. auch mit seinem privaten) Vermögen.

Bei dieser Rechtsform ist das gesamte Geschehen innerhalb der Unternehmung auf den Unternehmer selbst ausgerichtet. Das bezieht sich sowohl auf die Haftung als auch auf die Leitung. Wesentliche betriebswirtschaftliche Fragen ergeben sich hier insbesondere bei der Finanzierung.

Mit Gesellschaftsunternehmungen bezeichnet man (als Sammelbegriff) sowohl Personengesellschaften als auch Kapitalgesellschaften. Der Begriff sagt bereits, daß es sich hier um den Zusammenschluß mehrerer Personen bzw. um den Zusammenschluß mehrerer Kapitalgeber handelt.

Als Personengesellschaften (Personalgesellschaften) bezeichnet man den Zusammenschluß von mindestens zwei Personen zur Verwirklichung eines bestimmten Zweckes in der Rechtsform einer Gesellschaft.

Personengesellschaften sind

- Gesellschaft des Bürgerlichen Rechts
- Offene Handelsgesellschaft
- Kommanditgesellschaft.

Nicht als Personengesellschaft gilt die stille Gesellschaft, weil bei ihr ein (gesellschaftlicher) Zusammenschluß nur im Innenverhältnis vorhanden ist.

Die Personengesellschaft ist — im Gegensatz zur Kapitalgesellschaft — keine juristische Person; nicht die Kapitalbeteiligung, sondern die Person als Gesellschafter steht im Vordergrund. Grundsätzlich arbeiten die Gesellschafter persönlich mit oder haben wenigstens das Recht darauf und haften persönlich mit ihrem gesamten (also auch mit dem privaten) Vermögen.

Bei den Kapitalgesellschaften steht (im Gegensatz zu den Personengesellschaften) die kapitalmäßige Beteiligung der Gesellschafter im Vordergrund. Eine Beteiligung ohne Kapitaleinlage ist nicht möglich; eine persönliche Mitarbeit der Gesellschafter (= Kapitalgeber) ist nicht erforderlich. Die Kapitalgesellschaft ist juristische Person, sie besitzt damit eigene Rechtsfähigkeit und benötigt für ihre Vertretung und Geschäftsführung besondere Organe (= Aufsichtsrat, Vorstand, Hauptversammlung).

Unternehmungsform	Haftung	Leitung	Zahl der Beteiligten
❶ Einzelfirma	Gesamtes Vermögen des Eigentümers	Durch den Eigentümer	Eine Person
❷ Einzelfirma mit stillem Gesellschafter	wie bei 1, der stille Gesellschafter haftet in Höhe seiner eingezahlten oder zugesagten Einlage	wie bei 1 evtl. vertragliche Bindung gegenüber dem stillen Gesellschafter	Praktisch auf wenige Personen beschränkt
❸ Offene Handelsgesellschaft	Gesamtes Vermögen der Eigentümer	Durch die Eigentümer evtl. vertragliche Beschränkungen	wie bei 2
❹ Kommanditgesellschaft	Persönlich haftende Gesellschafter mit vollem Vermögen; Kommanditisten in Höhe der eingezahlten oder zugesagten Einlagen	Durch die persönlich haftenden Gesellschafter (evtl. vertragliche Beschränkung)	wie bei 2
❺ Aktiengesellschaft	Beschränkt auf das eingezahlte oder zugesagte Eigenkapital (Grundkapital + Rücklagen)	Leitung durch den Vorstand, der nicht kapitalbeteiligt zu sein braucht. Er untersteht Hauptversammlung und Aufsichtsrat	Begrenzt durch die Zahl der Aktien. Bei Gründung mindestens 5 Aktionäre. Möglich auch die „Ein-Mann-AG"
❻ Gesellschaft mit beschränkter Haftung	wie bei 5 möglich eine Festsetzung einer beschränkten oder unbeschränkten Nachschußpflicht	Leitung durch Geschäftsführer, die nicht kapitalbeteiligt zu sein brauchen. Unterstehen Gesellschafter-Versammlung (evtl. auch Aufsichtsrat)	Begrenzt durch Zahl der Geschäftsanteile. Bei Gründung mindestens 2 Gesellschafter. Möglich ist „Ein-Mann-Gesellschaft"
❼ Eingetragene Genossenschaft	Die Genossen haften a) unbeschränkt, aber nur mittelbar mit vollem Vermögen (unbeschränkte Nachschußpflicht) b) beschränkt in bestimmter Höhe (mindestens mit gleichem Betrag wie Geschäftsanteil)	wie bei 5 nur mit dem Unterschied, daß Vorstand und Aufsichtsrat kapitalbeteiligt sein müssen	Unbegrenzt; mindestens 7 Genossen zur Gründung erforderlich

Einführung in das Wirtschaften

Unternehmungsform	Beschaffung des Eigenkapitals	Festes oder bewegliches Eigenkapital	Kapitalerhöhung
❶ Einzelfirma	Begrenzt durch die Größe des Vermögens des Eigentümers	Beweglich, Entziehung und Neueinzahlung jederzeit möglich	a) Durch Aufspeicherung von Gewinn; b) durch Heranziehung von noch nicht i. d. Unternehmung angelegten Verm. des Eigentümers
❷ Einzelfirma mit stillem Gesellschafter	wie bei 1; außerdem Kapitaleinlage des stillen Gesellschafters	wie 1; der stille Gesellschafter ist an seine Kapitaleinlage gebunden	a) und b) wie 1; c) durch Erhöhung d. Einl. d. stillen Gesellschafters oder durch Heranziehung neuer stiller Gesellschafter
❸ Offene Handelsgesellschaft	Begrenzt durch die Vermögen der Gesellschafter	wie 1	a) und b) wie 1; c) durch Aufnahme neuer Gesellschafter
❹ Kommanditgesellschaft	a) Persönlich haftende Gesellschafter wie 3; b) Kommanditisten mit Einlage begrenzt	Persönlich haftende Gesellschafter wie bei 1; Kommanditisten an ihre Einlagen gebunden	a) wie 1 b) durch Erhöhung d. Einlage der persönl. haftenden Gesellschafter c) durch Erhöhung der Einlagen der Kommanditisten oder durch Heranziehung neuer Kommanditisten
❺ Aktiengesellschaft	Grundkapital begrenzt durch d. Ges. Reservenbildung gesetzl. vorgesehen	Grundkapital fest Reserven bewegl.	a) Durch Rücklagenbildung; b) durch Erhöhung d. Grundkapitals
❻ Gesellschaft mit beschränkter Haftung	Stammkapital begrenzt der Gesellschaftsvertrag Reservenbildung freiwillig	wie bei 5	a) Durch Rücklagenbildung aus Gewinn; b) durch Erhöhung d. Stammkapitals
❼ Eingetragene Genossenschaft	Geschäftsanteile begrenzt durch Statut; Reservenbildung gesetzlich vorgeschrieben	Grundkapital bewegl. ändert sich ohne Beschluß durch Ein- und Austritt von Genossen	a) Durch Rücklagenbildung aus Gewinn; b) durch Erhöhung des Betrages der Geschäftsanteile c) durch Aufnahme neuer Genossen

Die Kapitalanteile der Gesellschafter sind regelmäßig übertragbar, ohne daß dadurch der Bestand der Gesellschaft in Frage gestellt wird. Die Willensbildung (= Beschlußfassung) erfolgt in der Regel nach dem Verhältnis der Kapitalbeteiligung. Das Privatvermögen der Gesellschafter haftet nicht für die Schulden der Gesellschaft (Ausnahme: Komplementäre der KGaA).

Zu den Kapitalgesellschaften gehören

die Aktiengesellschaft
die Kommanditgesellschaft auf Aktien
die Gesellschaft mit beschränkter Haftung

Die Genossenschaften sind eine Mischform, die nicht zu den Handelsgesellschaften zählt. Gleichwohl sind sie aber juristische Personen und weitgehend vereinsrechtlich ausgestaltet. Man kann die Genossenschaften auch als eine Mischform zwischen Kapitalgesellschaft und Personengesellschaft bezeichnen.

In einer Übersicht werden die betriebswirtschaftlich relevanten Faktoren (Haftung, Leitung, Zahl der Beteiligten usw.) der privatrechtlichen Rechtsformen aufgezeigt.

Als Unternehmungszusammenschluß bezeichnet man jede freiwillige Vereinigung von Unternehmungen im Vertragswege zum Zwecke der

(a) Marktbeherrschung und

(b) gegenseitigen wirtschaftlichen Unterstützung.

Der Grad des Zusammenschlusses richtet sich meist nach dem erstrebten Zweck. Es gibt aus diesem Grunde eine Vielzahl von Unternehmungszusammenschlüssen; genannt seien hier:

Interessengemeinschaft,
Arbeitsgemeinschaft
Ring,
Konzern,
Trust,
Kartelle.

Die Unternehmungszusammenschlüsse stellen innerhalb einer Volkswirtschaft einen gewichtigen Machtfaktor dar (Einzelheiten dazu enthält das Kapitel „Unternehmungs- und Konzentrationsformen").

d) Die Betriebsgröße

(1) Klein-, Mittel- und Großbetriebe

Allgemein bekannt ist die Einteilung der Betriebe in Klein-, Mittel- und Großbetriebe. Forscht man bei denjenigen, die diese Unterscheidung verwenden, welche Einteilungskriterien sie im einzelnen benutzten, so wird man finden, daß es keine einheitliche und klare Abgrenzung gibt.

Die amtliche Statistik z. B. stellt ab auf die Beschäftigtenzahl. Sie rechnet zu den Kleinbetrieben diejenigen, die 1 bis 5 Beschäftigte aufweisen. Zu den Mittelbetrieben zählen diejenigen, die bis zu 50 Beschäftigte haben und zu den Großbetrieben diejenigen Betriebe, die mehr als 50 Arbeitnehmer beschäftigen.

Die gewerbliche Betriebszählung geht andere Wege. Sie zählt zu den Kleinbetrieben die Betriebe, die bis zu 10 Arbeitnehmer beschäftigen. Unter die Mittelbetriebe zählen diejenigen Betriebe, die 11 bis 500 Beschäftigte aufweisen. Betriebe mit über 500 Beschäftigten werden als Großbetrieb bezeichnet.

Die Betriebswirtschaftslehre zählt zu den Kleinbetrieben diejenigen, die bis zu 20 Arbeitnehmern beschäftigen. Großbetriebe sind diejenigen, die über 1000 Beschäftigte aufweisen.

Die Steuerbehörde geht wieder andere Wege; sie unterscheidet nach der Höhe des Aktivvermögens bzw. nach der Höhe des Gewinns und bei den Fabrikations- und Handelsbetrieben nach der Höhe des Umsatzes bzw. nach der Höhe des Gewinns. Bei land- und forstwirtschaftlichen Betrieben dagegen nach der Höhe des Einheitswertes und nach der Höhe des Gewinns.

Klein-, Mittel- und Großbetriebe

	Kriterium	Kleinbetrieb	Mittelbetrieb	Großbetrieb
Amtliche Statistik	Zahl der Beschäftigten	1—5	6— 50	mehr als 50
Gewerbliche Betriebszählung[1]	Zahl der Beschäftigten	bis 10	11—500	mehr als 500
Betriebswirtschaftslehre	Zahl der Beschäftigten	unter 20	20—999	mehr als 1000
Steuerrechtlich:				
Fabrikations-, Handwerks-, Gewerbebetriebe	Umsatz (Mill. DM) oder Gewinn (TDM)	unter 0,3 unter 20	0,3— 2 20—100	über 2 über 100
Handelsbetriebe	Umsatz (Mill. DM) oder Gewinn (TDM)	unter 0,3 unter 20	0,3— 3 20—100	über 3 über 100
Banken	Aktivvermögen (Mill. DM) oder Gewinn (TDM)	unter 5 unter 15	5— 20 15— 75	über 20 über 75
Land- und Forstwirtschaft[2]	Einheitswert (TDM) oder Gewinn (TDM)	unter 100 unter 6	100—200 6— 20	über 200 über 20

[1] Die Zahl der industriellen Kleinbetriebe beträgt rund 40 000 (das sind etwa 43 % aller Industriebetriebe), sie beschäftigen aber nur 3 % der industriell tätigen Arbeitnehmer und erzielen etwa 2 % des Umsatzes der gesamten Industrie.

[2] Die amtliche Landwirtschaftsstatistik bezeichnet als Mittelbetriebe alle Betriebe von 5 bis 20 ha Bodennutzfläche; in der Praxis gibt es hiervon starke — regional bedingte — Abweichungen (Bayern durchschnittlich 7,6 ha, Niedersachsen 8,8 ha, Schleswig-Holstein 13,8 ha).

(2) Die optimale Betriebsgröße

Mit Betriebsgröße bezeichnet man die Größe der zu einem bestimmten Zeitpunkt zur Verfügung stehenden produktionstechnischen Anlagen, ohne Rücksicht darauf, wie weit sie genutzt werden.

Der Umfang des Gesamteinsatzes der vom Unternehmer kombinierten Produktionsfaktoren ist also ausschlaggebend. Außerdem ist die Betriebsgröße abhängig auch von der Produktionsstufe und von der Produktionstiefe. Bei der Landwirtschaft z. B. ist die Betriebsgröße bei der Bodennutzung ausgerichtet nach dem Flächenausmaß des zur Verfügung stehenden Bodens; bei einer Mühle ist sie ausgerichtet nach dem Absatz; bei einer Bäckerei wiederum ist sie ausgerichtet nach dem Standort.

Die optimale Betriebsgröße ist bei allen Betrieben erstrebenswert. Man unterscheidet dabei zwischen technischer und wirtschaftlicher optimaler Betriebsgröße.

Die wirtschaftliche optimale Betriebsgröße gliedert sich in die finanzwirtschaftliche und die absatzwirtschaftliche optimale Betriebsgröße. Die technische optimale Betriebsgröße ist ein Mengenproblem und durch die Produktionsweise bestimmt. Ausschlaggebend ist hier, ob sie manuell oder maschinell erfolgt (Sägerei — Schreinerei). Die technische optimale Betriebsgröße ist aber oft aus wirtschaftlichen Gründen nicht erreichbar, weil die Absatzmöglichkeiten begrenzt sind.

Folgende Faktoren beeinflussen die technische optimale Betriebsgröße:

① Organisationsschwierigkeiten (maßgebend sind hier die Rechtsform des Betriebes sowie die Ausweitungsmöglichkeiten am Standort)

② Ausweitung des Leistungsprogramms (Ursache der Ausweitung liegt im Streben nach Wachstums-, Sicherungs- und Risikoausgleich)

③ Material-, Energie- und Facharbeiterengpässe (Engpässe bei der Materialbeschaffung können z. B. auch dadurch entstehen, daß im Ausland politische Einflüsse wirksam werden)

Erstrebenswertes Ziel eines Betriebes sollte es sein, die technische optimale Betriebsgröße durch die wirtschaftliche optimale Betriebsgröße, welche sich durch relativ größte Wirtschaftlichkeit und optimale Ertragslage kennzeichnet, zu erreichen.

Die finanzwirtschaftliche optimale Betriebsgröße ist ein Wertproblem und durch die Verfügungsmacht über Kapital bestimmt. Sie wird beeinflußt durch

① die Kapitalbeschaffungsmöglichkeiten, die sich auf Grund der gewählten Rechtsform ergeben,

② die Kreditbeschaffungsmöglichkeiten und

③ die wirtschaftlichen Einsatzmöglichkeiten der zur Verfügung stehenden Geldmittel.

Die absatzwirtschaftliche optimale Betriebsgröße ist zunächst ein Mengenproblem und durch die Aufnahmefähigkeit des Marktes bestimmt; zum anderen ein Wertproblem und durch die Preishöhe bestimmt. Sie wird beeinflußt durch:

① die Absatzmöglichkeiten (sie bestimmen die zu erzeugende Gütermenge; Marktanalyse und Marktforschung sind unerläßlich, um die Nachfrage auf dem Markt zu beobachten und festzustellen) und

② die Konkurrenz (sie muß beobachtet und bei der Preisbildung berücksichtigt werden).

Allgemein kann man feststellen, daß mit der Ausweitung des potentiellen Absatzmarktes sich die Tendenz zu größeren Betrieben dadurch verstärkt, daß neue (einen größeren Markt voraussetzende) Produktionstechniken und adäquate (Vertriebs-)Organisationsformen eingeführt werden. Diese Tendenz wird aber um so kräftiger sein, je mehr der technische Fortschritt dafür sorgt, daß sich die Produktion eines Unternehmens bei weiterer Steigerung kostengünstiger gestaltet; mit anderen Worten, daß sich das Betriebs-Optimum nach oben verschiebt.

(3) Die Bestimmung der optimalen Betriebsgröße

Die größte Schwierigkeit bei der Bestimmung der optimalen Betriebsgröße liegt in der Vielfältigket der auf sie einwirkenden Faktoren. Weder die Betriebsgröße im allgemeinen noch die optimale Betriebsgröße im besonderen lassen sich durch eine Formel eindeutig festlegen, da die zahlreichen und komplizierten Bestimmungsfaktoren in ihrer Gesamtheit nicht zu erfassen sind.

Die optimale Betriebsgröße ist eine ideal-typische Konstruktion, die erstrebenswert, aber nicht erreichbar ist. Ihr genaues Idealbild ist nicht in seinen einzelnen Teilen bekannt.

Auch bei genauester Planung und bester Betriebsführung wirken die unterschiedliche Leistungsfähigkeit und die Eignung von Mensch und Mitteln sowie unabwägbare außerbetriebliche Einflüsse der Erreichung des Idealbildes entgegen. Es ist unmöglich, sämtliche Faktoren in einem Betrieb optimal sich auswirken zu lassen. Die ideal-typische Betriebsgröße wäre dann gegeben, wenn die Kapazitäten der einzelnen Betriebselemente zu vollkommen harmonischer Einstimmung gebracht werden könnten.

Das wirklich aus einzelwirtschaftlicher Sicht erreichbare Optimum ist ein Kompromiß zwischen der technischen optimalen Betriebsgröße und der wirtschaftlichen optimalen Unternehmensgröße (Unternehmensgröße, bei der der höchst kalkulierbare Ertrag erzielt werden könnte). Bei seinen die Unternehmensgröße bestimmenden langfristigen Entscheidungen geht der Unternehmer von bestimmten Annahmen aus, so z. B. über die eventuelle Gewinngestaltung bei alternativem Absatzvolumen. Soweit die Unternehmensgröße durch das Streben nach maximalem Einkommen bestimmt ist, schätzt der Unternehmer das effektive Absatzvolumen des Unternehmens (bei gegebenem Sortiment) insbesondere als Ergebnis seiner Angebotspreise, von Art und Umfang der Nachfragestruktur und des Verhaltens der Konkurrenzanbieter.

Neben dem Gewinnstreben spielt jedoch auch das Sicherheitsbedürfnis bei der Festsetzung der Unternehmensgröße eine wichtige Rolle, vor allem dadurch, daß nur solche Wahlmöglichkeiten in Betracht kommen, deren Verwirklichung ein gewisses Maß an Ungewißheit überschreitet.

Das Problem der optimalen Unternehmensgröße darf nicht nur nach Kostengesichtspunkten (als Frage nach der Verwirklichung der Minimalkostenkombination bei der Produktion) gesehen werden. Infolgedessen ist es unlogisch zu behaupten, ein Unternehmen in einem bestimmten Industriezweig gleich welchen Landes habe dann die optimale Unternehmensgröße erreicht, wenn es eine bestimmte Zahl von Produktionseinheiten (z. B. 600 000 Kraftfahrzeuge) jährlich herstellt. Das Minimum der Produktionskosten ist nur e i n Element. Daneben sind noch eine Reihe von weiteren Faktoren (wie Größe des Marktes und Marktstrukturen, Angebots- und Nachfrageelastizität, Intensität des Wettbewerbs, Gegebenheiten der Technik, des Rechts usw.) von Bedeutung.

(4) Die zwanzig größten Unternehmen in der Bundesrepublik[1])

Für die Beurteilung der Größe eines Betriebes können verschiedene Maßstäbe herangezogen werden, wie 1. Anzahl der Beschäftigten, 2. Höhe des Umsatzes, 3. Höhe des Gewinnes und 4. Höhe des investierten Gesamtkapitals.

Ausgehend von der **Anzahl der Beschäftigten** ergibt sich für die Betriebe der Bundesrepublik Deutschland folgende Übersicht:

Firma	Beschäftigte in 1000		Anm.[2])
	1967	1966	
Siemens	242,0	257,0	K
AEG-Telefunken	135,5	138,1	K
Volkswagenwerk	127,7	127,3	K
Daimler-Benz	115,4	112,5	K
Krupp	90,4	102,4	K
Farbenfabriken Bayer	86,0	83,6	K
August Thyssen-Hütte	85,2	91,8	K
Bosch-Gruppe[3])	84,7	85,5	K
Farbwerke Hoechst	81,8	79,4	K
Flick-Gruppe	81,0	.	K
Rheinstahl	77,0	79,8	K
Veba	74,1	80,2	K
Salzgitter	71,8	83,7	K
Gutehoffnungshütte	71,6	74,2	K
BASF	71,2	73,7	K
Mannesmann	68,9	73,1	K
Hoesch - Dortmund-Hörder	63,8	71,6	K
Adam Opel AG	50,5	55,5	
Kaufhof	48,4	48,6	K
Klöckner-Werke	40,2	43,1	K

[1]) Größte Arbeitgeber in der Bundesrepublik sind Bundespost und Bundesbahn, die beide mehr als 400 000 Personen beschäftigen.
[2]) K = Konzernzahlen.
[3]) Die größte Diskrepanz in der Platzzahl nach Umsatz und Beschäftigtenzahl weist die Bosch-Gruppe auf. Sie ist nach der Belegschaft auf dem achten und nach dem Umsatz auf dem fünfundzwanzigsten Platz zu finden. Das wieder unterstreicht die Personalintensität in großen Teilen der Elektrobranche.

(5) Die größten Unternehmen Europas

Bei den 100 Industrie-Giganten Europas stellt England das größte Kontingent (36). Die Bundesrepublik stellt 25 Unternehmen. Der Rückgang des Anteils der deutschen Unternehmen an den 100 größten Unternehmen Europas beruht auf der unbefriedigenden Konjunkturentwicklung im Jahre 1967. Vor allem in der Spitzengruppe ist die Bundesrepublik schwächer geworden; stellte Deutschland von den 20 größten Unternehmen im Jahre 1965 noch 10, waren es im Jahre 1967 nur noch 9.

Der Trend zum Großunternehmen hat sich in Europa verstärkt. Während im Jahre 1965 nur 39 Unternehmen Umsätze von drei Milliarden Mark und mehr aufwiesen, waren es 1966 bereits 51 Unternehmen. In Deutschland hat sich der Kreis der Umsatzmilliardäre (Unternehmen mit mehr als 1 Milliarde Umsatz) von 39 im Jahre 1963 auf 44 im Jahre 1967 vermehrt.

(6) Die „Fortune"-Liste der Mammut-Unternehmen

Auf der **Grundlage von Gewinnen und Umsatzgrößen** ergibt sich für die größten Betriebe der Welt folgende Übersicht:

Gesellschaft	Rangfolge nach Gewinn	Rangfolge nach Umsatz	Reingewinn in Mrd. Dollar	Verzinsung des investierten Kapitals[1] in %	Beschäftigte (1000)
General Motors	1	1	1,63	17,6	728
Standard Oil (N. J.)	2	2	1,23	13,0	150
Texaco	3	8	0,75	15,3	80
IBM	4	7	0,65	17,0	222
Gulf Oil	5	9	0,58	13,1	58
Standard Oil of Calif.	6	11	0,42	10,8	48
Mobil Oil	7	6	0,39	10,0	80
Standard Oil (Ind.)	12	17	0,28	9,5	45
Gen. Tel. & Electronics	13	23	0,22	13,1	151
Chrysler	14	5	0,20	10,9	216
Procter & Gamble	15	27	0,17	17,3	41
US Steel	16	10	0,17	5,4	198
Union Carbide	17	25	0,17	10,3	100
Phillips Petroleum	18	36	0,16	11,0	36
Western Electric	19	11	0,15	9,2	170
Reynolds Tobacco	20	66	0,15	17,2	21

[1] Investiertes Kapital = Capital Stock, Surplus und nicht ausgeschüttete Gewinne am Jahresende.

(7) Die Mindestgröße

Im Zeitalter marktorientierter Unternehmensführung dringt der Gedanke einer optimalen Mindestgröße vor. Sie muß gegeben sein, um das Produkt als Ware oder die Firma als Name durchzusetzen. Es können für diese Gedanken auch Sicherheitsprobleme ausschlaggebend sein (bei Banken z. B. Mindest-Eigenkapital und Vorschriften über maximale Kredithöhen usw.). Man muß seinen Kunden eine vergleichsweise gute Leistung anbieten können; das verlangt einen Mindest-Marktanteil. Die ausreichende Größe ist in vielen Wirtschaftszweigen Voraussetzung für marktgerechte Leistungen.

In vielen Branchen mehren sich die Zeichen einer wachsenden Initiative zu größeren Unternehmungseinheiten (im Bankwesen: Kreditgenossenschaften). In manchen Zweigen der Wirtschaft wird man zuerst den Weg des Verbundes[1]) gehen. Ob er ausreichend sein wird, kann hier dahingestellt bleiben.

Damit setzt eine neue Phase der Unternehmungs-(Kunden-)beratung ein. Sie muß von den Mindestgrößen des Marktanteils ausgehen, über den eine Unternehmung verfügen muß, wenn sie konkurrenzfähig bleiben will. Die fehlenden Kapazitäten (oder Produkte/Geschäftszweige) bilden dann den Ansatzpunkt für eine wachstumsorientierte Fusionspolitik.

e) Fertigungsart/Fertigungsweise

Artbildende Merkmale für die Betriebe können auch die Fertigungsart bzw. die Fertigungsweise sein (man könnte vereinfacht von Fertigungsverfahren sprechen). Man bezeichnet damit die verschiedenen Formen des Fertigungsablaufes. Nach dem Umfang und der Struktur des Fertigungsprogramms unterscheidet man

● Einzelfertigung

Erzeugung individueller Produkte; Bestellfertigung; bei Großstücken wie bei Kleinstücken vorgeschriebener Bauart.

Beispiele: Brücken, Häuser, Schiffe, Möbel usw.

Fabrikationstechnisch wird in der weiterverarbeitenden Industrie von Einzelfertigung immer dann gesprochen, wenn „gleichartige oder ähnliche Erzeugnisse" in kleinen Stückzahlen je Werkstattauftrag hergestellt werden, so daß die Verwendung von besonderen Vorrichtungen[2]) und Werkzeugen unwirtschaftlich wäre.

---

[1]) Der Verbund arbeitet mit Selektion und Rationalisierung bestehender Unternehmungen.

[2]) Vorrichtungen sind Hilfsmittel für die Fertigung. Sie bestimmen die Lage des Werkstücks zum Werkzeug oder zur Maschine und sichern diese Lage bis zur Beendigung der Arbeit. Die Vorrichtung kann auch das Werkzeug führen. Zweck: Verkürzung der Arbeitszeit, Bearbeitungszeit kürzer — Verwendung billigerer Arbeitskräfte, weniger Ausschuß.

Einführung in das Wirtschaften

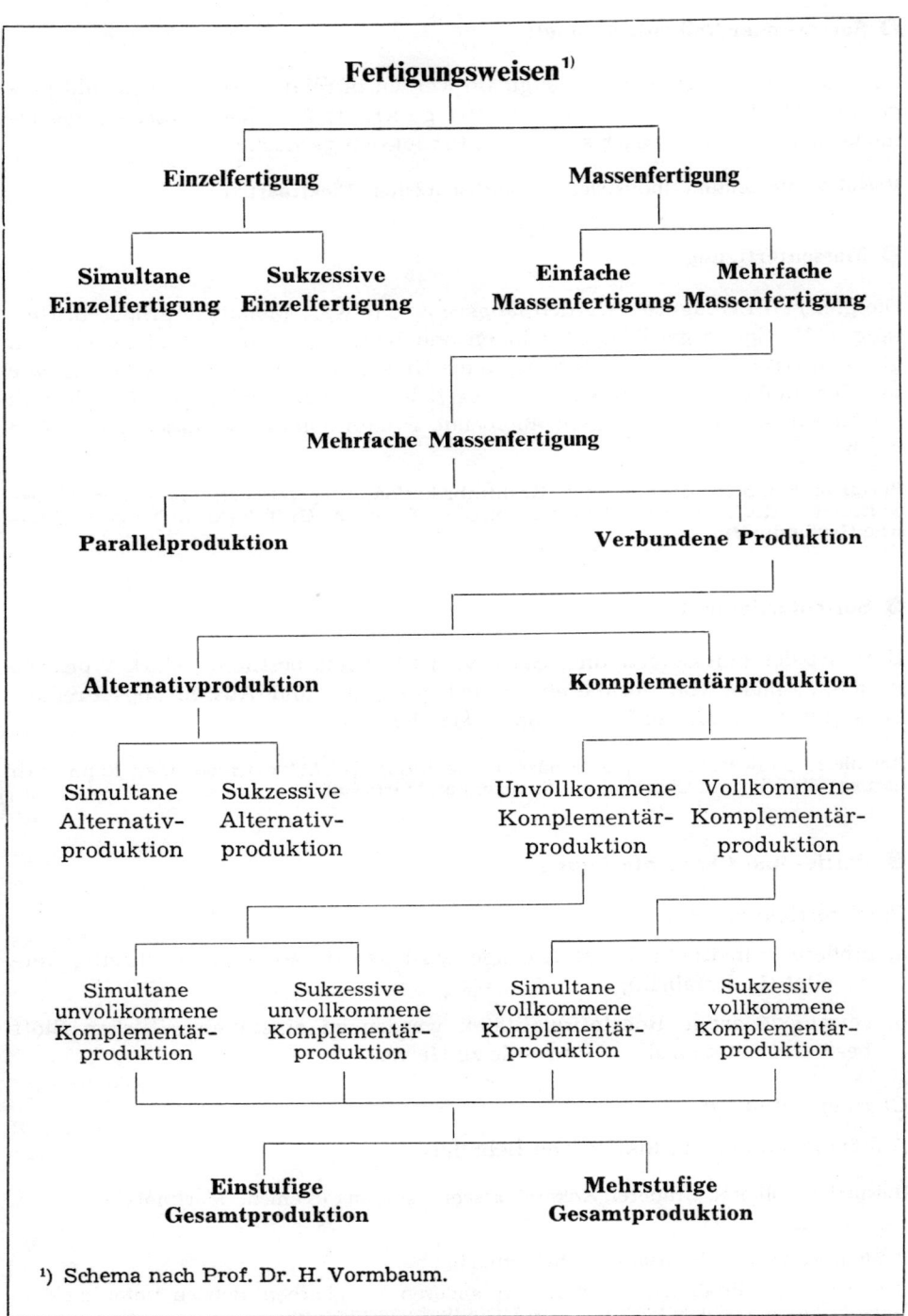

❷ **Serien- oder Reihenfertigung**[1])

Ähnliche oder gleichartige Erzeugnisse werden in relativ großer Stückzahl hergestellt, Produktion übersehbar; Absatz gesichert; Aufträge in Serien zusammengestellt und a b w e c h s e l n d in Produktion gegeben.

Beispiele: Bekleidungsindustrie, Gebrauchsporzellan, Elektroartikel.

❸ **Massenfertigung**

Die gleichen Erzeugnisse werden längere Zeit (etwa 1 Monat) in größerem Umfang in Fertigung gegeben; Maschinen und Werzeuge sind fortlaufend mit den gleichen Arbeitsvorgängen besetzt; keine Umstellung auf andere Arbeiten (wie bei der Reihenfertigung) sind erforderlich; gleicher Ausgangsstoff; gleiches Verfahren; kontinuierlich gleichbleibende Produktion, stark maschinisiert und mechanisiert.

Beispiele Knäckebrotherstellung, Drahtfabrikation, Stapelartikel, Preß- und Stanzwerke, Neustoffindustrie, elektrotechnisches Zubehör, Groß-Textilindustrie, chemische Großindustrie.

❹ **Sortenfertigung**[2])

Unterart der Massenfertigung; Sorte vom Stoff aus bestimmt; stark typisierte Produkte; meist von vornherein festgelegte Maße und Ausführung; Produktionsteilung, um Massenfabrikation zu erzielen.

Beispiele: Süßwarenfabrik, pharmazeutische Industrie; Artverschiedenheit kann auch naturgesetzlich sein: Chemische Industrie, Landwirtschaft.

❺ **Partie- und Chargenfertigung**

Partiefertigung:

a) größere einheitliche Rohstoffmenge wird gemeinsam und gleichzeitig verarbeitet (Lederfabrik);

b) verschiedenartige Rohstoffqualitäten werden zu einem einheitlichen Stoff be-/verarbeitet (Wolle, Baumwolle zu Garnen).

Chargenfertigung:

Abhängigkeit der Produktion von Behältern;

Beispiele: Molkerei, Brauerei, Kokerei, Eisenherstellung (Siemens-Martinofen).

---

[1]) Mehrere Serien gleichzeitig = Reihenfertigung.

[2]) Gleichartige Produkte, die sich von anderen im gleichen Betrieb unterscheiden. Schwierigkeiten: Sortenwechsel, An-/Auslaufschwierigkeiten).

II. Die betrieblichen Funktionen

Von Dr. Friedhelm H ü l s h o f f

Betriebe (Unternehmen) sind planmäßig organisierte Wirtschaftseinheiten, die durch Kombination von Produktionsfaktoren (Betriebsmittel — Werkstoffe — Arbeit und Dienstleistungen) nach dem ökonomischen Prinzip Sachgüter oder Dienstleistungen erstellen und der Verwertung zuführen.

Aufgabe der Betriebe aus gesamtwirtschaftlicher Sicht ist es, als Organ der Gesamtwirtschaft im Rahmen der volkswirtschaftlichen Bedarfsdeckung einen Beitrag zum Sozialprodukt zu leisten. In marktwirtschaftlichen Systemen ist die Festlegung dieser Aufgaben (Art, Menge, Zeitpunkt der Leistungserstellung und Ort der Leistungsverwertung) in den Entscheidungsbereich der einzelnen Betriebe gestellt. Die Erfüllung dieser betrieblichen Aufgaben wird in der Regel arbeitsteilig vollzogen und richtet sich dabei nach den vorgefundenen Marktdaten und den vorgegebenen Betriebszielen.

Die Fülle von Handlungsmöglichkeiten, die der Betrieb besitzt, um seine Ziele zu erreichen und Aufgaben zu erfüllen, werden nach den verschiedenen betrieblichen Funktionsbereichen gegliedert. Die qualitative und quantitative Bedeutung der Funktionsbereiche im Rahmen der betrieblichen Leistungserstellung und -verwertung hängt in starkem Maße vom Wirtschaftszweig ab, dem der Betrieb (Unternehmung) angehört.

Im Bankbetrieb z. B. hat der Funktionsbereich Finanzierung, im Industriebetrieb die Produktion, im Handelsbetrieb der Absatz jeweils eine zentrale Stellung und Bedeutung.

In der Literatur besteht keine Einigkeit über Auswahl und Inhalte sowie Anzahl der Funktionsbereiche[1].

Im Rahmen der Einführung in das Wirtschaften der Betriebe sollen von den Funktionslehren die **Grundfunktionen:** der Betriebsführung, Beschaffung, Produktion (Leistungserstellung), Absatz (Leistungsverwertung) und Finanzierung kurz besprochen werden.

Um Mißverständnissen vorzubeugen, sei darauf hingewiesen, daß die nachfolgende sukzessive Darstellung der Funktionsbereiche nicht bedeutet, daß sie isoliert nebeneinander stehen und voneinander unabhängig analysiert und gestaltet werden könnten. Tatsächlich können sie nicht ohne weiteres voneinander getrennt werden, da alle in mehr oder minder großem Umfang ineinander übergreifen und sich gegenseitig bedingen.

---

[1] Vgl. hierzu: Wöhe, G.: Einführung in die Allgemeine Betriebswirtschaftslehre, München 1973, 11. Aufl., S. 16 f.; Diederich, H.: Allgemeine Betriebswirtschaftslehre in programmierter Form, Wiesbaden 1969, S. 54 f.; Mellerowicz, K.: Allgemeine BWL, Berlin 1967, 12. Auflag., Sammlung Göschen, S. 6 ff.

In nachfolgendem Schaubild soll darzustellen versucht werden, wie die Grundfunktionen (Beschaffung, Produktion, Absatz, Finanzierung) von weiteren Funktionen z. B. Anlage — Personal — Informationswirtschaft, Rechnungswesen und von der Betriebsführung überlagert werden.

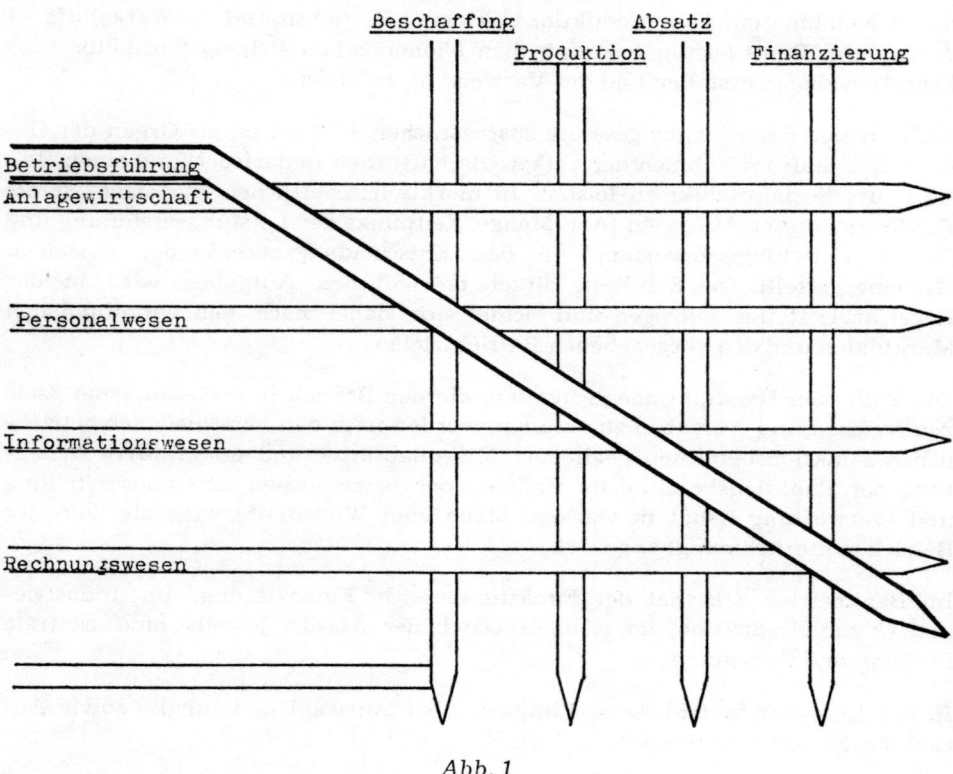

Abb. 1

1. Die Betriebsführungsfunktion

1.1. Die Aufgaben der Betriebsführung (dispositiver Faktor)

Die Hauptaufgabe der Betriebsführung besteht darin, eine Koordinierungs- und Lenkungsfunktion zwischen den einzelnen Funktionsbereichen wahrzunehmen, um dadurch den besten Gesamterfolg hinsichtlich der von der Betriebsführung fixierten Zielsetzung zu erreichen, d. h. auf Grund konkreter Betriebsziele zu **planen**, die Durchführung der Planung zu **organisieren**, und deren Vollzug zu **kontrollieren.**

Die Frage, **wie** sich diese Führungsfunktion vollzieht, gehört zu den Grundfragen der Organisation eines Betriebes.

1.2. Organisation der Betriebsleitung

Unabhängig von der Rechtsform der Unternehmung gelten für die Struktur der Unternehmensleitung zwei Grundprinzipien:

zentrale oder **dezentrale** Leitung

a) Bei der **zentralisierten** Leitung werden die Anordnungen nur an einer Stelle getroffen und zwar:

aa) von nur einer Person — **Direktorialprinzip**.

(Beispiel: Geschäftsführende Inhaber einer Einzelunternehmung, Alleiniger Komplementär einer KG)

ab) von mehreren Personen — **Kollegialprinzip**.

Beim Kollegialprinzip sind mehrere Möglichkeiten denkbar.

1. **Primatkollegialität:** Hierbei gibt es einen primus inter pares, der bei Stimmengleichheit entscheidet[2]).

2. **Abstimmungskollegialität:** nur einstimmige oder Mehrheitsbeschlüsse haben Gültigkeit.

3. **Kassationskollegialität:** Jeder kann den Beschlüssen widersprechen — Veto-Recht! Z. B. Gesellschafter einer OHG.

Art und Umfang der Dispositionsfunktion machen auch bei der Betriebsleitung häufig eine Funktionsteilung (z. B. technischer — kaufmännischer Direktor — Arbeitsdirektor) notwendig.

Eine Zentralisation der Entscheidung ist um so einfacher, je kleiner die Unternehmung, je einheitlicher die Produktion und je geringer die Marktaufgaben sind.

Den **Vorteilen** der Zentralisation: keine sich widersprechenden Anordnungen, Demokratisierung der Entscheidungen im Kollegialsystem, Elastizität und Schnelligkeit, stehen bei wachsender Unternehmensgröße die **Nachteile:** Schwerfälligkeit der Entscheidungsfindung und Gefahr der Bürokratisierung gegenüber.

(b) Das zweite Grundprinzip, **dezentralisierte** Leitung, liegt vor, wenn die verschiedenen Anordnungen an mehreren Stellen (Abteilungen) getrennt getroffen werden. Das schließt nicht aus, daß die wichtigsten betriebspolitischen Grundsätze vorher koordiniert worden sind. Innerhalb der Abteilungen können die Anordnungen dann wieder von nur einer Person oder mehreren erteilt werden, letzteres jedoch meist nur in sehr großen Unternehmungen üblich. **Vorteile** der Dezentralisation: Die Initiative und Verantwortungsfreude der

---

[2]) Nach § 17 Abs. 1 AktG heute bei Aktiengesellschaften nicht mehr möglich.

Abteilungsleiter wird gefördert. **Nachteile:** Gefahr der Zersplitterung von Weisungsrechten und Befolgungspflichten.

Eine reine Dezentralisation ist aber in der Praxis sehr selten, dagegen eine Verbindung beider Prinzipien vorherrschend. So werden z. B. die Funktionsbereiche Finanzwirtschaft, Beschaffung (Einkauf) und Rechnungswesen fast immer zentralistisch geleitet. Die Produktion dagegen ist fast immer dezentralisiert.

1.3. Planungsprinzipien

Der Erteilung von Anordnungen, denen auf die Zukunft gerichtete Entscheidungen zugrunde liegen, geht in der Regel die Planung voraus. Insbesondere die langfristige Unternehmenspolitik ist festzulegen und zu planen und umfaßt besonders

> die Investitions- und Finanzplanung,
> die Sortiments- und Fertigungsprogrammplanung,
> die Beschaffungs- und Absatzplanung,
> die Forschungs- und Entwicklungsplanung.

Unter betrieblicher **Planung** versteht man: „das Treffen von Entscheidungen, die in die Zukunft gerichtet sind und durch die der betriebliche Prozeßablauf als Ganzes und in allen seinen Teilen festgelegt wird"[3]).

Nicht alle Entscheidungen beruhen auf eingehenden Planungen. Viele sind kurzfristig, aus einer „Augenblickssituation" heraus notwendig, so daß eine Planung nicht mehr möglich ist. Der Begriff Planung ist also weiter gefaßt als Entscheiden und man kann somit definieren: „Planen ist solches Entscheiden, das nicht auf Improvisation beruht"[4]).

Zur Erstellung von Plänen bedarf der Betrieb Daten (Informationen), die sowohl aus dem außerbetrieblichen Bereich (von den Beschaffungs-, Arbeits-, Kapital- und Absatzmärkten) wie aus dem innerbetrieblichen Bereich (vorhandene Kapazitäten, Fertigungssysteme usw.) stammen. Die **Plandaten** führen zur Aufstellung von **Alternativplänen,** die alle der betrieblichen Zielsetzung dienen. Die Betriebsleitung hat sich dann für einen der Alternativpläne zu entscheiden, dessen Vollzug zu organisieren und in einem ex post Vergleich die Zielerreichung durch einen Soll/Ist Vergleich zu kontrollieren und bei Planabweichungen einzugreifen. (Management bei exception)

„Nach dem Objekt der Planung kann man die Betriebsaufbauplanung, die Programmplanung und die Betriebsablaufplanung unterscheiden. Die **Betriebsaufbauplanung** legt den Gesamtaufbau des Betriebes in organisatorischer, finanzieller und technischer Sicht fest. Die **Programmplanung** fixiert für einen bestimmten Zeitraum das Produktionsprogramm und die Produktionsmengen.

---

[3]) Wöhe, G.: a. a. O., S. 128.
[4]) Diederich, H.: Allgemeine Betriebswirtschaftslehre, Bd. 1, Stuttgart - Düsseldorf 1971, S. 139.

Die **Betriebsablaufplanung** baut auf der Programmplanung auf und hat die Aufgabe, die Produktionsfaktoren richtig aufeinander abzustimmen und einzusetzen. Sie kann nach den Phasen des Betriebsprozesses in die Beschaffungsplanung, Materialplanung, Produktionsplanung, Fertiglagerplanung und Absatzplanung untergliedert werden."[5])

Eine sinnvolle Planung für den Gesamtbetrieb ist nicht möglich, ohne daß der Betrieb in ein System betrieblicher Teilpläne zerlegt wird, bei denen die Planung gesondert durchgeführt wird. In marktwirtschaftlichen Systemen steht dabei die Absatzplanung im Vordergrund der Planungsüberlegungen, nach denen sich die übrigen Teilpläne zu richten haben.

Nach der Länge der Planungsperiode unterscheidet man kurz- und langfristige Pläne.

Die **kurzfristige** Planung geht von den vorhandenen Kapazitäten, bestehenden Fertigungsverfahren und gegebenem Personalstand usw. aus und hat bei der Planung betriebliche Engpässe zu berücksichtigen.

Die **langfristige** Planung zieht dagegen Änderungen der Kapazität des Sortiments und andere betriebliche Aktionsparameter in ihre Planungsentscheidungen ein.

Alle Teilpläne müssen mit dem Gesamtplan abgestimmt und koordiniert werden. Zur Lösung derartiger komplexer Planungs- und Koordinierungsaufgaben, die zudem mit vielen Unsicherheitsfaktoren belastet sind, werden in der Praxis zunehmend mathematische Planungsverfahren — Operations Research Verfahren — angewandt (lineare Programmierung, Warteschlangenmodelle, Lagerhaltungsmodelle, Spieltheorie, Netzplantechnik usw.).

1.4. Organisationsprinzipien

Planung und Organisation bedingen einander. Die Organisation dient dazu, das geplante Betriebsgeschehen in die Tat umzusetzen. Durch die Organisation soll sichergestellt werden:

    wer entscheidet und **wie** entschieden werden soll (Regelungen)

Das geschieht:

    a) durch generelle Regelungen,

Immer dann, wenn sich bestimmte Vorgänge laufend wiederholen, ist es zweckmäßig, diese durch generelle Regelungen zu organisieren, d. h. es wird auf Dauer festgelegt, wer entscheidet und wie entschieden werden soll.

    b) durch fallweise Regelungen.

Die fallweise Regelung ist nicht organisiert und kommt dann zur Anwendung, wenn eine generelle Regelung fehlt. Es wird erst im konkreten Einzelfall be-

---

[5]) Wöhe, G.: a. a. O., S. 129.

stimmt, wie entschieden werden soll und wer die Entscheidungen zu treffen hat. Durch generelle Regelungen vergleichbarer, sich wiederholender Vorgänge macht sich die Betriebsführung für die Lösung grundsätzlicher betriebspolitischer Probleme frei.

Besonders aus dem Bereich der Arbeitswissenschaften (Taylor, Fayol) sind Organisationsprinzipien der Arbeitsteilung auf das Leitungssystem von Betrieben übertragen worden.

a) Das Liniensystem

Das **Liniensystem** (Fayol)-Instanzenweg) besteht darin, daß jeder nur von einer vorgelagerten Stelle Anordnungen empfängt. Das sichert zwar die Einheitlichkeit des Auftragsempfangs an allen Stellen, übersteigt aber eventuell die Fähigkeit der Zwischenglieder, die für alle Bereiche ihrer Tätigkeit zuständig sind. Es besteht von der Betriebsleitung bis zur letzten Stelle im Betrieb eindeutige Weisungs- und Kompetenzbefugnis.

Die linienförmige Weitergabe von Entscheidungen trifft man sowohl bei zentralen wie dezentralisierten Leitungssystemen an.

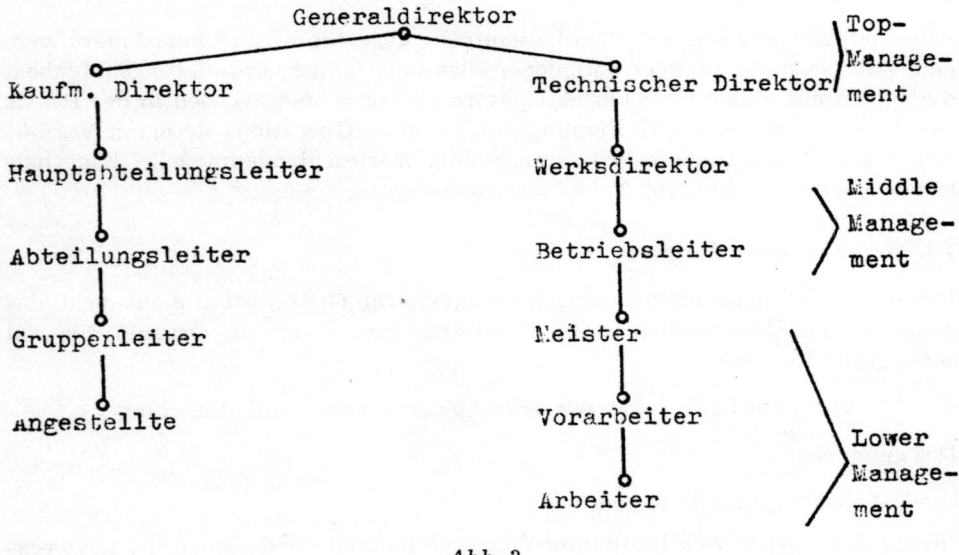

Abb. 2

b) Das rein funktionale System

Es wurde von Taylor entwickelt und bedeutet, daß der Arbeiter an seinem Arbeitsplatz von mehreren übergeordneten Stellen (Meistern) Anordnungen erhält. Die Meister sind je nach ihrer spezifischen Aufgabe (z. B. Instandhaltungs-, Kosten-, Arbeitsvorbereiter usw.) für bestimmte Tätigkeitsbereiche zuständig. Nachfolgende Schemaskizze soll das verdeutlichen.

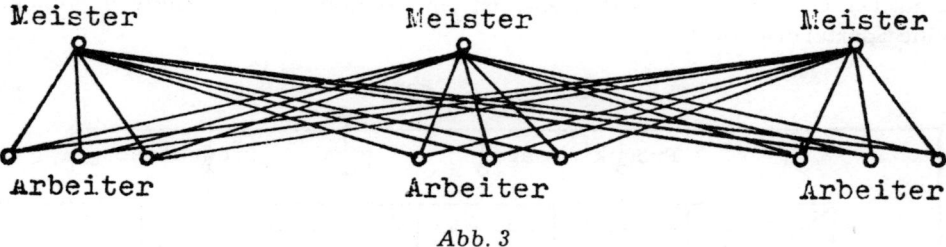

Abb. 3

Vorteil: Spezialisierungseffekt; schaltet schwerfälligen Instanzenweg aus.

Nachteil: führt leicht zu Kompetenzschwierigkeiten und erweckt in den Weisungsempfängern leicht Unlustgefühle.

Dieses System ist in der Praxis heute noch selten anzutreffen.

c) Stab-Liniensystem

Dieses System stellt eine Verbindung von a) und b) dar und ist so organisiert, daß den oberen Stellen der Hierarchie Stäbe zur Entscheidungsvorbereitung zur Verfügung stehen, die mit besonderen Aufgaben betraut sind. Sie haben selbst keine Entscheidungs- oder Weisungsbefugnisse, sondern werden nur **beratend** tätig. Die Einheitlichkeit des Leitungs- und des linienförmigen Instanzenweges bleiben erhalten.

Diese Organisationsform ist in der Praxis häufig anzutreffen.

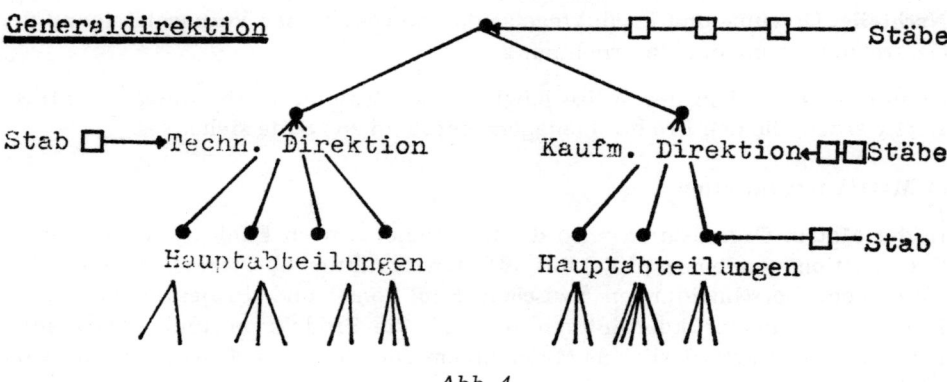

Abb. 4

d) Produktgruppenorganisation

Durch den zunehmenden Trend zu Unternehmensgroßeinheiten mit wechselnden Produktionsprogrammen und starker Diversifikation der Erzeugnispalette werden die funktionalen Organisationsprinzipien ungeeignet und es haben sich neue Organisationsstrukturen entwickelt, die nach Produktgruppen organisiert sind. Die Organisation des Betriebes ist am Produkt (eine Produktgruppe oder eine Sparte) orientiert.

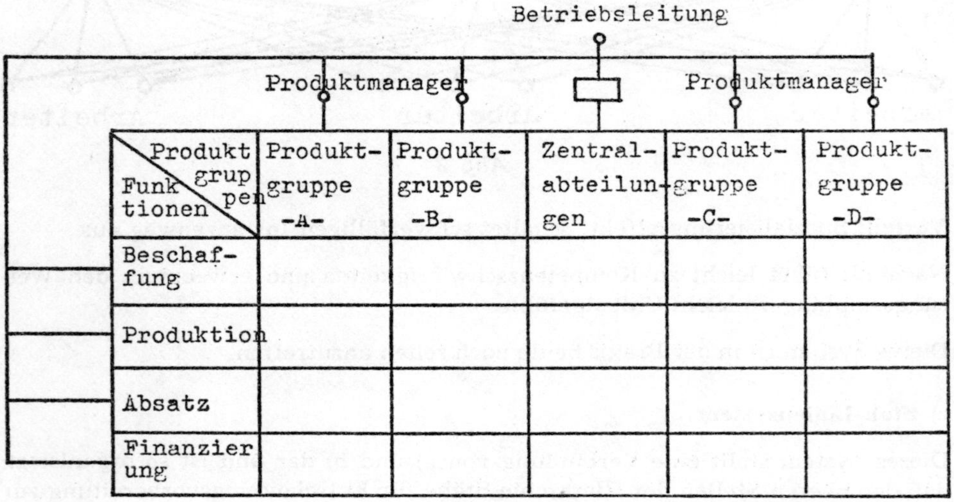

	Produkt-gruppe -A-	Produkt-gruppe -B-	Zentral-abteilungen	Produkt-gruppe -C-	Produkt-gruppe -D-
Beschaffung					
Produktion					
Absatz					
Finanzierung					

(Betriebsleitung — Produktmanager — Produktmanager; Funktionen / Produktgruppen)

Abb. 5

Es entstehen in sich gleichartige Geschäftsbereiche mit einheitlicher Leitung, die die einzelnen betrieblichen Funktionen verantwortlich zusammenfassen.

Vorteile: Sie liegen in der überschaubaren Teilung des Gesamtsystems und in der Stärkung der Entscheidungskompetenz verantwortlicher Produktmanager.
Nachteile: Gewinn- und Produktegoismus und Gefahr der Vernachlässigung der Gesamtzielsetzung der Unternehmung.

Kompromisse sind in der Weise möglich, daß bestimmte Abteilungen zentralisiert werden, die den Produktmanagern beratend zur Seite stehen.

e) Matrix Organisation

In der Matrix Organisation wird die traditionelle, nach Funktionen gegliederte Organisation von einer projektorientierten Struktur überlagert. Es entstehen Kompetenzüberschneidungen zwischen Funktions- und Projektmanagern.
Die Projektmanager koordinieren alle für die Produktion und Absatz ihrer Produktgruppe erforderlichen Maßnahmen. Die Funktionsmanager steuern die in ihrem Ressort anfallenden funktionsbezogenen Aktivitäten auf alle erzeugten und abgesetzten Produkte bei. Die Mitarbeiter gehören organisatorisch den Funktionsbereichen an.

Vorteile: Koordination aller mit dem Projekt zusammenhängenden Aktivitäten; Steuerung und Kontrolle von Spezialisten, Kosten- und Zeitersparnisse.
Nachteile: können durch Reibungsverluste zwischen den verschiedenen Kompetenzträgern entstehen.

Beispiel: Entwicklung und Einführung neuer Produkte, Umstellung der Organisation auf EDV-Anlagen, Vorbereitung und Durchführung von Großprojekten, Vorbereitung von Fusionen usw.

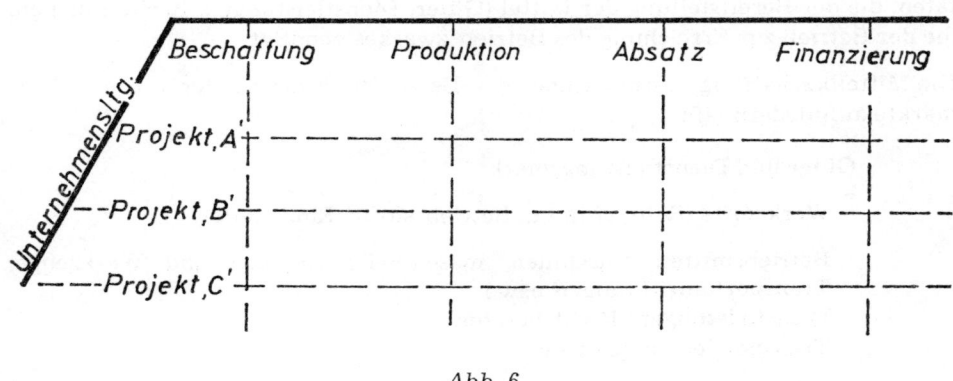

Abb. 6

1.5. Kontrollprinzipien

Die Kontrolle dient zur Feststellung, ob Anordnungen befolgt werden. Sie erfolgt **laufend** oder in bestimmten **Zeitabständen** und will Fehler vermeiden bzw. aufdecken.

Die Kontrolle soll dem verfolgten Zweck angemessen (einfach), sowie möglichst nahe der Fehlerquelle erfolgen und kein Mißtrauen erzeugen.

Man unterscheidet:

    a) **technische** Kontrolle: (auch Arbeitskontrolle) z. B. Feststellung von Ausschuß, Überprüfung von Halb- und Fertigfabrikaten, Überwachung der Arbeitszeiten (Stechuhren) Materialkontrolle usw.

    b) **kaufmännische** Kontrolle: (Verwaltungskontrolle), z. B. Überprüfung der Zweckmäßigkeit der Organisation des Unternehmens, der Sachgüter (Maschinen, Werkzeuge usw.), der Vorräte, Lohnberechnungen, Zahlungsmittel, Rechnungen usw.

Mittel der Kontrolle sind:

    a) das Rechnungswesen

    b) Mechanische Kontrollen (Stechuhren, Zähler an Maschinen, Gas- und Wasseruhren, Schlösser, Registrierkassen usw.)

    c) Organisatorische Mittel: Vertreterberichte, innerbetriebliche **Formulare** usw.

2. Die Beschaffungsfunktion

2.1. Begriff

Unter Beschaffung im **weiteren** Sinne versteht man alle betrieblichen Aktivitäten, die der Bereitstellung der Mittel (Güter, Dienstleistungen, Rechte) dienen, die der Betrieb zur Erreichung des Betriebszweckes benötigt.

Die Mittelbeschaffung geschieht über den Beschaffungsmarkt, der sich in 3 Teilmärkte aufgliedern läßt:

> Güter und Dienstleistungsmarkt
>
>> Werkstoffe (Roh-, Hilfs- u. Betriebsstoffe, Einzelteile).
>>
>> Betriebsmittel: Maschinen, maschinelle Anlagen und Werkzeuge, Transporteinrichtungen usw.)
>> Dienstleistungen: Rechtsberater,
>> Transportleistungen usw.
>
> Arbeitskräftemarkt
>
> Geld- und Kapitalmarkt
> (Eigen- und Fremdkapitalmittel)

Die Beschaffung im **engeren** Sinne ist weitgehend mit dem Begriff **Einkauf** identisch und umfaßt die Beschaffung von Werkstoffen und Betriebsmitteln.

Die Beschaffungsobjekte Arbeitskräfte, finanzielle Mittel und Dienstleistungen werden aus organisatorischen und funktionellen Gründen eigenen Beschaffungsstellen des Personal- bzw. Finanzbereichs und der Betriebsleitung zugeordnet.

Im engen Zusammenhang mit der Beschaffung steht die **Lagerung** von Sachgütern. Aus der mengenmäßigen und auch zeitlichen Diskrepanz zwischen Beschaffung — Produktion — Vertrieb im Industriebetrieb und Einkauf und Absatz im Handel, entstehen Lager, die je nach der spezifischen Aufgabe der Betriebe bestimmte Funktionen zu erfüllen haben. Besonders im Industriebetrieb ist das Lagerproblem, da es mehrfach auftritt, von besonderer betriebswirtschaftlicher Bedeutung:

> die zeitlich **vor** der Fertigung (Produktion) liegenden Lager für Werkstoffe und bezogene Halb- und Fertigteile,
>
> die zeitlich **während** der Fertigung auftretenden Lager für Halbfabrikate und
>
> die zeitlich **nach** der Fertigung zu bildenden Lager für Fertigerzeugnisse.

Die wichtigsten Funktionen, die durch die Lagerhaltung der Betriebe erfüllt werden sollen, sind:

termingerecht, qualitativ und quantitativ die **Versorgung** der Fertigung mit Roh-, Hilfs- und Betriebsstoffen zur **Sicherung** eines reibungslosen Produktionsablaufes zu bewirken,

den **Ausgleich von Schwankungen** im Beschaffungs-, Fertigungs- und Absatzbereich zu ermöglichen,

im Rahmen des Produktionsprozesses, als Teil desselben, **Reifeprozesse** (Getränke- Holzwirtschaft) zu bewirken,

spekulative Elemente, bei steigenden/sinkenden Beschaffungs- und Absatzpreisen, in der Lagerhaltung berücksichtigen zu können.

2.2. Beschaffungs- und Lagerpolitik

Die betriebliche Beschaffungs- und Lagerpolitik hat die Aufgabe, die für die Leistungserstellung und Leistungsverwertung benötigten Sachgüter unter Beachtung des ökonomischen Prinzips bereitzustellen.

Zur Erfüllung dieser Aufgabe hat der Betrieb die Beschaffungskosten und die Lagerhaltungskosten zu optimieren. Den mit wachsender Bestellmenge pro Einheit durch Rabatte, günstigere Zahlungsbedingungen und niedrigere Beschaffungspreise geringer werdenden Beschaffungskosten, steht der Nachteil höherer Zins- und Lagerkosten gegenüber.

Durch die von Stefanic - Allmayer[6]) entwickelte Formel für die **optimale** Bestellmenge:

$$\sqrt{\frac{200 \cdot \text{Jahresbedarf} \cdot \text{feste Bezugskosten}}{\text{Einstandspreis} \cdot (\text{Zinssatz} + \text{Lagerkostensatz})}}$$

die in neuerer Zeit durch Pack[7]) verbessert wurde, wird versucht, **die** Bestellmengen zu realisieren, „bei der die Summe der Beschaffungskosten und der Zins- und Lagerkosten möglichst gering ist"[8]).

In der Praxis wird die Anwendung der Formel durch zahlreiche Faktoren, wie erwartete Preisänderungen, Nachfrageveränderungen, technische Innovationen, Modetrends, usw., eingeschränkt.

Ferner müssen Auswirkungen der Beschaffungs- und Lagerpolitik auf Finanzierungs-, Liquiditäts- und Investitionslage des Betriebes mitberücksichtigt werden.

3. Die Produktionsfunktion

3.1. Begriff

Der weiter gefaßte Begriff der Produktion (Leistungserstellung) umfaßt sowohl

---

[6]) Kosiol, E.: Die Ermittlung der optimalen Bestellmengen, in: ZfB, 28. Jg. (1958), S. 281 ff.
[7]) Pack, L.: Optimale Bestellmenge und optimale Losgröße, Wiesbaden 1964.
[8]) Kosiol, E.: Einkaufsplanung und Produktionsumfang, Berlin 1956, S. 71.

die Erzeugung von Sachgütern (Industrie, Handwerk, Rohstoffgewinnung) als auch die Bereitstellung von Dienstleistungen (Handel — Verkehr — Versicherung — Banken).

Im engeren Sinne wird unter Produktion die Erstellung von Sachgütern (Konsum- und Investitionsgüter) verstanden.

Die Fülle der Spezialprobleme, die die Bereitstellung von Dienstleistungen aufwirft, macht eine Einschränkung des Produktionsproblems auf Sachgüterbetriebe notwendig.

Durch den Einsatz der Elementarfaktoren: Arbeit, Betriebsmittel, Werkstoffe und fremdbezogene Dienstleistungen und deren Kombination durch den dispositiven Faktor soll in der Produktion ein optimaler Wirkungszusammenhang hergestellt werden, der der betrieblichen Zielsetzung möglichst optimal gerecht wird.

3.2. Produktionsprogrammplanung

Betriebe in marktwirtschaftlichen Systemen bestimmen in der Regel ihr Produktionsprogramm vom Absatz her. Der Absatzplan wird somit zur entscheidenden Bestimmungsgröße für die Aufstellung des Produktionsplans. Der Produktionsplan enthält die Erzeugnisse, die nach Menge, Art, Form, Farbe, Größe usw. in einem bestimmten Zeitraum hergestellt werden sollen.

Kurzfristig müssen dabei im Produktionsplan betriebliche Engpässe der Beschaffung, Fertigung oder Finanzierung berücksichtigt werden.

Zunehmend werden in der Praxis zur Festlegung eines gewinnorientierten Produktionsprogramms Planungsmethoden der Deckungsbeitragsrechnung[9]) und der linearen Programmierung verwendet, mit deren Hilfe man die gewinnmaximale Mengenkombination des Produktionsprogramms zu ermitteln versucht.

3.3. Planung der Produktionsfaktoren

Nach der Festlegung des Erzeugungsprogramms müssen die zur Durchführung des Produktionsprozesses notwendigen Produktionsfaktoren: Arbeitskräfte, Betriebsmittel, Werkstoffe und Dienstleistungen in quantitativer, qualitativer und zeitlicher Art geplant werden.

3.4. Planung der Fertigungsverfahren

Planerische Überlegungen und Entscheidungen sind notwendig hinsichtlich des anzuwendenden Verfahrens bei der Durchführung des Produktionsprozesses. Konkret geht es um die Lösung der Fragen:

---

[9]) Vgl. D Kapitel 11.

1. in welcher Art und Weise die Betriebsmittel zu fertigungstechnischen Einheiten zusammenzufassen sind und
2. wieviel Erzeugnisse in ständiger Wiederholung gefertigt werden können.

Zur Frage 1 sind in der Praxis **Organisationstypen der Fertigung** entwickelt worden, die sich nach der räumlichen Anordnung der Betriebsmittel richten und den Fertigungsweg der Produkte im Fertigungsablauf darstellen[10]).

Man unterscheidet: Werkstattfertigung
Fließfertigung
Gruppenfertigung
} Organisationstypen der Fertigung

a) Werkstattfertigung

Bei der Werkstattfertigung werden alle artgleichen Betriebsmittel, z. B. Fertigungsmaschinen und Fertigungseinrichtungen (Universalmaschinen) räumlich zu besonderen Werkstätten zusammengefaßt: Drehbänke in der Dreherei, Schleifmaschinen in der Schleiferei usw. Die zu bearbeitenden Werkstücke werden von Werkstatt zu Werkstatt transportiert.

Dem **Vorteil** der Werkstattfertigung: hohe Anpassungsfähigkeit an technologische Verfahrensänderungen, Nachfrageschwankungen, relativ leichte Anpassung an unterschiedliche Werkstücke und Werkstoffe, stehen gewichtige **Nachteile:** wie hohe innerbetriebliche Transportkosten (ein Werkstück muß gegebenenfalls mehrmals in die gleiche Werkstatt), Wartezeiten und Probleme der optimalen Betriebsmittelausnutzung gegenüber.

b) Fließfertigung

Fließfertigung bedeutet die Anordnung der Betriebsmittel und Arbeitsplätze in einer zwingend festgelegten Reihe nach der Arbeitsabfolge. Die Betriebsmittel und Arbeitsplätze sind so aneinandergereiht, wie es der Produktionsgang erfordert. Es handelt sich bei der Fließfertigung um eine örtlich fortschreitende, taktzeitbestimmte, lückenlose Folge von Arbeitsvorgängen mit dem Ziel der Verkürzung von Durchlaufzeiten. Die ausgeprägteste Form der Fließfertigung ist das Fließband (Autoproduktion, Walzwerke), das in der vollautomatischen Fertigung durch die Transferstraße ersetzt wird, die die zu bearbeitenden Werkstücke an die vollautomatischen Bearbeitungsmaschinen und Kontrolleinrichtungen bringt. Die Steuerung des Fertigungsprozesses ist vollautomatisiert.

Der **Vorteil** der Fließfertigung liegt in der Minimierung der Durchlaufzeiten, dem Wegfall von Zwischenlagern (Raumkosten, Zinsen), der Einsatzmöglichkeit angelernter Kräfte und der Möglichkeit exakter Termin- und Verbrauchsplanungen.

Nachteilig ist vor allem die einseitige Belastung der Arbeitskräfte durch Reduktion der Arbeitsverrichtung für den einzelnen auf wenige Handgriffe zu sehen.

---
[10]) Vgl. Wöhe, G.: a. a. O., S. 287 ff.

Besonders psychologische Faktoren (Monotonie, Entfremdung vom Arbeitsergebnis) lassen heute bei stärkerer Berücksichtigung der Menschenwürde im Arbeitsprozeß eine weitergehende Fließfertigung in der Produktion fraglich erscheinen.

c) Gruppenfertigung

Die Gruppenfertigung stellt eine Kombination von Fließ- und Werkstattfertigung dar und versucht die Vorteile beider Systeme unter Vermeidung der Nachteile zu vereinen. Bei grundsätzlicher Werkstattfertigung werden einzelne geeignete Arbeitsgänge (z. B. Endmontage von Baugruppen, Fertigung von Einzelteilen für eine Vielzahl von Erzeugnissen des Produktionsprogramms) in Fließfertigung hergestellt. Dieser Organisationstyp der Fertigung besitzt noch eine relativ hohe Elastizität und erlaubt Anpassungen an wechselnde Erzeugnisprogramme.

3.5. Fertigungstypen

Unterscheidet man die Fertigungsverfahren nach der Anzahl der artgleichen Erzeugnisse, die in ständiger Wiederholung gefertigt werden, ergeben sich folgende Fertigungstypen[11]):

    Einzelfertigung

    Serienfertigung

    Sortenfertigung

    Partie- und Chargenfertigung sowie

    Massenfertigung.

Im Regelfall entspricht die:

    Einzelfertigung ⎫

                     Werkstattfertigung

    Serienfertigung ⎭

    Sorten-, Partie- und Chargenfertigung ⎫ Fließfertigung

    Massenfertigung   ⎭ auch Gruppenfertigung

3.6. Produktionsfunktion

Betriebe sind darauf angelegt, Güter zu produzieren und Dienstleistungen bereitzustellen. Das geschieht durch Kombination der Produktionsfaktoren im betrieblichen Leistungsprozeß. Die Produktions- und Kostentheorie versucht die funktionalen Beziehungen, die sich zwischen dem mengen- und wertmäßigen Einsatz an Produktionsfaktoren und deren mengen- und wertmäßigen Ausbringung ergeben, aufzuzeigen und in theoretischen Modellen darzustellen.

---

[11]) Zur näheren Erläuterung vgl. die Ausführungen in Betriebswirtschaftliche Grundlagen, S. 52 ff.

Diese funktionale Beziehung wird bei Verwendung der Symbole x für die Ausbringungsmenge und $r_1 - r_n$ für die Faktoreinsatzmengen der Produktionsfaktoren durch die allgemeine Gleichung

$$x = f(r_1, r_2 \ldots r_n)$$

dargestellt.

Das für den Bereich der Landwirtschaft von Thünen und Turgot entwickelte „Ertragsgesetz" wurde auf die Industrie übertragen — von Gutenberg später als „Produktionsfunktion vom Typ A" bezeichnet — und geht davon aus, daß ein bestimmter Faktorertrag mit Hilfe verschiedener Kombinationen von Faktoreinsatzmengen erzielt werden kann.

Es muß also z. B. möglich sein, eine bestimmte Produktmenge mit viel Handarbeit und wenig Maschinenstunden herzustellen oder die gleiche Produktmenge mit wenig Handarbeit und vermehrtem Maschineneinsatz zu erzeugen. Diese Austauschbarkeit der Produktionsfaktoren wird als **Substitutionalität der Produktionsfaktoren** bezeichnet.

Gutenberg[12]) hat in theoretischen und empirischen Untersuchungen nachgewiesen, daß das unter bestimmten Voraussetzungen von der Landwirtschaft auf die Industrie übertragene Ertragsgesetz im industriellen Bereich keine Allgemeingültigkeit besitzt und nachgewiesen, daß zwei wesentliche Prämissen des Ertragsgesetzes in der industriellen Produktion häufig nicht gegeben sind:

1. die Substituierbarkeit der Produktionsfaktoren nur in bestimmten Grenzen möglich ist (Limitionalität der Produktionsfaktoren).

2. die im Hinblick auf den Produktionsfaktor Betriebsmittel unterstellte Konstanz eines Faktors nicht gegeben ist.

Gutenberg führte deshalb eine neue **Produktionsfunktion vom Typ B** ein, die auf der Grundlage von Verbrauchsfunktionen gebildet wird. Die Produktionsfunktion gibt die funktionale, technisch bedingte Beziehung zwischen den Leistungsgraden eines Betriebsmittels und dem Verbrauch an Produktionsfaktoren zur Erstellung einer Leistungseinheit wieder. Da jede Maschine (z. B. Motor) mehrere Einsatzfaktoren: Benzin, Schmiermittel, Verschleiß und Instandhaltungsaufwand usw. erfordert, ist eine Reihe von Verbrauchsfunktionen zu ermitteln, die sich zudem bei unterschiedlichen Beschäftigungsgraden (Leistungsgraden) unterschiedlich verhalten können und nicht alle für eine bestimmte Leistung ihr Minimum aufweisen. Der Optimalwert ist dann erreicht, „wenn die Summe der mit ihren Preisen bewerteten Verbrauchsmengen der Einsatzfaktoren je Einheit ein Minimum bildet"[13])[14]).

---
[12]) Gutenberg, E.: Grundlagen der Betriebswirtschaftslehre, Bd. I: Die Produktion, 18. Aufl., Berlin - Heidelberg - New York 1971, S. 306 ff.
[13]) Wöhe, G.: a. a. O., S. 328.
[14]) Kilger, W.: Produktions- und Kostentheorie, Wiesbaden 1958, S. 61 zitiert nach Wöhe, G., a. a. O. S. 329.

Analytisch wird der optimale Leistungsgrad wie folgt bestimmt:

$$k = r_1' \cdot p_1 + r_2 \cdot p_2 + r_3 \cdot p_3 \ldots + r_n \cdot p_n \to \text{Min.}^{15)}$$

4. Die Absatzfunktion

4.1. Begriff

Der **Absatz** ist die Endphase des betrieblichen Umsatzprozesses und beinhaltet als Begriff alle dispositiven Tätigkeiten, die der „Vorbereitung, Anbahnung, Durchführung und Abwicklung"[16]) des betrieblichen Leistungsverwertungsprozesses dienen.

Letztliches Ziel aller Absatzbemühungen des Betriebes ist es, durch den Absatz der Betriebsleistungen (Dienstleistungen und Sachgüter) den Rückfluß der Mittel zu bewirken, die er benötigt, um den Leistungserstellungsprozeß aufrecht zu erhalten. Ohne Abnehmer für ihre Leistungen ist die Betriebswirtschaft auf die Dauer nicht existenzfähig.

Zur eindeutigen Klärung des Begriffes Absatz bedarf es der Klärung der teilweise synonymen, teilweise in verschiedenen Bedeutungen verwendeten Begriffe: Umsatz, Verkauf, Vertrieb, Marketing.

Umsatz

Umsatz gleich **Umsatzerlös**.

Hier ist der Umsatz als der Verkaufswert (Erlös) der abgesetzten Betriebsleistungen zu verstehen und als Größe des Rechnungswesens anzusehen. (Umsatz = Absatzmenge x Verkaufspreis)

Umsatz gleich **Umsatzprozeß**.

Dieser Begriff bezieht sich auf den Umsatzprozeß

      a) Umwandlung von Geld in Sachgüter,
      b) Umformung von Sachgütern in Erzeugnisse,
      c) Verkauf der Erzeugnisse = Umwandlung in Geldwerte.

In diesem Sinne ist der Begriff Umsatzprozeß gleich Betriebsprozeß[17]) und umfaßt die Funktionen Beschaffung, Fertigung und Vertrieb.

Verkauf

Verkauf ist eine Teilfunktion des Absatzes und meint die eigentliche Verkaufsabwicklung in Form eines konkreten Kaufaktes (Veräußerung in der Rechtsform des Kaufvertrages).

---

[15]) Eine eingehende Darstellung der Produktions- und Kostentheorie findet sich in Heft D, Kp. 3 des Unterrichts- und Nachschlagewerks. Ferner sei auf die hier angegebene Literatur verwiesen.

[16]) Buddeberg, H.: Absatz und Absatzorganisation, HdB, Bd. 1, 3. Aufl., Stuttgart 1956, Sp. 31 zitiert nach Wöhe, G., a. a. O., S. 377.

[17]) Vgl. Bankwirtschaft, Betriebswirtschaftliche Grundlagen, Betriebswirtschaftliche Grundbegriffe, Kap. III.

Vertrieb

Der Begriff Vertrieb wird weitgehend mit dem Begriff Absatz gleichgesetzt, sowohl in der Praxis wie auch in der betriebswirtschaftlichen Literatur. Gelegentlich ist mit der Verwendung des Begriffes Vertrieb die mehr technische Durchführung der Absatzfunktion gemeint.

Marketing

Der Begriff Marketing ist in der betriebswirtschaftlichen Literatur umstritten. In einer weitgefaßten Form umschließt der Begriff **Marketing:** alle Entscheidungen und Maßnahmen der Unternehmung, die sich auf die Erfordernisse des Absatzmarktes beziehen.

Es ist Aufgabe des Marketings, die betrieblichen Aktivitäten, die auf die aktuellen und potentiellen Märkte einwirken, zu steuern und zu regeln.

Es gehört zur Konzeption des Marketings, die Frage zu beantworten:

    was angeboten werden soll,
    wie es angeboten werden soll,
    wem es durch **wen** angeboten werden soll,
    wann und unter **welchen** Bedingungen angeboten werden soll.

Marketing umfaßt das Auffinden und Erkennen von Marktchancen, den Entwurf von Marktstrategien, d. h. die Planung geeigneter Maßnahmen, um die vorhandenen Marktchancen entsprechend der betrieblichen Zielsetzung möglichst erschöpfend zu nutzen.

Der Begriff Marketing ist damit, wenn man vom Absatzbegriff Gutenbergs ausgeht, (absatzpolitische Entscheidungen, Absatzplanung, Absatzmethoden, Preispolitik, Produktgestaltung, Werbung und deren optimale Kombination) inhaltlich mit dem deutschen Begriff Absatz identisch.

4.2. Die Teilfunktionen des Absatzes

Da die Betriebe in arbeitsteiligen Wirtschaftssystemen Güter produzieren und Dienstleistungen anbieten, die zur Befriedigung fremden Bedarfs bestimmt sind, müssen die erstellten Angebote gegen Entgelt verwertet und abgesetzt werden.

Hierzu bedarf es im Rahmen der betrieblichen Absatzvorbereitung und Durchführung planerischer Überlegungen und Entscheidungen hinsichtlich:

    a) der Absatzplanung,
    b) des Einsatzes des absatzpolitischen Instrumentariums,
    c) der Planung der voraussichtlichen Vertriebskosten
    d) und der Planung der Absatzentwicklung.

4.2.1. Absatzplanung

Im Verkaufsplan — einem der drei Teilpläne (Verkaufs-, Vertriebskosten — Werbeplan)[18] des Absatzplans, der in absatzorientierten Unternehmen den Grundplan für alle übrigen betrieblichen Teilpläne darstellt, wird mit Bestimmung des konkreten Absatzes (mengen- und/oder wertmäßig) das Absatzsoll einer zukünftigen Periode festgelegt. Die Absatzmengen- und Umsatzplanung ist um so aussagefähiger, je detaillierter sie nach Artikelgruppen, Absatzgebieten, Abnehmergruppen und Absatzperioden vorgenommen wird und genügend Informationen über den Betrieb selbst und seine Umwelt in die Planungsüberlegungen einbezieht (Vertriebs-, Lager-, Auftragsstatistiken; Vertreter — Reisende — Verbandsberichte, Ergebnisse der Marktforschung von Beschaffungs- und Absatzmärkten, wirtschaftspolitische Maßnahmen usw.).

4.2.2. Das absatzpolitische Instrumentarium

Das absatzpolitische Instrumentarium des Betriebes dient dazu, das Absatzziel gegen Verkaufswiderstände des Marktes zu erreichen.

Die Möglichkeiten des Unternehmens seinen Absatz zu beeinflussen werden im allgemeinen im Hinblick auf die Bedeutung der verschiedenen Maßnahmen untergliedert in:

a) **Produktgestaltung**

Sachgüter: Funktion, Qualität, Formgebung, Prestigeeffekt, Garantie- und Kundenleistungen;

Dienstleistungen: (z. B. Verkehrsbetriebe) Pünktlichkeit, Schnelligkeit, Höflichkeit, Sicherheit, Bequemlichkeit, Preiswürdigkeit)

b) **Preispolitik**

(Preisdifferenzierungen nach regionalen, persönlichen, zeitlichen, sachlichen Kriterien; Preisführerschaft, Preisbindung, Preisabsprachen, Kartelle)

c) **Werbung** (einschließlich public relations)

Entscheidungen über Werbeinhalt, Medien, Zielgruppen bedingen Kenntnisse über: Motive und Verhaltensweisen der Käufer.

Public relations: Erzeugung von Goodwill bei relevanten Umweltschichten gegenüber der Unternehmung.

d) Wahl der **Absatzmethoden** einschließlich der Wahl und Abgrenzung der zu bearbeitenden Märkte.

---

[18] Vgl. Wöhe, G.: a. a. O., S. 378.

Direkter Vertrieb: Hersteller — Endabnehmer;

indirekter Vertrieb: Hersteller — Großhändler — Einzelhändler/Handelsvertreter, Makler — Endabnehmer;

oder Verkaufsniederlassungen, Außenlager, Bedienung — Selbstbedienung.

Räumlich begrenzte Märkte, nationale, internationale Märkte, Inlandsmarkt, Auslandsmarkt.

Die Wettbewerbsfähigkeit des Unternehmens läßt sich durch eine entsprechende Handhabung des absatzpolitischen Instrumentariums (Modern: Marketing-Mix) verbessern. Dabei gilt es, den geplanten Absatzerfolg durch optimale Kombination der absatzpolitischen Mittel zu erzielen. Vielfach ist es möglich, das geplante Absatzziel mittels unterschiedlicher Kombinationen absatzpolitischer Instrumente zu erreichen. Dabei muß jederzeit berücksichtigt werden, daß ein gewünschter absatzpolitischer Effekt möglichst wirtschaftlich erreicht wird; d. h. es ist die kostenoptimale Kombination zu bestimmen. In praxi können jedoch nur Teiloptima: z. B. im Bereich der Werbepolitik oder der Absatzmethode konkret mittels mathematischer Methoden ermittelt werden.

4.2.3. Der Vertriebskostenplan

Der Vertriebskostenplan — als Teil des Absatzplans — enthält alle Kosten, die durch den Absatz der Produkte am Markt entstehen, wie z. B. Personal- und Sachkosten der Vertriebsabteilungen, Werbekosten, Kundendienst- und Service-Kosten, Kosten für Vertreter, Reisende, Marktforschung, Transportkosten, Verpackung, Lagerung usw. Bei der Aufstellung des Vertriebskostenplans ist nach Möglichkeit in Einzel- und Gemeinkosten zu trennen und es sind Kostenstellen zu bilden (Verkauf, Lager, Versand, Mahnung usw.), die eine bessere Soll/Ist-Kontrolle ermöglichen. Eine gut ausgebildete Vertriebskostenplanung ermöglicht kostenwirtschaftlich begründete Entscheidungen hinsichtlich des alternativen Einsatzes absatzpolitischer Instrumente (z. B. Reisende oder Vertreter, direkter oder indirekter Absatz, Plakat oder Inserat usw.).

4.2.4. Die Absatzabwicklung

Der Absatzplanung und Entscheidung über die einzusetzenden absatzpolitischen Mittel folgen die mehr praktisch — ausführenden Tätigkeiten des Absatzes. Dazu gehören insbesondere Entscheidungen über: Preise, Rabatte, Skonti, Lieferungs- und Zahlungsbedingungen, die den Inhalt der Kaufverträge bilden; ferner:

Kontrolle der Versandtermine,
Ausstellen der Versandpapiere und Rechnungserteilung,
Verpackung der Ware,
Versand der Ware.

4.2.5. Die Absatzkontrolle

Das letzte Glied in der Kette absatzpolitischer Aktivitäten ist die Kontrolle, die die Abweichungen zwischen dem tatsächlichen Ist und geplanten Soll aller Teilpläne feststellt und auf ihre Ursachen hin untersucht.

Die aus der Analyse der Abweichungen gewonnenen Erkenntnisse über Fehlerursachen ergeben erst dann ein genaues Bild, wenn sie sich nicht nur auf Globalziele erstrecken, sondern möglichst detailliert operationalisierte Einzelziele: wie z. B. Umsatz bei verschiedenen Erzeugnisgruppen oder in verschiedenen Absatzgebieten hinsichtlich der Zielerreichung untersuchen. Da die Ergebnisse dieser Untersuchungen in zukünftige Planungsüberlegungen einbezogen werden, sind sie um so zuverlässiger, je detaillierter die Kontrolle vorgenommen wird.

4.3. Die Interdependenz absatzpolitischer Entscheidungen

Berücksichtigungen beim Treffen absatzpolitischer Entscheidungen

Der Absatzbereich ist nur einer der vier großen betrieblichen Teilbereiche Beschaffung, Fertigung, Absatz und Finanzen. Diese vier Bereiche sind unlösbar miteinander verknüpft. Die Wirkung einer absatzpolitischen Entscheidung trifft das **Gesamtunternehmen,** d. h. nicht nur den Absatzbereich, sondern auch die anderen betrieblichen Teilbereiche. Die Entscheidungen sind so zu treffen, daß Spannungen im Gefüge dieser Teilbereiche tunlichst vermieden werden; es sind die Gegebenheiten in allen Teilbereichen zu berücksichtigen. Die Entscheidungen sind unter Beachtung der übergeordneten Zielsetzung des Gesamtbetriebes zu treffen.

a) Diskrepanz zwischen Absatzbereich und Beschaffungsbereich

Sind Rohstoffe in einer bestimmten Periode nur in begrenztem Umfange beschaffbar, so wäre es sinnlos, absatzpolitische Anstrengungen zu unternehmen, die mehr Aufträge zur Folge hätten, als das Unternehmen durch die Begrenzung im Beschaffungsbereich auszuführen in der Lage ist. Solche Maßnahmen würden dann, da ihre Wirkung nicht genutzt werden kann, lediglich eine Vergeudung von Mitteln und Kräften bedeuten. Darüber hinaus kann durch Lieferverzug, zu lange Lieferfristen, die Unmöglichkeit in befriedigendem Umfange zu liefern oder auch dadurch, daß Aufträge abgelehnt werden müssen, das Ansehen des Unternehmens leiden.

b) Diskrepanz zwischen Absatzbereich und Produktionsbereich

Ähnlich liegen die Dinge, wenn durch die Bemühungen im Absatzbereich eine so große Nachfrage ausgelöst wird, daß die Kapazitäten im Produktionsbereich nicht ausreichen, diese Nachfrage zu befriedigen.

c) Diskrepanz zwischen Absatzbereich und Finanzbereich

Wird der Absatz in einem Maße gesteigert, daß die Finanzierung nicht mehr gesichert ist oder in stark risikobehafteter Weise vorgenommen werden muß, so können sich daraus Situationen entwickeln, die unter Umständen sogar die Existenz des Unternehmens gefährden können.

5. Die Finanzierungsfunktion

5.1. Begriff

Zur begrifflichen Klärung sollen die in der Literatur nicht einheitlich gebrauchten Begriffe Finanzierung und Investition kurz geklärt werden.

a) **Enge Fassung:** Kapitalbeschaffung

Hierunter wird entweder nur die Beschaffung von langfristigem Kapital verstanden oder in einer erweiterten Fassung die Beschaffung des gesamten lang- und kurzfristigen Kapitals.

b) **Weite Fassung:** Kapitalbeschaffung, Kapitalumstrukturierung, Kapitalherabsetzung und Vermögensumformung.

Neben der lang- und kurzfristigen **Kapitalbeschaffung** werden in den Finanzierungsbegriff einbezogen die **Kapitalumstrukturierung** (bilanziell: Passivtausch, Umwandlung von kurz- in langfristiges Kapital, Fremd- in Eigenkapital) die **Kapitalherabsetzung** (durch Rückzahlung von Eigen- oder Fremdkapital oder Verlusttilgung) und die **Vermögensumformung** (d. h. hier die Liquidierung nicht benötigter Vermögensteile und Finanzierung aus Abschreibungswerten, die als disponibles Geldkapital dem Betrieb zur Verfügung stehen)[19].

Die **Finanzierung** ist also als Inbegriff aller Maßnahmen zu verstehen, die der Bereitstellung von Geld, Sachgütern und Rechtswerten für den betrieblichen Umsatzprozeß dienen. Es handelt sich um einmalige und laufende Maßnahmen, die der Kapitalbeschaffung, Kapitalumstrukturierung, Kapitalherabsetzung und Vermögensumformung dienen.

Das Kapital, das der Unternehmung zugeführt wird, kann bestehen aus:

1. Geld (bare und unbare Zahlungsmittel)
2. Gütern   materielle: z. B. Maschinen, Gebäude usw.
   immaterielle: z. B. Patente, Lizenzen, Konzessionen.
3. Kombination aus Geld und Gütern: ganze Unternehmen oder Betriebsteile.

Unter dem Begriff der **Investition** versteht man Vermögensdispositionen, die die Verwendung der beschafften finanziellen Mittel im Leistungserstellungs- und Leistungsverwertungsprozeß umfassen. Werden statt Geldmitteln materi-

---

[19] Vgl. Vormbaum, H.: Betriebswirtschaftliche Grundlagen, Finanzierung und Finanzplanung.

elle und/oder immaterielle in die Unternehmung eingebracht, fallen Finanzierungs- und Investitionsvorgang zusammen.

5.2. Grundprobleme der Finanzierungsfunktion

Da an anderer Stelle des Studienwerks[20]) die Finanzierungsfunktion eingehend besprochen wird, können wir uns an dieser Stelle auf einige Grundprobleme, die die Finanzierungsfunktion im Unternehmen erfüllt, beschränken.

5.2.1. Das finanzielle Gleichgewicht

Im Prozeß der betrieblichen Leistungserstellung und -verwertung fließen dem Betrieb von den Beschaffungsmärkten einerseits ständig Güter zu, die teilweise direkt in die Produktion, teilweise auf Lager gehen und andererseits vollzieht sich ein ständiger Abfluß von Halb- und Fertigfabrikaten, die teilweise auf Lager und teilweise direkt in die Absatzmärkte gehen.

Die Bewegung dieser Güter wird **Mengen-** oder **Güterstrom** genannt.

Parallel, aber in entgegengesetzter Richtung, verläuft ein **Geld- bzw. Zahlungsmittelstrom,** d. h. bei der Beschaffung verlassen Zahlungsmittel den Betrieb, beim Absatz fließen ihm Zahlungsmittel zu.

Der Prozeß der Leistungserstellung und -verwertung ist also durch eine dauernde Umwandlung von Geld in Güter gekennzeichnet. Hierbei ergibt sich die Problematik, daß sich zwischen Ein- und Ausgaben*) teilweise erhebliche Phasenverschiebungen ergeben. Diese auszugleichen und ein finanzielles Gleichgewicht im Unternehmen zu halten, ist Aufgabe der Finanzierungsfunktion der Unternehmung, die sie durch Inanspruchnahme der Geld- und Kapitalmärkte vollzieht.

Im Geld- und Güterkreislauf der Unternehmung ergeben sich ständig **kapitalbindende** Auszahlungen und **kapitalfreisetzende** Einzahlungen,

> z. B. Auszahlungen an den Beschaffungsmarkt: Einkauf von Produktionsfaktoren.
>
> Auszahlungen an Geld- und Kapitalmärkte: Zinsen, Kredite an andere Wirtschaftseinheiten.
>
> Auszahlungen an den Staat: Steuern, Gebühren, Abgaben.
>
> Einzahlungen vom Absatzmarkt: Erlöse für verkaufte Leistungen.
>
> Einzahlungen vom Staat: Steuerrückzahlungen, Subventionen.

und **kapitalzuführende** Einzahlungen bzw. **kapitalentziehende** Auszahlungen

---

[20]) Vgl. Vormbaum, H.: Betriebswirtschaftliche Grundlagen, a. a. O.

*) Terminologisch exakter: Ein- und Auszahlungen.

z. B. Einzahlungen aus Eigenkapitaleinlagen,

Einzahlungen aus Fremdkapitalaufnahme,

Auszahlungen infolge Eigenkapitalentnahme,

Auszahlungen für Fremdkapitaltilgung,

Auszahlungen für Gewinnausschüttungen.

Das finanzwirtschaftliche Gleichgewicht ist nur dann gewahrt, wenn die Unternehmung jederzeit ihre fälligen Zahlungsverpflichtungen erfüllen kann. Das ist nur dann gewährleistet, wenn die laufenden Einzahlungen mindestens gleich bzw. höher als die Auszahlungen sind. Anders ausgedrückt: die Unternehmung muß jederzeit liquide sein.

Diese Forderung ist unabdingbar, weil die Existenz einer Unternehmung rechtlich an ihre Zahlungsfähigkeit gebunden ist. Eine Unternehmung kann Gewinn erzielen, die Vermögenswerte können die Verbindlichkeiten übersteigen, sie kann produktiv arbeiten und ist dennoch existenzgefährdet, wenn es ihr nicht gelingt, durch Abstimmung der Aus- und Einzahlungen ihre Zahlungsverpflichtungen zu erfüllen.

5.2.2. Das finanzwirtschaftliche Instrumentarium

Die ständige Aufrechterhaltung der Liquidität stellt sich als ein schwieriges Problem für die Unternehmensführung dar, da vielfache Entscheidungen in allen Funktionsbereichen sich auf die Zahlungsströme auswirken. Erschwerend tritt hinzu, daß Einzahlungen und Auszahlungen, die in der Zukunft anfallen in ihrer Höhe und zeitlichem Anfall nie mit aller Exaktheit bestimmt werden können (z. B. Überschreiten von Zahlungszielen, Verkürzung der Kreditlinien, Steuernachzahlungen, Störungen im Betriebsprozeß usw.)

Der Einsatz des finanzwirtschaftlichen Instrumentariums soll dazu dienen, die Sicherheit einer ständigen Zahlungsbereitschaft zu ermöglichen.

Alle Maßnahmen, die die Steuerung der Zahlungsströme zum Inhalt haben, zählen zum finanzwirtschaftlichen Instrumentarium.

Insbesondere rechnen dazu alle Entscheidungen, die die Kapitalbindung mindern und/oder die Kapitalfreisetzung erhöhen:

Verringerung der Werkstoffbestände,

Beschleunigung des Produktions- und Absatzprozesses,

Liquidierung nicht benötigter Vermögensteile,

Verschiebung von Investitionsvorhaben,

Stundung von Steuer- oder Zinszahlungen,

Maßnahmen der Preispolitik.

Zur stetigen Aufrechterhaltung der Zahlungsfähigkeit — und um zeitlichen Differenzen zwischen Ein- und Auszahlungen zu überbrücken — sind Liquiditätsreserven in Form von Barmitteln, Kontoguthaben oder durch leicht liquidierbare Vermögensgegenstände zu halten. Deren Höhe richtet sich:

a) nach dem Sicherheitsbedürfnis der Unternehmen und

b) nach zeitlicher Unsicherheit der Ein- und Auszahlungsvorgänge.

Technische Hilfsmittel die Zahlungsfähigkeit der Unternehmung festzustellen und zu planen sind:

a) das **Deckungsverhältnis** der zu einem bestimmten **Zeitpunkt** verfügbaren Geldmittel und fälligen Verbindlichkeiten (statisch: **Liquidität** 1. 2. 3. Grades) und

b) das **Deckungsverhältnis** der in einem bestimmten **Zeitraum** vorhandenen Überschüsse oder Fehlbeträge an Deckungsmitteln (dynamisch: **Finanzplan**).

Die verschiedenen Möglichkeiten der Kapitalzuführung, die einen wesentlichen Einfluß auf die Liquidität der Unternehmung ausüben, werden üblicherweise nach den Kriterien gebildet:

a) ob das Kapital der Unternehmung von außen zugeführt (Außenfinanzierung) wird oder aus der Unternehmung selbst stammt (Innenfinanzierung) und

b) nach dem Kriterium der **Rechtsstellung** des Kapitalgebers (Eigen- oder Fremdfinanzierung).

Nachfolgendes Schema stellt die Hauptform der Finanzierung dar.

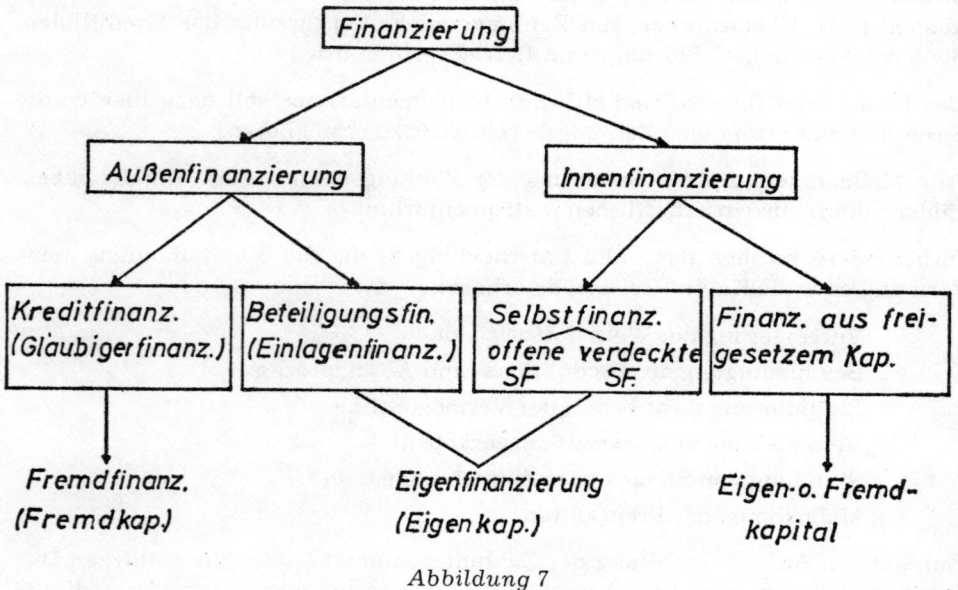

Abbildung 7

Kreditfinanzierung:
   z. B. Bankkredite, Finanzierung aus Pensionsrückstellungen, Fremdkapital durch Ausgabe von Obligationen.

Beteiligungsfinanzierung:
   z. B. Kapitalerhöhung durch Ausgabe von Aktien, Gesellschaftereinlagen.

Selbstfinanzierung:
   offen: z. B. aus Einbehaltung von Gewinn.
   verdeckt: z. B. Unterbewertung von Aktiva und Überbewertung von Passiva.

Finanzierung aus freigesetztem Kapital:
   z. B. Finanzierung aus Abschreibungen, Beschleunigung des Kapitalumschlags.

Für Kapitalgeber und Kapitalnehmer (Unternehmung) hat die Gläubiger- bzw. Einlagenfinanzierung bestimmte Vor- und Nachteile, die von beiden Seiten zu berücksichtigen sind. Sie sind in nachfolgender Tabelle einander gegenübergestellt.

Einlagenfinanzierung

Vorteil für den **Kapitalgeber:**	Nachteil für den **Kapitalgeber:**
• Eigenkapital sichert Mitspracherecht	• unbeschränkte oder beschränkte Beteiligung an den Verlusten = Unternehmerrisiko
• Kontrollrechte je nach Höhe der Beteiligung, Statut oder Gesellsch.-Vertrag	• Mobilisierbarkeit des Kapitals, mit Ausnahme der Inhaberaktien, meistens schlecht. Das Kapital wird oft langfristig gebunden
• Anspruch auf Gewinn	
• Anspruch auf Auseinandersetzungsguthaben bei der Liquidation	• Konkurs: kein Anspruch auf die Masse, da Eigenkapital nicht dinglich gesichert werden kann
• Anspruch auf Anteil am Kapital, stillen Reserven und gegebenenfalls am Firmenwert	
Vorteile für die **Unternehmung**	• Keine festen Kosten durch Zinsen
• Lange Fristen oder gegebenenfalls unbefristet	• belastet nicht die Liquidität
	Nachteile für die **Unternehmung**
• Polster für die Fremdkapitalbeschaffung	• Zwang zum optimalen Einsatz der Mittel nicht so stark wie beim Fremdkapital, für das erhebliche Zinsen gezahlt werden müssen
• Sichert eine weitgehende Entscheidungsfreiheit	

Kreditfinanzierung

Vorteile für den Kapitalgeber

- fester Anspruch auf Zinsen
- keine Verlustbeteiligung
- Kreditsicherung z. B. Hypotheken
- Prüfung der Liquidität und des Managements wie bei langfristigen Darlehen (Kreditwürdigkeitsprüfungen)
- Bei schlechter Geschäftslage kann das Kapital gegebenenfalls kurzfristig zurückgezogen werden.
- Anspruch auf Aussonderung oder Absonderung beim Konkurs
  Aussonderung = fremdes Eigentum
  Absonderung = Pfandsicherung

Nachteile für den Kapitalgeber

- kein Gewinnanspruch
- keine Mitbestimmung
- keine Kapitalverfügung
- Bei langfristiger Darlehensvergabe kann, wenn anderweitig günstigere Verzinsung möglich, Kapital nicht zurückgezogen werden. Ausnahme: Indexklausel
- geringe Mobilität, außer bei fungiblen Wertpapieren

Vorteil für den Kapitalnehmer

- Zinsen sind abzugsfähiger Aufwand in der GuV
- Keine Mitbestimmungsrechte für den Kapitalgeber
- Stärkung der Kapitalkraft

Nachteile für den Kapitalnehmer

- feste Zinszahlungen unabhängig von der Konjunktur
- befristete Zeit
- Rückzahlungsverpflichtung

5.2.3. Finanzierung und Gewinnerzielungsprozeß

Im Rahmen der Grundprobleme, die durch die Finanzierungsfunktion der Unternehmung aufgeworfen werden, bedeutet die zielorientierte Steuerung der betrieblichen Ein- und Auszahlungsströme auch eine Einbeziehung des Gewinnziels in die finanzwirtschaftlichen Überlegungen. Das Gewinnziel wird in zweifacher Weise durch die Finanzierungsmaßnahmen beeinflußt:

a) Höhere finanzwirtschaftliche Sicherheit (Liquiditätsreserven) bedeuten in der Regel eine Minderung der Gewinnerwartungen, denn Zahlungsmittelbestände werden meist unverzinslich oder geringverzinslich gehalten und schränken in der gewollten Größe rentable Investitionsmöglichkeiten im Vermögensbereich ein. Die Rentabilität, d. h. die auf das eingesetzte Kapital bezogene Gewinngröße verringert sich. Hier muß die Unternehmung zwischen hoher Rentabilität und größerer Liquiditätssicherheit wichten.

b) Gewinn und Sicherheit werden ebenfalls durch die Kapitalstruktur (das Verhältnis von Eigen- zu Fremdkapital) beeinflußt: Der Einsatz von Fremdkapital im Verhältnis zum Eigenkapital sollte um so größer sein, je höher der zu erzielende Sachzins im Verhältnis zum zahlenden Marktzins ist. Die Rentabilität des Eigenkapitals erhöht sich dann überproportional. Hieraus ergibt sich der **Finanzierungsgrundsatz:**

a) Fremdkapital erhöht die Eigenkapitalrentabilität, solange der Fremdkapitalzinsfuß die Gesamtkapitalrentabilität unterschreitet.

b) Fremdkapital verringert die Eigenkapitalrentabilität, sobald der Fremdkapitalzinsfuß die Gesamtkapitalrentabilität überschreitet.

Die **optimale Finanzierung** ist dann erreicht, wenn unter jederzeitiger Liquidität die maximale Rentabilität erzielt wird.

III. Betriebswirtschaftliche Begriffe

Von Dr. Friedhelm Hülshoff

1. Der Betrieb

Der **Betrieb** ist die planmäßige und organisatorische Kombination von Produktionsfaktoren mit dem Zweck, Wirtschaftsgüter, Sachgüter und Dienstleistungen zu erstellen und auf den jeweiligen Märkten abzusetzen.

Man bezeichnet Betriebswirtschaften auch als Produktionswirtschaften und grenzt sie von den Konsumwirtschaften (private und öffentliche Haushalte) ab. Betriebswirtschaften können auch halbstaatliche, öffentlich-rechtliche oder volkseigene Betriebe sein.

Unter **Produktionswirtschaften** werden nicht nur Betriebe, die Sachgüter erstellen und absetzen, verstanden, sondern auch Dienstleistungsbetriebe. In diesem Sinne produzieren auch Banken, Handels-, Versicherungs- und Verkehrsbetriebe.

In einer schematischen Form ergibt sich, geordnet nach dem Leistungsprogramm (Sach- oder Dienstleistungen), nachfolgende Typologie. (Eine Verfeinerung der Typologie nach weiteren Kriterien, z. B. nach vorwiegend verarbeiteten Produkten, vorherrschende Produktionsfaktoren, Ein- oder Mehrproduktenbetrieb usw. ist möglich).

Grobe Typologie von Betrieben

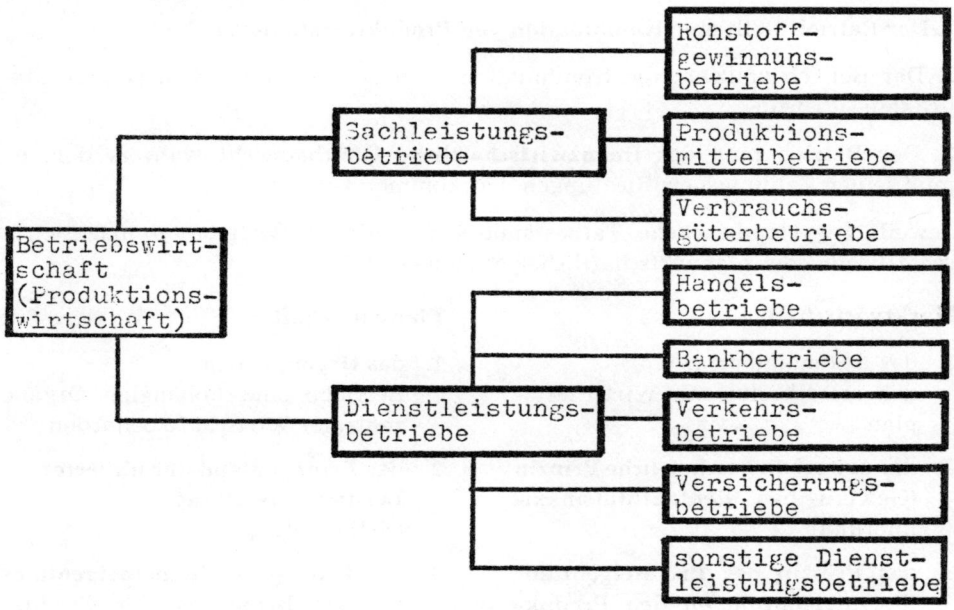

Abb. 1

Betrieb — Unternehmung

In der betriebswirtschaftlichen Literatur wird die Abgrenzung zwischen den Begriffen nicht einheitlich vorgenommen. Im wesentlichen lassen sich drei Gruppierungen vornehmen:

① die **Unternehmung** wird als **Oberbegriff** und der **Betrieb** als **Unterbegriff** angesehen. Der Betrieb wird mehr als Stelle der technischen Leistungserstellung betrachtet, als Teil der Unternehmung. Eine Unternehmung kann mehrere Betriebe haben.

② Betrieb und Unternehmung werden als **gleichgeordnete** Begriffe verstanden, wobei der Betrieb die produktionswirtschaftliche Seite des Leistungsprozesses umfaßt und die Unternehmung die finanzielle, rechtliche und organisatorische Seite des Betriebsprozesses darstellt.

③ Der **Betrieb** als **Oberbegriff** und die **Unternehmung** als **Unterbegriff** ist die von Gutenberg vorgenommene Systematik und wird durch Größen bestimmt, die auf das jeweilig historische Wirtschaftssystem Bezug nehmen. Danach gibt es **systemunabhängige** Tatbestände, die für jeden Betrieb Gültigkeit haben, gleich welchem Wirtschaftssystem er angehört, und **systembezogene** Tatbestände, die nur für Betriebe bestimmter Wirtschaftssysteme gelten.

Die Systematik Gutenbergs unterscheidet:

3 **systemunabhängige** (systemindifferente) Tatbestände, die immer einen Betrieb ausmachen.

1. Der Betrieb stellt eine **Kombination von Produktionsfaktoren** dar.

2. Der Betrieb vollzieht die Kombination nach dem **ökonomischen** (Wirtschaftlichkeits-)**Prinzip**.

3. Der Betrieb muß das **finanzwirtschaftliche Gleichgewicht** wahren, d. h. er muß seinen Zahlungsverpflichtungen nachkommen können.

Jeweils 3 **systembezogene** Tatbestände kennzeichnen Betriebe in marktwirtschaftlichen oder planwirtschaftlichen Systemen.

Marktwirtschaft

1. das **Autonomieprinzip**
   d. h. selbstbestimmter Wirtschaftsplan

2. das **erwerbswirtschaftliche Prinzip**
   (Gewinn- bzw. Rentabilitätsmaximierung)

3. das Prinzip des **Privateigentums**
   (Privateigentum an den Produktionsmitteln)

Planwirtschaft

1. das **Organprinzip**
   Betriebe sind abhängige Organe zentraler Wirtschaftsbehörden

2. das **Prinzip plandeterminierter Leistungserstellung**
   (Sollerfüllung)

3. das **Prinzip des Gemeineigentums**
   (Vergesellschaftung der Produktionsmittel)

Unternehmungen sind demnach nur Betriebe in marktwirtschaftlichen Systemen.

Der Betrieb ist Oberbegriff, die typische Betriebsform der Marktwirtschaft ist die Unternehmung.

Auch in Marktwirtschaften gibt es Betriebe, die nicht Unternehmungen nach obiger Systematik sind, z. B. vom Staat oder den Gebietskörperschaften betriebene **öffentliche Betriebe**. Bei ihnen ist sowohl das Autonomieprinzip eingeschränkt als auch die dominierende Zielsetzung der Gewinnmaximierung privater Betriebe (Unternehmen) durch das Ziel der **Gemeinwirtschaftlichkeit** (optimale Versorgung der Bevölkerung mit Leistungen, die private Betriebe nicht erbringen sollen, wollen oder können) und **Eigenwirtschaftlichkeit** (d. h. Kostendeckung) oder angemessene Verzinsung des Eigenkapitals ersetzt, oder es wird eine Zuschußbegrenzung durch die öffentlichen Träger angestrebt.

2. Die Produktionsfaktoren

Der Prozeß der Leistungserstellung und -verwertung wird als eine Kombination von Produktionsfaktoren bezeichnet. **Produktionsfaktoren** sind alle Sachgüter und Dienstleistungen, die für die Erstellung und Verwertung der betrieblichen Leistung eingesetzt werden.

Die klassische Einteilung der **Produktionsfaktoren** der Volkswirtschaftslehre in: Arbeit, Boden und Kapital ist für betriebswirtschaftliche Zwecke ungeeignet. Das gilt auch für die **ältere** betriebswirtschaftliche Systematik: Organisation, Arbeit und Kapital, weil

1. der Kapitalbegriff irreführend sein kann, zumindest kaum weit genug, um auch die Werkstoffe zu erfassen, und

2. weil mit Ausnahme der Organisation keine weiteren geistigen Potentiale umfaßt werden.

Die **neuere** Systematik der betriebswirtschaftlichen Produktionsfaktoren von Gutenberg hat sich in der BWL inzwischen durchgesetzt und gliedert wie folgt:

I. Elementarfaktoren

1. **Menschliche** Arbeitsleistungen (objektbezogene, ausführende Arbeit)
2. **Betriebsmittel** (technische Apparatur für Leistungserstellung und -verwertung; bilanziell im Anlagevermögen)

    Grundstücke, Gebäude, Maschinen, masch. Anlagen, Einrichtungen **usw.**

3. **Werkstoffe** (bilanziell im Umlaufvermögen)
Rohstoffe (wesentliche Bestandteile der Erzeugnisse)
Hilfsstoffe (unwesentliche Bestandteile der Erzeugnisse)
Betriebsstoffe (gehen nicht in die Erzeugnisse ein)

4. **Dienstleistungen*)** (von außen bezogene Dienstleistungen)

II. Dispositiver Faktor

1. Originärer dispositiver Faktor (Geschäfts- und Betriebsleitung)
2. Derivativer dispositiver Faktor (delegierbare Funktionen)
    a) Planung (Planung des Betriebsprozesses)
    b) Organisation (Realisierung der Planung)

Nachfolgendes Schema soll das volks- und betriebswirtschaftliche Produktionsfaktorsystem in einer Übersicht zusammenfassen.

Produktionsfaktoren der		Volkswirtschaftslehre	Arbeit			Grund+Boden	Kapital
		ältere	(Organisation)	Arbeit		Kapital	
	B W L	neuere	(Dispositive) Arbeit als Betriebs- und Geschäftsleitung	(Objektbezogene) Arbeitsleistungen	Betriebsmittel	Werkstoffe	Dienstleistungen (Kilger) von außen bezogen
			Organisat.				
			Planung				
			Derivativer Faktor	Originäre Faktoren			
			Dispositive Faktoren	Elementare Faktoren			

Abb. 2

3. Die betrieblichen Erfolgsmaßstäbe

Gewinn, Rentabilität, Wirtschaftlichkeit, Produktivität, Liquidität.

Gemäß den Zielsetzungen der Betriebe (Unternehmen), die sie beim Leistungserstellungs- und -verwertungsprozeß verfolgen, müssen ihnen Maßstäbe an die Hand gegeben werden, mit denen sie den Grad der Zielerreichung überprüfen können.

Wichtige ökonomische Maßstäbe hierzu sind: Gewinn, Rentabilität, Wirtschaftlichkeit, Produktivität und Liquidität, die nachfolgend kurz erläutert werden sollen, da sie in der Theorie und im Sprachgebrauch mit unterschiedlichem Bedeutungsinhalt verwandt werden.

---

*) Dienstleistungen sind als Elementarfaktoren von Kilger in das Schema Gutenbergs eingefügt worden.

3.1. Gewinn

Gewinn als Differenz zwischen Ertrag und Aufwand einer Periode dient letztlich der Verzinsung des in der Unternehmung investierten Eigenkapitals. Gewinnerzielung (Maximierung) unter Beachtung des gesamten Zielsystems*) der Unternehmung gilt schlechthin als das unternehmerische Ziel in der Marktwirtschaft. Der erzielte Gewinn soll nicht nur den Unternehmern, Gesellschaftern oder Aktionären „arbeitslose" Einkünfte verschaffen, sondern vornehmlich der Erhaltung und Erweiterung der betrieblichen Kapazitäten und Aktivitäten dienen. Dazu gehören vor allem die Erhaltung des realen Vermögens (bei inflationären Tendenzen besonders schwierig) und der Wettbewerbsfähigkeit. Schließlich trägt die Gewinnerzielung der Unternehmung auch dazu bei, in Form von Steuern und Abgaben gesamtwirtschaftliche und soziale Aufgaben des Staates erfüllen zu helfen.

3.2. Rentabilität

Durch Rentabilitätskennziffern wird das Verhältnis von Gewinn zu Kapital ausgedrückt. Die Größe im Nenner gibt an, um welche Art von Rentabilität es sich handelt. Im Zähler steht immer der Gewinn.

$$\text{Eigenkapitalrentabilität (auch als Unternehmerrentabilität bezeichnet)} = \frac{\text{Gewinn}}{\text{(durchschnittliches) Eigenkapital}} \times 100$$

$$\text{Gesamtrentabilität (auch als Unternehmensrentabilität bezeichnet)} = \frac{\text{Gewinn und Fremdkapitalzinsen*)}}{\text{(durchschnittliches) Eigen- und Fremdkapital}} \times 100$$

$$\text{Betriebsrentabilität} = \frac{\text{Betriebsgewinn}}{\text{(durchschnittliches) betriebsnotwendiges Kapital}} \times 100$$

Betriebsrentabilität setzt den von neutralen Erträgen bereinigten Gewinn in Beziehung zum betriebsnotwendigen Kapital

Wird der Gewinn auf den Umsatz bezogen, erhält man die Umsatzrentabilität:

$$\text{Umsatzrentabilität} = \frac{\text{Gewinn}}{\text{Umsatz}} \times 100$$

Wenn man von Rentabilität spricht, ist gewöhnlich die Eigenkapitalrentabilität gemeint.

---

*) Vgl. Kap. 5 zum Gewinnbegriff und Zielsystem.
*) Fremdkapitalzinsen sind im Gewinn nicht enthalten, sind aber als Erträge des Fremdkapitals zu betrachten und müssen bei Ermittlung der Gesamtrentabilität dem Gewinn zuaddiert werden.

3.3. Wirtschaftlichkeit — Produktivität

Wirtschaftlichkeit als **Prinzip** wird allgemein als Maximal- oder Minimalprinzip formuliert:

1. mit gegebenem Aufwand ist ein maximaler Ertrag zu erzielen (Maximalprinzip).
2. mit minimalem Aufwand ist ein vorgegebener Ertrag zu erzielen (Minimalprinzip).

Dieses Prinzip ist Ausdruck des auf den wirtschaftlichen Bereich angewandten **Rationalprinzips**. Es wird auch als **ökonomisches Prinzip** bezeichnet.

Üblicherweise wird die Wirtschaftlichkeit in Form eines Koeffizienten aus Ertrag und Aufwand dargestellt:

$$\text{Wirtschaftlichkeit} = \frac{\text{Ertrag}}{\underset{\text{(Faktoreinsatzmenge} \cdot \text{Preis)}}{\text{Aufwand}}} = \frac{\text{output}}{\text{input}} \quad \text{(wertmäßig)}$$

Dieser **wertmäßige** Wirtschaftlichkeitsbegriff beinhaltet die Möglichkeit eines Wählens zwischen verschiedenen Alternativen des Faktoreinsatzes, um den gleichen Ertrag (Leistung) zu erzielen (z. B. Facharbeiter werden durch Hilfsarbeiter, Maschine A durch kostengünstigere Maschine B ersetzt).

Drückt man das Verhältnis durch Inbeziehungsetzen der tatsächlich erreichten zur günstigsten Kostensituation aus, lautet der Quotient:

$$\text{Wirtschaftlichkeit} = \frac{\text{Istkosten}}{\text{Sollkosten}}$$

Dem wertmäßigen Wirtschaftlichkeitsbegriff steht der **technische** Wirtschaftlichkeitsbegriff, allgemein als **Produktivität**[1]) bezeichnet, gegenüber.

$$\text{Produktivität} = \frac{\text{Ausbringungsmenge}}{\text{Faktoreinsatzmenge}} = \frac{\text{output}}{\text{input}} \quad \text{(mengenmäßig)}$$

Die Faktoreinsatzmengen werden gemessen in Arbeitsstunden, Maschinenstunden, Werkstoffeinheiten, usw.

Da weder Faktoreinsatzmengen noch Ausbringungsmengen (z. B. Mehrproduktunternehmen!) addierbar sind, begnügt man sich in der Praxis mit Kennzahlen für Teilproduktivitäten; d. h. die mengenmäßige Produktivität läßt

---

[1]) Kosiol verwendet anstatt Produktivität den Begriff „Technizität"; Mellerowicz: „Technische Ergiebigkeit".

den individuellen Beitrag der verschiedenen Produktionsfaktoren zum Leistungsergebnis nicht erkennen.

$$\text{Produktivität des Betriebsmittels} = \frac{\text{erzeugte Menge Roheisen}}{\text{gefahrene Betriebsstunden}}$$

oder

$$\text{Produktivität des Arbeitseinsatzes} = \frac{\text{Produktionsergebnis}}{\text{Arbeitsstunden}}$$

3.4. Liquidität

Liquidität bezeichnet die Zahlungsbereitschaft der Unternehmung, d. h. die Fähigkeit der Unternehmung zur rechtzeitigen Erfüllung fälliger Zahlungsverpflichtungen.

Je nachdem, welchen Zeitraum man der Liquiditätsbetrachtung zugrunde legt, kann man eine **Momentanliquidität** (auf einen genauen **Zeitpunkt** bezogen) und eine **Periodenliquidität** (auf einen **Zeitraum** bezogen) unterscheiden.

Der **Liquiditätsgrad** drückt das Verhältnis bestimmter Vermögenspositionen zu kurzfristigen Verbindlichkeiten aus und wird meist in Prozenten ausgedrückt. Hilfsmittel der Liquiditätsrechnung ist die Bilanz.

Unter **Liquidierbarkeit** der Vermögensgegenstände versteht man ihre Fähigkeit, mehr oder weniger schnell in Zahlungsmittel umgewandelt werden zu können. Generalisierend unterscheidet man:

a) liquide Mittel 1. Ordnung:

Vermögensteile, die **sofort** als Zahlungsmittel verwendet werden können, z. B. Barbestände, Bankguthaben, Schecks und gute Wechsel.

b) liquide Mittel 2. Ordnung:

Vermögensteile, die **verhältnismäßig schnell** in Zahlungsmittel umgewandelt werden können, z. B. restliche Wechsel, lombardfähige oder börsengängige Wertpapiere.

c) liquide Mittel 3. Ordnung:

Vermögensteile, die **schwer liquidierbar** sind, z. B. Fertigwaren, Halbfertigwaren, spekulative Vorräte, nicht benötigte Anlagen, Forderungen.

d) **nicht liquidierbare** Vermögensgegenstände, die bei normalem Geschäftsablauf nicht veräußert werden dürfen, z. B. Anlagen, gebundene Vorräte, eiserne Bestände usw.

Diese Einteilung ist nicht allgemein gültig. Sie variiert mit der Branche und der konjunkturellen Situation. In Krisenzeiten kann selbst ein guter Wechsel nicht sofort liquidierbar sein.

Die gebräuchlichsten **Liquiditätszahlen** sind:

$$\text{Liquidität 1. Grades} = \frac{\text{Zahlungsmittel}}{\text{kurzfristige Verbindlichkeiten}} \cdot 100$$

$$\text{Liquidität 2. Grades} = \frac{\text{Zahlungsmittel} + \text{kurzfristig verfügbare Mittel}}{\text{kurzfristige Verbindlichkeiten}} \cdot 100$$

$$\text{Liquidität 3. Grades} = \frac{\text{Zahlungsmittel} + \text{kurzfristig verfügbare Mittel} + \text{Bestände}}{\text{kurzfristige Verbindlichkeiten}} \cdot 100$$

Da es sich hier um eine auf Grund von Bilanzzahlen gewonnene Liquidität (Stichtagsliquidität) handelt, ist ihr Aussagewert bestritten. An Stelle des Liquiditätsstatus tritt der Finanzplan als prospektive Liquiditätskontrolle. Der **Finanzplan** (dynamische Liquiditätsrechnung) stellt eine Vorschaurechnung auf die zu erwartenden Einnahmen und Ausgaben innerhalb eines bestimmten Zeitraumes dar und baut auf Beschaffungs-, Absatz- und Produktionsplan auf. Er gestattet die Berücksichtigung aller voraussehbaren Umstände, die die Liquidität beeinflussen.

4. Der Betriebsprozeß

Der Betriebsprozeß ist ein fortlaufender Wertbildungs- und Wertverteilungsprozeß.

Der Prozeß der **Wertbildung** umfaßt die in einer Periode ablaufenden Beschaffungs-, Lagerungs-, Produktions- und Absatzvorgänge, die die Güter und Absatzmärkte miteinander verbinden.

Der Prozeß der **Wertverteilung** verläuft in umgekehrter Richtung, von den Erlösen der erzeugten Leistungen über die Finanzierung des gesamten Prozesses der Fertigung, des Absatzes und der Beschaffung. Es ergibt sich daraus eine fortgesetzte Metamorphose des umlaufenden Wertes, die sich über alle Betriebsfunktionen hinweg erstreckt, wobei sich in gesetzmäßiger Ordnung nacheinander sechs unterscheidbare Werte (**kinetische Werte:** d. i. Wertanfall innerhalb bestimmter Zeit) bilden: Ausgaben, Aufwendungen, Kosten, Leistungen, Erlöse (als Teil der Erträge) und Einnahmen. Daraus ergibt sich nachfolgender schaubildlich dargestellter Zusammenhang.

Einführung in das Wirtschaften

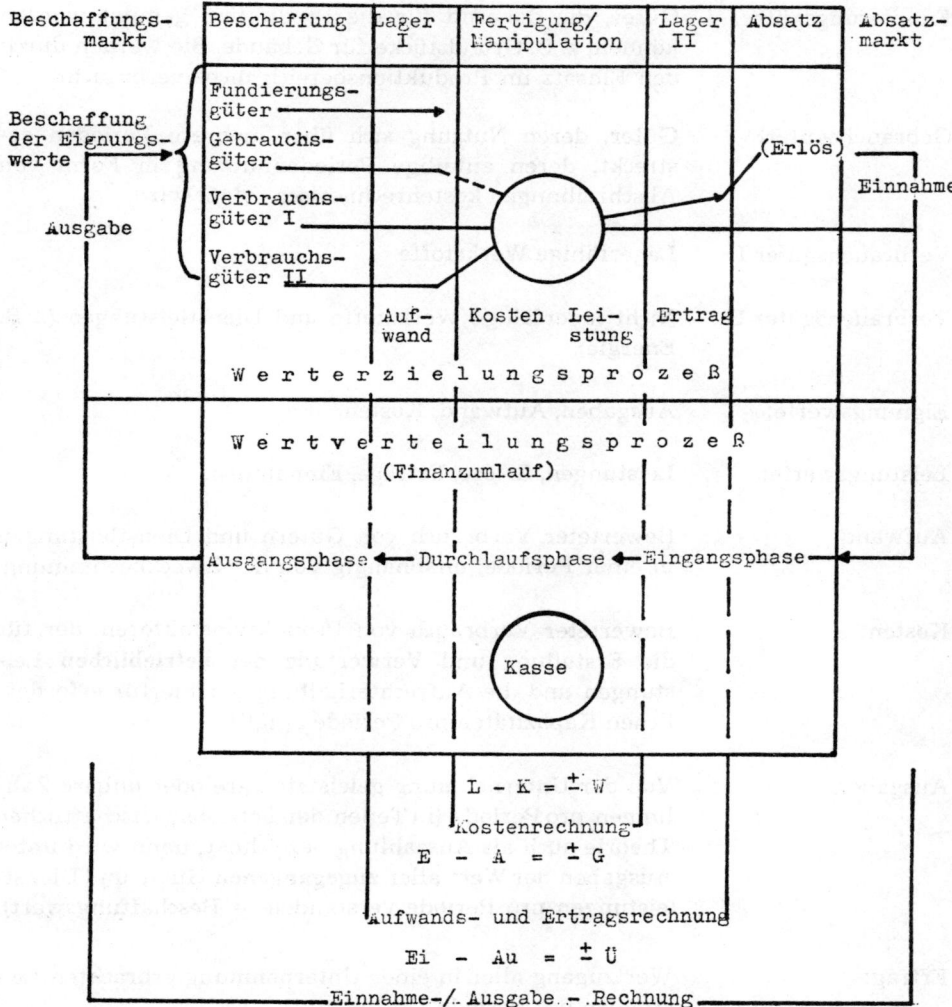

Abbildung 3

Aus der Abbildung erkennbar, ergibt sich ein kinetischer Werteflußentgegengesetzter, aber sich rechnerisch entsprechender Mengen- und Wertbewegungen:

        Ausgaben — Einnahmen
        Aufwand — Ertrag
        Kosten   — Leistung

Begriffserläuterungen

Fundierungsgüter: Güter, die dauernd für die Produktion genutzt werden können, z. B. Grundstücke für Gebäude. Sie werden durch den Einsatz im Produktionsbereich nicht verbraucht.

Gebrauchsgüter: Güter, deren Nutzung sich über mehrere Perioden erstreckt; deren anteilige Periodennutzung in Form von Abschreibungen kostenrechnerisch erfaßt wird.

Verbrauchsgüter I: Lagerfähige Werkstoffe.

Verbrauchsgüter II: Nicht lagerfähige Werkstoffe und Dienstleistungen (z. B. Energie).

Eignungswerte: Ausgaben, Aufwand, Kosten.

Leistungswerte: Leistungen, Erlöse, Erträge, Einnahmen.

Aufwand: Bewerteter Verbrauch von Gütern und Dienstleistungen in einer Periode, unabhängig von der Zweckbestimmung.

Kosten: Bewerteter Verbrauch von Produktionsfaktoren, der für die Erstellung und Verwertung der **betrieblichen** Leistungen und die Aufrechterhaltung der hierfür erforderlichen Kapazitäten pro Periode anfällt.

Ausgaben: Von der Unternehmung geleistete bare oder unbare Zahlungen pro Periode (in Teilen der betriebswirtschaftlichen Theorie auch als Auszahlung bezeichnet; dann wird unter Ausgaben der Wert aller **zugegangenen** Güter und Dienstleistungen pro Periode verstanden = Beschaffungswert).

Ertrag: Wertzugang aller in einer Unternehmung erbrachten Leistungen pro Periode.

Leistung: Wertmäßiges Ergebnis des betrieblichen Produktionsprozesses pro Periode.

Erlös: (Umsatzerträge), der geldliche Gegenwert für die **verkauften** Leistungen der Periode.

Einnahmen: An die Unternehmung geleistete bare oder unbare Zahlung pro Periode (Näheres siehe Ausgabe).

IV. Die rechnerische Erfassung des betrieblichen Geschehens

1. Aufgaben und Gliederung des Rechnungswesens

Die zunehmende Größe der Betriebe in unserem Jahrhundert machte es notwendig, der Unternehmensführung ein Instrument an die Hand zu geben, mit dem der Leistungserstellungs- und -verwertungsprozeß der Betriebe zahlenmäßig erfaßt und kontrolliert werden kann.

„Die Gesamtheit aller Verfahren zur zahlenmäßigen Erfassung und Zurechnung der betrieblichen Vorgänge" wird als betriebliches Rechnungswesen bezeichnet[2]).

Alle Geschäftsvorfälle, die in einer Abrechnungsperiode zwischen Betrieb, Beschaffungsmärkten und Absatzmärkten und innerhalb des Betriebes erfolgen, werden belegmäßig erfaßt, verursachungsgemäß weiterverrechnet und die Ergebnisse so aufgearbeitet, daß sie der Unternehmensleitung Informationen zur Planung und Kontrolle an die Hand geben. In zunehmendem Maße werden hierbei Datenverarbeitungssysteme eingesetzt, die eine schnelle Verarbeitung des umfangreichen Zahlenmaterials ermöglichen und kurzfristig Planungs- und Entscheidungsunterlagen liefern.

Die wichtigsten **Aufgaben,** die das Rechnungswesen zu erfüllen hat, sind:

a) Auskunft zu geben über Vermögen und Ertragslage des Betriebes (Rechenschaftslegung),

b) Kontrolle von Wirtschaftlichkeit und Rentabilität des Betriebes zu gewährleisten,

c) Unterlagen zu liefern für die Planungs- und Dispositionsaufgaben des Betriebes.

Nach der Unterschiedlichkeit der zu erfüllenden Aufgaben wird das Rechnungswesen in vier **Teilgebiete** untergliedert:

      Geschäftsbuchhaltung (Finanzbuchhaltung)

      Betriebsabrechnung (Kostenrechnung)

      Betriebswirtschaftliche Statistik und

      Vorschau- und Planungsrechnung.

Aufbau, Gliederung und Organisation des Rechnungswesens hängen vom Fertigungsverfahren, Betriebsgröße, Rechtsform, Wirtschaftsform und **Wirtschaftszweig** ab[3]).

---

[2]) Mellerowicz, K.: Allgemeine Betriebswirtschaftslehre 12. Aufl. Bd. 4, Berlin 1968 S. 21 f.
[3]) Vgl. Wöhe, G.: Einführung in die allgemeine Betriebswirtschaftslehre, 10. Auflage, Berlin - Frankfurt 1968, S. 491

1.1. Aufgaben der Geschäftsbuchhaltung

Die Geschäftsbuchhaltung — auch Finanzbuchhaltung genannt — erfaßt alle Geschäftsvorfälle, die zwischen Unternehmung und Außensphäre anfallen und ordnet sie chronologisch (Grundbuch) und systematisch (Hauptbuch). Primäres Ziel der Geschäftsbuchhaltung ist die Aufstellung des Jahresabschlusses, der **Bilanz** und der **Gewinn- und Verlustrechnung.**

Die Bilanz ist Gegenüberstellung der **Aktiva** (Vermögenswerte) und **Passiva** (Kapitalrechte) zu einem bestimmten **Zeitpunkt** unter Berücksichtigung der zwischen zwei Bilanzstichtagen aufgetretenen Bestandsmehrungen und -minderungen.

Die **Aktiva** = Vermögenswerte, untergliedert in Anlage- und Umlaufvermögen, zeigen an, in welchen Gütern das Kapital gebunden ist (Mittelverwendung).

Die **Passiva** = Kapitalrechte, untergliedert in Eigen- und Fremdkapital, zeigen an, aus welchen Quellen das Kapital stammt (Mittelherkunft).

Der Saldo zwischen Aktiva und Passiva stellt den Erfolg der Periode als Gewinn (positiver Erfolg) bzw. Verlust (negativer Erfolg) dar.

Die **Bilanz** dient also der Ermittlung des

> **Gesamterfolges der Unternehmung und dem Nachweis des Vermögens und Kapitals zu einem Stichtag.**

Bilanz*)

(Mittelverwendung) (Vermögenswerte) Aktiva		(Mittelherkunft) (Kapitalrechte) Passiva	
Anlagevermögen		*Eigenkapital*	380 000,—
Grundstücke	200 000,—	*Fremdkapital*	
Gebäude	250 000,—	langfristige Verbindlichkeiten gegenüber Kreditinstituten	200 000,—
Maschinen	160 000,—		
Beteiligungen	50 000,—		
		Lieferverbindlichkeiten	10 000,—
Umlaufvermögen		Wechselverbindlichkeiten	20 000,—
Roh-, Hilfs-, Betriebsstoffe	10 000,—	Kurzfristige Bankdarlehen	60 000,—
Fertigungserzeugnisse	4 000,—	Sonstige Verbindlichkeiten	6 000,—
Forderungen	16 000,—	Bilanzgewinn	20 000,—
Bankguthaben	4 000,—		
Kassenbestand	2 000,—		
	696 000,—		696 000,—

Tab. 4

*) Stark vereinfacht.

In der **Gewinn- und Verlustrechnung** einer Unternehmung werden die Gesamt**aufwendungen** und **-erträge** einer **Periode** gegenübergestellt. Der Saldo stellt ebenfalls den Periodenerfolg der Unternehmung dar, wenn er auch auf Grund anderer Buchungen ermittelt wurde.

Aufwendungen = Aufwendungen für Roh-, Hilfs- und Betriebsstoffe, Löhne, Gehälter, Abschreibungen, Zinsen usw.

Erträge = Umsatzerlöse, Erträge aus Beteiligungen, Zinserträge usw.

Gewinn- und Verlustrechnung*)

Aufwendungen		Erträge	
Aufwendungen für Roh-, Hilfs- u. Betriebsstoffe	110 000,—	Umsatzerlöse	170 000,—
		Beteiligungserträge	35 000,—
Löhne und Gehälter, Sozialabgaben	60 000,—	Zinserträge	17 000,—
Abschreibungen	20 000,—	Erträge aus Verkauf von Anlagegegenständen	8 000,—
Zinsen	10 000,—		
Steuern	10 000,—		
Bilanzgewinn	20 000,—		
	230 000,—		230 000,—

Tab. 5

Neben den Hauptaufgaben der Geschäftsbuchhaltung bestehen weitere Aufgaben darin, **Bemessungsunterlagen für die Besteuerung** der Unternehmung bereitzustellen und „bei besonderen Anlässen (Gründung, Sanierung, Fusion, Umwandlung, Liquidation, Konkurs u. a.)"[4] **Sonderbilanzen** zu erstellen. Eine weitere Aufgabe der Finanzbuchhaltung besteht darin, Liquiditäts- und Finanzkontrollen durchzuführen.

1.2. Aufgaben der Kostenrechnung (Betriebsabrechnung)

Im Gegensatz zur Geschäftsbuchhaltung ist die Betriebsabrechnung nach **innen** gerichtet und befaßt sich mit den innerbetrieblichen Wertbewegungen, die sich im Zusammenhang mit dem betrieblichen Kombinationsprozeß ergeben. Sie verfolgt den innerbetrieblichen Wertefluß, nimmt jedoch weitgehende Umformungen des von der Buchhaltung übernommenen Zahlenmaterials vor und wertet es nach statistischen Methoden aus.

Die Betriebsabrechnung befaßt sich insbesondere mit den Fragen einer richtigen Zurechnung der bei der Leistungserstellung und -verwertung angefallenen

---

*) Nach § 157 Abs. 1 Aktiengesetz 1965 ist heute für Aktiengesellschaften die Staffelform der G. u. V.-Rechnung verbindlich. Hier wurde aus methodischen Gründen die obige Darstellungsform gewählt.

Kosten auf die Kostenträger, überwacht die Kosten an den Orten ihrer Entstehung, schafft Unterlagen zur Kalkulation der Leistungen und ermöglicht die **Ermittlung von Preisuntergrenzen.**

Als Hauptaufgaben der Betriebsabrechnung lassen sich somit herausstellen:

Wirtschaftlichkeitskontrolle zur Überwachung der Betriebstätigkeit und **Selbstkostenermittlung als Grundlage der Preispolitik**

Als Teilgebiete*) der Betriebsabrechnung unterscheidet man:

die Kostenartenrechnung,
die Kostenstellenrechnung und
die Kostenträgerrechnung (Kostenträgerstückrechnung — Kalkulation).

In der **Kostenartenrechnung** geht es um die nach Kostenarten getrennte Erfassung des in den einzelnen Abrechnungsperioden (meist monatlich) angefallenen betriebsbedingten Werteverzehrs. Die Kostenartenrechnung beantwortet die Frage, **welche** und **wieviel** Kosten in der Periode entstanden sind. (Löhne, Gehälter, Zinsen, Abschreibungen, usw.)

In der **Kostenstellenrechnung** werden die in der Kostenartenrechnung erfaßten Kosten auf die Kostenstellen (= nach bestimmten Kriterien organisierte Einheiten des Betriebes) verteilt, in denen sie entstanden sind. Organisationsmittel der Kostenstellenrechnung ist der Betriebsabrechnungsbogen (kurz BAB genannt).

Insbesondere hat die Kostenstellenrechnung die Verteilung der Gemeinkosten zu bewirken, und zwar nach dem Prinzip der Verursachung **den** Kostenstellen zuzurechnen, die sie verursacht haben. Das geschieht aus einem zweifachen Grund:

1. um zu wissen, wo welche Kosten in welcher Höhe entstanden sind und

2. um die Leistungen mit den Kosten der Kostenstellen zu belasten, die diese Leistungen erbringen. (Bildung von Kalkulationssätzen)

Die Kostenstellenrechnung beantwortet die Frage, **wo** die Kosten entstanden sind.

In der **Kostenträgerrechnung** werden die Selbstkosten für die Leistungseinheit (Kostenträger) des Betriebes ermittelt. Sie dienen der Preispolitik und bilden die Grundlage der Betriebsergebnisrechnung.

---

*) In der Literatur wird überwiegend diese Einteilung vorgenommen. Gelegentlich findet man unter dem Begriff Betriebsabrechnung die Teilgebiete: Kostenarten- u. Kostenstellenrechnung. Dann wird Kostenrechnung als Oberbegriff verwendet mit den Teilgebieten: Betriebsabrechnung und Kostenträgerrechnung.

Die Kostenträgerrechnung kann je nach dem Zeitpunkt der Durchführung sein:

Vorkalkulation:

sie ist dann in der Regel eine Angebotskalkulation,

Zwischenkalkulation:

sie erfolgt bei Kostenträgern mit längerfristiger Produktionsdauer zum Zwecke der Bilanzierung von unfertigen Erzeugnissen für Zwischenabrechnungen, oder zur Ermittlung von Ersatzforderungen bei Widerruf eines Auftrages,

Nachkalkulation:

Ermittelt die tatsächlich entstandenen Kosten und erfolgt nach Fertigstellung der Kostenträger. Sie liefert ferner Daten für die Betriebsergebnisrechnung.

Die Kostenträgerrechnung beantwortet die Frage: **Wofür** sind welche Kosten entstanden?

Aus organisatorischen Gründen wird ein wichtiges Teilgebiet des Rechnungswesens, die **Betriebsergebnisrechnung** (auch als kurzfristige Erfolgsrechnung bezeichnet), der Kostenträgerzeitrechnung zugeordnet. In ihr werden den Periodenkosten die Leistungen des Betriebes gegenübergestellt und daraus der Betriebserfolg ermittelt.

Die GuV-Rechnung, als älteste Methode der Erfolgsermittlung im Rahmen der Geschäftsbuchhaltung, ist aus verschiedenen Gründen nicht in der Lage, ein zutreffendes Bild des Betriebserfolges zu ermitteln. Mittels Gesamtkosten- und Umsatzkostenverfahren werden in kurzen Zeitabständen Artikel-, Artikelgruppen oder Gesamtbetriebserfolgsrechnungen durchgeführt, analysiert und kurzfristige Entscheidungen möglich gemacht.

Zur Erfassung des mengen- und wertmäßigen Verbrauchs der wichtigsten Produktionsfaktoren Arbeit, Betriebsmittel und Werkstoffe sind

Materialabrechnung,

Lohnabrechnung und

Anlagenabrechnung

häufig der Betriebsabrechnung zugeordnet, obwohl sie Zahlenmaterial für die Finanzbuchhaltung (Aufwendungen u. Bestände) sowie für die Kostenrechnung (Kosten) liefern. Häufig werden sie als Nebenrechnung geführt.

1.3. Die betriebliche Statistik — als weiteres Teilgebiet des Rechnungswesens — ist ein Instrument zur Erfassung und Auswertung von betrieblichen Massenerscheinungen. Sie erhält ihr Zahlenmaterial teils von der Kostenrechnung, teils von der Finanzbuchhaltung oder durch eigene Erhebungen, und stellt eine Vergleichsrechnung dar[5]).

1.4. In der **Vorschau- und Planungsrechnung** sollen zukünftige betriebliche Vorgänge mengen- und wertmäßig erfaßt werden, um unternehmerische Entscheidungen vorzubereiten. Hierzu werden aus Zahlen der Geschäftsbuchhaltung, Statistik und Kostenrechnung kurz- und langfristige Einzel- und Gesamtpläne erstellt und Soll-Ist-Vergleiche durchgeführt.

Zusammenfassend kann festgestellt werden, daß trotz spezifischer Aufgaben, die die einzelnen Teilgebiete des Rechnungswesens zu erfüllen haben, sie sich gegenseitig durchdringen und ein einheitliches organisatorisches Ganzes bilden. Außer der Finanzbuchhaltung, über die in irgendeiner Form durch gesetzliche Vorschriften alle Betriebe verfügen müssen, sind sich viele Betriebe immer noch nicht über den Wert einer Kostenrechnung, Betriebsergebnisrechnung und Planungsrechnung für qualifizierte unternehmerische Entscheidungen bewußt und begeben sich damit eines wertvollen Instruments, das Betriebsgeschehen angemessen und vorteilhaft zu kontrollieren und zu steuern[6]), und intuitive durch zahlenmäßig abgesicherte Entscheidungen zu ersetzen.

Nachstehende Tabelle soll nochmals in graphischer Form die Zusammenhänge der Teilgebiete des Rechnungswesens darstellen.

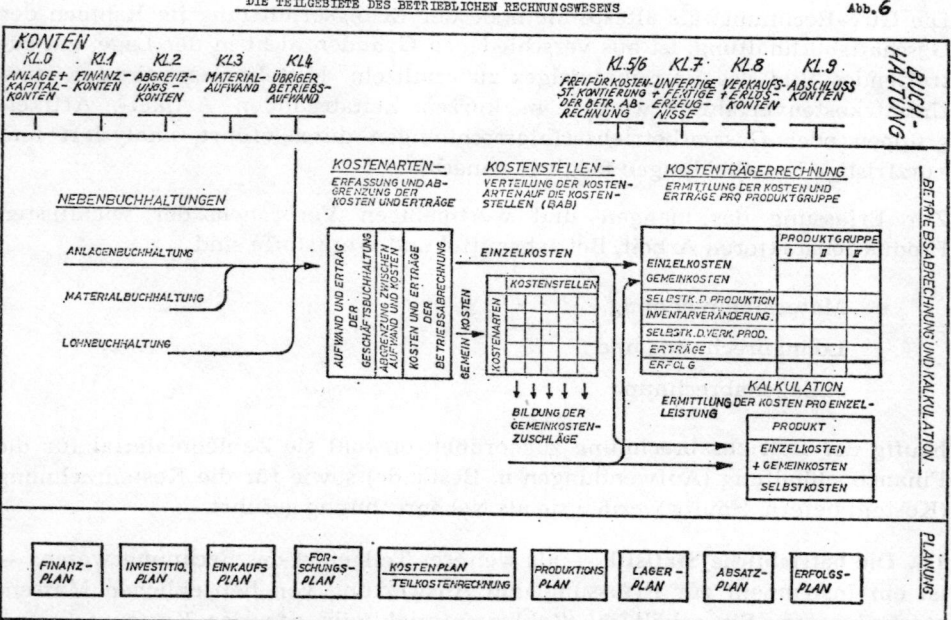

DIE TEILGEBIETE DES BETRIEBLICHEN RECHNUNGSWESENS — Abb. 6

V. Die Zielsetzungen der Betriebswirtschaften

1. Die betrieblichen Ziele

Wie menschliches Handeln zielgerichtet ist, so müssen auch Betriebswirtschaften ihren Entscheidungen Zielsetzungen zugrunde legen. Insbesondere die Veröffentlichungen von Heinen[7]) und Bidlingmeier[8]), die auf empirischen und theoretischen Untersuchungen der angelsächsischen Praxis und Literatur aufbauen, haben die Frage aufgeworfen, ob das in der traditionellen Theorie für marktwirtschaftliche Unternehmen unterstellte **erwerbswirtschaftliche Prinzip**, das in der Gewinnmaximierungshypothese seine letzte Steigerung erfährt, den Zielvorstellungen der Unternehmungen heute tatsächlich noch entspricht.

In den folgenden Ausführungen soll versucht werden, die betrieblichen Zielsetzungen unter Berücksichtigung der neueren Forschungsergebnisse aufzuweisen.

Grundsätzlich sind zwei Möglichkeiten, je nach dem Wirtschaftssystem, in dem sich Betriebe befinden, für die Zielsetzungen denkbar, nach denen sich Betriebe ausrichten.

Die Zielsetzung wird bestimmt:

a) **autonom,** wenn die Unternehmensführung die Ziele selbst bestimmt (in marktwirtschaftlichen Systemen),

b) **vom Staat,** wenn der Betrieb ausführendes Organ einer zentralen Wirtschaftsbehörde ist (Zentralverwaltungswirtschaft).

Die Zielsetzungen der Betriebe in zentral geleiteten Wirtschaftssystemen sind auf Grund zentraler Volkswirtschaftspläne an der Erfüllung des vorgegebenen Produktionssolls ausgerichtet (Planerfüllung). Wenn auch die Zielfunktion planwirtschaftlicher Betriebe im folgenden nicht weiter untersucht werden soll, sei doch darauf hingewiesen, daß vom Wirtschaftssystem unabhängig das Ziel der Wirtschaftlichkeit, das Verhältnis von Istkosten zu Sollkosten, für alle Betriebe Gültigkeit besitzt.

2. Die „Zielhierarchie" marktwirtschaftlicher Unternehmen

Das **erwerbswirtschaftliche Prinzip** stellt das formale Auswahlprinzip für die Entscheidungen privater Unternehmungen dar, schließt aber eine Reihe von Handlungsalternativen ein, die in der Beachtung von Nebenbedingungen monetärer und nichtmonetärer Art bei den Entscheidungen der Geschäftsleitungen Berücksichtigung finden. Die wichtigsten monetären und nichtmonetären Zielgrößen sind:

monetäre Größen:
>Gewinnmaximierung
Rentabilitätsmaximierung
Umsatzmaximierung
Liquidität

nichtmonetäre Größen:
>Unabhängigkeit
Prestige und Macht
ethische und soziale Werte

2.1. Das erwerbswirtschaftliche Prinzip

Dieses Prinzip ist die Grundorientierung des marktwirtschaftlichen Systems und beinhaltet das Bestreben, bei Leistungserstellung und Leistungsverwertung das Gewinnmaximum zu erzielen*).

2.2. Das Gewinnmaximierungsprinzip

Gewinnmaximierung heißt, alle Entscheidungen stets so zu treffen, daß der Periodengewinn des Betriebes maximiert wird.

Der **Gewinnbegriff**

Gewinn **bilanziell** = Ertrag ./. Aufwand einer Periode

Ist die Differenz (Erfolg) positiv = Gewinn
negativ = Verlust

Gewinn **kalkulatorisch** = Umsatzerlöse ./. Selbstkosten der verkauften Erzeugnisse

formal:

$$G_B = \sum_{i=1}^{n} x_{ai} \cdot (p_i - k_i) \to \max.$$

G_B = Betriebsgewinn
x_a = abgesetzte Menge der Periode
p = Preis
k = Selbstkosten pro Einheit
i = Index der Erzeugnisart

Der Gewinn wird dann maximiert, wenn

>die Selbstkosten möglichst minimiert,
die Erlöse maximiert und
langfristig die Kapazitäten richtig gesteuert werden.

---

*) Für die Haushalte bedeutet es das Streben nach Nutzenmaximierung auf Grund der gegebenen Einnahmen.

2.3. Rentabilitätsmaximierung

Als Rentabilität wird das Verhältnis von Periodenerfolg zu durchschnittlich eingesetztem Kapital bzw. Umsatz bezeichnet.

Man unterscheidet:

a) Eigenkapitalrentabilität

$$R_E = \frac{\text{Gewinn}}{\text{durchschnittlich gebundenes Eigenkapital}} \cdot 100$$

b) Gesamtkapitalrentabilität

$$R_G = \frac{\text{Gewinn} + \text{Fremdkapitalzinsen}}{\text{durchschnittlich gebundenes Gesamtkapital}} \cdot 100$$

c) Umsatzrentabilität

$$R_U = \frac{\text{Gewinn}}{\text{Umsatz}} \cdot 100$$

Rentabilitätsmaximierung unter dem Gesichtspunkt der Gewinnmaximierung bedeutet **Maximierung der Eigenkapitalrentabilität,** da Maximierung der Gesamtkapitalrentabilität oder Umsatzrentabilität nicht notwendigerweise zu einer Maximierung der Eigenkapitalrentabilität führt.

Eine Maximierung der Gesamtkapitalrentabilität führt nur dann auch zur Maximierung der Eigenkapitalrentabilität, solange der zu zahlende Fremdkapitalzins niedriger ist als die Gesamtkapitalverzinsung.

Ähnliches gilt für die Maximierung der Umsatzrentabilität, wenn bei gleichbleibenden Absatzpreisen ein hoher Umsatz nur unter Inkaufnahme von höheren Kosten realisiert werden kann[9]).

2.4. Umsatzmaximierung

Auch die Forderung nach Maximierung des Umsatzes oder des Marktanteils als Zielsetzung kann nur so verstanden werden, daß im Prinzip der Gewinn maximiert werden soll. Umsatz um jeden Preis (unter Vernachlässigung der Kostensituation des Betriebes) ohne Berücksichtigung des Gewinnziels widerspricht rationalem ökonomischen Verhalten.

Ein hoher Umsatz ist nicht immer mit höherem Gewinn verbunden. Wachsender Umsatz bei sinkenden Gewinnen ergibt sich dann, wenn die Kosten durch Maßnahmen zur Umsatzerhöhung steigen, oder, von der Erlösseite her bedingt, wenn zur Umsatzerhöhung die Absatzpreise überproportional gesenkt werden müssen.

Eine Übereinstimmung der Zielsetzungen Umsatzmaximierung und Gewinnmaximierung ist nur dann gegeben, wenn die Marktpreise konstant, die variablen Kosten proportional der Beschäftigung und beliebige Mengen am Markt abgesetzt werden können.

2.5. Liquidität

Unter Liquidität versteht man die Fähigkeit der Unternehmung, jederzeit den fälligen Zahlungsverpflichtungen nachzukommen (nach Gutenberg: finanzwirtschaftliches Gleichgewicht). Nachhaltige Illiquidität führt nach der Konkursordnung zum Tod der Unternehmung.

Eine umfassende Sicherung der betrieblichen Zahlungsfähigkeit (Erhöhung der Liquiditätsreserven) konkurriert in besonders auffälliger Weise mit dem Ziel einer Maximierung der Eigenkapitalrentabilität, da hohe Bestände an Zahlungsmitteln keine oder nur eine geringe Verzinsung erbringen und die Möglichkeiten gewinnbringender Investitionen verhindern.

3. Nichtmonetäre Zielgrößen

Die bisher erörterten monetären Zielgrößen sind in Geldeinheiten quantifizierbare Größen.

Die monetären Zielgrößen werden ergänzt durch nichtmonetäre Zielgrößen, die ebenfalls in das Kalkül unternehmerischer Entscheidung einbezogen werden. Die wichtigsten sind:

3.1. Unabhängigkeitsstreben

In vielen Fällen des tatsächlichen Verhaltens von Unternehmen läßt sich erkennen, daß das Streben nach Unabhängigkeit dem klassischen Maximierungsbegriff entgegensteht. Heinen[10] weist auf das Beispiel der US Steel Corporation hin, „die aus Furcht vor staatlichen Eingriffen zeitweilig ihren Marktanteil absichtlich verringert hat" und damit sowohl Umsatzmaximierung und Maximierung der Eigenkapitalrentabilität nichtmonetären Zielen untergeordnet hat. Ähnliches Verhalten läßt sich bei Umwandlung von Personengesellschaften in Kapitalgesellschaften erkennen, wenn die Gesellschafter durch Umwandlung in eine andere Rechtsform ihre Unabhängigkeit ganz oder teilweise verlieren.

3.2. Prestige und Macht

„Der Wunsch nach sozialem Prestige, nach Größe und Wachstum der Unternehmung steht mit der in der traditionellen Theorie unterstellten Zielfunktion nicht in Einklang. Zu zahlreich sind die Fälle des ‚Bauens über die Verhältnisse', des reinen Prestigeaufwandes, der Vornahme von Erweiterungsinvestitionen, des Aufkaufens von Firmen, um sie ‚der Konkurrenz vor der Nase weg schnappen'. Diese Fälle lassen sich vom Standpunkt kurz- oder langfristiger Gewinn- bzw. Rentabilitätsmaximierung weder rechtfertigen noch erklären. Erst die Macht als unternehmerisches Ziel liefert die Erklärung dafür, weshalb zahlreiche Unternehmen selbst dann investieren, wenn die Rentabilität der Expansion wirtschaftlich in Frage gestellt ist."[11])

3.3. Ethische und soziale Zielsetzungen

In vielen Fällen von Entscheidungssituationen zwingen die gesellschaftlichen Verhältnisse oder subjektive Wertvorstellungen die Geschäftsleitungen, Gewinne nicht ohne Rücksicht auf die Wahl der Mittel zu maximieren. „Das heißt aber, daß in gleichem Maße, in der der potentiellen Rücksichtslosigkeit des Unternehmers soziale bzw. ethische Grenzen gesetzt sind, auch die Möglichkeiten zur Gewinnmaximierung beschränkt werden".[12])

3.4. Sonstige nichtmonetäre Zielgrößen

Es lassen sich noch eine Reihe sonstiger Zielgrößen aufführen, wie maximale Kapazitätsausnutzung, Wahrung der Tradition, Versorgung der in der Betriebswirtschaft Beschäftigten, Überleben, Sicherheit, Flexibilität, Wettbewerbsfähigkeit usw.

Die Ausführungen zeigen, daß Unternehmungen bei ihren Entscheidungen außer ökonomischen Zielen auch nichtökonomische Ziele anstreben, oder „daß der Unternehmer in der Praxis nur den Höchstgewinn plant, der sich unter Beachtung von Nebenbedingungen ergibt"[13]), wobei die nichtmonetären Ziele bei konjunktureller „Wetterverschlechterung" hinter die monetären Zielsetzungen zurücktreten und auch in der Unternehmung selbst Zielkonflikte zwischen den Funktionsbereichen der wirksamen Realisierung des in der traditionellen Theorie unterstellten Prinzips der Gewinnmaximierung Grenzen setzen.

Exkurs

Öffentliche Betriebe werden vom Staat oder Gebietskörperschaften betrieben, um die Volkswirtschaft insgesamt bzw. bestimmte Gruppen von Staatsbürgern mit Gütern und Diensten zu versorgen, die private Unternehmen nicht erbringen können, wollen oder sollen.

Sie erfüllen diese Aufgabe in der Regel nicht mit dem Ziel der Gewinnmaximierung, sondern mit der Zielsetzung einer optimalen Versorgung der Bevölkerung mit Kollektivgütern (Gemeinwirtschaftlichkeit). Das schließt nicht aus, daß sie im Einzelfall eine „angemessene Gewinnerzielung" anstreben, oder zumindest versuchen, ihre Leistungen **kostendeckend** zu veräußern. In vielen Fällen jedoch muß die „öffentliche Hand" die Deckung eines auftretenden Defizits übernehmen.

Ein weiterer Betriebstyp, die Genossenschaften, haben nach § 1 Genossenschaftsgesetz das Ziel „der Förderung des Erwerbs oder der Wirtschaft der Mitglieder mittels gemeinschaftlichen Geschäftsbetriebes". Das ursprüngliche Ziel, gegenseitige Förderung der Mitglieder zu bewirken und Selbsthilfeorganisation für die beteiligten Mitglieder zu sein, ist heute bei vielen Genossenschaften durch umfangreiche Geschäftstätigkeit mit Nichtmitgliedern durchbrochen. Nach ihrem praktischen Verhalten unterscheiden sie sich kaum noch von privaten Unternehmen des Handelsrechts, die das erwerbswirtschaftliche Prinzip verfolgen.

Literaturverzeichnis

Bidlingmaier, J.: Unternehmensziele und Unternehmensstrategien, Wiesbaden 1964 (8).

Heinen, E.: Das Zielsystem der Unternehmung, Grundlagen betriebswirtschaftlicher Entscheidungen, Wiesbaden 1966 (7).

Heinen, E.: Die Zielfunktion der Unternehmung, in: Zur Theorie der Unternehmung, Wiesbaden 1962, (10) S. 27; (11) S. 25; (12) S. 26.

Mellerowicz, K.: Allgemeine Betriebswirtschaftslehre, 12. Aufl. Bd. 4 Berlin 1968; (2) S. 21 f.; (5) S. 23 f. u. 128 ff.

Mrachcz, H. P.: Handbuch der Kostenrechnung, München 1971; (6) S. 840, der die Zahl der Betriebe mit Grenzplankostensystem auf 200 — 300 schätzt; ferner hierzu: Untersuchungen des RKW: Rechnungswesen, Organisation u. Planung im Unternehmen, 1. und 2. Ergebnisbericht, Frankfurt 1965.

Seischab, H.: Betriebswirtschaftliche Grundbegriffe, Stuttgart 1961; (1) S. 61.

Wöhe, G.: Einführung in die allgemeine Betriebswirtschaftslehre, 10. Aufl., Berlin - Frankfurt 1968; (3) S. 491; (4) S. 499; (9) S. 38 ff.; (13) S. 41.

VI. Das Kapital im Betrieb

Von Alfred H. Bahn

1. Begriffe „Investition", „Finanzierung", „Umsatz"

Unter „Investition" ist die Anlage von Kapital in Produktionsfaktoren zu verstehen.

Im engeren Sinne heißt die Kapitalanlage zur Beschaffung von Produktionsfaktoren „Realinvestition" und der Erwerb von Wertpapieren ohne Beteiligungscharakter, der Erwerb von Beteiligungen und die Hingabe von Darlehen „Finanzinvestition". Die Realinvestitionen gliedern sich in materielle und immaterielle Investitionen. Zu den materiellen (Sach-) Investitionen zählen Grund-, Erweiterungs-, Rationalisierungs-, Ersatz-, Umstellungs- und Diversifikationsinvestitionen; zu den immateriellen Investitionen zählen Forschungs-, Werbe-, Ausbildungs- und Sozialinvestitionen.

Unter „Finanzierung" im engeren Sinne ist die Beschaffung von Eigen- und Fremdkapital zu verstehen, das zur Begründung von Vermögen (Aktiva) dient und seinen Niederschlag auf der Passivseite der Bilanz findet. Die Beschaffung von Geld (z. B. durch Diskontierung von Wechseln), die nur auf Grund von Vermögen möglich ist und lediglich Veränderungen auf der Aktivseite der Bilanz bewirkt, ist als Finanzierung im weiteren Sinne zu bezeichnen. Finanzierung bedeutet somit Kapitalbeschaffung und Kapitalumformung für die Zwecke der Unternehmung (H. Sellien).

Der betriebliche Umsatz umfaßt die gesamte Kapitalbewegung der Bereiche Beschaffung, Leistungserstellung und Leistungsverwertung. Dabei kann zwischen drei Phasen unterschieden werden:

a) Umwandlung des Kapitals von der Geldform in die Sachform (Sachgüter, Arbeits- und Dienstleistungen);

b) Umwandlung bzw. Kombination der Sachgüter, Arbeits- und Dienstleistungen zu neuen Sach- und Dienstleistungen;

c) Umwandlung von der Sachform in die Geldform.

Während mit dem Begriff „Umsatz" im weiteren Sinne diese drei Phasen bezeichnet werden können, ist der engere Umsatzbegriff auf die Leistungsverwertung begrenzt. In diesem Zusammenhang versteht man unter „Bruttoumsatz" den Wert der Ausgangsrechnungen einschließlich des „Eigenverbrauchs", immer bezogen auf eine Zeiteinheit. Zieht man vom Bruttoumsatz die Erlösschmälerungen ab, also die Preisnachlässe, Rabatte, Skonti, auch die Abzüge der Käufer als Folge von Qualitätsmängeln, Gewichtsdifferenzen, Berechnungsfehlern und die den Käufern erteilten Gutschriften als Folge von Rücksendungen des Verpackungsmaterials u. ä., dann erhält man den Nettoumsatz. Unter „Hauptumsatz" versteht man die aus der betrieblichen Haupttätigkeit stammenden Umsätze, unter „Nebenumsatz" die aus Anlaß besonderer Umstände erfolgenden Umsätze, z. B. den Erlös aus dem Verkauf von nicht mehr benötigten Gegenständen des Anlage- oder Umlaufvermögens, von Alt- und Abfallmaterial usw. Nebenerlöse sind die Erlöse aus Vermietung und Verpachtung, Zinserträge u. a., sofern diese Erlöse nicht aus der Haupttätigkeit des Unternehmens stammen. Für diese Erlöse hat sich der Ausdruck „Umsatz" nicht eingebürgert. Der Sprachgebrauch der kaufmännischen Praxis kennt auch keine strenge Trennung zwischen den beiden Ausdrücken „Umsatz" und „Absatz". Im allgemeinen wird der Ausdruck „Absatz" mehr zur Kennzeichnung der in einer Zeiteinheit verkauften Warenmengen, der Ausdruck „Umsatz" dagegen mehr zur Kennzeichnung des Wertes der in einer Zeiteinheit abgesetzten Warenmengen, also mehr im Sinne von „Erlös", verwendet.

2. Investitionsplanung und Investitionsrechnung

Investitionen bedürfen wegen ihrer relativ langen Kapitalbindung eingehender Überlegungen über ihre Wirtschaftlichkeit.

Die Investitionsplanung als eine spezielle Beschaffungsplanung versucht, unter Beachtung des betrieblichen Bedarfs mit Hilfe von mathematischen Verfahren der Wirtschaftlichkeitsrechnung — unter Beachtung technischer und wirtschaftlicher Nebenbedingungen — die vorteilhaftesten Investitionsobjekte zu erkennen und die Investitionstätigkeit der Betriebe optimal zu gestalten.

Eine Investition ist dann vorteilhaft, wenn die Summe der mit dem Investitionsobjekt verbundenen Einnahmen die Summe der mit dem Investitionsobjekt verbundenen Ausgaben übersteigt und der Überschuß der Einnahmen über die Ausgaben die Amortisation und eine angemessene Verzinsung des eingesetzten Kapitals ermöglicht.

Ziel der Investitionsrechnung ist es, die Vor- und Nachteile der sich bietenden Investitionsalternativen zu erkennen. Die Bedeutung der Investitionsrechnung an sich und die Bedeutung der richtigen Wahl unter den Investitionsrechnungsverfahren ergibt sich aus der Bedeutung des künftigen Ertrags und der Schwierigkeit seiner exakten Vorausberechnung.

Die Vorteilhaftigkeit einer Investition kann mittels Hilfsverfahren oder finanzmathematischer Methoden geprüft werden.

Zu den Hilfsverfahren zählen die Kostenvergleichsrechnung, die Gewinnvergleichsrechnung, die Rentabilitätsrechnung zur Ermittlung des Return on Investment, das MAPI-Verfahren und die Amortisationsrechnung (Pay-off-Methode).

Die Kostenvergleichsrechnung betrachtet lediglich die Kosten, während Einnahmen, Ausgaben, Veränderungen der Kapazität und der Restwert der alten Anlage unberücksichtigt bleiben.

Ähnlich ist es bei der **Gewinnvergleichsrechnung**, die zwar neben den Kosten die Erlöse in die Rechnung einbezieht, künftige Entwicklungen jedoch nicht beachtet.

Die **Rentabilitätsrechnung** ergänzt bzw. verfeinert die übliche Rentabilitätsformel durch die Einbeziehung des Umsatzes und ermittelt auf diesem Wege den Return on Investment (ROI). Dadurch ändert sich zwar das Ergebnis gegenüber der einfachen Rentabilitätsrechnung nicht, doch sind die einzelnen Faktoren Umsatzerfolg und Kapitalumschlag aussagefähiger als die beiden Größen Gewinn und Kapital.

$$\text{Return on Investment} = \frac{\text{Gewinn}}{\text{Umsatz}} \times \frac{\text{Umsatz}}{\text{Kapital}}$$

Das von George Terborgh entwickelte **MAPI-Verfahren** (MAPI = Machinery and Allied Products Institute, Washington) ist im Grunde eine statische Rentabilitätsrechnung mit einem dynamischen Element. Dieses Verfahren versucht, durch die Einbeziehung möglichst vieler Faktoren ein aussagefähiges Ergebnis zu erzielen. Bei der Anwendung des MAPI-Verfahrens ergibt sich eine wesentliche Vereinfachung durch Verwendung des MAPI-Formulars (das alle relevanten Größen umfaßt), der MAPI-Diagramme (aus denen sich der unter bestimmten Annahmen errechnete Kapitalverzehr des nächsten Jahres ablesen läßt) und der MAPI-Formel (die die relative Rentabilität im nächsten Jahr des durch die zusätzliche Investition gebundenen Kapitals ermittelt). Die Formel lautet:

$$\text{Rentabilität nach Steuern in \%} = \frac{B + C - D - E}{A} \times 100$$

A = Nettoausgaben für das Investitionsobjekt (Anschaffungskosten ./. Kapitalfreisetzung, d. h. Liquidationserlöse und vermiedene Reparaturen der alten Anlage);

B = Laufender Betriebsgewinn des nächsten Jahres (Ertragssteigerung + Kostensenkung gegenüber dem Zustand ohne die Investition);

C = Vermiedener Kapitalverzehr des nächsten Jahres (Liquidationserlös der alten Anlage am Anfang der Periode ./. Liquidationserlös am Ende der Periode);

D = Entstehender Kapitalverzehr des nächsten Jahres (wird aus dem MAPI-Diagramm abgelesen);

E = Ertragsteuern des nächsten Jahres (Nettozuwachs).

Die **Amortisationsrechnung** (Pay-off-Methode) berechnet den Zeitraum, der erforderlich ist, damit sich eine Investition amortisieren kann. Anders gesagt: Die Pay-off-Periode einer Investition ist der Zeitraum, dessen Einnahmeüberschüsse gerade dem zu Beginn investierten Betrag, d. h. dem Anschaffungswert der Investition, entsprechen.

Die Länge der Pay-off-Periode gibt einen Hinweis auf das Risiko, das mit einer Investition verbunden ist. Je kürzer die Pay-off-Periode einer Investition ist, um so kleiner ist im allgemeinen auch das mit ihr verbundene Risiko. Pay-off-Perioden geben allein keinen Aufschluß über die Rentierlichkeit einer Investition, da lediglich das Geschehen bis zum Ende der Pay-off-Periode betrachtet wird. Einen Anhaltspunkt in dieser Richtung bietet jedoch die Relation: Pay-off-Periode zu Gesamtnutzungszeit der Investition.

Kostenvergleichsrechnung, Gewinnvergleichsrechnung, Rentabilitätsrechnung, MAPI-Verfahren und Amortisationsrechnung haben fast ausschließlich s t a t i s c h e n Charakter, da sie den zeitlichen Unterschied im Anfall der jährlichen Rückflüsse (Differenz zwischen Einzahlungen und Auszahlungen bzw. zwischen Einnahmen und Ausgaben) nicht berücksichtigen. Die zeitliche Anordnung der Einzahlungen und Auszahlungen bzw. der Einnahmen und Ausgaben ist aber von Bedeutung, weil zeitlich früher anfallende Rückflüsse eine höhere Verzinsung erbringen als später anfallende Rückflüsse.

Ein wesentliches Problem der d y n a m i s c h e n Investitionsrechnungsverfahren besteht in der Ermittlung der jährlichen Rückflüsse. Die Verwendung der Faustregel „Rückfluß = Gewinn + Abschreibungen" ist theoretisch nicht haltbar, da es sich bei den Abschreibungen ja um Aufwand handelt, also um eine normierte und periodisierte Größe, die vom tatsächlichen Anfall der Zahlungen völlig abstrahiert.

Zu den dynamischen Investitionsrechnungsverfahren (finanzmathematische Methoden) zählen die Kapitalwertmethode, die Methode des internen Zinsfußes und die Annuitätenmethode, die Wöhe wie folgt erläutert:

Die K a p i t a l w e r t m e t h o d e — auch Diskontierungsmethode genannt — geht davon aus, daß die Einnahmen und Ausgaben, die durch ein bestimmtes Investitionsobjekt hervorgerufen werden, im Zeitablauf nach Größe, zeitlichem Anfall und Dauer unterschiedlich sein können. Die einzelnen Beträge, die irgendwann während der Investitionsdauer anfallen, können nur vergleichbar gemacht werden, wenn das Zeitmoment in der Rechnung berücksichtigt wird; denn es ist offensichtlich, daß für den Betrieb eine Einnahme um so weniger wert ist, je weiter sie in der Zukunft liegt, und entsprechend eine Ausgabe um so belastender ist, je näher der Zahlungszeitpunkt liegt. Die Vergleichbarkeit wird dadurch hergestellt, daß alle zukünftigen Einnahmen und Ausgaben auf den Zeitpunkt unmittelbar vor Beginn der Investition abgezinst werden. Der Kapitalwert ergibt sich als Differenz aller abgezinsten Einnahmen und Ausgaben. Die Abzinsung erfolgt mit einem Zinssatz, der der vom Betrieb gewünschten Mindestverzinsung (Kalkulationszinsfuß) entspricht. Dadurch wird zugleich unterstellt, daß sich die Einnahmen wiederum zum Kalkulationszinsfuß verzinsen. Ist der Kapitalwert gleich Null, so wird gerade noch diese Mindestverzinsung erzielt.

Nach der Kapitalwertmethode ist eine Investition vorteilhaft, wenn ihr Kapitalwert gleich Null oder positiv ist. E. Schneider versteht „unter dem Kapitalwert einer Investition in bezug auf den Zeitpunkt t bei dem Zinsfuß i ... die Summe aller auf den Zeitpunkt t diskontierten (abgezinsten) Zahlungen, die nach dem Zeitpunkt t erfolgen".

Die Kapitalwertmethode ist nur geeignet, die Wirtschaftlichkeit einer Einzelinvestition zu prüfen. Sollen zwei oder mehrere Investitionen miteinander verglichen werden, so müssen zusätzliche Annahmen gemacht werden, da diese Investitionen sich in der Regel in ihren Ausgaben- und Einnahmen-Strömen qualitativ und zeitlich unterscheiden.

E. Schneider hat für diese Fälle das Verfahren der Differenzinvestition entwickelt, während Heister die Vergleichbarkeit durch Supplement-Investitionen herstellt. Im Falle der Ermittlung eines optimalen Investitionsbudgets werden bei diesen Verfahren die nach fallenden Barwerten geordneten Investitionsobjekte den nach steigenden Kapitalkosten geordneten Finanzierungsmöglichkeiten gegenübergestellt; auf diese Weise werden die Grenzinvestition und die Grenzfinanzierungsmöglichkeit (Grenzkapitalkosten = Grenzinvestitionsertrag) bestimmt.

Trotz der Einführung von Differenzinvestitionen (bzw. Supplement-Investitionen) ist die Kapitalwertmethode für einen Investitionsvergleich wenig geeignet, da sie von der Voraussetzung ausgeht, daß zum Kalkulationszinsfuß beliebige Summen von Kapital ausgeliehen bzw. geliehen werden können. Das setzt einen vollkommenen Kapitalmarkt voraus, auf dem der Sollzinssatz dem Habenzinssatz gleich ist. Wird diese Voraussetzung nicht erfüllt, so gibt die Kapitalwertmethode die Rentabilität der Investitionsobjekte verzerrt wieder. Außerdem existiert bisher kein exaktes Verfahren, den Kalkulationszinsfuß zu bestimmen. Da die Wirtschaftlichkeit einer Investition bei der Kapitalwertmethode aber von der Höhe des Kalkulationszinsfußes abhängt, kann dieses Verfahren nicht verwendet werden, um eine Rangordnung nach der Wirtschaftlichkeit der einzelnen Investitionsobjekte herzustellen. Folglich ist es weder für einen Vergleich mehrerer gleichgestimmter Investitionen noch für die Ermittlung eines optimalen Investitionsbudgets brauchbar.

Bei der Methode des internen Zinsfußes geht man nicht von einer gegebenen Mindestverzinsung (Kalkulationszinsfuß) aus, mit deren Hilfe man den Kapitalwert ermittelt, sondern man sucht den Diskontierungszinsfuß, der zu einem Kapitalwert von Null führt, d. h., bei dem die Barwerte der Einnahmen- und Ausgabenreihe gleich groß sind. Auf diese Weise erhält man die Effektivverzinsung eines Investitionsobjektes vor Abzug von Zinszahlungen. Man kann aber die Vorteilhaftigkeit einer einzelnen Investition nur ermitteln, wenn man die vom Betrieb gewünschte Mindestverzinsung, d. h. den Kalkulationszinsfuß, zusätzlich kennt. Eine Investition ist als vorteilhaft anzusehen, wenn der interne Zinsfuß nicht kleiner als der Kalkulationszinsfuß ist.

Der Vergleich mehrerer Investitionen erfolgt durch Vergleich der jeweils errechneten internen Zinsfüße. Auch die Ermittlung eines optimalen Investitionsbudgets wird durch die Gegenüberstellung der nach zunehmenden Kapitalkosten geordneten Finanzierungsmöglichkeiten mit den nach abnehmenden internen Zinsfüßen geordneten Investitionsobjekten vorgenommen. Diese Methode arbeitet mit der Voraussetzung, daß bei quantitativen und zeitlichen Unterschieden der Zahlungsströme der zu vergleichenden Investitionen die Überschüsse zum jeweiligen internen Zinsfuß angelegt werden.

Bei der **Annuitätenmethode** vergleicht man die durchschnittlichen jährlichen Ausgaben der Investition mit den durchschnittlichen jährlichen Einnahmen, d. h., man rechnet mit Hilfe der Zinsrechnung die Zahlungsreihen der Investition in zwei äquivalente und uniforme Reihen um, bestimmt also die Höhe der durchschnittlichen Ausgaben und Einnahmen für die Dauer der Investition. Sind die jährlichen Ausgaben und Einnahmen gleichbleibend, so können sie unmittelbar in die Investitionsrechnung übernommen werden. Schwanken dagegen die Jahreswerte, so müssen sie zunächst abgezinst, d. h., ihre Gegenwartswerte müssen errechnet werden. Danach ist die Summe der Gegenwartswerte aufzuzinsen, d. h. entsprechend ihrer Nutzungsdauer in uniforme Jahreswerte umzuwandeln. In der gleichen Weise werden die Anschaffungsausgaben und der Restwert behandelt. Eine Investition ist vorteilhaft, wenn die Differenz zwischen durchschnittlichen jährlichen Einnahmen und Ausgaben nicht negativ ist.

Im Falle eines Vergleichs mehrerer Investitionen werden quantitative Differenzen zum Kalkulationszinsfuß ausgeglichen. Da das Verfahren von Durchschnittswerten ausgeht, die auf der Basis der effektiven Nutzungsdauer ermittelt werden, ist ein gesonderter Ausgleich zeitlicher Differenzen nicht notwendig.

Ähnlich wie die Kapitalwertmethode beruht auch die Annuitätenmethode auf den Voraussetzungen des vollkommenen Kapitalmarkts und der Kenntnis des Kalkulationszinsfußes. Infolgedessen gilt für dieses Verfahren ebenfalls die an der Kapitalwertmethode geübte Kritik.

3. Finanzplanung

Finanzplanung ist die Feststellung des voraussichtlichen Kapitalbedarfs und der Mittel zu seiner Deckung, die Abstimmung von Einnahmen und Ausgaben zukünftiger Perioden. In der Finanzplanung geht es um Vorausschätzung betrieblicher Zahlungsvorgänge als Wirkung der Erstellung der Leistungen und der Vornahme von Investitionen. Die Aufgabe der Finanzplanung ist rationale Gestaltung der betrieblichen Finanzwirtschaft mit dem Ziel optimaler Liquidität, also stetiger Zahlungsfähigkeit bei Vermeidung zu hoher Bestände an Zahlungsmitteln.

Während die laufende Finanzplanung alle Zahlungsvorgänge des normalen Geschäftsablaufs einschließlich der normalen Investitionen umfaßt, beschäftigt sich die besondere Finanzplanung mit einmaligen und gelegentlichen Finanzierungsvorgängen, wie z. B. Gründung, Fusion, Sanierung oder Erweiterung.

Die laufende Finanzplanung besteht aus dem ordentlichen und dem außerordentlichen Finanzplan. Der **ordentliche Finanzplan** umfaßt die mit der Betriebstätigkeit verbundenen Zahlungsvorgänge, insbesondere die Einnahmen und Ausgaben der Beschaffung, der Produktion, des Absatzes; der **außerordentliche Finanzplan** umfaßt die laufenden Investitionen und ihre Finanzierung. Beide Pläne werden in periodischen Abständen aufgestellt, um die zukünftige Liquiditätslage zu erkennen und entsprechende Finanzdispositionen treffen zu können.

Wegen der Vielzahl der Zahlungsvorgänge ist es zweckmäßig, den **ordentlichen Finanzplan** in den Finanz-, Kredit- und Zahlungsmittelplan zu gliedern.

Der **Finanzplan** — als erster Teilplan der ordentlichen Finanzplanung — dient der Festlegung der voraussichtlichen Einnahmen und Ausgaben aus der Betriebstätigkeit und der sich hieraus ergebenden Zahlungsvorgänge; er besteht aus einem Ausgaben- und einem Einnahmenplan. Eigentlicher Zweck des Finanzplanes ist es, Einnahmen und Ausgaben aufeinander abzustimmen. Sofern ein Ausgleich im Einnahmen-Ausgaben-Plan nicht erzielt werden kann, muß der Kreditplan diese Aufgabe übernehmen.

Der **Kreditplan** bestimmt im voraus den Geldeingang und Geldausgang aus der Aufnahme und Tilgung von Krediten. Er enthält also zunächst die Kreditbewegung, die sich aus der geplanten Inanspruchnahme und Rückzahlung von Krediten ergibt. Daneben werden der Kreditrahmen (Kreditzusagen) und seine Veränderung geplant, um durch Gegenüberstellung von zugesagten und in Anspruch genommenen Krediten die Grundlage für weitere Kreditpositionen und für eine sichere Liquidität zu schaffen. Aufgabe des Kreditplanes ist es, den Ausgleich der Über- und Unterdeckungen des Finanzplanes durch Einnahmen oder Ausgaben aus Kreditvorgängen herbeizuführen. Da die Vorratshaltung von Zahlungsmitteln unwirtschaftlich ist, haben Kreditbereitstellungen den Vorrang.

Der Kreditplan ist das Bindeglied zwischen Finanzplan und Zahlungsmittelplan, d. h. zwischen den erwarteten Einnahmen und Ausgaben und den Zahlungsmittelbeständen und ihren Veränderungen. Während Finanzplan und Zahlungsmittelplan im wesentlichen die Zahlungsvorgänge aufzeigen, wie sie voraussichtlich kommen werden, ist der Kreditplan in erster Linie ein dispositiver Plan zur Gestaltung der Zahlungsvorgänge mit dem Ziele einer optimalen Liquidität (im Gegensatz zur bloßen Feststellung der Einnahmen- und Ausgabenerwartung und der endgültigen Festlegung der Zahlungsmittelbestände und -veränderungen beim Finanz- und Zahlungsmittelplan). Außerdem wird durch den gesonderten Kreditplan jede einzelne Kreditdisposition sichtbar. Würden dagegen die Einnahmen und Ausgaben aus Kreditvorgängen in den Finanzplan einbezogen, so würden nur Salden ausgewiesen. Die Kreditbewegungen würden in der Gesamtheit der Zahlungsvorgänge untergehen und wären damit der stetigen Kontrolle entzogen.

Im **Zahlungsmittelplan** werden Finanzplan und Kreditplan zusammengefaßt. Er hat den Zahlungsmittelbestand, die Zahlungsmittelbewegungen und die Zahlungsmittelreserven (Zahlungsmittelbestände und freie Kredite) laufend festzustellen. Die Einnahmen und Ausgaben aus der laufenden Betriebstätigkeit und die aus Kreditvorgängen werden vereinigt und ergeben die Bestände an Zahlungsmitteln und ihre Veränderungen, so daß nun die entsprechenden Dispositionen rechtzeitig getroffen werden können (Beschaffung neuer Mittel oder Anlage freier Bestände).

Die ordentliche Finanzplanung ist mithin wie folgt aufgebaut:

---

1. Finanzplan (laufende Betriebstätigkeit):
       Einnahmen (Umsatzerlöse, neutrale Einnahmen)
     — Ausgaben (Materialbeschaffung, Fertigungsaufwand und neutraler Aufwand)
     = Überdeckung (+)
     = Unterdeckung (—)

2. Kreditplan (finanzwirtschaftliche Zahlungsvorgänge):
       Anfangsbestand (kurz-, mittel- und langfristige Kredite)
     + Einnahmen (Neuverschuldung)
     — Ausgaben (Tilgung)
     = Endbestand

3. Zahlungsmittelplan (Zahlungsmittelbestand):
       Anfangsbestand (Kasse, Bank, Postscheck)
     ± Über-/Unterdeckung laut Finanzplan
     — Kredittilgung
     + Neuverschuldung
     = Endbestand
     + Freie Kredite (Kreditrahmen ./. beanspruchte Kredite)
     = Disponierbare Zahlungsmittel

Die Dreiteilung der ordentlichen Finanzplanung ermöglicht eine systematische Vorschaurechnung, die Überwachung der Ein- und Auszahlungen und damit eine Kontrolle der Kreditdispositionen und der Liquidität.

Zuletzt erfaßt die ordentliche Finanzplanung die Zahlungsvorgänge aus der laufenden Investitionstätigkeit und damit sämtliche mit der laufenden Betriebstätigkeit verbundenen Zahlungsvorgänge. Die Ausgaben und Einnahmen für Investitionen werden jedoch zunächst in der außerordentlichen Finanzplanung erfaßt, da die Finanzierung der Investitionen nach anderen finanzpolitischen Gesichtspunkten erfolgt als die Finanzierung der laufenden Betriebsaufwendungen. Die darauf folgende Übernahme in den ordentlichen Finanzplan dient der Vervollständigung der Zahlungsvorgänge und der Ermittlung des gesamten Zahlungsmittelbestandes. Einzelheiten können nur dem außerordentlichen Finanzplan entnommen werden.

Der **außerordentliche Finanzplan** nimmt alle laufenden Investitionsvorhaben auf und die zu ihrer Durchführung benötigten Mittel. Auch er ist in einen Ausgaben- und einen Einnahmenplan gegliedert.

Der **Ausgabenplan** ist das Ergebnis der Investitionspolitik. Entsprechend dem für ein oder mehrere Wirtschaftsjahre aufgestellten Investitionsprogramm wird der Kapitalbedarf festgestellt, aufgeteilt auf die einzelnen Perioden. Der **Einnahmenplan** umfaßt die Zahlungsmitteleingänge zur Durchführung der Investitionen, sofern deren Finanzierung durch außerordentliche Finanzierungsmaßnahmen erfolgt (z. B. durch Emission von Obligationen oder Aktien). Soll die Finanzierung der Investitionen dagegen durch Innenfinanzierung (Selbstfinanzierung) erfolgen, werden die Einnahmen aus der laufenden Betriebstätigkeit in Anspruch genommen (Einnahmenplan des Finanzplanes).

Die laufende Finanzplanung wird für ein Wirtschaftsjahr durchgeführt, unterteilt in Monate und Quartale. Ausgangspunkt ist der Jahresplan, dessen weitere Unterteilung von dem Kontrollbedürfnis und der Möglichkeit einer zeitlichen Aufteilung der Planzahlen abhängt. Die ordentliche Finanzplanung kann in Monats- und Quartalspläne unterteilt werden, sofern auch die Absatz-, Produktions- und Einkaufsplanung für diese Zeiträume erfolgen. Die außerordentliche Finanzplanung wird dagegen im allgemeinen nur für ganze Wirtschaftsjahre durchgeführt. Die monatlich in den ordentlichen Finanzplan übernommenen Ausgaben für Investitionen ergeben sich aus dem geschätzten zeitlichen Ablauf der Investitionsvorhaben.

Der außerordentliche Finanzplan wird stets zuerst, vor dem ordentlichen, aufgestellt. Er ist langfristig, weil Investitionen und außerordentliche Finanzierungen umfangreiche Vorarbeiten erfordern und mit der langfristigen Betriebsplanung abgestimmt sein müssen. Jedoch werden die Planwerte der nachfolgenden Jahre jeweils nach Ablauf eines Jahres berichtigt, und ein weiteres Jahr wird in die laufende Planung einbezogen und dabei zugleich auf kürzere Perioden aufgeteilt, um durch Zusammenfassung sämtlicher Zahlungsvorgänge die Liquidität wahren zu können. Ausgangspunkt des außerordentlichen Finanzplanes sind investitions- und finanzpolitische Erwägungen. Die sich hieraus ergebenden außerordentlichen Kapitalaufnahmen (z. B. Emission von Aktien oder Obligationen) werden als Einnahmen mit den Ausgaben des außerordentlichen Finanzplanes (Rationalisierungs- und Erneuerungsinvestitionen) abgestimmt. Die Errechnung der Planwerte wird mit zunehmender Frist gröber, wogegen das laufende Jahr eine relativ genaue Vorschau ermöglicht.

Zur Ermittlung der Planzahlen für den ordentlichen Finanzplan werden die übrigen Pläne herangezogen: der Absatz-, Produktions-, Einkaufs-, Lagerplan sowie andere Einzelpläne. Die laufende Finanzplanung kommt in ähnlicher Weise zustande wie eine Bilanz: Die dezentralisierten Betriebseinheiten bzw. die einzelnen Abteilungen stellen für den Finanzplan zunächst ihre Wünsche und Schätzungen zusammen und leiten sie an die übergeordneten Stellen bzw. die Planungsabteilung weiter, wo sie verarbeitet (kritisch gesichtet, abgestimmt, zusammengefaßt) werden.

Ausgangspunkt für die Finanzplanung ist ein Arbeitsblatt zur Erfassung der Zahlungsvorgänge aus der laufenden Betriebstätigkeit. Das Arbeitsblatt dient der Vorbereitung des Finanzplanes.

Ausgehend von den geplanten Aufwänden und Erträgen eines Wirtschaftsjahres, werden die Einnahmen- und Ausgabenerwartungen festgestellt, unterteilt nach Einnahme- und Ausgabearten. Die Ableitung der Einnahmen- und Ausgabenzahlen aus der Aufwands- und Ertragsrechnung ist zwar viel schwieriger als die Zusammenstellung der Einnahmen und Ausgaben direkt aus den Zahlungsvorgängen, sie gewährleistet aber eine lückenlose und systematische Erfassung sämtlicher Zahlungsvorgänge, die unmittelbare und übersichtliche Ableitung der Einnahmen und Ausgaben aus den Betriebserträgen und Betriebsaufwänden und die automatische Kontrolle der Planzahlen durch Abstimmung mit den jeweiligen Konten der Buchhaltung.

Der Anschluß des Finanzplanes an die Aufwands- und Ertragsrechnung macht die grundlegenden Planungen der Produktion, des Absatzes und der Lagerhaltung — die wiederum Vorstufe für die Aufwands- und Ertragsplanung sind — nicht entbehrlich. Sie ermöglicht automatische Abstimmung und Kontrolle der Sollzahlen und der Istzahlen der Finanzplanung durch das betriebliche Rechnungswesen.

Da der Finanzplan der Erfassung sämtlicher Einnahmen und Ausgaben aus der normalen Betriebstätigkeit dient, werden die in der außerordentlichen Finanzplanung vorgesehenen Zahlungsvorgänge ebenfalls in den Finanzplan übernommen. Dies geschieht summarisch. Der außerordentliche Finanzplan ist mithin neben dem Arbeitsblatt zur Finanzplanung die zweite Grundlage für den ordentlichen Finanzplan.

4. Ermittlung des Kapitalbedarfs

Je höher die Anlagen-, Vorrats- und Forderungsintensität eines Betriebes ist, desto höher ist auch in der Regel sein Kapitalbedarf, der sich aus der erforderlichen Überbrückung der Zeit zwischen Ausgaben für den Leistungsprozeß und Einnahmen aus dem Leistungsprozeß ergibt.

Hinsichtlich der Höhe des Kapitalbetrages und der Dauer der Kapitalbindung kann grundsätzlich zwischen Anlagekapitalbedarf (für Anlagevermögen) und Umlaufkapitalbedarf (für Umlaufvermögen) unterschieden werden. Der Kapitalbedarf hängt also eng mit der Vermögensstruktur zusammen. Daraus ergibt sich die Frage: In welchem Verhältnis stehen Kapitalbedarf, d. h. Vermögensstruktur, und Kapitalbeschaffung, d. h. Finanzierung, zueinander?

Das Anlagevermögen soll grundsätzlich durch das Eigenkapital und, falls dieses nicht ausreicht, was bei anlageintensiven Unternehmen meistens der Fall ist, durch langfristiges Fremdkapital gedeckt sein. Daraus ergibt sich der folgende wichtige Grundsatz für die Finanzierung, der als g o l d e n e B i l a n z r e g e l oder auch goldene Regel der Finanzierung bezeichnet wird:

Das Anlagevermögen und das dauernd gebundene Umlaufvermögen sollen mit langfristigem (oder Eigen-)Kapital, das nicht dauernd gebundene Umlaufvermögen kann mit kurzfristigem Fremdkapital finanziert sein.

Reichen also die Eigenkapitalien zur Finanzierung der Anlagen nicht aus, so ist ihre Ergänzung höchstens durch langfristige Fremdkapitalien möglich. Zu welchen Folgen es führen kann, wenn man kurzfristige Kredite in Anlagewerten festlegt, beweisen die Finanzierungsverhältnisse in Deutschland nach dem ersten Weltkrieg. Man nahm kurzfristige Kredite im Ausland in Anspruch und investierte sie in der Erwartung langer Kreditfristen in Anlagewerten. Als dann aber das Ausland die Kredite zurückforderte, die infolge der falschen Verwendung bei uns festgefroren waren, kam es zu Zusammenbrüchen und dem berüchtigten Schwarzen Freitag vom 13. 5. 1927.

Der Anlagekapitalbedarf wird nach der folgenden Formel errechnet:

$$K_0 = A \cdot a_n \text{ oder } K_0 = \frac{A}{V_n{}^p}$$

K_0 = Kapitalbedarf

A = Kapitalkosten

a_n = Annuitätenfaktor

$\frac{1}{a_n} = V_p{}^n$ = Tabellenwert der Spitzerschen Tabellen

Beispiel:
Bei einem Jahresumsatz von 10 000 000 DM, Gesamtkosten (außer Kapitaldienst) von 7 500 000 DM und 10 % kalkuliertem Gewinn (1 000 000 DM) verbleiben für den Kapitaldienst jährlich 1 500 000 DM. Wie hoch kann das Kapital für Anlageinvestitionen sein, wenn eine durchschnittliche Nutzungsdauer aller Anlagen von 15 Jahren und eine Verzinsung von 6 % angenommen werden kann?

$$A = 1\,500\,000$$
$$V_{15}^{6} = 0{,}10296$$
$$K_0 = \frac{1\,500\,000}{0{,}10296}$$
$$= 14\,600\,000$$

Die Formel für den **Umlaufkapitalbedarf** lautet:

$$KB = K(t_1 + t_2 + t_K) + M(t_3 - t_L)$$

Darin bedeutet:

KB = Kapitalbindung
t_1 = Dauer des Fertigungsprozesses
t_2 = Lagerdauer der Erzeugnisse
t_3 = Lagerdauer des Materials
t_K = Zielgewährung an die Kunden
t_L = Lieferantenziel
K = Herstellkosten + Verwaltungs- und Vertriebsgemeinkosten
M = Materialkosten

Beispiel:
Pro 100 DM Umsatz fallen 15 DM Materialkosten an. Die Herstellkosten und die Verwaltungs- und Vertriebsgemeinkosten betragen zusammen 85 DM. Dauer des Fertigungsprozesses = 5 Tage. Lagerdauer des Materials = 20 Tage. Lagerdauer der Erzeugnisse = 6 Tage. Lieferantenziel = 15 Tage. Kundenziel = 14 Tage.

Dann ist die Kapitalbindung pro 100 DM Umsatz:

$$KB = 85(5 + 6 + 14) + 15(20 - 15) = 2125 + 75 = 2\,200$$

Bei einem Monatsumsatz von 600 000 DM bzw. einem Tagesumsatz von 20 000 DM ist der Umlaufkapitalbedarf:

$$UK = \frac{20\,000 \cdot 2\,200}{100}$$
$$= 440\,000$$

Wöhe erläutert seine Feststellung, daß man den Umlaufkapitalbedarf durch die Rechnung „Aufwand eines Produktionstages × durchschnittliche Kapitalgebundenheit" bestimmen kann, anhand des folgenden Beispiels:

Beispiel:
Werden täglich 5 000 DM Umlaufvermögen in der Produktion eingesetzt, beträgt die Lagerdauer der Stoffe durchschnittlich 10 Tage, dauert die Produktion durchschnittlich 5 Tage, die Lagerung der Fertigerzeugnisse 10 Tage und die Kreditinanspruchnahme der Kunden durchschnittlich 25 Tage, so ist erst nach 50 Tagen der Eingang liquider Mittel zu erwarten; der Kapitalbedarf im Umlaufvermögen beträgt also: 5 000 DM · 50 = 250 000 DM. Nach Ablauf von 50 Tagen kann man unterstellen, daß sich der tägliche Bedarf an Umlaufvermögen und die täglichen Einnahmen aus Verkaufserlösen im Durchschnitt ausgleichen.

5. Finanzierungsarten

Unter dem Gesichtspunkt der Herkunft des Kapitals können folgende Arten der Finanzierung unterschieden werden:

Finanzierung		
Eigenfinanzierung		Fremdfinanzierung
Selbstfinanzierung	Beteiligungsfinanzierung	
Innenfinanzierung	Außenfinanzierung	

Beschafft sich der Betrieb das notwendige Kapital von Gläubigern, nimmt er also in irgendeiner Form Darlehen auf, so bezeichnet man dieses Kapital als Fremdkapital, die Art der Finanzierung als Fremdfinanzierung. Typisch für dieses Fremdkapital ist, daß es regelmäßig zu festen Zinszahlungen verpflichtet und daß es zu tilgen ist. Beschafft sich der Betrieb das Kapital von den Gesellschaftern als den Eignern des Betriebes, so bezeichnet man es als Eigenkapital, die Art der Finanzierung als Eigenfinanzierung. Das Eigenkapital löst im Gegensatz zur Fremdfinanzierung keine Tilgungen aus, da es in der Regel dauernd dem Betrieb zur Verfügung steht. Es wird auch nicht fest verzinst. Vielmehr richtet sich der Ertrag der Kapitaleigner nach der Höhe des erwirtschafteten Gewinns.

Das Eigenkapital kann durch die Gesellschafter aufgebracht worden sein. In diesem Falle spricht man von Beteiligungsfinanzierung. Wird das Eigenkapital hingegen im Betrieb selbst gebildet, und zwar durch die Zurückbehaltung von Gewinnen (Gewinnthesaurierung), so spricht man von Selbstfinanzierung. Die Selbstfinanzierung bezeichnet man deshalb auch als Innenfinanzierung, während bei der Beteiligungs- und Fremdfinanzierung das Kapital von „außen" beschafft wird und man deshalb hier von Außenfinanzierung spricht.

Dieses Schema der Finanzierungsarten kann erweitert werden (vgl. Abbildung auf Seite 167), um noch andere für die Finanzierung wesentliche Unterschiede aufzuzeigen.

Je nachdem, ob das Kapital in unmittelbarer Verbindung mit den Kapitalgebern oder mittelbar unter Einschaltung von kapitalvermittelnden Personen oder Institutionen beschafft wird, handelt es sich um Individualfinanzierung oder Marktfinanzierung, wobei die Marktfinanzierung über den Geldmarkt (Markt für kurzfristige Mittel) oder über den Kapitalmarkt (Markt für langfristige Mittel) abgewickelt werden kann.

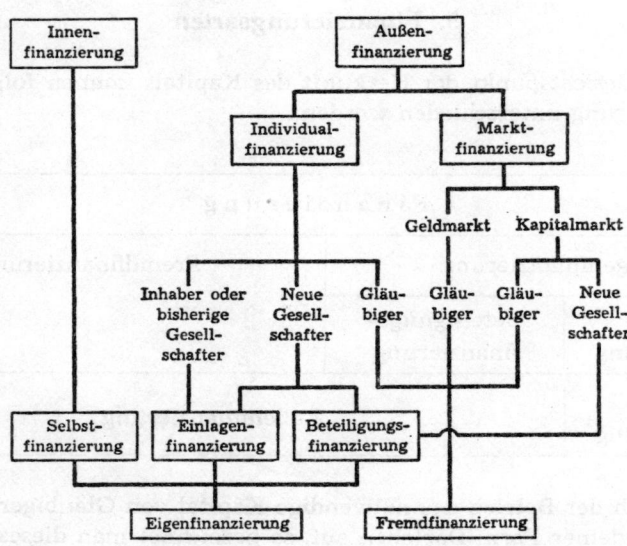

Hierbei ist von Bedeutung, daß das auf dem organisierten Kapitalmarkt durch Emission von Effekten beschaffte Kapital für den Betrieb zwar langfristiges Kapital darstellt, vom Kapitalgeber aber nur kurzfristig zur Verfügung gestellt zu sein braucht; an seine Stelle tritt dann im Falle des Wertpapierverkaufs ein anderer Gläubiger bzw. Gesellschafter, je nachdem, ob es sich um Fremd- oder Beteiligungsfinanzierung handelt. Diesen Vorgang ermöglicht die Effektenbörse. Wird die Kapitalbeschaffung im Wege der Individualfinanzierung durch Einlagen der bisherigen Inhaber oder Gesellschafter oder Aufnahme neuer Gesellschafter durchgeführt, so spricht man auch von Einlagenfinanzierung als einer besonderen Art der Eigenfinanzierung.

6. Eigenfinanzierung

Bei der Eigenfinanzierung ist zwischen Einlagenfinanzierung, Selbstfinanzierung und Beteiligungsfinanzierung zu unterscheiden. Da die Einlagenfinanzierung wenig Bedeutung hat (sie kommt hauptsächlich für Einzelunternehmen und Personengesellschaften in Frage, wobei der Betrieb die Mittel aus dem Haushalt des Unternehmers bzw. der Gesellschafter erhält), wird meist nur zwischen der Selbst- und der Beteiligungsfinanzierung unterschieden.

Die Eigenkapitalbeschaffung tritt in einer Erhöhung der verschiedenen Teilgrößen des Eigenkapitals in Erscheinung, was entweder durch Selbstfinanzierung oder Beteiligungsfinanzierung erreicht werden kann. In folgendem Schema (nach Heubaum) werden den Teilgrößen des Eigenkapitals bei Aktiengesellschaften die Möglichkeiten ihrer Erhöhung zugeordnet.

Grundkapital % ausstehende Einlagen				Zusatzkapital			Gewinnvortrag % Verlustvortrag
				Gesetzl. Rücklagen	Statutarische Rücklagen	Freiwillige Rücklagen	
Verkauf von neuen Aktien			Ausgabe von Gratisaktien auf der Grundlage von Rücklagen	a) Zuweisung von Gewinnen b) Zuzahlung der Aktionäre c) Verzicht der Gläubiger			
Ordentl. Kapitalerhöhung	Bedingte Kapitalerhöhung	Genehmigtes Kapital					
1	2	3	4	5	6	7	

Die Möglichkeiten 1, 2 und 3 der Erhöhung des Eigenkapitals stellen Kapitalerhöhungen im rechtlichen Sinne dar. Bei Möglichkeit 4 liegt eine Umstrukturierung innerhalb des Eigenkapitals vor, bei der dem Betrieb keine zusätzlichen Mittel zufließen: Es werden Rücklagen in Grundkapital umgewandelt, es wird — buchungsmäßig gesehen — ein Passivtausch vorgenommen. Dieser Vorgang ist Gegenstand der Kapitalerhöhung aus Gesellschaftsmitteln (§§ 207 ff. AktG).

Der Gesetzgeber hielt es im Rahmen seiner Kapitalmarktförderungsmaßnahmen für angezeigt, das Mißverhältnis zwischen Eigenkapital und Grundkapital, das sich im Laufe der Entwicklung nach der Währungsumstellung von 1948 einstellte, zu berichtigen. Da das gesamte Eigenkapital durch fortwährend hohe Dotierungen der Rücklagen hoch war, das Grundkapital aber wegen des relativ niedrigen Ansatzes bei der Währungsumstellungsrechnung unverhältnismäßig niedrig war, ergab sich ein relativ hoher Aktienkurs und eine vergleichsweise niedrige Effektivverzinsung. Dieser Zusammenhang kann anhand des Bilanzkurses, der zwar nicht genau dem Börsenkurs entspricht (auf die Höhe des Börsenkurses wirkt sich u. a. die Spekulation aus), der aber den inneren Wert der Aktien widerspiegelt, erläutert werden:

$$\text{Bilanzkurs} = \frac{\text{Eigenkapital} \cdot 100}{\text{Grundkapital}}$$

a) Kapitalverhältnis vor der Grundkapitalberichtigung:

Grundkapital	100 000
Rücklagen	500 000
Eigenkapital	600 000

$$\text{Bilanzkurs} = \frac{600\,000}{100\,000} \cdot 100 = 600\%$$

Dividende = 20 000 = 20 %

$$\text{Effektivverzinsung (Rendite)} = \frac{\text{Dividende} \cdot 100}{\text{Kurs}} = 3,3\%$$

b) **Kapitalverhältnisse nach der Grundkapitalberichtigung: Es werden 100 000 DM Rücklagen in Grundkapital umgewandelt:**

Grundkapital	200 000
Rücklagen	400 000
Eigenkapital	600 000

$$\text{Bilanzkurs} = \frac{600\ 000}{200\ 000} \cdot 100 = 300\,\%$$

Dividende $= 20\ 000 = 10\,\%$

Effektivverzinsung $= 3,3\,\%$

Der Kurs wird also durch diese Maßnahme gesenkt, d. h., der Preis der einzelnen Aktie wird niedriger; einer Kapitalmarktförderungspolitik kommt ein solcher niedriger Kurs entgegen, da nun größere Anlegerkreise angesprochen werden. Aus der Sicht des Aktionärs ergibt sich durch die mit der Kapitalerhöhung aus Gesellschaftsmitteln verbundene Gewährung von Gratisaktien kein vermögensmäßiger Vorteil, sieht man von möglichen Börseneinflüssen ab. Es erhöht sich zwar der Nominalwert seines Anteils; gleichzeitig sinkt aber der Kurs, so daß das Produkt aus Nominalwert und Kurs (das effektive Vermögen des Aktionärs) unverändert bleibt.

Für die Erhöhung der Rücklagen kommt im wesentlichen die Zuweisung von Gewinnen des Betriebes in Betracht; es liegt also weitgehend Selbstfinanzierung vor (Möglichkeiten 5, 6, 7).

Während man die Erhöhung lediglich des Grundkapitals als Kapitalerhöhung im rechtlichen Sinne bezeichnet, umfaßt die Kapitalerhöhung im wirtschaftlichen Sinne sowohl die Grundkapitalerhöhung als auch die Erhöhung des Zusatzkapitals.

Neben der Funktion des Eigen- und des Fremdkapitals, im Betrieb zu arbeiten, der Arbeitsfunktion, kann die besondere Bedeutung des Eigenkapitals für die Finanzierung der Betriebe in folgendem gesehen werden:

Das Eigenkapital bildet die Voraussetzung dafür, Fremdkapital zu beschaffen, da das Eigenkapital neben der Arbeitsfunktion eine „Voraushaftungsfunktion" erfüllt. Das besagt, daß Verluste, die der Betrieb macht, zunächst das Eigenkapital mindern, bevor sie das Fremdkapital betreffen, bevor also Teile des Fremdkapitals aufgezehrt werden.

a) Selbstfinanzierung

Selbstfinanzierung (Innenfinanzierung) ist gleichbedeutend mit Gewinnzurückbehaltung (Überschußfinanzierung bzw. Finanzierung aus unverteilten Überschüssen). Es kann sich um offene (freiwillige oder vom Gesetzgeber erzwungene) oder stille (= verdeckte) Selbstfinanzierung handeln.

Die f r e i w i l l i g e Selbstfinanzierung wird hauptsächlich dann durchgeführt, wenn die Kapitalbeschaffung von außen mit Schwierigkeiten verbunden ist (hauptsächlich bei Rechtsformen, die keinen Zugang zum organisierten Kapitalmarkt haben).

Eine vom Gesetzgeber e r z w u n g e n e Selbstfinanzierung ist z. B. aufgrund des § 150 AktG gegeben, wonach eine gesetzliche Rücklage von mindestens 10 % des Grundkapitals anzusammeln ist (dabei sind jährlich 5 % des um einen eventuellen Verlustvortrag gekürzten Jahresüberschusses dieser Rücklage zuzuführen, bis insgesamt 10 % des Grundkapitals erreicht sind). Werden Aktien über pari verkauft, so ist das Agio gemäß § 150 AktG in die gesetzliche Rücklage einzustellen; ebenso ist mit dem Betrag zu verfahren, der bei der Ausgabe von Wandelschuldverschreibungen über ihren Rückzahlungsbetrag hinaus erzielt wird.

Bei diesen beiden Formen handelt es sich um o f f e n e Selbstfinanzierung: Die zurückbehaltenen Gewinne sind als Eigenkapitalteile in der Bilanz erkennbar (bei Einzelunternehmen und Personengesellschaften bleiben sie auf den Kapitalkonten stehen, bei Kapitalgesellschaften schlagen sie sich auf den Rücklagenkonten nieder). Die Gegenwerte dieser Gewinne sind in Vermögensbeständen (z. B. Zahlungsmittelbestand) enthalten und können für betriebliche Zwecke genutzt werden. Nach § 58 AktG können Vorstand und Aufsichtsrat einen Teil des Jahresüberschusses — höchstens jedoch die Hälfte — den freien Rücklagen zuweisen, sofern sie durch die Satzung nicht zu noch höheren Dotierungen ermächtigt sind. Im letzten Falle ist eine höhere Zuführung nur so lange zulässig, wie die gesamte freie Rücklage die Hälfte des Grundkapitals nicht übersteigt.

Wird die Selbstfinanzierung in v e r d e c k t e r Form durchgeführt, so geschieht dies über die Legung stiller Rücklagen. Diese sind aus der Bilanz nicht als Eigenkapitalanteile erkennbar. Ihre Bildung kann durch Unterbewertung von Vermögensteilen oder Überbewertung von Schuldteilen geschehen. Hierzu ein Beispiel (nach Heubaum):

Nehmen wir an, die Abschreibungen auf eine Maschine betragen jährlich 1000 DM, wobei es sich um die geschätzten Wertminderungen dieser Maschine handelt. Der Betrag von 1000 DM wird in der Kostenrechnung als kalkulatorische Abschreibung den Selbstkosten der Erzeugnisse hinzugerechnet, um in den Erlösen vom Markt wieder erstattet zu werden. In der Gewinn- und Verlustrechnung wird der Betrag von 1000 DM einerseits als Abschreibungsaufwand ausgewiesen, andererseits ist er als Ertrag in den Verkaufserlösen enthalten. Durch die Aufwandsbuchung treten die in den Erlösen hereingeholten (= verdienten) Abschreibungen nicht als Gewinne in Erscheinung, werden deshalb auch nicht versteuert und ausgeschüttet, sondern bleiben an den Betrieb gebunden. Nach Ablauf der Nutzungszeit der Maschine haben sich auf diese Weise die „verdienten Abschreibungen" bis zu einem Betrag im Betrieb angesammelt, der die Anschaffung einer neuen Maschine ermöglicht (= Reinvestition).

Soll	GuV-Konto		Haben
Anderer Aufwand	10 000	Erlöse	15 000
Abschreibung	1 000		
Gewinn	4 000		
	15 000		15 000

Aktiva	Bilanz		Passiva
Verschiedene Aktiva	21 000	Eigen- und Fremdkapital	26 000
Maschine 10 000		Gewinn	4 000
./. 1 000	9 000		
	30 000		30 000

Würde der Betrieb als Abschreibungsaufwand nun in der gleichen Situation 2000 DM buchen, so läge eine Unterbewertung der Maschine in Höhe von 1000 DM vor, d. h., es würde eine stille Rücklage von 1000 DM gelegt.

Soll	GuV-Konto		Haben
Aufwand	10 000	Erlöse	15 000
Abschreibung	2 000		
Gewinn	3 000		
	15 000		15 000

Aktiva	Bilanz		Passiva
Verschiedene Aktiva	21 000	Eigen- und Fremdkapital	26 000
Maschine 10 000		Gewinn	3 000
./. 2 000	8 000		
	29 000		29 000

Durch die Überbewertung der Schuldteile würde im Prinzip der gleiche Effekt erzielt. Hier würde ein höherer Schuldposten passiviert, und gleichermaßen würden die Aufwendungen erhöht (z. B. Bildung einer Rückstellung), so daß ein entsprechend niedrigerer Gewinn entsteht.

Die stille Selbstfinanzierung stellt eine höhere oder zusätzliche Verbuchung von Aufwendungen dar. Darin liegt ihr besonderer Vorteil gegenüber der offenen Form der Selbstfinanzierung. Bei der offenen Selbstfinanzierung werden Gewinnteile (aus dem versteuerten Gewinn) auf Rücklagekonten gebucht, während bei der stillen Selbstfinanzierung die fraglichen Beträge nicht als Gewinne in Erscheinung treten.

Gegenüber der Fremdfinanzierung hat die Selbstfinanzierung den Vorteil, daß keine Zins- und Tilgungsbeträge zu entrichten sind und somit die Liquidität nicht belastet wird. Dies hat wiederum zur Folge, daß eine beweglichere Preispolitik betrieben werden kann, da die Preisuntergrenze entsprechend niedriger ist.

Für Klein- und Mittelbetriebe ist die Selbstfinanzierung dann der einzige Weg der Kapitalbeschaffung, wenn ihnen der Zugang zum Kapitalmarkt versagt ist oder fehlende Kreditwürdigkeit die Aufnahme von Fremdkapital unmöglich macht. Bei Kapitalgesellschaften hat die Selbstfinanzierung den Vorteil, daß die Gesellschafter ihre Kapitalanteile nicht zu erhöhen brauchen bzw. daß keine neuen Gesellschafter aufgenommen werden müssen.

b) Beteiligungsfinanzierung

Unter Beteiligungsfinanzierung ist die Zuführung von Eigenkapital durch die Eigentümer des Betriebes zu verstehen.

Das Eigenkapital von Aktiengesellschaften ergibt sich wie folgt:

    Vermögen (einschl. aktive Posten der Rechnungsabgrenzung) = Aktiva
    ⁄ Schulden (einschl. passive Posten der Rechnungsabgrenzung, Rückstellungen, auszuschüttender Gewinn)

    = Bilanzmäßiges Eigenkapital

oder

    Grundkapital ⁄ ausstehende Einlagen
    + Offene Rücklagen
    + Gewinnvortrag für das Folgejahr bzw.
    ⁄ Ausgewiesener Verlust

    = Bilanzmäßiges Eigenkapital
    + Stille Rücklagen

    = Effektiv vorhandenes Eigenkapital

Bei der Aktiengesellschaft muß das Grundkapital mindestens 100 000 DM betragen, bei der Gesellschaft mit beschränkter Haftung muß ein Stammkapital von mindestens 20 000 DM vorhanden sein. Es muß mindestens ein Viertel darauf eingezahlt werden.

Die Aktiengesellschaft hat die Möglichkeit, sich Eigenkapital durch die A u s g a b e   v o n   A k t i e n zu beschaffen. Aktien sind Wertpapiere, die Mitgliedschaftsrechte der Aktionäre an der Gesellschaft verbriefen. Die Mitgliedschaftsrechte beziehen sich auf das Vermögen (dem Aktionär gehört zwar kein konkreter Anteil am Gesellschaftsvermögen, wohl aber ein Wertanteil) und auf die Verwaltung (Stimmrecht, Auskunftsrecht und Kontrollrecht).

Während in anderen Ländern auch Quotenaktien (nennwertlose Aktien) anzutreffen sind, z. B. in den USA, Belgien und Italien (diese Aktien verbriefen einen bestimmten Anteil am Reinvermögen), sind in der Bundesrepublik Deutschland nur S u m m e n a k t i e n (Nennwertaktien) zulässig. Sie lauten auf einen bestimmten Betrag. Der Mindestnennwert ist 50 DM.

Eine Ausgabe von Aktien unter dem Nennwert (unter pari) ist nicht statthaft, wohl aber können sie zu einem über 100 liegenden Kurs, z. B. zu 110 %, ausgegeben werden. Der über den Nennwert hinausgehende Betrag wird als A g i o (= Aufgeld) bezeichnet und muß der gesetzlichen Rücklage zugeführt werden (§ 150 Abs. 2 Nr. 2 AktG).

Die Verwendung von Summenaktien ist deshalb erforderlich, weil nach dem Aktiengesetz das Grundkapital als Garantiekapital für die Gläubiger in seiner nominellen Höhe fest gebunden ist.

S t a m m a k t i e n stellen die normal ausgestatteten Aktien dar; sie verbriefen gleiches Stimmrecht, gleiches Dividendenrecht und gleichen Anteil am Liquidationserlös.

V o r z u g s a k t i e n räumen dem Aktionär einen besonderen Anspruch auf Dividende oder Liquidationserlös ein. Ihre Ausgabe kann z. B. erfolgen, wenn eine Erhöhung des Aktienkapitals mit Stammaktien nicht möglich ist (weil der Aktienkurs unter 100 % liegt) oder wenn infolge eines hohen Verlustvortrages eine Sanierung erfolgen muß. Sanierung im engeren Sinne ist die Beseitigung einer Unterbilanz (Eigen- und Fremdkapital zusammen sind größer als das Vermögen) durch einmalige Finanzierungsmaßnahmen. Sie erfolgt bei Aktiengesellschaften durch Herabsetzung des Grundkapitals und anteilmäßige Verteilung des Verlustes auf die Aktionäre. Das kann durch Herabstempelung des Nennwertes oder durch Zusammenlegung von Aktien erfolgen, wofür bestimmte Voraussetzungen erfüllt sein müssen (Erläuterungen unter „Besondere Finanzierungsfälle"). Die Berechtigung zur Ausgabe von Vorzugsaktien bei einer Sanierung ist durch die Begleichung des Verlustanteils gegeben.

V o r z u g s a k t i e n   m i t   M e h r s t i m m r e c h t sind grundsätzlich verboten und gelten nur noch, soweit sie vor Inkrafttreten des Aktiengesetzes von 1937 ausgegeben worden sind. Gemäß § 12 Abs. 2 AktG sind Ausnahmen nur insoweit zulässig, als es zur Wahrung überwiegender gesamtwirtschaftlicher Belange erforderlich ist.

Der E r w e r b e i g e n e r A k t i e n ist durch § 71 AktG geregelt. Danach darf die Gesellschaft eigene Aktien nur erwerben,

a) wenn der Erwerb notwendig ist, um einen schweren Schaden von der Gesellschaft abzuwenden,

b) wenn die Aktien den Arbeitnehmern der Gesellschaft zum Erwerb angeboten werden sollen,

c) wenn der Erwerb geschieht, um Aktionäre nach § 305 Abs. 2 oder § 320 Abs. 5 AktG abzufinden,

d) wenn auf die Aktien der Nennbetrag oder der höhere Ausgabebetrag voll geleistet ist und der Erwerb unentgeltlich geschieht oder die Gesellschaft mit dem Erwerb eine Einkaufskommission ausführt,

e) durch Gesamtrechtsnachfolge oder

f) auf Grund eines Beschlusses der Hauptversammlung zur Einziehung nach den Vorschriften über die Herabsetzung des Grundkapitals.

Der Gesamtnennbetrag darf in den Fällen a bis c 10 % des Grundkapitals nicht übersteigen.

V o r r a t s a k t i e n (Verwaltungsaktien) sind neugeschaffene Aktien, die noch nicht in Umlauf gesetzt sind. Früher dienten sie dazu, im günstigen Zeitpunkt verwertet zu werden. Heute können sie durch das genehmigte Kapital als überholt angesehen werden.

Nach der Art des Wertpapiers und der Übertragung ist zwischen Namens- und Inhaberaktien zu unterscheiden.

N a m e n s a k t i e n sind geborene Orderpapiere, die durch Indossament und Übergabe der Urkunde übertragen werden. Sie lauten auf den Namen des Aktionärs; dieser wird im Aktienbuch der Gesellschaft eingetragen. Die Mindesteinzahlung beträgt 25 % des Nennwertes. Wird die Aktie mit Agio ausgegeben, so muß das volle Agio eingezahlt werden. Sofern durch die Satzung die Übertragung der Namensaktie an die Zustimmung der Gesellschaft gebunden ist, bezeichnet man die Aktien als *vinkulierte Namensaktien*.

I n h a b e r a k t i e n werden durch Einigung und Übergabe der Urkunde übertragen. Sie können nur im Falle der vollen Einzahlung ausgegeben werden. Anstelle der noch nicht voll eingezahlten Inhaberaktien können *Interimsscheine* ausgegeben werden, die auf den Namen lauten, wie Namenspapiere behandelt werden und die gleichen Rechte wie die Aktien gewähren.

G r a t i s a k t i e n (Berichtigungsaktien) werden ausgegeben, wenn das Grundkapital auf der Grundlage von Rücklagen erhöht wird. Es fließen also dem Unternehmen zum Zeitpunkt der Kapitalerhöhung keine neuen Mittel zu. Die Aktionäre haben vielmehr in der Vergangenheit auf Gewinnausschüttungen verzichtet und bekommen nunmehr Gratisaktien zur Verfügung gestellt. „Echte" Gratisaktien werden dagegen mitunter als zusätzliche Vergütung an Vorstandsmitglieder ausgegeben. Hierbei erfolgt buchungsmäßig gesehen kein Passivtausch wie im Falle der Kapitalerhöhung aus Gesellschaftsmitteln, sondern die Gegenbuchung zur Grundkapitalerhöhung erfolgt als Aufwand auf dem Gewinn- und Verlustkonto.

An der W e r t p a p i e r b ö r s e werden nicht alle Aktien gehandelt, sondern nur die Aktien der Gesellschaften, die zugelassen worden sind. Die Genehmigung der Zulassungsstelle der Börse ist an eine Reihe von Voraussetzungen geknüpft. Aktien, die nicht zum amtlichen Handel zugelassen worden sind, können an der Börse im geregelten Freiverkehr gehandelt werden. Daneben hat sich außerhalb der Börse zwischen den Banken ein ungeregelter Freiverkehr entwickelt, der telefonisch oder durch Fernschreiber vollzogen wird.

Beim amtlichen Markt ist zwischen einem Einheitsmarkt und einem variablen Markt zu unterscheiden. Am Einheitsmarkt wird an einem Tage nur ein einheitlicher Kurs (Kassakurs) ermittelt, am variablen Markt erfolgt dagegen eine fortlaufende Notierung während der Börsenzeit. Am variablen Markt sind nur Aktien von Gesellschaften zugelassen, deren Grundkapital mindestens zehn Millionen DM beträgt. Außerdem muß das einzelne Geschäft mindestens 3000 DM ausmachen.

Der Einheitskurs wird in der Weise ermittelt, daß der Börsenmakler sämtliche Kauf- und Verkaufsanträge sammelt und daraus den Kurs festsetzt, bei dem der größtmögliche Umsatz vollzogen wird. Käufer und Verkäufer können ihren Börsenauftrag entweder *limitieren*, d. h. den Kurs angeben, der beim Kauf nicht überschritten oder beim Verkauf nicht unterschritten werden darf, oder sie können — wenn sie wünschen, daß ihr Auftrag in jedem Falle ausgeführt wird — angeben, daß „bestens" angeschafft oder verkauft wird *(unlimitierter Auftrag)*.

7. Fremdfinanzierung

Fremdfinanzierung ist Kapitalbeschaffung durch Kreditaufnahme. Der Kapitalgeber ist Gläubiger und hat Anspruch auf Verzinsung und Rückzahlung.

Die verschiedenen Formen der Fremdfinanzierung lassen sich u. a. nach folgenden Unterscheidungsmerkmalen gliedern:

a) nach der Herkunft des Kapitals;

b) nach der Fristigkeit des Kapitals;

c) nach der Verbriefung des Kapitals durch Urkunden;

d) nach der Sicherung;

e) nach der Verbindung mit Realvorgängen.

Hinsichtlich der Herkunft des Kapitals wird zwischen Lieferantenkredit (mit und ohne Einschaltung eines Akzeptes), Kundenkredit (Anzahlung), Bankkredit (Kontokorrentkredit, Darlehen, Diskontkredit, Schuldscheindarlehen usw.), Krediten von Versicherungsgesellschaften und Sozialversicherungsträgern (Schuldscheindarlehen u. a.), Staatskredit (Spezialkreditprogramme zur Entwicklung und zum Schutz von Unternehmen, deren Förderung im öffentlichen Interesse liegt) und Kredit von Privaten (mit und ohne Einschaltung der Börse) unterschieden.

Der Lieferantenkredit ergibt sich durch Warenlieferung und vertragsgemäße Zahlungsverzögerung (Zahlungsziel). Bei gleichen Zahlungskonditionen hängt die Höhe des Lieferantenkredits vom Einkaufsumfang ab. Abgesehen vom Eigentumsvorbehalt sind Lieferantenkredite selten mit einer speziellen Kreditsicherung verknüpft.

Obwohl für diesen Kredit meist keine Zinsen gezahlt werden, ist er wegen des relativ hohen Skontos, das wahlweise in Anspruch genommen werden kann, ein teurer Kredit.

Wenn z. B. die Zahlungskondition vorsieht, daß der Rechnungsbetrag bis zum 30. Tage nach Lieferung netto Kasse oder bis zum 10. Tag unter Abzug von 2 % Skonto zu erfolgen hat, dann entsteht objektiv für die Zahlungsverzögerung um 20 Tage ein Zins in Höhe von 2 % des Rechnungsbetrages (= Jahreszins von 36 %). Er wird daher auch überwiegend von den Unternehmen in Anspruch genommen, die über nur geringe flüssige Mittel und Sicherheiten verfügen, also eine sofortige Zahlung mit Skontoabzug nicht leisten können, und denen die Inanspruchnahme von Bankkrediten wegen fehlender Sicherheiten nicht möglich ist. Je länger das Zahlungsziel und je kürzer die Lagerdauer ist, desto günstiger ist es für das Unternehmen. Das Ergebnis verbessert sich noch, wenn das Unternehmen seinen Abnehmern ungünstigere Zahlungsbedingungen einräumen kann als die ihm seitens des Lieferers eingeräumten Zahlungsbedingungen.

Der Kundenkredit entsteht dadurch, daß der Abnehmer bereits Zahlungen leistet, bevor die Ware geliefert wird. Derartige Kredite sind insbesondere als Vorfinanzierung für Anlagen wie Maschinen, Schiffe und Bauprojekte üblich, da hier die Fertigung umfangreiche Investitionen erfordert und sich über lange Zeit erstreckt. Da meist keine Zinsen dafür gezahlt werden, ist dieser Kredit der billigste Kredit.

Unter einem Kontokorrentkredit (Kredit in laufender Rechnung) ist ein Bankkredit (Buchkredit) zu verstehen, der von einem Kreditinstitut seinem Kunden in einer bestimmten Höhe eingeräumt (zugesagt, eingewiesen) und von diesem je nach Bedarf in wechselndem Umfang bis zu der vereinbarten Höchstgrenze in Anspruch genommen wird; dabei erfolgt die Abrechnung der Zahlungseingänge und Zahlungsausgänge des Kunden zusammen mit der Abrechnung des Kredits auf einem von der Bank geführten Kontokorrentkonto jeweils in bestimmten Zeitabständen. Rechtsgrundlage ist § 355 HGB.

Dieser Kredit dient insbesondere der Finanzierung finanzwirtschaftlicher Spitzenbelastungen (z. B. Saisonschwankungen oder Schwankungen im Wochen- oder Monatsverlauf). Das Kontokorrentkonto vermittelt der Bank infolge vielseitiger und umfassender Eintragungen (Umsätze mit Lieferanten und Kunden, Einhaltung der Zahlungsverpflichtungen) einen guten Einblick in die wirtschaftlichen Verhältnisse des Unternehmens und erleichtert somit die Prüfung der Kreditwürdigkeit. Der Kontokorrentkredit kann gemäß § 355 HGB jederzeit gekündigt werden. Im allgemeinen bleibt er unverändert, sofern sich der Geschäftsumfang und die Zahlungsgewohnheiten nicht verändern. Die Kosten des Kontokorrentkredits setzen sich in der Regel aus den Kreditzinsen (die sich nach dem Diskontsatz der Deutschen Bundesbank richten), der Kreditprovision (Prozentsatz vom eingeräumten oder vom in Anspruch genommenen Kredit), der Umsatzprovision (die vom Umsatz der größeren Kontoseite berechnet wird) und einer Überziehungsprovision zusammen und sind relativ hoch (meist mehr als das Doppelte des Diskontsatzes). Bei einem längerdauernden Finanzbedarf ist es daher ratsam, eine Vollausnutzung des Kontokorrentkredits zu vermeiden und statt dessen eine Umfinanzierung vorzunehmen.

Das Darlehen ist ein befristeter Kredit, dessen Auszahlungs- und Rückzahlungszeitpunkte vertraglich festgelegt sind. Die Verzinsung erstreckt sich auf die Gesamtlaufzeit des Darlehens. Man unterscheidet Darlehen nach der *Fristigkeit* (Quartalskredite, Saisonkredite, mittelfristige und langfristige Kredite), nach der *Verwendung* (Investitionskredite, Betriebsmittelkredite), nach der *rechtlichen Sicherung* (Hypotheken, Grundschulden, Lombardierung) und nach der *Verbriefung* (Obligationen, Schuldscheindarlehen). Darlehensgeber sind Banken und Sparkassen, Versicherungen, der Staat und Privatpersonen, wobei in der Regel die Börse als vermittelnde Institution eingeschaltet ist.

Die Hypothek als Pfandrecht an einem Grundstück ist unlösbar mit einem genau bezeichneten Darlehen verbunden (Akzessorietät) und geht mit der Tilgung dieses Darlehens unter. Die Grundschuld stellt ebenfalls ein Grundpfandrecht zur Kreditsicherung dar, ist aber nicht an das Vorliegen einer Forderung gebunden, sondern besteht unabhängig davon. Wegen dieser rechtlichen Loslösung der Grundpfandsicherung vom Kreditgeschäft ist es zulässig, daß der Eigentümer des Grundstücks zu seinen Gunsten eine Eigentümergrundschuld im Grundbuch eintragen und verbriefen läßt. Dieser Eigentümer-Grundschuldbrief ist ein besonders flexibles Instrument der Kreditsicherung, weil es ohne weitere Grundbuchänderungen durch Übertragung an den jeweiligen Gläubiger als Kreditsicherung verwendbar ist.

Das Lombarddarlehen ist ein kurz- oder mittelfristiges Darlehen unter Sicherung durch ein Pfandrecht an beweglichen Sachen. Es wird von Banken und Spezialkreditinstituten gegeben und hat insbesondere im Außenhandel (Freihafenlager) an Bedeutung gewonnen. Als lombardfähig gelten Edelmetalle, Wertpapiere, Wechsel und Waren mit leichter Lagerfähigkeit und vermuteter Wertkonstanz. Von besonderer Bedeutung ist das Effektenlombardgeschäft für die Kreditinstitute, die sich hierdurch, ohne die Papiere veräußern zu müssen, Mittel beschaffen können. Aufgrund der oftmals hohen Verwahrungskosten und des größeren Risikos liegt der Lombardsatz gewöhnlich 1 % über dem Diskontsatz.

Der Wechseldiskontkredit wird von der Bank durch Ankauf von noch nicht fälligen Kundenwechseln eingeräumt. Die Banken kaufen in erster Linie solche Wechsel an, die der Finanzierung des Warenumschlags dienen (Handels- oder Warenwechsel). Da die Banken ihrerseits die Möglichkeit haben, im Rahmen ihrer Kontingente eine Refinanzierung bei der Bundesbank durchzuführen, müssen sie beim Ankauf von Wechseln darauf achten, ob diese den Anforderungen der Deutschen Bundesbank entsprechen. Die Bundesbank diskontiert nur Wechsel, deren Laufzeit drei Monate nicht übersteigt, die mindestens drei gute Unterschriften tragen (eine davon ist das Indossament der diskontierenden Bank) und die an einem Bankplatz zahlbar sind, d. h. an einem Ort, an dem die Bundesbank eine Niederlassung hat. Die Kosten des Diskontkredits bestehen aus dem Diskont, der von der Bank einbehalten wird, ferner aus den Diskontspesen, die beim Inkasso des Wechsels entstehen, sowie aus der Wechselsteuer.

Beim **Akzeptkredit** wird zwischen Kreditnehmer und Kreditgeber (Bank) vereinbart, daß die Bank *nur im Eventualfall* ihren Kredit zur Verfügung stellt. Die Bank akzeptiert einen vom Kunden auf sie gezogenen Wechsel unter der Bedingung, daß er den Wechselbetrag bei Verfall zur Verfügung hat. Kann der Wechselbetrag bei Fälligkeit vom Kunden nicht beschafft werden, so tritt die Bank mit ihrem Kredit ein. Der Kunde kann den Wechsel wie Bargeld weitergeben. Es handelt sich hierbei also nicht um einen eigentlichen Kredit, sondern um eine *Kreditleihe*, eine Finanzierungshilfe. Die Kosten beim Akzeptkredit ergeben sich aus der Wechselsteuer, dem Zins und der Akzeptprovision.

Avalkredit bedeutet, daß die Bank gegen Berechnung einer Avalprovision bis zu einer bestimmten Höhe eine *Bürgschaft* oder *Garantie* übernimmt, die z. B. der Absicherung eines größeren Lieferantenkredits oder der Abwicklung von Großaufträgen der öffentlichen Hand dient. Hier liegt ebenfalls Kreditleihe vor.

Spezielle Kreditformen des Außenhandelsgeschäfts sind der Rembourskredit und der Negoziationskredit.

Beim **Rembourskredit** ist die normale Abwicklung wie folgt: Die Bank des Importeurs akzeptiert die Tratte des überseeischen Verkäufers. Der Importeur muß sich den erforderlichen Kredit von der Bank vor Abschluß des Importgeschäfts zusichern lassen, besonders wenn der Exporteur einen bestätigten Bankrembours verlangt. Die Bank akzeptiert die Tratte des Verkäufers gegen Übergabe der Dokumente. Wegen der langen Zeit, die mit Versendung von Dokumenten und Tratte und Rücksendung der akzeptierten Tratte vergeht, übergibt der überseeische Verkäufer Dokumente und Tratte und Sekunda- und Prima-Ausfertigung seiner Bank in Übersee, welche die Sekunda diskontiert und die Prima nebst den Dokumenten der Bank des Importeurs zum Akzept einsendet. Am Fälligkeitstage erfolgt die Einlösung durch die bezogene Bank.

Der **Negoziationskredit** gibt dem Exporteur die Möglichkeit, eine von ihm auf den Exporteur gezogene und von diesem zu akzeptierende Tratte zur Diskontierung oder Bevorschussung bei einer Bank unterzubringen. Meist wird der Kredit im Rahmen eines Dokumentenakkreditivs abgewickelt. Die Bank des Importeurs diskontiert oder bevorschußt auf Veranlassung ihres Kunden die Tratte. Die Bank kann die ihr eingereichten Dokumente Zug um Zug gegen Akzeptierung oder Anschaffung des Vorschußbetrages dem Importeur aushändigen. Teilweise wird der Negoziationskredit auch abgewickelt, indem die Importeurbank eine Korrespondenzbank mit der Diskontierung zu ihren Lasten oder der Akzeptierung der Tratte beauftragt. Im zweiten Fall nähert sich der Negoziationskredit stark einem Rembourskredit.

Das S c h u l d s c h e i n d a r l e h e n ist ein normales langfristiges Darlehen, für das auf jede besondere Form der Beurkundung oder Verbriefung verzichtet und zur Beweissicherung lediglich ein Schuldschein ausgestellt wird. Das Schuldscheindarlehen wird im wesentlichen von Versicherungsgesellschaften, Sozialversicherungsträgern und Realkreditinstituten an Großunternehmen der Industrie und des Handels gegeben. Als Darlehensnehmer kommen nur „erste Adressen" in Frage.

A n l e i h e n sind langfristige Verbindlichkeiten, die ein Unternehmen (und auch der Staat oder eine öffentliche Körperschaft, z. B. eine Gemeinde, die Bundesbahn usw.) über die Börse aufnimmt, um einen größeren Kapitalbedarf zu decken. Die Aufnahme der Anleihe geschieht meistens durch Ausgabe von Teilschuldverschreibungen (Obligationen). Oft wird die Anleihe selbst als Schuldverschreibung bezeichnet. Die Laufzeit von Anleihen ist unterschiedlich; sie kann 5 bis 20 Jahre, 50 Jahre und mehr betragen; es gibt sogar solche mit 99 Jahren Laufzeit. Die Rückzahlung oder Tilgung von Anleihen wird vorher festgelegt. Bei *Rentenanleihen* besteht kein Tilgungszwang, bei *Tilgungsanleihen* erfolgt die Rückzahlung entweder mit einem Male am Ende der Laufzeit oder in Teilabschnitten nach einem aufgestellten Tilgungsplan. Die Anleihegläubiger erhalten in der Regel Zinsen: Zu dem Anleihepapier gehört ein Zinsscheinbogen; zu den Zinszahlungsterminen (meist halbjährlich) werden die entsprechenden Zinsscheine vom Bogen abgetrennt und bei der Bank eingelöst. Als Anreiz für den Darlehensgeber werden die Anleihen oft mit einigen Prozent unter dem Nennwert ausgegeben, so daß für die Hergabe von beispielsweise 97 DM eine Schuldverschreibung über 100 DM ausgehändigt wird. Der Minderwert, der sich meist um 2 bis 3 % bewegt, ist das Einzahlungs- oder *Emissionsdisagio*. In Sonderfällen kann sich der Schuldner noch zu einer Schuldentilgung mit einem Aufgeld oder *Agio* verpflichten und sie zu vielleicht 102 %/σ zusagen. Dann liegt der Vorteil des Anleihegläubigers neben dem Zinsfuß in der Spanne zwischen dem Ausgabe- und Rückzahlungsbetrag. Anleihen sind in der Regel durch Hypotheken oder Grundschulden gesichert, gelegentlich auch durch Wertpapiere oder Bürgschaften.

G e w i n n s c h u l d v e r s c h r e i b u n g e n gewähren in der Regel außer einer normalen Verzinsung noch einen Anteil am Reingewinn des Unternehmens. W a n d e l s c h u l d v e r s c h r e i b u n g e n nehmen eine Sonderstellung unter den Schuldverschreibungen ein, da unter bestimmten Bedingungen die Möglichkeit einer Umwandlung vom Gläubigerpapier in ein Anteilspapier besteht. Bei diesen hat der Obligationär das Recht, nach einer bestimmten Umtauschsperrfrist und nach Kündigung seitens des Schuldners seine Wandelschuldverschreibungen gegen Aktien umzutauschen. Beim Umtausch ist ein bestimmtes Umtauschverhältnis maßgebend; häufig ist der Umtausch mit Zuzahlungen verbunden. Bei den **Bezugsrechtsanleihen** wird den Inhabern der festverzinslichen Anleihen ein Bezugsrecht auf neue Aktien gewährt.

Schuldverschreibungen, bei denen den Gläubigern ein Umtausch- oder Bezugsrecht auf Aktien eingeräumt wird (Wandelschuldverschreibungen), und Schuldverschreibungen, bei denen die Rechte der Gläubiger mit Gewinnanteilen von Aktionären in Verbindung gebracht werden (Gewinnschuldverschreibungen), dürfen nur aufgrund eines Beschlusses der Hauptversammlung ausgegeben werden. Auf Wandelschuldverschreibungen, Gewinnschuldverschreibungen und Genußrechte haben die Aktionäre meistens ein Bezugsrecht. Die Ausgabe von Wandelschuldverschreibungen ist für das Unternehmen insbesondere dann, von Interesse, wenn die augenblickliche Ertragslage keine Dividendenausschüttung zuläßt, jedoch in absehbarer Zeit eine wesentliche Verbesserung der Ertragslage zu erwarten ist, wenn also Aktien momentan nicht unterzubringen wären, dagegen Schuldverschreibungen mit der Möglichkeit späterer Umwandlung.

Hinsichtlich der **Fristigkeit des Kapitals** unterscheidet man kurzfristige, mittelfristige und langfristige Kredite. **Langfristige** Kredite sind solche mit einer Laufzeit von vier Jahren und mehr (vgl. § 20 Gesetz über das Kreditwesen — KWG — und § 151 AktG). Die Grenze zwischen kurzfristigen und mittelfristigen Krediten ist fließend und nach Wirtschaftszweigen verschieden. Typisch für den **kurzfristigen** Kredit ist eine Laufzeit von 90 Tagen (z. B. rediskontfähige Handelswechsel). Da aber auch Saisonkredite innerhalb eines Jahres häufig als kurzfristig bezeichnet werden, nennt man Kredite mit einer Mindestlaufzeit zwischen 90 und 360 Tagen und einer Höchstlaufzeit bis zu weniger als vier Jahren **mittelfristig**.

Die meisten Kredite finden ihren Niederschlag in Urkunden wie Schuldscheinen, Schuldverschreibungen, Hypothekenbriefen und Wechseln. Diese **Repräsentation des Kredits** ist zur *Beweisführung* und *Legitimation* wichtig. Die Verbriefung des Kredits ist ein Begriffsmerkmal der Effekten (gilt auch für Eigenkapitalpapiere, insbesondere Aktien): Das Recht aus dem Papier folgt dem Recht am Papier. Die Verbriefung dient außerdem der *Mobilität* der Effekten: Effektenkredite sind mobil, da durch den Übergang der Effekten der Gläubiger wechselt, ohne daß dies Folgerungen für Verzinsung und Tilgung durch den Schuldner auslöst.

Hinsichtlich der **Sicherung** ist zu unterscheiden zwischen der ökonomischen Sicherheit und der rechtlichen Sicherung des Kredits. Die ökonomische Sicherheit resultiert aus den Erwartungen des Gläubigers über die Absicht und Fähigkeit des Schuldners zu vertragstreuem Verhalten *(Kreditwürdigkeit)*. Die rechtliche Sicherung kann in einer schuldrechtlichen (Bürgschaft, Zession) oder sachenrechtlichen Sicherung (Sicherungsübereignung, Eigentumsvorbehalt, Pfandrecht an beweglichen Sachen und Grundstücken) bestehen.

Jede Finanzierungsmaßnahme ist insofern mit einem Realvorgang verknüpft, als sie dazu dient, dem Unternehmen Kapital zum Zwecke der Investition zuzuführen. Bei den meisten Finanzierungsmaßnahmen geschieht dies jedoch dadurch, daß das Unternehmen Geld auf Zeit zur freien Investitionsentscheidung erhält. Dem stehen zweckgebundene Kredite gegenüber. Insbesondere bei der Gewährung von langfristigen Darlehen wird oftmals vereinbart, daß die Mittel für einen bestimmten Zweck zu verwenden sind. Da jedoch der Finanzfluß des Unternehmens nicht absolut teilbar ist, bedeutet die Zweckbindung lediglich die Realisierung der von der Zweckbindung betroffenen Investition. Kredite, die aus einem Realgütervorgang erst entstehen, sind vor allem der Lieferanten- und der Kundenkredit.

8. Kapitalfreisetzung aus Abschreibungen

Eine Finanzierungsquelle besonderer Art bildet die Kapitalfreisetzung aus Abschreibungen. In den Verkaufspreisen der hergestellten Erzeugnisse wird der Abschreibungswert für die Anlagennutzung früher vergütet, als es zur Ersatzbeschaffung erforderlich ist. Dadurch wird laufend Kapital freigesetzt. Die Lebensdauer (Nutzungsdauer) des Anlagegegenstandes bestimmt den Rhythmus der Kapitalfreisetzung und den Reinvestitionszeitpunkt.

Unter gewissen Voraussetzungen wird aus Abschreibungen nicht nur vorübergehend, sondern über den für die Erhaltung der Anlagenkapazität erforderlichen Reinvestitionsbedarf hinaus ständig Kapital freigesetzt, das für andere als Reinvestitionszwecke zur Verfügung steht (Lohmann-Ruchti-Effekt).

Setzt man voraus, daß sich bei einem gegebenen Anlagenbestand die Erneuerungszeitpunkte gleichmäßig über die Zeit verteilen, dann werden infolge des gleichmäßigen Anfalls der Erneuerungen nicht alle Abschreibungsbeträge auf einmal gebraucht. Sie stellen das „ständig" freigesetzte Kapital aus Abschreibungen dar. Die Höhe des freigesetzten Betrages richtet sich nach der Anzahl der Anlagengegenstände, insbesondere der Maschinen, sowie der Nutzungsdauer dieser Gegenstände und dem angewandten Abschreibungsverfahren.

Angenommen, ein Unternehmen baut sich in vier Jahren einen Maschinenpark von vier Aggregaten auf. Jede Maschine kostet 10 000 DM. Die Nutzungsdauer je Maschine beträgt vier Jahre. Die Neuanschaffungen werden zu den Zeitpunkten 0, 1, 2, 3 vorgenommen. Es ergeben sich die in der Tabelle auf Seite 182 genannten Abschreibungen und Ersatzbeschaffungen (in DM).

Das Beispiel zeigt, daß ab dem vierten Jahr die Summe der durch Absetzungen freigesetzten Beträge ständig um 15 000 DM größer ist als der jeweils in dem betreffenden Jahr für die Ersatzbeschaffung benötigte Betrag von 10 000 DM.

Jahr	Jahres-abschreibung	Summe der Jahres-abschreibungen	Ersatz-investition	Liquider Restbetrag
1	2 500	2 500		2 500
2	5 000	7 500		7 500
3	7 500	15 000		15 000
4	10 000	25 000	10 000	15 000
5	10 000	25 000	10 000	15 000
.				
.				
.				

Nach vier Jahren bringt jedes Jahr so viel Abschreibungen, daß sich der Maschinenpark aus einer Jahresgesamtabschreibung zu regenerieren imstande ist. Der Anschaffungswert der vier Maschinen beträgt 40 000 DM. Jedes Jahr fallen Abschreibungen in Höhe von 25 %, also 10 000 DM, an. Eine Maschine kostet 10 000 DM. Die in den Jahren vor Beginn der Ersatzbeschaffungen angefallenen Abschreibungsbeträge bleiben frei. Sie werden für Reinvestitionen nicht benötigt.

Die Höhe der Kapitalfreisetzung, gemessen am Anschaffungswert der Gesamtanlage von 40 000 DM, errechnet sich wie folgt: Bis zum Ende des dritten Jahres sind für die erste Maschine drei, für die zweite zwei und die dritte eine Abschreibungsquote, zusammen sechs Abschreibungsquoten = 15 000 DM angefallen. Bei einem Anschaffungsgesamtwert von 40 000 DM und 15 000 DM ständig freigesetzten Beträgen ergibt sich ein Kapitalfreisetzungseffekt von 37,7 %. Das Verhältnis zwischen dem gebundenen Kapital von 25 000 DM zu dem Anschaffungsgesamtwert von 40 000 DM beträgt 5 : 8.

Grundsätzlich können die freigesetzten Abschreibungsbeträge für andere Zwecke Verwendung finden. Die Ersatzbeschaffung muß jedoch kontinuierlich nach Maßgabe der anfallenden Abschreibungsbeträge vorgenommen werden, wenn der geschilderte Effekt eintreten soll.

9. Besondere Finanzierungsfälle

Besondere Finanzierungsfälle entstehen aus betriebs- oder marktwirtschaftlichen Vorgängen.

Die Gründung des Unternehmens kann eine *Neu*gründung oder *Umwandlungs*gründung (Umgründung), den Einlagen nach eine *Bar*gründung, eine *Sach*-(qualifizierte) Gründung oder eine *Schein-Bar*gründung sein (erst Bargründung; das erzielte Kapital wird dann ganz oder zum Teil zum Erwerb von Sachkapital von den Gründern benutzt).

Die Erweiterung eines Unternehmens kann eine Kapitalerhöhung oder die Aufnahme langfristiger Kredite zum Zwecke der Beschaffung von Anlagekapital bedingen. Eine Kapitalerhöhung ist ferner u. U. notwendig für

Fusions-, Beteiligungs-, u. U. auch für Sanierungszwecke und für Zurückzahlung von Bankkrediten. Die Ausgabe der jungen Aktien kann an die alten Aktionäre oder, durch einen Beschluß der Hauptversammlung, unter Ausschluß des gesetzlichen Bezugsrechtes an ein Übernahmekonsortium erfolgen.

Unter F u s i o n versteht man die Verschmelzung mehrerer Unternehmen zu einer wirtschaftlichen und rechtlichen Einheit mit dem Ziel der Rationalisierung und der Gewinnung erhöhter Finanzkraft. Da es sich bei der Verschmelzung gewöhnlich um eine Vereinigung von Kapitalgesellschaften handelt, bei der einer Aktiengesellschaft die Durchführung zufällt, hat das Aktiengesetz in §§ 339 bis 358 für den Ablauf besondere Bestimmungen vorgesehen (für Genossenschaften siehe § 93 a GenG).

Das Aktiengesetz unterscheidet zwei Fusionsverfahren (§ 339 AktG):

1. die Veräußerung des Vermögens einer Gesellschaft als Ganzes an eine andere Gesellschaft gegen Gewährung von Aktien dieser Gesellschaft und

2. die Übertragung der Vermögen der sich vereinigenden Gesellschaften als Ganzes an eine neue zu bildende Aktiengesellschaft gegen Gewährung von Aktien dieser neuen AG.

Im ersten Fall spricht man von einer *Verschmelzung durch Aufnahme*, wobei die „übernehmende" Gesellschaft als wirtschaftlich stärkere die „übertragende" als wirtschaftlich schwächere in sich aufgehen läßt, im anderen Fall von einer *Fusion durch Neubildung*.

Die S a n i e r u n g ist die finanzielle (oft zugleich eine betriebliche) Reorganisation eines Unternehmens mit dem Ziel, es wieder rentabel zu machen. Wesentlich ist hierbei das Entstehen von Buchgewinnen. Die wichtigsten Formen sind

a) reine Sanierung (Herabsetzung des Aktienkapitals entweder durch Herabstempelung oder Zusammenlegung von Aktien oder beides);

b) Sanierung mit Zuführung neuer Mittel (Kapitalherabsetzung und Zuzahlung) als die am meisten vorkommende Form;

c) Sanierung mit Ausschüttung von Mitteln (Rückkauf von Aktien unter pari) als ein sehr selten vorkommender Fall.

Eine Rückzahlung von Kapital bei bestehenbleibenden Unternehmen findet selten statt. Die Einreichung der zur Herabsetzung des Kapitals notwendigen Aktien kann freiwillig oder unfreiwillig geschehen.

Die A u f l ö s u n g (Liquidation) des Unternehmens bedeutet einen Verkauf des Unternehmens im einzelnen und Ausschüttung des Liquidationserlöses an die Teilhaber.

10. Liquidität

Liquidität ist Zahlungsbereitschaft, ist die Fähigkeit, allen Zahlungsverpflichtungen und Zahlungsnotwendigkeiten fristgerecht nachzukommen.

Die Illiquidität kann eine vorübergehende, die Folge eines Dispositionsfehlers, oder eine Dauererscheinung, Folge eines kreditwirtschaftlichen Strukturfehlers, sein. Häufig ist dann die Illiquidität eine Vorstufe der Zahlungsunfähigkeit. Den Gegensatz zur Illiquidität bildet die Überliquidität, die überreichliche Versorgung mit flüssigen Mitteln, für die es an produktiven Verwendungsmöglichkeiten fehlt. Beide sind Zeichen falscher Finanzdisposition und verstoßen gegen den G r u n d s a t z d e r f i n a n z w i r t s c h a f t l i c h e n E n t s p r e c h u n g, der besagt:

Die Finanzierung hat so zu erfolgen, daß das Kapital in Höhe, Art und Fristigkeit dem Verwendungszweck und der Verwendungsmöglichkeit entspricht (anders ausgedrückt: Kredite dürfen nur derart verwendet werden, daß sie sich innerhalb der Kreditfrist von selbst liquidieren).

Die Liquiditätslage eines Unternehmens hängt von der Kapitalstruktur und von den laufenden Finanzdispositionen ab. Entscheidend für die künftige Liquiditätslage eines Betriebes ist zunächst die s t r u k t u r e l l e Liquidität, die sich aus seiner Kapital- und Vermögensstruktur ergibt. Auf der strukturellen baut die d i s p o s i t i v e Liquidität auf, die durch die täglichen Finanzdispositionen bestimmt wird. Ein- und Verkauf, Betriebserweiterung und Betriebseinschränkung, Kreditgewährung und Kreditnahme, Produktionsumfang, Markt- und Lagerpolitik sowie weitere Maßnahmen, die irgendwie mit Geld zu tun haben, wirken auf die dispositive Liquidität. Das Liquiditätsbedürfnis hängt ferner ab von der w i r t s c h a f t l i c h e n F u n k t i o n des Unternehmens; es ist am größten bei den reinen Finanzinstituten wie Banken und Versicherungsgesellschaften.

Aus Betriebsstruktur und Betriebsfunktion ergibt sich das normale Liquiditätsbedürfnis, das bei den Unternehmen des gleichen Wirtschaftszweiges ziemlich einheitlich ist, so daß man von z w e i g w i r t s c h a f t l i c h e n L i q u i d i t ä t s n o r m e n sprechen kann. Sie sind ein wertvolles Hilfsmittel bei der Beurteilung der Liquiditätsverhältnisse durch Dritte (z. B. Banken).

11. Leasing

Das Leasing wurde erstmalig in den USA praktiziert (1877 Vermietung von Telefonen). In Europa ist die Anmietung von Anlagegegenständen wie EDV-Anlagen und hochwertigen Maschinen seit längerer Zeit üblich. Gründe dafür sind einerseits die hohen Investitionen und andererseits die schnelle technische Weiterentwicklung, die einen Kauf wenig ratsam erscheinen lassen.

Hinsichtlich der Erscheinungsformen lassen sich drei Ordnungskriterien bilden:

1. die Beschaffenheit des Leasingobjektes,
2. die Dauer des Leasingvertrages,
3. die Stellung des Leasinggebers.

Nach der Beschaffenheit des Leasingobjektes unterscheiden wir folgende Formen:

a) *Konsumgüterleasing:* Darunter versteht man die Vermietung von höherwertigen Konsumgütern wie Kraftfahrzeuge, Kühlschränke, Fernseher usw.;

b) *Investitionsgüterleasing:* Hier handelt es sich um hochwertige Anlagegüter, die hohe Investitionen erfordern würden und technisch schnell überholt sind.

c) *Second-hand-Leasing:* Davon spricht man, wenn der vermietete Gegenstand nach Ablauf einer ersten Mietzeit vom Leasinggeber zurückgenommen und erneut vermietet wird.

Nach der Dauer und Kündbarkeit unterscheidet man das kurzfristige *Operating-Leasing* und das längerfristige *Finance-Leasing*. Bei ersterem ist das Vertragsverhältnis jederzeit kündbar, bei letzterem ist dies während der Grundmietzeit ausgeschlossen.

Nach der Stellung des Leasinggebers kann man das Leasing durch spezielle Leasinggesellschaften, das Konzernleasing, das Sale-and-lease-back, das Produzentenleasing und die Mietfinanzierung unterscheiden.

a) Beim *Leasing durch spezielle Gesellschaften* sind drei Partner beteiligt: Hersteller oder Händler des Leasingobjekts, Leasinggesellschaft und Leasingnehmer. Der Leasingnehmer führt dabei mit dem Hersteller bezüglich Art, Ausstattung und Lieferungen des Objektes Verhandlungen, ohne einen formellen Kaufvertrag abzuschließen. Dieser wird zwischen Hersteller und Leasinggesellschaft abgeschlossen, wobei letztere mit dem Leasingnehmer einen Leasingvertrag vereinbart.

b) Beim *Konzernleasing* ist die Leasinggesellschaft organisatorisch und finanziell in einen Konzern eingegliedert und schließt nur mit den Konzernunternehmen Verträge ab.

c) Beim *Sale-and-lease-back* verkauft ein Unternehmen bestimmte Güter, die es selbst vorher vom Hersteller erworben hat (und auch meist schon genutzt hat) an eine Leasinggesellschaft und mietet sie gleichzeitig zurück.

d) Das *Produzentenleasing* ist ein unmittelbares Leasinggeschäft. Der Hersteller übernimmt gleichzeitig die Funktion der Leasinggesellschaft, so daß an dem Vorgang nur zwei Partner beteiligt sind.

e) Auch die *Mietfinanzierung* ist eine Form des unmittelbaren Leasings. Der eigentliche Leasingvertrag wird zwischen Leasingnehmer und Hersteller abgeschlossen. Dieser gliedert aber dann die Finanzierungsfunktion durch Einschiebung einer Finanzierungsgesellschaft aus.

Vorteile des Leasings sind:

a) Nutzung nicht käuflicher Anlagen;

b) soweit einzelne Maschinen nur vorübergehend benötigt werden, wäre ein Kauf unrationell;

c) Wartung komplizierter Anlagen durch Fachkräfte der Leasinggesellschaft, sofern kein geschultes Personal verfügbar ist;

d) die Leasinggesellschaft kann günstiger einkaufen, was dem Mieter zugute kommt;

e) temporäre Schonung der Liquidität durch Verlagerung der Ausgaben;

f) größere kalkulatorische Übersichtlichkeit der Kosten;

g) die Beleihungsgrenzen werden von der Ertragskraft des Leasingnehmers bestimmt.

Nachteile des Leasings sind:

a) höhere Kosten;

b) kein Anspruch auf Restwertgewinne;

c) Einschränkung der finanziellen Beweglichkeit durch die Starrheit der Mietverpflichtungen.

12. Factoring

Das Factoring ist eine Absatzfinanzierung (bei Leasing ist es eine Finanzierung der Investitionen), bei der man seine Buchforderungen abtritt bzw. mit einem Provisionsabschlag verkauft.

Es ist ein Finanzierungsgeschäft, das in der Regel auf einem längerfristigen Vertrag zwischen einem Finanzierungsinstitut (dem Factor) und einem Hersteller bzw. Handelsunternehmen (dem Anschlußkunden) beruht. In diesem Vertrag verpflichtet sich der Anschlußkunde, seinem Factor alle im Rahmen seines Geschäftes durch Warenlieferungen und Leistungen entstehenden Forderungen gegenüber seinen Kunden (den Factoring-Debitoren) zum Kauf anzubieten. Der Factor verpflichtet sich seinerseits, die ihm angetragenen Forderungen anzukaufen, soweit die Debitoren kreditwürdig sind und die Forderungen im Rahmen der vereinbarten Lieferzeit liegen, alle mit der Verwaltung der Forderungen — auch der nicht angekauften — zusammenhängenden Arbeiten durchzuführen, seine Anschlußkunden 100%ig gegen Verluste aus der Zahlungsunfähigkeit der Abnehmer abzusichern sowie die Forderungswerte zu bevorschussen.

Factoring ist darauf abgestellt, die Kapitalbindung in den Vermögenswerten und die damit verbundenen Risiken herabzusetzen. Weiterhin dient Factoring der Erhöhung bzw. Schonung der Liquidität und ermöglicht eine rationelle Betriebsführung.

Die wichtigsten **A u f g a b e n d e s F a c t o r s** sind im einzelnen:

a) Ankauf der offenen Buchforderungen der Verkäufer aufgrund von Warenlieferungen an Käufer nach Prüfung der Kreditwürdigkeit;

b) Übernahme des vollen Kreditrisikos, d. h. Versicherung des Verkäufers gegen Forderungsausfälle durch Zahlungsausfälle seiner Abnehmer;

c) Erstellung der Rechnungen an die Kunden des Verkäufers;

d) Führung der gesamten Kundenbuchhaltung des Verkäufers;

e) Einzug der Forderungen (Inkassodienst);

f) Finanzierung der Geschäfte des Verkäufers: (1) durch sofortige Bevorschussung der angekauften Forderungen vor deren Fälligkeit, (2) durch Kredite, besichert durch vorhandene Vorräte oder im Produktionsprozeß befindliche Waren, (3) durch zeitweilige Gewährung von langfristigen Krediten für die Erneuerung oder Erweiterung der Produktionsausrüstung gegen Hypotheken oder Sicherungsübereignung, (4) durch ungesicherte Kredite gegen Eigenakzepte des Anschlußkunden, soweit dieser bonitätsmäßig einwandfrei ist;

g) umfassende Beratung des Anschlußkunden in Finanz-, Investitions-, Export- und Verwaltungsfragen.

Der Factor arbeitet grundsätzlich mit sämtlichen Stufen der Produktion und des Handels zusammen, kauft aber keine Forderungen an, die gegenüber Endabnehmern (Konsumenten) bestehen.

Ein Unterschied zwischen dem Factoring und der Kreditversicherung besteht darin, daß die Kreditversicherungen keine Warenkredite gewähren.

Ein **N a c h t e i l** des Factorings ist darin zu sehen, daß die Forderungen offen abgetreten werden, was die Abnehmer als finanzielle Schwäche des verkaufenden Unternehmens oder auch als Mißtrauen in ihre eigene Zahlungsfähigkeit ansehen können. Es liegt deshalb nahe, auf die offene Forderungsabtretung zu verzichten.

Das Factoring eignet sich insbesondere für Unternehmen, die Massenprodukte oder Serienprodukte an einen Kreis ständig wiederkehrender Abnehmer als Wiederverkäufer mit einem Zahlungsziel möglichst unter 90 Tagen liefern.

VII. Die Arbeit im Betrieb

Von Alfred H. Bahn

Die betrieblichen Produktionsfaktoren sind A r b e i t (dispositive und ausführende Arbeit), B e t r i e b s m i t t e l (Grundstücke, Maschinen, Werkzeuge und Einrichtungen) und W e r k s t o f f e (Roh-, Hilfs- und Betriebsstoffe sowie fertige Bestandteile für das zu erstellende Produkt).

(Boden, Arbeit und Kapital sind im Gegensatz dazu die volkswirtschaftlichen Produktionsfaktoren.)

Die wachsende Bedeutung des Faktors Betriebsmittel infolge weiterer Technisierung und Automatisierung bedingt in gleichem Maße erhöhtes Leistungsvermögen des Faktors Arbeit.

In Verbindung mit den betrieblichen Produktionsfaktoren Betriebsmittel und Werkstoffe spielt der Begriff „Kapital" eine Rolle. Man versteht darunter den abstrakten, in Geldeinheiten ausgedrückten Wert des Gesamtvermögens, der auf der Passivseite der Bilanz ausgewiesen wird. Es wird in Eigenkapital und Fremdkapital gegliedert. Vermögen ist die konkrete Form, in der das Kapital im Unternehmen erscheint; es wird auf der Aktivseite der Bilanz ausgewiesen und in Anlagevermögen und Umlaufvermögen unterteilt. Im kaufmännischen Sprachgebrauch sagt man oft „Betriebskapital" statt „Umlaufvermögen". Man sollte jedoch dem exakten Begriff „Umlaufvermögen" unbedingt den Vorzug geben.

Die Art der Kapitalbeschaffung hängt von der Vermögensstruktur, also vom Aufbau des Vermögens, ab (Anlage- und Umlaufvermögen). Die Vermögensstruktur wird vom Produktionsprozeß und von den Marktnotwendigkeiten bestimmt (die Produktion bestimmt den Anteil der Anlagen und evtl. der Vorräte, der Markt den Anteil der Vorräte und Forderungen). Anlageintensive Betriebe sind insbesondere die Grundstoffindustrie sowie Verkehrs- und Versorgungsbetriebe. Vorratsintensiv sind in erster Linie Handelsbetriebe, jedoch auch Industriebetriebe, sofern der Vorrat periodisch bedingt oder technisch erforderlich ist (bestimmte Absatzzeiten, langfristige Fertigung oder technisch bedingte Lagerhaltung), oder aber Industriebetriebe mit Handelsfunktion. Forderungsintensiv sind Banken und alle anderen Betriebe, die in irgendwelcher Form bei Abgabe von Leistungen Kundenfinanzierungen übernehmen bzw. Kredite einräumen.

Wenn auch die Bedeutung des Kapitals mit steigender Verwendung technischer Hilfsmittel zugenommen hat, steht im Mittelpunkt des Betriebes der Faktor Arbeit. Mit der Verlagerung von der manuellen zu der geistigen Arbeitsleistung wächst die Bedeutung des dispositiven Faktors, der für die sinnvolle Kombination der betrieblichen Produktionsfaktoren und damit für die rationelle Gestaltung des Leistungsprozesses verantwortlich ist. Je zweckmäßiger die Kombination ist, desto besser ist das Leistungspotential.

II. Dispositive Arbeit

Die dispositive Arbeit umfaßt alle Personen, die durch **Planung, Organisation** *und* **Kontrolle** *maßgeblich zur Verbesserung des Betriebsergebnisses beitragen. Der Kreis dieser Personen wird hauptsächlich durch Rechtsform, Größe und Struktur des Unternehmens bestimmt und reicht von einer Person bei einem kleineren Unternehmen bis zu einer Vielzahl von Personen der oberen, mittleren und unteren Führungsebene bei einem Großbetrieb.*

1. Planung

Erste Voraussetzung für die Erreichung des angestrebten Unternehmensziels ist die Planung. „Planen" bedeutet eine Ordnung entwerfen, nach der sich bestimmte Geschehnisse vollziehen sollen bzw. nach der sich die Personen zu richten haben, die dieser Ordnung unterworfen sind.

Planung ist danach zunächst die Vorwegnahme einer künftigen Form des Ablaufs bestimmter Geschehnisse. Sie ist aber auch konkrete Gegenwart, und zwar dann, wenn sich bestimmte Vorgänge gemäß dem Plan, d. h. nach der gewollten Ordnung, vollziehen.

Planung will einen ruhigen und geordneten, gegen Störungen abgesicherten Gang für das betriebliche Geschehen (Gutenberg).

Systematische Betriebsplanung, für die man auch die Ausdrücke „Gesamtplanung" oder „betriebliche Vollplanung" verwendet, besteht vor allem in Beschaffungs-, Lager-, Fertigungs-, Absatz-, Finanz-, Investitions- und Entwicklungsplanung. Diese Planungen finden ihren Niederschlag in dem Gesamtplan bzw. in den Einzelplänen. Der Wert der Planung als Führungsinstrument hängt dabei weniger von dem Umfang als von der Geschlossenheit der Planung ab. Ob eine Planung gut oder schlecht ist, hat nichts damit zu tun, ob sie global oder detailliert durchgeführt wird, sondern nur damit, ob sie vollständig oder unvollständig ist, d. h., ob sie alle entscheidenden Tatbestände berücksichtigt. Lückenhaftigkeit macht die Planung unter Umständen wertlos. Richtlinien für die Planung sind die Möglichkeiten im Markt (u. a. Beschaffung und Absatz in Relation zum Bedarf und zum Wettbewerb) und die betrieblichen Gegebenheiten. Einzelnen betrieblichen Teilbereichen kann dabei keine Vorzugsstellung eingeräumt werden.

Die Gesamtplanung muß sich nach dem schwächsten betrieblichen Teilbereich ausrichten (die Kette ist so stark wie ihr schwächstes Glied).

So nützen z. B. bei einem anlageintensiven Industriebetrieb die besten Absatzchancen nichts, wenn die finanziellen Mittel für die Beschaffung der benötigten Anlagen nicht vorhanden sind. Inwieweit diese koordinierende Planung kurz- oder langfristig ist, hängt jeweils vom Betrieb und den Möglichkeiten zur Behebung der Engpässe ab.

Unter Operations Research (Unternehmensforschung) ist die Anwendung mathematischer Methoden zur Vorbereitung optimaler Entscheidungen zu verstehen,

„ein Bündel von Planungstechniken, die es ermöglichen sollen, in einer konkreten, komplexen Entscheidungssituation unter Berücksichtigung der wesentlichsten Wechselbeziehungen diejenige Handlungsalternative zu finden, die im Hinblick auf das gesetzte Ziel die günstigste ist" (H. Jacob).

Eine der wichtigsten derartigen Techniken ist die lineare Programmierung (auch lineare Optimierungsrechnung, lineare Planungsrechnung, Linearplanung und linear programming genannt), die sich auf viele verschiedenartige Probleme anwenden läßt. Sie entstand während des zweiten Weltkrieges zuerst in England (danach in den USA) und wurde vor allem zur Lösung militärischer Planungsprobleme, wie Auswahl von Nachschubwegen und Dimensionierung von Geleitzügen, eingesetzt (späterhin auch bei der Planung der Berliner Luftbrücke). Die lineare Programmierung ist ein Teilgebiet der mathematischen Programmierung, zu der man außerdem noch die ganzzahlige, die parametrische, die stochastische und die nichtlineare Programmierung zählt.

Ein Modell der linearen Programmierung besteht aus einer Zielfunktion (Gewinn- oder Kostenfunktion), die unter Beachtung von Nebenbedingungen zu minimieren oder zu maximieren ist.

Die Zielgröße der Zielfunktion ist meist der Gewinn des Unternehmens im Planungszeitraum. Die Zielfunktion zeigt in diesem Fall, aus welchen Komponenten sich der Gesamtgewinn zusammensetzt und wie er im einzelnen von den beeinflußbaren Variablen des Problems abhängt. Dazu als Beispiel:

Bei einem Unternehmen, das mehrere Produkte mittels mehrerer maschineller und verschiedenartiger Anlagen herstellt, soll das Produktionsprogramm bestimmt werden, das innerhalb der Kapazitäts- und Absatzgrenzen den Gewinn des Unternehmens für eine bestimmte Zeitdauer (Planungszeitraum) maximiert. Der Gewinn ergibt sich aus den Fertigungs- und Absatzmengen, den Verkaufspreisen der einzelnen Produkte, den fixen und variablen Kosten sowie den außerordentlichen Aufwendungen oder Erträgen (z. B. für oder aus Anlagen). Die Zielfunktion ist in diesem Falle zu maximieren: Zielgröße ist der Gewinn. Es sind folgende *Nebenbedingungen* zu beachten:

a) die *Kapazitätsbedingungen* (sie stellen sicher, daß bei keiner der Produktionsanlagen die maximale Einsatzzeit oder/und Intensität und bei keinem Lager die maximal mögliche Lagermenge überschritten wird);

b) die *Mengenkontinuitätsbedingungen* (sie sorgen dafür, daß die Produktionsmengen in den einzelnen Fertigungsstufen richtig aufeinander abgestimmt sind);

c) die *Absatzbeschränkungen* (sie stellen sicher, daß von keinem Erzeugnis mehr produziert wird als in der gleichen Periode abgesetzt werden kann);

d) die *Finanzierungsbedingungen* (durch sie wird erreicht, daß das Unternehmen für einzelne Teilperioden nicht mehr finanzielle Mittel verplant, als Kapital zur Verfügung steht).

Die Ermittlung optimaler Produktionsprogramme kann z. B. auf mehrere Perioden unter Berücksichtigung der Maschinenbelegung und Lagerhaltung bei vorgegebenen Maschinen-, Lager- und Personalkapazitäten erweitert werden. Weitere Anwendungsmöglichkeiten sind u. a. die Ermittlung von kostenminimalen Mischungen (z. B. in der Stahl-, Mineralöl-, Futtermittel- und Nahrungsmittelindustrie), die Ermittlung von bestmöglichen Transportmitteln und -wegen sowie Investitionen.

Als Lösungsverfahren steht vor allem die in den vierziger Jahren von G. B. Dantzig entwickelte S i m p l e x - M e t h o d e zur Verfügung. Dieses numerisch-iterative Rechenverfahren eignet sich sehr gut zum Einsatz auf EDV-Anlagen (Standardprogramme für die Simplex-Methode liegen in allen bekannten Programmiersprachen vor). Eine mittlere EDV-Anlage kann ein Problem mit etwa je 500 Variablen und Nebenbedingungen bewältigen, eine große Anlage etwa die fünffache Menge.

Eine nichtlineare Programmierung ist dann gegeben, wenn sich die Zielfunktion und/oder die Nebenbedingungen nicht durch lineare Funktionen darstellen lassen.

Im Gegensatz zur linearen Programmierung ist die nichtlineare Programmierung wenig entwickelt, da die meisten Planungsprobleme mit Hilfe der linearen Programmierung gelöst werden können und es wegen der Vielfalt möglicher nichtlinearer Funktionen kein generelles Lösungsverfahren gibt.

Eine mathematische Disziplin von wachsender Bedeutung ist die G r a p h e n t h e o r i e, die auf den ungarischen Mathematiker König zurückgeht. Ihre Planungsgebiete sind vor allem die vielseitig anzuwendende N e t z p l a n t e c h n i k, während der Einsatz des „Gozinto-Graphen" (eine Verstümmelung von „the part that goes into") sich auf die Stücklistenauflösung und Teilebedarfsrechnung in Montagebetrieben beschränkt. Obwohl die Netzplantechnik erst im Jahre 1957 von den Unternehmen Du Pont und Sperry Rand entwickelt wurde, gehört sie heute zu den bekanntesten Verfahren, die in Unternehmen angewendet werden. Die schnelle Verbreitung der Netzplantechnik ist einerseits auf die einfache Struktur und andererseits auf den rasch gestiegenen Einsatz von EDV-Anlagen zurückzuführen. Der Netzplan zeigt die einzelnen Aktivitäten (Tätigkeiten, Vorgänge) und die Zeitpunkte, an denen diese Aktivitäten beginnen bzw. enden, übersichtlich und eindeutig in logischer Aufeinanderfolge. Seine Erstellung geschieht in zwei Schritten:

1. Die S t r u k t u r a n a l y s e ist der erste Schritt. Man hat für jede Aktivität zu überlegen, welche Aktivität(en) ihr vorausgeht und welche nachfolgen muß, da eine Aktivität erst dann begonnen werden kann, wenn bestimmte andere Aktivitäten abgeschlossen sind. Indem der Netzplan diese logischen Verknüpfungen zwischen den einzelnen Aktivitäten (grafisch) sichtbar macht, ermöglicht er eine Strukturanalyse.

2. An diese Strukturanalyse schließt sich die Z e i t a n a l y s e an. Bei ihr werden den einzelnen Aktivitäten die Werte des erwarteten Zeitbedarfs zugeordnet. Ziel der Zeitanalyse ist es, diejenige Aktivitätenfolge zu ermitteln, die die Dauer des Gesamtprojektes bestimmt. Diese Kette von Aktivitäten wird der „kritische Weg" des Netzplans genannt, kritisch deshalb, weil sich der Gesamtendtermin verschiebt, wenn eine der Aktivitäten auf dem kritischen Weg nicht rechtzeitig abgeschlossen wird. Jeder andere Weg enthält gewisse zeitliche Spielräume, „Pufferzeiten".

Seit einiger Zeit ist man bemüht, auch noch Kosten- und Kapazitätsüberlegungen in den Netzplan einzubauen.

Die bekanntesten V e r f a h r e n der Netzplantechnik sind

— CPM = Critical Path Method (1957 in den USA entwickelt, wobei die Aktivitäten als Pfeile und die Zeitpunkte — Ereignisse — als Knoten dargestellt werden);

— PERT = Program Evaluation and Review Technique (1958 von der US Navy in Zusammenarbeit mit Lockheed Missile Systems Division entwickeltes und mit Erfolg beim Polaris-Projekt angewandtes Verfahren);

— PERT cost = ein von IBM weiterentwickeltes PERT-Verfahren, das neben Kapazitätsbeschränkungen (manpower scheduling) auch Kostenüberlegungen in die Berechnungen einbezieht;

— MPM = Metra Potential Method (in Frankreich entwickelt, bei dem — im Gegensatz zu CPM — die Aktivitäten als Knoten und die Beziehungen zwischen den Aktivitäten als Pfeile dargestellt werden);

Anwendungsgebiete für die Netzplantechnik sind vor allem Großbauprojekte (z. B. Autobahnen, Fabriken, Universitäten, Stadtteile, Schiffe), Waffen- und Nachrichtensysteme, Forschungs- und Entwicklungsplanung sowie das Umsetzen der Marketingkonzeption in Marketingaktivitäten (u. a. Marktforschung, Produkt-, Preis- und Distributionspolitik, Public Relations, Werbung, Verkaufsförderung).

Die Spieltheorie wurde in den USA von dem Mathematiker J. von Neumann und dem Nationalökonomen O. Morgenstern entwickelt. Ihr Ziel ist die Bestimmung des besten Verhaltens eines Spielers in allen Situationen, in denen das Ergebnis nicht nur von seinem eigenen Verhalten, sondern auch von dem anderen Spieler abhängt, deren Interessen seinen eigenen oft feindlich, manchmal freundlich gegenüberstehen.

Sie wird vor allem für Wettbewerbssituationen herangezogen und bedient sich hauptsächlich der Wahrscheinlichkeitsrechnung, da konkrete Daten meist nicht vorliegen.

Zu den Entscheidungsbaumverfahren gehören die *dynamische Programmierung* (1957 von R. Bellman entwickelt), die Methode „*Branching and Bounding*" und die *begrenzte Enumeration*. Erstere ist von wahrscheinlich wachsender Bedeutung, während die Bedeutung der beiden anderen Methoden relativ gering ist.

Alle Entscheidungsbaumverfahren bestehen im Prinzip in einer Enumeration, d. h. in der Berechnung aller möglichen Lösungen und der Auswahl der besten Lösung.

Im Laufe des Enumerationsprozesses werden jedoch solche Lösungen oder Teillösungen, deren Nichtoptimalität man bereits erkennen kann, ausgeschieden.

Die Methoden der dynamischen Programmierung basieren — mathematisch gesehen — auf dem Prinzip der Rekursion. Das heißt, daß man meist als Ausgangspunkt der Berechnungen den Endzustand (z. B. Lager-Endbestand) in der letzten der zu planenden Perioden wählt und den zu optimierenden Vorgang (z. B. Lagerhaltung) rückwärts über alle davorliegenden Planungszeitpunkte bis zum Prozeßbeginn rechnet.

Die Methode der dynamischen Programmierung ist nur auf solche Planungsprobleme anwendbar, die sich ihrer Struktur nach in Teilprobleme (Stufen) aufspalten und sequentiell, d. h. von der letzten zur ersten Stufe oder auch umgekehrt voranschreitend, lösen lassen.

Hier ist der Einsatz von EDV-Anlagen meist Voraussetzung. Anwendungsgebiete der noch nicht sehr weit entwickelten und verbreiteten dynamischen Programmierung sind insbesondere Lagerhaltungsprobleme und die zeitliche Verteilung der Produktion bei saisonal schwankendem Absatz.

Mathematische Verfahren setzen exakt meßbare Größen sowie eine kausale Beziehung zwischen den einzelnen Variablen voraus und sind somit nur begrenzt anwendbar. Bei veränderten Daten müßten die Lösung und die aus der Lösung resultierenden Anweisungen entsprechend modifiziert werden.

2. Organisation

Der Begriff „Organisation" wird unterschiedlich gedeutet. *Nicklisch* sieht in der Tätigkeit des Organisierens eine aufbauende, d. h. Organismen zweckvoll bildende oder umgestaltende Handlung. Sie dient der Einung der durch die Arbeitsteilung entstandenen Zergliederung des Produktionsprozesses und führt zu einem gegliederten Ganzen. *Hax* unterscheidet zwischen einem allgemeinen Inhalt, wonach Organisation die planmäßige Zusammenfassung von Menschen und Sachen im Hinblick auf ein bestimmtes Ziel ist, und einem engeren, mehr dynamischen Begriff, der alle Maßnahmen umschließt, die erforderlich sind, um die gesetzte Aufgabe zu erfüllen. *Kosiol* stellt die gegliederte Gesamtheit in den Mittelpunkt einer Organisationslehre und versteht die Organisation als eine „integrative Strukturierung von Ganzheiten". Nach *Kern* ist die Organisation ein rationales System von Regeln, das die Planungsergebnisse in Form von Verhaltensanweisungen wiedergibt. Diese Anweisungen legen das Zusammenwirken der Produktionsfaktoren fest und schaffen damit die Betriebsordnung. Die Organisation kann als Beginn einer Planrealisierung angesehen werden, wie auch die Planung als Vorstufe der Organisation zu verstehen ist. Diese gedankliche Abgrenzung der Planung von der Organisation bedeutet jedoch keine zeitliche Reihung; vielmehr wechseln, zeitlich gesehen, Phasen der Planung und Phasen des Organisierens einander ständig ab. *Gutenberg* sagt u. a.:

Der Organisation obliegt es, die Ziele, die sich die Unternehmensleitung gesetzt hat, und die Planungen, in denen diese Zielsetzungen ihren Niederschlag gefunden haben, zum praktischen betrieblichen Vollzug zu bringen. Planung ist danach Voraussetzung organisatorischer Maßnahmen und Organisation wiederum die Bedingung dafür, daß das Geplante betriebliche Wirklichkeit wird. Beide Faktoren stehen in einem komplementären Verhältnis zueinander.

Im allgemeinen unterscheidet man zwischen fallweisen und generellen Regelungen, die im Normalfall Dauerregelungen sind. Bei einer **fallweisen Regelung** wird eine bestimmte Ordnung für einen einmaligen Vorgang oder Tatbestand geschaffen. **Generell** lassen sich nur verhältnismäßig gleichartige Vorgänge regeln, die sich häufig wiederholen.

Die optimale Lösung der Aufgabe „Kombination der Elementarfaktoren menschliche Arbeitskraft, Betriebsmittel und Werkstoffe" erfordert optimale Kenntnisse über Führung und Einsatz der Elementarfaktoren, über die Kosten und die sie beeinflussenden Größen, über die Ergiebigkeit der Faktoren und die Möglichkeit der Faktorkombination.

Der **Führungsstil** hat erhebliche Bedeutung für die Entfaltung aller Kräfte im Unternehmen.

Die herkömmlichen Führungsstile sind der a u t o r i t ä r e bzw. autokratische Führungsstil (weitgehende Rücksichtslosigkeit gegenüber den Mitarbeitern), der p a t r i a r c h a l i s c h e Führungsstil (weitgehende Fürsorgepflicht gegenüber den Mitarbeitern) und der b ü r o k r a t i s c h e Führungsstil (weitgehende Einengung der Eigeninitiative durch ein Übermaß von Vorschriften).

Bei der Koordination der betriebswirtschaftlichen Funktionen wird in mittleren und größeren Betrieben in den meisten Fällen eine weitgehende F ü h r u n g   i m   M i t a r b e i t e r v e r h ä l t n i s (kooperativer Führungsstil) zweckmäßig sein, wobei die Koordinations-, Überwachungs- und Entscheidungsfunktion Aufgabe der oberen und mittleren Führungsebene ist.

Nach dem Prinzip der Führung im Mitarbeiterverhältnis sollten dabei von der oberen Führungsebene nur die Aufgaben wahrgenommen werden, die über den Rahmen eines einzelnen Funktionsbereiches der mittleren Führungsebene hinausgehen. Zu diesen Entscheidungen gehören:

1. Festlegung der Unternehmensziele und Formulierung der geschäftspolitischen Grundsätze;
2. Investitionsentscheidungen ab einer bestimmten Höhe, insbesondere wenn sie routinemäßige Ersatzinvestitionen überschreiten und der Erweiterung der Produktions- und Vertriebskapazität dienen;
3. Festlegung des Produktions- und Verkaufsprogramms;
4. Grundsatzfragen der Aufbauorganisation, insbesondere über Zentralisation und Dezentralisation, Aufgabenverteilung zwischen Stabs- und Linienstellen, Organisation des Informationswesens und ähnliches;
5. Planung, Einstellung und Einsatz der Führungskräfte.

Bei der Bestimmung der Unternehmensziele werden Produktions- und Verkaufsprogramm, Umsatz und Gewinn, Investitionen, Kostenvorgaben für die einzelnen Bereiche sowie Anforderungen an die leitenden Mitarbeiter für bestimmte Zeitabschnitte festgelegt. Unter „Formulierung der geschäftspolitischen Grundsätze" ist die Festlegung der Mittel und Wege für alle Funktionenstellen des Unternehmens zu verstehen, die — unter Wahrung der rechtlichen und wirtschaftlichen Aspekte — zur Erreichung der gesteckten Unternehmensziele führen. Zu ihnen gehören Richtlinien für die Personalpolitik, die Materialbeschaffung, die Kostenkontrolle, die Öffentlichkeitsarbeit, die Werbung und die Verkaufsförderung. Für die Aktiengesellschaft ist die Verpflichtung zur Festlegung der Geschäftspolitik in § 90 AktG verankert (Berichterstattung des Vorstandes an den Aufsichtsrat).

Die wesentlichen Merkmale des kooperativen Führungsstils sind

1. die Delegation der Verantwortung an die Mitarbeiter;
2. die Festlegung von Aufgaben, Zuständigkeiten und Verantwortung;

3. die Bestimmung der zu delegierenden Aufgaben und Zuständigkeiten in Stellenbeschreibungen;

4. die Fixierung der Führungsgrundsätze in einer allgemeinen Führungsanweisung;

5. die Einführung von Mitarbeitergesprächen und Mitarbeiterbesprechungen als Führungsmittel und Entscheidungshilfe;

6. die Regelung von Dienstaufsicht und Erfolgskontrolle.

Bei den kooperativen Führungsmethoden innerhalb der oberen Führungsebene wird zwischen dem Direktorialprinzip (bei dem innerhalb des Führungsgremiums einer die Entscheidung fällt), dem Kollegialprinzip (bei dem die Entscheidungen mit Mehrheitsbeschluß getroffen werden) und dem Primus-inter-pares-Prinzip (bei dem innerhalb des Gremiums einer der „Erste unter Gleichen" ist, im übrigen aber kollegial entschieden wird) unterschieden.

Die Organisation des Betriebsaufbaus wird von der Betriebsgröße, vor allem aber von der Bereitschaft der Führungsspitze bestimmt, in welchem Maße Leitungsbefugnisse auf untergeordnete Stellen delegiert werden. Allgemein kann unterstellt werden, daß mit wachsender Größe des Betriebes die Tendenz zur Dezentralisierung wächst.

Dezentralisierung bedingt die Übertragung selbständiger Leitungsbefugnisse auf untergeordnete Funktionsträger. Sofern dies nicht gegeben ist und lediglich die Aufgaben übertragen und von einer zentralen Stelle direkt gelenkt werden, liegt nur eine Dekonzentration (personelle Arbeitsteilung) vor. Diese Dekonzentration ist auch bei einem Unternehmen mit räumlich weitverstreuten Werken möglich, wenn die Aufgaben einen vorhersehbaren Inhalt haben. Die Zweckmäßigkeit der Zentralisation oder Dezentralisation ergibt sich aus der Art der Durchführung einer Aufgabe.

Eine zentralistische Organisationsform hat den Vorteil der Geschlossenheit der betrieblichen Willensbildung, aber auch den Nachteil der Schwerfälligkeit. Umgekehrt ist die dezentrale Organisationsform elastischer, damit aber auch der Gefahr ausgesetzt, die eine unterschiedliche Willensbildung verschiedener betrieblicher Instanzen mit sich bringen kann. Kompetenzabgrenzung und Kompetenzbeschränkung ist daher hier besonders wichtig, wenn der betriebliche Zusammenhalt gewahrt bleiben soll. In der Praxis werden oftmals beide Organisationsprinzipien angewendet (z. B. zentrale Verwaltung, jedoch Zentraleinkauf für allgemeine und laufend benötigte Güter und dezentraler Einkauf für spezielle und nur periodisch zu beschaffende geringwertige Güter).

Die Organisation der Verkehrswege im Betrieb ist aufgrund der Einung (Aufbauorganisation, Leitungsorganisation) und Gliederung betrieblicher Funktionen erforderlich und kann auf verschiedene Art geregelt sein. Mellerowicz sagt zum Thema Organisationsformen:

Die verschiedene Regelung der Abteilungsbeziehungen führt zu verschiedenen Typen der Organisation, die jedoch in der Praxis selten rein vorkommen. Das *Prinzip des Instanzenweges* führt zur L i n i e n o r g a n i s a t i o n, die den Typ der organisatorischen Zentralisation darstellt. Ein einheitlicher Befehlsweg von der obersten Instanz bis zum letzten Auftragsempfänger gewährleistet hier die Einheitlichkeit des Auftragsempfanges. Wenn der gesamte Verkehr den Linienweg beschreiten würde, würde eine derartige Organisationsform, besonders bei weit durchgeführter Tiefengliederung, außerordentlich schwerfällig werden und die Leitung mit einem nicht erfüllbaren Maß an Arbeit belasten. Es ist aber durchaus möglich, nur den Befehlsweg in der Linienorganisation festzulegen, während der Mitteilungs- und Vorschlagsweg überhaupt nicht geregelt zu sein braucht. Aber auch bei einer derartigen Regelung, die eine weitgehende Entlastung des Linienweges bedeutet, ist diese Organisationsform für die wechselnden Anforderungen der Praxis meist zu starr. Sie wird auch der immer stärker werdenden Tendenz zur Spezialisierung nicht gerecht. Eine weitgehende Berücksichtigung des Prinzips der Spezialabteilung führt zu einer zu starken Breitengliederung der Linie, die die leitenden Stellen mit Arbeit überlasten. Beweglicher sind demgegenüber andere Organisationstypen.

Die S t a b - L i n i e n o r g a n i s a t i o n stellt eine Mischform dar, die die notwendige Spezialisierung durch Bildung *beratender Instanzen* erreichen will. Hier sind also zwei organisatorische Systeme zu unterscheiden: die *Linie* und der *Stab*. Die Stabsmitglieder bilden wohl Stellen, aber keine Instanzen, da sie über keine Befehlsgewalt verfügen; sie sind bestimmten Linieninstanzen beigeordnet und haben lediglich beratende Funktion. Auch hier besteht also keine Verletzung des Prinzips der Einheitlichkeit des Auftragsempfanges, weil die Ausführung eines Auftrages entlang der Linie erfolgt, während die Meinungsbildung im Betrieb und die Beratung der leitenden Stellen durch Spezialisten entlang der Stabsorganisation vor sich geht.

Schwierigkeiten können aber dann entstehen, wenn mehrere Stäbe verschiedener Rangordnung bestehen. Für die untere Stabsstelle kann dann eine doppelte Unterstellung vorkommen: unter die Linieninstanz, der sie beigeordnet ist, und unter eine höhere Stabsstelle. Umgekehrt kann aber auch eine doppelte Unterstellung von Linieninstanzen vorkommen, wenn eine Linieninstanz der beigeordneten Stabsstelle Befehlsgewalt zur Durchführung einer Sonderaufgabe delegiert. Derartige Formen stellen keine reine Stab-Linienorganisation dar, sondern bilden schon einen Übergang zur funktionalen Organisation (Funktionssystem).

Die f u n k t i o n a l e O r g a n i s a t i o n beruht auf dem Prinzip der Dezentralisierung und Spezialisierung. Ihr bekanntester Typ ist das F u n k t i o n s m e i s t e r s y s t e m von Taylor. Die Einheitlichkeit des Auftragsempfanges wird also hier aufgehoben. Das ist aber nur dann möglich, wenn die Kompetenzen der zur Auftragserteilung befugten Stellen scharf voneinander abgegrenzt werden. Es gibt hier also nicht mehr einen, sondern verschiedene Wege für inhaltlich verschiedene Befehle. Nur aufgrund dieser inhaltlichen Unterschiede in der Anordnungsbefugnis kann diese Organisationsform überhaupt funktionieren. Allerdings ergeben sich hier auch bei noch so genauer Kompetenzabgrenzung dadurch Konflikte, daß eine untergeordnete Stelle nicht gleichzeitig zwei Aufgaben lösen kann und daß ihre Arbeitszeit beschränkt ist. Die Koordination zwischen den leitenden Stellen ist hier also besonders wichtig. Die Stab-Linienorganisation ist klarer und vermeidet Kompetenzschwierigkeiten, allerdings haben alle Stabsstellen die Tendenz, sich in Linieninstanzen zu verwandeln, so daß auf diese Weise sich aus der Stab-Linienorganisation die funktionale Organisation entwickelt. Diese entspricht dem Wesen der Spezialisierung am meisten, führt aber sehr leicht zu Kompetenzschwierigkeiten.

Daher wird praktisch eine Verbindung von Stab-Linienorganisation und funktioneller Organisation zweckmäßig sein, dergestalt, daß einzelnen Spezialisten Befehlsgewalt in der Linie übertragen wird, während andere nur beratende Funktion haben.

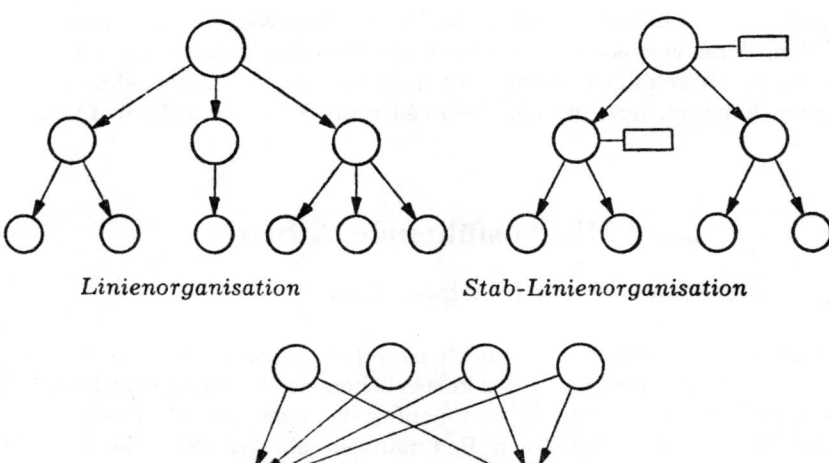

Linienorganisation   *Stab-Linienorganisation*

Funktionale Organisation

3. Kontrolle

Nach der Planung und der Organisation ist die Kontrolle das dritte Instrument der Unternehmensführung.

Jeder im hierarchischen Stufenbau des Unternehmens Übergeordnete hat das Recht und die Pflicht, zu überwachen, ob in seinem Aufgaben- und Verant-

wortungsbereich nach den Anordnungen verfahren wird, die er gegeben hat. Auch diese Überwachungs- und Kontrollfunktion läßt sich delegieren, nicht aber die Verantwortlichkeit für die übertragenen Aufgaben und Funktionen.

Hier nun zeigen sich die Vorteile klarer organisatorischer Regelungen, vor allem aber systematischer Planung. Verstöße gegen organisatorische Regelungen lassen sich um so leichter feststellen, treten um so unmittelbarer zutage, je klarer die organisatorische Form ist, die für ein bestimmtes organisatorisches Problem gefunden wurde. Wichtiger noch erscheint die Kontrolle im Zusammenhang mit der Planung. Gibt das Gesamt der Pläne und ihr ineinander verzahnter Inhalt an, wie das betriebliche Geschehen sich vollziehen soll, und ergibt die Plankontrolle keine wesentlichen Abweichungen, dann verlaufen die betrieblichen Entwicklungen „entsprechend dem Plan", und es besteht für die Unternehmensleitung kein Anlaß, sich mit Routinearbeiten zu beschäftigen. Zeigt aber die Plankontrolle erhebliche Abweichungen vom Plan, dann ist offenbar die Planung gefährdet, und die Unternehmenspolitik, deren Niederschlag die Pläne sind, bedarf einer Überprüfung. Das sind dann wieder echte Führungsaufgaben, die nicht delegierbar sind. Voraussetzung für eine solche Leistung der Planung bzw. der Plankontrolle ist allerdings eine sachgerechte, den besonderen Informationsansprüchen der Geschäftsleitung gerecht werdende Berichterstattung. Ist für sie der richtige Weg und die richtige Form gefunden, dann vermag die Kontrolle als Führungsinstrument erst voll zur Auswirkung zu gelangen, immer mit dem Endziel, die Unternehmensleitung von allen Arbeiten freizuhalten, die nicht echte Führungsaufgaben sind.

III. Ausführende Arbeit

1. Allgemeines

Der Wert des betrieblichen Produktionsfaktors „ausführende Arbeit" ergibt sich durch das Zusammenspiel der körperlichen, seelischen und geistigen Faktoren aller Mitarbeiter. Die Arbeitsleistung des einzelnen Mitarbeiters hängt von subjektiven und objektiven Bedingungen ab. Während die objektiven Bedingungen vom Arbeitsobjekt her bzw. durch die Gestaltung der Arbeitsverfahren und Arbeitsbedingungen bestimmt werden, liegen die subjektiven Bedingungen in der Person des einzelnen Mitarbeiters. Der Grad der qualitativen und der quantitativen Arbeitsleistung ergibt sich einerseits aufgrund der Intelligenz und der Ausbildung, des Lebensalters und der Erfahrung, der Begabung, Beharrlichkeit und körperlichen Belastbarkeit, andererseits aufgrund der Leistungsbereitschaft, die im wesentlichen von der Höhe des Arbeitsentgeltes und von den Arbeitsbedingungen abhängt.

Anders gesagt: Die wichtigsten Faktoren, die die L e i s t u n g s f ä h i g k e i t des Mitarbeiters beeinflussen, sind

1. das *fachliche Niveau* (Begabung, allgemeine und fachliche Ausbildung, Berufserfahrung, Arbeitsbereitschaft aufgrund persönlicher Motivationen, körperliche Verfassung, Übereinstimmung von Arbeitsverrichtung und Begabung aufgrund von Schwierigkeitsgrad und Eignungsgrad), wobei ein Nichtübereinstimmen von fachlichem Niveau und Arbeitseinsatz eine Minderleistung bzw. unvollständige Auslastung zur Folge hat, was Unzufriedenheit bewirkt und zu schweren psychischen Belastungen führen kann;

2. das *Verhältnis zum Arbeitsobjekt* (aus der Sicht der Aufgabenstellung);

3. die *grundsätzliche Einstellung zur Arbeit* (Grad der Leistungsbereitschaft);

4. das *Verhältnis zu den Mitarbeitern* aufgrund beruflich-sachlicher und menschlicher Beziehungen, das vorwiegend durch die Unternehmenspolitik und die Verständigungsbereitschaft der einzelnen Mitarbeiter bestimmt wird (u. a. positive oder negative Auswirkungen auf das Betriebsklima und das Betriebsergebnis durch informelle Gruppenbildung);

5. *private Gegebenheiten* wie finanzielle Schwierigkeiten und familiäre Sorgen, die seitens des Unternehmens meist nur unzulänglich behoben werden können (Beratung und Betreuung durch Betriebsärzte, Psychologen, Juristen usw.).

Gutenberg spricht von den inneren Antrieben, die für die Arbeitsleistung mitbestimmend sind, und sagt dazu: Schwache Antriebe lassen gute Anlagen und Fähigkeiten nicht zur vollen Entfaltung kommen, starke Antriebe bringen mittlere Fähigkeiten zu ihrer vollen Entwicklung. Sie schaffen eine positive Einstellung zur Arbeit, halten das Interesse an der Arbeit wach, intensivieren die Anstrengungen und mobilisieren so alle Kräfte, über die der Arbeitende verfügt. Überdurchschnittliche Leistungen werden immer dann erzielt, wenn sich große Fähigkeiten mit starken Impulsen verbinden. Die Leistungsfähigkeit sinkt, wenn die Fähigkeiten oder die Antriebe nachlassen. Sie nimmt zu, wenn neue Impulse neue Kräfte schaffen oder neue Fähigkeiten zur Entwicklung kommen.

Da Eignung (Leistungsfähigkeit) und Leistungsbereitschaft bei jedem Mitarbeiter anders sind, kommt es darauf an, eine weitgehende Übereinstimmung zwischen tatsächlicher Mitarbeiterleistung und Arbeitsplatzerfordernis zu erreichen.

Um zu einem optimalen Ergebnis des Faktors Arbeit in seiner Gesamtheit zu gelangen, ist das E i g n u n g s p o t e n t i a l eines Betriebes in folgende drei Eignungsbegriffe zu gliedern:

1. Die *realisierte Eignung* (das Eignungspotential, das der Betrieb entsprechend seinen Einsatzmöglichkeiten in effektive menschliche Arbeitsleistung umsetzt);

2. die *latente, jederzeit realisierbare Eignung* (das dem Betrieb bekannte oder auch unbekannte, jedoch ungenutzte Eignungspotential);

3. die *latente, nicht sofort realisierbare Eignung* (das dem Betrieb durch entsprechende Schulung der Mitarbeiter künftig zur Verfügung stehende Eignungspotential).

<u>Eignung, Leistungsbereitschaft und Aufgabenstellung sollten im Interesse des Betriebes und der Mitarbeiter fortwährend aufeinander abgestimmt werden.</u>

Hinsichtlich Lebensalter und Art der Tätigkeit kann allgemein gesagt werden: Während bei schwerer körperlicher Arbeit die Leistungsfähigkeit mit zunehmendem Alter abnimmt, ist bei geistiger Tätigkeit und leichter körperlicher Arbeit mit einer Steigerung der Leistungsfähigkeit aufgrund der zunehmenden Erfahrung zu rechnen.

2. Soziale Betriebsgestaltung

Der Betrieb ist eine wirtschaftliche-soziale Einheit innerhalb des gesamtwirtschaftlichen Geschehens.

Ziel der sozialen Betriebsgestaltung muß eine ständig funktionsfähige Betriebsgemeinschaft sein, um den Gegensatz von Kapital und Arbeit sowie die immer stärker werdende Entfremdung zwischen Betrieb und Mitarbeitern infolge Mechanisierung, Automation und wachsender Betriebsgröße zu überwinden. Soziale Betriebsgestaltung und wirtschaftliche Bestgestaltung des Arbeitsablaufs gehören zusammen, da der Grad der Wirtschaftlichkeit den Grad der Sozialleistungen bestimmt.

Die Bedeutung der sozialen Betriebspolitik für den Betrieb und für die Gesellschaft ergibt sich aus dem ständigen Wechselspiel zwischen Betriebs- und Gesellschaftsleben. Wenngleich die soziale Betriebspolitik auf die jeweilige Betriebsgemeinschaft ausgerichtet ist, können sich bei einer Vielzahl sozialer Betriebe erhebliche Auswirkungen auf die soziale Struktur eines Landes ergeben.

Der seit Mitte des 19. Jahrhunderts überaus große Einfluß der gewerkschaftlichen Verbände auf die soziale Betriebsgestaltung ist eine geschichtliche Tatsache. Gewerkschaftliche Verbände entstanden aus der Not zum Schutze der Arbeitnehmer. Sie entstanden zu einer Zeit, als die täglichen Arbeitszeiten noch 14 bis 16 Stunden betrugen, Sonntags-, Frauen- und Kinderarbeit noch selbstverständlich war und es noch keinen Urlaub sowie keine Fürsorge bei Krankheit, Unfall, Invalidität und Alter gab. Solange Staat gleich Obrigkeit bedeutete, waren soziale Leistungen im Namen des Staates meist nicht zu umgehende Zugeständnisse an längst berechtigte Forderungen weiter Bevölkerungskreise. Noch bis zu Beginn des 20. Jahrhunderts waren die Arbeiter

Staatsbürger dritter Klasse. Unser heutiges Grundgesetz dagegen bietet auch für die soziale Betriebsgestaltung ausreichende Möglichkeiten und räumt jedem Bürger dieses Landes die gleichen Rechte und Pflichten ein.

Arbeitsrechtliche Vereinbarungen und Verordnungen sind eng mit der wirtschaftlichen und gesellschaftspolitischen Entwicklung verflochten und erfordern daher eine ständige Anpassung an die tatsächlichen Gegebenheiten.

Wenngleich die soziale Betriebsgestaltung weitgehend von staatlichen und gewerkschaftlichen Maßnahmen beeinflußt wird, bleibt für die jeweilige Betriebspolitik ein relativ weiter Spielraum. Dabei kann zwischen Maßnahmen zur Verbesserung der materiellen Lage der Mitarbeiter und Maßnahmen zur Erhaltung und Verbesserung des Gemeinschaftsgedankens unterschieden werden.

Zu der ersten Gruppe gehören gerechtes Arbeitsentgelt, zusätzliche soziale Leistungen und Gewinnbeteiligungen (evtl. Miteigentum). Bei allen diesen Überlegungen stehen im Vordergrund:

1. das Wirtschaftlichkeitsprinzip;

2. die Erkenntnis, daß der erzielte Gewinn das Resultat des Zusammenwirkens zwischen Kapital und Arbeit ist (Kapitalgeber und Mitarbeiter also gleichermaßen einen berechtigten Anspruch haben);

3. die Erkenntnis, daß der Betrieb auch künftig wettbewerbsfähig sein muß, um diese Leistungen zu ermöglichen.

Da zusätzliche Leistungen an die Mitarbeiter meist nicht ungestraft in die Kalkulation einbezogen werden können, ergibt sich bezüglich des Mitarbeitereinkommens eine Teilung in als Kosten zu behandelndes Arbeitsentgelt und aus dem Überschuß zu zahlenden Ergebnisanteil. Die Aufteilung des Reingewinns kann nur im Rahmen der betrieblichen Mitbestimmung geregelt werden. Eine echte Partnerschaft ist jedoch nur gegeben, wenn sie sich nicht nur auf den Gewinn, sondern auch auf den Verlust erstreckt. Wöhe sagt dazu: Die Forderung nach **Gewinn- und Verlustbeteiligung der Arbeitnehmer** ist vom betriebswirtschaftlichen Standpunkt aus durchaus positiv zu beurteilen. Theoretisch ist sie einleuchtend, praktisch aber sehr schwer durchführbar. Der Gewinn ist eine Größe, die durch das Rechnungswesen des Betriebes nicht eindeutig festgestellt werden kann. Er ergibt sich in der Bilanz als Differenz zwischen dem Vermögen des Betriebes am Ende und am Anfang einer Abrechnungsperiode (abzüglich Kapitaleinlagen und zuzüglich Entnahmen). Da aber die Vermögensteile des Betriebes einer Bewertung unterliegen (Abschreibung der Anlagen und Gebäude, Bewertung der Bestände usw.), besteht von dieser Seite her die Möglichkeit, durch zu niedrige Bewertung bestimmter Vermögensteile den Gewinn einer Abrechnungsperiode zu niedrig erscheinen zu lassen und ihn damit teilweise von der Verteilung an die Arbeitnehmer auszuschließen. Dadurch entstehen stille

Rücklagen, d. h., ein Teil der vorhandenen Vermögenswerte wird nicht in der Bilanz ausgewiesen. Die Bewertungsvorschriften der Handelsbilanz verhindern derartige Unterbewertungen und damit Gewinnmanipulationen nicht. In der Steuerbilanz dagegen wird die Bildung stiller Rücklagen weitgehend eingeengt. Deshalb wird bei verschiedenen Gewinnbeteiligungssystemen der Gewinn der Steuerbilanz den Berechnungen zugrunde gelegt. Auch dieser Gewinn ist aber nicht geeignet — wenn allerdings auch besser als der Handelsbilanzgewinn —, da auch in der Steuerbilanz eine Verzinsung des Eigenkapitals, die ebenso wie die Arbeitslöhne und Gehälter Kosten darstellt, nicht als Betriebsausgabe angesetzt werden darf, sondern im Gewinn enthalten ist. Es müßte hier also zunächst vom Gewinn eine angemessene Verzinsung des Eigenkapitals abgesetzt werden bzw. müßte dieser Tatbestand bei der Verteilung des Gewinns auf Kapital und Arbeitgeber berücksichtigt werden.

Ein zweites Problem ergibt sich daraus, daß der Gewinn (und der Verlust) nicht immer nur das Ergebnis betrieblicher Tätigkeit ist, an der die Arbeitnehmer beteiligt sind, sondern oft auch ein neutraler Gewinn oder Verlust, z. B. aus Wertpapieren, Beteiligungen, Spekulationen usw., sein kann. Folglich muß eine Trennung zwischen Betriebsergebnis und neutralem Ergebnis erfolgen. Sind aber Beteiligungen oder Wertpapiere aus Mitteln mitfinanziert worden, die aus nichtentnommenen Gewinnanteilen der Arbeitnehmer stammen, so haben sie einen Anspruch auf Teile des neutralen Ergebnisses.

Eine dritte Schwierigkeit für die praktische Durchführung der Gewinnbeteiligung liegt in der Tatsache, daß der produktive Beitrag der einzelnen Produktionsfaktoren nicht genau ermittelt werden kann und deshalb die Aufteilung des Ergebnisses nur auf einer Schätzung beruht. Das hat zur Folge gehabt, daß eine Vielzahl von Gewinnbeteiligungssystemen in Theorie und Praxis entwickelt worden sind. Die Aufteilung kann durch Bildung einer Verhältniszahl aus der Lohnsumme einerseits und dem Gesamtumsatz oder der Wertschöpfung oder dem betriebsnotwendigen Kapital andererseits erfolgen. Man bezeichnet diese Relation als Lohnkonstante. Der auf die Arbeit insgesamt entfallende Anteil muß dann mit Hilfe bestimmter Schlüssel auf die einzelnen Arbeitnehmer aufgeteilt werden, wobei neben dem Jahreslohn auch die Dauer der Betriebszugehörigkeit und soziale Gesichtspunkte berücksichtigt werden können.

Der Anteil der Arbeitnehmerschaft am Gewinn kann entweder als K o l l e k t i v b e t e i l i g u n g für freiwillige soziale Maßnahmen des Betriebes verwendet oder als I n d i v i d u a l b e t e i l i g u n g auf die einzelnen Arbeitnehmer verteilt werden.

Verteilung bedeutet nicht in jedem Fall Barauszahlung. Der Anteil kann dem Arbeitnehmer auch ganz oder neben der Barauszahlung zum Teil in Form von Aktien, Zertifikaten, Spareinlagen oder durch Zuführung zu Lebensversicherungen oder Pensionskassen zugute kommen. Die Gewinnbeteiligung macht aus der abhängigen Arbeitskraft einen beteiligten Mitarbeiter und fördert damit das Interesse des Arbeitnehmers an der Entwicklung des Betriebes. Das alles wirkt sich günstig auf die Ertragslage des Betriebes aus und damit auch auf das Arbeitseinkommen des gewinnbeteiligten Arbeitnehmers.

Das Mitbestimmungsrecht wird grundsätzlich nicht bestritten. Die Fragen, die noch einer Klärung bedürfen, sind: Auf welchen Gebieten, in welchem Umfang und in welcher Form können und sollten die Mitarbeiter an der Unternehmensführung beteiligt werden?

Bezüglich der Gebiete ergeben sich vor allem Berührungspunkte mit der Personal-, Sozial- und Wirtschaftspolitik. Die Frage nach dem Umfang der Mitbestimmung ist mit der Frage verknüpft, inwieweit ein Informationsrecht, ein Mitwirkungsrecht, ein Einspruchsrecht und ein Mitbestimmungsrecht zweckmäßig sind. Folgende Lösung wäre denkbar:

1. Volle Mitbestimmung auf sozialem Gebiet;

2. Mitwirkung und Einspruchsmöglichkeit auf personellem Gebiet bei Einstellung, Förderungsmaßnahmen, Versetzung und Kündigung;

3. Mitwirkung auf arbeitstechnischem Gebiet;

4. Informationen und Mitwirkung auf wirtschaftlichem Gebiet.

Hinsichtlich der Form der Mitbestimmung könnten das Betriebsverfassungsgesetz und das Gesetz über die Mitbestimmung der Arbeitnehmer in den Aufsichtsräten und Vorständen der Unternehmen des Bergbaus und der Eisen und Stahl erzeugenden Industrie erste Richtlinien vermitteln.

Mitbestimmung und Mitwirkung setzt eine entsprechende fachliche Qualifikation voraus. Eine paritätische Mitbestimmung bedeutet jedoch auch paritätische Mitverantwortung gegenüber Mitarbeitern und Dritten. Die daraus resultierenden Fragen lauten:

1. Was muß zwecks Förderung der fachlichen Qualifikation getan werden, damit künftig eine zumindest nicht schlechtere Unternehmensführung gewährleistet ist?

2. Von welcher zentralen Stelle aus wird diese gewaltige Erziehungsaufgabe gesteuert und kontrolliert?

3. Inwieweit muß das geltende Recht bezüglich Haftung usw. geändert werden?

Es hat den Anschein, als hätte man sich über diese Fragen bisher zu wenig Gedanken gemacht.

3. Arbeitsgestaltung

Arbeitsgestaltung ist systematische Durchdringung des gesamten Betriebsprozesses, wobei hauptsächlich die Erkenntnisse der Arbeitswissenschaft, wie Arbeitsphysiologie, -psychologie, -soziologie, -pädagogik und -medizin, Verwendung finden.

Die Z i e l s e t z u n g kann in vier Punkten zusammengefaßt werden:

1. Optimaler Einsatz der Mitarbeiter entsprechend ihrer Eignung und Bereitschaft;

2. Analyse der Arbeit durch Zerlegung des Produktionsprozesses in einzelne Elemente, um überflüssige Arbeiten und unzweckmäßige Bewegungen zu erkennen und auszuschalten, die zweckvolle Aufeinanderfolge festzustellen und die Zeitdauer zu messen;

3. Bereitstellung zweckentsprechender Werkzeuge und Maschinen sowie Arbeitsräume;

4. Kontrolle der Arbeitsausführung zur Feststellung der Leistung.

Ein wesentliches Hilfsmittel zur Erreichung des gesteckten Zieles ist der Gesamtkomplex Arbeitsstudien mit Gliederung in Arbeitsablaufstudien, Arbeitszeitstudien und Arbeitswertstudien.

Die A r b e i t s a b l a u f s t u d i e n befassen sich mit der räumlichen und zeitlichen Folge von Arbeitsvorgängen. Die Arbeitsvorgänge werden aufgegliedert in die dazu notwendigen Arbeitsgänge, diese wiederum in die dazu erforderlichen Arbeitsverrichtungen und letztere in die einzelnen Arbeitselemente und Bewegungselemente. Die Ergebnisse der Ablaufstudien bilden die Grundlage für Arbeitsvorbereitung und Rationalisierung.

Die A r b e i t s z e i t s t u d i e n dienen der Messung der zur Abwicklung von Arbeitsaufgaben benötigten Zeiten und der Ermittlung der Vorgabezeiten. Unter Vorgabezeit versteht man die von einem Arbeitgeber zur ordnungsgemäßen Erledigung eines ihm übertragenen Arbeitsauftrages bei Normalleistung benötigte Zeit.

Die A r b e i t s w e r t s t u d i e n befassen sich mit der Bestimmung der Arbeitsschwierigkeit und den daraus resultierenden Anforderungen körperlicher, geistiger und seelischer Art an den arbeitenden Menschen. Nach ihrer qualitativen Analyse können die Bewertungsmethoden in analytische und summarische Methoden eingestuft werden.

Zur a n a l y t i s c h e n Arbeitsbewertung (Einzelanalyse der gestellten Anforderungen) müssen eine Reihe von *Anforderungsmerkmalen* gebildet werden, nach denen die Arbeitsschwierigkeit eingestuft und bewertet werden kann. Solche Anforderungsmerkmale können sein: Fachkenntnisse, körperliche und geistige Anstrengung, Geschicklichkeit, Verantwortung und Umgebungseinflüsse. Ziel dieser Untersuchung ist, einen Beitrag zu leistungsgerechter Entlohnung zu leisten.

Die *Schwierigkeitsgrade* der einzelnen Arbeitsaufgaben können durch ein *Punktsystem* bewertet werden, dem Richtarbeitsplätze zugrunde liegen. Die für die Arbeitsaufgaben bzw. die Arbeitsplätze gewonnenen Einzelpunkte, deren Summe den Arbeitswert ergibt, sind oftmals die Grundlage für die Lohnbemessung. So kann z. B. ein Mindestlohn (Tariflohn) entsprechend einer bestimmten Mindestpunktzahl festgesetzt werden, wobei durch höhere Anforderungen eine entsprechend erhöhte Punktzahl erreicht wird, die sich in einer angemessenen Lohnsteigerung niederschlägt.

Bei der s u m m a r i s c h e n Arbeitsbewertung, die keine Einzelanalyse der gestellten Anforderungen vornimmt, richtet sich die Einstufung der Tätigkeiten nach Anforderungs- und Arbeitsschwierigkeitsmerkmalen, die in Art und Höhe der Anforderungen und vorausgesetzten Kenntnisse in einem Lohn- oder Gehaltsgruppenkatalog von Beispielen in Gruppen gestaffelt sind. Diesen einzelnen Gruppen bestimmter Anforderungsgrade (Merkmale) entsprechen bestimmte Lohnhöhen (Lohngruppen) bzw. Gehälter (Gehaltsgruppen).

Die A r b e i t s p h y s i o l o g i e befaßt sich mit den körperlichen Reaktionen auf Art, Gegenstand, Dauer und Umgebung der Tätigkeit.

An die A r b e i t s p s y c h o l o g i e ergeben sich (nach Gasser) folgende Anforderungen:

1. Psychologisch richtige Behandlung der Untergebenen. Ein Vorgesetzter, der diese Voraussetzung nicht erfüllt, ist auch bei größter fachlicher Qualifikation für seinen Posten ungeeignet.

2. Berücksichtigung der Individualität der Arbeiter durch besondere Eignungsprüfungen, die sich nicht nur auf seine fachliche Eignung, sondern auch auf seine charakterlichen Anlagen und seelischen Reaktionen auf Umwelteinflüsse erstrecken.

3. Sicherung gerechter Aufstiegsmöglichkeiten, um dem Geltungsdrang einen ständigen Anreiz zu geben.

4. Organisation menschlicher Gemeinschaften.

4. Arbeitsentgelt

Das Arbeitsentgelt kann im Rahmen der gesetzlichen, tariflichen und betriebsverfassungsmäßigen Grenzen frei festgelegt werden und hat entscheidenden Einfluß auf den Arbeitswillen und die Arbeitsleistung.

Während der Leistungslohn eine Bewertung der Arbeitsleistung ist, berücksichtigt der Zeitlohn (auch Soziallohn genannt) besondere persönliche Verhältnisse der einzelnen Mitarbeiter. Beim Leistungslohn werden Mindestlöhne festgelegt und Zulagen gewährt, beim Zeitlohn dagegen meist bestimmte Leistungsstandards gesetzt. Der Leistungslohn gliedert sich in Akkordlohn und Prämienlohn (gemischter Lohn).

a) Zeitlohn

Beim Zeitlohn wird die Anwesenheit im Betrieb entlohnt, für die eine bestimmte Leistung erwartet wird (Monatsgehalt, fester Stundenlohn). Die Lohnkosten verhalten sich somit zum Zeitverbrauch proportional. Zeitlohn wird meist dann gezahlt, wenn es mehr auf Qualität als auf Quantität ankommt.

Vorteile sind für den Betrieb die einfachere Kontrolle (Stundennachweis) und Abrechnung, für den Mitarbeiter ein gleichbleibendes festes Einkommen und die Vermeidung eines übermäßigen Arbeitstempos. Nachteile sind für den Betrieb das Risiko schlechter Arbeitsleistung (das durch bestimmte Auflagen-Leistungsbindung gemindert bzw. vermieden werden kann), für den Mitarbeiter die Beschränkung auf das feste Einkommen (Erhöhung nur durch Überstunden).

b) Akkordlohn

Beim Akkordlohn wird für eine bestimmte Arbeitsleistung (meist ein Stück) ein bestimmter Betrag gezahlt. Der Geldbetrag pro Stück wird ermittelt, indem man von einem für diese Arbeiten üblichen Stundenverdienst und der Zeitdauer der Erstellung eines Stückes ausgeht.

$$L = A \times S$$

L = Stundenlohn,
A = Anzahl der Stücke pro Stunde,
S = Lohnsatz pro Stück.

Beträgt z. B. der Lohnsatz pro Stück —,60 DM und fertigt der Arbeiter in der Stunde 20 Stück, so beträgt sein Stundenlohn 12 DM.

Der G e l d a k k o r d (auch Stückgeldlohn genannt) gilt ohne Rücksicht auf die dafür aufgewendete Zeit nur für die erstellten Leistungseinheiten.

Dagegen wird beim Z e i t a k k o r d (auch Stückzeitakkord genannt) der Faktor „Lohnsatz" (= S) in zwei Faktoren aufgespalten, den „Minutenfaktor" (oder „Geldfaktor pro Minute") und die „Vorgabezeit". Die Multiplikation von Minutenfaktor und Vorgabezeit ergibt dann den Lohnsatz pro Stück.

Formel:

$$L = A \times V \times M$$

L = (Stunden)Lohn,
A = Anzahl der Stücke (pro Stunde),
V = Vorgabezeit,
M = Minutenfaktor.

Beispiel:

20 Stück pro Stunde (A), 3 Minuten Vorgabezeit (V), —,20 DM Minutenfaktor (M).

$$L = 20 \times 3 \times {-,}20 = 12{,}— \text{ DM.}$$

Der Akkordlohn gliedert sich in **garantierten Mindestlohn** (= tariflicher Zeitlohn) und **Akkordzuschlag** (etwa 15 bis 25 % auf den Mindestlohn). Beides stellt den **Grundlohn** oder Akkordrichtsatz dar und entspricht etwa dem Stundenverdienst bei Normalleistung. Der Minutenfaktor errechnet sich dann durch Division des Akkordrichtsatzes durch 60.

Beispiel:

Garantierter Mindestlohn	10,— DM/Stunde
+ 20 % Akkordzuschlag	2,— DM/Stunde
= Grundlohn bzw. Akkordrichtsatz	12,— DM/Stunde

Minutenfaktor = 12 : 60 = —,20 DM

Das Verhältnis der Istleistung zur Normalleistung bezeichnet man als **Leistungsgrad**. Um die exakte Vorgabezeit (= Normalleistung) zu ermitteln, sind möglichst viele Zeitmessungen bei verschiedenen Mitarbeitern erforderlich.

$$\text{Leistung} = \frac{\text{Arbeit}}{\text{Zeit}}$$

$$\text{Arbeit} = \text{Leistung} \times \text{Zeit}$$

$$LG = \frac{IL \times 100}{NL}$$

LG = Leistungsgrad,
IL = Istleistung,
NL = Normalleistung.

Durch Umkehrung der Formel für den Leistungsgrad kann bei bekanntem Leistungsgrad die **Normalleistung** wie folgt ermittelt werden:

$$NL = \frac{IL \times 100}{LG}$$

Die REFA[1])-Definition für die Normalleistung lautet: Die Normalleistung ist diejenige menschliche Leistung, die ein ausreichend geeigneter Arbeiter bei voller Übung und Einarbeitung ohne Gesundheitsschädigung auf die Dauer erreichen kann, wenn er die in der Vorgabezeit enthaltenen Verteilzeiten einschließlich der Erholungszeiten einhält.

Der Akkordlohn hat sich in der Industrie als meistverwendete Lohnform durchgesetzt, weil er dem Betrieb gleiche Stückkosten garantiert und dem Mitarbeiter eine Steigerung seines Stundenverdienstes proportional zu seiner Leistungssteigerung ermöglicht.

c) Prämienlohn

Beim Prämienlohn tritt neben den G r u n d l o h n (meist Zeitlohn) eine Sondervergütung (P r ä m i e), die nach der Mehrleistung bemessen wird. Im Gegensatz zum Akkordlohn kommt jedoch die Vergütung für die Mehrleistung dem Arbeiter nicht in voller Höhe zugute, sondern wird nach irgendeinem Schlüssel zwischen Betrieb und Arbeiter geteilt.

Das bedeutet, daß zwar der durchschnittliche Stundenlohn des Arbeiters durch Mehrleistung steigen kann, daß aber gleichzeitig die durchschnittlichen Lohnkosten, also die Lohnkosten je Stück, sinken, während sie beim reinen Akkordlohn, bei dem die gesamte Mehrleistung dem Arbeiter zugute kommt, je Stück konstant bleiben (Wöhe).

Die Prämie muß aber nicht immer eine Folge von Unterschreitungen der Vorgabezeit und damit einer quantitativen Mehrleistung sein, sie kann auch gezahlt werden für besondere Leistungen qualitativer Art, z. B. für Unterschreiten der zulässigen Ausschußquote, für Ersparnisse von Material, Energie oder sorgsame Behandlung von Maschinen und Werkzeugen, für die Einhaltung von Terminen usw.

Der Prämienlohn ist also eine Lohnform, die auch für die Entlohnung von Arbeitsergebnissen geeignet ist, die n i c h t v o n d e r A r b e i t s z e i t a b h ä n g e n, sich also nicht im Mengenergebnis zeigen, während der Akkordlohn der Mengenleistung proportional, also arbeitszeitabhängig ist.

Der Prämienlohn ist aber auch dort anwendbar, wo das Arbeitsergebnis zwar von der Arbeitszeit abhängt, wo sich aber eine Akkordentlohnung nicht durchführen läßt. Das ist beispielsweise dann der Fall, wenn die Ermittlung genauer Akkorde nicht möglich ist, weil der Betrieb nicht über geschulte Fachkräfte für die Durchführung von Arbeits- und Zeitstudien verfügt, oder wenn die Berechnung genauer Akkorde sich nicht lohnt, weil aufgrund sehr unterschiedlicher und kleiner Aufträge ein schneller Wechsel in den Arbeitsverrichtungen eintritt.

---

[1]) REFA bedeutete zunächst (1924) „Reichsausschuß für Arbeitszeitermittlung", dann (1933—1945) „Reichsausschuß für Arbeitsstudien", heute Kurzbezeichnung für „Verband für Arbeitsstudien REFA e. V.".

Im Gegensatz zum Akkordlohn, der als Ganzes ein Leistungslohn ist, hängt beim Prämienlohn der Grundlohn in der Regel nicht von der Leistung ab, nur die Prämie ist leistungsbezogen. Der Betrieb hat die Möglichkeit, durch Ausgestaltung der Prämie die Mehrleistung der Arbeitskraft in gewissem Umfang zu beeinflussen. Steigt die Prämie linear oder gar progressiv an, so ist der Anreiz zur Mehrleistung oder zur Leistungsverbesserung besonders groß. Eine solche Gestaltung der Prämienentlohnung ist dann sinnvoll, wenn die Verbesserung des Arbeitsergebnisses in erster Linie vom Arbeiter abhängt. Besteht die Gefahr, daß beim Überschreiten einer bestimmten Leistungshöhe Gesundheitsschäden für den Arbeiter oder Beschädigungen an den Maschinen durch überhastetes Arbeitstempo eintreten, so ist es zweckmäßig, daß das Steigungsmaß der Prämie von Anfang an oder von einer bestimmten Leistungshöhe an kleiner wird, damit der Anreiz zur Leistungssteigerung für den Arbeiter immer mehr nachläßt. Bei Bemessung und Gestaltung der Prämien muß außerdem beachtet werden, daß die Prämienentlohnung die Akkordentlohnung vergleichbarer Leistungen nicht überschreitet, um das Prinzip der relativen Lohngerechtigkeit nicht zu verletzen und den Arbeitsfrieden im Betrieb nicht zu gefährden.

Die wichtigsten Prämienlohnverfahren sind:

(1) **Prämienlohnsystem nach Halsey.** Wird die Vorgabezeit unterschritten, so erhält der Arbeiter neben dem Grundlohn eine Prämie von $33^1/_3$ bis 50 % des ersparten Zeitlohnes. Der andere Teil fällt dem Betrieb zu. Der durchschnittliche Stundenverdienst steigt progressiv, die Lohnkosten je Stück sinken proportional zur ersparten Zeit. Wird die Vorgabezeit überschritten, so wird der volle Zeitlohn vergütet.

Beispiel:

Stundenlohn DM	Vorgabezeit Std.	Benötigte Zeit Std.	Ersparte Zeit Std.	Prämie = 50 % d. ersp. Zeitl.	Lohn DM	Durchschn. Std.-Lohn DM
1	10	9	1	—,50	9,50	1,06
1	10	8	2	1,—	9,—	1,13
1	10	7	3	1,50	8,50	1,21
1	10	6	4	2,—	8,—	1,33
1	10	5	5	2,50	7,50	1,50

(2) **Prämienlohnsystem nach Rowan.** Der Arbeiter erhält eine Prämie, die soviel Prozent vom Grundlohn ausmacht, wie die Vorgabezeit unterschritten wird. Die Prämie ist also im Gegensatz zum Halsey-System nicht fest, sondern veränderlich. Der durchschnittliche Stundenverdienst nimmt proportional der ersparten Zeit zu, die Lohnkosten je Stück sinken überproportional. Der Anreiz zur Mehrleistung ist hier geringer als beim System von Halsey, da der durchschnittliche Stundenverdienst proportional zur ersparten Zeit steigt, die Anstrengung jedoch überproportional zunimmt,

je größer die Zeitersparnis wird. Die Prämie ist bei geringer Unterschreitung der Vorgabezeit hoch, die Zuwachsrate wird jedoch immer kleiner.

Beispiel:

Stunden-lohn DM	Vorgabe-zeit Std.	Benötigte Zeit Std.	Ersp. Zeit % der Grundzeit	Prämie DM	Lohn DM	Durchschn. Std.-Lohn DM
1	10	9	10	—,90	9,90	1,10
1	10	8	20	1,60	9,60	1,20
1	10	7	30	2,10	9,10	1,30
1	10	6	40	2,40	8,40	1,40
1	10	5	50	2,50	7,50	1,50
1	10	4	60	2,40	6,40	1,60

(3) **Differential-Stücklohnsystem nach Taylor.** Dieses Verfahren geht vom Akkordlohn aus, der mit Hilfe genauer Zeitstudien für die Normalleistung festgelegt wird. Wird die Vorgabezeit unterschritten, so erfolgt volle Vergütung der Gesamtleistung mit einem über dem Normalsatz liegenden Akkordsatz; zusätzlich kann noch eine Prämie gewährt werden. Wird die Vorgabezeit überschritten, also die Normalleistung nicht erreicht, so entfällt die Prämie, und die Vergütung erfolgt zu einem Akkordsatz, der unter dem Normalsatz liegt. Dieses Verfahren arbeitet also mit unterschiedlichen Akkordlohnsätzen.

Beispiel:

Angenommen, die Normalleistung beträgt 10 Stück pro Stunde und der Geldfaktor bei Erreichen der Normalleistung —,30 DM, bei Unterschreitung dagegen nur —,25 DM, so ergeben sich folgende Stundenlöhne:

Stückzahl pro Stunde	Geldfaktor (DM/Stück)	Stundenlohn (DM)
7	—,25	1,75
8	—,25	2,—
9	—,25	2,25
10	—,30	3,—
11	—,30	3,30
12	—,30	3,60

(4) **Pensumlohnsystem nach Gantt.** Das Verfahren beruht auf dem Zeitlohn, der für die Normalleistung festgelegt wird und zugleich ein garantierter Mindestlohn ist, also auch bei Überschreitung der Vorgabezeit gezahlt wird. Wird die Normalleistung (das Pensum) erreicht, so erhält der Arbeiter eine Prämie von 25 bis 35 % der Grundzeit. Der Anreiz liegt also darin, das Pensum auf jeden Fall zu erreichen. Um einen weiteren Anreiz zur Leistungssteigerung zu geben, ist dieses Verfahren in der Weise verbessert worden, daß zuzätzlich zur konstanten Prämie ein Teil der eingesparten Prämie vergütet wird.

(5) **Prämienlohnsystem nach Bedaux.** Bedaux hat zur Messung der menschlichen Arbeitskraft die Maßeinheit „B" eingeführt. Als Arbeitseinheit „1 B" bezeichnet er die Arbeitsmenge, die eine durchschnittliche, eingearbeitete Arbeitskraft bei normaler Arbeitsgeschwindigkeit unter normalen Verhältnissen in einer Minute leistet. In dieser Arbeitsleistung ist bereits die zur Erholung erforderliche Zeit berücksichtigt. Die Leistung von 60 B-Einheiten in der Stunde stellt die Normalleistung dar, die durch den Grundlohn (Lohnbasis) vergütet wird, der durch Arbeitsbewertung mit Hilfe eines von Bedaux entwickelten Systems ermittelt wird.

Die Arbeitsbewertung nach Bedaux erfolgt durch Punkte für eine Anzahl von Arbeitsanforderungen, ist also ein analytisches Verfahren. Bedaux bewertet folgende Anforderungsarten: Fachkenntnisse und Anlernzeit, Beanspruchung der Sinne und Nerven, Beanspruchung der Denkfähigkeit, Verantwortung, Einflüsse und Umgebung und schließlich Beanspruchung der Fähigkeit zur Führung anderer. Der auf den Durchschnittsarbeiter abgestellte Grundlohn ist ein garantierter Mindestlohn; er wird also auch bei Leistungen von weniger als 60 B-Einheiten je Stunde gezahlt. Übersteigt die Leistung 60 B je Stunde, so erhält die Arbeitskraft eine Prämie. Nach Ansicht von Bedaux sollen 80 B je Stunde nicht überschritten werden, damit es zu keiner Überbeanspruchung von Arbeitskraft und Betriebsmitteln kommt. Deshalb verläuft die Prämie bis zu 80 B-Einheiten je Stunde linear, dann aber degressiv, wodurch der Anreiz, die Leistung erheblich über 80 B zu steigern, gering ist. Die Prämie beträgt bei 70 B je Stunde $16^2/_3\ \%$ des Grundlohns, bei 80 B $33^1/_3\ \%$.

Das Bedaux-System berücksichtigt auch Faktoren, die die Arbeitskraft ohne Verschulden daran hindern, ihre Leistungsfähigkeit voll einzusetzen. Das ist z. B. dann der Fall, wenn die Leistung durch den Arbeitsablauf (Maschinengeschwindigkeit, Materialfluß) bestimmt wird. Während nach dem REFA-Verfahren die arbeitsablaufbedingten Wartezeiten in die Vorgabezeit einbezogen werden, werden diese in der Vorgabezeit des Bedaux-Systems (B-Einheit) nicht berücksichtigt, sondern es werden dem Arbeiter mittels des sogenannten Methodenzuschusses eine Anzahl B-Einheiten zugerechnet, damit er die Möglichkeit hat, die Normalleistung von 60 B zu überschreiten und eine Prämie zu verdienen.

B. Aufbau und Organisation der Betriebswirtschaft

Von Prof. Dr. Karl W. Hennig

I. Einführung

1. Wesen der Betriebswirtschaftslehre

Die Betriebswirtschaftslehre will Grundsätze und Verfahren entwickeln, durch deren Anwendung die Betriebe ihre Aufgaben als dienende Glieder des Staates oder eines überstaatlichen Zusammenschlusses[1] mit höchster Wirtschaftlichkeit erfüllen.

Im Gegensatz zu den Betriebslehren (z. B. Landwirtschaftliche Betriebslehre) oder Betriebswissenschaften (z. B. Industriebetriebswissenschaft, scientific management), die technische und wirtschaftliche Gedankengänge miteinander verbinden, ist die Betriebswirtschaftslehre eine reine Wirtschaftswissenschaft und als solche eine Schwesterwissenschaft der Volkswirtschaftslehre. Während die Volkswirtschaftslehre die wirtschaftlichen Zusammenhänge im Staat oder überstaatlichen Raum erforscht, behandelt die Betriebswirtschaftslehre die Wirtschaft der Betriebe im Rahmen des Staats oder eines überstaatlichen Zusammenschlusses.

Daß die Betriebswirtschaftslehre Grundsätze und Verfahren entwickelt, besagt, daß sie eine Theorie aufzubauen sucht, zugleich aber praktische Maßnahmen zur höchstwirtschaftlichen Erfüllung der Betriebsaufgaben anzugeben sich bemüht.

2. Wesen der Betriebe

Der Begriff Betrieb im Sinne der Betriebswirtschaftslehre ist ein Begriff von besonderer Prägung für diese Wissenschaft (terminus technicus). Betriebe sind Unternehmen und Haushalte. Die Unternehmen haben die Aufgabe, als dienende Glieder des Staates oder eines überstaatlichen Zusammenschlusses Güter und Dienste mit höchster Wirtschaftlichkeit zu erzeugen und abzusetzen. (Landwirtschaft, Forstwirtschaft, Bergbau, Handwerk, Industrie, Handel, Verkehr, Banken, Versicherungen usw.) Die Haushalte haben die Aufgabe, als dienende Glieder des Staates oder eines überstaatlichen Zusammenschlusses die Haushaltszugehörigen mit höchster Wirtschaftlichkeit zu betreuen. Die Haushalte gliedern sich in öffentliche Haushalte, die sich der Daseinsvorsorge[2] widmen (Sorge für Recht und Ordnung, Wirtschaftsfürsorge, Sozialfürsorge,

---

[1] H. Möller, Internationale Wirtschaftsorganisationen, Wiesbaden 1960.
[2] E. Forsthoff, Lehrbuch des Verwaltungsrechts, 1. Bd., Allgem. Teil, 8. Aufl., München und Berlin 1961, S. 321 ff.

Kulturfürsorge) und private Haushalte, nämlich einerseits Vereinigungen, die politische, wirtschaftliche und Standesinteressen vertreten oder Wohltätigkeit üben oder sonst der Kultur und Zivilisation dienen, und andererseits **Familienhaushalte**.

Zu den Betrieben gehören auch die **Betriebsverbunde**, in denen vor- bzw. nachgeordnete und nebengeordnete Verbundbetriebe zusammengefaßt sind, z. B. ein Industriekonzern, eine Behörde mit Oberinstanz, Mittelinstanzen und Unterinstanzen.

Auch **Teile von Unternehmen** (z. B. die Einkaufsabteilung eines Industriebetriebes) und Haushalten (z. B. ein Stadtbauamt) können als Betriebe bezeichnet werden.

Es gehört weiter nicht zum Wesen der Betriebe, daß ihre **Dauer** unbestimmt ist, vielmehr sind auch Veranstaltungen, die von vornherein eine begrenzte Dauer haben, als Betriebe anzusehen (einmalige, wie Ausstellungen, Kongresse; wiederkehrende, wie Märkte, Messen).

Es ergibt sich also, daß *jede zum Zweck einer betriebswirtschaftlichen Untersuchung irgendwie abgegrenzte Veranstaltung von gewisser Dauer* ein Betrieb im Sinne der Betriebswirtschaftslehre ist. Die betriebswirtschaftliche Organisationslehre hat ein Interesse daran, den Begriff Betrieb so weit wie möglich zu fassen. Sie ist dadurch gezwungen, ihre Gedankengänge allgemein verwendbar zu gestalten.

3. Wesen der Wirtschaftlichkeit

Grundgleichungen

Um das Wesen der Wirtschaftlichkeit zu erkennen, ist von der Erfahrung auszugehen, daß man im allgemeinen **Nutzen nur durch Opfer** erreichen kann. Die Wirtschaftlichkeit ist bei gleichem Opfer um so größer, je größer der Nutzen ist, und bei gleichem Nutzen um so größer, je kleiner das Opfer ist. Sonach ergibt sich für die Wirtschaftlichkeit die Beziehung:

$$\text{Wirtschaftlichkeit} = \frac{\text{Nutzen}}{\text{Opfer}}.$$

Ist die **Wirtschaftlichkeit eines Betriebes** zu ermitteln, so müssen Nutzen und Opfer auf einen bestimmten gleichen Zeitabschnitt T bezogen werden. Man erhält also:

Wirtschaftlichkeit eines Betriebes während des Zeitabschnitts T

$$= \frac{\text{Nutzen während des Zeitabschnitts } T}{\text{Opfer während des Zeitabschnitts } T}.$$

Mit dieser Formel kann man sich rückschauend ein Urteil über die Wirtschaftlichkeit bilden, wenn Vergleiche möglich sind. In Frage kommen Zeitvergleich (Vergleich der Wirtschaftlichkeit desselben Betriebes in verschiedenen vergleichbaren Zeitabschnitten), Betriebsvergleich (Vergleich der Wirtschaftlichkeit mehrerer vergleichbarer Betriebe während vergleichbarer Zeitabschnitte) und Vergleich mit einer auf Grund sorgfältiger Untersuchungen als angemessen zu bezeichnenden Wirtschaftlichkeit (Standard). Will man, in die Zukunft schauend, die wirtschaftliche Zweckmäßigkeit einer geplanten Maßnahme prüfen, so muß man die bereits erzielte Wirtschaftlichkeit mit einer nach Durchführung der Maßnahme in der Zukunft voraussichtlich erzielbaren Wirtschaftlichkeit vergleichen.

Die M e s s u n g von Nutzen und Opfer kann in Werteinheiten (Geld) oder Mengeneinheiten erfolgen. Grundsätzlich müssen soweit wie möglich Werte zur Messung der Wirtschaftlichkeit benutzt werden, da sich mit Hilfe der Mengen nur Teilwirtschaftlichkeiten errechnen lassen, z. B. für ein Elektrizitätswerk $\frac{kWh}{t\ Kohle}$ oder $\frac{kWh}{Kosten}$ (praktisch werden meist die reziproken Werte, also $\frac{t\ Kohle}{kWh}$ oder $\frac{Kosten}{kWh}$ verwandt).

Das Opfer läßt sich fast immer ganz oder doch zu einem wesentlichen Teil wertmäßig bestimmen. Der Organisierende muß auch das nicht geldlich bestimmbare Opfer, wie es z. B. bei Unternehmen durch die mitarbeitenden Unternehmer und bei karitativen Betrieben durch ehrenamtliche Tätigkeit in umfänglichem Maße gebracht werden kann, sorgfältig berücksichtigen. Da sich der Nutzen entweder in Geld oder in Mengeneinheiten oder überhaupt nicht ermitteln läßt, ergeben sich folgende wichtige Beziehungen:

1. *Nutzen und Opfer sind in Geld meßbar*, es gilt:

Wirtschaftlichkeit während des Zeitabschnittes T

$$= \frac{\text{Nutzen während des Zeitabschnittes } T \text{ in Geld}}{\text{Opfer während des Zeitabschnittes } T \text{ in Geld}}$$

2. *Der Nutzen ist nur mengenmäßig, das Opfer wertmäßig zu messen.* Auf die Wirtschaftlichkeit während des Zeitabschnitts T läßt die Beziehung schließen:

$$\frac{\text{Nutzen während des Zeitabschnitts } T \text{ in Mengeneinheiten}}{\text{Opfer während des Zeitabschnitts } T \text{ in Geld}}$$

3. *Der Nutzen ist nicht meßbar, das Opfer läßt sich mindestens teilweise in Geld messen.* Hinweise auf die Wirtschaftlichkeit gibt:

das Opfer während des Zeitabschnitts T in Geld.

Wirtschaftlichkeit der Unternehmungen

Fall 1 liegt bei allen Unternehmen vor. Der Nutzen ist gleich dem Jahresgewinn, das Opfer gleich der Verzinsung des Eigenkapitals[3]) zu angemessenem Zinssatz. Sonach gilt:

$$\text{Wirtschaftlichkeit} = \frac{\text{Jahresgewinn}}{\text{angemessene Jahreszinsen für Eigenkapital}}$$

$$\text{Wirtschaftlichkeit} = \frac{\text{Jahresgewinn}}{\text{Eigenkapital} \cdot \frac{\text{angemessener Jahreszinssatz}}{100}}$$

Bei einem Jahresgewinn von 72 000 DM und einem Kapital von 1 000 000 DM ergibt sich also unter Annahme eines angemessenen Jahreszinssatzes von 6 %:

$$\text{Wirtschaftlichkeit} = \frac{72\,000}{1\,000\,000 \cdot \frac{6}{100}} = 1{,}2.$$

Läßt man den angemessenen Zinssatz weg, so erhält man die **Rentabilitätsformel**

$$\text{Rentabilität in \%} = \frac{\text{Jahresgewinn}}{\text{Eigenkapital}} \cdot 100.$$

Bei Einsetzung derselben Zahlen wie oben ergibt sich eine Rentabilität von 7,2 %. Die beiden Formeln sagen praktisch dasselbe aus, denn 7,2 % ist das 1,2fache der 6%igen Verzinsung. Die zweite Formel macht jedoch eine Annahme über eine angemessene Verzinsung unnötig.

Gegen die Rentabilitätsformel ist zunächst eingewandt worden, sie sei eine kapitalistische Profitformel (Profit im Zähler, Kapital im Nenner), die weder die Anforderungen der Volkswirtschaft noch die Menschen berücksichtige. Dabei wird jedoch vergessen, daß der *Gewinn* sich aus folgender Gleichung ergibt:

Gewinn = Ertrag — (Aufwand an Material, Lohn, Abschreibungen auf Anlagen, Zinsen vom Fremdkapital, Fremddiensten, Steuern und Abgaben und Einzelwagnissen).

Der Unternehmer tritt also zurück hinter die Lieferer von Material, seine Angestellten und Arbeiter, die Geldgeber, diejenigen, die ihm Dienste leisten, den Steuerfiskus und diejenigen, denen er Abgaben schuldet. Erst wenn die Ansprüche aller Berechtigten erfüllt und weiter Abschreibungen vorgenom-

---

[3]) Eine genauere Behandlung dieses Begriffs ist hier nicht möglich. Vgl. z. B. E. Gutenberg, Einführung in die Betriebswirtschaftslehre, Wiesbaden 1958, S. 35.

men und für Einzelwagnisse Rückstellungen erfolgt sind, verbleibt als Rest ein Jahresgewinn, aus dem, soweit er ausreicht, gedeckt werden können:

ein Unternehmerlohn (nur bei Einzelfirmen und Personengesellschaften für die mitarbeitenden Unternehmer),

eine Verzinsung des Eigenkapitals zu landesüblichem Zinssatz,

eine weitere Verzinsung des Eigenkapitals für das allgemeine Unternehmerwagnis,

ein Unternehmergewinn.

Den Gewinn auf das Kapital zu beziehen, ist unerläßlich, da es natürlich einen erheblichen Unterschied bedeutet, ob ein bestimmter Gewinn mit einem großen oder einem kleinen Kapital erzielt wird.

Weiter ist bemängelt worden, daß die Rentabilität überhaupt nicht die *Wirtschaftlichkeit* anzeige, da auch bei schlechtester Wirtschaftsführung eine hohe Rentabilität erzielt werden könne, wenn nur die Marktlage günstig sei oder außerordentliche und betriebsfremde Gewinne aufträten (z. B. günstiger Verkauf eines von dem Unternehmen nicht benötigten Grundstücks). Hierzu ist zu bemerken, daß die Rentabilität in der Tat die Gesamtwirtschaftlichkeit anzeigt, die von inneren *und* äußeren Einflüssen abhängt. Sehr wohl können also die Auswirkungen mangelhafter Wirtschaftsführung (Verschwendung, auch durch unzweckmäßige Finanzierung) durch eine besonders günstige Marktlage bzw. außerordentliche und betriebsfremde Gewinne ausgeglichen oder gar überkompensiert werden und umgekehrt. Es empfiehlt sich, den außerordentlichen und betriebsfremden Gewinn (Bezeichnung Neutraler Gewinn) von dem aus der Erfüllung der eigentlichen Betriebsaufgaben folgenden Gewinn (Bezeichnung Betriebsgewinn) zu trennen, so daß gilt:

Unternehmungsgewinn = Betriebsgewinn + Neutraler Gewinn.

In dem Wort Betriebsgewinn wird der Begriff Betrieb in einem engeren Sinne gebraucht als der Begriff Unternehmung. Ob dies zweckmäßig ist, soll hier nicht erörtert werden, jedenfalls hat sich auch dieser Betriebsbegriff, der ganz anders ist als der des Abschnitts 2, eingebürgert.

Im Fall 1 kann rückschauend außer dem Zeitvergleich der *Betriebsvergleich* in weitestem Umfang durchgeführt werden. Es kann also z. B. nicht nur die Rentabilität einer Spinnerei mit der einer anderen Spinnerei, sondern mit der einer beliebigen anderen Unternehmung verglichen werden. Endlich kann auch eine in einem Unternehmen erzielte Rentabilität mit einer Standardrentabilität, wie sie in einem bestimmten Lande zu bestimmter Zeit erzielt wird, verglichen werden.

Wie aus der Rentabilitätsformel hervorgeht, muß versucht werden, das *günstigste Verhältnis von Gewinn und Eigenkapital* zu erzielen. Es muß also grundsätzlich ein Betrieb von optimaler Größe bei zweckmäßigster Finanzierung (insbesondere Verhältnis von eigenen zu fremden Mitteln) verwirklicht werden. In der weit überwiegenden Mehrzahl der Fälle handelt es sich aber darum, in einem gegebenen Betrieb die wirtschaftliche Zweckmäßigkeit einer geplanten Maßnahme zu prüfen.

Es empfiehlt sich, hierbei das Eigenkapital als unveränderlich anzusehen, also die Rechnung unter der Voraussetzung durchzuführen, daß, wenn weitere Mittel benötigt werden, fremde Mittel herangezogen werden, die natürlich einen Zinsaufwand bedingen. Man kann sich dann damit begnügen, zu prüfen, wie sich durch die geplante Maßnahme der Gewinn verändert (Ertrag abzüglich Aufwand). Möglich sind folgende Fälle:

a) Der Ertrag wird nicht beeinflußt. Wenn der Aufwand durch die beabsichtigte Maßnahme sinkt (z. B. Umstellung auf Maschinenbuchhaltung), ist die Maßnahme zweckvoll. Wenn der Aufwand steigt, muß geprüft werden, ob er auf lange Sicht wieder fällt (die Aufwandsvermehrung durch Verstärkung der Aufsicht z. B. kann nach einer gewissen Zeit dadurch überkompensiert werden, daß Störungen vermieden oder schneller beseitigt werden). Ist dies nicht der Fall, so muß erwogen werden, ob die Gewinnminderung angesichts der sonstigen zu erwartenden Vorteile (z. B. größere Ordnung in der Registratur) hingenommen werden kann.

b) Der Ertrag steigt. Es ist zu prüfen, ob der Aufwand weniger steigt (die bange Frage bei jedem größeren Werbefeldzug), so daß ein höherer Gewinn entsteht. Ist dies nicht der Fall, muß wiederum geprüft werden, ob man sich mit der Gewinnminderung abfinden will.

c) Der Ertrag sinkt. Es ist zu prüfen, ob der Aufwand stärker sinkt, so daß ein höherer Gewinn entsteht (z. B. Aufgabe einer „schlechten" Filiale). Ist dies nicht der Fall, so gilt dasselbe wie im Fall b.

Über die Veränderung des Ertrages (Fälle b und c) lassen sich freilich erfahrungsgemäß Voraussagen nur sehr schwer machen. Der Ertrag ist im einfachsten Falle[4]) eine Produktensumme

$$E = m_1 p_1 + m_2 p_2 + m_3 p_3 + \ldots$$

wobei m die abgesetzten Mengen von Gütern und Diensten, p die dazugehörigen Preise sind. Es bereitet erhebliche Schwierigkeiten, die Veränderungen von m und p zufolge einer betriebswirtschaftlichen Maßnahme einigermaßen richtig vorherzusehen.

Wirtschaftlichkeit der Haushalte

Fall 2 ist besonders für **Haushalte** bedeutungsvoll. So kann man z. B. den Nutzen einer Schule bestimmter Art zu Zwecken eines betriebswirtschaftlichen **Vergleichs** in der Zahl der unterrichteten Schüler ausdrücken und

---

[4]) Vorausgesetzt ist hierbei, daß vorperiodische Leistungen nicht berücksichtigt zu werden brauchen und daß alle periodischen Leistungen Absatz finden.

ins Verhältnis zu dem Jahresaufwand hierfür setzen (Zahl der Schüler je 1000 DM Jahresaufwand). Es ist dann rückschauend ein Zeitvergleich und in beschränktem Maße auch ein Betriebsvergleich, nämlich mit Betrieben derselben Art, möglich. Bedeutsam ist ferner ein Vergleich der erzielten Wirtschaftlichkeit mit einem auf Grund sorgfältiger Untersuchungen ermittelten Wirtschaftlichkeitsstandard. Aus der Formel

$$\frac{\text{Nutzen während des Zeitabschnitts } T \text{ in Mengeneinheiten}}{\text{Opfer während des Zeitabschnitts } T \text{ in Geld}}$$

folgt, daß das günstigste Verhältnis zwischen Nutzeneinheiten und Aufwand anzustreben, also ein Betrieb optimaler Größe zu verwirklichen ist. Bei einem gegebenen Betrieb ist zu prüfen, wie sich durch eine Maßnahme Nutzeneinheiten und Aufwand verändern. Die Praxis stellt in solchen Fällen meist den reziproken Wert der Wirtschaftlichkeit fest, beobachtet also z. B. nicht die Zahl der Schüler je 1000 DM Jahresaufwand, sondern den Jahresaufwand in DM je Schüler.

Fall 3 bleibt übrig, wenn der Nutzen weder in Geld noch in Mengeneinheiten zu ermitteln ist. So ist z. B. der Nutzen derjenigen Einrichtungen, die der Vertretung der auswärtigen Interessen eines Staates dienen, weder wert- noch mengenmäßig zu bestimmen, wohl aber ist der Geldaufwand meßbar. In diesem Falle kann rückschauend ein Zeitvergleich des Aufwands vorgenommen werden, auch ein Betriebsvergleich (z. B. Vergleich der Aufwendungen zweier Außenministerien verschiedener Staaten mit ihren nachgeordneten Stellen) kann, wenngleich unter starken Vorbehalten, möglich sein. Im voraus kann in diesem Falle nur die Auswirkung einer Maßnahme auf den Aufwand geprüft werden.

Außerwirtschaftliche Gesichtspunkte

Zum Schluß dieser Betrachtung über das Wesen der Wirtschaftlichkeit ist noch eine Ergänzung nötig.

Die Betriebe sollen lt. Definition ihre Aufgabe als dienende Glieder des Staates erfüllen, sie befinden sich im Schiff des Staates, nehmen an dessen Schicksal teil und sind dafür mitverantwortlich. Mit dem Dienst am Staat würde es nicht zu vereinbaren sein, wenn etwa ein öffentlicher *Haushalt* eine höhere Wirtschaftlichkeit erzielte durch unangemessene Herabsetzung der Güte der Betreuung (z. B. schlechte Unterrichtung der Schulkinder), durch unangemessene Senkung der Schnelligkeit und Terminsicherheit der Betreuung (z. B. schleppende Bearbeitung der auswärtigen Angelegenheiten) und durch Überlastung oder unzulängliche Entlohnung der Mitarbeiter, wodurch die Arbeitsfreudigkeit (innere Verbundenheit mit dem Betrieb in Verantwortungsbewußtsein und Mitdenken) sinken müßte. Bei den Haushalten muß also die Auswirkung aller auf Wirtschaftlichkeit gerichteten Maßnahmen auch auf die Güte, Schnelligkeit sowie Terminsicherheit der Betreuung und auf die Arbeitsfreudigkeit der Mitarbeiter unbedingt berücksichtigt werden.

Bei den *Unternehmen* würde die Vernachlässigung der Güte der abzusetzenden Güter und Dienste, der Schnelligkeit und Terminsicherheit der Erzeugung und des Absatzes und der Auswirkung einer Maßnahme auf die Arbeitsfreudigkeit der Mitarbeiter die Rentabilität meist auf kurze, mit großer Sicherheit aber auf längere Sicht senken. Daher erscheint es unerläßlich, auch bei diesen Betrieben die genannten Einflüsse ständig in Erwägung zu ziehen. Grundsätzlich sollen also bei allen nachfolgenden Erörterungen die A u s w i r k u n g e n a l l e r M a ß n a h m e n a u f d i e W i r t s c h a f t l i c h k e i t, G ü t e, S c h n e l l i g k e i t u n d T e r m i n s i c h e r h e i t der Aufgabenerfüllung und die A r b e i t s f r e u d i g k e i t der Mitarbeiter berücksichtigt werden.

Man findet oft die Auffassung, Unternehmen und Haushalte, insbesondere öffentliche Haushalte, seien völlig unvergleichbar; Unternehmen erstrebten größten Gewinn, öffentliche Haushalte die Verwirklichung bestimmter gesellschaftlicher Ziele. Wenn es so wäre, würde das nicht hindern, beide Betriebsarten in einer Organisationslehre gemeinsam zu behandeln, denn die Betriebsaufgaben sind für die Organisationslehre als gegeben anzusehen. Tatsächlich sind jedoch die Aufgaben beider Betriebsarten insofern gleich, als sie dem Staate, d. h. dem G e m e i n w o h l [5]) dienen sollen. Daß dies oft nicht geschieht, kann die Betriebswirtschaftslehre nicht hindern, diese Forderung unabdingbar aufzustellen, da sie, was für den Verfasser unzweifelhaft ist, zu den Staatswissenschaften gehört.

4. Wesen der Betriebsorganisation, Organisationsgrundsätze

Begriff Betriebsorganisation

Zur wirtschaftlichen Erfüllung ihrer Aufgaben bedürfen die Betriebe einer Organisation[6]). Als Betriebsorganisation kann man einerseits die Gesamtheit allgemeingültiger betriebsgestaltender R e g e l u n g e n und andererseits die T ä t i g k e i t des Organisierens, also das Nachprüfen (Begutachten), Umgestalten (Reorganisation) und Schaffen solcher Regelungen bezeichnen[7]).

---

[5]) Das Wort Alfred Krupps an die Werksangehörigen zum 25jährigen Jubiläum seiner Übernahme der Gußstahlfabrik im Februar 1873: „Der Zweck der Arbeit soll das Gemeinwohl sein, dann bringt Arbeit Segen, dann ist Arbeit Gebet", gilt für Betriebe jeder Art.

[6]) Das Wort „Organisation" kommt von dem griechischen Wort „organon" her, das Glied eines lebenden Wesens, eines Organismus, bedeutet. Das Wort Organisation weist also darauf hin, daß durch sie die Betriebsangehörigen zu lebendigen Gliedern des Betriebes gemacht werden sollen.

[7]) Wenn gelegentlich der Betrieb als Organisation bezeichnet wird, so wird ein Teil, nämlich die Organisation, für das Ganze genommen (pars pro toto).

Organisationsgrundsätze

Durch die Betriebsorganisation soll in den Betrieben auf die Dauer höchste Wirtschaftlichkeit, Güte, Schnelligkeit sowie Terminsicherheit der Aufgabenerfüllung und Arbeitsfreudigkeit der Mitarbeiter erzielt werden. Diese Forderungen widersprechen sich weitgehend, sie haben auch von Fall zu Fall verschiedenes Gewicht. Die Schwierigkeit liegt darin, sie alle zugleich in wohlabgewogenem Verhältnis zu erfüllen.

Neben diesen allgemeingültigen Grundsätzen pflegt die Betriebswirtschaftslehre für alle Teilgebiete besondere Grundsätze aufzustellen, die sich als praktisch brauchbar erweisen müssen[8]). Für die B e t r i e b s o r g a n s a t i o n gilt: *Die organisatorischen Regelungen sind aus den Betriebsaufgaben mit Rücksicht auf die Betriebsangehörigen, die Betriebsmittel und die Betriebsumwelt zu entwickeln, sie sollen als allgemeingültige, betriebsgestaltende Regelungen ein sich im Rahmen der gesetzlichen Vorschriften haltendes, klares, einfaches, angemessen strenges, zweckmäßig niedergelegtes System bilden.*

Die Betriebsorganisation — dies ist von entscheidender Bedeutung — muß aus den B e t r i e b s a u f g a b e n entwickelt *(Abbildung 1 a)*, darf also niemals Selbstzweck werden, sondern muß der Erfüllung der Betriebsaufgaben dienen, deren Wandel nach Art, Rang und Umfang sie sich in erster Linie anpassen muß. Es macht die Größe eines Unternehmenseigners, eines Managers, eines Staatsmannes und nicht zuletzt eines Feldherrn aus, daß er seinen „Betrieb" mit gebotener Schnelligkeit, also u. U. blitzschnell auf wirtschaftliche, politische und militärische Veränderungen umzustellen vermag. Grundsätzlich sind die Aufgaben für die Organisation als gegeben anzusehen. So folgen die Aufgaben der öffentlichen Haushalte aus der Wesensart des Staates, der z. B. ein sozialer Rechtsstaat sein kann.

Im allgemeinen wird die erste Aufgabe der Betriebe sein, sich zu behaupten, also der Unternehmungen auf einem wachsenden Markt, der Haushalte bei steigender Zahl der Haushaltszugehörigen. Vermindern sich allerdings die Aufgaben oder fallen sie weg, so muß auch der Betrieb verkleinert oder aufgelöst werden. Während dies bei Unternehmen durch wirtschaftliche Einflüsse alsbald erzwungen zu werden pflegt, kann es erfahrungsgemäß erhebliche Schwierigkeiten machen, eine Behörde zu verkleinern oder aufzulösen.

Gestalten die Betriebsaufgaben die Betriebsorganisation, so gehen doch auch von der Betriebsorganisation Auswirkungen auf die Betriebsaufgaben aus *(Abbildung 1 b)*. Die Betriebsorganisation kann z. B. so starr sein, daß sie Änderungen der Betriebsaufgaben vorzunehmen nicht ermöglicht oder doch sehr erschwert.

---

[8]) Zum Beispiel für den Einkauf: Er soll Belieferung in richtiger Güte, zu richtigen Terminen und zu günstigsten Preisen erreichen sowie im Rahmen der vorhandenen Mittel bleiben; oder für das Lohnwesen: der Lohn soll ein Leistungslohn und sicher und leicht auf die Kostenträger und Lohnempfänger abzurechnen sein.

Daß beim Aufbau der Betriebsorganisation auf die Erhaltung und Stärkung der Arbeitsfreude der Mitarbeiter zu achten ist, wurde bereits oben bemerkt, da es für jeden Zweig der Betriebswirtschaftslehre gilt. Es ist nun aber noch genauer die **Anpassung** der Betriebsorganisation **an die Menschen** zu behandeln *(Abbildung 1 c)*. Notwendig ist zunächst eine Anpassung an die Menschen überhaupt. Die Menschen sind zu einer bestimmten Zeit von Volk zu Volk verschieden, sie wandeln sich in jedem Volk im Laufe der Zeit. Deutlich erkennbar wandelt sich insbesondere die Moral, d. h. das Verantwortungsbewußtsein und die Verantwortungsfreudigkeit. Die Moral sinkt in Zeiten wirtschaftlicher Not, in denen viele sich mit allen Mitteln aus dem Strudel zu retten geneigt sind, sie sinkt mit dem Entschwinden der Religion, die für die meisten Menschen ein unerläßlicher fester Halt ist, sie sinkt endlich mit dem Niedergang des Sinns für die Gemeinschaften Familie, Arbeitsstelle und Staat. Die Betriebsorganisation muß diese Wandlungen berücksichtigen und ihre schädlichen Auswirkungen zu beseitigen trachten. Nicht minder wandeln sich Ausbildung und Erfahrungen der Menschen und verlangen eine Anpassung der Betriebsorganisation. Ein typisches Beispiel sind die Beamten des gehobenen Dienstes, die heute so ausgebildet werden und solche Erfahrungen sammeln, daß sie in gewissem Rahmen zu Arbeiten, die selbständige Entscheidungen höherer Art erfordern, herangezogen werden können. Während die Notwendigkeit der Anpassung der Betriebsorganisation an die Menschen überhaupt unbestritten ist, bedarf die Frage, welche Auswirkungen die Gestaltung der Betriebsorganisation nach den Persönlichkeiten oder unabhängig von den Persönlichkeiten, wie sie in einem bestimmten Betriebe vorhanden sind, hat (Verpersönlichung, Subjektivierung bzw. Entpersönlichung, Objektivierung der Organisation), besonderer Prüfung. In den privaten Unternehmen und auch Haushalten schafft sich die bedeutende Persönlichkeit ihren Arbeitsbereich selbst und teilt andere Arbeitsbereiche anderen zu. Die Betriebsorganisation ist hier oft stark persönlichkeitsgebunden. Das ist gut, wenn stets im Auge behalten wird, daß eine individuelle Betriebsorganisation vorliegt. Fällt also eine Person aus, so darf der Nachfolger nicht ohne weiteres denselben Arbeitsbereich erhalten, vielmehr muß nun wieder auf ihn ein Arbeitsbereich zugeschnitten werden. Dies setzt daher voraus, daß genügend Elastizität in der Betriebsorganisation herrscht. Geht diese verloren, so müssen sich schließlich die Arbeitsbereiche, so zweckmäßig sie früher waren, als unzweckmäßig erweisen (Niedergang durch Epigonen). Eine gewisse Entpersönlichung der Betriebsorganisation wird daher auch in einem privaten Betriebe auf die Dauer unerläßlich sein. Es entstehen auf diese Weise „Stellen", die einen bestimmten Arbeitsbereich umfassen, aber von den einzelnen Persönlichkeiten weitgehend unabhängig sind (z. B. ist in einem Warenhaus die Stelle eines Abteilungsleiters für eine bestimmte Warenart zu besetzen)[9]. Bei den öffentlichen Betrieben, insbesondere den Haushalten, pflegen die Arbeitsbereiche stärker

---

[9]) Der Begriff Stelle wird jedoch auch in weiterem Sinne gleichbedeutend mit Abteilung (Verantwortungsbereich), Kostenkomplex, ja Betrieb gebraucht (z. B., man muß sich an eine bestimmte Stelle wenden).

entpersönlicht zu sein als bei den privaten Betrieben. Bei der Vielseitigkeit und dem Umfang der Aufgaben öffentlicher Betriebe müssen jedoch auch hier die Arbeitsbereiche oft viel mehr den einzelnen Persönlichkeiten angepaßt werden, als der Uneingeweihte glaubt. Immerhin pflegen öffentliche Betriebe nicht die Elastizität der Betriebsorganisation zu besitzen wie private, so daß sich bei jenen eine größere Entpersönlichung der Betriebsorganisation ergibt und ergeben muß. Es ist daher weder in der Entpersönlichung noch in der Verpersönlichung der Betriebsorganisation allgemein das Heil zu suchen. Es kommt vielmehr darauf an, ob die oberste Leitung des Betriebes die Macht und den Willen hat, eine Verpersönlichung immer wieder durchzusetzen. Ist das der Fall, so wird eine auf die einzelnen Persönlichkeiten zugeschnittene Betriebsorganisation von größtem Segen sein, da sie den Persönlichkeiten die volle Entfaltung ihres Könnens zum Heil des Betriebes ermöglicht. In anderen Fällen wird man der Entpersönlichung den Vorzug geben müssen. Natürlich gehen beide ineinander über und finden sich auch tatsächlich überall gemischt. Der Organisierende muß diese Auswirkungen im Auge behalten, um die Betriebe richtig beraten zu können. Er muß insbesondere auch beginnende Veränderungen richtig abschätzen. Nimmt die Möglichkeit elastischer Betriebsorganisation ab, so muß er auf eine zunehmend entpersönlichte Betriebsorganisation dringen.

Die Betriebsorganisation formt aber auch die Betriebsangehörigen. Jeder, der in einen Betrieb eintritt, wird von der Organisation beeinflußt *(Abbildung 1 d)*, während er später, zumal wenn er an eine leitende Stelle gelangt, zumeist mehr die Organisation beeinflußt. Von allen Betriebsangehörigen, und zwar auch von den Leitern, muß verlangt werden, daß sie sich in die Betriebsorganisation einfügen in der Erkenntnis der Notwendigkeit guten Zusammenwirkens.

Aus der Notwendigkeit, die Betriebsorganisation den Betriebsmitteln anzupassen *(Abbildung 1 e)*, folgt, daß sie mit Rücksicht auf die Betriebsgröße zu gestalten ist[10]). Weiter hängt die Betriebsorganisation von dem Stand der wissenschaftlichen Erkenntnisse allgemein, insbesondere der Technik, ab. Es genügt wohl, auf die Auswirkungen hinzuweisen, die die Erfindung und Vervollkommnung der Büromaschinen auf die Gestaltung der Betriebsorganisation gehabt haben. Die Anforderungen der Betriebsorganisation beeinflussen jedoch auch die Betriebsmittel *(Abbildung 1 f)*, die im Einzelfalle so beschaffen sein müssen, daß sie die Durchführung der organisatorischen Regelungen ermöglichen. Die organisatorischen Bedürfnisse bringen immer wieder Betriebsmittel, z. B. Fernmeldegeräte und Datenverarbeitungsanlagen, geradezu hervor.

Die Anpassung der Betriebsorganisation an die Betriebsumwelt verlangt zunächst die Berücksichtigung der allgemeinen wirtschaftlichen, sozialen

---

[10]) Es liegt nahe, statt des Wortes Betriebsmittel das Wort Kapital zu verwenden. Der Verfasser sieht jedoch hiervon ab, da der Begriff nur bei Unternehmungen, aber nicht bei Haushalten gebräuchlich ist und bei jenen betriebswirtschaftlich zumeist im Sinne eigener Mittel gebraucht wird, während hier die Gesamtmittel gemeint sind.

und politischen Lage, ja der gesamten kulturellen und zivilisatorischen Verhältnisse der Zeit und des Staates, in dem sich der Betrieb befindet und für die er mitverantwortlich ist *(Abbildung 1 g)*. Eine grundsätzliche Änderung der wirtschaftlichen Lage, z. B. infolge eines verlorenen Krieges, wird auch Auswirkungen auf die Betriebsorganisation haben, die man zunächst den bescheideneren Verhältnissen wird anpassen müssen. Die Änderung sozialer Anschauungen kann etwa eine vermehrte soziale Betreuung und dadurch neue soziale Arbeitsbereiche hervorrufen. Auch Wandlungen politischer Art, z. B. eine steigende Hinneigung zur Demokratie, werden sich auf die Betriebsorganisation auswirken. Neben den allgemeinen sind aber auch die besonderen Verhältnisse der engeren Betriebsumwelt von großem Einfluß. So prägen der Organisation der Unternehmungen die Kundschaft sowie die Konkurrenz und der Organisation der öffentlichen Haushalte die Haushaltszugehörigen (jedoch nicht nur die guten Bürger, sondern auch die asozialen Elemente) ihre Stempel auf. Aber auch umgekehrt wirkt die Betriebsorganisation in die engere und weitere Umwelt und beeinflußt, je größer der Betrieb ist, um so mehr die Umgebung *(Abbildung 1 h)*.

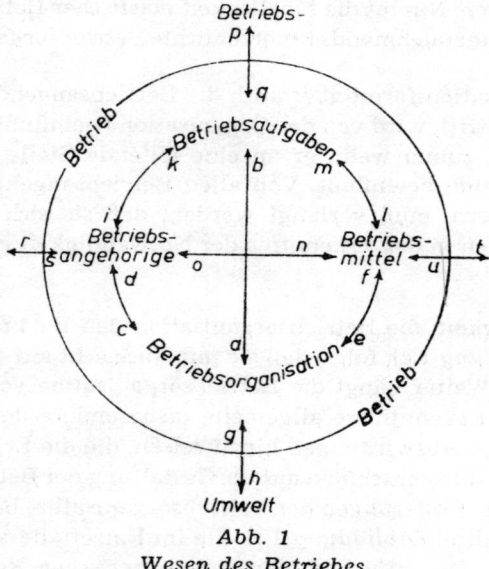

Abb. 1
Wesen des Betriebes

Die organisatorischen Regelungen sind **allgemeingültige Regelungen**. Allgemeingültig lassen sich nur in genügender Zahl auftretende gleiche Fälle oder das gleiche in ähnlichen Fällen regeln. Im Rahmen der organisatorischen Regelungen sind nun **Einzelentscheidungen** zu treffen. Dies wird, wenn es sich um einen Komplex von Fällen handelt, **planen**, wenn es sich um einzelne Fälle handelt, **disponieren** genannt. In einem Industrieunternehmen sei der Arbeitsablauf bei Eingang einer Bestellung geregelt. Hier handelt es sich um eine organisatorische Regelung. Wie aber etwa ein Ausgleich zwischen dem Streben nach gleichmäßiger Erzeugung und dem saisonmäßig schwankenden Verkauf zu erzielen ist, muß durch Planung, wie die einzelnen Aufträge in den Erzeugungsplan einzufügen sind, muß durch Disposition bestimmt werden.

Endlich werden immer Fälle, die bisher noch nicht oder seit langem nicht mehr aufgetaucht sind und für die daher keine organisatorische Regelung besteht, vorkommen. Hier muß von Fall zu Fall eine Sonderentscheidung getroffen, es muß „i m p r o v i s i e r t"[11]) werden. Wenn also in einem Industrieunternehmen der noch nicht vorgekommene Fall eintritt, daß für eine zu liefernde Anlage hierzu passende Motoren von auswärts zu beschaffen sind, so ist der Arbeitsablauf zu improvisieren, z. B. festzulegen, ob der Einkauf oder Verkauf die Beschaffung vornehmen soll. Die Grenzen zwischen Organisation, Planung, Disposition und Improvisation, die unter dem Oberbegriff Ordnen zusammengefaßt werden können, sind flüssig, sie pflegen auch in den einzelnen Betriebsteilen verschieden zu liegen. Wird ein Betrieb gegründet, so wird zunächst

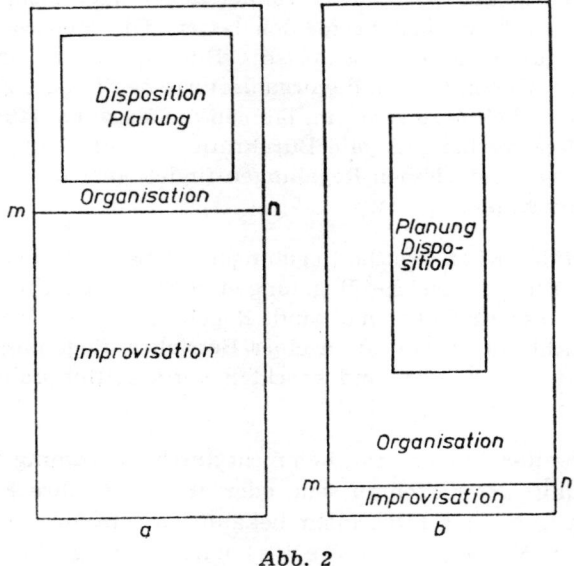

Abb. 2
*Organisation, Planung, Disposition, Improvisation schematisch
a Kurz nach Betriebsgründung; b bei eingefahrenem Betrieb*

meist weitgehend improvisiert, die Linie m—n der *Abbildung 2 a* liegt also hoch, verschiebt sich aber, je mehr organisatorisch geregelt wird, nach unten (*Abbildung 2 b*). Die organisatorischen Regelungen schaffen zunächst nur einen dünnen Rahmen, innerhalb dessen das meiste durch Disposition entschieden wird, man beginnt ferner zu planen (Abbildung 2 a). Das führt aber erfahrungsgemäß zu mannigfachen Störungen, so daß später immer mehr

---

[11]) Hervorragendes Beispiel ist die Entstehung des Roten Kreuzes.

organisatorisch geregelt wird und auch immer mehr geplant wird, während die Disposition zurücktritt. Die Frage, wie weit die Organisation gegenüber der Improvisation gehen soll, kann nur von Fall zu Fall unter Berücksichtigung des Einflusses auf Wirtschaftlichkeit, Güte, Schnelligkeit und Terminsicherheit sowie nicht zuletzt auf den Menschen beurteilt werden. Eisenbahnunglücke kommen nur selten vor, dennoch ist der im Anschluß an sie erforderliche Arbeitsablauf zu Hilfeleistung und Aufräumung organisatorisch zu regeln. Wie weit eine Regelung zweckmäßig durch Organisation und wie weit sie durch Planung und Disposition erfolgen soll, hängt wiederum von dem besonderen Fall ab. Man muß also prüfen, wie durch eine Erweiterung oder Einengung organisatorischer Regelungen Wirtschaftlichkeit, Güte, Schnelligkeit und Terminsicherheit beeinflußt werden und wie sie auf den Menschen wirken (Bindung und Freiheit).

In einer Zeit, in der durch zunehmende Bevölkerungsdichte und unaufhörlichen technischen Fortschritt die gegenseitige Abhängigkeit der Menschen steigt, wird sich eine Vermehrung organisatorischer Regelungen insbesondere s e i t e n s   d e s   S t a a t e s nicht vermeiden lassen. Die Menschen sollten einsehen, daß sie nur durch organisatorische Bindungen zur wahren Freiheit gelangen können. Gehen freilich die organisatorischen Regelungen zu weit, so engen sie die Mitarbeiter zu sehr ein, lähmen die Verantwortungsfreudigkeit und erzeugen jene verhängnisvolle Bürokratie, die ihr Genüge in formeller Erfüllung der organisatorischen Regelungen findet, aber die eigentlichen Betriebsaufgaben nicht mehr sieht.

Es kommt nicht darauf an, welche Regelungen formell bestehen, also auf dem Papier stehen, sondern welche Regelungen wirklich beachtet werden und daher b e t r i e b s g e s t a l t e n d sind. Regelungen, die niemand beachtet, gehören also nicht zur Organisation eines Betriebes, Regelungen, von denen zu vermuten ist, daß sie niemand beachten wird, sollten daher unterlassen werden (Regelungen, ut aliquid fiat).

Organisatorische Regelungen brauchen nicht durch Anordnung oder ausdrückliche Übereinkunft geschaffen zu sein, oder es braucht ihre Entstehung den Menschen im allgemeinen nicht mehr bekannt zu sein, da sie sich historisch entwickelt haben. Es können also G e w o h n h e i t s r e g e l u n g e n (Übung, Brauch, Sitte) entstanden sein, die erfahrungsgemäß oft am festesten haften und am sorgfältigsten beachtet werden. Wo Übung, Brauch und Sitte die erforderlichen Regelungen getroffen haben, sollte bei der Schaffung organisatorischer Regelungen nur mit aller Vorsicht verfahren werden (keine Reglementierungssucht).

Die Betriebsorganisation wurde oben als die Gesamtheit von Regelungen definiert, sie soll aber ein S y s t e m   v o n   R e g e l u n g e n sein. Das trifft nur zu, wenn die Regelungen völlig aufeinander abgestimmt sind, was jedoch praktisch niemals erreicht wird. Da die Fortentwicklung der Betriebsorganisation vielfach nur so erfolgen kann, daß an gewissen Stellen neue Ideen einströmen (Evolution im Gegensatz zu völligem Bruch durch Revolution), braucht das Nichtzusammenklingen der organisatorischen Regelungen nicht unbedingt ein Nachteil zu sein. Dennoch muß grundsätzlich verlangt werden, daß die allgemeingültigen Regelungen in sich widerspruchsfrei sind, also ein System bilden. Die Systematik ist besonders gefährdet durch Ergänzungen oder Abänderungen. Hat man sich mit diesen eine Zeitlang beholfen, so empfiehlt es sich, die Regelungen neu zu fassen und ihre Übereinstimmung sicherzustellen. Weiter aber müssen die organisatorischen Regelungen in bestimmten Zeitabständen daraufhin überprüft werden, ob sie noch zweckvoll und notwendig sind, damit sie gegebenenfalls abgeändert oder außer Kraft gesetzt werden.

Soweit gesetzliche Vorschriften für die Organisation bestehen, müssen sie beachtet werden. Das gilt zunächst für das Privatrecht. Rahmenvorschriften für die Organisation der Vereine finden sich im BGB, für die Organisation der Einzelfirmen und Personalgesellschaften im HGB, für die Organisation der Aktiengesellschaften und Kommanditgesellschaften auf Aktien im Aktiengesetz, für die Organisation der Gesellschaften mit beschränkter Haftung im GmbH-Gesetz, für die Organisation der Genossenschaften im Genossenschaftsgesetz usw. Einen Übergang vom Privatrecht zum öffentlichen Recht stellt das Arbeitsrecht dar, in dem durch den Ausbau eines öffentlichen Tarif- und Arbeitsvertragsrechts der Einfluß nicht nur des gesetzgebenden, sondern auch des verwaltenden Staates bestimmend geworden ist. Auch das Arbeitsrecht enthält daher zahlreiche organisatorische Regelungen. Im öffentlichen Recht regelt das Staatsrecht die Verfassung (Verfassungsrecht) und Verwaltung(Verwaltungsrecht) des Staates. Ein weiterer wichtiger Teil des öffentlichen Rechts ist das die Arbeitsgliederung der Gerichte regelnde Gerichtsverfassungsrecht (GVG) und das den Arbeitsablauf der Prozesse regelnde Prozeßrecht (ZPO, StPO). Alle diese Gesetze binden den Organisierenden im gewissen Umfang.

Die Forderung der Klarheit besagt, daß die Regelungen in einem einwandfreien Stil abgefaßt sein sollen, damit sie denen, die sie zu befolgen haben, verständlich sind, und daß sie übersichtlich sein sollen, damit sie schnell aufgefaßt werden können. Zur Klarheit gehört ferner, daß die Kompetenzen (Zuständigkeiten, die Befugnisse und Verpflichtungen begründen) der Stellen und Personen in sachlicher Hinsicht und gegebenenfalls unter räumlicher und zeitlicher Begrenzung festgelegt sind.

Die Regelungen sollen ferner so einfach sein, daß sie von denen, die sie handhaben sollen, befolgt werden können und auch befolgt werden, weil nicht zu große Anforderungen an die Überwindung ihrer Unlust oder Trägheit gestellt werden.

Die organisatorischen Regelungen sollen von angemessener Strenge sein. Man kann zwischen Muß-, Soll- und Kannregelungen unterscheiden. Mußregelungen sind am einfachsten zu handhaben, da sie keine Ausnahmen zulassen. Soll- und Kannregelungen passen sich dem Leben besser an, sind jedoch weit schwieriger zu handhaben, da sie ein Abwägen und Ermessen zu verlangen pflegen, also eine höhere Verantwortung begründen. Man kann unterscheiden

Organisatorische Grundregelungen (Verfassungen, auch z. B. einer AG, Gesetze, Verordnungen),

Satzungen, Statuten (Gesellschaftsverträge, Genossenschaftsverträge, Satzungen öffentlich-rechtlicher Körperschaften und privater Vereinigungen),

Verwaltungsvorschriften (Geschäftsordnungen, Geschäftsanweisungen, Dienstanweisungen, Geschäftsverteilungspläne usw.).

In dieser Reihenfolge drückt sich zugleich eine Rangfolge aus, d. h. die Grundregelungen gehen den Satzungen und diese den Verwaltungsvorschriften vor. Das prägt sich auch dadurch aus, daß Abänderungen der Regelungen um so schwieriger sind, je höher ihr Rang ist.

Desorganisation, Überorganisation

Die obigen Grundsätze dürften noch klarer werden, wenn man sich vergegenwärtigt, was unter Desorganisation (mangelhafte Organisation, Mißorganisation) und was unter Über- (bzw. Unter-) Organisation, die besondere Fälle von Desorganisation darstellen, zu verstehen ist.

D e s o r g a n i s a t i o n (ohne Über- und Unterorganisation) liegt vor, wenn einer oder mehrere der folgenden Grundsätze verletzt sind:

die organisatorischen Regelungen sind nicht aus den Betriebsaufgaben entwickelt;

sie berücksichtigen ungenügend die Menschen der Zeit und des Landes und die im Betrieb vorhandenen Menschen;

sie nehmen zu wenig Rücksicht auf die Betriebsmittel, wie sie dem Betrieb im allgemeinen und im besonderen zur Verfügung stehen;

sie würdigen zu wenig die allgemeine (Zeit und Land) und die besondere Umwelt des Betriebes;

sie sind im hohen Maße widerspruchsvoll;

sie halten sich nicht im Rahmen der gesetzlichen Vorschriften;

sie sind unklar;

sie sind zu verzwickt.

Ü b e r o r g a n i s a t i o n (entsprechendes gilt für Unterorganisation) liegt vor, wenn einer oder mehrere der folgenden Grundsätze verletzt sind:

es ist zuviel organisatorisch geregelt, so daß einerseits der Disposition im Rahmen der Organisation und (oder) andererseits der Improvisation ein zu geringer Spielraum verbleibt;

es sind organisatorische Regelungen eingeführt, die niemand oder zu wenige beachten;

die geschaffenen organisatorischen Regelungen gehen zu weit, es ist also nicht berücksichtigt, daß Übung, Brauch und Sitte für die erforderlichen Regelungen genügt hätten;

die organisatorischen Regelungen sind zu streng (zu viele Mußvorschriften); es ist zuviel schriftlich geregelt.

Überorganisation und Unterorganisation können in einem Betrieb *zugleich* vorhanden sein, also in einem Teil Überorganisation, in einem anderen Teil Unterorganisation. Überorganisation kann leicht in Unterorganisation umschlagen und umgekehrt (überhastete Entschlüsse, etwas zu zerschlagen, z. B. weil das Geld knapp ist, oder etwas zu verfeinern, weil sich Mängel gezeigt haben).

Gesamtcharakteristik eines Betriebes

Es sind jedoch nicht nur Beziehungen der Betriebsaufgaben, der Betriebsangehörigen, der Betriebsmittel und der Betriebsumwelt zur Betriebsorganisation und umgekehrt vorhanden, sondern es bestehen auch Beziehungen zwischen den Betriebsaufgaben, den Betriebsangehörigen, den Betriebsmitteln und der Betriebsumwelt, die zu erkennen für den Organisierenden notwendig ist. Bedeutsam sind zunächst die Beziehungen zwischen den B e t r i e b s - a u f g a b e n und den B e t r i e b s a n g e h ö r i g e n *(Abbildung 1 i, k)*. Einer oder wenige Betriebsangehörige setzen zunächst die Betriebsaufgaben. Später aber wandeln sich die Betriebsaufgaben nicht nur fortwährend unter dem Einfluß insbesondere leitender Betriebsangehöriger, sondern formen auch die Betriebsangehörigen. Die Betriebsaufgaben führen dann als Tradition ein Eigenleben, in dem die „Spur der Erdentage" aller früheren bedeutenden Betriebsangehörigen in Erscheinung tritt. Was die Beziehungen zwischen B e t r i e b s a u f g a b e n und B e t r i e b s m i t t t e l n anlangt *(Abbildung 1 l, m)*, so bedingen ursprünglich die Betriebsaufgaben ein bestimmtes Mindestmaß von Betriebsmitteln. Wachsen später durch günstige Entwicklung des Betriebes (Gewinne der Unternehmen, Erhöhung der Steuerkraft der Betreuten) die Mittel, so erlauben sie die Inangriffnahme größerer oder zusätzlicher Aufgaben. Weiter wirken auch die B e t r i e b s a n g e h ö r i g e n und die B e t r i e b s m i t t e l aufeinander ein *(Abbildung 1 n, o)*. Die Gestaltung der Betriebsmittel ist Sache der Betriebsangehörigen, aber diese werden durch Fülle oder Enge, Zweckmäßigkeit oder Unzweckmäßigkeit, Ordnung oder Unordnung und Schönheit oder Häßlichkeit der Betriebsmittel wiederum erheblich beeinflußt. Endlich bringt vielfach die B e t r i e b s u m w e l t in obigem weiteren und engeren Sinne die Betriebsaufgaben hervor und formt die Betriebsangehörigen und die Betriebsmittel, aber diese wirken auch in die Betriebsumwelt zurück *(Abbildung 1 p, q, r, s, t, u)*. So kann eine Gemeinde sich um die Ansiedlung von Industrieunternehmen bemühen, die später die Gemeinde stark umformen.

Der Betrieb ist also charakterisiert durch:

die Betriebsaufgaben, *die Betriebsorganisation und*
die Betriebsangehörigen, *die Betriebsumwelt.*
die Betriebsmittel,

Einseitigkeit ist, zu glauben, der Betrieb sei gleichbedeutend mit den **Aufgaben**, den Ideen. Gewiß ist z. B. der große Gedanke genossenschaftlicher Selbsthilfe „Vater" Raiffeisens das tragende Gerüst aller Genossenschaften, das ihre Verbreitung über die ganze Welt bewirkt hat, aber die Ideen sind doch nur das Fundament des Betriebes. Auch die **Betriebsangehörigen** allein sind nicht der Betrieb, insbesondere nicht die lebenden Menschen, auch die großen Toten des Betriebes wirken weiter. Erst recht sind die **Hilfsmittel** nicht der Betrieb. Mögen schöne Schiffe der Stolz einer Reederei sein, sie sind nur wertvoll, wenn sie von Seefahrergeist geführt, mit tüchtigen Seeleuten bemannt und in eine gute Organisation eingefügt sind. Die **Betriebsorganisation** ist die vierte den Betrieb tragende Säule. Auch sie allein ist nicht der Betrieb; nur zum Unheil des Betriebes würde sie die Betriebsaufgaben, die Menschen und die Mittel beherrschen, aber sie ist unerläßlich, denn sie gibt der Erfüllung der Aufgaben durch die mit den Betriebsmitteln ausgerüsteten Betriebsangehörigen die unerläßlichen Regelungen. Endlich ist auch die **Betriebsumwelt**, das Milieu, nicht allein der Betrieb, so eng sie auch miteinander verknüpft sein mögen[12]).

5. Wesen der betriebswirtschaftlichen Organisationslehre, Stoffeinteilung in diesem Werk

In diesem Werk versucht der Verfasser, eine allgemeine betriebswirtschaftliche Organisationslehre aufzubauen. Als Teil der allgemeinen Betriebswirtschaftslehre will die betriebswirtschaftliche Organisationslehre **Grundsätze**

---

[12]) Auch der Staat kann als Betrieb im Sinne der Betriebswirtschaftslehre aufgefaßt werden. Damit wird keine Aussage über das Wesen des Staates gemacht, die nach Ansicht des Verfassers nur philosophisch möglich ist. Es wird lediglich behauptet, daß auch der Staat einer betriebswirtschaftlichen Betrachtung unterzogen werden kann. Nach der Staatslehre sind für einen Staat erforderlich ein Staatsvolk, ein Staatsgebiet und eine Staatsgewalt. Aus Abb. 1 ergibt sich, daß der Staat charakterisiert ist durch die Aufgaben, die er sich stellt — er kann z. B. ein sozialer Rechtsstaat sein —, durch die Staatsangehörigen (Staatsvolk), die Staatsmittel, die Staatsorganisation und die Staatsumwelt. Der Begriff Staatsmittel ist weiter als der Begriff Staatsgebiet, er umfaßt insbesondere auch die auf dem Staatsgebiet vorhandenen Anlagen und Vorräte, z. B. der Landwirtschaft, des Bergbaues, der Industrie, der Verkehrsunternehmungen und der öffentlichen Haushalte. Ferner ist auch der Begriff Staatsorganisation weiter als der der Staatsgewalt, denn er umfaßt außer der Gesetzgebung und Vollziehung (Rechtsprechung, Regierung, Verwaltung) auch Bräuche und Sitten, die nach ungeschriebenen Gesetzen das Verhalten der Staatseinwohner und insbesondere der Staatsfunktionäre zum Staate bestimmen. Endlich gehört auch die Staatsumwelt (Freunde und Feinde) zum Wesen des Staates. Daher kann die betriebswirtschaftliche Organisationslehre der Staatslehre nach Ansicht des Verfassers Anregungen geben, wie sie auch deren Ergebnisse zu verwerten sich bemühen muß.

und Verfahren für eine die Forderungen der Wirtschaftlichkeit, Güte, Schnelligkeit sowie Terminsicherheit und Erhaltung der Arbeitsfreude erfüllende Organisation von Betrieben jeder Art entwickeln. Da sowohl zwischen den Teilen der allgemeinen Betriebswirtschaftslehre untereinander als auch zwischen den Teilen der allgemeinen Betriebswirtschaftslehre und den besonderen Betriebswirtschaftslehren ständig Wechselwirkungen stattfinden, empfängt auch die betriebswirtschaftliche Organisationslehre von den anderen Teilen der allgemeinen Betriebswirtschaftslehre und den besonderen Betriebswirtschaftslehren Anregungen, wie sie auch diese befruchtet. So pflegen z. B. in der Lehre vom *Rechnungswesen* weitgehend organisatorische Fragen behandelt zu werden, ohne daß dieses immer den Bearbeitern zum Bewußtsein kommt (z. B. Abgrenzung der Aufgaben der Geschäftsbuchhaltung und der Betriebsbuchhaltung; starker Einfluß auf die Arbeitsgliederung bei Anwendung der pretialen Betriebslenkung[13]). Von den besonderen Betriebswirtschaftslehren hat wohl die *Betriebswirtschaftslehre der Industrie* die meisten Bausteine für die betriebswirtschaftliche Organisationslehre geliefert. Entsprechend hat von den Betriebswissenschaften die *Industriebetriebswissenschaft* (Taylor, Fayol) die Organisationslehre am meisten befruchtet. Enge Beziehungen bestehen ferner zwischen der betriebswirtschaftlichen Organisationslehre und der *Arbeitswissenschaft* (Arbeitstechnologie, Arbeitspsychologie, Arbeitssoziologie, Arbeitspädagogik[14]).

Die Bezeichnung betriebswirtschaftliche Organisationslehre legt die Frage nahe, ob es noch andere, d. h. auf anderen Wissenschaften beruhende Organisationslehren gibt. Von Juristen ist eine *Verwaltungslehre für öffentliche Haushalte* erarbeitet worden. Da der Verfasser diese Betriebe in seine Darstellung einbezieht, hat er Ergebnisse dieser Verwaltungslehre, soweit sie vom betriebswirtschaftlichen Standpunkt organisatorisch bedeutungsvoll sind, zu berücksichtigen versucht[15]).

Da das Wort Organisation, wie bereits oben dargelegt, im doppelten Sinne gebraucht wird, ist darzustellen, wie die Organisation b e s c h a f f e n sein muß und wie von den Organisierenden zu o r g a n i s i e r e n ist.

---

[13]) K. Bender, Pretiale Betriebslenkung, Essen 1951.
[14]) Kurzdarstellung bei O. Graf, Arbeitswissenschaft, Handwörterbuch der Betriebswirtschaft, 3. Aufl., Stuttgart 1956, S. 248 ff., Literaturangaben.
[15]) H. Peters, Lehrbuch der Verwaltung, Berlin, Göttingen, Heidelberg 1949; E. Forsthoff, Lehrbuch des Verwaltungsrechts, 8. Aufl., München und Berlin 1961; H. J. Wolff, Verwaltungsrecht II, München und Berlin 1962; P. Meyer, Verwaltungsorganisation, Übers. aus dem Dänischen von E. Schuhmacher, Göttingen 1963; Handbuch der Kommunalen Wissenschaft und Praxis, herausgegeben von H. Peters: 1. Bd. Kommunalverfassung, Berlin, Göttingen, Heidelberg 1956; 2. Bd. Kommunale Verwaltung, Berlin, Göttingen, Heidelberg 1957; 3. Bd. Kommunale Finanzen und Kommunale Wirtschaft, Berlin, Göttingen, Heidelberg 1959.

II. Die Arbeitsgliederung

1. Überblick

Damit die Betriebsaufgaben erfüllt werden können, müssen sie unterteilt werden. Durch die Aufgabenteilung entstehen Teilaufgaben. Zunächst ist daher die Aufgabenteilung zu behandeln.

In einem Betrieb, der nur aus *einer Person* besteht, müssen alle Teilaufgaben von dieser übernommen werden, was nur so möglich ist, daß ihre Erfüllung auf verschiedene Zeiten gelegt wird. Es wird daher zweckmäßig ein Besetzungsplan für diese Person aufgestellt, der die Erfüllung der Teilaufgaben in Abhängigkeit von der Zeit angibt (vgl. S. 94).

Die Erfüllung umfassenderer Teilaufgaben ist nur durch *mehrere Personen* möglich. Die Übertragung an diese muß so erfolgen, daß sie als dienende Glieder des Betriebes zusammenarbeiten, es handelt sich also um eine *Arbeitsgliederung*. Vom betriebsorganisatorischen Standpunkt aus sind drei Fälle zu behandeln:

a) Über einer Reihe von Personen waltet ein Leiter *(Abbildung 3 a,* z. B. Handwerksbetrieb).

b) Es hat eine Abteilungsbildung stattgefunden *(Abbildung 3 b,* z. B. Fabrikbetrieb).

c) Mehrere Verbundbetriebe, innerhalb deren je eine Abteilungsbildung stattgefunden hat, sind in einem Betriebsverbund über- und nebeneinander geordnet *(Abbildung 3 c,* z. B. Ministerium mit nachgeordneten Behörden).

Der Fall b umfaßt mehrere Arbeitsgliederungen des Falles a, die als Abteilungen parallel geschaltet und durch eine Instanzenfolge zusammengefaßt sind. Die Fälle a und b werden nachfolgend zusammen behandelt. Im Falle c ist eine Arbeitsgliederung zunächst für die Gesamtheit der über- und nebeneinander geschalteten Betriebe, also für den Betriebsverbund und sodann für jeden einzelnen Verbundbetrieb notwendig. Sonach ergeben sich folgende Abschnitte: Nach den Ausführungen über die „Aufgabenteilung" folgen „Arbeitsgliederung im Betrieb" und „Arbeitsgliederung im Betriebsverbund".

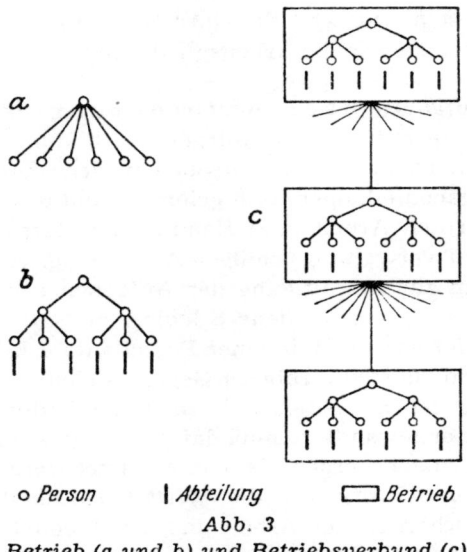

o *Person* | *Abteilung*   ▭ *Betrieb*
Abb. 3
Betrieb (a und b) und Betriebsverbund (c)

2. Aufgabenteilung

Die Aufgabenteilung, durch die Teilaufgaben entstehen, dient zur Arbeitsgliederung. An die Arbeitsgliederung sind folgende **Anforderungen** zu stellen: Durch sie soll höchste Wirtschaftlichkeit, Güte, Schnelligkeit sowie Terminsicherheit der Arbeit und Arbeitsfreudigkeit der Mitarbeiter erzielt werden.

Von der Industrie, die in den entwickelten Ländern die größte Zahl von Mitarbeitern beschäftigt, konnte die Organisationslehre lernen, daß man die Aufgaben nach Verrichtungen (Arten der Arbeit) und nach Objekten teilen kann. Faßt man beide Teilungsgrundsätze entsprechend weit, so sind sie allgemein verwendbar. Man kann also die **Aufgaben teilen**

nach Verrichtungen und im besonderen

nach für die Verrichtungen erforderlichen Anforderungen **an die** Bearbeiter,

nach für die Verrichtungen verwendeten Betriebsmitteln,

nach Arbeitsabschnitten der Verrichtungen,

nach Verrichtungen zur Erfüllung unmittelbarer und mittelbarer Teilaufgaben;

nach Objekten und im besondern

nach Sachen,
nach Personen,
nach Begriffen,
nach Gebieten bzw. Orten.

Es wird zu prüfen sein, wie weit die einzelnen Aufgabenteilungsgrundsätze den obigen Anforderungen an die Arbeitsgliederung entsprechen.

Die Teilung der Aufgaben nach **Anforderungen an die Bearbeiter** stellt die Ausnutzung der Anlagen, Ausbildung, Übung und Erfahrung der die Arbeit ausführenden Personen in den Vordergrund. Typische Beispiele sind Aufgabenteilungen nach gelernter und ungelernter Arbeit und innerhalb der gelernten Arbeit nach Handwerken, ferner nach technischer, kaufmännischer und verwaltungsmäßiger Ausbildung, endlich nach Wissenschaften, deren man zur Bewältigung der Aufgaben bedarf. Arbeiten einer bestimmten Art können verschiedene Schwierigkeitsgrade haben oder verschiedene Güten erfordern (z. B. in einer Porzellanfabrik Herstellen von Gebrauchsporzellan und kunstgewerblichen Gegenständen), so daß auch hierdurch verschiedene Teilaufgaben entstehen. Wird dieser Teilungsgrundsatz mehrfach hintereinander angewandt, so muß dafür gesorgt werden, daß die Anforderungen immer geringer werden. Es darf erwartet werden, daß die Teilung nach Anforderungen günstig auf die Wirtschaftlichkeit, Güte, Schnelligkeit sowie Terminsicherheit der Arbeit und die Arbeitsfreudigkeit der Mitarbeiter wirkt, denn ein Fachmann wird eine Arbeit wohl am wirtschaftlichsten, besten, schnellsten, terminsichersten und mit größter Freudigkeit leisten. Das gilt freilich nur dann, wenn die Aufgabenteilung nicht zu weit geht, was in einer Zeit, in der sich die Berufe immer mehr auffächern, durchaus zu befürchten ist. Eine zu weitgehende Aufteilung nach Anforderungen kann die Wirtschaftlichkeit und Güte der Arbeit senken, da der Gesichtskreis der Bearbeiter zu eng wird, sie kann auch die Abwicklung verlangsamen und terminunsicherer gestalten, da zu viele Bearbeiter eingeschaltet werden müssen, sie kann endlich die Arbeitsfreudigkeit herabmindern, da der einzelne sich zu sehr als winziges Rädchen einer großen Maschinerie fühlt und unter dem Mangel an ihm auferlegter Verantwortung leidet.

Die Aufgabenteilung **nach verwendeten Arbeitsmitteln** (Maschinen, Geräten, Werkzeugen u. dgl.) kann der vorigen Aufgabenteilung gleichkommen. Wird z. B. die Fertigung in einer Gießerei nach Former-, Kernmacher-, Putzerarbeiten usw. aufgeteilt, so wird nach Anforderungen an die Bearbeiter, zugleich aber nach Arbeitsmitteln unterteilt. Der Grundsatz der Aufgabenteilung nach verwendeten Arbeitsmitteln wird jedoch auch selbständig angewandt, z. B. in der Industrie bei Aufteilung nach Vierspindelautomatenarbeiten und Einspindelautomatenarbeiten und bei einem Nahverkehrsunternehmen nach Straßenbahn, Autobus- und Obusbetrieb. Die Schwierigkeiten der Bedienung von Datenverarbeitungsmaschinen haben dazu geführt, daß die von ihnen durchzuführenden Arbeiten allenthalben abgesondert wurden. Die Anwendung dieses Grundsatzes hat im allgemeinen eine Gütesteigerung zur Folge, da man die Arbeitsmittel genau kennenlernt. Auch die Kosten, insbesondere die Instandhaltungskosten, pflegen günstig beeinflußt zu werden. In der Industrie kann die Schnelligkeit abnehmen, da die zu bearbeitenden Gegenstände immer wieder in die entsprechenden Arbeitsstätten wandern müssen (daher Durchbrechung dieses Grundsatzes bei der Fließarbeit); dasselbe dürfte für die Terminsicherheit gelten.

Die Teilung nach **Arbeitsabschnitten** kommt darauf hinaus, daß man an gewissen Stellen des Arbeitsablaufs, d. h. des zeitlichen Hinter- und Nebeneinanders der Arbeiten, Einschnitte vornimmt. In *Abbildung 4* sind je zwei Einschnitte vorgenommen, wodurch drei Arbeitsabschnitte entstehen. Die Schnitte müssen an natürliche Haltepunkte des Arbeitsablaufs gelegt werden. An diesen stockt der Arbeitsablauf und kommt erst wieder durch einen Anstoß in Gang, wie in dem Kapitel Arbeitsablauf, S. 82, noch genauer auseinandergesetzt wird. Wenn die Anforderungen an die Bearbeiter oder wenn die Arbeitsmittel in den Arbeitsabschnitten wesentlich verschieden sind, so liegen zugleich die bereits behandelten Aufgabenteilungsgrundsätze vor. Durch die Aufgabenteilung nach diesem Grundsatz kann die Güte gehoben werden, da sich die Bearbeitungen auf engere Arbeitsfolgen beziehen. Die Kostenfrage muß im einzelnen Fall geprüft werden. Bei *Abbildung 4a* werden hintereinandergeschaltete, bei *Abbildung 4b* teils hinter-, teils nebeneinandergeschaltete Arbeitsglieder vorbereitet. Hieraus ergibt sich die Einwirkung auf die Schnelligkeit und Terminsicherheit der Arbeitsabwicklung. Eine Aufgabenteilung nach Arbeitsabschnitten ist oft so möglich, daß Vorbereitung, Durchführung und Nachprüfung geschieden werden. Die meisten Arbeiten verlangen eine gewisse Vorbereitung (z. B. Einstellen einer Arbeits- oder Büromaschine, Studium von Gesetzen, Verordnungen, Bestimmungen, auch Literatur) und eine Nachprüfung der Ordnungsmäßigkeit. Werden diese aber von den Durchführenden bewirkt, so ist eine Absonderung nicht erforderlich. Die Vorbereitung kann jedoch von solcher Bedeutung und von solchem Umfang sein, daß sie als Planung eine besondere Teilaufgabe darstellt. Auch die Nachprüfung kann sich als Revision von der Durchführung absetzen und eine selbständige Teilaufgabe sein. Planung und Revision sollen die Wirtschaftlichkeit, Güte, Schnelligkeit und Terminsicherheit vor- und nachschauend sicherstellen.

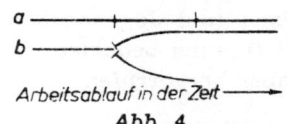

Abb. 4
Aufgabenteilung nach Arbeitsabschnitten

Die Teilung nach **unmittelbaren und mittelbaren Teilaufgaben** begründet sich wie folgt. Die unmittelbaren Teilaufgaben entstehen durch die eigentlichen Betriebsaufgaben. Damit diese erfüllt werden können, sind weitere Teilaufgaben zu erfüllen, wodurch zur Erfüllung der Betriebsaufgaben mittelbar beigetragen wird. Eine scharfe Grenze ist zwischen unmittelbaren und mittelbaren Teilaufgaben nicht immer zu ziehen. Bezeichnet man es als Aufgabe der Industrie, aus Roh- und Hilfsstoffen Fertigerzeugnisse herzustellen und sie zu verkaufen, so entstehen die unmittelbaren Teilaufgaben Einkauf, Erzeugung und Verkauf. Definiert man es als Aufgabe der Industrie, unter Einsatz von Kapital und Menschen aus Roh- und Hilfsstoffen Fertigerzeugnisse herzustellen und sie zu verkaufen, so entstehen die weiteren unmittelbaren Teilaufgaben Finanzierung und Personalwesen. Die praktische Bedeutung der Trennung von unmittelbaren und mittelbaren Teilaufgaben liegt darin, daß hierdurch eine Arbeitsgliederung vorbereitet wird, bei der sich bestimmte Personen unter Entlastung von mittelbaren Teilaufgaben nur den eigentlichen Betriebsaufgaben widmen, was deren Erfüllung in jeder Hinsicht (Wirtschaftlichkeit, Güte, Schnelligkeit und Terminsicherheit der Arbeit, Arbeitsfreudigkeit der Mitarbeiter) zu fördern gegeignet ist. Typische mittelbare Teilaufgaben pflegen das Rechnungswesen der Unternehmen bzw. das Haushalts-, Kassen- und Rechnungswesen der öffentlichen Haushalte zu sein. Das Wesen der mittelbaren Teilaufgaben wird auf S. 47 ff. noch eingehend erörtert werden.

Nunmehr werde die Aufgabenteilung *nach Objekten* **behandelt.**

Eine Aufgabenteilung n a c h S a c h e n (Erzeugnissen) ist aus der Fließerzeugung der Industrie bekannt. Es war eine Tat, als man von der nach Verrichtungen unterteilten Erzeugung zu der Erzeugung nach Objekten überging und sich getraute, neben eine Bohrmaschine, eine Drehbank, eine Fräsmaschine, Hobelmaschine usw. zu stellen, die ein bestimmtes Teil zu bearbeiten haben. Die Aufteilung der Erzeugung nach Objekten (Sachen) ist jedoch in der Industrie praktisch niemals rein durchgeführt, es gibt also immer auch nach Verrichtungen zusammengefaßte Arbeitsvorgänge, z. B. Gießen bei der Automobilerzeugung, Stanzen bei der Herstellung von Radioapparaten. Die Fließerzeugung ist auf S. 91 genauer behandelt.

Die Aufteilung nach Sachen ist ferner bedeutsam für den Handel, bei Warenhäusern z. B. pflegen die Verkaufsaufgaben nach Textilien, Hartwaren und Lebensmitteln und im einzelnen noch weiter aufgeteilt zu sein.

Eine Aufteilung n a c h P e r s o n e n ist z. B. möglich nach Angestellten und Arbeitern, nach Erwachsenen und Jugendlichen, auch können bestimmte Gruppen, die besonderer Betreuung bedürfen, wie z. B. Schwerbeschädigte, Vertriebene usw., Teilaufgaben hervorrufen.

Ein Beispiel für eine Aufgabenteilung n a c h B e g r i f f e n ist die Teilung nach Steuerarten, die in den Unterbehörden (Finanzämtern, Zollämtern für Verbrauchsteuern), weitergehend in den Mittelbehörden (Oberfinanzdirektionen) und am weitesten gehend in den Oberbehörden (Landesfinanzministerien, Bundesfinanzministerium) durchgeführt ist.

Die Aufgabenteilung n a c h G e b i e t e n b z w. O r t e n ist nur dann eine Aufteilung nach Objekten, wenn die Arbeit im wesentlichen dieselbe ist. Das wird für das Inland zutreffen. Werden jedoch z. B. die Verkaufsaufgaben nach Inland und Ausland getrennt, so dürfte eine Aufteilung nach Verrichtungen, und zwar Anforderungen an die Bearbeiter vorliegen, da der Export besondere Kenntnisse und Erfahrungen verlangt. Die geographische Aufteilung begünstigt die Güte der Arbeit, indem die Bearbeiter in bestimmten Gegenden heimisch werden, wodurch sich ihre Arbeitsfreude zu heben pflegt, und kann bei geeigneter Anwendung auch insbesondere die Verkehrskosten verringern.

Endlich seien noch einige bei der Aufgabenteilung zu berücksichtigende Momente behandelt, die sich aus praktischen Erwägungen ergeben.

Die Erfüllung einer Teilaufgabe verlangt nur in seltenen Fällen eine gleichmäßige oder annähernd gleichmäßige Arbeitsleistung[1]), in den meisten Fällen schwanken die benötigten Arbeitsleistungen. Sind die Schwankungen einigermaßen periodisch, so kann man die Arbeitsleistungen in einen gleichbleibenden und in einen periodisch schwankenden Teil trennen, innerhalb des schwankenden Teils können die Schwankungen gleichmäßig oder ungleichmäßig sein *(Abbildungen 5, a, b)*. Für die Abwicklung der Arbeit ist es natürlich weniger günstig, wenn die Schwankungen ungleichmäßig sind. Am ungünstigsten sind aber aperiodisch stark wechselnde Leistungen *(Abbildung 5 c)*. Zu berücksichtigen ist ferner, ob die Arbeitsleistungen scharf oder weniger scharf terminiert sind (erzwungene oder selbst gesetzte Termine). Die Erfassung der Leistungskurven, die die Erfüllung der Teilaufgaben hervorruft, ermöglicht, die Leistungsspitze für eine Teilaufgabe in das Leistungstal einer anderen Teilaufgabe zu legen, wodurch insbesondere der Wirtschaftlichkeit gedient wird. Es kann vorkommen, daß eine Teilaufgabe hierfür geradezu gesucht wird. Der Bau von Maschinen für eine im Sommer arbeitende Industrie z. B. verlangt als Ergänzung den Bau von Maschinen für eine im Winter arbeitende Industrie.

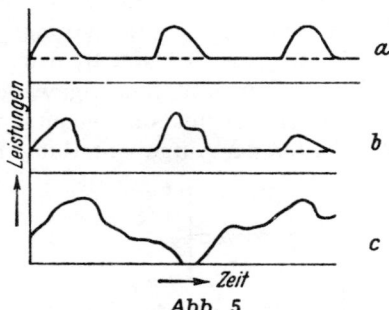

Abb. 5
Durch verschiedene Teilaufgaben hervorgerufene Leistungskurven

Neben den zeitlichen können auch die räumlichen Anforderungen der Teilaufgaben besondere Berücksichtigung verlangen. Beispiele sind eine Arbeit mit schweren Maschinen, die Unterbringung im Erdgeschoß erfordern, und eine Arbeit mit starkem Publikumsverkehr, die in der Nähe des Eingangs erfolgen muß.

---

[1]) Leistung $= \dfrac{\text{Ausbringung}}{\text{Zeit}}$; Leistung $\times$ Zeit $=$ Ausbringung.
Genauer gilt, wenn L die Leistung und t die Zeit bedeuten, $\int L\,dt =$ Ausbringung. Die Monats- bzw. Jahresausbringung wird als Beschäftigung bezeichnet.

In manchen Fällen treten neben den ordentlichen auch außerordentliche Teilaufgaben und neben den betriebseigentümlichen auch betriebsfremde Teilaufgaben auf. Im Gegensatz zu den ordentlichen Teilaufgaben sind die a u ß e r ordentlichen Teilaufgaben solche, die nur in außerordentlichen Fällen auftreten[2]). So ist die Abwicklung einer Aufwertungsgesetzgebung eine betriebseigentümliche aber außerordentliche Teilaufgabe der Justiz. Weiter ist es gelegentlich unvermeidbar, daß ein Betrieb auch betriebsfremde Aufgaben erfüllt, und diese Aufgaben können auch wichtig sein. So kann z. B. eine Bank durch zu weitgehende Kreditierung gezwungen sein, ein Objekt zu erwerben oder sich bei einem Unternehmen zu beteiligen, obwohl Objekt oder Unternehmen dem Betriebszweck fremd sind. Die Absonderung der außerordentlichen und betriebsfremden Aufgaben hat den Zweck, darauf hinzuwirken, daß durch ihre Abwicklung die Erfüllung der ordentlichen und betriebseigentümlichen Aufgaben nicht gestört wird, ferner soll das Wegfallen der außerordentlichen und betriebsfremden Aufgaben vorbereitet werden.

Zum Schluß sei noch bemerkt, daß eine bestimmte Aufgabenteilung, wie sich bereits ergab, n i c h t e i n d e u t i g zu sein braucht. Sie kann sogar zugleich als nach Verrichtungen *und* Objekten vorgenommen angesehen werden, z. B. wenn zwei zu bearbeitende Objekte zwei ganz verschiedene Verrichtungen erfordern. Hierin liegt kein Nachteil, da auf diese Weise die Teilaufgaben nur schärfer geschieden werden.

Abbildung 6 gibt schematisch ein B e i s p i e l e i n e r A u f g a b e n t e i l u n g, das zugleich die t e c h n i s c h e G e s t a l t u n g eines Aufgabenteilungsplanes zeigt. Durch Anwendung des Teilungsgrundsatzes g_1 auf die Aufgaben entstehen die Teilaufgaben t_{10} und t_{11} usw. Dadurch, daß die Teilungsgrundsätze an den verschiedenen Stellen angewandt werden können und daß derselbe Teilungsgrundsatz mehrmals angewandt werden kann, ergeben sich mannigfaltige Möglichkeiten der Aufgabenteilung. In welcher Reihenfolge

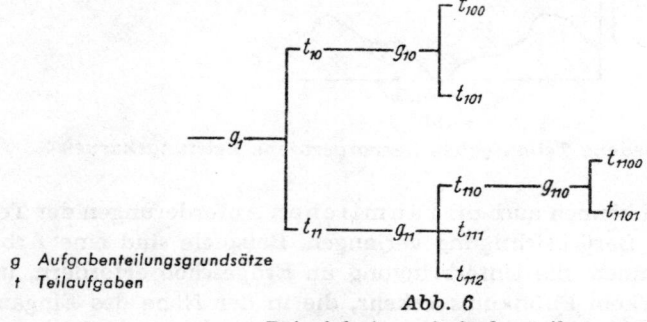

g Aufgabenteilungsgrundsätze
t Teilaufgaben

Abb. 6
Beispiel einer Aufgabenteilung

---

[2]) Die Kontenrahmen enthalten in Klasse 2 Konten für betriebsfremde und außerordentliche Aufwände und Erträge, z. B. im Gemeinschaftskontenplan der Industrie, herausgegeben vom Bundesverband der Deutschen Industrie, Betriebswirtschaftlicher Ausschuß, Frankfurt a. M., 1956.

die Teilungsgrundsätze gegebenenfalls unter wiederholter Anwendung zu benutzen sind, muß nach den Auswirkungen auf die Arbeitsgliederung von Fall zu Fall beurteilt werden (g_{10} braucht nicht gleich g_{11} zu sein). Die Aufgabenteilung ist nur soweit durchzuführen, wie es mit Rücksicht auf die Arbeitsgliederung notwendig ist, daraus folgt, daß sie um so weiter getrieben werden muß, je größer der Betrieb ist.

3. Arbeitsgliederung im Betrieb

A. Abteilungsbildung und Instanzenaufbau

Die Arbeitsgliederung umfaßt die Maßnahmen, durch die die Erfüllung der Teilaufgaben durch Leitung und Ausführung den Betriebsangehörigen übertragen wird, so daß sie zu Arbeitsgliedern werden, die zum Heil des Betriebes zusammenwirken, ähnlich den Gliedern eines Körpers. Die den Betriebsangehörigen übertragenen Tätigkeiten zur Erfüllung der Teilaufgaben können Funktionen genannt werden. Bisher haben sich die Funktionen L e i t u n g und A u s f ü h r u n g ergeben.

Zunächst ist die ausführende Erfüllung letzter Teilaufgaben nach Möglichkeit ausführenden Arbeitsgliedern zu übertragen und sodann die leitende Erfüllung letzter und höherer Teilaufgaben leitenden Arbeitsgliedern, durch die die ausführenden Arbeitsglieder zusammengefaßt werden. Die leitenden Arbeitsglieder müssen auch die ausführende Erfüllung letzter Teilaufgaben übernehmen, die ausführenden Arbeitsgliedern nicht übertragen werden.

Abteilungsbildung

Die l e t z t e n L e i t u n g s b e r e i c h e sollen hier Abteilungen genannt werden. Wie sie in der Praxis genannt werden (Büro, Dienststelle, Meisterei oder dgl.) ist unerheblich. Die Abteilungen sind deshalb letzte Leitungsbereiche, weil sie die untersten Stellen sind, an deren Spitze Personen stehen, die in bezug auf die der Abteilung übertragenen Teilaufgaben grundsätzlich nur leiten. Das Wort grundsätzlich bezieht sich auf den Normalfall, denn wenn der Arbeitsumfang stark zusammenschrumpft, muß z. B. ein Meister mitarbeiten. Unter den Abteilungsleitern stehen entweder nur ausführende Mitarbeiter oder Mitarbeiter, die leiten *und* ausführen wie der erste Schmelzer in einem Stahlwerk oder der Gruppenleiter einer Forschergruppe in einer Entwicklungsabteilung. Innerhalb einer Abteilung muß eine Arbeitsverteilung stattfinden. Während eine Arbeitsgliederung organisatorischer Art ist, muß die Arbeitsverteilung auch durch Planung und Disposition erfolgen. Zwar ist die Arbeitsverteilung in einer Abteilung grundsätzlich organisatorisch geregelt, aber sie wird oft auch durch Planung festzulegen sein (z. B. wegen der Saisoneinflüsse), und wenn ein Mitarbeiter vorübergehend oder dauernd ausfällt oder nicht befriedigt, oder wenn der Arbeitsanfall stark zu- oder abnimmt, wird der Abteilungsleiter über seine Arbeitskräfte sofort anders disponieren müssen. Im Gegensatz hierzu muß die Arbeitsgliederung zwischen den Abteilungen und den höheren Leitungsbereichen im allgemeinen festbleiben, also organisatorisch geregelt sein. Die Arbeitsgliederung gleicht daher einem Bauwerk, bei dem ja auch die Hauptmauern im allgemeinen festbleiben müssen, die einzelnen Zwischenwände aber bei Bedarf versetzt werden können.

Nachfolgend soll nun der Vorgang der **Abteilungsbildung auf Grund der Aufgabenteilung** behandelt werden. Es können **folgende Fälle** eintreten.

Eine letzte Teilaufgabe ist nach Art und Größe geeignet für eine Abteilung, also einen letzten Leitungsbereich. In diesem Falle kann die Teilaufgabe ohne Schwierigkeiten einer Abteilung übertragen werden.

Eine letzte Teilaufgabe ist zu groß für eine Abteilung. Ist die Aufgabe mengenmäßig zu groß, so muß sie mengenmäßig geteilt und mehreren parallelgeschalteten Abteilungen übertragen werden. Ist die Aufgabe artmäßig zu groß, so muß sie nach den Grundsätzen des vorigen Abschnittes weiter aufgeteilt werden, bis Teilaufgaben von einer Weite entstehen, wie sie sich für eine Abteilung eignen.

Eine letzte Teilaufgabe ist zu klein für eine Abteilung. Alsdann muß der Abteilung entweder eine höhere Teilaufgabe übertragen werden — die Aufgabenteilung war also schon zu weit getrieben —, oder es müssen ihr mehrere Teilaufgaben übertragen werden.

Eine letzte Teilaufgabe ist nach Art und Größe ungeeignet für eine Abteilung. Dann muß sie einem leitenden Arbeitsglied übertragen werden, das freilich für diese Teilaufgabe ausführend tätig ist (z. B. selten auftretende Finanzierungsaufgaben).

Die bisher behandelten Maßnahmen müssen unter Berücksichtigung der Größe des Betriebes getroffen werden. Eine bestimmte Teilaufgabe kann also für eine Abteilung eines kleinen Betriebes zu klein und für eine Abteilung eines großen Betriebes zu groß sein.

Instanzenaufbau

Nachdem die Abteilungen festgelegt sind, gilt es, sie durch ein **Leitungsdreieck** (von manchen Autoren Leitungspyramide genannt) **zusammenzufassen.**

Die Zusammenfassung der Abteilungen ist nun nur in kleinen Betrieben in der einfachen Weise möglich, daß über den Abteilungsleitern ein Oberleiter steht. In größeren Betrieben sind weitere Zwischenleiter notwendig. Die teils hinterteils nebeneinandergeschalteten Leiter können **Instanzen** genannt werden. Eine Instanz ist also ein mit Leitungsbefugnis für eine bestimmte Teilaufgabe oder die Gesamtaufgabe ausgerüstetes Arbeitsglied.

Nachfolgend sollen die wichtigsten verschiedenen **Möglichkeiten der Instanzengliederung** mit ihren Eigentümlichkeiten erörtert werden. *Abbildungen 7 a und b* zeigen zwei hintereinandergeschaltete Instanzen (Oberleiter, Abteilungsleiter), sie unterscheiden sich jedoch insofern, als in Abbildung 7 a ein Oberleiter, in Abbildung 7 b zwei Oberleiter vorhanden sind. Erstere Abbildung zeigt *direktoriale* Leitung, letztere *kollegiale* Leitung. Die direktoriale Leitung hat den erheblichen Vorteil, daß sie den Betrieb schärfer zusammenfaßt. Das ist um so wichtiger, je mehr der Betrieb Gefahren ausgesetzt ist. Freilich kann die direktoriale Leitung zu einer verhängnisvollen

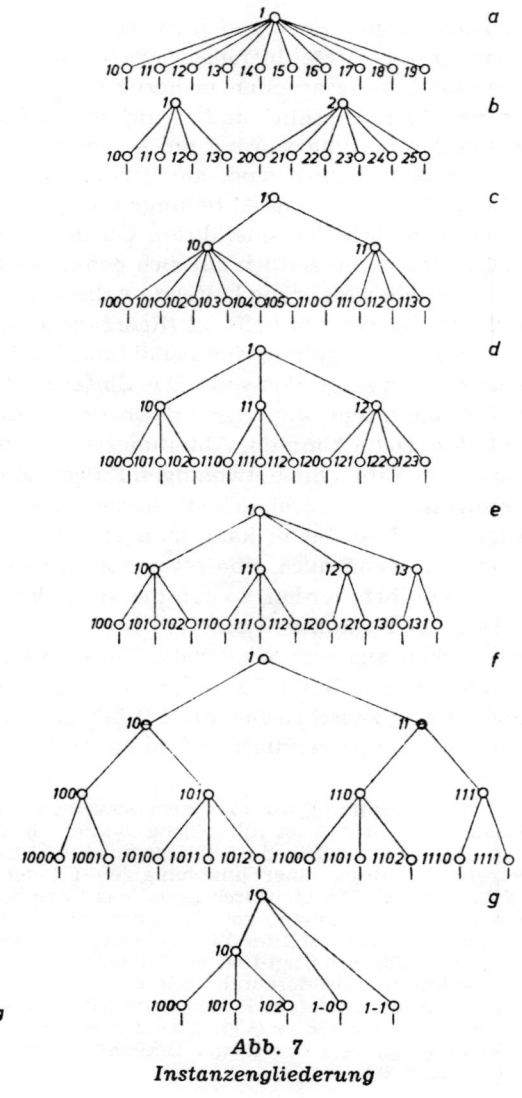

Abb. 7
Instanzengliederung

Einseitigkeit, zumal in höherem Alter des Leiters führen (daher u. U. ausnahmsloses Ausscheiden bei Erreichen eines gewissen Alters). Die kollegiale Leitung kann natürlich ausgezeichnete Erfolge erzielen, wenn die Leiter aufrichtigen Willens getreulich zusammenarbeiten[3]). Sie wird noch den mindesten Bedenken begegnen, wenn nur zwei oder drei Spitzen gleichen Ranges vorhanden sind, bei mehr Personen ist jedoch zu befürchten, daß die Leitung der Straffheit ermangelt, wenn nicht einer der Leiter „mehr zu sagen hat" als die anderen, wenn also tatsächlich doch direktoriale Leitung herrscht (vgl. die genauere Behandlung der Frage auf S. 56).

Vergleicht man die *Abbildungen 7 a, c und f,* so erkennt man, daß zwei, drei und vier hintereinandergeschaltete Instanzen vorhanden sind. Bei Abbildung 7 a muß 1 alle Oberleitungsarbeiten in bezug auf 10—19 ausüben. Es wird zu prüfen sein, ob 1 hierzu sachlich und zeitlich in der Lage ist. Die sachlichen Schwierigkeiten der Leitung werden um so geringer sein, je einheitlicher die Arbeiten der Abteilungen sind, am geringsten, wenn die Arbeit ausschließlich nach der Menge auf die Abteilungen aufgegliedert ist, so daß alle Abteilungen dieselben Arbeiten ausführen. Ob der Oberleiter die Belastung durch die 10 Abteilungen zeitlich auf sich nehmen kann, wird insbesondere davon abhängen, wie weit er die laufende Arbeit zu betreuen hat und in welchem Zustand sich der Betrieb befindet (Reorganisationsbedürftigkeit). Betriebe, bei denen man die Regelung der Abbildung 7 a findet, sind nicht selten auf diese „einfache" Organisation stolz. Das Einfache braucht aber nicht das Richtige zu sein. Es kann sehr wohl der Fall vorliegen, daß 1 nicht in der Lage ist, 10—19 zu leiten. Dann kann ein Abteilungsleiterregiment einreißen, da von der Spitze in vielen Fällen die notwendigen Entscheidungen überhaupt nicht oder nicht rechtzeitig oder nicht gründlich, sondern zufällig getroffen werden, die Betreuung der Mitarbeiter kann mangelhaft sein, so daß die Arbeitsfreude leidet, endlich kann auch eine etwa notwendige Reorganisation nur unzulänglich durchgeführt werden, so daß der Betrieb rückständig wird. Der Oberleiter ist dann der bekannte abgehetzte, hochgradig nervöse Mensch, dem jeder nach Möglichkeit aus dem Wege geht. Bei Abbildung 7 c wird der Oberleiter 1 durch die Gruppenleiter 10 und 11 weitgehend entlastet. Meinungsverschiedenheiten z. B. zwischen 100 und 101 brauchen nun nicht mehr 1 zu berühren, sondern werden gewöhnlich von 10 ausgeglichen. Kann der In-

---

[3]) Ein Muster hierfür ist die Gesinnung, die aus einem Schreiben Bechems (Ingenieur) an Keetman (Kaufmann) hervorleuchtet (die Firma Bechem & Keetman war die Keimzelle der Demag AG): „Lieber Theodor! Bezugnehmend auf unsere mündliche Unterredung in Betreff Gründung einer unabhängigen Existenz durch gemeinschaftliche Kräfte, gebe auch ich Dir hierdurch gerne das Versprechen, jede andere Gelegenheit, sei sie auch noch so günstig, von der Hand zu weisen und alle meine Kräfte aufzubieten, daß unser vorgestelltes Ziel bald erreicht werde. — Möge der Himmel uns gesund und kräftig erhalten und zu Allem, was wir beginnen, seinen Segen verleihen!! Das geknüpfte Bruderband wolle uns immer fester umschlingen und so stark werden, daß es nie in Gefahr laufen kann, zu zerreißen. In Liebe Dein A. Bechem. Hagen, den 26. März 1861." (Vgl. Theodor Keetman: Denkschrift zur 50. Wiederkehr des Gründungstages der Firma Bechem & Keetman in Duisburg, verfaßt von Dr. J. Reichert, S. 9.)

stanzenzug bei Abbildung 7 a zu kurz sein, so kann er bei Abbildung 7 f zu lang sein. Der Instanzenweg kann hier zum „Distanzenweg" geworden sein. Die Entfernung des Oberleiters von den Abteilungsleitern kann so groß geworden sein, daß er unerreichbar über den Wolken schwebt. Der klare Wille des Oberleiters kann u. U. nicht mehr zu den Abteilungsleitern herunterdringen, da die Zwischenleiter ihr „Bestes" dazu tun. Umgekehrt können auch Vorschläge der Abteilungsleiter nicht mehr unverfälscht zur Spitze dringen. Der Verfasser erlebte, als er als Abteilungsleiter eines großen Betriebes mit langem Instanzenweg zur obersten Leitung beschieden wurde, daß er seinen eigenen Vorschlag kaum wiedererkannte, da er durch die Zwischenstellen grundlegend „verbessert" war. Ein zu langer Instanzenweg ermangelt der Straffheit, verteuert und verlangsamt die Arbeitsabwicklung und ist daher ebenso vom Übel wie ein zu kurzer Instanzenweg. Eine richtige „Instanzenhöhe[4])" ist daher von größter Bedeutung.

Bei den *Abbildungen 7 c, d, e* sind immer drei Instanzen hintereinander geschaltet, jedoch sind in der Mittelinstanz zwei, drei und vier Stellen vorhanden. Durch die Erhöhung der Instanzenzahl werden die Kosten der Leitung wachsen, was jedoch dadurch mehr als ausgeglichen werden kann, daß die sonstigen Kosten des Betriebes durch die bessere Übersicht der Leitung fallen. Die verstärkte Leitung kann ferner die Güte heben und die Schnelligkeit und Terminsicherheit der Arbeitsabwicklung günstig beeinflussen. Alle diese Auswirkungen werden aber bei immer größer werdender „Instanzenbreite" schließlich ins Gegenteil umschlagen. Ist die Arbeit auf die Abteilungen nach der Menge aufgeteilt, so läßt sich natürlich die Belastung eines Leiters mit der eines anderen der gleichen Stufe ohne Schwierigkeiten vergleichen. Nehmen wir an, daß zehn Abteilungen rein mengenmäßig gegliedert sind und daß Feststellungen ergäben, daß ein Zwischenleiter etwa drei Abteilungen beaufsichtigen kann. Es können dann entweder nach Abbildung 7 d einem Zwischenleiter vier oder nach Abbildung 7 e zwei Zwischenleitern je zwei Abteilungen unterstellt werden. Hier muß auf die im Betriebe vorhandenen oder vom Betrieb heranziehbaren Persönlichkeiten Rücksicht genommen werden. Auch eine Zwischenlösung nach Abbildung 7 e erscheint zweckmäßig, wenn etwa 12 aus irgendwelchen Gründen bald ausscheidet.

Die Abbildungen 7 a—f haben die Eigentümlichkeit, daß die Instanzenfolge für alle Abteilungen gleichartig ist (a, b 2 Instanzen, c, d, e 3 Instanzen, f 4 Instanzen für alle Abteilungen). Demgegenüber haben bei *Abbildung 7 g* die Abteilungen 100—102 3 Instanzen, die Abteilungen 1—0 und 1—1 2 Instanzen über sich. Hiergegen bestehen grundsätzlich keine Bedenken. Es muß sogar davor gewarnt werden, lediglich um einer äußeren Symmetrie des Instanzen-

---

[4]) Bei der von den meisten Verfassern angewandten Bezeichnung „Tiefengliederung" wird gedanklich von der Betriebsspitze ausgegangen. Da jedoch die Arbeitsgliederung von unten aufgebaut werden muß oder sollte, dürfte die Bezeichnung „Instanzenhöhe" zutreffender sein.

baues willen Instanzen einzubauen, wie man es gelegentlich bei Behörden beobachtet.

Die *Abbildungen 8 a—d* zeigen beispielhaft die Entwicklung des Instanzenaufbaues bei einem *sich vergrößernden Betriebe*. Zwischeninstanzen sind nur soweit unbedingt notwendig eingeschaltet. Man kann sich natürlich die Entwicklung auch rückwärts verlaufend denken. Erfolgt dann eine Rückbildung des Leitungsapparates nicht, so wird bald ein Wasserkopf auf einem schmächtigen Körper sitzen.

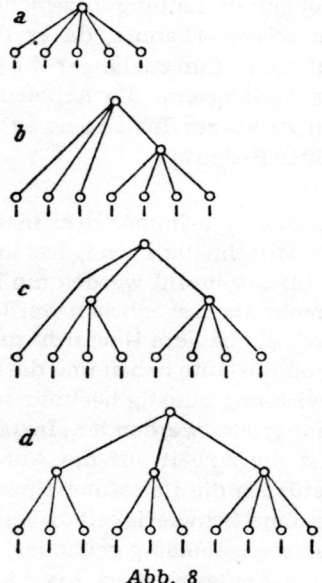

Abb. 8
Entwicklung des Instanzenbaus bei Betriebsvergrößerung

Man kann an den schematischen Abbildungen 7 und 8 bemängeln, daß in Wirklichkeit die Zwischenleiter und die Abteilungsleiter nicht alle von gleichem Rang sein werden. Will man die verschiedene Ranghöhe andeuten, so würde z. B. Abbildung 7 d durch *Abbildung 9* zu ersetzen sein. Es muß größte Unzufriedenheit hervorrufen, wenn der Rang eines Leiters nicht der von ihm zu erfüllenden Teilaufgabe und damit seiner Verantwortung entspricht.

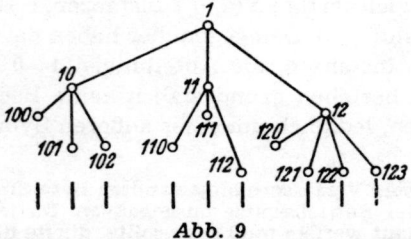

Abb. 9
Instanzengliederung der Abb. 7 d mit Andeutung der Ranghöhe der Leiter

Manche Leser mögen die vorstehenden Darlegungen nicht voll befriedigen. Sie erwarten genauere Angaben darüber, wie viele Mitarbeiter ein Abteilungsleiter leiten könne und wie groß zahlenmäßig die Instanzenhöhe und die Instanzenbreiten sein sollten. Als der Verfasser den Leiter einer großen Baufirma fragte, wie viele Betonarbeiter ein Polier leiten könne, erhielt er zur Antwort: „15 — 30, das hängt von der Art der Arbeit, der Art der Leute und nicht zuletzt von der Art des Poliers ab." Wenn schon bei einfachen Arbeiten die Zahl der einer Instanz zu unterstellenden Mitarbeiter eine weite Spanne umfaßt, so erscheint es unmöglich, die Zahl der Spitzenkräften nachzuordnenden Persönlichkeiten zu bestimmen und so die Instanzenhöhe und Instanzenbreiten festzulegen. Die Arbeitsgliederung ist zweckvoll, wenn jeder Leiter seinen Arbeitsbereich sachlich und zeitlich „beherrscht", sei es, daß dieser entpersönlicht gestaltet oder auf ihn persönlich zugeschnitten ist.

In diesem Abschnitt wurden behandelt
> die Abteilungsbildung und
> die Zusammenfassung der Abteilungen durch ein Leitungsdreieck.

Dabei zeigte sich, daß Aufgabenteilung und Arbeitsgliederung nicht dasselbe sind. Weder eignet sich jede letzte Teilaufgabe zum Arbeitsbereich für ein ausführendes, noch jede höhere Teilaufgabe zum Arbeitsbereich für ein leitendes Arbeitsglied. Wohl aber führt die Aufgabenteilung zur Arbeitsgliederung hin, denn man läßt sich beim Aufbau der Arbeitsgliederung soweit wie möglich durch die Aufgabenteilung leiten.

B. Wesen und Belastung der Leitung

Wesen der Leitung

Die bisherigen Darlegungen dürften für kleinere Betriebe genügen. Tatsächlich stellen diese bei Gestaltung ihrer Arbeitsgliederung wohl auch kaum weitergehende Erwägungen an. Für größere Betriebe und alle diejenigen, die sich mit Organisationsfragen tiefer beschäftigen wollen, ist aber eine genauere Erörterung des Wesens der Leitung und des Wirkens der Leiter unerläßlich, denn das Problem der Arbeitsgliederung ist weitgehend ein Problem der Leitung.

Manche Betriebsorganisatoren unterscheiden zwischen F ü h r e n und L e i t e n. Teilweise stellen sie das Führen über das Leiten und erklären, daß z. B. die grundlegende Bestimmung der Betriebsaufgaben (Grundkonzeption) und die Entscheidung in Fragen von besonderer Bedeutung (leitende Personen, große Investitionen) Sache eines Führers bzw. einer Führung seien. Aus dem Sprachgebrauch läßt sich dieses nicht herleiten. Ein Werkleiter oder Bauleiter pflegt höher zu stehen als ein Werkführer oder Bauführer, ein Straßenbahnführer und ein Kontoführer leisten keine leitende Arbeit. Andere unterstellen bei der Führung eine persönliche Bindung an den Führer, was den Begriff für die Organisationslehre unbrauchbar macht, denn wie soll man, von Ausnahmen abgesehen, praktisch feststellen, ob eine solche Bindung vorliegt. Der Verfasser verwendet nur die Bezeichnungen Leiten und Leiter. Im militärischen Bereich sind die Bezeichnungen Führen und Führer, im Staat die Bezeichnungen Regieren und Regierung bzw. Beaufsichtigen und Aufsicht üblich.

Die Leiter sind v e r a n t w o r t l i c h im allgemeinen (vgl. S. 19 und Abbildung 1)

> für die Erfüllung ihrer Teilaufgaben bzw. der Gesamtaufgabe; diese hängen von der Art der Betriebe (Unternehmen bzw. Haushalte verschiedener Art) ab;

und im besonderen in ihrem Wirkungskreis

> für die Betreuung der Betriebsangehörigen,
> für den Einsatz der Betriebsmittel,
> für die Betriebsorganisation,
> für Fühlunghalten mit der Betriebsumwelt.

Soweit erforderlich, sind alle Maßnahmen vor der Durchführung zu planen und nach der Durchführung nachzuprüfen. Weiter müssen sich die Leiter nicht nur des Vorhandenen annehmen, sondern sich auch um Verbesserungen (Abänderungen) und Neugestaltung bemühen. Bei allem Handeln sind höchste Wirtschaftlichkeit, Güte, Schnelligkeit sowie Terminsicherheit der Arbeit und Arbeitsfreudigkeit der Mitarbeiter anzustreben.

Die Betreuung des Betriebes im allgemeinen unter Berücksichtigung der B e - t r i e b s a u f g a b e n umfaßt bzw. kann umfassen

> die Beaufsichtigung der laufenden Arbeit und die Koordination der gleich- und nachgeordneten Mitarbeiter zwecks Vermeidung von Störungen und deren Beseitigung (gegebenenfalls Improvisation),
> die Planung der Arbeit im großen (Mehrjahresplan, Jahresplan, Monatsplan) und im einzelnen (Disposition),
> die Nachprüfung der Arbeitsergebnisse,
> die Fortentwicklung der Arbeit (Verbesserungen),
> die Sorge für ein geordnetes Rechnungswesen als Instrument zur Überwachung der Wirtschaftlichkeit,
> die Sorge für die ordnungsmäßige und zweckmäßige Abwicklung des Steuer- und Abgabewesens (Ausgaben und Einnahmen)[5],
> die Sorge für die Beachtung rechtlicher Vorschriften im allgemeinen und für eine geeignete Rechtsform der Betriebe[5],
> die Bestimmung der sich wandelnden Betriebsaufgaben unter Aufspürung neuer Aufgaben und Ingangsetzung ihrer Erfüllung, also die hohe Betriebspolitik (Initiative).

---

[5]) Diese Funktionen folgen daraus, daß die Betriebe ihre Aufgaben als dienende Glieder des Staates zu erfüllen haben.

Die **Betreuung der Betriebsangehörigen** umfaßt die Sorge für die menschlichen Belange der nachgeordneten Mitarbeiter unter Berücksichtigung der wirtschaftlichen Erfordernisse, also die Sorge

    für ihre Auswahl,
    für ihre Aus- und Fortbildung (Sorge für den Nachwuchs),
    für ihre gerechte Entlohnung,
    für ihre gerechte Behandlung bei Beförderung, Versetzung, Vertretung, sozialer Betreuung und Entlassung.

Der **Einsatz der Betriebsmittel** kann erfordern die Sorge

    für die Erhaltung der Anlagen (Sicherung, Instandhaltung, Instandsetzung, Erneuerung),
    für die Vorräte (Lagerwesen),
    für das sonstige Umlaufvermögen,
    für die Finanzierung (Kapital, Schulden).

Die Sorge für die **Organisation** betrifft die zweckvolle Gestaltung

    der Arbeitsgliederung und
    der Arbeitsabläufe.

Das **Fühlunghalten mit der Betriebsumwelt** kann etwa verlangen

    kritische Beobachtung aller sich außerhalb des Betriebes abspielenden, für den Betrieb bedeutsamen Vorgänge wirtschaftlicher, rechtlicher, sozialer und politischer Art,
    Werbung um Vertrauen in der Öffentlichkeit.

Man kann die genannten Tätigkeiten Funktionen nennen. Die Leitung, die dann **Hauptfunktion** genannt werden kann, pflegt also aus vielen Funktionen zu bestehen. Zumeist sind einem Leiter Mitarbeiter unterstellt, für deren Tun und Lassen er mitverantwortlich ist. Es kann aber auch eine leitende (den Betrieb leitende) Tätigkeit vorliegen, ohne daß der Leiter über eine nennenswerte Zahl von nachgeordneten Mitarbeitern verfügt (z. B. Jurist mit einer Schreibkraft), es kommt vielmehr auf die Art der Arbeit an. Bei einfachsten Tätigkeiten kann natürlich kein Zweifel sein, daß es sich um ausführende Arbeit handelt. Im übrigen läßt sich aber keine scharfe Trennungslinie zwischen den Hauptfunktionen Leitung und Ausführung ziehen. Ein Drucker z. B. muß die Arbeit vorbereiten und nachprüfen sowie für Instandhaltung seiner Maschine sorgen, er pflegt bei größeren Maschinen auch Hilfsarbeiter als nachgeordnete Mitarbeiter zu haben, dennoch wird man seine Tätigkeit bei aller Anerkennung ihrer Bedeutung nicht als leitend bezeichnen. Man erkennt aus diesem Beispiel, daß auch die Hauptfunktion Ausführung aus zahlreichen Funktionen bestehen kann.

Die Aufzählung der Funktionen der Leiter zeigt, daß sie in Gefahr sind, überfordert zu werden. Es muß daher dafür gesorgt werden, daß sie angemessen belastet, gegebenenfalls entlastet und keinesfalls überlastet werden.

Waagerechte Ausgliederung der Funktionen

Eine fühlbare E n t l a s t u n g der Leiter wird erzielt, wenn man ihnen die Erfüllung von Funktionen weitgehend abnimmt, indem man sie je einer oder mehreren besonderen Personen oder je einer oder mehreren b e s o n d e r e n A b t e i l u n g e n überträgt. Das ist bisher schon teilweise durch Ausgliederung der mittelbaren Aufgaben geschehen (S. 34). Es ist aber nunmehr klar zu erkennen, daß die Abtrennung der mittelbaren Aufgaben auf eine weitgehende Entlastung der Leiter von Funktionen hinauskommt. Die den Leitern abgenommenen Funktionen werden also zu Aufgaben von Abteilungen bzw. Personen.

Man kann übertragen

die Planung im großen besonderen *Planungsabteilungen* für wiederkehrende Planungen (Jahresplanungen usw.) und einmalige Planungen, z. B. für eine Universitätsplanung in einem Kultusministerium, ferner die Planung im einzelnen einer Arbeitsvorbereitungsabteilung;

die Nachprüfung einer technischen und einer betriebswirtschaftlichen *Revisionsabteilung* (letztere auch dem Wirtschaftsprüfer und Finanzamt bei deren Prüfung behilflich);

die Fortentwicklung der Arbeit einer besonderen *Entwicklungs-(Forschungs-)abteilung;*

das Rechnungswesen in Unternehmen den Abteilungen *Buchhaltung(en), Kasse, Kostenrechnung,* in Haushalten den Abteilungen *Buchhaltung(en), Kasse;*

das Finanzwesen in Unternehmungen einer *Finanzabteilung,* in Haushalten einer *Kämmerei;*

das Steuer- und Abgabenwesen einer *Steuerabteilung* für zu zahlende Steuern bzw. mehreren Steuerabteilungen für zu empfangende und zu zahlende Steuern;

die Bearbeitung aller Rechtsfragen (Verträge, Prozeßführung), u. U. auch der Grundstücks- und Versicherungsangelegenheiten einer *Rechtsabteilung;*

die Betreuung der Mitarbeiter Abteilungen wie *Arbeiterannahme, Ausbildungswesen, Lohnbüro, Gehaltsbüro, ärztlicher Dienst, Sozialwesen;*

die Erhaltung der Anlagen einer oder mehreren *Erhaltungsabteilungen (Reparaturwerkstätten);*

die Pflege der Vorräte *Lagerabteilungen;*

die Organisation einer *Organisationsabteilung* (vgl. S. 112);

das Fühlunghalten mit der Umwelt einer *Verbands- und wirtschaftspolitischen Abteilung* (u. U. weiter aufgeteilt in eine volkswirtschaftliche, statistische, Marktforschungsabteilung, Presseabteilung und Abteilung Werbung um Vertrauen).

O b m a n A b t e i l u n g e n , wie vorstehend geschildert, tatsächlich a u s g l i e d e r t , wird von der Größe des Betriebes und damit vom Umfang der Arbeiten abhängen. Es ergeben sich folgende M ö g l i c h k e i t e n :

es wird *keine* der Leitungsfunktionen *ausgegliedert,* dann verbleiben sie also bei dem oder den Leitern;

die Ausgliederung erfolgt, soweit die Arbeiten büromäßig zu erledigen sind, in *eine Abteilung*, das *Direktionssekretariat*, von dessen Leiter oder Leiterin dann natürlich eine große Vielseitigkeit verlangt wird;

die Ausgliederung erfolgt in *wenige Abteilungen,* wobei darauf geachtet wird, daß Teilaufgaben, bei denen eine gegenseitige Kontrolle erforderlich ist, nicht in einer Abteilung vereinigt werden (z. B. Kasse und Buchhaltung);

die Ausgliederung erfolgt in eine *größere Anzahl von Abteilungen,* wie oben behandelt.

Ein B e i s p i e l einer waagerechten Ausgliederung von Funktionen zeigt *Abbildung 10*. Es sei beschlossen, eine besondere Instandhaltungsabteilung (oder auch technische Revisionsabteilung) 113 einzurichten, da die in 110, 111 und 112 nebenbei durchgeführte Instandhaltung zu Unzuträglichkeiten geführt hat. Hierdurch werden 110, 111 und 112 unmittelbar entlastet, da ihnen die Instandhaltung durch 113 abgenommen wird. Es werden aber auch 11 und 1 entlastet, da sich der Instandhaltung nunmehr ein besonderer Leiter annimmt. Dieser Erfolg wird allerdings nur durch eine Verstärkung der Leitung (113) erzielt. Natürlich kann man sich den Vorgang auch umgekehrt denken (waage-

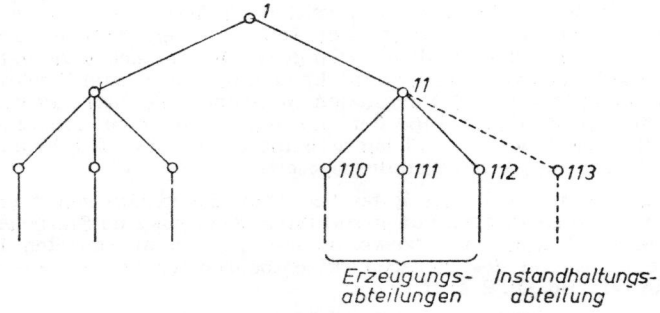

Abb. 10
Waagerechte Ausgliederung einer Instandhaltungsabteilung 113

rechte Eingliederung, Auflösung der Abteilung 113, deren Mitarbeiter auf 110, 111 und 112 verteilt werden). Man wird geneigt sein, anzunehmen, daß durch die Schaffung der neuen Abteilung 113 die Kosten steigen. Auf kurze Sicht wird das auch zutreffen, ob auf lange Sicht, ist zweifelhaft. Die Mehrkosten z. B. für den Abteilungsleiter und die besondere Werkstatt können aufgewogen werden durch Minderkosten der Instandsetzungen und der Erzeugung in den Abteilungen 110, 111 und 112 zufolge besser instandgehaltener Maschinen. Eine Verbesserung der Güte der Instandsetzung und damit der Erzeugnisse und eine Verbesserung der Schnelligkeit und Terminsicherheit der Instandhaltung darf erwartet werden. Beides wird auch auf die Arbeitsfreudigkeit günstig wirken[6]).

Ausdrücklich muß betont werden, daß durch die waagerechte Ausgliederung der Funktionen die Funktionen der Leiter niemals völlig erlöschen. Jeder Leiter muß sich also verantwortungsbewußt die Betreuung des Betriebes unter Berücksichtigung der Betriebsaufgaben, die Betreuung seiner Mitarbeiter, die Pflege der Betriebsmittel, die Organisation und das dauernde Fühlunghalten mit der Betriebsumwelt angelegen sein lassen.

Die durch waagerechte Ausgliederung entstandenen Abteilungen können, soweit sie als Berater der Leitung tätig sind, S t a b s a b t e i l u n g e n genannt werden. Der Ausdruck stammt aus der Kriegswissenschaft[7]). Auch die Bezeichnung V e r w a l t u n g s a b t e i l u n g e n wird teilweise angewandt. Das Wort Verwaltung wird jedoch sehr verschiedenartig gebraucht. In Unternehmungen versteht man darunter zumeist die Erfüllung gewisser Aufgaben im Interesse des Gesamtbetriebes; es entstehen so die Verwaltungskostenstellen und Verwaltungsgemeinkosten. In Haushalten pflegt man als Verwaltung alle in Büros abgewickelten Arbeiten zu bezeichnen[8]).

---

[6]) Eine heute schon klassisch gewordene waagerechte Ausgliederung von Funktionen nahm F. W. Taylor (1856—1914) in amerikanischen Maschinenfabriken vor und beschrieb sie in seinem in viele Sprachen übersetzten Werk „Shop management" (Deutsche Bearbeitung von A. Wallichs mit dem Titel „Die Betriebsleitung, insbesondere der Werkstätten", 3. Auflage, Berlin 1914). Taylor war zu der Überzeugung gekommen, daß „aus der Klasse der Leute, aus welcher die Meister zu wählen sind, keiner zu finden ist, welcher auch nur den größten Teil der Eigenschaften, welche von ihm zur vollen Ausfüllung seines Platzes verlangt werden, in sich vereinigt, und sollte wirklich einer gefunden werden, dann mache man ihn lieber zum Direktor statt zum Meister". Taylor gliederte die Funktionen Maschineneinrichten, Prüfen, Instandhalten, und die verschiedenen Teile der von ihm begründeten Arbeitsvorbereitung aus und übertrug sie besonderen Meistern. Seine Ideen haben sich heute grundsätzlich in der Industrie der ganzen Welt durchgesetzt.

[7]) Es gibt Feldherren, die keines Rates bedürfen, die in sich selbst erwägen und beschließen; ihre Umgebung hat nur auszuführen. Aber das sind Sterne erster Größe, die kaum jedes Jahrhundert aufzuweisen hat. In den allermeisten Fällen wird der Führer eines Heeres des Beirats nicht entbehren wollen. Moltkes Militärische Werke, Berlin 1911, Bd. IV, S. 41 ff.

[8]) Da es sich an dieser Stelle um die Bezeichnung von Abteilungen handelt, braucht auf den Begriff der Verwaltung, der sich aus der Gewaltenteilung ergibt, nicht eingegangen zu werden (Wolff, a. a. O., Verwaltungsrecht I, 1b, II).

Die durch waagerechte Ausgliederung der Leitungsfunktionen entstandenen Abteilungen haben wohl das Recht und die Pflicht, in ihrem Zuständigkeitsbereich

Anweisungen zu erteilen (strikte Befolgung wird erwartet),

Bitten auszusprechen (Erfüllung wird erwartet),

Ratschläge zu erteilen (Befolgung wird erwartet),

Anfragen zu erlassen (Antwort wird erwartet),

Beschwerden vorzubringen (Abstellung wird erwartet),

Mitteilungen herauszugeben (Kenntnisnahme und gegebenenfalls Berücksichtigung wird erwartet),

und sind insoweit den Empfängern der Anweisungen usw. vorgeordnet; andererseits haben diese die Pflicht, gegebenenfalls Anweisungen und Ratschläge einzuholen und alles zu tun, um mit den Stäben usw. gut zusammenzuarbeiten. Durch die Rechte und Pflichten der durch waagerechte Ausgliederung der Funktionen entstandenen Abteilungen werden die Rechte und Pflichten der Vorgesetzten in der senkrechten Instanzenfolge eingeschränkt. Da deren Funktionen aber, wie gesagt, nicht völlig erlöschen, werden sie immer die Anweisungen usw. der Stäbe usw. kritisch betrachten und, falls sie nicht mit ihnen einverstanden sind, die Entscheidung höherer Stellen herbeiführen. Durch die ausgegliederten Abteilungen entstehen also unvermeidlich Mehrfachunterstellungen, die zu Schwierigkeiten führen können. Diese Mehrfachunterstellungen müssen sich aber auf die Dauer einspielen, indem die Mitarbeiter einsehen lernen, daß ohne eine solche Regelung nicht auszukommen ist.

Die Stäbe haben jedoch über die Anzuweisenden usw. keine Disziplinargewalt, d. h. das Recht, zu verwarnen, zu bestrafen und zu entlassen. Die Disziplinargewalt sollte über jeden Betriebsangehörigen unmittelbar nur einer senkrechten Instanzenfolge zustehen, deren Glieder dann die persönlichen Vorgesetzten des Betriebsangehörigen sind. Die persönlichen Vorgesetzten sollten weitgehend auch die Arbeit der Nachgeordneten leiten, also auch seine Sachvorgesetzten (Fachvorgesetzten) sein. Wenn man hiervon abweichend einem Personalleiter nur die Disziplinargewalt überträgt, so daß er ausschließlich persönlicher Vorgesetzter ist, so müssen hierfür gewichtige Gründe vorhanden sein. So können in großen Einzelhandelsbetrieben die Verkäuferinnen in der Sache einem Verkaufsabteilungsleiter, persönlich aber dem Personalleiter unterstehen. Ein besonderer Fall liegt vor, wenn Arbeitsglieder sich in Gebieten bewegen, die verschiedenen Instanzen unterstehen. So unterstehen die Zugführer in der Sache im einzelnen jeweils dem Fahrdienstleiter des Bahnhofs oder dem Bahnmeister der freien Strecke, auf denen sich ihr Zug befindet, persönlich und in der Sache grundsätzlich aber dem Leiter ihres Maschinenamts.

Der volle Nutzen der waagerechten Ausgliederung wird erst erreicht, wenn sich der mündliche (fernmündliche) und schriftliche (fernschriftliche) Geschäftsverkehr (Anweisungen, Bitten usw.) z w e c k m ä ß i g abspielt. Es lassen sich zwei Grenzfälle denken:

jeder kann mit jedem in Beziehung treten,

der Instanzenweg muß in jedem Fall eingehalten werden.

Wenn Gefahr im Verzuge ist, kann selbstverständlich *jeder mit jedem* in Beziehung treten, der Instanzenweg wird dann nachträglich gegangen. Weiter können bei bestimmten Geschäftswegen von unten nach oben Zwischeninstanzen ausgeschaltet werden, damit die unten herrschende Meinung unverfälscht nach oben dringt (Beschwerdeweg). Sodann wird es sich empfehlen, wenn nicht geradezu notwendig sein, daß eine obere Instanz gelegentlich unter Überspringung einer oder mehrerer Instanzen mit der nächsten unteren Instanz verhandelt, um sie kennenzulernen und sich ein Urteil über sie zu bilden. Damit aber die Zwischeninstanzen nicht die Autorität und die Arbeitsfreude verlieren, müssen sie hierüber unterrichtet sein.

Von diesen Sonderfällen abgesehen, erhebt sich nun aber die Frage, ob die *strenge Einhaltung des Instanzenweges* für den Geschäftsverkehr in manchen Fällen nicht deswegen untragbar ist, weil sie unwirtschaftlich, die Güte nicht fördernd, zu langsam und zu terminunsicher ist. Wenn man das auch nicht leugnen kann, so bestehen doch erhebliche Bedenken, vom Instanzenweg abzuweichen, weil dadurch leicht der Instanzenbau zerstört werden kann. Man wird diese Frage nur so lösen können, daß man erklärt: bei wichtigen, d. h. erhebliche Folgen auslösenden Anweisungen, Bitten, Ratschlägen, Anfragen, Beschwerden und Mitteilungen muß der Instanzenweg gegangen werden, es sei denn, daß sich dies durch die Dringlichkeit verbietet *(Abbildung 11)*. In welchen Fällen vom Instanzenweg abgewichen werden kann, müssen die Betriebsangehörigen auf Grund ihrer Kenntnis der Wünsche der zuständigen Stellen unter eigener Verantwortung entscheiden (gegebenenfalls unverzügliche Unterrichtung dieser Stellen). Selbstverständlich spielt in diese Entschei-

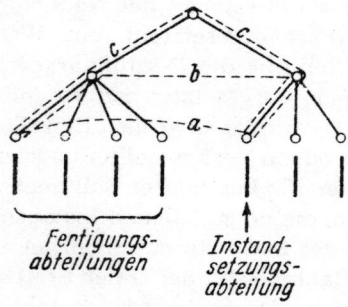

Abb. 11
Geschäftsverkehr auf den Instanzenwegen und unmittelbar
  a Geschäftsverkehr bei kleinen Instandsetzungen
  b Geschäftsverkehr bei mittleren Instandsetzungen
  c Geschäftsverkehr bei größeren Instandsetzungen

dungen Menschliches, Allzumenschliches hinein, es gibt kleinliche bzw. unsichere Vorgesetzte, die unbedingt gefragt oder unterrichtet sein wollen, es gibt Untergebene, die ihre Vorgesetzten nach besten Kräften mattzusetzen versuchen. Viele Menschen ermangeln ferner des Taktes, ohne den auch im Betrieb nicht auszukommen ist. So können sich aus dem unmittelbaren Geschäftsverkehr Reibereien ergeben. Andererseits wäre es aber nicht sinnvoll, deswegen die direkten Verkehrswege zu unterbinden. Die durch waagerechte Ausgliederung entstandenen Abteilungen führen Arbeiten aus, die sonst die Leiter ausführen müßten. Wenn nun unmittelbarer Verkehr zwischen diesen Abteilungen und den betreuten Abteilungen nicht vorhanden wäre, sondern aller Geschäftsverkehr den Instanzenweg gehen müßte, so würden die Leiter nicht entsprechend entlastet, so daß der Sinn der waagerechten Ausgliederung nicht erfüllt wäre. Es muß also dahin kommen, daß sich die unmittelbaren Verkehrswege einspielen. Sie werden immer wieder nach Bedarf abgeändert werden müssen, d. h. ein Vorgesetzter kann verlangen, daß er weitgehender eingeschaltet wird, er kann aber auch seinen Untergebenen größeren unmittelbaren Geschäftsverkehr gestatten. Es ist ein Zeichen von Reife der Betriebsangehörigen, wenn der unmittelbare Geschäftsverkehr reibungslos abläuft.

Verteilung der Funktionen auf die senkrechte Instanzenfolge

Nach der Entlastung der Leiter durch waagerechte Ausgliederung der Funktionen soll ihre zweckmäßige Belastung durch Verteilung der Funktionen auf die senkrechte Instanzenfolge behandelt werden.

Betrachten wir z. B. eine dreistufige Instanzenfolge über einer Einkaufsabteilung: Abteilungsleiter, Zwischenleiter, Oberleiter. Der Abteilungsleiter des Einkaufs möge das Recht haben, Einzelbestellungen bis zum Wert von .... DM, der Zwischenleiter bis zum Werte von .... DM herauszugeben, während Bestellungen über .... DM dem Oberleiter vorzulegen sind. Es besteht auch die Möglichkeit, den oberen Instanzen nicht nur die Entscheidung, sondern die ganze Erledigung großer Abschlüsse zu übertragen. Beispiele ähnlicher Art sind die Einstellung und Entlassung von Mitarbeitern, die Vergabe von Krediten und die Repräsentation.

Grundsätzlich müssen die Teilfunktionen u m s o m e h r n a c h o b e n gelegt werden, je schwieriger sie zu erfüllen sind (Unsicherheit der Daten, hohe Anforderungen an Kenntnisse, Erfahrungen, Charakter) und je weittragendere Folgen (wirtschaftliche, soziale, politische usw.) ihre Erfüllung hat. Im einzelnen sind bei der Z u o r d n u n g d e r F u n k t i o n e n z u d e n I n s t a n z e n zu berücksichtigen:

die Art der Arbeit,

die zur Verfügung stehenden Mitarbeiter,

die Zahl der übereinander angeordneten Instanzen (Instanzenhöhe).

Aus der **Art der Arbeit** ergibt sich, worin die Schwierigkeit und die Wichtigkeit (durch erhebliche Folgen) liegen. Grundsätzlich wird man verlangen müssen, daß alle gewöhnlichen Fälle ganz von der zuständigen Abteilung bearbeitet werden und daß die Abteilung Fälle, die an höhere Instanzen gehen, soweit wie möglich vorbearbeitet. Ändert sich die Art der Arbeit, z. B. indem für die Bearbeitung von Verwaltungsangelegenheiten wesentliche neue Gesichtspunkte wichtig werden, kann es sich empfehlen, zunächst eine höhere Stelle mit der Entscheidung oder Bearbeitung zu betrauen, bis sich eine nachgeordnete Stelle hineingefunden hat. Dasselbe gilt bei neu auftretenden Aufgaben.

Weiter kann auch durch die **zur Verfügung stehenden Mitarbeiter** ein Einfluß auf die Zuordnung der Funktionen zu den Instanzen ausgeübt werden. Nehmen wir an, ein Industrieunternehmen habe zwei Dreihereien, an deren Spitze je ein Meister steht. Die Aufteilung in zwei Meistereien sei erfolgt, weil ein Meister die gesamte Dreherei nicht übersehen könnte. Man wird nun anzunehmen geneigt sein, daß die leitende Stellung beider Meister völlig gleich sei. Das braucht aber keineswegs der Fall zu sein. Meister A kann weitgehend selbständig sein, während Meister B bei jeder Kleinigkeit „fragen muß". Für diese Verschiedenheit können vorhanden sein sachliche Gründe: Meister B ist nicht so erfahren oder nicht so zuverlässig wie A, und unsachliche Gründe: der Vorgesetzte ist erst kurze Zeit im Betrieb, er wagt nicht, A zu bevormunden, wohl aber B, oder er kann B nicht leiden und will ihn schikanieren.

Fassen wir als weiteres Beispiel die beiden Spitzenpersönlichkeiten zweier Betriebe gleicher Art und Größe, etwa zweier Behörden, z. B. zwei Oberkreisdirektoren, ins Auge. Auch diese brauchen keineswegs ihr Amt in der gleichen Weise zu versehen. Der eine kann alle Entscheidungen an sich gezogen haben, wiederum aus sachlichen Gründen, etwa weil er die Erfahrung gemacht hat, daß er sich auf seine Mitarbeiter nicht verlassen kann, oder aus unsachlichen Gründen, z. B. weil er glaubt, alles allein machen zu müssen.

Tritt ein Mitarbeiterwechsel ein, so kann es durchaus zweckmäßig sein, einem auf einer Instanz neuen Mitarbeiter nicht alle Funktionen zu übertragen, die der frühere Mitarbeiter hatte, sondern damit zu warten, bis er sich eingearbeitet hat.

Es ergibt sich also, daß die Verteilung der Funktionen auf die senkrechte Instanzenfolge wegen der sich wandelnden Arbeit und Mitarbeiter **elastisch** gehandhabt werden muß.

Endlich hat auch die **Zahl der übereinander geschalteten Instanzen** auf die Zuordnung der Teilfunktionen insofern einen Einfluß, als man z. B. bei einer Dreiinstanzenfolge die Leitungsfunktion nur in drei Teile zerlegen kann. Erweist sich das als ungenügend, so muß etwa eine Vierinstanzenfolge eingerichtet werden, insbesondere wenn sich dies auch für andere Teilaufgaben als notwendig erweist. Es ergibt sich, daß die Instanzenhöhe auch wesentlich von der Notwendigkeit abhängt, die für die Erfüllung einer Teilaufgabe erforderlichen Funktionen in der Senkrechten aufzuteilen. Die Verlagerung von Teilfunktionen nach oben wird in der Lehre von der öffentlichen Verwaltung K o n z e n t r a t i o n genannt (Verlagerung von Teilfunktionen nach unten: Dekonzentration).

Verschiebt man eine Teilfunktion nach oben, so können die Kosten steigen und die Schnelligkeit und Terminsicherheit leiden, während eine Verbesserung der Güte erhofft wird; gleiches gilt bei Vergrößerung der Instanzenhöhe. Zu befürchten ist jedoch Abnahme des Verantwortungsbewußtseins und Gleichgültigkeit der unteren Stellen.

Koordination

Nicht waagerecht ausgliederbar ist die Funktion „Beaufsichtigung der laufenden Arbeit und Koordination der gleich- und nachgeordneten Mitarbeiter zwecks Vermeidung von Störungen und deren Beseitigung" (vgl. S. 45). Es ist und bleibt Sache der Leiter, dafür zu sorgen, daß der Betrieb „läuft". Weiter kann den Leitern die Initiative nicht abgenommen werden. Der Verfasser entsinnt sich einer Direktionsbesprechung in einem Großbetrieb, in der Entlassungen erwogen wurden. Als die Frage der Entlassung eines bestimmten Mitarbeiters zur Sprache kam, erklärte der zuständige Direktor energisch: „N. können wir auf keinen Fall entlassen, dem fällt ja öfter etwas Wesentliches ein!"

Nachfolgend soll die Funktion Koordination[9]) noch genauer behandelt werden. In einem Betrieb müssen im allgemeinen Menschen zusammenarbeiten, die nur bedingt zueinander passen und deren Gefühle zueinander von der Abneigung bis zum Haß gehen können. Die sachlichen Schwierigkeiten können, ohne daß Böswilligkeit vorliegt, darin bestehen, daß die einzelnen mehr die Interessen ihres Arbeitsplatzes oder ihres Betriebsteils berücksichtigen als das Interesse des Gesamtbetriebes. Das kann sich wieder auf die persönlichen Beziehungen auswirken, z. B. wenn man einen für untüchtig oder sonst ungeeignet erachteten Mitarbeiter weglobt oder einen guten Mitarbeiter schlecht macht, damit man ihn behält.

Die Funktion Koordination kann von sehr verschiedenem Gewicht sein. Wenn drei technische Abteilungsleiter drei verschiedene Erzeugnisse herstellen, die

---

[9]) Die Bedeutung der Koordination kann kaum überschätzt werden; von ihrem Gelingen hängt der Erfolg jeder Gruppe ab. In einer Familie ist eine Koordination der Ehegatten untereinander und mit den Kindern und Verwandten erforderlich; schwere Folgen treten ein, wenn sie nicht gelingt. Ein Beispiel aus dem Sport sind die Ballspiele, bei denen zwei Parteien gegeneinander kämpfen, aber je in sich nach höchster Koordination streben.

sie an das Verkaufslager abliefern, so brauchen sie sich untereinander nur wenig um Koordinatoin zu bemühen (etwa gegenseitige Hilfe, wenn Maschinen ausfallen), gibt aber der erste seine Halberzeugnisse an den zweiten und dieser seine Halberzeugnisse an den dritten ab, so müssen sie in hohem Maße aufeinander Rücksicht nehmen, denn der zweite und der dritte sollen ohne Schwierigkeiten mit den Vorerzeugnissen arbeiten. Entsprechend wird der die drei Abteilungen leitende Oberleiter im ersten Fall nur wenig, im zweiten aber zumeist erheblich koordinieren müssen Das gleiche gilt für die Verwaltung. Gegebenenfalls kann es erforderlich sein, daß ein Dezernent einen oder mehrere andere an der Bearbeitung beteiligt, wenn deren Geschäftsbereiche berührt werden.

Die Koordination ist um so **bedeutungsvoller, je höher die Stellung** eines Leiters ist. Wird in einem Industrieunternehmen die Aufnahme eines neuen Erzeugnisses erwogen, so müssen etwa zusammenwirken der Verkauf, die Entwicklungsabteilung, das Konstruktionsbüro, die Patentabteilung, mehrere Erzeugungsstätten, die Kalkulation und der Einkauf, so daß nur eine Spitzenpersönlichkeit diese Koordination vornehmen kann. Dasselbe gilt, wenn eine Stadt einen Schulneubau beabsichtigt. Es müssen dann etwa das Schulamt, mehrere Ämter der Bauverwaltung, das Grundstückamt und die Kämmerei zusammenwirken. Es wird sich empfehlen, einer Abteilung, beim Schulbau etwa dem Hochbauamt, die Federführung zu übertragen.

Dadurch, daß mehrere Stellen zusammenwirken, erhöhen sich natürlich die Kosten der Vorbereitung, auch leidet deren Schnelligkeit und Terminsicherheit. Dies läßt sich jedoch nicht vermeiden, da eine Stelle allein gar nicht in der Lage sein würde, die Gesamtaufgabe wirtschaftlich und gütemäßig befriedigend zu lösen. Gerade hier zeigt sich aber die Bedeutung einer geschickten Koordination, durch die die Nachteile weitgehend vermieden werden können.

In diesen Fällen ist im allgemeinen derjenige, der die Koordinierungsfunktion zu erfüllen hat, **Vorgesetzter** der Mitarbeiter und Abteilungen, die zu koordinieren sind, oder er kann sich auf eine Instanz stützen, die Vorgesetzter ist, z. B. in einer AG auf den Vorsitzer des Vorstandes, in einer Stadt auf den Verwaltungsleiter.

Der Verfasser erlebte wiederholt, daß einer leitenden Persönlichkeit nachgerühmt wurde, ein geschickter Verhandler zu sein; das heißt aber nichts anderes, als daß sie zu koordinieren versteht. Bei der heutigen Verquickung aller Fragen ist zu ihrer Lösung aber nicht nur Koordinationsgeschick erforderlich, sondern auch der gute Wille aller Beteiligten, sich koordinieren zu lassen. Wenn es von jemand heißt, er sei „schwierig", so bedeutet das, daß er sich nicht koordinieren läßt. Menschen solcher Art können den Fortschritt erheblich bremsen.

C. Überwachung der Leitung

Das Schicksal eines Betriebes hängt entscheidend von der Leitung, insbesondere von der obersten Leitung ab. Sie kann den Betrieb aufwärts und abwärts leiten. Der **Niedergang** oder gar Zusammenbruch eines Betriebes pflegt **schwerwiegende Folgen** zu haben:

bei Unternehmungen für die Mitarbeiter, die Kapitalgeber, die Gläubiger, die Kunden und die Gemeinde, in der sich das Unternehmen befindet, und deren engere und weitere Umgebung;

bei öffentlichen Haushalten für die Mitarbeiter, die Gläubiger und alle Staatsbürger, die in Beziehung zu dem Haushalt stehen.

Durch die Verkettung der Unternehmen untereinander, der öffentlichen Haushalte untereinander und der Unternehmen mit den Haushalten kann sich der Abstieg und erst recht der Zusammenbruch eines Betriebes kataraktartig auf weitere Betriebe fortwälzen.

Unter diesen Umständen ist immer wieder versucht worden, organisatorische **Maßnahmen zur Verhütung** solchen Unheils zu treffen. Es kommen in Frage

Mehrpersonenleitung
Einflußnahme von Mitarbeitern
Überprüfung der Leitung
Beratung der Leitung
Aufsicht über die Leitung
Aufspaltung der Leitung in Willensbildung und Willensvollziehung.

Mehrpersonenleitung

Der Hauptgrund für die Mehrköpfigkeit der Leitung ist, daß in großen Unternehmen und im Staat bzw. den großen Kommunen **ein Mann** geistig und körperlich **nicht in der Lage** ist, die Leitung allein zu übernehmen. Daneben pflegen noch **andere Gründe** eine mehr oder minder gewichtige Rolle zu spielen, wie Notwendigkeit der Vertretung, Heranbildung von Nachwuchs und nicht zuletzt gegenseitige Kontrolle, also Vermeidung zu großer Machtfülle eines einzelnen, was insbesondere Kreditgeber bzw. Parteien scheuen. Organisatorisch liegt die Schwierigkeit einer mehrköpfigen Leitung darin, daß der einzelne eine möglichst große Selbständigkeit haben und doch eine einheitliche Politik getrieben werden soll. Jedes Mitglied der Leitung sollte also in seinem Arbeitsbereich allein verantwortlich entscheiden, soweit nicht die Interessen des Gesamtbetriebes berührt werden. In diesem Falle fällt die Gesamtleitung die Entscheidung, wenn nicht einem seiner Mitglieder die Alleinentscheidung zusteht, so daß letzten Endes direktoriale Leitung herrscht (Vorstandsvorsitzer der AG). Die Teilaufgaben können den Leitern im einzelnen in sehr verschiedener Weise übertragen werden. Es ergeben sich z. B., wenn in einem Industrieunternehmen ein kaufmännischer und ein technischer Leiter bestellt werden, die Möglichkeiten der *Abbildung 12*. Während bei Abbildung 12 a der technische Leiter nur die Erzeugung betreut, betreut bei Abbildung 12 b der kaufmännische Leiter nur den Verkauf, bei Abbildung 12 c werden die Teilaufgaben Rechnungswesen und Personalwesen zum Teil von dem kaufmännischen Leiter und zum Teil von dem technischen Leiter wahrgenommen. *Abbildung 13* zeigt drei Möglichkeiten der Übertragung von Teilaufgaben auf drei leitende Personen, Ingenieur, Kaufmann, Betriebswirt. Wie die Übertragung stattfindet, sollte eine Frage der Fähigkeiten sein, ist aber praktisch auch eine Frage des Durchsetzungsvermögens der Leiter.

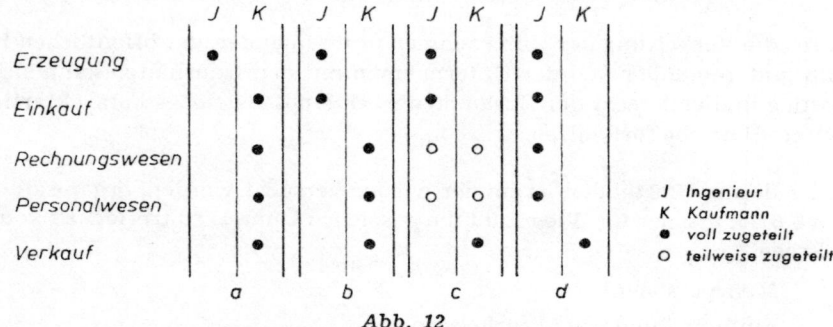

Abb. 12
Zuteilung von Teilaufgaben bei 2 leitenden Personen

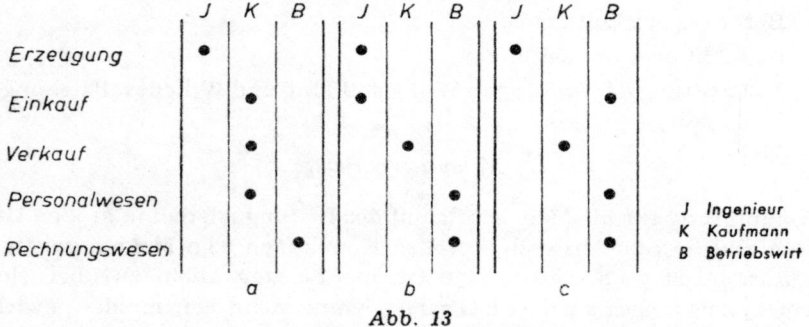

Abb. 13
Zuteilung von Teilaufgaben bei 3 leitenden Personen

Einflußnahme von Mitarbeitern

Die Einflußnahme von Arbeitnehmern in den Unternehmungen ist laut **Betriebsverfassungsgesetz** vom 11. 10. 1952 abgestuft. Sie umfaßt im wesentlichen.

Mitbestimmung (Zustimmung) in sozialen Angelegenheiten.

Mitwirkung bzw. Mitbestimmung in personellen Angelegenheiten: Der Betriebsrat kann das Arbeitsgericht anrufen, wenn er mit seiner Ablehnung einer Einstellung oder seinem Verlangen einer Entlassung beim Arbeitgeber nicht durchdringt; der Betriebsrat muß vor jeder Kündigung gehört werden.

Recht, in wirtschaftlichen Angelegenheiten *unterrichtet zu werden* bzw. bei wesentlichen Betriebsänderungen mitzubestimmen.

Grundlage der Einflußnahme ist § 49, 1: Arbeitgeber und Betriebsrat arbeiten im Rahmen der geltenden Tarifverträge vertrauensvoll und im Zusammenwirken mit den im Betrieb vertretenen Gewerkschaften und Arbeitgebervereinigungen zum Wohle des Betriebs und seiner Arbeitnehmer unter Berücksichtigung des Gemeinwohls zusammen.

Ähnliche Bestimmungen finden sich in dem für öffentliche Verwaltungen geltenden P e r s o n a l v e r t r e t u n g s g e s e t z vom 5. 8. 1955.

Überprüfung der Leitung

B e i s p i e l e unabhängiger Überprüfungen sind

die Pflichtprüfung der Aktiengesellschaften
(§§ 135 ff. AktG)

die Prüfung durch den Betriebsprüfungsdienst der Finanzverwaltung
(§ 162, 9 AO).

§§ 135, 2, 138—140 AktG suchen sicherzustellen, daß die Prüfung nicht im Formalen steckenbleibt, also nur Zahlenfriedhöfe schafft. Der Erlaß einer Bundesbetriebsprüfungsordnung der Finanzverwaltung steht bevor.

Wenngleich derartige Prüfungen immer zurückliegende Zeiträume umfassen und man Geschehenes nicht ungeschehen machen kann, wirken sie doch unbedingt auch in die Zukunft, da insbesondere die Leitungsspitze sich bemühen wird, zukünftige Beanstandungen zu vermeiden.

Beratung der Leitung

Beratende Ausschüsse sind z. B. die *Ratsausschüsse der Gemeinden*, bestehend aus Mitgliedern der Gemeindevertretung. Sie bereiten die Beschlüsse der Gemeindevertretung vor und erstatten ihr Bericht. Wenngleich sie nur Empfehlungen aussprechen, fällt in ihnen praktisch zumeist doch bereits die Entscheidung, da sich die beratene Gemeindevertretung der Empfehlung anschließen wird, weil sie nicht annehmen kann, es besser zu verstehen, zumal wenn den Ausschüssen auch sachverständige Außenseiter angehören. Beratende Gremien können auch für einen bestimmten Zweck gebildet und nach dessen Erfüllung aufgelöst werden, z. B. zur Prüfung, ob sich die Anschaffung einer Datenverarbeitungsanlage empfiehlt[11]).

Aufsicht über die Leitung

Aufsichtsorgane sind z. B.

in einer AG Aufsichtsrat und Hauptversammlung,

für eine Stadt Regierung und Innenministerium.

Die wichtigsten Funktionen des Aufsichtsrates sind die Überwachung der Geschäftsführung und die Berichterstattung an die Hauptversammlung (§§ 95, 96 AktG), ferner die Bestellung und Abberufung des Vorstands (§ 75 AktG). Die wichtigsten laufenden Funktionen der Hauptversammlung sind die Wahl und Abberufung des Aufsichtsrats (§ 87 AktG), soweit sie nicht Sache der Arbeitnehmer sind (§ 76 BVG), die Gewinnverteilung (§ 126 AktG), Entlastung von Vorstand und Aufsichtsrat (§ 104 AktG) und die Wahl der Abschlußprüfer (§ 136 AktG). Ferner ist die Hauptversammlung noch zuständig für die außerordentlichen Fälle der Satzungsänderung, der Auflösung der Gesellschaft und der Verschmelzung. Ein wesentlicher Teil der Kritik des AktG folgt aus der Frage, wie man die Funktionenverteilung beurteilt.

Die Staatsaufsicht über die Gemeinden ist in den Gemeindeordnungen geregelt. Als Aufsichtsmittel können unterschieden werden:

das *Informationsrecht* und daraus folgend die insbesondere für kleine Gemeinden höchst wichtige Beratung,

das *Beanstandungsrecht*, wenn das Recht verletzt ist und daraus folgend die Aufhebung,

das *Anordnungsrecht*, wenn die Gemeinde es unterläßt, die zur Erfüllung einer gesetzlichen Verpflichtung erforderlichen Anordnungen zu treffen bzw. die Ersatzvornahme, wenn die Anordnung nicht befolgt wird.

Besonders scharfe Aufsichtsmittel sind:

die *Bestellung eines Beauftragten*,

die *Finanzsperre*,

die *Auflösung der Gemeindevertretung*,

die *Haftbarmachung* von Mitgliedern der Gemeindevertretung.

---

[11]) In dem Aufsatz von W. Heimsoeth „Luft- und Wasserhygiene" (Bayer-Berichte 1964, Heft 13) heißt es: „Bayer verfolgt seit je die Luft- und Wasserprobleme. So sind Protokolle einer ‚Wasserkommission' aus dem Jahre 1904 überliefert; eine ‚Stinkkommission' hat es auch immer gegeben..."

Willensbildung und Willensvollziehung

Ein typisches Beispiel für die Trennung der Willensbildung von der Willensvollziehung ist die B ü r g e r m e i s t e r v e r f a s s u n g von Städten, die in zwei Formen möglich ist. Entweder kann die willensbildende Gruppe (Gemeindevertretung) völlig für sich bestehen, oder sie ist mit der Willensvollziehung dadurch verzahnt, daß der Bürgermeister als Vorsitzer der Gemeindevertretung sowohl willensbildend wie als Leiter der Verwaltung willensvollziehend tätig ist[12]) (im ersten Fall sogenannte *abgeschwächte Bürgermeisterverfassung*, im zweiten Fall sogenannte *rheinische Bürgermeisterverfassung*). Bei der rheinischen Bürgermeisterverfassung hat natürlich der Bürgermeister einen starken Einfluß. Für die beiden genannten Gemeindeverfassungen wie für andere lassen sich Vor- und Nachteile anführen. Praktisch zeigt sich jedoch stets, daß es nicht genügt, die einzelnen Funktionen juristisch auseinanderzuhalten. Die willensvollziehenden Organe haben es oft leicht, sich zufolge ihrer größeren Sachkenntnis durchzusetzen. Umgekehrt können die Willensbildenden um so mehr Einfluß nehmen, je sachkundiger sie sind. Selbstverständlich kommt es auch auf die Energie der Persönlichkeiten an. Es ist also völlig offen, wer den anderen überspielt und, wie nochmals betont sei, wirklichkeitsfremd, die Arbeitsgliederung nur rein juristisch zu betrachten. Wer „was zu sagen hat", also leitet, ergibt sich auch und sogar meist mehr aus dem Gewicht der Persönlichkeiten.

Gremien

Die geschilderte Überwachung der Leitung wird, von Ausnahmen abgesehen, durch G r u p p e n (Gremien, Ausschüsse, Kommissionen, Kollegien, Komitees) ausgeübt[13]).

Auf diese Weise kann einem Kreis von Personen, der wegen seiner Größe und mangels Zeit sowie mangels bis in alle Einzelheiten gehender Sachkenntnis für die eigentliche Bearbeitung der Betriebsangelegenheiten nicht in Frage kommt, ein Einfluß auf den Betrieb ermöglicht, also eine demokratische Betriebsleitung erzielt werden.

Es sind hierbei folgende Fragen organisatorisch zu regeln (Satzung):

Zahl der Mitglieder, Dauer der Mitgliedschaft,

Wahl, Grundsätze, aktives und passives Wahlrecht,

Sitzungen: Vorbereitung, Durchführung, Vorsitz,

Beschlüsse: Beschlußfähigkeit, Abstimmung.

---

[12]) Der gleiche Fall liegt bei privaten Vereinigungen vor, wenn ein geschäftsführendes Präsidialmitglied bestellt ist.

[13]) Die für ausführende Gruppen besonders wichtige Frage des Gruppenlohns hat der Verfasser in seiner „Betriebswirtschaftslehre der industriellen Erzeugung", 4. Auflage, Wiesbaden 1963, Seite 96, behandelt.

Von entscheidender Bedeutung ist, daß *geeignete Personen* in die Gremien gelangen. Die Wahl ist daher von ernstester Verantwortung. Eine AG hat den Vorstand, den der Aufsichtsrat wählt, ein Staat bzw. eine Kommune hat das Parlament und die Regierung, die die Staatsbürger wählen. Soll ein Gremium ein anderes überwachen, so darf natürlich niemand beiden Gremien angehören, dagegen wird es meist zweckmäßig sein, daß die Mitglieder eines beratenden Gremiums auch dem beratenen Gremium angehören, damit sie sich für die Empfehlungen einsetzen können. Alle Mitglieder des Gremiums sollten Sorge tragen, daß ein klarer Beschluß zustande kommt. Insbesondere der gewählte oder bestimmte Vorsitzer sollte die Mitglieder des Gremiums soweit wie irgend möglich koordinieren. Der Verfasser hat viele Jahre hindurch den Vorsitz in verschiedenen Gremien geführt und sich stets bemüht, einen einstimmigen Beschluß zu erzielen, soweit möglich also eine eigentliche Abstimmung zu vermeiden, wenn sie nicht rechtlich erforderlich war.

Die Übertragung der genannten Funktionen an Gremien, durch die diese zu Instanzen werden, ist zweifellos geeignet, verteuernd und verlangsamend zu wirken. Das kann jedoch weitgehend vermieden werden, wenn die Zusammenkünfte sorgfältig vorbereitet werden und der Vorsitzende es versteht, das Dreschen von leerem Stroh zu verhindern. Der Verfasser hat die Sitzungsteilnehmer wiederholt befragt, wie hoch sie den Wert einer Stunde ansetzten, und errechnet, was also die Sitzung gekostet hat mit dem Anheimgeben, zu erwägen, ob das Ergebnis den *Kosten* entspräche. Er hat auf diese Weise auch die Dauer der Sitzungen abzukürzen, also die Schnelligkeit der Entschlüsse zu erhöhen getrachtet. Alle Nachteile sind in Kauf zu nehmen, wenn die Güte der Beschlüsse dadurch erhöht wird, daß in ihnen die verschiedenen für die Beurteilung wichtigen Momente in rechtem, d. h. den Betrieb fördernden Verhältnis zur Geltung kommen. Das setzt freilich voraus, daß sich nicht ein Mitglied des Gremiums auf das andere verläßt[14] und daß nicht Entscheidungen getroffen werden, die faule Kompromisse sind. Niemand bezweifelt, daß die Person des Leiters eines Betriebes oder Betriebsteils von entscheidender Bedeutung für den Betrieb ist. Hat ein Gremium Leitungsfunktionen, so sollten auch seine Mitglieder zur Erfüllung dieser Funktionen befähigt sein. Es ist bekannt, daß diese Forderung oft nicht erfüllt ist.

Grenzen der Organisation

Alle wohlgemeinten und auch wohldurchdachten Regelungen von Einwirkungen auf die Leitung durch Gruppen zur Sicherung der Betriebe vermögen erfahrungsgemäß den Niedergang oder gar Zusammenbruch von Betrieben

---

[14] Bismarck erzählt in „Gedanken und Erinnerungen", Bd. 1, von dem Rat Prätorius: „Zur Charakterisierung dieses Herrn wurde uns jungen Leuten erzählt, daß er in den Sitzungen, wenn behufs der Abstimmung aus einem leichten Schlummer geweckt, zu sagen pflegte: „Ich stimme wie der Kollege Tempelhof", und dann gelegentlich darauf aufmerksam gemacht werden mußte, daß Herr Tempelhof nicht anwesend sei".

nicht zu verhindern. Hier zeigen sich die Grenzen der Wirkungsmöglichkeit jeder Organisation.

Nur sehr bedingt kann die Organisation die zerstörenden Auswirkungen von Zwietracht und Eigennutz verhindern. Der gute Wille zum Zusammenstehen, die Treue zum Betrieb, ist nicht weniger wichtig als eine gute Organisation. In seiner „Germania", 19, sagt Tacitus: „Mehr wirken dort gute Sitten als andernorts gute Gesetze."

Erst recht kann die Organisation nicht außergewöhnliche Gefahren von den Betrieben abwenden. Erfindungen können einen Industriebetrieb zum Erliegen bringen, mächtige Feinde eine Stadt[15]) und einen Staat vernichten.

D. Zusammenfassung

Zum Abschluß sei nochmals darauf hingewiesen, daß oben als Zweck der Arbeitsgliederung bezeichnet wurde, den Betriebsangehörigen die Arbeit so zu übertragen, daß sie zu Arbeitsgliedern werden, die zur Erfüllung der Betriebsaufgaben zusammenwirken ähnlich Gliedern eines Körpers. Dann müssen aber insbesondere die Arbeitsbereiche der Leiter[16]) der Art nach richtig zusammengesetzt und der Größe nach richtig bemessen sein. Der Art nach zweckmäßig zusammengesetzte Arbeitsbereiche werden durch eine sorgfältige Aufgabenteilung vorbereitet. Zu einem Arbeitsbereich ist nach Möglichkeit die Bearbeitung zusammenhängender Teilaufgaben zusammenzufassen. Heterogene Teilaufgaben sollten auch bei persönlichkeitsgebundener Arbeitsgliederung nicht zu einem Arbeitsbereich vereinigt werden. Ein richtiges Bild von der Größe der Arbeitsbereiche der leitenden Arbeitsglieder kann man sich nur machen, wenn man auch berücksichtigt, wie weit sie durch waagerechte Ausgliederung von Funktionen entlastet und durch Zuteilung von Funktionen in der senkrechten Instanzenfolge sowie durch Koordinationsarbeiten und durch Gremien, von denen sie überwacht werden, belastet sind. Zu große Arbeitsbereiche überlasten den einzelnen Menschen und die einzelne Abteilung und gefährden Wirtschaftlichkeit, Güte, Schnelligkeit und Terminsicherheit der Arbeitsabwicklung und nicht zuletzt auch die Arbeitsfreudigkeit. Erfahrungsgemäß sind insbesondere wertvolle Persönlichkeiten geneigt, sich zuviel aufzuladen. Der Betrieb hat aber gerade an dem Zusammenbruch seiner Besten kein Interesse. Es gibt Betriebe, von denen man behaupten kann, daß sie auf den Nervenzusammenbruch der leitenden Personen hin organisiert sind. Zu große Arbeitsbereiche entstehen nicht selten auch unmerklich im Laufe der Zeit durch Ausweitung der Arbeit. Damit keine Nachteile für den Betrieb

---

[15]) Ephesus und Milet sind verschwunden. Halikarnassos, Nicaea, Sparta sind heute unbedeutende Landstädte.

[16]) Die Brücke zum Rechnungswesen schlagend, wird man fordern müssen, daß sich die Arbeitsbereiche nach Möglichkeit mit den Kostenstellen des Betriebsabrechnungsbogens bzw. mit den Abschnitten oder Unterabschnitten des Haushaltsplanes decken.

entstehen, muß alsdann eine neue Arbeitsgliederung vorgenommen werden, so sehr sich die betreffenden Personen auch aus sachlichen oder unsachlichen Gründen dagegen sträuben. Zu kleine Arbeitsbereiche nutzen die Personen nicht aus und drücken gerade tatfrohe Menschen nieder. Sind die Arbeitsbereiche zu klein, so ist es organisatorisch besser, wenn die mit ihnen betrauten Personen faul sind, als wenn sie sich, weil sie keine Arbeit haben, Arbeit machen. Auf diese Weise machen sie nämlich wieder anderen Personen Arbeit, und so wirkt sich dieses Unheil fortzeugend neues Unheil gebärend aus. Zu kleine Arbeitsbereiche können im Laufe der Zeit durch Einengung der Arbeiten entstehen. Auch in diesem Falle muß durch eine neue Arbeitsgliederung Rat geschaffen werden.

Die **Darstellung der Arbeitsgliederung** kann erfolgen:

stammbaumförmig,

schachbrettartig,

in beschreibender Form.

Die *stammbaumförmige* Darstellung wie in den *Abbildungen 7—11* gibt nur einen gewissen Überblick. Sie leistet aber auch mehr in der Form der *Abbildung 14*, die so oder ähnlich in der Praxis vielfach anzutreffen ist. Bei der *schachbrettartigen* Darstellung wird etwa die Senkrechte den letzten Teilaufgaben, die Waagerechte den Arbeitsgliedern zugeteilt. Die Funktionen der Arbeitsglieder können durch entsprechende Zeichen angedeutet werden. Man

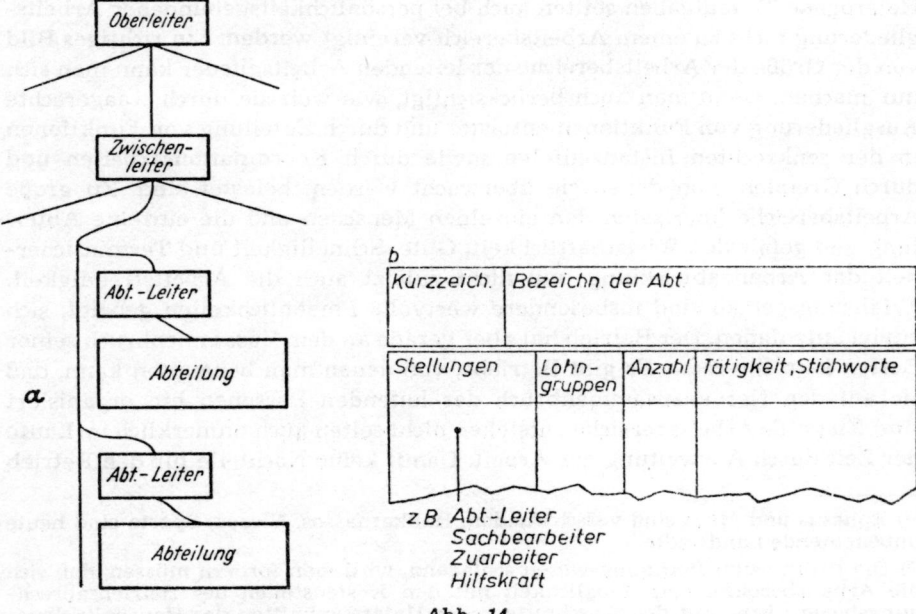

Abb. 14
a *Stammbaumförmige Darstellung einer Arbeitsgliederung; b Abteilungsschema dazu*

erkennt also in einer Senkrechten alle Funktionen eines Arbeitsgliedes, in einer Waagerechten alle Funktionen zur Erfüllung einer Teilaufgabe. Diese auf Hymans[17]) zurückgehende Methode gibt die Zusammenhänge zwischen Teilaufgaben, Arbeitsgliederung und Funktionen an, hat sich aber in der Praxis nicht durchgesetzt. Endlich ist eine genaue Darstellung der Arbeitsgliederung *in beschreibender Form* möglich, die die Funktionen im einzelnen verzeichnet. Die Geschäftsverteilungspläne der Behörden sind Darstellungen der Arbeitsgliederung in beschreibender Form. Derartige Pläne sollten nicht als bürokratisch abgetan werden, sie sind durchaus wertvoll, da sie klare Zuständigkeiten und damit Verantwortungen schaffen.

C. Unternehmungs- und Konzentrationsformen

Von Prof. Dr. Gerhard Mann

In einem marktwirtschaftlichen System haben die Wirtschaftssubjekte innerhalb der durch die gesetzlichen Bestimmungen gezogenen Grenzen nicht nur die Möglichkeit, sich betrieblich zu betätigen, sondern sie sind auch im Rahmen des ihnen eingeräumten Entscheidungsbereiches frei, den Aufbau von Unternehmen und den Ablauf betrieblicher Prozesse ihren jeweiligen Zielsetzungen gemäß zu gestalten. Die Kombination unabdingbarer und individuell gestalteter Strukturmerkmale gibt nicht nur jedem Unternehmen ein individuelles Gepräge, sondern führt auch zu spezifischen Folgewirkungen, die nicht nur unternehmensinterner Natur sind, sondern zeitigen auch Konsequenzen in bezug auf die Unternehmensbesteuerung und für die wirtschaftliche Umwelt.

Aus diesem Grunde bedarf das Problem, welche Unternehmensform gewählt werden soll, nicht nur bei der Gründung einer eingehenden Untersuchung, sondern auch während des Bestehens einer Unternehmung muß die Frage nach der optimalen Unternehmensform immer wieder aufs neue gestellt werden.

Wie die Gründer eines Unternehmens, die Unternehmensträger und die Unternehmensleitung eines schon bestehenden Unternehmens des Wissens um die Konsequenzen alternativer Unternehmensformen bedürfen, so kann auch der Bankkaufmann seinen Aufgaben nur dann gerecht werden, wenn er die alternativen Unternehmensformen und ihre Konsequenzen kennt. Denn nicht nur für die Kreditwürdigkeitsprüfung, Kreditsicherung und Kreditabwicklung ist dieses Wissen unerläßlich, sondern u. a. auch für die mehr und mehr an Bedeutung gewinnende Vermögensberatung.

Um die Arteigenheiten der einzelnen Unternehmensformen ersichtlich zu machen und deren schnelle Vergleichbarkeit zu sichern, werden diese unter folgenden Aspekten durchleuchtet:

- **Wesen, Zielsetzung und Tätigkeitsbereich**
- **Willensbildung und Vertretung**
- **Eigenkapitalausstattung**
- **Haftung und Kapitalrisiko**
- **Gewinn- und Verlustverteilung**
- **Auseinandersetzung und Liquidation**

Daß dabei auch zuweilen rechtliche Fragen nicht unerwähnt bleiben dürfen, liegt auf der Hand. Bestimmen doch gesetzliche Vorschriften den Raum, innerhalb dessen sich individuelle Wünsche realisieren lassen. Aber auch dort, wo sie keinen Raum für eine solche Gestaltung lassen, kann auf ihre Berücksichtigung nicht verzichtet werden, weil auch sie die Entscheidung über die zu wählende Unternehmensform beeinflussen.

Unerörtert bleiben müssen hier jedoch die tragenden Rechtsprinzipien, die den Gesetzgeber veranlaßt haben, die Gestaltungsalternativen zu begrenzen und bestimmte unabdingbare Vorschriften für die Unternehmensformen zu erlassen. Sie aufzuspüren ist Aufgabe der Rechtswissenschaft und soweit sie für die Alltagspraxis des Bankkaufmanns relevant sind, erfolgt ihre Darstellung im Rahmen dieses Unterrichts- und Nachschlagewerkes im Fachgebiet „Bankrecht".

Damit wird zugleich deutlich, daß die Unternehmensformen unter verschiedenen Gesichtspunkten betrachtet werden können. Diese verschiedenen Gesichtspunkte zu beachten ist unerläßlich, wenn man die Notwendigkeit von der Wirtschaft geforderter neuer Unternehmensformen und die Grenzen ihrer Verwirklichung verstehen will.

Die Kenntnis der Möglichkeiten und Probleme im nationalstaatlichen Raum aber ist auch Vorbedingung für das Verständnis der Hindernisse, die der Schaffung supranationaler Unternehmensformen — wie sie für integrierte Wirtschaftsräume (z. B. EWG) wünschenswert erscheinen — entgegenstehen.

I. Gegenstandsungebundene Unternehmungsformen

1. Allgemeines

Im *wirtschaftswissenschaftlichen Sprachgebrauch* werden ebenso wie im Sprachgebrauch der Wirtschaftspraxis die Begriffe „Unternehmungsform" und „Rechtsform der Unternehmung" im allgemeinen synonym gebraucht.

Unter „Rechtsform der Unternehmung" oder „Unternehmungsform" (auch „Unternehmensform") wird jenes System rechtlich relevanter Regelungen verstanden, das insbesondere die Zuordnung von sachlichen Kompetenzen und Kontrollbefugnissen auf die Unternehmungsträger und die Unternehmungsleitung sowie den Schutz der Interessen von Personen oder Institutionen, die mit der Unternehmung in Wirtschaftsbeziehungen treten, beinhaltet.

Kein Staat kann es seinen Bürgern nicht überlassen, diese Rechtsverhältnisse nach Belieben zu gestalten, weil dies eine den Wirtschaftsverkehr erheblich erschwerende Vielfalt an Rechtsformen zur Folge hätte. Um die Abwicklung des Wirtschaftsverkehrs zu erleichtern, stellt deshalb der Gesetzgeber der Wirtschaft bestimmte Grundtypen von Unternehmungsformen zur Verfügung, unter denen die Wirtschaftssubjekte wählen können. Der spezifischen Interessenlage der Unternehmensträger kann durch individuelle Gestaltung der rechtlich relevanten Regelungen im Rahmen des durch die nachgiebigen (dispositiven) Rechtsnormen in den einzelnen gesetzlichen Grundtypenregelungen eingeräumten Gestaltungsspielraumes entsprochen werden.

Nachgiebige (dispositive) Rechtsvorschriften können durch Rechtsgeschäft (z. B. Vertrag) für die Beteiligten ganz oder teilweise außer Kraft gesetzt werden, während unnachgiebige (zwingende) Rechtsvorschriften diese Möglichkeit nicht gewähren.

So können die Rechtsformen Einzelfirma, OHG, KG, GmbH und wirtschaftlicher Verein in hohem Maße den unternehmensindividuellen Forderungen angepaßt werden, während die für AG, KGaA und Genossenschaften geltenden gesetzlichen Regelungen weitgehend zwingender Natur sind.

Unter betriebswirtschaftlichem Aspekt interessieren nun weniger die Gründe, die den Gesetzgeber veranlaßt haben, zwingende oder nachgiebige Rechtsvorschriften zu erlassen, vielmehr *bedarf es* unter diesem Blickwinkel *der Untersuchung, in welcher Art und Weise eingeräumte Gestaltungsrechte wahrgenommen werden (können) und wie die Gestaltungsalternativen im Hinblick auf ihre Zweckmäßigkeit zu beurteilen sind.*

Die im Zuge der Unternehmensgründung bzw. Unternehmensumgründung erfolgende Wahl der Unternehmensform ist eine Entscheidung von weitreichender Bedeutung, mit erheblichen Konsequenzen für das Unternehmen selbst, seine Träger sowie für die mit ihm in wirtschaftliche Beziehungen tretenden Personen und Unternehmen. Jeder zur Wahl stehenden Unternehmungsform sind spezifische Gründungs-, Umwandlungs-, Auflösungs- und Abwicklungserfordernisse eigen und es ergeben sich unterschiedliche Konsequenzen für die Verfolgbarkeit bestimmter Zielsetzungen und eines bestimmten Tätigkeitsbereiches. Auch im Hinblick auf die Verteilung von Entscheidungskompetenzen und Vertretungsbefugnissen, die Eigenkapitalausstattung, das Kapitalrisiko und die Haftung weisen die Unternehmensformen Unterschiede auf; und schließlich ist auch auf die unterschiedlichen Besteuerungslasten hinzuweisen.

Im folgenden sollen diese Zusammenhänge — soweit sie nicht Gegenstand einer ausführlicheren Darstellung in anderen Beiträgen sind — zunächst für die wichtigsten Unternehmensformen in der BRD erörtert werden, wobei an dieser Stelle von einer Darstellung der stillen Gesellschaft als reiner Innengesellschaft abgesehen wird. Da unter ihnen diejenigen am bedeutendsten sind, die bei jeder Art gewerblicher Betätigung gewählt werden können, soll deren Betrachtung an den Anfang gestellt werden. Daran anschließend wird am Beispiel von zwei Gesellschaftsvertragstypen gezeigt, welche Aufgabe Gesellschaftsverträgen zukommt und wie diese aufgebaut sind. Sodann werden diejenigen Unternehmensformen dargestellt, deren Annahme eine bestimmte Art gewerblicher Betätigung voraussetzt sowie jene, die der öffentlichen Hand bei ihrer wirtschaftlichen Betätigung zur Verfügung stehen.

Die Zunahme wirtschaftlicher Beziehungen zum Ausland läßt es zweckmäßig erscheinen, auch einen Blick auf die Unternehmensformen jenseits der nationalen Grenzen zu werfen. Aus räumlichen Gründen kann sich diese Betrachtung nur auf die Verhältnisse in drei ausgewählten Staaten (Frankreich, Italien, USA) erstrecken.

2. Einzelunternehmung

a) Wesen, Zielsetzung und Tätigkeitsbereich

<u>Eine Einzelunternehmung liegt vor, wenn der Inhaber eines Unternehmens eine natürliche Person ist</u> und formalrechtlich kein Gesellschaftsunternehmen (z. B. Einmann-AG) vorliegt.

Für den Begriff „Einzelunternehmung" ist dabei die Größe des Unternehmens bedeutungslos. Erfordert die Unternehmensgröße jedoch einen in kaufmännischer Weise eingerichteten Geschäftsbetrieb und ist dieser auf Gewinnerzielung ausgerichtet, so ist die Eintragung der Einzelunternehmung im Handelsregister erforderlich (§ 29 i. V. m. § 4 HGB) bzw. für Nebenbetriebe der Land- und Forstwirtschaft (z. B. Brennerei) möglich (§ 3 Abs. 2 HGB). Die im Handelsregister eingetragene bzw. die eintragungsfähige Einzelunternehmung wird „Einzelfirma" genannt.

Jede Unternehmung hat die Aufgabe, bestimmte Leistungen zu erbringen, um den dieser Welt immanenten Spannungszustand von Bedarf und Bedarfsdeckung zu verringern. Unternehmungen stellen aber künstliche Gebilde dar, die von Menschen ins Leben gerufen werden. Diese verfolgen mit der Errichtung einer Unternehmung regelmäßig persönliche Ziele, wie Schaffung einer Einkommensquelle, die Verwirklichung ethischer oder sozialpolitischer Zielsetzungen, das Erreichen wirtschaftlicher Macht, Befriedigung des Prestigeverlangens oder des Unabhängigkeitsstrebens. Vielfach sollen dabei mehrere Ziele mit Hilfe des Unternehmens gleichzeitig realisiert werden, soweit dies nicht dadurch ausgeschlossen ist, daß die einzelnen Zielsetzungen miteinander konkurrieren.

Das Streben, mit Hilfe der Unternehmung ein Unternehmereinkommen zu erzielen, führt dazu, daß das Unternehmen auf Erwirtschaftung von Gewinn bzw. Rentabilität bedacht sein muß. Eine solche Zielsetzung des Unternehmens stellt die konkrete Ausformung einer Wirtschaftsgesinnung dar, die man als e r - w e r b s w i r t s c h a f t l i c h e s   P r i n z i p bezeichnet.

Ethische und sozialpolitische Ziele der Unternehmer verlangen hingegen häufig ein Verhalten der Unternehmung nach dem gemeinwirtschaftlichen oder gemeinnützigen Prinzip. Das g e m e i n w i r t s c h a f t l i c h e   P r i n z i p gebietet bei idealtypischer Betrachtungsweise, daß das Unternehmen seine Leistungen gegen bloßen Kostenersatz veräußert oder sogar auf einen Teil des Kostenersatzes verzichtet (Zuschußunternehmen). Soweit Unternehmungen das Ziel der G e m e i n n ü t z i g k e i t verfolgen, ist ihnen aufgegeben, bei grundsätzlichem Verzicht auf Gewinnstreben unmittelbar und ausschließlich die Allgemeinheit zu fördern (§ 17 Abs. 1 StAnpG).

<u>In der Wirtschaftspraxis dominiert jedoch bei Einzelunternehmen die erwerbswirtschaftliche Zielsetzung und für Einzelfirmen ist sie unabdingbar, da andernfalls kein Gewerbe vorliegt.</u>

Einzelunternehmungen sind vor allem im Dienstleistungsbereich (Handel, Banken, usw.) zu finden, daneben aber auch in der Industrie. Nur in bestimmten Wirtschaftszweigen, die ihnen zwingend vorenthalten sind, sind sie nicht vertreten, so in der Versicherungswirtschaft (§ 7 VAG), im Investmentgeschäft (§ 1 Abs. 2 KAGG) sowie im Bereich der Bausparkassen (§ 114 VAG).

b) Entscheidungs- und Vertretungsbefugnisse

Oberste Entscheidungsinstanz der Einzelunternehmung ist der U n t e r n e h - m e r   (I n h a b e r). Ihm ist es vorbehalten, die Zielsetzungen der Unternehmung nach seinem Willen zu fixieren und zu ändern, die Wege zur Erreichung dieser Ziele zu bestimmen und die hierzu erforderlichen Rechtsgeschäfte zu tätigen. Auch ist die Einstellung des Geschäftsbetriebes nach dem geltenden Recht allein in sein Ermessen gestellt.

Die Vereinigung der obersten Entscheidungs- und Handlungsbefugnisse in einer Person ermöglicht tendenziell eine schnellere Anpassung des Unternehmungsverhaltens an veränderte Umweltbedingungen (Marktsituationen) als bei Gesellschaftsunternehmungen. Andererseits sind damit gewisse Gefahren verbunden, die nicht übersehen werden dürfen. So kann die Unternehmung durch den zeitweiligen (Krankheit) oder totalen Ausfall (Tod) des obersten Entscheidungsträgers führungslos und in ihrer Existenz gegebenenfalls in höchstem Maße gefährdet werden.

Je nach Umfang und Art der zu bewältigenden Führungsaufgaben sowie entsprechend seiner unternehmerischen Neigung und Befähigung wird sich der Einzelunternehmer jedoch u. U. zum Aufbau einer arbeitsteiligen Unternehmungsführung entschließen, indem er Teile seiner Entscheidungs- und Handlungskompetenzen an andere Personen delegiert. In einem solchen Fall kommt es zur Einsetzung von Geschäftsführern und Bevollmächtigten als Träger derivativer Dispositions- und Vertretungsmacht mit inhaltlich und umfangmäßig entsprechend abgegrenzten Kompetenzbereichen. Die Bestellung von Prokuristen und Handlungsbevollmächtigten ist jedoch Einzelunternehmen, die nicht ins Handelsregister eingetragen werden können, verwehrt (§ 4 HGB).

c) Eigenkapitalausstattung

Da die Einzelunternehmung nur einen Eigenkapitalgeber, nämlich den Unternehmer, aufweist, ist ihre Eigenkapitalausstattung einerseits davon abhängig, in welchem Umfang der Unternehmer über Kapital verfügt und inwieweit er bereit ist, dieses als Betriebskapital einzusetzen. Andererseits hängt die Eigenkapitalausstattung der Einzelunternehmung von der Entnahmepolitik des Unternehmers ab.

In der Bilanz der Einzelunternehmung findet das der Unternehmung gewidmete Kapital des Unternehmers, vermehrt um nicht entnommene Gewinne, vermindert um dessen Entnahmen und Unternehmensverluste, seinen Niederschlag im Bilanzposten „Kapital".

Grundsätzlich besteht für Einzelunternehmer keine gesetzliche Verpflichtung, ihr Unternehmen mit Eigenkapital auszustatten. Ohne Eigenkapital können jedoch die wenigsten Einzelunternehmungen ent- und bestehen, und zwar schon deshalb nicht, weil die erforderlichen Ausgaben im Gründungsstadium (Ersteinrichtung, Werbung) im Regelfall nicht in vollem Umfang fremdfinanziert werden können.

Ein eindeutiger funktionaler Zusammenhang zwischen der Eigenkapitalausstattung einer Einzelunternehmung und ihrer Kreditwürdigkeit besteht jedoch nicht. Letztere ist vielmehr davon abhängig, welche Erwartungen im Hinblick auf die zukünftige Ertrags- und Liquiditätsentwicklung der Unternehmung bestehen und welche banküblichen Sicherheiten gestellt werden können.

d) Haftung und Kapitalrisiko

Da die im Zusammenhang mit dem Betrieb der Einzelunternehmung vorgenommenen Rechtsgeschäfte — abgesehen von Bürgschaften u. ä. — ausschließlich den Unternehmer berechtigen und verpflichten, haftet der Einzelunternehmer allein für die Unternehmensschulden. Diese Haftung erstreckt sich auf sein gesamtes pfändbares, gegenwärtiges und zukünftiges Betriebs- und Privatvermögen sowie Einkommen. Aus diesem Grunde ist es vom Standpunkt der Gläubiger aus auch unerheblich, ob die in der Einzelunternehmung erwirtschafteten Gewinne und investierten Kapitalien in der Unternehmung verbleiben oder als Entnahmen dem Privatvermögen des Unternehmers zufließen, solange sie nicht für Konsumzwecke Verwendung finden.

Der Umstand, daß die sich aus dem Betrieb der Unternehmung ergebenden Risiken sowohl die dort eingesetzten als auch die privaten Kapitalien des Unternehmers erfassen, rechtfertigt den Verzicht des Gesetzgebers auf besondere, die Erhaltung des dem Unternehmen gewidmeten Eigenkapitals gewährleistende Vorschriften, wie sie bei vielen anderen Unternehmungsformen anzutreffen sind. Auch zu einem Auseinanderklaffen von Haftung und Kapitalrisiko kann es im Gegensatz zu anderen Unternehmensformen mangels eines gemeinschaftlichen Einstehenmüssens bei der Einzelunternehmung nicht kommen.

e) Gewinnanspruch und Entnahmerecht

Entsprechend der unbeschränkten Haftung des Einzelunternehmers steht diesem auch das alleinige Dispositionsrecht über den erzielten Unternehmungsgewinn nach Steuern zu. Ob er diesen Unternehmungsgewinn zur Verstärkung des Eigenkapitals im Unternehmen beläßt, hängt regelmäßig davon ab, inwieweit er seinen Lebensunterhalt aus anderen Quellen zu finanzieren in der Lage ist und inwieweit das Unternehmen weiteren Eigenkapitals bedarf. Dieses uneingeschränkte Dispositionsrecht erlaubt ihm nicht nur jederzeit Geld zu Lasten des Bestandes an liquiden Mitteln in einer allein von ihm zu bestimmenden Höhe dem Unternehmensvermögen zu entnehmen, sondern auch Sachentnahmen zu tätigen.

3. Personengesellschaftsunternehmen

a) Wesen, Zielsetzung und Tätigkeitsbereich

Bei Personengesellschaftsunternehmen fungiert eine Personenvereinigung als Unternehmensträger. Diese Personenvereinigung kann in der Rechtsform der BGB-Gesellschaft (§§ 705 ff. BGB), OHG (§§ 105 ff. HGB) oder KG (§§ 161 ff. HGB) konstituiert sein. Nur OHG und KG werden dabei ins Handelsregister eingetragen.

Allen genannten Personenvereinigungen ist jedoch eigen, daß sie keine eigene Rechtsfähigkeit aufweisen.

Mehrerer Personen als Unternehmer bedarf es vor allem dann, wenn eine einzelne Person nicht über das erforderliche Eigenkapital verfügt, um ein Unternehmen zu errichten bzw. fortzuführen oder die mit der unternehmerischen Betätigung verbundene Haftung nicht allein zu tragen bereit ist, oder wenn Dritten (z. B. Familienangehörigen) die Rechtsstellung eines Gesellschafters (aus steuerlichen Gründen oder aus Gründen der Existenzsicherung des Unternehmens) eingeräumt werden soll. Für alle Personengesellschaftsunternehmen ist dabei charakteristisch, daß mindestens ein Gesellschafter unmittelbar, grundsätzlich unbeschränkt für die gesamten Verbindlichkeiten des Unternehmens haftet und diese voll haftenden natürlichen oder juristischen Personen schon aus diesem Grunde das Unternehmen selbst leiten oder sich doch zumindest solche Entscheidungen vorbehalten, die ihr Haftungsrisiko bedeutend zu verändern vermögen.

Als weiteres Wesensmerkmal ist festzuhalten, daß die Unternehmensgeschäfte für gemeinschaftliche Rechnung der Gesellschafter getätigt werden. Ebenso wie bei der Einzelunternehmung sind auch die von Personengesellschaften betriebenen Unternehmungen überwiegend auf Gewinnerzielung ausgerichtet. Für OHG und KG ist eine solche Zielsetzung ebenso zwingend erforderlich, wie ein nach Art oder Umfang kaufmännisch eingerichteter Geschäftsbetrieb (§§ 105 Abs. 1, 161 Abs. 1 HGB).

Unternehmungen, die von OHG und KG betrieben werden, finden sich vor allem im Großhandel; auch größere Unternehmen des Einzelhandels werden ebenso wie Unternehmen im sonstigen Dienstleistungsgewerbe (Banken, Speditionen, Baugewerbe) teilweise unter diesen Rechtsformen betrieben. Auch in der Industrie sind zahlreiche Personengesellschafts-Unternehmungen anzutreffen, so vor allem in der Textilindustrie seltener dagegen in sehr kapitalintensiven Wirtschaftszweigen wie dem Bergbau sowie der Verkehrs- und Elektrizitätswirtschaft.

Die von BGB-Gesellschaften betriebenen Unternehmungen befassen sich insbesondere mit dem Handel und der Reparatur von Kraftfahrzeugen, der Vermietung von Garagen, dem Betrieb eines Autohotels oder der Grundstücksverwaltung.

b) Willensbildung und Vertretung

Da sowohl das Recht der BGB-Gesellschaft als auch das der OHG und KG es gestatten, die gesetzlichen Vorschriften, insbesondere soweit sie das Verhältnis der Gesellschafter zueinander und zur Gesellschaft betreffen, durch Rechtsgeschäft außer Kraft zu setzen, steht es den Gesellschaftern frei, in Abweichung von der gesetzlichen Regelung vertraglich zu vereinbaren, was Gegenstand der gemeinsamen Beschlußfassung sein soll und nach welchem Modus gemeinsame Beschlüsse zu fassen sind.

Der Gesamtheit der Gesellschafter bleiben regelmäßig alle Entscheidungen vorbehalten, die die gesellschaftlichen Grundlagen selbst verändern, wie Aufnahme neuer Gesellschafter, Erhöhung der Kapitaleinlagen, Gewinn- und Verlustbeteiligung, Bestimmung der geschäftsführenden und vertretungsberechtigten Gesellschafter sowie Verkauf des Unternehmens oder dessen Stillegung. Die Gesamtheit der Gesellschafter ist dabei als das Willensbildungszentrum anzusehen, in dem die strukturbestimmenden Beschlüsse gefaßt werden, während im anderen Willensbildungszentrum, der Geschäftsführung, jene Maßnahmen beschlossen werden, die in erster Linie den laufenden Geschäftsbetrieb (z. B. Leistungsprogramm) oder Ausführungshandlungen von Beschlüssen der Gesellschaftergesamtheit (z. B. deren Auflösungsbeschluß) betreffen.

Die Geschäftsführung obliegt bei Personengesellschaften in der Regel den vollhaftenden Gesellschaftern. Jedoch ist es auch hier zuweilen üblich, Bevollmächtigte oder gegebenenfalls Kommanditisten an der Geschäftsführung zu beteiligen (§ 164 HGB ist nachgiebiges Recht). Soweit mehrere Personen — sei es im Rahmen der Geschäftsführung oder der von der Gesellschaftergesamtheit zu fassenden Beschlüsse — Entscheidungen zu treffen haben, ergibt sich die Notwendigkeit einer Regelung für den Fall divergierender Auffassungen.

Grundsätzlich bieten sich hier zwei Organisationsprinzipien an, nämlich das **Direktorialprinzip** und das **Kollegialprinzip**.

Das **Direktorialprinzip** ist dadurch charakterisiert, daß alle Mehrheitsentscheidungen nur dann verbindlich sind, wenn sie die Zustimmung eines vertraglich bestimmten Gesellschafters finden. Diese bevorrechtigte Stellung wird häufig einem besonders qualifizierten oder infolge seiner hohen Kapitaleinlage von einem relativ höheren Kapitalrisiko bedrohten Gesellschafter eingeräumt.

Beim **Kollegialprinzip** stehen hingegen allen Personen die gleichen Rechte zu, so daß nicht eine Person Mehrheitsbeschlüsse zu Fall bringen kann. In der Wirtschaftspraxis sind häufig beide Organisationsformen nebeneinander anzutreffen, und zwar dergestalt, daß bei bestimmten Entscheidungen nach dem Direktorialprinzip, bei anderen nach dem Kollegialprinzip verfahren wird. Um die Beachtung der von den Gesellschaftern der Unternehmung der Geschäftsführung vorgegebenen Ziele zu gewährleisten, wird zuweilen ein Überwachungsorgan ins Leben gerufen, das dann regelmäßig auch als beratende Instanz der Geschäftsführung fungiert. Hierfür sind Bezeichnungen wie „Beirat", „Verwaltungsrat" gebräuchlich.

Was die Befugnis zur Vornahme von Rechtshandlungen anbelangt, die die Gesellschaft berechtigen oder verpflichten (Vertretung), so sind neben der Einzelvertretung sowohl die echte als auch die unechte Gesamtvertretung üblich. Während bei der echten Gesamtvertretung mindestens zwei vollhaftende Gesellschafter das Unternehmen vertreten, ist bei der unechten Gesamtvertretung das gemeinsame Handeln mindestens eines unbeschränkt haftenden Gesellschafters mit einem Prokuristen erforderlich. Die Gesamtvertretungsregelung bietet zweifellos einen gewissen Schutz vor möglichen, von egozentrischen Interessen bestimmten Willenserklärungen einer Person.

Kommanditisten können, weil sie zwingend von der organschaftlichen Vertretung ausgeschlossen sind (§ 170 HGB), nur insoweit die Gesellschaft vertreten, als sie zu Bevollmächtigten, insbesondere zu Prokuristen, bestellt sind. Das Prinzip der Einzelvertretungsmacht weist hingegen den Vorteil auf, daß schneller Abschlüsse getätigt werden können als im Fall der Gesamtvertretung.

c) Eigenkapitalausstattung

Für die Personengesellschaftsunternehmung ist eine Eigenkapitalausstattung in einer bestimmten Höhe nicht zwingend vorgeschrieben. Während aber die Unternehmung einer OHG ohne jegliches Eigenkapital betrieben werden könnte, ist gleiches bei der Unternehmung einer KG nicht möglich, weil hier nach § 161 HGB der Kommanditist eine Vermögenseinlage zu leisten hat, auf deren Betrag sich seine Haftung beschränkt.

In vielen Fällen wird diese Vermögenseinlage nicht in Geld, sondern in Form einer Sacheinlage getätigt. Das ist z. B. dann der Fall, wenn ein Kommanditist über ein geeignetes Grundstück verfügt, auf dem die Unternehmung ihre Tätigkeit entfalten kann.

In diesen Fällen ergeben sich besondere Probleme aus der Notwendigkeit, solche Sacheinlagen bewerten zu müssen, um sie dem Kapitalkonto des Kommanditisten gutschreiben zu können. Da die Gutschriftshöhe häufig für die Höhe des Gewinn-, Auseinandersetzungs- und Liquidationserlösanspruches von Bedeutung ist, wird die Gutschrift zuweilen weniger durch den Marktpreis der Sacheinlage als vielmehr durch die Machtposition des Einlegers bestimmt. Diese Grundsätze gelten in gleichem Maße auch für den Fall, daß vollhaftende Gesellschafter Sacheinlagen tätigen.

In Buchführung und Bilanz findet das Eigenkapital insgesamt — also die Einlagen der einzelnen Gesellschafter, vermehrt um die ihnen gutgeschriebenen Gewinne, vermindert um die von ihnen anteilig zu tragenden Verluste sowie um die Entnahmen — seinen Niederschlag auf den Kapitalkonten.

Zuweilen beschreitet man bei den Personengesellschaftsunternehmen aber auch einen anderen Weg. Es erfolgt dann eine Trennung in fixes und variables Eigenkapital. Die im Gesellschaftsvertrag ausbedungenen Einlagen der Gesellschafter bilden dann das fixe Eigenkapital, das auf den Kapitalkonten festgehalten wird. Alle Entnahmen, Gewinngutschriften und Verlustbelastungen werden hingegen auf Privat- bzw. Sonderkonten festgehalten, deren Salden in der Bilanz nach den Kapitalkonten bzw. auf der Aktivseite erscheinen, wenn die Soll- die Habenumsätze übersteigen.

Verfügen die Komplementäre über kein oder nur ein geringes Kapital, das sie im Unternehmen einsetzen können, dann kommt es häufig zu einer Erscheinung, die man mit dem Begriff „kapitalistische KG" umschreibt. Auf Grund ihres Kapitaleinsatzes haben hier die Kommanditisten eine solche Macht erlangt, daß die eigentliche Führung der Unternehmung in ihren Händen liegt. Dies äußert sich in der Weise, daß für alle bedeutenderen Dispositionen die zur Vertretung der Gesellschaft berechtigten vollhaftenden Gesellschafter die Zustimmung der Kommanditisten einholen müssen. Zwar sind Rechtsgeschäfte, zu denen die Kommanditisten ihre Zustimmung nicht erteilt haben, nicht unwirksam, im Innenverhältnis werden die gegen das Zustimmungserfordernis verstoßenden Gesellschafter jedoch schadenersatzpflichtig, so daß in hohem Maße die Beachtung des Zustimmungserfordernisses gewährleistet ist.

Grundsätzlich gilt für die Personengesellschaftsunternehmen, daß ihre Eigenkapitalausstattung zum einen von den Kapitalaufbringungsmöglichkeiten der Gesellschafter, zum anderen von den Alternativen der Eigenkapitalverwendung und deren Dringlichkeit bestimmt wird.

d) Haftung und Kapitalrisiko

Das Recht der OHG und der KG enthält bestimmte Haftungsregeln, die unabdingbar sind. Zu diesen gehört die Vorschrift, daß bei der OHG alle (und bei der KG mindestens ein Gesellschafter) unmittelbar und unbeschränkt den Gläubigern für die Gesellschaftsschulden haften und daß die unmittelbare, allerdings beschränkte Haftung des Kommanditisten gegenüber den Gläubigern erlischt, wenn er die ins Handelsregister eingetragene Einlageverpflichtung erfüllt hat und die geleistete Einlage nicht zurückgezahlt oder durch Entnahmen geschmälert wurde. Die Gesellschafter der BGB-Gesellschaft haften für rechtsgeschäftlich begründete Gesellschaftsschulden als Gesamtschuldner unmittelbar, jedoch kann hier mit dem Gläubiger vereinbart werden, daß sich die Haftung auf das Gesellschaftsvermögen beschränken soll.

Ist mit Ausnahme der Kommanditisten die Haftung der Gesellschafter stets eine unmittelbare und unbeschränkte, so ist doch das Kapitalrisiko, d. h. die Gefahr, das Kapital durch Befriedigung von Gesellschaftsgläubigern zu verlieren, begrenzt. Denn dem Gesellschafter, der die Gläubiger befriedigt, stehen, soweit er aus dem Unternehmensvermögen keinen Ersatz erlangen kann, Ausgleichsforderungen gegen die übrigen Vollhafter zu. In welchem Umfang die übrigen Vollhafter zur Schuldendeckung herangezogen werden, bestimmt sich regelmäßig nach dem Umfang der ihnen eingeräumten Geschäftsführungs- und Vertretungsbefugnisse, weil das Kapitalrisiko in erheblichem Umfang durch die Art und Weise der Wahrnehmung dieser Befugnisse bestimmt wird.

Bei der kapitalistischen KG haben die Komplementäre zuweilen überhaupt kein Kapitalrisiko zu tragen. Zwar haften diese den Gläubigern kraft zwingender Vorschrift, aber für den Fall, daß sie von den Gläubigern unmittelbar in Anspruch genommen werden, ist im Innenverhältnis ein voller Ersatz ihrer Leistungen durch die Kommanditisten vorgesehen.

e) Gewinn- und Verlustverteilung

Ermöglicht durch die nachgiebigen gesetzlichen Erfolgsverteilungsbestimmungen lassen sich bei Personengesellschaftsunternehmen recht unterschiedliche Regelungen der Gewinn- und Verlustbeteiligung feststellen. Sie reichen von der Beteiligung nach Maßgabe der Kapitalkontobestände der Gesellschafter bis zur Verteilung des Gewinns nach Köpfen. Zuweilen findet man auch bei Gesellschaften, die ein fixes und ein variables Eigenkapital haben, die Regelung, daß das fixe Eigenkapital mit einem bestimmten Prozentsatz (z. B. 6 %) zu verzinsen ist, bevor der Rest auf das fixe und (oder) variable Eigenkapital nach einem bestimmten Schlüssel verteilt wird. Der dabei zur Anwendung gelangende Schlüssel berücksichtigt dann gewöhnlich nicht nur den Umfang und die Zeitdauer des im Wirtschaftsjahr dem Unternehmen gewidmeten Kapitals, sondern auch den materiellen Haftungsumfang des einzelnen Gesellschafters, der sich vor allem nach der Gesamtvermögenssituation der Eigenkapitalgeber im Zeitpunkt der gesellschaftsvertraglichen Fixierung der Gewinn- und Verlustbeteiligungsquoten bestimmt. Auch kann die Gewinnbeteiligung gegenüber der Verlustbeteiligung unterschiedlich geregelt sein.

Da das eingesetzte Kapital aber nur eine Komponente des Unternehmungserfolges ist, die geschäftsführende Tätigkeit eine andere, muß bei der Gewinnverteilung auch berücksichtigt werden, inwieweit einzelne Gesellschafter zum Unternehmenserfolg durch den Einsatz ihrer persönlichen Arbeitskraft als geschäftsführende (und vertretungsberechtigte) Gesellschafter beigetragen haben. Dies in einem Verteilungsschlüssel zu berücksichtigen, bereitet im allgemeinen erhebliche Schwierigkeiten, weshalb meist vorgesehen ist, daß die geschäftsführende Tätigkeit vorab aus dem Gewinn abzugelten ist. Der Abgeltungsbetrag richtet sich dabei häufig nach den Vergütungen, die vergleichbare Personen bei gleicher Funktion anderswo (z. B. der GmbH-Geschäftsführer) erhalten.

Da für die Gesellschafter, vor allem die vollhaftenden, die Gewinnbeteiligung vielfach die einzige Quelle zur Bestreitung der Aufwendungen für ihren Lebensunterhalt ist, bedarf es bestimmter Regelungen, die sicherstellen, daß jene Gesellschafter sukzessive mit der Gewinnentstehung bei der Unternehmung auch Einnahmen erzielen. Aus diesem Grunde gewähren die meisten Gesellschaftsverträge den Gesellschaftern das Recht zur Entnahme von Geld während des Jahres, wobei die Entnahmen im laufenden Jahr regelmäßig den dem einzelnen Gesellschafter im vorangegangenen Wirtschaftsjahr zugewiesenen Gewinn nicht übersteigen dürfen.

Fehlt eine solche Begrenzung des Entnahmerechts, dann kommt es u. U. zu einer Erscheinung, die man als **negatives Kapitalkonto** bezeichnet. Auch durch Abbuchungen von Verlusten kann das Kapitalkonto negativ werden. Ein negatives Kapitalkonto kann man als eine Quasiforderung der Gesellschaft an den Gesellschafter ansehen, die zu Lasten seiner nachfolgenden Gewinnauszahlungsansprüche getilgt wird. In der Bilanz erscheint das negative Kapitalkonto unter den Aktiven.

f) Auseinandersetzung und Liquidation

Wo mehrere Personen gemeinsam ein Unternehmen betreiben, muß für sie auch die Möglichkeit bestehen, sich aus dem Personenverband zu lösen, soweit ihre Ziele realisiert sind oder deren Erfüllung andernorts schneller oder besser gewährleistet wird oder die ursprünglich vorhandene Vertrauensbasis nicht mehr vohanden ist.

Ohne das Unternehmen liquidieren zu müssen, ergibt sich für einen Gesellschafter die Möglichkeit, aus der Gesellschaft auszuscheiden, wenn die erforderliche Mindestzahl an Gesellschaftern nach dem Ausscheiden eines Gesellschafters gewahrt ist und das Ausscheiden ohne Liquidation gesellschaftsvertraglich vereinbart ist.

Bei der OHG und BGB-Gesellschaft müssen demnach auch nach dem Ausscheiden noch zwei Gesellschafter, bei der KG mindestens noch ein Komplementär und ein Kommanditist vorhanden sein. Liegen diese Voraussetzungen vor, dann kann sich der Gesellschafter von der Gesellschaft lösen, ohne daß der Fortbestand der Gesellschaft davon berührt wird.

Das Interesse des ausscheidenden Gesellschafters geht regelmäßig dahin, nicht nur den auf seinem Kapitalkonto ausgewiesenen Betrag zu erhalten, sondern darüber hinaus auch an den stillen Reserven und einem etwaigen Geschäftswert zu partizipieren, die während seiner Zugehörigkeit zur Gesellschaft gebildet worden sind. Andererseits sind die verbleibenden Gesellschafter daran interessiert, den Entzug an Unternehmungssubstanz möglichst gering zu halten. Zu einer vermögensmäßigen Auseinandersetzung mit den verbleibenden Gesellschaftern kommt es jedoch nur dann, wenn der Geschäftsanteil des ausscheidenden Gesellschafters nicht von einem der verbleibenden oder einem neu beitretenden Gesellschafter übernommen wird, da in diesem Fall der Kaufpreis von dem Erwerber entrichtet wird.

Für den Fall der vermögensmäßigen Auseinandersetzung mit den verbleibenden Gesellschaftern sehen viele Gesellschaftsverträge von Personengesellschaften vor, daß der Auseinandersetzungsanspruch sich nach dem für den Ausscheidungszeitpunkt ermittelten anteiligen (nach dem Verhältnis der Kapitalkonten) Reinvermögen bemißt. Das Reinvermögen wird dann mit Hilfe eines Auseinandersetzungsstatus ermittelt, in dem die Rohvermögensgegenstände und Schulden mit ihrem Zeitwert angesetzt werden.

Da jede Auseinandersetzung den Abzug von liquiden Mitteln aus der Unternehmung zur Folge hat, was unter Umständen eine bedrohliche Liquiditätsenge bewirken kann, sichern sich viele Gesellschaften vor dieser Gefahr durch Abschluß einer Teilhaberversicherung. Aus der Teilhaberversicherung fließen der Gesellschaft bei Eintritt des Versorgungsfalles (z. B. Gesellschafter erreicht 65. Lebensjahr) Mittel zu, die es ihr gestatten, den Ausgleichsanspruch des ausscheidenden Gesellschafters zu befriedigen.

Wird auf den Abschluß einer solchen Teilhaberversicherung verzichtet, so kommt dem Auszahlungsmodus des Auseinandersetzungsguthabens besondere Bedeutung zu. Im allgemeinen ist es dabei üblich, die Auszahlung über einen längeren Zeitraum (5 Jahre) hinweg vorzunehmen und das Restguthaben angemessen zu verzinsen. Andere Möglichkeiten bestehen darin, die Tilgung des Auseinandersetzungsanspruchs in Form von Versorgungsrenten vorzunehmen, die auf die Lebensdauer des Ausscheidenden oder seiner Angehörigen abgestellt sein können.

Vom Standpunkt des Unternehmungsschutzes kommt der Abfindung des ausscheidenden Gesellschafters durch eine „Umsatz- oder Gewinnbeteiligung" große Bedeutung zu, weil dann die Abfindungszahlungen an den Zufluß liquider Mittel (Umsatzerlöse) geknüpft sind oder im Fall der Gewinnbeteiligung die Gefahr einer verlustverstärkenden Wirkung der Ausgleichszahlungen nicht auftreten kann, soweit das Abfindungsguthaben das Kapitalkonto übersteigt.

Wird hingegen durch das Ausscheiden eines Gesellschafters die erforderliche Mindestzahl an Gesellschaftern unterschritten, sind die Unternehmensziele erreicht oder nicht erreichbar, ist wegen Zahlungsunfähigkeit das Konkursverfahren über das Vermögen der Gesellschaft oder eines Gesellschafters eröffnet, so wird die Gesellschaft aufgelöst. Diese Auflösung führt dazu, daß im wesentlichen nur noch die schwebenden Geschäfte abgewickelt, die Vermögensgegenstände der Unternehmung veräußert und aus dem Erlös deren Verbindlichkeiten getilgt werden. Soweit die Veräußerungserlöse nicht zur Abdeckung der Verbindlichkeiten benötigt werden, sind sie unter den Gesellschaftern zu verteilen. Regelmäßig erfolgt dabei die Verteilung dieses Überschusses — auch

Liquidationserlös genannt — in dem Verhältnis, in dem die Gesellschafter auch an den laufenden Gewinnen beteiligt sind.

g) Atypische Personengesellschaften

In den letzten Jahren beansprucht eine besondere Gestaltungsform der Personengesellschaft das allgemeine Interesse der Wirtschaftskreise, nämlich die GmbH & Co. Wenn es sich hierbei auch überwiegend um Kommanditgesellschaften handelt, so kann sie doch auch OHG sein (z. B. Triumph International Vertriebs-GmbH & Co. OHG, München). Zuweilen ist auch die AG & Co. (International Factors Deutschland AG & Co., Mainz) als besondere Gestaltungsform der Personengesellschaft anzutreffen. Da die GmbH & Co. KG die bisher am häufigsten vorkommende Form dieser atypischen Gestaltung von Personengesellschaften ist, beziehen sich die nachfolgenden Ausführungen auf sie.

<u>Die atypische Gestaltung bei der GmbH & Co. ist darin zu erblicken, daß anders als bei der typischen KG keine natürliche, sondern eine juristische Person (GmbH) als vollhaftender Gesellschafter fungiert. Regelmäßig ist es dabei in der Praxis üblich, daß die Gesellschafter der persönlich haftenden GmbH zugleich die Kommanditisten der GmbH & Co. sind.</u>

B e i s p i e l : Gesellschafter der X-Werke GmbH & Co. KG sind die X-Werke GmbH als Komplementär mit einer Einlage von 50 000 DM und die Eheleute A als Kommanditisten, und zwar der Ehemann A mit einer Kommanditeinlage von 200 000 DM, die Ehefrau mit einer Kommanditeinlage von 100 000 DM. Gesellschafter der X-Werke GmbH sind die Eheleute A, wobei Herr A mit 80 000 DM und seine Ehefrau mit 20 000 DM beteiligt sind.

Die Motive zur Gründung einer GmbH & Co. KG sind im wesentlichen das Streben nach Haftungsbeschränkung, Verringerung der steuerlichen Belastung, Sicherung des Unternehmensbestandes sowie Erweiterung der Kapitalbasis. Eine **Haftungsbeschränkung** wird mit Hilfe der GmbH & Co. KG dann erreicht, wenn die Gesellschafter der persönlich haftenden GmbH nur als Kommanditisten und nicht als weitere Komplementäre an der GmbH & Co. KG beteiligt sind. Eine **Verringerung der steuerlichen Belastung** kann erreicht werden, wenn die Einkommen- und Körperschaftsteuersätze differieren.

Insbesondere bei der Familien-KG wird die Form der GmbH & Co. KG häufig gewählt, weil der persönlich haftende Gesellschafter den Fortbestand des Unternehmens auch für den Fall seines Todes oder seines durch Krankheit bedingten Ausscheidens aus der Gesellschaft sicherstellen will. Da die Ehefrau und die Kinder oftmals nicht über die erforderliche geschäftliche Erfahrung verfügen, um die Stellung eines persönlich haftenden Gesellschafters zu übernehmen, zuweilen auch das damit verbundene Haftungsrisiko scheuen oder andere berufliche Neigungen haben, wird unter deren Beteiligung eine GmbH gegründet, die in die KG als vollhaftender Gesellschafter eintritt und die Geschäftsführung übernimmt. Dieses Vorgehen läßt den Bestand der KG als solcher unberührt. Nur ist aus der typischen KG nunmehr eine GmbH & Co. KG geworden. Zwar könnte der Fortbestand des Unternehmens auch durch

Umwandlung der KG in eine GmbH erreicht werden, indes verbieten sehr oft schon die nicht unerheblichen Kosten der Umwandlung ein solches Vorgehen.

Schließlich bedingen die Notwendigkeit, die Kapitalbasis erweitern zu müssen, und der Wunsch, die Machtverhältnisse dabei im wesentlichen unverändert zu lassen, häufig ein Ausweichen in die GmbH & Co. KG. In diesem Fall gründet die GmbH mit ihren Gesellschaftern oder mit kapitalkräftigen Dritten eine GmbH & Co. KG, die als solche der GmbH Kredite gewährt oder — was seltener der Fall ist — ihr als Gesellschafter beitritt. Daß die Gesellschafter zuweilen dieser Lösung der Kapitalbedarfsdeckung und nicht der der Erhöhung ihrer Stammeinlagen oder der Gewährung von Gesellschafterdarlehen den Vorzug geben, ist im wesentlichen auf steuerliche Gründe zurückzuführen. Außer den hier genannten Besonderheiten weist die GmbH & Co. KG keine wesentlichen arteigenen Strukturmerkmale auf, so daß für sie im übrigen das zu den typischen Personengesellschaftsunternehmen Gesagte entsprechend gilt.

4. Kapitalgesellschaftsunternehmen

Zu den bedeutendsten Charakteristika der Kapitalgesellschaft als der Trägerin eines Unternehmens gehört die ziffernmäßig festgelegte Mindestkapitalausstattung sowie die eigene Rechtsfähigkeit der Gesellschaft. Da die Gesellschaft als solche juristische Person ist, berührt ein Ausscheiden von Gesellschaftern aus der Gesellschaft grundsätzlich weder ihre Existenz noch den Fortbestand ihres Unternehmens.

Von diesem Grundsatz gibt es jedoch eine Ausnahme, nämlich bei der KGaA. Hier ist der Bestand von Gesellschaft und Unternehmung abhängig vom Vorhandensein mindestens eines persönlich haftenden Gesellschafters (phG). Für die **Kapitalgesellschaft ist** ferner charakteristisch, daß sie **stets** kraft Rechtsform **Vollkaufmann** ist (§ 6 HGB), unabhängig von ihrem Tätigkeitsbereich und der Größe ihres Unternehmens. Ein weiteres Wesensmerkmal der Kapitalgesellschaft ist schließlich darin zu erblicken, daß sie ein betragsmäßig genau bestimmtes **Nennkapital** aufweist, das im Handelsregister eingetragen ist.

a) Gesellschaft mit beschränkter Haftung

(1) Zielsetzung und Tätigkeitsbereich

Unternehmen, die von Gesellschaften mit beschränkter Haftung betrieben werden, müssen nicht zwingend erwerbswirtschaftliche Ziele verfolgen. Vielmehr gibt es auch solche, die ihr Verhalten am gemeinnützigen Prinzip orientieren. Stellvertretend sei hier nur auf die in der Wohnungswirtschaft tätigen gemeinnützigen GmbH verwiesen.

Auch das gemeinwirtschaftliche Prinzip wird häufig von GmbH verfolgt. Das gilt vor allem für Unternehmungen, die von der öffentlichen Hand betrieben werden (z. B. Gaswerke GmbH, Wasserwerke GmbH, Verkehrsbetriebe GmbH). Schließlich gibt es auch von GmbH betriebene Unternehmungen, die dem genossenschaftlichen Förderungsprinzip folgen. Dieses genossenschaftliche Förderungsprinzip beinhaltet die Maxime, die wirtschaftliche Wohlfahrt der Gesellschafter direkt dadurch zu fördern, daß die Unternehmung ihre Einrichtungen und Leistungen in erster Linie den Gesellschaftern zur Verfügung stellt.

Mit Ausnahme der Versicherungswirtschaft findet man Unternehmen in Form der GmbH in allen Sparten der Wirtschaft. Von den in der BRD am 31. 12. 1967 registrierten 62 383 GmbH sind allerdings fast 25 % im Großhandel und der Handelsvermittlung tätig. Alle in der chemischen Industrie, der Gewinnung und Verarbeitung von Steinen und Erden, im Maschinenbau, in der Nahrungsmittelindustrie sowie in der Wohnungswirtschaft und im Kapitalanlagegeschäft tätigen GmbH bilden zusammen ein weiteres Viertel, während sich der Rest auf alle anderen Branchen verteilt. Zuweilen haben die GmbH in einzelnen Wirtschaftszweigen und Branchen eine bedeutende Stellung erreicht, wie etwa die Bosch GmbH, Stuttgart (Autozubehörindustrie und elektrische Haushaltsgeräte), die Neue Heimat GmbH, Hamburg, in der Wohnungswirtschaft oder die Großeinkaufs-Gesellschaft Deutscher Konsumgenossenschaften mbH (GEG), Hamburg, im Handel, die Margarine Union GmbH, Hamburg, sowie die Nestle GmbH in der Nahrungs- und Genußmittelindustrie.

Unter den das **Investmentgeschäft** betreibenden Unternehmen sind die von GmbH errichteten sogar zahlenmäßig in der Mehrheit. Auch als Rechtsform für **Holdinggesellschaften** (Verwaltung von Kapitalbeteiligungen) wird die GmbH häufig (Niedersachsen GmbH, Hannover) gewählt.

Schließlich muß noch darauf hingewiesen werden, daß die aus Betriebsspaltungen entstehenden rechtlich selbständigen Vertriebsunternehmen meistenteils von GmbH getragen werden, was aus Gründen der Haftungsbeschränkung geschieht. Die zunehmende Verbreitung von GmbH-Unternehmungen in der deutschen Wirtschaft in den letzten Jahren ist nicht zuletzt die Folge einer Umwandlungswelle, die vor und nach dem Inkrafttreten des AktG von 1965 einsetzte und vielfach dem Wunsche entsprang, den Publizitätsverpflichtungen in bezug auf Jahresabschluß und Beteiligungen zu entgehen.

(2) Willensbildung und Vertretung

Ebenso wie bei den Personengesellschaftsunternehmen sind auch bei der GmbH zwei Willensbildungszentren anzutreffen. Das eine ist die **Gesellschaftergesamtheit**, die ihre Beschlüsse gewöhnlich in einer Gesellschafterversammlung faßt, wobei das Beschlußverfahren, insbesondere die dem einzelnen Gesellschafter zustehende Stimmenzahl, der gesellschaftsvertraglichen Regelung obliegt. Häufig ist es auch üblich, für bestimmte Entscheidungen auf die Einberufung einer Gesellschafterversammlung zu verzichten und statt dessen auf schriftlichem Weg die Abstimmung vorzunehmen, was allerdings einen kleinen Gesellschafterkreis voraussetzt.

Die **Geschäftsführung** stellt neben der Gesellschaftergesamtheit ein weiteres Willensbildungszentrum dar. Zwar ist für die GmbH nach § 6 Abs. 1 GmbHG zwingend nur ein Geschäftsführer erforderlich, bei größeren Gesellschaften ist aber regelmäßig eine mehrköpfige Geschäftsführung anzutreffen, die entweder nach dem Kollegial- oder Direktorialprinzip organisiert ist. Zu Geschäftsführern können dabei Gesellschafter (sog. Gesellschaftergeschäftsführer) oder Dritte bestellt werden. Die Bestellung der Geschäftsführer erfolgt grundsätzlich entweder im Gesellschaftsvertrag oder durch Mehrheitsbeschluß der Gesellschafter (§§ 6 Abs. 2, 46 Ziff. 5 GmbHG). Bei Gesellschaften mit beschränkter Haftung, die dem Mitbestimmungsrecht unterliegen (vgl. § 1 MitbestG, §§ 1—3 MitbestErgG) erfolgt dagegen die Bestellung sämtlicher Geschäftsführer durch den (obligatorischen) Aufsichtsrat (§ 12 MitbestG, § 13 MitbestErgG). Hierbei muß als gleichberechtigter Geschäftsführer ein Arbeitsdirektor eingesetzt werden, dessen Bestellung nicht gegen die Stimmen der Mehrheit der Arbeitnehmervertreter im Aufsichtsrat vorgenommen werden kann (§ 13 MitbestG, § 13 MitbestErgG). Da die Geschäftsführer (auch Gesellschaftergeschäftsführer) in einem Angestelltenverhältnis zur Gesellschaft stehen, beziehen sie für ihre Tätigkeit Gehalt, das in der GuV-Rechnung unter der Position „Löhne und Gehälter" erscheint.

Die Kompetenzbereiche der beiden Willensbildungszentren werden nach Inhalt und Umfang durch den Gesellschaftsvertrag bestimmt (§ 45 GmbHG). Eine zwingende Zuständigkeits- und Beschlußregelung besteht nur für Änderungen des Gesellschaftsvertrages (Satzung), also insbesondere für Änderungen des Unternehmungsgegenstandes sowie für Beschlüsse über die Einforderung von Nachschüssen (§ 26 GmbHG) und die Auflösung der Gesellschaft. Mit Ausnahme des Beschlusses über die Einforderung von Nachschüssen bedürfen diese Beschlüsse mindestens einer $^3/_4$-Stimmen-Mehrheit.

Im Gesellschaftsvertrag werden in den Zuständigkeitsbereich der Geschäftsführung regelmäßig jene Entscheidungen verwiesen, die die laufende Geschäftsführung betreffen. Durch das Gesetz ist zwingend den Geschäftsführern auch die Befugnis zur rechtsgeschäftlichen Vertretung der Gesellschaft zugeordnet, wobei, soweit im Gesellschaftsvertrag nichts Abweichendes bestimmt ist, der Grundsatz der Gesamtvertretung gilt.

Probleme der Kompetenzabgrenzung zwischen Gesellschaftern und Geschäftsführern erwachsen dort nicht, wo durch Erwerb der Geschäftsanteile ausscheidender Gesellschafter eine Einmann-GmbH entstanden und der Alleingesellschafter zugleich Geschäftsführer ist. Ob die so entstandene Einmann-GmbH jedoch eine sogenannte personenbezogene GmbH ist, hängt davon ab, ob der verbliebene Gesellschafter eine natürliche oder juristische Person ist. Denn eine personenbezogene GmbH liegt stets nur dann vor, wenn mehr als 75 % des Stammkapitals einer oder mehreren natürlichen Personen gehören.

Die Überwachung der laufenden Geschäftsführung liegt häufig auch dann in den Händen eines Aufsichtsrats, wenn kein gesetzlicher Zwang zur Errichtung eines solchen Organs besteht. Zwingend ist ein Aufsichtsrat bei der GmbH nur dann erforderlich, wenn sie mehr als 500 Arbeitnehmer beschäftigt (§ 77 Abs. 1 BVG). In diesem Falle muß ein Drittel der Aufsichtsratsmitglieder aus Vertretern der Arbeitnehmer bestehen (§ 76 Abs. 1 BVG). Unterliegt die GmbH dem Mitbestimmungsrecht (§ 1 Abs. 2 MitbestG), so ist eine sogenannte paritätische Zusammensetzung des Aufsichtsrats vorgeschrieben (vgl. §§ 4, 9 MitbestG). Soweit Mitglieder des Aufsichtsrats von den Gesellschaftern zu wählen sind, werden häufig neben wesentlich beteiligten Gesellschaftern — soweit sie nicht bereits zu Geschäftsführern bestellt sind — solche Personen gewählt, die bei Geschäftspartnern (z. B. Banken, Lieferunternehmen, Kunden) Führungspositionen (Vorstand, Geschäftsführer) innehaben oder dort Überwachungsfunktionen ausüben. Auf diese Weise wird eine engere Bindung der Geschäftspartner an das Unternehmen herbeigeführt und so in der Regel die Erreichung der Unternehmungsziele in höherem Maße gewährleistet.

(3) Eigenkapitalausstattung

Für Unternehmen von Gesellschaften mit beschränkter Haftung ist gesetzlich ein M i n d e s t e i g e n k a p i t a l von 20 000 DM vorgeschrieben, wobei jeder Gesellschafter einen Mindestbeitrag in Form einer Bar- oder Sacheinlage im Werte von 500 DM leisten muß. Der von einem Gesellschafter auf das Stammkapital zu leistende Beitrag bildet dessen Stammeinlage, die Summe aller Stammeinlagen ergibt das Stammkapital.

Das S t a m m k a p i t a l bildet die Eigenkapitalbasis, die im Laufe der Tätigkeit des Unternehmens durch nicht ausgeschüttete Gewinne (Rücklagen) und gegebenenfalls durch Nachschüsse erhöht wird. Nachschüsse haben den Vorteil, daß einem erhöhten Bedarf an Eigenmitteln entsprochen werden kann und diese bei Wegfall des Bedarfs jederzeit zurückgezahlt werden können, ohne daß es einer langwierigen Prozedur (§ 58 Abs. 1 Ziff. 1 GmbHG) und der Befriedigung der Gläubiger oder der Sicherstellung ihrer Forderungen (§ 58 Abs. 1 Ziff. 2 GmbHG) bedarf wie im Fall der Herabsetzung des Stammkapitals.

In der Bilanz erscheinen solche Beträge nach dem Posten „Stammkapital" unter der Bezeichnung „Nachschußkapital". Dennoch ist in den Gesellschaftsverträgen eine Bestimmung, die die Einforderung von Nachschüssen gestattet (§ 26 Abs. 1 GmbHG) nicht so häufig, wie auf Grund der geschilderten Vorteile zu vermuten wäre. Die Funktion des Eigenkapitals wird bei GmbH-Unternehmen sehr häufig von G e s e l l s c h a f t e r d a r l e h e n übernommen. Um die bestehenden Herrschaftsverhältnisse nicht zu ändern oder aus haftungsrechtlichen Gründen, stellen die Gesellschafter die erforderlichen Mittel als Darlehen zu einem niedrigen Zins, zuweilen aber auch unverzinslich dem Unternehmen unbefristet zur Verfügung.

(4) Haftung und Kapitalrisiko

Mit der Wahl der GmbH als Unternehmungsform ist eine persönliche Haftung der Gesellschafter für Gesellschaftsschulden nicht verbunden. Die den Gläubigern zur Befriedigung ihrer Ansprüche zur Verfügung stehende Vermögensmasse ist auf das Vermögen des von der GmbH betriebenen Unternehmens beschränkt. Lediglich bei der Einmann-GmbH muß u. U. der alleinige Gesellschafter persönlich für die Gesellschaftsschulden haften. Wenn auch bei Mehrpersonen-GmbH die Gesellschafter Dritten persönlich nicht haften, so müssen sie doch in bestimmten Fällen an die Gesellschaft Leistungen erbringen, die über ihre Stammeinlageverpflichtung hinausgehen.

Die zusätzliche Leistungspflicht entsteht außer im Fall der Einforderung von Nachschüssen auch dann, wenn die Stammeinlage von einem Gesellschafter nicht eingezogen werden und auch nicht durch Verkauf des Geschäftsanteils gedeckt werden kann (§ 24 GmbHG) oder wenn die Gesellschaft gesetzwidrig Rückzahlungen der Stammeinlagen vorgenommen hat und vom Empfänger eine Rückerstattung nicht zu erlangen ist (§ 31 Abs. 3 GmbHG). Diese Verpflichtung zum kollektiven Einstehenmüssen kann u. U. das mit der Beteiligung an einer GmbH verbundene Kapitalrisiko über das mit der Stammeinlage und den Nachschüssen übernommene Maß hinaus beträchtlich erhöhen.

(5) Gewinn- und Verlustverteilung

Das GmbHG enthält für die Gewinn- und Verlustbeteiligung keine zwingenden Regelungen. Die Gesellschafter sind somit frei in der Bestimmung dessen, was dem einzelnen Gesellschafter vom festgestellten Jahresgewinn zukommen und welchen Anteil am Verlust er tragen soll.

Die Grundlage für die Gewinn- und Verlustbeteiligung bildet der in der Handelsbilanz (häufig mit Steuerbilanz identisch) ausgewiesene Reingewinn. Soweit die Gesellschafter das Recht der Bilanzfeststellung aber Drittgeschäftsführern oder — soweit vorhanden — dem AR übertragen, laufen sie Gefahr, daß ihre Gewinnansprüche trotz eines gewinnträchtigen Wirtschaftsjahres infolge vorsichtiger Bewertungspolitik dieser Instanzen geschmälert werden, weshalb die Übertragung des Bilanzfeststellungsrechts auf die genannten Instanzen in der Wirtschaftspraxis kaum anzutreffen ist.

Auch bei der GmbH ist es zuweilen üblich, den Gesellschaftern ein Entnahmerecht während des Geschäftsjahres zuzubilligen, was allerdings eine entsprechende gesellschaftsvertragliche Regelung voraussetzt. Das Recht, die Höhe der Entnahmen gesellschaftsvertraglich zu bestimmen, findet seine zwingende Grenze im Gebot der nominellen Kapitalerhaltung (§ 30 GmbHG), das Entnahmen verbietet, die eine vermögensmäßige Unterdeckung des Stammkapitals bewirken.

(6) Auseinandersetzung und Liquidation

Scheidet ein Gesellschafter auf Grund einer zulässigen Kündigung aus der Gesellschaft aus, wird er aus wichtigem Grunde durch Gerichtsbeschluß oder durch einen im Gesellschaftsvertrag für zulässig erklärten Gesellschafterbeschluß ausgeschlossen, weil die Fortsetzung des Gesellschaftsverhältnisses den übrigen Gesellschaftern nicht mehr zuzumuten ist, so muß, soweit sein Geschäftsanteil nicht von einem Dritten erworben wird, eine vermögensmäßige Auseinandersetzung zwischen der Gesellschaft und dem Ausgeschiedenen erfolgen. Die Bestimmung des Abfindungsguthabens richtet sich dabei nach den gesellschaftsvertraglichen Bestimmungen. Sie entsprechen im wesentlichen den diesbezüglichen Regelungen bei Personengesellschaften. Gleiches gilt auch für die Verteilung des Liquidationserlöses.

b) Aktiengesellschaft
(1) Zielsetzung und Tätigkeitsbereich

Bei Aktienunternehmungen ist die Gefahr, daß die Unternehmensführung Ziele verfolgt, die nicht mit den Zielsetzungen der Kapitalgeber (Aktionäre) in Einklang stehen, tendenziell größer als bei anderen Gesellschaftsunternehmen. Der Grund hierfür ist einmal in der relativ unabhängigen Stellung des Vorstandes zu erblicken, dessen Geschäftsführungsakte infolge zwingender Vorschriften nicht an die Zustimmung der Aktionäre gebunden werden können. Zum anderen macht die hohe Mobilität der Anteile (Aktien) mit der dadurch bedingten Veränderung des Gesellschafterkreises eine kurzfristige Anpassung der Unternehmungsziele an die Interessen der Kapitalgeber häufig unmöglich oder ist infolge sehr erheblich divergierender Aktionärsinteressen nur zu einem Teil erreichbar.

So verfolgen manche Aktionäre das Ziel, mit dem eingesetzten Kapital eine möglichst hohe Dividende zu erwirtschaften und (oder) als Folge der Fungibilität der Anteile Spekulationsgewinne zu realisieren. Je mehr die Kapitalanlage um der Realisation eines Spekulationsgewinnes willen erfolgt und je kurzfristiger die Spanne zwischen dem Erwerb der Aktie und ihrem Verkauf ist, desto mehr wünscht diese Aktionärsgruppe eine Orientierung des Unternehmensverhaltens am Ziel der kurzfristigen Gewinnmaximierung.

Dort aber, wo der Aktionär den Kapitaleinsatz mit dem Ziel verbindet, sein Kapital langfristig zu erhalten, bedarf es eines unternehmungspolitischen Verhaltens, das die stete Ertragsfähigkeit des Unternehmens gewährleistet. Das zwingt in erster Linie zu einem bestimmten investitionspolitischen Verhalten, nämlich dem der permanenten Vornahme von Erneuerungsinvestitionen.

Schließlich kann ausschlaggebendes Motiv der Beteiligung an Aktiengesellschaften die Erlangung steuerlicher Vorteile sein (Prämien bei Wertpapiersparen), was zu einem weitgehenden Desinteresse an den unternehmungspolitischen Zielsetzungen führen kann.

Andere Gruppen verfolgen hingegen mit der Beteiligung das Ziel, auf das Verhalten der Aktienunternehmung einzuwirken und damit maßgebenden Einfluß auf einen Wirtschaftsbereich zu erhalten. Freilich setzt ein solches Ziel nicht nur eine Mehrheitsbeteiligung sondern auch eine entsprechende Größe der Aktienunternehmung voraus.

Schließlich gibt es auch Aktionäre, die den Einsatz ihres Kapitals zum Nutzen Dritter beschließen. Der Kreis dieser Personen umfaßt nicht nur öffentlich-rechtliche Körperschaften sondern auch Privatpersonen.

Ebenso vielgestaltig wie die Ziele, die die Kapitalgeber mit der Kapitalhingabe verbinden, sind auch die Leitmaximen der Aktienunternehmen. Wenn auch das erwerbswirtschaftliche Prinzip die häufigste Leitmaxime der von AG betriebenen Unternehmen ist, so lassen sich doch auch solche mit gemeinwirtschaftlicher (Verkehrs- und Versorgungsunternehmen), gemeinnütziger (Wohnungswesen) und förderungswirtschaftlicher (Konzerntöchter) Zielsetzung feststellen. Dabei gibt es wohl keine Branche, in der erwerbswirtschaftlich orientierte Aktienunternehmen nicht vertreten sind.

Im Jahre 1967 waren in der BRD 2327 Unternehmen tätig, die von Aktiengesellschaften betrieben wurden. Zahlenmäßig bedeutend ist vor allem der Anteil der AG im Bergbau, der Energiewirtschaft, der chemischen und Textilindustrie, der Nahrungs- und Genußmittelindustrie, dem Maschinen- und Fahrzeugbau, dem Geld- und Versicherungswesen, dem Wohnungs- und Grundstückswesen sowie den Schienenbahnen und der Schiffahrt, während er im Einzelhandel, in der Bau-, Ausbau- und Bauhilfsindustrie unbedeutend ist.

(2) Willensbildung und Vertretung

Die Rechtsform der AG eröffnet nur wenig Möglichkeiten für eine den gesellschaftsindividuellen Wünschen entsprechende Gestaltung der Kompetenzenverteilung zwischen Gesamtheit der Aktionäre und Vorstand. Die Zuständigkeit der Aktionäre ist auf die in Gesetz und Satzung bestimmten Fälle beschränkt (§ 119 AktG), so vor allem auf die Verwendung des Bilanzgewinnes sowie den Beschluß von Satzungsänderungen.

Andererseits ist es der Aktionärsgesamtheit zwingend untersagt, in die laufende Geschäftsführung einzugreifen, es sei denn, der Vorstand selbst verlangt eine Entscheidung der Aktionärsgesamtheit in Geschäftsführungsangelegenheiten.

Mittelbar können jedoch die Aktionäre über die von ihnen zu wählenden Aufsichtsratsmitglieder, welche ihrerseits den Vorstand bestellen, auf die Geschäftsführung Einfluß gewinnen. Eine wirklich unabhängige Stellung des Vorstandes als Träger der Geschäftsführung ist somit nur dort garantiert, wo die Vorstandsmitglieder über die Aktienmajorität verfügen.

Im Rahmen ihrer Zuständigkeit vollzieht sich die Willensbildung der Aktionäre in der Hauptversammlung (HV). Dabei steht es jedem Aktionär frei, das Stimmrecht selbst auszuüben oder Dritte zur Ausübung des Stimmrechts im eigenen bzw. fremden Namen zu ermächtigen bzw. zu bevollmächtigen (§ 129 Abs. 3, § 134 Abs. 3 AktG). Als Bevollmächtigte fungieren dabei regelmäßig die Depotbanken oder Schutzvereinigungen, die mangels ausdrücklicher Weisung für die Ausübung des Stimmrechts durch den Aktionär nach ihren eigenen, den Aktionären mitgeteilten Vorschlägen zu stimmen haben.

Eine Stimmrechtsausübung, sei es durch den Eigentümer der Aktie oder durch Dritte, ist jedoch dann ausgeschlossen, wenn Interessenkollisionen zu befürchten sind (§ 136 Abs. 1 AktG) und bei Aktien, die der Gesellschaft oder einem abhängigen Unternehmen oder einem Dritten für Rechnung der Gesellschaft bzw. eines von ihr abhängigen Unternehmens gehören. Ebenso ruht das Stimmrecht häufig soweit die Einlagen auf die Aktie noch teilweise ausstehen (§ 134 Abs. 2 AktG) sowie bei Vorzugsaktien ohne Stimmrecht, die einen nachzuzahlenden Vorzug bei der Verteilung eines Gewinnes gewähren (§ 139 Abs. 1 AktG). Bei letzteren lebt jedoch das Stimmrecht wieder auf, wenn der Vorzugsbetrag in einem Jahr nicht oder nicht vollständig gezahlt und der Rückstand im nächsten Jahr nicht neben dem vollen Vorzug dieses Jahres nachgezahlt wird (§ 140 Abs. 2 AktG).

Da — abgesehen von Vorzugsaktien ohne Stimmrecht, Mehrstimmrechtsaktien (deren Neuschaffung jedoch gem. § 12 Abs. 2 AktG nur unter besonderen Voraussetzungen zulässig ist) und Stimmrechtsbeschränkungen — der Stimmrechtsumfang durch den Nominalbetrag der Aktien bestimmt wird (z. B. je 50 DM eine Stimme), hängt der Einfluß des einzelnen Aktionärs auf die Willensbildung der HV von seinem Anteil am Grundkapital sowie von der Streuung der Aktien ab. Soweit die zu beschließenden Maßnahmen unmittelbar die Beziehungen des Aktionärs zu seiner Gesellschaft berühren (Änderung des Unternehmensgegenstandes, Kapitalerhöhung und -herabsetzung), ist nicht nur Stimmen-, sondern auch eine Kapitalmehrheit erforderlich, so daß bei solchen Beschlüssen die Mehrheit des vertretenen Kapitals nicht durch eine mit Mehrstimmrechten ausgestattete Kapitalminderheit überstimmt werden kann.

Der Vorstand als geschäftsführendes und zur Vertretung der Gesellschaft berechtigtes Organ rekrutiert sich in der Regel aus Aktionären, leitenden Angestellten (Direktoren, Hauptabteilungsleiter) wie auch aus unternehmungsfremden Personen.

Eine Sonderregelung gilt für diejenigen Gesellschaften, die dem Mitbestimmungsrecht unterliegen. So müssen Aktienunternehmungen des Kohlenbergbaus und der Stahlindustrie mit mehr als 1000 Arbeitnehmern einen Arbeitsdirektor als gleichberechtigtes Mitglied im Vorstand haben (§ 13 MBestG, § 13 MBestErgG).

Die Vorteile einer arbeitsteiligen Geschäftsführung nutzen die Aktiengesellschaften ebenso wie andere Gesellschaften durch eine mehrköpfige Vorstandschaft, wobei die einzelnen Vorstandsmitglieder regelmäßig zugleich auch die Leitungsbefugnisse für einzelne Ressorts übernehmen. § 77 Abs. 1 AktG verbietet jedoch, die Geschäftsführung nach dem Direktorialprinzip zu organisieren. Das schließt freilich nicht aus, daß ein Mitglied des Vorstands zum Vorsitzenden des Vorstands oder zum Vorstandssprecher ernannt wird, ohne daß ihm jedoch dadurch das Recht eingeräumt wird, gegen den Mehrheitswillen der übrigen Vorstandsmitglieder beschließen zu können. Die auf Grund der Beschlüsse der HV und des Vorstandes erforderlichen Rechtsgeschäfte verlangen eine Entscheidung darüber, ob der Vorstand in seiner Gesamtheit oder die einzelnen Vorstandsmitglieder zur Vertretung berechtigt sein sollen. Im allgemeinen wird bei AG dem Prinzip der Gesamtvertretung der Vorzug gegeben, wonach alle oder einige Vorstandsmitglieder gemeinschaftlich die Gesellschaft vertreten. Regelmäßig ist darüber hinaus auch hier aus Gründen der Arbeitsteilung die unechte Gesamtvertretung durch ein oder mehrere Vorstandsmitglieder mit einem oder mehreren Prokuristen zu finden.

Für ihre Tätigkeit erhalten die Vorstandsmitglieder (als Angestellte der Gesellschaft) eine Vergütung, die meist aus einem festen Gehalt, einer Pensionszusage, Aufwandsentschädigung und einer Beteiligung am Reingewinn (Tantieme) besteht. Die Gesamtvergütung muß in einem angemessenen Verhältnis zu den Aufgaben der Vorstandsmitglieder und zur Lage der Gesellschaft stehen (§ 87 Abs. 1 AktG).

Ebensowenig wie der HV können dem Aufsichtsrat (AR) Geschäftsführungsfunktionen übertragen werden. Satzung oder AR können jedoch anordnen, daß bestimmte Arten von Geschäften nur mit Zustimmung des AR vorgenommen werden dürfen (§ 111 Abs. 4 AktG). Von dieser Möglichkeit machen die meisten deutschen Aktiengesellschaften Gebrauch, wobei die Zustimmungsvorbehalte in der Mehrzahl abschließend in der Satzung geregelt sind. Solche Zustimmungsvorbehalte sind vor allem für Grundstücksgeschäfte, Investitionen, die Errichtung von Zweigniederlassungen und die Erteilung von Prokuren sowie die Anstellung von Personen, deren Gehalt eine bestimmte Grenze überschreitet, vorgesehen.

Darüber hinaus ist es bei vielen AG üblich, daß AR und Vorstand gemeinschaftlich die Richtlinien der Geschäftspolitik festlegen. *Stets ist jedoch die laufende Überwachung der Geschäftsführung die wichtigste Funktion des AR.* Diese Überwachungspflicht verlangt eine eingehende Information des AR über die Geschäftsführung, zu der der Vorstand zwingend in Form einer teils jährlichen, teils vierteljährlichen Berichterstattung verpflichtet ist. Die Mitteilungen des Vorstandes haben sich dabei namentlich auf die beabsichtigte Geschäftspolitik, die Rentabilität der AG, den Gang der Geschäfte, den Umsatz und die Lage der Gesellschaft zu erstrecken.

Die Wahrnehmung der Überwachung der Geschäftsführung obliegt dabei dem AR in seiner Gesamtheit, der sich aus von der HV gewählten Vertretern der Aktionäre sowie aus Arbeitnehmervertretern zusammensetzt. Die Zahl der AR-Mitglieder insgesamt bewegt sich je nach Größe der AG zwischen 3 und 21, wovon ein Drittel der AR-Mitglieder Arbeitnehmervertreter sein müssen. Allerdings müssen nach dem geltenden Recht in Einmann-AG mit einer natürlichen Person als Alleingesellschafter ebensowenig zwingend wie in Familien-AG, soweit diese Gesellschaften weniger als 500 Arbeitnehmer beschäftigen, Arbeitnehmervertreter im AR sein (§ 76 Abs. 6 BetrVerfG).

Bei Unternehmen des Bergbaus und der Stahlindustrie muß hingegen der AR paritätisch besetzt sein; je nach Größe beträgt die Zahl der AR-Mitglieder 11, 15 oder 21. Die Aktionärsvertreter und die Arbeitnehmervertreter im AR müssen dann als sog. neutrales Mitglied den 11., 15. oder 21. Mann wählen.

Für ihre Tätigkeit erhalten die AR-Mitglieder eine fixe Vergütung oder — was üblicher ist — eine Gewinntantieme, die allerdings nur dann ausgezahlt wird, wenn der Bilanzgewinn 4 % der auf den Nennbetrag der Aktien geleisteten Einlagen übersteigt (§ 113 Abs. 3 AktG). Auf diese Weise ist eine Mindestverzinsung des eingezahlten Kapitals vor einer etwaigen Gewinnbeteiligung des AR gesichert.

(3) Eigenkapitalausstattung

Auch die AG bedarf einer Mindesteigenkapitalausstattung. Der Gesetzgeber hat diese zwar auf nominell 100 000 DM festgesetzt (§ 7 AktG), jedoch müssen bei Geldeinlagen auf jede Aktie nur mindestens ein Viertel des Nennbetrages der Aktie und ein etwaiges Agio sofort eingezahlt werden (§ 36 Abs. 2 AktG), so daß, soweit die Aktien zu pari emittiert werden, die effektive Kapitalausstattung der AG im Gründungszeitpunkt 25 000 DM nicht zu übersteigen braucht. Auf diese Weise ist es möglich, die gesetzlich geforderte Mindesteigenkapitalausstattung ebenso sukzessive zu erreichen, wie eine in der Satzung geforderte höhere.

Das vom Gesetz als Grundkapital bezeichnete Kapital wird durch die Ausgabe von Aktien aufgebracht. Die Fungibilität der Aktien und die Möglichkeit, sie schon mit einem Mindestnennbetrag von 50 DM zu begeben, erlauben es der AG, zur Gewinnung des erforderlichen Eigenkapitals auch solche Kapitalanleger zur Beteiligung an einer AG zu gewinnen, die nur kleine Beträge einsetzen können oder wollen. Allerdings ist bei den meisten deutschen AG der Mindestnennbetrag der Aktien noch auf 100 DM festgesetzt.

Die Möglichkeit, auch kleinere Geldbeträge dem Unternehmenszweck dienstbar zu machen, wird jedoch nur dann erreicht, wenn die Aktien zum Börsenhandel zugelassen wurden; denn nur dann erreicht die Aktie denjenigen Grad an Mobilität, der es dem Aktieninhaber gestattet, sein Kapitalengagement und damit seine Mitgliedschaft jederzeit wieder aufzuheben. Ferner setzt das regelmäßig auch die Ausgabe von Inhaberaktien voraus, was jedoch dann zwingend untersagt ist, wenn sie vor der vollen Leistung des Ausgabebetrages der Aktie erfolgen soll.

Grundsätzlich ist die Namensaktie zwar genauso mobilisierbar wie die Inhaberaktie, doch wirken die notwendigen Formalitäten bei der Übertragung (Indossament und Umschreibung im Aktienbuch) etwas hemmend. Entscheidend wird die Mobilität der Namensaktien allerdings herabgesetzt, wenn die Aktienübertragung auf Grund einer in der Satzung verankerten Bestimmung von der Genehmigung der Gesellschaft abhängig ist, also vinkulierte Namensaktien emittiert werden. Das geschieht regelmäßig dann, wenn das Eindringen unerwünschter Aktionäre in den Gesellschafterkreis vermieden werden soll.

Darüber hinaus bedarf es noch einer Entscheidung darüber, ob die Aktien mit verschiedenen Rechten ausgestattet werden sollen oder nicht. Aktien, die die normalen Herrschafts-(Stimmrechte) und Vermögensrechte gewähren, bezeichnet man als Stammaktien. Ihr Gegenstück bilden die sog. Vorzugsaktien. Die heute dominierenden Formen der Vorzugsaktien gewähren eine Vorzugsdividende (z. B. dergestalt, daß vom Reingewinn zunächst eine Dividende von 8 % auf die Vorzugsaktien, alsdann eine solche auf Stammaktien von 6 % gezahlt wird, bevor ein etwaiger Rest gleichmäßig auf beide verteilt wird) oder einen bestimmten, der Höhe nach begrenzten Dividendenanspruch, der befriedigt wird, bevor der Rest an die Stammaktionäre verteilt wird. Häufig gewähren Vorzugsaktien auch ein Vorrecht bei der Verteilung des Liquidationserlöses derart, daß aus dem nach Begleichung der Schulden verbleibenden Restvermögen zunächst die Vorzugsaktien zum Nenn- oder einem geringeren Wert eingelöst werden.

Zwar emittieren die Gesellschaften zuweilen schon bei der Gründung Vorzugsaktien, im allgemeinen erfolgt ihre Ausgabe jedoch im Rahmen einer Sanierung. Verlangt diese die Zuführung liquider Mittel und steht der Kurs unter pari, so verhindert der Kursstand i. a. eine weitere Ausgabe von Stammaktien, weil Aktien nach dem Aktienrecht nicht unter pari ausgegeben werden dürfen. Eine Emission von Aktien zu oder über pari ist aber in diesem Fall nur dann erfolgreich, wenn die Erwerber dieser Aktien mit Vorrechten ausgestattet werden, also Vorzugsaktien begeben werden. Vorzugsaktien werden im allgemeinen an der Börse amtlich nicht gehandelt.

In zunehmendem Maße beteiligen sich schließlich auch Belegschaftsmitglieder der Unternehmen an der Aufbringung des Grundkapitals. Abgesehen von den besonderen Fällen der Privatisierung von Unternehmen der öffentlichen Hand, bei denen die Belegschaftsmitglieder häufig auch zur Grundkapitalerstausstattung beitragen (z. B. VW), ist in der Mehrzahl der Fälle die Beteiligung der Arbeitnehmer am Grundkapital nur durch Ausgabe der vorher durch das Unternehmen zurückerworbenen eigenen Aktien möglich. Diese werden dann als sog. Belegschaftsaktien ausgegeben und von den Unternehmensangehörigen häufig im Rahmen des 2. Gesetzes zur Förderung der Vermögensbildung der Arbeitnehmer aus dann steuerfrei bleibenden Lohn- oder Gehaltsteilen (steuerfrei bleiben jedoch im Regelfall gem. § 12 des Gesetzes nur 312 DM im Kalenderjahr) oder zu Lasten lohnsteuerpflichtiger Bezüge und zuweilen mit einem Zuschuß der Gesellschaft (bis zu 15 %) zum Kurswert erworben.

Das Grundkapital, gleichgültig, wie es aufgebracht wird, stellt aber nur einen Bestandteil des Eigenkapitals der AG dar; den anderen bilden die Rücklagen (Reserven). Reserven werden gebildet durch Zuweisung eines etwaigen Agios bei der Aktienemission und durch Gewinnthesaurierung, d. h. die Nichtausschüttung von erwirtschafteten Gewinnen. Diese Gewinnthesaurierung kann sich in verschiedenen Formen vollziehen, nämlich in verdeckter (stiller) und offener Form.

Wird die stille Reservebildung gewählt, so muß eine Unterbewertung der Vermögensgegenstände — was einer Überbewertung des Aufwandes (z. B. zu hohe Abschreibungen) entspricht — oder eine Überbewertung der Passiven (z. B. Rückstellungen), also ebenfalls eine Überbewertung des Aufwandes (z. B. überhöhte Zuführungen zu Rückstellungen), erfolgen.

Eine offene Gewinnthesaurierung verlangt hingegen, daß der verteilbare Gewinn durch Einstellung eines entsprechenden Betrages aus dem Jahresüberschuß in offene Rücklagen geschmälert wird. Eine offene Gewinnthesaurierung liegt aber auch dann vor, wenn die HV die Zuweisung des verteilbaren Reingewinns zu den Rücklagen ganz oder teilweise beschließt. Dieser Beschluß findet allerdings in der GuV des Rechnungsjahres keinen Niederschlag.

Zwingend ist in jedem Fall eine **gesetzliche Rücklage** zu bilden. Soweit diese nicht bereits aus dem Agio von Aktienemissionen oder aus anderen, allerdings weniger häufigen und ertragbringenden Finanztransaktionen in entsprechendem Maße gespeist werden kann (§ 150 Abs. 2 AktG), muß ihr jährlich — soweit ein Jahresüberschuß erzielt und dieser nicht durch einen Verlustvortrag aus dem Vorjahr aufgezehrt wird — der zwanzigste Teil dieses Jahresüberschusses zugeführt werden, bis sie 10 % oder einen in der Satzung bestimmten höheren Prozentsatz des Grundkapitals erreicht.

Hingegen kann die Gesellschaft frei entscheiden, ob sie „freie Rücklagen" bilden will. Erscheint das aus wirtschaftlichen Gründen zweckmäßig und stellen Vorstand und AR den Jahresabschluß fest, so ergeben sich sowohl Beschränkungen im Hinblick auf die jährliche Rücklagendotierung als auch auf die zulässige Höhe der freien Rücklagen insgesamt (§ 58 Abs. 2 AktG). Diese Regelung verhindert eine Aushöhlung des Dividendenanspruchs der Aktionäre durch Vorstand und AR.

Auch der Aktiengesellschaft ist eine gewisse Variabilität des Eigenkapitals eigen. Sie ergibt sich nicht nur aus den jährlich mehr oder weniger schwankenden Rücklagenzuführungen, sondern auch aus einer gegebenenfalls notwendig werdenden Grundkapitalerhöhung gegen Einlagen. Eine solche Grundkapitalerhöhung kann als sogenannte „ordentliche Kapitalerhöhung" (§§ 182 ff. AktG), als bedingte Kapitalerhöhung, bei der das Grundkapital nur insoweit erhöht wird, als dies zur Befriedigung von Umtausch- und Bezugsrechten der Gläubiger von Wandelschuldverschreibungen, zur Ausgabe von Belegschaftsaktien oder zur Vorbereitung des Zusammenschlusses mehrerer Unternehmen erforderlich ist (§§ 192 ff. AktG), oder sie kann durch Ausgabe neuer Aktien im Rahmen des sogenannten genehmigten Kapitals (§§ 202 ff. AktG) erfolgen. Demgegenüber führt eine Grundkapitalerhöhung aus Gesellschaftsmitteln (§§ 207 ff. AktG) nur zu einer rein buchtechnischen Grundkapitalerhöhung, weil dem Unternehmen keine neuen Mittel zugeführt werden. Andererseits ergibt sich eine Variation des Eigenkapitals auch dann, wenn das Grundkapital herabgesetzt wird (§ 179 ff. AktG) oder Rücklagen ganz oder teilweise aufgelöst werden.

Während die Auflösung gesetzlicher Rücklagen nur für bestimmte Verwendungen zulässig ist (vgl. § 150 Abs. 3 und 4 AktG), werden freie Rücklagen — soweit die thesaurierten Gewinne einer besonderen Verwendung vorbehalten sind — mit der Erfüllung ihres Zweckes hinfällig. So ist beispielsweise eine Erneuerungsrücklage aufzulösen, wenn die Erneuerung durchgeführt worden ist (per Rücklagekonto an GuV-Konto). Ob die Auflösung in einem oder mehreren Geschäftsjahren erfolgt, ist in das Ermessen der Verwaltung, soweit die HV den Jahresabschluß feststellt, in deren Ermessen gestellt. Zum anderen werden häufig freie Rücklagen ohne Zweckbindung in gewinnarmen Wirtschaftsjahren aufgelöst, um die Ausschüttung einer Dividende etwa wie in den Vorjahren zu ermöglichen (per freie Rücklagen an GuV-Konto). Eine solche buchungstechnische Manipulation allein genügt aber noch nicht, um auch einen Gewinn ausschütten zu können, vielmehr müssen auch die erforderlichen liquiden Mittel vorhanden sein. Die sogenannte Dividendenstabilisierungsfunktion freier Rücklagen ist also an das Vorhandensein verteilbarer liquider Mittel gebunden.

(4) Haftung und Kapitalrisiko

Für Verbindlichkeiten der Aktienunternehmung haftet den Gläubigern grundsätzlich nur das Gesellschaftsvermögen (§ 1 Abs. 1 AktG). Aus diesem Grund kommt der Erhaltung des Reinvermögens der Gesellschaft besondere Bedeutung zu. Die Erhaltung dieser Haftungssubstanz wird durch eine Reihe unnachgiebiger aktienrechtlicher Vorschriften insoweit gewährleistet, als nicht durch Beschlüsse des Vorstandes oder der HV eine Schmälerung der Haftungsmasse erfolgen darf.

Die mit der Beteiligung an der AG für den Aktionär verbundene Gefahr des Kapitalverlustes ergreift nicht nur die bereits getätigten und noch zu erbringenden Einlagen auf die übernommenen Aktien, sondern darüber hinaus auch den Anteil an jenem Kapital, das ihm als neu gebildetes Kapital (Gewinn) zugeflossen wäre, wenn nicht gesetzliche oder satzungsmäßige Bestimmungen dessen Verteilung verhindert oder die HV im Interesse der Unternehmenswohlfahrt darauf verzichtet hätte. Ob dieses Kapitalrisiko auch zu einem Kapitalverlust führt, ist letztlich vom Preis (Kurs) im Zeitpunkt der Aktienveräußerung abhängig.

(5) Gewinn- und Verlustverteilung

Jeder Aktionär hat, soweit ein Gewinn entstanden und dessen Verteilung von der HV beschlossen ist, einen Anspruch auf Gewinnausschüttung. Die Höhe des gesamten zur Ausschüttung gelangenden Betrages bestimmt sich einerseits nach der Höhe des Jahresüberschusses, den Zuweisungen zu offenen Rücklagen aus dem Jahresüberschuß sowie Entnahmen aus diesen, andererseits danach, in welchem Umfang die HV von dem sich so ergebenden Gewinn einen weiteren Betrag den freien Rücklagen zuweist und einen etwaigen Gewinnvortrag beschließt.

Bei Kapitalerhöhungen während eines Wirtschaftsjahres ist es entweder üblich, den neuen Aktien das volle Gewinnrecht für das Emissionsjahr einzuräumen oder ihren Dividendenanspruch erst im nachfolgenden Jahr entstehen zu lassen.

Das Dividendenrecht eigener Aktien ruht stets zwingend.

Ähnlich wie Obligationäre sind auch Aktionäre häufig daran interessiert, ihren Kapitalzins in zwei Raten zu erhalten. Diesen Wünschen hat § 59 AktG insoweit Rechnung getragen, als die Satzung den Vorstand zu Abschlagszahlungen nach dem Geschäftsjahresende auf den mutmaßlichen Bilanzgewinn ermächtigen kann. Voraussetzung dafür ist allerdings, daß ein vorläufiger Abschluß für das abgelaufene Wirtschaftsjahr vorliegt und dieser einen Jahresüberschuß ergibt.

Soweit der Jahresabschluß einen Bilanzverlust ausweist, wird dieser auf neue Rechnung vorgetragen und vermindert, weil zu dessen Ausgleich Gewinne nachfolgender Geschäftsjahre herangezogen werden müssen, die Rücklagenbildung und (oder) Gewinnausschüttungsquote in einem oder mehreren nachfolgenden Geschäftsjahren.

(6) Auseinandersetzung und Liquidation

Bei der AG findet beim Ausscheiden eines Gesellschafters in keinem Fall eine vermögensmäßige Auseinandersetzung zwischen Gesellschaft und Gesellschafter statt. Der Gesellschafter vermag sich aus der vermögensmäßigen Beteiligung an der AG nur durch Verkauf seiner Aktie(n) zu lösen, was gleichermaßen für Stamm- wie für Vorzugsaktionäre gilt. In welchem Umfang er dabei seine getätigten Einlagen zurückerhält und inwieweit die während seiner Mitgliedschaft gelegten stillen Reserven ihm anteilig abgegolten werden, bestimmt im Fall des Ausscheidens allein der für die veräußerten Aktien erzielte Preis (Kurs).

Anders ist die Situation, wenn die Gesellschaft aufgelöst wurde und die Abwicklung zu einem Liquidationserlös geführt hat. Bestehen keine Vorzugsrechte in bezug auf den Liquidationserlös, so ist dieser zwingend im Verhältnis der Aktiennennbeträge zu verteilen. Soweit nicht alle Einlagen geleistet sind, müssen zunächst die geleisteten Einlagen erstattet und ein danach verbleibender Überschuß im Verhältnis der Aktiennennbeträge verteilt werden (§ 271 AktG). Auf diese Weise werden sowohl das Maß des Kapitalnutzungsverzichts (Einlagen) als auch des übernommenen Kapitalrisikos (Nennbeträge) bei der Verteilung des Liquidationserlöses berücksichtigt.

c) Kommanditgesellschaft auf Aktien

(1) Zielsetzung und Tätigkeitsbereich

Bei den von KGaA betriebenen Unternehmen sind das genossenschaftliche Förderungsprinzip, das gemeinwirtschaftliche sowie das gemeinnützige Wirtschaftsprinzip als Unternehmensziele nicht anzutreffen. Die Ursache dafür dürfte in erster Linie in der unbeschränkten Haftung der Komplementäre liegen, die notwendigerweise nach einer diesem Risiko äquivalenten Gewinnchance verlangt.

Betrachtet man den Betätigungskreis der von den KGaA (am 31. 12. 1967 insgesamt 24) betriebenen Unternehmen, so zeigt sich, daß sie vor allem in der Industrie zu finden sind (z. B. Gummiwerke Fulda KGaA; Otto Wolff & Co. KGaA, Walsrode), wobei sie sich gleichmäßig auf fast alle Branchen verteilen und nur bei Sektkellereien mehrmals anzutreffen sind (Ch. A. Kupferberg & Co. KGaA, Mainz; Matheus Müller KGaA, Eltville; Godefrey, Hermann v. Mumm & Co. KGaA, Eltville). Häufig sind sie auch in der Kreditwirtschaft (Berliner Handelsgesellschaft KGaA, Berlin-Frankfurt a. M.) und im Handel tätig (Neckermann Versand KGaA, Frankfurt a. M., sowie H. Ecklöh, Groß- und Außenhandels KGaA, Köln). Auf dem versicherungswirtschaftlichen Sektor betätigen sie sich hingegen nicht.

(2) Willensbildung und Vertretung

Bei der KGaA sind zwei Gruppen von Gesellschaftern an der zentralen Willensbildung beteiligt: Die Gruppe der persönlich haftenden Gesellschafter (Komplementäre) und die Gruppe jener Gesellschafter, die mit Einlagen auf das in Aktien zerlegte Grundkapital beteiligt sind, ohne persönlich für die Verbindlichkeiten der Gesellschaft zu haften (Kommanditaktionäre).

Im Gegensatz zur KG kann es jedoch bei der KGaA zu jener arteigenen Situation kommen, daß die persönlich haftenden Gesellschafter (phG) in beiden Gruppen vertreten sein können. Das ist der Fall, wenn die Komplementäre gleichzeitig mit Einlagen am Grundkapital der KGaA beteiligt sind. Kraft dieser Beteiligung nehmen sie dann auch innerhalb der Gruppe der Kommanditaktionäre an der Willensbildung teil, wobei sich jedoch aus dem Gebot, Interessenkollisionen zu vermeiden, eine Beschränkung ihrer Entscheidungskompetenzen ergibt. So sind sie zwingend von der Mitwirkung an solchen Entscheidungen ausgeschlossen, welche die Entlastung der persönlich haftenden Gesellschafter als Geschäftsführer, den Verzicht oder die Geltendmachung von Schadenersatzansprüchen gegen diese, die Wahl von Prüfern zur Prüfung von Geschäftsführungsakten und die Wahl von Mitgliedern des die Geschäftsführung überwachenden Organs (AR) zum Gegenstand haben (§ 285 Abs. 1 AktG). Die den am Grundkapital der KGaA beteiligten phG im übrigen zustehenden Stimmrechte bemessen sich dabei wie die der übrigen Kommanditaktionäre nach dem Beteiligungsumfang (z. B. je 1000 DM nominal eine Stimme). Die aus der aktienmäßigen Beteiligung resultierenden Stimmrechte üben die phG ebenso wie die übrigen Kommanditaktionäre in der Hauptversammlung aus.

Da gewisse Geschäftsführungsmaßnahmen auf Grund der Satzung der Zustimmungsbedürftigkeit der HV unterworfen werden können, ist der Kompetenzbereich der HV hier einerseits weiter, andererseits jedoch auch enger als bei der AG. Letzteres folgt daraus, daß bestimmte Beschlüsse — wie über Satzungsänderungen, Aufnahme eines neuen Gesellschafters, Auflösung der Gesellschaft — stets der Zustimmung der phG bedürfen, soweit die Satzung nichts anderes bestimmt (§ 285 Abs. 2 AktG).

Werden HV-Beschlüsse nur mit Zustimmung der phG wirksam, dann erlangen deren Entscheidungen zwar erhebliche Bedeutung im Rahmen der Bildung des Gesellschaftswillens, jedoch werden dadurch die phG noch nicht zur obersten Entscheidungsinstanz der Gesellschaft; denn ohne vorangegangenen Beschluß der HV über Angelegenheiten, die nach Gesetz oder Satzung in deren Zuständigkeitsbereich fallen, können auch die phG insoweit keine verbindlichen Beschlüsse fassen.

Daraus folgt, daß diesbezüglich beide Gruppen am Prozeß der Willensbildung mitwirken müssen. Da bei der KGaA die Geschäftsführung und Vertretung zwingend in den Händen der phG liegen (Prinzip der Selbstorganschaft), bilden diese in ihrer Eigenschaft als Träger der Geschäftsführung ein weiteres Willensbildungszentrum. Das schließt auch hier nicht aus, daß Dritte, sei es als Prokuristen oder Handlungsbevollmächtigte, zur Vornahme von Rechtsgeschäften bevollmächtigt werden. Die phG können zur Einzelgeschäftsführung und -vertretung berufen sein, doch setzt das ein zweifaches Vertrauensverhältnis voraus: Zum einen zu den nichtgeschäftsführenden phG, zum anderen zu den Kommanditaktionären.

Wenn auch die Stellung der phG, soweit sie Geschäftsführungsbefugnis und Vertretungsmacht haben, der der Vorstandsmitglieder bei AG weitgehend gleicht, so unterscheiden sie sich von diesen doch in zwei Dingen grundsätzlich. Zum einen stehen sie nicht wie der Vorstand der AG in einem Angestelltenverhältnis zur KGaA, zum anderen müssen sie infolge ihrer persönlichen und unbeschränkten Haftung in ganz besonderem Maße auf die Vermeidung von Zahlungsunfähigkeit und Überschuldung bedacht sein.

Wie bei der AG, so werden auch hier dem zwingend erforderlichen AR häufig weitgehende Mitverwaltungsrechte eingeräumt. Bei den zustimmungspflichtigen Geschäftsführungshandlungen handelt es sich regelmäßig dann um Akte, die aus dem Rahmen der üblichen Geschäftsführung fallen, wie etwa

    a) Prokuraerteilung,
    b) Abschluß von Anstellungsverträgen, die ein bestimmtes Jahresgehalt übersteigen,
    c) Erwerb und Veräußerung von Immobilien,
    d) Bauten oder Anschaffungen, die einen bestimmten Wert übersteigen,
    e) Errichtung und Auflösung von Zweigniederlassungen,
    f) Erwerb und Veräußerung von Beteiligungen,
    g) Beitritt zu Gemeinschaften (Kartellen usw.),
    h) Grundkapitalerhöhung.

(3) Eigenkapitalausstattung

Die Verbindung von Wesensmerkmalen der KG und der AG in der KGaA zeigt sich in besonderem Maße auch in deren Eigenkapitalausstattung. Zwar muß auch hier ein Mindest-Grundkapital von 100 000 DM vorgesehen sein, das von den Kommanditaktionären (phG sind zugleich auch Kommanditaktionäre, wenn sie Anteile am Grundkapital übernehmen) aufgebracht werden muß. Indes ist es in das Ermessen der Gesellschafter gestellt, ob und in welcher Höhe die phG Einlagen ohne Gewährung von Aktien zu tätigen haben. Häufig werden jedoch in der Satzung die Einlagen der phG nach oben begrenzt. Eine solche Reglementierung entspringt dem Bedürfnis, bei der vermögensmäßigen Auseinandersetzung mit einem ausscheidenden phG zu hohe Belastungen der Liquidität zu vermeiden.

Während das gegen Aktien aufgebrachte Kapital als fixes Kapital in der Bilanz unter der Position „Grundkapital" ausgewiesen wird, werden die übrigen von den Gesellschaftern geleisteten Vermögenseinlagen in der Bilanz auf den nachfolgenden Kapitalkonten erfaßt. Für die meisten KGaA ist im übrigen charakteristisch, daß ihre Aktien an der Börse nicht gehandelt werden, weil sie von einem engeren Abnehmerkreis (Familie) übernommen worden sind. Insofern steht vielen KGaA eine bislang noch ungenutzte Quelle zur weiteren Eigenkapitalaufbringung zur Verfügung.

(4) Haftung und Kapitalrisiko

Während die Kommanditaktionäre Dritten gegenüber grundsätzlich nicht haften, haften die phG für die Schulden des Unternehmens unmittelbar und unbeschränkt. Darüber hinaus haben die Gläubiger die Möglichkeit, gegenüber der Gesellschaft als solcher ihre Ansprüche geltend zu machen.

Trotz der Haftungsfreiheit, die die Kommanditaktionäre genießen, ist das von ihnen eingesetzte Kapital dennoch der Verlustgefahr ausgesetzt. Dieses Kapitalrisiko kann in einem erzwungenen Verzicht auf Kapitalrendite, in einer Minderung der Wertschätzung der Aktien sowie in einem Kapitalverlust im Konkurs- oder Liquidationsfall zum Ausdruck kommen.

Demgegenüber lastet für die phG auch auf dem nicht im Unternehmen der KGaA unmittelbar eingesetzten Kapital infolge der unbeschränkten Haftung die Gefahr des Kapitalverlustes, soweit aus dem Unternehmensvermögen Verbindlichkeiten der Gesellschaft nicht abgedeckt werden können. Es steht jedoch den phG frei, einen oder mehrere von ihnen vom Kapitalrisiko ganz zu befreien. In diesem Fall wird dem von den Gläubigern in Anspruch genommenen Gesellschafter die völlige Abdeckung der verauslagten Summe durch die nicht in Anspruch genommenen phG zugesichert.

(5) Gewinn- und Verlustverteilung

Die Doppelnatur der KGaA zeigt sich auch bei den Regelungen, welche die Verteilung des Unternehmensgewinnes und -verlustes betreffen. Zunächst bedarf es der Ermittlung des den phG als Gesamtheit zustehenden Gewinnes oder des von ihnen zu tragenden Verlustes, um dann jenen Reingewinn bestimmen zu können, der je nach dem Willen der HV — soweit er nicht der gesetzlichen Rücklage zugewiesen werden muß — als Dividende an die Kommanditaktionäre auszuschütten und (oder) zur Dotierung freier Rücklagen zu verwenden ist.

Da der Bilanzgewinn als solcher in seiner Höhe durch die Wertansätze der einzelnen Aktiva und Passiva bestimmt wird, erlangt die Frage, wem das Bilanzfeststellungsrecht zusteht, große Bedeutung. Nach der Vorschrift des § 286 Abs. 1 AktG, der zwingendes Recht ist, beschließt über die Feststellung des von den phG vorgelegten Jahresabschlusses die HV, deren Beschluß jedoch der Zustimmung der phG bedarf.

Der für Kapitalgesellschaften geltende Grundsatz, daß keine Gewinne verteilt werden dürfen, bevor nicht etwaige Vorjahresverluste ausgeglichen sind, gilt nur für Kommanditaktionäre, nicht jedoch für die phG. Somit kann für die phG ein Gewinnanspruch entstehen, soweit sie Einlagen getätigt und dafür keine Aktien erhalten haben, obwohl ein an die Kommanditaktionäre verteilbarer Reingewinn nicht vorliegt. Soweit den phG für ihre geschäftsführende Tätigkeit eine Vergütung zugestanden wird, mindert diese den in der Schlußbilanz zu ermittelnden Bilanzgewinn. Da die phG häufig die Aufwendungen für ihren Lebensunterhalt aus ihren Gewinnanteilen am Unternehmen bestreiten müssen, wird diesen regelmäßig ein Recht auf begrenzte Entnahmen zu Lasten des noch nicht festgestellten Jahresgewinnes eingeräumt.

Weist die Bilanz einen Verlust aus und übersteigt der von einem phG anteilig zu tragende Jahresverlust seinen Kapitalanteil, so darf er den seinem Kapitalkonto gutgeschriebenen Vorjahresgewinn nicht mehr entnehmen (§ 288 Abs. 1 S. 1 AktG). Ferner ruht für ihn in all den Fällen, in denen die Summe aus Bilanzverlusten, negativen Kapitalkonten und Forderungen aus Krediten an persönlich haftende Gesellschafter größer ist als die Summe aus Gewinnvortrag, offenen Rücklagen und Einlagekapital der Gesellschafter, nicht nur das Recht, den Vorjahresgewinn zu entnehmen, sondern es sind dann auch keine

Entnahmen zu Lasten der geleisteten Einlage zulässig (§ 288 Abs. 1 S. 2 AktG). Zu beachten ist, daß in den Bilanzen der KGaA negative Kapitalkonten vor dem Posten Bilanzverlust unter der Bezeichnung „Nicht durch Vermögenseinlagen gedeckter Verlustanteil persönlich haftender Gesellschafter" auszuweisen sind (§ 286 Abs. 2 AktG).

(6) Auseinandersetzung und Liquidation

Eine vermögensmäßige Auseinandersetzung eines ausscheidenden phG mit seiner Gesellschaft findet bei der KGaA in all den Fällen statt, in denen kein verbleibender phG bereit ist, den Geschäftsanteil des ausscheidenden Gesellschafters zu übernehmen und auch ein Kommanditaktionär oder ein Dritter nicht gewillt sind, in die Stellung des Ausscheidenden einzurücken. In diesem Fall bestimmt sich das Auseinandersetzungsguthaben nach den Bestimmungen der Satzung, die regelmäßig den Regelungen für das Ausscheiden von phG bei Personengesellschaften gleichen, so daß auf die dortigen Ausführungen verwiesen werden kann. Das Ausscheiden von Kommanditaktionären aus der KGaA vollzieht sich hingegen nach jenen Grundsätzen, die für das Ausscheiden von Aktionären aus einer AG gelten. Auf die Verteilung des Liquidationsüberschusses (-erlöses) finden in der Regel die Abreden über die Gewinnverteilung Anwendung.

5. Genossenschaften

a) Zielsetzung und Tätigkeitsbereich

<u>Genossenschaften sind nach § 1 GenG „Gesellschaften von nicht geschlossener Mitgliederzahl, welche die Förderung des Erwerbs oder der Wirtschaft ihrer Mitglieder mittels gemeinschaftlichen Geschäftsbetriebes bezwecken". Ihr besonderes Wesensmerkmal ist darin zu erblicken, daß die Gesellschafter (Genossen) in einer arteigenen Weise mit der von ihnen ins Leben gerufenen Unternehmung wirtschaftlich verbunden sind.</u>

Diese arteigene wirtschaftliche Beziehung zwischen Unternehmung und Genossen besteht darin, daß die Kapitalgeber und die Empfänger der Unternehmungsleistungen weitgehend identisch sind. Das führt bei ausschließlicher Inanspruchnahme der Unternehmungsleistungen durch die Genossen zu einer einseitigen Marktbeziehung, wobei diese Marktbeziehung je nach dem Unternehmensgegenstand nur zu dem Absatz oder Beschaffungsmarkt besteht.

Eine Beziehung nur zum A b s a t z m a r k t weisen etwa Molkereigenossenschaften auf, die — sofern man von der Beschaffung der erforderlichen Maschinen einmal absieht — keinen Anschluß an den anonymen Beschaffungsmarkt haben, soweit sie die zu verarbeitende Milch ausschließlich von ihren Genossen beziehen. Hingegen fehlt der Anschluß an den Absatzmarkt bei Wohnungsbaugenossenschaften, wenn diese ihre Wohnungen ausschließlich an Genossen vermieten.

Im Extremfall kann der Anschluß an beide Märkte fehlen, etwa, wenn Kreditgenossenschaften Einlagen nur von ihren Mitgliedern entgegennehmen und Kredite auch nur diesen gewähren.

Unabdingbare Voraussetzung für die Erfüllung der Förderungsaufgabe der Genossenschaftsunternehmung ist die Übertragung von Beschaffungs-, Herstellungs- bzw. Absatzaufgaben der Genossen auf die Genossenschaftsunternehmung. In der Regel handelt es sich dabei um solche Aufgaben, durch deren Übertragung der einzelne Genosse einen Rationalisierungserfolg erzielen wird. In den unmittelbaren Genuß des Rationalisierungserfolges gelangen die Genossen dadurch, daß die Genossenschaft die Preise für die Leistungen, die die Genossen an sie erbringen oder von ihr empfangen, entsprechend erhöht oder ermäßigt. Preiserhöhung oder Preisermäßigung dürfen dabei aber nur in einem Umfang erfolgen, die unter Berücksichtigung der unsicheren Erwartungen über die weitere Aufwands- und Ertragsentwicklung die Bildung einer Sicherheitsreserve bei der Genossenschaftsunternehmung noch zulassen.

Mittelbar kommen den Genossen die Rationalisierungsgewinne dann zugute, wenn sie zunächst bei der Genossenschaftsunternehmung gespeichert werden, um sie dann teilweise am Jahresende an die Genossen auszuschütten. Eine Ausschüttung des gesamten Überschusses verbietet sich dabei solange, als die gesetzliche Rücklage (§ 7 GenG) noch nicht in der satzungsmäßig vorgeschriebenen Höhe erreicht ist.

Die Förderung der Genossen kann noch dadurch verstärkt werden, daß die Genossenschaft ihre Beschaffungs- oder (und) Absatztätigkeit auf Dritte ausdehnt (sog. Nichtmitgliedergeschäft) und die daraus gegebenenfalls infolge einer verbesserten Kapazitätsauslastung erzielte Kostendegression oder die infolge erhöhter Beschaffungsmengen erreichten Rabattsteigerungen den Genossen unmittelbar oder mittelbar zugute kommen.

Die Untersuchung des Betätigungsfeldes der Genossenschaften zeigt, daß sie heutzutage vor allem im Bereich der Kreditwirtschaft, der Wohnungswirtschaft und im Handel zu finden sind. Für ländliche Kreditgenossenschaften ist dabei oft charakteristisch, daß sie neben dem Bank- auch das Warengeschäft pflegen. Im übrigen haben Genossenschaftsunternehmen vor allem in der Nahrungsmittelproduktion (Molkerei- und Brauereigenossenschaften) und in der Landwirtschaft (gemeinsame Nutzung landwirtschaftlicher Geräte) Bedeutung erlangt.

b) Willensbildung und Vertretung

Die Genossenschaft besitzt zwingend drei organschaftliche Willensbildungszentren: G e n e r a l v e r s a m m l u n g , V o r s t a n d , A u f s i c h t s r a t .

Dabei besteht eine Besonderheit darin, daß Mitglieder der genannten Organe grundsätzlich nur Genossen sein können (Selbstorganschaft, § 9 GenG). Das hat zur Folge, daß einerseits bei Genossenschaftsunternehmen die Gefahr von Interessenkonflikten zwischen Unternehmensverwaltung und Genossen geringer ist als bei den Kapitalgesellschaftsunternehmungen. Andererseits kann u. U. die Notwendigkeit, die Vorstands- und Aufsichtsratsmitglieder dem Kreis der Genossen entnehmen zu müssen, dazu führen, daß diese Führungsposten mit vergleichsweise weniger kaufmännisch vorgebildeten Personen besetzt werden. Die sich daraus möglicherweise ergebenden Nachteile bis zu einem gewissen Grad auszugleichen, ist Aufgabe des **Prüfungsverbandes,** dem anzugehören für jede Genossenschaft Pflicht ist (§ 54 GenG). Seine Aufgabe erschöpft sich nicht in der Prüfung der Einrichtungen, der Vermögenslage sowie der Geschäftsführung der Genossenschaft, die bei größeren Genossenschaften (Bilanzsumme zuzüglich bestimmter Verbindlichkeiten mehr als 350 000 DM) jährlich stattfinden muß, sondern beinhaltet auch eine umfassende Beratungstätigkeit, die nicht nur bei anläßlich der Prüfung festgestellten Ordnungswidrigkeiten einsetzt.

Eine Ausnahme vom Prinzip der Selbstorganschaft ergibt sich lediglich bei Genossenschaften mit mehr als 500 Arbeitnehmern, da hier ein Drittel der Aufsichtsratsmitglieder aus Arbeitnehmervertretern bestehen muß (§ 77 Abs. 3 BetrVerfG).

Die Kompetenzabgrenzung zwischen den drei Organen kann im Innenverhältnis weitgehend durch Satzungsbestimmungen gestaltet werden. So unterliegen der Beschlußfassung der Versammlung der Genossen (G e n e r a l v e r s a m m l u n g) regelmäßig insbesondere die Feststellung des Jahresabschlusses, die Verteilung von Gewinn und Verlust, Bestellung und Widerruf der Bestellung von Vorstands- und Aufsichtsratsmitgliedern, die Festsetzung des Höchstbetrages, welchen Anleihen der Genossenschaft oder Spareinlagen bei dieser nicht überschreiten sollen, der Erlaß von Geschäftsanweisungen an Vorstand und AR sowie die Vornahme von Satzungsänderungen.

Bei der Beschlußfassung steht jedem Genossen, unabhängig von seiner kapitalmäßigen Beteiligung, e i n e Stimme zu (§ 43 Abs. 2 GenG). Eine Stimmabgabe durch bevollmächtigte Dritte ist nur in Ausnahmefällen zulässig (§ 43 Abs. 4 GenG), etwa dann, wenn der Genosse juristische Person ist. Da aber auch in diesen Fällen der Bevollmächtigte nur einen Genossen vertreten kann, ist hier im Gegensatz zu anderen Gesellschaftsunternehmen eine Stimmrechtskonzentration bei Dritten ausgeschlossen. Um bei Großgesellschaften die Willensbildung der Genossen zu erleichtern, hat der Gesetzgeber vorgesehen, daß bei Genossenschaften mit mehr als 1500 Mitgliedern fakultativ, bei mehr als 3000 Mitgliedern zwingend eine Vertreterversammlung an die Stelle einer Versammlung aller Genossen tritt (§ 43 a GenG). Die in die Vertreterversammlung entsandten Personen (z. B. für 100 Genossen ein Vertreter) müssen ebenfalls Genossen sein.

Der V o r s t a n d der Genossenschaft als das mit der Vertretung und Führung der Genossenschaftsunternehmung betraute Organ besteht aus mindestens zwei Mitgliedern und wird regelmäßig entweder vom AR oder von der Generalversammlung auf Vorschlag des AR bestellt. Die unabdingbare Vorschrift, daß mindestens zwei Vorstandsmitglieder bei Willenserklärungen mitwirken müssen, um die Genossenschaft rechtswirksam zu verpflichten oder zu berechtigen

(§ 25 Abs. 1 GenG), verzögert einerseits das Zustandekommen verbindlicher Willenserklärungen, bietet andererseits aber u. U. den Vorteil größerer Ausgewogenheit der Erklärungen. Eine Beschränkung der Vertretungsmacht des Vorstandes ist Dritten gegenüber unwirksam.

Um Nichtgenossen an der Leitung der Genossenschaftsunternehmung beteiligen zu können, haben zahlreiche Genossenschaften die Einrichtung eines Geschäftsführers geschaffen, dem weitgehend die laufende Geschäftsführung und regelmäßig auch die Vertretung der Genossenschaft auf Grund einer Vollmacht übertragen wird. Die Bestellung von Prokuristen und Handlungsbevollmächtigten ist der Genossenschaft jedoch verwehrt (§ 42 GenG).

Entsprechend dem förderungswirtschaftlichen Ziel der Genossenschaft ist der Vorstand regelmäßig auf Grund der Satzung verpflichtet, die Kosten der Verwaltung und Geschäftsführung in angemessenen Grenzen zu halten. Bei kleineren Genossenschaften wird diesem Prinzip durch ehrenamtliche nebenberufliche Tätigkeit der Vorstandsmitglieder entsprochen.

Dem **Aufsichtsrat** obliegt kraft Gesetzes die Überwachung der Geschäftsführung des Vorstandes. Wie sich diese Überwachung zu vollziehen hat, bestimmt im einzelnen die von der Generalversammlung beschlossene Geschäftsanweisung für den AR. Daneben wird dem Aufsichtsrat häufig durch statutarische Bestimmungen eine nicht unerhebliche Mitverwaltungsfunktion derart eingeräumt, daß Vorstand und AR gemeinsam über bestimmte Maßnahmen zu beraten und zu beschließen haben; so etwa über die Grundsätze der Geschäftsführung und die Einrichtung des Rechnungswesens, über Erwerb, Veräußerung und Belastung von Grundstücken, über die Bestellung von Bevollmächtigten, die Aufnahme von Anleihen, die Dotierung von Rücklagen und deren Verwendung sowie über Maßnahmen, die anläßlich von Beanstandungen des Prüfungsverbandes zu erfolgen haben. Die bei diesen Akten erforderliche Beschlußfassung wird durch getrennte Abstimmung in beiden Organen herbeigeführt, wobei Anträge, deren Annahme nicht jedes der beiden Organe beschließt, als abgelehnt gelten. Die AR-Mitglieder werden, soweit die Genossenschaft nicht dem Betriebsverfassungsgesetz unterliegt, von der Generalversammlung gewählt und sind bei kleineren Genossenschaften in der Regel ehrenamtlich tätig. Das Betriebsverfassungsgesetz findet auf Erwerbs- und Wirtschaftsgenossenschaften mit in der Regel mehr als 500 Arbeitnehmer Anwendung (§ 77 Abs. 3 BetrVerfG). In diesem Falle gilt für die Zusammensetzung des AR sowie über die Wahl und Abberufung von Aufsichtsratsmitgliedern die bereits im Zusammenhang mit der AG dargestellte Regelung des § 76 BetrVerfG, wonach die Arbeitnehmer ein Drittel der AR-Mitglieder entsenden.

c) Eigenkapitalausstattung

Eine Eigenkapitalausstattung der Genossenschaftsunternehmung in einer bestimmten Mindesthöhe fordert das GenG nicht. Dennoch kann es eigenkapitallose Genossenschaftsunternehmen nicht geben, weil auf die von den Genossen übernommenen Geschäftsanteile, deren Höhe die Satzung bestimmt, stets Pflichteinzahlungen von mindestens 10 % des Geschäftsanteils zu tätigen sind, deren Zeitpunkt in der Satzung fixiert werden muß (§ 7 GenG). Die Möglichkeit, Einzahlungen auf die Anteile nicht sofort, sondern je nach den Bestimmungen der Satzung und der Generalversammlungsbeschlüsse (§ 50 GenG) in einem mehr oder minder langen Zeitraum tätigen zu müssen, ermöglicht auch kapitalschwachen Kreisen eine Beteiligung an Genossenschaften.

Die auf den (die) Geschäftsanteil(e) geleisteten effektiven Einzahlungen eines Genossen zuzüglich etwaiger Gutschriften aus Unternehmensüberschüssen und abzüglich eventueller Verlustabbuchungen stellen sein G e s c h ä f t s g u t h a b e n dar, das jedoch nicht höher als der Betrag der von ihm übernommenen Geschäftsanteile sein kann. Die Geschäftsguthaben aller Genossen werden in einer Summe auf der Passivseite der Bilanz ausgewiesen. Soweit Einzahlungen auf den Geschäftsanteil fällig sind, müssen sie entweder unter der Bilanz vermerkt oder mit dem gleichen Betrag unter den Aktiven und Passiven ausgewiesen werden (§ 33 e GenG).

Da die Geschäftsguthaben im Fall des Ausscheidens eines Genossen sein Auseinandersetzungsguthaben bilden (§ 73 GenG), bei größeren Genossenschaften die Summe der Geschäftsguthaben aber erheblich schwanken kann, kommt den R ü c k l a g e n als dem von der Mitgliederbewegung unberührten Eigenkapitalanteil eine besondere Bedeutung zu. Sie bilden einen weitgehend f i x e n K a p i t a l s t o c k , der eine Veränderung nur bei Entnahmen aus Rücklagen zum Zweck des Verlustausgleichs oder deren Auflösung wegen Zweckerfüllung erfährt.

Auf Grund gesetzlicher Vorschriften ist jede Genossenschaft gezwungen, eine gesetzliche Rücklage zu bilden. Ihre Höhe ist ebenso wie der Umfang der jährlichen Rücklagenzuführungen in das Ermessen der Genossenschaft gestellt, beides muß aber unabdingbar im Statut (Satzung) geregelt sein (§ 7 GenG). Dieser gesetzlichen Rücklage fließen auch die bei manchen Genossenschaften üblichen Eintrittsgelder zu.

d) Haftung und Kapitalrisiko

Ausnahmslos ist die unmittelbare Haftung der Genossen für Schulden der Genossenschaftsunternehmung ausgeschlossen. Die Gläubiger des Unternehmens sind also darauf angewiesen, die Befriedigung ihrer Ansprüche bei der Gesellschaft zu suchen. Eine Haftung der Genossen gegenüber der Genossenschaft ergibt sich jedoch dann, wenn die Genossenschaft — sei es aus Gründen der Zahlungsunfähigkeit oder der Überschuldung — den Antrag auf Konkurseröffnung stellen muß. In diesem Fall ist nämlich der Genosse zu Nachschüssen an die Genossenschaft verpflichtet, deren Höhe bestimmt wird durch den Haftungstyp der Genossenschaft.

Während bei der eingetragenen Genossenschaft mit u n b e s c h r ä n k t e r Haftpflicht (eGmuH) die Nachschußpflicht das gesamte pfändbare Privatvermögen ergreift, ist diese bei der eingetragenen Genossenschaft mit b e ‑ s c h r ä n k t e r Haftpflicht (eGmbH) auf die in der Satzung bestimmte Haftsumme begrenzt, die einerseits nicht geringer als der Geschäftsanteil sein darf (§ 131 Abs. 1 GenG), andererseits ein Vielfaches dessen erreichen kann. Wenn häufig die Haftsumme auf ein Vielfaches des Geschäftsanteilsbetrages lautet und nicht Geschäftsanteil und Haftsumme in gleicher Höhe festgesetzt werden, so entspringt das dem Wunsch, die liquiditätsmäßige Belastung des Genossen im Normalfall möglichst gering zu halten.

Die unbeschränkte Haftpflicht ist vor allem bei den ländlichen Kreditgenossenschaften (Raiffeisenkassen) zu finden; allerdings zeichnet sich auch hier deutlich die Tendenz zur Genossenschaft mit beschränkter Haftpflicht ab. So existierten am 31. 12. 1967 bei einer Gesamtzahl von 22 290 Genossenschaften nur noch 871 eGmuH. Die Verpflichtung zu Nachschüssen im Konkursfall verstärkt zweifellos den Haftungsrahmen der Genossenschaft. Als Eigenkapital können jedoch diese Nachschußverpflichtungen ebensowenig gewertet werden, wie das pfändbare Privatvermögen eines vollhaftenden Gesellschafters einer Personengesellschaft.

e) Gewinn- und Verlustverteilung

Gewinne oder Verluste einer Genossenschaftsunternehmung, die nicht nur Leistungen gegenüber den Genossen erbringt, können zum einen aus dem Geschäft mit Dritten (Nichtmitgliedergeschäft) resultieren, zum anderen das Ergebnis aus dem Mitgliedergeschäft darstellen. Die Höhe des zur Verteilung gelangenden Gewinnes bzw. des von den Genossen zu tragenden Verlustes wird bestimmt durch die Bewertungs- und Rücklagenpolitik im Rahmen der Bilanzaufstellung und -feststellung sowie durch den Gewinnverwendungsbeschluß der Generalversammlung (GV).

Ist die Gewinnverteilung durch das Statut nicht grundsätzlich ausgeschlossen **oder ein Höchstsatz für die Gewinnverteilung** statutarisch nicht bestimmt, so ist nach Dotierung der gesetzlichen Rücklage die GV grundsätzlich frei in der Verwendung des Gewinnes. Sie kann dann eine unterschiedliche Verwendung der aus dem Nichtmitglieder- und Mitgliedergeschäft resultierenden Gewinne beschließen, was in der Praxis jedoch seltener der Fall ist und sie kann auch bei der Verteilung des Gewinnes aus dem Mitgliedergeschäft differenzierend verfahren.

So kann z. B. beschlossen werden, a) einen Teil des Gewinnes nach Maßgabe der kapitalmäßigen Beteiligung der Genossen an der Genossenschaftsunternehmung zu verteilen, b) einen Teil des Gewinnes zur weiteren Dotierung von Rücklagen zu verwenden und c) nach Maßgabe der Inanspruchnahme der Unternehmungsleistungen durch die Genossen an diese eine Betriebsbeteiligungs-(Umsatz-)dividende zu gewähren. Üblich sind die Kombinationen a) und b) sowie a) und c). Wird eine Dividende nach Maßgabe der kapitalmäßigen Beteiligung gewährt, so soll diese regelmäßig ein Äquivalent für das übernommene Kapitalrisiko und eine Entschädigung für den Zinsverlust sein, den die Genossen dadurch erleiden, daß sie ihr Kapital nicht anderweitig zinsbringend anlegen können. Diese beteiligungsabhängige Dividende ist häufig limitiert.

Bei vielen Genossenschaften, so bei den Konsumgenossenschaften, den Einkaufsgenossenschaften des Handels und des Handwerks sowie den landwirtschaftlichen Bezugs- und Abatzgenossenschaften wird die Verteilung eines etwaigen Überschusses nach Maßgabe der Inanspruchnahme der Unternehmungsleistungen durch die Genossen vorgenommen. Auf diese Weise wird versucht, den Mitgliedern, die in stärkerem Maße zur Überschußerzielung beigetragen haben, auch höhere Anteile am Überschuß zu sichern. Bei Einkaufs- und Bezugsgenossenschaften werden diese Umsatz- oder Leistungsdividenden als „Warenrückvergütungen" bezeichnet. Mit deren Hilfe soll das von den Genossen an die Unternehmung zuviel entrichtete Entgelt auf einen dem tatsächlichen Aufwand entsprechenden Betrag zurückgeführt werden. Bei Verwertungsgenossenschaften wird dieses Ziel mit Hilfe der sog. Nachzahlung erreicht, welche sich aus der Differenz zwischen den von der Unternehmung am Absatzmarkt erzielten Erlösen einerseits und den an die Genossen gezahlten Entgelten, dem leistungsbedingten Aufwand der Genossenschaftsunternehmung sowie den bei ihr zur Reservebildung einzubehaltenden Erlösteilen andererseits ergibt.

Rückvergütungen der Konsumgenossenschaften dürfen jedoch nach § 5 Rabattgesetz nur insoweit gewährt werden, als sie zusammen mit Barzahlungsnachlässen 3 % des im Geschäftsjahr mit dem Genossen getätigten Umsatzes nicht übersteigen. Rückvergütungen und Nachzahlungen werden aber häufig nicht durch die GV bestimmt, sondern auf Grund einer entsprechenden satzungsmäßigen Ermächtigung von Vorstand und AR festgesetzt.

Als Alternativen der Verlustverteilung bzw. -deckung bieten sich der Verlustvortrag, die Deckung des Verlustes durch Auflösung von Rücklagen oder die Verminderung der Geschäftsguthaben an. Die Wahl des einzuschlagenden Verfahrens wird dabei in der Praxis regelmäßig in das Ermessen der GV gestellt. Da der Verlustvortrag stets jene Genossen begünstigt, die in dem mit Verlust abschließenden Jahr aus der Genossenschaft ausscheiden, wird im allgemeinen der Verlustverteilung im Verhältnis der Geschäftsguthaben der Vorzug gegeben, was zu einer entsprechenden Verringerung der Geschäftsguthaben und damit des Auseinandersetzungsanspruchs führt. Von einer Verteilung des Verlustes im Verhältnis der getätigten Jahresumsätze wird infolge der damit verbundenen nachteiligen Auswirkungen auf die Umsätze der Genossen in den nachfolgenden Wirtschaftsjahren im allgemeinen Abstand genommen.

f) Auseinandersetzung und Liquidation

Ausscheiden kann ein Genosse aus einer Genossenschaft, sei es durch Kündigung, Ausschluß oder Tod, zwingend nur zum Geschäftsjahresende. Der vermögensmäßige Anspruch des Ausgeschiedenen bzw. des Erben an die Genossenschaft richtet sich grundsätzlich nach dem Stand seines Geschäftsguthabens zum Geschäftsjahresende (§ 73 GenG). Dieser ist in seiner Höhe bestimmt durch den Stand des Geschäftsguthabens zu Beginn des Geschäftsjahres, vermehrt um den dem Ausscheidenden auf Grund des Generalversammlungsbeschlusses zustehenden Gewinnanteil für dieses letzte Geschäftsjahr bzw. vermindert um einen ihn treffenden Verlustanteil. Eine Beteiligung des Ausscheidenden an stillen Reserven und offenen Rücklagen ist nach § 73 Abs. 2 GenG ausgeschlossen. Jedoch kann — soweit es sich nicht um eine gemeinnützige Wohnungsbaugenossenschaft handelt — dem Ausscheidenden durch Satzung oder Mitgliederbeschluß ein Anteil an den freien Rücklagen gewährt werden. Jedoch ist es derzeit im allgemeinen nicht üblich, ausscheidenden Genossen einen Anspruch auf einen Anteil an den freien Rücklagen einzuräumen, weshalb die Jahresschlußbilanz auch regelmäßig zugleich die Grundlage für die Ermittlung des Auseinandersetzungsguthabens bildet.

Einer vermögensmäßigen Auseinandersetzung mit der Genossenschaft, die für diese stets Liquiditätsentzug bedeutet, bedarf es jedoch nicht, wenn das ausscheidende Mitglied sein Geschäftsguthaben auf ein anderes Mitglied oder ein zukünftiges Mitglied gegen Bar- oder Sachabgeltung überträgt. Einer solchen Möglichkeit sind aber dadurch Grenzen gesetzt, daß niemand das Geschäftsguthaben eines Dritten erwerben darf, wenn das übernommene Geschäftsguthaben und sein Geschäftsguthaben zusammen die Summe seiner Geschäftsanteile übersteigt. Ist das der Fall, dann ist die weitere Übernahme eines bzw. mehrerer Geschäftsanteile durch den Erwerber des Geschäftsguthabens erforderlich. Da die Übernahme weiterer Geschäftsanteile infolge der damit verbundenen Haftsumme zu einer Erhöhung des Risikos führt, ist häufig das Ausscheiden ohne vermögensmäßige Auseinandersetzung mit der Genossenschaft nicht möglich.

Die Teilung des Liquidationserlöses ist bei den Genossenschaften unterschiedlich geregelt. Zuweilen werden zunächst die in der Liquidationseröffnungsbilanz ausgewiesenen Geschäftsguthaben getilgt, bevor ein noch verbleibender Überschuß im Verhältnis der Haftsummenverpflichtungen oder Geschäftsanteile der Genossen verteilt wird. Andere Satzungen sehen nur die Geschäftsguthaben als Verteilungsmaßstab vor oder überlassen die Festsetzung des Verteilungsmodus der letzten GV.

6. Der wirtschaftliche Verein

a) Zielsetzung und Tätigkeitsbereich

Zu den für die Trägergemeinschaften von Unternehmen zur Verfügung gestellten Rechtsformen zählt auch der wirtschaftliche Verein. Es handelt sich hierbei um einen Verein, dessen Zweck auf einen wirtschaftlichen Geschäftsbetrieb gerichtet ist (§ 22 BGB) und dessen Mitgliederzahl im Gründungsstadium mindestens zwei betragen muß.

Besondere Rechtsvorschriften für den wirtschaftlichen Verein existieren nicht, vielmehr finden auf ihn die für die sog. Idealvereine geltenden Vorschriften (§ 21 BGB ff.) Anwendung. Rechtsfähigkeit erlangt der wirtschaftliche Verein durch staatliche Verleihung (§ 22 BGB).

Da die Vereinsmitglieder im Regelfall daran interessiert sind, den Verein als solchen in die Lage zu versetzen, selbständig Rechte und Pflichten begründen zu können und auch ihre persönliche Haftung ausschließen wollen, muß also, sofern dieses Ziel realisiert werden soll, der umständliche und zeitaufwendige Akt der staatlichen Verleihung der Rechtsfähigkeit (Konzessionierung) in Kauf genommen werden. Darauf ist es u. a. auch zurückzuführen, daß der wirtschaftliche Verein als Rechtsform in der Wirtschaftspraxis keine große Bedeutung gewonnen hat. Stärker verbreitet ist er vor allem im Wohnungswesen (Wohnungsbauvereine), in der Milchwirtschaft (Molkereivereine), und auch die freien Sparkassen sind teilweise als wirtschaftliche Vereine konstituiert.

Die Zielsetzung des wirtschaftlichen Vereins ist i. d. R. die unmittelbare Förderung der wirtschaftlichen Belange der Vereinsmitglieder durch Unternehmensleistungen. Nur soweit sich wirtschaftliche Vereine mit Gewinnerzielungsabsicht am allgemeinen Wirtschaftsverkehr betätigen und die Einrichtung einer kaufmännischen Verwaltung erforderlich ist, müssen sie im Handelsregister eingetragen werden. Andernfalls wird der wirtschaftliche Verein, soweit ihm Rechtsfähigkeit verliehen worden ist, gem. § 55 BGB ins Vereinsregister eingetragen, weil dann im wirtschaftlichen Geschäftsbetrieb nur ein Mittel zur Erreichung eines idealen Zweckes gesehen wird.

b) Willensbildung und Vertretung

Da die für wirtschaftliche Vereine geltenden Rechtsnormen weitgehend nachgiebiges Recht darstellen, kann die Verfassung des Vereins in starkem Maße den unternehmensindividuellen Erfordernissen angepaßt werden. So können insbesondere die Rechte der Vereinsmitglieder sehr weitgehende, sie können aber auch von sehr geringer Bedeutung sein. Unabdingbar fällt in ihren Zuständigkeitsbereich nur der Beschluß über die Auflösung des Vereins. Die ihnen nach der Satzung zustehenden Rechte üben die Mitglieder in der M i t g l i e d e r v e r s a m m l u n g aus, wobei sie sich durch Bevollmächtigte vertreten lassen können. Dem einzelnen Vereinsmitglied steht dabei regelmäßig nur e i n e Stimme zu, nur bei land- und forstwirtschaftlichen Vereinen findet sich häufig eine Staffelung der Stimmen nach deren Beiträgen zum Unternehmungsergebnis. Eine Stimmrechtsstaffelung nach Maßgabe der Kapitalbeiträge der Vereinsmitglieder zum Vereinsvermögen ist hingegen selten.

Neben der Mitgliederversammlung als unabdingbarem Vereinsorgan bedarf der Verein des V o r s t a n d e s. Seine Bestellung kann nach der Satzung auch einem anderen Organ als der Mitgliederversammlung, etwa einem AR oder Verwaltungsbeirat übertragen werden. Auch ist die Zahl der zu bestellenden Vorstandsmitglieder, die nicht Vereinsmitglieder zu sein brauchen, ebenso satzungsmäßig gestaltbar wie deren Beschränkung in der Geschäftsführungs- und Vertretungsbefugnis, wobei hier durch die Satzung der Umfang der Vertretungsmacht auch mit Wirkung gegen Dritte beschränkt werden kann.

Ist der wirtschaftliche Verein im Handelsregister eingetragen, kann auch eine Bestellung von Prokuristen und Handlungsbevollmächtigten erfolgen.

c) Eigenkapitalausstattung

Bezüglich der Mindesteigenkapitalausstattung bestehen für den wirtschaftlichen Verein keine Vorschriften. Die Mitglieder decken den Eigenkapitalbedarf im allgemeinen durch Eintrittsgelder und Einmalbeiträge, zu denen eine etwaige Nachschußpflicht hinzutreten kann, die allerdings in der Satzung vorgesehen sein muß. Im übrigen verbleibt dem wirtschaftlichen Verein zur Erhöhung des Eigenkapitals nur die Möglichkeit, neue Mitglieder aufzunehmen.

d) Haftung

Für Verbindlichkeiten des rechtsfähigen Vereins haftet den Gläubigern grundsätzlich nur das Vereinsvermögen. Im Gegensatz zu den Kapitalgesellschaften sichern beim wirtschaftlichen Verein aber keine Rechtsnormen die Aufbringung und Erhaltung des die alleinige Haftungsgrundlage bildenden Vereinsvermögens. Allerdings kann auf Grund der Konzessionierungspflicht das Interesse der Gläubiger an der Erhaltung der Haftungsgrundlage dadurch gewahrt werden, daß die Verleihung der Rechtsfähigkeit von der Aufnahme entsprechender Gläubigerschutzbestimmungen in die Satzung abhängig gemacht wird. Eine persönliche Haftung der Vereinsmitglieder dem Verein gegenüber besteht jedoch stets insoweit, als sie mit der Leistung ihrer Eintrittsgelder oder Beiträge im Rückstand sind.

e) Gewinn- und Verlustverteilung

Das Problem der Gewinnverteilung tritt beim wirtschaftlichen Verein nur auf, wenn er selbst Gewinn erzielt, hingegen nicht, wenn dieser den Mitgliedern dadurch direkt zufließt, daß Unternehmensleistungen zu Selbstkosten abgegeben oder Leistungen der Vereinsmitglieder zu Marktpreisen abzüglich des leistungsbedingten Unternehmensaufwands abgegolten werden.

Die in der Praxis anzutreffenden Gewinnverteilungsregeln differieren sehr erheblich. Zum Teil bestimmt sich der dem einzelnen Mitglied zukommende Gewinnanteil nach seiner Kapitaleinlage (z. B. Wohnungsbauvereine), zum Teil erfolgt eine Dividendenstaffelung nach Maßgabe der vom einzelnen Mitglied erbrachten leistungswirtschaftlichen Beiträge (Umsätze) zum Unternehmensgewinn. Da regelmäßig der zu verteilende Gewinn eine Größe ist, die um die vom Vorstand gemäß den Satzungsbestimmungen vorgenommene Rücklagendotierung gekürzt ist, ergibt sich die Möglichkeit, etwaige Verluste durch Auflösung von Rücklagen aufzufangen, soweit diese nicht anderen Zwecken vorbehalten sind. Ist letzteres der Fall, dann muß der Verlust vorgetragen werden.

f) Auseinandersetzung und Liquidation

Das aus dem rechtsfähigen wirtschaftlichen Verein ausscheidende Mitglied hat grundsätzlich nur Anspruch auf Auszahlung seines Gewinnanteils, soweit zum Zeitpunkt seines Austritts ein Gewinn festgestellt und verteilt worden ist. Einen darüber hinausgehenden gesetzlichen Anspruch auf Auszahlung eines Anteils am Vereinsvermögen hat der Ausscheidende nicht. Die Verpflichtung zur Zahlung bereits fälliger Beiträge wird durch das Ausscheiden selbstverständlich nicht berührt. Unberührt vom Ausscheiden des Mitglieds bleibt auch die Existenz des Vereins. Zuweilen sehen aber die Satzungen die Rückgewähr der nicht von Verlusten aufgezehrten Kapitaleinlagen der Vereinsmitglieder beim Ausscheiden vor.

Stets findet jedoch eine Verteilung des Liquidationserlöses an die Vereinsmitglieder statt, soweit nicht durch die Satzung etwas anderes bestimmt ist, wobei letzteres bei den steuerbegünstigten wirtschaftlichen Vereinen immer der Fall sein muß.

Literatur zu I.:

Buchwald, F. und Tiefenbacher, E., Die zweckmäßige Gesellschaftsform, Heidelberg 1967.
Castan, E., Rechtsformen der Betriebe, Stuttgart 1968.
Draheim, G., Die Genossenschaft als Unternehmungstyp, Göttingen 1955.
Dülfer, E., Die Aktienunternehmung, Göttingen 1963.
Elschenbroich, M., Die Kommanditgesellschaft auf Aktien, Wiesbaden 1959.
Henze, M., Die GmbH & Co. Kommanditgesellschaft und ihre wirtschaftliche und steuerliche Bedeutung, Stuttgart 1967.
Henzler, R., Die Genossenschaft, eine fördernde Betriebswirtschaft, Essen 1957.
Hesselmann, M., Handbuch der GmbH & Co., Köln 1967.
Hubacher, R., Die betriebswirtschaftliche Bedeutung der Unternehmungsformen, Bern 1954.
Paulick, H., Der wirtschaftliche Verein als Unternehmungsform und seine steuerliche Behandlung, in: Deutsche Steuer-Zeitung A 1965, S. 193 ff.
Rieth, W., Die Eignung des wirtschaftlichen Vereins als Unternehmungsform und die damit zusammenhängende steuerliche Problematik, Diss. Mannheim 1965.
Ruberg, C., Artikel „Unternehmungsform, Wahl der ...", in: Handwörterbuch der Betriebswirtschaft, Band 4, Stuttgart 1962, Sp. 5545 ff.
Stehle, H. und Stehle A., Die Gesellschaften, Stuttgart - München - Hannover 1967.
Westermann, H., Scherpf, P., Paulick, H., Bulla, A. und Hackbeil, W., Handbuch der Personengesellschaften, Köln und Marienburg 1967.
Wilke, O. u. a., Handbuch der GmbH, Köln 1967.
Würdinger, H., Aktien- und Konzernrecht, Karlsruhe 1966.
Würdinger, H., Unternehmungsformen, in: Handwörterbuch der Sozialwissenschaften, Band 10, Stuttgart - Tübingen - Göttingen 1959, S. 525 ff.

II. Aufbau und Inhalt von Gesellschaftsverträgen

1. Allgemeines

Der Gesellschaftsvertrag stellt ein notwendiges Erfordernis dar, um eine Gesellschaftsunternehmung ins Leben treten zu lassen. Der Gesellschaftsvertrag (Satzung, Statut) beinhaltet die gegenseitige Verpflichtung mehrerer (natürlicher oder juristischer) Personen, die Erreichung eines gemeinsamen Zweckes in der durch den Vertrag bestimmten Weise zu fördern.

Darüber hinaus bestimmen die gesellschaftsvertraglichen Abreden, soweit ihnen nicht zwingendes Recht entgegensteht, die Möglichkeiten und Konsequenzen der Tätigkeit der Unternehmung. Aus diesem Grunde bedürfen die Bestimmungen des Gesellschaftsvertrages eingehender Überlegungen.

Bei seiner Ausgestaltung ist zunächst der für bestimmte Gesellschaftsformen — Kapitalgesellschaften, Genossenschaften, VVaG, bergrechtliche Gewerkschaften — vorgeschriebene Mindestinhalt zu berücksichtigen und im übrigen zu prüfen, ob das Gesellschaftsrecht für die darüber hinaus für erforderlich gehaltenen gesellschaftsindividuellen Regelungen einen entsprechenden Dispositionsspielraum gewährt.

Zu den bedeutsamsten Bestimmungen des Gesellschaftsvertrages gehören jene, die die Rechte und Pflichten der Gesellschafter betreffen, insbesondere deren Beitragsleistungen, sei es in Form von Kapitalbeiträgen, Arbeitsleistungen oder Nutzungsüberlassungen (z. B. Grundstück) sowie deren Haftungsumfang und deren Gewinn- und Verlustbeteiligung.

Da eine einmal bestehende Interessengleichrichtung der Gesellschafter keineswegs bis zum Vertragsende fortbestehen muß, bedarf es ferner der Festlegung der Rechte und Pflichten jener Gesellschafter, die sich auf Grund ihrer veränderten Interessenlage aus dem Personenverband zu lösen wünschen. Zwar hat das deutsche Gesellschaftsrecht für die genannten Fälle Regelungen getroffen, aber regelmäßig entsprechen diese nicht in allen Punkten den Wünschen der Beteiligten.

Infolge der weitreichenden Konsequenzen des Gesellschaftsvertrages empfiehlt sich stets dessen s c h r i f t l i c h e F i x i e r u n g auch bei Personengesellschaften, für die im Gegensatz zu Kapitalgesellschaften, Genossenschaften, wirtschaftlichem Verein und bergrechtlicher Gewerkschaft die Schriftform nicht zwingend erforderlich ist, es sei denn, Bestandteil des Gesellschaftsvertrages ist ein Vertrag, der einen Gesellschafter zur Einbringung seines ganzen gegenwärtigen Vermögens oder eines Bruchteiles davon verpflichtet oder die Eigentumsübertragung eines Grundstückes an die Gesellschaft zum Gegenstand hat (§§ 311, 313 BGB).

Häufig geht dem Abschluß des Gesellschaftsvertrages der Abschluß eines **Vorvertrages** voraus. Dieser muß so gestaltet sein, daß der Inhalt des nachfolgenden Gesellschaftsvertrages im wesentlichen bestimmt ist. Für ihn gelten die gleichen Formerfordernisse wie für den endgültigen Gesellschaftsvertrag.

In der Wirtschaftspraxis hat sich für den Aufbau von Gesellschaftsverträgen eine gewisse Reihenfolge der im schriftlichen Gesellschaftsvertrag behandelten Rechtsverhältnisse herausgebildet. Da den Geschäftsverträgen häufig kein Gliederungsverzeichnis vorangestellt ist, hat diese Vereinheitlichung den Vorzug, daß auch aus umfangreichen Gesellschaftsverträgen die im Einzelfall erforderlichen Informationen relativ schnell gefunden werden können.

Zuweilen findet sich zu Beginn des Gesellschaftsvertrages eine sog. **Präambel**, in der in umfassender Weise die Motive der Gesellschaftserrichtung und der Zweck der Gesellschaft dargelegt werden. Eine solche Präambel hat die Aufgabe, bei Mängeln in den Detailregelungen die Bestimmung des wirklichen Willens der Gesellschafter im Zeitpunkt des Vertragsabschlusses zu erleichtern. Auch können sich in diesem Fall die Gesellschafter nicht darauf berufen, sie seien über den Zweck der Gesellschaft getäuscht worden oder wären bei Vertragsabschluß von anderen Vorstellung ausgegangen.

Häufiger als bei Neugründungen findet man solche Präambeln bei Umwandlung einer schon bestehenden Gesellschaft in eine andere Rechtsform, soweit damit eine Erweiterung oder Verringerung der ursprünglichen Gesellschafterzahl verbunden ist.

2. Gestaltung bei Personengesellschaften

An die Präambel schließen sich die einzelnen vertraglichen Abreden an, wobei man bei Personengesellschaften des Handelsrechts mit geringfügigen Abweichungen meist folgende Reihenfolge feststellen kann:

Nennung der Vertragspartner

§ 1 Firma, Sitz und Gegenstand der Gesellschaft
§ 2 Einlagen der Gesellschafter und Kapitalkonten
§ 3 Dauer der Gesellschaft und Geschäftsjahr
§ 4 Geschäftsführung und Vertretung
§ 5 Pflichten und Rechte der Gesellschafter
§ 6 Aufnahme neuer Gesellschafter
§ 7 Verzinsung der Einlagen
§ 8 Geschäftsführerbezüge
§ 9 Rechnungslegung
§ 10 Gewinn- und Verlustverteilung
§ 11 Entnahmerecht
§ 12 Kündigung von Gesellschaftern
§ 13 Berechnung und Auszahlung des Auseinandersetzungsguthabens
§ 14 Tod eines Gesellschafters
§ 15 Ausschließung eines Gesellschafters
§ 16 Wettbewerbsverbot
§ 17 Konkurs eines Gesellschafters
§ 18 Schiedsgericht
§ 19 Gerichtsstand
§ 20 Abänderungen des Gesellschaftsvertrages

Im nachfolgenden sollen die wesentlichsten gesellschaftsvertraglichen Abreden, wie sie i. d. R. unter den genannten Paragraphen zu finden sind, umrissen werden.

Bei der **Auswahl des Handelsnamens** (Firma) der Gesellschaft haben die Gesellschafter nur in beschränktem Maße freie Hand, weil nach § 19 HGB die Firma einer OHG oder KG den Namen mindestens eines vollhaftenden Gesellschafters mit einem das Gesellschaftsverhältnis andeutenden Zusatz enthalten muß. Ein Gestaltungsspielraum besteht vor allem im Hinblick auf die Möglichkeit, an Stelle des Zusatzes „& Co", der für Dritte nicht erkennen läßt, ob die Gesellschaft OHG oder KG ist, den Zusatz „OHG" oder „KG" zu wählen. Häufig besteht die Notwendigkeit, durch einen gegenstandsbezogenen Zusatz die Firma von bereits ortsansässigen namensgleichen Gesellschaften abzuheben. Auch werden solche Zusätze häufig deshalb gewählt, um bei den Empfängern der Unternehmensleistungen eine nachhaltige Assoziation vom Betätigungskreis der Gesellschaft zu erzeugen.

Da der **Sitz der Gesellschaft** nicht nur den Gerichtsstand der Gesellschaft, sondern auch das Betriebsfinanzamt bestimmt, das die bei Personengesellschaften erforderliche einheitliche Gewinn- und Einheitswertfeststellung (§ 215 AO) vorzunehmen hat, kommt der Sitzbestimmung erhebliche Bedeutung zu.

Gleiches gilt auch für die **Fixierung des Unternehmensgegenstandes** (Tätigkeitsbereiches), weil dadurch die Gesellschafter vor einer willkürlichen Änderung des Unternehmensgegenstandes durch die Geschäftsführung geschützt werden.

Da die **Beiträge der Gesellschafter** in Bar-, Sacheinlagen, Nutzungsüberlassungen oder Dienstleistungen bestehen können, bedarf es einer genauen Bestimmung darüber, in welcher Form, Höhe und wann die Gesellschafter diese Leistungen zu erbringen haben. Für den Fall der nicht termingerechten Erfüllung der Leistungsverpflichtungen werden regelmäßig bestimmte Folgen (Strafzinsen, Nichtbeteiligung am Gewinn bis zur Einlagenleistung sowie Ausschluß aus der Gesellschaft) vorgesehen. Ferner wird in diesem Zusammenhang regelmäßig festgelegt, ob die Einlagen festen Kapitalkonten der Gesellschafter gutzuschreiben und alle Gewinngutschriften ebenso wie die Entnahmen und Verlustanteile auf besonderen Privatkonten zu buchen sind. Dieser Regelung kommt große Bedeutung zu, da sich die Gewinnbeteiligung, zuweilen aber auch der Stimmrechtsumfang der Gesellschafter nach dem jeweiligen Stand der Kapitalkonten richten.

Die **Vertragsdauer** bedarf auch der gesellschaftsvertraglichen Regelung, weil sonst bei einer im Zweifel auf unbestimmte Dauer angelegten Gesellschaft jeder Gesellschafter ein unentziehbares ordentliches Kündigungsrecht hat. Für Gesellschaften mit bestimmter Dauer (z. B. 10 Jahre) bedarf es vor allem einer Bestimmung darüber, ob nach Zeitablauf die Gesellschaft aufzulösen ist oder die Gesellschaft bis zur Kündigung durch einen Gesellschafter fortbestehen soll.

Die gesellschaftsvertraglichen Bestimmungen über die **Geschäftsführung und Vertretung** weichen sehr häufig von der gesetzlichen Regelung, wonach jeder phG zur Geschäftsführung und Vertretung allein berechtigt ist, ab. Statt dessen wird Geschäftsführung und -vertretung durch alle Gesellschafter vereinbart oder es werden nur einzelne Gesellschafter von der Geschäftsführung und (oder) von der Vertretung ausgeschlossen. Im letzteren Fall müssen dann die der Zustimmung der nichtgeschäftsführenden Gesellschafter bedürftigen Geschäfte fixiert werden.

Sollen schließlich bei einer Kommanditgesellschaft Kommanditisten an der Geschäftsführung beteiligt werden (§ 164 HGB ist nachgiebiges Recht!), so bedarf es ebenfalls einer entsprechenden gesellschaftsvertraglichen Regelung.

Was die **Pflichten und Rechte der Gesellschafter** anbelangt, so wird im Gesellschaftsvertrag manchmal die Haftung des phG im I n n e n v e r h ä l t n i s auf einen bestimmten Betrag beschränkt, so daß alle darüber hinausgehenden Gläubigeransprüche ausschließlich zu Lasten der anderen Gesellschafter gehen. Stets empfiehlt es sich, im Gesellschaftsvertrag auch klarzustellen, ob die phG verpflichtet sind, ihre gesamte Arbeitskraft in den Dienst der Gesellschaft zu stellen. Schließlich werden unter diesem Paragraphen meist noch die sog. Informations- und Kontrollrechte der nichtgeschäftsführenden Gesellschafter und die Beschlußfähigkeit der Gesellschafterversammlung geregelt.

Die Bedeutung, die die **Aufnahme neuer Gesellschafter** für die Machtverhältnisse in einer Gesellschaft hat, wird i. d. R. schon rein formal dadurch zum Ausdruck gebracht, daß den diesbezüglichen Vereinbarungen der Gesellschafter ein eigener Paragraph gewidmet ist. Zuweilen findet man hier die Bestimmung, daß der Aufzunehmende bestimmte Voraussetzungen (Fähigkeiten, Vermögen usw.) erfüllen muß.

Sollen nach dem Willen der Gesellschafter fixe Kapitalkonten geführt werden, so wird häufig bestimmt, daß die auf den variablen Kapitalkonten (Privat-, Sonderkonten) ausgewiesenen Kapitalbestände — die aus weiteren Einlagen, Entnahmen, Gewinngutschriften und Verlustabbuchungen resultieren — zu einem bestimmten Prozentsatz (z. B. Zinssatz für Spareinlagen mit gesetzlicher Kündigungsfrist) verzinst werden. In diesem Fall bedarf es auch einer Bestimmung darüber, ob der Durchschnittsbestand oder welcher Stichtagsbestand für die Berechnung der Zinsvergütung maßgeblich sein soll. Daneben kann selbstverständlich auch eine **feste Verzinsung** des „fixen" Kapitals vorgesehen sein.

Ist nur ein Teil der Gesellschafter mit der Geschäftsführung und Vertretung der Gesellschaft betraut, so ist es üblich, diesen eine nach Art, Höhe und Auszahlungsmodus bestimmte **Tätigkeitsvergütung** im Gesellschaftsvertrag einzuräumen.

Da die Gesellschafter an einer baldigen Information über den Erfolg eines abgelaufenen Geschäftsjahres interessiert sind, wird ferner im Gesellschaftsvertrag regelmäßig ein Zeitpunkt fixiert, bis zu dem die Geschäftsführer der Gesellschafterversammlung einen nach den gesetzlichen Vorschriften erstellten **Jahresabschluß** (Bilanz und GuV) vorzulegen haben. Da der ausgewiesene Erfolg nicht zuletzt von den angewandten Bewertungsprinzipien abhängig ist, wird häufig die Verbindlichkeit der aktienrechtlichen Bilanzierungsvorschriften vorgeschrieben.

Zuweilen sind ferner die Geschäftsführer gehalten, einen kurzen **Geschäftsbericht** zu erstellen. Insbesondere bei KG ist es üblich, den Jahresabschluß durch einen Wirtschaftsprüfer, Steuerberater, vereidigten Buchprüfer oder eine Wirtschaftsprüfungsgesellschaft prüfen zu lassen, um auf diese Weise den Interessen der Kommanditisten an einer fairen Rechnungslegung zu entsprechen.

Nur sehr selten entspricht schließlich die gesetzlich vorgesehene **Gewinn- und Verlustverteilung** (§§ 121, 168 HGB) den Interessen der Gesellschafter. So können beispielsweise die Gesellschafter den Wunsch haben, alle festen Kapitalguthaben vorab mit 6 % zu verzinsen (sofern der Gewinn hierzu nicht ausreicht, mit einem entsprechend niedrigeren Satz) und von dem danach verbleibenden Gewinn den phG einen prozentual bestimmten Vorwegbetrag als Äquivalent für die von ihnen übernommene Haftung zuzuweisen, bevor der Rest etwa nach Maßgabe des Verhältnisses der festen Kapitalkonten zur Verteilung gelangt. Auch die gesetzlich vorgesehene Verteilung des Verlustes nach Köpfen bzw. angemessenen Anteilen (KG) wird häufig nicht als passend angesehen, sondern durch eine solche nach Maßgabe des Verhältnisses der festen Kapitalkonten oder einen anderen Modus bestimmt.

Neben der Gewinn- und Verlustverteilung ist im Gesellschaftsvertrag gewöhnlich auch eine **Regelung des Entnahmerechts** enthalten, wenn die gesetzlichen Vorschriften nicht zum Zuge kommen sollen. So wird häufig nicht nur ein Entnahmerecht in bezug auf den dem Gesellschafter zukommenden Jahresgewinn zugestanden, sondern bereits die Möglichkeit zu Vorwegentnahmen eingeräumt. Die Vorwegentnahmen werden jedoch regelmäßig nach oben begrenzt (etwa die Hälfte des Vorjahresgewinns) und auch von der Liquiditätslage der Gesellschaft abhängig gemacht. Bei neugegründeten Gesellschaften ist ferner das Entnahmerecht i. d. R. abgestuft, und zwar dergestalt, daß es in den ersten Jahren zur Entnahme geringerer Beträge, später aber höherer Beträge berechtigt.

Da die **Kündigung eines Gesellschafters** bei Personengesellschaften die Auflösung der Gesellschaft zur Folge hat (§§ 131, 161 HGB), bedarf es, um den Fortbestand des Unternehmens zu sichern, einer entsprechenden gesellschaftsvertraglichen Abrede. Dabei wird häufig bestimmt, daß die verbleibenden Gesellschafter, gegebenenfalls auch nur einer von ihnen, berechtigt sind, das Geschäft mit allen Aktiven und Passiven ohne Liquidation zu übernehmen und gegebenenfalls unter der bisherigen Firma fortzuführen. Der Erlaubnis zur Fortführung der Firma kommt i. d. R. dann besondere wirtschaftliche Bedeutung zu, wenn das Gesellschaftsunternehmen einen beträchtlichen Goodwill (Geschäftswert, Façonwert) aufzuweisen hat.

Erhebliche Schwierigkeiten erwachsen einer Personengesellschaft beim Ausscheiden eines Gesellschafters stets dann, wenn für die **Ermittlung des Auseinandersetzungsguthabens** keine vertraglichen Abreden getroffen sind, da die dann zum Zuge kommende Vorschrift (§ 738 BGB) manche Frage offenläßt. Grundsätzlich ist es in das Belieben aller Gesellschafter gestellt zu bestimmen, wie hoch die an den Ausscheidenden zu zahlende Abfindungssumme sein soll. Soll eine Abfindung nur in Höhe des zum Ausscheidungszeitpunkt bestehenden festen Kapitalkontos und eines etwaigen variablen Kapitalkontos (Privatkonto) erfolgen, so ergeben sich keine Ermittlungsschwierigkeiten. Ist hingegen ein Anteil des Ausscheidenden an den stillen Reserven der Vermögensgegenstände und am Goodwill vorgesehen, so bedarf es einer genauen Bestimmung darüber, wie die stillen Reserven und der Goodwill (UEC-Verfahren, Praktiker-Verfahren usw.) zu ermitteln sind. Da unabhängig von der Höhe der Abfindungssumme deren einmalige und sofortige Auszahlung in vielen Fällen eine bedrohliche Lage für die Gesellschaft heraufbeschwören würde, wird meist eine sukzessive Auszahlung vereinbart, den verbleibenden Gesellschaftern jedoch das Recht eingeräumt, vorzeitig zu tilgen.

Beim Tode eines Gesellschafters sehen die meisten Gesellschaftsverträge vor, daß die Gesellschaft unter den übrigen Gesellschaftern fortbestehen oder mit den Erben fortgesetzt werden soll. Häufig wird dabei auch dem Erben eines phG lediglich die Stellung eines Kommanditisten eingeräumt.

Für Gesellschafter, die grobfahrlässig oder vorsätzlich ihre vertraglichen Verpflichtungen verletzen, ist meist vorgesehen, daß sie durch Gesellschafterbeschluß ausgeschlossen werden können. Hierbei werden regelmäßig die **Ausschließungsvoraussetzungen** im Gesellschaftsvertrag konkretisiert und der Modus der Beschlußfassung geregelt.

Da alle phG, gleichgültig ob sie Geschäftsführer sind oder nicht, weder für eigene noch für fremde Rechnung Geschäfte im Handelszweig der Gesellschaft tätigen noch sich an einer anderen, auf den gleichen Zweck gerichteten Handelsgesellschaft als phG beteiligen dürfen (§ 112 HGB), bedarf es — soweit die Gesellschafter diese gesellschaftsrechtliche Vorschrift für ihre Gesellschaft außer Kraft setzen wollen — einer Aufhebung dieses **Wettbewerbsverbots** im Gesellschaftsvertrag. Aber auch dann, wenn das gesetzliche Wettbewerbsverbot unangetastet bleiben soll, wird i. d. R. das Verbot im Gesellschaftsvertrag konkretisiert (z. B. Herstellung und Vertrieb von Drehbänken und Papierschneidemaschinen), um unliebsamen Streitigkeiten vorzubeugen.

Im Regelfall ist dem **Konkurs eines Gesellschafters** wegen der damit verbundenen Folgen für die Existenz der Gesellschaft ein besonderer Paragraph gewidmet. Zwar kann für einen Privatgläubiger eines Gesellschafters, der eine Beteiligung gepfändet hat, das Kündigungsrecht durch Gesellschaftsvertrag weder erschwert noch ausgeschlossen werden, doch kann das Fortbestehen der Gesellschaft bzw. die Geschäftsübernahme durch den (die) verbleibenden Gesellschafter vorgesehen werden.

Um die Anrufung eines ordentlichen Gerichts bei Meinungsverschiedenheiten der Gesellschafter zu vermeiden, sehen viele Gesellschaftsverträge die Entscheidung eines Streits durch ein **Schiedsgericht** vor. Die näheren Einzelheiten, insbesondere die Besetzung des Schiedsgerichts, werden i. d. R. in einer besonderen Schiedsgerichtsvereinbarung bestimmt, die häufig als Anlage dem Gesellschaftsvertrag beigefügt wird.

Die Angabe des **Gerichtsstandes** erfolgt regelmäßig auch dann, wenn dieser mit dem Sitz der Gesellschaft identisch ist.

Sollen **Änderungen des Gesellschaftsvertrages** nicht eines einstimmigen Beschlusses aller Gesellschafter bedürfen, so muß eine entsprechende gesellschaftsvertragliche Regelung getroffen werden. Bei KG wird zuweilen Einstimmigkeit der phG und eine bestimmte Stimmenmehrheit (einfache, $^2/_3$ usw.) der Kommanditisten vereinbart.

3. Gestaltung bei Kapitalgesellschaften

Während den individuellen Besonderheiten in der Verfassung von OHG und KG durch einen nach dem obenstehenden Muster aufgebauten Gesellschaftsvertrag Rechnung getragen werden kann, erlauben die erheblichen strukturellen Unterschiede bei den einzelnen Kapitalgesellschaftstypen keine zusammenfassende Würdigung der Gesellschaftsverträge der Kapitalgesellschaften. Die grundsätzliche Gliederung der Gesellschaftsverträge in Bestimmungen über die Gesellschaft, deren Verfassung und deren Liquidation wird zwar von AG, KGaA und GmbH auch in dieser Reihenfolge eingehalten, jedoch darf nicht übersehen werden, daß sich innerhalb dieser groben Dreigliederung erhebliche strukturbedingte Unterschiede ergeben.

Da nach Aufbau und Inhalt die Gesellschaftsverträge von GmbH und KGaA gleichsam eine Mischung aus Vertragselementen der Personengesellschaft und AG darstellen, soll im nachfolgenden nur der Gesellschaftsvertrag einer AG in seinem Aufbau skizziert werden. Inhaltlich ist er weitgehend durch unabdingbare Vorschriften des AktG bestimmt. Der Gesellschaftsvertrag einer AG wird dabei in der Gesetzessprache wie auch im Sprachgebrauch der Wirtschaftspraxis als Satzung oder Statut bezeichnet.

Die **Satzung einer AG** folgt in der Regel mit mehr oder weniger bedeutsamen Abweichungen folgendem Aufbauschema:

§ 1   **Firma, Sitz und Gegenstand der Gesellschaft**
§ 2   **Dauer der Gesellschaft und Geschäftsjahr**
§ 3   **Bekanntmachungen der Gesellschaft**
§ 4   **Grundkapital und Aktien**
§ 5   **Vorstand**
§ 6   **Aufsichtsrat**
§ 7   **Hauptversammlung**
§ 8   **Jahresabschluß und Gewinnverteilung**
§ 9   **Satzungsänderungen**

Literatur zu II.:

Klauss, H., Der Gesellschaftsvertrag in seiner zweckmäßigsten Form, Ludwigshafen 1967.

Möhring, Ph. und Schwartz, G., Die Aktiengesellschaft und ihre Satzung, Berlin, Frankfurt a. M. 1966.

Potthoff, E., Zintzen, H. und Halft, K., Handbuch der Gesellschaftsverträge in Personalgesellschaften, Köln und Opladen 1965.

Sudhoff, H., Der Gesellschaftsvertrag der GmbH, Kommentar und Formularteil, München und Berlin 1964.

Sudhoff, H., Der Gesellschaftsvertrag der GmbH & Co., Kommentar und Formularbuch, München 1967.

4. Beispiel für einen GmbH-Vertrag

§ 1 Wir errichten unter der Firma ...... Gesellschaft mit beschränkter Haftung eine Gesellschaft mit beschränkter Haftung in ...... Gegenstand des Unternehmens ist ......

§ 2 Die Gesellschaft ist auf ... Jahre fest abgeschlossen. Sie kann erstmalig am ... zum ... gekündigt werden; wird nicht gekündigt, so verlängert sich der Vertrag um weitere ... Jahre.

§ 3 Bekanntmachungen der Gesellschaft erfolgen in der ...... Zeitung.

§ 4 Das Stammkapital der Gesellschaft beträgt ... DM. Es wird von den Gesellschaftern zu gleichen Teilen übernommen und voll eingezahlt.

§ 5 Die Gesellschaft hat einen oder mehrere Geschäftsführer; als Geschäftsführer werden bestellt:

      Herr ....

      Herr ....

§ 6 Beschlüsse der Gesellschafter werden mit einfacher Mehrheit gefaßt.

§ 7 Eine Gesellschafterversammlung findet mindestens jährlich ein Mal statt.

§ 8 Die Bilanz wird nach ...... rechtlichen Grundsätzen aufgestellt. Geschäftsjahr ist das Kalenderjahr. Der Jahresgewinn wird im Verhältnis der Anteile am Stammkapital geteilt.

§ 9 Dieser Vertrag kann nur geändert werden, wenn alle Gesellschafter damit einverstanden sind.

      (Unterschriften) ....

                        ....

                        ....

(Beurkundungsvermerk)

III. Gegenstandsgebundene Unternehmungsformen

Im zweiten Teil des Abschnitts „Unternehmungs- und Konzentrationsformen" werden zunächst die hier sogenannten gegenstandsgebundenen Unternehmungsformen sowie die Unternehmungsformen des öffentlichen Rechts behandelt. Wenngleich beide im Wirtschaftsleben aus noch näher zu erörternden Gründen nicht so häufig anzutreffen sind wie die im ersten Teil dieses Abschnitts erörterten gegenstandsungebundenen Unternehmungsformen, so ist das Wissen um ihre Arteigenheiten für den Bankkaufmann doch unerläßlich. Das ergibt sich schon aus dem Umstand, daß einerseits auch Unternehmen mit gegenstandsgebundener Unternehmungsform zum Kundenkreis der Kreditinstitute zählen und andererseits verschiedene Kreditinstitute als Anstalten des öffentlichen Rechts konstituiert und damit in eine Unternehmungsform des öffentlichen Rechts gekleidet sind.

Die starke kapitalmäßige Verflechtung und der erhebliche Waren- und Dienstleistungsverkehr zwischen den Volkswirtschaften der westlichen Welt werfen für die deutschen Kreditinstitute eine Reihe von Fragen auf, die ohne Kenntnis der im Ausland bestehenden gesetzlichen Bestimmungen und Praktiken nicht bewältigt werden können. So erwächst aus der Aufgabenstellung der Kreditinstitute heraus für den Bankkaufmann nicht zuletzt die Notwendigkeit — sei es im Zusammenhang mit Kreditgeschäften oder im Rahmen der Anlageberatung —, sich mit den Besonderheiten ausländischer Unternehmungsformen vertraut zu machen. Es liegt auf der Hand, daß eine Darstellung der den Unternehmen in anderen Staaten zur Verfügung gestellten Unternehmungsformen hier nur eine skizzenhafte sein kann. Wenn sich auch aus räumlichen Gründen die Betrachtung auf die Unternehmungsformen in einigen wenigen ausländischen Staaten wie Frankreich, Italien und USA beschränken muß, so läßt sich doch daraus schon ein gewisser Überblick über die im romanischen und angelsächsischen Rechtskreis gültigen Prinzipien im Hinblick auf die Kompetenzenverteilung, die Kapitalausstattung und die Haftung sowie über die bedeutsamsten Unterschiede zwischen den entsprechenden Unternehmungsformen des In- und Auslandes gewinnen.

Die zunehmende Verflechtung der Volkswirtschaften der westlichen Welt wird nicht zuletzt bewirkt durch Unternehmensverbindungen in- und ausländischer Unternehmungen. Teils handelt es sich dabei um zwischenbetriebliche Kooperationen, teils um sogenannte Unternehmungskonzentrationen. Auch im innerstaatlichen Bereich sind solche Unternehmensverbindungen in ständig steigender Zahl zu verzeichnen. Zu einem erheblichen Teil sind Unternehmensverbindungen die Folge zunehmender Konkurrenz auf den Binnen- und Auslandsmärkten und den damit verbundenen steigenden Absatzrisiken. Letzteren suchen die Unternehmungen nicht selten durch Verbund, d. h. Schaffung größerer wirtschaftlicher Einheiten zu begegnen, sei es um auf diese Weise ihre Leistungen rationeller erstellen zu können oder den Wettbewerb ganz oder teilweise zu beseitigen.

Soweit Unternehmensverbindungen über die zwischenbetriebliche Kooperation hinaus zur Konzentration wirtschaftlicher Dispositionsgewalt führen, muß für diesen Fall in einer nach dem Wettbewerbsprinzip organisierten Volkswirtschaft durch gesetzliche Bestimmungen sichergestellt werden, daß durch diese Unternehmungskonzentration der Wettbewerb und die ihm innewohnende Tendenz zur Leistungssteigerung nicht beseitigt werden. Wie der Wettbewerb in einer Volkswirtschaft nicht nur positive Konsequenzen zeitigt, so weist auch die Unternehmungskonzentration keineswegs nur negative Folgen auf. Ein sachverständiges Urteil über die positiven und negativen Folgen der Unternehmungskonzentration für die Wirtschaftssubjekte fällen zu können, setzt die Kenntnis der volkswirtschaftlichen, betriebswirtschaftlichen und rechtlichen Konsequenzen einer solchen Unternehmensverbindung voraus.

Die nachfolgenden Ausführungen über den Problemkreis „Unternehmungskonzentration" sollen nicht nur dazu einen Beitrag leisten, sondern auch auf die Folgewirkungen aufmerksam machen, welche sich für ein Unternehmen aus der Zugehörigkeit zu einem Konzern, einer Interessengemeinschaft oder einem Kartell ergeben können. Dieses Wissen um die im konkreten Einzelfall aus der Konzentration für die einzelnen Unternehmen erwachsenden Konsequenzen ist nicht zuletzt unentbehrlich, wenn z. B. das mit einer Kredithingabe verbundene Kreditrisiko abgeschätzt werden soll.

1. Die Reederei

a) Wesensmerkmale

Mehrere Personen, die ein ihnen gehöriges Schiff zum Erwerb durch Seeschiffahrt verwenden wollen, können dies in der Gesellschaftsform der Reederei tun, soweit ihnen dieses Schiff nach Bruchteilen gehört und kraft Vertrages auf gemeinschaftliche Rechnung verwendet werden soll (§ 489 HGB).

Man spricht hier, um Mißverständnisse zu vermeiden, auch von P a r t e n - r e e d e r e i, weil das gemeinsame Schiff in Bruchteile zerlegt ist. Die Miteigentumsanteile am Schiff werden als S c h i f f s p a r t e n bezeichnet, wobei der Schiffspart im weiteren Sinne auch den Anteil am sonstigen Reedereivermögen (z. B. Reedereiforderungen) verkörpert. Die Zahl der Schiffsparten kann beliebig festgesetzt werden (z. B. 300 Parten zu je 10 000 DM); auch kann ein Mitreeder mehrere Parten besitzen.

Eine Reederei liegt somit nicht vor, wenn eine juristische oder natürliche Person alleinige Eigentümerin eines Schiffes ist oder Miteigentum zur gesamten Hand besteht (die Gesamthandseigentümer sind dann Reeder gem. § 484 HGB, auch wenn sie im Volksmund als Reederei bezeichnet werden) oder wenn der Zweck der Gemeinschaft auf die Verwendung des Schiffes in der Binnenschiffahrt gerichtet ist.

Gehören den Mitreedern mehrere Schiffe je zu Bruchteilen, so bestehen so viele Reedereien wie Schiffe, wobei die Mitreeder natürliche oder juristische Personen, insbesondere auch Handelsgesellschaften, sein können.

Als Gesellschaftsform hat die Reederei heute nur noch in der Küstenschiffahrt und Fischerei eine gewisse Bedeutung. Allerdings bedienen sich die größeren Unternehmen auch hier vor allem der AG als Gesellschaftsform.

Gesetzlich geregelt ist die Reederei in den §§ 489 ff. HGB, jedoch sind diese weitgehend nachgiebiges Recht. Die Reederei entsteht mit Abschluß eines Gesellschaftsvertrages, der den gemeinschaftlichen Erwerb mittels eines im Miteigentum nach Bruchteilen stehenden Schiffes in der Seeschiffahrt zum Inhalt hat. Bei Abschluß des Gesellschaftsvertrages muß jedoch bereits Miteigentum an dem auf gemeinschaftliche Rechnung zu nutzenden Schiff durch mehrere der künftigen Mitreeder bestehen.

Kaufmannseigenschaft kann die Reederei mit Eintragung im Handelsregister erlangen, soweit der Umfang der wirtschaftlichen Betätigung einen in kaufmännischer Weise eingerichteten Geschäftsbetrieb verlangt (§ 2 HGB).

b) Willensbildung und Vertretung

Die Rechte und Pflichten der Mitreeder zueinander bestimmen sich nach dem Gesellschaftsvertrag. Die von den Mitreedern in Angelegenheiten der Reederei zu treffenden Beschlüsse werden nach dem Mehrheitsprinzip gefaßt, wobei sich das Stimmrecht des einzelnen Mitreeders in Ermangelung abweichender satzungsmäßiger Bestimmungen nach der Größe seiner Anteile bemißt.

Grundsätzlich obliegen Geschäftsführung und Vertretung der Reederei den Mitreedern, doch kann durch Beschluß der Mitreeder für den Reedereibetrieb ein sog. Korrespondentreeder (Schiffsdirektor, Schiffsdisponent), der nicht Mitreeder zu sein braucht, bestellt werden. Ist ein solcher bestellt, so ist er kraft Gesetzes insoweit zur Vornahme von Geschäften und Rechtshandlungen befugt, als sie der Geschäftsbetrieb einer Reederei gewöhnlich mit sich bringt (§ 493 HGB).

Dagegen ist es ihm ohne besondere Bevollmächtigung nicht möglich, im Namen der Reederei oder einzelner Mitreeder Wechselverbindlichkeiten einzugehen, Darlehen aufzunehmen sowie das Schiff oder Schiffsparten zu verkaufen oder zu verpfänden (§ 493 Abs. 5 HGB). Weitere Beschränkungen in der Vertretungsbefugnis können sich aus den Beschlüssen der Mitreeder ergeben, sind jedoch gegenüber gutgläubigen Dritten unwirksam (§ 495 HGB).

c) Eigenkapitalausstattung

Da die Reederei als solche keine eigenen Mittel zum Bau oder Erwerb eines Seeschiffes benötigt, weil dessen Vorhandensein bei bestehendem Miteigentum der zukünftigen Mitreeder die Entstehung der Reederei erst ermöglicht, richtet sich die notwendige Ausstattung mit eigenen Mitteln nach dem Kapitalbedarf zur Schaffung eines ausreichenden sonstigen Betriebsvermögens. Die erforderlichen Ersteinlagen wie auch spätere Nachschüsse, zu denen die Mitreeder verpflichtet sind, wenn die Einnahmen der Reederei zur Bestreitung ihrer Ausgaben nicht ausreichen, richten sich, soweit satzungsmäßig nichts anderes bestimmt ist, nach dem Verhältnis der Schiffsparten, die die einzelnen Mitreeder besitzen.

d) Haftung und Kapitalrisiko

Die Haftung der Mitreeder Dritten gegenüber bestimmt sich grundsätzlich nach den Haftungsvorschriften für Reeder (§ 486 f. HGB). So ist in bestimmten Fällen der Vertragsverletzung oder bei Verschulden von Schäden durch Mitglieder der Schiffsbesatzung die Haftung der Mitreeder auf das Schiffsvermögen und die Frachtforderungen begrenzt. Im übrigen tritt im allgemeinen die persönliche Haftung der Mitreeder ein, jedoch haftet der Mitreeder nicht wie der OHG-Gesellschafter für die gesamte Schuld, sondern nur anteilmäßig nach dem Verhältnis seines Schiffsparts (§ 507 Abs. 1 HGB).

Um die mit den Nachschußverpflichtungen verbundene Erhöhung des Kapitalrisikos zu vermeiden, kann jeder Mitreeder, soweit er unter bestimmten Voraussetzungen gegen den Beschluß gestimmt hat, der neuerliche Nachschüsse erforderlich macht, seinen Schiffspart ohne Anspruch auf Entgelt aufgeben (§ 501 Abs. 1 HGB). Der aufgegebene Schiffspart fällt dann den übrigen Mitreedern nach dem Verhältnis der Größe ihrer Schiffsparten zu (§ 501 Abs. 3 HGB). Damit erlischt zugleich die Mitgliedschaft.

e) Überschuß- und Verlustverteilung

An Gewinn und Verlust nehmen die Mitreeder — sofern der Reedereivertrag nichts Abweichendes vorsieht — im Verhältnis ihrer Schiffsparten teil (§ 502 Abs. 1 HGB). Gewinn- und Verlustverteilung können dabei nach jeder Rückkehr des Schiffes in den Heimathafen oder, wie bei den Handelsgesellschaften üblich, am Geschäftsjahresende vorgenommen werden. Auch vor einer derartigen Gewinnfeststellung steht den einzelnen Mitgliedern ein vorläufiges Entnahmerecht nach Maßgabe der Schiffsparten zu. Entstandene Verluste werden insbesondere bei fehlenden Ersteinlagen durch die Nachschüsse der Mitreeder ausgeglichen.

Aus der fortbestehenden Reederei kann ein Mitreeder grundsätzlich nur durch Veräußerung oder unentgeltliche Preisgabe seines Schiffsparts ausscheiden (vgl. § 505 Abs. 3 HGB). Besondere Auseinandersetzungsprobleme treten demnach nicht auf. Dabei ist im Falle der Veräußerung des Schiffsparts die Zustimmung der übrigen Mitreeder nicht erforderlich, soweit die Satzung nichts anderes vorsieht (§ 503 Abs. 1 HGB). Der neue Rechtsinhaber wird im Schiffsregister eingetragen. Im übrigen haben weder Tod noch Konkurs eines Mitreeders die Auflösung der Reederei zur Folge, sofern der Reedereivertrag nichts Gegenteiliges bestimmt.

Durch Verlust des Schiffes, Vereinigung aller Parten in einer Hand oder durch einen entsprechenden Mehrheitsbeschluß der Mitreeder wird dagegen die Reederei aufgelöst. Die Verteilung des nach vollzogener Abwicklung sich ergebenden Liquidationsüberschusses erfolgt mangels abweichender vertraglicher Regelungen im Verhältnis der Schiffsparten.

2. Die bergrechtliche Gewerkschaft

a) Wesensmerkmale

Die bergrechtliche Gewerkschaft ist eine auf die Besonderheiten des Bergbaues zugeschnittene Gesellschaftsform. Wenn ihre praktische Bedeutung trotzdem in zunehmendem Maße geringer wird und die AG als Rechtsform an ihre Stelle tritt, so ist dafür vor allem die bei der Gewerkschaft vergleichsweise mit größeren Schwierigkeiten verbundene Aufbringung des durch die Mechanisierung zunehmenden Eigenkapitalbedarfs maßgeblich. In der BRD gibt es deshalb nur noch etwa 60 bergrechtliche Gewerkschaften.

Ihre Struktur wird teils durch personengesellschaftliche, teils durch kapitalgesellschaftliche Elemente geprägt. Da die den Kapitalgesellschaften arteigenen Strukturelemente überwiegen, wird die bergrechtliche Gewerkschaft den Kapitalgesellschaften zugerechnet.

Sie setzt zwei oder mehrere Mitbeteiligte an einem Bergwerk voraus, d. h. an einem Betrieb, der die Gewinnung bestimmter Bodenbestandteile in einem räumlich begrenzten Felde in bergmännischer Weise zum Gegenstand hat, wobei sich die Gewinnung auf staatliche Verleihung des Bergwerkseigentums gründen muß.

Dieser Voraussetzungen bedarf es, um die Ausbeutung der unter der Oberfläche eines Grundstücks ruhenden Bodenschätze vornehmen zu können, weil dieses Recht im wesentlichen durch bergrechtliche Vorschriften dem Grundstückseigentümer entzogen und der öffentlichen Hand vorbehalten ist. So sind insbesondere das Aufsuchen und Gewinnen von Kohle, Salzen, Erzen, Erdöl sowie Erdgas den Bundesländern vorbehalten.

Gesetzlich geregelt ist die bergrechtliche Gewerkschaft in den Berggesetzen der Bundesländer, die zum Teil veränderte Fassungen des früher für die preußischen Staaten geltenden „Allgemeines Berggesetz von 1865" sind. Sie zeichnen sich insgesamt dadurch aus, daß sie nur in sehr beschränktem Maße einen Gestaltungsraum lassen. Soweit in den nachfolgenden Ausführungen auf gesetzliche Bestimmungen verwiesen wird, in Bezug genommen auf das Allgemeine Berggesetz (ABG) in der in Nordrhein-Westfalen geltenden Fassung von 1964.

Danach erfolgt die Errichtung einer bergrechtlichen Gewerkschaft durch Abschluß eines gerichtlich oder notariell zu beurkundenden Vertrages (Gründungsvertrag), der ein die Verfassung der Gewerkschaft regelndes Statut (Satzung) enthalten muß. Mit der zwingend erforderlichen Bestätigung des Gründungsvertrages durch das Oberbergamt entsteht die Gewerkschaft, wobei dann gleichzeitig auch das den Mitbeteiligten verliehene Bergwerkseigentum auf die Gewerkschaft übergeht (§ 94 ABG).

Setzt die Entstehung einer Gewerkschaft in NRW u. a. einen darauf gerichteten Willensentscheid voraus, so entsteht nach den Berggesetzen der anderen Länder stets eine solche, sofern von den Mitbeteiligten am Bergwerkseigentum nicht durch besonderen, formbedürftigen Vertrag die gesetzlich vorgesehene Entstehung der Gewerkschaft ausgeschlossen wird (z. B. § 94 i. V. m. § 133 ABG Hessen; Art. 139 i. V. m. Art. 176 BergG Bayern).

Mit ihrer Entstehung ist die bergrechtliche Gewerkschaft juristische Person. Soweit die Gewerkschaft eines in kaufmännischer Weise eingerichteten Geschäftsbetriebes bedarf, muß sie ihre Eintragung im Handelsregister herbeiführen und wird mit der Eintragung zum Vollkaufmann.

b) Willensbildung und Vertretung

Oberstes Organ der Gewerkschaft ist die **Gewerkenversammlung**. Ihre Zuständigkeit erstreckt sich nahezu auf alle Angelegenheiten der Gewerkschaft, soweit die Satzung ihre Rechte nicht beschränkt. Unabdingbar sind ihr zur Beschlußfassung nur vorbehalten: Satzungsänderungen (§ 94 Abs. 4 ABG), Verfügungen über das verliehene Bergwerkseigentum (§ 114 Abs. 2 ABG) sowie die Auflösung der Gewerkschaft (§ 41 BGB). Obwohl nicht zwingend vorbehalten, fallen in den Zuständigkeitsbereich der Gewerkenversammlung regelmäßig auch die Genehmigung des Jahresabschlusses (§ 122 Abs. 2 ABG), die Erhebung von Zubußen (§ 120 Ziff. 2 ABG), die Wahl des Repräsentanten oder Grubenvorstandes (§ 118 ABG) sowie Verkauf, Tausch oder Verpachtung des Bergwerks (§ 114 Abs. 1 ABG).

Für Verfügungen (Verzicht oder Schenkung) **über das verliehene Bergwerkseigentum ist zwingend Einstimmigkeit erforderlich** (§ 114 Abs. 2 ABG), während im übrigen für die zwingend in den Kompetenzbereich der Gewerkenversammlung fallenden Beschlüsse im allgemeinen eine $^3/_4$-Mehrheit erforderlich ist, ansonsten einfache Stimmenmehrheit genügt. Die dem einzelnen Gewerken dabei zustehenden Stimmrechte bemessen sich im Regelfall nach der Zahl der von ihm gehaltenen Kuxe, d. h. seinen Anteilen am Gewerkschaftsvermögen.

Die Ausführung der Beschlüsse der Gewerkenversammlung obliegt ebenso wie die Vertretung der Gewerkschaft dem **Repräsentanten** oder einem (mehrköpfigen) **Grubenvorstand**. Das Wort Repräsentant ist lediglich eine besondere Bezeichnung für einen einköpfigen Grubenvorstand. Bei Gewerkschaften, die unter das MitbestG fallen, ist jedoch durch die Verpflichtung, einen Arbeitsdirektor zu bestellen, nur ein (mehrköpfiger) Grubenvorstand zulässig (§ 13 MitbestG). Der Repräsentant bzw. die Mitglieder des Grubenvorstands werden von der Gewerkenversammlung gewählt, soweit nicht deren Bestellung durch den statutarisch vorgesehenen oder auf Grund der Vorschriften des BetrVerfG oder MitbestG zwingend erforderlichen Aufsichtsrat erfolgt. Wählbar sind dabei auch solche Personen, die nicht Gewerken sind (§ 117 Abs. 3 ABG).

Die Vertretungsmacht des Repräsentanten oder Grubenvorstands kann im Innenverhältnis in gleicher Weise bschränkt sein, wie bei anderen Gesellschaften. Auch können die Mitglieder des Grubenvorstands zur Alleinvertretung ermächtigt sein. Daneben können von diesen auch Prokuristen und Handlungsbevollmächtigte bestellt werden, sofern die bergrechtliche Gewerkschaft ins HR eingetragen ist. Für ihre Tätigkeit erhalten der Repräsentant bzw. die Grubenvorstandsmitglieder Gehalt und regelmäßig eine gewinnabhängige Tantieme.

c) Eigenkapitalausstattung

Im Gegensatz zu anderen Kapitalgesellschaften ist für die bergrechtliche Gewerkschaft keine Mindestkapitalausstattung zwingend vorgeschrieben. Der

Eigenkapitalbedarf wird von den Gewerken im Verhältnis der von ihnen übernommenen Kuxe gedeckt.

Der Kux beinhaltet dabei alle mitgliedschaftlichen Rechte und Pflichten, so insbesondere den Anspruch auf Ausbeute, das Stimmrecht sowie die Pflicht zu Kapitalleistungen.

Vorzugskuxe sind dabei unzulässig. Soweit der Kux (Anteil) verbrieft ist, ist er nennwertloses Wertpapier, das börsenfähig ist und stets auf den Namen lautet. Er kann ohne Einwilligung der Mitgewerken in schriftlicher Form auf andere Personen übertragen werden (§ 104 f. ABG). Der Eigentümer des Kuxes wird im Gewerkenbuch eingetragen. Die Zahl der Kuxe kann zwischen 100 und maximal 10 000 liegen (§ 101 ABG), wobei im ersten Fall der Erwerber eines Kuxes mit $1/100$, im zweiten mit $1/10000$ am Gewerkschaftsvermögen beteiligt ist. Nach Maßgabe der vom einzelnen Gewerken übernommenen Kuxe hat dieser an die Gewerkschaft Beiträge, sog. Zubußen, zu leisten, sooft und soweit es die Gewerkenversammlung beschließt. Die Höhe der Zubußen ist dabei grundsätzlich unbeschränkbar. Die Gewerkschaft kann sich somit zwecks Kapitalzuführung jederzeit an einen festen Kreis von Verpflichteten zur Deckung ihres Kapitalbedarfs wenden.

Sollen weitere Kapitalgeber zur Deckung des Eigenkapitalbedarfs herangezogen werden, so kann das durch eine Erhöhung der Kuxzahl bei gleichzeitigem Ausschluß des gesetzlichen Bezugsrechts und Verpflichtung der Erwerber, Zubußen zu leisten, geschehen. So wie die Gewerkschaft jederzeit ihre Kapitaldecke durch Zubußen erweitern kann, so hat sie auch das Recht, nicht benötigtes Eigenkapital an ihre Gewerken wieder zurückzuzahlen.

d) Haftung und Kapitalrisiko

Die Möglichkeit, nicht mehr benötigtes Eigenkapital zurückzuerstatten, bringt nicht unbedeutende Gefahren für die Gläubiger der Gewerkschaft mit sich, weil für die Verbindlichkeiten der Gewerkschaft nur das Gewerkschaftsvermögen haftet (§ 99 ABG). Eine persönliche Haftung der Gewerken gegenüber den Gläubigern besteht somit nicht, wohl aber ergibt sich eine **unbeschränkte Haftung der Gewerken gegenüber der Gewerkschaft für die eingeforderten Zubußen,** und auch im Fall der Veräußerung des Kuxes haftet der Veräußerer der Gewerkschaft gegenüber für die vor diesem Zeitpunkt beschlossenen Zubußen (§ 107 ABG). Jedoch kann sich der Gewerke von dem mit der Leistung von Zubußen verbundenen erhöhten Kapitalrisiko dadurch befreien, daß er der Gewerkschaft seine Kuxe übergibt und ihr deren Verkauf zum Zwecke der Befriedigung anheimstellt (§ 130 ABG). Ein etwaiger Mehrerlös steht dabei dem Gewerken zu.

e) Überschuß- und Verlustverteilung

Am Gewinn oder Verlust nehmen die Gewerken zwingend im Verhältnis ihrer Kuxe teil (§ 102 ABG). Ein entstandener Verlust wird dabei durch Zubußen ausgeglichen oder vom Kapitalkonto abgebucht. Will ein Gewerke seine mitgliedschaftlichen Rechte und Pflichten aufgeben, so ist er auf die Veräußerung seiner Kuxe angewiesen. Eine vermögensmäßige Auseinandersetzung mit der Gewerkschaft findet also nicht statt.

Eine Vermögensteilung nach den für die Gewinnverteilung geltenden Grundsätzen muß hingegen dann vorgenommen werden, wenn sich nach Auflösung der Gewerkschaft ein Liquidationsüberschuß ergibt. Die Vereinigung aller Kuxe führt grundsätzlich nicht zur Auflösung, so daß es auch hier — wie bei den anderen Kapitalgesellschaften — zu der Erscheinung der Einmann-Gewerkschaft kommen kann.

3. Der Versicherungsverein auf Gegenseitigkeit (VVaG)

a) Wesensmerkmale

Die Besonderheit des VVaG in seiner reinen Form besteht darin, daß die Empfänger der Leistungen des vom Verein betriebenen Versicherungsunternehmens mit den Mitgliedern des Vereins identisch sind. Die Mitgliedschaft ist beim VVaG stets an die Begründung eines Versicherungsverhältnisses gebunden, so daß insoweit in einem einheitlichen Rechtsvorgang das Vereinsmitglied zugleich Versicherungsnehmer wird.

Der VVaG ist rechtsfähiger Verein und betreibt in seiner reinen Form die Versicherung seiner Mitglieder nach dem Grundsatz der Gegenseitigkeit. Das bedeutet, daß die Vereinsmitglieder die aus den gegebenen Versicherungsversprechen in Schadensfällen resultierenden finanziellen Verpflichtungen des Unternehmens solidarisch im Verhältnis der ihnen zugesagten Versicherungsleistungen zu tragen haben und ihnen etwaige Überschüsse zugute kommen.

Neben den reinen VVaG, die nur Vereinsmitglieder versichern, existieren aber auch sogenannte gemischte VVaG, bei denen die Satzung auch die Versicherung von Nichtmitgliedern gegen eine feste Prämie vorsieht.

Während Rechtsverhältnisse der größeren VVaG in den §§ 15 bis 52 des Versicherungsaufsichtsgesetzes (VAG) geregelt sind, gelten für kleinere VVaG, die einen sachlich, örtlich oder dem Personenkreis nach eng begrenzten Wirkungskreis haben, die genannten Bestimmungen des VAG nur zum Teil (§ 53 VAG), ergänzend sind die gesetzlichen Vorschriften für Vereine heranzuziehen (§§ 24 bis 53 BGB). Diese kleineren VVaG dürfen das Nichtmitgliedergeschäft nicht betreiben (§ 53 VVaG).

In sehr starkem Maße ist das Recht der größeren VVaG dem Aktienrecht nachgebildet, jedoch erlangt der VVaG, unabhängig von seiner Größe, die Rechtsfähigkeit erst auf Grund der Erlaubnis zum Geschäftsbetrieb, die von der zuständigen Aufsichtsbehörde erteilt wird.

Ihrer Zielsetzung nach sind die Versicherungsunternehmen auf Gegenseitigkeit der Gruppe der förderungswirtschaftlichen Unternehmen zuzurechnen, da ihre Aufgabe darin besteht, unter möglichst geringen finanziellen Opfern der Vereinsmitglieder deren Versicherungsbedarf zu decken.

Daß die VVaG in der deutschen Versicherungswirtschaft neben den Versicherungs-AG auch zahlenmäßig bedeutsam sind, zeigen die Verhältnisse zu Beginn des Jahres 1969. Zu dieser Zeit waren von den rd. 350 inländischen Individualversicherungsunternehmen in der BRD nahezu ein Drittel VVaG.

b) Willensbildung und Vertretung

Die größeren VVaG haben drei Organe, nämlich die **Vertreterversammlung** (sie besteht aus i. d. R. 10—12 Mitgliedervertretern), den **Aufsichtsrat** und den **Vorstand**, während bei kleineren VVaG ein AR nicht zwingend bestehen muß und dort die Mitglieder insgesamt das oberste Willensorgan (auch oberste Vertretung genannt) bilden. Häufig findet man daneben noch einen **Versichertenbeirat**, der beratende Funktion hat.

Die oberste Vertretung oder **Mitgliedervertretung** hat im allgemeinen insbesondere folgende Aufgaben:

> **Entgegennahme des Geschäftsberichtes, des Jahresabschlusses und des Prüfungsberichtes;**
>
> **Feststellung des Jahresabschlusses, sofern sich Vorstand und Aufsichtsrat für die Feststellung durch die Mitgliedervertretung entschieden haben oder der AR den Jahresabschluß nicht billigt;**
>
> **Beschlußfassung über die Verteilung des Überschusses;**
>
> **Entlastung des Vorstandes und des AR;**
>
> **Wahlen zum AR;**
>
> **Beschlußfassung über den Widerruf der Bestellung eines von der obersten Vertretung oder Mitgliedervertretung gewählten Mitgliedes des AR;**
>
> **Beschlußfassung über Änderungen der Satzung, der Versicherungsbedingungen und Tarife für die Versicherungen von Mitgliedern;**
>
> **Beschlußfassung über die Auflösung des Vereins und seinen Übergang auf eine andere Versicherungsunternehmung;**
>
> **Festsetzung der Vergütung für die Mitglieder des AR und für die Mitgliedervertreter.**

Dem **Vorstand,** der aus mindestens zwei Personen bestehen muß (§ 34 VAG), obliegen Geschäftsführung und Vertretung des Vereins. Seine Pflichten entsprechen denen des Vorstandes der AG.

Die Pflichten des **Aufsichtsrats** — der zwingend nur bei größeren VVaG gebildet werden muß — entsprechen denen des AR der AG. Ihm wird zuweilen das Recht zu dringlichen Änderungen der Versicherungsbedingungen und Tarife zugestanden. Soweit mehr als 500 Arbeitnehmer beschäftigt werden, muß er zu einem Drittel aus deren Vertretern bestehen.

c) Eigenkapitalausstattung

Um seiner Zwecksetzung genügen zu können, bedarf der VVaG finanzieller Mittel, die auf unterschiedliche Weise aufgebracht werden. So dient der sogenannte Gründungsstock (§ 22 VAG) vor allem der Finanzierung der Errichtungs- und Einrichtungsausgaben, ferner bis zur Bildung einer gesetzlichen Rücklage auch als Garantiestock für die Gläubiger und schließlich der Gewährung von Versicherungsleistungen, solange die Mitgliederbeiträge dazu nicht ausreichen. Die Höhe des Gründungsstocks bestimmt die Aufsichtsbehörde bei der Zulassung des VVaG.

Neben dem Gründungsstock besteht regelmäßig eine gesetzliche Rücklage, deren Bildung und Höhe in der Satzung bestimmt wird. Ihre Verwendung ist der Deckung eines außergewöhnlichen Verlustes aus dem Geschäftsbetrieb vorbehalten. Darüber hinaus sind auch für andere Zwecke gebildete Rücklagen beim VVaG üblich.

Die Mittel für die laufenden Versicherungsleistungen entstammen den Beiträgen der Mitglieder bzw. den festen Entgelten (Prämien) der Nichtmitglieder. Die Beiträge der Mitglieder stellen einerseits die Gegenleistungen für den gebotenen Versicherungsschutz, zum anderen die sich aus der Mitgliedschaft ergebenden Mitgliedschaftsleistungen dar.

Die Beiträge werden zuweilen nach dem im voraus abgeschätzten Finanzbedarf bestimmt, wobei dann häufig eine Nachschußpflicht bzw. eine Kürzung der Versicherungsleistungen für den Fall einer Unterdeckung im Statut vorgesehen wird, oder sie werden nach Kenntnis des tatsächlichen Finanzbedarfs festgesetzt. Manchmal haben die Mitglieder nur wiederkehrende Beiträge nach Maßgabe der Allgemeinen Versicherungsbedingungen zu entrichten, wobei sie dann weder zu Nachschüssen verpflichtet werden, noch eine Kürzung ihrer Versicherungsansprüche vorgesehen ist.

d) Haftung und Kapitalrisiko

Den Vereinsgläubigern haften die Vereinsmitglieder nicht. Die Gläubiger sind deshalb zur Befriedigung ihrer Ansprüche auf das vorhandene Vereinsvermögen angewiesen (§ 19 VAG). Eine Haftung der Mitglieder gegenüber dem Verein für dessen Schulden kann sich jedoch im Konkursfall dann ergeben, wenn die Mitglieder nach Gesetz oder Satzung zur Zahlung von Nachschüssen oder Umlagen verpflichtet sind (§ 50 VAG).

e) Überschuß- und Verlustverteilung

Auch wenn der VVaG nicht nach Gewinn strebt, so kann doch nicht ausgeschlossen werden, daß ein Überschuß entsteht. Soweit dieser nicht nach der Satzung den Rücklagen zuzuführen oder vorzutragen ist, wird er nach den diesbezüglichen Bestimmungen der Satzung verteilt (§ 38 VAG).

Die Überschußverteilungsbestimmungen sind dabei in der Praxis recht vielgestaltig. Häufig bestimmt sich der Anteil des einzelnen Mitglieds nach der Höhe seines Beitrags (sogenannte Beitragsrückerstattung), wobei der Überschußanteil insoweit nicht bar ausgezahlt wird, als die Satzung dessen Verrechnung mit einer späteren Beitragszahlung oder dessen Verwendung zur Erhöhung der Versicherungssumme vorsieht.

Bei Verlusten sehen die Satzungen i. d. R. eine entsprechende Auflösung der Rücklagen vor, sowie gegebenenfalls darüber hinaus die Vornahme geeigneter Maßnahmen im Einvernehmen mit der Aufsichtsbehörde. Die Beendigung der Mitgliedschaft, sei es durch Beendigung des Versicherungsverhältnisses, sei es durch Austritt, gewährt dem Ausscheidenden kein Anrecht auf einen verhältnismäßigen Anteil am Vereinsvermögen. Dem steht indes die Gewährung eines Beitragsrückvergütungsanspruchs bei vorzeitiger Beendigung des Versicherungsverhältnisses nicht entgegen.

Eine Verteilung des Liquidationsüberschusses findet i. d. R. auch bei VVaG statt. Der Verteilungsmaßstab ist dabei entweder der gleiche wie bei der Überschußverteilung oder es ist eine davon abweichende Regelung vorgesehen.

Literatur zu III.:
Abraham, J., Das Seerecht, Berlin 1956.
Ebel, H. und Weller, H., Allgemeines Berggesetz, Berlin 1963.
Fromm, G. E., „Gegenseitigkeitsverein", in: Handwörterbuch des Versicherungswesens, hrsg. v. Eberhart Finke, Band 1, Darmstadt 1958, Sp. 762 ff.
Gierke, J. v., Handelsrecht und Schiffahrtsrecht, Berlin 1958.
Kisch, W., Das Recht des Versicherungsvereins auf Gegenseitigkeit, Berlin 1951.
Prölss, E. R., Versicherungsaufsichtsgesetz, Kommentar, München und Berlin 1966.
Reinhardt, R., „Gewerkschaft, bergrechtliche", in: Handwörterbuch der Betriebswirtschaft, Band 2, Stuttgart 1958, Sp. 2303 ff.
Skiba, R., Die derzeitige Bedeutung der bergrechtlichen Gewerkschaft, in: Glückauf, Bergmännische Zeitschrift 1961, S. 685 ff.

IV. Unternehmungsformen des öffentlichen Rechts
1. Die wirtschaftliche Betätigung der öffentlichen Hand

Die wirtschaftliche Betätigung der öffentlichen Hand in den Bereichen der Industrie und des Handels sowie im Kreditsektor reicht bis in das 18. Jahrhundert zurück. Anlaß dazu war zum einen der Wunsch, mit Hilfe der Unternehmensüberschüsse einen Teil der Staatsausgaben abzudecken, zum anderen die Vorstellung, daß die wirtschaftliche Betätigung der öffentlichen Hand den Wohlstand des Landes erhöhe.

Nach heutiger Auffassung, die ihren Niederschlag auch in den Gemeindeordnungen der Länder gefunden hat, soll die Errichtung und Übernahme von Unternehmen durch die öffentliche Hand nur dann erfolgen, wenn ein dringender öffentlicher Zweck durch Unternehmen in privater Hand nicht besser und wirtschaftlicher erfüllt werden kann.

Darüber hinaus wird heute allgemein anerkannt, daß die öffentliche Hand Unternehmen errichten oder sich daran beteiligen soll, wenn bestimmte sozialpolitische Ziele (z. B. Arbeitsplatzbeschaffung und -erhaltung) anders nicht zu realisieren sind. Dabei stehen der öffentlichen Hand für ihre wirtschaftliche Betätigung nicht nur die privatrechtlichen Unternehmungsformen, sondern auch die Formen des öffentlichen Rechts offen.

Soweit sie sich der privatrechtlichen Unternehmungsformen bedienen will, ist sie durch die Bestimmungen der Reichshaushaltsordnung (§ 48 RHO) und der Gemeindeordnungen der Länder gehalten, die Wahl unter solchen Rechtsformen zu treffen, die eine Haftungsbegrenzung vorsehen.

Andererseits ist die Wahl i. d. R. auf die Rechtsformen des öffentlichen Rechts beschränkt, wenn das Unternehmen mit hoheitlicher Gewalt ausgestattet werden soll. Die Rechtsform der Körperschaft des öffentlichen Rechts hat als Unternehmungsform jedoch keine praktische Bedeutung erlangt.

2. Öffentliche Anstalt
a) Wesensmerkmale

Unter einer öffentlichen Anstalt ist ein Unternehmen der öffentlichen Hand zu verstehen, das von einem außerhalb und über ihm stehenden Hoheitssubjekt (Anstaltsträger) auf Grund eines Gesetzes durch gestaltenden hoheitlichen Akt geschaffen wird und über „Mitglieder" im eigentlichen Sinn nicht verfügt.

Der Form der rechtsfähigen Anstalt können sich auch die Gemeinden bedienen, weil nur für kommunale Unternehmen ohne Rechtspersönlichkeit zwingend die Form des Eigenbetriebs vorgeschrieben ist. Die rechtsfähigen Anstalten besitzen eigenes Vermögen; ihre innere Ordnung bestimmt eine Anstaltssatzung, während das Verhältnis zu den Leistungsempfängern in der Anstaltsordnung geregelt ist.

In der Wirtschaftspraxis haben die rechtsfähigen Anstalten große Bedeutung erlangt. Erwähnt seien hier vor allem die Deutsche Bundesbank, die Staatsbanken, die Kreditanstalt für Wiederaufbau, die Lastenausgleichsbank, die Deutsche Genossenschaftskasse sowie die kommunalen Sparkassen, die Girozentralen und einige Bausparkassen. Hinzuweisen ist ferner auch auf die öffentlichen Versicherungsanstalten.

Nichtrechtsfähige Anstalten sind demgegenüber nur ein selbständiges Verwaltungssubjekt, aber kein selbständiges Rechtssubjekt im zivilrechtlichen Sinn, so daß sie selbst auch nicht Träger von Rechten und Pflichten sein können. Ihr Vermögen ist ein lediglich im Innenverhältnis verselbständigtes Sondervermögen, das unter eigenem Namen im Wirtschaftsverkehr in Erscheinung tritt (z. B. Bundesdruckerei).

Die Wirtschaftspraxis kennt aber neben rechts- und nichtrechtsfähigen Anstalten noch einen dritten Typ, der seinem Wesen nach eine Typenvermischung darstellt und deshalb als **teilrechtsfähige Anstalt** bezeichnet wird. Ohne eigene Rechtsfähigkeit zu besitzen, kann die teilrechtsfähige Anstalt i. d. R. bei Rechtsgeschäften der laufenden Geschäftsführung im eigenen Namen handeln sowie klagen und verklagt werden. Ihr Vermögen stellt ein im Innenverhältnis verselbständigtes Sondervermögen dar, auf dessen Höhe die Haftung für Unternehmensverbindlichkeiten beschränkt ist. Zu den teilrechtsfähigen Anstalten zählen die Bundesbahn und die Bundespost.

b) Willensbildung und Vertretung

Organe der rechtsfähigen Anstalt sind regelmäßig der **Vorstand** und der **Verwaltungsrat**. Dem Vorstand obliegt die Geschäftsführung sowie die gerichtliche und außergerichtliche Vertretung des Unternehmens, während vom Verwaltungsrat jene Beschlüsse zu fassen sind, die nicht die laufende Geschäftsführung betreffen, wie z. B. die Besetzung leitender Stellen, die Emission von Anleihen oder die Festsetzung von Tarifen, Zinsen und Konditionen.

Die Willensbildung in der nichtrechtsfähigen Anstalt erfolgt hingegen nicht durch eigene Organe, sondern durch Unterorgane des Anstaltsträgers, die dessen Weisungen und der öffentlichen Aufsicht unterworfen sind. Nur in Ausnahmefällen wird den anstaltsleitenden Personen eine gewisse Entscheidungsautonomie gegenüber dem Anstaltsträger zugestanden. Für die von diesen Quasiorganen in Verfolgung des Unternehmenszwecks begründeten Verbindlichkeiten haftet das gesamte Vermögen des Anstaltsträgers.

c) Haftung

Für die Verbindlichkeiten der rechtsfähigen Anstalten haftet nur deren Vermögen, in einzelnen Fällen aber subsidiär und unbeschränkt auch das gesamte Vermögen des übergeordneten Hoheitssubjekts (z. B. Sparkassen). Solche Anstaltsträger, die für die Verbindlichkeiten rechtsfähiger öffentlicher Anstalten haften, nennt man **Gewährsträger**.

3. Der kommunale Eigenbetrieb

a) Wesensmerkmale

Für Unternehmen von Gemeinden, die ohne Rechtspersönlichkeit errichtet werden sollen, ist grundsätzlich die Rechtsform des kommunalen Eigenbetriebs vorgesehen. Eine Ausnahme gilt lediglich für kleinere gemeindliche Unternehmen. Die rechtlichen Grundlagen des kommunalen Eigenbetriebs enthalten die Gemeindeordnungen (GO) und die Eigenbetriebsverordnungen (EBV) der Länder sowie die auf Grund der GO und EBV von den Gemeinden zu erlassenden Betriebssatzungen.

Wenn auch im Innenverhältnis der Eigenbetrieb (EB) ein aus dem Gesamtvermögen der Gemeinde herausgelöstes Sondervermögen darstellt, so kann er sich doch unter eigenem Namen am Wirtschaftsverkehr beteiligen (z. B. Stadtwerke), wobei seine Zielsetzung auf die Erwirtschaftung eines Gewinns gerichtet sein soll, der eine marktübliche Verzinsung des dem Unternehmen gewidmeten Kapitals sowie eine angemessene Dotierung seiner Verlust- und Erweiterungsrücklagen erlaubt. Je nach Ausgestaltung der Betriebssatzung ist der kommunale Eigenbetrieb gegenüber der Gemeinde mehr oder weniger autonom.

b) Willensbildung und Vertretung

Stets obliegt die laufende Geschäftsführung einem oder mehreren Betriebs- (Werks-) Leitern, die den Eigenbetrieb gegenüber der Gemeinde vertreten und dieser auch für die wirtschaftliche Führung des EB verantwortlich sind.

Neben dem Organ der Betriebs-(Werks-)Leitung ist für den EB als weiteres Organ der Werksausschuß, auch Betriebskommission genannt, charakteristisch, der für alle jene Angelegenheiten des EB zuständig ist, die nicht in den Kompetenzbereich des Gemeinderats oder der Betriebsleitung fallen. Der Werksausschuß setzt sich aus gewählten Gemeinderatsmitgliedern sowie sachkundigen Bürgern zusammen.

In verschiedenen Bundesländern obliegt dem Werksausschuß bzw. der Betriebskommission im wesentlichen nur die Stellungnahme zu Beschlüssen der Betriebsleitung, um dem Gemeinderat eine sachgerechte Entscheidung zu ermöglichen, in anderen beschließt er über Lieferbedingungen des Unternehmens oder über Veräußerung und Belastung solcher Vermögensgegenstände, die zum Sondervermögen gehören. Zuweilen ist ihm die laufende Überwachung der Betriebsleitung als primäre Aufgabe zugewiesen.

Auch die Vertretung des EB nach außen ist in den einzelnen Bundesländern unterschiedlich geregelt. Während sie in manchen Ländern durch die EBV der Betriebsleitung zugewiesen ist, wird der EB in anderen Ländern durch den ersten Bürgermeister vertreten, soweit nicht der Gemeinderat der Betriebsleitung die Vertretung überträgt.

c) Haftung

Die zur Erfüllung des Betriebszwecks begründeten Verbindlichkeiten sind mangels eigener Rechtspersönlichkeit des EB nicht solche des EB, sondern der Gemeinde, so daß deren Vermögen auch für die im Interesse des EB eingegangenen Verbindlichkeiten haftet.

Literatur zu IV.:
Schnettler, A., Öffentliche Betriebe, Essen 1956.
Schnettler, A., Betriebe, öffentliche Haushalte und Staat, Berlin 1964.
Zeiss, F., Das Eigenbetriebsrecht der gemeindlichen Betriebe unter besonderer Berücksichtigung der Eigenbetriebsverordnung Nordrhein-Westfalen, Stuttgart 1962.

V. Unternehmungsformen im Ausland

1. Unternehmungsformen in Frankreich

a) Allgemeines

Auch das französische Recht stellt der Wirtschaft mehrere Unternehmungsformen zur Verfügung. An gesellschaftlichen Grundformen sind hier zu nennen:

Société en nom collectif (OHG)
Société en commandite simple (KG)
Société à responsabilité limitée (GmbH)
Société anonyme (AG)
Société en commandite par actions (KGaA).

Primär gelten für diese Gesellschaften die Normen des Code des sociétés (Gesetz vom 24. Juli 1966 über die Handelsgesellschaften), subsidiär die Bestimmungen des Code Civil.

Zu den bevorzugten Rechtsformen gehören in Frankreich vor allem die **GmbH**, mit deutlichem Abstand die AG und die OHG. Die Annahme der Rechtsform der Gesellschaft des bürgerlichen Rechts (Société civile) ist jenen Gesellschaften verwehrt, deren Zweck auf den Betrieb eines Handelsgewerbes gerichtet ist, während der Verein als Rechtsform der Verfolgung idealer Zwecke vorbehalten ist. Grundsätzlich haben nach dem französischen Recht außer der stillen Gesellschaft alle Gesellschaften, also auch die Gesellschaft des bürgerlichen Rechts sowie OHG und KG eigene Rechtspersönlichkeit und werden mit Ausnahme der Gesellschaft des bürgerlichen Rechts auch im Handelsregister eingetragen.

b) Société en nom collectif (OHG)

Für die OHG des französischen Rechts ist charakteristisch, daß sie stets Handelsgesellschaft ist und ihre Gesellschafter (mindestens zwei) persönlich, unbeschränkt und gesamtschuldnerisch haften.

Als oberstes Organ der Gesellschaft fassen die Gesellschafter die Beschlüsse in der Gesellschafterversammlung. Ihre Gesellschaftsanteile (parts sociales) können auf Grund einstimmigen Gesellschafterbeschlusses auf Dritte übertragen werden, sind jedoch nicht in Wertpapieren verbrieft. Einlagen der Gesellschafter in einer bestimmten Mindesthöhe sind ebensowenig gesetzlich vorgeschrieben wie ein Mindestkapital der Gesellschaft. Für die Geschäftsführung und Vertretung einer OHG gelten mangels gesetzlicher Bestimmungen stets gesellschaftsvertragliche Abreden.

Um die Öffentlichkeit insbesondere über diese zu informieren, muß der Gesellschaftsvertrag nicht nur beim Handelsregister hinterlegt, sondern auszugsweise auch in einem amtlichen Veröffentlichungsblatt bekannt gemacht werden. In den Gesellschaftsverträgen ist dabei regelmäßig die Übernahme der Geschäftsführungs- und Vertretungsfunktion durch die Gesellschafter selbst vorgesehen. Soweit die Geschäftsführer nur gemeinschaftlich geschäftsführungsbefugt und vertretungsberechtigt sein sollen, muß das vertraglich ausdrücklich bestimmt werden. Stets wird jedoch die Gesellschaft aus Rechtsgeschäften ihres Geschäftsführers nur dann verpflichtet, wenn dieser innerhalb der Grenzen seiner Geschäftsführungsbefugnis gehandelt hat.

Ebenfalls einer vertraglichen Abrede bedarf die Gewinn- und Verlustverteilung, sofern von der gesetzlichen Verteilungsregel — nämlich nach Maßgabe der Einlagen — abgewichen werden soll.

Hingegen ist die Regelung der Auflösungsgründe weitgehend dem Gestaltungswillen der Gesellschafter entzogen, weil hier — wie im deutschen Recht — bestimmte Tatsachen die Auflösung zwangsläufig nach sich ziehen.

c) Société en commandite simple (KG)

Auch zur KG französischen Rechts gehören mindestens 2 Gesellschafter, nämlich der Komplementär (commandité) und der Kommanditist (commanditaire). Ihre Haftung ist in gleicher Weise wie im deutschen Recht geregelt, was auch für die Einlageverpflichtung des Kommanditisten und die Vertretung der KG gilt. Im übrigen gilt das zur OHG Gesagte entsprechend.

d) Société à responsabilité limitée (GmbH)

Im Gegensatz zum deutschen Recht ist die GmbH nach französischem Recht (S. A. R. L.) nur solchen Gesellschaften vorbehalten, bei denen die Zahl von 50 Gesellschaftern nicht überschritten wird. Ihre Gründung setzt den Abschluß eines Gesellschaftsvertrages durch mindestens 2 Gesellschafter voraus, in dem auch das Gesellschaftskapital — mindestens 20 000 F — bestimmt sein muß. Dieses wird in nichtverbriefter Form aufgebracht, wobei der Mindestnennwert eines Anteils am Gesellschaftskapital 100 F beträgt. Alle Anteile müssen jedoch den gleichen Nennwert aufweisen und sind bei der Gründung voll einzuzahlen. Nach der Zahl der übernommenen Anteile richtet sich der Stimmrechtsumfang der Gesellschafter.

Der Gesellschaftsvertrag muß beim Handelsgericht hinterlegt und auszugsweise in einem amtlichen Blatt bekanntgemacht werden. Zwar haftet grundsätzlich für die Verbindlichkeiten der GmbH auch hier nur das Gesellschaftsvermögen, doch kann im Fall unzureichender Konkursmasse das Handelsgericht (= Konkursgericht) die Begleichung der Schulden ganz oder teilweise sowohl den Geschäftsführern als auch allen jenen (Gesellschaftern und Dritten) auferlegen, die als faktische Mitgeschäftsführer oder infolge ihres Anteilsbesitzes als die eigentlichen Verantwortlichen angesehen werden müssen. Eine Haftungsfreistellung dieser Personen erfolgt nur, wenn sie nachweisen können, daß sie die Geschäfte mit der Sorgfalt eines besoldeten Wahrers fremder Interessen geführt haben.

Zu der somit recht risikoreichen Tätigkeit als Geschäftsführer sind auch nach französischem Recht in erster Linie die Gesellschafter berufen, jedoch können auch Dritte mit dieser Aufgabe betraut werden. Der (die) Geschäftsführer vertritt (vertreten) die Gesellschaft nach außen in sämtlichen in den Rahmen des Gegenstandes der Gesellschaft fallenden Angelegenheiten. Soweit mehrere Geschäftsführer vorhanden sind, kann grundsätzlich jeder allein im Namen der Gesellschaft handeln (Einzelvertretungsmacht). Beschränkungen in der Vertretungsmacht sind, wie nach deutschem GmbH-Recht, nur mit Innenwirkung möglich.

Eine jährliche Gesellschafterversammlung ist für alle S. A. R. L., unabhängig von der Gesellschafterzahl, erforderlich, während die Bildung eines Aufsichtsrates jetzt nicht mehr zwingend ist. Jedoch sind diejenigen S. A. R. L., deren Stammkapital 300 000 F übersteigt, zur Bestellung eines Rechnungsprüfers (commissaire aux comptes) verpflichtet. Diese werden durch die Gesellschafter gewählt und üben durch ständige Buch- und Abschlußprüfung weitgehende Kontrollfunktionen aus. Sie müssen darüber hinaus an jeder Gesellschafterversammlung sowie an solchen Geschäftsführerberatungen teilnehmen, die die Feststellung des Jahresabschlusses zum Gegenstand haben. Ein unmittelbarer Eingriff in die Geschäftsführung ist ihnen jedoch verwehrt.

Um den Bestand der Gesellschaft zu gewährleisten, sieht das französische Recht eine gesetzliche Rücklage in Höhe von 10 % des Stammkapitals vor. Bis zu dieser Höhe sind jährlich 5 % des Reingewinns der Rücklage zuzuführen. Im übrigen beschließt die Gesellschafterversammlung über Höhe und Weise des zu verteilenden Gewinns.

Auflösungsgründe sind nach der gesetzlichen Regelung insbesondere die Überschreitung der höchstzulässigen Gesellschafterzahl (50 Gesellschafter), die Unterschreitung des Mindeststammkapitals (20 000 F) sowie ein Verlust in Höhe von $^3/_4$ des Stammkapitals oder mehr. Die Vereinigung sämtlicher Anteile in einer Hand hat zwar nicht die Auflösung von Rechts wegen zur Folge, jedoch kann bei einer Einmann-GmbH jeder daran Interessierte auf Auflösung der Gesellschaft klagen, soweit sie in dieser Form mehr als ein Jahr besteht.

e) Société anonyme (AG)

Wie die deutsche AG so ist auch die Société anonyme (SA) eine Gesellschaft, bei der für Gesellschaftsschulden nur das Gesellschaftsvermögen haftet und bei der die Rechte der Gesellschafter in Wertpapieren (Aktien) verkörpert sind, die an der Börse gehandelt werden können. Ebenfalls läßt das französische Recht für eine den gesellschaftsindividuellen Wünschen entsprechende Regelung nur wenig Raum.

Zu ihrer Gründung bedarf die SA sieben Gründer, auch ist das Gründungsverfahren im wesentlichen in gleicher Weise geregelt wie in Deutschland. Eine sogenannte Gründungsprüfung durch einen gerichtlich bestellten Prüfer findet jedoch nur dann statt, wenn Aktien gegen Sacheinlagen ausgegeben werden und ein oder mehrere Gründer die Prüfung beantragen.

Das Mindestgrundkapital der SA beträgt, soweit ihre Aktien an der Börse gehandelt werden 500 000 F, im übrigen 100 000 F. Auch das französische Recht sieht vor, daß bei Bareinlagen auf Aktien Einzahlungen im Gründungszeitpunkt nur zu einem Viertel erfolgt sein müssen; allerdings muß der Restbetrag innerhalb der auf die Gründung folgenden 5 Jahre eingefordert werden. Sacheinlagen müssen hingegen bei Ausgabe der Aktien voll erbracht sein. Grundsätzlich gilt auch hier, daß Aktien nicht unter pari ausgegeben werden dürfen und bis zur Leistung der vollen Einlage Namensaktien sein müssen. Ebenso erlaubt das französische Recht die Begebung verschiedener Aktiengattungen, doch ist hier nicht nur die Ausgabe von Mehrstimmrechts- sondern auch von Vorzugsaktien ohne Stimmrecht untersagt. Demgegenüber kann die Satzung bestimmen, daß voll eingezahlte Namensaktien, die seit mindestens zwei Jahren auf den Namen desselben Aktionärs im Aktienbuch eingetragen sind, ein doppeltes Stimmrecht gewähren. Die Satzung kann weiterhin solchen Aktionären, die französische Staatsbürger oder Staatsbürger eines anderen EWG-Mitgliedstaates sind, ein doppeltes Stimmrecht gewähren.

Durch das Gesetz vom 24. 7. 1966 haben die französischen AG die Möglichkeit, die Geschäftsführung entweder nach der herkömmlichen Form zu gestalten oder eine neue Form zu wählen, die sich an das deutsche Vorbild (Vorstand und AR) anlehnt. Im ersten Fall bilden conseil d'administration (Verwaltungsrat) und président-directeur général die Geschäftsführung.

Der c o n s e i l d ' a d m i n i s t r a t i o n besteht aus mindestens 3, höchstens 12 Aktionären, die von der a s s e m b l é e g é n é r a l e (HV) in den Verwaltungsrat gewählt werden. Sie müssen zum Zweck der Befriedigung etwaiger Regreßansprüche über eine satzungsmäßig bestimmte Zahl von während ihrer Amtszeit nicht übertragbaren Namensaktien verfügen. Im wesentlichen obliegt diesem Gremium die allgemeine Verwaltung der Gesellschaft nach Maßgabe der Satzung und die Wahl eines Präsidenten aus den eigenen Reihen, der kraft seines Amtes zugleich Generaldirektor (p r é s i d e n t - d i r e c t e u r g é n é r a l) ist und dem die eigenverantwortliche Leitung der laufenden Geschäftsführung und die Vertretung der Gesellschaft sowie der Vorsitz in den Verwaltungsratssitzungen übertragen ist. Seine Geschäftsführungsbefugnisse werden durch die Satzung und den Verwaltungsrat bestimmt.

Dem Generaldirektor kann ein (höchstens zwei) beigeordneter Direktor (directeur général) zur Seite stehen, der auf Vorschlag des Generaldirektors vom Verwaltungsrat ernannt wird, aber nicht Verwaltungsratsmitglied zu sein braucht.

Wird diese herkömmliche Form nicht gewählt, so bilden d i r e c t o i r e (Vorstand) und c o n s e i l d e s u r v e i l l a n c e (AR) die Verwaltungsorgane der SA. Nur bei kleineren SA darf der Vorstand aus einer Person bestehen, während ihm sonst mindestens zwei (höchstens fünf) Personen angehören müssen, die nicht Aktionäre zu sein brauchen. Ihre Abberufung fällt in den Zuständigkeitsbereich der HV.

Abweichend vom deutschen Recht muß auch ein Vorstandsvorsitzer ernannt werden, der kraft Gesetzes die Gesellschaft gegenüber Dritten vertritt, soweit die Satzung nichts anderes bestimmt. Hingegen müssen die (drei bis maximal zwölf) AR-Mitglieder Aktionäre sein, auch gilt für sie, daß sie „Garantieaktien" besitzen müssen. Im wesentlichen entsprechen dabei die dem AR obliegenden Pflichten und Rechte den deutschen Gegebenheiten.

Oberstes Organ bei der SA ist die **assemblée générale**. Ihrer Beschlußfassung unterliegen im wesentlichen: Die Prüfung und Genehmigung des Jahresabschlusses, die Gewinnverwendung, die Ernennung und Abberufung von Verwaltungsratsmitgliedern und Abschlußprüfern, die Ermächtigung des Verwaltungsrats zur Vornahme von Geschäften, die seine gewöhnlichen Befugnisse überschreiten, sowie Satzungsänderungen. Wird die Geschäftsführung nach der neueren Form organisiert, so fallen Ernennung und Abberufung von Vorstandsmitgliedern in den Kompetenzbereich der assemblée générale, während für die Ernennung von Vorstandsmitgliedern allein der Aufsichtsrat zuständig ist.

Jedoch darf im Gegensatz zum deutschen Aktienrecht die Ausübung des Stimmrechts stets nur durch einen Aktionär und nicht durch Dritte erfolgen. Die Bildung einer gesetzlichen Rücklage, der jährlich 5 % des Reingewinns zuzuführen sind, bis sie 10 % des Gesellschaftskapitals erreicht, sieht auch das französische Aktiengesetz vor.

f) Société en commandite par actions (KGaA)

Wie in der BRD, so ist auch in Frankreich diese Gesellschaftsform nicht sehr häufig vertreten. Auf sie finden subsidiär die Bestimmungen für die Aktiengesellschaft und die Kommanditgesellschaft Anwendung. In ihrer Struktur weist sie aber nicht nur gegenüber der SA, sondern auch zur deutschen KGaA Unterschiede auf, weil nach französischem Recht zur Gründung der KGaA mindestens ein Komplementär und drei Kommanditaktionäre erforderlich sind, deren Haftung ähnlich wie im deutschen Recht geregelt ist.

Die Geschäftsführung wird von den phG oder Dritten wahrgenommen, jedoch sind Kommanditaktionäre davon stets ausgeschlossen. Entscheidungen der Kommanditaktionäre, die diese im Rahmen ihrer Zuständigkeit in der HV treffen, binden die Komplementäre nur insoweit, als diese zustimmen.

g) Société cooperative (Genossenschaft)

Im Gegensatz zum deutschen Recht stellt die société cooperative keine besondere Rechtsform, sondern eine Gesellschaft dar, die durch ihre Zielsetzung und ein spezifisches Beziehungsverhältnis zwischen Gesellschaftern und Gesellschaft ausgezeichnet ist.

Ihr Ziel ist die unmittelbare Förderung der Genossen bei grundsätzlichem Verzicht der Gesellschaft auf Gewinnerzielung. Das besondere Beziehungsverhältnis zwischen Gesellschaftern und Gesellschaft ergibt sich aus dem Umstand, daß jeder Gesellschafter in einer Person Empfänger gesellschaftlicher Leistungen ist und Leistungen an diese erbringt. Für diese Gesellschaft kann jede der vorstehend genannten Gesellschaftsformen gewählt werden, wenn auch der größte Teil als SA organisiert ist.

Hinsichtlich der Regelung der Haftung, Vertretungsbefugnisse usw. müssen jedoch die Genossen nicht nur die für die gewählte Rechtsform geltenden gesetzlichen Bestimmungen beachten, sondern auch die Vorschriften der generell für alle Genossenschaftsarten geltenden Mustersatzung sowie die der artindividuellen Satzung.

h) Association en participation (Stille Gesellschaft)

Als reine Innengesellschaft hat sie keine eigene Rechtspersönlichkeit. Sie entsteht durch Abschluß eines Gesellschaftsvertrages, in dem sich die Gesellschafter verpflichten, durch Einlagen den gemeinsamen Zweck zu fördern. Im Außenverhältnis kann die Vertretungsmacht des geschäftsführenden Gesellschafters nicht beschränkt werden. An der Willensbildung der Gesellschaft ist der stille Gesellschafter nach Maßgabe des Gesellschaftsvertrags beteiligt. Im übrigen gelten entsprechende Regelungen wie für die stille Gesellschaft nach deutschem Recht.

2. Unternehmungsformen in Italien

a) Allgemeines

Die grundsätzlichen Bestimmungen über die in Italien zulässigen Gesellschaftsformen

- **società semplice** (BGB-Gesellschaft)
- **società in nome collettivo** (OHG)
- **società in accomandita semplice** (KG)
- **società a responsabilità limitata** (GmbH)
- **società per azioni** (AG)
- **società in accomandita per azioni** (KGaA)
- **società cooperativa** (Genossenschaft)
- **società di mutua assicurazione** (VVaG)
- **associazione in partecipazione** (stille Gesellschaft)

sind im **Codice Civile** (Bürgerliches Gesetzbuch) enthalten.

Da die società semplice nur solchen Personenvereinigungen vorbehalten ist, die keine handelsgewerbliche Tätigkeit ausüben, soll deren nähere Betrachtung hier unterbleiben, zumal sich ihre Verfassung von jener der deutschen BGB-Gesellschaft kaum wesentlich unterscheidet.

b) Società in nome collettivo (OHG)

Bei dieser Gesellschaftsform haften alle Gesellschafter unabdingbar gesamtschuldnerisch und unbeschränkt für die Gesellschaftsverbindlichkeiten, jedoch erst, nachdem ergebnislos in das Gesellschaftsvermögen vollstreckt wurde. Zu ihrer Gründung sind mindestens zwei Gesellschafter erforderlich. Zur Geschäftsführung und Vertretung der Gesellschaft sind die im Gesellschaftsvertrag benannten Gesellschafter befugt und verpflichtet, wobei das Überwachungsrecht allen von der Geschäftsführung ausgeschlossenen Gesellschaftern zusteht. Ein Mindesteigenkapital ist nicht vorgeschrieben.

Da die Haftung der Gesellschafter jedoch nur eine subsidiäre ist, besteht ein unmittelbares Interesse der Gläubiger an der Erhaltung der im Gesellschaftsvertrag bestimmten Kapitalbeiträge der Gesellschafter, die in Bar- oder Sachform — nach bestrittener Auffassung auch in Form von Dienstleistungen — erfolgen können. Die Rückgewähr von geleisteten Einlagen sowie der Erlaß noch ausstehender Einlagen bedarf deshalb nicht nur eines Gesellschafterbeschlusses und dessen Eintragung im Handelsregister, sondern darf auch erst drei Monate nach der Eintragung vollzogen werden.

Die Gewinn- und Verlustverteilung können hingegen die Gesellschafter nach eigenem Ermessen bestimmen, soweit sie von der gesetzlichen Regelung, die eine Verteilung nach Maßgabe der Einlagen vorsieht, Abstand nehmen wollen.

c) Società in accomandita semplice (KG)

Wie die deutsche KG, so weist auch die società in accomandita semplice mindestens zwei Gesellschafter unterschiedlichen Typs auf, nämlich den Komplementär und Kommanditisten. Ihre gesamte Verfassung sowie die Haftungsregeln, auch die subsidiäre Geltung des Rechts der società in nome collettivo, gleichen im wesentlichen den deutschen Rechtsverhältnissen, so daß auf die Darlegungen zur deutschen KG verwiesen werden kann.

d) Società a responsabilità limitata (GmbH)

Auch nach italienischem Recht ist diese Gesellschaft juristische Person, für deren Verbindlichkeiten nur das Gesellschaftsvermögen haftet. Bei Zahlungsunfähigkeit einer Einmann-GmbH haftet jedoch deren Alleingesellschafter unbeschränkt.

Im wesentlichen unterscheidet sie sich von der AG italienischen Rechts nur dadurch, daß die Gesellschaftsanteile nicht in Wertpapieren verbrieft sind und das Gesellschaftskapital nur 50 000 Lire betragen muß. Die Stammeinlage eines Gesellschafters darf dabei eintausend Lire nicht unterschreiten. Sieht der Gesellschaftsvertrag nichts anderes vor, so sind die Geschäftsanteile veräußerlich, vererblich und teilbar.

Nach dem Gesellschaftsvertrag bestimmt sich auch, welche der Gesellschafter die Geschäftsführung und Vertretung wahrzunehmen haben. Befugnisse und Beschränkungen der Geschäftsführer bestimmen sich dabei nach den für AG geltenden Bestimmungen. Auch auf den Aufsichtsrat finden die aktienrechtlichen Normen Anwendung, soweit ein solcher gebildet werden muß, was stets dann der Fall ist, wenn das Stammkapital der Gesellschaft mehr als eine Million Lire beträgt.

Oberstes Willensorgan ist auch hier die Gesellschafterversammlung, deren Zuständigkeitsbereich mit dem der Aktionärsversammlung übereinstimmt. Soweit die Geschäftsanteile wertmäßig differieren, gewähren je tausend Lire eine Stimme. Die Gewinn- und Verlustverteilung kann unternehmensindividuell beschlossen werden, wobei eine Verpflichtung, Gewinne zur Bildung einer gesetzlichen Rücklage zu verwenden, nicht besteht.

e) Società per azioni (AG)

Die AG des italienischen Rechts besitzt eigene Rechtspersönlichkeit, die sie mit der Eintragung ins Handelsregister erlangt. Für Verbindlichkeiten der Gesellschaft haftet nur das Gesellschaftsvermögen, jedoch besteht davon eine Ausnahme bei der Einmann-AG, um die Ausnützung dieser Rechtsform zur Umgehung der persönlichen Haftung des Alleinunternehmers zu verhindern.

Um die Eintragung der Gesellschaft im HR herbeiführen zu können, bedarf es der Einreichung des öffentlich beurkundeten Gesellschaftsvertrags, der im wesentlichen die gleichen Pflichtangaben wie die nach deutschem Recht erforderliche AG-Satzung enthalten muß. Im Gesellschaftsvertrag ist dabei auch das gezeichnete Grundkapital anzugeben, das mindestens eine Million Lire betragen muß. Dieses Grundkapital kann aber im Gegensatz zur deutschen AG schon von zwei Gesellschaftern aufgebracht werden.

Während Bareinlagen mindestens zu 30 % bei Gründung geleistet sein müssen, ist das bei Sacheinlagen nicht erforderlich. Der Wert der Sacheinlagen muß jedoch durch einen vom Landgericht bestellten Sachverständigen ermittelt werden, um eine unzulässige Unter-pari-Emission zu verhindern. Dieses Schätzungsergebnis muß dem Gesellschaftsvertrag beigefügt werden. Solange die Einzahlungsverpflichtungen noch nicht voll erfüllt sind, müssen die Aktien auf den Namen lauten. Grundsätzlich können die Aktien dabei unterschiedliche Rechte beinhalten (Vorzugsaktien), doch ist die Ausgabe von Mehrstimmrechtsaktien auch hier unzulässig. Einen Mindestwert des Aktiennennbetrages sieht das Gesetz nicht vor.

Der Erwerb eigener Aktien ist — abgesehen von einer Kapitalherabsetzung — Beschränkungen unterworfen. Danach ist ein Erwerb eigener Aktien nur dann zulässig, wenn die Hauptversammlung die Unternehmensleitung dazu ermächtigt hat, die Aktien voll eingezahlt sind und ihr Erwerb aus ordnungsmäßig festgestelltem Bilanzgewinn erfolgt. Um Doppel- und weitere Mehrfachgründungen mit lediglich einem realen Grundkapitalstock zu verhindern, gilt das Verbot des Erwerbs von Aktien einer beherrschten oder herrschenden Gesellschaft und das der wechselseitigen Aktienzeichnung.

Im übrigen trägt die Verpflichtung, jährlich 5 % des Reingewinns einer gesetzlichen Rücklage zuzuführen, bis diese 20 % des Grundkapitals erreicht, den Gläubigerinteressen Rechnung.

Zwingend muß die AG italienischen Rechts folgende Gesellschaftsorgane haben: assemblea (Hauptversammlung), collegio sindacale (Aufsichtsrat) und amministratori (Vorstand). Kompetenzbereich, Einberufung und Ablauf der assemblea unterscheiden sich nur unwesentlich von den deutschen Verhältnissen.

Dem Aufsichtsrat obliegt die Überwachung der Geschäftsführung der Gesellschaft. Er setzt sich aus drei oder fünf ordentlichen Mitgliedern zusammen, die keine Aktionäre zu sein brauchen. Ferner sind zwei Stellvertreter zu ernennen. Beträgt das Grundkapital fünfzig Millionen Lire oder mehr, so müssen dem AR je nach Mitgliederzahl (drei oder fünf) ein oder zwei öffentlich bestellte Wirtschaftsprüfer angehören.

Die Geschäftsführung der Gesellschaft hat der Vorstand wahrzunehmen, dessen Mitgliederzahl sich nach den Bestimmungen des Gesellschaftsvertrags richtet und der sich ganz oder teilweise auch aus Nichtgesellschaftern zusammensetzen kann. Jedoch ist eine Besonderheit des italienischen Rechts darin zu erblicken, daß der Vorstand nicht wie nach dem deutschem Recht vom AR, sondern von der HV (assemblea) ernannt wird und die Vorstandsmitglieder binnen 30 Tagen nach ihrer Bestellung Sicherheit leisten müssen. Dies geschieht durch Hinterlegung von Namensaktien der Gesellschaft bzw. staatlichen oder staatlich garantierten Namenspapieren in Höhe von mindestens einem Fünfzigstel des Grundkapitals, wobei im Gesellschaftsvertrag der Höchstbetrag jedoch auf 200 000 Lire festgesetzt sein kann.

Die Vorstandsmitglieder können je nach gesellschaftsvertraglicher Bestimmung zur Einzel- oder Gemeinschaftsvertretung berechtigt und verpflichtet sein. Ihre Vertretungsbefugnis erstreckt sich auf alle Rechtsgeschäfte, die sich im Rahmen des Gesellschaftszwecks halten. Beschränkungen in der Vertretungsbefugnis können Dritten gegenüber nur dann geltend gemacht werden, wenn sie in das HR eingetragen oder diesen nachweislich bekannt waren.

f) Società in accomandita per azioni (KGaA)

Sie ist wie nach deutschem Recht juristische Person und erlangt die Rechtsfähigkeit mit ihrer Eintragung im HR. Auch die KGaA italienischen Rechts zeichnet sich dadurch aus, daß sie zwei Arten von Gesellschaftern aufweist, nämlich Komplementäre (soci accomandatari) und Kommanditaktionäre (soci accomandanti).

Zwar haften auch hier die Komplementäre persönlich unbeschränkt und gesamtschuldnerisch, aber doch nur subsidiär. Das bedeutet, daß die Gläubiger der Gesellschaft die Komplementäre erst dann in Anspruch nehmen können, wenn ergebnislos in das Gesellschaftsvermögen vollstreckt worden ist.

Wie die AG weist sie drei Organe auf, nämlich Hauptversammlung, AR und Vorstand. Die Komplementäre bilden dabei kraft Gesetzes den Vorstand der KGaA. Sicherheit brauchen sie jedoch wegen ihrer unbeschränkten Haftung im Gegensatz zu den Vorstandsmitgliedern der AG nicht zu leisten. Im übrigen gelten für die KGaA die Regelungen für die AG entsprechend.

g) Società cooperativa (Genossenschaft)

Die società cooperativa ist eine Gesellschaftsform, die solchen Gesellschaften vorbehalten ist, die die unmittelbare Förderung ihrer Gesellschafter durch Zurverfügungstellung von Einrichtungen und Leistungen des gemeinsamen Geschäftsbetriebs anstreben. Da dieser Zweck nicht ohne Kapitaleinsatz erreicht werden kann, dessen Verzinsung in angemessenem Rahmen auch nach dem genossenschaftlichen Prinzip vertretbar erscheint, verbietet es das italienische Recht diesen Gesellschaften nicht, Gewinne zu erzielen, verlangt aber, diese genossenschaftlichen Zwecken zuzuführen, soweit sie nicht zur Dotierung der gesetzlichen oder satzungsmäßigen Rücklage oder zur Kapitalverzinsung benötigt werden.

Die Zahl der erforderlichen Gründungsmitglieder differiert je nach Genossenschaftsart. Sie beträgt für Konsumgenossenschaften fünfzig, für Werk- und Produktionsgenossenschaften fünfundzwanzig und für alle anderen neun. Die Kapitalbeteiligungsquote ist dabei für natürliche Personen auf generell 250 000 Lire begrenzt.

Das Kapitalrisiko des einzelnen Genossen wird nicht nur durch die Höhe seiner Kapitalbeteiligungsquote bestimmt, sondern darüber hinaus auch durch die für die Genossenschaft gewählte Haftungsart. So kennt das italienische Recht Genossenschaften, bei denen nur das Genossenschaftsvermögen für die Verbindlichkeiten der Genossenschaft haftet (Genossenschaft ohne Haftpflicht), sowie solche mit beschränkter und unbeschränkter Haftpflicht. Letztere weisen keine Unterschiede zu den in der BRD allein zugelassenen Haftungsarten auf.

Da es kein fixes Nennkapital gibt, kommt der Bildung einer gesetzlichen Rücklage als fixem Haftungsstock große Bedeutung zu. Der italienische Gesetzgeber verlangt aus diesem Grunde, daß 20 % des jährlichen Reingewinns der gesetzlichen Rücklage zugeführt werden müssen, bis die Genossenschaft liquidiert wird.

Die Verfassung der società cooperativa gleicht weitgehend der deutschen Genossenschaft. Auch hier müssen die Vorstandsmitglieder Genossen oder Vertreter von juristischen Personen sein, die Genossen sind. Wie nach deutschem Recht, so hat auch hier jeder Genosse in der Mitgliederversammlung, unabhängig von seiner Kapitalbeteiligungsquote, nur e i n e Stimme, doch können juristischen Personen bis zu f ü n f Stimmen zugesprochen werden. Das Stimmrecht kann jedoch erst ausgeübt werden, wenn das Mitglied mindestens drei Monate im Mitgliederbuch eingetragen ist.

h) Società di mutua assicurazione (VVaG)

Diese Rechtsform ist wie nach deutschem Recht solchen Personenverbänden vorbehalten, die das Versicherungsgewerbe nach dem Gegenseitigkeitsprinzip betreiben wollen. Die für diese Gesellschaftsform geltenden Bestimmungen unterscheiden sich nicht wesentlich von den deutschen. Als Besonderheit ist anmerkenswert, daß neben den versicherten Mitgliedern auch Gesellschafter zugelassen sind, die nur Einlagen zur Bildung eines Garantiefonds tätigen, ohne versichert zu sein. Um die daraus entstehenden Gefahren einer Gewinnorientierung des Vereins abzuwenden, bestimmt das Gesetz, daß jede dieser Personen nicht mehr als fünf Stimmen haben darf und daß sie zusammen weniger Stimmen haben müssen als die versicherten Mitglieder. Hinzu kommt, daß auch die Vorstandsmitglieder in Mehrheit versicherte Mitglieder sein müssen.

j) Associazione in partecipazione (Stille Gesellschaft)

Im Codice Civile wird die stille Gesellschaft als ein Vertrag definiert, durch den „der Unternehmer dem stillen Gesellschafter einen Anteil am Gewinn seines Unternehmens oder eines oder mehrerer Geschäfte gegen einen bestimmten Beitrag gewährt". Dieser Beitrag kann in einer Bar- oder Sacheinlage, aber auch im Einbringen der persönlichen Arbeitskraft bestehen. Eine Verlustbeteiligung ist wie nach deutschem Recht für das Bestehen einer stillen Gesellschaft nicht erforderlich, doch muß auch hier diese ausdrücklich ausgeschlossen werden. Soweit das nicht der Fall ist, gelten die gleichen Grundsätze für die Verlustbeteiligung des stillen Gesellschafters wie im deutschen Recht, was im übrigen auch für seine sonstigen Pflichten und Rechte gilt.

3. Unternehmungsformen in den USA

a) Allgemeines

In den USA gibt es kein für alle Bundesstaaten geltendes Gesellschaftsrecht, vielmehr fällt der Erlaß gesellschaftsrechtlicher Bestimmungen in den Kompetenzbereich der Bundesstaaten. Eine gewisse Einheitlichkeit der bundesstaatlichen Gesetzgebung im Bereich des Gesellschaftsrechts ist jedoch durch sogenannte „Uniform Laws" herbeigeführt worden, die von der Mehrzahl der Staaten angenommen wurden.

Zu nennen sind hier der Uniform Partnership Act, Uniform Limited Partnership Act und der Uniform Stock Transfer Act. Die nachfolgende Übersicht über die Unternehmensformen knüpft vor allem an die Bestimmungen in diesen „**Uniform Laws**" sowie an die bundesstaatlichen **General Corporation Laws** an.

Neben der Einzelunternehmung haben in den USA vor allem die sogenannten **partnerships** und **corporations** Bedeutung erlangt, wobei erstere den deutschen Personengesellschaften des Handelsrechts, letztere mit der typischen Kapitalgesellschaft (AG) vergleichbar sind. Jedoch ist die corporation als Rechtsform in den USA ungleich häufiger anzutreffen als in der BRD die AG.

b) Partnership (OHG)

Die „partnership" entspricht in etwa der OHG und kann auch nach amerikanischem Recht in hohem Maße den individuellen Vorstellungen der Gesellschafter entsprechend gestaltet werden.

Der Uniform Partnership Act definiert die partnership als eine Vereinigung von zwei oder mehr Personen, die Träger eines auf Gewinnerzielung ausgerichteten und auf gewisse Dauer angelegten Unternehmens sind.

Die Gesellschaft selbst ist keine juristische Person, hat aber eigenes Vermögen. Gesellschafter kann nach der Rechtsprechung der meisten US-Gerichte nur eine natürliche, nicht aber eine juristische Person sein. Ihre Gründung ist keinen besonderen Formvorschriften unterworfen, so daß im Zweifel die Gerichte über die Existenz einer solchen Gesellschaft entscheiden müssen.

Die Rechte und Pflichten der Gesellschafter im Verhältnis zueinander bestimmen sich nach den gesellschaftsvertraglichen Bestimmungen. Mangels abweichender Regelungen im Gesellschaftsvertrag ist jeder Gesellschafter zur Geschäftsführung und Vertretung der Gesellschaft berechtigt und verpflichtet. Die Vertretungsbefugnis erstreckt sich dabei auf alle Rechtsgeschäfte, die der Unternehmenszweck mit sich bringt. Beschlüsse, die die Interessen der Gesellschafter entscheidend berühren (Änderungen des Unternehmenszwecks, der Gewinnverteilung usw.) können auch nach amerikanischem Recht nur einstimmig gefaßt werden. Bedeutsame Abweichungen gegenüber dem deutschen OHG-Recht bestehen auch im übrigen nicht.

c) Limited Partnership (KG)

Große Bedeutung hat diese Gesellschaftsform in den USA nicht erlangen können. Rechtliche Rahmenvorschriften enthält der von 37 Bundesstaaten angenommene Uniform Limited Partnership Act.

Danach liegt eine Limited Partnership vor, wenn ein oder mehrere unbeschränkt haftende(r) Gesellschafter (general partner) und ein oder mehrere beschränkt haftende(r) Gesellschafter (limited partner) ein auf Gewinnerzielung ausgerichtetes Unternehmen betreiben.

Soweit jedoch ein limited partner in die Geschäftsführung eingreift, die dem general partner zusteht, haftet er ebenfalls unbeschränkt für die Gesellschaftsschulden. Die limited partnership ist wie die partnership keine juristische Person und kann sich ebenfalls in jedem Geschäftszweig betätigen, der auch der partnership offensteht.

Für die Gründung gelten hingegen strengere Formvorschriften als bei der partnership. Insbesondere bedarf es der Unterzeichnung und des Beeidens einer beim Kreisregister einzureichenden Urkunde über das Gesellschaftsverhältnis.

Hierin sind der Name der Gesellschaft, der Unternehmensgegenstand, der Sitz der Hauptniederlassung, die Dauer der Gesellschaft und deren Kapitalausstattung, die Einlagen der beschränkt haftenden Gesellschafter sowie die Rechte und Pflichten der Gesellschafter im Verhältnis zueinander anzugeben. Im übrigen gelten für die limited partnership die gleichen Regelungen wie für die partnership.

d) Corporation (AG)

Der Begriff „corporation" beinhaltet zum einen sowohl rechtsfähige Körperschaften des öffentlichen (public corporations) als auch solche des privaten Rechts (private corporations), zum anderen die „stock corporation", die in etwa der deutschen AG entspricht.

Diese stock corporation bzw. corporation bedarf zu ihrer Entstehung der Zulassung durch jenen Bundesstaat, in dem sie ihren Sitz nimmt. Die abweichenden Bestimmungen in den einzelnen Bundesstaaten machen es dabei erforderlich, genaue Informationen über die zwingenden Vorschriften einzuholen und diese miteinander zu vergleichen, um den für die Gesellschaft günstigsten Standort zu finden.

In den meisten Bundesstaaten entsteht die corporation als selbständiges Rechtssubjekt, sobald die Satzung (articles of incorporation) bei der zuständigen Behörde — gewöhnlich das Innenministerium (Secretary of State) — vorgelegt und den Gründern (mindestens 3 bis 5, je nach Bundesstaat) eine Bescheinigung über die Eintragung ausgehändigt wurde (certificate of incorporation). Um jedoch auch in einem anderen Bundesstaat als dem Gründungsstaat tätig werden zu können („foreign corporation"), braucht die corporation auch die Zulassungserlaubnis jenes Staates.

Der für die Gründung erforderliche Mindestinhalt der Satzung entspricht im wesentlichen den deutschen Erfordernissen, jedoch ist die Einzahlung eines bestimmten Teils des Grundkapitals nicht nötig. Die Aufbringung des Eigenkapitals erfolgt durch Ausgabe von Aktien (shares), die regelmäßig auf den Namen lauten. Dabei ist im Gegensatz zum deutschen Recht kein Mindestnennbetrag vorgeschrieben, auch die Emission nennwertloser Aktien (no-par shares) ist zulässig. Ebenso können stimmrechtlose Stammaktien (nonvoting common shares) und Vorzugsaktien (preferred shares) ausgegeben werden, deren Ausgestaltung in der Satzung geregelt sein muß.

Da die corporation kein gesetzlich fixiertes Mindestgrundkapital kennt, die Eigenkapitalaufbringung also nach Maßgabe der unternehmensindividuellen Erfordernisse erfolgen kann, bedarf es auch einer satzungsmäßigen Bestimmung, wieviel Aktien insgesamt ausgegeben werden dürfen („authorized capital").

Soweit Nennwertaktien emittiert werden, können diese, im Gegensatz zu den deutschen Bestimmungen, nach dem Recht der meisten Staaten auch unter pari begeben werden, wenn sie anders nicht unterzubringen sind und der verlangte Kaufpreis ihrem inneren Wert entspricht.

Die auf das Grundkapital (capital stock) geleistete Beteiligung wird in einer Urkunde verbrieft (stock certificate), die in aller Regel auf den Namen einer Person lautet und die durch Übergabe und Indossament bzw. Abtretungsvertrag übertragen wird. Gegenüber der Gesellschaft erlangt jedoch der Erwerber erst mit der Eintragung im Aktienbuch die aus der Urkunde fließenden Vermögens- und Verwaltungsrechte. Dabei stellt die Gesellschaft im Gegensatz zur deutschen Regelung bei jeder Umschreibung eine neue Aktienurkunde aus.

Da nach amerikanischem Recht die corporation die Ordnungsmäßigkeit der Indossamentenkette sowie die Verfügungsberechtigung des Veräußerers zu prüfen hat und u. U. dafür haftet, hat sich für die Aktienübertragung in der Praxis die Regelung durchgesetzt, daß das Zertifikat von einer weiteren Person, welche der Gesellschaft bekannt ist, als Garant auf der Rückseite unterzeichnet wird. Als Garanten treten dabei regelmäßig Banken und Broker auf. Der Ausschluß der Übertragbarkeit der Zertifikate ist unzulässig, jedoch können angemessene Übertragungsbeschränkungen in der Satzung vorgesehen werden (z. B. Vorkaufsrecht der anderen Aktionäre).

Auch für die corporation gelten Bestimmungen, die dem Interesse der Gläubiger an der Erhaltung des haftenden Grundkapitals Rechnung tragen. Zu nennen sind hier vor allem das Verbot der Kapitalrückzahlung sowie die in einzelnen Staaten anzutreffende Bestimmung, daß Dividenden nur aus dem erwirtschafteten Reingewinn, nicht aber aus Agiobeträgen oder Zuschreibungen gezahlt werden dürfen.

Im Gegensatz zur deutschen AG hat die corporation nur zwei Organe, nämlich die **Aktionärsversammlung** und den **board of directors**. Der Kompetenzbereich der **Aktionärsversammlung** ist im wesentlichen der gleiche wie bei der deutschen AG. Die Ausübung des Stimmrechts in der Aktionärsversammlung durch Dritte ist allgemein zulässig. Im Gegensatz zum deutschen Recht ist aber in verschiedenen Bundesstaaten die Ausgabe von Mehrstimmrechtsaktien zugelassen.

Dem **board of directors** ist nach amerikanischem Recht die eigenverantwortliche Verwaltung der Gesellschaft übertragen, ohne daß er jedoch das Recht hat, die gesellschaftlichen Grundlagen (Unternehmenszweck usw.) zu verändern. Darüber hinaus obliegt ihm die faire und gewissenhafte Festsetzung von Dividenden sowie die Pflicht, die laufende Geschäftsführung zu überwachen. Die Mitglieder des board of directors — regelmäßig mehr als drei — werden von der Aktionärsversammlung gewählt, wobei in manchen Staaten die Mitglieder des board Aktionäre sein müssen.

Zur laufenden Geschäftsführung und zur Durchführung der gefaßten Beschlüsse bestellt der board of directors — zuweilen auch die Aktionärsversammlung — sog. **officers**.

Zu ihnen gehören der **president** (Präsident), der vice-president (Vizepräsident), der secretary (Schriftführer) und der treasurer (Schatzmeister), wobei der Präsident nach einigen Bundesgesetzen board-Mitglied sein muß. Die Befugnisse und Pflichten der officers richten sich nach der Satzung und den Anweisungen des board. So kann der board den Präsidenten zur rechtsgeschäftlichen Vertretung der Gesellschaft ermächtigen. Der bzw. die Vizepräsidenten haben hingegen keine Vertretungsmacht kraft dieses Amtes.

Dem **Schriftführer** obliegt die Aufgabe, die Protokolle über die Sitzungen des board und der Aktionärsversammlung aufzubewahren, das Gesellschaftssiegel zu verwalten und die Geschäftspapiere zu stempeln.

Dem **Schatzmeister** obliegt regelmäßig die Abwicklung des gesamten Zahlungsverkehrs, jedoch ist er nicht berechtigt, Darlehen aufzunehmen oder Wechselverbindlichkeiten einzugehen.

Die Institution des Prokuristen gibt es in den USA nicht.

Im übrigen weichen die bundesstaatlichen Vorschriften für die corporation nur unbedeutend von den aktienrechtlichen Bestimmungen der BRD ab. Das gilt auch für die Auflösung und Abwicklung der corporation. Soweit jedoch auf Gewinnerzielung ausgerichtete corporations im öffentlichen Interesse errichtet werden (Eisenbahnen, Banken, Versicherungen, Wohnungsbaugesellschaften usw.), unterliegen sie besonderen Vorschriften, die verschärfte Anforderungen an die Errichtung solcher Körperschaften stellen.

e) Business Trust

Der business trust oder Massachusetts trust ist eine nur von einigen Bundesstaaten anerkannte Rechtsform. Sie ist abgeleitet aus dem Treuhandverhältnis des bürgerlichen Rechts (common law trust).

<u>Der business trust ist eine Personenvereinigung, deren Zweck auf das Betreiben eines Unternehmens gerichtet ist und bei der die Gesellschafter für Verbindlichkeiten der Gesellschaft nur beschränkt haften.</u>

Jeder Gesellschafter ist zur Kapitaleinlage verpflichtet und erhält dafür ein Trust-Zertifikat, das das Recht auf Gewinnbeteiligung beinhaltet. Das Eigentum an den Einlagen geht auf den (die) Treuhänder über, dem (denen) die Verwaltung des Vermögens nach Maßgabe des Gesellschaftsvertrages obliegt, wobei der Vertrag auch bestimmt, welche Befugnisse der Treuhänder als Leiter des Unternehmens hat. Der Treuhänder haftet persönlich und unbeschränkt für die von ihm eingegangenen Verbindlichkeiten und zu vertretenden Vertragsverletzungen, doch steht ihm — soweit diese durch die pflichtgemäße Erfüllung seiner Obliegenheiten entstanden sind — ein Ausgleichsanspruch gegenüber dem Trustvermögen zu.

Der business trust zeichnet sich vor allem dadurch aus, daß sein Bestand nicht an das Schicksal der Gesellschafter geknüpft ist und die Gesellschafter nur ein geringes oder kein Recht zur Überwachung der Trustleitung haben. Zuweilen wird der Trust aber von der Rechtsprechung jener Staaten, die seine Zulässigkeit nicht in Frage stellen, in eine partnership mit allen gesellschaftsrechtlichen Konsequenzen umgedeutet.

Literatur zu V.:

Falkenhausen, B. v., Die Kapitalgesellschaft nach dem Recht der Vereinigten Staaten von Amerika, in: Die Aktiengesellschaft 1959, S. 188 ff.

Grégoire, A., Das amerikanische Gesellschaftsrecht, in: Internationale Wirtschaftsbriefe, Fach 8, USA, Gruppe 3, S. 15 ff.

Hefermehl, W., Dabin, L., Bastian, D. u. a., Jura Europae, Band I, München und Berlin o. J.

Henrich, D. und Cereghetti, R. Das italienische Aktienrecht, Frankfurt a. M. und Berlin 1965.

Hüpper, B.-H., Das neue französische GmbH-Recht, in: Außenwirtschaftsdienst des Betriebsberaters 1968, S. 245 ff.

Kronstein, H., Probleme des modernen amerikanischen „Corporations"-Rechts, in: Zeitschrift für ausländisches und internationales Privatrecht 1956, S. 456 ff.

Lusk, H. F., Business Law Homewood, Illinois 1966.

Lutter, M., Kapital, Sicherung der Kapitalaufbringung und Kapitalerhaltung in den Aktien- und GmbH-Rechten der EWG, Karlsruhe 1964.

Lutter, M., Das neue französische Gesellschaftsrecht, in: Neue Juristische Wochenschrift 1967, S. 1153 ff.

Mezger, E., Die GmbH in Frankreich, in: GmbH-Rundschau 1967, S. 177 ff.

Möhring, Ph. und Serick, R. (Hrsg), Handels- und Wirtschaftsrecht der Länder des Gemeinsamen Markts, Frankfurt a. M. und Berlin o. J.

o. V., Ausländische Aktiengesetze, hrsg. von der Gesellschaft für Rechtsvergleichung, Band 4: Französisches Gesellschaftsrecht, Frankfurt a. M. und Berlin 1968.

Rottenburg, F. v., Inhaberaktien und Namensaktien im deutschen und amerikanischen Recht, Berlin 1967.

Tomasi, A., Das neue französische Aktienrecht, in: Außenwirtschaftsdienst des Betriebsberaters 1967, S. 165 ff.

Tomasi, A., Das neue französische Gesellschaftsrecht, in: Außenwirtschaftsdienst des Betriebsberaters 1966, S. 461 ff.

Wiethölter, R., Interessen und Organisation der Aktiengesellschaft im amerikanischen und deutschen Recht, Karlsruhe 1961.

VI. Konzentrationsformen

1. Begriff der Unternehmenskonzentration

Dem Begriff der Unternehmenskonzentration werden in der Wirtschaftspraxis, den Wirtschaftswissenschaften und der Rechtswissenschaft recht unterschiedliche Sachverhalte beigelegt. So wird zuweilen das im Vergleich zu anderen Unternehmen größere Wachstum eines Unternehmens, häufiger jedoch der Zusammenschluß von Unternehmen und ihre Unterstellung unter eine einheitliche Leitung als Unternehmenskonzentration bezeichnet. Schließlich wird die Unternehmenskonzentration auch als ein Zusammenschluß von Unternehmen in irgendeiner — mehr oder minder festen — Form zur Erreichung ökonomischer Ziele definiert.

Das Wesensmerkmal der Unternehmenskonzentration wird nach der hier vertretenen Auffassung in dem Übergang von Dispositionsbefugnissen eines Unternehmens auf ein anderes Unternehmen oder auf eine aus Vertretern mehrerer Unternehmen gebildete gemeinsame Leitungsinstanz gesehen, wobei es gleichgültig ist, ob dieser Übergang von Entscheidungsbefugnissen die Folge kapitalmäßiger Beteiligung ist, auf vertraglichen Abreden beruht oder sich aus personellen Verflechtungen ergibt.

2. Ursachen und Stufen der Unternehmenskonzentration

Unternehmenskonzentrationen verdanken ihre Entstehung mannigfachen Ursachen. In der Mehrzahl der Fälle geben jedoch w i r t s c h a f t l i c h e   M o t i v e den Ausschlag. Zu nennen sind hier vor allem das Streben nach höherer Rentabilität, Minderung des Kapitalrisikos, Sicherung der Bezugsquellen und Absatzstätten, der Wunsch nach Marktbeherrschung, ferner die Ausschaltung des Wettbewerbs zum Zwecke der Erhöhung der Überlebenswahrscheinlichkeit eines Unternehmens sowie die Stärkung des Wettbewerbs durch Auftragsausgleich oder durch gemeinsame Entwicklung neuer Produkte.

Soweit die Konzentration a u ß e r w i r t s c h a f t l i c h e   G r ü n d e hat, ist sie häufig Ausfluß des Strebens nach persönlicher Macht oder Unabhängigkeit.

Inwieweit es letztlich in einer Volkswirtschaft tatsächlich zu Unternehmenskonzentrationen kommt, ist nicht nur vom jeweiligen Wettbewerbsrecht sondern in erheblichem Maße auch von den Besteuerungsfolgen abhängig. Über die nationalen Grenzen hinausreichende Konzentrationen sehen sich ferner vor allem solchen Schwierigkeiten ausgesetzt, die aus dem Fehlen adäquater übernationaler Organisationsformen resultieren.

Je nach der Wirtschaftsstufe, der die an der Konzentration beteiligten Unternehmen angehören, lassen sich horizontale und vertikale Unternehmensverbindungen unterscheiden.

Eine horizontale Unternehmenskonzentration liegt dann vor, wenn Unternehmen der gleichen Wirtschaftsstufe (z. B. Kaufhäuser) verbunden werden.

Bei vertikaler Verbindung werden Unternehmen unterschiedlicher Wirtschaftsstufen — etwa Industrieunternehmen und Handelsunternehmen — zusammengeschlossen.

Gehören die zusammengeschlossenen Unternehmen weder der gleichen noch einander folgenden Wirtschaftsstufen an (z. B. Bank und Industrieunternehmen), so kann man diese Form in Anlehnung an die angelsächsische Terminologie als **konglomerate Unternehmenskonzentration** bezeichnen.

3. Konzern

Nach allgemeiner Auffassung, die auch in § 18 AktG ihren Niederschlag gefunden hat, setzt der Konzern mehrere rechtlich selbständige Unternehmen voraus, die unter einheitlicher Leitung zusammengefaßt sind. Die unter dieser einheitlichen Leitung zusammengefaßten Unternehmen werden als Konzernunternehmen bezeichnet.

Stehen die Konzernunternehmen zueinander in einem Herrschafts- und Abhängigkeitsverhältnis, so bezeichnet man diese Form des Konzerns als **Unterordnungs-(Subordinations-)konzern.** Die Beherrschung eines oder mehrerer Unternehmen kann dabei auf dem Abschluß eines Beherrschungsvertrags oder auf einer kapitalmäßigen Beteiligung beruhen. Durch den **Beherrschungsvertrag** erhält das herrschende Unternehmen das Recht, dem beherrschten Unternehmen Weisungen zu erteilen, die dieses zu befolgen hat. Sowohl herrschendes wie auch beherrschtes Unternehmen können dabei in die verschiedenen Rechtsformen (Einzelfirma, Personengesellschaft, Kapitalgesellschaft, Genossenschaft oder wirtschaftlicher Verein) gekleidet sein.

Das Abhängigkeitsverhältnis wird verstärkt, wenn es zum Abschluß eines **Organvertrages** kommt. Dieser soll nicht nur wie der Beherrschungsvertrag die Durchsetzung des Willens des herrschenden Unternehmens bei dem abhängigen Unternehmen sicherstellen, sondern auch die organisatorische, wirtschaftliche, technische, finanzielle und personelle Integration herbeiführen.

In **organisatorischer** Hinsicht beinhaltet er das Recht des herrschenden Unternehmens, alle ihm erforderlich erscheinenden Anweisungen in bezug auf die Geschäftsführung, die Organisation der Verwaltung und die Gestaltung des Rechnungswesens beim abhängigen Unternehmen zu erteilen.

In **wirtschaftlicher** Hinsicht wird regelmäßig durch den Organvertrag die Dispositionsbefugnis im Hinblick auf Beschaffung und Absatz sowie die Preis- und Konditionenpolitik, in **technischer** Hinsicht die Entscheidungsmacht über das Leistungsprogramm dem herrschenden Unternehmen zugesprochen.

In **finanzieller** Hinsicht unterliegen alle wesentlichen Finanzoperationen und in **personeller** Hinsicht die Einstellung und Entlassung aller leitenden sowie hochdotierten Angestellten der Genehmigung des herrschenden Unternehmens. **Häufig sieht der Organvertrag die Abführung des vom Organ erzielten Gewinns vor.**

Durch kapitalmäßige Beteiligung kann hingegen ein Subordinationskonzern grundsätzlich dann geschaffen werden, wenn das abhängige Unternehmen in der Rechtsform einer Kapitalgesellschaft geführt wird. Denn allein durch eine kapitalmäßige Beteiligung kann bei der OHG, KG, der Genossenschaft oder dem wirtschaftlichen Verein eine Beherrschung dieser Gesellschaften nicht erreicht werden, weil hier jeder Gesellschafter grundsätzlich nur eine Stimme hat.

Ein solches Herrschaftsverhältnis auf Grund kapitalmäßiger Beteiligung wird man in der Regel erst dann bejahen können, wenn die Beteiligung mehr als 50 % des Nennkapitals beträgt, es muß bejaht werden, wenn sie höher als 75 % ist. Der Abschluß eines Beherrschungsvertrages wie auch die kapitalmäßige Beteiligung können u. U. dem herrschenden Unternehmen nicht nur einen Einfluß auf das (die) unmittelbar abhängige(n) Unternehmen sichern, sondern auch auf alle von dem oder den unmittelbar beherrschten Unternehmen ihrerseits abhängigen Unternehmungen. Deutlich zeigt sich das, wenn man davon ausgeht, daß ein Unternehmen die Herrschaft über eine bestehende Konzernspitze erlangt.

Zu Konzernbildungen mittels kapitalmäßiger Beteiligung kommt es häufig auf Grund des Strebens der Unternehmensleitungen, die Leistungserstellung des eigenen Unternehmens durch Verbundwirtschaft zu rationalisieren (z. B. Kohle-, Erz-, Hütten- und Stahlwerke), den Trägern des herrschenden Unternehmens eine weitere Erwerbsquelle zu sichern oder die wirtschaftliche Machtstellung des herrschenden Unternehmens zu erhöhen.

Stehen die unter einheitlicher Leitung zusammengefaßten Unternehmen in keinem Herrschafts- bzw. Abhängigkeitsverhältnis zueinander, so bezeichnet man diese Unternehmenszusammenfassung als **Gleichordnungs-(Koordinations-)Konzern**. In diesem Fall wird die einheitliche Leitung durch Verschmelzung der vorher getrennten Verwaltungen erreicht.

Wird die einheitliche Leitung von Konzernunternehmen durch eine eigens hierfür ins Leben gerufene rechtlich selbständige Gesellschaft (z. B. GmbH, AG) ausgeübt, in welche i. d. R. die die Gesamtleitung des Konzerns ermöglichenden Gesellschaftsanteile eingebracht werden, so bezeichnet man diese als konzernleitende **Holding-(Dach-)Gesellschaft**. Durch die Einbringung der Gesellschaftsanteile in die Holdinggesellschaft wird diese zur Spitze eines Subordinationskonzerns.

Zur öffentlichen Rechenschaftslegung in Form von Konzern(jahres)abschlüssen sind in der BRD nur Subordinationskonzerne verpflichtet. Für Subordinationskonzerne auf kapitalmäßiger Basis, an deren Spitze eine inländische AG oder KGaA bzw. GmbH oder bergrechtliche Gewerkschaft steht, ist diese Pflicht im Aktiengesetz (§ 329 AktG) bzw. im Einführungsgesetz zum Aktiengesetz (§ 28 EGAktG) normiert. Die Rechnungslegungspflicht trifft hierbei die Konzernleitung, d. h. dasjenige Konzernunternehmen, unter dessen einheitlicher Leitung alle Konzernunternehmen stehen. Hat das den Konzern leitende Unternehmen seinen Sitz im Ausland oder fungiert als Konzernspitze ein inländisches Unternehmen anderer Rechtsform und beherrscht das leitende Unternehmen über eine oder mehrere zum Konzern gehörende inländische AG oder KGaA andere inländische Konzernunternehmen, so hat die jeweils der Konzernspitze am nächsten stehende inländische AG oder KGaA einen Teilkonzernabschluß aufzustellen. Auch die der Konzernspitze am nächsten stehende inländische GmbH oder bergrechtliche Gewerkschaft kann u. U. verpflichtet sein, einen Teilabschluß aufzustellen. Das ist stets dann der Fall, wenn die Konzernspitze aufgrund ihrer Rechtsform (z. B. Einzelfirma, Personenhandelsgesellschaft, etc.) weder den Bestimmungen des AktG noch denen des EGAktG unterliegt, die der

Konzernspitze am nächsten stehende inländische GmbH oder bergrechtliche Gewerkschaft aber ihrerseits eine oder mehrere AG oder KGaA beherrscht.

Außer den genannten Fällen besteht die Pflicht zur Aufstellung und Veröffentlichung von Konzernabschlüssen bzw. Teilkonzernabschlüssen nur für solche Konzerne, auf die das „Gesetz über die Rechnungslegung von bestimmten Unternehmen und Konzernen" vom 15. 8. 1969 (sogenanntes Publizitätsgesetz) Anwendung findet. Danach haben Subordinationskonzerne — soweit sie nicht nach aktienrechtlichen Vorschriften dazu verpflichtet sind — erstmals in dem nach dem 31. 12. 1970 beginnenden Geschäftsjahr einen Konzernabschluß zu veröffentlichen, wenn an drei aufeinanderfolgenden Abschlußstichtagen des leitenden Konzernunternehmens mindestens zwei der nachstehend genannten Merkmale gegeben waren:

● Die Bilanzsumme einer auf den Abschlußstichtag aufgestellten Konzernbilanz übersteigt 125 Millionen DM
● Die Außenumsatzerlöse des Konzerns in den 12 Monaten vor dem Abschlußstichtag übersteigen 250 Millionen DM
● Die Konzernunternehmen mit Sitz im Inland haben in den 12 Monaten vor dem Abschlußstichtag insgesamt durchschnittlich mehr als 5000 Arbeitnehmer beschäftigt.

Hat die Konzernleitung ihren Sitz im Ausland und beherrscht über ein oder mehrere inländische Konzernunternehmen andere Konzernunternehmen, so haben die Konzernunternehmen mit Sitz im Inland, die der Konzernleitung am nächsten stehen (Teilkonzernleitungen), einen Teilkonzernjahresabschluß aufzustellen, wenn für drei aufeinanderfolgende Abschlußstichtage der Teilkonzernleitung mindestens zwei der obigen Merkmale für den Teilkonzern zutreffen. treffen (§ 11 Abs. 3 i. V. m. § 13 des Gesetzes).

Soweit die Konzernunternehmen Kreditinstitute sind, ist für sie die Bilanzsumme zuzüglich bestimmter Positionen, soweit sie Versicherungsunternehmen sind, die Höhe der Einnahmen aus Versicherungsprämien das maßgebliche Größenmerkmal (§ 11 Abs. 4 i. V. m. § 1 Abs. 3 und Abs. 4 des Gesetzes).

Da unabhängig davon, ob die Rechnungslegungspflicht von Konzernen auf den Bestimmungen des AktG, EGAktG oder denen des Publizitätsgesetzes beruht, nach dem Willen des Gesetzgebers der Konzernabschluß stets ein konsolidierter Jahresabschluß sein muß, bei dem die aus innerkonzernlichen Bewegungen von Vorräten stammenden Gewinne eliminiert, innerkonzernliche Forderungen und Verbindlichkeiten gegeneinander aufgerechnet, Umsatzerlöse aus Leistungen an Konzernunternehmen mit den korrespondierenden Aufwendungen des empfangenden Konzernunternehmens saldiert oder gesondert von den Außenumsatzerlösen ausgewiesen und die Beteiligungen der Obergesellschaft mit dem Eigenkapital der Untergesellschaften aufgerechnet werden müssen (§ 331 f. AktG), eröffnet dieser Abschluß einen Einblick in den Markterfolg des Konzerns, was insbesondere für die Anteilseigner am herrschenden Unternehmen und dessen Gläubiger, infolge der regelmäßig bedeutsamen Stellung der Konzerne in einer Volkswirtschaft aber auch für die breite Öffentlichkeit von Interesse ist.

4. Interessengemeinschaft

Eine Interessengemeinschaft (IG) ist ein vertraglicher Zusammenschluß rechtlich selbständig bleibender Unternehmen zur Verfolgung gemeinsamer Interessen.

Bei IG, die einen festeren Zusammenschluß bilden, erfolgt regelmäßig eine weitgehende produktions- und marktwirtschaftliche Abstimmung, die häufig mit einer Gewinnpoolung verbunden ist. Die Gewinnpoolung beinhaltet dabei die Verpflichtung der zusammengeschlossenen Unternehmen, die von ihnen erzielten Gewinne mit den Vertragspartnerunternehmen zu teilen. Als Teilungsmaßstab können dabei verschiedene Größen, wie Umsatz, Produktionsmittel usw. Verwendung finden.

IG sind häufig die Vorläufer von Konzernen oder Trusts. Sie sind vor allem im Bereich der chemischen Industrie (vormals IG-Farben!), aber auch in der Luftfahrtindustrie zu finden. Ihre Entstehung verdankt die IG häufig dem Umstand, daß einzelne Unternehmen nicht über die erforderlichen Arbeitskräfte oder Kapitalien verfügen, um die ihnen gestellten Aufgaben zu lösen und deshalb der gegenseitigen Hilfe bedürfen. Zuweilen ist aber auch der bloße Wunsch, die Rentabilität der beteiligten Unternehmen zu steigern, der Anlaß, der zu einem solchen Zusammenschluß führt.

Als Rechtsform eines solchen Zusammenschlusses wird i. d. R. die BGB-Gesellschaft (§ 705 ff. BGB) gewählt. Entscheidungen von grundsätzlicher Bedeutung werden dabei häufig von einem **Gemeinschaftsrat** (GR) getroffen, der aus Vertretern der einzelnen Unternehmen gebildet wird.

So können beispielsweise in den Zuständigkeitsbereich des GR fallen:

Genehmigung von Neuanlagen jeder Art, Beschlußfassung über die Einstellung oder Einschränkung bestimmter Tätigkeiten der einzelnen Unternehmen, Erhöhung oder Herabsetzung des Nennkapitals und Aufnahme von Anleihen, Genehmigung zum Erwerb anderer Unternehmen sowie zur Beteiligung an solchen, Genehmigung zum Erwerb und zur Überlassung von Patenten und Lizenzen von Dritten und an Dritte, Genehmigung zum Abschluß und zur Verlängerung von Konventionen, Kartellen usw.

5. Kartelle

Unter Kartellen versteht man auf Vertrag beruhende Zusammenschlüsse rechtlich selbständiger Unternehmen, die geeignet sind, den Wettbewerb zwischen den zusammengeschlossenen Unternehmen zu beschränken.

Mit dem Abschluß des Kartellvertrags verlieren die Unternehmensleitungen einen Teil ihrer unternehmungspolitischen Handlungsfreiheit. So kann beispielsweise im Kartellvertrag der Verzicht auf eine unternehmensindividuelle Konditionen-, Rabatt-, Preis- oder Produktionsprogrammpolitik vorgesehen sein.

Überwiegend sind die Kartelle zwar horizontale Zusammenschlüsse, also solche von Unternehmen der gleichen Wirtschaftsstufe, doch kann es auch zu vertikalen Kartellen kommen. Das ist insbesondere dann der Fall, wenn Herstellunternehmen ihre Produkte neben dem Fachhandel auch selbst vertreiben. Die Erfahrung hat gezeigt, daß Kartelle nur dann von längerem Bestand sind, wenn die im Kartell zusammengeschlossenen Unternehmen zusammen einen Marktanteil von 70—80 % besitzen, weil andernfalls die Außenseiter durch ein den Interessen der Leistungsempfänger besser entsprechendes Verhalten die Nachfrage bei den Kartellmitgliedern zu beeinträchtigen vermögen. Ein erheblicher Nachfragerückgang bei den Kartellmitgliedern sprengt aber regelmäßig den Kartellverband.

Durch Androhung von Konventionalstrafen für den Fall der Vertragsverletzung sucht man i. d. R. die Vertragspartner zu einem vertragskonformen Verhalten anzuhalten. Um dieses laufend kontrollieren zu können, sehen die Kartellverträge vielfach ein entsprechendes Überwachungsrecht der Geschäftsführung des Kartells vor.

Kartelle haben i. d. R. die Rechtsform der BGB-Gesellschaft, des eingetragenen oder nichteingetragenen Vereins. Lediglich bei Kartellen in Form der sog. Doppelgesellschaft ist die AG und GmbH als Rechtsform üblich. Eine solche **Doppelgesellschaft** liegt vor, wenn sich z. B. die in der Rechtsform der BGB-Gesellschaft oder des nichteingetragenen Vereins organisierten Unternehmen einer rechtlich verselbständigten Einkaufs- oder Verkaufsgesellschaft bedienen und nur mit dieser in Geschäftsbeziehungen treten (Syndikat).

Die Gründe, die ein Unternehmen veranlassen können, mit anderen ein Kartell zu bilden, sind mannigfacher Natur. Zuweilen bildet das Streben, auf diese Weise die Leistungserstellung und -verwertung zu rationalisieren, den unmittelbaren Anlaß zum Zusammenschluß, als dessen Folge aber die Möglichkeit einer Wettbewerbsbeschränkung gegeben sein muß, damit von einem Kartell gesprochen werden kann. Aber auch der Wunsch, die den Unternehmensfortbestand bedrohenden Risiken zu verringern, können (z. B. durch Aufteilung der Absatzmärkte) die Kartellbildung zweckmäßig erscheinen lassen.

Da regelmäßig die Kartellbildung für einzelne der kartellierten Unternehmen auch mit Nachteilen verbunden ist, müssen diesen Nachteilen offensichtlich Vorteile gegenüberstehen, um diese Unternehmen zur Kartellbildung zu veranlassen. So führt z. B. die Vereinheitlichung der Konditionen von Unternehmen dazu, daß dasjenige Unternehmen, das bislang die vom Standpunkt des Abnehmers günstigeren Konditionen gewährte, nunmehr dieses Wettbewerbsinstrument nicht mehr zu Lasten der anderen Unternehmen einsetzen kann. Dennoch zieht auch das leistungsfähigere Unternehmen aus dem Kartell einen Vorteil, denn nunmehr bedarf es z. B. nicht mehr der Beobachtung der Konditionenpolitik der Konkurrenzunternehmen, und die vormals durch die günstigeren Konditionen (z. B. Zahlungsfristen) gebundenen Kapitalien können zur Verbesserung anderer Wettbewerbsinstrumente (z. B. Kundendienst) eingesetzt werden.

Andererseits schließen sich leistungsstärkere mit leistungsschwächeren Unternehmen häufig deshalb zu Preiskartellen zusammen, um Versuchen der Abnehmer entgegenzuwirken, die Unternehmen durch unwahre Behauptungen über Preise der Konkurrenz gegeneinander auszuspielen.

Unter volkswirtschaftlichen Gesichtspunkten sind Kartelle je nach ihrer Zwecksetzung und dem Umfang der durch den Kartellvertrag herbeigeführten Wettbewerbsbeschränkung sehr unterschiedlich zu beurteilen. So erleichtern **Konditionen- und Rabattkartelle** die Vergleichbarkeit der Angebote. **Importkartelle** können volkswirtschaftlich dann erwünscht sein, wenn die zu importierende Ware von nur einem ausländischen Unternehmen angeboten wird und das inländische Importkartell verhindert, daß der ausländische Exporteur demjenigen den Zuschlag erteilt, der den höchsten Preis zu zahlen bereit ist. In diesem Fall wird durch das Kartell einem höheren Devisenabfluß vorgebeugt.

Durch **Exportkartelle** kann andererseits bei monopolistischer Nachfrage auf dem Auslandsmarkt ein höherer Devisenzufluß erreicht werden.

Soweit sich jedoch die unmittelbare Wirkung von Kartellen auf das Inland erstreckt, sind sie in einer auf Wettbewerb ausgerichteten Volkswirtschaft nicht ungefährlich. Zwar wird durch den Ausschluß des Wettbewerbs in einem Teilbereich (z. B. Konditionen) der gesamte Wettbewerb zwischen den Unternehmen i. d. R. noch nicht zum Erliegen gebracht, weil sich die Unternehmen im Wettbewerb ihres gesamten Wettbewerbsinstrumentariums (z. B. Produktgestaltung hinsichtlich Art, Qualität und stofflichen Eigenschaften des Produkts, Werbung, Service und Preis) bedienen.

Dennoch kann es zum völligen Erliegen des Wettbewerbs dann kommen, wenn der Wettbewerb auf den nichtkartellierten Gebieten schon vor der Kartellvereinbarung aufgehoben war oder die Abstimmung der Produktionsprogramme durch Spezialisierungsabreden Inhalt des Kartellvertrags ist und dadurch die einzelnen Unternehmen zu Monopolisten werden.

Nach dem Bereich, auf den sich der Wettbewerbsausschluß erstreckt, lassen sich folgende **Kartellarten** unterscheiden:

a) **Konditionenkartelle** (einheitliche Festsetzung der Liefer- und Zahlungsbedingungen),

b) **Rabattkartelle** (einheitliche Rabattgestaltung),

c) **Preiskartelle** (Festlegung eines Höchst-, Mindest- oder Einheitspreises),

d) **Kalkulationskartelle** (Festlegung der Art und (oder) Höhe der in der Kalkulation zu berücksichtigenden Kosten),

e) **Absatzquotenkartelle** (Festlegung der Absatzanteile für jedes Unternehmen),

f) **Gebietskartelle** (Festlegung, auf welchen Märkten die einzelnen Unternehmen ihre Leistungen anbieten dürfen),

g) **Absatzsyndikate** (Verpflichtung der Mitglieder, ihre Leistungen nur über die gemeinschaftliche Absatzgesellschaft zu veräußern),

h) **Produktionsquotenkartelle** (Beschränkung der Produktionsmengen auf einen bestimmten Umfang),

i) **Spezialisierungskartelle** (artmäßige Beschränkung der Unternehmungsleistungen),

j) **Normungs- und Typenkartelle** (Absprachen über die ausschließliche Verwendung bestimmter genormter Teile (Schrauben usw.) und die Vereinheitlichung der Typen),

k) **Import- und Exportkartelle** (gegebenenfalls Preis- und Quotenfixierung),

l) **Submissionskartelle** (Absprachen über die Gestaltung von Bewerbungen für die Ausführung von Aufträgen der öffentlichen Hand, um einem oder mehreren vorher intern bestimmten Unternehmen den Zuschlag zu sichern).

Nach dem Ausmaß der Wettbewerbsbeschränkung unterscheidet man zwischen Kartellen niederer und höherer Ordnung. Zu den **Kartellen niederer Ordnung** gehören vor allem die Konditionen-, Rabatt-, Kalkulations-, Normen- und Typenkartelle. Quoten-, Gebiets-, Preis- und Submissionskartelle sowie die Import- und Exportkartelle stellen **Kartelle höherer Ordnung** dar.

Im Regelfall werden Kartelle durch die freie Vereinbarung kartellierungswilliger Unternehmen begründet, doch kann es in Notzeiten auch auf Grund hoheitlicher Anweisungen zur Bildung sog. Zwangskartelle kommen.

Gleiche Wirkungen wie bei einem Preiskartell von Einzelhändlern ergeben sich für den Konsumenten u. U. bei der **Preisbindung der zweiten Hand.** Bei dieser erfolgt die Festsetzung des Endverbrauchspreises einer Ware durch das Herstellunternehmen, also nicht auf Grund einer Preisabsprache der Einzelhändler. Die Preisbindung der zweiten Hand stellt also eine Form vertikaler Konzentration dar.

Gegen die Preisbindung der zweiten Hand werden gewichtige Argumente vorgebracht. So vor allem, daß durch den ausgeschlossenen Preiswettbewerb die Senkung des Preises auf der Handelsstufe ausgeschlossen und infolge der fixen Handelsspanne die Rationalisierung der Einzelhandelsunternehmen nicht genügend forciert und eine Übersetzung des Handels gefördert werde.

Von den Verfechtern der Preisbindung der zweiten Hand wird demgegenüber insbesondere auf die durch die Vereinheitlichung des Preises einer bestimmten Ware verbesserte Marktübersicht hingewiesen.

Wie die Erfahrungen in der Vergangenheit (Elektrogeräte, Schokolade, Spirituosen, Waschmittel) gezeigt haben, ist die Aufrechterhaltung einer lückenlosen Preisbindung der zweiten Hand trotz angedrohter Konventionalstrafe und Liefersperren häufig nicht zu erreichen. Halten sich aber nicht alle Wiederverkäufer an den festgesetzten Endverkaufspreis, so ist der Zusammenbruch des Preisbindungssystems regelmäßig nicht aufzuhalten.

Literatur zu VI.:
Fikentscher, W., Die Interessengemeinschaft — eine gesellschafts- und kartellrechtliche Untersuchung, Köln - Berlin - Bonn - München 1966.
Grochla, E., Betriebsverbindungen, Berlin 1969.
Koberstein, G., Unternehmungszusammenschlüsse, Essen 1955.
Liefmann, E., Kartelle, Konzerne und Trusts, Stuttgart 1930.
Mayer, L., Kartelle, Kartellorganisation und Kartellpolitik, Wiesbaden 1959.
Rasch, H., Deutsches Konzernrecht, Köln und Berlin 1966.
Ter Meer, F., Die IG Farbenindustrie Aktiengesellschaft, Düsseldorf 1953.
Wallis, H. v., Die Besteuerung der Unternehmenszusammenfassungen, Herne und Berlin 1965.

VII. Kartellgesetzgebung in der Bundesrepublik

In der Bundesrepublik löste das am 1. 1. 1958 in Kraft getretene **Gesetz gegen Wettbewerbsbeschränkungen (GWB)**, häufig nicht ganz zutreffend als „Kartellgesetz" bezeichnet, die Bestimmungen der alliierten Besatzungsmächte in Deutschland über die Dekartellisierung und Entflechtung der deutschen Wirtschaft ab. **Es soll die Aufrechterhaltung des Wettbewerbs gewährleisten und wirtschaftliche Macht dort beseitigen, wo sie die Wirksamkeit des Wettbewerbs und die ihm innewohnenden Tendenzen zur Leistungssteigerung beeinträchtigt.**

Demzufolge beschränkt sich das Gesetz nicht nur darauf, die Zulässigkeit von Kartellen zu regeln, sondern erstreckt sich auch auf andere Verträge und Maßnahmen, die zu einer Beschränkung des Wettbewerbs führen können, nämlich insbesondere auf die Preisbindung der zweiten Hand, Unternehmenszusammenschlüsse mit der Tendenz zu monopolistischer Beherrschung des Marktes sowie auf den Mißbrauch des Markteinflusses durch marktbeherrschende Unternehmen. Es findet auf alle obengenannten Verträge, Maßnahmen und Vorgänge Anwendung, soweit sich diese in der Bundesrepublik und West-Berlin auswirken.

Die Vorschriften dieses Gesetzes finden jedoch keine Anwendung auf Bundespost und Bundesbahn, andere Schienenbahnen des öffentlichen Verkehrs, Personen- und Güterbeförderungsunternehmen, den Bereich der land- und forstwirtschaftlichen Erzeugung, die Bundesbank und die Kreditanstalt für Wiederaufbau. Die kartellrechtlichen Bestimmungen des Gesetzes gelten ferner nicht für solche Verträge von Kreditinstituten, Versicherungsunternehmen und Bausparkassen, die der Genehmigung oder Überwachung nach dem KWG oder dem VAG unterliegen. Auch die Versorgungsunternehmen unterstehen nicht seinen Bestimmungen.

Nach § 1 GWB sind grundsätzlich V e r t r ä g e , die Unternehmen oder Vereinigungen von Unternehmen zu einem gemeinsamen Zweck schließen, sowie B e s c h l ü s s e von Vereinigungen von Unternehmen unwirksam, soweit sie geeignet sind, die Erzeugung oder die Marktverhältnisse für den Verkehr mit Waren oder gewerblichen Leistungen durch Beschränkung des Wettbewerbs zu beeinflussen.

Von dem Verbotsgrundsatz (dessen Nichtbeachtung mit beträchtlichen Geldbußen geahndet wird) gibt es jedoch zahlreiche Ausnahmen. Die sogenannten **erlaubnisbedürftigen Kartelle** werden mit der ausdrücklichen Erlaubniserteilung, die auf Antrag durch die Kartellbehörde (Wirtschaftsministerien der Länder bzw. Bundeskartellamt) erfolgt, rechtswirksam. Solche erlaubnisbedürftigen Kartelle sind die Einkaufs- und Verkaufssyndikate, Importkartelle, Exportkartelle mit Inlandswirkung und Strukturkrisenkartelle. Ein Exportkartell mit Inlandswirkung liegt beispielsweise vor, wenn Herstellunternehmen inländische Exporteure verpflichten, die vereinbarten Auslandspreise und Lieferbedingungen auch bei Verkäufen an Inländer einzuhalten. Strukturkrisenkartelle verfolgen das Ziel, in Zeiten struktureller Nachfrageverschiebungen die Kapazitäten der zusammengeschlossenen Unternehmen an den verringerten Bedarf anzupassen.

Ferner sind jene Rationalisierungskartelle erlaubnisbedürftig, die nicht Spezialisierungs-, Normen- oder Typenkartelle sind. Hierunter können beispielsweise Abreden über die Erhebung von Zuschlägen bei kleinen Nachfragemengen oder ungängigen Größen fallen.

Konjunkturkrisenkartelle und Branchenkrisenkartelle können schließlich vom BWM genehmigt werden, sofern das aus gesamtwirtschaftlichen Gründen erforderlich ist oder bei Branchenkrisen andere wirtschaftspolitische Maßnahmen den Bestand des überwiegenden Teils der Unternehmen einer Branche nicht zu sichern vermögen.

Im Gegensatz zu den erlaubnisbedürftigen Kartellen müssen die mit einem **Widerspruchs**vorbehalt belasteten **Kartelle** bei der Kartellbehörde angemeldet werden und werden rechtswirksam, sofern die Kartellbehörde der Kartellbildung binnen drei Monaten nach Anmeldung nicht widerspricht. Hierzu zählen Konditionen-, Rabatt- und Spezialisierungskartelle, da diese u. a. geeignet sind, die Marktübersicht zu fördern.

Lediglich anmeldebedürftig sind dagegen Normen- und Typenkartelle sowie Exportkartelle, die nur zu einer Wettbewerbsbeschränkung auf dem Auslandsmarkt führen, also keine Inlandswirkung haben. Diese Kartelle bedürfen zu ihrem Wirksamwerden lediglich einer Anmeldung bei der Kartellbehörde, ohne daß eine Widerspruchsfrist abgewartet werden muß.

Kartelle, die die einheitliche Leistungsbeschreibung und Preisaufgliederung bei Angebotsabgabe zum Inhalt haben (§ 5 Abs. 4 GWB), fallen nicht unter das Kartellverbot, müssen jedoch trotzdem angemeldet werden (sog. anmeldepflichtige Kartelle).

Alle bei den Landesbehörden und dem Bundeskartellamt angemeldeten und genehmigten Kartelle werden in das beim Bundeskartellamt geführte Kartellregister eingetragen, die Anmeldungen, Anträge auf Genehmigung und die Erlaubnis im Bundesanzeiger bekanntgemacht.

Ausnahmslos u n z u l ä s s i g sind hingegen diskriminierende Verhaltensweisen (z. B. lokale oder persönliche Diskriminierung) solcher Unternehmen, die eine gewisse tatsächliche oder vermutete Machtstellung besitzen (vgl. § 26 Abs. 2 GWB), soweit sich diese Diskriminierung gegen Unternehmen (nicht gegen Letztverbraucher) richtet. Hierunter können z. B. willkürlich unterschiedliche Preisforderungen auf bestimmten Märkten oder gegenüber bestimmten Personen fallen.

Für die Preisbindung der zweiten Hand enthält das Gesetz ebenfalls eine Ausnahme von dem Verbot wettbewerbsbeschränkender Verträge. Das Gesetz gestattet Preisbindungen der zweiten Hand für Markenwaren, Verlagserzeugnisse (Zeitungen, Bücher) und Saatgut. Für Markenwaren ist das aber nur insoweit zulässig, als sie mit Waren anderer Hersteller oder Händler konkurrieren. Unter **Markenwaren** versteht das Gesetz solche Erzeugnisse, deren Lieferung in g l e i c h b l e i b e n d e r oder v e r b e s s e r t e r Güte von den preisbindenden Unternehmen gewährleistet wird, wenn dabei die Erzeugnisse selbst ihre für die Abgabe an den Verbraucher bestimmte Umhüllung, Ausstattung oder die Behältnisse, aus denen sie verkauft werden, mit einem ihre Herkunft kennzeichnenden Merkmal (Firmen-, Wort- oder Bildzeichen) versehen sind (§ 16 Abs. 2 GWB).

Die zulässige Preisbindung der zweiten Hand ist beim Bundeskartellamt zwar anmeldepflichtig, unterliegt aber keinem Widerrufsvorbehalt. Die Eintragung erfolgt in das dort geführte und jedermann zur Einsicht offene Preisbindungsregister.

Schließlich gewährt das GWB dem Bundeskartellamt gewisse Befugnisse gegenüber marktbeherrschenden Unternehmen, die ihre Marktstellung bei der Preis- und Konditionenfixierung mißbrauchen. **Marktbeherrschende Unternehmen** sind dabei solche Unternehmen, die für bestimmte ihrer gewerblichen Leistungen keinem (Monopol) oder keinem wesentlichen (Oligopol) Wettbewerb ausgesetzt sind (§ 22 GWB). Das Bundeskartellamt kann den Machtmißbrauch untersagen, wobei Verstöße dann mit Geldstrafen geahndet werden.

Ferner besteht eine Anzeigepflicht für Unternehmenszusammenschlüsse, wenn der Zusammenschluß einen Marktanteil von mindestens 20 % erreicht oder eines der beteiligten Unternehmen einen solchen Anteil schon vorher innehatte (§ 23 GWB). Zweck der Anzeigepflicht ist es, das Bundeskartellamt auf Konzentrationsvorgänge aufmerksam zu machen, damit gegebenenfalls ein mißbräuchliches Verhalten der Unternehmenskonzentration untersagt werden kann.

Literatur zu VII.:

Rasch, H. und Westrick, K., Wettbewerbsbeschränkungen. Kartell- und Monopolrecht. Kommentar zum Gesetz gegen Wettbewerbsbeschränkungen und Erläuterungen zum europäischen Kartellrecht, Herne und Berlin 1966.

Tetzner, H., Kartellrecht. Ein Leitfaden, München und Berlin 1967.

VIII. Kartellgesetzgebung in der EWG

Das Gesetz gegen Wettbewerbsbeschränkungen wird ergänzt durch das Kartellrecht der EWG, das in den Art. 85 ff. des EWG-Vertrags vom 25. 3. 1957 und den dazu ergangenen VO niedergelegt ist.

Während das innerdeutsche Kartellrecht nur jene Wettbewerbsbeschränkungen erfaßt, die geeignet sind, die innerdeutschen Wettbewerbsverhältnisse zu beeinträchtigen, unterstehen dem EWG-Kartellrecht alle jene wettbewerbsbeschränkenden Abreden und Maßnahmen, die sich im Bereich des Gemeinsamen Marktes auswirken (können). Soweit sich Normenkonflikte zwischen dem Gemeinschafts- und dem innerstaatlichen Kartellrecht ergeben, werden diese nach dem Grundsatz des Vorrangs des Gemeinschaftsrechts gelöst.

Auch in Art. 85 EWG-Vertrag ist ein generelles Kartellverbot ausgesprochen. Der Abs. 1 dieses Artikels lautet:

„Mit dem Gemeinsamen Markt unvereinbar und verboten sind alle Vereinbarungen zwischen Unternehmen, Beschlüsse von Unternehmensvereinigungen und aufeinander abgestimmte Verhaltensweisen, welche den Handel zwischen den Mitgliedstaaten zu beeinträchtigen geeignet sind und eine Verhinderung, Einschränkung oder Verfälschung des Wettbewerbs innerhalb des Gemeinsamen Marktes bezwecken oder bewirken, insbesondere

a) die unmittelbare oder mittelbare Festsetzung der An- oder Verkaufspreise oder sonstiger Geschäftsbedingungen;

b) die Einschränkung oder Kontrolle der Erzeugung, des Absatzes, der technischen Entwicklung oder der Investitionen;

c) die Aufteilung der Märkte oder Versorgungsquellen;

d) die Anwendung unterschiedlicher Bedingungen bei gleichwertigen Leistungen gegenüber Handelspartnern, wodurch diese im Wettbewerb benachteiligt werden;

e) die an den Abschluß von Verträgen geknüpfte Bedingung, daß die Vertragspartner zusätzliche Leistungen annehmen, die weder sachlich noch nach Handelsbrauch in Beziehung zum Vertragsgegenstand stehen."

Solche verbotenen Vereinbarungen oder Beschlüsse sind gem. Abs. 2 dieses Artikels nichtig.

Abs. 3 des Art. 85 EWG-Vertrag gestattet jedoch die Befreiung vom generellen Kartellverbot. Voraussetzung dazu ist, daß die Verbraucher an dem entstehenden Gewinn beteiligt werden, der auf Grund der Verbesserung der Warenverteilung oder -erzeugung bzw. des erreichbaren technischen oder wirtschaftlichen Fortschritts entsteht.

Durch die zu Art. 85 ergangene VO Nr. 17 sind vom Verbot bisher generell freigestellt worden: Normen- und Typenkartelle, Forschungs- und Entwicklungskartelle sowie die Preisbindung der zweiten Hand zwischen zwei Unternehmen. Kartelle anderer Art kann die EWG-Kommission genehmigen, soweit durch die Zulassung des Kartells für einen wesentlichen Teil der Waren der Wettbewerb nicht völlig ausgeschaltet wird.

Im übrigen aber ist die Genehmigungsbefugnis der Kommission nicht begrenzt, so daß auch Gebietsabsprachen, Produktionsbeschränkungsabreden und Preiskartelle erlaubt werden können. Wie im innerdeutschen Recht ist auch nach EWG-Recht die mißbräuchliche Ausübung der marktbeherrschenden Stellung von Unternehmenszusammenschlüssen untersagt. Insbesondere ist nach Art. 86 EWG-Vertrag die mißbräuchliche Ausnutzung einer beherrschenden Marktstellung durch Festsetzen von Preisen verboten, die in keinem Verhältnis zur Gegenleistung stehen, ferner Produktionsbeschränkungen zum Nachteil der Verbraucher, die Diskriminierung einzelner Handelspartner sowie Koppelungsgeschäfte.

Art. 86 EWG-Vertrag findet über die genannten Beispiele hinaus auch auf jede andere Art der mißbräuchlichen Ausnutzung einer marktbeherrschenden Stellung von Unternehmen und Unternehmenszusammenschlüssen auf dem Gemeinsamen Markt oder einem wesentlichen Teil desselben Anwendung, soweit dies dazu führen kann, den Handel zwischen den Mitgliedstaaten zu beeinträchtigen. Wie im deutschen Recht, so sind auch nach EWG-Recht Zuwiderhandlungen gegen das allgemeine Kartellverbot und das Mißbrauchsprinzip marktbeherrschender Unternehmen mit empfindlichen Geldstrafen bedroht.

Literatur zu VIII.:
Gleiss, A. und Hirsch, M., EWG-Kartellrecht. Kommentar, Heidelberg 1965.
Kleemann, G., Die Wettbewerbsregeln der EWG, Baden-Baden 1962.
Möhring, Ph. und Nipperdey, H. C. (Hrsg.), Aktuelle Probleme des EWG-Kartellrechts, Kartellrundschau, Schriftenreihe für Kartell- und Konzernrecht des In- und Auslands, Heft 8, Köln u. a. 1966.
Schliederer, W., Die Anwendung der Artikel 85 und 86 des EWG-Vertrages nach dem Erlaß der ersten Durchführungsverordnung, Der Betriebs-Berater 1962, S. 305 ff.

IX. Kartellgesetzgebung in den USA

Zulässigkeit und Unzulässigkeit von Unternehmenskonzentrationen der erwähnten Art werden in den USA durch das sogenannte **Anti-Trust-Recht** geregelt. Dieses umfaßt neben dem Bundes-Anti-Trust-Recht auch einzelstaatliche Anti-Trust-Bestimmungen. Während letztere für Wettbewerbsbeschränkungen gelten, deren Wirkungsbereich sich nur auf das Gebiet eines Bundesstaates erstreckt, gilt das Anti-Trust-Recht des Bundes für solche, die den Wirtschaftsverkehr zwischen den Bundesstaaten beeinflussen.

Oberstes Ziel des gesamten US-Anti-Trust-Rechts ist die Erhaltung des freien Wettbewerbs und die Verhinderung von Monopolen.

Wichtigstes Anti-Trust-Bundesgesetz ist der **Sherman Act.** Die darin enthaltenen Bestimmungen sind von zahlreichen Bundesstaaten in ihre einzelstaatliche Anti-Trust-Gesetzgebung übernommen worden, doch gibt es auch Bundesstaaten, deren Gesetzgebung sich von der des Bundes wesentlich unterscheidet und insbesondere keine Durchsetzung der Verbote durch die staatlichen Behörden erlaubt, sondern lediglich die Möglichkeit zivilrechtlicher Unterlassungs- oder Schadenersatzklagen vorsieht.

Nach Sect. 1 des Sherman Act sind Verträge, Zusammenschlüsse in Form eines Trusts oder in anderer Form sowie gleichförmiges Verhalten mehrerer Unternehmen zur Beschränkung von Handel und Gewerbe zwischen den einzelnen Bundesstaaten oder mit ausländischen Staaten ungesetzlich.

Der Begriff Trust wird hierbei im weiten Sinne gebraucht und umfaßt sowohl Zusammenschlüsse auf kapitalmäßiger wie auch auf vertraglicher Grundlage. Nach dieser Bestimmung werden grundsätzlich Preis- oder Quotenkartelle als illegal angesehen, aber auch alle jene Absprachen oder gleichförmigen Verhaltensweisen, die faktisch eine Wettbewerbsbeschränkung zur Folge haben. Eine Ausnahme von diesem allgemeinen Kartellverbot des Sect. 1 Sherman Act ist jedoch durch Sect. 2 des Webb-Pomerence Act von 1918 gegeben, wonach Exportkartelle als zulässig anzusehen sind.

Soweit jedoch nicht ohne weiteres erkennbar ist, ob eine Wettbewerbsbeschränkung beabsichtigt oder die Folge der Abrede sein wird, obliegt deren Wertung den Gerichten und den einzelstaatlichen Anti-Trust-Behörden sowie der Federal Trade Commission (Bundeshandelskommission). Diese haben bei ihren Entscheidungen den Grundsätzen der Angemessenheit und Billigkeit, die das amerikanische Recht beherrschen, Rechnung zu tragen.

Die **Federal Trade Commission (FTC)** hat dabei ähnliche Aufgaben und Befugnisse wie das Bundeskartellamt. So obliegt ihr die Überwachung der Konzentrationsvorgänge in der Wirtschaft sowie der Erlaß von Anordnungen, die auf ein Unterlassen oder die Abstandnahme von wettbewerbsbeschränkenden Praktiken oder Abreden gerichtet sind. Aufbau und Aufgaben der FTC sind im Federal Trade Commission Act bestimmt, der unter anderem auch alle unfairen Methoden des Wettbewerbs für ungesetzlich erklärt.

<u>Sect. 2 des Sherman Act verbietet schließlich alle Abreden und Maßnahmen sowie die Versuche dazu, den Handel zwischen den Bundesstaaten oder mit ausländischen Staaten zu monopolisieren.</u>

Die grundlegenden Bestimmungen des Sherman und Federal Trade Commission Act werden ergänzt durch den **Clayton Act** und den **Robinson Patman Act,** die im einzelnen aufgeführte wettbewerbsbeschränkende Praktiken untersagen.

Der **Clayton Act** verbietet dabei vor allem bestimmte monopolistische Praktiken, wie die lokale Preisdiskriminierung, Knebelungs- und Ausschließlichkeitsverträge, und untersagt den Anteilserwerb an anderen Unternehmen oder ihren Aufkauf, soweit damit eine erhebliche Verminderung des Wettbewerbs oder das Entstehen eines Monopols zu befürchten ist.

Der **Robinson Patman Act** erklärt insbesondere die persönliche Preisdiskriminierung für unzulässig.

Mit dem Clayton Act wurden schließlich die Anti-Trust-Behörden ermächtigt, wettbewerbsbeschränkende Konzentrationen bereits in ihrem Anfangsstadium zu bekämpfen. Da in den USA die Zulässigkeit von Unternehmenskonzentrationen, die den Wettbewerb beschränken, weitgehend im Wege der Auslegung der Wettbewerbsgesetze bestimmt wird, läßt sich ihr Kreis nur durch ein genaues Studium der von den Kartellbehörden und den Gerichten gefällten Entscheidungen bestimmen.

Als grundsätzlich unzulässig sind danach anzusehen: horizontale und vertikale Konzentrationen mit Preisabsprachen, ferner solche, die die Gebiets- oder Kundenaufteilung bezwecken, den Abschluß von Ausschließlichkeits- oder Koppelungsverträgen vorsehen, eine Gewinn- und Verlustpoolung oder einen Gruppenboykott herbeiführen sollen. Im übrigen werden vor allem Fusionen auch kleinerer Unternehmen bei bereits bestehender Konzentrationstendenz in einer Branche unter Berufung auf die Bestimmungen des Clayton Act untersagt. In den 1968 vom amerikanischen Justizministerium herausgegebenen Richtlinien für die Behandlung von Unternehmenszusammenschlüssen („Merger Guidelines") werden Kriterien benannt, bei deren Vorliegen Unternehmenszusammenschlüsse als unzulässig im Sinne des § 7 Clayton Act angesehen werden. Zwar binden diese Richtlinien die amerikanischen Gerichte nicht, doch erlauben sie Rückschlüsse darauf, wann das Justizministerium auf Unterlassung klagen wird. Damit ist insbesondere zu rechnen, wenn durch den Zusammenschluß bestimmte, in den Richtlinien angegebene Marktanteile überschritten werden oder wenn an dem Zusammenschluß ein Unternehmen beteiligt ist, das über ein ungewöhnliches wettbewerbspolitisches Potential verfügt, z. B. weil es ein Patent über ein wesentlich verbessertes Herstellungsverfahren besitzt. Weiterhin ist bei vertikalen Zusammenschlüssen ein Eingreifen der Behörden vor allem dann zu erwarten, wenn diese Zusammenschlüsse eine erhebliche Tendenz zur Errichtung von Marktschranken aufweisen (z. B. durch Ausschluß neu in den Markt eintretender Unternehmen von für sie wesentlichen Bezugsquellen).

Auch in den USA sind bestimmte Wirtschaftszweige nicht dem Anti-Trust-Recht unterworfen. Es handelt sich hierbei vor allem um solche, die nicht ohne Gefahren dem unbeschränkten Wettbewerb ausgesetzt werden können, wie z. B. die Schiff- und Luftfahrt. Unternehmen dieser Wirtschaftszweige werden jedoch durch staatliche Behörden überwacht.

Literatur zu IX.:
Curti, E., Das Antitrustrecht der Vereinigten Staaten von Amerika, Zürich 1955.
Engelmann, F., Der Kampf gegen die Monopole in den USA, Berlin und Tübingen 1951.
Grégoire, A., Die Anti-Trust-Gesetzgebung der Vereinigten Staaten von Amerika, in: Internationale Wirtschaftsbriefe, Fach 8, USA, Gruppe 4, S. 1 ff.
Kronstein, H., Miller, J. T. und Schwartz, J. E., Modern American Antitrust Law, New York 1958.
Markert, K., Die Richtlinien des amerikanischen Justizministeriums für die Behandlung von Unternehmenszusammenschlüssen („Merger Guidelines"), in: Außenwirtschaftsdienst des Betriebsberaters 1968, S. 377 ff.

D. Das betriebliche Rechnungswesen

Von Dr. Friedhelm Hülshoff

I. Gliederung und Aufgaben der Kostenrechnung und des Rechnungswesens

1.1. Aufgaben und Gliederung des Rechnungswesens

Die zunehmende Größe der Betriebe in unserem Jahrhundert machte es notwendig, der Unternehmensführung ein Instrument an die Hand zu geben, mit dem der Leistungserstellungs- und -verwertungsprozeß der Betriebe zahlenmäßig erfaßt und kontrolliert werden kann.

„Die Gesamtheit aller Verfahren zur zahlenmäßigen Erfassung und Zurechnung der betrieblichen Vorgänge" wird als betriebliches Rechnungswesen bezeichnet"[1]).

Alle Geschäftsvorfälle, die in einer Abrechnungsperiode zwischen Betrieb, Beschaffungsmärkten und Absatzmärkten und innerhalb des Betriebes erfolgen, werden belegmäßig erfaßt, verursachungsgemäß weiterverrechnet und die Ergebnisse so aufgearbeitet, daß sie der Unternehmensleitung Informationen zur Planung und Kontrolle an die Hand geben. In zunehmendem Maße werden hierbei Datenverarbeitungssysteme eingesetzt, die eine schnelle Verarbeitung des umfangreichen Zahlenmaterials ermöglichen und kurzfristig Planungs- und Entscheidungsunterlagen liefern.

Die wichtigsten **Aufgaben,** die das Rechnungswesen zu erfüllen hat, sind:

a) Auskunft zu geben über Vermögen und Ertragslage des Betriebes (Rechenschaftslegung),
b) Kontrolle von Wirtschaftlichkeit und Rentabilität des Betriebes zu gewährleisten,
c) Unterlagen zu liefern für die Planungs- und Dispositionsaufgaben des Betriebes.

Nach der Unterschiedlichkeit der zu erfüllenden Aufgaben wird das Rechnungswesen in vier Teilgebiete untergliedert:

- Geschäftsbuchhaltung (Finanzbuchhaltung)
- Betriebsabrechnung (Kostenrechnung)
- Betriebswirtschaftliche Statistik und
- Vorschau und Planungsrechnung

Aufbau, Gliederung und Organisation des Rechnungswesens hängen vom Fertigungsverfahren, Betriebsgröße, Rechtsform, Wirtschaftsform und Wirtschaftszweig ab[2]).

---

[1]) Mellerowicz, K., Allgemeine Betriebswirtschaftslehre, 12. Aufl., Bd. 4, Berlin 1968, S. 21 f.
[2]) Vgl. Wöhe, G., Einführung in die allgemeine Betriebswirtschaftslehre, 10. Aufl., Berlin - Frankfurt 1968, S. 491.

1.1.1. Aufgaben der Geschäftsbuchhaltung

Die Geschäftsbuchhaltung — auch Finanzbuchhaltung genannt — erfaßt alle Geschäftsvorfälle, die zwischen Unternehmung und Außensphäre anfallen und ordnet sie chronologisch (Grundbuch) und systematisch (Hauptbuch). Primäres Ziel der Geschäftsbuchhaltung ist die Aufstellung des Jahresabschlusses, der **Bilanz** und der **Gewinn- und Verlustrechnung**.

Die Bilanz ist Gegenüberstellung der **Aktiva** (Vermögenswerte) und **Passiva** (Kapitalrechte) zu einem bestimmten **Zeitpunkt** unter Berücksichtigung der zwischen zwei Bilanzstichtagen aufgetretenen Bestandsmehrungen und -minderungen.

Die **Aktiva**
= Vermögenswerte, untergliedert in Anlage- und Umlaufvermögen, zeigen an, in welchen Gütern das Kapital gebunden ist (Mittelverwendung).

Die **Passiva**
= Kapitalrechte, untergliedert in Eigen- und Fremdkapital, zeigen an, aus welchen Quellen das Kapital stammt (Mittelherkunft).

Der Saldo zwischen Aktiva und Passiva stellt den Erfolg der Periode als Gewinn (positiver Erfolg) bzw. Verlust (negativer Erfolg) dar.

Die **Bilanz** dient also der Ermittlung des

- **Gesamterfolges der Unternehmung** und dem
- **Nachweis des Vermögens und Kapitals zu einem Stichtag.**

Bilanz[3])

(Mittelverwendung) (Vermögenswerte) Aktiva		(Mittelherkunft) (Kapitalrechte) Passiva	
Anlagevermögen		**Eigenkapital**	380 000,—
Grundstücke	200 000,—	**Fremdkapital**	
Gebäude	250 000,—	Langfristige Verbindlichkeiten	
Maschinen	160 000,—	gegenüber Kreditinstituten	200 000,—
Beteiligungen	50 000,—	Lieferantenverbindlichkeiten	10 000,—
Umlaufvermögen		Wechselverbindlichkeiten	20 000,—
Roh-, Hilfs- und Betriebsstoffe	10 000,—	Kurzfristige Bankdarlehen	60 000,—
Fertigungserzeugnisse	4 000,—	Sonstige Verbindlichkeiten	6 000,—
Forderungen	16 000,—	Bilanzgewinn	20 000,—
Bankguthaben	4 000,—		
Kassenbestand	2 000,—		
	696 000,—		696 000,—

Tabelle 1

---

[3]) Stark vereinfacht.

In der **Gewinn- und Verlustrechnung** einer Unternehmung werden die Gesamt**aufwendungen** und **-erträge** einer **Periode** gegenübergestellt. Der Saldo stellt ebenfalls den Periodenerfolg der Unternehmung dar, wenn er auch auf Grund anderer Buchungen ermittelt wurde.

Aufwendungen
= Aufwendungen für Roh-, Hilfs- und Betriebsstoffe, Löhne, Gehälter, Abschreibungen, Zinsen usw.

Erträge
= Umsatzerlöse, Erträge aus Beteiligungen, Zinserträge usw.

Gewinn- und Verlustrechnung[4])

Aufwendungen		Erträge	
Aufwendungen für Roh-, Hilfs- und Betriebsstoffe	110 000,—	Umsatzerlöse	170 000,—
Löhne und Gehälter	60 000,—	Beteiligungserträge	35 000,—
Sozialabgaben		Zinserträge	17 000,—
Abschreibungen	20 000,—	Erträge aus Verkauf von Anlagegegenständen	8 000,—
Zinsen	10 000,—		
Steuern	10 000,—		
Bilanzgewinn	20 000,—		
	230 000,—		230 000,—

Tabelle 2

Neben den Hauptaufgaben der Geschäftsbuchhaltung bestehen weitere Aufgaben darin, **Bemessungsunterlagen für die Besteuerung** der Unternehmung bereitzustellen und „bei besonderen Anlässen (Gründung, Sanierung, Fusion, Umwandlung, Liquidation, Konkurs u. a.)"[5]) **Sonderbilanzen** zu erstellen. Eine weitere Aufgabe der Finanzbuchhaltung besteht darin, Liquiditäts- und Finanzkontrollen durchzuführen.

1.1.2. Aufgaben der Kostenrechnung (Betriebsabrechnung)

Im Gegensatz zur Geschäftsbuchhaltung ist die Betriebsabrechnung nach **innen** gerichtet und befaßt sich mit den innerbetrieblichen Wertbewegungen, die sich im Zusammenhang mit dem betrieblichen Kombinationsprozeß ergeben. Sie verfolgt den innerbetrieblichen Wertefluß, nimmt jedoch weitgehende Umformungen des von der Buchhaltung übernommenen Zahlenmaterials vor und wertet es nach statistischen Methoden aus.

---

[4]) Stark vereinfacht; nach § 157 Abs. 1 Aktiengesetz 1965 ist heute für Aktiengesellschaften die Staffelform der G.u.V.-Rechnung verbindlich. Hier wurde aus methodischen Gründen die obige Darstellungsform gewählt.

[5]) Wöhe, G., a. a. O., S. 499.

Die Betriebsabrechnung befaßt sich insbesondere mit den Fragen einer richtigen Zurechnung der bei der Leistungserstellung und -verwertung angefallenen Kosten auf die Kostenträger, überwacht die Kosten an den Orten ihrer Entstehung, schafft Unterlagen zur Kalkulation der Leistungen und ermöglicht die Ermittlung von Preisuntergrenzen.

Als Hauptaufgabe der Betriebsabrechnung lassen sich somit herausstellen:

Wirtschaftlichkeitskontrolle zur Überwachung der Betriebstätigkeit und

Selbstkostenermittlung als Grundlage der Preispolitik

Als Teilgebiete[6]) der Betriebsabrechnung unterscheidet man:

- die Kostenartenrechnung,
- die Kostenstellenrechnung und
- die Kostenträgerrechnung (Kostenträgerstückrechnung — Kalkulation).

In der **Kostenartenrechnung** geht es um die nach Kostenarten getrennte Erfassung des in den einzelnen Abrechnungsperioden (meist monatlich) angefallenen betriebsbedingten Werteverzehrs. Die Kostenartenrechnung beantwortet die Frage: **welche** und **wieviel** Kosten in der Periode entstanden sind. (Löhne, Gehälter, Zinsen, Abschreibungen, usw.)

In der **Kostenstellenrechnung** werden die in der Kostenartenrechnung erfaßten Kosten auf die Kostenstellen (= nach bestimmten Kriterien organisierte Einheiten des Betriebes) verteilt, in denen sie entstanden sind. Organisationsmittel der Kostenstellenrechnung ist der Betriebsabrechnungsbogen (kurz BAB genannt).

Insbesondere hat die Kostenstellenrechnung die Verteilung der Gemeinkosten zu bewirken und zwar nach dem Prinzip der Verursachung den Kostenstellen zuzurechnen, die sie verursacht haben. Das geschieht aus einem zweifachen Grund:

1. um zu wissen, wo welche Kosten in welcher Höhe entstanden sind und
2. um die Leistungen mit den Kosten der Kostenstellen zu belasten, die diese Leistungen erbringen. (Bildung von Kalkulationssätzen)

Die Kostenstellenrechnung beantwortet die Frage: **wo** die Kosten entstanden sind.

In der **Kostenträgerrechnung** werden die Selbstkosten für die Leistungseinheit (Kostenträger) des Betriebes ermittelt. Sie dienen der Preispolitik und bilden die Grundlage der Betriebsergebnisrechnung.

---

[6]) In der Literatur wird überwiegend diese Einteilung vorgenommen. Gelegentlich findet man unter dem Begriff Betriebsabrechnung die Teilgebiete: Kostenarten- und Kostenstellenrechnung. Dann wird Kostenrechnung als Oberbegriff verwendet mit den Teilgebieten: Betriebsabrechnung und Kostenträgerrechnung.

Die Kostenträgerrechnung kann je nach dem Zeitpunkt der Durchführung sein:

- Vorkalkulation: sie ist dann in der Regel eine Angebotskalkulation,
- Zwischenkalkulation: sie erfolgt bei Kostenträgern mit längerfristiger Produktionsdauer zum Zwecke der Bilanzierung von unfertigen Erzeugnissen für Zwischenabrechnungen, oder zur Ermittlung von Ersatzforderungen bei Widerruf eines Auftrages,
- Nachkalkulation: ermittelt die tatsächlich entstandenen Kosten und erfolgt nach Fertigstellung der Kostenträger. Sie liefert ferner Daten für die Betriebsergebnisrechnung.

Die Kostenträgerrechnung beantwortet die Frage: **wofür** sind welche **Kosten** entstanden.

Aus organisatorischen Gründen wird ein wichtiges Teilgebiet des Rechnungswesens, die **Betriebsergebnisrechnung** (auch als kurzfristige Erfolgsrechnung bezeichnet), der Kostenträgerzeitrechnung zugeordnet. In ihr werden den Periodenkosten die Leistungen des Betriebes gegenübergestellt und daraus der Betriebserfolg ermittelt.

Die GuV-Rechnung, als älteste Methode der Erfolgsermittlung im Rahmen der Geschäftsbuchhaltung, ist aus verschiedenen Gründen (s. Kap. 9) nicht in der Lage, ein zutreffendes Bild des Betriebserfolges zu ermitteln. Mittels Gesamtkosten- und Umsatzkostenverfahren werden in kurzen Zeitabständen Artikel-, Artikelgruppen oder Gesamtbetriebserfolgsrechnungen durchgeführt, analysiert, und kurzfristige Entscheidungen möglich gemacht.

Zur Erfassung des mengen- und wertmäßigen Verbrauchs der wichtigsten Produktionsfaktoren: Arbeit, Betriebsmittel und Werkstoffe sind:

    Materialabrechnung,

    Lohnabrechnung und

    Anlagenabrechnung

häufig der Betriebsabrechnung zugeordnet, obwohl sie Zahlenmaterial für die Finanzbuchhaltung (Aufwendungen u. Bestände) sowie für die Kostenrechnung (Kosten) liefern. Häufig werden sie als Nebenrechnung geführt.

1.1.3. Die betriebliche Statistik — als weiteres Teilgebiet des Rechnungswesens — ist ein Instrument zur Erfassung und Auswertung von betrieblichen Massenerscheinungen. Sie erhält ihr Zahlenmaterial teils von der Kostenrechnung, teils von der Finanzbuchhaltung oder durch eigene Erhebungen, und stellt eine Vergleichsrechnung dar[7].

---

[7] Vgl. hierzu: Mellerowicz, K., a. a. O., S. 23 f. und S. 128 ff.

1.1.4. In der **Vorschau und Planungsrechnung** sollen zukünftige betriebliche Vorgänge mengen- und wertmäßig erfaßt werden, um unternehmerische Entscheidungen vorzubereiten. Hierzu werden aus Zahlen der Geschäftsbuchhaltung, Statistik und Kostenrechnung kurz- und langfristige Einzel- und Gesamtpläne erstellt und Soll-Ist-Vergleiche durchgeführt.

Zusammenfassend kann festgestellt werden, daß trotz spezifischer Aufgaben, die die einzelnen Teilgebiete des Rechnungswesens zu erfüllen haben, sie sich gegenseitig durchdringen und ein einheitliches organisatorisches Ganzes bilden. Außer der Finanzbuchhaltung, über die in irgendeiner Form durch gesetzliche Vorschriften alle Betriebe verfügen müssen, sind sich viele Betriebe immer noch nicht über den Wert einer Kostenrechnung, Betriebsergebnisrechnung und Planungsrechnung für qualifizierte unternehmerische Entscheidungen bewußt und begeben sich damit eines wertvollen Instruments, das Betriebsgeschehen angemessen und vorteilhaft zu kontrollieren und zu steuern[8]), und intuitive durch zahlenmäßig abgesicherte Entscheidungen zu ersetzen.

Die Tabelle auf Seite 7 soll nochmals in graphischer Form die Zusammenhänge der Teilgebiete des Rechnungswesens darstellen.

II. Grundsätze und Prinzipien der Kostenrechnung

2.1. Grundsätze der Kostenrechnung

Grundsätze der Kostenrechnung stellen Mindestanforderungen für Kostenrechnungen dar.

- **Grundsatz der Wirtschaftlichkeit**

Er besagt, daß die angestrebten Erkenntnisse hinsichtlich des Aufwandes zu ihrer Gewinnung in einem angemessenen ökonomischen Verhältnis stehen müssen, d. h. in der Regel ist keine Pfenniggenauigkeit erforderlich, es dürfen keine unnötigen Auswertungen erfolgen.

- **Grundsatz der Vollständigkeit**

Er besagt, daß durch entsprechende Betriebsorganisation sichergestellt sein muß, daß alle Daten vollständig erfaßt werden.

- **Grundsatz der Richtigkeit**

Er besagt, daß die in der Kosten- und Leistungsrechnung erfaßten Werte betriebswirtschaftlich objektiv richtige Werte beinhalten müssen, d. h. für die

---
[8]) Vgl. hierzu: Mrachcz, H. P., in Handbuch der Kostenrechnung, München 1971, S. 840, der die Zahl der Betriebe mit Grenzplankostensystemen auf 200—300 Betriebe schätzt; ferner Untersuchung des RKW: Rechnungswesen, Organisation und Planung in Unternehmen, 1. u. 2. Ergebnisbericht, Frankfurt 1965.

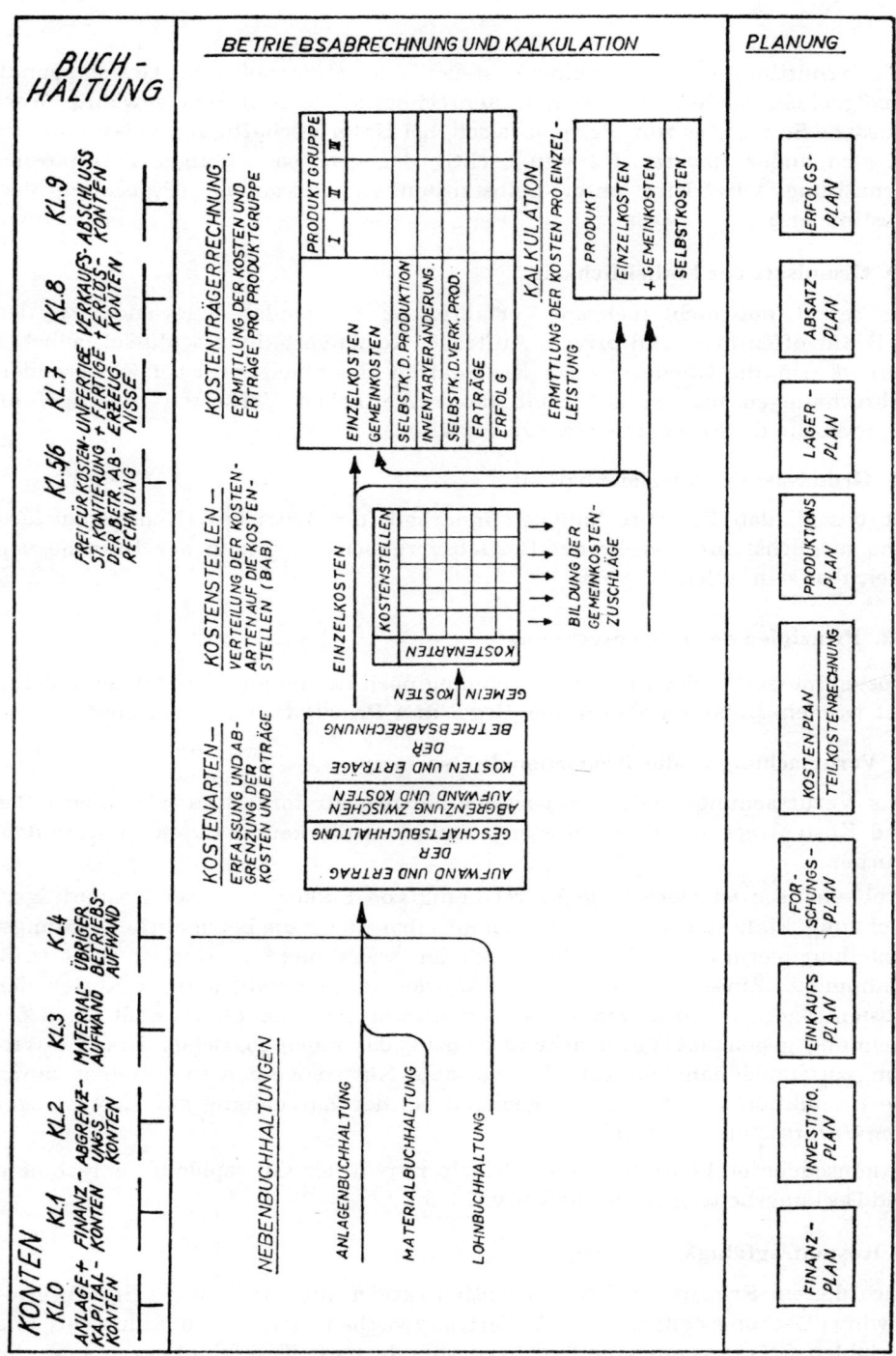

Die Teilgebiete des betrieblichen Rechnungswesens

Wertermittlung sind weder bilanz-, steuer- oder absatzpolitische Gesichtspunkte maßgeblich, sondern nur nach kostenrechnerischen Kriterien gewählte Wertansätze. So wäre es zum Beispiel falsch, bei Unterbeschäftigung kalkulatorische Kosten außer Ansatz zu lassen, richtig dagegen, bei richtiger Selbstkostenermittlung kurzfristig unter Selbstkosten zu verkaufen. (Preisuntergrenze bestimmen!)

- **Grundsatz der Einheitlichkeit**

Er besagt, daß nicht mehrere Verfahren nebeneinander angewendet werden, z. B. für öffentliche und private Aufträge, Kostenverteilungsschlüssel beibehalten werden, die Gliederung der Kostenarten gleichbleibend ist usw. Besondere Abrechnungen müssen außerhalb des einheitlichen Verfahrens durchgeführt werden, um die Ergebnisse nicht zu verfälschen.

- **Grundsatz der Vergleichbarkeit**

Er besagt, daß Kostenrechnungen innerhalb des Betriebes (Konzernbetriebe) und möglichst für Zwecke des Betriebsvergleichs innerhalb der Branche vergleichbar sein sollen.

2.2. Prinzipien der Kostenrechnung

Kosten müssen in der Betriebsabrechnung nach bestimmten Prinzipien verrechnet werden. Dabei werden in der Regel drei Prinzipien unterschieden:

a) Verursachungs- oder Proportionalitätsprinzip

Das Verursachungs- oder Proportionalitätsprinzip fordert, den Kostenstellen und Kostenträgern nur die Kosten anzulasten, die kausal durch sie veranlaßt wurden.

Problematisch ist hierbei die Verrechnung von Fixkosten in der Kostenträgerrechnung. Fixkosten werden nicht unmittelbar durch die betriebliche Leistungserstellung verursacht. Sie fallen auch an, wenn nicht produziert wird (z. B. Raummiete, Zinsen, Gehälter usw.). Werden diese zeitabhängigen Kosten den Kostenträgern in Form von stückfixen Kosten zugerechnet, verstößt diese Zurechnung gegen das Verursachungsprinzip, das einen logischen Ursache-Wirkungszusammenhang fordert. Nur variable Kosten werden unmittelbar durch die Produktion verursacht und genügen bei der Zurechnung auf Kostenträger dem Verursachungsprinzip.

In konsequenter Weise ist dieses Prinzip nur in der Grenzplankostenrechnung und Deckungsbeitragsrechnung verwirklicht.

b) Kostentragfähigkeitsprinzip

Nach diesem Prinzip werden den Kostenträgern auf Grund ihres Stückbruttogewinns/Deckungsbeitrages (= Differenz zwischen erwartetem Stückerlös und variablen Stückkosten) anteilige Fixkosten je nach Tragfähigkeit — oder im proportionalen Verhältnis zum Stückbruttogewinn angelastet.

Kritisch zu diesem Prinzip ist anzumerken, daß die so ermittelten Kalkulationsergebnisse durch sich ändernde Marktdaten (Erlöse der Produkte) nicht ohne weiteres für dispositive Zwecke zu gebrauchen sind.

c) Durchschnittsprinzip

Vollkostenrechnungen verrechnen alle Kosten direkt oder indirekt auf die Kostenträger. Die entstandenen Kosten werden mittels Durchschnittsbildung auf die Kostenträger verteilt. Das Durchschnittsprinzip tritt damit an die Stelle des strengen Verursachungsprinzips.

„Für alle Fälle, in denen mit Vollkosten gerechnet werden muß, ist dieses Durchschnittsprinzip wissenschaftlich zu vertreten, wenn innerhalb der Kostenarten-, Kostenstellen- und Kostenträgerrechnung die Verrechnung nach dem strengen Kausalitätsprinzip jeweils auf verschiedene Bezugsgrößen erfolgt."[9][10]

III. Produktions- und Kostentheorie

3.1. Ertragsgesetzlicher Kostenverlauf

Betriebe sind darauf angelegt, Güter zu produzieren und Dienstleistungen bereitzustellen (= betriebliche Leistungserstellung). Das geschieht durch Kombination der Produktionsfaktoren (Arbeit, Betriebsmittel, Werkstoffe) im betrieblichen Leistungsprozeß.

Diese Kombination vollziehen Betriebe marktwirtschaftlicher Prägung nach zwei Prinzipien, nach dem:

① **Wirtschaftlichkeitsprinzip** $= \dfrac{\text{bewerteter Faktorertrag}^{11)}}{\text{bewerteter Faktoreinsatz}}$ und dem

② **Erwerbswirtschaftlichen Prinzip**

(= Streben nach langfristiger Gewinnmaximierung)

Die Produktions- und Kostentheorie versucht die funktionalen Beziehungen, die sich zwischen dem mengen- und wertmäßigen Einsatz an Produktionsfaktoren und deren mengen- und wertmäßigen Ausbringung ergeben, aufzuzeigen. Man unterscheidet grundsätzlich zwei verschiedene Produktionsfunktionen[12]

— die Funktion vom Typ A und

— die Funktion vom Typ B.

---

[9] Huch, B., Einführung in die Kostenrechnung, Würzburg - Wien 1971, S. 45.
[10] Vgl. ferner hierzu: Böckel/Höpfner, Moderne Kostenrechnung, Stuttgart - Berlin - Köln - Mainz 1972, S. 18—20; Haberstock, L., Kostenrechnung I ((Privatdruck), Saarbrücken 1972, S. 55 f.
[11] Faktoreinsatz/Faktorertrag = mengen/wertmäßige Erfassung der Produktionsfaktoren.
[12] Heinen versucht mit der Produktionsfunktion vom Typ C eine allgemeingültige Funktion aufzustellen. Vgl. hierzu: Heinen, E., Produktions- und Kostentheorie, in: Allgemeine Betriebswirtschaftslehre in programmierter Form, Wiesbaden 1969, S. 201 ff.

Die Produktionsfunktion vom Typ A geht davon aus, daß ein bestimmter Faktorertrag mit Hilfe verschiedener Kombinationen von Faktoreinsatzmengen hergestellt werden kann. Es muß also z. B. möglich sein, eine bestimmte Produktmenge mit viel Handarbeit und wenig Maschinenstunden herzustellen oder die gleiche Produktmenge mit wenig Handarbeit und mehr Maschinenstunden zu erzeugen.

Das Ertragsgesetz wurde unter folgenden Prämissen abgeleitet:

① Ein konstanter Faktor und ein variabler Faktor werden in der Weise kombiniert, daß steigende Mengeneinheiten des variablen Faktors auf den konstanten Faktor aufgewendet werden.

② Der variable Faktor ist völlig homogen, d. h. alle Einheiten sind von gleicher Qualität und gegenseitig austauschbar.

③ Der variable Faktor ist beliebig teilbar.

④ Die Produktionstechnik ist unveränderlich.

⑤ Es wird nur eine Produktart erzeugt.

⑥ Die Preise der Produktionsfaktoren und der Einheiten der produzierten Güter sind konstant.

Eine quantitative Ableitung dieser Ertragsfunktion setzt voraus, daß man den Beitrag kennt, den jeder einzelne Faktor zur Erstellung der Gesamtproduktion leistet. Damit läßt sich dann diejenige Kombination erreichen, bei der die Produktivität ein Optimum erreicht (Produktivität ist der Quotient aus Ausbringung und Faktoreinsatz: $Pr = \frac{x}{r}$).

Die Ausbringung x ist ihrerseits funktionsmäßig mit dem Faktoreinsatz verbunden:

$$x = f(r_1, r_2, r_3, \ldots r_n) = \text{Produktionsfunktion}$$

Nun kann man unter der Voraussetzung der Gültigkeit der Produktionsfunktion vom Typ A bei gleicher Ausbringung den Faktoreinsatz variieren, also auch die Produktivität verändern. Bei infinitesimaler Betrachtung erhält man die **Grenzproduktivität** eines Faktors. Unter Grenzproduktivität versteht man dabei den „Differentialquotienten aus der (infinitesimal kleinen) Mengenänderung des betrieblichen Ertrages und der diese bewirkenden (infinitesimalen kleinen) Änderung der Einsatzmengen eines Produktionsfaktors"[13].

Die Grenzproduktivität ist:

$$p_{g1} = \frac{dx}{dr_1}$$

---

[13] Fäßler u. a. in: Kostenrechnungslexikon, München 1971, S. 174, Sp. 1.

Das betriebliche Rechnungswesen

Den **Grenzertrag** des variablen Faktors erhält man durch die Erhöhung der Einsatzmenge des variablen Faktors durch eine infinitesimale kleine Einheit

$$e' = \frac{dx}{dr_1} \cdot dr_1$$

Weil mehrere Faktoren kombiniert werden, müssen die partiellen Grenzproduktivitäten errechnet werden:

$$p_{gp1} = \frac{\partial x}{\partial r_1} \cdot dr_1; \quad p_{gp2} = \frac{\partial x}{\partial r_2} \cdot dr_2 \ldots,$$

der totale Grenzertrag aller Faktoren ist also:

$$dx = \frac{\partial x}{\partial r_1} \cdot dr_1 + \frac{\partial x}{\partial r_2} \cdot dr_2 \ldots + \frac{\partial x}{\partial r_n} \cdot dr_n$$

Diese Gleichung ist eine reine **Mengenrelation**. Für die Kostenrechnung müssen die Produktionsfaktoren mit Preisen bewertet werden. Dabei wird angestrebt, daß der Betrieb langfristig die Kombination von Produktionsfaktoren wählt, bei der die partiellen Grenzproduktivitäten sich wie die Preise der Produktionsfaktoren verhalten. Damit ergibt sich folgender Ausdruck:

$$\frac{\partial x}{\partial r_1} : \frac{\partial x}{\partial r_2} : \ldots : \frac{\partial x}{\partial r_n} = p_1 : p_2 : \ldots p_n$$

Dieser Effekt wird in der betriebswirtschaftlichen Literatur als **Minimalkostenkombination** bezeichnet.

Zeichenerklärung:

x	=	Ausbringungsmenge
r_1 bis r_n	=	Faktoreinsatzmengen
p_1 bis p_n	=	Faktorpreise
$\frac{\partial x}{\partial r_1}$ bis $\frac{\partial x}{\partial r_n}$	=	Grenzproduktivität der Faktoren r_1 bis r_n
e'	=	Grenzertrag
p_{g1}	=	Grenzproduktivität eines Faktors
p_{gp1} bis p_{pgn}	=	Partielle Grenzproduktivitäten der Faktoren r_1 bis r_n

Wenn auch die Gültigkeit der Produktionsfunktion vom Typ A = der ertragsgesetzliche Kostenverlauf, für die Industrie umstritten und als nicht typisch angesehen wird, soll aus didaktisch-methodischen Gründen auf ihre Darstellung nicht verzichtet werden, da am Verlauf der Gesamtkostenkurve und der von ihr abgeleiteten Stückkostenkurven, Grenzkostenkurve und Fixkostenkurve wesentliche Einsichten in die kostentheoretischen Gesamtzusammenhänge aufgewiesen werden können.

Jede stetige Kurve, also auch die ertragsgesetzliche Kostenkurve, läßt sich mathematisch approximieren, also mit beliebiger Genauigkeit annähern, denn es gilt:

$$x = f(r_1, r_2, r_3, \ldots r_n) \quad \text{und wertmäßig:}$$

$$x = f(r_1 \cdot p_1; r_2 \cdot p_2; \ldots r_n \cdot p_n)$$

also: $x = f(k) \to K = g(x)$; die Kostenkurve ist also die Umkehrfunktion der wertmäßigen Produktionsfunktion. Eine solche ertragsgesetzliche Kostenkurve lautet:

$$K = \boxed{ax^3 - bx^2 + cx + d}$$

z. B.: $\quad K = 32 + 16x - 1{,}3 x^2 + 0{,}05 x^3$

Grenzkosten stellen den Gesamtkostenzuwachs dar, der sich durch Leistungserstellung der letzten Einheit ergibt.

Mathematisch sind die Grenzkosten die erste Ableitung der Gesamtkostenfunktion.

Die Grenzkosten sind: $\dfrac{dK}{dx} = 16 - 2{,}6x + 0{,}15x^2$.

Das Minimum der Grenzkostenkurve wird durch den Wendepunkt der Gesamtkostenkurve bestimmt.

Der Wendepunkt einer Funktion wird mathematisch ermittelt, indem man hier das Minimum der ersten Ableitung ermittelt =

Ableitung der K'-Funktion Null setzen[14]):

$$\left(\frac{dK}{dx}\right)' = \frac{d^2K}{dx^2} = -2{,}6 + 0{,}3x = 0$$

$$0{,}3x = 2{,}6$$

Wendepunkt: $\quad x = 8{,}67$

Die Fixkosten sind leicht zu ermitteln:

für $x = 0 \to K = 32$

Durchschnittskosten: $k = \dfrac{K}{x} = \dfrac{32 + 16x - 1{,}3x^2 + 0{,}05x^3}{x}$

Minimum der Durchschnittskosten:

Das Minimum der Funktion k findet man, wenn man die erste Ableitung der Funktion = 0 setzt.

---

[14]) Zur graphischen Ableitung vgl. Wöhe, G., a. a. O., S. 248 ff.

— Behauptung: Minimum liegt im Schnittpunkt von Durchschnitts- und Grenzkosten

1. Weg: $k = \text{Minimum} = k' = 0$

$$\left(\frac{32 + 16x - 1{,}3x^2 + 0{,}05x^3}{x}\right)' = 0$$

$$\frac{x(16 - 2{,}6x + 0{,}15x^2) - (32 + 16x - 1{,}3x^2 + 0{,}05x^3)}{x^2} = 0 \quad [15]$$

$$\frac{16x - 2{,}6x^2 + 0{,}15x^3 - 32 - 16x + 1{,}3x^2 - 0{,}05x^3}{x^2} = 0$$

$$\frac{-1{,}3x^2 + 0{,}1x^3 - 32}{x^2} = 0$$

$$\boxed{0{,}1x^3 - 1{,}3x^2 - 32 = 0}$$

2. Weg: Ermittlung Schnittpunkt von Durchschnittskosten und Grenzkosten:

$$16 - 2{,}6x + 0{,}15x^2 = \frac{32 + 16x - 1{,}3x^2 + 0{,}05x^3}{x}$$

$$16x - 2{,}6x^2 + 0{,}15x^3 = 32 + 16x - 1{,}3x^2 + 0{,}05x^3$$

$$\boxed{0{,}1x^3 - 1{,}3x^2 - 32 = 0}$$

Damit ist der analytische Beweis erbracht, daß das Minimum der Durchschnittskosten im Schnittpunkt der Durchschnittskostenkurve und der Grenzkostenkurve liegt. (= Punkt BO) (siehe Abb. 1 u. 2) Der Punkt BO wird als Betriebsoptimum bezeichnet, denn an diesem Punkt ist das Verhältnis von Stückkosten und Ausbringungsmenge am günstigsten. Langfristig darf der Preis nicht unter die gesamten Stückkosten sinken.

Die fixen Stückkosten bei ertragsgesetzlichem Kostenverlauf:

$$k_f = \frac{K_f}{x} = \frac{32}{x}$$

$$\lim_{x \to \infty} \frac{32}{x} = 0; \quad \lim_{x \to 0} \frac{32}{x} = \infty$$

---

[15] Nach Quotientenregel.

Graphische Darstellung der Kostenauflösung:

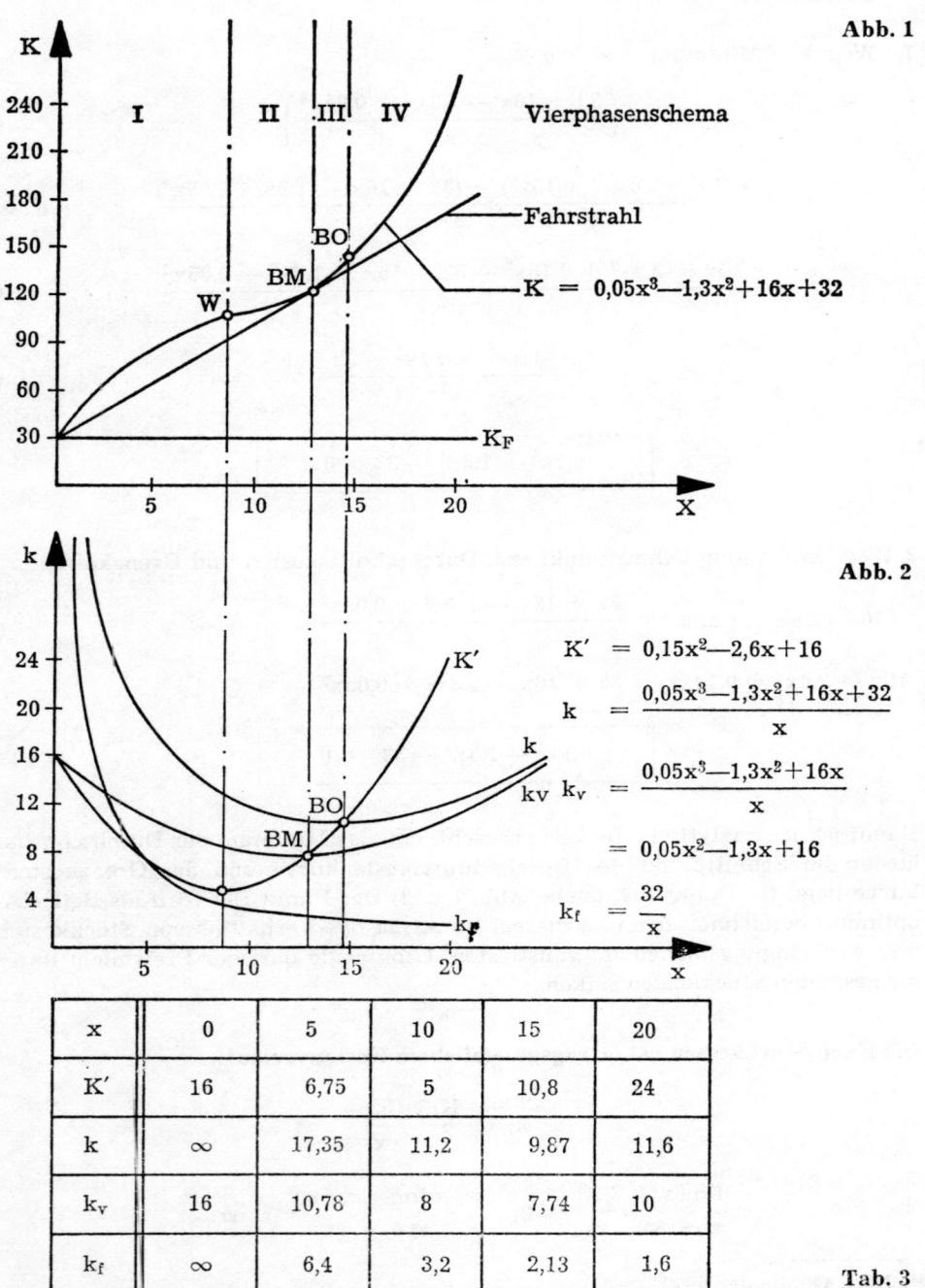

Abb. 1

Abb. 2

Tab. 3

Die variablen Durchschnittskosten:

$$k_v = \frac{K - K_F}{x} = \frac{K_V}{x}$$

$$k_v = \frac{0{,}05x^3 - 1{,}3x^2 + 16x}{x} = \underline{\underline{0{,}05x^2 - 1{,}3x + 16}}$$

Minimum der k_v:

Das Minimum der variablen Durchschnittskosten liegt im Schnittpunkt der variablen Durchschnittskostenkurve mit der Grenzkostenkurve.

1. Weg:

$$k'_v = 0 = > 0{,}1x - 1{,}3 = 0$$
$$0{,}1x = 1{,}3$$
$$\underline{\underline{x = 13}}$$

2. Weg:

Grenzkosten = variable Durchschnittskosten
$$16 - 2{,}6x + 0{,}15x^2 = 0{,}05x^2 - 1{,}3x + 16$$
$$\underline{\underline{x = 13}}$$

Daraus folgt, daß das Minimum im Schnittpunkt der variablen Durchschnittskosten und der Grenzkosten liegt. (= BM)

Dieser Punkt ist in der graphischen Darstellung mit BM bezeichnet und wird als Betriebsminimum definiert. Das Betriebsminimum bezeichnet den Punkt mit den geringsten variablen Kosten pro Einheit Ausbringungsmenge. Gleichzeitig bezeichnet er die kurzfristige Preisuntergrenze, d. h. wenn der erzielbare Preis die variablen Stückkosten bei dieser Ausbringung nicht mehr deckt, ist es sinnvoller, die Produktion einzustellen.

3.2. Produktionsfunktionen gebildet aus Verbrauchsfunktionen

Es ist einleuchtend, daß die wissenschaftlich umstrittene Gesamtkostenkurve auf der Grundlage der ertragsgesetzlichen Produktionsfunktion nicht die Grundlage betrieblicher Kostenanalyse sein kann, wenn sie auch zu Anschauungszwecken gut geeignet ist. Es wird deshalb angestrebt, von der Gesamtkostenbetrachtung auf die analytische Darstellung von Kostenstellen überzugehen und die theoretische Grundlage der Ertragsfunktion des Types A fallenzulassen. Aus diesem Grund wurde eine neue Produktionsfunktion eingeführt, bei der die Einsatzmengen nicht frei variierbar sind[16], sondern in einer eindeutigen Beziehung zum Ertrag stehen; die Verbrauchsfunktionen dienen hier als Grundlage. Es ist möglich, die Verbrauchsfunktion, die die funktionale Beziehung zwischen dem Verbrauch einer Faktorart zur Erstellung einer Leistungseinheit zur technischen Leistung eines Betriebsmittels wiedergibt, jeder wichtigen Kostenstelle, Maschine oder Kostenplatz mathematisch zu erfassen,

---

[16] Man spricht von Limitionalität der Produktionsfaktoren, d. h., die Produktionsfaktoren können nur in einem ganz bestimmten Verhältnis miteinander kombiniert werden (Typisches Beispiel: Chemische Industrie).

ihr Optimum zu ermitteln und die Funktionen aller Kostenstellen zu addieren. Bei Verwendung von festen Verrechnungspreisen für Energie, Hilfs-, Betriebs- und Rohstoffen sowie der anfallenden Fertigungslöhne lassen sich komplexe Vorgänge plastisch (also graphisch) erfassen und liefern wichtige Entscheidungshilfen für Disposition und Plankostenrechnung.

Die Verbrauchsfunktion vom Typ B bezieht sich auf die abgegebene Leistung, die mit „d" bezeichnet wird. Bei gegebener technischer Ausstattung hängt der mengenmäßige Verbrauch von Produktionsfaktoren von der Beschäftigung (= Ausbringung) x ab:

$$d_j = \varphi_j(x) \ (j = 1, \ldots p; \quad p = \text{Zahl der Teileinheiten})$$

Die benötigten Faktoren werden mit $r_1, r_2, \ldots r_m$ bezeichnet, zusätzlich erhalten sie den Index der bezeichneten Maschine, also:

$$r_{11} = f_{11}(d_1)$$
$$r_{21} = f_{21}(d_2)$$
$$\vdots$$
$$r_{m1} = f_{m1}(d_1)$$

Die Einsatzmengen r_i sind für alle Aggregate $(i = 1, \ldots n)$

$$r_i = \sum_{j=1}^{p} r_{ij} = \sum_{j=1}^{p} f_{ij}[\varphi_j(x)]$$

Werden alle Faktoren mit ihren Preisen (Verrechnungspreisen) bewertet, so erhält man die Kosten in Abhängigkeit zur Leistungsabgabe. Diese Abhängigkeit ist individuell für jede Maschine verschieden, doch läßt sie sich häufig genau ermitteln und mathematisch annähern.

Bei Verbrennungskraftmaschinen z. B. stehen Brennstoffverbrauch, Leistung und Drehzahl in einem gewissen Verhältnis:

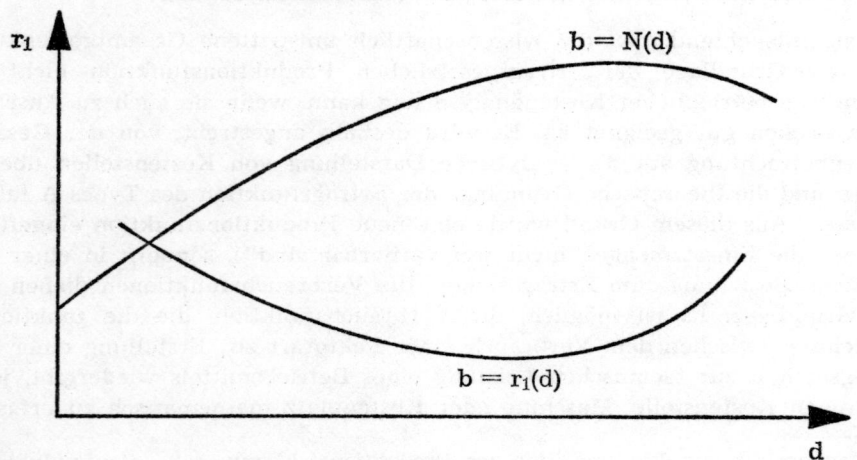

Abbildung 3
N = Leistung, b = Brennstoffverbrauch, d = Drehzahl

Der Brennstoffverbrauch läßt sich als Polynom 3. Grades ausdrücken:

$$r_1 = Ad^3 + Bd^2 + Cd + D$$

Die Konstanten A, B, C, D sind für jeden Maschinentyp zu ermitteln.

Für Elektromotoren gilt: Stromverbrauch $r_2 = Ad^2 + Bd + D$, wobei der Teilausdruck Ad^2 so klein ist, daß er vernachlässigt werden kann. Der Schmiermittelverbrauch läßt sich wie die meisten Verbrauchsfunktionen linear darstellen:

$$r_3 = Ad + B.$$

Der konstante Faktor B tritt bei allen Schmelz-, Trocknungs- oder Heizvorgängen auf, bei denen eine gewisse Energie durch Wärmeleitung verloren geht. Zu diesen technisch bedingten Fixkosten kommen dann noch Abschreibungen, Zinsen, Grundstücks- und Gebäudekosten u. a. Andere Verbrauchsmengen sind der Leistung direkt proportional, $r = A \cdot d$, wie z. B. Rohstoffe.

Werden alle Teilkosten einer Kostenstelle addiert und faßt man alle Kostenstellen zusammen, so erhält man eine Gesamtkostenfunktion, die typisch für den Betrieb ist.

Beispiel für 1 Kostenstelle:

Brennstoffverbrauch für Maschinengruppe A:

$$r_1 = 0,3\,d^3 - 0,8\,d^2 + 2d + 3$$

Die Leistungsabgabe d steht in einem gewissen Verhältnis zur Ausbringung x. Da sie die für den Betrieb relevantere Größe ist, wird versucht, sie zur Grundlage für die Berechnung zu machen. (Für Einproduktenunternehmen, andernfalls Differenzierung).

Brennstoffverbrauch:	$K_1 =$	$0,15x^3 - 0,35x^2 +$	$1,8x$	$+ \ 1,8$
Maschinenöl:	$K_2 =$		$0,08x$	$+ \ 0,7$
Werkzeugverbrauch:	$K_3 =$		$0,07x$	
Facharbeiterlöhne:	$K_4 =$			87
Hilfslöhne:	$K_5 =$			$18,7$
Rohstoffe:	$K_6 =$		$2,1x$	
Reparaturkosten:	$K_7 =$		$0,03x$	$+ \ 3,3$
Kdk. Zinsen, Gebäudeko. Abschreibungen:	$K_8 =$			$8,5$
Stromkosten:	$K_9 =$	$0,08x^2 +$	$0,02x$	$+ \ 2,5$

Gesamtkosten: $K = 0,15x^3 - 0,27x^2 + 4,1x + 122,5$

Einzelne Faktoren wie Gebäudekosten und Reparaturkosten sind dabei statistische Mittelwerte der Vergangenheit, ihre genaue Bestimmung ist Aufgabe der innerbetrieblichen Leistungsverrechnung. Es ist jedoch gerechtfertigt, Verrechnungspreise zu ermitteln, weil sie unerläßlich für die Optimierungsrechnung sind.

Die Kostenkurve in Abhängigkeit zur Ausbringung ist für dispositive Aufgaben wichtig. So kann es sein, daß der Betrieb die Wahl zwischen zwei Aggregattypen hat, deren Kostenverläufe wie folgt aussehen:

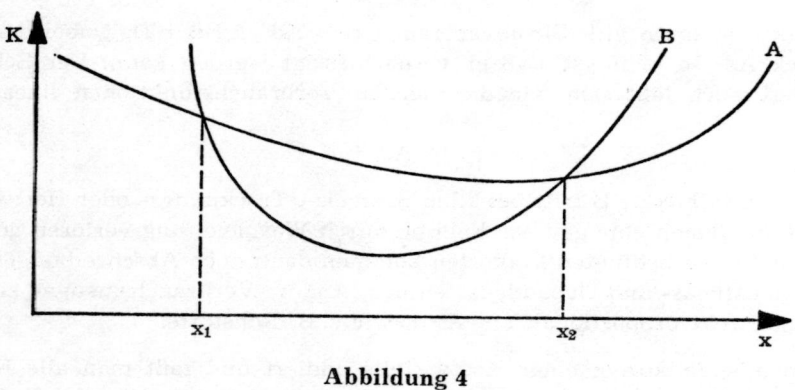

Abbildung 4

A ist eine Mehrzweckmaschine mit flachem Kurvenverlauf

B = Spezialmaschine, die zwischen x_1 und x_2 günstiger produziert.

Hier muß der Betrieb seine Preisabsatzfunktionen kennen und Marktbeobachtungen betreiben.

Einzelne Kostenkurven einer Ko-Stelle wie die eben entwickelte, können durchaus wie beim ertragsgesetzlichen Kostenverlauf aussehen, ohne deren theoretische Grundlage zu haben; die **Gesamtkostenkurve** des Betriebes verläuft dagegen für den praktisch nutzbaren Ausbringungsbereich meist linear mit einer Kostenprogression ab einer Beschäftigung von rund 100 %, weil alle Aggregate ihre optimale Leistungsabgabe überschreiten müssen.

Kostenverläufe auf der Grundlage von Verbrauchsfunktionen geben also die technische und organisatorisch bedingte Beschränkung der Faktorkombination wieder.

Trotzdem läßt sich in vielen Fällen eine **technisch** bedingte optimale Leistungsentnahme (Ausbringung) ermitteln[17]. Man geht von den gesamten Kosten K einer (oder mehrerer) Kostenstellen aus:

$$K = r_1 p_1 + r_2 p_2 + r_3 p_3 + \ldots + r_n p_n$$

Diese Kosten der Produktionsfaktoren sollen minimiert werden. r ist eine Funktion der Leistungsentnahme d:

$$r = f(d), \text{ also:}$$

$$K = f_1(d_1) \cdot p_1 + f_2(d_2) \cdot p_2 \ldots + f_n(d_n) p_n$$

---

[17] Der Optimalwert ist dann vorhanden, wenn die Summe der mit ihren Preisen bewerteten Verbrauchsmengen der Einsatzfaktoren je Einheit ein Minimum bildet.

Den Extremwert (Minimum) erreicht man, indem man nach „d_i" differenziert und die Gleichung null setzt:

$$K_{min} = \frac{\partial k}{\partial d_i} = 0 = \frac{\partial f_1(d_1)}{\partial d_1} \cdot p_1 = \frac{\partial f_2(d_2)}{\partial d_2} \cdot p_2 = \ldots \frac{\partial f_n(d_n)}{\partial d_n} \cdot p_n = 0$$

Diese optimale Leistungsentnahme erlaubt dann die Bestimmung der technischen optimalen Ausbringung, denn:

$$x = f(d)$$

3.3. Lineare Kostenverläufe.

Kosten sind Faktoreinsatz mal Preis. Der Faktoreinsatz ergibt also das Mengengerüst, auf dem die Kostenrechnung aufgebaut ist. Die Höhe der Kosten wird von folgenden Größen beeinflußt[18]):

① **durch die Faktorqualität**

darunter versteht man die Qualifikation der arbeitenden Menschen, der Organisation und aller anderen Produktionsfaktoren

② **durch die kapazitätsmäßige Auslastung oder Beschäftigung**

③ **durch die Preise der Produktionsfaktoren, die Betriebsgröße und Fertigungsprogramm**

Wenn man von einem gegebenen Betrieb ausgeht und dabei Faktorqualität, Preise, Betriebsgröße und Fertigungsprogramm als fest oder als um eine feste Größe oszillierend annimmt, dann bleibt als einzig variable Kostendeterminante die Beschäftigung.

Wenn man unterstellt, daß für industrielle Betriebe der lineare Gesamtkostenverlauf typisch ist, dann lautet bei Vorhandensein eines konstanten Faktors die Gesamtkostenfunktion:

$$K = a + bx$$

Als Zahlenbeispiel sei die Kostenfunktion:

$$K = 2000 + 5x \text{ gegeben}$$

Die **Grenzkosten,** als Steigungsmaß der Gesamtkostenkurve = erste Ableitung der Gesamtkostenfunktion, sind konstant:

$$\frac{dK}{dx} = K' = 5$$

---

[18]) Vgl. Gutenberg, E., Die Produktion, a. a. O., S. 288 ff.

Bei linearem Gesamtkostenverlauf sind die **variablen Stückkosten:**

$$k_v = \frac{K_v}{x} = \frac{5x}{x} = 5$$

ebenfalls konstant und entsprechen den Stückkosten:

$$k_v = K'$$

Die **gesamten Stückkosten,** die Summe aus variablen und fixen Stückkosten, betragen:

$$k = \frac{K_f}{x} + \frac{K_v}{x} \quad \text{oder}$$

$$k = k_f + k_v = \frac{2000}{x} + 5$$

Die Kurve der Stückkosten verläuft asymptotisch.

Die **fixen Stückkosten** errechnen sich aus der Division der gesamten Fixkosten durch die jeweiligen Ausbringungsmengen:

$$k_f = \frac{K_f}{x} = \frac{2000}{x}$$

Die Kurve der fixen Stückkosten weist einen hyperbolischen Verlauf aus.

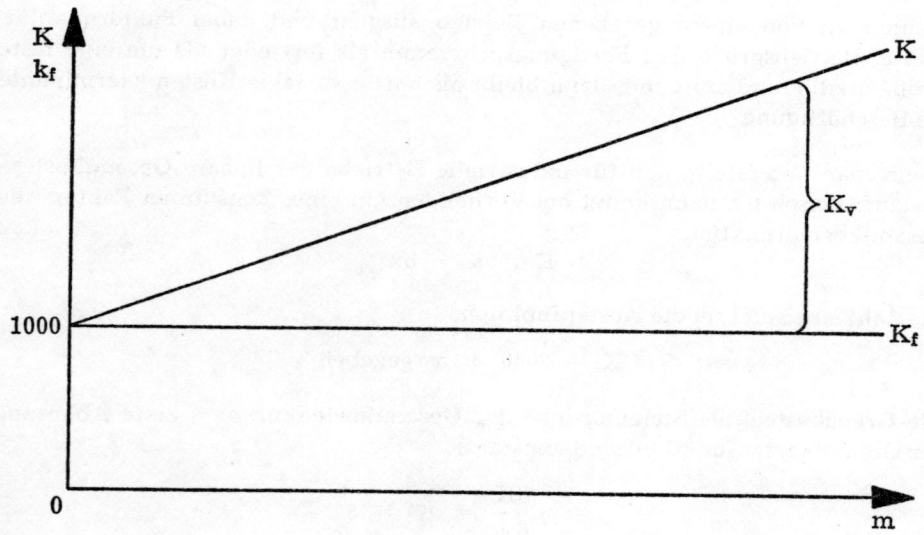

Abbildung 5

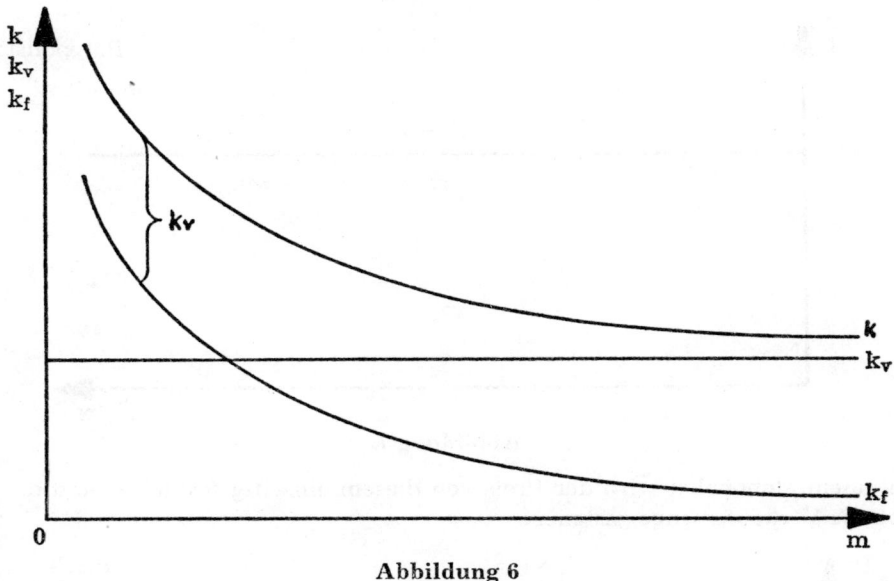

Abbildung 6

Ergebnis

Die industrielle Produktion ist gekennzeichnet durch Produktionsfunktionen vom Typ B, d. h. Limitionalität der Produktionsfaktoren. Die Produktionsfaktoren ihrerseits werden durch Verbrauchsfunktionen der maschinellen Anlagen bestimmt.

Kostenfunktionen werden für betriebliche Teilbereiche ermittelt, wobei neben der Beschäftigung auch andere Kosteneinflußfaktoren wirksam werden können. In dem für den konkreten Betrieb relevanten Beschäftigungsintervall können lineare Kostenverläufe unterstellt werden.

Lineare Kostenverläufe werden bei Grenzkostensystemen unterstellt.

3.4. Preisabsatzfunktionen und Kostenverläufe

In einem marktwirtschaftlichen System ist aber **nicht** die **technisch** bedingte optimale Ausbringung Ziel der Unternehmen, **sondern** die **Gewinnmaximierung.** Ein Unternehmen braucht also zwei Kenngrößen:

1. das betrieblich-technische Optimum und
2. die Kenntnis des Marktes bzw. seiner Preis-Absatzfunktion.

Langfristig wird es versuchen, beide Größen zu vereinigen, wobei aber der Markt immer Schrittmacher bleibt.

Aus der Fülle der Preisabsatzfunktionen seien hier die beiden prägnantesten und theoretisch extremsten herausgegriffen: diejenige des Polypolisten und des Monopolisten.

Ein Polypolist hat keinen Einfluß auf den Preis, er kann auch nicht auf persönliche, sachliche oder räumliche Bevorzugung gegenüber einem Konkurrenten hoffen.

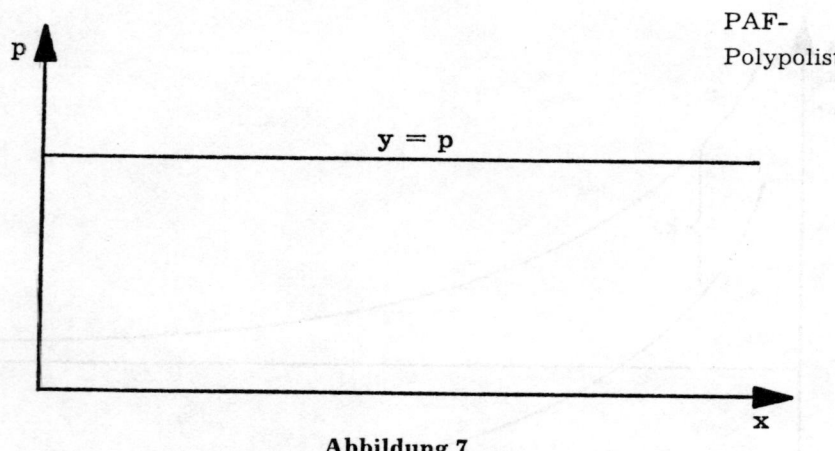

Abbildung 7

Bei einem Monopolist wird der Preis von diesem einseitig festgelegt und damit auch die Verkaufsmenge gesteuert.

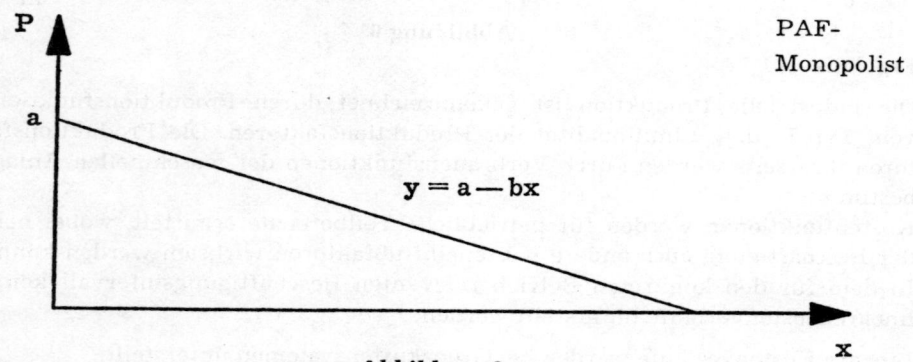

Abbildung 8

In jedem Fall gilt:

Gewinn = Umsatz — Kosten   Extremwert: $G' = 0$

G = U — K $U' - K' = 0$

$\boxed{U' = K'}$ beim Gewinnmaximum

Um die oben gegebenen Erläuterungen auf den Marktmechanismus anzuwenden, stellen wir folgende Annahme auf:

I. Annahme: Polypolist und linearer Kostenverlauf:

$K = 100 + 2{,}5x \rightarrow K' = 2{,}5$

$P = 3{,}2 =$ konstant $\rightarrow U = P \cdot x;\ U' = P$

$\left.\begin{array}{c} K' \neq U' \\ 2{,}5 \neq 3{,}2 \end{array}\right\}$ kein Schnittpunkt möglich

Es läßt sich also kein eindeutiges Gewinnmaximum ermitteln. In diesem **Fall** gibt es zwei Möglichkeiten:

① Der Betrieb hat bei der Kostenanalyse eine Progression bei der Kapazitätsgrenze nicht beachtet.

② Die Kostenfunktion verläuft tatsächlich linear, dann wäre die optimale Ausbringung bei der Kapazitätsgrenze. Das Unternehmen würde versuchen, diese Grenze durch Investitionen immer weiter hinauszuschieben, **bis es ein** Monopol bekäme und sich seine PAF änderte.

Es läßt sich jedoch die Ausbringung x_1 ermitteln, ab der das Unternehmen einen Gewinnbetrag erzielt.

Gewinnschwelle:

E_{min} = Fixkosten — der Mindestbetrag muß die Fixkosten decken.

$E_{min} = (P - k_v) \cdot x_1$

$$x_1 = \frac{E_{min}}{P - K_v} = \frac{100}{3,2 - 2,5} = \frac{100}{0,7} = 143$$

$\underline{\underline{x_1 = 143 \text{ Einheiten}}}$

II. Annahme: Polypolist und nichtlinearer Kostenverlauf:

$K = 0,03x^3 - 0,9x^2 + 15x + 10 \rightarrow K' = 0,09x^2 - 1,8x + 15$

$P = 9,25 =$ konstant

$K' = P$

$0,09x^2 - 1,8x + 15 = 9,25$

$x^2 - 20x + 63,9 = 0 \rightarrow x_1 = 10 \pm \sqrt{100 - 63,9} = 10 \pm 6,01$

$\boxed{x_1 \approx 16}$ -optimale Ausbringung

$x_2 \approx 4$

$G = U - K = 148 - 44,9 = \underline{\underline{103,1}}$

III. Annahme: Monopolist und linearer Kostenverlauf:

$K = 100 + 2,5x \rightarrow K' = 2,5$

$P = 12 - 0,01x \rightarrow U = P \cdot x = 12x - 0,01x^2;\quad U' = 12 - 0,02x$

$U' = K'$

$12 - 0,02x = 2,5$

$\underline{\underline{x = 475 = \text{Cournotscher Punkt}}}$

$P = 12 - 4,75$

$P = 7,25 \qquad G = U - K = 3442 - 1288 = \underline{\underline{2154}}$

IV. **Annahme: Monopolist und nichtlinearer Kostenverlauf:**

$K = 0{,}1x^3 - 0{,}27x^2 + 4{,}1x + 142{,}5 \rightarrow K' = 0{,}3x^2 - 0{,}54x + 4{,}1$

$P = 80 - 0{,}7x \rightarrow U = P \cdot x = 80x - 0{,}7x^2; \ U' = 80 - 1{,}4x$

$$K' = U'$$

$$0{,}3x^2 - 0{,}54x + 4{,}1 = 80 - 1{,}4x$$

$$x^2 + 2{,}87x - 253 = 0 \rightarrow x = -1{,}435 \pm \sqrt{2{,}06 + 253}$$

$$x_1 = 14{,}5 = \text{Cournotscher Punkt}$$

$P = 80 - 0{,}7 \cdot 14{,}5$

$P = 69{,}85 \qquad G = U - K = 994 - 451{,}1 = \underline{542{,}9}$

In jedem Falle sind betriebliche Investitionen nur vor dem Hintergrund der langfristigen Gewinnmaximierung zu sehen. Ein weiterer wichtiger Aspekt sind die Zukunftsaussichten des Marktes, denn dieser ist nicht statisch, wie hier angenommen, sondern unterliegt ständigen Änderungen; Betriebliche Kostenrechnung und Marktanalyse liefern das Zahlenmaterial, dessen Auswertung nicht einfach nach dem vorangegangenen Schema abläuft.

Eine kritische Wertung der mathematischen Annäherung ist in jedem Fall nötig, weil diese Gleichungen eine Pseudogenauigkeit suggerieren, die einfach nicht gegeben sein kann, weil es sich immer nur um Annäherungen handelt.

So lassen sich etwa die Bedingungen menschlicher Arbeitsleistung kaum quantifizieren, und gerade bei voller Kapazitätsauslastung ist der Mensch oft das schwächste Glied in der Kette der Produktion.

Trotz dieser notwendigen Einschränkung kann die Mathematisierung (analytisch oder graphisch) Zusammenhänge transparent machen und eine wichtige Entscheidungshilfe sein.

IV. Kostenrechnungssysteme im Überblick

Innerhalb des Rechnungswesens erfüllt die Kostenrechnung ganz bestimmte Aufgaben. Die Kostenrechnung ihrerseits soll unterschiedlichen Zwecken genügen. Nicht jedes der nachfolgend zu behandelnden Kostenrechnungssysteme erfüllt die unterschiedlichen Zwecke in gleicher Weise. Aus diesem Grunde wurden in Theorie und Praxis Systeme entwickelt, die den unterschiedlichen Aufgabenstellungen jeweils entsprechen. Der jeweils angestrebte Zweck, den ich mit der Kostenrechnung erfüllen will, entscheidet darüber, welche Kosten innerhalb der Betriebsabrechnung (Kostenarten-, Kostenstellen- und Kostenträgerrechnung) und Betriebsergebnisrechnung verrechnet werden und welches System der Kostenrechnung dazu am geeignetesten ist, d. h. es werden sowohl Ist/Normal und Plankosten wie Voll- und Teilkostenrechnungen nebeneinander bzw. miteinander kombiniert angewandt, je nach dem zu erfüllenden Zweck. Es ist nicht das Wesen eines Kostenrechnungssystems alle an die Kostenrechnung gestellten Aufgaben lösen zu können.

Das betriebliche Rechnungswesen

Nachstehende Übersicht gibt die nach Wesen und nach Umfang der verrechneten Kosten geordneten Kostenrechnungssysteme wieder.

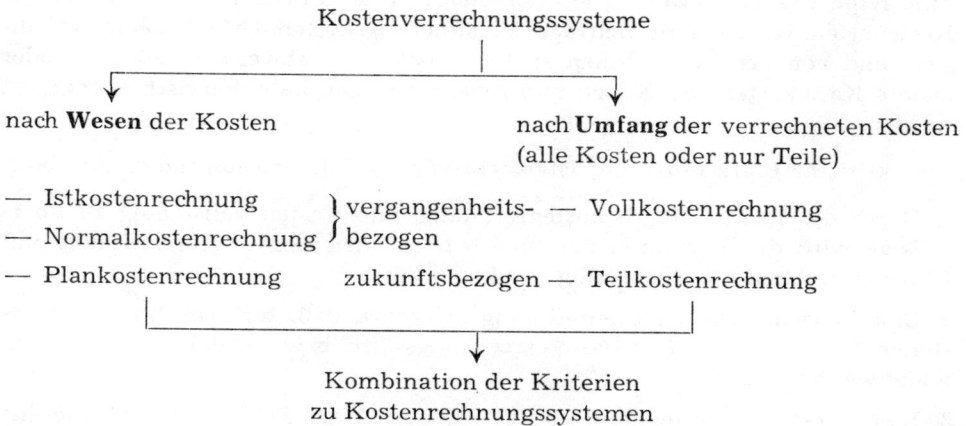

Abbildung 9

Abrechnungsweg: Kostenartenrechnung
Kostenstellenrechnung } unabhängig vom Kostenrechnungssystem
Kostenträgerrechnung

4.1. Vollkostenrechnungssysteme

Die Istkostenrechnung.

In der Istkostenrechnung werden die in der Kostenartenrechnung erfaßten Kosten über die Kostenstellenrechnung vollständig und lückenlos auf die erzeugten und abgesetzten Leistungen überwälzt. Die Aufgabenstellung ist **vergangenheitsbezogen** mit dem vorrangigen Ziel, die auf die Erzeugniseinheit entfallenden Istkosten zu ermitteln — Nachkalkulation. Erfaßt werden die in der Vergangenheit effektiv angefallenen Faktormengen multipliziert mit

Faktorpreisen[19]). Alle Zufallsschwankungen bei Preisen, Mengen (und Beschäftigungsgrad) wirken sich voll auf die Kosten aus.

Eine **reine** Istkostenrechnung gibt es jedoch in der Praxis nicht, da bestimmte Kostenarten, wie Steuern, Beiträge, Versicherungskosten, Urlaubslöhne periodisiert und von den tatsächlichen späteren Istkosten abweichen können, oder andere Kostenarten wie Zinsen und Abschreibungen kalkulatorisch abgegrenzt werden.

Eine kritische Betrachtung der Istkostenrechnung führt zu folgendem Ergebnis:

1. Durch das Prinzip der Istkostenrechnung, alle Kosten vollständig zu überwälzen, wird das Verfahren der innerbetrieblichen Leistungsverrechnung mit Istkosten rechnerisch schwerfällig und kompliziert.

2. Eine konsequente Istkostenrechnung erfordert, daß für sämtliche Kostenstellen in jeder Periode neue Verrechnungssätze bzw. Kalkulationssätze gebildet werden müssen.

3. Eine wirksame Kostenkontrolle ist auf Grund des Fehlens von Vergleichsmaßstäben (vorgegebene Sollgrößen) mit denen die angefallenen Istkosten gemessen werden können, nicht möglich. Ein Vergleich der Istkosten zweier Abrechnungsperioden ist sehr problematisch, da die Veränderung der Istkosten unter Zurückführung auf die Ursachen in einer Istkostenrechnung auf Vollkostenbasis nicht möglich ist.

4. Dispositive Entscheidungen auf Grund von Vergangenheitswerten sind nicht möglich.

5. Nur der Zweck der Nachkalkulation, festzustellen, was die Leistungseinheit tatsächlich gekostet hat, wird von der Istkostenrechnung erfüllt.

Die Normalkostenrechnung

Auf Grund der genannten Nachteile der Istkostenrechnung ging man in der Praxis dazu über, an Stelle der von Periode zu Periode schwankenden Istkosten, **normalerweise** anfallende Kosten = **Normalkosten** zu verwenden.

Unter Normalkosten versteht man Durchschnittswerte aus Istkosten der Vergangenheit (statistische Mittelwerte), die man später um zukünftige, erwartete Änderungen von Kosteneinflußgrößen berichtigte (zu aktualisierten Mittelwerten).

Insbesondere die schwierige Verrechnung innerbetrieblicher Leistungen zu Istkostensätzen führte dazu, feste Verrechnungssätze für die innerbetriebliche Leistungsverrechnung einzuführen, um die Abrechnung zu vereinfachen und die Grundlagen für die Kostenstellenkontrolle zu ermöglichen. Die auf den Kostenstellen sich zwischen Normalkosten und Istkosten ergebenden Differenzen (Über- oder Unterdeckung) werden auf das Betriebsergebniskonto übernommen.

---

[19]) Siehe S. 325.

Die Schwierigkeiten der laufenden Nachkalkulation mit Istkalkulationssätzen wurden durch Normalisierung der Kalkulationssätze der Hauptkostenstellen behoben, indem man hierfür ebenfalls Mittelwerte aus Kalkulationssätzen vergangener Perioden verwandte.

Der Ansatz fester Verrechnungspreise für Istverbrauchsmengen für **Material**, anstatt der laufend sich ändernden Istpreise, ist ebenfalls häufiger Bestandteil einer Normalkostenrechnung.

In der Durchführung der Normalkostenrechnung unterscheidet man zwei Formen:

a) **starre** Normalkostenrechnung, die bei Einzelkosten Normalmengen (Zeiten) und Normalpreise ansetzt und die Gemeinkosten mit Normalkostensätzen verrechnet. Der Vorteil dieser Methode liegt in der **Vereinfachung des technischen Arbeitsablaufes** und der gleichmäßigen Kostenbelastung der Erzeugnisse. Nachteilig ist die mangelnde Möglichkeit einer echten Kostenkontrolle.

b) Die Berücksichtigung von Beschäftigungsschwankungen (vgl. w. u. die übrigen Kosteneinflußgrößen), die auf die Istkosten einen besonderen Einfluß ausüben, führte zur **flexiblen** Normalkostenrechnung. Bei dieser Form der Normalkostenrechnung werden die Normalkosten an Beschäftigungsschwankungen angepaßt und die sich ergebenden Abweichungen zwischen Istkosten und Normalkosten analysiert in: **Beschäftigungsabweichungen** und **sonstige Abweichungen** bei den Gemeinkosten und in **Preis-** und **Verbrauchs**abweichungen bei den Einzelkosten.

Voraussetzung der flexiblen Normalkostenrechnung für die Ermittlung der Gemeinkosten bei unterschiedlichem Beschäftigungsgrad ist die Aufspaltung der Gemeinkosten in ihre fixen und variablen Bestandteile, da sich ja ex definitione nur die variablen Kosten in Abhängigkeit von der Beschäftigung ändern. (Vgl. hierzu Kap. 11)

Die Plankostenrechnung

Trotz zunehmender Verfeinerung der Normalkostenrechnung blieb ihr wesentlicher Mangel — einer wirksamen Kostenkontrolle — evident, da echte Maßgrößen in Form von Plan- oder Sollkosten, die auf analytischem Wege gewonnen werden müssen, fehlten. Vorgegebene Normalmengen -preise, ermittelt aus statistischen Werten der Vergangenheit, können Unwirtschaftlichkeiten enthalten, die keine wirklich aussagefähigen Vergleiche von Normalkosten und Istkosten zum Zwecke der Kostenkontrolle ermöglichen.

Durch analytisch vorgenommene Zeit- und Mengenverbrauchsstudien und gleichzeitigen Ansatz von Planpreisen sollen Kostenschwankungen, die durch

- veränderliche Preise der Produktionsfaktoren,
- Schwankungen im Mengenverbrauch der Produktionsfaktoren
- und Schwankungen im Beschäftigungsgrad

entstehen, ausgeschaltet werden.

Plankosten[20]) sind nach Nowak[21]): „der im voraus methodisch bestimmte, bei ordnungsmäßigem Betriebsablauf als erreichbar betrachtete wertmäßige leistungsverbundene Güterverzehr, der dadurch Norm und Vorgabecharakter besitz".

Bei der Plankostenrechnung, die im wesentlichen eine Kostenstellenrechnung ist, werden Plankosten den vergleichbaren Istkosten gegenübergestellt und die sich ergebenden Kostenabweichungen kontrolliert und analysiert.

Man unterscheidet heute zwei Formen der Plankostenrechnung:

a) **starre** Plankostenrechnung, die dadurch gekennzeichnet ist, daß die Plankosten der Kostenstellen für eine bestimmte erwartete Planbeschäftigung (Planausbringung) festgelegt werden. Eine Anpassung an Beschäftigungsschwankungen wird nicht vorgenommen. Da hier — wie bei der starren Normalkostenrechnung — eine wesentliche Kosteneinflußgröße — die Beschäftigung außer acht gelassen wird — ist sie in der Praxis ungebräuchlich.

b) **Flexible** Plankostenrechnung

Die starre Plankostenrechnung wird zur flexiblen Plankostenrechnung, indem die Plankosten an die Beschäftigungsschwankung angepaßt werden können. Die Umrechnung der vorgegebenen Plankosten auf die tatsächliche Istbeschäftigung (hier Sollkosten) ermöglicht eine wirksame Kostenkontrolle durch den sog. Soll — Ist Vergleich, differenziert nach Kostenarten und Kostenstellen. Die Bestimmung der Sollkosten macht allerdings eine Kostenspaltung der Gemeinkosten in ihre fixen und variablen Bestandteile notwendig, da nur so eine Umrechnung der Sollkosten auf die Istbeschäftigung möglich ist.

$$\text{Sollkosten} = \text{fixe Plankosten} + \text{proportionale Plankosten} \cdot \frac{\text{Istbeschäftigung}}{\text{Planbeschäftigung}}$$

Die zwei Formen der flexiblen Plankostenrechnung sind:

- flexible Plankostenrechnung auf Vollkostenbasis und
- Grenzplankostenrechnung.

Sie unterscheiden sich vor allem dadurch, daß bei der Grenzplankostenrechnung über die Kostenkontrolle hinaus auch die innerbetriebliche Leistungsverrechnung und die Kalkulation mit proportionalen Kosten durchgeführt werden.

Zusammenfassend kann man feststellen, daß die Plankostenrechnung folgende Aufgaben der Kostenrechnung zu lösen sucht:

① Sie ermittelt die zu Planpreisen bewerteten Plankosten bei Planbeschäftigung

a) für Kostenstellen

b) für Kostenträger

---

[20]) Synonyme Begriffe: Sollkosten, Budgetkosten.
[21]) Nowak, P., Kostenrechnungssysteme in der Industrie, 2. Aufl., Köln - Opladen 1961, S. 81, zitiert nach: Wöhe, G., a. a. O., S. 695.

② Sie ermittelt im Soll-Ist-Vergleich Abweichungen und spaltet sie auf in:
a) Preisabweichungen
b) Beschäftigungsabweichungen
c) Verbrauchsabweichungen

③ Sie ermöglicht eine wirksame Kostenkontrolle, indem sie Einblick in die Kostenstruktur und Kostenentwicklung einzelner Betriebsbereiche gewährt.

④ Die Grenzplankostenrechnung ermöglicht die Bestimmung von Preisuntergrenzen der Erzeugnisse und die Steuerung des Periodenerfolgs

4.2. Vollkostenrechnung — Teilkostenrechnung

Alle Kostenrechnungssysteme, die die „vollen" Kosten auf die Kostenträger verrechnen sind Vollkostensysteme. Das geschieht bei den Einzelkosten durch direkte Verrechnung auf die Kostenträger und bei den Gemeinkosten über die Kostenstellen indirekt.

Nach dem Verursachungsprinzip ist diese Verrechnung aber nur richtig, wenn sich alle Kostenteile einheitlich verhalten, insbesondere bei Beschäftigungsänderungen. Das trifft aber bei den fixen Kosten innerhalb einer gegebenen Kapazität nicht zu. Sie schwanken je Leistungseinheit bei sich ändernder Beschäftigung und führen häufig zu falschen dispositiven Entscheidungen.

Teilkostenrechnungssysteme befassen sich deshalb hauptsächlich mit dem Fixkostenproblem und den daraus resultierenden Zuordnungsfragen.

Die Gemeinkosten werden deshalb in ihre fixen und variablen (proportionalen) Bestandteile aufgelöst und nur die für das zu lösende Problem relevanten Kosten werden bei der Entscheidungsfindung berücksichtigt und führen zu allein richtigen Ergebnissen. Das besagt jedoch nicht, daß die Fixkosten gänzlich außer Betracht bleiben. Sie werden in der Regel en bloc in das Betriebsergebnis übernommen[22]), da sie ja verursachungsgerecht auf die Kostenträger nicht verrechnet werden können.

Die bis hierher erörterten Kostenrechnungssysteme sind nicht isoliert anwendbar. Es geht nicht um das Problem, ob Ist **oder** Plankosten, ob eine Voll- **oder** Teilkostenrechnung richtiger ist. Auch die Grenzkostenrechnung kann auf die Vollkosten nicht verzichten, die sie allerdings in ihre proportionalen und fixen Bestandteile aufspaltet. Es geht darum, das geeignete Verfahren für die zu lösende Aufgabe der Kostenrechnung anzuwenden, da es kein Bestverfahren gibt, sondern nur geeignete Verfahren in bezug auf bestimmte Aufgaben.

---

[22]) Bei der Fixkostendeckungsrechnung — mehrstufig weiterverrechnet. Vgl. hierzu Riebel, P., Kurzfristige unternehmerische Entscheidungen im Erzeugnisbereich auf Grundlage des Rechnens mit relativen Einzelkosten und Deckungsbeiträgen, in: Neue Betriebswirtschaft. Nr. 14, 1961, S. 145 ff.

V. Begriff und Wesen der Kosten

5.1. Ausgaben — Aufwand — Kosten

Zur systematischen Abgrenzung sollen nachfolgend die wichtigsten Grundbegriffe des betrieblichen Rechnungswesens geklärt werden.

a) Aufwand

= **bewerteter** Verzehr von Gütern und Dienstleistungen in einer Periode, unabhängig von der Zweckbestimmung.

Damit ist der gesamte Aufwand einer Periode gemeint, gleichgültig ob er verursachungsgemäß dieser oder einer anderen Periode zugehört, ob er der betrieblichen Leistungserstellung dient oder nicht. Der Aufwandsbegriff bezieht sich auf die gesamte Unternehmung. In der Regel ist der Aufwand mit einer Ausgabe verbunden.

b) Kosten

= **bewerteter** Verbrauch von Produktionsfaktoren, der für die Erstellung und Verwertung der **betrieblichen** Leistungen und die Aufrechterhaltung der hierfür erforderlichen Kapazitäten angefallen ist.

Der Kostenbetriff ist **periodenbezogen**.

Der Gutsverbrauch (materielle und immaterielle Güter) entsteht mit der **zweckbestimmten** Betriebstätigkeit.

Der Verbrauch wird **bewertet**.

c) Ausgaben

= sind von der Unternehmung geleistete bare oder unbare Zahlungen. Für die Kostenrechnung sind Zahlungsvorgänge nur von geringem Interesse. Häufig fallen Ausgabe und Aufwand zeitlich oder sachlich auseinander:

Sachlich: Aufwand nicht Ausgabe: Verzehr unentgeltlich erworbener Kapitalgüter.

Ausgabe nicht Aufwand: Privatentnahmen des Unternehmers.

Zeitlich: Aufwand nicht Ausgabe: Verarbeitete Rohstoffe, die erst in der nächsten Periode zu bezahlen sind.

Ausgabe nicht Aufwand: Kauf von Rohstoffen in bar, die in späteren Perioden zu Aufwand werden[23]).

Aufwand und Kosten fallen zum großen Teil zusammen, dann bezeichnet man sie als Zweckaufwand bzw. als Grundkosten, aber sie decken sich nicht immer.

---

[23]) Hierher gehören auch die transitorischen Aktiva (z. B. Lohnvorauszahlung über Bilanzstichtag hinaus) und die antizipativen Passiva (z. B. nachträgliche Mietzahlungen).

Danach gibt es Aufwand, der nicht gleichzeitig Kosten darstellt: **Neutraler Aufwand** und Kosten, die nicht gleichzeitig Aufwand sind: **Kalkulatorische Kosten.**

Neutraler Aufwand: = Aufwandsarten, die auf betriebsfremde, außerordentliche oder periodenfremde Ursachen zurückzuführen sind und damit nicht der Kostendefinition entsprechen. Diese Aufwandspositionen grenzt man zum Zwecke einer richtigen Kostenerfassung vom Gesamtaufwand als sogenannten neutralen Aufwand ab.

① Periodenfremder Aufwand, verursacht durch die Betriebsleistung einer anderen Periode, z. B. Gewerbesteuernachzahlung.

② Betriebsfremder Aufwand: steht in keinem ursächlichen Zusammenhang mit der Betriebsleistung, z. B. Spenden aller Art, Gärtner für die Vorstandsvilla.

③ Außerordentlicher Aufwand: Er ist betriebsbedingt, aber in Höhe oder Art außerordentlich, z. B. Verlust eines LKW durch einen Unfall, oder außerordentliche Wagnisverluste durch Brand.

Alle diese Posten des neutralen Aufwandes werden in Klasse 2 des Kontenrahmens gebucht, von wo sie unmittelbar auf die Abschlußkonten der Klasse 9 übernommen werden.

Kalkulatorische Kosten[24]):

Kosten, denen bei der Kostenerfassung kein Aufwand oder Aufwand in anderer Höhe gegenübersteht, werden als kalkulatorische Kosten definiert.

Im ersten Fall handelt es sich um **Zusatzkosten** (z. B. kalkulatorischer Unternehmerlohn, der in die Selbstkosten für die unentgeltliche Mitarbeit des Unternehmers im eigenen Betrieb verrechnet wird).

Im zweiten Fall um Anderskosten (Kosiol) z. B. kalkulatorische Zinsen auf das betriebsnotwendige Kapital.

Die Beziehungen zwischen Ausgaben — Aufwand — Kosten werden in nachfolgender Abbildung dargestellt.

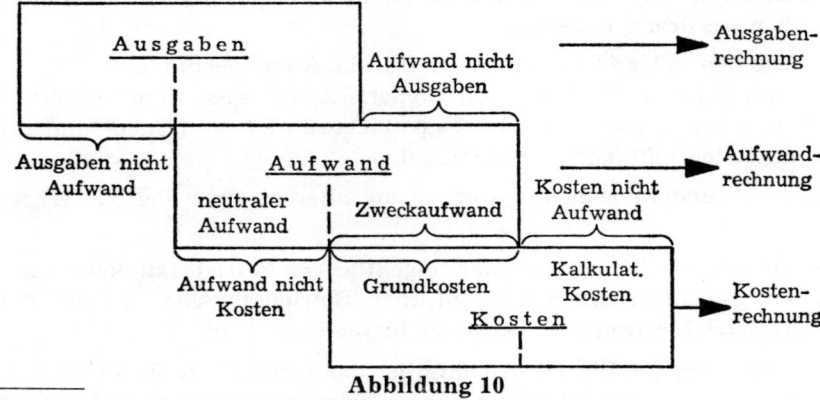

Abbildung 10

[24]) Näheres zu den kalkulatorischen Kostenarten in Kap. VI.

Geschäftsvorfall	Betrag DM	Ausgabe	Aufwand	Kosten
1. Darlehnsgewährung an Aufsichtsratsmitglied	10 000	10 000	—	—
2. Privatentnahme des Unternehmers	3 000	3 000	—	—
3. Spende an das Rote Kreuz	1 000	1 000	1 000	—
4. Totalverlust eines Lkw durch Unfall	R 25 000	—	25 000	—
5. Steuernachzahlung für frühere Perioden	8 000	8 000	8 000 neutraler Aufwand	—
6. Lohnzahlungen	12 000	12 000	12 000	12 000
7. Rohstoffkauf und Verbrauch in der gleichen Periode	20 000	20 000	20 000	20 000
8. Entnahme von Material für die Produktion	8 000	—	8 000 Zweckaufwand = Grundkosten	8 000
9. Kalkulatorischer Unternehmerlohn	5 000	—	—	5 000
10. Kalkulatorische Zinsen	6 000	—	—	6 000 Kalkulat. Kosten

R = Restbuchwert   Tabelle 4

5.2. Einnahmen — Ertrag — Leistung

Unter **Einnahmen** werden alle an die Unternehmungen geleisteten baren und unbaren Zahlungen verstanden. Die Einnahmen fließen der Unternehmung im wesentlichen aus drei Quellen zu:

Von den Absatzmärkten (für die Absatzleistungen),
vom Staat (in Form von Steuerrückzahlungen, Subventionen etc.),
von den Geld- und Kapitalmärkten (Eigen- und Fremdkapitaleinzahlungen, Zinserträge).

Unter **Ertrag** versteht man den Wertzugang aller in einer Periode erbrachten Leistungen.

Je nachdem ob der Ertrag aus der eigentlichen Betriebstätigkeit oder aus Tätigkeiten, die außerhalb des eigentlichen Betriebszweckes liegen, stammt, wird er als **Betriebsertrag** bzw. **neutraler Ertrag** bezeichnet.

Der Betriebsertrag (= Betriebsleistung) ist das wertmäßige Ergebnis des normalen Produktions- und Absatzprozesses. Dabei spielt es keine Rolle, ob die erzeugten Leistungen verkauft, vorläufig auf Lager genommen oder dem Eigenverbrauch zugeführt werden.

Betriebserträge können demnach stammen aus:

a) **U m s a t z e r t r ä g e n** = Erlöse: an Kunden verkaufte Betriebsleistungen.

b) **L a g e r e r t r ä g e :** Auf Lager genommene Leistungen, die erst in späteren Perioden veräußert werden.

c) **I n n e r b e t r i e b l i c h e E r t r ä g e :** die Leistungen, der zur Herstellungskosten bewerteten selbsterstellten Anlagen, Maschinen usw., die im eigenen Betrieb verbraucht werden.

Wie Ausgaben und Aufwand können auch Einnahmen und Ertrag sachlich und zeitlich auseinanderfallen. **Sachlich:** Einnahme nicht Ertrag: Zurückerstattet erhaltene Auslagen, Darlehnsrückzahlung.

Ertrag nicht Einnahme: Selbsterstelle Anlagen.

Zeitlich: Einnahme nicht Ertrag: Kundenanzahlungen.

Ertrag nicht Einnahme: Selbsterstellte Anlagen.

Neutrale Erträge sind Erträge aus Tätigkeiten und Vorgängen, die außerhalb des eigentlichen Betriebszwecks liegen und damit nicht der Definition des Betriebsertrages entsprechen. Diese Ertragspositionen werden zum Zweck der richtigen Erfassung des Betriebsertrages vom Gesamtertrag als neutraler Ertrag abgegrenzt.

① **P e r i o d e n f r e m d e r E r t r a g :** bezieht sich zwar auf die Betriebsleistung, fällt aber erst phasenverschoben in einer späteren Periode an: z. B. Gewerbesteuerrückzahlung.

② **B e t r i e b s f r e m d e r E r t r a g :** steht in keiner Beziehung zur Betriebsleistung wie z. B. Erträge aus Wertpapierspekulationen, Währungsgewinne.

③ **A u ß e r o r d e n t l i c h e E r t r ä g e :** sind in Höhe oder Art so außergewöhnlich, daß sie nicht als Betriebsertrag verrechnet werden. Beispiel. Verkauf von Anlagegütern über Buchwert, Erträge aus Vermietung und Verpachtung nicht betriebsnotwendiger Grundstücke und Gebäude.

Leistung[25] ist das wertmäßige Ergebnis der zur Erreichung des eigentlichen Betriebszwecks durchgeführten Kombination von Produktionsfaktoren. Damit korrespondiert der Leistungsbegriff mit dem Kostenbegriff.

---

[25] Zur Leistung als Funktionsbegriff. Vgl. hierzu: Fäßler und andere, a. a. O., S. 265, Sp. 2; Mellerowicz, K., Allgemeine Betriebswirtschaftslehre, Berlin 1968, Sammlung Göschen, Bd. 4, S. 32 ff.

Erlös (= Umsatzerträge) ist der geldliche Gegenwert für die **verkauften** Leistungen (Fertigfabrikate und Waren).

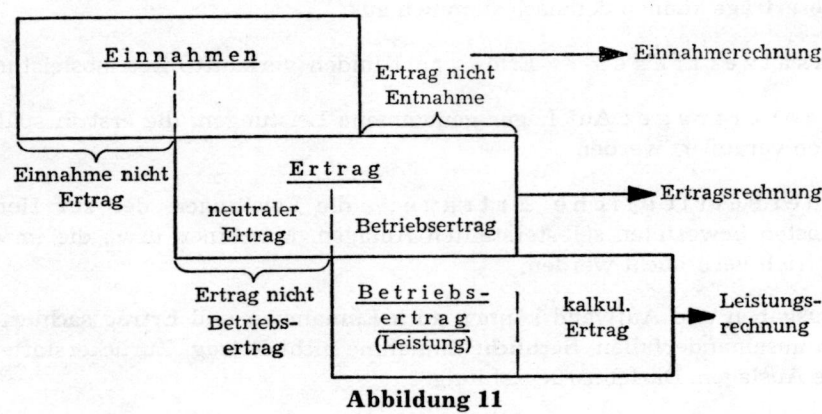

Abbildung 11

Geschäftsvorfall	Betrag DM	Einnahme	Ertrag	Betriebs-ertrag, Leistung
1. Belegschaftsmitglied zahlt Baudarlehn zurück	10 000	10 000	—	—
2. Einzahlung der Aktionäre für junge Aktien	100 000	100 000	—	—
3. Erträge aus Wertpapierspekulationen	5 000	5 000	5 000	—
4. Anlagenverkauf über Buchwert	B 10 000	10 000	2 000	—
			neutraler Ertrag	
5. Verkauf von Fertigerzeugnissen in der gleichen Periode erstellt	8 000	8 000	8 000	8 000
6. Fertigerzeugnisse gehen auf Lager	H 10 000	—	10 000	10 000
7. Maschine für Eigenbedarf wird erstellt	H 15 000	—	15 000	15 000
				Betriebsertrag Leistung
8. Unternehmerlohn	5 000	—	—	5 000
				Kalkulat. Ertrag

Tabelle 5

B = Buchwert
H = bewertet zu Herstellkosten

Umsatzerträge und Betriebserträge stimmen aus folgenden Gründen nicht miteinander überein:

a) nicht alle Betriebserträge einer Abrechnungsperiode gelangen in der gleichen Periode auf den Markt. Der Umsatz kann größer oder kleiner sein als die Produktion der Periode (Lageran- oder Lagerabbau).

b) Die zu Herstellkosten bewerteten innerbetrieblichen Leistungen (z. B. selbst erstellte Maschinen und Anlagen) verbleiben im Betrieb zur Eigennutzung und gehen über die periodengerechten Abschreibungen später wieder in die Betriebsleistungen ein.

Erfolg — Ergebnis

Zur Ermittlung des Umsatzertrages einer Periode muß also der Betriebsertrag um die Veränderung der Bestände an Halb- und Fertigfabrikaten korrigiert werden.

Betriebsertrag = Erlös ± Bestandsveränderung.

Betriebsergebnis = Betriebsertrag — Betriebsaufwand (Kosten)

Neutrales Ergebnis = Neutraler Ertrag — neutraler Aufwand.

Das Gesamtergebnis der Unternehmung setzt sich also zusammen aus:

Betriebsergebnis + neutralem Ergebnis = Gesamterfolg (Gewinn oder Verlust)

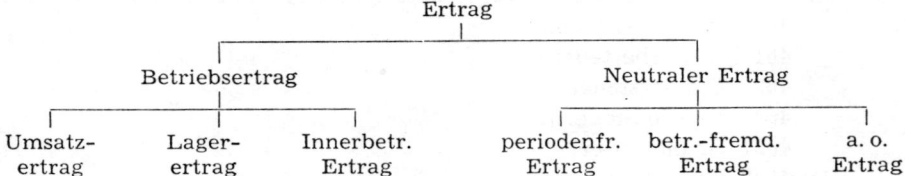

Um die Quellen des Unternehmenserfolgs aufzudecken, ist es erforderlich, den Betriebserfolg vom neutralen Erfolg zu trennen. Ohne Erfolgsaufspaltung könnte der Eindruck entstehen, ein Betrieb arbeite erfolgreich, wenn Verluste im eigentlichen Betriebsbereich durch Gewinne im neutralen Bereich überkompensiert werden.

VI. Die Betriebsabrechnung

6.1. Die Kostenartenrechnung

Die Kostenartenrechnung, die den ersten Teil der Betriebsabrechnung darstellt, hat die **Aufgabe,** den mengen- und wertmäßigen Verbrauch von Kostengütern nach Art und Verbrauch zu erfassen. Dabei sind die nach verkehrsüblichen Gesichtspunkten gegliederten Kostenarten (Löhne, Material, Abschreibungen usw.) exakt abzugrenzen, um mittels einer einheitlichen Kontierung eine klare und eindeutige Zurechnung auf Kostenstellen (Gemeinkosten) und Kostenträger (Einzelkosten) zu ermöglichen.

Hierzu bedarf es eines Kostenartenplanes und Kontierungsvorschriften. Die Zahl der Kostenarten ist von Art und Größe des Betriebes, von den Erfordernissen einer eingehenden Kostenkontrolle und einer genauen Kostenträgerrechnung abhängig. Der Betrieb soll in der Kostenartengliederung so weit gehen, wie eine wirtschaftliche Rechnung es erlaubt.

Die Material-, Lohn- und Betriebsmittelabrechnung sind Nebenrechnungen, die sowohl Zwecken der Finanzbuchhaltung wie auch der Kostenrechnung dienen. Sie sind häufig der Betriebsabrechnung organisatorisch zugeordnet und stellen als Kostenarten in Industriebetrieben oft den Hauptteil der Gesamtkosten dar. Industrielle Betriebe haben heute meistens Kostenartenpläne, die verbandseinheitlich sind oder dem Einheitskontenrahmen der Industrie entsprechen[26]). Das Gliederungskriterium dieses Kontenrahmens (siehe Anlage) entspricht der Art der **verbrauchten Produktionsfaktoren** und es entstehen Kontengruppen wie:

 Materialkosten,
 Personalkosten,
 Kalkulatorische Kosten,
 Dienstleistungskosten,
 Öffentliche Abschreibungen usw.

Ein Kostenartenplan der Kostenartengruppe 46 (Steuern, Abgaben, Beiträge) könnte folgendes Aussehen haben:

 46 Steuern, Abgaben, Beiträge, Versicherungsprämien und dergleichen.
  460 Vermögenssteuer
  461 Gewerbesteuer
  462 Umsatzsteuer
  463 andere Steuern
  4631 Grundsteuer
  4632 Kfz.-Steuer
  464 Abgaben — Gebühren und dergleichen
  464 Allgemeine Abgaben und Gebühren
  465 Gebühren für den gewerblichen Rechtsschutz
  466 Gebühren für den allgemeinen Rechtsschutz
  467 Prüfungsgebühren
  468 Beiträge und Spenden
  469 Versicherungsprämien

Kostenarten gegliedert **nach den betrieblichen Funktionsbereichen:**
 Beschaffung
 Fertigung
 Verwaltung
 Vertrieb

---

[26]) Der vom Bundesverband der Deutschen Industrie 1971 veröffentlichte neue Industriekontenrahmen wird im folgenden nicht zugrunde gelegt, da er bisher in der Praxis kaum Anwendung gefunden hat.

stellen bei differenzierter Gliederung eine Vorwegnahme der Kostenstelleneinteilung dar.

Gegliedert **nach Art der Verrechnung** auf die Leistungseinheit unterscheidet man:

Einzelkosten, die direkt und unmittelbar einer bestimmten Leistung zugerechnet werden können. Sie können genau erfaßt werden, z. B. Einzellohnkosten und Materialeinzelkosten.

Ebenso entsprechen dem Verursachungsprinzip die **Sondereinzelkosten,** die in Form von Werkzeugsonderkosten, Lizenzgebühren, Modellkosten usw. in der **Fertigung** für einzelne Aufträge gesondert anfallen und Sondereinzelkosten **des Vertriebs,** wie besondere Verpackungskosten, Frachtkosten oder Provisionen.

Gemeinkosten: sind solche Kosten, die sich nicht direkt, sondern **indirekt** auf die Leistung zurechnen lassen, da sie von einer Mehrheit von Leistungen verursacht werden, z. B. Abschreibungen auf Betriebsgebäude, Stromkosten, Wasserkosten, Gehälter usw. Sie werden deshalb über die Kostenstellen den Leistungseinheiten (Kostenträgern) mittelbar durch Schlüsselgrößen zugerechnet.

In den Gemeinkosten sind Kosten enthalten, die man zwar direkt zurechnen könnte (also Einzelkosten) aber nicht zurechnet, da der Aufwand zu ihrer Erfassung häufig größer ist als es die Verbesserung der Kosteninformation wert wäre. Man bezeichnet sie als **unechte** Gemeinkosten. Hierzu zählen häufig Hilfs- und Betriebsstoffe wie Öl, Fett, Leim, Nägel usw.

Nach dem **Verhalten der Kosten bei Beschäftigungsänderungen**[27]) (Änderung der Kapazitätsausnützung) in der Zeitperiode und auf die Einheit bezogen unterscheidet man:

      fixe und variable Kosten.

Fixe (feste, konstante) Kosten sind dadurch gekennzeichnet, daß sie bei gegebener Kapazität unabhängig von der Beschäftigung sind. Fixe Kosten sind Periodenkosten und sind unabhängig von der Menge der produzierten Leistungen, z. B. Miete, Kfz-Steuer usw.

Bei Änderung der Kapazität des Betriebes — z. B. Kauf zusätzlicher Betriebshallen, Lkw, Maschinen usw. — steigen die fixen Kosten sprunghaft an, verlaufen dann wieder auf höherem Niveau fix bis zur nächsten Kapazitätsänderung. Solche Art fixe Kosten werden als **sprungfixe** (intervallfixe) Kosten bezeichnet. Bei Zurechnung der fixen Kosten auf die Produkteinheit, wie es traditionelle

---

[27]) Die Beschäftigung — ausgedrückt in Arbeits- oder Maschinenstunden, Erzeugnismengen, Umsatz usw. — wird gemessen an der unter normalen Bedingungen möglichen Beschäftigung, ausgedrückt im Beschäftigungsgrad:

$$= \frac{\text{tatsächliche Beschäftigung (Ist)}}{\text{Normalbeschäftigung (Soll)}} \times 100.$$

Vollkostensysteme „unlogischerweise" durch künstliche Proportionalisierung tun, haben die Fixkosten einen degressiven Verlauf.

Variable Kosten sind Kosten, die sich mit schwankender Beschäftigung ändern und zwar:

proportional, wenn sie sich im gleichen Verhältnis ändern wie der Beschäftigungsgrad: alle Einzelkosten.

Auf die Leistungseinheit bezogen sind sie konstant.

unterproportional (degressiv) steigen langsamer als der Beschäftigungsgrad, z. B. Kosten für Schmiermittel, sinkende Frachtkosten bei Bezug und Absatz größerer Mengen.

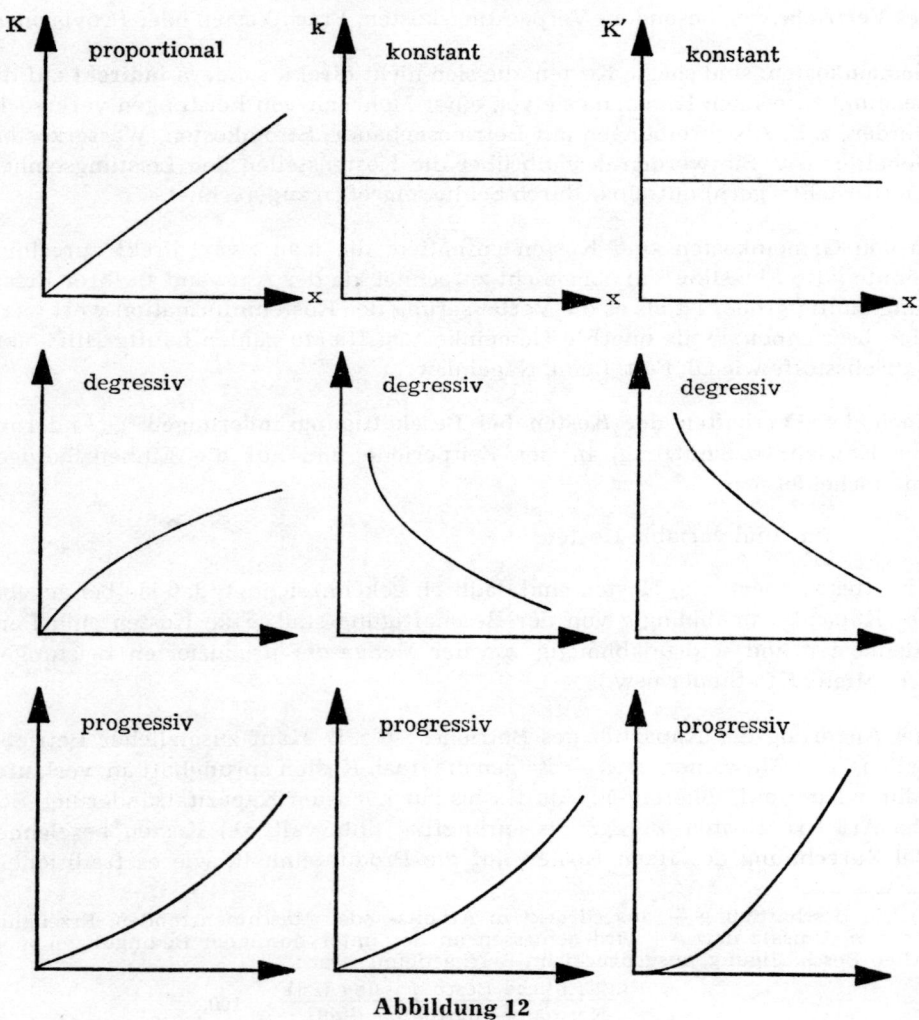

Abbildung 12

Das betriebliche Rechnungswesen

	Auf die Leistungseinheit bezogen verlaufen sie schwach degressiv.
überproportional	(progressive). Die Kosten steigen stärker an, als es der Beschäftigungszunahme entspricht, z. B. Überstundenlöhne, Kosten für Energiestoffe bei Überbeanspruchung von Aggregaten.
	Auf die Leistungseinheit bezogen sind sie ebenfalls progressiv.

Kostenverläufe in Abhängigkeit von Beschäftigungsänderungen

Nach Art der **Herkunft der Kostengüter** unterscheidet man:

primäre Kosten und

sekundäre Kosten.

Der Verbrauch von Gütern und Dienstleistungen, die dem Betrieb von **außen** zufließen, bezeichnet man als **primäre** (einfache, ursprüngliche) Kosten, z. B. Kosten für von außen bezogene Energie, Transportleistungen, Wasser usw.

Werden im Betrieb aus primären Kosten Leistungen erstellt — z. B. eigene Dampferzeugung — die im Betrieb selbst Verwendung finden, so stellt der Verbrauch dieser innerbetrieblichen Leistungen **sekundäre** Kosten dar. Sekundäre Kosten entstehen erst bei der innerbetrieblichen Leistungsverrechnung und setzen sich aus primären Kosten, die auf die Kostenstellen verteilt worden sind, zusammen.

Die Erfassung einzelner Kostenarten

6.1.1. Materialkosten

Materialkosten (Werkstoffkosten, Stoffkosten) stellen den bewerteten Verbrauch von Roh-, Hilfs- und Betriebsstoffen dar.

Rohstoffe	gehen als wesentlicher Bestandteil in die Erzeugnisse des Betriebes ein, z. B. Holz und Eisenrahmen bei Schulbänken.
Hilfsstoffe	gehen zwar auch in das Erzeugnis ein, sind aber unwesentliche Bestandteile, z. B. Leim, Lack, Schrauben der Schulbank.
Betriebsstoffe	gehen **nicht** in das Erzeugnis ein, sind aber zur Durchführung des Produktionsprozesses notwendig, z. B. Öle, Energiestoffe, Reinigungsmittel für Maschinen usw.

Die Materialabrechnung ist für den Industriebetrieb ein besonders wichtiger Zweig, da die Materialkosten häufig den höchsten Anteil an den Gesamtkosten ausmachen.

In der Materialabrechnung (als Nebenbuchhaltung) erfolgt die mengenmäßige und wertmäßige Erfassung des Materialverbrauchs.

Die Erfassung des mengenmäßigen Materialverbrauchs kann nach verschiedenen Methoden erfolgen.

I. **Befundrechnung (mittels körperlicher Inventur)**
   1. Rechentechnik

      Anfangsbestand + Zugang ./. Endbestand = Materialverzehr, wobei der Endbestand durch körperliche Inventur, d. h. Zählen, Messen, Wiegen ermittelt wird.

   2. Vorteile

      a) Genauigkeit, d. h. auch der nicht bestimmungsgemäße Verbrauch wird erfaßt.

      b) Nur einmal je Rechnungsperiode durchzuführen.

   3. Nachteile

      a) Keine Trennung bestimmungsgemäßer — nicht bestimmungsgemäßer Verbrauch.

      b) Nicht jedes Material kann so erfaßt werden (z. B. Kohlenhalden, Schrott)

      c) Keine Angaben, für welche Kostenstelle bzw. Kostenträger der Materialverbrauch erfolgt.

      d) Keine **laufende** Angabe über den Verzehr möglich.

      e) U. U. zeitraubend und umständlich. (insbesondere Störung des betrieblichen Ablaufs).

   4. Gesetzlich vorgeschrieben einmal jährlich!

II. **Skontration** (Buchinventur, lfd. Zu- und Abschreibung, Fortschreibung)
   1. Rechentechnik

      a) Bestandsbuch oder Kartei.

      b) Konto- oder Staffelform.

      c) Belege: Lieferscheine, Rechnungsduplikate, Vereinnahmungsscheine, Materialentnahmescheine.

   2. Arten

      a) Mengen-, Wert-, Mengenwertskontration.

      b) Sorten-, Partieskontration. (Jede Lieferung und jeder Lieferant **extra** skontriert).

      c) Artskontration, gemischte Skontration (bei Kleinmaterial)

   3. Vorteile

      a) Laufende Aufschreibung.

      b) Angabe möglich, für welche Kostenstelle bzw. Kostenträger Materialverbrauch.

      c) Keine Störung des betrieblichen Ablaufs.

4. **Nachteile**
   a) Nichtbestimmungsgemäßer Verbrauch kann nicht erfaßt werden.
   b) Schreib- und Übertragungsfehler möglich.

Zu I und II: Kombination beider Methoden ergibt die sog. **Permanente Inventur.**

III. **Retrograde Rechnung** (Erfassung mittels Sollzahlen)
   1. **Rechentechnik**
   Stückverbrauch lt. Stückliste × Zahl der Fertigfabrikate = Material**soll**verbrauch der Rechnungsperiode. (Beispiel Stühle. Ausgehend vom Fertigfabrikat × Materialverbrauch)
   2. **Vorteile**
   Einfachheit und Schnelligkeit.
   3. **Nachteile**
   a) Nur stückproportionaler Materialverbrauch erfaßbar.
   b) Nur bestimmungsgemäßer Materialverbrauch erfaßbar (Sollverbrauch).
   c) Halbfabrikate schlecht zu erfassen.

IV. **Abschreibung** (Erfassung mittels Sollzahlen)
   1. **Rechentechnik**
   Sollverbrauch je Zeiteinheit × Zahl der Zeiteinheiten = Material**soll**verbrauch der Rechnungsperiode.
   2. **Vorteile**
   Einfachheit und Schnelligkeit.
   3. **Nachteile**
   a) Nur zeitproportionaler Materialverbrauch erfaßbar.
   b) Nur bestimmungsgemäßer Materialverbrauch erfaßbar (Sollverbrauch).

V. **Gleichsetzung Ausgabe und Kosten**
   Findet Anwendung bei nichtmagazinierten Kleinmaterialien (Nägel).

VI. **Schätzung**
   Kommt zum Zuge, wenn alle anderen Methoden versagen.

Materialbewertung

Die wertmäßige Abrechnung des Materialverbrauchs erfolgt in der Betriebsabrechnung. Da die Anschaffungspreise für Material im Zeitablauf durch die Gegebenheiten des Beschaffungsmarktes mehr oder weniger schwanken und somit für gleiche Materialverbrauchsmengen unterschiedliche Kosten entstehen würden, die einen Zeitvergleich der Materialkosten unmöglich machen, werden in der Praxis **Verrechnungspreise** für den Wertansatz des Materialverbrauchs gebildet. Diese Verrechnungspreise sind statistische Mittelwerte aus Anschaffungspreisen der Vergangenheit, gegebenenfalls unter Berücksichtigung zukünftiger Preiserwartungen. Alle Plankostenrechnungssysteme bewerten so den Materialverbrauch, um eine mengenmäßige Kontrolle zu ermöglichen, da durch den Ansatz von Verrechnungspreisen Preisschwankungen eliminiert werden können.

Die Differenzen, die sich aus der Materialbewertung zu Anschaffungs- und Verrechnungspreisen ergeben, werden durch ein Preisdifferenzenkonto der Klasse 2 ausgeglichen.

Beispiel[28]):

Verrechnungspreis für 1 kg eines Rohstoffes 5,— DM

Zugang:

5. 8. 100 kg zu 4,92 pro kg = 492,— DM
17. 8. 120 kg zu 5,10 pro kg = 612,— DM

Verbrauch:

10. 8.   80 kg zu 5,— pro kg = 400,— DM

Buchung:

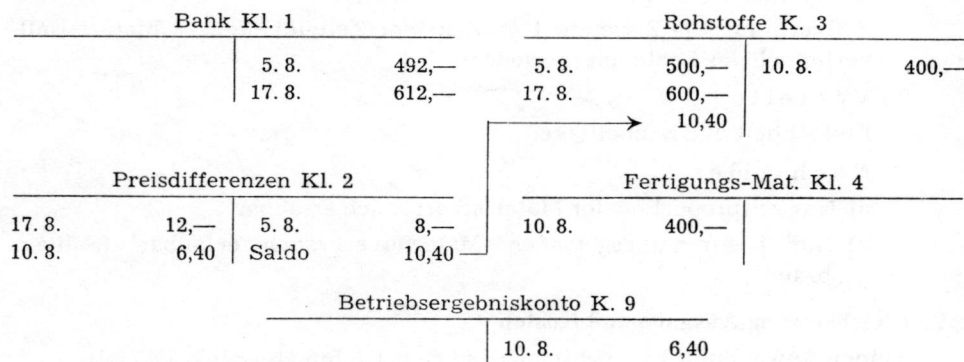

Die bei der Bewertung der Materialbestände in der Bilanz angewandten Methoden: Hifo-Lifo-Fifo-Verfahren[29]) finden in der Kostenrechnung keine Anwendung. Es sei jedoch darauf hingewiesen, daß in der Kostenrechnung neben Verrechnungswerten auch andere Wertansätze möglich sind, die in Abhängigkeit vom angestrebten Zweck der Kostenrechnung angesetzt werden, z. B. unter dem Gesichtspunkt der Erhaltung des Betriebsvermögens Wiederbeschaffungswerte, oder Tageswerte, die zum Zeitpunkt des Verkaufs gelten, wenn der Hauptzweck die Ermittlung der Selbstkosten für die Preiskalkulation sein soll.

---

[28]) Vgl. hierzu Wöhe, G., a. a. O., S. 651.
[29]) Hierzu ausführlich Wöhe, G., a. a. O., S. 547 ff.

6.1.2. Personalkosten

Die Personalkosten[30]) umfassen alle Kosten, die durch den Einsatz von Lohn- und Gehaltsempfängern verursacht werden einschließlich der Personalnebenkosten. Es können folgende Personalkostengruppen unterschieden werden:

    Löhne,
    Gehälter,
    Sozialkosten:
        Gesetzliche (z. B. Kranken- und Rentenversicherung),
        freiwillige (z. B. Pensionsrückstellungen, Kantine).
    Sonstige Personalkosten (Umzugskosten, Inseratkosten usw.).

Zur Erfassung und Aufarbeitung der Personalkosten sind bestimmte organisatorische und rechentechnische Voraussetzungen notwendig,

a) exakte Erfassung und Abgrenzung der Lohnkostenarten,

b) belegmäßige Erfassung aller Personalkosten.

Nach **fertigungstechnischen** Kriterien werden die Löhne in

    F e r t i g u n g s l ö h n e und
    H i l f s l ö h n e unterteilt.

Fertigungslohn ist der Lohn, der bei der Herstellung unmittelbar aufgewendet wird. Er wird auftragsmäßig genau erfaßt und dem Kostenträger direkt zugerechnet. (In vielen Fertigungskostenstellen ist der Fertigungslohn noch Bezugsgrundlage für die Zurechnung der Fertigungsgemeinkosten).

Hilfslöhne sind Löhne, die für Arbeitsleistungen verrechnet werden, die nur **mittelbar** dem Herstellungsprozeß dienen. Sie können den einzelnen Kostenträgern nicht direkt zugerechnet werden. (Beispiel: Löhne für innerbetriebliche Transportarbeiten, Werksdienst, Lagerarbeiten, Reinigungsarbeiten, Anlern- und Umlernarbeiten).

Hilfslöhne werden als Gemeinkosten erfaßt und mit den übrigen Gemeinkosten pro Kostenstelle in Form eines Zuschlags auf die Erzeugnisse verrechnet.

Außer Fertigungslöhnen, die als Einzellöhne direkt erfaßt werden (Ausnahme: Fertigungslohn als Zeitlohn) sind alle anderen Personalkosten Gemeinkosten. Die Erfassung der Fertigungs- und Hilfslöhne kann in folgender Weise geschehen: (bei differenzierter Fertigung).

1. **Lohnzettel**
    (je Auftrag und Arbeiter unter Angabe der Kostenstelle)

2. **Bruttolohnzusammenstellung**
    (alle Lohnzettel eines Arbeiters in einer Abrechnungsperiode)

---

[30]) Der kalkulatorische Unternehmerlohn gehört nicht zu den Personalkosten; siehe hierzu Kap. 6.1.4. Kalkulatorische Kostenarten.

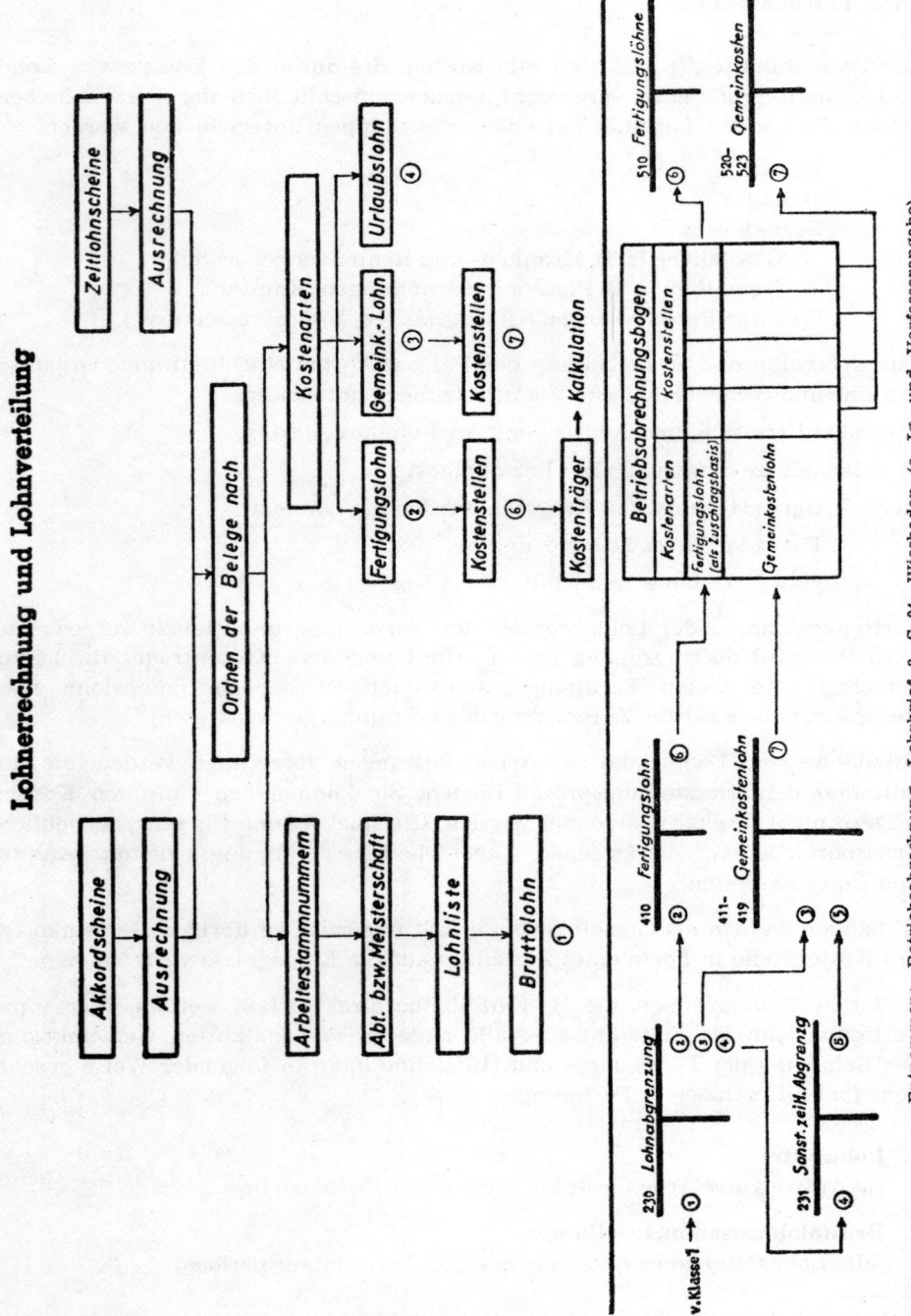

Abbildung 13

3. Erstellung der Lohnliste
(alle Bruttolohnzettel einer Abrechnungsperiode)

Bei der Ermittlung von Brutto- und Nettolohn durch die Lohnbuchhaltung werden für Zwecke der Kostenrechnung die Lohnzettel sortiert nach Fertigungs- und Hilfslohn,

> nach Kostenstellen (wo der Lohn angefallen ist),
>
> nach Kostenträgern (wofür der Lohn angefallen ist).

Für die Betriebsabrechnung interessieren nur die Bruttolöhne, nicht Nettolöhne.

Die Gehaltserfassung bietet keine besonderen Schwierigkeiten. Gehälter sind Zeitkosten und mit wenigen Ausnahmen Gemeinkosten (Ausnahme: ein Meister wird ausschließlich für einen und meist langfristigen Auftrag eingesetzt).

Ein Problem der Personalkostenerfassung sind die stoßweise anfallenden Personalkosten wie: Urlaubslöhne, Krankheitslöhne und sonstige Sozialkosten. Um eine ungleichmäßige Belastung der Perioden mit diesen Personalkosten zu vermeiden, werden sie auf Grund von Erfahrungen geschätzt und gleichmäßig auf die Perioden verteilt. Bei Urlaubslöhnen würde z. B. der Werksferienmonat mit unverhältnismäßig hohen Urlaubslohnkosten belastet werden, wenn keine Abgrenzung erfolgen würde.

6.1.3. Betriebsmittelkosten

Die **Betriebsmittel** umfassen alle Anlagen und Einrichtungen des Betriebes, die für die Erstellung der Betriebsleistung erforderlich sind[31].

Zu den Betriebsmitteln zählen: Gebäude, Maschinen aller Art, Lager- und Büroeinrichtungen, Vorrichtungen und Werkzeuge, Fahrzeuge, Konzessionen, Patente, Lizenzen.

Die Betriebsmittel werden in einer Betriebsmittelkartei geführt, die bestimmte Daten der Betriebsmittel wie: Standort im Betrieb, (Kostenstelle), Anschaffungswert, voraussichtliche Nutzungsdauer und die wichtigsten technischen Daten enthält. Die Betriebsmittelkartei ist die wichtigste Grundlage zur richtigen Erfassung und Verrechnung der Betriebsmittelkosten.

Insbesondere die Bewertung des Anlagevermögens für Zwecke der Bilanzierung, die Ermittlung der Abschreibungen für Bilanz und Kostenrechnung und die Ermittlung der kalkulatorischen Zinsen[32] ist die Aufgabe der Betriebsmittelabrechnung. Die Unterlagen der Betriebsmittelabrechnung dienen darüber hinaus als Bezugsgröße für die Verteilung von bestimmten Kostenarten auf die Kostenstellen.

---

[31] Gutenberg zählt im weitesten Sinne auch die Hilfs- und Betriebsstoffe zu den Betriebsmitteln. Vgl. Gutenberg, E., Grundlagen der Betriebswirtschaftslehre, Bd. 1, 3. Aufl., Berlin - Göttingen - Heidelberg, S. 3.
[32] Siehe Kap. 6.1.4. Kalkulatorische Kostenarten.

Die im Betrieb vorhandenen Betriebsmittel unterliegen einem Verschleiß, der in Form von Abschreibungen berücksichtigt wird.

Unter **Abschreibungen** versteht man die Beträge, die dem Verzehr an Wirtschaftsgütern entsprechen, die der Abnutzung unterliegen. **Kostenrechnerisch** wird der Werteverzehr in Form von kalkulatorischen Abschreibungen, **buchhalterisch** (bilanziell) als Aufwand in der Gewinn- und Verlustrechnung erfaßt. Die in Bilanz und Kostenrechnung nach unterschiedlichen Gesichtspunkten bemessenen Abschreibungsbeträge führen zu Divergenzen zwischen Aufwand und Kosten.

Die Hauptgründe sind:

In der Bilanz werden die Abschreibungen von den Anschaffungskosten aller abnutzbaren Anlagegüter vorgenommen und dürfen diese insgesamt nicht überschreiten — Prinzip der nominellen Kapitalerhaltung.

In der Kostenrechnung werden kalkulatorische Abschreibungen von den Wiederbeschaffungswerten der abnutzbaren Anlagegüter vorgenommen, die der **betrieblichen** Leistungserstellung dienen.

Bei Anwendung unterschiedlicher Abschreibungs**methoden** in der Finanzbuchhaltung (z. B. degressive in der Finanzbuchhaltung, lineare in der Kostenrechnung) entstehen ebenfalls unterschiedlich hohe Abschreibungsbeträge in den Abrechnungsperioden.

Diese möglichen Differenzen werden buchhalterisch abgegrenzt, um das Betriebs- und Unternehmensergebnis richtig ausweisen zu können.

Beispiel

    bilanzielle Abschreibung 4000,— DM
    kalkulatorische Abschreibung 3000,— DM

	Kontenklassen		
	2	4	9
Bestandskonto →	S Bilanzabschreibung H (6) 4000 | 4000 (7)		S Betriebsergebnis H (2) 3000 | (3) 3000
	Verrechnete kalkulator. S Abschreibungen H (4) 3000 | (1) 3000	S kalk. Abschr. H (1) 3000 | (2) 3000	S Neutrales Ergebnis H (5) 3000 | 3000 (4) (7) 4000 | 4000 (8)
		S G.u.V. H (3) 3000 | 3000 (5) (8) 4000 |	

Die Verbuchung der kalkulatorischen Abschreibungen erfolgt erfolgsneutral: Buchung (1)—(5); der bilanziellen Abschreibungen erfolgswirksam (6)—(8)

Die Kostenrechnung soll den verursachungsbedingten Werteverzehr ermitteln. Nach den Ursachen des Werteverzehrs geordnet, lassen sich 3 Gruppen unterscheiden:

a) v e r b r a u c h s b e d i n g t e Abschreibungsursachen:

technischer Verschleiß	durch Nutzung	
natürlicher Verschleiß	durch Korrosion	mengenmäßige Abnahme des Nutzungspotentials.
Substanzminderung	bei Abbaugrundstücken	

b) w i r t s c h a f t l i c h bedingte Abschreibungsursachen

technischer Fortschritt	Verbesserungen, Erfindungen	
wirtschaftlicher Fortschritt	Nachfrageverschiebungen z. B. Modeeinflüsse	Wertmäßige Abnahme des Nutzungspotentials.

c) z e i t l i c h bedingte Abschreibungsursachen

Ablauf von Konzessionen, Patenten, Lizenzen, Schutzrechten	Zeitliche Abnahme des Nutzungspotentials.

Auf die kalkulatorisch zu bemessenden Abschreibungsbeträge — die den betriebswirtschaftlich sinnvollen Güterverzehr umfassen — wirken in der Regel verschiedene Abschreibungsursachen ein. Mit der Entwicklung verschiedener Abschreibungsmethoden soll unter Zugrundelegung der geschätzten Gesamtnutzungsdauer der Betriebsmittel den unterschiedlichen Abschreibungsverursachungskomponenten Rechnung getragen werden.

In nachfolgendem Schema sind die Abschreibungsmethoden dargestellt:

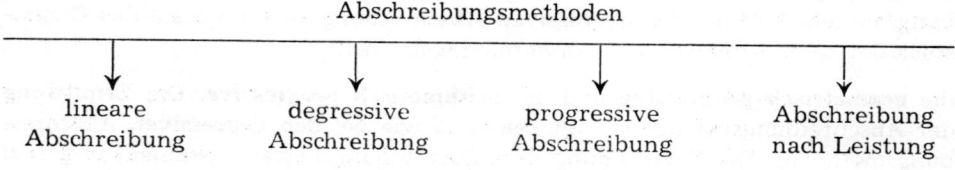

Abbildung 14

Die **lineare** Abschreibungsmethode verteilt die Anschaffungskosten mit gleichbleibenden Abschreibungsbeträgen auf die Nutzungsdauer.

Der Abschreibungsbetrag (a) wird ermittelt, indem man den Anschaffungswert (AW) durch die Nutzungszeit (t) dividiert.

$$a = \frac{AW}{t}$$

Wird für den Zeitpunkt der vollen Abschreibung des Betriebsmittels ein Restwert (Rn) erwartet, der durch Verkauf realisiert werden kann, muß dies bei Festlegung des Abschreibungsgrundwerts berücksichtigt werden. Für die lineare Abschreibung lautet dann die Formel[33]):

$$a = \frac{AW - Rn}{t}$$

Die **geometrisch-degressive** Abschreibung schreibt mit einem konstanten jährlichen Prozentsatz vom jeweiligen R e s t b u c h w e r t ab. Die Abschreibungsbeträge bilden eine fallende geometrische Reihe. Bei einem geplanten Restbuchwert (Rn) wird der Abschreibungsprozentsatz nach der Formel:

$$R = 100 \left(1 - \sqrt[n]{\frac{Rn}{AW}}\right) \text{ bestimmt.}$$

Der jährliche Abschreibungsbetrag ergibt sich aus der Multiplikation der jeweiligen Restbuchwerte mit dem konstanten Abschreibungsprozentsatz.

Die **arithmetisch degressive** (digitale) Abschreibung verteilt die Gesamtabschreibung um einen jährlich gleichbleibenden großen fallenden Abschreibungsbetrag (Degressionsbetrag) auf die Gesamtnutzungsdauer. Die Abschreibungsbeträge bilden eine fallende arithmetische Reihe. Der Abschreibungsbetrag a des jeweiligen Jahres errechnet sich nach der Formel:

$$a_{1-n} = \left(\text{Zahl der Rechnungsjahre } t_n\right) \times \left(\frac{\text{Degressionsbetrag}}{D}\right)$$

$$\text{Degressionsbetrag} = \frac{AW \div Rn}{\sum \text{der Jahre der Nutzungsdauer (n)}}$$

Die **progressive** Abschreibung hat von Jahr zu Jahr zunehmende Abschreibungsquoten. Wie bei der degressiven Abschreibung — zu der sie das Gegenstück darstellt — kennt man 2 Abschreibungsformen:

die **geometrisch progressive** und die **arithmetisch progressive.** Die Ermittlung der Abschreibungsbeträge erfolgt genau so wie bei den degressiven Abschreibungsmethoden. Die Verrechnung der Abschreibungsbeträge geschieht in genau umgekehrter Folge.

Die **Abschreibung nach Leistung** (variabel) erfaßt den Werteverzehr der Betriebsmittel entsprechend ihrer Inanspruchnahme im Produktionsprozeß. Man ermittelt den Abschreibungsbetrag einer Periode, indem man die Anschaffungskosten (AW) abzüglich des Restnutzungswertes (Rn) dividiert durch die Gesamtsumme der möglichen Leistungseinheiten (Lg) und den Wert multipliziert mit den verbrauchten Leistungseinheiten der Periode (Lp)

---

[33]) Entsprechendes gilt für die nachfolgenden Formeln.

$$a = \frac{AW - Rn}{Lg} \times Lp$$

Da die Betriebsabrechnung u. a. die Aufgabe der substantiellen Kapitalerhaltung hat, ist bei steigenden/sinkenden Preisen für die Produktionsmittel, der kalkulatorische Abschreibungsbetrag den jährlichen Änderungen des Wiederbeschaffungswertes anzupassen. Das geschieht mittels eines Indexfaktors

$$\text{Indexfaktor} = \frac{\text{Wiederbeschaffungswert}[34]}{\text{Anschaffungskosten}}$$

Beispiel: Anschaffungskosten 10 000   n = 10

Wiederbeschaffungswert am Ende des 2. Nutzungsjahres 10 400

$$\text{Indexfaktor} = \frac{10\,400}{10\,000} = 1{,}04$$

Bei linearer Abschreibung und 10jähriger Nutzungsdauer beträgt der Abschreibungsbetrag des zweiten Jahres:

$$\frac{\text{Wiederbeschaffungswert}}{n} \times n_2 \not{.} a_1 = \frac{10\,400}{10} \times 2 \not{.} 1000 = \underline{\underline{1080}}$$

Nachfolgende Tabelle 6 stellt einen Vergleich der Abschreibungsmethoden an Hand eines Beispiels dar.

Anschaffungswert 15 600 DM, Nutzungsdauer 5 Jahre, Restwert des 5. Jahres 600 DM.

linear: Abschreibungsbetrag a pro Jahr konstant

$$a = \frac{15\,600 - 600}{5} = 3000$$

arithmetisch degressiv: (Abschreibungsbetrag pro Jahr um gleichen Degressionsbetrag fallend)

$$a_1 = 5 \times \frac{15\,600 - 600}{15} = 5000{,}\text{—}$$

$$a_2 = 4000{,}\text{—} \qquad \text{Degressionsbetrag 1000 DM}$$

arithmetisch progressiv: (Abschreibungsbetrag pro Jahr um gleichen Degressionsbetrag steigend)

$$a_1 = 1000{,}\text{—} \quad a_2 = 2000{,}\text{—} \ldots \quad a_5 = 5000{,}\text{— DM}$$

---

[34]) An Stelle des Wiederbeschaffungswertes, der schwierig zu bestimmen ist, geht man in der Praxis von Tagespreisen aus oder verwendet branchenstatistische Preisindizes.

geometrisch degressiv: (Abschreibungsbetrag pro Jahr um kleiner werdenden Degressionsbetrag fallend)

$$p = 100 \times \left(1 - \sqrt[5]{\frac{600}{15\,600}}\right) = 47{,}88\,\%$$

$a_1 = 15\,600 \times 0{,}4788\,\% = 7469{,}28$

$a_2 = 3892{,}99 \qquad a_5 = 551{,}17$

geometrisch progressiv: (Abschreibungsbetrag pro Jahr um größer werdenden Degressionsbetrag steigend)

$a_1 = 551{,}17 \qquad a_5 = 7469{,}28$

Nach Leistung (variabel)

Leistungspotential insgesamt $\quad L_g = 30\,000$

$Lp_1 = 10\,000 \qquad a_1 = 5\,000$
$Lp_2 = 5\,000 \qquad a_2 = 2\,500$
$Lp_3 = 4\,000 \qquad a_3 = 2\,000$
$Lp_4 = 8\,000 \qquad a_4 = 4\,000$
$Lp_5 = 3\,000 \qquad a_5 = \underline{1\,500}$

$\qquad\qquad\qquad\qquad$ Summe $\;15\,000$

	linear	degressiv		progressiv		Nach Leistungseinheit
		arithm.	geometr.	arithm.	geometr.	
Anschaffungswert	15 600	15 600	15 600	15 600	15 600	15 600
Abschreibungsbetrag des 1. Jahres a_1	3 000	5 000	7 469,28	1 000	551,17	5 000
Restbuchwert am Ende des 1. Jahres R_1	12 600	10 600	8 130,72	14 600	15 048,83	10 600
a_2	3 000	4 000	3 892,99	2 000	1 057,53	2 500
R_2	9 600	6 600	4 237,73	12 600	13 991,30	8 100
a_3	3 000	3 000	2 029,03	3 000	2 029,03	2 000
R_3	6 600	3 600	2 208,70	9 600	11 962,27	6 100
a_4	3 000	2 000	1 057,53	4 000	3 892,99	4 000
R_4	3 600	1 600	1 151,17	5 600	8 069,28	2 100
a_5	3 000	1 000	551,17	5 000	7 469,28	1 500
R_5 = Schrottwert	600	600	600	600	600	600

Tabelle 6

Die kostenrechnerische Beurteilung der Abschreibungsmethoden

Wenn man vom Grundprinzip der Kostenrechnung ausgeht, daß die verursachungsgerechte Verteilung der Kostenarten auf die Kostenträger — Kostenstellen anstrebt, dann ist **die** Abschreibungsmethode für Zwecke der Kostenrechnung am geeignetesten, die diesem Prinzip am besten entspricht.

Lassen sich das Ausmaß der Beanspruchung von Betriebsmitteln (z. B. Betriebsstunden, Fahrkilometer, Abbaumengen von Abbaugrundstücken usw.) genau messen und ist das Gesamtnutzungspotential exakt bestimmbar, dann entspricht die Abschreibung nach Leistungseinheiten ideal den kostenrechnerischen Grundsätzen.

Überwiegend sind in den Betrieben diese Bedingungen nicht gegeben und somit ist die **lineare** Abschreibung, die den zeitproportionalen Werteverzehr erfaßt, die gebräuchlichste Abschreibungsmethode. Wegen der Einfachheit der rechnerischen Anwendung und der gleichmäßigen Belastung der Perioden mit Abschreibungen ist sie kostenrechnerisch vertretbar.

Die degressiven Abschreibungsmethoden sind mehr für bilanz- und steuerpolitische Zwecke[35]) der Unternehmung geeignet. Im Falle eines gleichmäßig abgestuften Altersaufbaus der Betriebsmittel würden sich bei ihrer Anwendung die hohen Abschreibungsbeträge der neueren Anlagen mit den niedrigeren der älteren kompensieren und ebenfalls wie bei der linearen zu einer gleichmäßigen Periodenbelastung führen.

Die **progressiven** Abschreibungsmethoden sind in der Praxis **ungebräuchlich**, da ihre Bedingungen — progressiver Wertminderungsverlauf — selten gegeben sind.

6.1.4. Kalkulatorische Kostenarten

Kosten, denen in der Aufwandrechnung keine Kosten (Zusatzkosten) oder Aufwand in anderer Höhe (Anderskosten) gegenüber stehen, sind kalkulatorische Kosten.

Neben den bereits besprochenen kalkulatorischen Abschreibungen werden als kalkulatorische Kosten in der Betriebsabrechnung verrechnet:

kalkulatorische Zinsen
kalkulatorische Wagnisse
} Anderskosten (einschl. kalkulatorische Abschreibungen)

kalkulatorische Miete
kalkulatorischer Unternehmerlohn
} Zusatzkosten

---

[35]) Hier sind die steuerlichen Vorschriften zu beachten, die einen Höchstsatz als Abschreibungsprozentsatz vorschreiben.

Kalkulatorische Zinsen

Das im Vermögen des Unternehmens investierte Kapital stammt aus den Quellen der Kapitaleigner (Eigenkapital) und Dritter, die es der Unternehmung leihweise zur Verfügung stellen (Fremdkapital). Die Aufwandrechnung verrechnet nur effektiv gezahlte Zinsen für Fremdkapital.

In der Kostenrechnung müssen auch Zinsen für das Eigenkapital angesetzt werden, um zu gewährleisten, daß diejenigen, die der Unternehmung Eigenkapital zur Verfügung stellen, über den Preis der verkauften Leistung wenigstens den auf dem Markt üblichen Zins für das **betriebsnotwendige Kapital** erhalten, als das Entgelt, das sie bei anderweitiger Kapitalanlage erzielen würden. Zwar verursacht Eigenkapital keine effektiven Zinszahlungen, stellt aber Nutzenentgang dar, der von der BWL als Opportunitätskosten bezeichnet wird.

Für die Berechnung der kalkulatorischen Zinsen wird das **betriebsnotwendige Kapital** ermittelt.

Das betriebsnotwendige Kapital repräsentiert sich im **betriebsnotwendigen Vermögen,** das Vermögen, das zur Durchführung des betrieblichen Leistungserstellungs- und -verwertungsprozesses notwendig ist.

Aus dem Gesamtvermögen sind:

    a) alle nicht betriebsnotwendigen Vermögensteile auszusondern (z. B. Reservegrundstücke, stillgelegte Anlagengegenstände, im Bau befindliche Anlagen, nicht betriebsnotwendige Wertpapiere, überdurchschnittliche Rohstoffbestände usw.),

    b) die Wertansätze der Bilanz auf die kalkulatorischen Restwerte zu korrigieren,

    c) das zinsfrei überlassene Fremdkapital abzuziehen[36]).

Das so ermittelte betriebsnotwendige Kapital wird mit dem landesüblichen Zinsfuß verzinst und stellt die kalkulatorischen Zinsen dar[37]).

Nachfolgend ein vereinfachtes Berechnungsbeispiel.

---

[36]) Vgl. hierzu Lücke, W., Die kalkulatorischen Zinsen im betrieblichen Rechnungswesen, in ZfB, 35. Jg. (1965), Ergänzungsheft, S. 3—28, der durch Ansatz von Abzugskapital den Einfluß von Finanzierungsgebaren in die Kostenrechnung sieht.

[37]) Kilger schlägt die durchschnittliche Verzinsung vom halben Ausgangswert vor, um eine periodisch gleichmäßige Verzinsung zu erzielen. Vgl. hierzu Kilger, W., Betriebliches Rechnungswesen, in: Allgemeine Betriebswirtschaftslehre in programmierter Form, hrsg. v. H. Jacob, Wiesbaden 1969, S. 855—869.

Aktiva	Anf. Bil.	Schl.-Bil.	Betriebs-notw. Kapital	Bemerkungen
Grundstücke	200	200	220	Aufl. stiller Reserven
Gebäude	450	500	520	kalk. Staffel: 550 nicht betriebsnotw. 30
Maschinen	610	630	650	lt. Abschr.-Staffel
Beteilig.	200	200	100	100 nicht betriebsnotwendig
Vorräte	900	1000	1300	300 stille Reserven
Wertpapiere	300	300	100	200 nicht betriebsnotwendig
Debit.	200	300	250	Durchschnittsbestand
Bank	100	200	130	Durchschnittsbestand, davon 20 nicht betriebsnotwendig
	2960	3330	3270	
Passiva				
Aktien	1000	1000		
Reserven	450	450		
Wertberichtg.	300	300		
Rücklagen	100	100		
Hypotheken	500	500		
Kredit.	300	500		für 400 entstehen keine Zinsen (kein Skonto)
Anz.	100	200		Durchschnittswert 150 zinsfrei
Gewinn	210	280		
	2960	3330		

Tabelle 7

Betriebsnotwendiges **Vermögen**   = 3270

— Abzugskapital (Kred. u. Anz.)   550

= Betriebsnotwendiges **Kapital**   2720   (hierauf landesüblicher Zinsfuß verrechnet)

Betriebsnotwendiges Vermögen: = Bilanzsumme Aktiva + stille Reserven ∻ betriebsfremdes Kapital

Betriebsnotwendiges Kapital: = Betriebsnotwendiges Vermögen ∻ zinsfreies Abzugskapital

Kalkulatorische Wagnisse

In marktwirtschaftlichen Systemen ist jede unternehmerische Tätigkeit einer latenten Bedrohung (Risiken) ausgesetzt, die in folgenden Bereichen liegen kann:

a) in den leitenden Persönlichkeiten des Unternehmens selbst,

b) in der Unberechenbarkeit der marktlichen Entwicklung,

c) in der produktionstechnischen Entwicklung.

Diese existentiellen Risiken sind in der Kostenrechnung nicht kalkulierbar, da sie **allgemeine Unternehmenswagnisse** darstellen, die die Unternehmung als Ganzes betreffen und aus dem Gewinn abzudecken sind.

Die **speziellen Einzelwagnisse** dagegen, die mit betrieblichen Funktionen eng verbunden sind, lassen sich kalkulatorisch erfassen und werden als Gemeinkosten verrechnet für alle Risiken, die nicht durch Fremdversicherungen gedeckt sind und als Kosten in Form von Versicherungsprämien in die Betriebsabrechnung eingehen.

Die wichtigsten Einzelwagnisse sind:

      Beständewagnisse,

      Anlagewagnisse,

      Fertigungswagnisse (einschließlich Ausschußwagnisse),

      Entwicklungswagnisse,

      Vertriebswagnisse.

Beständewagnisse entstehen aus dem Risiko des Verlustes durch Schwund, Diebstahl, Preisverfall, Veralterung usw. von Roh-, Hilfs- und Betriebsstoffen, Halb- und Fertigfabrikaten.

Anlagewagnisse entstehen aus Risiken des vorzeitigen Ausscheidens von Anlagegütern aus dem Produktionsprozeß durch technische oder wirtschaftliche Überholung, außergewöhnliche Schäden usw.

Fertigungswagnisse entstehen aus Ausschußproduktion, Nacharbeitskosten, Ersatz- und Nachlieferungen, Konstruktionsfehlern.

Entwicklungswagnisse entstehen aus Entwicklungsvorhaben, die praktisch oft zu keinem konkreten Ergebnis führen.

Vertriebswagnisse entstehen aus Debitorenausfällen, Währungsverlusten.

Sonstige Wagnisse entstehen aus branchen- oder betriebsindividuellen Gegebenheiten wie: Bergschäden, Schiffsverlusten, Ölleitungen usw.

Durch Einbeziehung kalkulatorischer Wagnisse in die Kosten soll sichergestellt werden, daß die im Durchschnitt anfallenden Risiken abgedeckt werden. Da die Schadensereignisse zufällig und die Schadenshöhe unterschiedlich ist, soll in der Kostenrechnung ein „normalisierter" Wagniszuschlag berücksichtigt werden.

Tatsächlich eingetretene Wagnisverluste der Vergangenheit in Beziehung gesetzt zu einer Bezugsgröße ergeben den zu verrechnenden Wagniszuschlag.

Auf lange Sicht sollten sich die kalkulierten Einzelwagnisse mit den tatsächlichen Wagnisverlusten ausgleichen. Die Verbuchung der effektiven Wagnisverluste und der kalkulatorischen Wagniskosten ist analog der Verbuchung der kalkulatorischen Abschreibungen (s. w. u.) vorzunehmen.

Die kalkulatorischen Wagniskosten sind erfolgsneutral, gehen also in die Selbstkosten der Produkte ein.

Kalkulatorischer Unternehmerlohn

In Kapitalgesellschaften sind die Unternehmer Angestellte (Organe) der Unternehmung und erhalten für ihre Arbeitsleistung ein Gehalt, das in der Finanzbuchhaltung als Aufwand, und in der Kostenrechnung als Kosten verrechnet wird.

In Einzel- und Personalgesellschaften soll die unternehmerische Arbeitsleistung durch den Gewinn abgegolten werden und es entstehen aus steuer- und handelsrechtlichen Gründen weder Aufwand noch Ausgaben. Da unzweifelhaft der „Verbrauch" des Produktionsfaktors dispositive Arbeit vorliegt und betriebsnotwendig ist, verrechnet die Kostenrechnung einen kalkulatorischen Unternehmerlohn in die Selbstkosten ein. Der Unternehmerlohn soll in der Höhe etwa dem Gehalt eines leitenden Angestellten in gleicher Funktion eines Unternehmens gleicher Größe, Branche und Produktionsprogramms entsprechen.

Buchungstechnisch wird der kalkulatorische Unternehmerlohn erfolgsneutral verbucht.

Beispiel: Kalkulatorischer Unternehmerlohn 5000,— DM

Kontenklassen								
S verrechn. U-Lohn H				S Unternehmerlohn H			Betriebsergebnis	
(3)	5000	(1)	5000	(1) 5000	(2) 5000	(2)	5000	5000 (4)
						Neutrales Ergebnis		
						(6)	5000	5000 (3)
						Gewinn u. Verlust		
						(4)	5000	5000 (6)

Kalkulatorische Miete

Eine kalkulatorische Miete ist zu verrechnen, wenn Einzelunternehmer oder Gesellschafter einer Personengesellschaft private Räume für Betriebszwecke zur Verfügung stellen. Die Begründung für die Verrechnung von Zusatzkosten ist analog der, die bei dem Ansatz von kalkulatorischem Unternehmerlohn in der Kostenrechnung gegeben wurde. Der Verrechnungsvorgang entspricht dem des kalkulatorischen Unternehmerlohns.

6.1.5. Sonstige Kostenarten

Zu den sonstigen Kostenarten zählen alle übrigen Kosten der Klasse 4 wie Energiekosten (Strom, Gas, Wasser, Brennstoffe), Transport-, Prüfungs-, Werbe-, Versicherungs-, Unterhalts-, Reparaturkosten, Dienstleistungskosten Dritter, Gebühren, Kostensteuern[38]) (Grund-, Beförderungs-, Vermögens-, Gewerbesteuer) die, soweit sie von außen bezogen werden, mit dem Buchhaltungsaufwand übereinstimmen und problemlos in der Kostenrechnung erfaßt werden können.

6.1.6. Erkenntniswert und Beurteilung der Kostenartenrechnung

Die Hauptaufgabe der Kostenartenrechnung besteht darin, durch eine hinreichende Gliederung der Kostenarten, einheitliche Kontierung, sachliche und zeitliche Abgrenzung gegenüber dem Aufwand der Finanzbuchhaltung, Grundlage und Vorbereitung für eine genaue und aussagefähige Kostenstellen- und Kostenträgerrechnung zu bilden.

Der Erkenntniswert der Kostenartenrechnung für sich genommen ist relativ gering, denn sie läßt nicht erkennen,

- wo die Kosten angefallen sind, wer die Kostenänderung zu verantworten hat, noch
- wodurch ihre Höhe beeinflußt wurde.

Der Kostenartenrechnung fehlt jede direkte Beziehung zur Erzeugniseinheit.

Unter bestimmten Voraussetzungen kann ein Kostenartenvergleich für innerbetriebliche und zwischenbetriebliche Zwecke sinnvoll sein. (Kostenartenvergleich verschiedener Perioden, Ermittlung von Verhältnis- und Indexziffern).

VII. Kostenstellenrechnung

In der Kostenstellenrechnung soll die Frage beantwortet werden, **wo** die Kosten entstanden sind.

Insbesondere die unterschiedliche Beanspruchung der Betriebsbereiche durch die Kostenträger führt zur Gliederung des Betriebes in Kostenstellen.

7.1. Ziel und Zweck der Kostenstellenrechnung liegt in

a) der Verteilung der Gemeinkosten auf die einzelnen Kostenstellen nach dem Verursachungsprinzip, d. h. jede Kostenstelle soll mit den Kosten belastet werden, die sie verursacht hat;

---

[38]) Zum Kostencharakter der Steuer vgl. Haberstock, L.: a. a. O. S. 86 und Fußnote 1.

b) der Ermittlung von Kalkulationssätzen, um die verursachungsgerechte Verrechnung von Gemeinkosten auf die Kostenträger zu ermöglichen;

c) der innerbetrieblichen Leistungsverrechnung, die durch den Leistungsaustausch der Kostenstellen untereinander notwendig wird.

7.2. Bildung und Gliederung der Kostenstellen

Unter Kostenstellen versteht man Teilbereiche des Betriebes, die kostenrechnerisch selbständig abgerechnet werden[39]).

Gleichzeitig sind Kostenstellen Kontierungseinheiten für die zu verteilenden Gemeinkostenarten.

Die Einteilung des Kostenfeldes Betrieb kann nach verschiedenen Kriterien vorgenommen werden:

a) Die Einteilung nach **räumlichen** Gesichtspunkten, Werkstatt I, Werkstatt II usw. (abgegrenzte Lokalitäten) ist nachteilig für die Ermittlung von Kalkulationssätzen, wenn in den Räumen verschiedenartige Arbeiten geleistet werden.

b) Die Einteilung nach **funktionellen** Gesichtspunkten ist eine Einteilung nach betrieblichen Funktionen, wie Beschaffung, Fertigung, Verwaltung, Entwicklung und Vertrieb.

c) die Einteilung nach **Verantwortungsbereichen** grenzt Aufsichtsbereiche von Meistern, Abteilungsleitern kostenrechnerisch zu Kostenstellen ab und ist Voraussetzung für eine Kontrolle der Betriebsgebarung auf den Kostenstellen bei Plankostenrechnungssystemen.

d) die Einteilung nach **rechentechnischen** Gesichtspunkten gliedert insbesondere im Fertigungsbereich die Kostenstellen so, daß funktionsgleiche und in der Kostenstruktur gleiche Aggregate in Kostenstellen abrechnungstechnisch zusammengefaßt werden. Sie führt im Prinzip zur Platzkostenrechnung und dient der Verfeinerung der Kalkulation.

In der Praxis der Kostenstellenbildung werden einzelne Elemente der genannten Kriterien kombiniert, um die Aufgabe der Kostenstellenrechnung optimal erfüllen zu können.

Insbesondere muß die Kontrolle der Betriebsgebarung durch den Gesichtspunkt der Abgrenzung der Kostenstellen nach Verantwortungsbereichen gewährleistet sein.

Ferner müssen für Zwecke der Kalkulation homogene Leistungsbereiche geschaffen werden, für die sich Kalkulationssätze möglichst einfach bilden lassen, die dem Prinzip der Verursachung entsprechen, d. h. die Kalkulation würde ungenau, wenn Aggregate unterschiedlicher Kostenstruktur zusammengefaßt werden, z. B. Handarbeitsplätze und Maschinenarbeitsplätze, oder normale Hobelbänke und Drehautomaten.

---

[39]) Vgl. Kilger, W.: Betriebliches Rechnungswesen, a. a. O. S. 870.

Schließlich soll die Kostenstellenbildung dazu führen, daß alle nach Kostenarten differenzierten Gemeinkostenbelege ohne Schwierigkeiten auf die Kostenstellen kontiert werden können.

Bei Betrieben mit differenzierter Fertigung findet man in der Regel folgende Kostenstellenbereiche, die wenigstens eine Hauptkostenstelle haben:

Materialbereich

Materialkostenstellen sind solche, welche die Beschaffung, Prüfung, Lagerung und Abgabe des Materials an den Betrieb durchführen. (Roh-, Hilfs-, Betriebsstoffe und Fertigerzeugnisse)

Fertigungsbereich

Zum Fertigungsbereich gehören alle Kostenstellen, die unmittelbar (Hauptkostenstellen) oder mittelbar (Bereichshilfskostenstellen) bei der Durchführung des eigentlichen Produktionsprozesses mitwirken.

Verwaltungsbereich

Dem Verwaltungsbereich obliegt die allgemeine Unternehmensführung und Kontrolle. Kostenstellen sind z. B.: Direktion, kaufmännische Verwaltung, Rechnungswesen, Registratur usw.

Vertriebsbereich

Im Vertriebsbereich sind die Kostenstellen zusammengefaßt, die sich mit der Lagerung der Fertigerzeugnisse, dem Verkauf, der Werbung, Kundendienst und Spedition der Fertigerzeugnisse befassen.

Allgemeiner Bereich

Kostenstellen des allgemeinen Bereichs erbringen Hilfsleistungen für den ganzen Betrieb, nicht aber direkte Marktleistungen. Beispiele für Kostenstellen des allgemeinen Bereichs sind Grundstücks- und Gebäudeverwaltung, Energieversorgung, Sozialabteilung, innerbetrieblicher Transport, Wach- und Pförtnerdienste usw.

Forschungs- und Entwicklungsbereich

Wenn die Funktionen dieses Bereichs nicht dem allgemeinen Bereich zugeordnet werden, finden sich hier Kostenstellen wie: Grundlagenforschung, Zentrallabor, Patentabteilung usw.

Nach Art der Abrechnung und Mitwirkung an der Leistungserstellung wird nachfolgende Kostenstellengruppierung vorgenommen:

a) Hauptkostenstellen

b) Hilfskostenstellen

ba) allgemeine Hilfskostenstellen

bb) Bereichshilfskostenstellen

Hauptkostenstellen verrechnen ihre Kosten unmittelbar mittels Zuschlagsatzes auf die Kostenträger. Hauptkostenstellen sind die Materialstellen, Fertigungsstellen, Verwaltungs- und Vertriebsstellen.

Hilfskostenstellen verrechnen ihre Gemeinkosten nicht direkt auf die Kostenträger, sondern ihre Kosten werden in der innerbetrieblichen Leistungsverrechnung auf die leistungsempfangenden Haupt- und Hilfskostenstellen umgelegt. Man unterscheidet bei den Hilfskostenstellen:

allgemeine Hilfskostenstellen, auf denen Kosten verrechnet werden, die auf alle übrigen Haupt- und Hilfskostenstellen anteilmäßig nach Leistungsinanspruchnahme umzulegen sind.

Bereichshilfskostenstellen sammeln Kosten von Hilfsbetrieben, die nur für einen Bereich (besonders im Fertigungsbereich) tätig werden, und deren Kosten auf die zugehörigen Hauptkostenstellen des Bereichs anteilmäßig verteilt werden (z. B. Lehrwerkstatt, Arbeitsvorbereitung, Reparaturwerkstatt usw.).

Die Unterteilung des Kostenfeldes Betrieb in Haupt- und Hilfskostenstellen ist nicht immer unproblematisch, da z. B. die Modellschreinerei einer Gießerei zwar hauptsächlich für die Gießerei Modelle für Gußformen liefert, aber in Zeiten der Nichtauslastung durchaus Fremdaufträge erfüllen kann und damit absatzfähige Produkte liefert und somit gleichzeitig den Kriterien der Haupt- und Hilfskostenstellen genügt.

Nachfolgender vereinfachter Kostenstellenplan einer Brauerei, der zweckmäßigerweise jeder Kostenstelle eine Grundnummer zuordnet, soll als Beispiel für eine Kostenstelleneinteilung dienen.

1 **Allgemeiner Bereich** (= allgemeine Hilfskostenstellen)

    101 Grundstücke und Gebäude
    102 Sozialdienst
    103 Energie

2 **Materialbereich**

    201 Einkauf
    202 Warenannahme
    203 Lager

3 **Fertigungsbereich**
   30 Bereichs**hilfs**kostenstellen
   301 Kesselhaus
   302 Kältemaschinen
   303 Heizungsraum
   304 Wasserwerk
   305 Reparaturwerkstatt
   31 Fertigungs**haupt**stellen
   311 Maischbottich
   312 Würzpfannen
   313 Gärbottiche
   314 Lagerkeller
   315 Abfüllstation
   32 Fertigungs**neben**stellen
   321 Eisfabrik
   322 Malzfabrik
   323 Alkoholfreie Getränke

4 **Verwaltungsbereich**
   401 Betriebsleitung
   402 Rechnungswesen
   403 Personalabteilung
   404 Rechtsabteilung
   405 Organisation
   406 Registratur

5 **Vertriebsbereich**
   501 Verkauf Inland
   502 Verkauf Ausland
   503 Werbung
   504 Versandläger
   505 Kundendienst
   506 Spedition

7.3. Der Betriebsabrechnungsbogen (BAB)

Im System der Betriebsabrechnung werden Kostenartenplan und Kostenstellenplan zum sogenannten BAB zusammengefaßt[40]). Der BAB ist ein organisatorisches Hilfsmittel zur Durchführung der Kostenstellenrechnung in statistisch tabellarischer Form, in dem gewöhnlich die Kostenarten vertikal und die Kostenstellen horizontal angeordnet sind.

---

[40]) Andere Möglichkeit: die Kostenstellenrechnung kontenmäßig über Kostenstellen und Kostenträgerrechnung im Rahmen der doppelten Buchhaltung durchzuführen. Bei Großbetrieben jedoch nur mittels EDV-Anlagen möglich.

Das betriebliche Rechnungswesen

Betriebsabrechnungsbogen[41])

Lfd. Nr.	Konto- Nr.	Kostenart	Buchungs- betrag	Allgemeine Hilfs- kostenstellen			Material- kosten- stelle	Fertigungshauptkostenstellen				Fertigungs- hilfs- kosten- stelle (Betriebs- schloss.)	Ver- waltungs- kosten- stelle	Vertriebs- kosten- stelle
				Ge- bäude 60	Heizung 61		62	Modellbau 64	Holzbe- arbeitung 65	Montage 66	Lackiererei 67	63	68	69
0		2	3	4	5		6	7	8	9	10	11	12	13
1	410	Gemeinkostenlöhne	7 930	70	320		—	240	1 880	3 500	1 270	530	—	120
2	411	Gehälter	9 400	—	—		1 000	950	1 620	2 490	1 220	320	1 000	800
3	415	Gesetzl. soz. Leistungen	3 380	20	30		110	210	680	1 680	460	60	80	50
4	420	Gemeinkostenmaterial	3 970	—	360		40	160	720	1 670	480	480	30	30
5	421	Werkzeugverbrauch	310	—	20		20	30	50	90	30	70	—	—
6	430	Instandhaltung	990	250	70		10	50	160	380	40	30	—	40
7	422	Energiekosten	1 950	70	60		20	240	490	660	210	120	40	—
8	440	Steuern	1 450	340	30		—	90	140	440	110	60	240	20
9	441	Versicherungen	450	40	20		40	50	60	100	40	40	40	380
10	450	Reisespesen	380	—	—		—	—	—	—	—	—	—	30
11	460	Kalk. Abschreibungen	1 430	350	90		70	60	210	290	190	110	30	—
12	461	Kalk. Zinsen	2 500	400	80		—	170	490	690	470	180	20	—
13	462	Kalk. Wagnisse	640	—	—		40	120	130	250	100	—	—	150
14	463	Kalk. Unternehmerlohn	3 600	—	—		—	500	850	1 400	500	50	150	—
15	442	Gebühren, Beiträge	650	20	20		—	30	70	130	50	40	290	60
16	490	Sonstige Gemeinkosten	240	—	—		90	—	20	30	—	—	40	—
17		Gemeinkostensummen	39 270	1 560	1 100		1 440	2 900	7 570	13 800	5 170	2 090	1 960	1 680
18		Umlage, Gebäude	1 560	↓	80		100	180	240	310	240	160	130	120
19		Umlage, Heizung	1 180		↓		60	100	260	290	210	80	90	90
20		Umlage, Betriebsschlosserei	2 330					220	630	1 100	380	↓		
21		Angefallene Stellengemeinkosten					1 600	3 400	8 700	15 500	6 000		2 180	1 890
22		Beziehungsgrößen					32 000	3 500	7 000	15 000	5 600		91 300	91 300
23		Effektive Zuschläge					5%	97,14%	124,29%	103,33%	107,14%		2,39%	2,07%
24		Normalzuschläge					5%	95%	125%	100%	110%		2,5%	2%
25		Verrechnete Stellengemeinkosten					1 600	3 325	8 750	15 000	6 160		2 283	1 826
26		Überdeckungen (+) Unterdeckungen (—)					—	— 75	+ 50	— 500	+ 160		+ 103	— 64

Tabelle 8

[41]) BAB entnommen Gablers Wirtschaftslexikon, Bd. 1, Wiesbaden S. 575.

Die Aufgaben des BAB sind:

- die aus der Kontenklasse 4 entnommenen Gemeinkosten verursachungsgerecht auf die Kostenstellen zu verteilen,
- die Durchführung der innerbetrieblichen Leistungsverrechnung,
- die Ermittlung von Kalkulationssätzen,
- die Ermittlung von Kennzahlen zum Zwecke der Kostenstellenkontrolle.

Die Einzelkosten, die den Kostenträgern verursachungsgemäß direkt zugerechnet werden können, erscheinen im BAB **nur** als Bezugsbasis neben anderen Bezugsgrößen (m^2 Fläche, Beschäftigtenzahl usw.), um sie bei Ermittlung von Kalkulationssätzen direkt aus den Vorspalten des BAB bequem entnehmen zu können.

Die Technik der Aufstellung eines BAB

Die aus der Kostenartenrechnung übernommenen primären[42]) Gemeinkosten werden als Summen in die vertikalen Spalten des BAB eingetragen und direkt oder indirekt auf die Kostenstellen verteilt. Nach dieser ersten Verteilung werden die senkrechten Spalten des BAB addiert und es ergeben sich für jede Haupt- und Hilfskostenstelle die Summe der primären Gemeinkosten.

In einer zweiten Verteilung werden die Gemeinkosten der Hilfskostenstellen auf die Haupt- und Hilfskostenstellen umgelegt, die von ihnen Leistungen empfangen haben (innerbetriebliche Leistungsverrechnung).

Eine erneute senkrechte Addition ergibt die Summe der sekundären[43]) Kosten der Hauptkostenstellen, die mit den primären Kosten der Hauptkostenstellen die Gesamtkosten der Hauptkostenstellen ergibt. Die Verteilung der Gemeinkosten der Hauptkostenstellen auf die Kostenträger erfolgt durch Bildung von Zuschlagssätzen, die durch Inbeziehungsetzen der Gemeinkostensumme der Hauptkostenstelle zur Bezugsgröße gebildet werden.

Werden Normalkostenrechnungssysteme angewandt[44]), entstehen im BAB zwischen entstandenen Istkosten der Abrechnungsperiode und verrechneten Normalkosten Über- und Unterdeckungen.

$$\text{Istkosten} > \text{Normalkosten} = \text{Unterdeckung}$$
$$\text{Istkosten} < \text{Normalkosten} = \text{Überdeckung}$$

die eine Kostenstellenkontrolle ermöglichen sollen. Die für die Vorkalkulation verwendeten Normalzuschlagssätze werden ebenfalls in einer Sonderspalte des BAB den Istzuschlagssätzen der Periode gegenübergestellt und führen bei nachhaltigen Abweichungen zu Korrekturen der Normalzuschlagssätze für die Vorkalkulation.

---

[42]) Vgl. zum Begriff primäre Gemeinkosten, S. 353.
[43]) Vgl. zum Begriff sekundäre Kosten, S. 353.
[44]) Vgl. Normalkostenrechnungssysteme, S. 340.

Das Problem im BAB ist die verursachungsgerechte Verteilung der Gemeinkosten auf die Kostenstellen, da eine direkte Zuteilung nach Verursachung auf die Kostenträger nicht möglich ist. Diese Zurechnung wird indirekt über die Kostenstellen vorgenommen, „weil man hofft, die Kosten von dort durch Auswahl geeigneter Bezugsgrößen am genauesten auf die Kostenträger zu verrechnen"[45].

Bei der Gemeinkostenverteilung auf die Kostenstellen unterscheidet man:

Stelleneinzelkosten, die den Kostenstellen direkt zurechenbar sind, **Stellengemeinkosten,** die mittels bestimmter Schlüsselgrößen auf die Kostenstellen verteilt werden.

Ähnlich einfach wie die Zurechnung der Einzelkosten auf die Kostenträger ist die Zurechnung von Stelleneinzelkosten auf die verursachenden Kostenstellen, **die an Hand von Kostenartenbelegen erfolgt:** z. B. Hilfs- und Betriebsstoffe auf Grund von Materialentnahmescheinen, Hilfslöhne und Gehälter an Hand von Lohn- und Gehaltslisten.

Das eigentliche Problem bilden die Stellengemeinkosten, bei denen sich aus den Kostenartenbelegen die verursachende Kostenstelle nicht ersehen läßt. Man ist auf die Anwendung von Verteilungsschlüsselgrößen angewiesen. Die angewendete Schlüsselgröße muß ein Maß für die Kostenverursachung sein; dabei ist darauf zu achten, daß zwischen zu wählendem Schlüssel und der zu verteilenden Kostenart ein proportionaler Zusammenhang besteht.

Das Problem der Kostenschlüsselung tritt in der Kostenrechnung an drei Stellen auf:

① Bei Verteilung der Gemeinkosten auf die Kostenstellen.
② Bei Umlage der Hilfskostenstellen auf die Hauptkostenstellen.
③ Bei Zurechnung der Kosten der Hauptkostenstellen auf die Kostenträger.

Kostenschlüssel, die den Anforderungen der Proportionalität entsprechen, sind nicht immer einfach zu finden, da es oft mehrere Faktoren gibt, die die Kostenhöhe bzw. das Ausmaß der Leistungsinanspruchnahme bestimmen.

Bei der Wahl der Schlüsselgröße darf es jedoch nicht dazu kommen, daß deren Ermittlung so hohe Aufwendungen verursacht, daß die Abrechnungsmethode unwirtschaftlich wird. In Theorie und Praxis[46] werden eine Vielzahl von Schlüsselgrößen für die Gemeinkostenverrechnung angeboten. Die wichtigsten lassen sich in 3 Gruppen zusammenfassen:

a) **Bei den Zeitschlüsseln** kann mit der Kalenderzeit, mit Betriebsschichten, Maschinenstunden, Fertigungs-, Rüst- und Stückzeiten gerechnet werden.

---

[45] Haberstock, L.: a. a. O. S. 132.
[46] Vgl. hierzu: Bussmann, K. F.: Industrielles Rechnungswesen, Stuttgart, S. 69 f.; Mellerowicz, K.: Kosten und Kostenrechnung, Bd. 2, Teil 1, Berlin 1966, S. 392; Heitz, B.: Kosten und Erfolgsrechnung, Herne - Berlin, Anlage 6 u. 7, S. 109 ff.

Abbildung 15

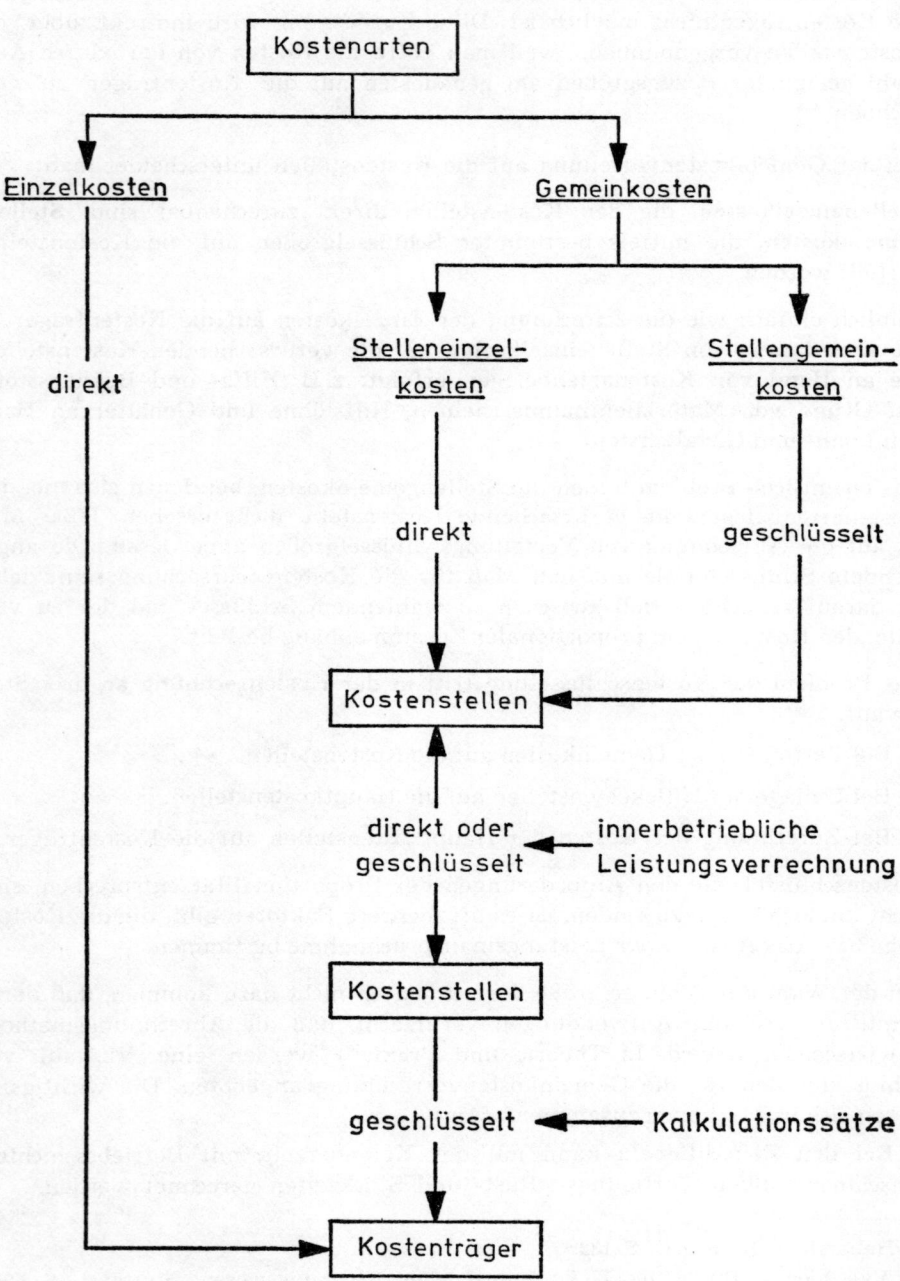

b) **Mengenschlüssel** beziehen sich auf Stückzahlen, Gewichte, Länge, Fläche, Kwh, Km, Rauminhalt usw.

c) **Wertschlüssel** können sein: Kostengrößen wie Fertigungslöhne, Material, Herstellkosten, Umsatz, Wareneinkaufswert, Wert des Betriebsvermögens usw.

Gegebenenfalls sind Schlüsselgrößen zu wichten, z. B. bei der Verteilung der Raumkosten sind Büroräumen der Faktor 2 und unbeheizten Lagerräumen der Faktor 0,5 zuzumessen.

1. Beispiel der indirekten Verteilung von Stromkosten für Beleuchtungszwecke nach installierten Watt.

Lichtstromkosten Januar 600 DM

Kostenstelle A   1500 installierte Watt
Kostenstelle B   900 installierte Watt
Kostenstelle C   600 installierte Watt

insgesamt   3000 installierte Watt

Es entfallen auf die Kostenstelle

A: $\dfrac{1500 \times 100}{3000} = 50\% = 300$ DM

B: $\dfrac{900 \times 100}{3000} = 30\% = 180$ DM

C: $\dfrac{600 \times 100}{3000} = 20\% = 120$ DM

2. Beispiel Grundstücke und Gebäude nach genutzter Fläche in qm.

Gemeinkosten   13 961,— DM
genutzte Fläche   2 100 qm

Kosten je Normal-m² $\dfrac{13\,961}{2\,100} = 6{,}52$ DM/m²

Es entfallen auf die Kostenstellen

Kostenstelle	tats. m²	Wichtungs-faktor	Gemeinkosten DM
Kantine	50	2	100 × 6,52 = 652,—
Dreherei	300	1	300 × 6,52 = 1956,—
Fräserei	350	1	350 × 6,52 = 2282,—
Schleiferei	400	1	400 × 6,52 = 2608,—
Montage	450	1	450 × 6,52 = 2934,—
Werkzeugmacherei	100	1	100 × 6,52 = 652,—
Reparaturwerkstatt	50	1	50 × 6,52 = 326,—
Materialbereich	200	0,5	100 × 6,52 = 652,—
Verwaltungsbereich	50	2	100 × 6,52 = 652,—
Vertriebsbereich	75	2	150 × 6,52 = 978,—
	2100 m²		13 692,—

Tabelle 9

Nachfolgende Tabelle gibt einige Beispiele für die übliche Verteilung von primären und sekundären Gemeinkostenarten:

Kostenart	Verteilungsmethode	Verteilungsgrundlage
Brenn- u. Betriebsstoffe	direkt	Entnahmescheine
Werkzeuge und Kleingeräte	direkt	Entnahmescheine
Gehälter	direkt	Gehaltslisten
Urlaubslohn	indirekt	Kopfzahl der Belegschaft je Kostenstelle
Grundsteuer	direkt	nach m² Fläche je Kostenstelle
Arbeitsvorbereitung	indirekt	Fertigungslöhne der Fertigungsstellen
Reisekosten	direkt	nach Abrechnungsbelegen
Kalkulator. Abschreibungen	direkt	Anlagenkartei
Kalkulator. Zinsen	direkt	Anlagenkartei
Lichtstrom	indirekt	installierte Watt
Kraftstrom	direkt	nach kWh lt. Zähler

Tabelle 10

Die Häufigkeit der BAB-Termine ist unterschiedlich. Sie schwankt zwischen 10tägigen Monats- und Quartalsabrechnungen. Für Zwecke der Kostenkontrolle sind kurze Zeitabstände vorzuziehen, weil sonst eine Kontrolle nicht möglich ist. Für Zwecke der Kalkulation würden halbjährliche Termine genügen, da bei den einzelnen Kostenstellen und Kostenarten bei kurzfristigen Zeitabständen Zufallsschwankungen eine laufende Veränderung der Kalkulationssätze bedingen.

Sinnvoll für eine wirkliche Kostenkontrolle ist aber nur ein BAB, der neben Istkosten auch Sollkosten enthält, da nur so eine wirksame Kostenkontrolle möglich ist.

Für größere Betriebe, mit oft Hunderten von Kostenstellen, ist der klassische BAB zu unübersichtlich und wird durch den Kostenstellenvergliechsbogen[47]) (Kostenstellenübersicht) ersetzt, der nur die Kostensumme für eine Kostenstelle enthält und dem jeweiligen Kostenstellenleiter eine brauchbare Unterlage zur Kontrolle seines Verantwortungsbereichs liefert.

Schema eines Kostenstellenvergleichsbogens mit Soll-Ist-Vergleich

Kostenstelle: Fräserei

Kostenart	Monat						usw.
	Januar			Februar			
	Soll	Ist	Abw.	Soll	Ist	Abw.	
Kostenart 1 Kostenart 2 Kostenart 3 usw.							
Kostenartensumme							

Abbildung 16

---

[47]) Mit oder ohne Soll - Ist - Vergleich möglich; vgl. hierzu Kap. Plankostenrechnung.

7.4. Die Verrechnung innerbetrieblicher Leistungen

Die Erfassung und Verrechnung innerbetrieblicher Leistungen (ibL) ist ein schwieriges Problem der Kostenrechnung. Die Notwendigkeit ergibt sich daraus, daß der Betrieb nicht nur Leistungen für den Markt — Absatzleistungen ((hierzu gehören auch die Lagerleistungen, die erst später auf den Markt gelangen) — sondern auch Leistungen für den Eigenge- und Verbrauch produziert = innerbetriebliche Leistungen.

Dabei unterscheidet man zwei Arten von innerbetrieblichen Leistungen:

    a) zu aktivierende innerbetriebliche Leistungen, hierzu zählen insbesondere selbsterstellte Maschinen, Anlagen, Transporteinrichtungen, Einbauten, werterhöhende Instandsetzungen,

    b) nicht aktivierbare ibL — Gemeinkostenleistungen —, wie sie insbesondere von den allgemeinen Kostenstellen und Bereichshilfskostenstellen erbracht werden.

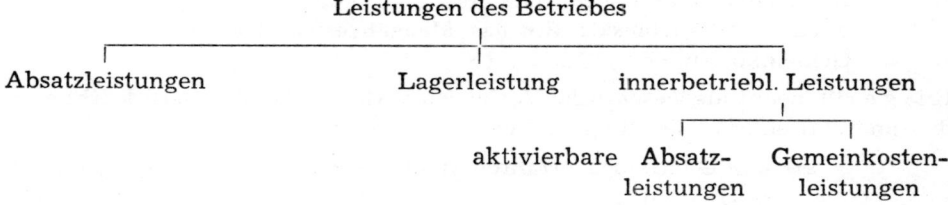

Die **aktivierbaren** ibL stellen insofern kein Problem dar, da sie wie Absatzleistungen behandelt werden, d. h. als Kostenträger (meist von Hauptkostenstellen erstellt), deren Kosten auf besonderen Konten der Klasse 7 gesammelt und nach Fertigstellung auf die Anlagekonten der Klasse 0 zu Herstellkosten aktiviert werden. Als Kostenart kalkulatorische Abschreibung / Zinsen gehen sie in die Kosten für Leistungen späterer Abrechnungsperioden wieder ein und werden so in der Selbstkostenkalkulation der Absatzleistungen berücksichtigt.

Die **nicht** aktivierbaren ibL stellen in der gleichen Rechnungsperiode in der sie erstellt werden auch leistungsbedingten Güterverzehr dar. Es sind Leistungen, die Kostenstellen untereinander austauschen, insbesondere die Inanspruchnahme der Hilfskostenstellen untereinander und durch die Hauptkostenstellen.

Das schwierige Problem einer innerbetrieblichen Leistungsverrechnung **nicht** aktivierbarer Leistungen liegt nun darin begründet, daß in größeren Betrieben eine vielfältige gegenseitige Leistungsverpflichtung der Hilfskostenstellen untereinander besteht. Die Kostenstelle Stromversorgung z. B. beliefert alle übrigen Kostenstellen mit Licht und Kraftstrom, empfängt ihrerseits aber auch Leistungen der Kostenstelle Wasserversorgung, Reparatur, Sozialeinrichtungen, usw. Da jede Kostenstelle nach dem Verursachungsprinzip mit den Kosten zu belasten ist, die sie verursacht hat, kann sie bei gegenseitiger Leistungsverpflichtung — bei Interdependenz des innerbetrieblichen Leistungsaustauschs —

erst dann den Verrechnungssatz für ihre Leistungen bilden, wenn die Verrechnungssätze für die Leistungen aller übrigen Hilfskostenstellen bekannt sind und entsprechend umgekehrt.

Nur eine exakte Verrechnung aller innerbetrieblichen Leistungen führt zur richtigen Erfassung von **Kalkulationssätzen der Hauptkostenstellen,** ermöglicht eine **richtige Kostenkontrolle** und einen Vergleich der Kosten zwischen **Eigenherstellung** oder **Fremdbezug** bestimmter Leistungen (z. B. Wasser, Strom, Reparaturstd).

Verfahren der innerbetrieblichen Leistungsverrechnung

In Theorie und Praxis gibt es eine Fülle von Verfahren der innerbetrieblichen Leistungsverrechnung, sowohl für die Erfassung und Verrechnung aktivierbarer wie nicht aktivierbarer innerbetrieblicher Leistungen. Im wesentlichen unterscheiden sie sich jedoch nur durch:

>die **Art der Verrechnungstechnik,**
>der **völligen** oder teilweisen Verrechnung der
>Kosten der innerbetrieblichen Leistungen oder
>durch den **Wertansatz für das Mengengerüst** der zu verrechnenden Gemeinkosten.

K i l g e r[48]) nennt als wesentliche Verfahren nach der **Art der Berücksichtigung** des innerbetrieblichen Leistungsaustauchs der Kostenstellen:

>a) das Gleichungsverfahren (mathematische Verfahren, Simultanverfahren)
>b) Näherungsverfahren
>ba) Stufenleiter- oder Treppenverfahren (stepp-leader-Verfahren)
>bb) Anbauverfahren.

Für den Wertansatz der Istverbrauchs**mengen** bei der innerbetrieblichen Leistungsverrechnung kommen in Betracht:

Istkostensätze	reine Istkostenrechnung
Normalverrechnungssätze	Normalkostenrechnung
Planverrechnungssätze	Plankostenrechnung

Ist- und Normalverrechnungssätze sind regelmäßig **Voll**kostensätze. Planverrechnungssätze können Vollkostensätze sein oder nur die proportionalen Gemeinkosten bei Grenzplankostenrechnungssystemen berücksichtigen

a) **Gleichungsverfahren** (Simultan — mathematische Verfahren)

Bei gegenseitiger Leistungsverflechtung von Kostenstellen ist das Gleichungsverfahren geeignet, eine simultane Umlage der sekundären Kostenarten zwi-

---

[48]) Kilger, W.: Betriebliches Rechnungswesen, a. a. O. S. 871 ff.; vgl. ferner zu Methoden der ibL: Wöhe, G., a. a. O. S. 662 ff.; Münstermann, H.: Unternehmensrechnung, Wiesbaden 1969; Hartmann, B.: Die Erfassung und Verrechnung innerbetrieblicher Leistungen, Wiesbaden 1956.

schen den Kostenstellen zu ermöglichen und Verrechnungspreise für die Leistungen der Hilfskostenstellen zu ermitteln, die eine genaue Verrechnung der Leistungen der Kostenstellen nach dem Verursachungsprinzip ermöglichen.

Verrechnungsprinzip:

Für jede Hilfskostenstelle des Betriebes, die sowohl Leistungen von anderen Hilfskostenstellen empfängt als auch an diese abgibt, muß eine lineare Gleichung erstellt werden, die die Bedingung erfüllt: **Die Summe der abgegebenen Leistungen einer Hilfskostenstelle, bewertet zum unbekannten Verrechnungspreis, muß genau gleich sein der Summe der primären und sekundären Kosten der Hilfskostenstelle.**

Beispiel:

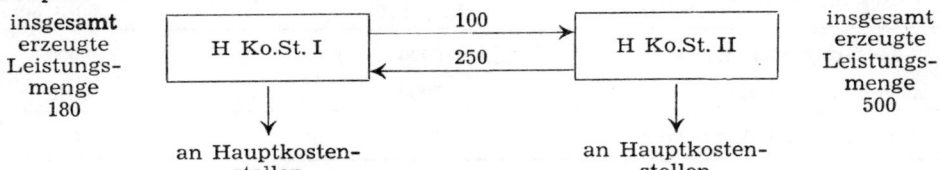

Folgende Daten seien gegeben:

Hilfskostenstelle I erzeugt insgesamt 180 Leistungseinheiten in der Periode und leistet davon an Stelle II 100 Einheiten, Rest an Hauptkostenstellen.
Die primären Kosten der Stelle I betragen 5000,— DM.

Hilfskostenstelle II erzeugt insgesamt 500 Leistungseinheiten in der Periode und leistet davon an Stelle I 250 Einheiten, Rest an Hauptkostenstellen.
Die primären Kosten der Stelle II betragen 3000,— DM.

Bei Verwendung folgender Kurzzeichen[49]) lauten die linearen Gleichungen:

K_j = Summe der primären und sekundären Kostenarten einer Kostenstelle j
K_p = Summe der primären Kostenarten einer Kostenstelle
x_{ij} = Menge der von der Hilfskostenstelle i an die Hilfskostenstelle j abgegebenen Leistungseinheiten
x_j = erzeugte Mengeneinheiten (insgesamt) einer Hilfskostenstelle j
j = Index der Hilfskostenstellen (j = 1, 2, ..., m)
m = Anzahl der unterschiedlichen Hilfskostenstellen
q_j = Verrechnungssatz (innerbetrieblicher) qro Einheit einer Hilfskostenstelle

$$K_1 = x_1 \cdot q_1 = k_{p1} + x_{21} \cdot q_2$$
Gesamt- = Primäre + Sekundäre
kosten   Kosten   Kosten

$$K_2 = x_2 \cdot q_2 = K_{p2} + x_{12} \cdot q_1$$

Hilfskostenstelle 1: $180 q_1 = 5000 + 250 q_2$

Hilfskostenstelle 2: $500 q_2 = 3000 + 100 q_2$

---

[49]) Vgl. Kilger, W.: Betriebliches Rechnungswesen, a. a. O. S. 873.

Bei Auflösung dieses Gleichungssystems ergibt sich für Leistungen der Hilfskostenstellen ein Verrechnungspreis pro Leistungseinheit von:

$$q_1 = 50 \text{ DM}$$

$$q_2 = 16 \text{ DM}$$

Die Kosten pro Kostenstelle nach der Verrechnung der gegenseitigen Leistungen betragen:

	Hilfskostenstelle I		Hilfskostenstelle II
Primäre Kosten K_{p1}	5000		3000
+ Sekundärkosten $x_{21} \cdot q_2$	4000 (16 × 250)	$x_{12} \cdot q_1$	5000 (100 × 50)
= Gesamtkosten K_j	9000		8000
./. verrechnete Kosten $x_{12} \cdot q_1$	5000	$x_{21} \cdot q_2$	4000
= Kosten nach Verrechnung	4000		4000

Tabelle 11

Das Ergebnis zeigt, daß die Kosten nach Verrechnung gleich hoch sind, da sich durch die innerbetriebliche Leistungsverrechnung die Gesamtkostenhöhe nicht ändern kann.

Dieses System linearer Gleichungen kann für eine beliebige Anzahl von Kostenstellen aufgestellt werden. Die Anzahl der Gleichungen hängt ab von der Zahl der am innerbetrieblichen Leistungsaustausch beteiligten Kostenstellen.

Es ergibt sich folgendes System linearer Gleichungen:

$$x_1 \cdot q_1 = K_{p1} + x_{11} \cdot q_1 + x_{21} \cdot q_2 + x_{31} \cdot q_3 \ldots + x_{m1} \cdot q_m$$

$$x_2 \cdot q_2 = K_{p2} + x_{12} \cdot q_1 + x_{22} \cdot q_2 + x_{32} \cdot q_3 \ldots + x_{m2} \cdot q_m$$

$$\vdots$$

$$x_m \cdot q_m = K_{p2} + x_{1m} \cdot q_1 + x_{2m} \cdot q_2 + x_{3m} \cdot q_3 \ldots + x_{mm} \cdot q_m$$

Nachstehende Tabelle[50]) gibt ein Mengengerüst der Leistungen von Hilfskostenstellen wieder, aus dem die bekannten Primärkosten der Hilfskostenstellen nach dem Gleichungssystem der Verrechnungssätze für die Leistungseinheit zu bestimmen sind:

---

[50]) Entnommen Kilger,W.: Betriebliches Rechnungswesen, a. a. O. S. 874.

Empfangend Kostenst. / Abgebende Kostenst.	Mengeneinheiten						Sa. Leistungseinheiten
	Hilfs-Ko.St. 1	Hilfs-Ko.St. 2	Hilfs-Ko.St. 3	Hilfs-Ko.St. 4	Hilfs-Ko.St. 5	Sa. Haupt-Ko.St.	
Hilfs-Ko.St. 1	—	10	150	80	320	1 040	1 600
Hilfs-Ko.St. 2	—	—	300	480	620	4 550	5 950
Hilfs-Ko.St. 3	50	10	—	130	90	1 890	2 170
Hilfs-Ko.St. 4	60	—	180	30	200	2 010	2 480
Hilfs-Ko.St. 5	35	10	110	60	—	1 025	1 240
Sa. Primäre Kosten	3 892	432	11 377	12 683	5 931	—	—

Tabelle 12

Das Gleichungssystem lautet:

$1\,600\ q_1 = 3\,892 \qquad\qquad\qquad + 50\ q_3 + 60\ q_4 + 35\ q_5$

$5\,950\ q_2 = 432 + 10\ q_1 \qquad\qquad + 10\ q_3 \qquad\qquad + 10\ q_5$

$2\,170\ q_3 = 11\,377 + 150\ q_1 + 300\ q_2 \qquad\qquad + 180\ q_4 + 110\ q_5$

$2\,480\ q_4 = 12\,683 + 80\ q_1 + 480\ q_2 + 130\ q_3 + 30\ q_4 + 60\ q_5$

$1\,240\ q_5 = 5\,931 + 320\ q_1 + 620\ q_2 + 90\ q_3 + 200\ q_4$

Als Lösungswerte erhält man nachfolgende Verrechnungssätze:

Hilfskostenstellen	I	II	III	IV	V
Verrechnungssatz je Leistungseinheit in DM	3,—	0,10	6,30	5,80	7,—

Die mit Hilfe dieser Verrechnungswerte durchgeführte Leistungsverrechnung ergibt das in Tabelle 13 wiedergegebene Bild.

Hilfskostenstellen	1	2	3	4	5
Sa. Primäre Kosten	3 892	432	11 377	12 683	5 931
Sek. Kostenart 1	—	30	450	240	960
Sek. Kostenart 2	—	—	30	48	62
Sek. Kostenart 3	315	63	—	819	567
Sek. Kostenart 4	348	—	1 044	174	1 160
Sek. Kostenart 5	245	70	770	420	—
Sa. Sekundäre Kosten	908	163	22 294	1 701	2 749
Sa. Gesamt-Kosten	4 800	595	13 671	14 384	8 680

Tabelle 13

Die Gesamtkostenbeträge, — dividiert durch die von den einzelnen Hilfskostenstellen insgesamt erzeugten Leistungsmengen — ergeben die oben angeführten Verrechnungssätze.

Zur Kritik[51]) am Gleichungssystem kann gesagt werden, daß die Ermittlung von Istkostenverrechnungssätzen zwar die Kosten eines innerbetrieblichen Leistungsaustausches exakt berücksichtigt, aber für die Kostenkontrolle in Normal- und Plankostensystemen nur bedingt brauchbar ist. Letztere verrechnen in den monatlichen Abrechnungen Normal- und Planverrechnungssätze zur Bewertung von Istverbrauchsmengen an innerbetrieblichen Leistungen, da bei einer reinen Istkostenüberwälzung Beschäftigungsschwankungen und Unwirtschaftlichkeiten auf Kostenstellen überwälzt werden, die von den Kostenstellen nicht zu vertreten sind. Sie sind bei vorgegebenem Sollmengenverbrauch an Produktionsfaktoren nur für die Mengenschwankungen verantwortlich.

b) Näherungsverfahren

ba) Stufenleiter- oder Treppenverfahren (stepp-leader-Verfahren)

In vielen Betrieben werden statt des Gleichungsverfahrens — das nur mit EDV-Anlagen einfach durchführbar ist — Näherungsverfahren angewandt.

Wenn in Betrieben laufend Eigenleistungen produziert werden (eigene Stromerzeugung, Reparaturabteilung, Wasserwerk, Arbeitsvorbereitung) ist es sinnvoll, hierfür Allgemeine (Hilfs)Kostenstellen und Bereichshilfskostenstellen zu bilden, denen die von ihnen verursachten Kosten belastet werden, die später im Rahmen der innerbetrieblichen Leistungsverrechnung auf die leistungsempfangenden Haupt- und Hilfskostenstellen umgelegt werden.

Um den Fehler der ermittelten Verrechnungssätze in möglichst engen Grenzen zu halten, müssen die Kostenstellen so angeordnet werden, daß jede Kostenstelle möglichst nur Kosten von vorgelagerten Stellen erhält und an nachgelagerte Stellen abgibt.

Bei so geordneten Kostenstellen (z. B. im BAB s. Kap. 7.3.) erfolgt zuerst die Umlage der primären Kosten der ersten allgemeinen Kostenstelle auf alle nachfolgenden Kostenstellen[52]), bei homogenen Leistungen der Kostenstellen Heizung: nach Menge der von den nachgelagerten Kostenstellen verbrauchten Wärmeeinheiten; bei mengenmäßig nicht erfaßbaren Leistungen, z. B. Kostenstelle Gebäude: mit summarischen Schlüsseln[53]). Danach wird die zweite Kostenstelle, die jetzt bereits sekundäre Kosten enthält und alle weiteren allgemeinen Kostenstellen umgelegt. Sind alle allgemeinen Kostenstellen umgelegt, werden die Kosten der Bereichshilfskostenstellen auf die zugehörigen Hauptkostenstellen verteilt.

---

[51]) Vgl. Haberstock, L.: a. a. O. S. 140 f.
[52]) Vgl. BAB Kap. 7.3.
[53]) Vgl. Kap. 7.3: Verteilungsschlüssel, z. B. m² Fläche.

Bei Verwendung der obigen Symbole lauten die Verrechnungssätze in allgemeiner Form:

$$q_1 = \frac{\overbrace{K_{p1}}^{\text{primäre Kosten}} + \overbrace{(x_{11} \cdot q_1 + x_{21} \cdot q_2 + x_{31} \cdot q_3 \ldots + x_{m1} \cdot q_m)}^{\text{sekundäre Kosten}}}{\underbrace{x_1}_{\text{Gesamterzeugungsmenge}} - \underbrace{x_{11}}_{\text{Eigenverbrauch}}}$$

$$q_2 = \frac{K_{p2} + x_{12} \cdot q_2 (+ x_{22} \cdot q_2 + x_{32} \cdot q_3 + \ldots + x_{m2} \cdot q_m)}{x_2 - x_{21} - x_{22}}$$

$$q_m = \frac{K_{pm} + x_{1m} \cdot q_1 + x_{2m} \cdot q_2 + \ldots x_m - 1, m \cdot q_m - 1 (+ x_{mm} \cdot q_m)}{x_m - x_{m1} - x_{m2} - \ldots - x_{mm}}$$

Nach den Voraussetzungen des Stufenleiterverfahrens, das die Kostenstellen so anordnet, daß die Hilfskostenstellen möglichst wenig oder keine Kosten von nachgelagerten Kostenstellen empfangen, können die in Klammern gesetzten Ausdrücke vernachlässigt werden. Je mehr die Kostenstellenanordnung den angegebenen Voraussetzungen entspricht — nämlich dem tatsächlichen Leistungsaustausch — um so geringer wird der Fehler in den Verrechnungssätzen.

Nachfolgende Tabelle[54]) gibt die Ergebnisse einer innerbetrieblichen Leistungsverrechnung wieder, dem das gleiche Mengengerüst wie beim Gleichungsverfahren (Tabelle 12) und die gleiche Anordnung der Hilfskostenstellen zugrunde liegt.

$$q_1 = \frac{K_{p1}}{x_1 - x_{11}} = \frac{3892}{1600 - 0} = 2{,}43 \text{ DM/Leistungseinheit}$$

$$q_2 = \frac{K_{p2} + x_{12} \cdot q_1}{x_2 - x_{21} - x_{22}} = \frac{432 + (10 \cdot 2{,}43)}{5950 - 0 - 0} = 0{,}0766 \text{ DM/Leistungseinheit}$$

Hilfskostenstellen	1	2	3	4	5
Sa. Primäre Kosten	3 892	432	11 377	12 683	5 931
Sek. Kostenart 1	—	24	365	194	778
Sek. Kostenart 2	—	—	23	37	47
Sek. Kostenart 3	—	—	—	725	502
Sek. Kostenart 4	—	—	—	—	1 234
Sek. Kostenart 5	—	—	—	—	—
Sa. Sekundäre Kosten	—	24	388	956	2 562
Sa. Gesamtkosten	3 892	456	11 765	13 639	8 492
Verrechnete Leistungseinheiten	1 600	5 950	2 110	2 210	1 025
Verrechnungssätze	2,43	0,0766	5,58	6,17	8,28

Tabelle 14

---

[54]) Entnommen Kilger, W.: Betriebliches Rechnungswesen, a. a. O. S. 875.

Auch beim Stufenleiterverfahren entstehen die Fehler, die jeder Istkostenrechnung anhaften und eine wirksame Kostenkontrolle in Frage stellen. Da es relativ leicht — auch ohne EDV — durchzuführen ist, ist es in der Praxis sehr gebräuchlich.

bb) Das Anbauverfahren

Beim Anbauverfahren wird der Leistungsaustausch der allgemeinen Kostenstellen und Bereichshilfskostenstellen vernachlässigt. Auf den Hilfskostenstellen entstehen **nur** primäre und keine sekundären Gemeinkosten.

Der Verrechnungssatz in allgemeiner Form beim Anbauverfahren wird ermittelt durch die Division der primären Kosten einer Hilfskostenstelle j durch die gesamte Menge aller erzeugten Leistungseinheiten, vermindert um die an **andere** Hilfskostenstellen geleisteten Einheiten.

$$q_j = \frac{K_{pj}}{x_j - \sum_{i=1}^{m} x_{ij}} \longrightarrow \begin{array}{l} \text{(primäre Kosten)} \\ \text{an Hauptkostenstellen} \\ \text{gelieferte Leistungseinheiten} \end{array}$$

Nach dem Mengengerüst der Tabelle 12 ergeben sich für das Anbauverfahren folgende Verrechnungssätze:

$$q_1 = \frac{K_{p1}}{x_1 - x_{11} - x_{12} - x_{13} - x_{14} - x_{15}} = \frac{3892}{1600 - 10 - 150 - 80 - 320}$$
$$= 3{,}52 \text{ DM/Leistungseinheit}$$

$$q_2 = \frac{K_{p2}}{x_2 - x_{21} - x_{22} - x_{23} - x_{24} - x_{25}} = \frac{432}{5950 - 300 - 480 - 620}$$
$$= 0{,}099 \text{ DM/Leistungseinheit}$$

$$q_3 = \frac{11\,377}{1890} = 6{,}02 \text{ DM/Leistungseinheit}$$

$$q_4 = \frac{12\,683}{2010} = 6{,}31 \text{ DM/Leistungseinheit}$$

$$q_5 = \frac{5931}{1025} = 5{,}78 \text{ DM/Leistungseinheit}$$

Da das Anbauverfahren den innerbetrieblichen Leistungsaustausch zwischen den Hilfskostenstellen nicht berücksichtigt, kann es zu groben Ungenauigkeiten bei den Verrechnungssätzen für Hilfsleistungen kommen, die neben den Mängeln einer Istkostenrechnung zusätzliche Verzerrungen der Kalkulationssätze der Hauptkostenstellen bewirken kann. Ist der Leistungsaustausch der Hilfskostenstellen untereinander größeren Ausmaßes, wird das Anbauverfahren kostenrechnerisch unbrauchbar.

Nachfolgende Tabelle stellt in einer Übersicht die rechnerischen Ergebnisse der drei Verfahren einander gegenüber.

		Gleichungs-verfahren	Stufenleiter-verfahren	Anbau-verfahren
Hilfskostenstelle I	DM/LE	3,—	2,43	3,52
„ II	„	0,10	0,0766	0,099
„ III	„	6,30	5,58	6,02
„ IV	„	5,80	6,17	6,31
„ V	„	7,00	8,28	5,78

Tabelle 15

Aus Gründen der Rechnungsvereinfachung verwendet man an Stelle der Istkostenverrechnungssätze Normalkostensätze, die aus durchschnittlichen Istkosten der Vergangenheit gebildet werden und zu Über- und Unterdeckungen auf den Kostenstellen zwischen verrechneten Durchschnittskosten und entstandenen Istkosten führen. Durch die Verwendung von Normalkostensätzen werden Zufallsschwankungen, wie sie bei Verwendung von Istkostenverrechnungssätzen vorkommen, vermieden und die Kalkulationsergebnisse verbessert.

7.5. Kalkulationssätze der Hauptkostenstellen

Nach Durchführung der innerbetrieblichen Leistungsverrechnung sind alle Hauptkostenstellen mit primären und sekundären Gemeinkosten belastet, die auf die Produkte umgelegt werden müssen. Hierzu werden in der Istkostenrechnung im BAB Kalkulationssätze gebildet, die eine Verteilung der Gemeinkosten nach dem Verursachungsprinzip ermöglichen sollen.

Zur Bildung von Kalkulationssätzen werden die Kosten der Hauptkostenstelle auf eine Bzeugsgröße — die Maßgröße der Kostenverursachung — bezogen.

$$\text{Kalkulationssatz einer Kostenstelle} = \frac{\text{Gemeinkosten einer Kostenstelle}}{\text{Bezugsgröße der Kostenstelle}}$$

Die Bezugsgrößeneinheiten können sein: (vgl. hierzu S. 64) Mengen- (DM/kg, usw.), Wert- (DM/DM = %) oder Zeiteinheiten DM/Std.

Man unterscheidet ferner nach dem angewandten Kostenrechnungssystem: Ist-, Normal- und Plankalkulationssätze auf Vollkostenbasis und Grenzkalkulationssätze bei Grenzplankostenrechnung[55]).

Die Schwierigkeiten bei der Ermittlung richtiger Kalkulationssätze liegen im Finden richtiger Bezugsgrößen, die einen genauen Maßstab für die Kostenverursachung ergeben.

---

[55]) Vgl. Haberstock, L., a. a. O., S. 152.

Immer dann, wenn es möglich ist, die Kosten einer Kostenstelle auf eine einzige Bezugsgröße zu beziehen, verhalten sich alle Gemeinkostenarten der Kostenstelle proportional zu der Bezugsgröße, z. B. die Gemeinkosten eines Handarbeitsbetriebes zu den Fertigungslöhnen. Besonders im Fertigungsbereich gibt es Kostenstellen, die es nicht zulassen, die Gemeinkosten auf nur eine Bezugsgröße zu beziehen, da die Kostenverursachung heterogener Art ist. Um genaue Kalkulationsergebnisse zu erzielen, müssen mehrere Bezugsgrößen verwendet werden, z. B. besteht Abhängigkeit der Kosten vom Fertigungslohn und den Maschinenlaufstunden.

7.5.1. Die Kalkulationssätze der einzelnen Betriebsbereiche

Die „Kalkulationssätze" der Kostenstelle des **Allgemeinen Bereichs**.

Da es sich um Hilfskostenstellen handelt, die in keiner direkten Beziehung zum Kostenträger stehen, werden ihre Gemeinkosten dem Kostenträger indirekt über die Hauptkostenstellen zugerechnet. Die Problematik der innerbetrieblichen Verrechnungssätze wurde weiter oben eingehend behandelt.

Bei der Ermittlung der **Kalkulationssätze des Materialbereichs** ist es schwierig, exakte Maßgrößen der Verursachung zu finden. Häufig werden die Materialeinzelkosten als Bezugsgrundlage gewählt. Im Beispiel des BAB s. Kap. 7.3. ist es das Fertigungsmaterial in Höhe von 32 000 DM. Der Zuschlagssatz beträgt:

$$\frac{1600}{32\,000} \cdot 100 = 5\,\%$$

Eine Verfeinerung wird erzielt, wenn man die Materialgemeinkosten differenzieren kann in einen mengenabhängigen Teil und einen wertabhängigen Teil[56]) oder die Kostenstellengliederung nach Werkstoffarten in Lager 1, 2, 3 usw. durchführt.

Kalkulationssätze des Fertigungsbereichs

In der Regel erleichtert die weitgehende Untergliederung des Fertigungsbereichs in Kostenstellen und Kostenplätze das Finden geeigneter Bezugsgrößen für die Kostenverursachung. Neben den Fertigungslöhnen sind es Maschinenstunden, Fertigungsstunden, Durchsatzgewichte usw., die eine hinreichend genaue Zurechnung von Gemeinkosten auf die Kostenträger ermöglichen.

Im Beispiel des BAB werden die Fertigungsgemeinkosten der Fertigungshauptstellen auf die in der Periode angefallenen Fertigungseinzellöhne bezogen.

Zur besseren Kontrolle und zur Erhöhung der Kalkulationsgenauigkeit werden Kostenstellen des Fertigungsbereichs bis hinunter zu einzelnen Arbeitsplätzen zerlegt. Diese sogenannte Platzkostenrechnung[57]) vergleiche Tabelle 16 — er-

---

[56]) Vgl. Haberstock, L., a. a. O., S. 155.
[57]) Vgl. Tabelle 16, entnommen Haberstock, L., a. a. O., S. 155.

möglicht es, die Gemeinkosten genau[58]) der Inanspruchnahme durch Kostenträger entsprechend zuzurechnen. Ein gemeinsamer Zuschlagssatz Schweißerei würde in der Kalkulation bei unterschiedlicher Inanspruchnahme der Automaten und Handarbeitsplätze zu unrichtigen Kalkulationsergebnissen führen[59]).

Platzkostenrechnung[60])

Kostenarten	Ver-teilung	Schweißerei Kostenplätze			
		I Automat 1	II Automat 2	III Handarbeitsplatz 1	IV Handarbeitsplatz 2
Fertigungslöhne	dir.	1200,—	1400,—	2600,—	3600,—
Hilfslöhne	indir.	180,—	210,—	390,—	540,—
Abschreibung	dir.	2000,—	3050,—	200,—	400,—
Kraftstrom	dir.	600,—	800,—	100,—	100,—
Lichtstrom	indir.	50,—	50,—	50,—	50,—
Betriebsstoffe	dir.	800,—	400,—	300,—	200,—
Gehälter	indir.	60,—	70,—	130,—	180,—
Miete	indir.	400,—	400,—	400,—	400,—
Zinsen	dir.	500,—	620,—	30,—	30,—
Kostensumme		5790,—	6800,—	4200,—	5500,—
Bezugsgröße		150 (Masch. Std.)	120 (Masch. Std.)	300 (Fert.Std.)	20 000 (Stck.)
Kalkulationssatz		38,60 (DM/Std.)	56,66 (DM/Std.)	14,— (DM/Std.)	0,275 (DM/Stck.)

Tabelle 16

Kalkulationssätze des Verwaltungsbereichs

Die Bildung von Zuschlagssätzen für Verwaltungsstellen, unter Beachtung des Verursachungsprinzips, ist kaum möglich, da

1. der überwiegende Teil der Verwaltungsgemeinkosten Fixkostencharakter hat, und
2. Maßgrößen, die eine Beziehung zwischen den Verwaltungskosten und den Produkten des Betriebes ergeben, nicht zu finden sind.

In der Praxis werden die gesamten Herstellkosten als Bezugsgröße verwendet, um die Verwaltungsgemeinkosten auf die Kostenträger zu verteilen. Im Beispiel des BAB betragen die Herstellkosten 91 300 und der Verwaltungsgemeinkostenzuschlagssatz (2180 : 91 300) · 100 = 2,39 %.

---

[58]) Genauigkeit ist hier immer in dem Sinne zu verstehen, daß Kalkulationssätze auf Vollkostenbasis immer das Problem der Fixkostenproportionalisierung beinhaltet.
[59]) Vgl. hierzu Kap. 8.2.2. Zuschlagskalkulation.
[60]) Tabelle entnommen Haberstock, L.: Kostenrechnung, a. a. O., S. 155.

Kalkulationssätze des Vertriebsbereichs

Auch im Vertriebsbereich werden — wie im Verwaltungs- und Materialbereich — häufig die primären und sekundären Gemeinkosten mehrerer Vertriebskostenstellen zusammengefaßt und ein einheitlicher Zuschlagssatz gebildet auf der Basis der Bezugsgröße: Herstellkosten der Periode oder Herstellkosten der umgesetzten Erzeugnisse. Im BAB Kap. 7.3. beträgt der Vertriebsgemeinkostenzuschlag auf der Basis der Herstellkosten der Periode: (1890 : 91 300) · 100 = 2,07 %. Hat der Betrieb verschiedene Verkaufsabteilungen, die Unterschiede in der Lagerdauer der Fertigprodukte, Verpackung, Werbung, Transport, Fakturierung usw. aufweisen, ist es sinnvoll, für jede Hauptkostenstelle des Vertriebes einen eigenen Zuschlagssatz zu ermitteln, um die Erzeugnisse verursachungsgerecht mit Vertriebsgemeinkosten zu belasten.

VIII. Kostenträgerrechnung — Kalkulation

8.1. Wesen und Aufgaben

Die Kostenträgerrechnung verrechnet die Kosten auf die Leistungen und ist das Ziel der Kostenrechnung. Die Kostenträgerrechnung ermittelt **welche** Kostenarten **wofür** angefallen sind.

Kostenträger sind die Leistungen des Betriebes: Absatzleistungen einschließlich Lagerleistungen und innerbetriebliche Leistungen (siehe Schema S. 66). Werden die nach Leistungsarten gegliederten Kosten einer **Periode** erfaßt, spricht man von **Kostenträgerzeitrechnung** (Betriebsergebnisrechnung, kurzfristige Erfolgsrechnung). Sie werden in Kapitel 9 behandelt.

In der **Kostenträgerstückrechnung** (Kalkulation im eigentlichen Sinne) werden die Herstellkosten bzw. Selbstkosten pro **Leistungseinheit** ermittelt.

Sowohl Kostenträgerstück- und Kostenträgerzeitrechnung können nachträglich oder für eine zukünftige Abrechnungsperiode durchgeführt werden.

Nach dem **Zeitpunkt der Durchführung** der Rechnung unterscheidet man eine Vor-, Zwischen- und Nachkalkulation[61]).

Je nach dem angewandten Kostenrechnungssystem können die Kalkulationsverfahren auf Basis von **Voll-** oder **Teilkosten** durchgeführt werden.

Als **Aufgaben**[62]) **der Kalkulation** werden genannt:

● Unterlagen für die Angebotskalkulation,
● Unterlagen für die Bestimmung kurz- und langfristiger Preisuntergrenzen,
● Unterlagen für die Planungsrechnung

zu liefern.

---

[61]) Vgl. S. 318.
[62]) Vgl. hierzu Kilger, W., Betriebliches Rechnungswesen, a. a. O., S. 882; ferner Wöhe, G., a. a. O., S. 680 f.

- Herstellkosten für die Bewertung von Halb- und Fertigfabrikaten und aktivierte Eigenleistungen,

- Selbstkosten für die Ermittlung von Gewinnbeiträgen einzelner Produktgruppen und der Verkaufssteuerung zu ermitteln.

Wenn auch kein Zweifel daran besteht, daß eine Verrechnung von fixen Stückkosten auf die Kostenträgereinheit zu schwerwiegenden Kalkulationsfehlern führen kann, wird in der Praxis überwiegend mit Vollkosten in der Kalkulation gearbeitet. Wenn eine Kalkulation dem Verursachungsprinzip gerecht werden soll, dürfen nur proportionale Kosten verrechnet werden, die von den Kostenträgern verursacht wurden. Daraus folgert, daß nur eine Grenzkostenrechnung richtige Ergebnisse liefert.

8.2. Kalkulationsverfahren

Die in Theorie und Praxis entwickelten Kalkulationsverfahren lassen sich in zwei größere Verfahrensgruppen zusammenfassen:

Verfahren der Divisionskalkulation,

Verfahren der Zuschlagskalkulation,

(Verfahren der Kuppelproduktkalkulation).

8.2.1. Divisiionskalkulation

8.2.1.1. einstufige Divisionskalkulation

a) Rechentechnik

$$\frac{\text{Gesamtkosten einer Rechnungsperiode}}{\text{Anzahl der Leistungseinheiten der gleichen Periode}} = \text{Selbstkosten der Leistungseinheit}$$

$$\frac{K}{x} = k$$

b) Anwendungsfall und Voraussetzungen:

Ein-Produkt Betriebe: Alle Kostenträger nehmen das gesamte Kostenfeld einheitlich in Anspruch. Alle Kosten verhalten sich proportional zu den erstellten Leistungseinheiten. Ferner kann ein richtiges Ergebnis nur vorliegen, wenn der Absatz = der Produktion d. h. keine Halbfabrikate erzeugt, bzw. keine Bestandsveränderungen an Halb- und Fertigfabrikatenbeständen entstehen. Da alle Voraussetzungen selten erfüllt sind, ist die einfache Divisionskalkulation in der Praxis selten möglich.

c) Beispiele: Ziegeleien und Betonherstellung mit nur einer Erzeugungsart; Brauereien ohne Nebenbetriebe mit nur einer Biersorte[63]); Rübenzuckergewinnung; Elektrizitätswerke; bestimmte Grundstoffindustrien oder die Stückkostenermittlung einzelner Teilbetriebe z. B. Eisenschmelze.

8.2.1.2. Zweistufige Divisionskalkulation

a) Rechentechnik:

$$\frac{\text{Gesamte Herstellkosten der Periode}}{\text{Anzahl der Leistungseinheiten der Periode}} + \frac{\text{Gesamte Vertriebs- und Verwaltungskosten der Periode}}{\text{abgesetzte Leistungseinheiten der Periode}}$$

= Selbstkosten der Leistungseinheit

oder: Stückherstellkosten + Stückverwaltungs- und Vertriebskosten

$$k = k_H + (k_{Vw} + k_{Vt})$$

b) Anwendungsfall und Voraussetzung:

Absatz $\neq$ Produktion; es treten Lagerbestandsveränderungen an Fertigfabrikaten auf; die auf Lager gehenden Fertigfabrikate, die in der gleichen Periode nicht abgesetzt werden, werden zu Herstellkosten bewertet. Nur die verkauften Leistungseinheiten werden mit Vertriebs- und Verwaltungskosten[64]) belastet. Einfache Kostenstellenrechnung notwendig (Fertigungsbereich, Verwaltungs- und Vertriebsbereich); Massenproduktion nur eines Erzeugnisses.

c) Beispiel: wie unter 8.2.1.1. jedoch Änderungen der Bestände an Fertigfabrikaten möglich.

Rechenbeispiel:

Produktion in der Periode	20 000 DM
Absatz in der Periode	10 000 DM
Gesamtkosten in der Periode	500 000 DM
davon Herstellkosten	400 000 DM
Verwaltungs- und Vertriebskosten	100 000 DM

$$k = \frac{400\,000}{20\,000} + \frac{100\,000}{10\,000} = 20 + 10 = 30 \text{ DM}$$

---

[63]) Vgl. Löffelholz, Josef, Repetitorium der Betriebswirtschaftslehre, Wiesbaden 1966, S. 661.

[64]) Besser wäre, anteilige Verwaltungskosten (für technische Verwaltung) in die Herstellkosten der Lagererzeugnisse einzubeziehen und die kaufmännischen Verwaltungskosten auf die abgesetzten Erzeugnisse zu verrechnen. Vgl. auch Haberstock, L., a. a. O., S. 165, Anmerkung 2.

8.2.1.3. Mehrstufige Divisionskalkulation

a) Rechentechnik

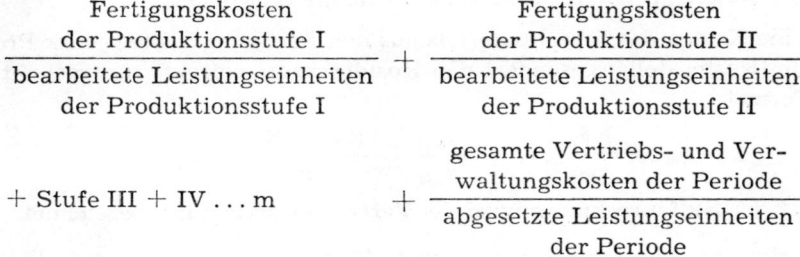

$+$ Stufe III $+$ IV ... m $+$ $\dfrac{\text{gesamte Vertriebs- und Verwaltungskosten der Periode}}{\text{abgesetzte Leistungseinheiten der Periode}}$

$=$ Selbstkosten der Leistungseinheit

$$k = \frac{K_{F1}}{x_{p1}} + \frac{K_{F2}}{x_{p2}} \ldots + \frac{K_{Fm}}{x_{pm}} + \frac{K_{vw} + K_{vt}}{x_a} \quad {}^{65)}$$

KF = Fertigungskosten der Produktionsstufe
K_{vw} = Verwaltungsgemeinkosten der Periode
K_{vt} = Vertriebsgemeinkosten der Periode
x_p = Produzierte Menge
x_a = abgesetzte Menge

b) Anwendungsfall und Voraussetzungen

Die mehrstufige Divisionskalkulation findet Anwendung in Betrieben mit mehreren vertikalen Produktionsstufen, wenn in jeder Stufe wechselnde und verschiedene Mengen hergestellt werden, so daß Zwischenlager als Puffer zwischen den einzelnen Produktionsstufen entstehen, oder wenn nach jeder Produktionsstufe ein Teil der Halbfabrikate an den Markt abgegeben (oder auch zugekauft) werden.

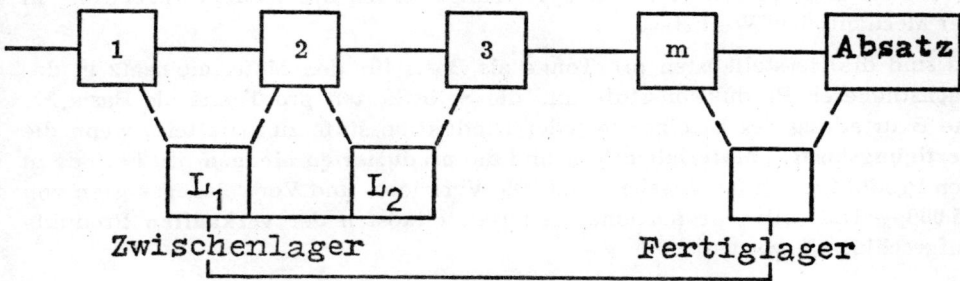

Das Kostenfeld Betrieb ist in Kostenbereiche und der Kostenbereich Fertigung in entsprechende Kostenstellen unterteilt, wobei die Kostenstellen mehrere Produktionsstufen oder nur ein Teil einer Produktionsstufe sein können.

---

[65] Vgl. Kilger, W., a. a. O., S. 890 f.

Bei dieser stufenweise sich wiederholenden Divisionskalkulation werden die verkauften Halbfertigfabrikate auf Grund der Kostensummen der einzelnen Produktionsstufen mit anteiligen Verwaltungs- und Vertriebsgemeinkosten belastet oder andere geeignete Schlüssel zur Umlage verwendet.

Werden die Kosten des Einzelmaterials aus den Fertigungskosten jeder Produktionsstufe (Kostenstelle) gesondert den Kostenträgern (direkt) zugerechnet, lautet die Formel:

$$k = e_m + \frac{K_{F1}}{x_{p1}} \ldots + \frac{K_{Fm}}{x_{pm}} + \frac{K_{vw} + K_{vt}}{x_a}$$

Diese Art der Stufenrechnung wird als **Veredelungs**rechnung bezeichnet.

Die für die Massenproduktion typischen Verfahren der Divisionskalkulation dienen **nicht** in erster Linie der Preisbestimmung, sondern der Kontrolle der Betriebsgebarung. Wenn das Kostenfeld Betrieb in Kostenstellen (zweistufige und mehrstufige DK) aufgeteilt und zusätzlich eine Trennung der Kosten in fixe und proportionale Bestandteile vorgenommen wird, (Eleminierung der Beschäftigungsschwankungen), dann spiegeln die Ergebnisse die innerbetrieblichen Einflüsse wieder und gewähren eine aussagekräftige Kontrolle.

Für Zwecke der Preiskalkulation werden die Fixkosten durch die Normalzahl der Leistungseinheiten dividiert (einmalig) und den Proportionalkosten hinzugerechnet. Voraussetzung: Keine Änderung der Betriebsbereitschaft und der Betrieb kennt seine fixen und proportionalen Kosten.

c) Beispiel[66]) **Mehrstufige** Divisionskalkulation

Stufenkalkulation:

Ein Unternehmen besteht aus drei selbständigen Produktionsstufen, nämlich **Stahlgießerei, Schmiede** und **Mechanische Werkstatt.** Aus der Stahlgießerei und Mechanischen Werkstatt wird z. T. ohne Weiterverarbeitung im eigenen Hause direkt an den Kunden geliefert, z. T. erfolgt jedoch die Weiterverarbeitung in der Mechanischen Werkstatt.

Es sind die Herstellkosten pro Tonne als Basis für den Materialeinsatz in der nächsthöheren Produktionsstufe und die Selbstkosten pro Tonne als Basis für die Beurteilung des Erfolges in jeder Produktionsstufe zu ermitteln, wenn die **Fertigungskosten, Materialeinsätze** und die **produzierten Mengen** pro Periode in den Produktionsstufen gegeben sind. Die Vertriebs- und Verwaltungskosten von 45 000,— DM sollen proportional den Herstellkosten der **verkauften** Produkte aufgeschlüsselt werden.

Fertigungslöhne und -gemeinkosten wurden getrennt erfaßt. Bei der nachfolgenden Tabelle wird spaltenweise vorgegangen, d. h. die Kalkulation in folgender Reihenfolge durchgeführt:

---

[66]) Beispiel entnommen: Zimmermann, W., Erfolgs- und Kostenrechnung, Braunschweig 1971, S. 156.

Das betriebliche Rechnungswesen 397

Kosten/Zeitperiode	Gießerei	Schmiede	Mechan. Werkstatt
1. Materialeinsatz (t)	50	30	15
2. Materialpreis (DM/t)	800	2 500	5 000
3. Materialkosten (DM)	40 000	75 000	75 000
4. Fertigungskosten (DM)	60 000	50 000	75 000
5. Herstellkosten (DM)	100 000	125 000	150 000
6. Produzierte Menge (t)	40	25	12
7. Herstellkosten/Mengeneinheit (DM/t)	2 500	5 000	12 500
8. Verkaufte Mengen (t)	10	10	12
9. Herstellkosten der verkauften Mengen (DM)	25 000	50 000	150 000
10. Vertriebs- und Verwaltungsgemeinkosten (DM)	5 000	10 000	30 000
11. Selbstkosten (DM)	30 000	60 000	180 000
12. Selbstkosten/Tonne Umsatz (DM/t)	3 000	6 000	15 000

Anwendungsfälle: Gemischte Hüttenwerke (mit Hochofen-, Stahl- und Walzwerken, Braunkohlenzechen (mit Grubenbetrieb und Brikettfabrik), Industrie der Steine und Erden (Steinbruch mit Veregelungsbetrieb), Textilindustrie (mit Zwirnerei, Weberei und Färberei).

Tabelle 17

8.2.1.4. Einstufige Äquivalenzziffernrechnung

a) Rechentechnik

① Bildung von Äquivalenzziffern je Sorte.

② Erzeugungsmengen je Sorte x Äquivalenzziffer = Rechnungseinheit je Sorte.

③ Gesamtkosten aller Sorten dividiert durch Summe der Rechnungseinheiten = Kosten der Rechnungseinheit.

④ Kosten der Rechnungseinheit x Rechnungseinheiten pro Sorte = Gesamtkosten pro Sorte.

⑤ Gesamtkosten pro Sorte dividiert durch Erzeugungsmenge je Sorte = Kosten der Erzeugungseinheit pro Sorte.

b) Anwendungsfall und Voraussetzungen

Die Äquivalenzziffernrechnung kann als „gewogene" Divisionskalkulation bezeichnet werden und ist eine der möglichen Formen der **Sortenrechnung**. Sie wird angewendet bei der Kalkulation von Produkten mit hohem Grad innerer Verwandtschaft, z. B. bei Produktion von Blechen und Drähten verschiedener Stärke. Die Produkte ähneln sich stark in ihrer Kostenstruktur. Voraussetzung der Anwendung der einfachen Äquivalenzziffernrechnung ist, daß keine Änderungen der Bestände an Halb- und Fertigfabrikaten entstehen. Das **Problem** der Äquivalenzziffernrechnung liegt in der Ermittlung einer Äquivalenzziffernreihe, die das Kostenverhältnis der einzelnen Produkte auch wirklich richtig wiedergibt.

Folgende Möglichkeiten der Äquivalenzziffernermittlung kommen in Betracht:

① Benutzung technischer Daten bzw. analytischer Kostenuntersuchungen.

② Vorübergehende Anwendung der Zuschlagskalkulation (siehe Kapitel 8.3.).

③ Vorübergehende Produktion jeder einzelnen Sorte hintereinander und Anwendung der einstufigen Divisionskalkulation.

Bei Bestimmung der Äquivalenzziffern wird eine Sorte als **Einheitssorte** bestimmt auf die die anderen Sorten bezogen werden.

c) Beispiel:

Drei Sorten einer Produktion haben eine relativ unterschiedliche Kostenverursachung, die durch Äquivalenzziffern zum Ausdruck gebracht wird.

Sorte A verursacht 20 % mehr Kosten als Sorte B

Sorte C verursacht 20 % weniger Kosten als Sorte B

Sorte B ist die Einheitssorte. Die Äquivalenzziffernreihe lautet

     Sorte A   Äquivalenzziffer 1,2
     Sorte B   Äquivalenzziffer 1,0
     Sorte C   Äquivalenzziffer 0,8

Es sollen die Gesamtkosten pro Sorte und Sorteneinheit bestimmt werden, wenn von Sorte A 500, Sorte B 650 und Sorte C 700 Einheiten bei Gesamtkosten für alle Sorten von 362 000 DM hergestellt werden.

Sorten	Äquivalenz-ziffer	Erzeugte Mengen	Rechnungs-einheiten	Selbstkosten je Sorte	Selbstkosten je Sorteneinheit
A	1,2	500	600	120 000	240
B	1,0	650	650	130 000	200
C	0,8	700	560	112 000	160

Summe der Rechnungseinheiten → 1810   362 000 ← Gesamtkosten der Produktion

Kosten der Rechnungseinheit: $\dfrac{362\,000}{1810} = 200$

Rechenweg: vgl. a) Rechentechnik.

8.2.1.5. Die mehrstufige Äquivalenzziffernkalkulation

a) Rechentechnik:

die gleiche wie unter 8.2.1.4., jedoch muß die Rechnung mehrfach durchgeführt werden, wenn z. B. nebeneinander mehrere Äquivalenzziffernreihen bei verschiedenen Kostenstellen aufeinanderfolgender Fertigungsstufen verwendet werden.

b) Anwendungsfall und Voraussetzungen:

Nur dann, wenn die Kostenunterschiede der Sorten mit einer Äquivalenzziffernreihe nicht erfaßbar sind, muß die mehrstufige Äquivalenzziffernkalkulation angewandt werden. Das kann sein, wenn Unterschiede in der Kostenverursachung für Materialkosten, Fertigungskosten und Verwaltungs- und Vertriebskosten vorliegen. Die Voraussetzung keine Halb- und Fertigfabrikatbestandsänderung entfällt hier.

c) Beispiel:

Anwendungsfälle der ein- und mehrstufigen Äquivalenzziffernrechnung sind die Produktion von Blechen und Drähten verschiedener Stärken, Garne verschiedener Qualität, Bier in mehreren Qualitäten, Radiatorenguß in verschiedenen Größen, Zigaretten verschiedener Sorten usw.

Nachfolgend ein Beispiel[67] der mehrstufigen Äquivalenzziffernkalkulation.

Bestimmen Sie die Selbstkosten der folgenden fünf Erzeugnisse mit Hilfe der zweistufigen Äquivalenzziffernkalkulation. Das Einzelmaterial wird den Sorten direkt zugerechnet. Die Materialgemeinkosten betragen 5 % der Einzelmaterialkosten. Die mit Hilfe von Äquivalenzziffern zu verrechnenden Fertigungskosten fallen in den Fertigungskostenstellen 1 bzw. 2 in Höhe von 40 800 DM bzw. 26 250,— DM an. Die Verwaltungs- und Vertriebsgemeinkosten betragen 10 % der Herstellkosten. Sondereinzelkosten des Vertriebs fallen nicht an. Im übrigen vgl. die in Tabelle 18 zusammengefaßten Daten.

Sorte	Einzelmaterialkosten DM/Stück	Produktmengen	Äquivalenzziffern	
			Ftg.Ko. St. 1	Ftg.Ko. St. 2
1	2,60	3 000	0,70	0,60
2	3,20	3 900	1,00	0,80
3	3,40	6 000	1,20	1,00
4	4,20	2 000	1,25	1,40
5	5,00	1 000	1,30	1,28

Tabelle 18

---

[67] Entnommen Kilger W., Betriebliches Rechnungswesen, a. a. O., S. 892 f.

Die Selbstkosten der fünf Sorten lassen sich nach folgendem Kalkulationsschema bestimmen:

Sorte	Material-kosten DM/Stück	Einheitsmengen Stück		Fertigungskosten DM/Stück		Herstell-kosten DM/Stück	Selbst-kosten DM/Stück
		Ftg.Ko. St. 1	Ftg.Ko. St. 2	Ftg.Ko. St. 2	Ftg.Ko. St. 1		
1	2,73	2 100	1 800	1,68	1,05	5,46	6,01
2	3,36	3 900	3 120	2,40	1,40	7,16	7,88
3	3,57	7 200	6 000	2,88	1,75	8,20	9,02
4	4,41	2 500	2 800	3,00	2,45	9,86	10,85
5	5,25	1 300	1 280	3,12	2,24	10,61	11,67
Summe	—	17 000	15 000	—	—	—	—

Tabelle 19

Auf die Einheitssorte entfallen 40 800,— DM : 17 000 Stück = 2,40 DM je Stück der Fertigungskostenstelle 1 und 26 250,— DM : 15 000 Stück = 1,75 DM/Stück der Fertigungskostenstelle 2. Die Selbstkosten wurden in Tabelle 19 aus den Herstellkosten durch Multiplikation mit dem Faktor 1,10 ermittelt.

8.2.2. Zuschlagskalkulation

8.2.2.1. Wesen und Anwendungsgebiet

Das Wesen der Zuschlagskalkulation beruht in der **Trennung** von **Einzel-** und **Gemein**kosten und findet Anwendung in Betrieben mit **Serien** und **Einzelferti**gung, wenn die Kostenstruktur in den Produktionsstufen heterogener Natur ist und sich die Bestände an Halb- und Fertigfabrikaten laufend ändern.

Die Zuschlagskalkulation ist das in der Praxis meist angewandte Verfahren. Es kommt in einer Vielzahl von Variationen — die sich durch die Differenziertheit der verwendeten Zuschlagssätze unterscheiden — vor.

Besondere Bedeutung gewinnt die Auswahl der geeigneten Zuschlagsbasen (Vgl. hierzu Kapitel 7.5.), denn nur hierdurch können bei differenzierter Fertigung verschiedenartiger Kostenträger, die gleichzeitig hergestellt werden und die Kostenstelle in unterschiedlichem Ausmaß in Anspruch nehmen, richtige Kalkulationsergebnisse erzielt werden.

Der Kostenträger ist der einzelne Fertigungsauftrag:

① Auftrag besteht in der Fertigung eines Einzelstücks (z. B. Großmaschinenbua oder Baustellenfertigung = **Einzelfertigung** im engeren Sinne)

② Auftrag besteht in der Fertigung mehrerer gleichartiger Erzeugnisse = **Serienfertigung**.

8.2.2.2. Die summarische Zuschlagskalkulation

Als Zuschlagsbasis der zusammengefaßten — kumulativen — Gemeinkosten des Betriebes werden entweder:

    die Einzelmaterialkosten,

    die Einzellohnkosten,

    oder die gesamten Einzelkosten verwandt.

Diese grobe Kalkulation wird in der Regel dem Proportionalitätsprinzip, das bei Anwendung dieser Kalkulationsmethode Proportionalität von Einzel- und Gemeinkosten bei allen Kostenträgern unterstellt, nicht gerecht. Eine Kostenstellenrechnung für Zwecke der Kalkulation ist bei dieser groben Methode nicht erforderlich. Für Kleinbetriebe ist sie wegen der Einfachheit der Durchführung, trotz Fehlermöglichkeiten, anwendbar[68]).

Werden für Materialgemeinkosten, Verwaltungs- und Vertriebsgemeinkosten und die gesamten Fertigungsgemeinkosten (ohne Kostenstellenunterteilung) gesonderte Zuschlagssätze verwendet, spricht man von **Betriebszuschlagsrechnung — Lohnzuschlagskalkulation**.

Beispiel:

FM Fertigungsmaterial	400	GK Gemeinkosten insgesamt	600
FL Fertigungslohn	800		
EK Einzelkosten	1 200		

a) bezogen auf FM beträgt der Zuschlagssatz in %

$$\frac{600}{400} \times 100 = 150\%$$

b) bezogen auf FL beträgt der Zuschlagssatz in %

$$\frac{600}{800} \times 100 = 75\%$$

c) bezogen auf EK beträgt der Zuschlagssatz in %

$$\frac{600}{1200} \times 100 = 50\%$$

Bei Kalkulation eines Einzelauftrages mit 60 DM Fertigungslohn (FL), 150 DM Fertigungsmaterial (FM), ergeben sich folgende Selbstkosten (SK).

a)			b)		c)		
FM	150 DM		150 DM		150 DM		
GK	225 DM	(150 %)	45 DM	(75 %)	105 DM	(50 %)	
FL	60 DM		60 DM		60 DM		
SK	435 DM		255 DM		315 DM		

---

[68]) Vgl. Wöhe, G., a. a. O., S. 685.

8.2.2.3. Die differenzierende Zuschlagskalkulation

Dieses Kalkulationsverfahren verrechnet die Gemeinkosten differenziert nach **Betriebsbereichen, Kostenstellen** oder **Kostenplätzen** nach unterschiedlichen Bezugsgrößen.

Ist die Zuschlagsbasis der nach Kostenstellen differenzierten Gemeinkosten der Fertigungskostenstellen der Fertigungseinzellohn wird das Verfahren als **elektive** bzw. **differenzierende Lohnzuschlagskalkulation** bezeichnet.

Werden statt der Fertigungseinzellöhne andere Zuschlagsbasen, wie **Meng**en und Zeitgrößen, Maschinenlaufzeiten, Fertigungszeiten usw. verwendet, **bezeich**net man dieses Verfahren als **Bezugsgrößenkalkulation**.

Das allgemeine Schema der differenzierenden Zuschlagskalkulation hat folgendes Aussehen:

Kurzzeichen[69])			
	FM	Materialeinzelkosten (Fertigungsmaterial)	
	MGK	+ Materialgemeinkosten	Materialkosten
	FL	+ Lohneinzelkosten (Fertigungslohn)	
	FGK	+ Fertigungsgemeinkosten	
	SoKF	+ Sondereinzelkosten der Fertigung	+ Fertigungskosten
			= Herstellkosten
	VwGK	+ Verwaltungsgemeinkosten	
	VtGK	+ Vertriebsgemeinkosten	
	SoKV	+ Sondereinzelkosten des Vertriebes	+ Verwaltungs- und Vertriebskosten
			= Selbstkosten

Schema der differenzierenden Zuschlagskalkulation

Materialeinzelkosten	Materialkosten		
Materialgemeinkosten			
Lohneinzelkosten	Fertigungskosten	Herstellkosten	Selbstkosten
Fertigungsgemeinkosten			
Sondereinzelkosten der Fertigung			
Verwaltungsgemeinkosten			
Vertriebsgemeinkosten			
Sondereinzelkosten des Vertriebs			

Abbildung 17

---

[69]) Die verwendeten Kurzzeichen sind gebräuchlich, aber nicht allgemeinverbindlich.

Das betriebliche Rechnungswesen

Nachfolgend ein Beispiel zur elektiven (differenzierenden) **Lohnzuschlagskalkulation**.

Die Herstellung einer Spezialmaschine, die zwei Fertigungsstufen zu durchlaufen hatte, verursachte folgende Kosten:

	DM		DM
Fertigungsmaterial (FM)	2 400,—		
Materialgemeinkosten (MGK) Zuschlag 4 % auf Fertigungsmaterial	96,—	Materialkosten	2 496,—
Fertigungslöhne (FL I) in F-Kostenstelle I	410,—		
Fertigungsgemeinkostenzuschlag (GK I) 200 % auf Fertigungslöhne FL I	820,—		
Fertigungslöhne (FL II) in F-Kostenstelle II	240,—		
Fertigungsgemeinkostenzuschlag (FGK II) 50 % auf Fertigungslöhne II	120,—		
Sondereinzelkosten der Fertigung (SoKF), (Modellkosten)	45,—	+ Fertigungskosten	1 635,—
		= Herstellkosten	4 131,—
Verwaltungs- und Vertriebsgemeinkosten (VwGK + VtGK) 10 % der Herstellkosten		+	413,10
Sondereinzelkosten des Vertriebs (Spezialtransport)		+	255,90
		= Selbstkosten	4 800,—

Die Nachteile der Zuschlagskalkulation auf Lohnbasis, die in der nicht immer gerechtfertigten Unterstellung von Proportionalität zwischen Fertigungsgemeinkosten und Fertigungslohn bestehen, versucht man durch Anwendung der **Bezugsgrößenkalkulation**[70]) zu beseitigen.

Insbesondere im Fertigungsbereich soll durch Anwendung der **Platzkostenrechnung**[71]) und der Rechnung mit **Maschinenstundensätzen** die Kalkulation verfei-

---

[70]) Auch für die übrigen Kostenbereiche kann differenziert verfahren werden. Vgl. hierzu Kapitel 7.5. Kalkulationszuschläge.
[71]) Vgl. Haberstock, L., a. a. O., S. 178; ferner Plaut/Müller/Medicke, Grenzplankostenrechnung und Datenverarbeitung, München 1968, die Zuschlagssätze von 10 000 % in der Praxis vorgefunden haben.

nert und exakter werden, da Mechanisierung und Automatisierung der Fertigungskostenstellen die Verwendung von Einzellöhnen als Zuschlagsbasis fraglich werden läßt:

> die Einzellöhne verlieren an Bedeutung gegenüber den stark ansteigenden Fertigungsgemeinkosten,
>
> Lohnerhöhungen bedingen eine laufende Anpassung der Zuschlagssätze und Umrechnungen,
>
> geringfügige Erfassungsfehler der Einzellöhne führen zu schwerwiegenden Kalkulationsfehlern, da die Basis Einzellöhne zu schmal ist[72]).

Beispiel einer differenzierenden Bezugsgrößenkalkulation unter Anwendung von Maschinenstundensätzen.

Zur Ermittlung des **Maschinenstundensatzes** : = Kosten, die eine Maschine je Laufstunde erfordert, sind sämtliche maschinenabhängigen Gemeinkosten:

> Abschreibungen,
> Zinsen,
> Instandhaltungskosten,
> Raumkosten,
> Energiekosten, Werkzeug und Schmiermittelverbrauch,

aus den gesamten Gemeinkosten der Kostenstelle herauszurechnen und auf die Maschinenlaufstunden zu beziehen.

Als Bezugsgröße auf die dann noch verbleibenden Restgemeinkotsen werden Einzellöhne gewählt.

Eine Fertigungskostenstelle, die mit Maschinen unterschiedlicher Kostenstruktur ausgestattet ist, soll in 3 Maschinengruppenplätze unterteilt werden, um der unterschiedlichen Inanspruchnahme der Maschinengruppen durch die Kostenträger kalkulatorisch besser gerecht zu werden.

Nachfolgende Übersicht enthält die nach Maschinengruppen getrennten maschinenabhängigen Gemeinkosten, die aus den Gesamtgemeinkosten der Kostenstelle ermittelt wurden.

Maschinengruppenabhängige Gemeinkosten		Maschinengruppe		
		I	II	III
	DM/Periode	8000,—	4800,—	5000,—
Maschinenlaufstunden	Std./Periode	200,—	160,—	200,—
Maschinenstundensatz	DM/Laufstunden	40,—	30,—	25,—
Restgemeinkosten der Fertigungsstelle		10 000,— DM		
Fertigungslöhne		5 000,—		
Restgemeinkostenzuschlag (bezogen auf FL)		200 %		

Tabelle 20

---

[72]) Vgl. hierzu die in der Anmerkung 71) angeführte Literatur.

Beispiel für Berechnung des Maschinenstundensatzes
Maschinengruppe III

Kostenarten		DM/Laufstunde
1. Abschreibung	$\dfrac{96\,000 \text{ DM}}{4 \text{ Jr.} \cdot 2400 \text{ Std.}}$ =	8,—
2. Zinsen	$\dfrac{0{,}5 \cdot 96\,800 \cdot 8\,\%}{100\,\% \cdot 2400 \text{ Std.}}$ =	1,60
3. Instandhaltung	$\dfrac{18\,800 \text{ DM}}{4 \text{ Jr.} \cdot 2400 \text{ Std.}}$ =	2,—
4. Raumkosten	$\dfrac{20 \text{ m}^2 \times 2{,}— \times 12 \text{ Mon.}}{2400 \text{ Std.}}$ =	0,20
5. Energiekosten	$\dfrac{200 \text{ l} \cdot 0{,}72 \text{ DM} \cdot 200 \text{ Std.}}{2400 \text{ Std.}}$ =	12,—
6. Werkzeuge, Schmiermittel	$\dfrac{240 \text{ DM} \times 12}{2400 \text{ Std.}}$ =	1,20
Maschinenstundensatz der Gruppe III		25,—

Anwendungsbeispiel

Fertigungskosten	150,— DM
Restfertigungsgemeinkostenzuschlag 200 %	300,— DM
Maschinengruppe I 5 Std. à 40,— DM	200,— DM
Maschiengruppe II 2,5 Std. à 30,— DM	75,— DM
Maschinengruppe III 6 Std. à 25,— DM	150,— DM
Fertigungskosten	875,— DM

Bei Rechnen mit Maschinenstundensätzen sind im BAB innerhalb des Fertigungsbereichs für einzelne Maschinengruppen gesonderte Spalten vorzusehen, in denen die Anteile der maschinenabhängigen Gemeinkosten an den Gemeinkostenarten einzutragen sind.

Beispiel: **Kostenstelle Fräserei**

Kostenarten	Gemeinkosten Gesamt	maschinenabhängige Gemeinkosten	Rest-Gemeinkosten
Hilfsstoffe	————		————
Betriebsstoffe	————		————
Energiekosten	————	—————	————
Sozialkosten	————		————
Gehälter	————		————
Instandhaltung	————	—————	————
Raumkosten	————		————
Abschreibungen	————	—————	————
Zinsen	————	—————	————
Werkzeuge	————	—————	————
Schmiermittel	————	—————	————

Abbildung 18

8.2.3. Kuppelproduktkalkulationen

8.2.3.1. Restwertmethode (Subtraktionsmethode)

a) Rechentechnik

    Herstellkosten der Gesamtproduktion
./. Erlöse der Nebenprodukte
./. Weiterverarbeitungskosten der Nebenprodukte

$= \dfrac{\text{Herstellkosten der Hauptproduktion}}{\text{Menge des Hauptprodukts}} = $ Stückherstellkosten des Hauptprodukts

+ anteilige Verwaltungs- und Vertriebsgemeinkosten
= Selbstkosten der Hauptproduktion

b) Voraussetzungen und Anwendungsfall[73])

Natürliche oder technische Zwangsläufigkeit lassen aus denselben Einsatzfaktoren Material, im gleichen Produktionsprozeß, verschiedene Produkte anfallen. Die anfallenden Mengenrelationen sind dabei entweder völlig starr oder in gewissen Grenzen variierbar.

---
[73]) Vgl. Wöhe, G., a. a. O., S. 686 ff.; Huch, B., Einführung in die Kostenrechnung, Würzburg - Wien 1971, S. 129 ff.

Beispiele der Kuppelproduktion sind der Verkokungsprozeß: Koks, Gas, Benzol, Teer und andere Derivate; der Hochofenprozeß: Roheisen, Schlacke, Gichtgas; Raffinerien erzeugen in verbundener Produktion leichte und schwere Kohlenwasserstoffe.

Da eine **verursachungs**gerechte Verteilung der Kosten auf die Kostenträger nicht möglich ist, wird für **den** Fall der Kuppelproduktion, daß eindeutig ein Hauptprodukt und ein oder mehrere Nebenprodukte erstellt werden, die Restwertmethode angewandt. Das Prinzip ist die Anwendung der Divisionskalkulation auf die Hauptproduktion. Die Kosten der Nebenprodukte werden nicht errechnet.

Beispiel:

H_k der Gesamtproduktion	1 Mill.
./. Erlös der Nebenprodukte	0,1 Mill.
./. Verarbeitungskosten der Nebenprodukte	0,010 Mill.
= H_k des Hauptprodukts	0,890 Mill.
dividiert durch Menge des Hauptproduktes	10 000
= Stückherstellkosten des Hauptproduktes	89,— DM
+ anteilige Vw — VtGK 10 %	8,90 DM
= Stückselbstkosten des Hauptproduktes	97,90 DM

8.2.3.2. Verteilungsmethode (Äquivalenzmethode)

a) Rechentechnik

formell wie bei der Divisionskalkulation mit Äquivalenzziffern (siehe S. 82 f.).

b) Voraussetzungen und Anwendungsfall

Grundsätzlich sind die gleichen Voraussetzungen wie bei der Restwertmethode gegeben, jedoch wird die Verteilungsmethode bei Kuppelproduktionen angewandt, bei denen nicht eindeutig Haupt- und Nebenprodukte unterschieden werden können.

Marktpreise oder technische Maßgrößen[74]) (z. B. Heizwerte für Koks — Gas) dienen als Verteilungsmaßstäbe der Kosten.

c) Auf ein rechnerisches Beispiel sei an dieser Stelle verzichtet, da keine Unterschiede in der Rechentechnik der Divisionskalkulation mit Äquivalenzziffern gegeben sind.

---

[74]) Weitere Verteilungsmaßstäbe führt Henzel, F., an: in Kostenrechnung, in: Bott, Lexikon des kaufmännischen Rechnungswesens, Bd. 3, 2. Aufl., Stuttgart 1956, Sp. 1646, nach Wöhe, G., a. a. O., S. 688.

Kritisch zu den Kalkulationsverfahren der Kuppelproduktion bleibt festzustellen, daß beide Verfahren dem Grundsatz der Kostenverursachung bei der Zurechnung der Kosten auf die Produkte **nicht** gerecht werden. Es werden entweder das Durchschnittsprinzip[75]) oder das Kostentragfähigkeitsprinzip angewandt und die Grenzen der Kostenrechnung deutlich sichtbar.

Praktisch wird man so kalkulieren, daß mindestens die Gesamtkosten durch die Gesamterlöse der verbundenen Produktion gedeckt werden.

IX. Die kurzfristige Erfolgsrechnung (Kostenträgerzeitrechnung)

9.1. Die Notwendigkeit der kurzfristigen Erfolgsrechnung

In der Kostenträgerstückrechnung (Kalkulation) wurden die Herstellkosten bzw. Selbstkosten der Kostenträger errechnet.

Die Kostenträgerzeitrechnung (kurzfristige Erfolgsrechnung, KER) stellt die Gesamtkosten der Periode den nach Kostenträgern gegliederten Betriebserträgen gegenüber und ermittelt daraus den Betriebserfolg.

$$\text{Betriebserfolg} = \text{Betriebsertrag} - \text{Kosten}$$

Die Kostenträgerzeitrechnung kann in **kontenmäßiger** Form oder in **statistisch-tabellarischer** Form[76]) durchgeführt werden.

Die Notwendigkeit der Durchführung der KER entspricht den Bedürfnissen der Unternehmung, ein Instrument zur **Information, Kontrolle** und **Steuerung** zu besitzen, das über die vom Gesetzgeber einmal jährlich erzwungene Erfolgsrechnung der G u. V hinausgeht und kurzfristig[77]) den Erfolg ermittelt.

Die Jahreserfolgsrechnung genügt den angeführten Zielen nicht, da

1. die Zeiträume (einmal jährlich) zu lang sind,
2. keine Trennung in Betriebserfolg und Abgrenzungserfolg durchgeführt wird,
3. die Zielsetzungen nicht betriebsorientiert sind.

Als Ziele der kurzfristigen Erfolgsrechnung nennt Everling[78])

1. Allgemeine Rechenschaftslegung zur Beurteilung getroffener Entscheidungen;
2. Abschätzen der Konsequenzen künftiger Entschlüsse;
3. Lieferung von Unterlagen für die Bemessung einer ergebnisabhängigen Entlohnung;

---

[75]) Vgl. hierzu Kapitel 2.2.
[76]) Sie wird dann auch als BAB II bezeichnet.
[77]) Mit kurzfristig werden alle Zeiträume unter 1 Jahr verstanden.
[78]) Everling, W., Kurzfristige Erfolgsrechnung, Stuttgart 1965, S. 13.

4. Lieferung von Unterlagen für die Festsetzung von internen Verrechnungspreisen;
5. Frühzeitiges Erkennen von Strukturwandlungen;
6. Überprüfung der festgelegten externen Preise;
7. Gewinnung der Unterlagen für die pretiale Lenkung;
8. Rechtzeitiges Abschätzen des Jahreserfolges;
9. Material gewinnen für Verhandlungen (z. B. mit Banken);
10. Beobachtung der Liquidität, wenn die kurzfristige Erfolgsrechnung durch eine Bilanz ergänzt wird.

Zur Zweckerreichung dieser Ziele stehen verschiedene Verfahren zur Verfügung, die zwar nicht geeignet sind alle Ziele gleichzeitig, aber Einzelziele, die der Unternehmensleitung vorrangig erscheinen, zu erreichen. Diese Verfahren sind:

a) Gesamtkostenverfahren,
b) Umsatzkostenverfahren,
    ba) auf Vollkostenbasis,
    bb) auf Grenz-(Teil)Kostenbasis.

9.2. Das Gesamtkostenverfahren

Das Gesamtkostenverfahren ist die nach **Kostenarten** gegliederte kurzfristige Erfolgsrechnung, die sich von der Aufwands- und Ertragsrechnung der Finanzbuchhaltung darin unterscheidet, daß statt der Gesamterträge die Betriebserträge und statt der Aufwendungen die Gesamtkosten in die Rechnung eingehen.

Die Formel zur Ermittlung des Betriebserfolges lautet:

$$\text{Betriebserfolg} = \text{Umsatz} \pm \frac{\text{Lagerbestandsveränderungen}}{\text{an Halb- und Fertigfabrikaten}} - \text{Gesamtkosten}$$

Bezeichnet man mit

G_B = Betriebserfolg
U = Umsatz
K = Gesamtkosten der Periode
k = Selbstkosten pro Einheit
k_h = Herstellkosten der Periode
x_p = produzierte Menge der Abrechnungsperiode
x_a = abgesetzte Menge der Abrechnungsperiode
i = Index der Produktart
m = Anzahl der unterschiedlichen Produktarten
j = Index der Kostenartenbeträge ($j = 1, 2, \ldots n$)
p = Preis

dann lautet die Formel:

$$G_B = \sum_{i=1}^{n} x_{ai} \cdot p_i + \sum_{i=1}^{n} (xp_i - xa_i) \, kh_i - \sum_{j=1}^{n} K_j$$

oder

$$G_B = U + \sum_{i=1}^{n} (xp_i - xa_i) \, kh_i - K$$

Die Umsätze stammen aus den Erlöskonten im Haben der Kontenklasse 8. Die Bestandsänderungen werden durch **körperliche** Inventur ermittelt und werden den Umsätzen zu- bzw. abgerechnet, da es für die Erfolgsermittlung der Periode wichtig ist, ob Umsätze getätigt wurden, für die in früheren Perioden Kosten entstanden bzw. ob Kosten entstanden sind, für die noch keine Umsätze getätigt wurden.

Durch die Ermittlung von Bestandsänderungen an Halb- und Fertigfabrikaten läßt sich beides feststellen.

Lagerbestandszunahmen stellen Ertragspositionen dar, Lagerbestandsabnahmen mindern den Betriebserfolg.

Die Gesamtkosten werden aus der Betriebsabrechnung (Klasse 4) in einer Summe oder differenziert nach Kostenarten übernommen.

Das Betriebsergebniskonto (Klasse 9) hat dann folgendes Bild[79]:

Soll	Betriebsergebnis	Haben
Kontenklasse 4		Kontenklasse 8
Gesamtkosten K		Umsatz U
Lagerbestandsabnahme		Lagerbestandszunahme
$\sum_{i=1}^{n} (x_{pi} - x_{ai}) \cdot k_{hi}$		$\sum_{i=1}^{n} (x_{pi} - x_{ai}) \cdot k_{hi}$
für $x_{pi} < x_{ai}$		für $x_{pi} > x_{ai}$
(Gewinn)		(Verlust)

Kritik des Gesamtkostenverfahrens:

Vorteile: einfache rechnerische Handhabung, läßt sich leicht in das System der doppelten Buchhaltung einbauen,

unter Berücksichtigung der Abgrenzungskonten läßt sich die G u. V-Rechnung aufstellen.

Nachteile: Die für die Erfolgsrechnung notwendigen körperlichen Inventuren bei Mehrproduktunternehmungen sind im laufenden Betriebsprozeß nicht durchführbar.

---

[79]) Vgl. Huch, B., Einführung in die Kostenrechnung, Würzburg - Wien 1971, S. 135.

Zwischen **Kosten-** und **Ertragsgrößen** besteht **keine** Kongruenz;

den nach Kostenarten gegliederten Gesamtkosten stehen nach Produkten bzw. Produktgruppen geordnete Lagerbestandsgrößen und Umsätze gegenüber.

Das Gesamtkostenverfahren läßt **nicht** erkennen, durch welche Produkte der Erfolg der Unternehmung besonders günstig/ungünstig beeinflußt wurde.

Das Gesamtkostenverfahren eignet sich deshalb nur für Betriebe mit einfachem Fertigungsprogramm.

9.3. Das Umsatzkostenverfahren

9.3.1. Das Umsatzkostenverfahren auf Vollkostenbasis

Das Umsatzkostenverfahren ist eine nach **Kostenträgern** gegliederte Erfolgsrechnung, bei dem der Betriebserfolg durch die Gegenüberstellung des Umsatzes mit den für diesen Umsatz angefallenen Kosten ermittelt wird.

Den in der Kalkulation ermittelten Selbstkosten der **verkauften** Kostenträger (Produkte) werden nicht die gesamten Betriebserträge, sondern nur die **Erlöse**[80]) gegenübergestellt. Damit werden die Lagerbestandsänderungen nicht mehr in der Rechnung berücksichtigt. Je nachdem, ob die verkauften Erzeugnisse zu Voll- oder Grenzkosten[81]) kalkuliert werden, handelt es sich um ein Umsatzkostenverfahren auf Voll- oder Grenzkostenbasis.

Die Formel[82]) zur Bestimmung des Betriebserfolges lautet (unter Verwendung obiger Kurzzeichen)

Betriebserfolg = Umsatz — Selbstkosten

$$G_B = \sum_{i=1}^{n} x_{ai} (p_i - k_i)$$

Das Betriebsergebniskonto hat jetzt folgendes Bild:

Soll	Betriebsergebniskonto	Haben
Kosten		Umsatz
Kontenklasse 7		Kontenklasse 8
$\sum_{i=1}^{n} x_{ai} \cdot k_i$ für $x_{ai} k_i < x_{ai} p_i$ (Gewinn)		$\sum_{i=1}^{n} x_{ai} p_i$ $x_{ai} k_i > x_{ai} p_i$ (Verlust)

---

[80]) Zum Erlösbegriff vgl. Kap. 5.2.
[81]) Die Grenzkosten sind hier gleich den variablen Einzel- und Gemeinkosten.
[82]) Kilger leitet diese Formel aus der Erfolgsformel des Gesamtkostenverfahrens ab. Vgl. hierzu Kilger, W., Kurzfristige Erfolgsrechnung, Wiesbaden 1962, S. 37.

Nach der Bestimmungsgleichung des Umsatzkostenverfahrens läßt sich das Betriebsergebnis differenzieren nach Produktarten und -gruppen. Es stehen sich auf dem Betriebsergebniskonto sowohl auf der Kostenseite wie auf der Erlösseite vergleichbare Größen gegenüber: jeweils Selbstkosten und Erlöse der Produkte bzw. Produktgruppen.

K r i t i k des Umsatzkostenverfahrens:

Vorteile:

Neben dem Gesamterfolg des Betriebes kann der Erfolgsbeitrag jedes einzelnen Produkts ermittelt werden.

Die körperliche Inventur[83]) der Halb- und Fertigfabrikate entfällt, dadurch sind monatliche Erfolgsanalysen möglich.

Nachteile:

Bei Mehrproduktunternehmen mit sehr vielen Produktarten ist die produktbezogene Erfolgsrechnung organisatorisch schwierig durchzuführen[84]).

Den gewichtigsten Nachteil sieht Kilger[85]) darin, „daß die zugrunde gelegten Kalkulationen nicht dem Verursachungsprinzip entsprechen, da sie Fixkostenbestandteile enthalten. Die Erfolgsgleichung bringt daher eine ‚Scheinproportionalität' zum Ausdruck, die darin besteht, daß sich wohl die Erlöse, aber nicht auch die Selbstkosten zu den verkauften Produktmengen proportional verhalten. Werden die Verkaufsmengen verändert, so verändern sich die Erlöse (konstante Verkaufspreise vorausgesetzt) in gleicher Weise. Auf der Kostenseite verändern sich aber nur die proportionalen Selbstkosten, solange die Kapazitäten nicht verändert werden. Da sich die fixen Kosten den betrieblichen Produkten nicht nach dem Verursachungsprinzip zurechnen lassen, sind die durch das Umsatzkostenverfahren auf Vollkostenbasis ausgewiesenen Nettoerfolge (Preis ./. Selbstkosten pro Stück) fiktive Größen, die für die Planung und Kontrolle des Periodenerfolges unbrauchbar sind."

Insbesondere bei „Verlustartikeln" kann nicht ermittelt werden, inwieweit sie noch zur Fixkostendeckung beitragen und eine Weiterproduktion noch sinnvoll ist oder nicht.

Dieser Mangel des Umsatzkostenverfahrens auf Vollkostenbasis kann durch Verwendung des Umsatzkostenverfahrens auf Grenzkostenbasis behoben werden.

---

[83]) Langfristig ist die körperliche Inventur nicht zu umgehen; überplanmäßiger Ausschuß, Schwund, Verderb lassen sich allein rechnerisch nicht erfassen.

[84]) Nach aktienrechtlichen Vorschriften muß das nach Produktarten differenzierte Betriebsergebniskonto umgeformt werden, um den der Gewinn- und Verlustrechnung zu entsprechen, die eine Gliederung nach Aufwandsarten vorschreibt.

[85]) Kilger, W., Betriebliches Rechnungswesen, a. a. O., S. 925.

9.3.2. Umsatzkostenverfahren auf Grenzkostenbasis

Das Umsatzkostenverfahren auf Grenzkostenbasis ermittelt den Betriebserfolg, indem es nur die variablen[86]) Selbstkosten der Produkte den Erlösen der verkauften Produkteinheiten gegenüberstellt und die Fixkosten der Periode en bloc auf die Sollseite des Betriebsergebniskontos bucht.

Die Formel zur Bestimmung des Betriebserfolges lautet unter Verwendung obiger Kurzzeichen (die variablen Stückkosten werden mit k_{vi} bezeichnet)

Periodenerfolg = Umsatz — variable Kosten — fixe Kosten

$$G_B = \sum_{i=1}^{n} x_{ai} \cdot (p_i - k_{vi}) - K_f$$

Das Betriebsergebniskonto hat jetzt folgendes Bild[87]):

Soll	Betriebsergebniskonto	Haben
Kalkulierte Kosten der abgesetzten Produkte		Umsatz
Kontenklasse 7 $\sum_{i=1}^{n} x_{ai} \cdot k_{vi}$		$\sum_{i=1}^{n} x_{ai} \cdot p_i$ Kontenklasse 8
fixe Kosten BAB je Kostenstelle K_f		
(Gewinn)		(Verlust)

Nach diesem Verfahren der KER kann der **Bruttogewinn = Deckungsbeitrag** pro Produkteinheit aus der Differenz:

$$x_{ai} \cdot p_i - x_{ai} \cdot k_{vi} = \text{Deckungsbeitrag}$$

ermittelt werden.

Der Deckungsbeitrag (Bruttogewinn) gibt an: in welchem Umfang ein Kostenträger nach Deckung der durch ihn verursachten variablen Kosten (Grenzkosten) zur Deckung der fixen Kosten und zum Gesamterfolg beiträgt.

Nur diese Art der Erfolgsermittlung ermöglicht eine Aussage darüber, ob der Kostenträger durch seinen Preis außer den variablen Kosten auch zur teilweisen Fixkostendeckung beiträgt und damit den Gesamtgewinn erhöht. Aus dem Produktionsprogramm sollte das Produkt erst dann gestrichen werden, wenn sein Preis keinen Beitrag mehr zur Deckung der fixen Kosten erbringt oder wenn es durch ein anderes Produkt mit höherem Deckungsbeitrag bzw. Gewinnbeitrag ersetzt werden kann.

---

[86]) Bei linearen Kostenverläufen (vgl. hierzu Kapitel 3.3.) sind die variablen Kosten mit den Grenzkosten identisch.
[87]) Vgl. Huch, B., a. a. O., S. 147.

An einer Gewinnanalyse auf Grund einer kurzfristigen Erfolgsrechnung auf Umsatzkosten- und Grenzkostenbasis soll erläutert werden, wie unternehmerische Entscheidungen je nach der angewandten Methode ausfallen können.

Analyse des Gewinns auf Vollkostenbasis

Artikel	Mengen-einheiten	Preis pro Einheit	Erlös	Selbstkosten pro Einheit	Selbstkosten gesamt	Erfolg
A	100	8	800	6	600	+ 200
B	200	4	800	5	1000	∕ 200
C	400	6	2400	4	1600	+ 800
			4000		3200	+ 800

Tabelle 21

Als konsequenter **Vollkosten**rechner würde man den Artikel B aus dem Sortiment streichen, in der Annahme, den Gewinn um 200 steigern zu können.

Gewinn	800
— Verlustartikel	200
erwarteter Gewinn	1000

Unter der Annahme, daß in den Artikeln A, B, C, folgende Fixkostenbestandteile enthalten sind:

Artikel A 1,— DM pro Stck.   100,— DM pro Artikelgruppe
Artikel B 2,— DM pro Stck.   400,— DM pro Artikelgruppe
Artikel C 2,— DM pro Stck.   800,— DM pro Artikelgruppe

und in der Periode Übereinstimmung zwischen produzierten Mengen und abgesetzten Mengen vorliegt, zeigt die auf **Grenz**kostenbasis durchgeführte kurzfristige Erfolgsrechnung nachfolgendes Bild:

Artikel	Mengen-einheiten	Preis pro Einheit	Erlös	variable Grenz-kosten/Einheit	Grenz-selbstkosten	Erfolg
A	100	8	800	5	500	+ 300
B	200	4	800	3	600	+ 200
C	400	6	2400	2	800	+ 1600
						Σ 2100
					Fixkosten	∕ 1300
					Nettoerfolg =	+ DM 800

Tabelle 22

Wie zu erkennen ist, haben alle Artikel zum Erfolg beigetragen. Eine Entscheidung, den Artikel B ersatzlos aus dem Produktionsprogramm zu streichen, würde bedeuten, daß der Gesamtgewinn **nicht** 1000,— DM auf Grund der Kalkulation auf Vollkostenbasis, sondern:

Gewinn	800,— DM
∕. Fortfall Deckungsbeitrag Artikel B	200,— DM
Neuer Gewinn	600,— DM

betragen würde, da mit dem Artikel B 400,— DM fixe Kosten verrechnet wurden. Kosten verrechnet wurden.

Der **Deckungsbeitrag**[88]) sollte also Maßstab bei der Fertigungsprogramm- und Gewinnplanung sein. Kurzfristige Entscheidungen auf Grund der Methoden der KER lassen sich somit nur mit der auf Grenzkostenbasis durchgeführten Betriebsergebnisrechnung treffen.

Als **Nachteile**[89]) der Erfolgsrechnung auf Grenzkostenbasis wird die Tatsache genannt, daß Halb- und Fertigfabrikatebestände zu Grenzkosten bewertet werden, was steuerrechtlich unzulässig ist (handelsrechtlich jedoch zulässig) und die fixen Kosten sofort auf das Betriebsergebniskonto gebucht werden, gleichgültig ob sämtliche produzierten Erzeugnisse sofort abgesetzt oder ganz oder teilweise auf Lager gehen. Hierdurch entstehen Erfolgsdifferenzen zwischen den Verfahren auf Voll- und Grenzkostenbasis, die aus dem Teil der fixen Herstellkosten bestehen, welche durchschnittlich auf die Produkte entfallen, die zwar in der Periode produziert, aber auf Lager genommen und nicht abgesetzt wurden.

X. Systemelemente der Plankostenrechnung

Wenn wir in den vorausgegangenen Kapiteln nicht ausdrücklich darauf hingewiesen haben, handelt es sich bei den angewandten Kostenrechnungssystemen immer um eine Istkostenrechnung auf Vollkostenbasis, deren gewichtigster Nachteil u. a. in einer mangelnden Kontrollmöglichkeit der Kosten zu sehen ist. Es fehlte eine **Norm**größe, die zwangsläufig angibt, welche Kosten bei sparsamer Mittelverwendung hätten anfallen dürfen.

Alle Zeitvergleiche: — Kostenvergleiche verschiedener Abrechnungsperioden der Vergangenheit oder zwischenbetriebliche Vergleiche: Kostenvergleiche mehrerer Betriebe untereinander auf Istkostenbasis — können die Frage nicht beantworten, wieviel Kosten bei wirtschaftlicher Leistungserstellung hätten entstehen dürfen. Es fehlt die Norm- oder Sollgröße an der man die entstandenen Istkosten messen kann.

---

[88]) Über den Deckungsbeitrag bei Kapazitätsengpässen vgl. Kapitel 11.1.2.
[89]) Vgl. hierzu insbesondere Kilger, W., Betriebliches Rechnungswesen, a. a. O., S. 928 ff.

Wenn heute an die Kostenrechnung industrieller Betriebe mit differenzierter Fertigungsstruktur zunehmende Anforderungen hinsichtlich der Zurverfügungstellung von Kostendaten für **planerische** Probleme gestellt werden, reichen die traditionellen Istkostenrechnungen nicht mehr aus, diese Aufgaben zu erfüllen.

Begünstigt ferner durch die Entwicklung der betrieblichen Planungsmethoden in allen Bereichen des Betriebes, die Einführung arbeitswissenschaftlicher Methoden durch F. W. Taylor und ihre Übertragung auf die Einzel- und Gemeinkostenplanung und die Abkehr von der einseitigen Betonung der Nachkalkulation in der Istkostenrechnung, hin zur Kalkulation mit Planwerten, entwickelte sich die Plankostenrechnung.

Daher kann man nachfolgende Entwicklungsformen unterscheiden:

Plankostenrechnungssysteme

starre Plankostenrechnung (auf Vollkostenbasis)

flexible Plankostenrechnung:
auf Vollkostenbasis
auf Grenzkostenbasis

Unter **Plankosten** versteht Kosiol[90]) „geplante, budgetierte, und damit für die Z u k u n f t angesetzte Kosten" und Fäßler[91]) „die wissenschaftlich (z. B. auf Grund von Verbrauchsfunktionen) im voraus bestimmten Kosten unter Voraussetzung rationaler Produktion im Rahmen des Möglichen". Beide Definitionen weisen auf Zukunftsbezogenheit der Kosten hin und lösen sich damit von vergangenheitsbezogenen Istwerten.

Die Plankostenrechnung versucht:

durch mengenmäßige (auf Grund von Verbrauchsfunktionen)[92]) bestimmte Verbrauchsvorgaben = **Mengengerüst,**

durch mittelfristige Planpreise[93]) für die Bewertung der Faktoreinsatzmengen = **Wertgerüst,**

und durch Berücksichtigung eines geplanten Beschäftigungsgrades (e)

die störenden Einflüsse von Zufallsschwankungen (Preisschwankungen auf den Beschaffungsmärkten der Kostengüter, zufällige Schwankungen des mengenmäßigen Güterverbrauchs und Änderungen des Beschäftigungsgrades) zu eliminieren, um eine wirksame Kostenkontrolle und Kalkulation zu ermöglichen. Im Soll-Ist-Vergleich werden nach jeder Abrechnungsperiode die Differenzen zwischen den geplanten Kosten und den tatsächlich angefallenen Istkosten ermittelt.

---
[90]) Kosiol, E., Kostenrechnung, Wiesbaden 1964, S. 91.
[91]) Fäßler u. a., Kostenrechnungslexikon, a. a. O., S. 352, Sp. 1.
[92]) Vgl. Kapitel 3.2.
[93]) Die Planpreise sollen sowohl außerbetriebliche und innerbetriebliche Preisbestandteile wie mittelfristig erwartete Preisänderungen beinhalten. Vgl. Kilger, W., Flexible, a. a. O., S. 169—184.

Die aufgetretenen Differenzen werden je nach dem angewandten Plankostenrechnungsverfahren in verschiedene Abweichungen aufgespalten und in einer Abweichungsanalyse wird versucht, die **Ursache** der Abweichungen festzustellen.

10.1. Form der Plankostenrechnungssysteme

10.1.1. Die starre Plankostenrechnung auf Vollkostenbasis

Die ursprüngliche Form der starren Plankostenrechnung gibt den Kostenstellen die Kosten auf Grund eines im Durchschnitt des Jahres zu erwartenden Beschäftigungsgrades[94] (Kapazitätsausnutzungsgrades) vor.

Die Fixierung auf einen Beschäftigungsgrad wird auch dann nicht geändert (bleibt **starr**) wenn im Laufe des Jahres die Beschäftigung variiert.

Eine Auflösung der Gemeinkosten in fixe und proportionale Bestandteile ist nicht notwendig, da die Kostenplanung nur für einen bestimmten Beschäftigungsgrad erfolgt und Beschäftigungsabweichungen nicht berücksichtigt werden.

Dem Vorteil der einfachen rechnerischen Handhabung und Kostenplanung steht der schwerwiegende Nachteil der starren Plankostenrechnung gegenüber, daß bei der Gegenüberstellung der Plangemeinkosten bei Planbeschäftigung und den tatsächlichen Istwerten nur die **Gesamtabweichung** festgestellt werden kann, wobei jedoch die Höhe der Istkosten durch einen geringeren oder höheren Beschäftigungsgrad als der im Jahresdurchschnitt geplante, bestimmt sein kann. Es läßt sich mit dieser Form der Plankostenrechnung also nicht ermitteln, wie hoch die Sollkosten bei einer von der Planbeschäftigung abweichenden Beschäftigung hätten sein dürfen, und auf welche Kosteneinflußgrößen die Planabweichungen zurückzuführen sind. Diese Mängel machen die starre Plankostenrechnung für eine kurzfristige Kostenkontrolle untauglich, es sei denn, bei einzelnen Kostenstellen ist die Beschäftigung tatsächlich konstant.

10.1.2. Flexible Plankostenrechnung auf Vollkostenbasis

Den Mängeln der starren Plankostenrechnung begegnet die flexible Plankostenrechnung, indem sie die Plankosten in ihre fixen (beschäftigungsunabhängigen) und proportionalen (beschäftigungsabhängigen) Bestandteile aufspaltet und **die Kosten ermittelt = Sollkosten,** die bei einer von der Planbeschäftigung abweichenden Istbeschäftigung anfallen dürfen.

---

[94] Beschäftigungsgrad (Kapazitätsausnutzungsgrad)
$$= \frac{\text{Istbeschäftigung (genutzte Kapazität)}}{\text{Sollbeschäftigung (vorhandene Kapazität)}} \times 100$$
gemessen in Fertigungsstunden, Umsatz, Ausbringungsmengen etc.

Als Sollkosten werden die Plankosten der erreichten Istbeschäftigung bezeichnet.

$$\text{Sollkosten} = \text{fixe Plankosten} + \text{proportionale Plankosten} \cdot \frac{\text{Istbeschäftigungsgrad}}{\text{Planbeschäftigungsgrad}}$$

Beispiel:

Bei einer Planbeschäftigung von 10 000 Fertigungsstunden werden 64 000 DM Fixkosten und 140 000 DM proportionale Kosten geplant.

Die erreichte Istbeschäftigung der Abrechnungsperiode beträgt 6000 Fertigungsstungen. Die Istkosten betragen 180 000 DM.

Dann betragen die **Plankosten** bei **Plan**beschäftigung

Fixe Plankosten	64 000,— DM
+ proportionale Plankosten	140 000,— DM
= Plankosten	204 000,— DM

Die **Soll**kosten des **Ist**beschäftigungsgrades betragen

Fixe Kosten (beschäftigungsunabhängig)	64 000,— DM
+ proportionale Kosten der Istbeschäftigung (beschäftigungsabhängig) $140\,000 \cdot \frac{6\,000}{10\,000}$	84 000,— DM
= Sollkosten	148 000,— DM

Der **Plankostenverrechnungssatz**, d. h. die Plankosten pro Einheit der Planbezugsgröße mit der die Kostenträger belastet werden, beträgt im Beispiel:

$$204\,000 : 10\,000 = 20{,}4 \text{ DM pro Einheit}$$

(in der graphischen Darstellung Abb. 19 durch die Kurve der verrechneten Plankosten dargestellt).

Erreicht die Istbeschäftigung nur $\frac{6}{10}$ der geplanten Beschäftigung von 10 000 Fertigungsstunden ändern sich **nur** die proportionalen Plankosten der Planbeschäftigung um $\frac{4}{10}$ der proportionalen Plankosten (56 000,— DM) auf 84 000,— DM und ergeben mit den beschäftigungsunabhängigen Fixkosten von 64 000,— DM die Sollkosten von 148 000,— DM. In einer graphischen Darstellung ergibt sich folgendes Bild:

Das betriebliche Rechnungswesen

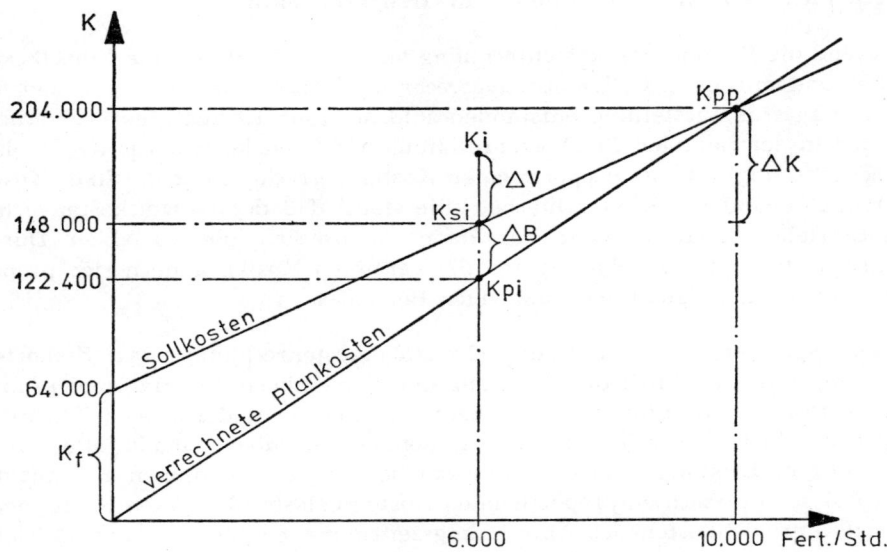

Kpp	= Plankosten bei Plan-Beschäftigung	ΔK	= „Beschäftigungsabweichg."
Kpi	= Plankosten bei Ist-Beschäftigung	Ki	= Istkosten
Ksi	= Sollkosten bei Ist-Beschäftigung		
ΔB	= Beschäftigungsabweichung	ΔV	= Verbrauchsabweichung

Die in der flexiblen Plankostenrechnung für jede Kostenart und Kostenstelle geplanten Gemeinkosten und für jede Erzeugnisart geplanten Einzelkosten, ermöglichen eine Kostenstellenkontrolle von Einzel- und Gemeinkosten in der Kostenstelle.

Der Vorteil der flexiblen Plankostenrechnung auf Vollkostenbasis gegenüber der starren Plankostenrechnung besteht darin, daß:

- a) die Abweichungen der geplanten Kosten beim Planbeschäftigungsgrad und die Plankosten beim Istbeschäftigungsgrad (Sollkosten) festgestellt werden (Δ K)[95]) und

- b) die Abweichungen der Sollkosten von den tatsächlich angefallenen Istkosten beim Istbeschäftigungsgrad als **Verbrauchsabweichungen** ermittelt werden können (Δ V) und

- c) die Differenz zwischen Sollkosten und verrechneten Plankosten eindeutig als **Beschäftigungsabweichung** definiert werden können. (ΔB)

---

[95]) Δ K stellt eine echte „Beschäftigungsabweichung" dar, die auftritt, wenn die Planbeschäftigung nicht erreicht wird. Um Irrtümer zu vermeiden, sei darauf hingewiesen, daß die Bezeichnung Beschäftigungsabweichung für diese Abweichung in der Literatur nicht üblich ist.

10.1.3. Flexible Plankostenrechnung auf Grenzkostenbasis

Während die flexible Plankostenrechnung auf Vollkostenbasis alle Einzelkosten direkt und mittels des Plankostenverrechnungssatzes alle Gemeinkosten die bei der Leistungserstellung entstanden sind auf die Kostenträger verrechnet, werden in der flexiblen Plankostenrechnung auf Grenzkostenbasis (Grenzplankostenrechnung) nur die proportionalen Kosten verrechnet und die fixen Kosten getrennt behandelt. Es wird hierbei unterstellt, daß der Gesamtkostenverlauf des Betriebes linear ist, denn nur dann entsprechen die variablen Durchschnittskosten den Grenzkosten und die variablen Kosten ändern sich proportional den Beschäftigungsänderungen des Betriebes.

In konsequenter Weise löst die Grenzplankostenrechnung das Fixkostenproblem, indem es durch die Trennung der Gemeinkosten in fixe und proportionale Bestandteile nicht nur eine nach Kostenarten und Kostenstellen differenzierte Kostenkontrolle ermöglicht, sondern darüber hinaus alle innerbetrieblichen Leistungen, lager- und absatzbestimmten Leistungen, **nur** mit den durch diese verursachten proportionalen Kosten belastet. Die fixen Kosten werden als Periodenkosten des Abrechnungszeitraums en bloc in das Betriebsergebnis übernommen.

Die laufende Kostenrechnung ist eine **kurzfristige** Rechnung unter Zugrundelegung feststehender Kapazitäten. Kapazitäten (Betriebsmittel, Arbeitskräfte usw.) werden durch langfristige Entscheidung der Betriebsleitung festgelegt und bleiben solange konstant, wie keine quantitativen Anpassungsprozesse vorgenommen werden. Damit bleibt auch der Fixkostenbloc konstant. Es besteht deshalb kein kausaler Zusammenhang zwischen der betrieblichen Kapazität/Teilkapazität und den erzeugten Produktionseinheiten einer Abrechnungsperiode. Fixkosten entstehen unabhängig von der Höhe und der qualitativen Zusammensetzung der laufenden Produktion. Folgerichtig können deshalb auf die Leistungen des Betriebes bei gegebener Kapazität keine Fixkostenanteile auf die Kostenträger verursachungsgerecht zugerechnet werden[96].

Nur den Kostenstellen lassen sich die zugehörigen Fixkosten kausal zurechnen. In der Grenzplankostenrechnung wird der Fehler der Proportionalisierung von Fixkosten vermieden und dadurch Fehlentscheidungen vermieden, die alle Vollkostenrechnungssysteme aufweisen, die versuchen, auch die fixen Kosten bei kurzfristigen Entscheidungen und gegebener Kapazität in die Überlegungen einzubeziehen. „Dies gilt z. B. für alle kurzfristigen Entscheidungen über die gewinnmaximale Zusammensetzung des Fertigungsprogramms, die Frage, ob Vorprodukte oder Zubehörteile fremd bezogen oder selbst erstellt werden sollen, die Verfahrenswahl in der Arbeitsablaufplanung, die Bestimmung optimaler Bedienungsverhältnisse und viele andere Probleme."[96]

---

[96] Vgl. Kilger, W., Flexible Plankostenrechnung, a. a. O., S. 86.
[96a] Vgl. Kilger, W., Flexible Plankostenrechnung, a. a. O., S. 90.

Das betriebliche Rechnungswesen 421

In der Grenzplankostenrechnung vereinfacht sich die Rechnung, da nur die von den Produkten direkt verursachten proportionalen Kosten auf die Produkte verrechnet werden und die fixen Kosten außer Ansatz bleiben und en bloc in das Betriebsergebnis gehen. Das Zahlenbeispiel auf S. 103 ergibt dann folgende Rechnung:

Die proportionalen **Plankosten** bei **Planbeschäftigung** betragen:
Proportionale Plankosten   140 000,— DM

Die Sollkosten[97]) des Istbeschäftigungsgrades betragen:
proportionale Kosten (Grenzkosten) der Istbeschäftigung

$140\,000 \cdot \dfrac{6}{10}$ 84 000,— DM

Die Istkosten der Grenzplankostenrechnung
Istkosten   180 000,— DM
⁄. Fixe Kosten   64 000,— DM
                                                        116 000,— DM

In der graphischen Darstellung ergibt sich folgendes Bild

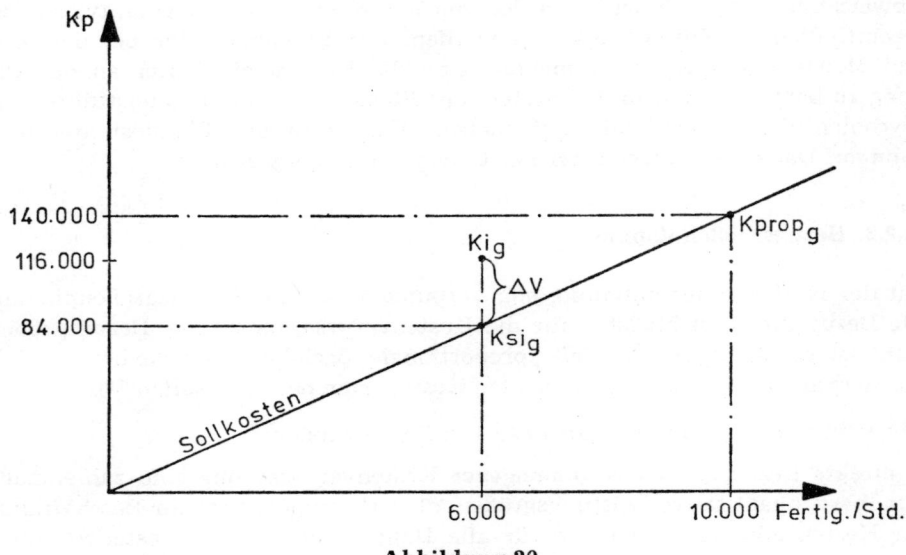

Abbildung 20

$Kprop_g$ = kostenrechnung)
Ksi_g = Sollkosten der Istbeschäftigung (in der Grenzplankostenrechnung)
Ki_g = Istkosten (bei der Grenzplankostenrechnung:
              Istkosten ⁄. fixe Kosten)
ΔV = Verbrauchsabweichung

---
[97]) Die Vollkosten des Istbeschäftigungsgrades sind identisch mit den errechneten Kosten des Istbeschäftigungsgrades.

Bei der Grenzplankostenrechnung entfällt die Beschäftigungsabweichung ΔB und es ist nur die Verbrauchsabweichung[98]) ΔV zu untersuchen.

10.2. Organisation der Plankostenrechnung

Vor der Einführung einer Plankostenrechnung im Betrieb ist es zweckmäßig, eine Istanalyse des Betriebes vorzunehmen, bei der insbesondere der technologische Aufbau und Ablauf der Fertigungskostenstellen analysiert wird. Ferner ist der Belegfluß daraufhin zu untersuchen, ob er den Anforderungen der Plankostenrechnung entspricht.

Nachstehend sollen die wichtigsten Schritte, die zur Durchführung einer Plankostenrechnung notwendig sind, kurz skizziert werden.

10.2.1. Kostenstelleneinteilung

Wichtigstes Gliederungskriterium für die Kostenstelleneinteilung ist die Schaffung von eindeutigen Verantwortungsbereichen. Die im Soll — Ist — Vergleich festgestellten Abweichungen von den Plankosten müssen nach durchgeführter Abweichungsanalyse hinsichtlich der von der Kostenstelle zu verantwortenden (beeinflußbaren) Kosten vertreten werden. Um Planungsfehler bei den Zeit- und Mengenvorgaben zu vermeiden, sind die Kostenstellenleiter an der Planung zu beteiligen und in das System der Plankostenrechnung einzuführen, um psychologische Widerstände aufzuheben. Eine erprobte Plankostenrechnung kann auf Dauer Grundlage einer Leistungsprämierung werden.

10.2.2. Bezugsgrößenplanung

Mit der Kostenstelleneinteilung eng verbunden ist die Bezugsgrößenplanung. Die Bezugsgröße ist Maßstab für die Kostenverursachung. Die Bezugsgrößenwahl ist so vorzunehmen, daß „proportionale Beziehungen zwischen produktionstechnischen Größen und variablen Kostenarten bestehen **sollen**"[99]).

Kilger[100]) unterscheidet drei Gruppen von Bezugsgrößen:

a) **direkte** Bezugsgrößen bei **homogener** Kostenverursachung sind zahlenmäßig erfaßbare, quantitative Leistungsgrößen, die sich proportional zur Beschäftigung der Kostenstelle verhalten und für alle Haupt- und Hilfskostenstellen gelten, die homogene Produktbeiträge liefern. Solche Bezugsgrößen finden sich gut für Einproduktunternehmen (Zementwerke oder Brauereien mit einer Produktart) oder Kostenstellen mit konstanten Arbeitsgängen: (Drehen gleichartiger Gewinde).

---

[98]) Zur Abweichungsanalyse vgl. S. 423 f.
[99]) Kilger, W., Flexible, a. a. O., S. 331.
[100]) Kilger, W., Flexible, a. a. O., S. 332 ff. Hier weitere Einzelheiten zur Bezugsgrößenwahl.

Auch Fertigungsstellen mit unterschiedlichen Produktionsbeiträgen (Drehen verschiedener Gewinde) kommen mit nur einer Bezugsgröße aus, wenn sich alle variablen Kostenarten einer Kostenstelle zu einer, und zwar der gleichen Bezugsgröße proportional verhalten. Mögliche Bezugsgrößen können sein: Fertigungszeiten, Materialgewichte, Stückzahlen der bearbeiteten Gewichte usw.

b) **direkte** Bezugsgrößen bei **heterogener** Kostenverursachung. In vielen Fällen ist es in der Praxis nicht möglich, die variablen Kosten einer Kostenstelle nur einer Ursache zuzuordnen und durch **eine** Bezugsgröße auszudrücken, da unterschiedliche Abhängigkeiten der Kostenarten von Verursachungsgrößen bestehen. Die Kostenverursachung pro Kostenstelle kann dann nur durch mehrere direkte Bezugsgrößen ausgedrückt werden, die sowohl abhängig sind von: Durchsatzgewichten und Fertigungsstunden, Rüstzeiten und Ausführungsstunden, Maschinenlaufzeiten und Fertigungsstunden usw[101]).

c) **indirekte** Bezugsgrößen für allgemeine — und Bereichshilfskostenstellen,

finden dort Anwendung, so sich keine quantitativ meßbaren oder ökonomisch vertretbaren Bezugsgrößen der Kostenverursachung angeben lassen, z. B. bei Kostenstellen des Beschaffungs-, Verwaltungs- und Vertriebsbereiches, bzw. bei Hilfskostenstellen deren Leistungen zwar meßbar, aber die laufende Erfassung der Leistungen bei den empfangenden Kostenstellen nicht vertretbar ist (z. B. Energiekostenstellen, innerbetrieblicher Transport).

Als indirekte Bezugsgrößen zur Leistungsmessung von Beschaffungs-, Verwaltungs- und Vertriebskostenstellen könnten dienen[102]):

Kostenstelle	**Bezugsgröße**
Einkauf	Auftragszahl
Buchhaltung	Buchungspositionen
Lohnbüro	Belegschaftszahl
Mahnabteilung	Anzahl der Mahnschreiben
Auftragsabwicklung	Stückzahl, Umsatz
Lager	Anzahl der Zugänge
Fertiglager	Lagerwert, Stückzahl

10.2.3. Ermittlung der Planbeschäftigung

Nach Bestimmung der Bezugsgrößen als Maßstab der Beschäftigung ist festzulegen, welcher Beschäftigungsgrad (Fertigungsstunden, Gewichte, Maschinenlaufstunden pro Monat) mit 100 % bezeichnet werden soll. Der Planbeschäftigungsgrad dient zum Aufbau der Kostenplanung.

---

[101]) Verschiedene Beispiele hierzu vgl. Kilger, W., Flexible, a. a. O., S. 336—340.
[102]) Weitere Bezugsgrößen nennt Kilger, W., a. a. O., S. 348; vgl. hier auch die ausführlichen Beispiele zur Bezugsgrößenwahl für Hilfskostenstellen S. 345 und S. 347.

Die Grundlage für die Planung des Beschäftigungsgrades kann sein:

a) die Kapazität,

b) der betriebliche Engpaß.

Wählt man die Kapazität für die Planung des Beschäftigungsgrades, stellt sich die Frage, welche der nachfolgenden Kapazitäten als 100 % angesetzt werden sollen: Ist es die **technische** Maximalkapazität, die **optimale** Kapazität (d. h. die als erreichbar anzusehende Kapazität unter Berücksichtigung normaler Intensität der Betriebsmittel, normaler Leistungsgrad der Arbeitskräfte und Zugrundlegung der bestehenden Organisation), oder die **durchschnittliche** Kapazität (als arithmetisches Mittel der in der Vergangenheit erreichten Auslastungen). Vieles spricht für die optimale Kapazitätsplanung, da sie wirklich erreichbar und psychologisch leistungssteigernd wirkt.

Wählt man den **Engpaß** für die Planung des Beschäftigungsgrades, werden neben der technischen Kapazität, der Absatz und andere produktionsbestimmende Teilpläne in die Planung einbezogen. Die Engpaßplanung ist deshalb vorteilhaft, weil sie die gesamte betriebliche Planung in die Planbeschäftigung der Kostenstelle integriert und alle betrieblichen Engpäße berücksichtigt.

10.2.4. Planpreissystem und Preisabweichungen

Die Verwendung fester Preise = geplante Verrechnungspreise sollen

① Preisschwankungen für Kostengüter auf den Beschaffungsmärkten von der Plankostenrechnung fernhalten,

② zukünftige Preisentwicklungen berücksichtigen,

③ wenigstens für eine Planperiode (1 Jahr) konstant bleiben, um den Kostenvergleich nicht zu stören und

④ für Produktionsfaktoren (Arbeitsleistungen und Werkstoffe) angesetzt werden, die **eindeutig in ihrem Mengengerüst, erfaßbar**[103]), **wesentlich** und **regelmäßig** anfallen.

In die Planpreise sind bei Werkstoffen sowohl innerbetriebliche wie außerbetriebliche Preisbestandteile einzubeziehen[104]). Die Planpreise für Brutto-Löhne und Gehälter einschließlich freiwilliger und gesetzlicher Zuschläge unter Berücksichtigung erkennbarer Erhöhungen werden ebenfalls für eine bestimmte Planperiode fixiert.

Preis und Lohnsatzabweichungen lassen sich dann wie folgt aus der Plankostenrechnung eleminieren:

---

[103]) Z. B. bei Beratungsleistungen und anderen Dienstleistungen nicht möglich.
[104]) Vgl. Anmerkung 93 auf S. 415.

①   Istmenge zu Istpreis
./. Istmenge zu Planpreis
= Preisabweichung

②   Istzeit zu Istlohnsatz[105])
./. Istzeit zu Planlohnsatz
= Lohnsatzabweichung (Lohntarifabweichung)

10.3. Planung und Kontrolle der Einzelkosten

10.3.1. Planung und Kontrolle der Fertigungsmaterialkosten (Einzelmaterialkosten)

Bei der **Planung** des Fertigungsmaterialverbrauchs (zu bearbeitende oder umzuformende Werkstoffe und einbaufertige fremdbezogene Einzelteile) muß der Verbrauch auf Grund von Konstruktions- oder Verfahrensplänen, Rezepturen oder Mischungsanweisungen erfaßt werden. Die Planung des Einzelmaterialverbrauchs bedeutet die Festlegung auf ein bestimmtes Fertigungsverfahren, denn die vorzunehmenden Ermittlungen sind nur dann sinnvoll, wenn sich die Messungsergebnisse in zukünftigen Perioden wiederholen; andernfalls sind erneute Planungen durchzuführen.

Die Planung der Einzelmaterialkosten erfolgt wie auch der Einzellohnkosten (Fertigungslöhne) auf den **Kostenträger** bezogen. Die laufende Kostenkontrolle jedoch muß kostenstellenorientiert sein, da die Mengen und Zeitabweichungen von den Beschäftigten der Kostenstelle beeinflußt werden.

Die Einzelkostenplanung und Kontrolle, die schon die Normalkostenrechnung kennt, ist relativ einfach, gegenüber der Gemeinkostnplanung und Kontrolle, die weiter unten besprochen wird.

Auf Grund von Stücklisten, technischen Berechnungen, Rezepturen (Chemie) und Mischungsanweisungen, werden unter Beachtung des Fertigungsablaufes und der geplanten Produkteigenschaften die Einzelmaterialkosten unter Einbeziehung planmäßiger, d. h. normalerweise auftretenden Abfalls und Ausschußes geplant.

Die **Kontrolle** der Einzelmaterialkostenabweichungen erfolgt in den Kostenstellen nach der Formel:

       Materialistmenge zum Planpreis
./. Materialplanmenge zum Planpreis
= Verbrauchsabweichung

---

[105]) Die Istlohnsätze können sich durch neue Tarifverträge während der Planperiode erhöhen und müssen daher wie alle anderen Preisschwankungen isoliert werden, um eine Kostenkontrolle zu ermöglichen, die von „Preis"änderungen bereinigt ist.

Die von den Kostenstellenleitern zu verantwortende Materialverbrauchsabweichung stellt nur den von ihm zu beeinflussenden Materialmengenmehr- oder Minderverbrauch dar.

Die **gesamte** Materialverbrauchsabweichung sollte nach Kilger[106]) aufgespalten werden in:

a) **auftragsbedingte Einzelmaterialverbrauchsabweichungen,** deren Ursachen in nachträglich berücksichtigten Kundenwünschen, geänderten Materialqualitäten oder technischer Bedingtheiten zu sehen sind.

b) **Abweichungen durch außerplanmäßige Materialeigenschaften** bedingt, die den vorgegebenen mengenmäßigen Materialverbrauch durch geänderte spezifische Gewichte des Einsatzmaterials, geänderte physikalische oder chemische Eigenschaften des Materials erhöhen oder verringern.

c) **Einzelmaterial-Mischungsabweichungen,** die durch Abweichungen von vorgegebenen Mischungsverhältnissen (Standardmischungen) entstehen, hervorgerufen durch schwankende Rohstoffpreise oder -Qualitäten, die kurzfristig zu Änderungen der Mischungsverhältnisse führen.

d) **Kostenstellenbedingte Einzelmaterialverbrauchsabweichungen,** die durch unwirtschaftlichen Einsatz von Fertigungsmaterial durch die Arbeiter der Kostenstelle vom Kostenstellenleiter zu vertreten sind, wenn eine Analyse der Materialmengenabweichungen die unter a) — c) genannten Ursachen eleminiert hat. Häufig legt man Standards fest, wenn das Produkttionsprogramm über längere Zeit feststeht und sich die gemessenen Größen in zukünftigen Perioden unverändert wiederholen. Diese Standards können Zeit-, Mengen- oder Wertgrößen sein, die sich auf die Leistungseinheit beziehen. Bei gleichartigen Fertigungsprozeßen entfällt dann die Verbrauchsermittlung im Einzelfall. In der Plankostenrechnung sind die Standardmengen oder -zeiten, bewertet zu Planpreisen, die Vorgabekosten für Einzelkosten.

Gemeinkostenstandards sind nur über die Gemeinkostenvorgabe der Kostenstellen zu ermitteln.

Im nachfolgenden vereinfachten Beispiel soll die Einzelmaterialverbrauchsabweichung dargestellt werden, wobei unterstellt wird, daß die mit a) — c) genannten Abweichungsursachen nicht vorliegen.

Planangaben

Für 200 kg eines Erzeugnisses gelten folgende Standardmaterialwerte:

	Standardmenge[107])	Planpreis	Standardkosten
Material a	40 kg	3,50 DM/kg	140 DM
Material b	50 kg	5,00 DM/kg	250 DM
Material c	30 kg	15,00 DM/kg	450 DM
	120 kg		840 DM

---

[106]) Kilger, W., Flexible, a. a. O., S. 236—240.
[107]) In den Standardmengen ist der normalerweise auftretende Abfall und Ausschuß enthalten.

Der Standardwert für 100 kg eines Produktes beträgt 840,— DM oder 7,— DM/kg.

Bei Planproduktion von 600 kg entstehen 5040,— DM Plankosten für Fertigungsmaterial

	Planmenge	Planpreis	Plankosten
Material a	240 kg	3,50 DM/kg	840 DM
Material b	300 kg	5,00 DM/kg	1 500 DM
Material c	180 kg	15,00 DM/kg	2 700 DM
	720 kg		5 040 DM

Nach Abschluß des Fertigungsvorganges werden den Planfertigungsmaterialkosten die tatsächlich entstandenen Einzelmaterialverbräuche[108], bewertet zum Planpreis, gegenübergestellt.

	Materialverbrauch	Planpreis	Istkosten[109]
Material a	250 kg	3,50 DM/kg	875 DM
Material b	310 kg	5,00 DM/kg	1 550 DM
Material c	200 kg	15,00 DM/kg	3 000 DM
	760 kg		5 425 DM

Die Einzelmaterialpreisabweichung beträgt:

```
    Istmenge zu Planpreis
      250   ×   3,50
      310   ×   5,00
      200   ×  15,00            5 425,— DM
  ./. Planmenge × Planpreis     5 040,— DM
    = kostenstellenbedingte Einzel-
      materialverbrauchsabweichung  385,— DM
```

10.3.2. Planung und Kontrolle der Fertigungslohnkosten (Einzellohnkosten)

Bei der Einzellohnkostenplanung werden nach der Entscheidung über das anzuwendende Fertigungsverfahren mit arbeitswissenschaftlichen Methoden Arbeits- und Zeitstudien erstellt. Alle geplanten Arbeitsabläufe mit geplanten Leistungsgraden führen zum Zeitgerüst, das, bewertet mit Plankostensätzen, zu Plan-Lohneinzelkosten führt.

Die Planung der Einzellohnkosten erfolgt ebenso wie die Planung der Einzelmaterialkosten kostenträgerbezogen.

---

[108] Materiallagerabgangsbelege.
[109] Die Istkosten können hier keine Preisabweichungen mehr enthalten, da sowohl Planmenge wie Istmenge zum Planpreis bewertet wurden.

Die Kontrolle der Einzellohnabweichungen erfolgt kostenstellenweise, da grundsätzlich die Lohnzeitabweichung von den Arbeitern der Kostenstelle beeinflußt werden kann. Man hat jedoch zu unterscheiden zwischen Akkord- und Zeitlöhnen.

Bei **Akkordarbeiten** entsteht zwischen Soll- und Ist-Lohnkosten keine Abweichung, aber Abweichungen zwischen Ist- und Planarbeitszeiten = Leistungsgrad der Kostenstelle[110]), der regelmäßig kontrolliert werden sollte.

Abweichungen durch **Zusatzlöhne** bedingt bei Akkordarbeiten durch tariflich garantierte Leistungsgarantien (Mindestverdienste), Abweichungen von der geplanten Produktgestaltung, geänderte Materialeigenschaften (Mehrarbeit), Betriebsstörungen usw. müssen gesondert analysiert werden.

Zeitlohnabweichungen ergeben sich als Differenz zwischen Istzeit zu Planlohnsatz und Sollzeit zu Planlohnsatz.

Beispiel zur Kontrolle der Zeitlohnabweichungen (Arbeitszeitabweichung)

Bearbeitungs- zeit	Sollzeit in Std.	Planlohnsatz in DM	Plankosten DM
a	70	6,20	434,—
b	100	7,00	700,—
			1 134,—

Bearbeitungs- zeit	Istzeit in Std.	Planlohnsatz in DM	Istkosten[111]) DM
a	75	6,20	465,—
b	110	7,00	770,—
			1 235,—

Die Arbeitszeitabweichung, die auf unwirtschaftlichen Arbeitseinsatz zurückzuführen ist, beträgt:

	Istzeit zu Planlohnsatz	1 235,— DM
./.	Sollzeit zu Planlohnsatz	1 134,— DM
		101,— DM

Die Einzellohnkosten werden in der Plankalkulation[112]) häufig in die Kalkulationssätze der Kostenstellen einbezogen, da sie wie die Fertigungsgemeinkosten sich zu den geplanten Fertigungszeiten proportional verhalten.

---

[110]) Vgl. Kilger, W., Flexible, a. a. O., S. 286 ff.

[111]) Die Istkosten können hier ebenfalls keine Lohnsatzabweichungen durch Tariferhöhungen mehr enthalten, da sowohl Soll- wie Istzeiten zu Planlohnsätzen bewertet wurden.

[112]) Vgl. Beispiel Plankalkulation, S. 435.

10.4. Die Planung und Kontrolle der Gemeinkosten

Unter den Problemen, die die Einführung einer Plankostenrechnung mit sich bringt, nimmt die Gemeinkostenplanung den größten Stellenwert ein. Sie macht den wichtigsten und zugleich schwierigsten Teil der Kostenplanung aus.

10.4.1. Gemeinkostenplanung

Unter **Gemeinkostenplanung** versteht man die Ermittlung der Plangemeinkosten für die Kostenstellen/Kostenplätze auf der Grundlage gegebener Betriebsverhältnisse, unter Berücksichtigung der die Kosten verursachenden Bezugsgrößen und der geplanten Beschäftigung für alle Kostenstellen des Betriebes.

Diese Planung erfolgt kostenstellenweise — nach Kostenarten getrennt — für eine Planperiode (meist 1 Jahr) und bildet die Grundlage für die **Gemeinkostenkontrolle,** die jeweils für die Abrechnungsperiode (monatlich oder kürzer) im sogenannten Soll/Ist-Vergleich erfolgt.

Nach Schwantag[113]) unterscheidet man zwei Gruppen von Methoden für die Gemeinkostenplanung, die analytischen und shnthetischen Methoden, auf die hier im Rahmen der Darstellung der Grundelemente einer Plankostenrechnung nur kurz eingegangen werden kann. (Vgl. Hülshoff, F.: Kosten- und Leistungsrechnung industrieller Betriebe, Wiesbaden 1974).

Bei der **analytischen** Gemeinkostenplanung geht man von einer Analyse der Istkosten vergangener Perioden aus und leitet hieraus mit Hilfe mathematisch-statistischer Methoden die Sollkosten der Kostenstellen ab.

Bei den **synthetischen** Verfahren der Gemeinkostenplanung plant man die Sollgemeinkosten **unabhängig** von den Istkosten vergangener Perioden auf Grund von Verbrauchs- und Zeitstudien und Berechnungen.

Die **mehrstufige** synthetische Gemeinkostenplanung[114]) (Stufenplanung) ermittelt die Sollgemeinkosten für mehrere Beschäftigungsgrade, ohne die Gemeinkosten in fixe und proportionale Bestandteile aufzulösen und legt für jeden ermittelten Beschäftigungsgrad (50 %; 60 % oder 50—60 %; 60—70 % usw.)[115]) Plankalkulationssätze auf Vollkostenbasis für die Verrechnung der Gemeinkosten auf die Kostenträger fest. Es kommt der Plankalkulationssatz zur Anwendung, der der tatsächlichen Beschäftigung am ehesten entspricht.

---

[113]) Schwantag, K., Der heutige Stand der Plankostenrechnung in deutschen Unternehmungen, Zeitschrift für Betriebswirtschaft 1950, S. 395, nach Kilger, W., Flexible, a. a. O., S. 366.

[114]) Vgl. hierzu Kilger, W., Flexible, a. a. O., S. 374 ff.

[115]) Fehlende Zwischenwerte werden durch lineare Interpolation ermittelt.

„Die **einstufige** synthetische Gemeinkostenplanung unterscheidet sich von der Stufenplanung dadurch, daß man bei ihr nur die Sollkosten, die der Planbezugsgröße entsprechen durch Verbrauchsanalysen, Messungen und Berechnungen plant und hieraus die Sollkosten der übrigen Bezugsgrößenwerte mit Hilfe einer Aufspaltung in fixe und proportionale Kosten ableitet."[116]

Die Auflösung der Gemeinkosten erfolgt in der Form, daß für jede Kostenart der Kostenstelle die Plankostenhöhe ermittelt wird, die auch dann bestehen bleiben soll, wenn der Beschäftigungsgrad auf Null sinkt bei unveränderter Aufrechterhaltung der Betriebsbereitschaft und Kapazität der untersuchten Kostenstelle.

Die so ermittelten Beträge jeder Gemeinkostenart bilden die absolut fixen Kosten der Kostenstelle für die Planperiode. Unter der Voraussetzung linearer Kostenverläufe muß die einstufige Gemeinkostenplanung nur für den geplanten Beschäftigungsgrad durchgeführt werden. Die Sollkosten der Istbeschäftigungsgrade lassen sich durch Berechnung leicht ermitteln[117].

10.4.2. Gemeinkostenkontrolle

Nach Festlegung der Gemeinkostenpläne pro Kostenstelle muß periodisch die **Kostenkontrolle** erfolgen, die die Differenzen zwischen geplanten Sollgemeinkosten und entstandenen Istgemeinkosten aufzuweisen und sie zu analysieren hat. Das geschieht im sog. Soll/Ist-Vergleich kostenstellenweise, monatlich oder kürzer, mindestens für alle vom Kostenstellenleiter zu verantwortenden Kostenarten, insbesondere für Personal-, Hilfs- und Betriebsstoffkosten, Instandhaltungs-, Reparatur- und Energiekosten.

Um zu erkennen, welche Einflüsse die Abweichung bewirkt haben, muß die entstandene **Gesamt**abweichung bei der flexiblen Plankostenrechnung auf Vollkostenbasis aufgeteilt werden in eine **Verbrauchs-** und **Beschäftigungs**abweichung.

Die **Gesamtabweichung** ist die Differenz zwischen Istkosten (Istmenge x Planpreis) und Plankosten bei Istbeschäftigung (verrechnete Plankosten).

Die **Verbrauchsabweichung** ergibt sich aus der Gegenüberstellung von Sollkosten (= planmäßiger Mengenverbrauch bewertet zum Planpreis beim effektiv erreichten Beschäftigungsgrad [Istbeschäftigungsgrad]) und den **Istkosten** (= tatsächlicher Mengenverbrauch bewertet zum Planpreis beim Istbeschäftigungsgrad).

Da für Planmenge und Istmenge die gleichen Planpreise angesetzt werden, ergibt sich aus der Differenz der Soll- und Istkosten die Verbrauchs-(Mengen)-abweichung. Diese Differenz wird für jede Kostenart der Kostenstelle ermittelt

---
[116] Kilger, W., Flexible, a. a. O., S. 376.
[117] Vgl. Beispiel S. 432.

und soll anzeigen, ob es dem Kostenstellenleiter gelungen ist, den für die Planbeschäftigung bzw. den für die erreichte Istbeschäftigung geplanten Sollmengenverbrauch innezuhalten oder nicht.

Planmenge x Planpreis zum Istbeschäftigungsgrad (Sollkosten)
∕. Istmenge x Planpreis zum Istbeschäftigungsgrad
= Verbrauchsabweichung

Die im Soll/Ist-Vergleich festgestellte Verbrauchsabweichung ist jedoch nur dann vom Kostenstellenleiter zu verantworten, wenn

a) die Plandaten korrekt ermittelt wurden,

b) keine Plandatenänderungen in der Abrechnungsperiode eingetreten sind,

c) Planpreise sowohl für die Bewertung der Ist- und Sollmengenverbräuche angewendet wurden,

d) durch richtige Bezugsgrößenwahl (gegebenenfalls mehrere für eine Kostenstelle, vgl. weiter oben) die Einflüsse außerplanmäßiger Kostenbestimmungsfaktoren, wie schwankende Seriengröße, geänderte Bedienungssysteme, Abweichungen von den Arbeitsablaufplänen vom Soll/Ist-Vergleich ferngehalten werden[118].

Abweichungen, die durch die unter d) genannten Kosteneinflußfaktoren entstehen, müssen durch die Ermittlung von **Spezialabweichungen** in Sonderrechnungen außerhalb der Kostenrechnung festgestellt und analysiert werden.

Die **Beschäftigungsabweichung** wird durch Gegenüberstellung der Sollkosten des jeweiligen Beschäftigungsgrades (Planmenge x Planpreis beim Istbeschäftigungsgrad) und der verrechneten Plankosten des Planbeschäftigungsgrades (Planmenge x Planpreis beim Planbeschäftigungsgrad) ermittelt.

Planmenge x Planpreis beim Planbeschäftigungsgrad
∕. Planmenge x Planpreis beim Istbeschäftigungsgrad
= Beschäftigungsabweichung

Die Beschäftigungsabweichungen werden nicht kostenartenweise, sondern pro Kostenstelle insgesamt erfaßt und analysiert. Bei der Beschäftigungsabweichung handelt es sich um Verrechnungsdifferenzen zwischen Kostenstellen- und Kostenträgerrechnung.

Ursächlich für die Entstehung von Beschäftigungsabweichungen ist die Einbeziehung von Fixkostenanteilen in den Plankostenverrechnungssatz einer auf Vollkosten basierenden Plankostenrechnung, da der Plankostenverrechnungssatz auf die Planbeschäftigung bezogen ist. Beschäftigungsabweichungen müssen immer dann entstehen, wenn die Istbeschäftigung von der Planbeschäftigung abweicht. Die Beschäftigungsabweichung besteht aus nicht gedeckten oder überdeckten Fixkosten.

---

[118]) Vgl. Kilger, W., Flexible, a. a. O., S. 520 ff.

Für Beschäftigungsabweichungen ist die Kostenstelle (Leiter) nicht verantwortlich zu machen, da sie kaum Einfluß auf die Beschäftigungslage haben dürfte. Für die Betriebsleitung stellt die Analyse der Beschäftigungsabweichung jedoch ein nützliches Instrument dar, Überlegungen hinsichtlich der Auslastung der Kapazitäten anzustellen und gegebenenfalls quantitative Anpassungsprozesse vorzunehmen.

Die nachstehende graphische Darstellung soll den obigen Sachverhalt erläutern.

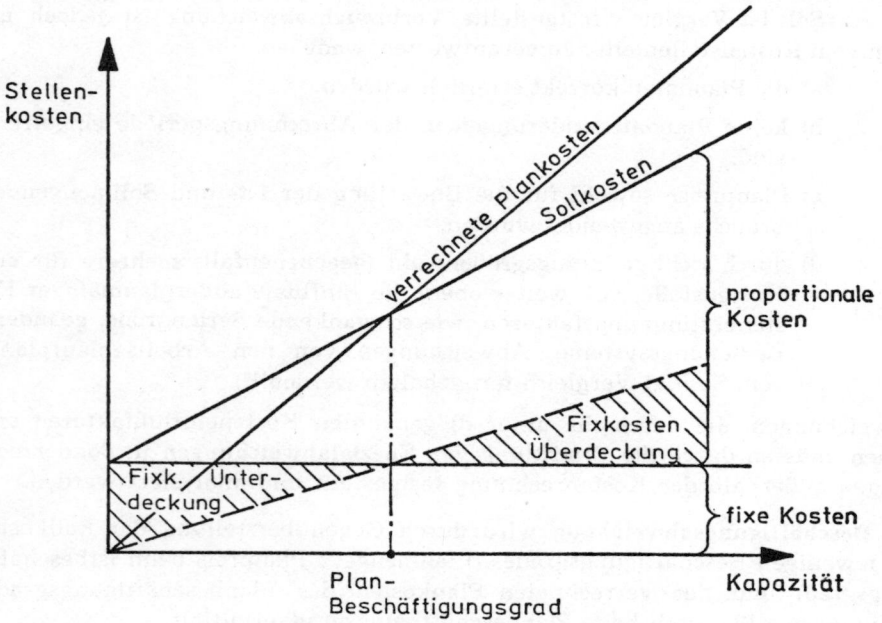

Abbildung 21

Die Fixkosten werden durch den im Plankostenverrechnungssatz enthaltenen Fixkostenanteil allmählich „gedeckt", bis beim Planbeschäftigungsgrad die verrechneten Fixkosten den geplanten gleich sind. Bei Istbeschäftigungsgraden über dem Planbeschäftigungsgrad kommt es zu Fixkostenüberdeckungen.

Die Verrechnung der anteiligen Gemeinkosten einer Kostenstelle auf die Kostenträger oder andere Kostenstellen erfolgt auf Grund des sich beim Planbeschäftigungsgrad ergebenden Planverrechnungssatzes (= planmäßiger Mengenverbrauch beim Planbeschäftigungsgrad x Planpreis dividiert durch Anzahl der Leistungs- [Stück, kg, qm usw.] bzw. Bezugsgrößen [Fertigungsstunden, Maschinenstunden usw.]) der jeweiligen Kostenstelle.

Wird in einer Kostenstelle die Planbezugsgröße (Kapazitätsausnutzungsgrad) infolge eines Engpasses geändert, ändert sich auch die Beschäftigungsabweichung auf Grund des an die geänderte Basis angepaßten Plankostenverrechnungssatzes.

Nachfolgend soll die Ermittlung und Analyse der Gesamt-, Verbrauchs- und Beschäftigungsabweichung an einem einfachen Beispiel rechnerisch und graphisch dargestellt werden.

Für eine Kostenstelle sind folgende Daten gegeben:

Planbeschäftigung: 20 000 Einheiten

Plankosten bei Planbeschäftigung:
    fix   30 000,— DM
    proport. 45 000,— DM   75 000,— DM

Der Istbeschäftigungsgrad beträgt:
    in Periode 1   25 000 Einheiten
    in Periode 2   18 000 Einheiten

Die Istgemeinkosten der Kostenstelle betragen:
    in Periode 1   85 000,— DM
    in Periode 2   72 000,— DM

Der Plankostenverrechnungssatz für die Planbezugsgröße 20 000 Einheiten beträgt:

$$\frac{75\,000\ (\text{Plankosten})}{20\,000\ (\text{Planbezugsgröße})} = 3{,}75\ \text{DM/Einheit}$$

Bei Ermittlung der Abweichungen beträgt die **Gesamtabweichung**:

	für Periode 1		für Periode 2
Istgemeinkosten (Istmenge × Planpreis)	85 000,— DM		72 000,— DM
./. verrechnete Plankosten (Plankosten beim Istbeschäftigungsgrad) 25 000 × 3,75	93 750,— DM	18 000 × 3,75	67 500,— DM
= Gesamtabweichung	+ 8 750,— DM		./. 4 500,— DM

In Periode 1/2 sind fixe und proportionale Kosten proportional zur Beschäftigung vermehrt/vermindert berechnet worden und führen zu Gesamtabweichungen von + 8750,— DM bzw. ./. 4500,— DM, die nachfolgend in Verbrauchs- und Beschäftigungsabweichungen aufgespalten werden sollen.

Die **Verbrauchsabweichung** ist die Differenz von Ist- und Sollkosten. Die S o l l k o s t e n sind die zum Planpreis bewerteten Planmengen beim Istbeschäftigungsgrad und lassen sich nach oben erwähnter Formel berechnen:

$$\text{Sollkosten} = \text{fixe Plankosten} + \text{variable Plankosten} \cdot \frac{\text{Istbeschäftigungsgrad}}{\text{Planbeschäftigungsgrad}}$$

	Periode 1	Periode 2
Istgemeinkosten	85 000 DM	72 000 DM
./. Sollgemeinkosten	$(30\,000 + 45\,000 \times \frac{25\,000}{20\,000})$ 86 250 DM	$(30\,000 + 45\,000 \times \frac{18\,000}{20\,000})$ 70 500 DM
= Verbrauchsabweichung	+ 1 250 DM	./. 1 500 DM

Die Verbrauchsabweichung in Periode 1/2 ist günstig/ungünstig und läßt auf sparsame/verschwenderische Mittelverwendung schließen, wenn die Verbrauchsabweichung als letzte Abweichung anzusehen ist[119]).

Als **Beschäftigungsabweichung** wird in der flexiblen Plankostenrechnung auf Vollkostenbasis die Differenz aus Sollkosten und verrechneten Plankosten bei Istbeschäftigung angesehen.

	Periode 1	Periode 2
Sollgemeinkosten	86 250 DM	70 500 DM
./. verrechnete Plankosten bei Istbeschäftigung	93 750 DM	67 500 DM
= Beschäftigungsabweichung	+ 7 500 DM	./. 3 000 DM

Die Beschäftigungsabweichung von 7500 DM zeigt, daß in Periode 1 bei über der Planbeschäftigung liegenden Istbeschäftigung „zuviel" fixe Kosten auf die Kostenträger verrechnet wurden und umgekehrt „zu wenig" in Periode 2.

Nachfolgend ist das Ergebnis tabellarisch zusammengefaßt und graphisch dargestellt.

		Periode 1		Periode 2
Istgemeinkosten		85 000 DM		72 000 DM
Sollgemeinkosten		— 86 250 DM		— 70 500 DM
Verbrauchsabweichung		+ 1 250 DM		./. 1 500 DM
Sollgemeinkosten		86 250 DM		70 500 DM
verrechnete Plankosten		— 93 750 DM		— 67 500 DM
Beschäftigungsabweichung		+ 7 500 DM		./. 3 000 DM
Gesamtabweichung		+ 8 750 DM		./. 4 500 DM

Tabelle 23

---

[119]) Vgl. Punkt a) — d), S. 425.

Das betriebliche Rechnungswesen

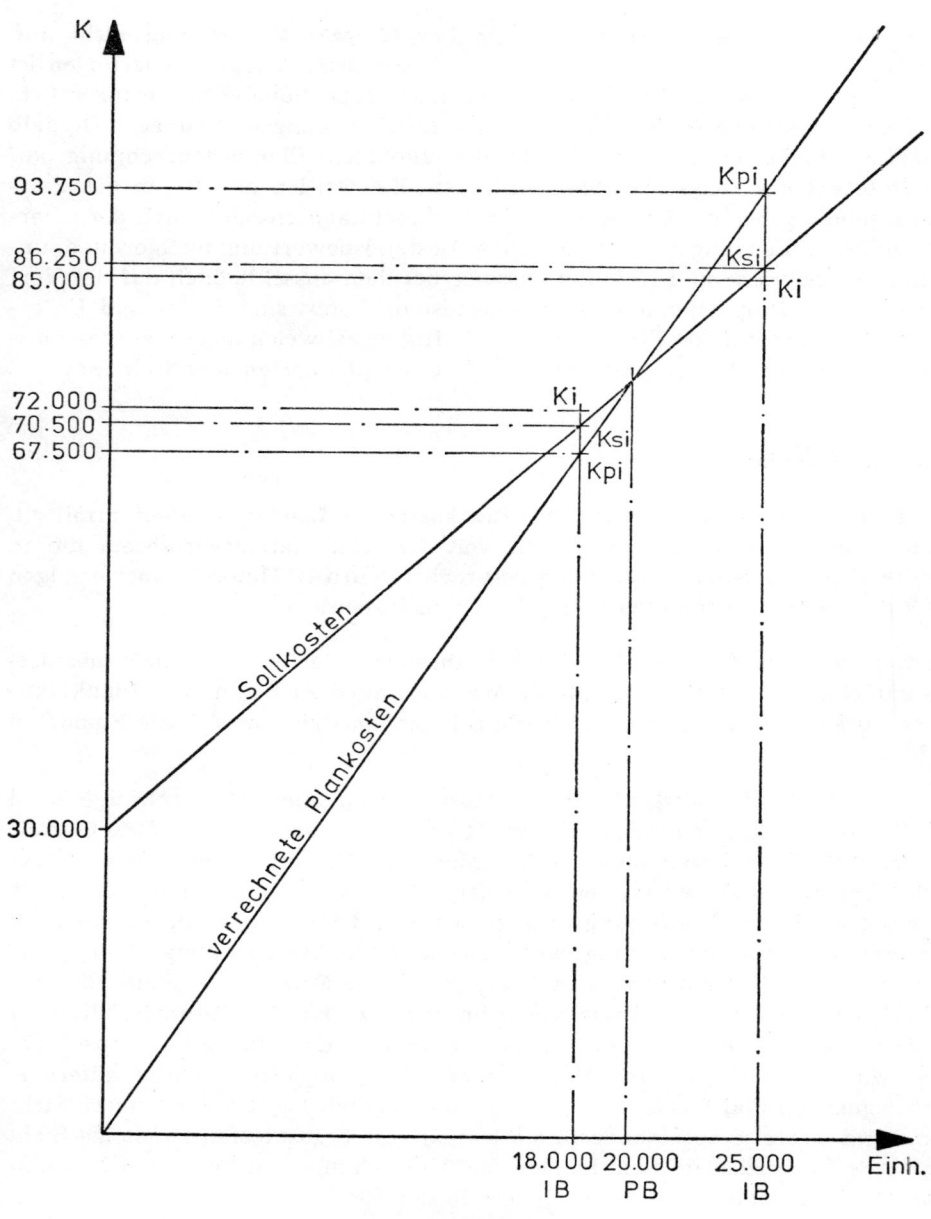

Abbildung 22

Eine Beschäftigungsabweichung tritt in der **Grenzkostenrechnung** nicht auf. Auf Grund des unterschiedlichen Verhaltens bei Beschäftigungsänderungen ist eine getrennte Behandlung von Fixkosten und Proportionalkosten erforderlich. Nur die Proportionalkosten reagieren auf Beschäftigungsänderungen. Deshalb sind im Plankostenverrechnungssatz der flexiblen Plankostenrechnung auf Grenzkostenbasis keine Fixkosten enthalten. Sie werden en bloc in das Periodenergebnis gebucht. Sowohl die Betriebsabrechnung einschließlich der innerbetrieblichen Leistungsverrechnung, die Bestandsbewertung fertiger und unfertiger Erzeugnisse und Kalkulationssätze beruhen ausschließlich auf der Verwendung von Proportionalkosten (Grenzkosten). Somit sind Über- und Unterdeckungen verrechnete Fixkosten (Beschäftigungsabweichungen) ausgeschlossen, da Sollgemeinkosten und verrechnete Grenzplankosten identisch sind.

10.5. Plankalkulation

In der Plankalkulation werden die **Plankosten je Leistungseinheit** ermittelt. Formell unterscheidet sie sich nicht von den Kalkulationsverfahren, die in Kapitel 8 bei der Istkostenrechnung besprochen wurden. Materiell aber erfolgen die Wertansätze zu **geplanten** Voll- oder Grenzkostensätzen.

Im Gegensatz zu den laufend durchzuführenden Nachkalkulationen der Istkostenrechnung muß die Plankalkulation nur einmal zu Beginn der Plankalkulation vorgenommen werden und bleibt solange konstant, bis sich die Plandaten ändern.

Bei der Kalkulation mit geplanten Vollkostensätzen spielt die sorgfältige Wahl des Planbeschäftigungsgrades eine wichtige Rolle, denn je nach Bezugsgröße werden sich in den Erzeugnissen unterschiedlich hohe Anteile verrechneter Fixkosten befinden. Das bedeutet entweder zu hohe Fixkostenanteile bei zu niedrig festgesetzter Planbeschäftigung oder zu niedrige Fixkostenanteile bei zu hoch festgesetzter Planbeschäftigung, wenn Ist- und Planbeschäftigung divergieren. Werden in der Plankalkulation korrekt ermittelte Einzelkostenstandards verwendet und sind die Plankostenverrechnungssätze an den optimalen Kapazitäten der Kostenstellen orientiert, dann enthalten die Plankalkulationsergebnisse von Zufälligkeiten und Unwirtschaftlichkeiten befreite Kostengüterverbrauchsmengen und eignen sich gut für die Preisstellung. Da auf längere Sicht Plan- und Istpreise auseinanderfallen können, die Selbstkosten auf lange Sicht aber gedeckt werden müssen, können die Abweichungen in Form von Zuschlägen in die Plankalkulation einbezogenen werden[120]).

Im nachfolgenden Beispiel einer Planzuschlagskalkulation geht der Fertigungslohn in den Plankostensatz der Stelle ein und wird zusammen mit den übrigen Fertigungsgemeinkosten auf die Leistungseinheiten (Kostenträger) verrechnet.

---

[120]) Vgl. hierzu Mellerowicz, K., Kosten und Kostenrechnung, Bd. 2,2, 4. Aufl., Berlin 1968, S. 195 ff.

Planzuschlagskalkulation[121]

I. Planmaterialkosten	DM	DM	DM
1. Materialeinzelkosten (Planmenge × Planpreis)			
a) Fertigungsmaterial 120 Einh. × 1,80 DM Planpr./Einh	216,—		
b) Fremde Zulieferungen 30 Einh. × 0,50 DM Planpr./Einh.	15,—	231,—	
2. Materialgemeinkosten (0,08 DM für 1,— DM Plan-Mat.-Kosten)		18,48	249,48
II. Planfertigungskosten			

1. Fertigungsstelle A:
     4 Fert.-Std. × 10,— DM Plank.
     Satz/F.-Std.
	40,—		

2. Fertigungsstelle B:
     12 Fert.-Std. × 21,— DM Plank.
     Satz/F.-Std.
	252,—		

3. Fertigungsstelle C:
     6 Masch.-Std. × 14,— DM Plank.
     Satz/Masch.-Std.
	84,—		376,—

III. Sondereinzelkosten der Fertigung und Typenkosten			20,—
IV. Planherstellkosten (I + II + III)			645,48
V. Plan-Verwaltungs- und Vertriebskosten (15 % auf IV)			96,82
VI. Plan-Selbstkosten (IV + V)			742,30
VII. Zuschläge für Abweichungen			
1. Preisabw. beim Fert.-Material[122] (Istpreis 2,— DM je Einheit)	24,—		
2. Verbr.-Abw. beim Fert.-Material (9 % von I, 1 a)	19,44		
3. Fertigungskostenabweichung (15 % von II)	46,40		89,84
VIII. Kalk. Ist-Selbst-Kosten (VI + VII)			832,14
IX. Kalk. Gewinnzuschlag (10 % v. VIII)			83,21
X. Kalk. Preis (Reinerlös) (VIII + IX)			915,35
XI. Sondereinzelkosten des Vertriebes			56,—
XII. Angebotspreis (X + XI)			971,35

---

[121] Beispiel entnommen: Mellerowicz, K., Kosten ..., a. a. O., S. 196 f.
[122] Der Zuschlag für Preisabweichungen ergibt sich aus folgender Rechnung:
         Planmenge × (Istpreis ./. Planpreis)
in unserem Beispiel: 120 × (2,0 ./. 1,80) = 24,— DM.

Im Unterschied zur Plankalkulation auf Vollkostenbasis, verrechnet die **Plankalkulation auf Grenzkostenbasis** nur Grenzkosten (proportionale Kosten) auf die Kostenträger.

Will man die Fixkostenbeträge nachträglich auf die Kostenträger verteilen, kann man von Tragfähigkeitsprinzip[123]) ausgehen und die fixen Kosten den Kostenträgern soweit zurechnen, als sie vom Marktpreis her in der Lage sind, die Fixkostenanteile zu tragen.

XI. Systemelemente der Teilkostenrechnung

Als Vollkostenrechnungssysteme[125]) werden Kostenrechnungen bezeichnet, die alle angefallenen Kosten auf die Kostenträger verrechnen. Teilkostenrechnungssysteme verrechnen nur einen Teil der Kosten auf die Kostenträger und übertragen den Kostenrest (meist die Fixkosten) auf anderem Wege in das Betriebsergebnis.

Die Teilkostenrechnung — in der amerikanischen Literatur unter dem Begriff **Direct Costing** bekannt — ist mit dem Begriff **Grenzkostenrechnung** identisch, wenn man von der Prämisse eines linearen Gesamtkostenverlaufs ausgeht, der für industrielle Betriebe als typisch angesehen wird. Die Grenzkostenrechnung trennt die Kosten in Fixkosten und Proportionalkosten und geht von der Prämisse aus, daß sich die variablen Kosten proportional zum Beschäftigungsgrad ändern. Auf die Leistungseinheit bezogen sind die variablen Kosten bei allen Beschäftigungsgraden konstant und damit die variablen Durchschnittskosten gleich den Grenzkosten.

Werden Erlöse mit in die Entscheidung der Grenzkostenrechnung einbezogen, wird diese Art der Rechnung als **Deckungsbeitragsrechnung** bezeichnet.

Für Zwecke der Grenzkosten- und Deckungsbeitragsrechnung ist die Auflösung der Kosten in fixe und variable Bestandteile von besonderer Bedeutung. Nur durch die Kostentrennung ist es möglich, daß die Kostenrechnung neben Kostenkontrolle und Kalkulation die wichtige Aufgabe lösen kann, Unterlagen für dispositive Entscheidungen im Bereich der Produktions- und Absatzplanung, bei der Analyse und Planung des Periodenerfolges, der Bestimmung von Preisuntergrenzen, der Annahme oder Ablehnung von Zusatzaufträgen zu leisten, um nur einige wichtige Entscheidungsprobleme zu nennen.

---

[123]) Vgl. Kap. 2.2.

[125]) Vgl. hierzu Kap. 4.1.

Wie in der kurzfristigen Erfolgsrechnung[126]) bereits gezeigt, ist der Nettoerfolg eines Artikels — die Differenz zwischen Umsatz und Selbstkosten zu Vollkosten — keine brauchbare Größe zur Planung des zukünftigen Periodenerfolges.

Der Deckungsbeitrag (Bruttoerfolg) dagegen — die Differenz aus Bruttoerlös und proportionalen Kosten (Grenzkosten) — hat für dispositive Entscheidungen eine besondere Bedeutung, da mit seiner Hilfe schwerwiegende systembedingte Fehler einer Vollkostenrechnung (insbesondere der Istkostenrechnung) für kurzfristige Entscheidungen vermieden werden können. Die herkömmlichen Vollkostenrechnungen verfälschen die Situation, indem sie Fixkosten proportionalisieren und unterstellen, daß jeder Kostenträger anteilig an der Fixkostenentstehung beteiligt sei. Zwischen der Produktion **eines** Kostenträgers und den Fixkosten einer gegebenen Kapazität besteht keine reale Beziehung. Die Grenzkostenrechnung verzichtet konsequenterweise auf Fixkostenproportionalisierung. Fixkosten sollen aus dem Periodenergebnis gedeckt werden.

Nachfolgend sollen kurzfristige Planungsprobleme untersucht werden, die mit Hilfe der Grenzkostenrechnung — Deckungsbeitragsrechnung — als Grundlage für die Entscheidungsfindung der Unternehmung gelöst werden können und beispielhaft dargestellt werden.

Unter Deckungsbeitrag (Bruttoerfolg) wird der Betrag verstanden, der nach Abzug der Proportionalkosten vom Erlös zur Deckung von Fixkosten und Gewinn übrig bleibt.

$$\text{Deckungsbeitrag} = \text{Erlös} \not/ \text{proportionale Kosten}$$

Der Deckungsbeitrag kann sich beziehen auf den Deckungsbeitrag aller Kostenträger der Periode, einzelner Kostenträgergruppen oder eines Kostenträgers. Der Nettoerfolg **eines** Kostenträgers kann in der Deckungsbeitragsrechnung nicht ermittelt werden. Der Nettoerfolg des Betriebes ergibt sich, wenn vom Deckungsbeitrag aller Kostenträger die gesamten Fixkosten der Periode abgesetzt werden.

Eine Modifikation der Deckungsbeitragsrechnung besteht darin, den Fixkostenblock in Schichten aufzuteilen, indem Teile der Fixkosten den Kostenträgerarten — Kostenträgergruppen oder Kostenstellen (**nicht** dem einzelnen Kostenträger) zugerechnet werden[127]).

Dieses Verfahren läßt sich dann anwenden und stellt eine Verbesserung der Aussagefähigkeit der Kostenträgerrechnung dar, wenn bestimmte Fixkostenbeträge nur von bestimmten Kostenträgern, Kostenträgergruppen oder Kostenstellen verursacht werden.

---

[126]) Vgl. hierzu Kap. 9.
[127]) Vgl. Mellerowicz, K., Neuzeitliche Kalkulationsverfahren, Freiburg 1966, S. 159, und Kosten und Kostenrechnung, a. a. O., S. 84 ff.; ferner: Bussmann, K., Industrielles Rechnungswesen, Stuttgart 1963, S. 136 ff.. Zur Kritik an der stufenweisen Fixkostendeckungsrechnung Kilger, W., Flexible ..., a. a. O., S. 665.

Ein Beispiel einer stufenweisen Fixkostendeckung zeigt nachstehende Tabelle.

	Summe	Artikelgruppe I		Artikelgruppe II	
		Artikel a	Artikel b	Artikel c	Artikel d
Verkaufserlös	50 000	7 000	8 000	20 000	15 000
./. variable Herstell-, Verw. und Vertriebskosten	32 000	3 000	5 000	15 000	9 000
= Artikeldeckungsbeitrag I	18 000	4 000	3 000	5 000	6 000
./. den Artikeln zurechenbare Fixkosten	9 000	1 000	2 000	5 500	500
= Artikeldeckungsbeitrag II	9 000	3 000	1 000	./. 500	5 500
./. den Artikelgruppen zurechenbare Fixkosten	5 000	3 000		2 000	
= Artikelgruppendeckungsbeitrag	4 000	1 000		3 000	
./. Unternehmungsfixkosten	2 500				
= Betriebserfolg	1 500				

Tabelle 24

11.1. Gewinnorientierte Grenzkosten — Deckungsbeitragsrechnung

11.1.1. Kurzfristige Produktionsprogrammplanung bei freien Kapazitäten

Steht eine Unternehmung vor dem Problem, für die nächste Abrechnungsperiode das Produktionsprogramm festzulegen — welche Produkte in welchen Mengen — das den höchsten Gewinn für die Abrechnungsperiode erbringen soll, dann ist bei **freien** Kapazitäten in allen Teilbereichen der Unternehmung der Deckungsbeitrag die geeignete Größe, die angibt, welchen Betrag die Erzeugungseinheit zur Deckung der Fixkosten und Gewinnerzielung leistet.

Die Rangfolge der zu produzierenden Artikel richtet sich nach der Höhe der Deckungsbeiträge, wenn im nachfolgenden Beispiel die Prämissen gegeben sind:

● mit einer gegebenen Produktionskapazität lassen sich die verschiedenen Erzeugnisse erstellen,

● alle Erzeugnisse belasten die Produktionskapazität gleichmäßig, d. h. jede Einheit der zu erstellenden Erzeugnisse erfordert z. B. die gleiche Arbeitszeit/ Einheit,

- die Unternehmung kennt die zukünftige Absatzsituation, es bestehen keine Absatzhemmnisse.

Auf Grund nachstehender Daten soll die Unternehmung für die zukünftige Periode das gewinngünstigste Produktions- und Absatzprogramm planen.

Erzeugnis	A		B		C		Gesamt
Einheiten	1	6 000	1	2 100	1	3 000	11 100
Preis/Umsatz	20	120 000	10	21 000	15	45 000	
Proportionalkosten	8	48 000	6	12 600	5	15 000	
Deckungsbeitrag	12	72 000	4	8 400	10	30 000	110 400
Fixkosten	9	54 000	3	6 300	2	6 000	66 300
Erfolg	3	18 000	1	2 100	8	24 000	44 100

Tabelle 25

Grundlage für die Entscheidung hinsichtlich des zukünftigen Produktionsprogramms nach der **Vollkostenrechnung** wäre der Stückgewinn. Der Betrieb würde die Gesamtkapazität für die Erzeugung des Artikels C einsetzen, der den höchsten Stückerfolg von +8 erbringt, in Erwartung eines Plangewinns von 11 100 · 8 = 88 800,— DM. Tatsächlich wird der Gewinn jedoch nur 88 800 DM minus der nicht abbaubaren Fixkosten für die Artikel A und B (60 300) = 28 500 DM sein, die vom Erzeugnis C mitzutragen sind.

Richtig wäre bei gleichen Absatzchancen für A, B, C ausschließlich den Artikel A zu produzieren, dem auf Grund des höchsten Stückdeckungsbeitrages Priorität zukommt, wie die nachfolgende Rechnung für alternative Produktion der Artikel A, B, C ergibt.

Erzeugnis	A	B	C
Einheiten	11 100	11 100	11 100
Umsatz	222 000 (11 100 × 20,—)	111 000	166 500
./. Proportionalkosten	88 800 (11 100 × 8)	66 600	55 500
= Deckungsbeitrag	133 200	44 400	111 000
./. Gesamte Fixkosten	66 300	66 300	66 300
= Erfolg	+ 66 900	./. 21 900	+ 44 700

Tabelle 26

11.1.2. Kurzfristige Produktionsprogrammplanung bei Engpässen

Gehen wir von der Unterstellung aus, die Unternehmung beabsichtigt die Erzeugnisse A, B, C mit ihren maximalen Absatzmengen für A 8000 Stück, B 2000 Stück und C 3000 Stück zu produzieren bei maximaler Fertigungskapazität des Engpasses von 4100 Masch. Std.

In einem Teilbereich des Betriebes den alle Erzeugnisse durchlaufen müssen, möge die Fertigungskapazität (z. B. Maschinenstunden) nicht ausreichen, um alle Erzeugnisse, die einen positiven Deckungsbeitrag liefern, in den möglichen Absatzmengen zu bearbeiten. Es besteht **ein Engpaß**.

Der Deckungsbeitrag pro Produkteinheit als einziges Kriterium bei Engpaßsituationen für die Steuerung des Produktions-Absatzprogramms reicht nicht aus.

In diesem Fall ist für die Ermittlung der Rangfolge der zu produzierenden Erzeugnisse der Deckungsbeitrag auf die Engpaßsituation zu beziehen, wenn der maximale Gewinn erzielt werden soll. Liegt der Engpaß bei den Fertigungskapazitäten, so ist der Deckungsbeitrag auf die knappe Fertigungskapazität zu beziehen, liegt er beim Absatz, dann auf die abzusetzende Erzeugniseinheit. Grundsätzlich kann ein Engpaß in allen Bereichen des Betriebes entstehen, wobei die Unternehmung versuchen wird, den höchstmöglichen Deckungsbeitrag pro Engpaßeinheit zu erzielen.

Der Deckungsbeitrag pro Einheit der Engpaßbelastung ermittelt sich nach der Formel:

$$\frac{\text{Deckungsbeitrag pro Einheit}}{\text{der Engpaßbelastung}} = \frac{\text{Deckungsbeitrag (erzeugnisbezogener)}}{\text{Einheit der Engpaßbelastung}}$$

Gehen wir von der Unterstellung aus, die Unternehmung beabsichtigte 3 Erzeugnisse mit maximalen Absatzmengen für Erzeugnis A: 6000 Stück, B: 2100 Stück, und C: 3000 Stück zu produzieren. Die maximale Kapazität des Engpasses betrage 4100 Maschinenstunden.

Für diesen Fall ergibt sich auf Grund nachstehender Daten die Prioritätsskala: C B A

Der **erzeugnis**bezogene Deckungsbeitrag (Deckungsbeitrag/Einheit) mit der Prioritätsskala A C B ist wegen des Kapazitätsengpasses und der unterschiedlichen Kapazitätsbeanspruchung der knappen Kapazität nicht entscheidungsrelevant.

Das betriebliche Rechnungswesen

	A	B	C
Erzeugung	6000 Einheiten	2100 Einheiten	3000 Einheiten
Fertigungsminuten im Engpaß	36 Min.	10 Min.	15 Min.
Kapazitätsbeanspruchung	3600 Std.[1])	350 Std.	750 Std.
Preis pro Einheit	20,— DM	10,— DM	15,— DM
Proportionalkosten pro Einheit	8,— DM	6,— DM	5,— DM
Deckungsbeitrag pro Einheit	12,— DM	4,— DM	10,— DM
Deckungsbeitrag pro Einheit Engpaßbelastung	20,— DM/Std.[2])	24,— DM/Std.	40,— DM/Std.

[1]) $6000 : \frac{60}{36} = 3600$

[2]) $12 \text{ DM} : \frac{36}{60} \text{ Std.} = 20 \text{ DM/Std.}$

Tabelle 27

Würde der erzeugnisbezogene Deckungsbeitrag (Deckungsbeitrag pro Einheit) zum Kriterium der Programmplanung genommen, ergäbe sich folgendes Bild.

Programmplanung nach Rangfolge des Deckungsbeitrages

Erzeugnis	Absatzmenge	Deckungsbeiträge	Kapazitäts-beanspruchung
A	6000	72 000	3600
C	2000	20 000	500
B	0	0	0
	Deckungsbeiträge	92 000	4100
	./. Fixkosten	66 900	
	= Erfolg	25 100	

Tabelle 28

Nach der Priorität werden die Erzeugnisse in der Reihenfolge A C B produziert. Nur bei Erzeugnis A kann die Absatzmenge voll ausgeschöpft werden. Erzeugnis C kann nur mit 2000 Einheiten hergestellt werden. Erzeugnis B kann nicht mehr ins Programm aufgenommen werden. Der geplante Gewinn beträgt 25 100 DM.

Das gewinnmaximale Produktions- und Absatzprogramm auf den Deckungsbeitrag pro Einheit Engpaßbelastung bezogen ergibt eine Erzeugnisfolge von C B A und erbringt einen um 6000 DM höheren Gewinn.

Programmplanung nach Rangfolge des Deckungsbeitrages
pro Einheit der Engpaßbelastung

Erzeugnis	Absatzmenge	Deckungsbeiträge	Kapazitätsbeanspruchung
C	3000	30 000	750
B	2100	8 000	350
A	5000	60 000	3000
	Deckungsbeiträge	98 000	4100
	∕. Fixkosten	66 900	
	= Erfolg	31 100	

Tabelle 29

Über die Annahme oder Ablehnung eines **Zusatzauftrages** bei einer Engpaßsituation entscheidet ebenfalls der Deckungsbeitrag pro Einheit Engpaßbelastung den der Zusatzauftrag leisten kann. Ist er größer als der eines für das Programm geplanten Erzeugnisses, kann die Gewinnsituation durch Aufnahme des Zusatzauftrages ins Programm verbessert werden.

Der Zusatzauftrag, Erzeugnis D, wird der Unternehmung zu folgenden Bedingungen angeboten:

3000 Einheiten; Preis pro Einheit 12,— DM

Die Unternehmung entscheidet sich für die Annahme des Zusatzauftrages, denn sie ermittelt:

7,— DM proportionale Kosten/Einheit: Die Fertigungszeit im Engpaß beträgt 10 Minuten pro Einheit.

Der Deckungsbeitrag pro Einheit: Verkaufspreis   12,— DM
                                    ∕. prop. Kosten   7,— DM
                                    = Deckungsbeitrag   5,— DM

Dann beträgt der Deckungsbeitrag pro Einheit Engpaßbelastung

$$5 : \frac{10}{60} = 30 \text{ DM/Std.}$$

Die Kapazitätsbeanspruchung beträgt: $3000 : \frac{60}{10} = 500$ Std.

Für die kurzfristige Produktions- und Absatzplanung wird der Zusatzauftrag D tunlichst berücksichtigt, da er die Gewinnsituation verbessert.

Programmplanung unter Berücksichtigung des Deckungsbeitrages
eines Zusatzauftrags bei Engpaßbelastung

Erzeugnis	effektive Absatzmenge	Deckungsbeiträge	Kapazitätsbeanspruchung
C	3000	30 000	750
D	3000	15 000	500
B	2100	8 000	350
A	4167	50 000	2500
	Deckungsbeiträge	103 000	4100
	./. Fixkosten	66 900	
	= Erfolg	36 100	

Tabelle 30

Liegt in der Unternehmung **mehr als ein Engpaß** vor, dann reicht die Umrechnung der erzeugnisbezogenen Deckungsbeiträge auf den Deckungsbeitrag der Engpaßbelastung nicht mehr aus, sondern es sind mathematische Methoden anzuwenden, um z. B. den Maximalgewinn der zukünftigen Periode zu planen.

Hier kann z. B. das Simplexverfahren angewandt werden.

Nachfolgendes Beispiel soll diese Methode für das anstehende Problem mehrerer Engpässe im Fertigungsbereich verdeutlichen, wobei zum Verständnis auf die einschlägige mathematische Literatur verwiesen wird[128].

Eine Unternehmung benötigt für die Herstellung 4 verschiedener Produkte, drei verschiedene Kostenstellen. Es stehen ihr 100 Einheiten der Einsatzgröße A, 190 Einheiten der Einsatzgröße B und 160 Einheiten der Einsatzgröße C zur Verfügung.

Nach den technologischen Angaben braucht man zur Herstellung einer Einheit

des ersten Produktes je 2, 1, 0 bzw. $1/2$ Einheiten,

des zweiten Produktes je 3, 2, 2 bzw. 2 Einheiten,

des dritten Produktes je 0, 0, 4 bzw. 4 Einheiten

der verschiedenen Einsatzgrößen.

---

[128] Baumann, H., u. andere, Lehrbuch der Mathematik für Wirtschaftswissenschaften, Opladen 1972, S. 257 ff.; Müller-Merbach, H., Operations Research, Berlin - Frankfurt 1970, S. 90 ff.; Stahlknecht, P., Operations Research, Braunschweig 1970, 2. Aufl., S. 62 ff.

Auf Grund der betrieblichen Kalkulation erbringt jedes Stück

des ersten Produktes 42 Einheiten Deckungsbeitrag,

des zweiten Produktes 60 Einheiten Deckungsbeitrag,

des dritten Produktes 50 Einheiten Deckungsbeitrag,

des vierten Produktes 80 Einheiten Deckungsbeitrag.

Die Fragestellung lautet: Wieviel Stück muß die Unternehmung von den einzelnen Produkten herstellen, um den maximalen Gewinn zu erzielen?

Kostenstelle \ Produkt	Maschinenstunden pro Stück				Kapazität der Kostenstellen
	1	2	3	4	
A	2	1	0	1/2	100
B	3	2	2	2	190
C	0	0	4	4	160
Deckungsbeitrag pro Stück	42	60	50	80	

Tabelle 31

Zielfunktion:

$$Z = 42x_1 + 60x_2 + 50x_3 + 80x_4 \rightarrow \text{Max.}$$

$$2x_1 + x_2 + \tfrac{1}{2} x_4 \leq 100$$

$$3x_1 + 2x_2 + 2x_3 + 2x_4 \leq 190$$

$$4x_3 + 4x_4 \leq 160$$

Durch Einführung von Schlupfvariablen wird das Ungleichungssystem in folgendes Gleichungssystem überführt:

$$2x_1 + x_2 + \tfrac{1}{2}x_4 + x_5 = 100$$

$$3x_1 + 2x_2 + 2x_3 + 2x_4 + x_6 = 190$$

$$ 4x_3 + 4x_4 + x_7 = 160$$

Das betriebliche Rechnungswesen

Nr. der Gleichung	Nr. der Basisvariablen	Bewertungskoeffizient	Kapazität der Kostenstelle gemessen in Masch.-Std.	Variable Nr.							
				1	2	3	4	5	6	7	
				Bewertungskoeffizient							
				42	60	50	80	0	0	0	Q
1	5	0	100	2	1	0	$1/2$	1	0	0	200
2	6	0	190	3	2	2	2	0	1	0	95
3	7	0	160	0	0	4	4	0	0	1	40
			0	—42	—60	—50	—80	0	0	0	
1	5	0	80	2	1	$-1/2$	0	1	0	$-1/8$	80
2	6	0	110	3	2	0	0	0	1	$-1/2$	55
3	4	80	40	0	0	1	1	0	0	$1/4$	
			3200	—42	—60	30	0	0	0	20	
1	5	0	25	$1/2$	0	$-1/2$	0	1	$-1/2$	$1/8$	
2	2	60	55	$3/2$	1	0	0	0	$1/2$	$-1/4$	
3	4	80	40	0	0	1	1	0	0	$1/4$	
			6500	48	0	30	0	0	30	5	

Tabelle 32

Lösung:

$x_1 = 0 \quad x_2 = 55 \quad x_3 = 0 \quad x_4 = 40$

$Z = 6500$ DM Deckungsbeitrag

Es verbleibt eine Restkapazität $x_5 = 25$ Maschinenstunden

Um den Nettogewinn der Unternehmung zu ermitteln, muß von 6500 DM der Fixkostenblock abgesetzt werden.

Das Modell läßt sich durch Einführung weiterer Variablen an die Unternehmenswirklichkeit problemlos annähern.

Literaturverzeichnis

Böckel/Höpfner, Moderne Kostenrechnung, Stuttgart - Berlin - Köln - Mainz 1972.
Bott, Lexikon des kaufmännischen Rechnungswesens, Bd. 3, 2. Aufl., Stuttgart 1956.
Bussmann, K. F., Industrielles Rechnungswesen, Stuttgart 1963.
Everling, W., Kurzfristige Erfolgsrechnung, Stuttgart 1965.
Fäßler u. a., Kostenrechnungslexikon, München 1971.
Gutenberg, E., Grundlagen der Betriebswirtschaftslehre, Bd. 1, 3. Aufl., Berlin - Göttingen - Heidelberg.
Haberstock, L., Kostenrechnung I (Privatdruck), Saarbrücken 1972.
Hartmann, B., Die Erfassung und Verrechnung innerbetrieblicher Leistungen, Wiesbaden 1956.
Heinen, E., Betriebswirtschaftliche Kostenlehre, Bd. 1: Grundlagen, Wiesbaden 1959.
Heinen, E., Produktions- und Kostentheorie, in: Allgemeine Betriebswirtschaftslehre in programmierter Form, Wiesbaden 1969.
Heitz, B., Kosten- und Erfolgsrechnung, Herne - Berlin 1968.
Huch, B., Einführung in die Kostenrechnung, Würzburg - Wien 1971.
Kilger, W., Flexible Plankostenrechnung, 5. Aufl., Köln - Opladen 1972.
Kilger, W., Kurzfristige Erfolgsrechnung, Wiesbaden 1962.
Kilger, W., Betriebliches Rechnungswesen, in: Allgemeine Betriebswirtschaftslehre in programmierter Form, Wiesbaden 1969.
Kosiol, E., Kostenrechnung, Wiesbaden 1964.
Löffelholz, Josef, Repetitorium der Betriebswirtschaftslehre, Wiesbaden 1966.
Mellerowicz, K., Kosten und Kostenrechnung, Bd. 2, Teil 1, Berlin 1966.
Mellerowicz, K., Kosten und Kostenrechnung, 4. Aufl., Bd. 2, Berlin 1968.
Mellerowicz, K., Allgemeine Betriebswirtschaftslehre, 12. Aufl., Bd. 4, Berlin 1968.
Mellerowicz, K., Neuzeitliche Kalkulationsverfahren, Freiburg 1966.
Mrachcz, H. P., in: Handbuch der Kostenrechnung, München 1971.
Medicke, Werner, Die Gemeinkosten in der Planungsrechnung, Betriebswirtschaftliche Forschungen, Bd. 6, Berlin 1956.
Münstermann, H., Unternehmensrechnung, Wiesbaden 1969.
Nowak, P., Kostenrechnungssysteme in der Industrie, 2. Aufl., Köln - Opladen 1961.
Riebel, P., Kurzfristige unternehmerische Entscheidungen im Erzeugnisbereich auf der Grundlage des Rechnens mit relativen Einzelkosten und Deckungsbeiträgen, in: Neue Betriebswirtschaft Nr. 14/1961.
Schmalenbach, E., Kostenrechnung und Preispolitik, 8. Aufl., Köln - Opladen 1963.
Schwantag, K., Der heutige Stand der Plankostenrechnung in deutschen Unternehmungen, Zeitschrift für Betriebswirtschaft 1950.
Wöhe, G., Einführung in die allgemeine Betriebswirtschaftslehre, 10. Aufl., Berlin - Frankfurt 1968.
Zimmermann, W., Erfolgs- und Kostenrechnung, Braunschweig 1971.

E. Bilanzierung und Erfolgsrechnung

Von Professor Dr. H. Vormbaum

„Jeder Kaufmann hat bei dem Beginne seines Handelsgewerbes seine Grundstücke, seine Forderungen und Schulden, den Betrag seines baren Geldes und seine sonstigen Vermögensgegenstände genau zu verzeichnen, dabei den Wert der einzelnen Vermögensgegenstände anzugeben und einen das Verhältnis des Vermögens und der Schulden darstellenden Abschluß zu machen. Er hat demnächst für den Schluß eines jeden Geschäftsjahres ein solches Inventar und eine solche Bilanz aufzustellen; die Dauer des Geschäftsjahres darf zwölf Monate nicht überschreiten. Die Aufstellung des Inventars und der Bilanz ist innerhalb der einem ordnungsgemäßen Geschäftsgang entsprechenden Zeit zu bewirken." So heißt es in Paragraph 39 des Handelsgesetzbuches, der ältestens gültigen Vorschrift über die Bilanzerstellung. Wenn uns die Formulierungen auch umständlich erscheinen, so sind die Vorschriften — verglichen mit denen des Aktiengesetzes — doch von größter Einfachheit. Das gilt in gleicher Weise auch von den Bewertungsvorschriften (§ 40 HGB): „Bei der Aufstellung des Inventars und der Bilanz sind sämtliche Vermögensgegenstände und Schulden nach dem Werte anzusetzen, der ihnen in dem Zeitpunkte beizulegen ist, für welchen die Aufstellung stattfindet. Zweifelhafte Forderungen sind nach ihrem wahrscheinlichen Werte anzusetzen, uneinbringliche Forderungen abzuschreiben."

Der Lauf der wirtschaftlichen Entwicklung hat dazu geführt, daß der Gesetzgeber für die Aktiengesellschaften (und Kommanditgesellschaften auf Aktien) ein besonderes Gesetz erlassen mußte (die bis dahin geltenden Bestimmungen des Handelsgesetzbuches über diese Gesellschaften wurden verschärft und ausgegliedert). Die zwingenden Normen des Aktiengesetzes 1937 sorgten für einen angemessenen Schutz der Gläubiger (durch vorsichtige Bewertung) und für eine gewisse Publizität; andererseits wurde auch für die Wahrung der Rechte der Aktionäre gesorgt.

Diese Vorschriften, die im übrigen auch die Bilanzierung der Unternehmungen in anderen Rechtsformen beeinflußten, konnten im Zeitalter der Popularisierung der Aktie und der Schaffung eines breiten Wertpapiermarktes nicht mehr ausreichen.

Mit den am 1. 1. 1961 in Kraft getretenen Bestimmungen der „Kleinen Aktienrechtsreform" (Gesetz über die Kapitalerhöhung aus Gesellschaftsmitteln und über die Gewinn- und Verlustrechnung vom 23. 12. 1959) wurde ein erster Schritt zu einer Neuordnung des gesamten Aktienrechtes getan.

Durch den gesamten Komplex der Neuordnung des Aktienrechts zieht sich als ein roter Faden der Wille des Gesetzgebers, den Aktionär vermehrt in den Genuß erwirtschafteter Gewinne zu bringen. Mittel zu diesem Zweck sind insbesondere auch Bestimmungen zur Verbesserung der Publizität. Als Weg zum „gläsernen Portemonnaie" wird die am 1. 1. 1961 in Kraft getretene Neufassung des § 132 des Aktiengesetzes bezeichnet, der die Gewinn- und Verlustrechnung zum Gegenstand hat. Damals trat die Bruttorechnung an die Stelle der Nettorechnung.

Im Zusammenhang mit dieser Entwicklung entstand eine reichhaltige Literatur, die sich mit vielen Einzelproblemen befaßte (Grundstücke und Gebäude in der Bilanz, Rückstellungen in der Bilanz, Abschreibungs- und Bewertungsprobleme, Bilanztaktik, Bilanz- und Betriebsanalyse usw.). Hier wurde versucht, die Erfahrungen der Praxis in die Systematik der Bilanzlehre einzubauen.

Das Aktiengesetz 1965 brachte für die Bilanzierung neue Vorschriften im Hinblick auf das Ausweisschema selbst, im Hinblick auf Bewertung u. a. m. Alle Vorschriften verfolgen im wesentlichen zwei Ziele

1. Gläubigerschutz
2. Aktionärschutz;

diese Ziele wiederum lassen sich nur erreichen auf dem Wege über eine zutreffende Darstellung des erwirtschafteten Erfolges sowie der Vermögens- und Kapitalbestände und der Liquiditätslage; daneben soll auch Auskunft gegeben werden über die Verwendung des ermittelten Erfolges. Eine Einführung in diese Probleme zu geben ist das zentrale Anliegen dieses Lehrheftes. Am Beginn stehen Fragen der Buchhaltungssysteme und der Vorbereitungen des Jahresabschlusses. Es folgen dann Überlegungen zu den Grundlagen der Bilanz und zu den Grundsätzen der Bilanzierung. Schwerpunkt dieser Darstellung sind die Ausführungen zur Jahreserfolgsrechnung nach Handelsrecht, die dementsprechend auch den weitesten Raum einnehmen. Dabei werden Ausweis- und Bewertungsfragen einzelner Bilanzpositionen und einzelner Gewinn- und Verlustrechnungs-Positionen eingehend behandelt. Mit einem Blick auf die Jahreserfolgsrechnung nach dem Steuerrecht schließt der erste Teil (die Steuerbilanz selbst wird in dem Abschnitt „Betriebswirtschaftliche Steuerlehre" behandelt).

I. Buchführung und Buchhaltung

Die Bilanz ist kein eigenständiges, für sich zu verstehendes Gebilde, sondern eine zusammenfassende Form der Rechnungslegung der Unternehmung. Rechnungslegung kann immer nur mit Hilfe der Buchführung und ihrer Organisation, der Buchhaltung, geschehen.

1. Die Buchhaltungssysteme

Drei unterschiedliche Buchhaltungssysteme sind im Laufe der Entwicklung entstanden: die kameralistische, die einfache und die doppelte Buchhaltung.

Die **kameralistische Buchhaltung** wird in Behörden und öffentlichen Betrieben geführt. In ihrer einfachen Form ist sie eine Kassenrechnung mit Einzahlungen und Auszahlungen. Forderungen, Verbindlichkeiten sowie Aufwendungen und Erträge lassen sich allerdings nicht erfassen. Dies wird erst in den verfeinerten Formen der Verwaltungs- und der Betriebskameralistik möglich. Für Unternehmungen empfehlen sich aber die **einfache** und vor allem die **doppelte Buchhaltung**.

a) Einfache Buchhaltung

Diese Form der Buchhaltung verdankt ihren Namen der einfachen Verbuchung der Geschäftsvorfälle; jede Buchung stellt lediglich eine Lastschrift oder eine Gutschrift dar. Die einfache Buchhaltung umfaßt die üblichen Personenkonten für Forderungen und Verbindlichkeiten, als Sachkonten jedoch nur das Kassenkonto. Die Bestände an Anlage- und sonstigem Umlaufvermögen können daher nur mit Hilfe der Inventur ermittelt werden.

Diese einfachste Form kann erweitert werden; z. B. um weitere Konten für Zahlungen, um Wareneingangs- und -ausgangskonten, um einzelne Aufwands- und Ertragskonten. Damit ergibt sich aber eine mehrfache Verbuchung eines jeden Geschäftsvorfalles. Der Vorteil der einfachen Buchführung liegt in einem Minimum von Aufzeichnungen und damit verbundener Arbeit; ihr Nachteil liegt in dem Fehlen dreier wichtiger Elemente höherer Buchhaltungsformen: (1) einer Beständekontrolle, (2) einer den Jahreserfolg aufteilenden Gewinn- und Verlustrechnung und (3) der Möglichkeit, auch die Kontenumsätze anderer Bestandskonten als Kasse, Forderungen und Verbindlichkeiten zu ermitteln.

b) Doppelte Buchhaltung

Die doppelte Buchhaltung verdankt ihren Namen der doppelten Verbuchung der Geschäftsvorfälle; jede Buchung umschließt sowohl eine Lastschrift als auch eine Gutschrift.

Die doppelte Buchhaltung umfaßt ein Grundbuch, in dem die Geschäftsvorfälle chronologisch geordnet werden, und ein Hauptbuch, in dem die Geschäftsvorfälle sachlich geordnet werden. Zur besseren Übersicht und organisatorischen Vereinfachung wurden weitere Aufspaltungen vorgenommen; so wurde z. B. das Grundbuch in ein Kassenbuch, Wareneingangsbuch, Warenausgangsbuch und Tagebuch untergliedert. Heute bestehen meist keine „Bücher" mehr, sondern Kontenkarteien und jedes dieser früheren Teile ist heute ein Konto.

Die Vorteile des Systems stellt Münstermann[1]) wie folgt dar:

❶ Die Doppelte Buchhaltung erfaßt alle Geschäftsvorfälle, die die Aktiva und Passiva allein oder außerdem den Erfolg beeinflussen.

❷ Jeder Geschäftsvorfall wird als Übergang eines Wertes zu einem anderen im Soll eines Kontos und im Haben eines anderen gebucht.

❸ Das Prinzip der Doppelverbuchung vermag Buchungsfehler anzuzeigen.

❹ Die Doppelverbuchung erleichtert die Entdeckung der verschiedenen Unredlichkeiten.

❺ Jedes Konto gewährt eine Übersicht über seine Soll- und Habenumsätze. Im Monatsvergleich kann daraus die Entwicklung des Betriebes kurzfristig erkannt werden.

❻ Stets kann eine Bilanz und eine Gewinn- und Verlustrechnung aufgestellt werden. Damit wird der Erfolg einmal summarisch und einmal analytisch ausgewiesen.

❼ Eine Betriebsübersicht kann von Bilanz zu Bilanz angefertigt werden und gibt einen Überblick über Bestände und Umsätze.

❽ Die doppelte Buchhaltung bildet die Grundlage für die Kostenrechnung, Statistik und Planung des Betriebes. Sie ermöglicht Analysen seiner Vermögens- und Kapitalstruktur und seines Erfolges sowie die Ermittlung von Kennzahlen für die betriebliche Wirtschaftlichkeitsrechnung.

2. Die Vorbereitung des Jahresabschlusses

a) Inventur

Die Inventur ist sowohl als körperliche Inventur als auch als Buchinventur möglich. Die **körperliche Inventur** erfaßt alle sachlichen Vermögensgegenstände und weist den Istbestand nach. Gleichzeitig werden die zugehörigen Bestandsnachweise abgeschlossen und der Saldo festgestellt. Im Laufe des Jahres können durch Diebstahl oder natürlichen Schwund Lagerverluste oder auch Differenzen durch irrtümliche Buchungen entstehen. Nach einer Inventur ist daher der in der Buchführung ausgewiesene Sollbestand durch den Istbestand der Inventur zu ersetzen. Die sich damit ergebenden Wertdifferenzen werden nachträglich dem Verbrauch zugerechnet.

Die **Buchinventur** erfaßt alle immateriellen Vermögens- und Schuldteile. Hier werden ebenfalls die Konten abgeschlossen und die Salden festgestellt. Diese

---

[1]) Münstermann, Hans: Buchführung und Bilanzierung; in: Handwörterbuch der Wirtschaftswissenschaften, 2. Aufl., Bd. I, S. 539 f.

dienen hier aber als Istbestand. In bestimmten Fällen, z. B. bei Forderungen, wird eine Bestätigung dieses Saldos gefordert; diese führt dann eventuell zu einer Berichtigung des Kontos.

Beide Formen der Inventur müssen nicht am Stichtag des Jahresabschlusses aufgestellt werden. Da die Inventur bei größeren Beständen einen kaum zu bewältigenden Arbeitsanfall und Störungen im Betriebsablauf verursachen würde, hat man die p e r m a n e n t e I n v e n t u r entwickelt. Die Inventur kann dabei über das ganze Geschäftsjahr verteilt werden.

Voraussetzung für die Anerkennung der permanenten Inventur ist eine exakte Lagerbuchführung, die Anfangsbestände, Zugänge und Abgänge mengenmäßig fortschreibt, und daß die Bestände mindestens einmal im Jahr planmäßig überprüft werden und danach die Lagerbuchführung entsprechend berichtigt wird.

b) Hauptabschlußübersicht

Die Hauptabschlußübersicht faßt das buchhalterische Ergebnis des Jahres in mehreren Spalten zusammen. Für jedes Konto werden in die 1 Doppelrubrik die Bestände aus der Eröffnungsbilanz eingetragen. In der 2. Doppelrubrik folgen die Umsätze des Geschäftsjahres auf jedem Konto. In der 3. Doppelrubrik erscheinen die Summen der Anfangsbestände und der Umsätze, in der 4. Doppelrubrik die Salden. Die 5. Doppelrubrik enthält die Umbuchungen der Konten untereinander. Die 6. Doppelrubrik enthält wieder die Salden, die nun in Bestände für die 7. und in Aufwendungen/Erträge für die 8. Doppelrubrik aufgeteilt werden. Die 7. und 8. Rubrik bilden die Grundlage für die Bilanz und die Gewinn- und Verlustrechnung, die die Konten zu einer anderen Gliederung zusammenfassen können, wobei auch eine andere Bewertung vorgenommen werden kann (vgl. Seite 4).

Betriebswirtschaftliche Hauptabschlußübersicht

Konto	Eröffnungs-bilanz		Umsätze		Summen		Salden I		Umbuchungen		Salden II		Bilanz		Gewinn- und Verlustrechnung	
	S	H	S	H	S	H	S	H	S	H	S	H	S	H	Soll	Haben

Steuerliche Hauptabschlußübersicht (§ 60 EStDV)

Konto	Eröffnungs-bilanz		Summenbilanz im Kalenderjahr		Summenbilanz am .... 19......		Saldenbilanz		Hauptabschluß-bilanz		Verlust- und Gewinn-rechnung für das Kalenderjahr	
	S	H	S	H	S	H	S	H	S	H	Soll	Haben

II. Die Grundlagen der Bilanzierung

1. Der Begriff der Bilanz

Nach der sprachlichen Herkunft bedeutet das Wort Bilanz eine zweiarmige Waage, deren Schalen sich im Gleichgewicht befinden. Damit ist aber nur die formale Eigentümlichkeit, nämlich die zahlenmäßige Ausgeglichenheit auf beiden Seiten, erklärt.

Im wirtschaftlichen Sprachgebrauch verstehen wir einengend unter einer Bilanz eine Rechnung, die in kontenmäßiger Form das Vermögen und das Kapital eines Unternehmens einander gegenüberstellt. Sie zeigt auf der Passivseite das abstrakte Kapital, gegliedert nach der Herkunft und der Fristigkeit, und auf der Aktivseite die Art der Verwendung dieses Kapitals in dem Unternehmen, also sein Vermögen. Die Bilanz führt damit einen doppelten Kapitalnachweis, weil sie die Kapitalherkunft einerseits und die Kapitalverwendung andererseits zeigt.

Die Bilanz ist auf einen bestimmten Stichtag, für den die Vermögens- und Kapitalteile in Einheiten der Landeswährung ausgewiesen werden, abgestellt. Sie ist daher für uns eine auf einen Stichtag bezogene Wertrechnung.

Da es sich um den Nachweis der gleichen Wertsumme nur unter Zugrundelegung verschiedener Kriterien handelt, muß die Summengleichheit beider Bilanzseiten regelmäßig gewährleistet sein.

Diese Begriffsbestimmung hat die Bilanz im engeren Sinne zum Gegenstand. Daneben wird der Bilanzbegriff aber auch im weiteren Sinne benutzt. Der weiter gefaßte Begriff umschließt sowohl die Bilanz im engeren Sinne als auch die ihr im Rahmen des Abschlusses der Buchführung zuzuordnende zweite Abschlußrechnung, nämlich die Gewinn- und Verlustrechnung. In ihr wird der Nachweis über diejenigen Wertbewegungen der abzuschließenden Periode erbracht, die mit ihrem Saldo als Gewinn oder als Verlust der Periode in der Bilanz erscheinen. Die Gewinn- und Verlustrechnung hat damit als periodenbezogene Rechnung die Aufwendungen und Erträge der Periode und den daraus resultierenden Saldo auszuweisen. Sie ist, gleichfalls wie die Bilanz im engeren Sinne, eine Wertrechnung, dient aber dem periodenbezogenen Erfolgsnachweis, während die Bilanz im engeren Sinne als zeitpunktbezogene Bestandsrechnung für das Gesamtkapital der Unternehmung detailliert die Herkunft (abstrakte Kapitalrechnung auf der Passivseite) und die Verwendung (konkrete Kapitalrechnung auf der Aktivseite, Vermögen) nachweist.

Zusammenfassend läßt sich sagen:

> **Bilanzen sind zusammenfassende, übersichtliche Abrechnungen über Bestand und Bewegungen der Wirtschaftssubstanz des Betriebes mit dem Zweck, seine wirtschaftliche Lage, Leistung und Lebensgestaltung in allen wesentlichen Beziehungen ersichtlich zu machen**[1]).

---

[1]) Le Coutre, Walter: Grundzüge der Bilanzkunde. Eine totale Bilanzlehre. 4. Aufl., Wolfenbüttel 1949, S. 21.

Beiden Rechnungen, Bilanzen im engeren Sinne und Gewinn- und Verlustrechnungen, erscheint übergeordnet der Begriff „Jahresabschluß", der neben diesen Rechnungen auch den Geschäftsbericht mit umschließt. In ihm erscheinen für die abzuschließende Periode ergänzende Hinweise zur Lage der Gesellschaft (Lagebericht) wie auch zu den Inhalten der Bilanzrechnungen im weiteren Sinne (Erläuterungsbericht). Dabei wird der Lagebericht verschiedentlich noch unterteilt in einen Bericht, der sich speziell mit Sozialfragen innerhalb der Unternehmung befaßt (Sozialbericht), und in einen Bericht, der die wirtschaftliche Lage der Gesellschaft (Wirtschaftsbericht) zum Gegenstand hat.

Es ergibt sich damit folgende Übersicht:

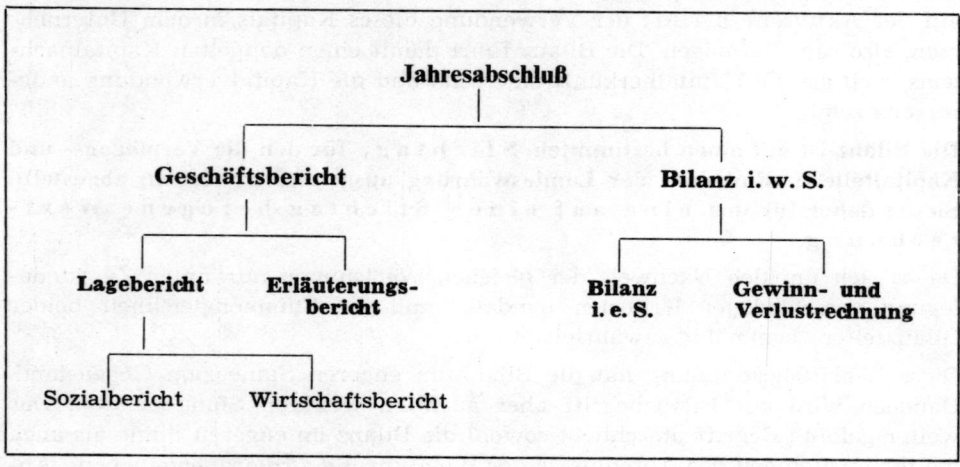

2. Allgemeine Aufgaben der Bilanz

Die verschiedenen Aufgaben, die eine Bilanz mit ihren drei Teilen erfüllen soll, formen ihren Aufbau und Inhalt. Damit stehen die Aufgaben mit der Bezeichnung und Aufgliederung der einzelnen Bilanzpositionen, ihrer Gruppierung und ihrer Bewertung in engem Zusammenhang.

Welche Aufgabe eine Bilanz hat, hängt von den Aussagewünschen der an ihr Interessierten ab.

Zu den zahlreichen Bilanzinteressenten zählen:

- der Unternehmer bzw. die Unternehmensleitung,
- Aufsichtsrat, Verwaltungsrat und Beiräte,
- Wirtschaftsprüfer und Unternehmensberater,
- Finanzbehörden,
- Geld- und Warenkreditgeber,
- Institutionen der Rechtsprechung,

- Träger der staatlichen Wirtschaftspolitik,
- Wirtschaftsverbände, Beschäftigte, Kunden u. Lieferanten,
- Konkurrenten, Presse und Öffentlichkeit,
- wissenschaftliche Institute.

Das Interesse einer jeden Gruppe ist unterschiedlich. Einmal stehen mehr auf den Inhalt, ein anderes Mal mehr auf die Form bezogene Gesichtspunkte im Vordergrund. Wenn auch mehrere Interessenten die gleiche Art der Auskunft wünschen, so ist doch der gewünschte Umfang unterschiedlich.

Le Coutre erkennt die folgenden Aufgaben als typisch für die Bilanz:

> **Wirtschaftsübersicht**
> **Wirtschaftsergebnisfeststellung**
> **Wirtschaftsüberwachung**
> **Rechenschaftslegung.**

Wenn man Rechenschaftslegung nicht nur gegenüber Dritten, sondern auch gegenüber sich selbst versteht, schließt diese Aufgabe alle anderen ein. Die interne Rechenschaftslegung bezieht sich auf Steuerung und Kontrolle des Betriebsprozesses und Ermittlung seiner Ergebnisse.

Die grundlegenden Aufgaben lassen sich näher beschreiben. Es sind nach Heinen[1]):

1. Ermittlung des Erfolges und Nachweis der Kapitalerhaltung;
2. Feststellung des Vermögens und Darstellung des Vermögensaufbaues (Vermögensstruktur);
3. Kennzeichnung des Kapitalaufbaues (Kapitalstruktur);
4. Darlegung der Investitionen und ihrer Finanzierung;
5. Ausweis der Liquiditätslage.

Die Bilanz hat ferner die Aufgabe, die Verwendung des ermittelten Erfolges aufzuzeigen, nämlich inwieweit ein Gewinn als offen ausgewiesene Verstärkung des Eigenkapitals im Unternehmen verbleibt oder als ausgeschütteter Gewinn das Unternehmen verläßt.

---

[1]) Heinen, Edmund, Handelsbilanzen, 4. Aufl., Wiesbaden 1968, S. 17.

3. Wesentliche Bilanzauffassungen

Im Rahmen der Betriebswirtschaftslehre sind verschiedene Bilanzauffassungen entwickelt worden. Sie nehmen Stellung zu den Aufgaben der Bilanz und entwickeln daraus entsprechende Gliederungs- und Bewertungsgrundsätze.

a) Die Statische Bilanzauffassung

Die Aufgabe der Bilanz ist nach dieser Bilanzauffassung die Darstellung der Vermögenslage zu einem bestimmten Zeitpunkt und die Ermittlung der Vermögensänderung durch den Vergleich der Vermögensbestände zeitlich aufeinanderfolgender Bilanzen.

Die Weiterentwicklung dieser Auffassung führt zu der Aufgabe der Kapitalrechnung. Sie stellt eine Rechnung über die Kapitalherkunft auf der Passivseite und die Kapitalverwendung auf der Aktivseite dar. Der Bestandscharakter ist dabei erhalten geblieben, nur stehen im Vordergrund die Kapitalbestände und nicht mehr die Vermögensbestände. Die Gliederung ergibt sich aus den unterschiedlichen Funktionen der Vermögensgegenstände. Eine erste Gruppe bilden die Vermögensgegenstände, die dem Betrieb über eine längere Dauer dienen (Gebrauchsvermögen), eine andere Gruppe die Vermögensgegenstände, die zur Veräußerung bestimmt sind (Veräußerungsvermögen). Diese Gliederung ist heute unter den Bezeichnungen Anlage- und Umlaufvermögen allgemein üblich geworden.

Die Bewertung erfolgt unterschiedlich in den beiden Gliederungskategorien. Der Wertansatz für das Gebrauchsvermögen ist der Gebrauchswert; als solcher gilt der Anschaffungswert abzüglich der Abschreibungen. Der Wertansatz für das Veräußerungsvermögen ist der Veräußerungswert; unter Beachtung des Realisationsprinzips kann jedoch höchstens der Anschaffungswert oder — nach dem Niederstwertprinzip — ein niedrigerer Zeitwert angesetzt werden.

Erfolg ist die Differenz der Kapitalbestände am Anfang und am Ende einer Periode. Durch die vorherrschende Bewertung zu Anschaffungswerten ist dieser Erfolg genauer als nomineller Erfolg zu bezeichnen. Die Erfolgsermittlung ist Aufgabe der Bilanz; die Gewinn- und Verlustrechnung war zunächst nur buchtechnisch mit der Bilanz verbunden. Nunmehr ist sie auch inhaltlich mit der Bilanz verbunden, wenn man sie als Kapitaleinsatzbilanz interpretiert.

Die statische Bilanzauffassung ist keinesfalls einheitlich. Eine ältere Richtung ist vorwiegend von Juristen gebildet worden, die neuere Richtung umfaßt ebenfalls verschiedene Auffassungen, wobei Nicklisch, Rieger und Le Coutre geschlossene eigene Vorstellungen entwickelt haben.

b) Die Dynamische Bilanzauffassung

Die Aufgabe der Bilanz ist nach dieser Auffassung die Ermittlung des Erfolges. Dies geschieht aber nicht durch einen Bestandsvergleich der Bilanzen, sondern durch die Gewinn- und Verlustrechnung. Gegenüber der Bilanz hat die Gewinn- und Verlustrechnung eine Vorrangstellung.

Die Gewinn- und Verlustrechnung übernimmt Einnahmen und Ausgaben, die in der Rechnungsperiode ertragswirksam wurden oder verbraucht worden sind. Die Bilanz enthält die über die Rechnungsperiode der Gewinn- und Verlustrechnung hinausreichenden Posten. Da die Bilanz somit alle schwebenden (also noch nicht endgültig abgewickelten) Geschäfte enthält, ist sie „die Darstellung des Kräftespeichers der Unternehmung" (Schmalenbach).

Daraus läßt sich zugleich die Gliederung der Bilanz ableiten. Auf der Aktivseite stehen künftige Aufwendungen und Einnahmen sowie Geld, auf der Passivseite stehen künftige Erträge und Ausgaben sowie Kapital. Die Gewinn- und Verlustrechnung ist eine Rechnung der in der abzuschließenden Periode getätigten Umsätze. Sie gliedert sich auf der Aufwandseite in Aufwendungen, die Ausgaben früher, jetzt oder später und in Aufwendungen, die Ertrag früher, jetzt oder später sind. Analog dazu gliedert sich die Ertragseite.

Die Bewertung bildet kein geschlossenes System. Es gibt verschiedene Wertansätze, unter denen man nach dem konkreten Einzelfall wählt. Für die Gegenstände des Anlagevermögens gilt der Zeitwert; sind die eingetretenen Preisveränderungen der Güter nicht bedeutend oder ist die Ermittlung des Zeitwertes zu schwierig, so kann der Anschaffungswert fortgeschrieben werden. Das Umlaufvermögen wird zu **Anschaffungswerten** bilanziert. Bei Preisveränderungen treten daher Scheingewinne und -verluste auf. Zu dessen Verhinderung hat Schmalenbach zunächst den „eisernen Bestand" und später den „gebundenen Vorrat" eingeführt. Der **Eiserne Bestand** umfaßt den mengenmäßigen Bestand an Vorratsgütern, der zum reibungslosen Ablauf des Unternehmens mindestens vorhanden sein muß. Er wird mit einem so niedrig angesetzten Festwert bewertet, daß Preisveränderungen keinen Einfluß mehr nehmen können. Überschreitungen des Bestandes werden dagegen zum Zeitwert bewertet. Während beim Eisernen Bestand die Abschreibung auf den Festwert einmalig erfolgt, verteilt sie sich beim **Gebundenen Vorrat** auf mehrere Perioden und ermöglicht damit einen besseren Vergleich der Periodengewinne.

Die dynamische Bilanzauffassung wurde von Schmalenbach begründet und u. a. von Walb, Sommerfeld, Kosiol und Hax weiterentwickelt.

c) Die Organische Bilanzauffassung

Während die bisher dargestellten Bilanzauffassungen entweder die richtige Vermögensermittlung oder die richtige Erfolgsermittlung anstrebten, versucht diese Bilanzauffassung beide Aufgaben zu vereinigen. Die Bilanzwerte sollen unter Berücksichtigung des organischen Zusammenhanges von Unternehmung und Volkswirtschaft ermittelt werden. Daher wird die Bilanz zum Lenkungsinstrument, damit das Unternehmen sich in Relation zur Volkswirtschaft entwickelt und seine materielle Substanz entsprechend vergrößert oder verringert. Diese Bilanzauffassung geht damit über den Rahmen der Bilanz hinaus und wird zu einer Wachstums- und Konjunkturtheorie.

Die Gliederung der organischen Bilanz ist an der Bewertung orientiert. Das Vermögen gliedert sich in

① Gegenstände des Anlagevermögens,

② Sachwertgüter des Umlaufvermögens und

③ Nominalwertgüter.

Nominalwertgüter sind die Kasse, die Bankguthaben und die Forderungen.

Auf der Passivseite wird in

① das Eigenkapital,

② die Wertänderungen am ruhenden Vermögen und

③ die Nominalwertgüter, hier Verbindlichkeiten,

gegliedert.

Die Gliederung der Gewinn- und Verlustrechnung erfolgt nach der Herkunft der Erfolge. Dabei wird unterschieden in einen reinen Umsatzerfolg, einen Finanzerfolg, einen Spekulationserfolg mit Eigen- oder Fremdkapital und einen Erfolg beim Verkauf der Unternehmung.

Die Bewertung geschieht in der Regel zum Tageswert oder Wiederbeschaffungspreis des Bilanzstichtages. Es ist dabei durchaus möglich, daß der Wiederbeschaffungspreis unter oder über dem Anschaffungspreis liegt und damit ein positiver oder negativer Erfolg ausgewiesen wird. Diese „Erfolge durch Wertänderung am ruhenden Vermögen" (unrealisierte Erfolge) werden auf einem Wertberichtigungskonto als Korrekturkonto zum Eigenkapitalkonto erfaßt und damit neutralisiert, d. h. vom Erfolg als Saldo der Gewinn- und Verlustrechnung ferngehalten. Andererseits würden auch Scheingewinne oder -verluste das Bild verfälschen und den Unternehmer zu falschen Entscheidungen führen. Um Scheingewinne zu vermeiden, bewertet man nach der organischen Bilanzlehre die Aufwendungen zu Wiederbeschaffungspreisen des Umsatztages; auch die dabei auftretenden Umwertungsdifferenzen werden auf ein besonderes Konto gebucht. Durch den gesonderten Ausweis von unrealisierten Gewinnen und Scheingewinnen auf Wertberichtigungskonten soll vor allem die Erhaltung der materiellen Substanz der Unternehmung gesichert werden.

Die Nominalgüter werden weiterhin zum Nominalwert bewertet und bilden daher eine Ausnahme vom allgemeinen Bewertungsgrundsatz. Um auch bei ihnen die Auswirkungen von Geldwertschwankungen auszuschalten, ist das Prinzip der Wertgleichheit von Geldbeständen und Geldforderungen gegenüber den Geldverbindlichkeiten aufgestellt worden. Dieses Prinzip ist zugleich ein Finanzierungsgrundsatz.

Die organische Bilanzauffassung geht auf Fritz Schmidt zurück und wird heute u. a. von Schwantag und G. Fischer vertreten.

III. Die Grundsätze der Bilanzierung

1. Die Grundsätze ordnungsmäßiger kaufmännischer Buchführung und Bilanzierung und ihre Quellen

Diese Grundsätze haben alle formellen und materiellen Regeln zum Inhalt, die zur richtigen Rechenschaftslegung erforderlich sind und gelten für alle Unternehmungsformen.

Wenn auch der Gesetzgeber auf diese Grundsätze u. a. im § 38 HGB, § 149 I AktG und § 5 EStG ausdrücklich Bezug nimmt, so ist doch der Inhalt der Grundsätze gesetzlich nicht in allen Einzelheiten fixiert. Sie sind vielmehr aus den verschiedene Quellen entwickelt worden und unterliegen auch weiterhin im Zeitablauf Änderungen. Ihr jeweiliger Inhalt ergibt sich aus dem geltenden Recht und der Rechtsprechung, der kaufmännischen Übung und der betriebswirtschaftlichen Theorie. Rechtliche Bestimmungen sind in den §§ 39—44 HGB und den §§ 148—159 AktG enthalten. Danach ist der Kaufmann verpflichtet, zu Beginn seines Handelsgewerbes Vermögen und Schulden in einer Übersicht detailliert aufzuführen und zum Ende eines Geschäftsjahres, das 12 Monate nicht überschreiten darf, Inventar und Bilanz in der „Reichswährung" aufzustellen, Bilanz und Inventar zu unterzeichnen und alle Aufzeichnungen in einer lebenden Sprache vorzunehmen; dabei sind die Seiten fortlaufend zu numerieren, keine Zwischenräume zu lassen, keine fälschenden Änderungen vorzunehmen und die Aufzeichnungen bis zu 10 Jahren aufzubewahren.

Die Mindestvorschriften des Aktiengesetzes von 1937 über Ordnung und Form der Bilanz haben sich zu Grundsätzen mit Gültigkeit für alle Unternehmungsformen entwickelt. Das gilt im besonderen von den Vorschriften über Gliederung und Bewertung (§§ 131 und 133 des AktG von 1937; es ist umstritten, ob den §§ 151—156 des neuen AktG von 1965 eine gleiche allgemeinverbindliche Bedeutung zugesprochen werden kann).

Die Festlegung des Geschäftsjahres und damit des Bilanzstichtags ist eine weitere Notwendigkeit, da der Stichtag den Inhalt der Bilanz beeinflußt. Die Bestände im Lager, die Forderungen und die Verbindlichkeiten unterliegen im Ablauf eines Wirtschaftsjahres meist Schwankungen; man wird daher den Stichtag in eine ruhige Geschäftszeit legen, um den Umfang der Abschlußarbeiten niedrig zu halten.

Einfluß auf die Grundsätze haben ferner die Richtlinien für die Organisation der Buchführung vom 11. 11. 1937. Diese enthielten auch den Einheitskontenrahmen als Organisationsplan für die Konten der Buchführung. Bedeutsam war ferner die darin enthaltene Weisung, daß die Gliederungsvorschriften des Aktiengesetzes für die Bilanz und Gewinn- und Verlustrechnung bei allen Unternehmensformen anzuwenden seien.

Steuerrechtliche Regelungen in den §§ 160—162 AO und den entsprechenden Durchführungsverordnungen bestimmen nach fiskalischem Interesse den Kreis der Aufzeichnungs- und Buchführungspflichtigen und legen die Anforderungen an die Aufzeichnungen und Bücher fest. Daneben sind in den einzelnen Steuergesetzen und in Verordnungen Sonderbestimmungen enthalten, wie in den Verordnungen über die Führung eines Wareneingangs- und Warenausgangsbuches bei Handelsbetrieben oder in den Verordnungen über die Buchführung der Landwirte, Handwerker, Kleingewerbetreibenden und der freien Berufe.

Die Rechtsprechung hat klärend zu Fragen ordnungsmäßiger Buchführung Stellung genommen mit Urteilen des Reichsgerichtes und des Reichsfinanzhofes sowie des Bundesgerichtshofes und des Bundesfinanzhofes.

Kaufmännische Übung und betriebswirtschaftliche Theorie sind über zahlreiche Gutachten in die Grundsätze eingegangen. Hier sind insbesondere die Gutachten der Industrie- und Handelskammer Berlin vom 25. 3. 1929 zur Lochkartenbuchführung und vom 25. 10. 1932 zur Loseblattbuchführung zu nennen.

Die Gutachten des Instituts der Wirtschaftsprüfer sind seit 1933 ebenfalls eine Quelle der Grundsätze geworden. Der Hauptfachausschuß sowie die Fachausschüsse für kommunales Prüfungswesen, Versicherungswesen, Banken und betriebswirtschaftliche Fragen der Mechanisierung und Automation nehmen laufend Stellung zu den Fragen der Ordnungsmäßigkeit der Buchführung und geben damit diesen Grundsätzen einen neuen Inhalt, der dem Fortschritt angepaßt ist. Die betriebswirtschaftliche Theorie geht in die Grundsätze einmal durch Veröffentlichungen der Hochschullehrer und zum anderen durch die von ihnen ausgebildeten Akademiker indirekt über die bisher genannten Quellen ein. Insbesondere die Frage der Bewertung ist ausgiebig behandelt worden. Hier hat ein einzelner, nämlich Schmalenbach, nachhaltigen Einfluß genommen. Die von ihm vertretene Bilanzauffassung ist in vielen Zügen in das Aktiengesetz übernommen worden.

2. Abwandelnde Grundsätze

a) Der Grundsatz der Vorsicht

Die Grundsätze ordnungsmäßiger Buchführung und Bilanzierung werden durch den Grundsatz der Vorsicht in der Weise abgeändert, daß der Vorsicht in gewissen Grenzen der Vorrang vor der Richtigkeit eingeräumt wird. „Der Kaufmann rechnet sich im Zweifel eher ärmer, als er wirklich ist" und niemals reicher.

Auf Grund der stets vorhandenen Unsicherheit, auch in den wirtschaftlichen Entscheidungen, können nicht vorhergesehene Aufwendungen oder Verluste plötzlich auftreten, z. B. Forderungen nur zu einem Teil zu Einnahmen werden. Ein zu hoch bemessener Gewinn und seine Ausschüttung hat gefährlichere Folgen für die Unternehmung als ein zu niedrig errechneter Gewinn.

Auch unter dem Gesichtspunkt der Kapitalerhaltung sollte nur ein solcher Gewinn ausgewiesen werden, der auch ausschüttungsfähig ist. Der „richtige" Erfolg ist also vorher um Aufwendungen zu kürzen, die zu einer Form der Kapital-, Substanz- oder Erfolgserhaltung notwendig sind.

Die Anwendung des Grundsatzes der Vorsicht geschieht in zweierlei Hinsicht: in der Verringerung der Erträge und der Erhöhung der Aufwendungen.

Als Erträge erscheinen nur die bereits am Markt realisierten Gewinne, also nicht die rechnerischen oder unrealisierten Gewinne. Die Aufwendungen enthalten umfassend bemessene Abschreibungen, Wertberichtigungen und Rückstellungen. Noch nicht eingetretene, aber erkennbare zukünftige Verluste werden schon als solche vorsorglich in die Rechnung einbezogen. Aus dieser ungleichen Behandlung von nicht realisierten Gewinnen und Verlusten resultiert auch für den Grundsatz der Vorsicht die Bezeichnung „Imparitätsprinzip". Neben diesem Prinzip lassen sich noch vier weitere aus dem Grundsatz der Vorsicht herausschälen: das Realisationsprinzip, das Zeitwertprinzip, das Niederstwertprinzip und das Höchstwertprinzip.

Das Realisationsprinzip besagt, daß Gewinne erst dann ausgewiesen werden dürfen, wenn sie durch Umsätze realisiert worden sind. Barverkäufe sind im Zeitpunkt des Zahlungseinganges realisiert, Kreditverkäufe im Zeitpunkt der Rechnungserteilung.

Das Zeitwertprinzip fordert die Bewertung zum Tageswert des Bilanzstichtages. Es gilt für Handelsbilanzen jedoch nur im Rahmen des Niederstwertprinzips für das Vermögen.

Das Niederstwertprinzip besagt, daß von den zwei möglichen Wertansätzen — Anschaffungswert und Zeitwert — jeweils der niedrigere zu wählen ist. Damit finden Preisrückgänge ihre bilanzmäßige Berücksichtigung.

Das Höchstwertprinzip gilt für die Passivseite in Analogie zum Niederstwertprinzip. Es besagt, daß Verbindlichkeiten bei einem niedrigeren Zeitwert zum höheren Anschaffungswert und bei einem höheren Zeitwert zu diesem zu bilanzieren sind.

b) Der Grundsatz des Gläubigerschutzes

Dieser Grundsatz verfolgt das Ziel, die Haftungssubstanz der Unternehmung zugunsten der Gläubiger zu erhalten, also eine Minderung des der Vorsorgehaftungsfunktion unterworfenen Eigenkapitals durch überhöhte Gewinnausschüttung (= verdeckte Kapitalausschüttungen) zu verhindern. Aus dem Grundsatz der Vorsicht wurden ähnliche Überlegungen durchgeführt, jedoch für die Erhaltung der Unternehmung.

Die Gläubiger sind daran interessiert, die der Unternehmung gewährten Kredite in jedem Fall gesichert zu sehen. Eine niedrige Bewertung der Aktiva sowie eine hohe Bewertung der Verbindlichkeiten kommt ihren Interessen entgegen. Gleiches gilt für die Interessen der Allgemeinheit.

c) Der Grundsatz der finanzwirtschaftlichen Vorsicht

Der allgemeine Grundsatz der Vorsicht kann zum Zwecke der stillen Kapitalbildung genutzt werden. Diese nun finanzwirtschaftliche Vorsicht äußert sich in einer bewußten Niedrig-Bemessung des ausgewiesenen Gewinnes mit dem Ziel, stille Reserven oder auch offene Reserven zu schaffen. Zugleich wird durch die Verringerung des ausschüttbaren Gewinnes die Liquidität der Unternehmung verbessert und die Unternehmung insgesamt in ihrer zukünftigen Finanzkraft und damit Existenz gesichert.

Offenen Reserven ist dabei insoweit der Vorzug zu geben, als sie den Gesellschaftern wie auch den anderen Bilanzlesern einen Einblick in das Ausmaß der Selbstfinanzierung der Unternehmung vermitteln.

3. Ergänzende Grundsätze

a) Der Grundsatz der Bilanzklarheit und -übersichtlichkeit

Der Grundsatz der Bilanzklarheit und -übersichtlichkeit erfaßt die formelle Seite der Bilanz und der Gewinn- und Verlustrechnung. Im AktG 1965 heißt es dazu im § 149 I: „Der Jahresabschluß ist klar und übersichtlich aufzustellen und muß im Rahmen der Bewertungsvorschriften einen möglichst sicheren Einblick in die Vermögens- und Ertragslage der Gesellschaft geben."

Dieser Grundsatz umschließt im Hinblick auf die Bilanz

❶ die fachgerechte Bildung und Bezeichnung von Bilanzpositionen,

❷ die fachgerechte Gruppenbildung und Bezeichnung für mehrere, gesondert auszuweisende Positionen,

❸ die fachgerechte Rangfolge der Gruppen und der einzelnen Positionen innerhalb der Gruppen.

Eine nach dem Grundsatz der Klarheit entsprechend der herrschenden Ansicht fachgerechte Bilanz zeigt die Mindestgliederungsvorschrift des § 151 AktG.

Der Grundsatz der Klarheit im Hinblick auf die Gewinn- und Verlustrechnung stellt die Forderung nach einer Bruttorechnung auf, in der Aufwendungen und Erträge unsaldiert und gesondert erscheinen. Das AktG 1965 hat gegenüber dem AktG 1937 einen großen Schritt in Richtung einer Bruttorechnung unternommen. Die Mindestgliederung der Gewinn- und Verlustrechnung ist in § 157 I AktG dargestellt.

b) Der Grundsatz der Bilanzwahrheit

Der Grundsatz der Bilanzwahrheit erfaßt die materielle Seite des Jahresabschlußes. Er hat keine ausdrückliche gesetzliche Festlegung gefunden, da es eine absolute Wahrheit für eine Bilanz nicht gibt. Wahrheit ist hier im Sinne einer getreuen und gewissenhaften Rechenschaftslegung zu verstehen.

Dieser Grundsatz umfaßt nach herrschender Ansicht

❶ mengenmäßige Vollständigkeit der Aktiva und Passiva
   (= mengenmäßige Wahrheit);

❷ richtige Bezeichnung der ausgewiesenen Werte
   (= bezeichnungsmäßige Wahrheit);

❸ Beachtung der Bewertungsprinzipien
   (= bewertungsmäßige Wahrheit).

Diese Ansicht stützt sich auf verschiedene Gesetzesstellen, u. a. auf den § 162 II (2) AO und den § 39 HGB.

Die Bewertungsprinzipien haben einen unterschiedlichen Inhalt, je nach dem, welche Bilanzart im Einzelfall angesprochen ist. Es muß in dieser Hinsicht unterschieden werden zwischen

1. Handelsbilanzen als Jahresschlußbilanzen nach dem Handelsrecht
2. Steuerbilanzen zur Gewinnfeststellung oder zur Substanzfeststellung nach dem Steuerrecht
3. Sonderbilanzen für besondere Situationen der Unternehmung, wie Fusion, Umgründung, Sanierung, Auseinandersetzung, Konkurs u. a. m. Hierfür gibt es zum Teil spezielle Regelungen in den jeweiligen Gesetzen.

c) Die Grundsätze der Bilanzverknüpfung

(1) Der Grundsatz der Bilanzidentität

Dieser Grundsatz gilt für alle Bilanzen, die aus einem Periodenabschluß der Buchführung hervorgehen. Die Stichtagsunterbrechung in der Buchführung bedingt, daß die ihr zum Ende einer Periode entnommenen Werte als Anfangswerte wiederum in die Buchführung der sich anschließenden Periode übertragen werden. Im System der Doppelten Buchführung geschieht dies durch Einschaltung eines Eröffnungsbilanzkontos.

Die Gleichheit von Schlußbilanz einer Rechnungsperiode und Eröffnungsbilanz der folgenden Rechnungsperiode ist bisher nur bei Währungsumstellungen durchbrochen worden; so wichen beispielsweise die RM-Schlußbilanz und die DM-Eröffnungsbilanz im Jahre 1948 voneinander ab.

(2) Der Grundsatz der Bilanzkontinuität

Dieser Grundsatz besagt, daß die zeitlich aufeinander folgenden Jahresabschlüsse sich durch eine formelle und materielle Gleichheit auszeichnen sollen. Die formelle Gleichheit bedeutet Gleichheit des äußeren Aufbaues. Im einzelnen ist darunter die Bildung und Bezeichnung der Positionen, ihre Gruppenbildung und ihre Rangfolge zu verstehen (Grundsatz der Bilanzklarheit). Die Abschreibungsform — direkte oder indirekte Abschreibung — ist darin ebenfalls eingeschlossen.

Die materielle Gleichheit bedeutet Anwendung der gleichen Bewertungsprinzipien. Die Einhaltung dieses Grundsatzes ist eine wichtige Voraussetzung für den zwischenzeitlichen Bilanzvergleich. Es kann hier schon gesagt werden, daß die materielle Kontinuität für Steuerbilanzen gesetzlich verankert ist, dagegen für Handelsbilanzen zwar oft gefordert wird, aber nicht zwingend vorgeschrieben ist. Die materielle Kontinuität und ihre Problematik tritt am deutlichsten bei den Abschreibungen (Abschreibungsarten und Höhe der Abschreibungsbeträge pro Periode) in Erscheinung.

(3) Der Grundsatz der Bilanzkongruenz

Dieser Grundsatz besagt, daß Gleichheit zwischen dem Gesamterfolg, den die Unternehmung in ihrer Lebensdauer erzielt (Totalerfolg in der für die gesamte

Lebensdauer aufzustellenden Totalrechnung) und der Summe der Periodenerfolge bestehen soll. Die Schwierigkeit liegt darin, daß immer dann, wenn außerordentliche periodenfremde Aufwendungen und Erträge auftreten, sie das Ergebnis der laufenden Periode an sich nicht verfälschen sollten, andererseits aber immer dann nicht der richtigen Periode zugeschrieben werden können, wenn sie die Vergangenheit betreffen; denn sie würden dann nachträgliche Bilanzänderungen bedingen. Hier liegen also die Grundsätze der Kontinuität und der Kongruenz in einem gewissen Widerstreit und sind daher in eine Rangfolge zu bringen.

4. Die Bilanzdelikte

Die Delikte der Bilanzverschleierung und der Bilanzfälschung werden meist so gegeneinander abgegrenzt, daß als Bilanzverschleierung Verstöße gegen den Grundsatz von Klarheit und Übersichtlichkeit und als Bilanzfälschung Verstöße gegen den Grundsatz der Wahrheit bezeichnet werden.

Die Bilanzverschleierung führt zu einer unklaren und undurchsichtigen Darstellung der an sich richtigen Bilanzwerte und versucht so über die wahre Kapital- und Vermögenslage zu täuschen. Bei den Fällen der Bilanzfälschung wird die Kapital- und Vermögenslage durch falsche Mengengrundlagen, falsche Bewertungen oder falsche Bezeichnungen unzutreffend dargestellt. Das Delikt der Bilanzfälschung geht somit über jenes der Bilanzverschleierung hinaus, denn bei seinem Vorliegen ist der Inhalt der Bilanz unzutreffend, sie ist unwahr, nicht nur unklar.

Wird im Rahmen einer AG gegen das Gesetz oder eine vorhandene Satzung in dieser Form verstoßen, so ist eine Anfechtungsklage möglich (wenn die Hauptversammlung den Jahresabschluß feststellt) oder eine Feststellungsklage auf Nichtigkeit (wenn Vorstand und Aufsichtsrat den Jahresabschluß festgestellt haben). Für die Aktiengesellschaft führen die beiden Bilanzdelikte zur Änderung der Bilanz oder zur Nichtigkeit der Bilanz, d. h. die Bilanz hat nie Rechtswirksamkeit erreicht (§§ 256—257 AktG 1965). Für die Genossenschaft ist eine Anfechtung nach § 51 GenG möglich, für stille Gesellschaften, OHG und KG nur auf Grund der allgemeinen Regelungen des BGB über Irrtum und Täuschung. Die Bilanz des Einzelkaufmanns ist bei Nichtbeachtung zwingender gesetzlicher Vorschriften nichtig.

IV. Die Jahreserfolgsrechnung nach Handelsrecht

1. Bilanzierungsfähigkeit und Bilanzierungspflicht

Bilanzierungsfähig bedeutet, daß der Bilanzierende bestimmte Wirtschaftsgüter — Gegenstände und Rechte — unter die Aktiva — aktivierungsfähig — oder unter die Passiva — passivierungsfähig — seiner Bilanz aufnehmen kann.

Die Bilanzierungsfähigkeit setzt allgemein die Abgrenzbarkeit von anderen Werten und die selbständige Bewertbarkeit voraus. Für die Aktiva gilt darüber hinaus als Voraussetzung eine weiterwirkende Nutzung über einen längeren Zeitraum als ein Geschäftsjahr und für die Passiva Eigenkapitalcharakter oder Verbindlichkeitencharakter im weiteren wirtschaftlichen Sinne.

Bilanzierungspflichtig ist derjenige Teil der bilanzierungsfähigen Wirtschaftsgüter, für die ein Wahlrecht vom Gesetzgeber nicht ausdrücklich bestimmt worden ist.

Ein Wahlrecht ist für die folgenden Tatbestände im AktG 1965 niedergelegt worden: entgeltlich erworbene immaterielle Anlagewerte, Kosten der Ingangsetzung, Geschäfts- bzw. Firmenwert, Korrekturposten zu Passiva, Pensionsverbindlichkeiten, Lastenausgleichs-Vermögensabgabe, steuerfreie Rücklagen und Rechnungsabgrenzungsposten. Alle anderen bilanzierungsfähigen Wirtschaftsgüter sind damit bilanzierungspflichtig.

In die Bilanz gehen somit zwangsläufig entsprechend dem Grundsatz der Bilanzwahrheit nur die bilanzierungspflichtigen Wirtschaftsgüter als Mindestinhalt ein; der Unternehmer kann darüber hinaus die bilanzierungsfähigen Tatbestände aufnehmen; er wird von dieser Möglichkeit Gebrauch machen, wenn sie sich günstig für ihn auswirkt. Eine Reihe weiterer Tatbestände ist in den Geschäftsbericht aufzunehmen, wie noch zu zeigen ist. Darüber hinaus verbleiben noch etliche andere Tatbestände, die zwar für die Lage der Unternehmung und ihre Beurteilbarkeit bedeutsam sind, aber im Jahresabschluß weder aufgeführt sein müssen noch — in aller Regel — aufgeführt werden. Damit kann auch eine Bilanzanalyse nur das an Aussagen erbringen, was zuvor in irgendeiner Form in den Jahresabschluß eingegangen ist.

Wenn die Frage auftaucht, ob ein Gegenstand unter die Aktiven oder Passiven der Unternehmung aufzunehmen ist, wird die **wirtschaftliche Betrachtungsweise** der juristischen vorgezogen. Dies sei hier am Beispiel des Eigentumsvorbehaltes und der Sicherungsübereignung dargestellt.

Die unter Eigentumsvorbehalt gelieferten Gegenstände sind beim Erwerber zu bilanzieren, der Lieferant bilanziert eine Forderung. Nur dann, wenn der Eigentumsvorbehalt geltend gemacht worden ist, gilt die juristische Betrachtungsweise, und der Gegenstand darf nicht mehr in der Bilanz des Erwerbers ausgewiesen werden.

Bei der Sicherungsübereignung bzw. Sicherungsabtretung ist das Sicherungsgut ebenfalls beim „wirtschaftlichen Eigentümer" zu bilanzieren. Die Sicherung ist nach dem § 160 Abs. 3 AktG 1965 im Geschäftsbericht zu vermerken. Bei einem Treunehmer sollte aus Gründen der Bilanzklarheit ein Durchlaufposten „Treuhandvermögen" als Aktivum und „Treuhandverpflichtungen" als Passivum zusätzlich in der Bilanz auftreten.

2. Gliederung und Aufbau

Gliederung und Aufbau von Bilanzen und Gewinn- und Verlustrechnungen haben den Grundsätzen ordnungsmäßiger Buchführung und Bilanzierung zu entsprechen. Als Bestandteile der Grundsätze sind die Gliederungsvorschriften in den §§ 131 und 132 des AktG 1937 auf Grund ihrer im Rahmen der Buchführungsrichtlinien vom 11. 11. 1937 erfolgten Verbindlichkeitserklärung anzusehen. Eine gleiche Verbindlichkeitserklärung gibt es für die in den §§ 151 und 157 des AktG 1965 enthaltenen Gliederungsvorschriften nicht. Es ist daher zumindest fraglich, ob diese neuen Gliederungsvorschriften des Aktiengesetzes bereits Bestandteil der Grundsätze ordnungsmäßiger Buchführung sind. Im Rahmen dieser Frage muß aber berücksichtigt werden, daß sich in den neuen Gliederungsvorschriften im Vergleich zu den früheren Vorschriften ergänzende betriebswirtschaftliche Erkenntnisse niedergeschlagen haben. Es ist daher zumindest vom Standpunkt der Betriebswirtschaftslehre und ihrer möglichen Einflußnahme auf den jeweiligen Inhalt der Grundsätze zu empfehlen und für die Zukunft zu erwarten, daß die Gliederungsvorschriften des neuen Aktiengesetzes Eingang in die Grundsätze ordnungsmäßiger Buchführung finden werden. Bei diesen Überlegungen ist weiterhin zu berücksichtigen, daß die Gliederungsvorschriften des Jahres 1937 die Bedeutung von Mindestgliederungsvorschriften hatten, d. h. eine weitergehende Untergliederung jederzeit zulässig war. Zumindest die im neuen Aktiengesetz enthaltenen Gliederungsvorschriften für die Bilanz sind als eine auch nach dem Aktiengesetz von 1937 mögliche Erweiterung von Gliederung und Aufbau anzusprechen. Deshalb sollen den nachfolgenden Ausführungen die Gliederungsvorschriften des neuen Aktiengesetzes zugrunde gelegt werden.

a) Gliederung und Aufbau der Bilanz

Vom **betriebswirtschaftlichen** Standpunkt lassen sich drei Kriterien für die Gliederung in der Bilanz unterscheiden:

- **Gliederung nach der Liquidität,**
- **Gliederung nach dem Ablauf,**
- **Gliederung nach Rechtsverhältnissen.**

Bei Anwendung des Gliederungsgesichtspunktes „Liquidität" werden die Vermögensteile auf der Aktivseite nach dem Grad der zeitlichen Liquidierbarkeit, die Kapitalteile auf der Passivseite nach den Zeitpunkten der Fälligkeit geordnet. Industrieunternehmungen beginnen meist mit den illiquiden Vermögens- und den langfristigen Kapitalteilen. Banken und Versicherungsunternehmungen ordnen die Vermögens- und Kapitalteile in der entgegengesetzten Reihenfolge.

Bei der Anwendung des Gliederungsgesichtspunktes „Ablauf" werden die Vermögensteile nach der Reihenfolge des innerbetrieblichen Werteflusses und damit in Anlehnung an den Kontenrahmen geordnet.

Bei Anwendung des Gliederungsgesichtspunktes „Rechtsverhältnisse" werden die Vermögensteile nach der Beweglichkeit (mobil oder immobil) oder der Art (Sache oder Recht) und die Kapitalteile nach der Art (z. B. Hypothek — Warenverbindlichkeit) und nach der Fälligkeit geordnet.

Vom **rechnungstechnischen** Standpunkt lassen sich zwei Formen unterscheiden: die Kontoform und die Staffelform.

Die Kontoform mit einer oder beim Anlagevermögen mehreren vertikalen Zahlenreihen ist dabei der Regelfall. Eine umfassende vertikale Gliederung des Anlagevermögens stellt die sogenannte Sieben-Spalten-Bilanz dar:

Vermögensteil Werte →	Anfangsbestand	Zugänge	Zuschreibungen	Abgänge	Abschreibungen	Umbuchungen	Bilanzwert

Sie vermittelt weitgehenden Einblick in die Veränderungen des Anlagevermögens sowohl in mengen- als auch in wertmäßiger Hinsicht. Die Staffelform wird nur in Berichten zur Darstellung der Entwicklung verwendet.

Die Anwendung eines einzigen Gliederungsgesichtspunktes aus jeder Gruppe ist weder möglich noch zweckmäßig. Das Aktiengesetz verbindet daher alle Gesichtspunkte miteinander. Nach § 151 Abs. 1 AktG umfaßt die Bilanz **mindestens** folgende Positionen:

Aktiva

I. Ausstehende Einlagen auf das Grundkapital;
davon eingefordert:

II. Anlagevermögen:

    A. Sachanlagen und immaterielle Anlagewerte:

        1. Grundstücke und grundstücksgleiche Rechte mit Geschäfts-, Fabrik- und anderen Bauten;

        2. Grundstücke und grundstücksgleiche Rechte mit Wohnbauten;

        3. Grundstücke und grundstücksgleiche Rechte ohne Bauten;

4. Bauten auf fremden Grundstücken, die nicht zu Nr. 1 oder 2 gehören;
   5. Maschinen und maschinelle Anlagen;
   6. Betriebs- und Geschäftsausstattung;
   7. Anlagen im Bau und Anzahlungen auf Anlagen;
   8. Konzessionen, gewerbliche Schutzrechte und ähnliche Rechte sowie Lizenzen an solchen Rechten.
   B. Finanzanlagen:
   1. Beteiligungen;
   2. Wertpapiere des Anlagevermögens, die nicht zu Nr. 1 gehören;
   3. Ausleihungen mit einer Laufzeit von mindestens 4 Jahren;
      davon durch Grundpfandrechte gesichert:
III. Umlaufvermögen:
   A. Vorräte:
   1. Roh-, Hilfs- und Betriebsstoffe;
   2. unfertige Erzeugnisse;
   3. fertige Erzeugnisse, Waren.
   B. Andere Gegenstände des Umlaufvermögens:
   1. geleistete Anzahlungen, soweit sie nicht zu II A Nr. 7 gehören;
   2. Forderungen aus Lieferungen und Leistungen;
   3. Wechsel;
      davon bundesbankfähig:
   4. Schecks;
   5. Kassenbestand, Bundesbank- und Postscheckguthaben;
   6. Guthaben bei Kreditinstituten;
   7. Wertpapiere, die nicht zu Nr. 3, 4, 8 oder 9 oder zu II B gehören;
   8. eigene Aktien unter Angabe ihres Nennbetrages;
   9. Anteile an einer herrschenden oder an der Gesellschaft mit Mehrheit beteiligten Kapitalgesellschaft oder bergrechtlichen Gewerkschaft unter Angabe ihres Nennbetrages, bei Kuxen ihrer Zahl;
   10. Forderungen an verbundene Unternehmen;
   11. Forderungen aus Krediten, die
       a) unter § 89,
       b) unter § 115 fallen;
   12. sonstige Vermögensgegenstände.
IV. Rechnungsabgrenzungsposten
V. Bilanzverlust

Passiva
   I. Grundkapital:
   II. Offene Rücklagen:
   1. gesetzliche Rücklage;
   2. andere Rücklagen (freie Rücklagen).

III. Wertberichtigungen:

IV. Rückstellungen:
1. Pensionsrückstellungen;
2. andere Rückstellungen.

V. Verbindlichkeiten mit einer Laufzeit von mindestens 4 Jahren:
1. Anleihen;
   davon durch Grundpfandrechte gesichert:
2. Verbindlichkeiten gegenüber Kreditinstituten;
   davon durch Grundpfandrechte gesichert:
3. sonstige Verbindlichkeiten;
   davon durch Grundpfandrechte gesichert:
   Von Nr. 1 bis 3 sind vor Ablauf von 4 Jahren fällig:

VI. Andere Verbindlichkeiten:
1. Verbindlichkeiten aus Lieferungen und Leistungen;
2. Verbindlichkeiten aus der Annahme gezogener Wechsel und der Ausstellung eigener Wechsel;
3. Verbindlichkeiten gegenüber Kreditinstituten, soweit sie nicht zu V gehören;
4. erhaltene Anzahlungen;
5. Verbindlichkeiten gegenüber verbundenen Unternehmen;
6. sonstige Verbindlichkeiten.

VII. Rechnungsabgrenzungsposten:

VIII. Bilanzgewinn:

Darüber hinaus gilt für Aktiengesellschaften § 151 Abs. 5 AktG: „In der Jahresbilanz sind, sofern sie nicht auf der Passivseite auszuweisen sind, in voller Höhe gesondert zu vermerken:

1. Verbindlichkeiten aus der Begebung und Übertragung von Wechseln;
2. Verbindlichkeiten aus Bürgschaften, Wechsel- und Scheckbürgschaften;
3. Verbindlichkeiten aus Gewährleistungsverträgen;
4. Haftung aus der Bestellung von Sicherheiten für fremde Verbindlichkeiten."

b) Gliederung und Aufbau der Gewinn- und Verlustrechnung

Vom **betriebswirtschaftlichen** Standpunkt lassen sich drei Gliederungsgesichtspunkte unterscheiden:

- **Gliederung nach Arten und Bereichen;**
- **Gliederung nach Betriebs- und Unternehmenserfolg;**
- **Gliederung nach Regelmäßigkeit des Erfolges.**

Die Gliederung nach Arten und Bereichen ist die grundlegendste. Sie ordnet die Aufwendungen nach Aufwandsarten und nach den Bereichen wie Fertigung,

Verwaltung, Vertrieb und Allgemeines. Die Erträge ordnet sie nach unterschiedlichen Fabrikaten oder nach Absatzbereichen: funktional (Großhandel — Einzelhandel) oder lokal (Inland — Ausland). In großen Unternehmungen können mehrere vertikale Spalten (Vorspalten gegenüber der Ausweisspalte, die in die Summe eingeht) für die verschiedenen Unternehmensbereiche, z. B. Produktgruppen bei mehreren Werken, vorgeschaltet werden. Das folgende Schema zeigt eine GuV-Rechnung in Kontoform, die nach drei Produktgruppen aufgegliedert ist.

Aufwendunngen						Erträge				
Aufwands- arten	Produkt- gruppe I	Produkt- gruppe II	Produkt- gruppe III	Gesamt - Ausweis- spalte -		Ertrags- arten	Produkt- gruppe I	Produkt- gruppe II	Produkt- gruppe III	Gesamt - Ausweis- spalte -

Diese vertikale Zusatzaufteilung, die sich in der Industrie bisher kaum durchgesetzt hat, kommt verschiedentlich bei Versicherungsgesellschaften (gegliedert nach Versicherungszweigen) zur Anwendung.

Die Gliederung nach Betriebs- und Unternehmenserfolg soll den Erfolg aus der Herstellung und dem Verkauf der Produkte (Betriebserfolg) vom Erfolg aus Kapitalanlagen, Beteiligungen, Lizenzen, Pachten u. a. m. (sonstige Erfolge im Rahmen der Unternehmung) trennen. Für den Gesamterfolg der Unternehmung wird hier also ein unterteilter Nachweis geführt, der sich an den verschiedenen Zwecken orientiert, die im Rahmen der Unternehmung und der einheitlichen Zielsetzung (z. B. Gewinnmaximierung) nebeneinander verfolgt werden.

Die Gliederung nach der Regelmäßigkeit des Erfolges soll die aperiodischen und die außerordentlichen Erfolge, die z. B. in den Positionen Rückstellungen, Steuern, Abschreibungen, Abgang von Anlage- und Umlaufvermögen enthalten sind, getrennt von den periodischen und regelmäßigen Erfolgen ausweisen. Damit soll eine bessere Beurteilung des regelmäßigen periodengerechten Erfolges erreicht werden, der zugleich eine Grundlage für die Vorausschätzung der künftig zu erwartenden Erfolge zu bilden vermag.

Vom **rechnungstechnischen** Standpunkt lassen sich ebenfalls drei Gliederungsgesichtspunkte unterscheiden

- **Gliederung in Konto- oder Staffelform;**
- **Gliederung in Brutto- oder Nettorechnung;**
- **Gliederung in Umsatz- oder Produktionsrechnung.**

Die Gliederung in Kontoform stellt die Aufwendungen im „Soll", die Erträge im „Haben" einander gegenüber. Die Staffelform faßt bestimmte Ertrags- und Aufwandsarten in Gruppen zusammen und zieht in gestaffelter Rechnung Aufwendungen bzw. Erträge zusammen sowie Aufwandssummen von Ertragssummen ab, womit eine größere Übersicht über die Einzelzusammenhänge gewonnen wird.

Die Gliederung in Brutto- oder Nettorechnung besagt, daß in der Bruttorechnung die Erträge und Aufwendungen in voller Höhe, also unsaldiert und gesondert ausgewiesen erscheinen, wohingegen in der Nettorechnung nur der Saldo erscheint, also Erträge und Aufwendungen schon auf Vorkonten gegeneinander aufgerechnet wurden.

Die reine Nettorechnung weist auf jeder Seite nur eine — die gleiche — Zahl aus, nämlich den Reingewinn oder Reinverlust. Zwischen diesen Extremen ist eine Vielzahl von Zwischenstufen möglich, die mehr zur Brutto- oder mehr zur Nettorechnung neigen.

Die Gliederung in Umsatz- oder Produktionsrechnung will die Aufwendungen und Erträge in drei Gruppen ordnen:

- Produktion und Verkauf in dieser Periode;
- Verkauf in dieser Periode, Produktion in einer früheren Periode;
- Produktion in dieser Periode, Verkauf in einer späteren Periode.

Im Aktiengesetz sind verschiedene Gesichtspunkte nebeneinander berücksichtigt worden. Die Mindestgliederung der Gewinn- und Verlustrechnung lautet nach § 157 Abs. 1 AktG 1965:

1. Umsatzerlöse
2. Erhöhung oder Verminderung des Bestandes an fertigen und unfertigen Erzeugnissen
3. andere aktivierte Eigenleistungen
4. Gesamtleistung
5. Aufwendungen für Roh-, Hilfs- und Betriebsstoffe sowie für bezogene Waren
6. Rohertrag / Rohaufwand
7. Erträge aus Gewinngemeinschaften, Gewinnabführungs- und Teilgewinnabführungsverträgen
8. Erträge aus Beteiligungen
9. Erträge aus den anderen Finanzanlagen
10. sonstige Zinsen und ähnliche Erträge
11. Erträge aus dem Abgang von Gegenständen des Anlagevermögens und aus Zuschreibungen zu Gegenständen des Anlagevermögens
12. Erträge aus der Herabsetzung der Pauschalwertberichtigung zu Forderungen
13. Erträge aus der Auflösung von Rückstellungen
14. sonstige Erträge
    davon außerordentliche:
15. Erträge aus Verlustübernahme

16. Löhne und Gehälter
17. soziale Abgaben
18. Aufwendungen für Altersversorgung und Unterstützung
19. Abschreibungen und Wertberichtigungen auf Sachanlagen und immaterielle Anlagewerte
20. Abschreibungen und Wertberichtigungen auf Finanzanlagen, mit Ausnahme des Betrages, der in die Pauschalwertberichtigung zu Forderungen eingestellt ist
21. Verluste aus Wertminderungen oder dem Abgang von Gegenständen des Umlaufvermögens außer Vorräten und Einstellung in die Pauschalwertberichtigung zu Forderungen
22. Verluste aus dem Abgang von Gegenständen des Anlagevermögens
23. Zinsen und ähnliche Aufwendungen
24. Steuern
    a) vom Einkommen, vom Ertrag und vom Vermögen
    b) sonstige
25. Aufwendungen aus Verlustübernahme
26. sonstige Aufwendungen
27. auf Grund einer Gewinngemeinschaft, eines Gewinnabführungs- und eines Teilgewinnabführungsvertrags abgeführte Gewinne
28. Jahresüberschuß / Jahresfehlbetrag
29. Gewinnvortrag / Verlustvortrag aus dem Vorjahr
30. Entnahmen aus offenen Rücklagen
    a) aus der gesetzlichen Rücklage
    b) aus freien Rücklagen
31. Einstellung aus dem Jahresüberschuß in offene Rücklagen
    a) in die gesetzliche Rücklage
    b) in freie Rücklagen
32. Bilanzgewinn / Bilanzverlust

Damit hat das Aktiengesetz erstmalig die Staffelform für verbindlich erklärt, die vorher überwiegend aus der Praxis der amerikanischen Gesellschaften bekannt war.

3. Wertansätze der Bilanzierung

Die Bewertungsvorschriften des Aktienrechts überlassen die Wahl der Bewertungsmethode weitgehend der bilanzierenden Gesellschaft. Der für die einzelnen Vermögensgegenstände anzusetzende Wert ergibt sich daher nicht unmittelbar aus dem Gesetz, sondern nur aus dem Gesetz in Verbindung mit den Bewertungs- und Abschreibungsmethoden.

Im folgenden sollen als Grundlage die Begriffe der Anschaffungs- bzw. Herstellungskosten und der Abschreibung besprochen werden.

a) Anschaffungs- und Herstellungskosten

Wenn auch beide Begriffe im AktG verwendet werden, so sind sie doch nur mit Hilfe der Grundsätze ordnungsgemäßer Buchführung und Bilanzierung näher zu deuten.

Die Anschaffungskosten umfassen grundsätzlich die tatsächlichen Ausgaben oder Aufwendungen, die durch die Beschaffung des Gegenstandes entstanden sind. Die Anschaffungskosten bestehen aus dem Anschaffungspreis und den Anschaffungsnebenkosten. Der Anschaffungspreis errechnet sich aus dem Preis laut Rechnung abzüglich der gewährten Rabatte und der Nachlässe wie Skonti und Boni. Die Anschaffungsnebenkosten umfassen alle Kosten vom Erwerb bis zur Betriebsbereitschaft, wie z. B. Eingangsfrachten, Zölle, Provisionen, Speditionsgebühren, Anfuhr- und Abladekosten, Transportversicherung, Steuern, Notariatsgebühren und Aufbaukosten der neuen Anlage. Für jeden erworbenen Gegenstand sind derartige Anschaffungskosten zu bestimmen.

Abweichend von dem Grundsatz der Einzelbewertung (= jeder einzelne Vermögensgegenstand ist einzeln zu bewerten) können Festwerte für Teile des Sachanlagevermögens und Gruppenwerte für Teile des Vorratsvermögens angesetzt werden. Auch gegen eine Pauschalierung von Nebenkosten ist handelsrechtlich nichts einzuwenden. Die Anschaffungskosten sind manchmal, z. B. bei Kauf einer ganzen Unternehmung, nicht zu ermitteln, weil ein Gesamtpreis gezahlt worden ist. Hier übernimmt man zunächst die bisherigen Bilanzwerte. Sofern sich eine positive Differenz zwischen dem Gesamtpreis und dem bilanzmäßigen Eigenkapital ergibt, sollte diese aus steuerlichen Gründen soweit wie möglich durch Auflösung von stillen Reserven ausgeglichen werden; ein danach noch verbleibender Restbetrag müßte dann allerdings als Firmenwert (derivativer Firmenwert) in der Bilanz ausgewiesen werden. (Der oben genannte steuerliche Gesichtspunkt beruht darauf, daß ein in der Steuerbilanz aktivierter Firmenwert nur dann durch Abschreibung vermindert werden darf — Minderung des steuerpflichtigen Gewinnes — wenn eine nachhaltig wirksame Minderung des Firmenwertes nachweisbar ist.)

Die Herstellungskosten sind sowohl für diejenigen Anlagegegenstände, die in der Unternehmung selbst erstellt und genutzt oder die durch eine Überholung und Großreparatur im Werte erhöht worden sind, als auch für die Gegenstände des Umlaufvermögens, die als halbfertige und fertige Erzeugnisse auszuweisen sind, zu ermitteln. Die Herstellungskosten umfassen ebenfalls nur tatsächliche Ausgaben oder Aufwendungen. In die Herstellungskosten gehen mindestens die Einzelkosten wie Lohn-, Material- und Sondereinzelkosten der Fertigung ein. Für den fixen wie für den variablen Teil der Gemeinkosten hat nach fast einhelliger Meinung das AktG in § 153 Abs. 2 ein Aktivierungswahlrecht vorgesehen: es „**dürfen in angemessenem Umfang Abschreibungen und sonstige Wertminderungen sowie angemessene Teile der Betriebs- und Verwaltungskosten eingerechnet werden, die auf den Zeitraum der Herstellung entfallen; Vertriebskosten gelten nicht als Betriebs- und Verwaltungskosten**".

Während die Abschreibungen und die Verwaltungskosten im Grunde eindeutig zu bestimmen sind, fällt dies bei den Betriebskosten schwerer. Man kann hier an alle anderen Bereiche wie Fertigung, Material und Entwicklung denken. Auch die Beschränkung nur auf den Ansatz der variablen Kosten scheint in Anlehnung an das Prinzip der Vorsicht vertretbar.

Der Ansatz der Gemeinkosten bei der Ermittlung der Herstellungskosten ist damit, unter Beachtung der Obergrenze, die niemals überschritten werden darf, in das Ermessen der Unternehmung gestellt. Die Beantwortung der Frage, inwieweit jene Gemeinkosten, die in den Beständen des Anlage- oder Umlaufvermögens aktiviert werden können, in die Bilanz als Aktiva überführt werden oder stattdessen in die Gewinn- und Verlustrechnung als Aufwand übernommen werden, wird in der Praxis ein Kompromiß sein. Einmal soll durch den Grundsatz der Vorsicht der Ausweis nicht realisierter Gewinne vermieden werden, und zum anderen wird die periodengerechte Verteilung des Aufwandes gefordert. Bilanzpolitische Gründe werden im praktischen Einzelfall den Ausschlag für das eine oder das andere Argument geben. Daneben bedarf es ergänzend des Hinweises, daß die in der Praxis weit verbreitet unzureichende Kostenträgerrechnung die Tendenz zur vollen Abrechnung der Gemeinkosten über die Gewinn- und Verlustrechnung verstärkt.

b) Abschreibung

Der § 154 Abs. 1 AktG schreibt unter anderem vor: „Bei den Gegenständen des Anlagevermögens, deren Nutzung zeitlich begrenzt ist, sind die Anschaffungs- oder Herstellungskosten um planmäßige Abschreibungen oder Wertberichtigungen zu vermindern."

Das Wesen der Abschreibung bzw. Wertberichtigung läßt sich betriebswirtschaftlich je nach der zugrundeliegenden Bilanzauffassung erklären. Handelsrechtlich ist sie ein Mittel der Verteilung der Anschaffungskosten auf die einzelnen Rechnungsperioden, die in die Lebensdauer des Anlagegutes fallen. Jede Rechnungsperiode soll mit dem Anteil belastet werden, mit dem sie zum Verschleiß der Anlage beigetragen hat. Die Abschreibung hat außer der Bedeutung eines Aufwandsfaktors noch zwei weitere betriebswirtschaftlich interessante Seiten: als Ertragsfaktor, da Abschreibungen in den Kosten enthalten sind und diese bei der Rückerstattung im Marktpreis zu Erträgen werden, und als Finanzierungsfaktor, da ein Teil der zurückfließenden Mittel zeitweilig und ein anderer Teil endgültig für andere Finanzierungsaufgaben verwendet werden kann (Lohmann-Ruchti-Effekt).

Die Ursachen der Abschreibung können sein: technischer Verschleiß durch Gebrauch des Aggregates; ruhender Verschleiß durch Verwittern, Verschmutzen usw.; Katastrophenverschleiß durch Feuer, Überschwemmung u. ä.; Entwertung durch Substanzminderung bei Abbaubetrieben; Entwertung durch Fristablauf bei Patenten, Erbbaurechten u. ä.; Entwertung durch technischen Fortschritt als Verbesserung der Fertigungstechnik; Entwertung durch Änderung der Nachfrage nach den Produkten einer Anlage; Entwertung durch Fallen der Preise für diese Anlagen; schließlich bilanzpolitische Gründe der Gewinn- und Dividendenpolitik.

Der **Ausweis** der Abschreibung kann in zwei Formen geschehen: die Abschreibung kann unmittelbar vom Wert des Anlagegegenstandes abgebucht werden (direktes Verfahren, „Abschreibung") oder man behält den Wert des Anlagegegenstandes unverändert bei und stellt ihm einen Korrekturposten auf der Passivseite gegenüber (indirektes Verfahren, „Wertberichtigung").

Die **Berechnung** der Abschreibung geht von den Anschaffungs- oder Herstellungskosten der Anlage sowie einer geschätzten technischen Lebensdauer bzw. Nutzungsdauer und einer geschätzten wirtschaftlichen Nutzungsdauer aus. Die Bemessung der Abschreibung nach Maßgabe der **Zeit** geschieht in dreierlei Formen; die Abschreibung mit gleichem Betrag vom Anfangswert (lineare Abschreibung), die Abschreibung mit fallendem Betrag — digital vom Anfangswert oder degressiv vom vorhergehenden Buchwert — und die Abschreibung mit steigenden Beträgen vom Anfangswert (progressive Abschreibung). Die Auswahl unter diesen Abschreibungsmethoden erfolgt unter den Besonderheiten des Wirtschaftszweiges. Die Bemessung der Abschreibung kann auch nach Maßgabe der **Nutzung** erfolgen.

Ist der Zeitwert (Marktwert) am Tage der Bilanzaufstellung höher als die Anschaffungs- bzw. Herstellungskosten abzüglich der Abschreibungen, so ist dies unbeachtlich; eine entsprechende Wertzuschreibung ist unzulässig.

Ist der Zeitwert jedoch niedriger als der Buchwert, so können **außerplanmäßige** Abschreibungen oder Wertminderungen in Höhe der Differenz beider Werte vorgenommen werden; diese Abschreibung **muß** jedoch vorgenommen werden, wenn die Wertminderung voraussichtlich dauernder Natur ist. Der niedrigere Wertansatz darf zukünftig auch dann beibehalten werden, wenn die Gründe der außerplanmäßigen Abschreibung oder Wertberichtigung nicht mehr bestehen (§ 154 Abs. 2 AktG).

Außerplanmäßige Abschreibungen und Wertberichtigungen sind ferner in der Handelsbilanz erforderlich, wenn niedrigere Werte für die Zwecke der Steuern vom Einkommen und vom Ertrag in die Steuerbilanz eingesetzt werden.

4. Ausweis- und Bewertungsfragen einzelner Bilanzpositionen

Nachdem in den drei vorangegangenen Abschnitten Grundsätzliches über Inhalt und Gliederung des Jahresabschlusses gesagt wurde, sollen nun Ausweis- und Bewertungsfragen einzelner Bilanz-Positionen folgen.

a) Ausstehende Einlagen auf das Grundkapital (Aktiva I.)

Diese Position gibt Auskunft darüber, inwieweit das satzungsmäßige Grundkapital eingezahlt worden ist. Die ausstehenden Einlagen können also als Korrekturposten zum Grundkapital oder als Forderung der Gesellschaft an ihre Aktionäre aufgefaßt werden.

In dieser Position sind nur die ausstehenden Einzahlungen auszuweisen, die sich unmittelbar auf das Grundkapital beziehen. Alle anderen ausstehenden Einzahlungen, z. B. für Vorzugsrechte, gehören zu „Sonstige Vermögensgegenstände".

Die ausstehenden Einlagen sind unter Berücksichtigung der Zahlungsfähigkeit der Aktionäre bzw. ihrer Vormänner zu bilanzieren; notfalls sind also gesondert ausgewiesene Absetzungen auf der Aktivseite vorzunehmen.

b) Sachanlagen und immaterielle Anlagewerte (Aktiva II A)

Unter den folgenden Positionen sind nur diejenigen Gegenstände auszuweisen, „die am Abschlußstichtag bestimmt sind, dauernd dem Geschäftsbetrieb der Gesellschaft zu dienen". (§ 152, Abs. 1 AktG)

Der Ausweis hat in einer horizontalen und einer vertikalen Gliederung zu erfolgen. Die **horizontale** Gliederung zeigt die Entwicklung der einzelnen Bilanzpositionen vom Vortrag (zu Beginn des Geschäftsjahres) über Zugänge, Zuschreibungen, Abgänge, Abschreibungen und Umbuchungen zum Stand am Bilanzstichtag. Jede dieser Größen ist in einer gesonderten Spalte auszuweisen. **Vertikal** läßt sich die Gruppe in folgende Teile gliedern:

a) unbewegliche Sachanlagen,
b) bewegliche Sachanlagen,
c) Anlagen im Bau und Anzahlungen auf Anlagen,
d) immaterielle Anlagewerte.

(1) Unbewegliche Sachanlagen

Diese Untergruppe umfaßt folgende Bilanzpositionen der aktienrechtlichen Gliederung:

1. *Grundstücke und grundstücksgleiche Rechte mit Geschäfts-, Fabrik- und anderen Bauten;*
2. *Grundstücke und grundstücksgleiche Rechte mit Wohnbauten;*
3. *Grundstücke und grundstücksgleiche Rechte ohne Bauten;*
4. *Bauten auf fremden Grundstücken, die nicht zur Nr. 1 und 2 gehören;*

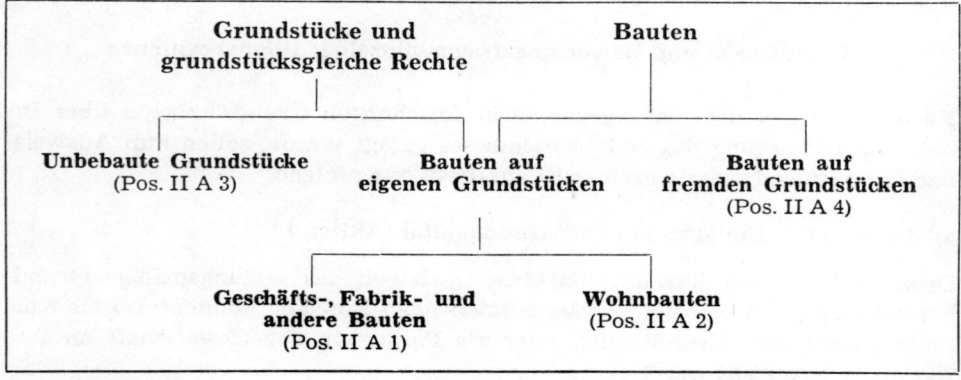

Die grundstücksgleichen Rechte, wie z. B. Erbbaurecht und Bergbaugerechtsame, sind wirtschaftlich und in vielerlei Hinsicht auch rechtlich den Grundstücken gleichgestellt. Sie werden daher unter den Grundstücken ausgewiesen.

Die grundsätzliche Einteilung in bebaute und unbebaute Grundstücke ist nach wirtschaftlichen Gesichtspunkten, nicht nach dem Grundbuch zu treffen. Wesentlich ist dabei, ob das unbebaute Grundstück selbständig verwertbar ist. Kann es nur im Zusammenhang mit einem bebauten Grundstück verwertet werden, so ist es dort auszuweisen.

Die weitere Unterteilung der bebauten Grundstücke in solche mit Wohnbauten und in solche mit Geschäfts-, Fabrik- und anderen Bauten geschieht nach dem Gesichtspunkt, ob diese Bauten unmittelbar für den Betrieb der Unternehmung verwendet werden. Bauten, die mehreren Zwecken dienen, sind unter der überwiegenden Benutzungsart auszuweisen.

Zu den Bauten rechnen auch manche Einrichtungen in den Gebäuden, wie z. B. Heizung, Beleuchtung, Belüftung und Installationen. Die Abgrenzung gegenüber Maschinen und maschinellen Anlagen kann nicht starr vorgenommen werden.

In jeder Position müssen Grundstücke und Bauten für Zwecke der **Abschreibung** getrennt erfaßt werden. Abschreibungen auf unbebaute Grundstücke sind nur in Ausnahmefällen wie z. B. Lageverschlechterung oder Hochwasser zulässig. Wenn die Bauten auf fremden Grundstücken nach Fristablauf in das Eigentum des Grundstückseigentümers übergehen, müssen die Anschaffungskosten bis auf eine eventuelle Entschädigung abgeschrieben sein. Bleibt das Eigentum an den Bauten der Unternehmung jedoch erhalten (§ 95 BGB), sind die Bauten auf ihren Abbruchwert abzuschreiben; eventuell ist eine Rückstellung zur Wiederherstellung des früheren Zustandes zu bilden.

(2) Bewegliche Sachanlagen

Es handelt sich um folgende Positionen:

5. *Maschinen und maschinelle Anlagen*
6. *Betriebs- und Geschäftsausstattung*

Diese zwei Positionen bilden den beweglichen Teil des Sachanlagevermögens. Die Position 5. umfaßt dabei alle Arten von Kraft- und Werkzeugmaschinen, Apparate in der chemischen Industrie, Hochöfen, Transportanlagen, Kräne und Lagerbehälter. Die Position 6. umfaßt als Betriebsausstattung die Werkstätteneinrichtung, Werkzeuge, Arbeitsgeräte, Modelle und Sonderfahrzeuge. Unter Geschäftsausstattung werden in der Regel die Büroeinrichtung und Kraftfahrzeuge verstanden. Ersatzteilläger und Reparaturmaterialien sind der Position zuzurechnen, zu deren Instandhaltung sie benötigt werden.

Die Bewertung weist folgende zwei Besonderheiten auf. Die Anschaffungs- bzw. Herstellungskosten der Gegenstände umfassen auch die Ausgaben für Fundamentierung, Aufstellung, Prüfung und Abnahme. Die Anlaufkosten einer Anlage sind dagegen nicht bilanzierungsfähig.

In der Regel sind die Vermögensgegenstände **einzeln** zu bewerten. Bei solchen beweglichen Gegenständen des Sachanlagevermögens, wie z. B. Werkzeuge, Modelle und Hotelgeschirr, gibt es dagegen die Möglichkeit der **Gruppenbewertung.** Derartige Sachanlagen werden zu Gruppen zusammengefaßt und dürfen mit **Festwerten** aktiviert werden. Der Festwert errechnet sich bei der erstmaligen Bilanzierung, indem die vorhandene Menge zu den tatsächlichen Anschaffungskosten bewertet und davon ein durchschnittlicher Abnutzungssatz von 50 % abgezogen wird. Die laufenden Ersatzzugänge werden als Aufwand verbucht; dafür entfallen die Abschreibungen. Der Bestand in einer Gruppe soll über mehrere Rechnungsperioden relativ konstant bleiben. Trendartige Veränderungen können über Schlüsselzahlen jedoch berücksichtigt werden. Damit wird die jährliche Inventur und Einzelbewertung dieser Güter vermieden.

(3) Anlagen im Bau und Anzahlungen auf Anlagen

7. Anlagen im Bau und Anzahlungen auf Anlagen

Der erste Teil der Bilanzposition umfaßt alle aktivierungspflichtigen Aufwendungen, die für noch nicht in Betrieb genommene Anlagen angefallen sind. Hierunter sind sowohl Eigenleistungen als auch Fremdleistungen auszuweisen. Abschreibungen werden hierauf normalerweise nicht vorgenommen, es sei denn, die bisherigen Aufwendungen erwiesen sich als überhöht.

Der zweite Teil der Bilanzposition umfaßt die „Vorleistungen auf im übrigen noch schwebende Geschäfte", die die für Gegenstände des Sachanlagevermögens festgelegten flüssigen Mittel enthält. Abschreibungen sind nur aus steuerlichen Gründen oder auch bei drohendem Vermögensverfall des Zahlungsempfängers gerechtfertigt.

(4) immaterielle Anlagewerte

8. Konzessionen, gewerbliche Schutzrechte und ähnliche Rechte sowie Lizenzen an solchen Rechten

Unter den Begriff „immaterielle Anlagewerte" fallen einmal Rechte und zum anderen sonstige immaterielle Anlagewerte. Die **Rechte** umfassen außer den in dem Namen der Bilanzposition selbst aufgezählten auch alle sonstigen Rechte, wie Brau- und Brennrechte, Verkaufsquoten bei Kartellen, Nutzungsrechte u. a. m.

Konzessionen, gewerbliche Schutzrechte und sonstige Rechte dürfen nach § 153 Abs. 3 AktG nur aktiviert werden, wenn sie gegen Entgelt von Dritten erworben wurden. Bei eigener Erstellung dieser Rechte sind die Entwicklungskosten nur mit dem Anteil an gezahlter Erfindervergütung an Arbeitnehmer aktivierungsfähig.

Die **sonstigen immateriellen Anlagewerte** umfassen einmal Erfindungen, Verfahren und Know-how, zum anderen die Kosten der Ingangsetzung und den derivativen Geschäfts- bzw. Firmenwert. Die letzten beiden Werte sind auf Grund gesetzlicher Vorschrift gesondert auszuweisen, am besten im Anschluß an Position 8 als Nr. 8 a und 8 b.

Die Kosten der Ingangsetzung des Geschäftsbetriebes umfassen die erstmaligen Anlaufkosten, nicht dagegen die bei Umbauten und Erweiterungen. Ausgenommen sind ferner die Kosten der Gründung und der Kapitalbeschaffung.

Der derivative Geschäfts- bzw. Firmenwert ist die positive Differenz zwischen dem Kaufpreis und dem Wert der einzelnen Vermögensgegenstände bei der Übernahme einer Unternehmung.

Hat sich der Bilanzierende überhaupt für die Aktivierung dieser immateriellen Anlagewerte entschieden, so sind diese Werte planmäßig und ggf. außerplanmäßig abzuschreiben. Bei den Rechten wird meist eine kürzere Nutzungsdauer als die rechtliche Laufzeit angesetzt. Die Kosten der Ingangsetzung und der derivative Geschäfts- bzw. Firmenwert sind nach § 153 Abs. 4 und 5 AktG mit mindestens einem Fünftel jährlich abzuschreiben. Außerplanmäßige Abschreibungen sind darüber hinaus nach § 154 Abs. 2 AktG möglich.

c) Finanzanlagen (Aktiva II B)

Die Finanzanlagen sind die zweite Gruppe von Werten des Anlagevermögens. Sie sind horizontal wie die Sachanlagen zu gliedern. Vertikal wird in folgende Teile gegliedert:

a) Beteiligungen und sonstige Wertpapiere

b) Ausleihungen

(1) Beteiligungen und sonstige Wertpapiere

1. Beteiligungen

2. Wertpapiere des Anlagevermögens, die nicht zu Nr. 1 gehören

Als Beteiligungen gelten Kapitalanteile an Kapital- und Personengesellschaften, wenn eine Beteiligungsabsicht besteht. Beteiligungen brauchen demnach nicht unbedingt durch Wertpapiere verkörpert zu sein. Die Beteiligungsabsicht ist gegeben, wenn eine Einflußnahme auf die Beteiligungsunternehmung oder eine enge wirtschaftliche Verbindung angestrebt wird; im Zweifel gilt ein Anteilsbesitz an Kapitalgesellschaften von 25 % als Beteiligung.

Als sonstige Wertpapiere des Anlagevermögens gelten die Gesellschaftsanteile, bei denen eine Beteiligungsabsicht fehlt, sowie alle anderen Wertpapiere wie Obligationen, Pfandbriefe, Anleihen, Schuldscheine.

Die Bewertung erfolgt mit Anschaffungskosten, wobei auch die Nebenkosten wie Notariatsgebühren, Börsenumsatzsteuer, Provision und Spesen eingeschlossen sind. Abschreibungen können vorgenommen werden, wenn die Anschaffungskosten bzw. der letzte Bilanzansatz den gegenwärtigen Wert überschreiten; sie müssen vorgenommen werden, wenn diese Wertminderung voraussichtlich längerfristiger Natur ist. Besteht kein Markt- oder Börsenpreis für die Gesellschaftsanteile, so kann der Anteilswert als Teilbetrag des Gesamtwertes der Unternehmung berechnet werden.

(2) Ausleihungen

3. *Ausleihungen mit einer Laufzeit von mindestens 4 Jahren; davon durch Grundpfandrechte gesichert*

Als Ausleihungen gelten nur Finanz- oder Kapitalforderungen, nicht dagegen Forderungen aus Lieferungen und Leistungen. Maßgebend für den Ausweis unter dieser Position ist ferner, daß die **vereinbarte Laufzeit 4 Jahre** überschreitet. Hauptsächlich werden hier Hypotheken, Grund- und Rentenschulden, Schiffshypotheken, Darlehen nach § 7 c EStG sowie sonstige langfristige Darlehen ausgewiesen. Der durch Grundpfandrechte gesicherte Teil der Ausleihungen ist als Vermerk oder in der Vorspalte anzugeben.

Die Bewertung erfolgt zu den Anschaffungskosten, die meist die Auszahlungsbeträge sind. Unverzinsliche Forderungen sind mit dem Barwert anzusetzen, die Differenz zum Auszahlungsbetrag wird meist als Aufwand des Jahres verbucht.

d) Vorräte (Aktiva III A)

Eine horizontale Gliederung ist bei den Posten des Umlaufvermögens nicht mehr notwendig. In der vertikalen Gliederung umfaßt der erste Teil des Umlaufvermögens folgende Bilanzpositionen:

1. *Roh-, Hilfs- und Betriebsstoffe*
2. *unfertige Erzeugnisse*
3. *fertige Erzeugnisse, Waren*

Die **Gliederung der Vorräte** ist ganz auf die Bedürfnisse einer industriellen Unternehmung zugeschnitten. Danach sind Roh-, Hilfs- und Betriebsstoffe fremdbezogene Stoffe, die noch unbearbeitet oder noch nicht verbraucht sind. Fertige Erzeugnisse sind nur die versandfertigen Erzeugnisse. Alle anderen Produkte fallen damit unter die unfertigen Erzeugnisse. Die Waren umfassen fremdbezogene Handelsartikel und Zubehörteile zu den Fertigerzeugnissen.

Bei anderen Geschäftszweigen kann stattdessen ein Posten „Noch nicht abgerechnete Aufträge" oder „In Arbeit befindliche Aufträge" aufgeführt werden.

Bei der Bilanzierung entstehen hier oft Abgrenzungsschwierigkeiten. Die verkauften, aber noch lagernden Erzeugnisse sind unter Vorräten, nicht schon unter Forderungen auszuweisen, um das Entstehen nicht realisierter Gewinne zu vermeiden. Die gekauften, aber noch nicht gelieferten Roh-, Hilfs- und Betriebsstoffe sowie Waren bleiben bei den Vorräten außer Betracht. Die davon unabhängigen Zahlungen werden unter den Positionen „erhaltene Anzahlungen" oder „geleistete Anzahlungen" erfaßt.

Die im Inventar erfaßten Bestände sind um Kommissionswaren zu berichtigen. In Kommission oder auch Konsignation gegebene Erzeugnisse befinden sich bei Dritten; sie sind dem Bestand hinzuzurechnen. In Kommission genommene Waren bleiben Eigentum von Dritten; sie sind aus dem Bestand herauszunehmen.

Die **Bewertung der Vorräte** ist nach dem strengen Niederstwertprinzip vorzunehmen. § 155, Abs. 1, AktG sagt: „Die Gegenstände des Umlaufvermögens sind zu den Anschaffungs- oder Herstellungskosten anzusetzen, soweit nicht ein niedrigerer Wertansatz nach Absatz 2 geboten oder nach den Absätzen 3 und 4 zulässig ist."

Die Bewertung zu Anschaffungs- und Herstellungskosten ist einleitend schon behandelt worden. Ein niedriger Wertansatz im Sinne des Abs. 2 ist einmal der Börsen- oder Marktpreis am Abschlußstichtag und zum anderen der Wert, „der den Gegenständen am Abschlußstichtag beizulegen ist". Dieser letztere Wert ist vom Beschaffungsmarkt oder vom Absatzmarkt her dann abzuleiten, wenn ein Marktpreis nicht besteht, die Anschaffungs- bzw. Herstellungskosten jedoch zu hoch erscheinen. Die Bewertung muß in jedem Fall zu dem niedrigsten der aufgezählten Werte erfolgen.

Darüber hinaus dürfen auch diese Werte noch unterschritten werden, wenn dies „1. bei vernünftiger kaufmännischer Beurteilung notwendig" oder „2. für Zwecke der Steuern vom Einkommen und vom Ertrag für zulässig gehalten wird" (Abs. 3). Derartige steuerliche Möglichkeiten bietet z. B. ein Abschlag auf Importwaren nach § 80 EStDV 1965.

Ein niedriger Wertansatz darf beibehalten werden, auch wenn seine Gründe nicht mehr bestehen (Abs. 4).

Während die Gegenstände des Anlagevermögens grundsätzlich einzeln zu bewerten sind, sind beim Umlaufvermögen die folgenden Methoden der Sammelbewertung zulässig: die Durchschnittsmethode, die Lifo-, Fifo- und ähnliche Methoden, die Festbewertung, die retrograde Ermittlung durch Abzug der Bruttospanne und die Gruppenbewertung, wobei die einzelnen Methoden auch miteinander kombiniert werden können.

Die **Durchschnittsmethode** bildet das arithmetische Mittel aus den Preisen des Anfangsbestandes und der Zugänge sachlich gleichartiger Gegenstände und bewertet damit die Bestände für den Endbestand. Dieser Durchschnitt kann entweder laufend bei jeder Bewegung, monatlich oder jährlich errechnet werden.

Die **Lifo-, Fifo- und ähnliche Methoden** unterstellen, daß die gleichen Güter in einer bestimmten Reihenfolge verbraucht worden sind. Z. B. unterstellt die Lifo-Methode, daß die zuletzt angeschafften bzw. hergestellten Güter zuerst veräußert oder verbraucht werden (last in first out). Wenn sich nun das Preisniveau verändert, so gelangen die aktuellen Werte stets in die Kostenrechnung und die älteren Werte verbleiben für die Bestände in der Bilanz. Bei der Fifo-Methode (first in first out) ist es umgekehrt; bei der Hifo-Methode (highest in first out) gelangen die niedrigeren Werte stets in die Bilanz, unabhängig vom Steigen oder Fallen des Preisniveaus.

Die **Festbewertung** ist im Umlaufvermögen nur für die Roh-, Hilfs- und Betriebsstoffe zulässig. Das Verfahren ist dasselbe wie es für das Sachanlagevermögen geschildert wurde.

Die **retrograde Ermittlung** der Anschaffungskosten ist nur für Einzelhandelsunternehmungen zulässig. Vom Verkaufspreis wird hier die durchschnittliche

Bruttohandelsspanne abgezogen. Eine gut ausgebaute Erfassung von Wareneinsätzen und Umsätzen nach Artikelgruppen bzw. Abteilungen ist die Voraussetzung dafür.

Die **Gruppenbewertung** soll in erster Linie eine Vereinfachung der Bewertungsarbeiten beim Jahresabschluß bringen. Während bei den bisher beschriebenen **Methoden der Sammelbewertung** nur Gegenstände gleicher Beschaffenheit zusammengefaßt werden dürfen, werden bei der Gruppenbewertung die Gegenstände nach folgenden Kriterien zusammengefaßt:

a) annähernd gleichwertig oder

b) gleichartig, wobei für die Gruppe ein Durchschnittspreis bekannt sein muß.

Die Bewertung der Vorratsgüter erfolgt zu einem arithmetischen Durchschnittswert.

Die Gruppenbildung muß selbstverständlich den Grundsätzen ordnungsmäßiger Buchführung und Bilanzierung entsprechen, d. h. auf Grund der Gruppenbewertung dürfen sich keine wesentlich anderen Werte als auf Grund der Einzelbewertung ergeben.

e) Andere Gegenstände des Umlaufvermögens (Aktiva III B)

Die Bilanzpositionen dieses zweiten Teils des Umlaufvermögens lassen sich gruppieren in

a) Forderungen

b) flüssige Mittel

c) Wertpapiere

d) aktienrechtliche Sonderposten

e) sonstige Vermögensgegenstände

(1) Forderungen

1. *Geleistete Anzahlungen*
2. *Forderungen aus Lieferungen und Leistungen,*
   davon mit einer Restlaufzeit von mehr als einem Jahr:
3. *Wechsel,*
   davon bundesbankfähig:
4. *Schecks*

Anzahlungen sind Vorleistungen auf schwebende Geschäfte aus Lieferungen und Leistungen. Hierher gehören alle von der bilanzierenden Gesellschaft geleisteten Anzahlungen, die nicht auf Anlagen gegeben wurden.

Forderungen aus Lieferungen und Leistungen sind Ansprüche aus gegenseitigen Verträgen, die von der bilanzierenden Unternehmung bereits erfüllt wurden. **Als Erfüllung ist hier der kaufmännische Tatbestand der Rechnungserteilung und nicht der juristische Tatbestand des Eigentumsüberganges zu sehen.**

Dabei kann die Ausstellung der Rechnung auch vor der Auslieferung der Ware geschehen.

Die Restlaufzeit ist die Zeit zwischen dem Bilanzierungsstichtag und dem tatsächlich erwarteten Eingang der Forderung, die nicht mit dem vertraglichen Zahlungstermin übereinstimmen muß.

Wechsel und Schecks sind besonders gut übertragbare Formen der Forderung. Sie werden bei Bestehen einer Forderung entweder zahlungshalber oder an Zahlungs Statt genommen. Oftmals werden sie bereits den flüssigen Mitteln zugerechnet; da jedoch Bewertungsprobleme wie bei den Forderungen auftreten, sollen sie hier behandelt werden.

Alle Arten von Forderungen sind grundsätzlich mit ihrem Nominalbetrag zu bewerten.

Bei der Bewertung sind:
1. uneinbringliche Forderungen auszuscheiden,
2. zweifelhafte Forderungen mit dem voraussichtlich eingehenden Teil zu bilanzieren,
3. die übrigen Forderungen pauschal im Wert zu berichtigen.

Zwar gilt auch bei den Forderungen das Prinzip der Einzelbewertung, um die Leistungsfähigkeit des Schuldners berücksichtigen zu können (siehe Punkte 1. und 2.). Bei der wesentlich größeren Zahl von gesichert erscheinenden Forderungen kann nur eine Sammelbewertung vorgenommen werden. Nach den Erfahrungen des Wirtschaftszweiges und der einzelnen Unternehmung wird eine Pauschalwertberichtigung in Höhe von 3 % bis 7 % der gesichert erscheinenden Forderungen gebildet, die auf der Passivseite der Bilanz erscheint.

Unverzinsliche bzw. niedrig verzinsliche Forderungen sind mit dem Barwert anzusetzen; dies gilt insbesondere auch für Wechsel.

(2) flüssige Mittel
5. *Kassenbestand, Bundesbank- und Postscheckguthaben*
6. *Guthaben bei Kreditinstituten*

Der Kassenbestand umfaßt die Bestände der Haupt- und Nebenkassen sowie die Bestände an Wertmarken (Brief- und Steuermarken, Freistemplerwerte). Vorschüsse sind als „sonstige Vermögensgegenstände" auszuweisen. Zins- und Dividendenscheine sind unter 7. auszuweisen.

Die Guthaben bei Kreditinstituten umfassen sowohl inländische als auch ausländische Institute, sowohl täglich fällige Gelder als auch Festgelder. Bei Festgeldern ist oft ein Hinweis auf ihre Bindung im Geschäftsbericht angebracht. Guthaben und Verbindlichkeiten gegenüber denselben Kreditinstituten dürfen nur bei gleicher Fälligkeit gegeneinander saldiert werden.

Die Bewertung erfolgt bei inländischen Zahlungsmitteln zum Nennwert, bei ausländischen Zahlungsmitteln zum Wechselkurs des Bilanzstichtages. Für die

Guthaben gilt das Entsprechende. Muß mit Abwertung ausländischer Währungen gerechnet werden, darf niedriger bewertet werden (§ 155 Abs. 3 AktG). Sind die Kreditinstitute notleidend geworden, so dürfen die Guthaben mit ihrem wahrscheinlichen Wert angesetzt werden.

(3) Wertpapiere

7. *Wertpapiere, die nicht zur Nr. 3, 4, 8 oder 9 oder zu II B gehören,*
8. *eigene Aktien unter Angabe des Nennbetrages,*
9. *Anteile an einer herrschenden oder an der Gesellschaft mit Mehrheit beteiligten Kapitalgesellschaft oder bergrechtlichen Gewerkschaft unter Angabe ihres Nennbetrages, bei Kuxen ihrer Zahl.*

Unter der Position 7. sind alle Wertpapiere auszuweisen, die nicht zu einer der genannten Positionen gehören und die jederzeit veräußert werden können. Auch abgetrennte Zins- und Dividendenscheine gehören hierher.

Eigene Aktien sind stets getrennt von allen anderen Wertpapieren auszuweisen. Beim Erwerb eigener Aktien gilt der § 71 AktG. Auch wenn die eigenen Aktien mehr als 10 % des Grundkapitals betragen und damit gegen Abs. 1 verstoßen wird, ist ihr Bestand in voller Höhe auszuweisen; in anderen Fällen ist der schuldrechtliche Vertrag nichtig.

Unter der Position 9. sind Anteile an einer herrschenden oder mit Mehrheit beteiligten AG, KGaA, GmbH und bergrechtlichen Gewerkschaft auszuweisen. Das Beherrschungsverhältnis oder die Mehrheitsbeteiligung müssen am Bilanzstichtag bestehen.

Die Grundlage der Bewertung aller dieser Wertpapiere ist der Anschaffungswert unter Berücksichtigung des Niederstwertprinzips. Als Vergleichsgrundlage gilt der Börsenkurs, wovon die Verkaufsspesen abzuziehen sind, oder der Wert nach § 155 Abs. 3 AktG.

Die Bestände an eigenen Aktien werden im Konkursfall der Gesellschaft damit automatisch wertlos.

(4) Aktienrechtliche Sonderposten

10. *Forderungen an verbundene Unternehmen,*
11. *Forderungen aus Krediten, die*
    a) unter § 89 AktG,
    b) unter § 115 AktG fallen.

Unter den Forderungen an verbundene Unternehmen sind
    Forderungen aus Lieferungen und Leistungen,
    Forderungen aus Beteiligungen (Gewinnausschüttungen),
    Forderungen aus dem Finanzverkehr,
    Forderungen aus Unternehmensverträgen

auszuweisen, sofern einer der folgenden Tatbestände
    Konzernunternehmen (§ 18 AktG),

Bilanzierung und Erfolgsrechnung

in Mehrheitsbesitz stehende oder mit Mehrheit beteiligte Unternehmen (§ 16 AktG),

abhängige und herrschende Unternehmen (§ 17 AktG),

wechselseitig beteiligte Unternehmen (§ 19 AktG),

Vertragsteile eines Unternehmensvertrages (§§ 291, 292 AktG) vorliegt.

Forderungen aus Krediten nach § 89 AktG umfassen Kredite an Vorstandsmitglieder, Prokuristen und Generalbevollmächtigte der Gesellschaft sowie von ihnen abhängige Personen, wenn die Kredite am Bilanzstichtag ein Monatsgehalt überschreiten.

Forderungen aus Krediten nach § 115 AktG umfassen Kredite an Aufsichtsratsmitglieder sowie von ihnen abhängige Personen.

Der Ausweis unter den Positionen 10. bzw. 11. hat Vorrang gegenüber den anderen Bilanzpositionen. Für Kreditinstitute gilt die Spezialvorschrift des § 15 KWG.

Die Bewertung der Forderungen erfolgt nach den Grundsätzen, die für die entsprechende Forderungsart maßgebend sind.

(5) Sonstige Vermögensgegenstände

Unter diese Position 12. der aktienrechtlichen Gliederung fallen alle nicht an anderer Stelle auszuweisenden Vermögensgegenstände. Sie bedarf daher der Erläuterung im Geschäftsbericht, insbesondere wenn darin größere Beträge enthalten sind.

Im einzelnen sind hier auszuweisen: sonstige Darlehen, Gehaltsvorschüsse, Kautionen, Steuererstattungen, Schadenersatzansprüche, Kantinenbestände.

Die Bewertung richtet sich nach der Art des Vermögensgegenstandes.

f) Grundkapital und Rücklagen (Passiva I, II)

Zu dieser Gruppe gehören die folgenden Bilanzpositionen

I. Grundkapital,

II. Offene Rücklagen,

   1. Gesetzliche Rücklagen,

   2. Rücklagen für Lastenausgleichs-Vermögensabgaben,

   3. andere Rücklagen (freie Rücklagen),

IIa. Sonderposten mit Rücklageanteil.

Allen diesen Positionen ist der Eigenkapitalcharakter gemeinsam. Das Grundkapital stellt dabei den konstanten Teil (es ist immer gleich der Summe der Nennwerte aller ausgegebenen Aktien) und die Rücklagen stellen den variablen Teil des Eigenkapitals dar. Durch diese Aufteilung will der Gesetzgeber erreichen, daß Vermögen mindestens in Höhe des nominellen Grundkapitals gebunden wird. Verluste sind daher offen auszuweisen und nicht vom Gesellschaftskapital abzusetzen, falls keine Rücklagen aufgelöst werden können. Der Gewinn bzw. der Verlust sind ebenfalls Teile bzw. Korrekturposten des Eigenkapitals; sie werden jedoch noch getrennt behandelt.

Das **Grundkapital** ist grundsätzlich mit seinem vollen Betrag, auch wenn dieser nur teilweise eingezahlt ist, anzusetzen. Gewähren die Aktien verschiedene Rechte, so sind die Gesamtnennbeträge jeder Aktiengattung anzugeben. Für die Bilanzierung bei Kapitalerhöhungen aus Einlagen oder aus Gesellschaftsmitteln sowie bei Kapitalherabsetzungen ist stets der Zeitpunkt der Eintragung ins Handelsregister maßgebend.

Die **gesetzliche Rücklage** hat wegen der strengen Vorschriften über ihre Bildung und Auflösung die Bedeutung einer Verlustreserve. Bei Verlusten bis zur Höhe dieser Rücklage braucht daher nicht das Grundkapital herabgesetzt oder ein Verlust offen ausgewiesen zu werden.

Der gesetzlichen Rücklage (§ 150 AktG) müssen mindestens zugeführt werden:

① **5 % des um einen Verlustvortrag verminderten Jahresüberschusses, bis die Rücklage den zehnten (oder einen in der Satzung bestimmten höheren) Teil des Grundkapitals erreicht,**

② **das ungekürzte Agio bei der Emission von Aktien,**

③ **das ungekürzte Agio bei der Ausgabe von Wandschuldverschreibungen,**

④ **Zuzahlungen der Aktionäre für Vorzugsrechte,**

⑤ **die bei Kapitalherabsetzung entstehenden Beträge.**

Die gesetzliche Rücklage darf nur in Anspruch genommen werden

① **zum Ausgleich eines Jahresfehlbetrages, soweit dieser nicht durch einen Gewinnvortrag aus dem Vorjahr gedeckt ist,**

② **zum Ausgleich eines Verlustvortrages, soweit dieser nicht durch einen Jahresüberschuß gedeckt ist,**

③ **zur Kapitalerhöhung aus Gesellschaftsmitteln,**

④ **zur Ablösung der Vermögensabgabe LAG,**

⑤ **zur Überführung in freie Rücklagen nach § 8 des 4. DMBEG.**

Dabei gelten jedoch folgende Beschränkungen:

a) der Teil der Rücklage, der den gesetzlichen bzw. satzungsmäßigen Mindestbetrag ausmacht, darf für die Fälle 1. und 2. verwendet werden, wenn bereits alle anderen freien Rücklagen aufgelöst wurden. Die Verwendung für die Fälle 3—5 ist untersagt;

b) der den Mindestbetrag überschreitende Teil darf für die Fälle 1. und 2. nur verwendet werden, wenn keine freien Rücklagen zur Gewinnausschüttung aufgelöst werden. Die Verwendung für die Fälle 3—5 ist unbeschränkt.

Die Zuführung und Auflösung der gesetzlichen Rücklage ist in der GuV unter den Positionen 30 bzw. 31 offen auszuweisen und darf in der Bilanz nur mit dem veränderten Stand erscheinen.

Die **Rücklage für die Lastenausgleichs-Vermögensabgabe** ist in § 218 LAG erläutert. Ihre Bildung ist zu jedem Zeitpunkt zulässig. Die Verwendung ist auf folgende Fälle beschränkt:

a) zur Entrichtung der Vierteljahresbeträge,

b) zur Ablösung der Vermögensabgabe,

c) zur Verlustdeckung, jedoch ohne die Beschränkungen der gesetzlichen Rücklage.

Die **anderen (freien) Rücklagen** werden in § 58 AktG behandelt. Die Bildung einer Rücklage verringert den für die Aktionäre bereitstehenden Ausschüttungsbetrag, andererseits benötigt das Unternehmen zur Sicherung und zur Ausweitung des Marktanteils genügend Rücklagen. Das Aktiengesetz hat daher dem Aufsichtsrat und dem Vorstand sowie der Hauptversammlung nur relative Grenzen gesetzt. Stellen Aufsichtsrat und Vorstand den Jahresabschluß fest, so können sie den Jahresüberschuß bis zur Hälfte in die freien Rücklagen überweisen. Die Hauptversammlung kann bei der Gewinnverwendung darüber hinaus beschließen, einen weiteren Teil des Jahresüberschusses in die freien Rücklagen einzustellen. Die Hauptversammlung kann aber auch in der Satzung den Vorstand ermächtigen, einen höheren Teil als die Hälfte des Jahresüberschusses in Rücklagen einzustellen, solange die freie Rücklage nicht die Hälfte des Grundkapitals übersteigt.

Stellt dagegen die Hauptversammlung den Jahresabschluß fest und enthält die Satzung eine entsprechende Ermächtigung, so kann die Hauptversammlung bis zur Hälfte des Jahresüberschusses den Rücklagen zuweisen. Sie kann dann weitere Beträge bei der Gewinnverwendung einstellen.

Soweit die Bildung der freien Rücklage mit der Feststellung des Jahresabschlusses verbunden ist, ist sie in der GuV unter der Position 31 und in der Bilanz auszuweisen. Soweit die Bildung auf Grund des Gewinnverwendungsbeschlusses der Hauptversammlung erfolgt, ist sie in den nächsten Jahresabschluß aufzunehmen.

Die **Sonderposten mit Rücklageanteil** sind solche Rücklagen, die auf Grund steuerlicher Vorschriften erst bei der Auflösung zu versteuern sind. Da die bisher behandelten Rücklagearten alle aus dem bereits versteuerten Gewinn gebildet wurden, ist ein getrennter Ausweis erforderlich.

Im einzelnen gehören zu den Sonderposten mit Rücklageanteil:

- **Preissteigerungsrücklagen (§ 74 EStDV),**
- **Rücklagen für Ersatzbeschaffungen (Abschn. 35 EStR),**
- **Rücklagen gemäß § 6 b EStG,**
- **Rücklagen für Kapitalanlagen in Entwicklungsländern (§ 34 d EStG),**
- **Rücklagen für Vorratsvermögen in West-Berlin (§ 15 BHG)**

sowie weitere Arten für Betriebe in förderungswürdigen Gebieten oder in bestimmten Wirtschaftszweigen.

Die Bildung eines Sonderpostens mit Rücklageanteil in der Handelsbilanz ist in der Regel Voraussetzung für die steuerliche Anerkennung.

Die Bewertung der Rücklagen erfolgt zum Nominalwert.

g) Rückstellungen (Passiva IV)

Alle Arten von Rückstellungen dienen der Ermittlung des richtigen Vermögensstandes und der richtigen Abgrenzung der Periodenerfolge. Rückstellungen werden zu Lasten des Aufwandes des Geschäftsjahres, in das die Verursachung fällt, und zugunsten des Aufwandes des Geschäftsjahres, in das die Ausgabe fällt, gebildet. Weitere Merkmale der Rückstellung sind, daß die **Höhe** des Aufwandes, der **Zeitpunkt** des Eintretens oder die **Person**, an die zu leisten ist, **noch nicht genau festzustellen** ist. Die Rückstellungen sind stets zweckgebunden und werden daher zum Fremdkapital gezählt. Nach § 151 Abs. 1 in Verbindung mit § 152 Abs. 7 AktG sind die Rückstellungen wie folgt zu gliedern:

1. *Pensionsrückstellungen,*
2. *Rückstellungen für Instandhaltung oder Abraumbeseitigung,*
3. *Rückstellungen für sonstige Gewährleistungen,*
4. *andere Rückstellungen.*

Die **Pensionsrückstellung** kann gebildet werden, wenn die Unternehmung ihren Mitarbeitern rechtsverbindlich Pensionen zusichert. Während der Betriebszugehörigkeit der Pensionsberechtigten wird die Rückstellung zu Lasten des Sozialaufwandes gebildet, um dann später die Zahlungen zu Lasten der Rückstellung zu gestatten. Die Höhe der Pensionsverpflichtungen wird versicherungsmathematisch ermittelt; sie sind dann mit dem Barwert anzusetzen.

Der gesonderte Ausweis der Pensionsrückstellungen erfolgt, weil diese Rückstellungen dem Umfang nach eine große Bedeutung haben können. Da in der Regel den laufenden Entnahmen auch laufende Zuführungen gegenüberstehen, bleibt der Posten langfristig fast konstant und wird eigenkapitalähnlich.

Die **Rückstellungen für Instandhaltung** oder Abraumbeseitigung können nur dann gebildet werden, wenn die Betriebsaufwendungen in diesem Geschäftsjahr unterlassen, aber im folgenden Geschäftsjahr nachgeholt werden.

Die **Rückstellungen für sonstige Gewährleistungen** werden für die Gewährleistungen, die ohne rechtliche Verpflichtung erbracht werden, gebildet. Die Gewährleistungen auf Grund rechtlicher Verpflichtungen werden unter „anderen Rückstellungen" ausgewiesen.

Die **anderen Rückstellungen** werden aus zwei Gründen gebildet:

1. ungewisse Verbindlichkeiten;
2. drohende Verluste aus schwebenden Geschäften.

Die ungewissen Verbindlichkeiten umfassen z. B. Steuern, Prüfungskosten, Prozeßkosten, Umsatzboni, Bergschäden, Gewährleistungen, Bürgschaften und ungewisse Risiken.

Für **andere Zwecke** dürfen keine Rückstellungen gebildet werden (§ 152 Abs. 7 AktG). Damit sind Rückstellungen für andere unterlassene Betriebsaufwendungen dieses Geschäftsjahres, außer für die schon aufgeführten Fälle 2. und 3., grundsätzlich untersagt.

Während bei den Rückstellungen 1.—3. nur ein Passivierungswahlrecht besteht, herrscht bei den „anderen Rückstellungen" Passivierungspflicht. Die Pflicht zu ihrer Bildung ergibt sich aus den Grundsätzen ordnungsmäßiger Buchführung und Bilanzierung. Hiernach muß eine gewisse Wahrscheinlichkeit für die Inanspruchnahme bestehen; Rückstellungen ohne vertretbare wirtschaftliche Begründung oder eine den Tatsachen nicht entsprechende Begründung sind nicht zulässig.

Die Höhe der Rückstellung ist nach vernünftiger kaufmännischer Beurteilung festzusetzen; sie schließt den Grundsatz der Vorsicht ein. Da das Element des Schätzens nicht ausgeschlossen werden kann, ist für die Rückstellungen bei jedem Jahresabschluß zu überprüfen, inwieweit sie ausreichen. Nicht mehr benötigte Teilbeträge sind aufzulösen.

h) Verbindlichkeiten

Der Kapitalbedarf einer Unternehmung schwankt im Laufe des Geschäftsjahres. Es ist nun teilweise nicht möglich und auch nicht immer wirtschaftlich, den Kapitalbedarf ausschließlich durch Eigenkapital zu decken. Die Unternehmung benutzt hier Fremdkapital, d. h. geht Verbindlichkeiten im Rechtssinne ein. Die Verbindlichkeiten lassen sich gliedern nach der Fälligkeit, nach der Sicherung und nach der Art der Verbindlichkeit bzw. des Gläubigers. Das Aktiengesetz gliedert zuerst nach der Fälligkeit in langfristige und andere Verbindlichkeiten und gliedert diese nach der Art. Das Merkmal der Sicherung folgt nur noch bei den langfristigen Verbindlichkeiten.

a) Verbindlichkeiten mit einer Laufzeit von mindestens 4 Jahren: (Passiva V)

1. *Anleihen;*
   davon durch Grundpfandrechte gesichert
2. *Verbindlichkeiten gegenüber Kreditinstituten;*
   davon durch Grundpfandrechte gesichert
3. *sonstige Verbindlichkeiten;*
   davon durch Grundpfandrechte gesichert

Von Nummern 1 bis 3 sind vor Ablauf von 4 Jahren fällig

Für den Ausweis in dieser Gruppe von Bilanzpositionen kommt es auf die ursprünglich vereinbarte Laufzeit an. Die Restlaufzeit hat nur Bedeutung für den Vermerk am Ende der Gruppe.

Anleihen sind am öffentlichen Kapitalmarkt aufgenommene langfristige Darlehen. Sie umfassen die Rechtsformen der Obligation, der Wandelschuldverschreibung und der Gewinnschuldverschreibung. Schuldscheindarlehen gehören nicht hierher. Die Bewertung erfolgt mit dem Rückzahlungsbetrag der Anleihe abzüglich der Tilgung durch Vernichtung; nicht endgültig aus dem Verkehr gezogene Stücke sind als Wertpapiere unter Aktiva III B 7 auszuweisen.

Die Sicherung durch Grundpfandrechte kann als Hypothek, Grund- oder Rentenschuld erfolgen. Andere Sicherungsformen außer Grundpfandrechten können freiwillig angegeben werden.

Die unter 2. aufzuführenden **Verbindlichkeiten gegenüber Kreditinstituten** bestehen im wesentlichen auf Grund langfristiger Investitionskredite.

Sonstige Verbindlichkeiten sind alle anderen Arten langfristiger Verbindlichkeiten wie Hypotheken, Grund- und Rentenschulden, Schuldscheindarlehen und sonstige langfristige Darlehen. Die Verbindlichkeiten auf Grund der Kreditgewinnabgabe und der Lastenausgleichs-Vermögensabgabe sind im Anschluß an diese Position jeweils gesondert auszuweisen.

Der Vermerk der vor Ablauf von vier Jahren fälligen Beträge soll verhindern, daß die Liquidität der Unternehmung zu günstig eingeschätzt wird. Der Vermerk erfolgt nur in einer Summe für alle Arten langfristiger Verbindlichkeiten.

b) Andere Verbindlichkeiten (Passiva VI)

1. *Verbindlichkeiten aus Lieferungen und Leistungen,*
2. *Verbindlichkeiten aus der Annahme gezogener Wechsel und aus der Ausstellung eigener Wechsel,*
3. *Verbindlichkeiten gegenüber Kreditinstituten, soweit sie nicht zu V. gehören,*
4. *erhaltene Auszahlungen,*
5. *Verbindlichkeiten gegenüber verbundenen Unternehmen,*
6. *sonstige Verbindlichkeiten*

Die Abgrenzung der einzelnen Bilanzpositionen erfolgt nach denselben Grundsätzen, die schon bei den Forderungen aufgezeigt wurden.

Der Ausweis unter 5. hat ebenfalls Vorrang vor anderen Bilanzpositionen, oder die Mitzugehörigkeit zu 5. ist dort zu vermerken.

Allgemein gilt für die Bewertung der Verbindlichkeiten das Höchstwertprinzip. Von zwei möglichen Wertansätzen muß der höhere bilanziert werden, um die Lage der Unternehmung eher zu schlecht als zu gut darzustellen und so die Gläubiger der Unternehmung zu schützen.

i) Rechnungsabgrenzungsposten (Aktiva IV und Passiva VII)

Als Rechnungsabgrenzungsposten dürfen nur ausgewiesen werden

① auf der Aktivseite Ausgaben vor dem Abschlußstichtag, soweit sie Aufwand für eine bestimmte Zeit nach diesem Tag darstellen und

② auf der Passivseite Einnahmen vor dem Abschlußstichtag, soweit sie Ertrag für eine bestimmte Zeit nach diesem Tag darstellen (§ 152 Abs. 9 AktG).

Die Posten der Rechnungsabgrenzung dienen der Ermittlung des richtigen Periodengewinnes. Grundsätzlich gibt es transitorische und antizipative Posten.

Die transitorischen Posten umfassen die Vorgänge, deren Zahlungsseite in der laufenden Periode, ihre Aufwands- bzw. Ertragsseite jedoch erst in der folgenden Rechnungsperiode liegt. Beispiele dafür sind gegebene bzw. empfangene Vorauszahlungen für Miete und Pacht, Beiträge, Prämien.

Die antizipativen Posten umfassen solche Vorgänge, deren Aufwands- bzw. Ertragsseite in dem abzuschließenden Geschäftsjahr, ihre Zahlungsseite jedoch erst in der folgenden Rechnungsperiode liegt. Diese Posten sind laut AktG unter den Forderungen bzw. Verbindlichkeiten auszuweisen.

Für die Rechnungsabgrenzungsposten besteht grundsätzlich Bilanzierungspflicht. Bei regelmäßig wiederkehrenden kleinen oder anderen bedeutungslosen Beträgen kann nach dem Grundsatz der Wirtschaftlichkeit des Rechnungswesens darauf verzichtet werden.

k) Eventualverbindlichkeiten

Unter der Bilanz sind gewisse Verbindlichkeiten zu vermerken, auch dann, wenn ihnen gleichwertige Rückgriffsforderungen gegenüberstehen. Dies sind im einzelnen:

1. *Verbindlichkeiten aus Begebung und Übertragung von Wechseln, (Wechselobligo)*
2. *Verbindlichkeiten aus Bürgschaften, Wechsel- und Scheckbürgschaften,*
3. *Verbindlichkeiten aus Gewährleistungsverträgen,*
4. *Haftung aus der Bestellung von Sicherheiten für fremde Verbindlichkeiten.*

Droht eine Inanspruchnahme aus diesen Eventualverbindlichkeiten, so sind sie entweder unter die echten Verbindlichkeiten aufzunehmen oder es muß eine Rückstellung für sie gebildet werden.

5. Ausweis- und Bewertungsfragen einzelner GuV-Positionen

Im folgenden wird die Gliederungsvorschrift des § 157 AktG zugrunde gelegt. Abweichende Gliederungen für besondere Geschäftszweige oder für Familienaktiengesellschaften bleiben damit außer Betracht. Durch die Wahl der Bewertungsansätze für die in der Bilanz ausgewiesenen Bestände ist auch der Wertansatz für die hier auszuweisenden Verbräuche schon bestimmt. Auch für den Umfang einzelner Positionen ist bereits bei der Aufstellung der Bilanz eine Entscheidung getroffen worden: alles, was nicht als bilanzierungsfähig bzw. bilanzierungspflichtig erkannt wurde, geht in die Gewinn- und Verlustrechnung als Aufwand bzw. Ertrag ein.

a) Gesamtleistung des Betriebes

Unter Gesamtleistung wird der Teil der Erträge verstanden, der aus der betrieblichen Leistungserstellung und Leistungsverwertung herrührt. Diesem Teil stehen die neutralen Erträge gegenüber.

Die Gesamtleistung gliedert sich in

1. **Umsatzerlöse,**
2. **Erhöhung oder Verminderung des Bestandes an fertigen und unfertigen Erzeugnissen,**
3. **andere aktivierte Eigenleistungen.**

Die **Umsatzerlöse** umfassen „nur die Erlöse aus der Erzeugung, Fertigung oder Lieferung von Gegenständen und Waren" (§ 158 Abs. 1 AktG), d. h. die Erlöse aus der Haupttätigkeit der Industrieunternehmung. Derartige Erlöse entstehen aus dem Verkauf von Erzeugnissen, Kuppelprodukten, Abfallprodukten, Schrott und nicht mehr benötigter Roh-, Hilfs- und Betriebsstoffe.

Für bestimmte Geschäftszweige lassen sich weitere Umsatzerlöse aus der betrieblichen Haupttätigkeit ableiten, z. B. für Leasing- und Grundstücksgesellschaften die Miet- und Pachteinnahmen.

Die Umsatzerlöse sind nach Abzug von Preisnachlässen und zurückgewährten Entgelten auszuweisen (§ 158 Abs. 2 AktG). Daraus ergibt sich grundsätzlich der Ansatz zum Rechnungsbetrag. Verpackungskosten, Frachten, Vertreterprovisionen, Versicherungen usw. bilden damit Bestandteile des Umsatzerlöses.

Die **Erhöhung oder Verminderung des Bestandes** dient der periodengerechten Abgrenzung der Gesamtleistung der Unternehmung. Ihrer Erfassung und ihrem Ausweis liegt die Vorstellung der Produktionsrechnung zugrunde. Werden in einer Periode mehr Produkte erzeugt als verkauft, so sind die entsprechenden Aufwendungen zu aktivieren und den Erträgen erst im Zeitpunkt des Verkaufs gegenüberzustellen. Die dementsprechende Verrechnung von Bestandserhöhungen wie auch von Bestandsverminderungen erfolgt nicht im Umsatzerlös, sondern aus Publizitätsgründen getrennt in dieser Position.

Die **anderen aktivierten Eigenleistungen** umfassen die Aufwendungen für selbsterstellte Gegenstände des Anlagevermögens, z. B. Maschinen oder Bauten, und für werterhöhende Großreparaturen, soweit beide in der Bilanz aktiviert wurden. Den Aufwendungen wird also der Wert der Leistung gegenübergestellt.

Die **Gesamtleistung** ist die Summe dieser drei Positionen.

b) Andere Erträge

Bei dieser großen Gruppe von Ertragsposten handelt es sich um betriebsfremde und außerordentliche Erträge. Sie sind von der Gesamtleistung als Summe der betrieblichen Erträge getrennt auszuweisen, um die Quellen des Erfolgs der Unternehmung aufzudecken. Es sind im einzelnen:

7. *Erträge aus Gewinngemeinschaften, Gewinnabführungs- und Teilgewinnabführungsverträgen,*
8. *Erträge aus Beteiligungen,*
9. *Erträge aus den anderen Finanzanlagen,*

10. *Sonstige Zinsen und ähnliche Erträge,*
11. *Erträge aus dem Abgang von Gegenständen des Anlagevermögens und aus Zuschreibungen zu Gegenständen des Anlagevermögens,*
12. *Erträge aus der Herabsetzung der Pauschalwertberichtigung zu Forderungen,*
13. *Erträge aus der Auflösung von Rückstellungen,*
14. *Sonstige Erträge,*
15. *Erträge aus Verlustübernahme.*

Die **Erträge aus Gewinngemeinschaften** usw. entstehen aus Konzernbeziehungen. Die bilanzierende Gesellschaft ist dabei die Obergesellschaft. Hat die Obergesellschaft den außenstehenden Gesellschaftern der Untergesellschaft gegenüber die Verpflichtung einer Mindestdividende übernommen, so darf dieser Betrag von den Erträgen abgesetzt werden (§ 158 Abs. 3 AktG). Übersteigt dieser Betrag die Erträge, so ist der Saldo unter Position 25 (Aufwendungen aus Verlustübernahme) auszuweisen.

Die **Erträge aus Beteiligungen** entstehen aus den kapitalmäßigen Verflechtungen, die nicht mit einem Gewinn- bzw. Teilgewinnabführungsvertrag verbunden sind. Bei Bestehen derartiger Verträge ist der Ausweis unter Position 7 vorrangig.

Die Erträge aus Beteiligungen umfassen alle laufenden Erträge; einbehaltene Kapitalertragsteuer darf nicht abgesetzt werden.

Die **Erträge aus den anderen Finanzanlagen** umfassen alle anderen Erträge außer den Beteiligungen: Erträge aus sonstigen Wertpapieren des Anlagevermögens und Erträge aus Ausleihungen mit einer Laufzeit von mindestens 4 Jahren.

Die **sonstigen Zinsen und ähnliche Erträge** umfassen die Zinsen für Einlagen bei Kreditinstituten und für Forderungen gegen Dritte sowie die Zinsen und Dividenden für alle Wertpapiere des Umlaufvermögens (III B). Auch hier gilt das Saldierungsverbot für Aufwendungen und Erträge.

Die **Erträge aus dem Abgang von Gegenständen des Anlagevermögens** usw. entstehen, wenn der Verkaufserlös über dem Buchwert des Sach- oder Finanzanlagegegenstandes liegt. Die Saldierung von Buchgewinnen und Buchverlusten sowie eine Kürzung um die Ertragsteuern ist unzulässig.

Die **Erträge aus der Herabsetzung der Pauschalwertberichtigung zu Forderungen** entstehen durch teilweise Auflösung dieser Wertberichtigung, wenn das allgemeine Kreditrisiko oder die Höhe der Forderungen abnimmt. Eine Inanspruchnahme für Forderungsausfälle ist kein Ertrag.

Die **Erträge aus der Auflösung von Rückstellungen** umfassen alle Rückstellungen, die für das laufende Geschäftsjahr in früheren Jahren gebildet wurden, aber nicht im Geschäftsjahr verwendet wurden.

Die **sonstigen Erträge** sind der Sammelposten für alle die Erträge, die keiner bisher aufgeführten Position zugeordnet werden konnten. Eine große Gruppe bilden solche Erlöse, die nicht aus der betrieblichen Haupttätigkeit stammen (z. B. Mieterlöse für Werkswohnungen) und eine weitere Gruppe die periodenfremden Erträge, die auf frühere Geschäftsjahre zurückgehen (z. B. Zahlungseingang auf eine bereits ausgebuchte Forderung). Außerordentliche Erträge sind jedoch getrennt auszuweisen und im Geschäftsbericht zu erläutern.

Die **Erträge aus Verlustübernahme** entstehen durch Konzernbeziehungen. Die bilanzierende Gesellschaft ist hierbei eine Untergesellschaft, deren Verlust von der Obergesellschaft übernommen wird.

c) Aufwendungen

5. *Aufwendungen für Roh-, Hilfs- und Betriebsstoffe sowie für bezogene Waren,*
16. *Löhne und Gehälter,*
17. *Soziale Abgaben,*
18. *Aufwendungen für Altersversorgung und Unterstützung,*
19. *Abschreibungen und Wertberichtigungen auf Sachanlagen und immaterielle Anlagewerte,*
20. *Abschreibungen und Wertberichtigungen auf Finanzanlagen mit Ausnahme des Betrags, der in die Pauschalwertberichtigung zu Forderungen eingestellt ist,*
21. *Verluste aus Wertminderung oder dem Abgang von Gegenständen des Umlaufvermögens außer Vorräten und Einstellung in die Pauschalwertberichtigung zu Forderungen,*
22. *Verluste aus dem Abgang von Gegenständen des Anlagevermögens,*
23. *Zinsen und ähnliche Aufwendungen,*
24. *Steuern,*
25. *Aufwendungen aus Verlustübernahme,*
26. *Sonstige Aufwendungen,*
27. *Auf Grund einer Gewinngemeinschaft, eines Gewinnabführungs- und eines Teilgewinnabführungsvertrages abgeführte Gewinne.*

Die **Aufwendungen für Roh-, Hilfs- und Betriebsstoffe** umfassen nur den Materialverbrauch im Fertigungsbereich sowie Aufwendungen für die Lohnbearbeitung durch Dritte. Der Materialverbrauch der Verwaltungs- und Vertriebsbereiche wird unter Position 26 (Sonstige Aufwendungen) ausgewiesen. Nach dieser Abgrenzung werden hier die Fertigungsstoffe, Brenn- und Heizungsstoffe sowie andere Energieaufwendungen, Reinigungsmaterial, Reserveteile, Werksgeräte sowie die Einstandswerte für Handelswaren ausgewiesen. Es gilt hier als Aufwendung nicht nur der zweckgerechte Verbrauch, sondern auch Mengen- und Wertdifferenzen durch Schwund, Qualitätsverlust oder sinkende Marktpreise, da Abschreibungen auf Vorräte im Gliederungsschema nicht gesondert aufgeführt werden.

Die **Löhne und Gehälter** umfassen die Bruttobeträge und auch die sonstigen Vergütungen für im Geschäftsjahr geleistete Arbeiten der Arbeiter und Angestellten einschließlich der Vorstandsmitglieder.

Die **sozialen Abgaben** stellen lediglich die Aufwendungen dar, die auf Grund gesetzlicher Pflicht z. B. an Berufsgenossenschaften, Arbeiterrentenversicherungen oder Krankenkassen zu leisten sind.

Die **Aufwendungen für Altersversorgung und Unterstützung** umfassen entweder Zuführungen zu den Pensionsrückstellungen bzw. Pensionskassen oder die laufenden Pensionszahlungen sowie in jedem Falle weitere Unterstützungen für Krankheit und Unfall. Alle weiteren sozialen Aufwendungen sind unter den sonstigen Aufwendungen auszuweisen.

Die **Abschreibungen und Wertberichtigungen** müssen mit den in der Bilanz ausgewiesenen Beträgen übereinstimmen. Die unterschiedliche Bezeichnung rührt von der Art der Verbuchung her: bei direkter Verminderung spricht man von Abschreibung, bei Einstellung des Korrekturpostens auf der Passivseite von Wertberichtigung.

Die Positionen 19—21 sind entsprechend den Positionen des Anlage- und Umlaufvermögens gegliedert. Es treten daher keine eigenen Abgrenzungsprobleme auf.

Die **Verluste aus dem Abgang von Gegenständen des Anlagevermögens** sind das Gegenstück zu Position 11.

Die **Zinsen und ähnliche Aufwendungen** umfassen Zinsen für geschuldete Kredite aller Arten, Diskontbeträge für Wechsel und Schecks, Abschreibungen auf Agio, Disagio oder Damnum und Frachtenstundungsgebühren. Die Kosten des Zahlungsverkehrs (z. B. Provisionen, Gebühren) erscheinen besser unter den sonstigen Aufwendungen.

Die **Steuern** werden vom Gesetz in die Gruppen

a) vom Einkommen, vom Ertrag und vom Vermögen und
b) sonstige
gegliedert.

Zur ersten Gruppe zählen die Körperschaftsteuer und Kapitalertragsteuer (vom Einkommen); die Gewerbeertragsteuer (vom Ertrag); die Vermögensteuer, Grundsteuer, Gewerbekapitalsteuer und Erbschaft- bzw. Schenkungsteuer (vom Vermögen). Als Steuern sind dabei die Beträge auszuweisen, die die Gesellschaft als Steuerschuldner zu entrichten hat (§ 158 Abs. 4 AktG). Die Position enthält damit auch Steuernachzahlungen. Diese periodenfremden Elemente erschweren dem Bilanzleser die Schätzung des steuerlichen Jahresgewinnes auf Grund des unter 24. a) ausgewiesenen Betrages.

Zur zweiten Gruppe zählen alle Verkehr- und Verbrauchsteuern.

Die **Aufwendungen aus Verlustübernahme** entstehen aus Konzernbeziehungen. Die bilanzierende Gesellschaft ist die Obergesellschaft, die den Verlust einer Untergesellschaft zu übernehmen hat.

Die **sonstigen Aufwendungen** umfassen alle übrigen Aufwendungen, die nicht einer der bisher besprochenen Positionen zugeordnet werden konnten, und alle außerordentlichen Aufwendungen, für die jedoch — im Gegensatz zu den außerordentlichen Erträgen — kein Sonderausweis vorgeschrieben ist.

Die **abgeführten Gewinne** entstehen aus Konzernbeziehungen. Die bilanzierende Gesellschaft ist hier die Untergesellschaft, die ihren Gewinn ganz oder teilweise an die Obergesellschaft abführen muß.

d) Jahresüberschuß / Jahresfehlbetrag

Diese Position stellt eine Zwischensumme dar, die den betrieblichen und neutralen Erfolg der Unternehmung in dieser Periode ausdrückt.

Die Trennung in betriebliche und neutrale Erträge kann relativ leicht auf der Ertragsseite vorgenommen werden. Auf der Aufwandsseite umfassen viele Positionen auch periodenfremde und damit neutrale Beträge, z. B. Sonderabschreibungen in den Abschreibungen und Steuernachzahlungen in den Steuern. Die Erfolgsspaltung ist daher dem Außenstehenden kaum möglich, die Publizität insoweit unvollkommen.

An die Ermittlung des Erfolges schließt sich der Verwendungsnachweis an.

e) Erfolgsverwendung

Der Erfolgsverwendung unterliegt der Erfolg dieser Periode (Nr. 28 Jahresüberschuß / Jahresfehlbetrag) und der vorherigen Periode (Nr. 29 Gewinnvortrag / Verlustvortrag aus dem Vorjahr). Vom Saldo bzw. von der Summe beider geht die Unternehmungsleitung bei der Entscheidung über Entnahmen oder Einstellungen in Rücklagen aus.

    30. **Entnahmen aus Rücklagen,**
        a) aus der gesetzlichen Rücklage,
        b) aus freien Rücklagen;

    31. **Einstellungen in Rücklagen,**
        a) in die gesetzliche Rücklage,
        b) in die freien Rücklagen;

    32. **Bilanzgewinn / Bilanzverlust**

Die Vorschriften über die Bildung und Auflösung von Rücklagen sind bereits im Rahmen der aktienrechtlichen Bilanz besprochen worden. Sie werden hier durch einen entsprechend gegliederten Ausweis in ihrer Wirksamkeit unterstützt.

Der unter Position 32. auszuweisende Bilanzgewinn unterliegt hinsichtlich seiner Verwendung der Entscheidung der Hauptversammlung. Gleiches gilt für den Bilanzverlust, sofern er die Grundlage für Sanierungsmaßnahmen bildet.

f) Verkürzte Gewinn- und Verlustrechnung

Das AktG nennt in § 157 Abs. 4 zwei Ausnahmen von den Gliederungsvorschriften der Gewinn- und Verlustrechnung. Den Gesellschaften wird dabei eine

Verkürzung des Ausweises ermöglicht: ihre Gewinn- und Verlustrechnung beginnt erst mit der Position 6 Rohertrag / Rohaufwand.

Voraussetzungen für die Verringerung der Publizitätspflicht sind:

1. dié Aktien der Gesellschaft sind nicht zum amtlichen Handel zugelassen oder in den geregelten Freiverkehr einbezogen und eine Zulassung von Aktien zum amtlichen Handel ist auch nicht beantragt;

2. a) die Gesellschaft ist eine **kleine Gesellschaft,** deren Bilanzsumme 3 Millionen DM nicht übersteigt; oder

2. b) die Gesellschaft ist eine **Familiengesellschaft** deren Bilanzsumme 10 Millionen DM nicht übersteigt.

6. Der Aktienrechtliche Geschäftsbericht

Im Geschäftsbericht sind der Geschäftsverlauf und die Lage der Gesellschaft darzulegen (Lagebericht) und der Jahresabschluß ist zu erläutern (Erläuterungsbericht).

Der Geschäftsbericht muß in beiden Teilen vollständig, übersichtlich und verständlich sein, damit die Hauptversammlung und der Aufsichtsrat ihre Entscheidungen über die Feststellung des Jahresabschlusses, die Erfolgsverwendung und die Entlastung von Vorstand und Aufsichtsrat treffen können.

Der Geschäftsbericht muß nicht wie die Bilanz und die Gewinn- und Verlustrechnung veröffentlicht werden; er ist lediglich dem Registergericht einzureichen, kann aber dort eingesehen werden. Diese beschränkte Publizitätspflicht wird von manchen Gesellschaften freiwillig aufgegeben und der Geschäftsbericht als Mittel der public relations veröffentlicht.

Die Berichterstattung hat insoweit zu unterbleiben, wie es für das Wohl der Bundesrepublik Deutschland oder eines ihrer Länder erforderlich ist (§ 160 Abs. 4 AktG). Diese Geheimhaltungspflicht im öffentlichen Interesse ist jedoch derart eng auszulegen, daß im Regelfalle der Leser des Geschäftsberichtes keinen Informationsverlust erleidet.

a) Der Lagebericht

Der Lagebericht bezieht sich sowohl auf den Geschäftsverlauf des Berichtsjahres als auch auf alle Vorgänge, die nach Schluß des Geschäftsjahres eingetreten und für die Entscheidungen der Hauptversammlung wichtig sind.

Der Berichtsteil über den Geschäftsverlauf umfaßt meist Angaben über die Entwicklung von Kosten und Erlösen, von Rentabilität und Liquidität, von Auftragseingang, Produktion, Beschäftigungsgrad und Umsatz sowie die Veränderung des Produktionsprogrammes. Es folgen die Bekanntgabe wichtiger Vertragsabschlüsse und neuer Niederlassungen sowie Veränderungen der Betriebs- oder Verkaufsfläche und der Belegschaftsgröße.

Die Angaben über die Belegschaft werden meist aus dem Bericht über den Geschäftsverlauf herausgenommen und als „Sozialbericht" verselbständigt.

Der Berichtsteil über Vorgänge von besonderer Bedeutung nach Schluß des Geschäftsjahres umfaßt meist Angaben über Vertragsabschlüsse, Beteiligungen an Verbänden, Arbeits- und Interessengemeinschaften, Veränderungen in den Immobilien und Beteiligungen sowie unbedingt die bereits eingetretenen oder drohenden größeren Verluste.

Der Lagebericht erklärt damit dem Bilanzleser die Entwicklung von der Bilanz des Vorjahres zu der vorliegenden Bilanz und gibt ihm auch Hinweise auf die zu erwartende Gestalt des nächsten Jahresabschlusses.

b) Der Erläuterungsbericht

Die Erläuterungen sollen die Bilanz und die Gewinn- und Verlustrechnung klarlegen und ergänzen. Dies betrifft vor allem die Zusammensetzung einzelner Positionen.

Neben den allgemeinen Erläuterungen werden folgende Erläuterungen ausdrücklich gefordert.

① Angabe der Bewertungs- und Abschreibungsmethoden,
② Abschreibungen bzw. Wertberichtigungen auf Zugänge des Geschäftsjahres,
③ Beeinträchtigungen der Vergleichbarkeit mit dem letzten Jahresabschluß,
④ Angabe des Unterschiedsbetrages auf Grund anderer Bewertungs- und Abschreibungsmethoden, wenn dieser bestimmte Grenzen (§ 160 Abs. 2, Satz 5 AktG) überschreitet.

Während die bisher genannten Angaben in das pflichtgemäße Ermessen des Vorstandes gestellt sind, nennt § 160 Abs. 3 AktG 11 Tatbestände, die **nach dem Gesetz anzuführen** sind. Sie betreffen unter anderem den Besitz von eigenen Aktien, das Bestehen einer wechselseitigen Beteiligung oder einer Beteiligung an der bilanzierenden Gesellschaft nach § 20 AktG, Gesamtbezüge der jetzigen und ehemaligen Mitglieder des Vorstandes und des Aufsichtsrates.

Im Geschäftsbericht dürfen zwar Angaben fehlen, soweit diese in das Ermessen des Vorstandes gestellt sind. Er darf aber grundsätzlich keine unwahren Angaben enthalten.

7. Bilanzierung in anderen Rechtsformen und einzelnen Wirtschaftszweigen

Nachdem bisher nur die Bilanzierung nach dem Aktienrecht zugrunde lag, sollen nun die Besonderheiten der anderen Rechtsformen dargestellt werden.

a) Die Bedeutung des AktG für andere Rechtsformen

Unter der Geltung des AktG 1937 wurde die Auffassung vertreten, daß das AktG in den Gliederungs- und Bewertungsvorschriften nichts enthielt, was nicht schon nach den Grundsätzen ordnungsmäßiger Buchführung und Bilanzierung nach § 40 HGB erforderlich war, so daß damit das AktG in diesen Teilen die Kodifizierung dieser Grundsätze enthielt. Außerdem enthielten die Buchführungsrichtlinien von 1937 eine entsprechende Verbindlichkeitserklärung.

Durch die Neufassung des AktG erhebt sich daher die Frage, ob die entsprechenden Vorschriften ebenfalls als die Kodifizierung der Grundsätze anzusehen und damit bei Unternehmungen aller Rechtsformen anzuwenden sind.

Adler-Düring-Schmaltz halten die Verbindlichkeit für alle Unternehmungen aus zwei Gründen für zweifelhaft: aus der beschränkten Haftung der AG und der Endgültigkeit der Gewinnausschüttung an die Aktionäre sind die Aktivierungswahlrechte beschränkt worden und aus dem Aktionärsschutzgedanken sind die Bewertungsvorschriften umgestaltet worden. Beide Gründe sind bei anderen Rechtsformen von wesentlich geringerer Bedeutung. Daher gliedern Adler-Düring-Schmaltz die neuen aktienrechtlichen Vorschriften in zwei Teile, nämlich solche, die allgemeine Grundsätze zum Ausdruck bringen, und solche, die sich aus speziellen für die Aktiengesellschaft geltenden Zielsetzungen erklären lassen.

Die für die einzelnen Rechtsformen geltenden speziellen Vorschriften stehen daher gleichberechtigt neben den speziellen des Aktienrechts und werden durch die allgemeinen Vorschriften des AktG ergänzt. Langfristig gesehen können sich auch die speziellen Grundsätze in Richtung der aktienrechtlichen Vorschriften entwickeln, wodurch die Übereinstimmung wieder herbeigeführt würde.

b) Bilanzierung der GmbH und der Erwerbs- und Wirtschaftsgenossenschaften

Handelsgesetze, die andere Rechtsformen als die AG betreffen, weisen nur wenige Bilanzierungsvorschriften auf; daher sollen nur die Besonderheiten zweier Rechtsformen beispielhaft besprochen werden.

Die **Gesellschaft mit beschränkter Haftung** bilanziert auf der Grundlage des § 40 HGB und des § 42 GmbHG. Für die Aufstellung der Bilanz gilt daher:

1. Das Anlagevermögen ist **höchstens** zu den Anschaffungs- oder Herstellungskosten abzüglich Abschreibung anzusetzen. Hier liegt der wesentliche Unterschied zum AktG: die Bewertung erfolgt nicht zu **den** Anschaffungs- oder Herstellungskosten, sondern liegt zwischen einer Obergrenze, die die Anschaffungs- oder Herstellungskosten bilden, und einer Untergrenze, die die Grundsätze ordnungsmäßiger Buchführung und Bilanzierung aufstellen. Der Wertansatz liegt innerhalb dieser Grenzen im pflichtgemäßen Ermessen der Geschäftsführung.

2. Die Kosten der Organisation und der Verwaltung dürfen nicht als Aktiva in die Bilanz eingesetzt werden. Das AktG enthält diese Bestimmung ebenfalls.

3. Die Einziehung von Nachschüssen ist eine Besonderheit dieser Rechtsform. Sie sind eine Forderung an die Gesellschafter, die durch Beschluß der Gesellschaftsversammlung entsteht. Ihnen ist ein gleicher Kapitalbetrag auf der Passivseite gegenüberzustellen.

4. Unter die Passiva sind das Stammkapital, Reserve- und Erneuerungsfonds sowie die eingezahlten Nachschüsse aufzunehmen.

5. Der Gewinn oder Verlust muß am Schluß der Bilanz gesondert angegeben werden. Diese beiden letzten Vorschriften sind im AktG sinngemäß ebenfalls enthalten.

Die **Erwerbs- und Wirtschaftsgenossenschaft** bilanziert auf der Grundlage der §§ 33 und 33 a — g GenG, sowie ergänzend der §§ 38—47 a HGB und der Grundsätze ordnungsmäßiger Buchführung und Bilanzierung.

Die **Gliederungsvorschriften** für die Bilanz sind in § 33 d GenG dargestellt. Die Aktiva sind in die Gruppen Anlagevermögen, Beteiligungen und Umlaufvermögen gegliedert, die Passiva gleichen der Gliederung des AktG. Das Kriterium der Fristigkeit wird allerdings bei Forderungen und Verbindlichkeiten noch nicht verwendet.

Die **Bewertungsvorschriften** für die Bilanz in § 33 c GenG schreiben vor:

1. Das Anlagevermögen ist höchstens zu Anschaffungs- oder Herstellungskosten abzüglich angemessener Abschreibung anzusetzen. Auch hier hat der Vorstand einen Ermessensspielraum zwischen der Obergrenze (Anschaffungs- oder Herstellungskosten) und der Untergrenze (Grundsätze ordnungsmäßiger Buchführung und Bilanzierung).

2. Das Umlaufvermögen ist nach dem strengen Niederstwertprinzip zu bewerten: die Gegenstände sind höchstens zu Anschaffungs- oder Herstellungskosten anzusetzen; ist jedoch der Börsen- oder Marktpreis am Bilanzstichtag niedriger, so ist **höchstens** dieser anzusetzen.

3. Die Kosten der Gründung, der Geschäfts- oder Firmenwert und die Anleihen der Genossenschaft werden ähnlich wie im AktG behandelt.

4. Der Betrag der Geschäftsguthaben der Genossenschaft (Eigenkapital) ist unter die Passiven einzusetzen.

Die **Gewinn- und Verlustrechnung** wird nach § 33 f GenG gegliedert. Sie wird in Kontenform im Gegensatz zum AktG geführt und enthält nur 13 Positionen. Da Konzernbeziehungen hier keine große Bedeutung haben und es sich meist um kleinere Gesellschaften handelt, ist auf den Ausweis der Konzernbeziehungen und der Gesamtleistung statt des Rohertrages verzichtet worden.

c) Bilanzierung einzelner Wirtschaftszweige

Von den Gliederungsvorschriften des AktG sind die Aktiengesellschaften folgender Wirtschaftszweige ausgenommen:

1. Kreditinstitute, Hypothekenbanken und Schiffspfandbriefbanken,
2. Eisenbahnen des öffentlichen Verkehrs,
3. Beförderung von Personen mit Straßenbahnen oder Linienverkehr,
4. Beförderung von Gütern mit Kraftfahrzeugen,
5. Gemeinnützige Wohnungsunternehmen.

Diese Wirtschaftszweige sind in § 17 des Einführungsgesetzes zum AktG erschöpfend aufgezählt. Für sie gelten weiterhin die Vorschriften der §§ 131 und 132 AktG 1937.

Die folgenden Wirtschaftszweige haben eigene gesetzliche Regelungen, die für alle Rechtsformen der Unternehmungen gelten:

1. Kreditinstitute im Gesetz über das Kreditwesen (KWG),

2. Versicherungsunternehmen und Bausparkassen im Gesetz über die Beaufsichtigung der privaten Versicherungsunternehmen und Bausparkassen (VAG),

3. Gemeinnützige Wohnungsunternehmen im Gesetz über die Gemeinnützigkeit im Wohnungswesen (WGG),

4. Wirtschaftsbetriebe der öffentlichen Hand, soweit sie keine eigene Rechtspersönlichkeit haben, in den Eigenbetriebsverordnungen des Reiches oder der Bundesländer.

Für diese Wirtschaftszweige bestehen abweichende Gliederungsvorschriften für die Bilanz und Gewinn- und Verlustrechnung sowie teilweise besondere Vorschriften über die Geschäftsführung.

V. Die Jahreserfolgsrechnung nach Steuerrecht

1. Das Verhältnis von Handels- und Steuerbilanz

Das Verhältnis von Handels- und Steuerbilanz wird in § 5 EStG bestimmt. Die Steuerbilanz ist danach keine selbständige Bilanz, sondern wird von der Handelsbilanz unter Berücksichtigung steuerlicher Bewertungsvorschriften (u. a. §§ 6, 7 EStG) abgeleitet. Die Überordnung der Handelsbilanz über die Steuerbilanz wird als **Maßgeblichkeitsgrundsatz** bezeichnet. Aus diesem Maßgeblichkeitsgrundsatz ergeben sich nun zwei Problemkreise. Einmal ist zu klären, warum eine eigene Steuerbilanz überhaupt aufgestellt werden muß und zum anderen, wie die Steuerbilanz auf die Handelsbilanz zurückwirken kann.

a) Die steuerrechtlichen Erfordernisse und ihre Erfüllung im Handelsrecht

Der erste Problemkreis erfordert zunächst die Behandlung der steuerlichen Erfordernisse. Aus den höchstrichterlichen Urteilen lassen sich im wesentlichen zwei Prinzipien ableiten: die gleichmäßige Behandlung aller Steuerpflichtigen und die gerichtliche Nachprüfbarkeit.

Die gleichmäßige Behandlung aller Steuerpflichtigen verlangt, daß Unternehmer nicht besser gestellt sind als Arbeitnehmer. In der Regel haben Unternehmer die Möglichkeit, den Gewinn der Unternehmung als den größten Teil ihres Einkommens zu beeinflussen. Sie könnten Einkommensveränderungen über die Zeit ausgleichen und damit Steuerprogressionen umgehen. Daher steht das Steuerrecht allen Ergebnisverlagerungen grundsätzlich ablehnend gegenüber. Die handelsrechtlichen Bilanzierungsvorschriften enthalten entsprechend ihrer andersartigen Zielsetzung mehrere Wahlrechte, z. B. bei Aktivierung von Ausgaben, Bestimmung von Anschaffungs- oder Herstellungskosten oder Bildung von Rückstellungen.

Die gerichtliche Nachprüfbarkeit verlangt nach eindeutiger Abgrenzung der Sachverhalte und nach objektiven Beurteilungsmaßstäben. Daher besteht das Steuerrecht auf der Einzelbewertung und auf der Berücksichtigung der Vergangenheit bei der Beurteilung zukünftiger Entwicklungen, z. B. bei der Bewertung der Vorräte oder bei Bildung von Rückstellungen.

Nach der Behandlung der steuerlichen Erfordernisse erscheint es verständlich, daß Gesetzgebung und Rechtsprechung ein eigenes Bilanzsteuerrecht entwickelt haben, um die weiten, auch nach dem AktG 1965 noch vorhandenen Bilanzierungsmöglichkeiten nach ihren Erfordernissen einzuengen. So ist z. B. die Bewertung der Vorräte nach den Fifo- oder Lifo-Verfahren handelsrechtlich zulässig; steuerlich zulässig ist allein die Bewertung mit Durchschnittspreisen. Die Herstellungskosten umfassen aktienrechtlich mindestens Fertigungsmaterial und Fertigungslohn; steuerlich müssen nach Abschn. 33 EStR mindestens die Fertigungsgemeinkosten hinzugerechnet werden.

b) Die Verzerrung der Handelsbilanz durch steuerliche Vorschriften

Der zweite Problemkreis betrifft im wesentlichen die Sonderabschreibungen auf das Anlagevermögen und die Teilwertabschreibung auf Vorräte bei sinkenden Marktpreisen. Die Gewährung dieser steuerlichen Vorteile ist daran gebunden, daß eine entsprechende Bilanzierung schon in der Handelsbilanz vorgenommen wird. Damit wird eine handelsrechtliche Bilanz aus steuerlichen Gründen verzerrt und das Maßgeblichkeitsprinzip auf den Kopf gestellt, ohne daß überhaupt eine Notwendigkeit von Seiten des Fiskus dazu ersichtlich ist.

Darüber hinaus hat die steuerliche Bilanzierung noch eine weitere Rückwirkung auf die Handelsbilanz. Viele Unternehmungen machen sich nicht die Mühe, erst eine Handelsbilanz aufzustellen und daraus dann eine Steuerbilanz abzuleiten. Sie stellen statt dessen eine Bilanz auf, die auf alle handelsrechtlichen Wahlrechte verzichtet und sich ganz nach dem Steuerrecht ausrichtet. Diese Unternehmungen verzichten damit auf ein wesentliches Instrument zur Lenkung und Planung der Unternehmung.

2. Besonderheiten der Steuerbilanz

Die Steuerbilanz als Instrument zur Ermittlung des steuerpflichtigen Gewinnes ist ein Kernstück der „Betriebswirtschaftlichen Steuerlehre" und soll ausführlich dort behandelt werden.

Hier soll nur ein Überblick gegeben werden, wo die Steuerbilanz von der Handelsbilanz abweichen kann.

a) Bilanzierungsfähigkeit und Bilanzierungspflicht

Das Vermögen einer einzelkaufmännischen Unternehmung oder einer Personengesellschaft kann unter steuerlichen Gesichtspunkten in drei Gruppen eingeteilt werden:

① das notwendige Privatvermögen
② das gewillkürte Betriebsvermögen
③ das notwendige Betriebsvermögen

Das notwendige Privatvermögen umfaßt Wirtschaftsgüter wie Kleidung, Hausrat und Einrichtung des Kaufmanns. Diese Wirtschaftsgüter sind nicht bilanzierungsfähig.

Das gewillkürte Betriebsvermögen umfaßt Wirtschaftsgüter wie Bargeld, Wertpapiere, Kraftwagen und Grundstücke. Von ihrer Zweckbestimmung können sie privat wie auch betrieblich genutzt werden. Der Kaufmann hat hier eine Entscheidung zu treffen, welche Teile dem Privat- oder dem Betriebsvermögen zuzurechnen sind. Alle diese Wirtschaftsgüter sind bilanzierungsfähig, aber nicht bilanzierungspflichtig.

Das notwendige Betriebsvermögen umfaßt Wirtschaftsgüter wie Fabrikgebäude, Warenvorräte bzw. -schulden und Maschinen, die nach der Verkehrsanschauung nur zu betrieblichen Zwecken genutzt werden können.

Diese Wirtschaftsgüter sind bilanzierungsfähig und zugleich bilanzierungspflichtig.

Das Vermögen einer Kapitalgesellschaft ist stets notwendiges Betriebsvermögen und damit bilanzierungspflichtig.

In beiden Gruppen von Unternehmungen ist der Begriff des Eigentums bei der Bilanzierung nicht juristisch, sondern, wie auch schon bei der Handelsbilanz, wirtschaftlich zu verstehen.

b) Aufbau und Gliederung

Hier gelten nur die allgemeinen Grundsätze ordnungsmäßiger Buchführung und Bilanzierung, die auch schon der Handelsbilanz zugrunde lagen. Weitergehende Vorschriften des Steuerrechts bestehen nicht. Die Bestimmungen der Abgaben-Ordnung sind bereits Bestandteil der obigen Grundsätze.

Engere Formvorschriften wie die des AktG 1965 müssen daher nur für Aktiengesellschaften angewandt werden; Nicht-Aktiengesellschaften müssen höchstens die Anforderungen des AktG 1937 erfüllen.

Das Anlagevermögen ist sinnvollerweise in die Gruppen „abnutzbares Anlagevermögen" und „Anlagevermögen, das nicht der substanziellen Abnutzung unterliegt" umzugruppieren, da die steuerrechtlichen Bewertungsvorschriften an diese Gruppierung anknüpfen.

c) Wertansätze der steuerlichen Bilanzierung

Das Steuerrecht kennt mehrere Wertansätze, die von denen des Handelsrechts abweichen. Die beiden wichtigsten davon sind die Anschaffungs- bzw. Herstellungskosten und der Teilwert.

Die Anschaffungs- und die Herstellkosten sind wesentlich weiter gefaßt als im Handelsrecht und heben die Wahlrechte des Kaufmanns, Ausgaben als Aktivum in die Bilanz oder als Aufwendung der Periode in die Gewinn- und Verlustrechnung einzustellen, weitgehend zugunsten einer Aktivierung auf.

Der Teilwert ist ein Korrekturwert zu den Anschaffungs- bzw. Herstellkosten; er entspricht dem Betrag, den ein Erwerber des ganzen Betriebes im Rahmen des Gesamtkaufpreises für das einzelne Wirtschaftsgut ansetzen würde. Dabei ist davon auszugehen, daß der Erwerber den Betrieb fortführt.

Der Teilwert ist stets der niedrigste steuerlich zulässige Wertansatz. Die genauere Behandlung des Teilwerts und seiner Problematik wird in der „Betriebswirtschaftlichen Steuerlehre" vorgenommen.

VI. Die kurzfristige Erfolgsrechnung

Die Ermittlung des rechnerischen Erfolgs einer Unternehmung wird vom Gesetzgeber in der Form des Jahresabschlusses „erzwungen". Man könnte meinen, daß damit auch der Betrieb selbst Instrumente in die Hand bekommt, mit deren Hilfe er das Betriebsgeschehen kontrollieren und steuern kann. Daß Bilanz und Gewinn- und Verlustrechnung diesen Zielsetzungen nicht gerecht werden können, geht schon daraus hervor, daß der Jahresabschluß als solcher eine zu lange Periode erfaßt. Unternehmerische Entscheidungen würden sicher zu spät (und sicher auch „falsch") gefällt werden, wenn sie allein auf den Jahresabschlußzahlen beruhen würden.

Die Unternehmung muß deshalb andere Wege gehen; sie muß sich ein Instrument schaffen, das einerseits schnelle Ergebnisse liefert und das andererseits auch so flexibel ist, daß es entsprechend den jeweiligen Zielsetzungen auch Aussagen liefert. Dieses Instrument ist die kurzfristige Erfolgsrechnung.

D i e kurzfristige Erfolgsrechnung im eigentlichen Sinne (also nur eine Form) gibt es nicht. Man kann verschiedene Gruppen bilden, die sich an den jeweiligen Zwecksetzungen orientieren:

1. Gesamterfolgsrechnung (Unternehmenserfolgsrechnung)

2. Betriebserfolgsrechnung

Innerhalb dieser Gruppen lassen sich insbesondere folgende verschiedene Verfahren feststellen[1]):

a) Gesamtkostenverfahren

b) Umsatzkostenverfahren

Einzelne Verfahren können wiederum verschiedene Wege gehen, entsprechend der Basis, die zugrunde gelegt wird: z. B. läßt sich das Umsatzkostenverfahren sowohl auf der Basis von Vollkosten als auch Grenzkosten durchführen.

So gesehen gibt es also eine ganze Skala von Möglichkeiten für die Durchführung der kurzfristigen Erfolgsrechnung. Es darf hier bereits darauf hingewiesen werden, daß jede dieser „Möglichkeiten" Vorteile und Nachteile gegenüber anderen Möglichkeiten hat. Es ist Sache des Unternehmens, die Möglichkeit in der Praxis anzuwenden, die der jeweiligen Zwecksetzung entsprechend am aussagefähigsten ist. Um hier eine Entscheidung fällen zu können, muß man alle Spielarten der kurzfristigen Erfolgsrechnung genauestens studieren.

---

[1]) Als spezielle Formen werden noch genannt: die Stückgewinnrechnung, die Partiegewinnrechnung und die Handelsspannenrechnung

Besondere Probleme bei der kurzfristigen Erfolgsrechnung entstehen durch die Eigenart des jeweiligen Betriebes. Sie können im einzelnen liegen in

1. *dem besonderen Einfluß der Branche*
2. *dem Fertigungsprogramm (mit Einfluß auf die Gliederung der kurzfristigen Erfolgsrechnung)*
3. *der Planung (als Grundlage für die Betriebserfolgsrechnung)*
4. *der mehrstufigen Erzeugung.*

Diese Probleme müssen bei der Beurteilung der Ergebnisse der kurzfristigen Erfolgsrechnung berücksichtigt werden, weil man sonst zu falschen Schlüssen und Entscheidungen kommt. Überhaupt wird man Schlüsse nur dann ziehen können, wenn man aussagefähige Vergleichsmaßstäbe hat.

1. Grundlagen der kurzfristigen Erfolgsrechnung

a) Jahresabschluß und kurzfristige Erfolgsrechnung

Der rechnerische Erfolg einer Unternehmung läßt sich für eine bestimmte Periode durch Gegenüberstellung der zu dieser Periode gehörenden Aufwendungen und Erträge ermitteln. Diese Rechnung wird vom Gesetzgeber in der Form des Jahresabschlusses, der sowohl die Erfolgsrechnung (Gewinn- und Verlustrechnung) als auch die Bilanz umfaßt, erzwungen.

Mit dieser Jahresrechnung wird zwar den gesetzlichen Mindestanforderungen, nicht aber den betrieblichen Anforderungen nach einem **Informations-, Kontroll- und Steuerungsmittel** entsprochen. Mit der kurzfristigen Erfolgsrechnung ist ein Instrument vorhanden, das diese Aufgaben, entsprechend den konkreten Zielsetzungen, übernehmen kann, und zwar in einer Form, die weit über die Anforderungen des Gesetzgebers hinausgeht.

Trotz der vielfältigen Beziehungen zwischen Jahresrechnung und kurzfristiger Erfolgsrechnung lassen sich folgende Unterscheidungsmerkmale feststellen:

1. Im Gegensatz zum Jahresabschluß wird in der kurzfristigen Erfolgsrechnung in der Regel eine Aufteilung des Erfolges in einen **Betriebserfolg und einen Abgrenzungserfolg** vorgenommen.

2. Die Ziele der kurzfristigen Erfolgsrechnung sind überwiegend an betriebsinternen Aufgaben orientiert, so daß die Unternehmung die kurzfristige Erfolgsrechnung **den Zielen entsprechend flexibel** gestalten kann.

3. Der Jahresabschluß umfaßt eine zu lange Periode, als daß die Auswirkungen unternehmerischer Entscheidungen rechtzeitig erkannt und gegebenenfalls beeinflußt werden könnten. Aus diesem Grunde sind die **Abrechnungsperioden** der kurzfristigen Erfolgsrechnung **kürzer als ein Jahr**.

b) Die Periodenlänge in der kurzfristigen Erfolgsrechnung

Als Perioden für die kurzfristige Erfolgsrechnung kommen alle Zeiträume in Frage, die kürzer als ein Jahr sind. Je kürzer die Perioden sind, desto schneller können Maßnahmen zur Beeinflussung der laufenden Entwicklung getroffen werden. Andererseits führt die extreme Verkürzung der Perioden auch zu Schwierigkeiten: die zeitliche Abgrenzung der zur Periode gehörenden Aufwendungen und Erträge gelingt nur unvollkommen; Tendenzänderungen der Entwicklung treten nicht stark genug hervor; die erforderliche Abrechnungsarbeit und der damit verbundene Aufwand setzen der Periodenverkürzung eine Grenze.

In der Praxis hat sich immer mehr die Monatsrechnung durchgesetzt. Halbjahres- und Quartalsabschlüsse sind für die Zwecke der Erfolgsrechnung zu lang; Dekaden, Wochen oder gar Tagen stehen zu große Schwierigkeiten entgegen. Den Nachteilen der Monatsperiode, nämlich unterschiedliche Anzahl der Tage, unterschiedliche Arbeitstage, unregelmäßig verteilte Feiertage, stehen Vorteile gegenüber, die die praktische Abrechnung erleichtern.

So bezieht sich eine Vielzahl von Aufwendungen auf die Monatsperiode (Gehälter, Strom, Gas, Wasser, Mieten, Umsatzsteuerzahlungen). Berichte werden oft zum Monatsultimo erstellt. Verträge werden über die Distanz eines Monats bzw. das Vielfache eines Monats geschlossen. Schließlich fallen auch die meisten buchhalterischen Abschlüsse mit den Monatsenden zusammen.

c) Die Ziele der kurzfristigen Erfolgsrechnung

Die kurzfristige Erfolgsrechnung soll für kürzere Perioden als ein Jahr die verschiedenen Zwecke der internen Erfolgsrechnung erfüllen.

Allgemein formuliert soll die kurzfristige Erfolgsrechnung zeigen, was gewesen ist, und Antwort auf die Fragen geben, was sein wird.

> Im einzelnen werden folgende Ziele genannt.
>
> ❶ Rechenschaftslegung zur Beurteilung getroffener Entscheidungen und Abschätzen der Konsequenzen zukünftiger Entscheidungen;
>
> ❷ Lieferung von Unterlagen für die Bemessung einer ergebnisabhängigen Entlohnung sowie zur Festsetzung von Betriebstantiemen;
>
> ❸ Lieferung von Unterlagen zur Ermittlung interner Verrechnungspreise und zur Überprüfung externer Preise;
>
> ❹ Rechtzeitiges Erkennen von Strukturwandlungen;
>
> ❺ Lieferung von Unterlagen für die Absatzpolitik und die Zusammensetzung des Fertigungsprogramms;
>
> ❻ Abschätzen des Jahreserfolges;
>
> ❼ Schaffung von Unterlagen für Verhandlungen (z. B. Banken);
>
> ❽ Beobachtung der Liquidität der Unternehmung.

Die kurzfristige Erfolgsrechnung wäre überfordert, wollte sie alle Ziele gleichzeitig verfolgen. Deshalb ist es unabdingbar, die Ziele der Rechnung vorher festzulegen, um die Aufbereitung des Zahlenmaterials entsprechend vornehmen zu können. Darüber hinaus stehen den Unternehmen für einen Teil der oben angeführten Ziele spezielle, wirkungsvollere Instrumente zur Verfügung — für Verhandlungen mit Banken z. B. Finanzpläne, für die Bestimmung des Fertigungsprogramms z. B. die Deckungsbeitragsrechnung —, die die kurzfristige Erfolgsrechnung entlasten können. Nur der konkrete Fall kann entscheiden, was von der kurzfristigen Erfolgsrechnung zu verlangen ist.

Je nach der Zwecksetzung der kurzfristigen Erfolgsrechnung lassen sich zwei Gruppen der Erfolgsrechnung herauskristallisieren:

1. **Die Betriebserfolgsrechnung** als Kernstück der kurzfristigen Erfolgsrechnung. Sie ist eine Rechnung, die Kosten und Leistungen der Periode gegenüberstellt. Aus diesem Grunde sind alle periodenfremden, betriebsfremden und außerordentlichen Aufwendungen und Erträge aus dieser Rechnung eliminiert. Darüber hinaus sind, je nach der Zielsetzung (z. B. bei der Ermittlung des Fertigungsprogramms) alle kurzfristig nicht beeinflußbaren Faktoren (z. B. die fixen Kosten und eventuell Markteinflüsse, wie z. B. schwankende Beschaffungs- und Absatzpreise) zu eliminieren, um die Erfolgsursachen in reiner Form bestimmen zu können.

2. **Die Gesamterfolgsrechnung,** deren Ziel z. B. das Abschätzen des Jahreserfolges ist, umfaßt notwendigerweise auch betriebsfremde und außerordentliche Aufwendungen und Erträge. Im Vordergrund steht hier die Nivellierung von Schwankungen, die die Kontinuität dieser Rechnung stören (z. B. Werbekosten, Urlaubslöhne, saisonale Einflüsse).

2. Methoden der kurzfristigen Erfolgsrechnung

a) Betriebserfolgsrechnung als kurzfristige Erfolgsrechnung

(1) Grundlagen der Betriebserfolgsrechnung

Die ältere Methode der Erfolgsermittlung ist der sogenannte Eigenkapital- oder Bilanzvergleich (Distanzrechnung). Der Erfolg ergibt sich, indem man vom Vermögen der Unternehmung das Fremdkapital absetzt und das so erhaltene Eigenkapital um etwaige Eigenkapitaleinlagen bzw. Eigenkapitalausschüttungen korrigiert.

Die weitere Entwicklung führte zur Ermittlung des Erfolges mit Hilfe der Gewinn- und Verlustrechnung. Hierbei werden die Geschäftsvorfälle als Eigenkapitalminderung (Aufwand) oder Eigenkapitalvermehrung (Ertrag) verbucht. Der Erfolg (G) ergibt sich dann aus der Differenz der Summe aller Erträge (E) und der Summe aller Aufwendungen (A):

(1) $$G = (E_1 + E_2 \ldots E_n) \div (A_1 + A_2 \ldots A_m)$$

Die Indizes n und m bezeichnen die Ertrags- bzw. Aufwandsarten.

Im Gegensatz zur Distanzrechnung wird hier erkennbar, aus welchen Ertrags- und Aufwandsarten sich der Erfolg zusammensetzt.

Der Schwerpunkt der betrieblichen Erfolgsanalyse liegt, wie schon angedeutet, auf dem Betriebserfolg. Aus diesem Grunde sind alle diejenigen Geschäftsvorfälle, die mit dem eigentlichen Betriebszweck nichts zu tun haben, zu eliminieren. Das geschieht in der Weise, daß der Gesamtertrag (E) in einen Betriebsertrag (E_B) und einen neutralen Ertrag (E_n) und der Gesamtaufwand (A) in einen betrieblichen Zweckaufwand (A_B) und einen neutralen Aufwand (A_n)

aufgeteilt wird. Als neutral gelten alle diejenigen Erträge bzw. Aufwendungen, die durch betriebsfremde, außerordentliche und periodenfremde Geschäftsvorfälle verursacht werden.

(2) $$G = (E_B - A_B) + (E_n - A_n)$$

In dieser Gleichung wird nicht unterschieden zwischen dem Zweckaufwand der Finanzbuchhaltung und den in der Betriebsabrechnung zu verrechnenden Kosten. Diese Unterscheidung ist aber notwendig, um die exakte Spaltung zwischen Betriebserfolg und Gesamterfolg durchzuführen. Unterschiede ergeben sich z. B. dann, wenn die Abschreibungen der Finanzbuchhaltung — aus bilanzpolitischen Gründen vorgenommen — nicht mit dem tatsächlichen Verschleiß übereinstimmen. Die Finanzbuchhaltung verrechnet nur Fremdkapitalzinsen, während die Betriebsabrechnung auch Eigenkapitalzinsen erfaßt. Ebenso erscheint der Unternehmerlohn nicht in der Finanzbuchhaltung, wohl aber in der Betriebsabrechnung.

Aus diesen Beispielen ergibt sich die Notwendigkeit, den Zweckaufwand der Finanzbuchhaltung kalkulatorisch abzugrenzen. Aus diesem Grunde wird der betriebliche Zweckaufwand, der nicht den Kosten entspricht (A_k), eliminiert und durch kalkulatorische Kosten (K_k) ersetzt. Der Betriebserfolg ergibt sich dann aus der Differenz zwischen den Betriebserträgen und den Kosten (K). Dabei wird die obige Formel erweitert um die Differenz aus den kalkulatorischen Kosten (K_k) und dem nicht als Kosten verrechneten Zweckaufwand (A_k). Die Gleichung lautet dann:

(3) $$G = (E_B - K) + (E_n - A_n) + (K_k - A_k)$$

Diese Gleichung gibt uns die **Grundlage zur Erfolgsanalyse** durch die Aufspaltung des Gesamterfolgs in den Betriebserfolg, die neutrale und die kalkulatorische Abgrenzung. Dabei löst sich die Erfolgsrechnung im Zuge der Entwicklung immer mehr aus der Finanzbuchhaltung und wird heute in der Regel in der Betriebsabrechnung in statistisch-tabellarischer Form durchgeführt.

(2) Die nach Kostenarten gegliederte kurzfristige Erfolgsrechnung (Gesamtkostenverfahren)

Diese ältere Form der Betriebserfolgsrechnung ist in enger Anlehnung an die Finanzbuchhaltung entstanden. Statt der Gesamterträge werden hier jedoch die Betriebserträge berücksichtigt, von denen dann naturgemäß nicht die Aufwendungen, sondern die Gesamtkosten abgezogen werden (Gesamtkostenverfahren).

Somit ergibt sich der Betriebserfolg (G_B) aus:

(4) G_B = Umsatz ± Lagerbestandsveränderung — Gesamtkosten

      (Je Erzeugnisart)   (je Erzeugnisart zu Herstellkosten)   (differenziert nach Kostenarten)

Die Umsätze in Gleichung (4) werden durch die Erlöskonten der Finanzbuchhaltung ermittelt, die Lagerbestandsveränderungen müssen dagegen durch körperliche Inventur erfaßt werden. Die Gesamtkosten werden aus der Betriebsabrechnung entweder in einer Summe oder differenziert nach Kostenarten (Klasse 4) übernommen. In Gleichung (4) wirken die Lagerbestandsveränderungen als Korrekturglied wie folgt: Eine Abnahme der Bestände an Halb- und Fertigfabrikaten vermindert den Betriebserfolg, der Umsatz ist dann teilweise aus der Produktion früherer Perioden getätigt worden. Eine Zunahme der Bestände erhöht den Betriebserfolg, der Umsatz hat dann nicht mit der Ausweitung der Produktion Schritt gehalten.

Das Gesamtkostenverfahren hat folgende Vorteile:

1. Es ist einfach zu handhaben und kann leicht in das System der doppelten Buchführung integriert werden.
2. Unter Zuhilfenahme der Abgrenzungskonten läßt sich ohne wesentlichen Aufwand die aktienrechtliche Gewinn- und Verlustrechnung aufstellen.

Als Nachteile des Gesamtkostenverfahrens werden herausgestellt:

1. Die Bestände an Halb- und Fertigfabrikaten sind nur durch körperliche Inventur zu ermitteln. Das läßt sich bei der typischen Mehrproduktunternehmung mit differenziertem Fertigungsprogramm, vor allem da die Produktion weiterlaufen muß, nicht durchführen. Erfassungsfehler wären unvermeidlich. Aus diesem Grunde ist das Gesamtkostenverfahren nur für Betriebe mit einfachem Fertigungsprogramm zu empfehlen.

2. Der schwerste Vorwurf gegen das Gesamtkostenverfahren resultiert aus der Diskrepanz der Dimensionen zwischen Umsätzen und Lagerbestandsveränderungen einerseits und den Kosten andererseits. Während die Umsätze und eventuell die Lagerbestandsveränderungen nach Produkten bzw. Produktgruppen gegliedert sind, sind die Kosten nach Kostenarten gegliedert. Die unterschiedlichen Dimensionen verbieten einen Vergleich. Eine eingehende Analyse über den Erfolg eines einzelnen Produktes anzustellen scheitert, da die gegenübergestellten Kostenarten an der Produktion und am Absatz aller Produkte mehr oder weniger stark beteiligt sind. Deshalb kann das Gesamtkostenverfahren nur bei der Einproduktunternehmung oder bei einfach gelagerter Sortenfertigung zum Einsatz kommen.

(3) Die nach Kostenträgern gegliederte kurzfristige Erfolgsrechnung (Umsatzkostenverfahren)

(a) Die Betriebserfolgsrechnung auf der Basis der Vollkosten

Die Weiterentwicklung der kurzfristigen Erfolgsrechnung konzentrierte sich darauf, die Nachteile des Gesamtkostenverfahrens zu vermeiden. Eine Verbesserung gelingt zum einen dadurch, daß die Erträge durch die Erlöse ersetzt werden, zum anderen stellt man diesen Erlösen nicht die Gesamtkosten, sondern die mit Hilfe der Kalkulation ermittelten Selbstkosten der abgesetzten Produkte gegenüber (die Lagerbestandsveränderungen fallen damit aus der Rechnung heraus).

Da den Umsätzen bei diesem Verfahren nur die diesen Umsätzen entsprechenden Selbstkosten gegenübergestellt werden, spricht man vom Umsatzkostenverfahren. Die Bestimmungsgleichung dieses Verfahrens lautet dann:

(5) $\qquad G_B =$ Umsatz — Selbstkosten
$\qquad\qquad\qquad$ (je Erzeug-$\quad$(je Erzeugnis-
$\qquad\qquad\qquad\;$ nisart)$\qquad\;$ art)

Drei Gründe sind bestimmend dafür, daß beim Umsatzkostenverfahren ein Betriebsabrechnungsbogen erstellt werden muß, um letztlich die Selbstkosten je Erzeugnisart zu ermitteln:

1. Mit dem Betriebsabrechnungsbogen werden die Gemeinkostenarten nach dem Verursachungsprinzip auf die Hilfs- und Hauptkostenstellen verteilt, bei denen sie angefallen sind.

2. Mit Hilfe des Betriebsabrechnungsbogens gelingt die Verrechnung innerbetrieblicher Leistungen nach Maßgabe der Beanspruchung durch die einzelnen Kostenstellen.

3. Schließlich schafft der Betriebsabrechnungsbogen die Kalkulationsgrundlagen für die einzelnen Kostenstellen, aus denen sich dann die Herstellkosten und nach Hinzufügen der Vertriebs- und Verwaltungskosten die Selbstkosten pro Stück entwickeln lassen.

Setzen wir uns kritisch mit dem Umsatzkostenverfahren auseinander, so ist folgendes anzumerken:

Dem Gesamtkostenverfahren ist das Umsatzkostenverfahren dadurch überlegen, daß es sowohl auf der Kostenseite als auch auf der Erlösseite das Betriebsergebnis nach Produktarten differenziert aufweist. Hierdurch ist die Möglichkeit geschaffen worden, den Erfolgsbeitrag eines jeden Produktes zu erkennen und zu analysieren. Ob Unternehmungen mit einem breiten Produktionsprogramm die Produkte einzeln analysieren oder ob mehrere Produkte zu Produktgruppen zusammengefaßt werden, hängt vom konkreten Fall ab.

Ein weiterer Vorteil des Umsatzkostenverfahrens ergibt sich daraus, daß bei diesem Verfahren die rein rechnerische Ermittlung der Halb- und Fertigfabrikatebestände möglich ist. Für sehr kurzfristige Erfolgsanalysen (einen Monat oder auch kürzer) ist das ein gewichtiger Vorteil. Langfristig kann jedoch auch bei diesem Verfahren nicht auf die körperliche Inventur verzichtet werden, und zwar um so weniger, je stärker folgende Einflüsse wirksam werden: Ausschußmengen, die über dem kalkulatorisch berücksichtigten Ausmaß liegen, täuschen einen Halbfabrikatebestand vor, der in Wirklichkeit nicht vorhanden ist, da aus diesen Beständen niemals Fertigfabrikate werden. Diebstahl und andere Verluste lassen sich rechnerisch nicht erfassen.

Schließlich treten Unterschiede zwischen den rechnerischen und den tatsächlichen Beständen auf, wenn Aufträge nicht in den vorgesehenen kostengünstigen Kostenstellen gefertigt werden, die auch der Kalkulation zugrunde liegen. Die verrechneten Fertigungskosten, die den Fertigungsstellen gutgeschrieben und dem Fabrikationskonto belastet werden, sind dann zu niedrig. Dadurch wird der Bestand an Halbfabrikaten zu hoch ausgewiesen. In der Regel ist es ausreichend, wenn in diesen Fällen vierteljährlich, halbjährlich oder eventuell einmal im Jahr eine körperliche Inventur durchgeführt wird.

Diesen Vorteilen stehen aber auch gewisse Nachteile gegenüber: Das Umsatzkostenverfahren läßt sich nur mit Hilfe des Betriebsabrechnungsbogens in das System der doppelten Buchführung einfügen, was praktisch einer Nebenrechnung gleichkommt. Die Aufspaltung des Fabrikationskontos sowie des Betriebsergebniskontos nach Kostenträgern ist in der Mehrproduktunternehmung mit breitem Fertigungsprogramm mit sehr viel Rechenaufwand verbunden und wird am besten statistisch-tabellarisch durchgeführt. Schließlich bedarf auch das nach Produktarten differenzierte Betriebsergebniskonto einer Umformung, um den aktienrechtlichen Vorschriften zu genügen, die für die Gewinn- und Verlustrechnung eine Gliederung nach Aufwandsarten vorschreiben.

b) Die Betriebserfolgsrechnung auf der Basis der Grenzkosten.

Das Umsatzkostenverfahren auf der Basis der Vollkosten hat zwar mit der Aufspaltung der Erlöse und Kosten nach Produktarten die Grundlage zur Erfolgsbeurteilung einzelner Produkte gelegt, Schlußfolgerungen für die optimale Zusammensetzung des Fertigungsprogramms können hieraus jedoch nicht gezogen werden, da die Selbstkosten die anteiligen Fixkostenbestandteile enthalten. Ein Produkt, dessen Marktpreis unter den Selbstkosten liegt, kann nicht ohne weiteres aus dem Fertigungsprogramm eliminiert werden, zumindest kann diese Entscheidung nicht auf Grund einer Vollkostenrechnung getroffen werden. Wird ein solches Produkt aus der Fertigung ausgeschlossen, so fallen neben den Erlösen dieses Produktes nur die variablen Kosten fort, die verrechneten Fixkostenanteile bleiben erhalten. Ein Erzeugnis, das durch seinen Preis außer den variablen Kosten auch zur teilweisen Deckung der fixen Kosten beiträgt, erhöht den Gesamtgewinn. Eliminiert werden sollte das Produkt erst, wenn sein Preis keinen Beitrag zur Deckung der fixen Kosten mehr leistet, oder wenn es durch ein anderes Produkt mit einem höheren Beitrag zum Gesamtgewinn ersetzt werden kann.

Diese Entscheidung erfordert eine Aufspaltung der Vollkosten in fixe und variable Kosten. Die fixen Kosten werden, da sie nicht nach dem Verursachungsprinzip auf die Kostenträger verteilt werden können, in einer Summe auf das Betriebsergebniskonto als „Periodenkosten" — Kosten, die für die periodische Bereitstellung der Kapazität anfallen — übernommen. Nur die variablen Kosten werden verrechnet, sie sind bei linearen Kostenverläufen mit den Grenzkosten identisch, da nur sie den Erzeugnissen zuzumessen sind. Dem **Fabrikationskonto** sowie den **Halb- und Fertigwarenbestandskonten** werden somit nur die variablen Kosten belastet bzw. gutgeschrieben.

Als Bestimmungsgleichung ergibt sich für den Betriebserfolg:

(6) $\quad G_B =$ Umsatz — variable Kosten — fixe Kosten
$\qquad\qquad\;\;$ (je Erzeug-$\;\;\;$ (je Erzeugnis-$\qquad\qquad$ (je Kosten-
$\qquad\qquad\;\;\;$ nisart)$\qquad\;\;\;$ art)$\qquad\qquad\qquad\;\;\;$ stelle)

Dabei wird die Differenz zwischen Umsatz und den variablen Kosten je Einheit der Erzeugnisart auch als Bruttogewinn oder **Deckungsbeitrag** bezeichnet. Der Deckungsbeitrag gibt an, wie hoch der Betrag ist, den das Produkt neben der Deckung der variablen Kosten zur Deckung der fixen Kosten leistet.

Der große Vorteil der Betriebserfolgsrechnung auf der Basis der Grenzkosten ist darin zu sehen, daß sich mit den Erlösen und variablen Kosten je Erzeugnisart vergleichbare Dimensionen gegenüberstehen; beide verhalten sich proportional zu den Absatzmengen. Die Fertigungsprogrammplanung sollte daher ausschließlich auf Grenzkostenbasis erfolgen.

Als Nachteil der Erfolgsrechnung auf Grenzkostenbais ist die Tatsache anzusehen, daß auch die Halb- und Fertigfabrikatebestände zu Grenzkosten bewertet werden müssen, was zwar handelsrechtlich, nicht aber steuerrechtlich zulässig ist. Es wird deshalb empfohlen, die Bestandsrechnung zu Grenzkosten aus der Finanzbuchhaltung zu lösen und statistisch-tabellarisch durchzuführen. Ein weiterer Einwand gegen die Grenzkostenrechnung wird aus dem Tatbestand hergeleitet, daß die fixen Kosten nicht periodengerecht abgegrenzt seien. Vor allem bei Unternehmungen der langfristigen Einzelfertigung (Großmaschinenbau, Schiffsbau) sowie bei Betrieben, die starken saisonalen Schwankungen unterliegen (Zuckerindustrie, Koservenindustrie) fallen Produktion bzw. Gewinnung und Absatz auseinander. Daraus folgt, daß die monatlich ausgebuchten Fixkostenbeträge in absatzschwachen Monaten zu Verlusten und in den Saisonmonaten zu überhöhten Gewinnen führen. Inwieweit man die fixen Kosten proportional zu den Absatzmengen zeitlich abgrenzt, soll nicht weiter untersucht werden, für die Steuerung und Planung des Produktionsprogramms ist die Erfolgsanalyse nach dem Grenzkostenprinzip unerläßlich.

b) Gesamterfolgsrechnung als kurzfristige Erfolgsrechnung

Mit der Betriebserfolgsrechnung als kurzfristiger Erfolgsrechnung lassen sich die meisten Fragen, die an die kurzfristige Erfolgsrechnung gestellt werden, beantworten. Vom Betriebserfolg kann jedoch nicht ohne weiteres auf das Gesamtergebnis der Unternehmung in einer Periode geschlossen werden, das für die Höhe des Gewinns nach Handelsrecht maßgebend ist. Aus diesem Grunde ist es notwendig, die Abgrenzungsrechnung als Ergänzungsrechnung zur Betriebserfolgsrechnung durchzuführen.

Da bei der Abgrenzungsrechnung die Zielsetzung, den Gesamtjahreserfolg abzuschätzen, dominiert, sind in der Abgrenzungsrechnung korrekte zeitliche Abgrenzungen erforderlich. Eine Eliminierung von außerordentlichen Einflüssen und Zufallsposten kommt in der Regel nicht in Frage. Im einzelnen geht es also darum, die als periodenfremd abgegrenzten Aufwendungen wie z. B. Urlaubsaufwendungen, Weihnachtsgelder, Jahresprämien, ebenso wie die bilanzmäßigen Abschreibungen und Wertberichtigungen auf Forderungen zeitanteilig zu ermitteln und auf die kurzen Perioden zu verteilen.

Ohne diese zeitliche Verteilung könnten die Ergebnisse der Betriebserfolgsrechnung und der Abgrenzungsrechnung nicht zur Ermittlung des Gesamterfolges herangezogen werden. Der ausgewiesene Gesamterfolg der kurzen Periode wäre verzerrt.

3. Sonderprobleme der kurzfristigen Erfolgsrechnung

a) Der Einfluß der Branche auf die kurzfristige Erfolgsrechnung

Wie das Rechnungswesen allgemein, so sind auch die Anforderungen an die kurzfristige Erfolgsrechnung auf die Eigenarten des Betriebes abzustellen. Die Besonderheiten der Branche spielen dabei eine wesentliche Rolle.

Am umfassendsten sind die Aufgaben der kurzfristigen Erfolgsrechnung in Erzeugungsbetrieben anzusehen. Dabei ist je nach den anzuwendenden Fertigungsverfahren, der Dauer des Produktionsprozesses, der Breite des Produktionsprogramms sowie der organisatorischen Gliederung der Gesamtunternehmung eine entsprechende Gestaltung des Rechnungswesens erforderlich.

Den Handelsbetrieben und den Erzeugungsbetrieben ist das Problem gemeinsam, wie sich Bestandsveränderungen in der kurzfristigen Rechnung hinreichend genau ermitteln lassen. Außerdem stellt sich bei Handelsbetrieben die Verteilung der anfallenden Kosten auf die Kostenträger als besonders schwierig dar.

Bei Dienstleistungsbetrieben wirkt sich die in der Regel sehr kurze Zeitspanne zwischen Kostenentstehung und Erlösen als vorteilhaft aus. Die oft beträchtlichen Kosten der Leistungsbereitschaft (z. B. im Beherbergungsgewerbe) periodengerecht zu verteilen, führt jedoch oft zu Schwierigkeiten.

Bei Finanzierungsinstituten wirkt sich für die Erfolgsermittlung günstig aus, daß verschiedene Bestands- und Bewegungszahlen tagesfertig vorliegen. Schwierigkeiten ergeben sich auch hier durch die zeitgerechte Abgrenzung einiger Aufwendungen (z. B. Provisionen, Gebühren, Zinsen).

b) Die Auswirkungen des Fertigungsprogramms auf die Gliederung der kurzfristigen Erfolgsrechnung

Wir sind beim Umsatzkostenverfahren davon ausgegangen, daß es wünschenswert ist, die Erlöse und Kosten einzelner Erzeugnisse gegenüberzustellen, um damit eine Erfolgsanalyse des einzelnen Produktes durchführen zu können. Die typische Mehrproduktunternehmung fertigt jedoch mehrere 1000 Artikel. Diese Zahl wird in der Textilindustrie durch Variation der Gewebe, der Dessins und der Farbstellung erreicht. In der Porzellanindustrie können das Material, die Form und der Dekor verändert werden. In diesen Fällen führt eine Variation eines Merkmals zu einem neuen Kostenträger. Bei einem derart stark differenzierten Fertigungsprogramm kann eine Erfolgsrechnung nicht mehr für einen einzelnen Kostenträger durchgeführt werden. Der Erfolg ist in diesen Fällen nur für einzelne Produktgruppen bzw. Untergruppen zu ermitteln. Durch stichprobenartige Kontrolle läßt sich dann unter Zuhilfenahme der Kalkulation die Relation zwischen Preis und Selbstkosten für ein bestimmtes Erzeugnis überprüfen.

Unternehmungen, die in fertigungstechnisch isolierten Werken ein getrenntes Fertigungsprogramm erstellen, sollten in jedem Werk eine getrennte kurzfristige Erfolgsrechnung durchführen. Dabei empfiehlt es sich, die für alle Werke gemeinsam anfallenden Verwaltungskosten nicht in den Erfolg der einzelnen Werke einzubeziehen, da eine verursachungsgerechte Aufteilung sowieso nicht möglich ist.

c) Die Planung als Grundlage der Betriebserfolgsrechnung

Der Verlauf der kostenrechnerischen Entwicklung zeigt auch einen nachhaltigen Einfluß auf die Kalkulation. Die Entwicklung führte von der Istkostenkalkulation über die Normalkostenkalkulation bis hin zur Kalkulation mit Plankosten. Bei dieser letzten Form gewinnt man die Kalkulationssätze nicht mehr auf Grund bestimmter Durchschnittssätze aus den Istkosten vergangener Perioden, sondern durch die Kostenplanung. Die effektiv entstandenen Istkosten zerfallen dann in die Plankosten und in die Abweichungen, von denen die Beschäftigungsabweichungen und die Verbrauchsabweichungen die wichtigsten darstellen. Die Kalkulation zu Plankostensätzen wird als Plankostenkalkulation bezeichnet.

Für die kurzfristige Erfolgsrechnung auf der Basis der Plankosten, die in der Regel im Zusammenhang mit dem Grenzkostenprinzip zur Anwendung gelangt, entsteht zwangsläufig die Frage, wie die Kostenabweichungen zu behandeln sind. Drei Möglichkeiten bieten sich zur Behandlung dieser Abweichungen an:

① Die Kostenabweichungen können pro Monat auf das Betriebsergebniskonto gebucht werden. Bei dieser Vorgehensweise werden nur die zu erwartenden „Planerfolge" der einzelnen Erzeugnisse ausgewiesen, nicht dagegen die effektiven Bruttogewinne. Das Verfahren erscheint nur zweckmäßig zu sein, wenn die Abweichungen relativ gering sind und somit die Differenz zwischen effektiven Selbstkosten und Plankosten niedrig bleibt.

② Die Kostenabweichungen können aus der kurzfristigen Erfolgsrechnung weggelassen werden; sie sind dann auf Sonderkonten zu erfassen und werden am Jahresende in die Erfolgsrechnung übernommen. Dieses Verfahren erweist sich nur dann als sinnvoll, wenn die Abweichungen saisonbedingt sind, so daß sich positive und negative Abweichungen im Verlaufe des Jahres ausgleichen. Sind die Abweichungen nicht saisonbedingt, so kommt dieser Ausgleich nicht zustande. Das Verfahren sollte dann nicht zur Anwendung kommen.

③ Die Abweichungen werden nach dem Verursachungsprinzip auf die Kostenträger verteilt. Die zunächst durchgeführte Kalkulation mit Plankosten für die einzelnen Produkte wird ergänzt durch die Abweichungsverteilung für die einzelnen Produkte, so daß die effektiven Selbstkosten ersichtlich sind. Dem Vorteil der Ermittlung der effektiven Selbstkosten steht bei diesem Verfahren der Nachteil gegenüber, daß die Kostenabweichungen verursachungsgerecht auf die einzelnen Kostenträger weiterverrechnet werden müssen. Nur wenn diese Verrechnung gelingt, kann das Verfahren angewendet werden.

d) Die kurzfristige Erfolgsrechnung bei mehrstufiger Fertigung

Bei der mehrstufigen Fertigung tritt ein Sonderproblem für die kurzfristige Erfolgsrechnung dann auf, wenn die Erzeugnisse der einzelnen Stufen im eigenen Betrieb weiterbearbeitet oder auch an den Markt abgegeben werden können, wenn also ein Marktpreis für die Erzeugnisse auf den einzelnen Stufen existiert. Für die Bewertung der Erzeugnisse auf den einzelnen Stufen stehen dann zwei Möglichkeiten alternativ zur Verfügung. Beide weisen sowohl Vorteile als auch Nachteile auf.

Zum einen besteht die Möglichkeit, die Erzeugnisse auf den einzelnen Stufen durchgehend mit den Herstellkosten zu bewerten. Die Stufen werden dann genau wie Kostenstellen betrachtet; alle Halbfabrikate werden zu Herstellkosten bewertet, unbeschadet der Tatsache, daß Marktpreise auf den einzelnen Stufen herangezogen werden könnten. Die Vorteile dieser Bewertung liegen darin, daß keine unrealisierten Gewinne auf den Zwischenstufen ausgewiesen werden und daß die Kalkulationssätze zur Bewertung der Halb- und Fertigfabrikatebestände herangezogen werden können. Als Nachteil wird dieser Methode angelastet, daß sie auf der letzten Stufe höhere Gewinne ausweist, als vergleichbare einstufige Betriebe, die ihre Vorprodukte am Markt erwerben. Diese Diskrepanz ist um so höher, je größer die Anzahl der Produktionsstufen ist.

Diesen Nachteil will das zweite Verfahren, das auf einer Marktpreisbewertung der Erzeugnisse auf den Stufen basiert, vermeiden. Die Halbfabrikatebestände werden dann nicht zu Herstellkosten, sondern zu Marktpreisen bewertet, so daß auf den einzelnen Verarbeitungsstufen die jeweils erwirtschafteten Gewinne ersichtlich werden. Nachteilig ist bei diesem Verfahren anzumerken, daß durch die Marktpreisbewertung unrealisierte Gewinne in die einzelnen Halb- und Fertigfabrikatebestände eingehen, deren Ausweis problematisch ist. Diese unrealisierten Gewinne kumulieren sich über mehrere Stufen. Eine Verkaufs- und Programmsteuerung ist dann nicht mehr möglich, da Aufträge abgelehnt werden, die nicht mehr die Selbstkosten zu decken scheinen. Auf Grund der Bewertung zu Marktpreisen auf den jeweils vorgelagerten Stufen sind die Selbstkosten der jeweils nachgelagerten Stufen jedoch um die unrealisierten Gewinne zu hoch ausgewiesen.

4. Zur Auswertung der kurzfristigen Erfolgsrechnung

Als Grundsatz für die kurzfristige Erfolgsrechnung gilt, daß die Ergebnisse so schnell wie möglich vorliegen sollten, damit die auf Grund dieser Rechnung vorzunehmenden Entscheidungen umgehend getroffen werden können.

Lassen sich bestimmte Daten aus irgendwelchen Gründen für die kurzfristige Rechnung nicht zur Verfügung stellen, so läßt sich die Rechnung beschleunigen, indem diese Daten eliminiert werden. Dieses Mittel ist allerdings nicht unbedenklich anzuwenden. Darüber hinaus bedürfen die Ergebnisse einer sorgfältigen Interpretation, da sie ja nur einen Teilerfolg ausweisen.

Aus den vorliegenden Ergebnissen kann nicht ohne weiteres geschlossen werden, ob die erwirtschafteten Erfolge „gut" oder „schlecht" waren. Zu dieser Beurteilung bedarf es der Vergleichsmaßstäbe, die sich in Form von Relationen bzw. Kennzahlen entwickeln lassen. Kennzahlen lassen sich z. B. aus den Größen Umsatz, Leistung und Kapital bilden, oder man geht auf die Faktoren des Erfolgs zurück und bildet Kennzahlen für Kostenarten bzw. Kostenträger. Ob diese Kennzahlen im Zeitvergleich, im Soll-Ist-Vergleich oder im Betriebsvergleich zur Anwendung kommen, hängt letztlich vom Aussageziel im konkreten Fall ab.

F. Betriebswirtschaftliche Steuerlehre

Von Steuerberater Walter Neddermeyer

Schon im Altertum kannte man den Steuereinnehmer. Es gab ihn sogar noch zu Beginn des 20. Jahrhunderts. Man wußte, daß „der Staat" Steuern brauchte. Wenn der Staat viel Ausgaben hatte, mußte das Volk viel Steuern zahlen (der Steuereinnehmer wurde dann zum Steuereintreiber). Das wiederum führte dazu, daß man alles, was mit Steuern zusammenhing, als etwas Negatives betrachtete, ja, man haßte es einfach.

Ein Steinmetz gab diesem Gedanken sichtbaren Ausdruck, als er vor mehr als 100 Jahren beim Bau des Rathauses in Hameln/Weser (genannt: „Hochzeitshaus") in einen Stein folgende Worte meißelte:

DESTUERIS DEBETTERE SCIIT

Das klingt zunächst so, als ob es sich um einen lateinischen Spruch handele, in Wirklichkeit ist es jedoch ein mundartlicher Ausspruch (= De Stuer ist de bettere Sciit), der nach heutiger Lesart etwa folgendes bedeuten würde: „Die Steuer ist der bessere Dreck". Man sieht, wie prägnant, aber auch wie dezent der Volksmund das Wesen der Steuer zu skizzieren wußte.

Noch bis in die jüngste Zeit hinein blieb es dabei, daß man sich scheute, „etwas mit dem Finanzamt zu tun" zu haben. In dem Maße, wie das Steuerrecht (d. h. die Steuergesetzgebung) immer komplizierter wurde, brauchte man den Steuerspezialisten. Neue Berufszweige bildeten sich: Steuerberater, Steuerprüfer, Helfer in Steuersachen usw. Diese Berufsgruppen berieten indessen nur diejenigen Steuerpflichten, deren Steuerlast sehr hoch war, denn nur bei diesen „lohnten" sich die Ausgaben für die Beschäftigung eines Steuerfachmannes.

Das änderte sich grundlegend, als die Sparförderung durch den Staat auf dem Wege über die Steuerbegünstigung einsetzte. Nun hatte auch der „kleine Mann" seine großen Steuersorgen. Er wandte sich — wie es nicht anders zu erwarten war — vertrauensvoll an den Sachbearbeiter in seinem Kreditinstitut. Nun mußte sich der Bankkaufmann mit Steuerfragen beschäftigen. Wenn auch dieses Verfahren nicht mehr praktiziert wird, so gibt es jetzt doch so viele Gelegenheiten im bankbetrieblichen Bereich, die mit den steuerlichen Auswirkungen bestimmter Bankgeschäfte für den Bankkunden verbunden sind, daß ein steuerliches Grundwissen von beträchtlichem Ausmaß von jedem Bankkaufmann verlangt wird. Aus diesem Grunde sollte jeder Bankkaufmann auf diesem Gebiet hinreichend informiert sein.

Dieses Vorlesungsheft informiert zunächst über den Gegenstand und die Aufgabe der betriebswirtschaftlichen Steuerlehre. Es wird hier bereits gezeigt, daß die Besteuerung die betrieblichen Entscheidungen in vielfältiger Weise zu beeinflussen vermag.

Es folgt dann eine Begriffsklärung und eine Darstellung der Einteilungsmöglichkeiten der Steuern.

In einem weiteren Abschnitt erfolgt dann die Kennzeichnung der wichtigsten betrieblichen Steuern und zwar in folgender Reihenfolge:

Einkommensteuer,

Körperschaftsteuer und

Vermögensteuer.

In einem zweiten Lehrheft werden die

Gewerbesteuer,

Umsatzsteuer und die

Kapitalverkehrsteuern

besprochen. Außerdem erfolgt dort auch die Darstellung der Einflüsse der betrieblichen Steuern auf unternehmerische Entscheidungen.

I. Einführung

1. Gegenstand und Aufgabe der betriebswirtschaftlichen Steuerlehre

Gegenstand der betriebswirtschaftlichen Steuerlehre sind die **Steuern des Betriebes**, d. h. die an den Betrieb und seine Funktionen geknüpften Steuern. Dazu gehören nicht nur Steuern, die im betriebswirtschaftlichen Sinne als Betriebsaufwand gelten, also zu Lasten des Betriebsergebnisses gehen, sondern auch Steuern, die aus dem Betriebsgewinn gezahlt werden müssen. Im ersten Fall sind die Steuern ein Kostenfaktor, der in der Selbstkostenrechnung des Betriebes zu berücksichtigen ist, im zweiten Fall stellen sie einen Anteil des Fiskus am Betriebsgewinn dar.

Die betriebswirtschaftliche Steuerlehre befaßt sich demnach auch mit Steuern, die nach dem Willen des Steuergesetzgebers nicht den Betrieb selbst, sondern, wie z. B. die Einkommensteuer, Körperschaftsteuer und Vermögensteuer, den **Betriebsinhaber** belasten sollen. Zum Teil gelten diese Steuern, obgleich sie steuerlich zu den nicht abzugsfähigen Aufwendungen der privaten Lebensführung zählen, in betriebswirtschaftlichem Sinne sogar als Betriebsaufwand. So ist z. B. die Körperschaftsteuer, eine Personensteuer, die als die Einkommensteuer der juristischen Person gilt, nach der betriebswirtschaftlichen Steuerlehre als eine Belastung der Unternehmung anzusehen, weil Einkommen im betriebswirtschaftlichen Sinne nur eine natürliche Person haben kann. Hiervon abgesehen spielen diese Steuern im Rahmen der betriebswirtschaftlichen Steuerlehre schon deshalb eine wesentliche Rolle, weil eine der wichtigsten Betriebssteuern, die Gewerbesteuer, an die einkommen- und vermögensteuerlichen Vorschriften anknüpft.

Aufgabe der betriebswirtschaftlichen Steuerlehre ist einmal eine genaue **Kennzeichnung der Steuern des Betriebes.** Insoweit darf auf die Ausführungen in Abschnitt II. verwiesen werden. Zum anderen dient die betriebswirtschaftliche Steuerlehre dazu, den **Einfluß der Besteuerung auf betriebliche Entscheidungen** zu untersuchen, d. h. festzustellen, welche Möglichkeiten bestehen, die steuerlichen Belastungen des Betriebes und des Betriebsinhabers im Rahmen der Steuergesetze auf ein Mindestmaß zu beschränken. Hierzu wird in Abschnitt III. Stellung genommen.

Die betriebswirtschaftliche Steuerlehre soll darüber hinaus den **Einfluß der Besteuerung auf das betriebliche Rechnungswesen** untersuchen, das der Ermittlung der Besteuerungsgrundlagen für eine Reihe von Betriebssteuern dient. Nicht zuletzt kommt ihr die Funktion zu, die wissenschaftlichen Erkenntnisse zu vermitteln, die für eine **zweckmäßige Gestaltung der Steuergesetze** benötigt werden.

2. Begriff der Steuer

Steuern sind eine besondere Form der sogenannten **öffentlichen Lasten**. Diese lassen sich in **öffentliche Abgaben** einerseits und **öffentliche Belastungen** andererseits einteilen.

Als **öffentliche Abgaben** werden die von öffentlich-rechtlichen Gemeinwesen erhobenen **Geldleistungen** bezeichnet. Dazu gehören neben den **Steuern** auch **Gebühren** und **Beiträge**. Steuern unterscheiden sich von Gebühren und Beiträgen dadurch, daß sie ohne eine besondere Gegenleistung des Steuergläubigers erhoben werden.

Als **öffentliche Belastungen** gelten nicht in Geld bestehende **Naturalleistungen** an ein öffentlich-rechtliches Gemeinwesen, wie sie z. B. im Bundesleistungsgesetz vom 27. 9. 1961[1]) vorgesehen sind. Nach diesem Gesetz ist der Staat berechtigt, von den seiner Gebietshoheit unterworfenen Personen bestimmte Sach- oder Dienstleistungen zu verlangen.

Nach der Definition des § 1 Abs. 1 der Reichsabgabenordnung (AO)[2]) ist eine Steuer nur gegeben, wenn

① eine **Geldleistung** gefordert wird,

② dieser Geldleistung **keine besondere Gegenleistung** gegenübersteht,

③ anspruchsberechtigt ein **öffentlich-rechtliches Gemeinwesen** ist,

④ dieses die Abgabe zur **Erzielung von Einnahmen** zur Deckung des öffentlichen Bedarfs erhebt und

⑤ die Last unter Berücksichtigung des Grundsatzes der **Gleichmäßigkeit der Besteuerung** auf die Betroffenen verteilt wird.

Ob im Einzelfall eine Steuer oder eine andere öffentliche Abgabe (Gebühr oder Beitrag) vorliegt, ist nach der Rechtsprechung des RFH nicht nach der Bezeichnung, sondern nach der wirklichen Natur und dem Wesen der Abgabe zu beurteilen.

3. Einteilung der Steuern

Der Finanzwissenschaft ist es bisher nicht gelungen, eine allgemein anerkannte systematische Gliederung der verschiedenen Steuern und Steuerarten zu finden. Von den verschiedenen Gliederungsmethoden seien hier erwähnt:

Die Einteilung

a) nach dem Gegenstand der Besteuerung in

(1) Besitz- und Verkehrsteuern und

(2) Zölle und Verbrauchsteuern.

---
[1]) BGBl. I, 1770.
[2]) Vom 22. 5. 1931 (RGBl. I, 161), zuletzt geändert durch Gesetz vom 10. 8. 1967 (BGBl. I, 877).

Besitzsteuern sind Steuern auf Besitz und Einkommen, wie z. B. die Einkommensteuer, Körperschaftsteuer, Vermögensteuer, Gewerbesteuer, Grundsteuer und die Kirchensteuer.

Verkehrsteuern sind Steuern, die bestimmte Verkehrsvorgänge zum Gegenstand der Besteuerung machen, wie z. B. die Umsatzsteuer, Grunderwerbsteuer, Gesellschaftsteuer und die Börsenumsatzsteuer.

Zölle sind Abgaben auf die Ein- und Ausfuhr.

Verbrauchsteuern sind Steuern auf den Verbrauch bzw. Aufwand. Dazu gehören z. B. die Biersteuer und die Kaffeesteuer.

Die Besitzsteuern lassen sich noch in **Personensteuern** (Subjektsteuern) und **Sach- oder Realsteuern** (Objektsteuern) einteilen. Subjektsteuern sollen die Leistungsfähigkeit einer natürlichen oder juristischen Person, Objektsteuern die Leistungsfähigkeit einer bestimmten Sache, d. h. eines bestimmten Vermögensgegenstandes oder Betriebes erfassen. Zu den Personensteuern gehören z. B. die Einkommensteuer und die Vermögensteuer. Realsteuern sind die Grundsteuer und die Gewerbesteuer (§ 1 Abs. 3 AO).

b) nach der Person des Steuergläubigers in

(1) Bundessteuern,

(2) Landessteuern,

(3) Gemeindesteuern und

(4) Kirchensteuern.

Wer bei den zur Zeit zur Erhebung kommenden Steuern im einzelnen steuerberechtigt ist, ergibt sich aus Art. 106 des Grundgesetzes. Danach gehören zu den **Bundessteuern** vor allem die Umsatzsteuer, die Verbrauchsteuern (mit Ausnahme der Biersteuer), die Ergänzungsabgabe zur Einkommen- und Körperschaftsteuer sowie die Zölle. Zu den **Landessteuern** gehören u. a. die Vermögensteuer, die Erbschaftsteuer, die Verkehrsteuern (mit Ausnahme der Beförderungssteuer).

Das Aufkommen der Einkommen- und der Körperschaftsteuer steht **anteilig** dem Bund und den Ländern zu.

Gemeindesteuern sind die Gewerbesteuer und die Grundsteuer.

c) nach dem Steuerträger in

(1) direkte Steuern und

(2) indirekte Steuern.

Als **direkte** Steuern gelten solche Abgaben, bei denen der gesetzliche Steuerschuldner nach dem Willen des Gesetzgebers wirtschaftlich auch Träger der Steuer ist. Als **indirekte** Steuern gelten solche Abgaben, bei denen die Steuern nach dem Willen des Gesetzgebers von dem Steuerschuldner auf andere Personen abgewälzt werden soll. Zu den direkten Steuern zählen z. B. die Einkommen- und Körperschaftsteuer, zu den indirekten Steuern die Umsatzsteuer und die verschiedenen Verbrauchsteuern.

4. Abgrenzung zwischen abzugsfähigen und nicht abzugsfähigen Steuern

Im Rahmen einer betriebswirtschaftlichen Steuerlehre ist von besonderem Interesse, inwieweit die verschiedenen den Betrieb und seine Funktionen erfassenden Steuern **nach den Steuergesetzen als Betriebsausgaben anerkannt sind**. Eine Steuer, die den steuerpflichtigen Gewinn oder das zu versteuernde Einkommen mindert, also zu einer Ermäßigung aller oder einer der gewinnabhängigen Steuern führt, bedeutet im wirtschaftlichen Ergebnis eine geringere Belastung als eine Steuer, die aus dem bereits versteuerten Einkommen oder Gewinn entrichtet werden muß.

Wie bereits oben zu 1. ausgeführt wurde, ist der steuerliche Begriff der Betriebsausgabe wesentlich enger gefaßt als der betriebswirtschaftliche Begriff **„Betriebsaufwand"**. Zu den Betriebsausgaben zählen gemäß § 4 Abs. 4 EStG nur Aufwendungen, „die durch den Betrieb veranlaßt sind". Dementsprechend sind Steuern und Abgaben, die an die Geschäftstätigkeit einer Unternehmung anknüpfen, regelmäßig als Betriebsausgaben abzugsfähig. Das gilt sowohl für die **Verkehrsteuern** als auch für die **Zölle und Verbrauchsteuern**. Bei den sogenannten **Besitzsteuern** ist dagegen zwischen den Subjekt- und den Objektsteuern zu unterscheiden. Die **Objektsteuern**, die entweder den Betrieb oder ein zum Betriebsvermögen gehörendes Wirtschaftsgut besteuern, sind in aller Regel als Betriebsausgaben abzugsfähig, die **Subjektsteuern**, die die Leistungsfähigkeit des **Betriebsinhabers** erfassen sollen, dagegen normalerweise nicht.

§ 12 Nr. 3 EStG bestimmt ausdrücklich, daß die Steuern vom Einkommen und sonstige Personensteuern zu den nicht abzugsfähigen Aufwendungen der privaten Lebensführung gehören. Eine Ausnahme gilt lediglich für die **Kirchensteuer** und die **Vermögensteuer**, die gemäß § 10 Abs. 1 Nr. 4 und 5 EStG für Zwecke der Einkommenbesteuerung als **Sonderausgaben** abgezogen werden können. Für juristische Personen stellt § 12 Nr. 2 KStG demgegenüber ein absolutes Abzugsverbot für die Steuern vom Einkommen und die Vermögensteuer auf.

II. Kennzeichnung der wichtigsten betrieblichen Steuern

1. Einkommensteuer

a) Allgemeines

(1) Wesen der Einkommensteuer

Die Einkommensteuer[1]) ist eine Personensteuer. Sie will die Leistungsfähigkeit einer Person besteuern, soweit sie sich in deren Einkommen spiegelt und erfaßt das **Einkommmen der natürlichen Personen**. Das Einkommen ist sowohl Gegenstand als auch Bemessungsgrundlage der Besteuerung. Juristische Personen unterliegen mit ihrem Einkommen der Körperschaftsteuer.

Soweit das Einkommen einer natürlichen Person aus einer unternehmerischen Tätigkeit stammt, unterliegt der Einkommensteuer also nicht der Betrieb, sondern der **Betriebsinhaber**. Er muß den Gewinn, den er durch den Betrieb erzielt, zusammen mit eventuellen anderen Einkünften der Einkommensteuer unterwerfen. Entsprechendes gilt für **Personengesellschaften**. Diese sind nicht selbständig einkommensteuerpflichtig. Auch hier unterliegen nicht der Betrieb, sondern die Gesellschafter der Einkommensteuer (§ 15 Nr. 2 EStG). Nach den Vorschriften der Abgabenordnung wird der Gewinn einer Personengesellschaft einheitlich für sämtliche Gesellschafter festgestellt und auf die Anteilsinhaber aufgeteilt (§ 215 AO).

(2) Privatwirtschaftliche Einkommenstheorien

Zu der Frage, was privatwirtschaftlich als **Einkommen** einer Person anzusehen ist, werden je nach dem Ausgangspunkt der Betrachtung unterschiedliche Auffassungen vertreten. Im wesentlichen haben sich zwei extreme Lehrmeinungen gebildet. Die eine, als deren Hauptverfechter Fuisting genannt werden kann, wird als **Quellentheorie** bezeichnet. Danach gelten als Einkommen nur die dem Steuerpflichtigen aus einer **dauernden Bezugsquelle** zufließenden Einkünfte. Die Quellentheorie war z. B. Grundlage für die preußische Einkommensteuer. Bei der anderen, die hauptsächlich von Schanz entwickelt worden ist, handelt es sich um die **Reinvermögenzuwachstheorie**. Danach gilt als Einkommen der gesamte Reinvermögenzugang des Steuerpflichtigen innerhalb eines bestimmten Zeitabschnittes ohne Rücksicht darauf, aus welchen Quellen er stammt bzw. worauf er zurückzuführen ist. Die Reinvermögenzuwachstheorie war z. B. Grundlage für das Reichseinkommensteuergesetz von 1920.

Das Einkommensteuergesetz von 1925 hat einen eigenen Einkommensbegriff entwickelt, der einen Kompromiß zwischen der Quellen- und der Reinvermögenzuwachstheorie darstellt. Dieser auch heute noch geltende Einkommens-

---

[1]) Einkommensteuergesetz i. d. Fassung vom 10. 12. 1965 (BGBl. I, 1901), zuletzt geändert durch das Steueränderungsgesetz vom 22. 12. 1967 (BGBl. I, 1334), Einkommensteuer-Durchführungsverordnung i. d. Fassung vom 14. 4. 1966 (BGBl. I, 246), Lohnsteuer-Durchführungsverordnung i. d. Fassung vom 22. 11. 1965 (BGBl. I, 1829), geändert durch VO vom 18. 12. 1967 (BGBl. I, 1230), Kapitalertragsteuer-Durchführungsverordnung i. d. Fassung vom 8. 8. 1966 (BGBl. I, 472).

begriff knüpft insoweit an die Quellentheorie an, als er ebenfalls nur Einkünfte aus bestimmten Quellen erfaßt. Er bezieht jedoch auch verschiedene einmalige bzw. nur unregelmäßig wiederkehrende Einkünfte in die Besteuerung ein, läßt den Abzug bestimmter Aufwendungen der privaten Lebensführung des Steuerpflichtigen zu und berücksichtigt darüber hinaus dessen Familienstand.

(3) Erhebungsformen der Einkommensteuer

Im Rahmen des gesamten Steuersystems steht die Einkommensteuer neben der **Körperschaftsteuer.** Die Körperschaftsteuer ist die Einkommensteuer der juristischen Personen. Als weitere Steuern vom Einkommen sind einmal die **Kirchensteuer**[2]) und mit Wirkung vom 1. 1. 1968 die 3%ige **Ergänzungsabgabe**[3]) zur Einkommen- und Körperschaftsteuer zu nennen.

Demgegenüber sind die **Lohnsteuer, Kapitalertragsteuer** und die **Aufsichtsratsteuer** lediglich besondere Erhebungsformen der Einkommen- und Körperschaftsteuer. Sie erfassen bestimmte diesen Steuern unterliegende Einkünfte bereits an der Quelle. Da die Steuerabzugsbeträge grundsätzlich auf die endgültige Einkommen- (bzw. Körperschaft-)steuer angerechnet werden können, sind sie im Grunde genommen nichts anderes als eine „Vorauszahlung" auf diese Steuern. In bestimmten Fällen, vor allem bei beschränkter Steuerpflicht, ist die Einkommensteuer (Körperschaftsteuer) allerdings durch den Steuerabzug abgegolten. Insoweit haben die Quellensteuern einen objektsteuerartigen Charakter.

(4) Geschichte der Einkommensteuer

Die Einkommensteuer ist trotz ihrer Ergiebigkeit erst relativ spät als Steuerquelle erschlossen worden. Dies dürfte darauf zurückzuführen sein, daß das System der Einkommensteuer ein sehr weitgehendes Eingehen auf die persönlichen Verhältnisse des Steuerpflichtigen notwendig macht. Das setzt einmal ein Eindringen in die Privatsphäre des Steuerpflichtigen voraus und erfordert zum anderen eine überaus leistungsfähige Verwaltung.

Das erste Einkommensteuergesetz auf deutschem Gebiet stammt aus dem Jahre 1851. In diesem Jahre wurde in Preußen die Klassen- und klassifizierte Einkommensteuer eingeführt. Das erste Reichseinkommensteuergesetz datiert vom 29. 3. 1920. Es wurde durch das Einkommensteuergesetz vom 10. 8. 1925 abgelöst, das — nach einer großen Änderung im Jahre 1934 — die Grundlage auch noch des heutigen Einkommensteuergesetzes bildet.

---

[2]) Die Kirchensteuern beruhen auf Landesrecht, in NRW z. B. auf dem Kirchensteuergesetz vom 30. 4. 1962 (BStBl. II, 128).
[3]) Ergänzungsabgabegesetz vom 21. 12. 1967 (BGBl. I, 1254).

b) Subjektive und objektive Steuerpflicht

Die Einkommensteuer stellt als Subjektsteuer auf die Person des Steuerpflichtigen ab. **Natürliche Personen,** die im Inland ihren Wohnsitz oder ihren gewöhnlichen Aufenthalt haben, sind **unbeschränkt** einkommensteuerpflichtig. Die unbeschränkte Steuerpflicht erstreckt sich auf **sämtliche** Einkünfte (§ 1 Abs. 1 EStG), also grundsätzlich auch auf solche Einkünfte, die dem Steuerpflichtigen aus dem Ausland zufließen, soweit nicht eine sachliche Befreiungsvorschrift zum Zuge kommt. Personen, die im Inland weder einen Wohnsitz noch ihren gewöhnlichen Aufenthalt haben, unterliegen der **beschränkten** Einkommensteuerpflicht mit bestimmten **inländischen** Einkünften (§ 1 Abs. 2 EStG). Welche Einkünfte der beschränkten Steuerpflicht unterworfen sind, ist in § 49 EStG geregelt.

Als Inland gilt grundsätzlich sowohl das Gebiet der **Bundesrepublik** als auch das Gebiet der **sowjetischen Besatzungszone** und des **sowjetischen Sektors von Berlin** (Abschn. 1 Abs. 1 EStR). Unter der Voraussetzung der Gegenseitigkeit werden jedoch Personen mit Wohnsitz oder gewöhnlichem Aufenthalt in der **sowjetischen Besatzungszone** oder in **Ostberlin** als **beschränkt** einkommensteuerpflichtig behandelt (§ 1 Abs. 3 EStG).

Obgleich das Einkommensteuergesetz in erster Linie auf die Person des Steuerpflichtigen abstellt, setzt die Entstehung einer Steuerschuld weiterhin voraus, daß von dem Steuerpflichtigen ein **genügend hohes Einkommen** erzielt worden ist. Maßgebend für die Beurteilung dieser Frage ist das Einkommen, das der Steuerpflichtige innerhalb eines **Kalenderjahres** (Bemessungszeitraum) bezogen hat (§ 2 Abs. 1 EStG). Nur wenn das Einkommen des Steuerpflichtigen innerhalb des Bemessungszeitraums so hoch ist, daß eine Einkommensteuer zur Erhebung kommt, wird der Steuerpflichtige auch **Steuerschuldner** i. S. des Einkommensteuergesetzes[4]).

c) Die Feststellung des steuerpflichtigen Einkommens

(1) Der Einkommensbegriff des Einkommensteuergesetzes

Einkommen ist gemäß § 2 Abs. 2 EStG der Gesamtbetrag der Einkünfte des Steuerpflichtigen aus den im Gesetz im einzelnen aufgeführten sieben Einkunftsarten — wobei negative Einkünfte im Regelfall mit anderen positiven Einkünften ausgeglichen werden können — abzüglich der Sonderausgaben.

Sonderausgaben sind bestimmte Aufwendungen der privaten Lebensführung, die vom Gesetzgeber aus sozialen, volkswirtschaftlichen, steuerpolitischen oder ähnlichen Gründen zum Abzug zugelassen wurden, obgleich sie **nicht** der Erzielung steuerpflichtiger Einnahmen dienen.

---

[4]) Im Sinne der Abgabenordnung ist „Steuerpflichtiger" von vornherein nur, „wer nach den Steuergesetzen eine Steuer als Steuerschuldner zu entrichten hat" (§ 97 AO).

(2) Die sieben Einkunftsarten

Das Einkommensteuergesetz unterscheidet sieben verschiedene Einkunftsarten. Gemäß § 2 Abs. 3 EStG sind dies im einzelnen

> ❶ Einkünfte aus Land- und Forstwirtschaft
>
> ❷ Einkünfte aus Gewerbebetrieb
>
> ❸ Einkünfte aus selbständiger Arbeit
>
> ❹ Einkünfte aus nichtselbständiger Arbeit
>
> ❺ Einkünfte aus Kapitalvermögen
>
> ❻ Einkünfte aus Vermietung und Verpachtung
>
> ❼ sonstige Einkünfte

Unter den Begriff „sonstige Einkünfte" fallen nur ganz bestimmte, ausdrücklich im Gesetz genannte Einkünfte, und zwar Einkünfte aus wiederkehrenden Bezügen (z. B. Leibrenten), Einkünfte aus Spekulationsgeschäften und Einkünfte aus bestimmten Leistungen (§ 22 EStG).

Zu welchen Einkunftsarten die Einkünfte im einzelnen Fall gehören, bestimmt sich nach den §§ 13 bis 24 EStG.

(3) Ermittlung der Einkünfte

Bei den Einkünften aus Land- und Forstwirtschaft, Gewerbebetrieb und selbständiger Arbeit ist „Einkunft" der aus der betreffenden Einkunftsart erzielte **Gewinn** (§ 2 Abs. 4 Nr. 1 EStG). Der Gewinn wird mit dem Ende des Wirtschaftsjahres des jeweiligen Betriebes bezogen. Bei den Einkünften aus nichtselbständiger Arbeit, Kapitalvermögen, Vermietung und Verpachtung und bei den sonstigen Einkünften ist „Einkunft" der aus der betreffenden Einkunftsart erzielte **Überschuß der Einnahmen über die Werbungskosten** (§ 2 Abs. 4 Nr. 2 EStG). Für die Ermittlung des Überschusses ist der Zeitpunkt des Zuflusses der Einnahmen und des Abflusses der Werbungskosten maßgebend (§ 11 EStG).

(4) Gesamtbetrag der Einkünfte — Einkommen — zu versteuernder Einkommensbetrag

Die Summe der sieben Einkunftsarten ergibt den **Gesamtbetrag der Einkünfte**. Zieht man hiervon die **Sonderausgaben** (§§ 10—10 d EStG) ab, erhält man das **Einkommen.** Außer den Sonderausgaben sind auch noch solche Ausgaben der privaten Lebensführung abzugsfähig, die für den Steuerpflichtigen im Vergleich zur Mehrzahl der anderen Steuerpflichtigen eine **außergewöhnliche Belastung** darstellen (§§ 33 u. 33 a EStG). Hierzu gehören vor allem Krankheitskosten, Aufwendungen zur Unterstützung bedürftiger Angehöriger usw. Darüber hinaus sind noch einige weitere tarifliche Freibeträge, z. B. die Altersfreibeträge, Kinderfreibeträge usw. abzugsfähig (§ 32 EStG). Erst danach ergibt sich der **zu versteuernde Einkommensbetrag.**

Die Ermittlung des zu versteuernden Einkommensbetrages

1. Einkünfte aus Land- und Forstwirtschaft
2. Einkünfte aus Gewerbebetrieb
3. Einkünfte aus selbständiger Arbeit
4. Einkünfte aus nichtselbständiger Arbeit
5. Einkünfte aus Kapitalvermögen
6. Einkünfte aus Vermietung und Verpachtung
7. Sonstige Einkünfte

Gesamtbetrag der Einkünfte
∕. Sonderausgaben

Einkommen
∕. außergewöhnliche Belastungen
∕. Freibeträge

Zu versteuernder Einkommensbetrag

---

d) Die Ermittlung des steuerlichen Gewinns

(1) Der steuerliche Gewinnbegriff

Nach § 4 Abs. 1 EStG ist Gewinn „der Unterschiedsbetrag zwischen dem Betriebsvermögen am Schluß des Wirtschaftsjahres und dem Betriebsvermögen am Schluß des vorangegangenen Wirtschaftsjahres, vermehrt um den Wert der Entnahmen und vermindert um den Wert der Einlagen" (sogenannter Bestands- oder Vermögensvergleich). Schematisch dargestellt ergibt das folgende Berechnung:

> Betriebsvermögen am Schluß des Wirtschaftsjahres
> — Betriebsvermögen am Schluß des vorangegangenen Wirtschaftsjahres
>
> Vermögensmehrung (Vermögensminderung)
> + Privatentnahmen
> — Privateinlagen
>
> **Gewinn (Verlust)**

Hierbei handelt es sich jedoch nicht um eine eigentliche Definition des steuerlichen Gewinnbegriffs, sondern lediglich um eine **Berechnungsformel** für die zahlenmäßige Ermittlung des Gewinns bei der Gewinnermittlung durch Bestandsvergleich. Daneben sieht das Einkommensteuergesetz in seinem § 4 Abs. 3 noch eine weitere Gewinnermittlungsart vor, die sogenannte **Einnahmeüberschußrechnung.** Danach ist Gewinn der „Überschuß der Betriebseinnahmen über die Betriebsausgaben". Schematisch dargestellt ergibt das folgende Berechnung:

> **Betriebseinnahmen**
> — **Betriebsausgaben**
>
> **Gewinn (Verlust)**

Bei der Einnahmeüberschußrechnung nach § 4 Abs. 3 EStG wird weitgehend auf eine periodengerechte Abgrenzung der Aufwendungen und Erträge des Unternehmens verzichtet. So können z. B. die Kosten des Wareneinkaufs im Rahmen dieser Gewinnermittlungsart unabhängig davon als Betriebsausgaben abgesetzt werden, ob die Ware am Ende der Gewinnermittlungsperiode bereits veräußert worden ist oder sich zu diesem Zeitpunkt noch im Warenbestand befindet. Bei der Gewinnermittlung durch Bestandsvergleich müssen die Anschaffungskosten der am Schluß eines Wirtschaftsjahres noch nicht veräußerten Waren dagegen als Aktivposten in die Bilanz eingestellt werden. Aufwendungen für Wirtschaftsgüter des Anlagevermögens, deren Nutzungsdauer erfahrungsgemäß mehr als ein Jahr beträgt, dürfen aber auch im Rahmen der Einnahmeüberschußrechnung nur verteilt auf die voraussichtliche Gesamtdauer der Verwendung oder Nutzung dieser Wirtschaftsgüter als Betriebsausgaben abgezogen werden. Diese Regelung entspricht der Aktivierung im Rahmen des Bestandsvergleiches. Eine „reine" Einnahmeüberschußrechnung gibt es also nicht.

Da der Bestandsvergleich und die Einnahmeüberschußrechnung den Kreis der sofort abzugsfähigen und der zu „aktivierenden" Betriebsausgaben unterschiedlich abgrenzt, müssen diese Gewinnermittlungsmethoden, auch wenn sie für ein und dasselbe Unternehmen und ein und denselben Gewinnermittlungszeitraum durchgeführt werden, zu unterschiedlichen Ergebnissen führen. Im Grunde genommen dienen beide nur dazu, den Abzug bestimmter Betriebsausgaben (in gewissem Umfang auch den Ansatz bestimmter Betriebseinnahmen) von der einen in eine andere Gewinnermittlungsperiode zu verlagern. In einem Fall geschieht dies in erster Linie durch eine **Aktivierung** der um eventuell erforderliche Abschreibungen gekürzten Aufwendungen für die am Bilanzstichtag vorhandenen Wirtschaftsgüter des Betriebsvermögens, im anderen Fall durch ein bloßes **Abzugsverbot** für bestimmte Betriebsausgaben unter Berücksichtigung nur der Absetzungen für Abnutzung.

Auch die Aktivierungspflicht für ein Wirtschaftsgut bedeutet also nichts anderes als ein vorübergehendes, zeitlich begrenztes Abzugsverbot für die dafür aufgewandten Anschaffungs- oder Herstellungkosten. Die Aufwendungen für Wirtschaftsgüter des Anlagevermögens sollen auf diese Weise nur entsprechend dem Wertverzehr dieser Güter und der Dauer ihrer Nutzung im Betrieb als Betriebsausgaben abgezogen werden, die Aufwendungen für Wirtschaftsgüter des Umlaufvermögens erst bei deren Veräußerung, also bei Realisierung des Veräußerungsgewinns. Entsprechendes gilt — allerdings mit umgekehrten Vorzeichen — für die Passivierung von negativen Wirtschaftsgütern, Verbindlichkeiten usw. in der Bilanz.

Der steuerliche Gewinnbegriff wird somit letztlich nur dadurch bestimmt, **was nach den Steuergesetzen als Betriebseinnahmen und Betriebsausgaben anzusehen ist.** Was im Sinne der Steuergesetze als Betriebseinnahmen und Betriebsausgaben gilt, geht aus der Summe der Gewinnermittlungsvorschriften des Einkommensteuergesetzes hervor. So werden z. B. durch § 4 Abs. 1 und § 5 EStG der Umfang des Betriebsvermögens bestimmt, durch die Vorschrift des § 4 Abs. 4 EStG i. V. m. § 12 EStG die als Betriebsausgaben anzuerkennenden und die als Privatentnahmen zu behandelnden Aufwendungen abgegrenzt; durch § 15 Nr. 2 EStG wird vorgeschrieben, daß bei einer Personengesellschaft sämtliche Vergütungen, die die Gesellschafter von der Gesellschaft erhalten, ohne Rücksicht darauf, wofür sie gewährt werden, als Gewinnanteile gelten.

Eine ausdrückliche Definiton des Begriffs **Betriebseinnahmen** gibt es nicht. Unter Berücksichtigung der oben erwähnten Grundsätze wird man den Begriff der Betriebseinnahmen im Anschluß an die Definition des Einnahmebegriffs in § 8 EStG jedoch so bestimmen können, daß dazu **alle in Geld oder Geldeswert bestehenden Wirtschaftsgüter** gehören, **die dem Steuerpflichtigen im Rahmen seines Betriebes zufließen**[5]. Demnach zählen auch Einnahmen, die bei der Realisierung von Wertsteigerungen an Wirtschaftsgütern des Anlagevermögens anfallen, zu den Betriebseinnahmen, und zwar ohne Rücksicht darauf, ob diese Wertsteigerungen im Rahmen eines Spekulationsgeschäftes oder bei der Veräußerung einer langfristigen Kapitalanlage realisiert werden.

---

[5] Vgl. z. B. Blümich-Falk, Anm. 27 b zu § 4 EStG.

Betriebsausgaben sind gemäß § 4 Abs. 4 EStG **Aufwendungen, „die durch den Betrieb veranlaßt sind"**. Auch insoweit genügt ein mittelbarer Zusammenhang mit dem Betrieb. Ohne Bedeutung ist, ob die Aufwendungen im Einzelfall für den Betrieb geeignet oder erforderlich sind. Auch Aufwendungen, die das erforderliche Maß übersteigen, sind z. B. regelmäßig als Betriebsausgaben abzugsfähig. Voraussetzung ist lediglich, daß sie ernstlich zur Förderung des Betriebes gemacht worden sind und mit ihm in einem sachlichen Zusammenhang stehen[6]). Darüber hinaus gelten als Betriebsausgaben auch Verluste am Vermögensstamm.

(2) Abgrenzung des steuerlichen vom handelsrechtlichen und betriebswirtschaftlichen Gewinnbegriff

Der steuerliche Gewinnbegriff unterscheidet sich wesentlich vom dem handelsrechtlichen und betriebswirtschaftlichen Gewinnbegriff.

Nach **Handelsrecht** ist z. B. eine **Rücklagenbildung** zu Lasten des Gewinns möglich. Die Zuführungen zu den Rücklagen können in der Verlust- und Gewinnrechnung wie Aufwand ausgewiesen werden. Andererseits erhöhen Entnahmen aus den Rücklagen den Bilanzgewinn[7]). Nach S t e u e r r e c h t ist die Rücklagenbildung dagegen grundsätzlich ein Akt der G e w i n n v e r t e i l u n g. Nur ausnahmsweise können Rücklagen auch steuerlich zu Lasten des Gewinns gebucht werden. Das gilt z. B. für die sogenannte Preissteigerungsrücklage (§ 74 EStDV) sowie für die Rücklage für Ersatzbeschaffung nach Abschn. 35 EStR oder nach § 6 b EStG.

Entsprechendes gilt für einen eventuellen **Gewinn- oder Verlustvortrag**. Ein Verlustvortrag aus dem Vorjahr wirkt sich handelsrechtlich zu Lasten, ein Gewinnvortrag aus dem Vorjahr zugunsten des Bilanzgewinns aus[8]). Steuerlich gilt sowohl die Bildung als auch die Auflösung solcher Vorträge als erfolgsneutral. Darüber hinaus gehören aktienrechtlich bei Kapitalgesellschaften die **Steuern vom Einkommen und Vermögen** zu den Betriebsausgaben[9]). Steuerlich ist deren Abzug durch § 12 Nr. 2 KStG ausdrücklich untersagt.

Ein weiterer Unterschied zwischen dem steuerlichen und dem handelsrechtlichen Gewinnbegriff besteht darin, daß das Handelsrecht zwischen einer **Personengesellschaft** und ihren Gesellschaftern neben den gesellschaftsrechtlichen auch andere vertragliche Beziehungen anerkennt. So ist z. B. denkbar, daß eine Personengesellschaft ein **Arbeitsverhältnis** mit einem Gesellschafter vereinbart, einen **Mietvertrag** mit ihm abschließt oder ein **Darlehensverhältnis** mit ihm begründet. Das Gehalt, der Mietzins sowie die Darlehenszinsen sind handelsrechtlich als Betriebsausgaben abzugsfähig, mindern also den Handelsbilanzgewinn. Steuerlich dürfen Vergütungen dieser Art dagegen den Gewinn nicht mindern. Sie sind ausnahmslos ein Bestandteil des Gewinns (§ 15 Nr. 2 EStG).

---

[6]) Vgl. z. B. BFH in BStBl. 55 III, 99, 56 III, 195.
[7]) Vgl. z. B. für Aktiengesellschaften § 157 Abs. 1 Nr. 30 u. 31 AktG 65.
[8]) Vgl. z. B. für Aktiengesellschaften § 157 Abs. 1 Nr. 29 AktG 65.
[9]) Vgl. z. B. für Aktiengesellschaften § 157 Abs. 1 Nr. 24 AktG 65.

Nach den Grundsätzen der **Betriebswirtschaftslehre** ist bei der Gewinnermittlung in jedem Fall, d. h. auch bei Einzelunternehmen und Personengesellschaften, der **Unternehmerlohn** als gewinnmindernder Faktor zu berücksichtigen. Steuerlich wird ein solcher Unternehmerlohn nur anerkannt, wenn der Gesellschafter einer Kapitalgesellschaft als deren Geschäftsführer fungiert und dafür eine Vergütung erhält. Das gilt aber auch hier nur insoweit, als die zwischen der Gesellschaft und dem Gesellschaftergeschäftsführer vereinbarte Vergütung den Betrag nicht übersteigt, der auch einem fremden Dritten als Geschäftsführergehalt gezahlt würde. Eine eventuell darüber hinausgehende Vergütung würde als v e r d e c k t e   G e w i n n a u s s c h ü t t u n g behandelt, dürfte also den Gewinn der Gesellschaft n i c h t mindern (§ 19 KStDV). Darüber hinaus hält die Betriebswirtschaftslehre eine **Verzinsung des Eigenkapitals** einschließlich einer das allgemeine Unternehmerrisiko berücksichtigenden **Risikoprämie** für erforderlich. Steuerlich dürfen dagegen Zinsen auf das Eigenkapital und Risikoprämien der genannten Art den Gewinn in keinem Fall mindern.

(3) Die Gewinnermittlungsarten

Wie aus § 4 Abs. 1 Satz 1 EStG hervorgeht, ist der steuerliche Gewinn grundsätzlich durch **Vermögensvergleich** (Bestandsvergleich) zu ermitteln. Grundlage des Vermögensvergleichs ist normalerweise eine ordnungsmäßige Buchführung. Bei **Gewerbetreibenden** sind dabei die **handelsrechtlichen** Grundsätze ordnungsmäßiger Buchführung maßgebend (§ 5 EStG). Nur Unternehmer, die nicht auf Grund gesetzlicher Vorschriften verpflichtet sind, Bücher zu führen und regelmäßig Abschlüsse zu machen, und die auch keine Bücher führen und keine Abschlüsse machen, können als Gewinn den **Überschuß der Betriebseinnahmen über die Betriebsausgaben** ansetzen (§ 4 Abs. 3 EStG).

Wer gesetzlich zur Führung von Büchern verpflichtet ist, ergibt sich aus §§ 160, 161 AO. Nach § 160 AO haben Steuerpflichtige, die auf Grund anderer Gesetze als der Steuergesetze Bücher führen und Aufzeichnungen machen müssen, die für die Besteuerung von Bedeutung sind, diese Verpflichtung auch im Interesse der Besteuerung zu erfüllen. Das gilt z. B. für die **Vollkaufleute**, die nach § 38 HGB zur kaufmännischen Buchführung verpflichtet sind. Auf Grund des § 160 AO sind sie gehalten, ihre Bücher auch für Zwecke der Besteuerung zu führen. § 161 AO verpflichtet darüber hinaus solche Unternehmer zur Führung von Büchern, deren Umsätze, Betriebsvermögen, Gewerbeertrag o. ä. bestimmte, in dieser Vorschrift im einzelnen aufgeführte Grenzen übersteigen. Die steuerlichen Grundsätze ordnungsmäßiger Buchführung ergeben sich aus § 162 AO.

Auf Grund dieser Regelung sind einkommensteuerrechtlich **drei Gewinnermittlungsarten** mit folgenden Geltungsbereichen zu unterscheiden:

(1) Gewinnermittlung durch Vermögensvergleich nach handelsrechtlichen Grundsätzen ordnungsmäßiger Buchführung gemäß § 5 EStG, gültig für Vollkaufleute und andere buchführungspflichtige bzw. freiwillig buchführende **Gewerbetreibende**.

(2) **Gewinnermittlung durch Vermögensvergleich nach steuerrechtlichen Grundsätzen** ordnungsmäßiger Buchführung gemäß § 4 Abs. 1 EStG, gültig für **Land- und Forstwirte und selbständig Berufstätige,** die nach § 161 AO zur Buchführung verpflichtet sind oder freiwillig Bücher führen.

(3) **Gewinnermittlung durch Gegenüberstellung der Betriebseinnahmen und Betriebsausgaben** gemäß § 4 Abs. 3 EStG, gültig für **Land- und Forstwirte, Gewerbetreibende und selbständig Berufstätige,** die nicht auf Grund gesetzlicher Vorschriften zur Buchführung verpflichtet sind und auch keine Bücher führen.

(4) **Unterschied zwischen der Gewinnermittlung nach handelsrechtlichen und nach steuerrechtlichen Vorschriften**

Die Unterschiede zwischen der Gewinnermittlung nach handelsrechtlichen und der Gewinnermittlung nach rein steuerrechtlichen Vorschriften bestehen in folgendem:

(1) Beim Vermögensvergleich gemäß § 4 Abs. 1 EStG bleibt nach dem letzten Satz der genannten Vorschrift der **Wert des Grund und Bodens** außer Ansatz[10]. Dadurch wirken sich eventuelle Wertänderungen am Grund und Boden weder gewinnerhöhend noch gewinnmindernd aus. Der Vermögensvergleich nach handelsrechtlichen Grundsätzen ordnungsmäßiger Buchführung erfaßt dagegen das gesamte Betriebsvermögen.

(2) Beim Vermögensvergleich gemäß § 4 Abs. 1 EStG hat der Steuerpflichtige nach § 6 EStG eine gewisse **Bewertungsfreiheit.** Er kann ein Wirtschaftsgut, dessen Teilwert — dieser entspricht in etwa dem handelsrechtlichen Begriff des Zeitwertes — unter seine Anschaffungskosten gesunken ist, nach eigener Wahl entweder mit den Anschaffungskosten oder mit dem niedrigeren Teilwert, aber auch mit jedem Zwischenwert bilanzieren. Im Handelsrecht gilt dagegen das **Niederstwertprinzip.** Bei einem Auseinanderfallen der Anschaffungskosten und des Zeitwertes eines Wirtschaftsgutes muß der Kaufmann dieses grundsätzlich mit dem niedrigeren der beiden Werte ansetzen. Im einzelnen siehe unten unter (7).

Hiervon abgesehen war ursprünglich der Umfang des Betriebsvermögens beim Vermögensvergleich gemäß § 4 Abs. 1 EStG grundsätzlich auf solche Wirtschaftsgüter beschränkt, die überwiegend betrieblichen Zwecken dienen (= **notwendiges Betriebsvermögen).** Die handelsrechtlichen Grundsätze ordnungsmäßiger Buchführung gestatten dem Kaufmann dagegen, auch Wirtschaftsgüter in das Betriebsvermögen zu übernehmen, die nicht betriebsnotwendig sind (= **gewillkürtes Betriebsvermögen).** Hiervon ausgenommen sind lediglich Wirtschaftsgüter, die einen derart engen Zusammenhang mit dem privaten Lebensbereich des Unternehmers aufweisen, daß sie als **notwendiges Privatvermögen** gelten müssen. Die neuere Rechtsprechung hat auch Nichtkaufleuten

---

[10]) Der BFH hat durch Beschluß vom 3. 8. 1967 (BStBl. III, 601) das BVerfG zur Entscheidung über die Verfassungsmäßigkeit dieser Vorschrift angerufen.

eine gewisse Gestaltungsfreiheit bei der Bestimmung des Umfangs ihres Betriebsvermögens zugestanden[11]).

(5) Das Verhältnis der Handelsbilanz zur Steuerbilanz

Nach § 5 EStG haben Gewerbetreibende, die nach Handelsrecht zur Führung von Büchern verpflichtet sind oder freiwillig Bücher führen, das Betriebsvermögen nach den **handelsrechtlichen** Grundsätzen ordnungsmäßiger Buchführung anzusetzen. Die Rechtsprechung hat hieraus den Grundsatz der **Maßgeblichkeit der Handelsbilanz für die Steuerbilanz** entwickelt. Sie fordert im Ergebnis, daß die **Steuerbilanz** nicht allein nach handelsrechtlichen Grundsätzen ordnungsmäßiger Buchführung aufzustellen, sondern sogar unmittelbar **aus der Handelsbilanz abzuleiten** ist. Die Abhängigkeit der Steuerbilanz von der Handelsbilanz soll dabei nicht nur für die Bilanz als Ganzes, sondern auch für die einzelnen Bilanzansätze gelten[11a]). Ob die Vorschrift des § 5 EStG diese Auffassung deckt, erscheint zumindest zweifelhaft[12]). M. E. ließe sich der Grundsatz der Maßgeblichkeit der Handelsbilanz für die Steuerbilanz allenfalls aus der Vorschrift des § 160 Abs. 1 AO herleiten. Danach hat, wer nach anderen Gesetzen als den Steuergesetzen Bücher und Aufzeichnungen führen muß, die für die Besteuerung von Bedeutung sind, diese Verpflichtung auch im Interesse der Besteuerung zu erfüllen.

Der Grundsatz der Maßgeblichkeit der Handelsbilanz für die Steuerbilanz entfällt grundsätzlich nur dann, wenn die Handelsbilanz unrichtig ist, also in einem oder mehreren Bilanzposten gegen zwingende handelsrechtliche Vorschriften verstößt. Darüber hinaus sind bei der Ableitung der Steuerbilanz aus der Handelsbilanz gemäß § 5 Satz 2 EStG aber auch die steuerlichen Vorschriften über die Entnahmen und Einlagen (§ 4 Abs. 1 EStG), über die Zulässigkeit von Bilanzänderungen (§ 4 Abs. 2 EStG), über den Begriff der Betriebsausgaben (§ 4 Abs. 4 EStG), über die Bewertung (§§ 6 und 6 a EStG) und über die Absetzungen für Abnutzung oder Substanzverringerung (§ 7 EStG) zu beachten. Die handelsrechtlichen Bewertungsvorschriften kommen z. B. nur insoweit zur Anwendung, als ihnen die steuerlichen Bewertungsvorschriften nicht entgegenstehen. Der Grundsatz der Maßgeblichkeit der Handelsbilanz für die Steuerbilanz bringt deshalb keine Vorteile für den Kaufmann mit sich, er bedeutet für ihn vielmehr eine weitgehende **Einschränkung der** an sich in den steuerlichen Bewertungsvorschriften des § 6 EStG vorgesehenn **Bewertungsfreiheit**.

In der Praxis ist eine gewisse **Umkehrung des Grundsatzes der Maßgeblichkeit der Handelsbilanz für die Steuerbilanz** zu beobachten. Einmal versuchen viele Firmen, das Nebeneinander einer Handels- und Steuerbilanz zu vermeiden. Sie gestalten ihre Handelsbilanz deshalb weitgehend so, daß die darin enthaltenen Bilanzansätze auch den allgemeinen steuerrechtlichen Gewinnermittlungsvorschriften, also den steuerlichen Mindestwerten entsprechen. Zum anderen ist

---

[11]) BFH in BStBl. 60 III, 484 u. 485; 61 III, 154.
[11a]) RFH-Urteil in RStBl. 1939, S. 356; BFH in BStBl. 1952, III, 71.
[12]) Wie hier Zitzlaff, StuW 1938, Sp. 549 ff. und Pankow, BB 1967, S. 112.

der Unternehmer, wenn er die steuerlichen Sondervergünstigungen, z. B. die Abschreibungen auf geringwertige Wirtschaftsgüter (§ 6 Abs. 2 EStG) oder die Preisdifferenzrücklage (§ 74 EStDV), ausnutzen will, wegen der rechtlichen Abhängigkeit der Steuerbilanz von der Handelsbilanz regelmäßig gezwungen, den steuerlich zulässigen Wertansatz auch in die Handelsbilanz zu übernehmen. Auf diese Weise ergibt sich in der Praxis eine gewisse Abhängigkeit der Handelsbilanz von der Steuerbilanz[12a]).

Die Umkehrung des Maßgeblichkeitsprinzips hat in den **Bewertungsvorschriften des Aktiengesetzes 1965** (§§ 154 Abs. 2 Nr. 2, 155 Abs. 3 Nr. 2) eine gewisse normative Anerkennung gefunden. Wegen der näheren Einzelheiten wird auf die diesbezüglichen Ausführungen unter **(7)** „Die Wertansätze in der Steuerbilanz" verwiesen.

(6) Die Wertbegriffe der Steuerbilanz

(a) Anschaffungskosten

Als Anschaffungskosten eines Wirtschaftsgutes gelten alle Aufwendungen, die der Steuerpflichtige zum Zwecke seines Erwerbs gemacht hat. In erster Linie ist das naturgemäß der **Kaufpreis** für das Wirtschaftsgut. Außerdem gehören zu den Anschaffungskosten alle durch das Anschaffungsgeschäft veranlaßten **Nebenkosten.**

Reine **Finanzierungskosten** rechnen nach herrschender Meinung **nicht** zu den **Anschaffungskosten.** Demnach sind bei der Ermittlung der Anschaffungskosten weder Zinsen für Eigenkapital noch Zinsen für Fremdkapital zu berücksichtigen. Auch die sogenannten **Geldbeschaffungskosten,** wie z. B. ein Disagio oder Damnum, das der Unternehmer bei Aufnahme eines Kredites in Kauf nehmen muß, zählen nicht zu den Anschaffungskosten des mit dem Kredit finanzierten Wirtschaftsgutes. Sie gelten als Anschaffungskosten des Kredites und sind als solche unter Umständen selbständig zu aktivieren und auf die Kreditlaufzeit verteilt abzuschreiben.

(b) Herstellungskosten

Herstellungskosten sind alle Aufwendungen, die durch den Verbrauch von Gütern und die Inanspruchnahme von Diensten für die Herstellung eines Erzeugnisses entstehen. Sie setzen sich aus den Materialkosten einschließlich der notwendigen **Materialgemeinkosten** und den **Fertigungskosten** — wozu insbesondere die Fertigungslöhne gehören — einschließlich der notwendigen **Fertigungsgemeinkosten** zusammen (Abschnitt 33 Abs. 1 EStR).

Zu den **Material- und Fertigungsgemeinkosten** gehören u. a. die Aufwendungen für die Lagerhaltung, den Transport und die Prüfung des Fertigungsmaterials, die Vorbereitung und Kontrolle der Fertigung, das Werkzeuglager, die Betriebsleitung, die Raumkosten, die Sachversicherungen und das Lohnbüro, soweit in ihm die Löhne und Gehälter der in der Fertigung tätigen Arbeitnehmer abgerechnet werden. Die Kosten für die **allgemeine Verwaltung**

[12a]) Siehe hierzu u. a. Pankow, BB 1967, 112, und Karsten, BB 1967, 425.

brauchen nicht in die Herstellungskosten einbezogen zu werden. Hierzu gehören u. a. auch die Aufwendungen für die Geschäftsleitung, den Betriebsrat, das Personalbüro, Rechnungswesen usw. **Vertriebskosten** gelten in keinem Fall als Herstellungskosten.

Zu den Herstellungskosten gehört auch der **Wertverzehr des Anlagevermögens,** soweit er der Fertigung der Erzeugnisse gedient hat. Dabei ist grundsätzlich der Betrag anzusetzen, der bei der Bilanzierung des Anlagevermögens in der **Steuerbilanz** als Absetzung für Abnutzung berücksichtigt ist. Es wird jedoch nicht beanstandet, wenn der Unternehmer statt der in der Steuerbilanz vorgenommenen **degressiven** Abschreibungen bei der Berechnung der Herstellungskosten der Wirtschaftsgüter von **linearen** Abschreibungen ausgeht. In diesem Falle muß er hieran jedoch auch dann festhalten, wenn gegen Ende der Nutzungsdauer die degressiven Abschreibungen niedriger als die linearen Abschreibungen sind.

Die Steuern vom Einkommen und die Vermögensteuer gehören nicht zu den steuerlich abzugsfähigen Betriebsausgaben und damit auch nicht zu den Herstellungskosten. Bezüglich der **Gewerbesteuer** hat der Steuerpflichtige — soweit sie auf den Gewerbeertrag entfällt — ein Wahlrecht, ob er sie den Herstellungskosten zurechnen will oder nicht[13]). Die Gewerbekapital- und die Lohnsummensteuer sind — soweit sie auf das der Fertigung dienende Gewerbekapital und die der Fertigung dienenden Löhne entfallen — als Herstellungskosten zu berücksichtigen. Von der **Umsatzsteuer** kommen nur evtl. nicht abzugsfähige Vorsteuern und die Umsatzsteuer auf den Selbstverbrauch (sog. Investitionssteuer) als Herstellungskosten in Betracht (vgl. § 9 b EStG).

(c) Teilwert

Teilwert ist der Betrag, den ein Erwerber des ganzen Betriebes im Rahmen des Gesamtkaufpreises für das einzelne Wirtschaftsgut ansetzen würde; dabei ist davon auszugehen, daß der Erwerber den Betrieb fortführt (§ 6 Abs. 1 Nr. 1 EStG).

Der Teilwert eines Wirtschaftsgutes ist demnach der anteilige Betriebswert, d. h. der Wert, den ein Käufer des Unternehmens für dieses weniger zahlen würde, wenn das betreffende Wirtschaftsgut nicht zum Unternehmen gehörte.

Demgegenüber stellt der gemeine Wert den Preis dar, der bei der Einzelveräußerung eines Wirtschaftsgutes — ohne Rücksicht auf seine Zugehörigkeit zum Betrieb — **im gewöhnlichen Geschäftsverkehr erzielt werden könnte.** Der Teilwertbegriff des Einkommensteuergesetzes deckt sich mit dem des Bewertungsgesetzes (§ 12 BewG); er ist für die Einkommensteuer und Vermögensteuer gleich[13a]).

(7) Die Wertansätze in der Steuerbilanz

Bei der Gewinnermittlung durch Bestandsvergleich läßt sich das Betriebsergebnis unter Umständen nicht unwesentlich durch eine zweckentsprechende

---

[13]) BFH in BStBl. 1958, III, 392.
[13a]) RFH in RStBl. 40, 1067.

Bewertung der Wirtschaftsgüter des Betriebsvermögens sowie der Entnahmen und Einlagen beeinflussen. Den Bewertungsvorschriften kommt deshalb eine erhöhte Bedeutung zu.

Ziel der steuerlichen Bewertungsvorschriften (§ 6 EStG) ist, die Gewinnermittlung im wesentlichen unabhängig von der Willkür des Steuerpflichtigen zu machen, ohne ihm jedoch jegliche Gestaltungsfreiheit zu nehmen. Das Einkommensteuergesetz setzt deshalb in erster Linie bestimmte Mindestgrenzen, die bei der Bewertung der Wirtschaftsgüter in der Bilanz nicht unterschritten werden dürfen. Auf der anderen Seite begrenzt es das Bewertungsrecht des Steuerpflichtigen aber auch nach oben. Dadurch wird die Möglichkeit, Gewinne durch entsprechende Bewertung der einzelnen Wirtschaftsgüter in der Bilanz von einem Geschäftsjahr in das andere zu verlagern, nicht unwesentlich eingeschränkt.

Die obere Bewertungsgrenze bilden die Anschaffungs- oder Herstellungskosten, ggf. vermindert um sog. Absetzungen für Abnutzung, die untere Bewertungsgrenze der sogenannte niedrigere Teilwert eines Wirtschaftsgutes. Im Rahmen dieser Grenzen gewährt das Einkommensteuerrecht dem Steuerpflichtigen aber eine gewisse Bewertungsfreiheit.

Die gemäß § 5 EStG für die steuerliche Gewinnermittlung der Gewerbetreibenden maßgebenden **handelsrechtlichen Bewertungsvorschriften dienen vor allem dem Gläubigerschutz. Sie setzen deshalb in erster Linie Höchstgrenzen.** Dem Kaufmann ist grundsätzlich unbenommen, jeden beliebigen niedrigeren Wert anzusetzen. **Als Höchstwerte kommen nach den handelsrechtlichen Vorschriften die Anschaffungs- oder Herstellungskosten**, gegebenenfalls nach Vornahme sogenannter planmäßiger Abschreibungen oder Wertberichtigungen (im wesentlichen vergleichbar mit dem steuerlichen Begriff der Absetzungen für Abnutzung) oder der regelmäßig dem steuerlichen Teilwert entsprechende **Zeitwert** (Stichtagswert) des zu bewertenden Wirtschaftsgutes in Betracht.

<u>Falls diese Werte voneinander abweichen, ist in aller Regel der **niedrigere** Wert als Höchstwert maßgebend **(Niederstwertprinzip).**</u>

Ist der Zeitwert eines Wirtschaftsgutes niedriger als seine Anschaffungskosten, gilt regelmäßig der Zeitwert als Höchstwert. Ist der Zeitwert höher als die Anschaffungskosten, gelten im allgemeinen die Anschaffungskosten als Höchstwert. Lediglich bei der Bewertung der **Wirtschaftsgüter des abnutzbaren und nicht abnutzbaren Anlagevermögens** gilt eine Ausnahme. Insoweit kommen als Höchstwert grundsätzlich auch dann die Anschaffungs- oder Herstellungskosten in Betracht, wenn der Zeitwert des Wirtschaftsgutes niedriger ist **(gemildertes Niederstwertprinzip).**

Normalerweise entspricht damit der bei der Bewertung eines Wirtschaftsgutes nach den Steuergesetzen vorgeschriebene **Mindestwert** dem nach dem Handelsrecht maßgebenden **Höchstwert.** Die zur Gewinnermittlung nach handelsrechtlichen Grundsätzen ordnungsmäßiger Buchführung verpflichteten Unternehmen können somit von der im **Steuerrecht** vorgesehenen Bewertungsfreiheit nur insoweit Gebrauch machen, als nach Handelsrecht das gemilderte Niederstwertprinzip zur Anwendung kommt. Darüber hinaus haben sie auch keine Möglichkeit, die im **Handelsrecht** vorgesehenen über das Steuerrecht hinausgehenden Bewertungswahlrechte auszunutzen. Das Handelsrecht gestattet dem Kaufmann zwar im allgemeinen, die Wirtschaftsgüter des Betriebsvermögens mit einem unter ihrem Zeitwert (Teilwert) liegenden Wert zu bilanzieren. Da gemäß § 5 EStG bei einem Abweichen der handelsrechtlichen von den steuerrechtlichen Bewertungsvorschriften die steuerrechtlichen Vorschriften Vorrang haben, kann er hiervon jedoch für steuerliche Zwecke nur dann Gebrauch machen, wenn auch die steuerlichen Bewertungsvorschriften, z. B. auf Grund besonderer Abschreibungsvergünstigungen, eine Bewertung unter dem Teilwert (Zeitwert) zulassen.

Die handelsrechtlichen Bewertungsgrundsätze wurden bisher aus den §§ 131 bis 133 AktG 1937 abgeleitet. Diese Vorschriften galten zwar ausdrücklich nur für Aktiengesellschaften und Kommanditgesellschaften auf Aktien. Nach herrschender Meinung kam ihnen jedoch generelle Bedeutung für alle zur kaufmännischen Buchführung verpflichteten Personen und Gesellschaften zu. Sie wurden im steuerlichen Bereich als stellvertretend für eine allgemeine Kodifizierung der Grundsätze ordnungsmäßiger Buchführung angesehen[14]. Im Zuge der **Aktienrechtsreform** sind sie durch die Vorschriften der §§ 151 bis 159 AktG 65 abgelöst worden. Man wird davon ausgehen können, daß **die neuen Bestimmungen eine Fortentwicklung der Grundsätze ordnungsmäßiger Buchführung** darstellen. Soweit sie nicht lediglich gesellschaftsrechtlichen und wirtschaftspolitischen Zielen, nämlich der Sicherung eines angemessenen Gewinns für die Aktionäre und einer Verbesserung der Publizität der Gesellschaften dienen, dürften sie die gleiche Allgemeinverbindlichkeit haben wie bisher die ihnen entsprechenden Vorschriften des AktG 1937[15].

Für Aktiengesellschaften und Kommanditgesellschaften auf Aktien ist die nach den allgemeinen Vorschriften des Handelsrechts bestehende über das **Steuerrecht** hinausgehende Bewertungsfreiheit durch das Aktiengesetz 1965 im Interesse des Aktionärsschutzes weitgehend eingeschränkt worden. Für diese Unternehmen sind die Anschaffungs- oder Herstellungskosten bzw. der Zeitwert grundsätzlich nicht mehr nur Höchstwerte, sondern **ausschließliche Bewertungsmaßstäbe**. Auf Grund der Vorschriften in § 154 Abs. 2 Nr. 2 und § 155 Abs. 3 Nr. 2 dürfen die genannten Gesellschaften die Wirtschaftsgüter des Anlage- und des Umlaufvermögens regelmäßig nur noch dann mit einem **niedrigeren Wert** bilanzieren, als er den (gegebenenfalls um die Absetzungen für Abnutzung gekürzten) Anschaffungs- oder Herstellungskosten bzw. dem Stichtagswert (Zeitwert) entspricht, wenn der niedrigere Wertansatz auch steuerlich Anerkennung findet. Wäre diese Regelung nicht getroffen worden, hätten diese Gesellschaften wegen der Maßgeblichkeit der Handelsbilanz für die Steuerbilanz keine Möglichkeit gehabt, eventuelle Steuervergünstigungen auszunutzen, die eine Unterbewertung des Anlagevermögens oder der Waren und Vorräte zulassen. Damit

---

[14]) RFH in RStBl. 39, 746.
[15]) So auch z. B. Birkholz, BB 1966, S. 709, und Saage, DB 1968, S. 361.

steht den Aktiengesellschaften und Kommanditgesellschaften auf Aktien für steuerliche Zwecke praktisch derselbe Bewertungsspielraum zur Verfügung wie Einzelkaufleuten und Handelsgesellschaften anderer Rechtsform. Soweit sich die nachstehend dargestellten Bewertungsgrundsätze auf die Gewinnermittlung der Gewerbetreibenden beziehen, gelten sie deshalb, auch wenn das im einzelnen nicht noch einmal besonders hervorgehoben wird, für Aktiengesellschaften und Kommanditgesellschaften auf Aktien entsprechend.

Das Handelsrecht sieht für abnutzbare und nicht abnutzbare Wirtschaftsgüter des Anlagevermögens einerseits und Wirtschaftsgüter des Umlaufvermögens andererseits unterschiedliche Bewertungsgrundsätze vor. **Das Steuerrecht** hat dagegen auf der einen Seite die Wirtschaftsgüter des abnutzbaren Anlagevermögens, auf der anderen Seite die Wirtschaftsgüter des nicht abnutzbaren Anlagevermögens und des Umlaufvermögens zu verschiedenen Bewertungsgruppen zusammengefaßt. Hiervon abgesehen wird der Kreis der abnutzbaren und der nicht abnutzbaren Wirtschaftsgüter durch das Handelsrecht anders abgegrenzt als durch das Steuerrecht. So gehört z. B. der Geschäfts- oder Firmenwert nach dem Handelsrecht (§ 153 Abs. 5 AktG 65) zu den abnutzbaren, nach den Vorschriften des Steuerrechts (§ 6 Abs. 1 Nr. 2 EStG) zu den nicht abnutzbaren Wirtschaftsgütern des Anlagevermögens.

Es erscheint deshalb zweckmäßig, folgende Bewertungsgruppen zu unterscheiden:

(a) Abnutzbare Wirtschaftsgüter des Anlagevermögens

Nach den Vorschriften des Einkommensteuerrechts (§ 6 Abs. 1 Nr. 1 EStG) sind abnutzbare Wirtschaftsgüter des Anlagevermögens grundsätzlich mit ihren um die sogenannten Absetzungen für Abnutzung (§ 7 EStG) geminderten **Anschaffungs- oder Herstellungskosten** anzusetzen. Ist der Teilwert des zu bewertenden Anlagegutes an dem maßgebenden Bilanzstichtag niedriger **(niedrigerer Teilwert)**, kann dieser angesetzt werden. Daneben hat der Steuerpflichtige die Möglichkeit, jeden beliebigen Zwischenwert zu wählen.

Nach den für Gewerbetreibende in erster Linie maßgeblichen handelsrechtlichen Bewertungsvorschriften sind Gegenstände des Anlagevermögens, deren Nutzung zeitlich begrenzt ist, mit den Anschaffungs- oder Herstellungskosten vermindert um „planmäßige Abschreibungen oder Wertberichtigungen" anzusetzen (§§ 153 Abs. 1, 154 Abs. 1 AktG 65). Der Begriff der planmäßigen Abschreibungen oder Wertberichtigungen entspricht dem steuerlichen Begriff der Absetzung für Abnutzung[16]). Wenn der dem Anlagegut am Abschlußstichtag beizumessende Wert unter dem sich danach ergebenden Buchwert liegt, kann statt dessen der Stichtagswert (sog. Zeitwert = Teilwert) angesetzt werden (§ 154 Abs. 2 Nr. 1 AktG 65). Als Stichtagswert im Sinne dieser Bestimmung dürften in der Regel die Wiederbeschaffungskosten des Anlagegutes gelten[17]).

---

[16]) Wertberichtigungen unterscheiden sich von Abschreibungen lediglich dadurch, daß sie eine Wertminderung nicht (unmittelbar) durch Herabsetzung des betreffenden aktiven Bilanzansatzes, sondern (mittelbar) durch Bildung eines Gegenpostens auf der Passivseite der Bilanz berücksichtigen.

[17]) Baumbach-Hueck, 13. Aufl., Anm. 15 zu §§ 153 bis 156 AktG 65.

Insoweit stimmen die handels- und steuerrechtlichen Bestimmungen vollständig überein.

Wenn an einem Wirtschaftsgut des Anlagevermögens eine „voraussichtlich dauernde" Wertminderung eintritt, ist der Ansatz des niedrigeren Stichtagswertes nach Handelsrecht allerdings zwingend vorgeschrieben (§ 154 Abs. 2 Satz 1, 2. Halbsatz, AktG 65). Außerdem weichen die handelsrechtlichen insofern von den steuerlichen Vorschriften ab, als sie dem Kaufmann gestatten, den Buchwert eines abnutzbaren Anlagegutes wieder heraufzusetzen, wenn die Gründe, die für eine außerplanmäßige Abschreibung oder Wertberichtigung maßgebend waren, nicht mehr bestehen (§ 154 Abs. 2 Satz 2 AktG 65). Wegen des bei einem Abweichen der Bewertungsregeln gegebenen Vorrangs der steuerlichen Bestimmungen kann das zuletzt genannte Bewertungswahlrecht jedoch für steuerliche Zwecke nicht ausgenutzt werden. Im Steuerrecht ist die Wiederheraufsetzung eines Bilanzansatzes nur bei nicht abnutzbaren Anlagegütern und bei Wirtschaftsgütern des Umlaufvermögens zulässig (§ 6 Abs. 1 Nr. 2 EStG).

Die Absetzungen für Abnutzung (AfA) bzw. planmäßigen Abschreibungen oder Wertberichtigungen dienen einer schematischen Verteilung der Anschaffungs- oder Herstellungskosten eines abnutzbaren Wirtschaftsgutes auf seine voraussichtliche Nutzungsdauer. Sie sind in der Regel weit höher als der effektive Wertverlust und führen deshalb häufig zur Bildung steuerlich anerkannter, handelsrechtlich im allgemeinen sogar erwünschter stiller Rücklagen. Die Abschreibung eines Wirtschaftsgutes auf seinen niedrigeren Teilwert, auch **Teilwertabschreibung** genannt, im Handelsrecht als **außerplanmäßige Abschreibung oder Wertberichtigung** bezeichnet, soll dagegen **tatsächlich nachweisbare Wertminderungen** an den Wirtschaftsgütern des Anlage- und Umlaufvermögens berücksichtigen. Eine Teilwertabschreibung bzw. planmäßige Abschreibung oder Wertberichtigung läßt also die Bildung stiller Rücklagen grundsätzlich nicht zu.

Die insoweit wohl allein ausschlaggebenden steuerlichen Bestimmungen (§ 7 EStG) schreiben ebenso wie das Handelsrecht (§§ 38, 40 HGB; § 154 Abs. 1 AktG 65) die Vornahme von Absetzungen für Abnutzung **zwingend** vor. Damit ist dem Unternehmer die Möglichkeit genommen, die Absetzungen für Abnutzung in Jahre mit höheren Gewinnen zu verlagern. Wirtschaftsgüter, deren Anschaffungspreis abzüglich der Mehrwertsteuer 800 DM nicht übersteigt (geringwertige Wirtschaftsgüter), können allerdings im Jahre der Anschaffung oder Herstellung in voller Höhe als Betriebsausgaben abgesetzt werden, wenn alle Voraussetzungen des § 6 Abs. 2 EStG erfüllt sind. Absetzungen für Abnutzung entfallen dann.

Das Einkommensteuergesetz läßt verschiedene Absetzungsmethoden zu. An erster Stelle wird in § 7 EStG die gleichmäßige Verteilung der Anschaffungs- oder Herstellungskosten eines Anlagegutes auf seine voraussichtliche Nutzungsdauer aufgeführt (lineare AfA). Bei beweglichen Wirtschaftsgütern des Anlagevermögens ist auch eine Absetzung der Anschaffungs- oder Herstellungskosten nach der Leistung möglich (Leistungs-AfA). Neben diesen beiden Methoden dürfen Absetzungen für außergewöhnliche technische oder wirtschaftliche Abnutzung vorgenommen werden.

An Stelle der linearen oder der leistungsbezogenen AfA darf bei beweglichen Wirtschaftsgütern des Anlagevermögens auch eine degressive AfA nach der Vorschrift des § 7 Abs. 2 EStG angesetzt werden. Solange degressive AfA verrechnet wird, sind Absetzungen für außergewöhnliche Abnutzung nicht gestattet. Der Übergang von der degressiven zur linearen AfA ist zulässig. Die Absetzungen bei Gebäuden sind besonders geregelt, und zwar kann linear oder in genau festgelegten Stufen degressiv abgeschrieben werden. Darüber hinaus sieht das Gesetz noch Absetzungen nach Maßgabe des Substanzverzehrs (Absetzung für Substanzverringerung) und verschiedene außerordentliche Abschreibungsmöglichkeiten vor, z. B. zur Förderung des Baus von Anlagen, die der Reinerhaltung des Wassers und der Luft dienen (§ 79 bzw. § 82 EStDV), zur Förderung des Wohnungsbaus (§ 7 b EStG), der Landwirtschaft (§ 7 e EStG) usw. Zu allen diesen Möglichkeiten kommt noch die Möglichkeit einer Abschreibung des Wirtschaftsgutes auf den niedrigeren Teilwert nach § 6 EStG.

Hieraus lassen sich folgende Grundsätze ableiten:
Wertminderungen an abnutzbaren Wirtschaftsgütern des Anlagevermögens, die über die Absetzungen für Abnutzung (planmäßigen Abschreibungen oder Wertberichtigungen) hinausgehen, dürfen ausgewiesen werden, auch wenn sie noch nicht realisiert sind. Für Gewerbetreibende besteht ein Zwang zum Ausweis solcher noch nicht realisierter Verluste, wenn die Wertminderung voraussichtlich dauernd ist. Der Ausweis eines noch nicht verwirklichten Gewinnes, also die Bilanzierung eines abnutzbaren Anlagegutes mit einem die Anschaffungs- oder Herstellungskosten abzüglich der Absetzungen für Abnutzung übersteigenden Betrag und die Rückgängigmachung an früheren Bilanzstichtagen ausgewiesener unrealisierter Verluste ist in keinem Fall zulässig.

(b) Nicht abnutzbare Wirtschaftsgüter des Anlagevermögens
Nach den Vorschriften des Einkommensteuerrechts (§ 6 Abs. 1 Nr. 2 EStG) sind nicht abnutzbare Wirtschaftsgüter des Anlagevermögens — ebenso wie Wirtschaftsgüter des Umlaufvermögens (siehe unten unter (c)) — mit den **Anschaffungs- oder Herstellungskosten** anzusetzen. Soweit der Teilwert dieser Wirtschaftsgüter an dem maßgebenden Bilanzstichtag niedriger ist, kann dieser **niedrigere Teilwert** angesetzt werden. Daneben hat der Steuerpflichtige die Möglichkeit, jeden beliebigen Wert zwischen den Anschaffungskosten und dem niedrigeren Teilwert zu wählen.

Nicht abnutzbare Wirtschaftsgüter des Anlagevermögens, die bereits am Schluß des vorangegangenen Wirtschaftsjahres zum Betriebsvermögen gehört haben, dürfen — anders als Wirtschaftsgüter des abnutzbaren Anlagevermögens — selbst dann mit dem **Teilwert** angesetzt werden, wenn dieser **höher ist als der letzte Bilanzansatz**. Auch in diesem Falle bilden die tatsächlichen Anschaffungs- oder Herstellungskosten jedoch grundsätzlich die obere Bewertungsgrenze (§ 6 Abs. 1 Nr. 2 Satz 2 EStG). Eine über den letzten Bilanzansatz hinausgehende Bewertung ist also regelmäßig nur möglich, wenn auf das zu bewertende Wirtschaftsgut an einem der früheren Bilanzstichtage bereits einmal eine Teilwertabschreibung vorgenommen worden ist. Nur bei **land- und forstwirtschaftlichen Betrieben** ist, wenn das den Grundsätzen ordnungsmäßiger Buchführung entspricht, auch der Ansatz eines **höheren Teilwertes** zulässig (§ 6 Abs. 1 Nr. 2 letzter Satz EStG).

Nach den für Gewerbetreibende in erster Linie maßgebenden Vorschriften des Handelsrechts gelten für nicht abnutzbare Wirtschaftsgüter des Anlagevermögens dieselben Bewertungsgrundsätze wie für abnutzbare Anlagegüter (§§ 153, 154 AktG 65). Insoweit kann deshalb auf die diesbezüglichen Ausführungen verwiesen werden. Für die Wirtschaftsgüter des nicht abnutzbaren Anlagevermögens gilt also ebenfalls das **gemilderte Niederstwertprinzip.** Ein Abschreibungszwang besteht nur bei „voraussichtlich dauernden" Wertminderungen. Planmäßige Abschreibungen oder Wertberichtigungen kommen hier allerdings nicht in Betracht. Wenn die Gründe für eine in der Vergangenheit vorgenommene außerplanmäßige Abschreibung oder Wertberichtigung weggefallen sind, ist eine Wiederheraufsetzung des Buchwertes nicht erforderlich, aber zulässig.

Die Steuergerichte haben die in § 6 Abs. 1 Nr. 2 EStG vorgesehene Bewertungsfreiheit bezüglich der Wirtschaftsgüter des nicht abnutzbaren Anlagevermögens in einem gewissen Umfang eingeschränkt. Der RFH hat in ständiger Rechtsprechung entschieden, daß bei diesen Wirtschaftsgütern — anders als bei den Wirtschaftsgütern des Umlaufvermögens — wesentliche Wertminderungen, die als dauernd (endgültig) anzusehen sind, durch eine Teilwertabschreibung berücksichtigt werden **müssen.** Ein Wahlrecht soll dem Steuerpflichtigen insoweit nur dann zustehen, wenn Wertminderungen auf augenblicklichen Wertschwankungen beruhen und nach Lage der Verhältnisse damit zu rechnen ist, daß sie sich in angemessener Zeit durch entsprechende Wertsteigerungen wieder ausgleichen[18]). Nach Auffassung des RFH sind diese Grundsätze als ein Bestandteil nicht nur der handelsrechtlichen, sondern auch der steuerrechtlichen Grundsätze ordnungsmäßiger Buchführung anzusehen[19]).

Hieraus lassen sich folgende Grundsätze ableiten:

Wertminderungen an nicht abnutzbaren Wirtschaftsgütern des Anlagevermögens dürfen bereits ausgewiesen werden, bevor sie realisiert sind. Soweit es sich dabei um dauernde Wertminderungen handelt, besteht nicht nur für Gewerbetreibende, sondern auch für Land- und Forstwirte und selbständig Tätige sogar ein Abschreibungszwang. Falls an einem früheren Bilanzstichtag ein unrealisierter Verlust ausgewiesen worden ist, kann dies bei einem Wegfall der Gründe für die Wertminderung durch Heraufsetzen des Wertansatzes wieder rückgängig gemacht werden. Der Ausweis eines noch nicht verwirklichten Gewinnes, also die Bilanzierung eines Wirtschaftsgutes mit einem die Anschaffungs- oder Herstellungskosten übersteigenden Betrag, ist — ausgenommen bei land- und forstwirtschaftlichen Betrieben — nicht zulässig.

---
[18]) RFH in RStBl. 38, 1123; 39, 746.
[19]) RFH in RStBl. 33, 585; 39, 123.

(c) Wirtschaftsgüter des Umlaufvermögens

Nach den Vorschriften des Einkommensteuerrechts gelten für die Bewertung des Umlaufvermögens dieselben Bestimmungen wie für die Bewertung der nicht abnutzbaren Wirtschaftsgüter des Anlagevermögens. Insoweit kann deshalb auf die Ausführungen vorstehend unter (b) verwiesen werden. Der Steuerpflichtige hat also ein Bewertungswahlrecht, das nach oben grundsätzlich durch die **Anschaffungs- oder Herstellungskosten,** nach unten normalerweise durch den **niedrigeren Teilwert** begrenzt wird. Anders als bei den Wirtschaftsgütern des nicht abnutzbaren Anlagevermögens ist dieses Bewertungswahlrecht durch die Rechtsprechung nicht eingeschränkt worden. So hat der BFH in einem Urteil vom 1. 12. 50[20]) festgestellt, daß nach den rein steuerlichen Bewertungsgrundsätzen Waren und Vorräte auch dann noch mit den Anschaffungs- oder Herstellungskosten angesetzt werden können, wenn deren Teilwert erheblich **und dauernd** hinter den Anschaffungskosten zurückgeblieben ist. Nur bei Waren, die wertlos oder so gut wie wertlos sind, soll steuerlich ein Abschreibungszwang bestehen.

Die Steuergerichte haben das im Einkommensteuergesetz vorgesehene Bewertungswahlrecht sogar in einem gewissen Umfang nach unten hin ausgedehnt. Unter bestimmten Voraussetzungen haben sie auch einen vom Stichtagspreis abweichenden Wert „als Teilwert" anerkannt und bei der Bewertung von Waren, deren Preise stark schwanken, eine **Berücksichtigung der Preisentwicklung** an den internationalen Märkten **etwa 4 bis 6 Wochen vor und nach dem Bilanzstichtag** zugelassen[21]). Auf diese Weise sollen Zufallskurse an den Bilanzstichtagen ausgeschaltet werden, die durch völlig ungewöhnliche Umstände herbeigeführt worden sind. Dementsprechend darf also nicht etwa der Marktpreis am Bilanzstichtag durch den niedrigsten Marktpreis innerhalb von 6 Wochen vor und nach dem Bilanzstichtag ersetzt werden. Denn dieser kann ebenfalls auf ungewöhnlichen Umständen beruhen. Es muß vielmehr geprüft werden, ob die Preisentwicklung innerhalb der letzten 4 bis 6 Wochen vor und nach dem Bilanzstichtag die Annahme rechtfertigt, daß der Stichtagspreis dieser Preisentwicklung nicht Rechnung trägt. Das wird von der Rechtsprechung z. B. bejaht, wenn die Preise eine ständig fallende Tendenz zeigen[22]). Weisen die Preise nicht nur vor und nach dem Bilanzstichtag, sondern auch sonst regelmäßig starke Schwankungen auf, und läßt sich nicht erkennen, ob der Stichtagspreis ungewöhnlich ist, so ist im allgemeinen anzunehmen, daß sich die Schwankungen ausgleichen. In einem solchen Fall ist ein Bewertungsabschlag nicht gerechtfertigt.

Nach den Vorschriften des Handelsrechts kommt bei der Bewertung der Wirtschaftsgüter des Umlaufvermögens dagegen uneingeschränkt das **Niederstwertprinzip** zur Anwendung. Gegenstände des Umlaufvermögens sind, wenn ihr Stichtagswert (also in erster Linie ihr Börsen- oder Marktpreis) niedriger ist

---

[20]) BStBl. 51, III, S. 10.
[21]) So zuletzt BFH in BStBl. 1956, Teil III, S. 379.
[22]) RFH in RStBl. 34, S. 1077.

als die **Anschaffungs- oder Herstellungskosten**, mit dem **niedrigeren Stichtagswert** anzusetzen (§ 155 Abs. 2 AktG 65). Ein Bewertungswahlrecht besteht insoweit nicht. Wegen der Maßgeblichkeit der handelsrechtlichen Bilanzierungsgrundsätze für die Steuerbilanz gilt dies bei **Gewerbetreibenden** auch für Zwecke der steuerlichen Gewinnermittlung. Ein Zwang zum Ansatz eines Umlaufgutes mit einem **unter dem Stichtagswert** liegenden Betrag, wie er nach der Steuerrechtsprechung bei stark schwankenden Preisen zulässig ist, besteht allerdings wohl auch nach Handelsrecht nicht. Als Stichtagswert (Zeitwert) dürften auch hier die Wiederbeschaffungskosten gelten[23]). Wenn die Gründe für eine an einem der vorangegangenen Bilanzstichtage vorgenommene außerplanmäßige Abschreibung oder Wertberichtigung weggefallen sind, ist eine **Wiederheraufsetzung des Buchwertes** nicht erforderlich, aber zulässig (§ 155 Abs. 4 AktG 65).

Während das Aktiengesetz 1965 den **Aktiengesellschaften und Kommanditgesellschaften auf Aktien** grundsätzlich nur noch dann eine Unterbewertung gestattet, wenn der niedrigere Wertansatz eines Wirtschaftsgutes auch nach den einkommensteuerlichen Vorschriften zulässig ist, räumt es diesen Gesellschaften bei der Bewertung des **Umlaufvermögens** ein darüber hinausgehendes Bewertungswahlrecht ein. Wenn dies notendig ist, um zu verhindern, daß der Wertansatz für ein Wirtschaftsgut des Umlaufvermögens in der nächsten Zukunft auf Grund von Wertschwankungen geändert werden muß, kann dieses Wirtschaftsgut auch mit einem niedrigeren Wert als dem Stichtagswert angesetzt werden (§ 155 Abs. 3 Nr. 1 AktG 65). Diese Vorschrift dürfte dahin zu verstehen sein, daß danach abweichend von der oben erläuterten Steuerrechtsprechung in der Handelsbilanz dieser Gesellschaften auch solche Wertschwankungen berücksichtigt werden können, die nicht Ausdruck einer fallenden Preistendenz sind, sondern aller Wahrscheinlichkeit nach durch in absehbarer Zeit zu erwartende Preissteigerungen wieder ausgeglichen werden[24]). Wegen des Vorranges der steuerlichen Bewertungsvorschriften kann von diesem zusätzlichen Bewertungswahlrecht im Rahmen der Steuerbilanz kein Gebrauch gemacht werden.

Hieraus lassen sich folgende Grundsätze ableiten:

Wertminderungen an Wirtschaftsgütern des Umlaufvermögens dürfen bereits ausgewiesen werden, bevor sie realisiert sind. Für Gewerbetreibende besteht sogar ein Zwang zum Ausweis solcher Verluste. Waren mit stark schwankenden Preisen können unter Umständen auch mit einem unter dem Stichtagspreis liegenden Wert angesetzt werden. Ein Zwang hierzu besteht nicht. An früheren Bilanzstichtagen bereits ausgewiesene unrealisierte Verluste dürfen wieder rückgängig gemacht werden. Der Ausweis eines noch nicht verwirklichten Gewinns, also die Bewertung eines Wirtschaftsgutes des Umlaufvermögens mit einem über die Anschaffungs- oder Herstellungskosten hinausgehenden Betrag, ist — ausgenommen bei land- und forstwirtschaftlichen Betrieben — nicht zulässig.

---
[23]) So z. B. Baumbach-Hueck, Anm. 31 zu §§ 153 bis 156 AktG 65.
[24]) Gleicher Auffassung Saape, Der Betrieb 1968, S. 407 ff. (hier S. 411).

(d) Verbindlichkeiten

Verbindlichkeiten sind **nach den Vorschriften des Einkommensteuerrechts** unter sinngemäßer Anwendung der für die nicht abnutzbaren Wirtschaftsgüter des Anlagevermögens und die Wirtschaftsgüter des Umlaufvermögens geltenden Vorschriften zu bewerten (§ 6 Abs. 1 Satz 3 EStG). Demnach sind Verbindlichkeiten grundsätzlich mit den Anschaffungskosten anzusetzen. Diese bilden hier die untere Grenze. Anschaffungskosten einer Verbindlichkeit ist der Gegenwert, der dem Schuldner von dem Gläubiger zur Verfügung gestellt worden ist.

Nach den Vorschriften des Handelsrechts gilt Entsprechendes. Gemäß § 156 AktG 65 sind Verbindlichkeiten zu ihrem Rückzahlungsbetrag, Rentenverpflichtungen zu ihrem Barwert, anzusetzen. Ist der Rückzahlungsbetrag von Verbindlichkeiten oder Anleihen höher als der Ausgabebetrag, so darf der Unterschied unter die Rechnungsabgrenzungsposten der Aktivseite aufgenommen werden. Er ist gesondert auszuweisen und durch planmäßige jährliche Abschreibungen auf die Laufzeit der Verbindlichkeit oder Anleihe verteilt zu tilgen.

(e) Entnahmen

Entnahmen sind alle Wirtschaftsgüter (Barentnahmen, Waren, Erzeugnisse, Nutzungen und Leistungen), die der Steuerpflichtige dem Betrieb für sich, für seinen Haushalt oder für andere betriebsfremde Zwecke im Laufe eines Wirtschaftsjahres entnommen hat (§ 4 Abs. 1 Satz 2 EStG). Das gilt auch, wenn ein **Mitunternehmer einer Personengesellschaft** Wirtschaftsgüter aus dem Betrieb entnimmt. Im Verhältnis zwischen einer **Kapitalgesellschaft** und ihren Gesellschaftern gibt es dagegen keine Entnahmen im eigentlichen Sinne. Die unentgeltliche Abgabe von Wirtschaftsgütern aus dem Vermögen einer Kapitalgesellschaft an ihre Gesellschafter stellt entweder die Rückzahlung eingelegten Kapitals oder eine (unter Umständen verdeckte) Gewinnausschüttung dar.

Entnahmen sind mit ihrem **Teilwert** im Zeitpunkt der Entnahme anzusetzen (§ 6 Abs. 1 Nr. 4 EStG). Die Entnahme eines Wirtschaftsgutes aus dem Betriebsvermögen wird also grundsätzlich als eine Realisierung der in seinem Buchwert enthaltenen stillen Rücklagen angesehen. Ist der Buchwert des Wirtschaftsgutes niedriger als sein Teilwert, werden die darin enthaltenen stillen Rücklagen regelmäßig durch die Entnahme einer Besteuerung zugeführt.

(f) Einlagen

Einlagen sind **alle Wirtschaftsgüter** (Bareinzahlungen und sonstige Wirtschaftsgüter), die der Steuerpflichtige dem Betrieb im Laufe eines Wirtschaftsjahres zuführt (§ 4 Abs. 1 Satz 3 EStG). Das gilt auch, wenn der Gesellschafter einer **Personengesellschaft** ein Wirtschaftsgut aus seinem Privatvermögen in die Gesellschaft einbringt. Im weiteren Sinne spricht man auch von einer Einlage, wenn einer **Kapitalgesellschaft** Barmittel oder andere Wirtschaftsgüter von einem Gesellschafter ohne Gegenleistung zugeführt werden.

Einlagen in eine Einzelfirma oder eine Personengesellschaft sind grundsätzlich mit dem **Teilwert** anzusetzen. Maßgebend für die Bewertung sind die Wertverhältnisse im Zeitpunkt der Einlage. In bestimmten Fällen darf der Wertansatz jedoch die **Anschaffungs- oder Herstellungskosten** des Wirtschaftsgutes nicht übersteigen. Das gilt dann, wenn

① das dem Betriebsvermögen zugeführte Wirtschaftsgut innerhalb der letzten drei Jahre vor dem Zeitpunkt der Einlage angeschafft (oder hergestellt) worden ist oder

② eine wesentliche Beteiligung bzw. ein Anteil aus einer wesentlichen Beteiligung im Sinne des § 17 EStG in ein Betriebsvermögen eingebracht wird (§ 6 Abs. 1 Ziff. 5 EStG).

Soweit eine Einlage danach mit dem Teilwert bewertet werden kann, bedeutet dies, daß eventuelle Wertsteigerungen, die das eingelegte Wirtschaftsgut während seiner Zugehörigkeit zum Privatvermögen erfahren hat, nicht als „stille Rücklagen" in das Betriebsvermögen übernommen zu werden brauchen, sondern offen ausgewiesen werden können. Bei einer späteren Veräußerung oder Entnahme dieser Wirtschaftsgüter unterliegen diese Wertsteigerungen demnach nicht der Besteuerung.

2. Körperschaftsteuer

a) Geschichte und Wesen der Körperschaftsteuer

Die Körperschaftsteuer[25]) ist die **„Einkommensteuer" der juristischen Personen.** Ursprünglich war die Einkommenbesteuerung der natürlichen und der juristischen Personen in einem einheitlichen Einkommensteuergesetz geregelt. Ein besonderes Gesetz für die Einkommenbesteuerung der nicht natürlichen Personen wurde erstmals 1920 beim Übergang der Steuerhoheit von den deutschen Ländern auf das Deutsche Reich eingeführt. Bei der Abgrenzung des Einkommensbegriffs verweist das Körperschaftsteuergesetz heute noch auf die diesbezügliche Regelung im Einkommensteuergesetz.

Die Körperschaftsteuer gehört wie die Einkommensteuer zu den **Personensteuern** und erfaßt die Leistungsfähigkeit der juristischen Personen, soweit sich diese in ihrem Einkommen spiegelt. Das Körperschaftsteuerrecht behandelt (wie das Zivilrecht) die juristischen Personen als **selbständige Rechtssubjekte (Steuersubjekte),** unterscheidet also zwischen der juristischen Person (Kapitalgesellschaft, Erwerbsgenossenschaft usw.) einerseits und deren Betrieb andererseits. Dies steht der in der Betriebswirtschaftslehre vertretenen Auffassung entgegen, daß eine juristische Person kein Einkommen haben kann, da Einkom-

---

[25]) Körperschaftsteuergesetz (KStG) i. d. Fassung vom 24. 5. 1965 (BGBl. I, 450), zuletzt geändert durch das Steueränderungsgesetz vom 22. 12. 1967 (BGBl. I, 1334); Körperschaftsteuer-Durchführungsverordnung (KStDV) i. d. Fassung vom 3. 5. 1965 (BGBl. I. 365), geändert durch das Steueränderungsgesetz vom 21. 12. 1967 (BGBl. I, 1254).

men erst entsteht, wenn Ertragsteile einem Haushalt zugeflossen sind und ihm als Kaufkraft zur Verfügung stehen[26]). Die Betriebswirtschaftslehre betrachtet die Körperschaftsteuer als eine Objektsteuer, die den Ertrag, und zwar den Reinertrag einer in der Rechtsform einer Kapitalgesellschaft geführten Unternehmung, trifft.

Die Folge der selbständigen Besteuerung der Körperschaften ist, daß das von einer juristischen Person erzielte Einkommen (ebenso wie das darin zusammengefaßte Vermögen) **doppelt** besteuert wird. Es unterliegt einmal bei der Körperschaft selbst und zum anderen — wenn und soweit die Körperschaft das von ihr erzielte Einkommen ausschüttet — nochmals beim Empfänger der Einkommensbesteuerung. Diese **Doppelbesteuerung** ist gewollt und vom Gesetzgeber mit den Vorteilen und der wirtschaftlichen Kraft begründet worden, die der Betrieb eines Unternehmens in der Form einer juristischen Person im allgemeinen bietet. Wenn und soweit an einer Kapitalgesellschaft, z. B. an einer Aktiengesellschaft, als Gesellschafter eine andere Kapitalgesellschaft beteiligt ist, kann die vorstehend behandelte Form der Doppelbesteuerung sogar zu einer **Drei- und Mehrfachbesteuerung** führen.

Die sich durch die gesonderte Erfassung des Einkommens der juristischen Personen unter Umständen ergebende Mehrfachbesteuerung wird durch verschiedene Maßnahmen gemildert. An erster Stelle ist hier der **gespaltene Körperschaftsteuersatz** zu nennen, wonach das Einkommen der Kapitalgesellschaften, soweit es an die Anteilseigner ausgeschüttet wird, einem ermäßigten Steuersatz unterliegt. Wenn an einer Kapitalgesellschaft eine andere Kapitalgesellschaft beteiligt ist, die mindestens 25 % der Anteile der Gesellschaft besitzt, bleiben u. U. auf Grund des **Schachtelprivilegs** sämtliche auf diese Anteile entfallenden Gewinnausschüttungen außer Ansatz. Außerdem besteht bei organschaftlich verbundenen Unternehmen die Möglichkeit, die doppelte Besteuerung des Gewinns der Untergesellschaft durch Abschluß eines **Ergebnisübernahmevertrages** mit der Obergesellschaft zu vermeiden.

b) Steuerpflicht

Die Körperschaftsteuer erfaßt das Einkommen der „Körperschaften, Personenvereinigungen und Vermögensmassen". Ebenso wie das Einkommensteuergesetz unterscheidet das Körperschaftsteuergesetz zwischen unbeschränkter und beschränkter Steuerpflicht.

Der unbeschränkten Körperschaftsteuerpflicht unterliegen bestimmte in § 1 Abs. 1 KStG abschließend aufgezählte Körperschaften, Personenvereinigungen und Vermögensmassen, und zwar vor allem Aktiengesellschaften, Kommanditgesellschaften auf Aktien, Gesellschaften mit beschränkter Haftung sowie Erwerbs- und Wirtschaftsgenossenschaften, einige andere juristische Personen und nicht rechtsfähige Vereine, Anstalten, Stiftungen und andere Zweckvermögen. Die unbeschränkte Steuerpflicht tritt ein, wenn die Körperschaften

---

[26]) Wöhe, Betriebswirtschaftliche Steuerlehre, Bd. 1, S. 67.

ihre Geschäftsleitung oder ihren Sitz im Inland haben. Sie erstreckt sich auf **sämtliche Einkünfte** des bzw. der Steuerpflichtigen (§ 1 Abs. 2 KStG).

Der beschränkten Körperschaftsteuerpflicht unterliegen Körperschaften, Personenvereinigungen und Vermögensmassen, die im Inland weder ihre Geschäftsleitung noch ihren Sitz haben, und zwar mit bestimmten **inländischen Einkünften** (§ 2 Abs. 1 Satz 1 KStG). Außerdem sind solche Körperschaften beschränkt steuerpflichtig, die zwar im Inland domizilieren, aber nicht zu der Gruppe der nach § 1 KStG unbeschränkt steuerpflichtigen Körperschaften zählen oder eine der persönlichen Befreiungsvorschriften des § 4 KStG für sich in Anspruch nehmen können. Diese besondere Form der beschränkten Steuerpflicht erstreckt sich nur auf solche **inländischen Einkünfte**, von denen eine **Kapitalertragsteuer** einbehalten worden ist.

Wie bei der Einkommensteuer setzt die Entstehung einer Steuerschuld weiterhin voraus, daß von dem bzw. von der Steuerpflichtigen ein **genügend hohes Einkommen** erzielt worden ist. Maßgebend ist auch hier das Einkommen, das der bzw. die Steuerpflichtige **innerhalb eines Kalenderjahres** (Bemessungszeitraum) bezogen hat (§ 5 Abs. 1 KStG). Bei Steuerpflichtigen, die Bücher nach den Vorschriften des Handelsgesetzbuches zu führen verpflichtet sind, ist der Gewinn nach dem Wirtschaftsjahr zu ermitteln, für das sie regelmäßig Abschlüsse machen (§ 5 Abs. 2 KStG).

c) Feststellung des steuerpflichtigen Einkommens

(1) Der Einkommensbegriff des Körperschaftsteuergesetzes

Was als Einkommen gilt und wie das Einkommen zu ermitteln ist, bestimmt sich nach den Vorschriften des **Einkommensteuergesetzes** (§ 6 KStG). Dementsprechend wird auch bei der Körperschaftsteuer grundsätzlich zwischen **den sieben Einkunftsarten** des § 2 EStG unterschieden. Soweit die der Körperschaftsteuer unterliegenden Körperschaften usw. nach den Vorschriften des HGB zur **Führung von Büchern** verpflichtet sind, gelten allerdings ihre **sämtlichen** Einkünfte als Einkünfte aus Gewerbebetrieb (§ 16 KStDV). Das trifft z. B. auf die Kapitalgesellschaften zu. Die Tätigkeit dieser Gesellschaften gilt also selbst dann als gewerblich, wenn sie sich auf die Verwaltung von Vermögen, z. B. von Grund- oder Wertpapiervermögen, beschränkt.

Für die Ermittlung des Einkommens ist ohne Bedeutung, ob es verteilt wird oder nicht (§ 7 KStG). Dementsprechend sind z. B. die **Dividendenausschüttungen** von Aktiengesellschaften bei der Gesellschaft nicht als Betriebsausgaben abzugsfähig. Sogenannte **verdeckte Gewinnausschüttungen**, die eine Kapitalgesellschaft ihren Anteilseignern zu Lasten des Gewinnes zukommen läßt, sind für Zwecke der Besteuerung dem Gewinn wieder hinzuzurechnen (§ 19 KStDV). Unter verdeckten Gewinnausschüttungen versteht man jede Art von Zuwendungen und Vorteilen an Gesellschafter, die an Nichtgesellschafter nicht gemacht werden, z. B. überhöhte Zinsen für eine Darlehensgewährung an die Gesellschaft oder umgekehrt die Gewährung eines zinslosen Darlehens an einen Gesellschafter. Eine verdeckte Gewinnausschüttung kann z. B. auch vorliegen, wenn eine Kapitalgesellschaft einem Anteilseigner, der als Geschäftsführer oder Vorstandsmitglied bei ihr tätig ist, ein unangemessen hohes Gehalt zahlt. Der die Zuwendung empfangende Gesellschafter (z. B. Aktionär) hat diese grundsätzlich nicht als Einkünfte aus nichtselbständiger Arbeit, sondern als Einkünfte aus Kapitalvermögen der Einkommen- bzw. Körperschaftsteuer zu unterwerfen.

Auch Vergütungen, welche die Gesellschaft an die Mitglieder des Aufsichtsrates, Verwaltungsrates, Grubenvorstandes oder an andere mit der Überwachung der Geschäftsführung beauftragte Personen zahlt **(Aufsichtsratsvergütungen)**, werden als eine Einkommensverwendung durch die Gesellschaft angesehen und dürfen deren Gewinn deshalb nicht mindern (§ 12 Nr. 3 KStG).

Im Gegensatz zum Einkommensteuergesetz läßt das Körperschaftsteuergesetz den Abzug von **Sonderausgaben** grundsätzlich nicht zu. Deshalb kann z. B. eine Kapitalgesellschaft, anders als eine natürliche Person, die auf ihr Vermögen zu zahlende Vermögensteuer nicht vom Einkommen absetzen (§ 12 Nr. 2 KStG). Dies hat zur Folge, daß das Vermögen der juristischen Personen im praktischen Ergebnis höher besteuert wird als das Vermögen der natürlichen Personen. Nach Auffassung des Finanzgerichts Baden-Württemberg[27] ist das Abzugsverbot deshalb nichtig. Lediglich Ausgaben zur Förderung mildtätiger, kirchlicher und gemeinnütziger Zwecke können auch von Körperschaften bei der Ermittlung ihres Einkommens abgezogen werden.

(2) Schachtelvergünstigung

Bei inländischen Kapitalgesellschaften sowie bei inländischen Versicherungsvereinen auf Gegenseitigkeit und bei Betrieben gewerblicher Art von Körperschaften des öffentlichen Rechts[28] bleiben die aus einer **Schachtelbeteiligung** anfallenden Gewinnanteile für Zwecke der Besteuerung außer Ansatz (§ 9 Abs. 1 KStG). Eine Schachtelbeteiligung ist gegeben, wenn eines der genannten Unternehmen nachweislich seit Beginn des Wirtschaftsjahres ununterbrochen an dem Grund- oder Stammkapital einer inländischen Kapitalgesellschaft in Form von Aktien, Kuxen oder Anteilen **mindestens zu einem Viertel** unmittelbar beteiligt ist. Soweit die Gewinnanteile an einer solchen Gesellschaft im Gewinn der Obergesellschaft ausgewiesen sind, können sie also bei der Ermittlung des steuerpflichtigen Einkommens als steuerfrei abgesetzt werden. Dabei spielt keine Rolle, ob es sich im einzelnen um Dividenden oder sonstige Entgelte bzw. Vorteile aus dem Gesellschaftsverhältnis handelt und ob die Ausschüttungen offen oder verdeckt erfolgt sind. Die unter das Schachtelprivileg fallenden Ausschüttungen der Untergesellschaft unterliegen auch nicht der **Kapitalertragsteuer** (§ 9 Abs. 2 KStG; § 2 Abs. 1 Nr. 2 KapStDV).

Wenn die Obergesellschaft die von der Untergesellschaft empfangenen schachtelbegünstigten Gewinnanteile ihrerseits nicht an ihre eigenen Anteils-

---

[27] Urteil vom 21. Nov. 1967, nicht rechtskräftig, EFG 1968, S. 42.
[28] Das Schachtelprivileg kommt in gewissem Umfang auch zum Zuge, wenn Bund, Länder, Gemeinden oder Gemeindeverbände an einer unbeschränkt steuerpflichtigen Kapitalgesellschaft beteiligt sind (§ 9 Abs. 4 KStG).

eigner weiter ausschüttet, unterliegt sie einer **besonderen Körperschaftsteuer**, die auch als **Nachsteuer** bezeichnet wird (§ 9 Abs. 3 KStG). Die Nachsteuerpflicht erstreckt sich allerdings nur auf solche Schachteldividenden, die bei der Untergesellschaft als **berücksichtigungsfähige Ausschüttungen** gelten, also die Untergesellschaft zur Inanspruchnahme des ermäßigten Körperschaftsteuersatzes für ausgeschüttete Gewinne berechtigen. Dementsprechend richtet sich der Satz der Nachsteuer nach der Differenz zwischen dem Normalsteuersatz und dem Ausschüttungssteuersatz, dem die Gewinne der **Unter**gesellschaft unterlegen haben. Ist die Untergesellschaft z. B. eine Publikumsgesellschaft, deren einbehaltene Gewinne einem Körperschaftsteuersatz von 51 % und deren ausgeschüttete Gewinne einem Körperschaftsteuersatz von 15 % unterliegen, beträgt die Nachsteuer für die Obergesellschaft ohne Rücksicht darauf, ob sie eine Publikumsgesellschaft, personenbezogene Kapitalgesellschaft oder sonstige privilegierte Gesellschaft ist (51 % ./. 15 % =) 36 %[28a].

Die Obergesellschaft ist nur insoweit von der besonderen Körperschaftsteuer (Nachsteuer) **befreit**, als ihre Ausschüttungen betragsmäßig ihr eigenes körperschaftsteuerpflichtiges Einkommen übersteigen. Das Gesetz verlangt also, daß die Obergesellschaft zunächst ihr gesamtes steuerpflichtiges Einkommen ausschüttet, bevor es die Ausschüttung der Schachteldividenden mit einem Verzicht auf die Nachsteuer honoriert. Zum steuerpflichtigen Einkommen einer Kapitalgesellschaft gehören aber außer dem in der Handelsbilanz ausgewiesenen, für eine Gewinnverteilung zur Verfügung stehenden **Gewinn** (abzüglich etwaiger Schachtelerträge) u. a. eventuelle **Zuführungen zu den gesetzlichen oder freien Rücklagen**, die **Vergütungen jeder Art an Mitglieder des Aufsichtsrates** oder andere mit der Überwachung der Geschäftsführung beauftragte Personen und nicht zuletzt die **Steuern vom Einkommen und die Vermögensteuer.** Um die Nachsteuer zu vermeiden, müßte die Obergesellschaft also in der Regel eine Gewinnausschüttung beschließen, die den Jahresüberschuß erheblich übersteigt. Das ist aber nur möglich, wenn sie über freie Rücklagen verfügt, die sie für Zwecke der Ausschüttung auflösen könnte.

Beispiel: Eine Kapitalgesellschaft beabsichtigt, ihren gesamten Gewinn auszuschütten. Um in den Genuß der Nachsteuerfreiheit zu gelangen, ist sie bereit, einen Teil ihrer freien Rücklagen aufzulösen und ebenfalls für eine Ausschüttung an die Anteilseigner zu verwenden. Ihr Jahresüberschuß beträgt 600 000 DM. Darin sind 50 000 DM Schachteldividenden enthalten. Unter den Betriebsausgaben sind an steuerlich nicht abzugsfähigen Aufwendungen 45 000 DM Aufsichtsratsvergütungen, 85 000 DM Vermögensteuer und 120 000 DM Körperschaftsteuer ausgewiesen.

Die zur Vermeidung der Nachsteuerpflicht erforderliche Gewinnausschüttung errechnet sich dann wie folgt:

Jahresüberschuß   600 000 DM
Steuerlich nicht abzugsfähige
Aufwendungen:

[28a] Die seit dem 1. 1. 1968 zur Erhebung kommende Ergänzungsabgabe ist hierbei noch nicht berücksichtigt.

Aufsichtsratsvergütungen	45 000 DM	
Vermögensteuer	85 000 DM	
Körperschaftsteuer	120 000 DM	250 000 DM
Einkommen		850 000 DM
./. Schachteldividenden		50 000 DM
Steuerpflichtiges Einkommen		800 000 DM

Die Obergesellschaft müßte demnach eine Dividende von 850 000 DM ausschütten, um die Nachsteuer vollständig zu vermeiden. Hierzu wäre die Auflösung freier Rücklagen in Höhe eines Betrages von 250 000 DM erforderlich. Dieser Betrag entspricht der Summe der nicht abzufähigen Ausgaben.

Es leuchtet wohl ein, daß keine Kapitalgesellschaft in der Lage ist, ihre Gewinnausschüttungen über einen längeren Zeitraum aus der Auflösung von Rücklagen zu decken. **Es dürfte kaum einer Kapitalgesellschaft gelingen, die Nachsteuerpflicht r e g e l m ä ß i g und v o l l s t ä n d i g zu vermeiden.**

(3) Organschaft

Auch unter der einheitlichen Leitung eines herrschenden Unternehmens zusammengefaßte Konzernunternehmen unterliegen selbständig der Körperschaftsteuer. Das gilt selbst dann, wenn sie nicht nur rechtlich, sondern auch wirtschaftlich derart in den Konzern eingegliedert sind, daß sie zusammen mit dem beherrschenden (und eventuellen anderen abhängigen) Unternehmen eine wirtschaftliche Einheit, d. h. eine **Organschaft** bilden.

Ein Organverhältnis ist gegeben, wenn eine juristische Person dem Willen eines anderen Unternehmens derart untergeordnet ist, daß sie keinen eigenen Willen hat und nach dem Gesamtbild der tatsächlichen Verhältnisse finanziell, wirtschaftlich und organisatorisch nach Art einer bloßen Geschäftsabteilung in das Unternehmen der Obergesellschaft (Organträger) eingegliedert ist. Der Charakter des Organs als selbständige Rechtspersönlichkeit des Körperschaftsteuerrechts wird durch das Bestehen des Organverhältnisses nicht berührt.

Anders als auf dem Gebiet der Umsatzsteuer und der Gewerbesteuer wirkt sich die Organschaft auf dem Gebiet der Körperschaftsteuer nur dann aus, wenn zwischen dem Organträger und dem Organ ein steuerrechtlich anerkannter **Ergebnisübernahmevertrag** abgeschlossen worden ist.

Die steuerliche Anerkennung eines Ergebnisübernahmevertrages setzt voraus, daß dieser für eine längere Zeit, d. h. für mindestens 5 Jahre abgeschlossen und vollzogen wird.

Wird der Vertrag vor Ablauf dieser Mindestzeit aufgehoben oder nicht mehr vollzogen, so ist er steuerlich nicht anzuerkennen, es sei denn, daß die Vertragsparteien für die Aufhebung oder den Nichtvollzug des Vertrages ausreichende wirtschaftliche Gründe anführen können[29]).

Die Organschaft und der Abschluß eines Ergebnisabführungsvertrages bewirken nicht etwa, daß das steuerliche Einkommen des Organs ganz oder teilweise dem Organträger „zugerechnet" wird. Das **Einkommen** des Organs und des

---

[29]) Vgl. hierzu den Erlaß des FM NW vom 23. 10. 1959. BStBl. 1959, III, 161.

Organträgers wird vielmehr unverändert nach normalen Regeln für jedes der beiden Steuersubjekte gesondert ermittelt, allerdings mit der Maßgabe, daß der Betrag, den das Organ nach der zivilrechtlichen Vereinbarung auf Grund des Ergebnisabführungsvertrages an den Organträger abzuliefern hat, ausnahmsweise nicht als verdeckte Gewinnausschüttung nach § 6 Abs. 1 Satz 2 KStG, sondern als steuerlich zu berücksichtigende **Betriebsausgabe des Organs und als Betriebseinnahme des Organträgers behandelt wird.** Aus dieser Grundthese folgt, daß die Höhe des beim Organ zu versteuernden Einkommens von der Höhe des Betrages beeinflußt wird, der zivilrechtlich vom Organ an den Organträger (oder umgekehrt) abgeliefert werden muß.

Wenn Organträger ein Personenunternehmen (Einzelfirma oder Personengesellschaft) ist, hat ein Ergebnisübernahmevertrag zur Folge, daß die dem Organträger zuzurechnenden Gewinne der Organschaft der Doppelbesteuerung mit Körperschaftsteuer u n d Einkommensteuer entzogen werden. Aus diesem Grunde hat der BFH in einem Urteil vom 17. 11. 1966[30]) der Organschaft einer Kapitalgesellschaft mit Ergebnisausschlußvertrag zu einem Personenunternehmen in Abweichung von der bisherigen ständigen Rechtsprechung des RFH und BFH die steuerliche Anerkennung versagt. Dem soll jedoch durch eine Änderung des Körperschaftsteuergesetzes begegnet werden. Der Entwurf eines entsprechenden Änderungsgesetzes liegt den gesetzgebenden Körperschaften bereits vor. Im Hinblick darauf haben die obersten Finanzbehörden der Länder die Finanzämter angewiesen, das oben genannte BFH-Urteil in allen Fällen, in denen die Voraussetzungen für die Anerkennung eines Ergebnisübernahmevertrages bereits am 1. 1. 1967 erfüllt waren, auf die Ergebnisse der Wirtschaftsjahre des Organs, die vor dem 1. 1. 1970 enden, n i c h t anzuwenden. Außerdem haben sie darauf hingewiesen, daß Ergebnisabführungsverträge mit Personengesellschaften als Organträger, deren sämtliche Gesellschafter unbeschränkt körperschaftsteuerpflichtig sind, durch die zitierte Entscheidung nicht betroffen werden[31]).

Wenn Organträger eine Kapitalgesellschaft ist, hat ein Ergebnisabführungsvertrag über das Schachtelprivileg hinaus den Vorteil, daß nicht nur eine doppelte Erfassung der in der Tochtergesellschaft erzielten Gewinne durch die Körperschaftsteuer vermieden, sondern darüber hinaus ein **Ausgleich eventueller Verluste** der einen mit Gewinnen der anderen Gesellschaft ermöglicht wird.

---

[30]) BStBl. 1967, III, S. 118.
[31]) So z. B. FM NW, Erlaß vom 26. 5. 1967, BStBl. 67, II, S. 169 und vom 30. 11. 1967, BB 1967, 1407.

3. Vermögensteuer

a) Geschichte und Wesen der Vermögensteuer

Die Vermögensteuer[32]) geht auf die sogenannte preußische Ergänzungssteuer von 1893 zurück, die als eine Ergänzungsabgabe zur preußischen Klassen- und klassifizierten Einkommensteuer auf fundiertes Einkommen gedacht war. Die erste Reichsvermögensteuer wurde im Jahre 1922 eingeführt. Das zur Zeit geltende Vermögensteuersystem basiert auf der Vermögensteuer von 1925. In diesem Jahre wurde erstmals ein besonderes **Reichsbewertungsgesetz** erlassen, das einheitliche Bewertungsvorschriften für verschiedene Steuerarten enthält.

Die Vermögensteuer ist wie die Einkommen- und die Körperschaftsteuer eine Personensteuer. Sie erfaßt die Leistungsfähigkeit sowohl der natürlichen als auch der juristischen Personen, soweit sich diese in deren Vermögen spiegelt. Anders als bei der Einkommensbesteuerung ist die Vermögensbesteuerung der juristischen und natürlichen Personen in einem einheitlichen Gesetz geregelt.

Das Vermögensteuergesetz behandelt die juristischen Personen — ebenso wie das Körperschaftsteuergesetz — als selbständige Rechtssubjekte, unterscheidet also zwischen der juristischen Person einerseits und deren Betrieb (Unternehmung) andererseits.

Die Folge der selbständigen Unterwerfung der Körperschaften unter die Vermögensteuer ist, daß das in einer juristischen Person zusammengefaßte Vermögen — ebenso wie das von ihr erzielte Einkommen — **zweimal** besteuert wird. Einmal unterliegt es in der Person der Körperschaft, ein weiteres Mal in der Person der Anteilseigner der Vermögensteuer. Die Anteilseigner müssen ihre Anteilsrechte der Vermögensteuer unterwerfen, obwohl diese im Grunde genommen nichts anderes repräsentieren als einen Anteil am Vermögen der Körperschaft. Diese Doppelbesteuerung ist ebenso wie die Doppelbesteuerung des Ertrages der Körperschaften vom Gesetzgeber gewollt.

Wenn und soweit eine Kapitalgesellschaft an einer anderen Kapitalgesellschaft (z. B. an einer Aktiengesellschaf) als Gesellschafter beteiligt ist, kann die vorstehend behandelte Form der Doppelbesteuerung sogar zu einer Drei- und Mehrfachbesteuerung führen.

Auf dem Gebiet der Vermögensteuer gibt es zur Milderung dieser doppelten Besteuerung der juristischen Personen und ihrer Anteilseigner zur Zeit nur das **Schachtelprivileg**. In der Vergangenheit sind zwar verschiedentlich Bestrebungen im Gange gewesen, eine generelle Milderung der Doppelbesteuerung, besonders des in einer Kapitalgesellschaft zusammengefaßten Vermögens, durchzusetzen. So wurde wiederholt gefordert, Aktien und sonstige Anteile an Kapitalgesellschaften bei der Besteuerung der Anteilseigner nur mit dem halben Wert anzusetzen. Diese Bemühungen sind jedoch bisher nicht von Erfolg

---

[32]) Vermögensteuergesetz (VStG) in der Fassung vom 10. 6. 1954 (BGBl. I, 137) zuletzt geändert durch Gesetz vom 21. 12. 1967 (BGBl. I, 1254); Vermögensteuer-Durchführungsverordnung (VStDV) i. d. F. vom 19. 8. 1963 (BGBl. I, 689).

gekrönt gewesen. Lediglich das Lastenausgleichsgesetz sah auf dem Gebiet der Vermögensabgabe für bestimmte Fälle eine solche Regelung vor (§ 24 Nr. 2 LAG).

Die Vermögensteuer ist eine Stichtagsteuer. Sie wird zwar ebenfalls für einen bestimmten Veranlagungszeitraum erhoben. Anders als bei der Einkommen- und Köperschaftsteuer umfaßt dieser regelmäßig nicht ein Kalenderjahr, sondern drei Kalenderjahre. Sie bemißt sich jedoch nach dem Vermögen, das der Steuerpflichtige **zu Beginn dieses Veranlagungszeitraumes** hat. Eventuelle Veränderungen im Bestand und/oder im Wert dieses Vermögens werden nur berücksichtigt, wenn sie einen gewissen Umfang erreichen oder wenn der Steuerpflichtige wegen einer Veränderung seiner persönlichen Verhältnisse im Laufe des Veranlagungszeitraumes höhere oder niedrigere Freibeträge verlangen kann.

b) Steuerpflicht

Der Vermögensteuer unterliegen natürliche und juristische Personen. Das Vermögensteuergesetz unterscheidet wie das Einkommen- und das Körperschaftsteuergesetz zwischen unbeschränkter und beschränkter Steuerpflicht.

Der unbeschränkten Steuerpflicht sind natürliche Personen und bestimmte in § 1 Abs. 1 Nr. 2 VStG abschließend aufgezählte Körperschaften, Personenvereinigungen und Vermögensmassen unterworfen, sofern sie ihren Wohnsitz oder ihren gewöhnlichen Aufenthalt bzw. ihre Geschäftsleitung oder ihren Sitz im Inland haben (§ 1 VStG). Die unbeschränkte Vermögensteuerpflicht erstreckt sich grundsätzlich auf das **gesamte Vermögen** der natürlichen oder juristischen Personen. Von dem Gesamtvermögen sind noch eventuelle Lastenausgleichsschulden, z. B. eine Vermögensabgabe- oder Kreditgewinnabgabeschuld abzusetzen.

Der beschränkten Vermögensteuerpflicht sind natürliche Personen sowie alle Körperschaften, Personenvereinigungen und Vermögensmassen unterworfen, die im Inland weder einen Wohnsitz noch ihren gewöhnlichen Aufenthalt bzw. weder ihre Geschäftsleitung noch ihren Sitz haben (§ 2 VStG). Die beschränkte Steuerpflicht erstreckt sich lediglich auf das **Inlandsvermögen** das Steuerpflichtigen. Der Begriff Inlandsvermögen umfaßt nur ganz bestimmte in § 121 BewG 1965 abschließend aufgezählte Vermögenswerte.

Die Entstehung einer Vermögensteuerschuld setzt — wie bei der Einkommen- und der Körperschaftsteuer — neben der subjektiven Steuerpflicht der natürlichen oder der juristischen Person grundsätzlich weiterhin voraus, daß der bzw. die Steuerpflichtige ein **genügend hohes Vermögen** hat. Es muß also eine objektive Steuerpflicht gegeben sein, d. h. das Gesamtvermögen des oder der Steuerpflichtigen muß die vorgesehenen Freibeträge oder Freigrenzen übersteigen.

Unbeschränkt steuerpflichtige Kapitalgesellschaften sind jedoch einer Mindestbesteuerung unterworfen. Bei Aktiengesellschaften, Kommanditgesellschaften auf Aktien, Kolonialgesellschaften und bergrechtlichen Gewerkschaften unterliegt ein Betrag von 50 000 DM, bei Gesellschaften mit beschränkter Haftung ein Betrag von 20 000 DM als Mindestvermögen der Vermögensteuer. Bei Gesellschaften mit beschränkter Haftung, die bereits am Stichtag der DM-Eröffnungsbilanz (21. 6. 48) bestanden haben, gilt als Mindestvermögen ein Betrag von 5000 DM (§ 6 VStG).

c) Der Begriff des Gesamtvermögens

Das Gesamtvermögen der unbeschränkt steuerpflichtigen natürlichen und juristischen Personen ist gemäß § 4 VStG nach den Vorschriften des Bewertungsgesetzes[33]) (§§ 114 bis 120) zu ermitteln. Danach ergibt sich das Gesamtvermögen aus dem sogenannten **Rohvermögen**, das noch um die **Schulden** des Steuerpflichtigen zu kürzen ist, soweit diese nicht bereits bei den einzelnen Vermögensarten berücksichtigt sind. Wirtschaftsgüter, die nach den Bestimmungen des Vermögensteuergesetzes oder einer anderen Rechtsvorschrift, z. B. eines Doppelbesteuerungsabkommens, von der Vermögensteuer befreit sind, bleiben außer Ansatz.

Das Rohvermögen setzt sich aus dem land- und forstwirtschaftlichen Vermögen, dem Grundvermögen, dem Betriebsvermögen und dem „sonstigen Vermögen" des Steuerpflichtigen zusammen. **Land- und forstwirtschaftliches Vermögen** sind die dem Betrieb eines Land- und Forstwirtes dienenden Wirtschaftsgüter (§ 33 BewG).

Der Begriff „Betriebsvermögen" im Sinne des Bewertungsgesetzes umfaßt nur zu einem Gewerbebetrieb oder zum Betrieb eines freiberuflich Tätigen gehörende Wirtschaftsgüter (§§ 95, 96 BewG). Als **Grundvermögen** werden nur solche Grundstücke erfaßt, die nicht zu einem land- und forstwirtschaftlichen, gewerblichen oder freiberuflichen Betriebsvermögen zählen (§ 68 BewG).

Zum sonstigen Vermögen gehören bestimmte in § 110 BewG 1965 wenn auch nicht vollständig, so doch im wesentlichen aufgeführte Wirtschaftsgüter, soweit sie nicht bereits im Rahmen eines land- und forstwirtschaftlichen Vermögens, Grundvermögens oder Betriebsvermögens erfaßt sind. Als sonstiges Vermögen kommen vor allem Kapitalforderungen, Spareinlagen, Bankguthaben, festverzinsliche Wertpapiere, Aktien und sonstige Anteilsrechte an Kapitalgesellschaften in Betracht.

Anteile an offenen Handelsgesellschaften, bei denen die Gesellschafter als Mitunternehmer anzusehen sind, gehören dagegen nicht zum sonstigen Vermögen. Sie gelten vielmehr als **Betriebsvermögen** des Gesellschafters.

Für bestimmte zum sonstigen Vermögen gehörende Wirtschaftsgüter, nämlich für die oben genannten Kapitalforderungen, Spareinlagen usw., werden **sachliche Freibeträge** von 1000 DM und/oder 10 000 DM gewährt, die sich im Falle der Zusammenveranlagung mehrerer Personen verdoppeln (§ 110 Abs. 2 BewG).

---

[33]) Bewertungsgesetz (BewG) vom 10. 12. 1965 (BGBl. I, 1862); Durchführungsverordnung zum BewG (BewDV) vom 2. 2. 35 (RGBl. I, 81), zuletzt geändert durch Gesetz vom 21. 12. 1967 (BGBl. I, 1254) und verschiedene Einzelverordnungen.

Das land- und forstwirtschaftliche Vermögen, Grundvermögen und Betriebsvermögen wird mit seinem **Einheitswert** angesetzt. Dieser ist nach den Bestimmungen des Bewertungsgesetzes zu ermitteln und gilt nicht nur für die Vermögensteuer, sondern — nach näherer Regelung durch die in Betracht kommenden Gesetze — auch für die Grundsteuer, Gewerbekapitalsteuer, Erbschaftsteuer und Grunderwerbsteuer. Der Einheitswert umfaßt grundsätzlich alle zu der betreffenden Vermögensart gehörenden Teile bzw. Bestandteile des Betriebes. Die zum sonstigen Vermögen gehörenden Wirtschaftsgüter sind dagegen mit dem **gemeinen Wert** anzusetzen, der regelmäßig dem Verkehrswert, bei Wertpapieren z. B. dem Kurswert, entspricht.

d) Ermittlung des Betriebsvermögens

(1) Umfang des Betriebsvermögens

Zum Betriebsvermögen gehören alle Teile einer sogenannten wirtschaftlichen Einheit, die dem Betrieb eines **Gewerbes** als Hauptzweck dient, soweit die Wirtschaftsgüter dem Betriebsinhaber gehören (§ 95 BewG). Dem Betrieb eines Gewerbes steht im Sinne des Bewertungsgesetzes die Ausübung eines **freien Berufes** gleich (§ 96 BewG). Die zum Vermögen einer im Inland domizilierenden Kapitalgesellschaft, offenen Handelsgesellschaft, Kommanditgesellschaft und ähnlichen Mitunternehmergemeinschaft gehörenden Wirtschaftsgüter gelten in jedem Fall in vollem Umfang als Betriebsvermögen (§ 97 BewG).

Ist eine inländische **Kapitalgesellschaft** an dem Grund- oder Stammkapital einer anderen inländischen Kapitalgesellschaft mindestens zu einem Viertel unmittelbar beteiligt **(Schachtelbeteiligung)**, so gehört die Beteiligung insoweit nicht zum gewerblichen Betrieb, als sie ununterbrochen seit mindestens 12 Monaten vor dem maßgebenden Abschlußzeitpunkt bestanden hat (§ 102 BewG). Entsprechendes gilt, wenn ein inländischer Versicherungsverein auf Gegenseitigkeit oder die öffentliche Hand an einer inländischen Kapitalgesellschaft beteiligt ist.

(2) Bewertung des Betriebsvermögens

Der Einheitswert der gewerblichen und freiberuflichen Betriebe wird im Wege der **Einzelbewertung** festgestellt. Anders als bei der sogenannten Gesamtbewertung, bei der der Wert des Betriebes grundsätzlich ohne Rücksicht auf den jeweiligen Bestand und den Wert der einzelnen zum Betrieb gehörenden Wirtschaftsgüter ermittelt wird, errechnet sich der Einheitswert eines gewerblichen Betriebes aus der Summe der Werte der einzelnen zum Betrieb gehörenden Wirtschaftsgüter, wobei eventuelle Schulden als sogenannte negative **Wirtschaftsgüter** abzuziehen sind (§ 109 Abs. 4 BewG). Die Gesamtbewertung kommt z. B. bei der Ermittlung des Einheitswertes der land- und forstwirtschaftlichen Betriebe zur Anwendung.

Die zu einem gewerblichen Betrieb gehörenden Wirtschaftsgüter sind in der Regel mit dem **Teilwert** anzusetzen (§ 109 Abs. 1 BewG).

Als Teilwert gilt der Betrag, den ein Erwerber des ganzen Unternehmens im Rahmen des gesamten Kaufpreises für das e i n z e l n e Wirtschaftsgut ansetzen würde, wobei davon auszugehen ist, daß der Erwerber das Unternehmen fortführt (§ 10 BewG). Der Teilwert des Bewertungsgesetzes entspricht dem des Einkommensteuergesetzes (§ 6 EStG).

Lediglich für **Betriebsgrundstücke, Mineralgewinnungsrechte** sowie **Wertpapiere, Anteile** und **Genußscheine** an Kapitalgesellschaften ist eine Sonderregelung vorgesehen. Grundstücke und Mineralgewinnungsrechte kommen mit dem für sie gesondert zu ermittelnden **Einheitswert,** Wertpapiere mit ihrem **Kurswert** bzw. **Nennwert** zum Ansatz (§ 109 Abs. 2 und 3 BewG).

(3) Bewertungsstichtag

Die Einheitswerte des Betriebsvermögens werden in der Regel für drei Kalenderjahre festgestellt **(Hauptfeststellung).** Für den Bestand und die Bewertung der zum Betriebsvermögen gehörenden Wirtschaftsgüter sind dabei die Verhältnisse grundsätzlich zu **Beginn dieses Hauptfeststellungszeitraumes** maßgebend (§ 21 BewG). Sofern während eines Hauptfeststellungszeitraumes wesentliche Veränderungen im Wert des Betriebsvermögens eintreten, wird jedoch auf den Beginn des nächsten Kalenderjahres ein neuer Einheitswert festgestellt (**Wertfortschreibung** im Sinne des § 22 BewG).

Eine Wertfortschreibung erfolgt, wenn der Wert eines gewerblichen Betriebes zu Beginn eines Kalenderjahres um mehr als $1/5$, mindestens aber um 5000 DM oder um mehr als 100 000 DM von dem Einheitswert des letzten Feststellungszeitpunktes abweicht. Sofern sich für einen gewerblichen Betrieb im Laufe eines Hauptfeststellungszeitraumes erstmals eine Steuerpflicht ergibt, erfolgt eine sogenannte **Nachfeststellung** (§ 23 BewG).

e) Schuldenabzug

Zur Ermittlung des Wertes des Gesamtvermögens sind vom Rohvermögen noch die Schulden des Steuerpflichtigen abzuziehen, soweit sie nicht schon unmittelbar bei den einzelnen Vermögensarten berücksichtigt sind. Diese Einschränkung ist erforderlich, weil die im Zusammenhang mit einem **gewerblichen** Betriebsvermögen oder mit dem Betriebsvermögen eines **freiberuflich** Tätigen stehenden Schulden bereits bei der Feststellung des Einheitswertes des Betriebsvermögens abgezogen werden. Demnach kommen für einen Abzug vom Rohvermögen nur Schulden in Betracht, die mit dem **land- und forstwirtschaftlichen** Vermögen, **Grundvermögen** oder **sonstigen Vermögen** des Steuerpflichtigen zusammenhängen oder bei denen es an jeglichem Zusammenhang mit einzelnen Vermögensgegenständen des Steuerpflichtigen fehlt.

4. Gewerbesteuer

a) Wesen und Geschichte der Gewerbesteuer

Die Gewerbesteuer[34]) **ist eine Sachsteuer (Objekt- oder Realsteuer).** Ihr ist jeder **Gewerbebetrieb** unterworfen, für den im Inland eine Betriebsstätte unterhalten wird. Dabei ist ohne Bedeutung, ob der Unternehmer eine natürliche oder juristische Person ist und ob er im Sinne der Einkommen- oder Körperschaftsteuer der unbeschränkten oder der beschränkten Steuerpflicht unterliegt. Wird ein Unternehmen in der Rechtsform einer Personengesellschaft geführt, ist **die Gesellschaft selbst gewerbesteuerpflichtig** (anders bei der Einkommensteuer, wo die Gesellschafter steuerpflichtig sind). **Der Unternehmer,** bei Personengesellschaften also die Gesellschafter, **ist lediglich Steuerschuldner.**

Die Gewerbesteuer will die finanzielle **Leistungsfähigkeit des Betriebes,** nicht des Betriebsinhabers erfassen. Als Besteuerungsgrundlage dient der Gewerbesteuer der Gewerbeertrag, das Gewerbekapital und unter Umständen auch die Lohnsumme. Die Erhebung einer Lohnsummensteuer ist in das Ermessen der jeweils hebeberechtigten Gemeinde gestellt.

Grundlage für die Ermittlung des **Gewerbeertrags** ist der von dem Unternehmer erzielte Gewinn. Dem Gewinn werden weitere Posten, u. a. Zinsen für sogenannte Dauerschulden (Kredite, deren Laufzeit etwa 1 Jahr oder mehr beträgt) hinzu gezählt. Der Kreditgeber wird also insoweit für Zwecke der Gewerbesteuer als eine Art Mitunternehmer behandelt.

Der Begriff **Gewerbekapital** umfaßt dementsprechend nicht nur die Eigenmittel des Betriebes, sondern auch die sogenannten Dauerschulden.

Das zur Zeit geltende Gewerbesteuerrecht beruht auf der Realsteuerreform von 1936. Diese brachte eine Vereinheitlichung des Gewerbesteuerrechts für das gesamte Reichsgebiet. Bis dahin war die Gewerbesteuer auf Grund landesrechtlicher Bestimmungen geregelt. Sie wies dementsprechend in den einzelnen Ländern wesentliche Unterschiede auf. In Preußen wurde die Gewerbesteuer allerdings bereits seit der Miquelschen Steuerreform von 1893 nach dem Gewerbeertrag, dem Gewerbekapital und (unter Umständen) nach der Lohnsumme erhoben.

b) Gegenstand der Besteuerung

Gegenstand der Besteuerung ist der Gewerbebetrieb. Als Gewerbebetrieb gilt jede selbständige, nachhaltige Betätigung, die mit Gewinnerzielungsabsicht unternommen wird und sich als Beteiligung am allgemeinen wirtschaftlichen Verkehr darstellt, sofern es sich dabei nicht um die Ausübung einer Land- und Forstwirtschaft oder eines freien Berufes oder einer anderen selbständigen Arbeit im Sinne des Einkommensteuergesetzes handelt (Gewerbebetrieb **kraft gewerblicher Tätigkeit** gemäß § 2 Abs. 1 GewStG). Die Tätigkeit der offenen

---

[34]) Gewerbesteuergesetz (GewStG) i. d. Fassung vom 25. 5. 1965 (BGBl. I, 459), zuletzt geändert durch Gesetz vom 10. 8. 1968 (BGBl. I, 53); Gewerbesteuer-Durchführungsverordnung (GewStDV) vom 30. 5. 1962 (BGBl. I, 372).

Handelsgesellschaften, Kommanditgesellschaften und anderer Mitunternehmergemeinschaften sowie die Tätigkeit der Kapitalgesellschaften, Erwerbs- und Wirtschaftsgenossenschaften und der Versicherungsvereine auf Gegenseitigkeit gilt stets und in vollem Umfang als gewerbliche Tätigkeit (Gewerbebetrieb **kraft Rechtsform** gemäß § 2 Abs. 2 GewStG)[34a]. Sonstige juristische Personen des privaten Rechts und nicht rechtsfähige Vereine unterliegen der Gewerbesteuer nur, **soweit** sie einen wirtschaftlichen Geschäftsbetrieb (ausgenommen Land- und **Forst**wirtschaft) unterhalten (Gewerbebetrieb **kraft wirtschaftlichen Geschäftsbetriebes** im Sinne des § 2 Abs. 3 GewStG). Als wirtschaftlicher Geschäftsbetrieb gilt eine selbständige, nachhaltige Tätigkeit, durch die Einnahmen und andere wirtschaftliche Vorteile erzielt werden und die über den Rahmen einer Vermögensverwaltung hinausgeht. Die Absicht, Gewinn zu erzielen, ist nicht erforderlich (§ 8 GewStDV).

c) Besteuerungsgrundlagen

(1) Gewerbeertrag

Gewerbeertrag ist der nach den Vorschriften des Einkommen- oder Körperschaftsteuergesetzes[35] zu ermittelnde **Gewinn** aus dem betreffenden Gewerbebetrieb, vermehrt um gewisse **Hinzurechnungs-**, vermindert um gewisse **Kürzungsbeträge** (§ 7 GewStG). Zu den Hinzurechnungsbeträgen gehören u. a. Zinsen für Dauerschulden, die Gewinnanteile eines stillen Gesellschafters und die Anteile am Verlust einer offenen Handelsgesellschaft, einer Kommanditgesellschaft oder einer anderen Mitunternehmergemeinschaft (§ 8 GewStG). Als Kürzungsbeträge kommen u. a. in Betracht 3 % des Einheitswertes der zum Betriebsvermögen des Unternehmens gehörenden Grundstücke sowie die Anteile am Gewinn einer offenen Handelsgesellschaft, Kommanditgesellschaft oder anderen Mitunternehmergemeinschaft (§ 9 GewStG).

Als **Dauerschulden** gelten solche Verbindlichkeiten, die wirtschaftlich mit der Gründung oder dem Erwerb oder mit einer Erweiterung oder Verbesserung des Betriebes zusammenhängen oder die der nicht nur vorübergehenden Verstärkung des Betriebskapitals dienen. Dabei ist jedes Kreditverhältnis für sich zu betrachten. Für die Frage, ob eine Dauerschuld vorliegt, ist nicht allein auf die Abmachungen der Parteien, sondern auf das tatsächliche Geschäftsverhältnis abzustellen.

(2) Gewerbekapital

Gewerbekapital ist der **Einheitswert** des gewerblichen Betriebes im Sinne des Bewertungsgesetzes[36], vermehrt um gewisse Hinzurechnungsbeträge, vermindert um gewisse Kürzungsbeträge (§ 12 Abs. 1 GewStG). Als Hinzurechnungsbeträge kommen im wesentlichen die bereits oben erwähnten Dauerschulden,

---

[34a] Ist eine Kapitalgesellschaft, Erwerbs- oder Wirtschaftsgenossenschaft usw. als Organgesellschaft eines anderen Unternehmens anzusehen, wird sie wie eine Betriebsstätte dieses Unternehmens behandelt (§ 2 Abs. 2 Nr. 2 Satz 2 GewStG).

[35] Also z. B. auch unter Berücksichtigung der **Schachtelvergünstigung** des § 9 KStG.

[36] Also z. B. unter Berücksichtigung der Schachtelvergünstigung des Bewertungsgesetzes, § 102 BewG.

als Kürzungsbeträge die Einheitswerte der zum Betriebsvermögen gehörenden Betriebsgrundstücke sowie der Wert der Beteiligungen an einer offenen Handelsgesellschaft, Kommanditgesellschaft oder ähnlichen Mitunternehmergemeinschaft in Betracht (§ 12 Abs. 2 und 3 GewStG). Wegen des Dauerschuldbegriffs kann auf die Ausführungen unter (1) verwiesen werden.

d) Gewerbesteuermeßbetrag

Berechnungsgrundlage für die Gewerbesteuer ist der **Steuermeßbetrag**, der durch Anwendung eines bestimmten Prozentsatzes auf den Gewerbeertrag bzw. auf das Gewerbekapital ermittelt wird. Die Steuermeßzahlen für den **Gewerbeertrag** betragen bei

1. natürlichen Personen und Personengesellschaften

für die ersten 7200 DM	0 %
von 7 201 DM bis 9 600 DM	1 %
von 9 601 DM bis 12 000 DM	2 %
von 12 001 DM bis 14 400 DM	3 %
von 14 401 DM bis 16 800 DM	4 %
ab 16 801 DM	5 %

2. anderen Unternehmen, vor allem Kapitalgesellschaften

einheitlich	5 %

des Gewerbeertrages (§ 11 GewStG).

Die Steuermeßzahl für das **Gewerbekapital** beträgt 2 v. T. des Gewerbekapitals. Für Gewerbebetriebe, deren Gewerbekapital weniger als 6000 Deutsche Mark beträgt, wird ein Steuermeßbetrag nicht festgesetzt (§ 13 GewStG).

Die Steuermeßbeträge aus dem Gewerbeertrag und Gewerbekapital werden zu einem **einheitlichen Gewerbesteuermeßbetrag** zusammengefaßt. Die hebeberechtigte Gemeinde setzt danach unter Anwendung ihres individuellen **Hebesatzes** die Gewerbesteuer für den jeweiligen Erhebungszeitraum fest.

e) Lohnsummensteuer

Bemessungsgrundlage für die Lohnsummensteuer ist die **Lohnsumme**, die innerhalb eines Kalenderjahres an die Arbeitnehmer der in der betreffenden hebeberechtigten Gemeinde belegenen Betriebsstätte gezahlt worden ist. Ebenso wie für die Gewerbeertrag- und Gewerbekapitalsteuer ist auch für die Berechnung der Lohnsummensteuer ein Steuermeßbetrag zu bilden, der 2 v. T. der Lohnsumme beträgt.

5. Umsatzsteuer

a) Wesen und Geschichte der Umsatzsteuer

Die Umsatzsteuer[37]) ist rechtlich gesehen eine **Verkehrsteuer**. Sie besteuert den Verkehr von Waren und sonstigen Leistungen, die im Rahmen eines Unternehmens im Inland gegen Entgelt ausgeführt werden.

Wirtschaftlich gesehen ist die Umsatzsteuer eine Verbrauchsteuer. Denn nach dem Willen des Gesetzgebers soll sie von dem Steuerschuldner, dem Unternehmer, auf den Abnehmer, d. h. auf den Endverbraucher überwälzt werden. Die Finanzwissenschaft zählt die Umsatzsteuer deshalb zu den **indirekten Steuern**. Steuerschuldner und Steuerträger sind regelmäßig zwei verschiedene Personen. Von den Verbrauchsteuern im engeren Sinne unterscheidet sich die Umsatzsteuer dadurch, daß sie nicht nur bestimmte Güter, wie z. B. Tabak, Salz, Zucker usw., sondern **sämtliche Güter** belastet.

Die Umsatzsteuer nimmt keine Rücksicht auf die Leistungsfähigkeit des Steuerschuldners und des Steuerträgers. Sie kommt also ohne Rücksicht darauf zur Erhebung, ob der Unternehmer aus dem betreffenden Umsatzgeschäft einen Gewinn erzielt hat oder nicht. Auf die Leistungsfähigkeit des Abnehmers, d. h. Endverbrauchers der Ware bezogen wirkt die Umsatzsteuer sogar regressiv. Je höher das Einkommen des Verbrauchers ist, um so geringer ist die prozentuale Belastung seines Einkommens mit Umsatzsteuer. Denn die Bezieher höherer Einkünfte werden im allgemeinen nur einen geringeren Anteil ihres Einkommens verbrauchen als die Bezieher geringerer Einkünfte. Soweit das Einkommen nicht verbraucht, sondern zurückgelegt, also gespart wird, unterliegt es nicht der Umsatzsteuer.

Die Umsatzsteuer zählt zu den jüngsten Steuern. Das erste Umsatzsteuergesetz stammt aus dem Jahre 1918. Es basierte auf dem Gesetz über einen Warenumsatzstempel vom 26. 6. 1916, ging darüber aber insofern hinaus, als es nicht nur Warenlieferungen, sondern ganz allgemein alle Leistungen der Besteuerung unterwarf. Das bisher in der Bundesrepublik geltende System der Bruttoumsatzsteuer ist mit Wirkung vom 1. 1. 1968 durch das System der Nettoumsatzsteuer abgelöst worden.

b) Gegenüberstellung der Brutto- mit der Nettoumsatzsteuer

Sowohl die bisherige Brutto- als auch die ab 1. 1. 1968 zur Erhebung kommende Nettoumsatzsteuer ist eine **Allphasensteuer**. Beide Steuern wurden bzw. werden auf jeder Wirtschaftsstufe, d. h. über alle Phasen des Wirtschaftsablaufes von

---

[37]) Umsatzsteuergesetz (UStG) vom 29. 5. 1967 (BGBl. I, 545) i. d. Fassung des Änderungsgesetzes vom 18. 10. 1967 (BGBl. I, 991); Verordnung zur Durchführung des Umsatzsteuergesetzes (UStDV) vom 26. 7. 1967 (BGBl. I, 801); Zweite Verordnung zur Durchführung des Umsatzsteuergesetzes (2. UStDV) vom 11. 10. 1967 (BGBl. I, 980), Einfuhrumsatzsteuer-Befreiungsordnung (EUSt Befr. O) vom 17. 11. 1967 (BGBl. I, 1149); Dritte Verordnung zur Durchführung des Umsatzsteuergesetzes (3. UStDV) vom 28. 12. 1967 (BGBl. I, 1377); Vierte Verordnung zur Durchführung des Umsatzsteuergesetzes (4. UStDV) vom 3. 1. 1968 (BGBl. I, 45).

der Urproduktion bis zum Endverbrauch erhoben, die **Bruttoumsatzsteuer** allerdings immer wieder vom **vollen Bruttoentgelt**, die **Nettoumsatzsteuer** im Endeffekt nur von dem auf jeder Wirtschaftsstufe geschaffenen **Mehrwert**.

Das System der Bruttoumsatzsteuer hat die Wirkung, daß der Warenwert einer Wirtschaftsstufe zum Preisbestandteil der nächsten Wirtschaftsstufe wird und somit in die umsatzsteuerliche Bemessungsgrundlage dieser nachfolgenden Wirtschaftsstufe eingeht. Auf diese Weise wird der Warenwert der ersten Wirtschaftsstufe auf der nächsten Wirtschaftsstufe noch einmal besteuert. Durchläuft die Ware eine dritte Wirtschaftsstufe, so wiederholt sich dies ein weiteres Mal. Da die Umsatzsteuer bei Anwendung des Bruttoumsatzsteuersystems regelmäßig nicht gesondert in Rechnung gestellt werden darf, sondern in den Warenpreis einkalkuliert werden muß, kommt sogar von Stufe zu Stufe wiederholt eine „Steuer auf die Steuer" zur Erhebung.

Das Bruttoumsatzsteuersystem hat deshalb zur Folge, daß die Gesamtbelastung einer Ware mit Umsatzsteuer um so höher ist, je mehr Stufen sie auf ihrem Wege vom Produzenten bis zum Endverbraucher durchläuft (sogenannte **Kumulativwirkung**). Selbst gleichartige und preisgleiche Waren können bei einem unterschiedlich langen Warenweg verschieden hoch mit Umsatzsteuer belastet sein. Hieraus ergibt sich ein **Anreiz zur Einsparung von Umsatzstufen** durch Unternehmenskonzentration (Förderung der sogenannten vertikalen Unternehmenskonzentration).

Das System der Nettoumsatzsteuer versucht, diese nachteilige wettbewerbsverzerrende Kumulativwirkung dadurch zu beseitigen, daß es die auf einer früheren Wirtschaftsstufe bereits versteuerten Entgeltsteile durch das System des Vorsteuerabzugs auf der nächsten Wirtschaftsstufe nicht erneut der Besteuerung unterwirft. Im wirtschaftlichen Ergebnis soll also bei jedem Unternehmer nur der Nettoumsatz besteuert werden, d. h. der Unterschied zwischen seinem Bruttoumsatz und den an ihn durch andere Unternehmer bewirkten und bereits mit Umsatzsteuer belasteten Vorleistungen. Diesen Differenzbetrag kann man auch — wirtschaftlich betrachtet — als den vom Unternehmer auf seiner Umsatzstufe der Ware hinzugefügten „Mehrwert" bezeichnen. Hierauf ist zurückzuführen, daß die Nettoumsatzsteuer auch **Mehrwertsteuer** genannt wird. Das Nettoumsatzsteuersystem ermöglicht es, daß alle Waren und Leistungen bei gleichem Steuersatz ohne Rücksicht auf die Anzahl der Umsatzphasen umsatzsteuerlich gleich hoch belastet sind. Wettbewerbsverzerrungen durch unterschiedliche umsatzsteuerliche Belastungen konkurrierender Waren können also nicht eintreten. Durch Einsparung von Umsatzstufen kann die umsatzsteuerliche Belastung der Waren und Leistungen nicht vermindert werden. Ein steuerlicher Anreiz zur Unternehmenskonzentration geht von diesem System daher nicht aus. Damit verwirklicht die neue Mehrwertsteuer den Grundsatz der **Wettbewerbsneutralität**.

Im internationalen Warenverkehr sind beim Grenzübergang gewisse **steuerliche Ausgleichsmaßnahmen** üblich, die dazu dienen sollen, den in- und ausländischen Waren gleiche Startmöglichkeiten zu verschaffen. Aus dem Ausland **importierte** Waren werden beim Grenzübergang in der Höhe mit Umsatzsteuer belegt, in der gleichartige mit ihnen konkurrierende inländische Waren mit Umsatzsteuer belastet sind. Andererseits werden Waren, die in das Ausland **exportiert** werden, beim Export von den Umsatzsteuern entlastet, die auf ihnen ruhen. Die Ausfuhrlieferungen selbst sind umsatzsteuerfrei.

Ein wesentlicher Mangel des bisherigen **Bruttoumsatzsteuersystems** war, daß dieser Grenzausgleich nicht exakt durchgeführt werden konnte, da die tatsächliche Umsatzsteuerbelastung einer Ware nicht genau zu ermitteln war. Dementsprechend mußte der beim **Export** einer Ware gewährte **Umsatzsteuerentlastungsbetrag** (Ausfuhr- und Ausfuhrhändlervergütung) sowie die beim Import einer Ware zu erhebende **Umsatzausgleichsteuer** im Wege der **Schätzung** ermittelt werden. Unter der Geltung des **Nettoumsatzsteuersystems** fallen diese Schwierigkeiten weg. Da die Umsatzsteuer auf jeder Stufe des Warenverkehrs durch den offenen Ausweis der Umsatzsteuer in den Rechnungen festzustellen ist, und die Umsatzsteuerbelastung einer Ware auf jeder Wirtschaftsstufe in einem bestimmten Verhältnis zum jeweiligen Warenwert steht, kann ein exakter Steuerausgleich beim grenzüberschreitenden Warenverkehr erfolgen.

c) Gegenstand der Besteuerung

Das Umsatzsteuergesetz 1967 erfaßt im wesentlichen dieselben Tatbestände wie das Umsatzsteuergesetz 1934, in erster Linie **entgeltliche Lieferungen und sonstige Leistungen,** die ein Unternehmer im Inland im Rahmen seines Unternehmens ausführt, den **Eigenverbrauch und die Einfuhr** von Gegenständen in das Zollgebiet (§ 1 UStG). Die Besteuerung des Eigenverbrauchs ist allerdings über den Eigenverbrauchstatbestand des bisherigen Umsatzsteuerrechts hinaus ausgedehnt worden. Der Eigenverbrauchstatbestand des neuen Umsatzsteuerrechts umfaßt u. a. neben der Entnahme auch die Verwendung von dem Unternehmen dienenden Gegenständen für unternehmensfremde Zwecke.

Für eine Übergangszeit bis einschließlich 1972 ist außerdem der **Selbstverbrauch** der Umsatzsteuer unterworfen. Selbstverbrauch liegt vor, wenn ein Unternehmer aktivierungspflichtige abnutzbare körperliche Wirtschaftsgüter anschafft oder herstellt und im Inland „der Verwendung oder Nutzung als Anlagevermögen" zuführt (§ 30 UStG).

d) Unternehmer, Unternehmen

Unternehmer ist, wer eine gewerbliche oder berufliche Tätigkeit selbständig ausübt. Das **Unternehmen** umfaßt die **gesamte gewerbliche oder berufliche Tätigkeit des Unternehmers** (§ 2 UStG). Mehrere Betriebe ein und desselben Unternehmers bilden demnach ein einheitliches Unternehmen **(Unternehmereinheit).** Soweit natürliche Personen einzeln oder zusammengeschlossen einem Unternehmen derart eingegliedert sind, daß sie den Weisungen des Unternehmers folgen müssen, wird ihr Betrieb als unselbständige Betriebsabteilung des übergeordneten Unternehmens behandelt **(Eingliederung).** Entsprechendes gilt, wenn eine juristische Person nach dem Gesamtbild der tatsächlichen Verhältnisse in ein anderes Unternehmen (Obergesellschaft) eingegliedert ist **(Organschaft).**

Sowohl bei der Unternehmereinheit als auch bei der Eingliederung und der Organschaft unterliegen Lieferungen und sonstige Leistungen zwischen den einzelnen Betrieben als **Innenumsätze** keiner Besteuerung. Die sich hieraus unter der Geltung des bisherigen Bruttoumsatzsteuersystems ergebenden Wettbewerbsvorteile entfallen jedoch in Zukunft fast ganz. Da die Mehrwertsteuer ohnehin nur den auf den einzelnen Wirtschaftsstufen geschaffenen Mehrwert erfaßt, ist die Zusammenfassung mehrerer Wirtschaftsstufen zu einem einheitlichen Unternehmen mit keiner Steuerersparnis mehr verbunden. Es kann sich lediglich ein gewisser **Liquiditätsvorteil** ergeben, weil die in den einzelnen Betrieben geschaffenen Mehrwerte in diesen Fällen erst dann der Besteuerung unterliegen, wenn die Ware die **letzte** Wirtschaftsstufe des (Gesamt-)Unternehmens verläßt.

e) Bemessungsgrundlage

Bemessungsgrundlage für die Umsatzsteuer ist bei der Besteuerung von **Lieferungen und sonstigen Leistungen** wie bisher das **Entgelt**. Das Ziel der Nettoumsatzsteuer, nur die Wertschöpfung des jeweiligen Unternehmers zu erfassen, wird durch den **Vorsteuerabzug** (siehe unten unter h) verwirklicht. Das Entgelt umfaßt alles, was der Empfänger einer Lieferung oder sonstigen Leistung vereinbarungsgemäß aufzuwenden hat, um diese zu erhalten. Die auf die Lieferung oder Leistung entfallende **Umsatzsteuer** selbst wird jedoch **nicht** mehr in das Entgelt eingerechnet. Anders als bisher ist also keine „Steuer auf die Steuer" mehr zu entrichten (§ 10 UStG).

Das neue Umsatzsteuergesetz weicht auch insoweit von dem bisherigen Recht ab, als die Besteuerung im Regelfall nicht mehr nach **vereinnahmten** Entgelten (**Ist**-Versteuerung), also erst im Zeitpunkt des Geldeingangs, sondern nach **vereinbarten** Entgelten (**Soll**-Versteuerung) erfolgt. Auch bei der Soll-Versteuerung entsteht die Steuerschuld allerdings nicht im Zeitpunkt der **Vereinbarung** des Entgelts, sondern mit Ablauf des Voranmeldungszeitraums, in dem die **Leistung ausgeführt** worden ist (§ 13 Abs. 1 Nr. 1 a UStG). Spätere Änderungen der Bemessungsgrundlage sind von dem die Lieferung oder sonstige Leistung ausführenden Unternehmer durch Berichtigung des Steuerbetrages, von dem die Lieferung oder sonstige Leistung empfangenden Unternehmer durch Berichtigung des Vorsteuerabzuges zu berücksichtigen (§ 17 UStG).

Kleinen und mittleren Unternehmen, deren Gesamtumsatz bis zu 25 000 DM beträgt, und Unternehmern, die von der Verpflichtung zur Buchführung und zum Bestandsvergleich nach § 161 Abs. 2 AO befreit sind, kann statt der Soll-Versteuerung die Ist-Versteuerung gestattet werden (§ 20 UStG). Obgleich die Steuer in diesem Falle erst bei Zahlungseingang zu entrichten ist, können diese Unternehmer die ihnen in Rechnung gestellten Vorsteuern sofort, d. h. ohne Rücksicht auf die Bezahlung, also nach dem Soll-Prinzip, geltend machen.

Bemessungsgrundlage für den **Eigenverbrauch** ist der Teilwert, also der Wert, mit dem im Rahmen der Gewinnermittlung für Zwecke der Einkommensteuer die Entnahme des Wirtschaftsgutes zu bewerten ist. Für die **Einfuhr** ist regelmäßig der nach den jeweiligen zollrechtlichen Vorschriften zu ermittelnde Wert maßgebend (§ 11 UStG).

f) Rechnungserteilung

Bei Ausführung einer steuerpflichtigen Lieferung oder sonstigen Leistung ist der Unternehmer berechtigt, die **Mehrwertsteuer** in seinen Rechnungen **gesondert** auszuweisen. Führt er Umsätze an einen anderen **Unternehmer** aus, wird aus dieser Berechtigung, falls der Abnehmer ausdrücklich den gesonderten Steuerausweis verlangt, eine Verpflichtung (§ 14 Abs. 1 UStG). Für den Abnehmer ist der offene Steuerausweis in seinen Eingangsrechnungen deshalb von Bedeutung, weil er grundsätzlich nur gesondert in Rechnung gestellte Steuerbeträge als Vorsteuern geltend machen kann.

g) Steuersätze

Für die **Lieferungen und sonstigen Leistungen,** den **Eigenverbrauch** und die **Einfuhr** beträgt der Satz der Mehrwertsteuer normalerweise 11 % (§ 12 Abs. 1 UStG). Bestimmte Umsätze unterliegen einem ermäßigten Steuersatz von 5,5 %. Der ermäßigte Tarif ist vor allem für die Lieferung von landwirtschaftlichen Erzeugnissen und Lebensmitteln vorgesehen (§ 12 Abs. 2 UStG). Daneben kommt ausnahmsweise für die Forstwirtschaft ein Sondertarif von 3 % zur Anwendung (§ 24 Abs. 1 Nr. 1 UStG).

Da die Mehrwertsteuer im Gegensatz zu der bisherigen Umsatzsteuer nicht mehr zur Bemessungsgrundlage gehört, also vom reinen Waren- oder Leistungswert berechnet wird, sind die Mehrwertsteuersätze nur bedingt mit den bisherigen Umsatzsteuersätzen vergleichbar. Beim Steuersatzvergleich müssen sie zunächst auf die Bemessungsgrundlage **zuzüglich** der Mehrwertsteuer umgerechnet werden. Auf die Bemessungsgrundlage zuzüglich Mehrwertsteuer bezogen entspricht der Regelsatz der Mehrwertsteuer einer Belastung von 9,91 %, der ermäßigte Steuersatz einer Belastung von 5,21 %.

Für den **Selbstverbrauch** beträgt die Steuer

im Jahre 1968	8 %
im Jahre 1969	7 %
im Jahre 1970	6 %
im Jahre 1971	4 %
im Jahre 1972	2 %

der Bemessungsgrundlage. Für bestimmte Gegenstände ermäßigt sich die Steuer auf die Hälfte.

h) Vorsteuerabzug

Nach § 15 UStG kann der Unternehmer von seiner aus den Bruttoentgelten (ohne Steuer) ermittelten Steuerschuld eines Voranmeldungszeitraums jene Umsatzsteuerbeträge (Vorsteuern) absetzen, die ihm im gleichen Zeitraum von seinen Vorlieferanten gesondert, d. h. **offen** in Rechnung gestellt worden sind. Das gilt nicht nur für die auf dem **Wareneinkauf** und **Materialverbrauch** ruhenden, sondern auch für solche Vorsteuern, die dem Unternehmer beim Erwerb von **Investitionsgütern** oder bei der Inanspruchnahme von sonstigen Leistungen, wie z. B. bei der Vergabe von **Lohnaufträgen** an andere Unternehmer oder von **Beratungsaufträgen** an Rechtsanwälte, Steuerberater usw. berechnet wurden. Auch die von dem Unternehmer selbst (oder für seine Rechnung von einem Spediteur, Frachtführer usw.) bei der Einfuhr entrichtete **Einfuhrumsatzsteuer** gehört zu den abzugsfähigen Vorsteuern. Die Steuer für den **Selbstverbrauch** ist dagegen nicht als Vorsteuer abzugsfähig (§ 30 Abs. 5 UStG).

Die um die Vorsteuern gekürzte Steuerschuld ergibt die Zahllast des Unternehmers. Der Unternehmer hat nur diese Zahllast an das Finanzamt abzuführen.

Der Unternehmer braucht demnach die in seinen Umsätzen enthaltene eigene **Wertschöpfung**, also den Mehrwert, und die darauf entfallende Umsatzsteuer regelmäßig **nicht für jede einzelne Lieferung oder Leistung gesondert zu ermitteln.** Er kann die Umsatzsteuer vielmehr aus seinen **Verkaufspreisen** ableiten und in seinen Rechnungen in **einer** Summe ausweisen. Die auf die eigene Wertschöpfung entfallende Umsatzsteuer (Zahllast) wird **einheitlich für alle Umsätze jedes Voranmeldungszeitraums**, d. h. regelmäßig monatlich ermittelt, indem die aus den Verkaufspreisen abgeleitete Umsatzsteuer um die im gleichen Voranmeldungszeitraum in Rechnung gestellten Vorsteuern gekürzt wird.

Auf das **einzelne** Lieferungs- oder Leistungsgeschäft bezogen wirkt sich der Vorsteuerabzug dahin aus, daß der Unternehmer die auf den Vorstufen zur Erhebung gelangte Mehrwertsteuer ganz oder teilweise zurückerhält, wenn und soweit eine Ware unverkäuflich wird oder verdirbt oder wenn er gezwungen ist, sie zu einem unter seinen Gestehungskosten liegenden Preis zu veräußern. Für den Fiskus realisiert sich der Steueranspruch folglich anders als bei der Bruttoumsatzsteuer grundsätzlich nur dann, wenn und soweit eine Ware an den Endverbraucher gelangt. Dabei richtet sich die Höhe des endgültigen Steueranspruchs ausschließlich nach dem Preis, den der Endverbraucher für die Ware zu entrichten hat. Die Mehrwertsteuer ist damit im Grunde genommen nichts anderes als eine besondere Art von **Verbrauchsteuer**.

Als weitere Konsequenz des Vorsteuerabzuges ergibt sich, daß die Mehrwertsteuer regelmäßig nicht in die Kosten des Unternehmens eingeht. Sowohl die auf seine eigene Wertschöpfung entfallende Mehrwertsteuer als auch die Vorsteuern sind für den Unternehmer grundsätzlich nur **durchlaufende Posten**.

Sofern der Unternehmer Gegenstände erwirbt oder einführt oder umsatzsteuerpflichtige Leistungen dritter Unternehmer in Anspruch nimmt, um damit seinerseits **s t e u e r f r e i e** Umsätze auszuführen, ist er allerdings **vom Vorsteuerabzug ausgeschlossen** (§ 15 Abs. 2 UStG). Eine Ausnahme gilt nur dann, wenn die von Dritten in Anspruch genommenen Lieferungen oder sonstigen

Leistungen zur Ausführung eines gemäß § 4 Nr. 1 bis 5 UStG steuerbefreiten **Exportumsatzes** verwendet werden. Führt der Unternehmer neben den steuerfreien auch steuerpflichtige Umsätze aus, sind die Vorsteuern regelmäßig im Schätzungswege in nicht abzugsfähige und abzugsfähige Vorsteuerbeträge **aufzuteilen**.

i) Steuerbefreiungen

Der Katalog der Befreiungsvorschriften ist durch das Umsatzsteuergesetz 1967 nicht unwesentlich eingeschränkt worden. Er umfaßt jedoch immerhin noch 26 verschiedene Gruppen von Befreiungstatbeständen. Von der Umsatzsteuer befreit sind u. a. die sogenannten Exportumsätze, die Kreditgewährungen, die Umsätze von Geldforderungen, Wertpapieren usw., Umsätze, die unter die Grunderwerbsteuer oder die Gesellschaftsteuer fallen sowie Umsätze aus der Verpachtung und Vermietung von Grundstücken und grundstücksgleichen Rechten (§§ 4 und 5 UStG).

Da der Unternehmer nur die ihm von seinen Vorunternehmern **offen** in Rechnung gestellten Mehrwertsteuern auf seine Steuerschuld anrechnen kann (vgl. vorstehend unter h), werden Steuerbefreiungen und -ermäßigungen auf vorgelagerten Wirtschaftsstufen in der Folgestufe wieder aufgehoben, wenn nicht auch die weiteren Umsätze in der Unternehmerkette steuerbefreit bzw. steuerbegünstigt sind. Dieser Effekt wird als **Nachholwirkung** des Mehrwertsteuersystems bezeichnet. Er hat zur Folge, daß ein Unternehmer, der eine Ware auf Grund eines steuerbefreiten oder steuerermäßigten Umsatzes erwirbt, wegen des fehlenden oder des geringeren Vorsteuerabzugs die auf den Vorstufen nicht oder weniger entrichtete Mehrwertsteuer nachentrichten muß, wenn sein Umsatz nicht ebenfalls von der Mehrwertsteuer befreit ist bzw. dem ermäßigten Steuersatz unterliegt. Die geringere Vorsteuer führt in einem solchen Fall zu einer höheren Zahllast, während umgekehrt eine hohe Vorsteuer eine geringere Zahllast auslöst. Praktisch handelt es sich in diesen Fällen gar nicht um echte, sondern um unechte Steuerbefreiungen oder Steuerermäßigungen.

Darüber hinaus darf ein von der Umsatzsteuer befreiter Unternehmer die ihm von seinen Lieferanten usw. in Rechnung gestellte MWSt, die er nicht als Vorsteuer abziehen kann, seinen Abnehmern nicht gesondert in Rechnung stellen (§ 14 Abs. 1 UStG).

Er ist vielmehr gezwungen, sie als Kostenfaktor verdeckt in seine Preise einzukalkulieren. Folglich können auch die **Abnehmer** des steuerbefreiten Unternehmers dessen Vorsteuern nicht gegenüber dem Fiskus geltend machen. Auf diese Weise werden die Wertschöpfungen, die auf den der steuerbefreiten Wirtschaftsstufe vorangegangenen Stufen bereits versteuert worden sind, wegen der oben bereits erläuterten Nachholwirkung des Mehrwertsteuersystems auf der daran anschließenden Wirtschaftsstufe einer nochmaligen Besteuerung zugeführt. Die Mehrwertsteuer hat in diesen Fällen also dieselbe **Kumulativwirkung** wie die Bruttoumsatzsteuer. Im Rahmen des Mehrwertsteuersystems wirkt sich eine **Steuerbefreiung** demnach **unter Umständen** im Ergebnis nicht steuermindernd, sondern sogar **steuererhöhend** aus. Entsprechend den vorstehenden Ausführungen lassen sich drei Gruppen von Steuerbefreiungen unterscheiden:

(1) Echte Steuerbefreiungen mit Vorsteuerabzug.

Hierunter fallen die sogenannten **Exportumsätze** im Sinne des § 4 Nr. 1 bis 5 UStG, bei denen die Steuerbefreiung zu einer vollständigen Entlastung der Ware von der Umsatzsteuer führt. Der Exportumsatz ist steuerfrei, die auf den vorangegangenen Wirtschaftsstufen zur Erhebung gelangten Umsatzsteuern werden dem Exporteur auf dem Wege über den Vorsteuerabzug wieder erstattet.

(2) Echte Steuerbefreiungen ohne Vorsteuerabzug.

Hierunter fallen die von der Umsatzsteuer befreiten **Umsätze an den Endabnehmer,** wie z. B. die Umsätze aus der Vermietung und Verpachtung von Wohnungen. Der Umsatz an den Endabnehmer selbst ist von der Umsatzsteuer befreit. Da der steuerbefreite Unternehmer nicht zum Vorsteuerabzug berechtigt ist, ist die Leistung trotzdem mit Umsatzsteuer belastet.

(3) Unechte Steuerbefreiungen.

Hierunter fallen Steuerbefreiungen, die für **Umsätze auf einer Zwischenstufe** des Waren- oder Leistungsverkehrs gewährt werden und wegen der Steuerpflicht der nachfolgenden Umsätze infolge der Nachholwirkung des Mehrwertsteuersystems im Ergebnis wieder rückgängig gemacht werden.

(k) Weiteranwendung des bisherigen Bruttoumsatzsteuersystems

Für Unternehmer, deren Gesamtumsatz zuzüglich der darauf entfallenden Steuer im vorangegangenen Kalenderjahr 60 000 DM nicht überstiegen hat, bleibt grundsätzlich das Bruttoumsatzsteuersystem weiter gültig. Es besteht jedoch ein **Optionsrecht** für das Mehrwertsteuersystem; die Option für das neue System bindet den Unternehmer allerdings auf fünf Jahre (§ 19 Abs. 4 UStG)[38].

Wird das Bruttoumsatzsteuersystem beibehalten, so ist Bemessungsgrundlage für die Umsatzsteuer der Warenwert z u z ü g l i c h der Umsatzsteuer. Der Steuersatz beträgt 4 %. Die Versteuerung erfolgt nach vereinnahmten Entgelten **(Ist-Versteuerung).**

l) Steuerschuld und Steuerschuldner

Die Steuerschuld für **Lieferungen und sonstige Leistungen** entsteht regelmäßig mit Ablauf des Voranmeldungszeitraumes, in dem die Leistungen ausgeführt worden sind, für den **Eigenverbrauch** mit Ablauf des Voranmeldungszeitraumes, in dem der Unternehmer die Gegenstände für seine Privatzwecke aufnimmt oder verwendet. Steuerschuldner ist der Unternehmer (§ 13 UStG).

---

[38]) Für Optionserklärungen mit erstmaliger Wirkung ab 1968 oder 1969 wurde die Bindungsfrist auf ein Jahr reduziert (§ 7 3. UStDV).

6. Kapitalverkehrsteuern

a) Wesen und Geschichte der Kapitalverkehrsteuern

Der Begriff **Kapitalverkehrsteuern**[39]) umfaßt die Gesellschaftsteuer, Wertpapiersteuer und Börsenumsatzsteuer. Alle drei Steuerarten sind bzw. waren — die Wertpapiersteuer ist inzwischen durch das Gesetz vom 25. 3. 1965 (a. a. O.) mit Wirkung vom 1. 1. 1965 abgeschafft worden — in einem einheitlichen Gesetz, dem **Kapitalverkehrsteuergesetz**, geregelt. Während das Umsatzsteuergesetz in erster Linie den Warenverkehr besteuert, erfaßt das Kapitalverkehrsteuergesetz bestimmte **Vorgänge des Rechtsverkehrs**.

Die Gesellschaftsteuer besteuert die gesellschaftliche Bindung von **Eigenkapital** und eigenkapitalähnlichen Fremdmitteln in einer inländischen Kapitalgesellschaft, sei es im Rahmen einer förmlichen Kapitalausstattung anläßlich der Gründung oder einer späteren Kapitalerhöhung, sei es auf Grund sonstiger Leistungen der Gesellschafter an die Gesellschaft.

Die Wertpapiersteuer erfaßte die Finanzierung durch **Fremdkapital** in Form von durch Schuldverschreibungen verbriefte Anleihen sowie den Erwerb ausländischer Gesellschaftsrechte und Schuldverschreibungen, soweit diese im Inland in Umlauf gesetzt wurden. Beide Steuern beruhen auf dem Gedanken, daß durch die Zusammenballung von Eigen- und Fremdkapital in einer Kapitalgesellschaft eine starke wirtschaftliche Macht geschaffen wird, die eine besondere Besteuerung verträgt.

Der Börsenumsatzsteuer sind die — auf den Ersterwerb folgenden — **weiteren Umsätze** von Dividendenwerten (Aktien, Kuxen, GmbH-Anteilen, Genußscheinen usw.) und Schuldverschreibungen (Kommunalobligationen, Industrieobligationen, Pfandbriefen usw.) unterworfen, ohne Rücksicht darauf, ob es sich dabei um in- oder ausländische Wertpapiere handelt.

Die heute geltende Regelung der Kapitalverkehrsteuern geht in ihren Grundzügen auf das Kapitalverkehrsteuergesetz von 1922 zurück. Aber auch schon vor dessen Inkrafttreten sind in Deutschland Vorgänge des Rechtsverkehrs versteuert worden, und zwar durch das Reichsstempelgesetz aus dem Jahre 1913. Die zur Zeit gültige Fassung des Kapitalverkehrsteuergesetzes beruht auf dem Gesetz vom 24. 7. 1959 (a. a. O.).

b) Gesellschaftsteuer

(1) Gegenstand der Besteuerung

Obgleich die Gesellschaftsteuer den sich in der Gesellschaft vollziehenden Vorgang der Kapitalzusammenballung besteuern will, ist die Gesellschaftsteuerpflicht in ihrem **Haupttatbestand** an einen äußeren Vorgang, nämlich den **Ersterwerb der Gesellschaftsrechte** an der Kapitalgesellschaft geknüpft. Der Gesell-

---

[39]) Kapitalverkehrsteuergesetz (KVStG) i. d. Fassung vom 24. 7. 1959 (BGBl. I, 530), zuletzt geändert durch Gesetz vom 25. 3. 1965 (BGBl. I, 147); Kapitalverkehrsteuer-Durchführungsverordnung (KVStDV) in der Fassung vom 20. 4. 1960 (BGBl. I, 244).

schaftsteuer unterliegt gemäß § 2 Nr. 1 KVStG in erster Linie der Erwerb von Gesellschaftsrechten an einer inländischen Kapitalgesellschaft durch den ersten Erwerber, d. h. die Übernahme von Anteilen an einer Kapitalgesellschaft anläßlich der Gründung oder einer Kapitalerhöhung.

Neben dem Ersterwerb von Anteilen an einer Kapitalgesellschaft erfaßt die Gesellschaftsteuer als **Nebentatbestände** im wesentlichen noch **Leistungen,** die von den Gesellschaftern einer inländischen Kapitalgesellschaft auf Grund einer im Gesellschaftsvertrag begründeten Verpflichtung bewirkt werden, also z. B. weitere Einzahlungen, Nachschüsse, Zubußen (§ 2 Nr. 2 KVStG) sowie **freiwillige Leistungen** eines Gesellschafters an eine inländische Kapitalgesellschaft, wenn das Entgelt, wie das z. B. bei Zuzahlungen anläßlich der Umwandlung von Aktien in Vorzugsaktien der Fall ist, in der Gewährung erhöhter Gesellschaftsrechte besteht (§ 2 Nr. 3 KVStG) oder wenn die freiwilligen Leistungen geeignet sind, den Wert der Gesellschaftsrechte zu erhöhen (§ 2 Nr. 4 KVStG). In dem zuletzt genannten Fall unterliegen allerdings nur ganz bestimmte, im Gesetz im einzelnen aufgezählte Leistungen, wie z. B. Zuschüsse, Forderungsverzichte usw. der Gesellschaftsteuer.

Um Steuerumgehungen zu verhindern, erfaßt die Gesellschaftsteuer als sogenannte **Ersatztatbestände** darüber hinaus noch die Gewährung von Darlehen an eine inländische Kapitalgesellschaft durch einen Gesellschafter, wenn die Darlehensgewährung eine durch die Sachlage gebotene Kapitalzuführung, d. h. eine Kapitalerhöhung, weitere Einzahlungen, eventuelle Zubußen usw. ersetzt (§ 3 Abs. 1 KVStG), Darlehen Dritter, wenn ein Gesellschafter dafür Sicherheit leistet (§ 3 Abs. 2 KVStG) sowie den Erwerb gestundeter Forderungen und die Stundung von Forderungen gegen die Gesellschaft durch einen Gesellschafter (§ 3 Abs. 3 KVStG). Die Steuerpflicht wird nicht dadurch ausgeschlossen, daß nicht der Gesellschafter selbst, sondern eine Personenvereinigung, an der der Gesellschafter beteiligt ist, die Leistung erbringt oder das Darlehen gewährt (§ 4 KVStG).

(2) Ausnahmen von der Besteuerung

Das Gesetz sieht eine Reihe von Ausnahmen von der Gesellschaftsteuerpflicht vor. So sind z. B. Darlehensgewährungen an eine Kapitalgesellschaft steuerfrei, wenn die Darlehen in Schuldverschreibungen verbrieft sind und der darlehensgewährende oder sicherheitsleistende Gesellschafter nicht mehr als 10 % der Anteile der Gesellschaft hält, wenn die Hingabe der Darlehen oder ihre Sicherheitsstellung in öffentlichen Kredit- oder Bürgschaftsprogrammen vorgesehen ist oder wenn die Darlehen von einem Gesellschafter im Rahmen seines Gewerbes zu marktüblichen Bedingungen gegeben werden (§ 3 Abs. 4 KVStG).

(3) Bemessungsgrundlage, Steuersatz und Steuerschuldner

Als Bemessungsgrundlage für die Gesellschaftsteuer dient grundsätzlich der Wert der Gegenleistung, falls es an einer solchen fehlt, der Wert der Gesellschaftsrechte bzw. der Wert der Leistung. Der **Steuersatz** beträgt grundsätzlich

$2^1/_2$ %. **Steuerschuldner ist die Kapitalgesellschaft;** für die Steuer haften aber alle an dem Rechtsvorgang Beteiligten.

c) Börsenumsatzsteuer

(1) Gegenstand der Besteuerung

Der Börsenumsatzsteuer unterliegt der Abschluß von **Anschaffungsgeschäften** über in- und ausländische **Wertpapiere,** wenn die Geschäfte **im Inland** oder unter Beteiligung wenigstens eines Inländers im Ausland abgeschlossen werden (§ 17 Abs. 1 KVStG). Dabei ist ohne Bedeutung, ob das Geschäft innerhalb oder außerhalb einer Börse getätigt wird.

Anschaffungsgeschäfte im Sinne des Kapitalverkehrsteuergesetzes sind nur **entgeltliche,** auf den Erwerb des **Eigentums** an einem **Wertpapier** gerichtete Verträge (§ 18 Abs. 1 KVStG). Ein entgeltliches Geschäft liegt vor, wenn der vertraglichen Leistung des Veräußerers eine Leistung des Erwerbers für den erworbenen Gegenstand gegenübersteht. Das ist in erster Linie beim **K a u f** der Fall. Kein steuerpflichtiges Anschaffungsgeschäft liegt dagegen vor, wenn die Übertragung des Wertpapiers, wie z. B. bei einer Schenkung oder im Erbfall, unentgeltlich erfolgt oder wenn Wertpapiere nicht auf Grund eines Vertrages, sondern kraft Gesetzes (z. B. auf Grund gesetzlicher Erbfolge) oder Staatsaktes (z. B. infolge Enteignung) auf einen anderen übergehen.

Auf Grund gesetzlicher Fiktion gelten als Anschaffungsgeschäfte noch

① das Einbringen von Wertpapieren in eine Kapitalgesellschaft oder eine Personenvereinigung,

② die Zuweisung von Wertpapieren aus dem Gesellschaftsvermögen bei der Auseinandersetzung einer Kapitalgesellschaft mit ihren Gesellschaftern, bei der Auflösung einer Personenvereinigung oder beim Ausscheiden eines Gesellschafters aus einer Personenvereinigung,

③ bedingte oder befristete Anschaffungsgeschäfte,

④ die Versicherung von Wertpapieren gegen Auslösung, wenn der Versicherungsfall eintritt.

Wertpapiere im Sinne des KVStG sind alle **Dividendenwerte,** wie Aktien und Kuxe, sowie andere Anteile an in- und ausländischen Kapitalgesellschaften (z. B. Anteile an Gesellschaften mit beschränkter Haftung), **Schuldverschreibungen und Investmentzertifikate.** Den Dividendenwerten stehen Bezugsrechte auf Dividendenwerte gleich. Bezugsrechte auf Schuldverschreibungen, also auch Bezugsrechte auf Wandelschuldverschreibungen oder Gewinnobligationen, werden dagegen nicht als Wertpapiere behandelt.

(2) Ausnahmen von der Besteuerung

Eine Reihe von Geschäften, die nach den allgemeinen Grundsätzen des KVStG steuerpflichtig wären, sind ausdrücklich von der Börsenumsatzsteuer befreit worden, und zwar vor allem

① **Händlergeschäfte,** wozu Anschaffungsgeschäfte rechnen, bei denen alle Vertragsteilnehmer Händler sind (die Steuerbefreiung gilt jedoch nicht für Anschaffungsgeschäfte über Anteile an Gesellschaften mit beschränkter Haftung).
② Geschäfte, die die Zuteilung von Wertpapieren an den **ersten Erwerber** zum Gegenstand haben. Diese Befreiungsvorschrift berücksichtigt, daß der Ersterwerb von Aktien bereits der Gesellschaftsteuer unterliegt. Sie gilt auch für den Ersterwerb von festverzinslichen Wertpapieren, obgleich die Wertpapiersteuer inzwischen aufgehoben worden ist.
③ Der **Rückerwerb von Investmentanteilen** durch die Kapitalanlagegesellschaft für Rechnung des Sondervermögens.

(3) Bemessungsgrundlage, Steuersatz, Steuerschuldner

Bemessungsgrundlage für die Börsenumsatzsteuer ist regelmäßig der **vereinbarte Preis.** Dabei werden die durch den Abschluß des Geschäftes verursachten Kosten, wie z. B. Fernsprechgebühren, Provisionen, Vermittlergebühren und die Börsenumsatzsteuer dem Kaufpreis nicht hinzugerechnet. Fehlt es an einem Geldpreis, wie z. B. beim Tauschgeschäft, wird die Steuer nach dem **mittleren Börsen- oder Marktpreis** ermittelt. Fehlt es sowohl an einer Preisvereinbarung als auch an einem Börsen- oder Marktpreis für das Papier, ist Berechnungsgrundlage der **Wert des Wertpapiers.**
Der Steuersatz beträgt im Regelfall 2,5 ‰, bei Anschaffungsgeschäften über **Investmentzertifikate 2 ‰,** bei Anschaffungsgeschäften über bestimmte **Schuldverschreibungen 1 ‰.** Für Anschaffungsgeschäfte, die im **Ausland** abgeschlossen werden und bei denen nur der eine Vertragsteil Inländer ist, ermäßigt sich die Börsenumsatzsteuer auf die Hälfte.
Bei Regelung der **Steuerschuldnerschaft** wird für Zwecke der Börsenumsatzsteuer zwischen Kundengeschäften und Privatgeschäften unterschieden. **Kundengeschäfte** sind Anschaffungsgeschäfte, bei denen der eine Vertragsteil inländischer Händler ist, **Privatgeschäfte** sind Anschaffungsgeschäfte, an denen kein inländischer Händler beteiligt ist. Bei Kundengeschäften ist Steuerschuldner der an dem Geschäft beteiligte Händler, bei Privatgeschäften schulden beide Vertragsteile die Börsenumsatzsteuer als Gesamtschuldner.
Inländische Händler müssen die Börsenumsatzsteuer im **Abrechnungsverfahren** entrichten. Zu diesem Zweck müssen sie jeweils bis zum 15. 1. eines Kalenderjahres die im abgelaufenen Kalenderjahr angefallene Steuer auf bestimmten Vordrucken anmelden und, falls die auf die Steuerschuld laufend zu leistenden Abschlagzahlungen nicht ausreichen, gleichzeitig den Rest der Steuerschuld als Abschlußzahlung an das Finanzamt entrichten. Bei **Privatgeschäften** ist die Börsenumsatzsteuer regelmäßig durch Verwendung von **Börsenumsatzsteuermarken** zu entrichten, die auf eine **Schlußnote** geklebt und auf dieser entwertet werden müssen. Die Schlußnote muß den Namen und Wohnort der beiden Vertragsteile sowie des Vermittlers, den Gegenstand und die Bedingungen des Geschäftes, insbesondere den Kurs des Wertpapiers und sonstige für die Steuerberechnung wesentliche Angaben enthalten. Sie besteht aus zwei übereinstimmenden Hälften, von denen je eine für jeden Vertragsteil bestimmt ist.

III. Einflüsse der betrieblichen Steuern auf unternehmerische Entscheidungen

Es gibt kaum einen Vorgang des Wirtschaftslebens, der nicht in irgendeiner Form der Besteuerung unterliegt. Wegen der Vielfalt der rechtlichen und wirtschaftlichen Gestaltungsmöglichkeiten, die der Praxis zur Verfügung stehen, ist es dem Gesetzgeber jedoch nicht immer gelungen, die Steuerlasten sachgerecht zu verteilen. Trotz der Kompliziertheit des Steuersystems und mancher Steuergesetze kommt es durchaus nicht selten vor, daß Vorgänge, die zu ein und demselben wirtschaftlichen Ergebnis führen, unterschiedlich mit Steuern belastet sind. Oft rechtfertigen die bestehenden Abweichungen der einen von der anderen Gestaltungsform nicht im geringsten den Unterschied der mit ihnen verbundenen Steuerlasten. Da die vom Staat und seinen Gliederungen erhobenen Steuern zum Teil einen erheblichen Kostenfaktor darstellen, werden deshalb zahlreiche unternehmerische Entscheidungen nicht zuletzt durch steuerliche Überlegungen beeinflußt oder zumindest mitbeeinflußt. Nachstehend soll eine Reihe solcher Gesichtspunkte untersucht werden, die von dem Unternehmer beachtet werden müssen. Entsprechend ihrem Einflußgebiet lassen sich dabei folgende Gruppen unterscheiden:

1. Einflüsse auf die Wahl des Standortes eines Betriebs

Die Steuererhebung erfolgt in der Bundesrepublik regelmäßig auf Grund bundeseinheitlicher Gesetze (siehe hierzu Art. 105 GG). Dementsprechend hat die Besteuerung im allgemeinen keine Bedeutung für die Wahl des Standortes eines Betriebs. Sie kann sich allenfalls insofern auf die Standortwahl des Unternehmers auswirken, als sie wegen der daran geknüpften Steuerlasten einem Standort**wechsel** entgegensteht oder diesen behindert.

Verschiedene Steuergesetze sehen allerdings gewisse standortbedingte Steuervergünstigungen vor. Darüber hinaus beruhen einige Steuern mit örtlich bedingtem Wirkungskreis, wie z. B. die Grunderwerbssteuer (vgl. Art. 105 Abs. 2 Nr. 1 GG) auf Landesgesetz. Sie können folglich in den einzelnen Bundesstaaten unterschiedlich geregelt sein und zu unterschiedlichen Steuersätzen erhoben werden. Abgesehen davon unterliegen die Realsteuern, also die Grund- und die Gewerbesteuer, zwar der (konkurrierenden) Gesetzgebung des Bundes. Die Festsetzung der Grund- und Gewerbesteuer**hebe**sätze, also die Entscheidung darüber, in welcher Höhe diese Steuern letztlich zur Erhebung kommen sollen, ist jedoch der jeweils hebeberechtigten Gemeinde überlassen (Art. 105 Abs. 2 Nr. 3 GG).

Danach lassen sich auf dem Gebiet der hier interessierenden Steuerarten im wesentlichen folgende Einflüsse auf die Standortwahl des Unternehmers feststellen:

a) Einkommensteuer/Körperschaftsteuer

(1) Steuervergünstigungen nach dem Berlinhilfegesetz[1])

Auf Grund der Vorschriften des Berlinhilfegesetzes wird die auf Einkünfte aus Berlin (West) entfallende veranlagte **Einkommensteuer** der natürlichen Personen unter gewissen Voraussetzungen um 30 % ermäßigt (§ 21 Abs. 1 u. 3 BHG). Zu den begünstigten Einkünften gehören auch Einkünfte aus einer in Berlin (West) betriebenen Land- und Forstwirtschaft und Einkünfte aus Gewerbebetrieb, die aus einer in Berlin (West) unterhaltenen Betriebsstätte bezogen worden sind (§ 23 BHG). Bei Körperschaften, Personenvereinigungen und Vermögensmassen, die ihre Geschäftsleitung und ihren Sitz ausschließlich in Berlin (West) haben, ermäßigt sich die veranlagte **Körperschaftsteuer** auf Einkünfte aus Berlin (West) um 20 % und um weitere 3,2 % der in dem Einkommen enthaltenen Einkünfte aus Berlin (West) (§ 21 Abs. 2 u. 3 BHG).

Darüber hinaus können bei beweglichen und unbeweglichen abnutzbaren Wirtschaftsgütern des Anlagevermögens einer in Berlin (West) belegenen Betriebsstätte unter bestimmten Voraussetzungen an Stelle der normalen Absetzungen für Abnutzung **Sonderabschreibungen** bis zur Höhe von insgesamt 75 % der Anschaffungs- oder Herstellungskosten dieser Wirtschaftsgüter vorgenommen werden. Der nach Vornahme der Sonderabschreibungen verbleibende Restwert ist auf die Restnutzungsdauer des betreffenden Wirtschaftsgutes zu verteilen. Auch bei Inanspruchnahme der Sonderabschreibungen können also maximal die Anschaffungs- oder Herstellungskosten abgesetzt werden. Die Sonderabschreibungen haben damit praktisch keine andere Wirkung als eine bloße Steuerstundung. Diese ist jedoch für den Unternehmer mit einem nicht unerheblichen Liquiditätsvorteil verbunden.

(2) Steuervergünstigungen für Zonenrandbetriebe

Betrieben im Zonenrandgebiet, d. h. im Grenzgebiet zur sowjetischen Besatzungszone und zur Tschechoslowakei, werden ähnliche Sonderabschreibungen gewährt. Diese sind durch Erlasse der Länderfinanzminister[2]) geregelt, die auf den Billigkeitsvorschriften der §§ 127 und 131 AO beruhen. Die Sonderabschreibungen können hier neben den normalen Absetzungen für Abnutzung vorgenommen werden und betragen 50 % bei beweglichen und 30 % bei unbeweglichen Wirtschaftsgütern des Anlagevermögens. Die Gesamtabschreibungen dürfen ebenfalls 100 % der Anschaffungs- oder Herstellungskosten nicht übersteigen. Neben oder an Stelle der Sonderabschreibungen ist unter gewissen Voraussetzungen auch die Bildung einer steuerfreien, aber zweckgebundenen Rücklage zugelassen.

---

[1]) BHG vom 19. 8. 1964 (BGBl. I, 675), zuletzt geändert durch Gesetz vom 22. 12. 1967 (BGBl. I, 1334).
[2]) So z. B. Erlaß des FM von Niedersachsen vom 20. 8. 1965, NWB Fach 3, S. 2558.

(3) Einflüsse der allgemeinen Besteuerungsvorschriften

Die Gewinnermittlungsvorschriften des Einkommen- und Körperschaftsteuerrechts erfassen nicht nur die laufenden Erträge aus dem Betriebsvermögen, sondern auch Gewinne aus der Veräußerung von zu einem Betriebsvermögen gehörenden Wirtschaftsgütern. Das gilt grundsätzlich auch dann, wenn der Veräußerungserlös wieder im Betrieb angelegt, also zu betrieblichen Investitionen benutzt wird. Nur wenn ein Wirtschaftsgut infolge höherer Gewalt (z. B. Brand, Diebstahl) oder auf Grund eines behördlichen Eingriffs (z. B. Enteignung, Inanspruchnahme für Verteidigungszwecke) aus dem Betriebsvermögen ausscheidet, braucht ein eventuell entstehender Veräußerungsgewinn nicht versteuert zu werden, sofern der Unternehmer die ihm aus diesem Anlaß zufließende Versicherungssumme, Entschädigung usw. für eine Ersatzinvestition benutzt. Gemäß Abschnitt 35 EStR 1965 ist er in diesem Fall berechtigt, die im Buchwert des ausgeschiedenen Wirtschaftsgutes enthaltenen stillen Rücklagen auf das Ersatzwirtschaftsgut zu übertragen, d. h. auf die Anschaffungs- oder Herstellungskosten des Ersatzwirtschaftsgutes eine Sonderabschreibung in Höhe des Betrages vorzunehmen, um den die Versicherungssumme, Entschädigung usw. den Buchwert des ausgeschiedenen Wirtschaftsgutes übersteigt.

Die grundsätzliche Steuerpflicht auch von Gewinnen aus der Veräußerung von Betriebsanlagegütern kann zur Folge haben, daß ein Unternehmer allein aus steuerlichen Gründen auf einen an und für sich notwendig erachteten Standortwechsel für seinen Betrieb verzichten muß. Die anläßlich des Standortwechsels erforderlichen Veräußerungsgeschäfte können so hohe Buchgewinne auslösen, daß nach Abzug der darauf entfallenden Steuern der Veräußerungserlös nicht ausreicht, um den Standortwechsel zu finanzieren. Diese nachteiligen Auswirkungen der steuerlichen Gewinnermittlungsvorschriften sind inzwischen durch die Regelung des § 6 b EStG gemildert worden, wonach im Falle der Veräußerung bestimmter zum Betriebsvermögen gehörender Wirtschaftsgüter die in deren Buchwert enthaltenen stillen Rücklagen unter gewissen Voraussetzungen auch dann auf bestimmte andere Wirtschaftsgüter übertragen werden können, wenn diese keine Ersatzfunktionen im eigentlichen Sinne für die ausgeschiedenen Wirtschaftsgüter übernehmen.

b) Gewerbesteuer

(1) Auswirkung der einkommensteuerlichen Gewinnermittlungsvorschriften

Die oben behandelten, die Standortwahl des Unternehmers beeinflussenden Gewinnermittlungsvorschriften des Einkommen- und Körperschaftsteuerrechts gelten grundsätzlich auch für die Gewerbeertragsteuer (§ 7 GewStG). Gewinne (aber auch Verluste) aus der Veräußerung eines **ganzen Gewerbebetriebes,** eines **Teilbetriebes** oder eines **Anteils an einer Personengesellschaft,** die auf Grund § 16 EStG für Zwecke der Einkommensteuer ausdrücklich als Einkünfte aus Gewerbebetrieb gelten, bleiben jedoch bei der Ermittlung des Gewerbeertrages außer Ansatz (Abschn. 40 GewStR 66). Für Kapitalgesellschaften gilt dies allerdings nur in beschränktem Umfang. Bei diesen zählen lediglich Gewinne (aber auch Verluste) aus der Veräußerung eines Anteils an einer Personengesellschaft nicht zum Gewerbeertrag (Abschn. 41 GewStR 66).

(2) Bedeutung der Gewerbesteuerhebesätze

Die Gemeinden machen von ihrem Recht auf autonome Festsetzung der Gewerbesteuerhebesätze in aller Regel unterschiedlichen Gebrauch. Gemeinden mit umfangreicher und leistungsstarker Industrie begnügen sich im allgemeinen mit relativ niedrigen Gewerbesteuerhebesätzen. Demgegenüber sind Gemeinden, in denen sich wenig oder nur eine leistungsschwache Industrie niedergelassen hat, normalerweise auf die Anwendung höherer Hebesätze angewiesen, um ihren Finanzbedarf decken zu können. Je nach dem zur Anwendung kommenden Hebesatz beträgt die Belastung der Unternehmungen mit Gewerbeertrag- und Gewerbekapitalsteuer proportional zwischen 10 und 20 %, im Bundesdurchschnitt etwa 13 %, des Gewinns.

c) Umsatzsteuer

Die Umsatzsteuer wird im Bundesgebiet und in Berlin (West) nach einem einheitlichen Gesetz erhoben. Das Berlinhilfegesetz sieht jedoch auch insoweit gewisse standortbedingte Vergünstigungen für Berliner Unternehmer vor. Unternehmer, die ihre Geschäftsleitung in Berlin haben oder eine Betriebsstätte in Berlin unterhalten, können ihre Umsatzsteuerschuld regelmäßig um 4,2 % des Nettoumsatzes kürzen, den sie aus Lieferungen und sonstigen Leistungen an westdeutsche Unternehmer erzielen (§ 1 BHG). Ihren westdeutschen Abnehmern steht ein gleich hoher Umsatzsteuerkürzungsanspruch zu (§ 2 BHG). Für beide Unternehmer bedeutet der Kürzungsanspruch eine Kostenersparnis, so daß die Berliner Unternehmer nicht nur unmittelbar, sondern auch mittelbar durch diese Regelung gefördert werden.

2. Einflüsse auf die Wahl der Unternehmensform

Die Steuergesetzgebung sieht zum Teil unterschiedliche Regelungen für natürliche Personen, juristische Personen und Personengesellschaften vor. Das gilt nicht nur für die Personensteuern, die auf die Person des Unternehmers und dessen Leistungsfähigkeit abstellen, sondern in gewissem Umfang auch für diejenigen Steuern, die an und für sich nur an bestimmte objektive Merkmale geknüpft sind, also den Betrieb selbst oder gewisse betriebliche Vorgänge zum Gegenstand der Besteuerung haben. Für die Wahl der zweckmäßigsten Unternehmensform ist dabei vor allem folgendes bemerkenswert:

a) Einkommensteuer/Körperschaftsteuer

(1) Sogenannte Doppelbesteuerung des Gewinns der juristischen Personen

Der Gewinn der juristischen Personen, also auch der Kapitalgesellschaften, unterliegt einer doppelten Besteuerung. Einmal wird er in der Person der Gesellschaft, zum anderen, d. h. im Falle seiner Ausschüttung, in der Person der Gesellschafter von einer Steuer vom Einkommen erfaßt. Der Gewinn eines Einzelunternehmers oder einer Personengesellschaft ist dagegen nur einmal, und zwar in der Person des bzw. der Betriebsinhaber der Einkommen- oder Körperschaftsteuer unterworfen.

Kapitalgesellschaften unterliegen normalerweise der Körperschaftsteuer zum Satz von 51 %, in Ausnahmefällen, nämlich soweit es sich um eine personenbezogene Kapitalgesellschaft handelt, zum Satz von 49 %. Soweit sie ihren Gewinn ausschütten, kommt zwar der ermäßigte Körperschaftsteuersatz von 15 bzw. 26,5 % zur Anwendung. Dies ändert jedoch nichts an der Tatsache, daß die Gewinnausschüttungen noch einmal in der Person der Gesellschafter der Besteuerung unterworfen sind. Die von der Gesellschaft von dem Ausschüttungsbetrag einzubehaltende Quellensteuer (Kapitalertragsteuer) von 25 % stellt allerdings keine zusätzliche Belastung dar. Sie ist regelmäßig auf die Einkommensteuerschuld (gegebenenfalls Körperschaftsteuerschuld) des Gesellschafters anrechenbar.

Die Rechtsform der Kapitalgesellschaft ist somit im allgemeinen nur interessant, wenn die Gewinne ganz oder zu einem wesentlichen Teil langfristig in der Gesellschaft thesauriert werden können und dort einem niedrigeren Steuersatz unterliegen als bei einer Besteuerung dieser Gewinne in der Person der Gesellschafter zur Anwendung käme. Dabei ist zu bedenken, daß die Gesellschafter, sofern es sich um natürliche Personen handelt, unter Umständen der Kirchensteuer unterliegen. Die Kirchensteuer bemißt sich in der Regel auf 10 % (in manchen Ländern auf 8 %) der Einkommensteuer. Bei einem Spitzensatz der Einkommensteuer von zur Zeit 53 % beträgt sie also maximal 5,3 %. Da sie bei der Ermittlung des steuerpflichtigen Einkommens in unbeschränkter Höhe als Sonderausgabe abzugsfähig ist, ergibt sich eine maximale Gesamtbelastung des

Einkommens mit Einkommen- und Kirchensteuer von etwa 55 bis 56 %. Die durch die Einschaltung einer Kapitalgesellschaft erzielbare Steuerersparnis kann also höchstens 4 bis 5 %, bei den personenbezogenen Kapitalgesellschaften 6 bis 7 % ausmachen[2a]).

Seitdem der Spitzensatz der Einkommensteuer auf Grund der weitgehenden Angleichung des Einkommen- an den Körperschaftsteuertarif durch das Steueränderungsgesetz 1958 nur noch geringfügig über dem Körperschaftsteuersatz für thesaurierte Gewinne liegt, hat sich ein gewisser **Hang zur Personengesellschaft** bemerkbar gemacht. Soweit es zweckmäßig erscheint, die persönliche Haftung aller an einer Personengesellschaft beteiligten natürlichen Personen auszuschließen, wird dem durch Gründung einer **GmbH & Co. KG** Rechnung getragen. Zu diesem Zweck wird die Personengesellschaft — falls erforderlich — in eine KG umgewandelt und eine GmbH gegründet, die dann als alleiniger persönlich haftender Gesellschafter in die KG eintritt. Auf diese Weise lassen sich die haftungsmäßigen Vorteile einer Kapitalgesellschaft und die steuerlichen Vorteile einer Personengesellschaft miteinander verbinden. Nur der auf die GmbH entfallende Gewinnanteil unterliegt der Doppelbesteuerung mit Einkommen- und Körperschaftsteuer, und zwar auch nur insoweit, als er die von der GmbH aufzubringenden Geschäftsführergehälter übersteigt. Wenn die GmbH, was handelsrechtlich zulässig ist, keine Kapitaleinlage in die KG leistet, kann ihr Gewinnanteil mit Anerkennung der Finanzbehörden relativ gering gehalten werden[3]). An die Stelle der GmbH kann auch eine AG treten.

(2) Schachtelvergünstigung

Nach § 9 KStG bleiben u. U. die einer inländischen Kapitalgesellschaft aus einer mindestens 25%igen Schachtelbeteiligung an einer anderen inländischen Kapitalgesellschaft zufließenden Gewinnanteile jeder Art bei der Besteuerung außer Ansatz. Entsprechendes gilt u. a. wenn ein inländischer Versicherungsverein auf Gegenseitigkeit oder ein Betrieb gewerblicher Art einer Körperschaft des öffentlichen Rechts an einer inländischen Kapitalgesellschaft beteiligt ist. Verfügt eine der genannten Gesellschaften oder Institutionen bereits über ein größeres Paket der Aktien einer inländischen Kapitalgesellschaft, wird es deshalb unter Umständen ihr Bestreben sein, ihren Anteilsbesitz an der Untergesellschaft zu vergrößern und zu einer Schachtelbeteiligung abzurunden.

Reicht der eigene Anteilsbesitz nicht aus, um das Schachtelprivileg in Anspruch nehmen zu können, und sind noch andere Anteilseigner vorhanden, die dieselben Interessen verfolgen, läßt sich der gewünschte Effekt unter Umständen durch Zwischenschaltung einer Holdinggesellschaft erzielen. Wenn die Kapitalgesellschaften A, B und C über je 10 % der Anteile an der Kapitalgesellschaft X verfügen, und wenn sie ihre Anteile an der X in eine neu gegründete oder

---

[2a]) Bei den vorstehenden Überlegungen ist die seit dem 1. 1. 1968 zur Erhebung kommende 3 %ige Ergänzungsabgabe zur Einkommen- und Körperschaftsteuer nicht berücksichtigt.

[3]) Siehe hierzu BB, Beilage 10 zu Heft 31/67.

eventuell bereits vorhandene Kapitalgesellschaft (Holdinggesellschaft) H einbringen, kann die H, da sie über mindestens 25 % der Anteile an der X verfügt, die Gewinnausschüttungen der X auf Grund des Schachtelprivilegs körperschaftsteuerfrei vereinnahmen. Da die Kapitalgesellschaften A, B und C ihrerseits eine Schachtelbeteiligung an der H halten, fließen ihnen die Gewinnausschüttungen der H ebenfalls auf Grund der Schachtelvergünstigung steuerfrei zu.

Eine Steuerumgehung im Sinne des § 6 StAnpG wird man in dieser Gestaltung regelmäßig nicht sehen können. Denn die Zusammenfassung der zunächst von der A, B und C gehaltenen Anteile an der X in der H hat durchaus auch rechtliche und wirtschaftliche Konsequenzen. Sie erzwingt eine einheitliche Willensbildung dieser Gesellschaften und verschafft ihnen mittelbar eine Sperrminorität an der X.

(3) Organschaft und Ergebnisabführungsvertrag

Das Schachtelprivileg bewirkt im wesentlichen, daß die Gewinne einer Kapitalgesellschaft (Untergesellschaft), wenn sich ihre Anteile in Händen einer anderen Kapitalgesellschaft (Obergesellschaft) befinden, nicht ein zweites Mal in der Person der Obergesellschaft der Körperschaftsteuer unterworfen werden. Es ermöglicht jedoch nicht, daß eventuelle Verluste der einen mit Gewinnen der anderen Gesellschaft ausgeglichen werden können.

Sofern eine Kapitalgesellschaft finanziell, wirtschaftlich und organisatorisch nach Art einer Betriebsabteilung in den Betrieb einer anderen Kapitalgesellschaft eingegliedert ist (Organschaft), kann deshalb unter steuerlichen Gesichtspunkten ein Interesse an dem Abschluß eines Ergebnisübernahmevertrages zwischen Ober- und Untergesellschaft bestehen. Dieser hat über die Wirkung des Schachtelprivilegs hinaus den Vorteil, daß die Gewinne und Verluste des Organträgers und der Organgesellschaft sowie eventueller weiterer Organgesellschaften untereinander ausgeglichen werden können. Er wird von Verwaltung[4]) und Rechtsprechung[5]) grundsätzlich anerkannt. Es sollte jedoch nicht übersehen werden, daß ein Ergebnisabführungsvertrag rechtliche und wirtschaftliche Konsequenzen hat, die durch die Verteilung der unternehmerischen Funktionen auf zwei rechtlich selbständige Gesellschaften gerade vermieden werden sollten.

Falls auf Grund der zu erwartenden gesetzlichen Regelung der Organschaft auch ein Ergebnisabführungsvertrag mit einem als Obergesellschaft fungierenden **Personenunternehmen** wieder anerkannt wird, kann durch den Abschluß eines solchen Vertrages erreicht werden, daß die von der Kapitalgesellschaft erzielten Gewinne grundsätzlich nur der Einkommensteuer unterliegen, also der Doppelbesteuerung mit Einkommen- und Körperschaftsteuer entzogen sind.

---

[4]) So z. B. Erlaß des FM NW vom 23. 10. 59, BStBl. 59, II, 161.
[5]) So z. B. BFH in BStBl. 67, III, 118.

b) Vermögensteuer

(1) Sogenannte Doppelbesteuerung des Vermögens der juristischen Personen

Bei der Wahl der zweckmäßigsten Unternehmensform spielt die doppelte Besteuerung des Vermögens der Kapitalgesellschaften in der Person der Gesellschaft und deren Gesellschafter ebenfalls eine nicht unwesentliche Rolle. Die Vermögensteuer beträgt zwar maximal nur 1 %, bei der Kapitalgesellschaft bemißt sie sich nach dem Wert des darin zusammengefaßten Vermögens, bei den Anteilseignern nach dem Wert ihrer Anteilsrechte. Soweit die Anteilseigner natürliche Personen sind, können sie die Vermögensteuer bei der Einkommensermittlung für Zwecke der Einkommensteuer als Sonderausgabe abziehen. Auf den Gewinn der Gesellschaft und den Ertrag aus den Anteilsrechten bezogen bedeutet die Vermögensteuer dennoch in aller Regel eine nicht unerhebliche Belastung, die die Entscheidung für die eine oder andere Unternehmensform entscheidend beeinflussen kann.

(2) Schachtelprivileg

Da auf dem Gebiet der Vermögensteuer ebenfalls eine Schachtelvergünstigung vorgesehen ist, sofern (u. a.) eine inländische Kapitalgesellschaft mindestens 25 % der Anteile an einer anderen inländischen Kapitalgesellschaft hält, geht auch von dort ein Anreiz zur Bildung von Schachtelbeteiligungen aus. Die Ausführungen oben unter a) (2) zur Einkommen- und Körperschaftsteuer gelten insoweit entsprechend.

c) Gewerbesteuer

(1) Unternehmerfreibetrag

Die Steuermeßzahl für den Gewerbeertrag beträgt grundsätzlich proportional 5 %. Für Betriebe, die als Einzelunternehmen oder in der Rechtsform einer Personengesellschaft geführt werden, ist jedoch ein Freibetrag von 7200 DM p. a. und die Anwendung einer degressiven Meßzahl für die ersten 9600 DM des nach Abzug des Freibetrages verbleibenden Gewerbeertrages vorgesehen. Dadurch kann der Steuermeßbetrag vom Gewerbeertrag bei diesen Unternehmen bis zu 600 DM p. a. unter dem eines vergleichbaren in der Rechtsform einer Kapitalgesellschaft betriebenen Unternehmens liegen.

(2) Schachtelprivileg

Das Gewerbesteuergesetz sieht sowohl bei der Gewerbeertrag- als auch bei der Gewerbekapitalsteuer eine Schachtelvergünstigung vor, die im wesentlichen dem körperschaft- und vermögensteuerrechtlichen Schachtelprivileg entspricht (§§ 9 Nr. 2 a und 12 Abs. 3 Nr. 2 a GewStG). Auf die diesbezüglichen Ausführungen oben unter a) (2) und b) (2) wird verwiesen.

d) Kapitalverkehrsteuer

Die Ausstattung einer Kapitalgesellschaft mit Eigenmitteln löst eine Gesellschaftsteuerpflicht aus. Entsprechendes gilt unter Umständen für die Zuführung kapitalersetzender Fremdmittel. Die Gründung und die Unterhaltung eines Unternehmens in der Rechtsform einer Kapitalgesellschaft ist also im Vergleich zu anderen Unternehmensformen steuerlich erschwert.

3. Einflüsse auf Investitionsentscheidungen

Die Steuergesetze sehen für eine Reihe von Investitionen Vergünstigungen vor. Andere Investitionen unterliegen dagegen einer besonderen Besteuerung. Zum Teil nehmen die Steuergesetze auch nur mittelbar Einfluß auf die Investitionsentscheidungen des Unternehmers. In diesem Zusammenhang sind vor allem folgende Regelungen erwähnenswert:

a) Einkommensteuer/Körperschaftsteuer

Das Einkommensteuergesetz enthält eine Reihe von Steuervergünstigungen, durch die bestimmte Investitionen gefördert werden. Unter anderem sind der Wohnungsbau (§ 7 b EStG), die Errichtung von Abwässer- (§ 79 EStDV) und von Luftfilteranlagen (§ 82 EStDV) durch Einräumung von **Sonderabschreibungen** und **ähnlichen Bewertungsfreiheiten** begünstigt. Gewährt ein im Inland domizilierender Steuerpflichtiger der Berliner Industriebank AG, der Deutschen Industriebank Berlin oder privaten Unternehmen für Investitionen in Berlin Darlehen, so wird die von ihm geschuldete **Einkommen- oder Körperschaftsteuer** unter gewissen Voraussetzungen um 10 bzw. 20 % der Darlehenssumme **ermäßigt.** Soweit das Darlehen zinslos und im Rahmen eines Betriebes gewährt wird, kommt eine **Abzinsung der Darlehensforderung** auf den Gegenwartswert zu Lasten des Gewinnes in Betracht (§§ 16 und 17 BHG).

Unter gewissen Voraussetzungen verzichtet der Gesetzgeber auf die sofortige Besteuerung von Gewinnen aus der Veräußerung bestimmter Wirtschaftsgüter des Anlagevermögens. Gemäß § 6 b EStG können unter anderem Gewinne aus der Veräußerung von Grund und Boden, Gebäuden, langlebigen abnutzbaren Wirtschaftsgütern des Anlagevermögens und von Anteilen an Kapitalgesellschaften unter gewissen Voraussetzungen durch Vornahme von Sonderabschreibungen auf bestimmte Investitionen neutralisiert werden. Erfolgen keine Neuinvestitionen, auf die die stillen Reserven übertragen werden können, so kann der Gewinn durch Bildung einer 6 b-Rücklage in ein anderes Wirtschaftsjahr verlagert werden. Unabhängig davon ist nach Abschn. 35 EStR die Übertragung eventueller stiller Rücklagen auf ein Ersatzwirtschaftsgut gleicher oder ähnlicher Funktion zulässig, wenn ein Wirtschaftsgut infolge höherer Gewalt oder auf Grund eines behördlichen Eingriffs aus dem Betriebsvermögen ausscheidet.

Es steht wohl außer Zweifel, daß diese Regelungen die Investitionsentscheidungen des Unternehmers wenn nicht unmittelbar, so doch mittelbar beeinflussen und somit nicht unerhebliche Auswirkungen auf die Unternehmenspolitik haben können.

b) Vermögensteuer

Das Bewertungsgesetz sieht für die einzelnen Wirtschaftsgüter des Betriebsvermögens **unterschiedliche Wertansätze** vor. Bewegliche Wirtschaftsgüter des Betriebsvermögens sind im allgemeinen mit ihrem Teilwert, die Betriebsgrundstücke dagegen z. B. mit ihrem Einheitswert anzusetzen (§ 109 BewG). Während der Teilwert normalerweise dem Verkehrswert des Wirtschaftsgutes entspricht, weisen die Grundstückseinheitswerte — zumindest soweit sie nach dem zur Zeit noch geltenden Bewertungsgesetz von 1934 ermittelt worden sind — zum Teil nicht unbeträchtliche Wertabweichungen nach unten auf. Je nach Art der Zusammensetzung des Betriebsvermögens können sich demnach bei den vermögensabhängigen Steuern bei einem objektiv gleichen Wert des Betriebsvermögens unterschiedliche Steuerbelastungen ergeben. Es erscheint nicht ausgeschlossen, daß die Investitionsentscheidung eines Unternehmers im Einzelfall auch auf solche Gesichtspunkte Rücksicht nimmt.

c) Gewerbesteuer

Die oben unter a) genannten einkommen- und körperschaftsteuerlichen Vergünstigungen sowie die vorstehend unter b) erwähnten Bewertungsunterschiede wirken sich auch auf die Gewerbeertrag- und die Gewerbekapitalsteuer aus.

d) Umsatzsteuer

Die während der vom 1. 1. 1968 bis zum 31. 12. 1972 dauernden Übergangszeit zur Erhebung kommende sogenannte **Investitionssteuer,** die den Steuertatbestand des sogenannten Selbstverbrauches, d. h. die Zuführung bestimmter Wirtschaftsgüter zur Verwendung oder Nutzung im Inland als Anlagevermögen erfaßt, dürfte die Unternehmer in vielen Fällen dazu bewegen, an und für sich notwendige Investitionen zunächst noch eine gewisse Zeit zurückzustellen bzw. zumindest den Beginn der Verwendung oder Nutzung des neu angeschafften Wirtschaftsgutes bis zum Ablauf der Übergangszeit zu verschieben. Da sich der Satz der Investitionssteuer von Jahr zu Jahr ermäßigt, ist auch eine Verschiebung des Beginns der Verwendung oder Nutzung von einem auf ein anderes Jahr des Übergangszeitraumes vorteilhaft. Nach § 30 UStG 1967 sind hiervon alle Investitionen in **aktivierungspflichtige abnutzbare körperliche Wirtschaftsgüter des Anlagevermögens** betroffen.

Wegen der Beschränkung der Investitionssteuerpflicht auf bestimmte Wirtschaftsgüter des Anlagevermögens empfiehlt es sich unter Umständen, die Investitionstätigkeit während der genannten Übergangsperiode bevorzugt auf solche Investitionen zu richten, die **nicht** der Investitionssteuer unterliegen. Das trifft vor allem auf Investitionen in **nicht abnutzbare Wirtschaftsgüter des Anlagevermögens** (z. B. Grund und Boden, Beteiligungen usw.) sowie für Investitionen in **geringwertige** und damit nicht aktivierungspflichtige **Wirtschaftsgüter** des Anlagevermögens im Sinne des § 6 Abs. 2 EStG zu.

4. Einflüsse auf Finanzierungsentscheidungen

Die in der Praxis zur Verfügung stehenden Finanzierungsformen werden steuerlich zum Teil unterschiedlich behandelt. Die Folge hiervon ist naturgemäß, daß die Wahl der einen oder anderen Finanzierungsart im Einzelfall nicht unwesentlich durch steuerliche Überlegungen beeinflußt wird. Dabei spielen vor allem die nachstehenden Gesichtspunkte eine Rolle:

a) Einkommensteuer/Körperschaftsteuer

Auf dem Gebiet der Einkommen- und Körperschaftsteuer ist die unterschiedliche Behandlung der **Zinsen auf Eigen- und Fremdkapital** von Bedeutung. Zinsen auf Betriebskredite sind unabhängig von der Fristigkeit, dem Verwendungszweck und der Besicherung des Kredites als Betriebsausgaben abzugsfähig. Zinsen auf das Eigenkapital dürfen dagegen den steuerlichen Gewinn nicht mindern. Dabei ist zu berücksichtigen, daß bei Personenunternehmen der Begriff Eigenkapital im Sinne des Einkommensteuerrechts nicht nur das buchmäßige Kapital, sondern auch eventuelle Darlehnsforderungen des Eigners gegen sein Unternehmen sowie den Wert der dem Betrieb vom Inhaber zur Nutzung überlassenen Wirtschaftsgüter umfaßt. Zwischen Einzelunternehmen und ihrem Inhaber sind Darlehnsverträge, Mietverträge etc. schon privatrechtlich undenkbar, während privatrechtlich gültige Verträge dieser Art zwischen Personengesellschaften und ihren Inhabern steuerlich nicht anerkannt werden. Zwischen Kapitalgesellschaften und ihren Gesellschaftern werden dagegen Darlehnsverhältnisse etc. grundsätzlich auch steuerlich anerkannt.

Auf die steuerliche Belastung der **Einzelunternehmen** sowie der **Personengesellschaften** und ihrer Gesellschafter wirkt sich die Nichtabzugsfähigkeit der Zinsen auf Eigenkapital nur unwesentlich aus. Denn man wird davon ausgehen müssen, daß der bzw. die Betriebsinhaber, wenn Zinsen auf Eigenkapital als Betriebsausgaben abzugsfähig wären, die Zinseinnahmen als Einkünfte aus Kapitalvermögen zu versteuern hätten. Ihnen bliebe dann nur der Vorteil, daß sie die Zinseinnahmen bei der Ermittlung der Einkünfte aus Kapitalvermögen mangels tatsächlicher Aufwendungen um die Werbungskostenpauschale (§ 9 a EStG) kürzen könnten.

Für die **Kapitalgesellschaften** und deren Gesellschafter spielt die Nichtabzugsfähigkeit der Zinsen auf Eigenkapital dagegen wegen der Doppelbesteuerung des Gewinns der juristischen Personen in der Person der Gesellschaft und ihrer Gesellschafter eine weit größere Rolle. Insoweit geht es nämlich nicht darum, in welcher Form die Gesellschafter die Zinsen auf das in der Gesellschaft zusammengefaßte Eigenkapital versteuern müssen, ob als Zinseinkünfte oder als Gewinnanteile, sondern ob die Zinsen auf das Eigenkapital das Einkommen der Gesellschaft mindern oder gleichfalls der Doppelbesteuerung mit Einkommen- und Körperschaftsteuer unterliegen.

Wenn eine Kapitalgesellschaft größere Investitionen beabsichtigt, ist deshalb unter steuerlichen Gesichtspunkten sorgfältig zu prüfen, ob diese durch eine Kapitalerhöhung, also durch Schaffung zusätzlichen Eigenkapitals, oder besser durch Aufnahme von Fremdmitteln finanziert werden. Bei der Aufnahme von

Fremdkapital, z. B. durch Aufnahme einer Anleihe, können die Kosten für den Kapitaldienst, selbst wenn und soweit die Anleihe von den Anteilseignern der Gesellschaft gezeichnet worden ist, zu Lasten des steuerlichen Gewinnes der Gesellschaft verbucht werden. Die auf den Betrag einer eventuellen Kapitalerhöhung zu zahlenden Dividenden müssen dagegen von der Gesellschaft aus versteuerten, wenn auch regelmäßig nur dem ermäßigten Körperschaftsteuersatz unterworfenen Gewinnen bestritten werden.

b) Vermögensteuer

Auf dem Gebiet der Vermögensteuer gelten entsprechende Überlegungen. Auch hier sind **Verbindlichkeiten** aus der Aufnahme von Betriebskrediten bei der Ermittlung des Einheitswertes des Betriebsvermögens **abzugsfähig,** während das **Eigenkapital,** gleichgültig in welcher Form es in der Bilanz ausgewiesen ist, den steuerlichen **Wert des Betriebsvermögens erhöht.** Der bzw. die Betriebsinhaber haben also den Wert sämtlicher dem Betriebsvermögen dienender Wirtschaftsgüter lediglich vermindert um eventuelle Verbindlichkeiten gegenüber Dritten als Betriebsvermögen zu versteuern.

Ein Darlehensverhältnis zwischen einer **Personengesellschaft** und ihren Gesellschaftern wird auch vermögensteuerlich nicht anerkannt. Dementsprechend gelten bei einer Personengesellschaft nicht nur die Summe der Kapitalkonten der Gesellschafter, sondern auch eventuelle Darlehensforderungen der Gesellschafter gegen die Gesellschaft als Betriebsvermögen. Dies hat zur Folge, daß den Gesellschaftern, falls sie nicht noch über andere Vermögenswerte dieser Art verfügen, der in § 110 Abs. 2 und 3 BewG für bestimmte, zum sonstigen Vermögen gehörende Wirtschaftsgüter vorgesehene Freibetrag von 10 000 DM bzw. 20 000 DM verlorengeht. Zwischen einer **Einzelfirma** und ihrem Inhaber ist ein Darlehensverhältnis wiederum gar nicht denkbar; zwischen einer **Kapitalgesellschaft** und ihren Gesellschaftern findet es dagegen auch vermögensteuerlich Anerkennung.

Für die **Kapitalgesellschaften** und ihre Gesellschafter hat die Nichtabzugsfähigkeit der Gesellschaftereinlagen die Doppelbesteuerung des in der Kapitalgesellschaft zusammengefaßten Vermögens in der Person der Kapitalgesellschaft und deren Gesellschafter zur Folge. Auch insoweit macht sich dadurch ein steuerlicher Einfluß zugunsten einer Fremdmittelfinanzierung bemerkbar.

c) Gewerbesteuer

Die Gewerbekapitalsteuer erfaßt neben dem Eigenkapital der Unternehmer auch die **Dauerschulden,** die Gewerbeertragsteuer neben dem Gewinn auch die Zinsen auf solche Verbindlichkeiten. Insoweit ist deshalb ohne Bedeutung, ob ein Betrieb mit Eigen- oder Fremdkapital ausgestattet ist.

Dauerschulden im Sinne des Gewerbesteuergesetzes sind allerdings nur Verbindlichkeiten, die der **Verstärkung des Dauerbetriebskapitals** dienen. Vorübergehende Verbindlichkeiten, die im gewöhnlichen Geschäftsverkehr des Unternehmens regelmäßig eingegangen und aus den laufenden Geschäftseinnahmen abgedeckt zu werden pflegen, sind dagegen als sogenannte **laufende**

Schulden auch bei der Ermittlung des Gewerbekapitals abzugsfähig[6]). Ob eine laufende oder eine Dauerschuld vorliegt, beurteilt sich dabei nicht ausschließlich nach dem Zeitmoment. In der Regel kann zwar davon ausgegangen werden, daß Schulden mit einer Laufzeit von mehr als einem Jahr Dauerschulden sind (Abschn. 47 Abs. 4 GewStR). In erster Linie kommt es jedoch auf den Charakter der Schuld an[7]). Dient ein Kredit der Beschaffung von **Anlagevermögen,** so besteht eine Vermutung für das Vorliegen einer Dauerschuld. Steht ein Kredit mit einzelnen laufenden, nach der Art des Betriebes immer wiederkehrenden bestimmbaren Geschäftsvorfällen, insbesondere mit dem Erwerb und der Veräußerung von Umlaufvermögen in wirtschaftlichem Zusammenhang, so ist dagegen im allgemeinen anzunehmen, daß der Kredit den Charakter einer laufenden Verbindlichkeit hat[8]).

Läßt sich einwandfrei ein wirtschaftlicher Zusammenhang zwischen einem Kredit und **regelmäßig wiederkehrenden Geschäftsvorfällen** feststellen, ist auch dann keine Dauerschuld anzunehmen, wenn die typische, planmäßige und durch die Art des Geschäftsbetriebes bedingte Abwicklung des Kredites 12 Monate übersteigt[9]). Ein solcher enger wirtschaftlicher Zusammenhang ist z. B. von der Rechtsprechung bejaht worden, wenn bei der Finanzierung von Waren**verkaufs**geschäften die Kredithöhe sich nach dem Umfang der Warengeschäfte bemißt, die Forderungen aus den Warengeschäften zur Sicherung des Kredites an die Bank abgetreten und die Veräußerungserlöse zur Abdeckung des Kredites verwandt werden[10]). Entsprechendes gilt bei der Finanzierung von Waren**einkaufs**geschäften, wenn für jede (eingehende) Warenlieferung ein besonderer Wechsel ausgestellt wird, die jeweilige Wechselsumme mit dem Betrag der Warenrechnung übereinstimmt und der aufgenommene Kredit „innerhalb einer Zeit" tatsächlich abgedeckt wird[11]). Unter Berücksichtigung dieser Gesichtspunkte empfiehlt es sich im allgemeinen, das Unternehmen soweit wie irgend möglich durch laufende, eng mit bestimmten Umsatzgeschäften verknüpfte Kredite zu finanzieren.

Kontokorrentverbindlichkeiten sind im allgemeinen laufende Schulden[12]). Wenn und soweit der Unternehmer damit rechnen kann, daß ihm der Kredit für eine längere Zeit (mindestens ein Jahr) belassen wird, gilt jedoch der Mindestkredit (sogenannter **Bodensatz**) als Dauerschuld. Eine zeitweilige Zurückführung des Kredites ist dabei nach der Rechtsprechung nur beachtlich, soweit sie für mindestens 10 bis 14 Tage erfolgt[13]). Bei Beurteilung der Frage, ob eine Dauerschuld vorliegt, dürfen Guthaben und Schulden, auch soweit sie gegenüber ein

---

[6]) BFH in BStBl. 1959, III, 430.
[7]) BFH-Urteil in BStBl. 59, III, 428.
[8]) BFH in BStBl. 59, III, 430.
[9]) BFH in BStBl. 1966, III, 280.
[10]) BFH in BStBl. 60, III, 51.
[11]) BFH in BStBl. 1965, III, 484.
[12]) BFH in BStBl. 60, III, S. 49; 65, III, S. 195.
[13]) RFH in RStBl. 1939, S. 160 und 216; BFH in BStBl. 61, III, 422.

und demselben Kreditinstitut bestehen, grundsätzlich nicht miteinander saldiert werden[14]). Hat ein Unternehmer verschiedene Kredite aufgenommen, so können diese nur insoweit zu einer Einheit zusammengefaßt werden, als sie von ein und demselben Kreditgeber stammen, aber selbst in diesem Fall nur dann, wenn sie wirtschaftlich nicht auf einer Mehrheit selbständiger Kreditgeschäfte beruhen, sondern als ein einheitlicher Kredit anzusehen sind[15]). Auf Grund dieser Rechtslage wird sich ein Unternehmer aus steuerlichen Gründen nicht selten entschließen, seinen Kontokorrentkredit vorübergehend, d. h. für etwa 2½ bis 3 Wochen abzudecken, und zur Überbrückung dieser Zeit ein neues Kreditverhältnis, sei es mit anderen, sei es mit demselben Kreditgeber, eingehen oder aber notfalls auf eine stärkere Ausnutzung seines Lieferantenkredites ausweichen.

d) Umsatzsteuer

Wenn ein Unternehmer für eine Lieferung oder sonstige Leistung einen **Wechsel** in Zahlung nimmt, den Wechsel seiner Bank zum Diskont einreicht und seinem Abnehmer die ihm dadurch entstehenden **Diskontspesen** weiterbelastet, unterliegt er mit dem weiterbelasteten Betrag der Umsatzsteuer zu dem für das betreffende Lieferungsgeschäft oder die sonstige Leistung geltenden Steuersatz. Nach dem Grundsatz der Einheitlichkeit der Leistung[16]) ist das Finanzierungsgeschäft ebenso der Besteuerung zu unterwerfen wie die Hauptleistung. Die Befreiungsvorschrift des § 4 Nr. 8 UStG, wonach (u. a.) die Kreditgewährungen ausdrücklich von der Umsatzsteuerpflicht ausgenommen sind, kommt hier nicht zum Zuge.

Unterliegt der Abnehmer mit seinen Umsätzen ebenfalls der Umsatzsteuer, wirkt sich die Steuerpflicht der Diskontspesen für ihn nicht nachteilig aus. Denn er kann die ihm von seinem Lieferanten gesondert in Rechnung gestellte Mehrwertsteuer auf die Diskontspesen in diesem Fall als Vorsteuer geltend machen und auf seine eigene Umsatzsteuerschuld anrechnen. Ist der Abnehmer ganz oder teilweise vom Vorsteuerabzug ausgeschlossen, wird er dagegen wegen der beim Lieferanten entstehenden Umsatzsteuerpflicht versuchen, den Wechsel selbst bei einer Bank diskontieren zu lassen. Denn die Diskontierung des Wechsels durch die Bank ist ein reines Finanzierungsgeschäft und deshalb auf Grund der Vorschrift des § 4 Nr. 8 UStG von der Umsatzsteuer (Mehrwertsteuer) befreit.

e) Kapitalverkehrsteuer

Jede Form der Zuführung von Eigenkapital an eine inländische Kapitalgesellschaft löst Gesellschaftsteuer aus (vgl. S. 50 ff.).

Kapitalzuführungen an eine inländische Kapitalgesellschaft in Form von **Darlehen** lösen nur unter bestimmten Voraussetzungen eine Gesellschaft-

---

[14]) BFH in BStBl. 62, III, 540.
[15]) RFH in RStBl. 1940, S. 666.
[16]) Vgl. hierzu Plückebaum-Malitzky, Komm. z. UStG, 10. Aufl., Anm. 962.

steuerpflicht aus. Einmal muß das Darlehen **kapitalersetzende Funktionen** haben, zum anderen muß es der Gesellschaft von einem **Gesellschafter** gewährt werden oder von einem Gesellschafter **besichert** sein.

Nach der Rechtsprechung des BFH ist ein Kredit als **Kapitalersatz** im Sinne des § 3 Abs. 1 KVStG anzusehen, wenn er für Investitionszwecke aufgenommen und auch verwendet wird, wenn er mittel- oder langfristig ist und wenn die Gesellschaft ihren Investitionsbedarf aus eigenen Mitteln nicht decken kann[17]). Ein Investitionskredit in diesem Sinne liegt vor, wenn der Kredit für **Investitionen in das Anlagevermögen** verwandt wird. Ein sogenannter Betriebsmittelkredit zur Deckung des Umlaufvermögens ist nicht als Kapitalersatz im gesellschaftsteuerrechtlichen Sinne anzusehen. Als **lang- oder mittelfristige Kredite** können in der Regel nur Darlehen gelten, bei denen der Darlehensnehmer tatsächlich und rechtlich für mindestens etwa drei Jahre mit der Kreditgewährung rechnen durfte. Die Frage, ob eine Gesellschaft ihren Investitionsbedarf aus **eigenen Mitteln** decken kann, ist zu verneinen, solange der Wert des Eigenkapitals geringer ist als der Wert des vorhandenen Anlagevermögens einschließlich der beabsichtigten oder schon ganz oder teilweise vorgenommenen Investitionen. Das Gesellschaftsteuerrecht verlangt also grundsätzlich die volle Deckung des Anlagevermögens durch Eigenkapital. Bei einer an und für sich gebotenen Eigenkapitalzuführung läßt sich demnach eine Gesellschaftsteuerpflicht unter Umständen dadurch vermeiden, daß der Unternehmer versucht, seine Investitionen durch Aufnahme kurzfristiger Kredite zu finanzieren.

Als **Gesellschafter** einer Kapitalgesellschaft gelten die Personen, denen die Anteilsrechte an der Gesellschaft zustehen (§ 6 Abs. 2 KVStG). Entsprechend der im Steuerrecht maßgebenden wirtschaftlichen Betrachtungsweise wird insoweit nicht auf das zivilrechtliche, sondern auf das **wirtschaftliche** Eigentum abgestellt. Folglich gilt z. B., wenn die Anteile an einer Kapitalgesellschaft von einem Treuhänder zugunsten eines Dritten gehalten werden, im Sinne des Kapitalverkehrsteuergesetzes nicht der Treuhänder, sondern der Treugeber als Gesellschafter. Gewährt ein Nichtgesellschafter einer Kapitalgesellschaft einen Kredit oder leistet ein Nichtgesellschafter für einen Kredit Sicherheit, so löst dies somit keine Gesellschaftsteuerpflicht aus. Das gilt selbst dann, wenn der Nichtgesellschafter durch eine Rückbürgschaft des Gesellschafters gesichert ist[18]).

Nach § 4 KVStG wird die Steuerpflicht nicht dadurch ausgeschlossen, wenn statt eines Gesellschafters eine Personenvereinigung (Personengesellschaft, Kapitalgesellschaft usw.) als Darlehensgeber oder Sicherheitsleistender auftritt, an der ein Gesellschafter der kreditnehmenden Kapitalgesellschaft als Mitglied oder Gesellschafter beteiligt ist. Dies hat zur Folge, daß im Rahmen eines Unternehmensverbandes Kreditgewährungen oder Sicherheitsleistungen nicht nur der Mutter, sondern auch einer Schwestergesellschaft der kreditnehmenden Kapitalgesellschaft eine Gesellschaftsteuerpflicht auslösen, Kredit-

---

[17]) BFH in BStBl. 1963, III, 382.
[18]) BFH in BStBl. 63, III, S. 22.

gewährungen oder Sicherheitsleistungen einer Gesellschaft, die im Verhältnis zu der Kreditnehmerin als „Großmutter" oder „Tante" bezeichnet werden könnte, dagegen steuerunschädlich sind[19]).

Der Begriff **Sicherheit** im Sinne des KVStG ist nach der Rechtsprechung des BFH ausschließlich nach zivilrechtlichen Gesichtspunkten zu beurteilen. Demnach kommen als Sicherheit neben der **Bürgschaft** (u. a.) die **Verpfändung** oder **Sicherungsübereignung** beweglicher Sachen sowie die **Abtretung von Forderungen** in Betracht. Entsprechendes dürfte für die Erteilung eines **Kreditauftrages** im Sinne des § 778 BGB und die Leistung einer **Garantie**[20]) gelten. Das Versprechen einer **zukünftigen** Sicherheitsleistung wird man dagegen noch nicht als eine Sicherheitsleistung ansehen können[21]). Keine Sicherheitsleistung ist auch die Begründung einer **gesamtschuldnerischen Haftung** der Kapitalgesellschaft und eines Gesellschafters für einen an die Gesellschaft zur Auszahlung gelangenden Kredit. Nach einem BFH-Urteil vom 24. 6. 1964[22]) kann die gesamtschuldnerische Haftung, bei der der Gesellschafter für eigene Schuld einzustehen hat, nicht in eine Sicherheitsleistung des Gesellschafters für eine fremde Schuld umgedeutet werden.

Es liegt nahe, daß diese Regelungen in der Praxis bei Krediten an Konzernunternehmen Berücksichtigung finden.

---

[19]) BFH in HFR 1964, S. 345.
[20]) Anderer Auffassung Kamprad, Der Betrieb 67, S. 1869.
[21]) Vgl. Franken, BB 1967, S. 202.
[22]) HFR 1964, S. 455.

G. Finanzierung und Finanzplanung

Von Professor Dr. Herbert Vormbaum

I. Grundlagen der Finanzierungslehre

Der Begriff Finanzierung wird in der betriebswirtschaftlichen Literatur nicht einheitlich definiert. Deshalb ist es zweckmäßig, sich zunächst mit einigen wichtigen Fassungen dieses Begriffes vertraut zu machen.

1. Der Begriff Finanzierung

Die eine Gruppe von Definitionen schränkt den Begriff einseitig auf die **Beschaffung von Kapital** ein. Dabei wurde teilweise sogar nur auf die Beschaffung des Kapitals durch bestimmte Maßnahmen (Ausgabe von Effekten) abgestellt, teilweise nur die Beschaffung von langfristigem Kapital einbezogen. Der umfassendste dieser Finanzierungsbegriffe erfaßte die gesamte lang- und kurzfristige Kapitalbeschaffung.

Eine andere Gruppe von Definitionen faßt **alle betrieblichen Kapitaldispositionen** unter dem Begriff Finanzierung zusammen und schließt sogar die Wahl der angemessenen Regulierungsmethoden und die Anlage freier Barbestände mit ein.

Ein dritter Begriff versteht unter Finanzierung **alles, was die Passivseite der Bilanz verändert**, also Erhöhungen, Umstrukturierung und Verminderung des Kapitals. Er umfaßt nicht die für Ersatzbeschaffungen und wichtige Einzelgeschäfte wesentlichen Maßnahmen der Freisetzung von Kapital durch Liquidation nicht betriebsnotwendiger Vermögensteile.

Während die Definitionen der ersten Gruppe zu eng sind, einen brauchbaren Finanzierungsbegriff zu bilden, führt die extreme Ausweitung in der zweiten Gruppe von Definitionen dazu, daß nahezu alle betrieblichen Tätigkeiten in den Bereich der Finanzierung zu rechnen sind, sogar die schematische Abwicklung des Zahlungsverkehrs und die gesamten Investitionsvorgänge.

Der Abgrenzungsversuch der dritten Gruppe, durch den versucht wurde, den Finanzierungsbegriff auf die typischen Vorgänge der Kapitalwirtschaft (Erhöhung, Umstrukturierung, Herabsetzung des Kapitals) einzuschränken, ist deshalb problematisch, weil wichtige Teilvorgänge wie die Kapitalfreisetzung durch Liquidation nicht benötigter Vermögensteile nicht erfaßt werden, obwohl sie in der Praxis mit Recht zu den Finanzierungsmaßnahmen gerechnet werden.

Hier sollen daher unter Finanzierung alle Dispositionen verstanden werden, die der Versorgung des Betriebes mit disponiblem (für Investitionen zur Verfügung stehendem) Kapital und der optimalen Strukturierung des Kapitals dienen.

Damit umschließt unser **Finanzierungsbegriff** jene älteren Begriffe, die unter Finanzierung die Beschaffung von Kapital verstehen, und umfaßt auch, wie einige schon früher vorgeschlagene Begriffe, die Veränderungen der Kapitalstruktur (die bei bilanzieller Darstellung als Umstrukturierung der Passivseite der Bilanz sichtbar werden) und die Herabsetzung von Kapital durch Rückzahlung oder Verlusttilgung; darüber hinaus aber schließen wir auch jene Maßnahmen in den Begriff Finanzierung ein, die durch Umformung von (nicht im Betrieb benötigten) Vermögensteilen zur Versorgung des Betriebes mit disponiblem Kapital beitragen. In bilanzieller Darstellung handelt es sich bei dieser Liquidierung von nicht benötigten Vermögensteilen um einen Aktivtausch, also um eine Vermögensdisposition. Sie unterscheidet sich von den anderen Vermögensdispositionen dadurch, daß sie nicht aus dem betrieblichen Leistungs- und Umsatzprozeß entsteht, sondern aus finanzwirtschaftlichen Erwägungen durchgeführt wird. Auch wird das freigesetzte Geldkapital nicht sofort wieder im betrieblichen Kreislauf benötigt, sondern steht (wie auch die Abschreibungsgegenwerte) als frei disponibles Kapital für Anlageentscheidungen zur Verfügung.

Diese Art von Vermögensdispositionen sollte in den Begriff Finanzierung eingeschlossen werden, weil sie einen für die betriebliche Finanzierungspraxis wesentlichen Beitrag zur Kapitalversorgung leistet. Letztlich kommt es ja nicht auf eine quantitativ ausreichende Kapitalausstattung an, sondern auf die Bereitstellung des disponiblen Kapitals, das Grundlage für die Beschaffung der benötigten Vermögensgegenstände ist. Dazu aber leisten z. B. die Liquidation von nicht betriebsnotwendigen Vermögensteilen und Finanzierung aus Abschreibungsgegenwerten einen so wesentlichen Beitrag, daß sie auch in einen modernen Finanzierungsbegriff einbezogen werden müssen.

Die an die Bereitstellung des disponiblen Kapitals anschließende Investition ist jedoch eine reine Vermögensdisposition, die mit Finanzierung nichts mehr zu tun hat. Lediglich, wenn die Versorgung des Betriebes mit Kapital und die Bereitstellung des benötigten Vermögensteiles in einem Vorgang erfolgen (Sacheinlage) läßt sich der Finanzierungsvorgang von dem Investitionsvorgang nicht mehr klar trennen. Deshalb liegen hier besondere Fälle der Finanzierung vor (Finanzierung durch Sachkapital).

Der hier verwendete **Finanzierungsbegriff** umfaßt also folgende Vorgänge:

❶ Kapitalbeschaffung,

❷ Kapitalumschichtung,

❸ Kapitalherabsetzung und

❹ Freisetzung von disponiblem Kapital.

2. Arten der Finanzierung

Von den zahlreichen Arten der Finanzierung, die sich nach den verschiedensten Kriterien unterscheiden lassen, sollen hier nur einige genannt werden:

Nach der beabsichtigten Dauer der Kapitalaufnahme unterscheidet man kurz-, mittel- und langfristige Finanzierung. Zur Unterscheidung dieser Finanzierungsarten lassen sich keine festen Regeln angeben; man spricht etwa von kurzfristiger Finanzierung bei einer Laufzeit von bis zu 6 oder 12 Monaten; Laufzeiten von etwa 12 Monaten bis zu 4 Jahren können als mittelfristig gelten; was darüber hinausgeht, ist langfristige Finanzierung. Dabei kommt es jedoch nicht in erster Linie auf die rechtliche Überlassungszeit an, sondern auf die letztlich tatsächlich beabsichtigte Überlassungsdauer. Kontokorrentkredite werden formal kurzfristig eingeräumt, haben aber wegen der üblichen ständigen Prolongation zum Teil mittel- oder langfristigen Charakter. Wenn langfristige Darlehen vorzeitig gekündigt werden können, sind sie wie mittelfristige Finanzierungsmittel anzusehen.

Nach dem Anlaß der Finanzierungsmaßnahmen kann man Gründungs- und Erweiterungsfinanzierung, Umfinanzierung, Kapitalherabsetzung, Finanzierung einzelner Geschäfte usw. unterscheiden.

Von grundsätzlicher Bedeutung sind jedoch nur die folgenden Begriffspaare:

Man spricht von **Eigenfinanzierung,** wenn dem Betrieb Eigenkapital zugeführt wird, und von **Fremdfinanzierung,** wenn Fremdkapital aufgenommen wird.

Nach der Herkunft der Mittel können verschiedene Kapitalbeschaffungsarten unterschieden werden: man spricht von **Außenfinanzierung,** wenn dem Betrieb neue Mittel von außen zugeführt werden, und von **Innenfinanzierung,** wenn der Betrieb das neue Kapital selbst erwirtschaftet hat.

Die Beziehungen dieser beiden Begriffspaare und einiger anderer wichtiger Begriffe werden durch die Graphik auf Seite 4 dargestellt.

Bei der Finanzierung durch Einlagen kann weiter unterschieden werden, ob die neue Einlage von den bisherigen Eignern geleistet wird (**„Einlagenfinanzierung"**) oder ob sich neue Gesellschafter durch Einlagen an der Gesellschaft beteiligen (**„Beteiligungsfinanzierung"**). Damit sind zwei speziellere Unterbegriffe zur Finanzierung durch Einlagen gebildet.

Die Eigenfinanzierung durch Einbehalten von Gewinnen wird als **Selbstfinanzierung** bezeichnet.

Fremdfinanzierung wird auch als **Beleihungsfinanzierung** bezeichnet, da das Fremdkapital rückzahlbar ist, also dem Betrieb nur „leihweise" zur Verfügung gestellt wird.

Die Beschaffung von disponiblem Kapital durch innerbetriebliche Kapitalfreisetzung wird als **Umschichtungsfinanzierung** bezeichnet.

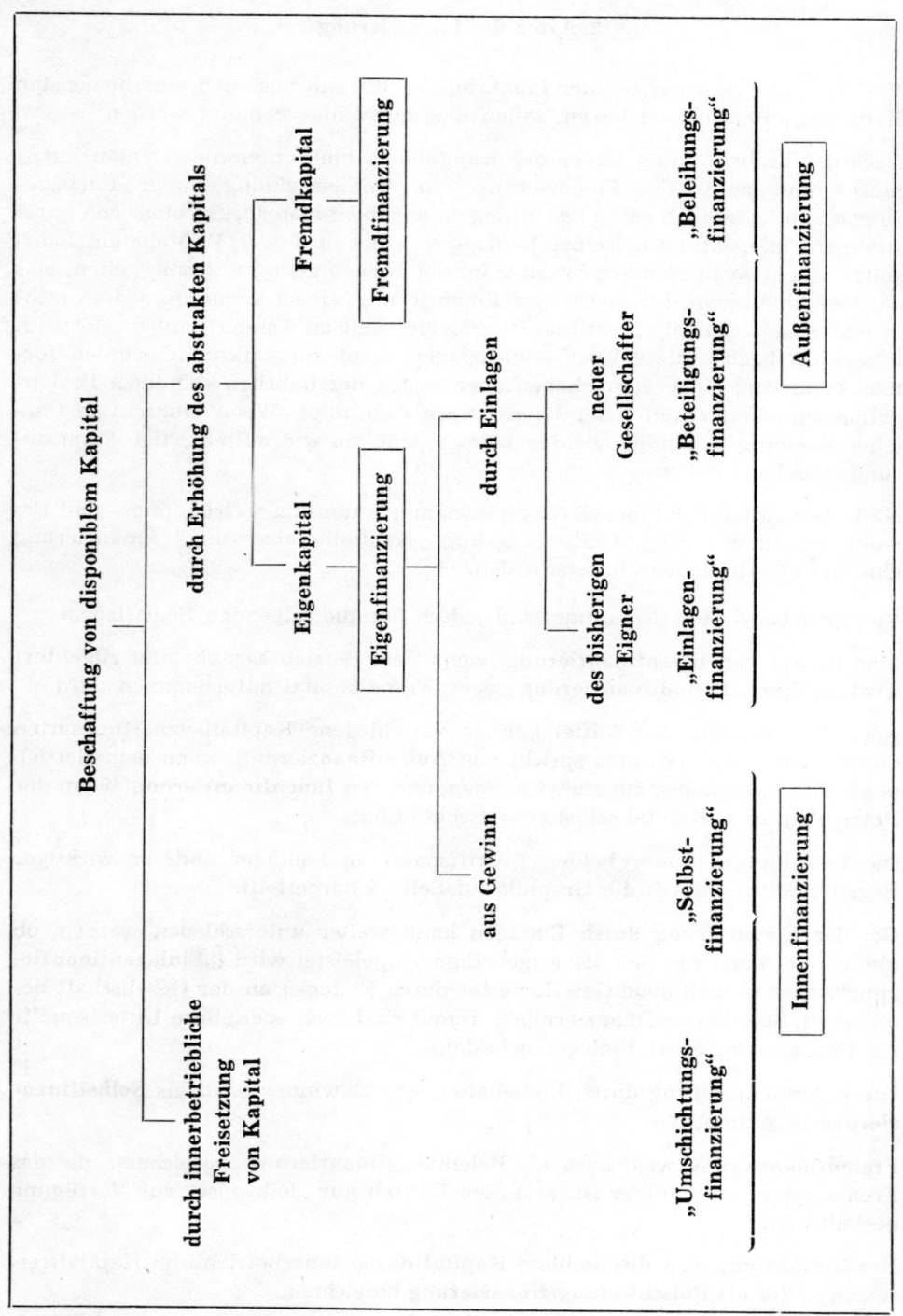

Die Mittel der Beteiligungsfinanzierung wie auch der Beleihungsfinanzierung werden entweder durch unmittelbare Kontakte zu den Kapitalgebern (Individualfinanzierung) oder durch Vermittlung des Marktes (Marktfinanzierung) aufgebracht, wobei sowohl der **Geldmarkt** als auch der **Kapitalmarkt** in Anspruch genommen werden kann. Dabei kommt der Geldmarkt als Quelle für Beteiligungsfinanzierungen und langfristige Beleihungsfinanzierungen dann in Frage, wenn der grundsätzlich langfristige Vertrag kurzfristige Kündigungsmöglichkeiten für den Geldgeber vorsieht oder wenn die Rechte des Geldgebers in fungiblen Wertpapieren verbrieft sind.

3. Die wichtigsten Merkmale von Eigenkapital und Fremdkapital

Der Eigenkapitalgeber ist Eigentümer der Unternehmung. Als solcher hat er kein Recht auf eine feste Verzinsung und Rückzahlung seines Kapitals, sondern er ist entsprechend seinem Anteil an der Aufbringung des Eigenkapitals, am Gewinn und Verlust der Unternehmung und an ihrem Vermögen beteiligt. Grundsätzlich erhält er nicht sein Kapital zurück, sondern hat einen Anspruch auf Teilnahme am Liquidationserlös bei Auflösung der Unternehmung. Dieser Liquidationserlös kann bei einer erfolgreichen Unternehmung weit über das eingelegte Eigenkapital hinausgehen, bei einer unvorteilhaften Entwicklung der Unternehmung kann das eingelegte Kapital jedoch auch teilweise oder insgesamt verloren sein. Daraus ergibt sich, daß Eigenkapitalgeber in der Regel wesentlich mehr Interesse an der Unternehmung haben als Fremdkapitalgeber (Gläubiger) und oft sogar in der Unternehmung vertretungs- und/oder geschäftsführungsberechtigt tätig sein wollen. In jedem Falle haben sie **Informations- und Kontrollrechte,** die eine gewisse Einflußnahme auf die Geschäftspolitik ermöglichen.

In der Regel ist Eigenkapital langfristiges Kapital; es gibt allerdings auch kurzfristiges Eigenkapital, z. B. in der Form des Gewinnes, über dessen Einbehaltung oder Ausschüttung noch beschlossen werden muß oder als aufgekündigtes Eigenkapital, wenn ein Gesellschafter von seinem Kündigungsrecht Gebrauch gemacht hat.

Da die Eigenkapitalgeber keinen Anspruch auf feste Verzinsung ihres Kapitals haben, ist es in Krisensituationen vorteilhaft, wenn der Betrieb zu einem großen Anteil mit Eigenkapital finanziert ist; die Eigenkapitalgeber verzichten für eine gewisse Zeit u. U. auf die Verzinsung ihres Kapitals, während von Fremdkapitalgebern eine termingerechte Zinszahlung verlangt wird, was für die Liquidität des Unternehmens nachteilig ist und eine höhere Preisuntergrenze erzwingen kann. Langfristig verlangen auch Eigenkapitalgeber eine angemessene Verzinsung, die wegen des höheren Risikos sogar über dem normalen Fremdkapitalzins liegen muß.

Um die Unterschiede von Eigen- und Fremdkapital noch besser hervortreten zu lassen, sollen nun die Merkmale des Fremdkapitals aufgezeigt werden:

Der Fremdkapitalgeber ist Gläubiger, d. h. er hat Anspruch auf Rückzahlung des eingelegten Kapitalbetrages zur vereinbarten Zeit. Während der Kreditlaufzeit erhält er vom Schuldner Zinsen, die in der Regel mit einem festen oder variablen (z. B. aus dem jeweiligen Diskont- oder Lombardsatz der Deutschen Bundesbank ableitbaren) Prozentsatz festgelegt sind, sich aber auch nach dem Ergebnis (Gewinn) des Schuldnerbetriebes richten können. Der Fremdkapitalgeber hat in der Regel kein Mitspracherecht bei unternehmerischen Entscheidungen. Im Konkursfall ist er als Konkursgläubiger bevorrechtigt gegenüber dem Anspruch der Gesellschafter auf Teilnahme am Liquidationserlös.

Fremdkapital kann in vielen Formen zur Verfügung gestellt werden und sowohl kurzfristig als auch mittel- und langfristig sein.

Der Fremdkapitalgeber genießt also durch die Rückzahlungsverpflichtung des Schuldners und die feste Verzinsung größere Sicherheiten, er hat dafür aber kein Mitspracherecht bei wichtigen Entscheidungen und in der Regel auch geringere Ertragsaussichten als ein Eigenkapitalgeber.

4. Die Funktionen von Eigenkapital und Fremdkapital

Jedes Wirtschaften in einem Betrieb setzt einen Vorrat von Stoffen, Kräften und Rechten voraus, über den disponiert werden kann. Die Beschaffung dieser Vorräte ist nur mit dem Einsatz von Kapital möglich. Dabei ist es zunächst gleichgültig, ob es sich um den Einsatz von Eigenkapital oder von Fremdkapital handelt. In beiden Fällen führt die Aufnahme von Kapital zu einer Verfügungsmacht über Vermögensgegenstände, die die wirtschaftlichen Handlungen des Betriebes ermöglicht, ja geradezu eine unabdingbare Voraussetzung ist. Insoweit läßt sich feststellen, daß das Kapital im Betrieb generell, also sowohl das Eigenkapital als auch das Fremdkapital, eine Einsatzfunktion, eine A r b e i t s f u n k t i o n, zu übernehmen hat.

Betrachten wir die Gegebenheiten in der Praxis, so zeigt es sich, daß ein Kapitalgeber nur unter verschiedenen Voraussetzungen bereit ist, seine Mittel als Kredit, als Fremdkapital in eine Betriebswirtschaft einzubringen. Eine dieser Voraussetzungen ist die angemessene Sicherheit.

Diese angemessene Sicherheit ist letztlich abhängig von

❶ den Risiken, die das in der Betriebswirtschaft arbeitende Kapital bedrohen, und

❷ der Rangfolge, in der die verschiedenen in der Betriebswirtschaft arbeitenden Kapitalien von diesen Risiken bedroht werden.

Im Hinblick auf diese Rangfolge ergibt sich eine klare Abgrenzung zwischen dem Eigenkapital und dem Fremdkapital. Verluste aus dem Eintritt von Risiken mindern zunächst das Eigenkapital. Erst wenn sie zu einer Aufzehrung des Eigenkapitals geführt haben, berühren sie das Fremdkapital. Diese Rangfolge hat in verschiedenen gesetzlichen Bestimmungen zum Schutze der Gläubiger ihren Niederschlag gefunden. Die Rechtfertigung dafür ist darin zu sehen, daß das zur Geschäftsführung und Vertretung befugte Organ der Betriebswirtschaft oder der Unternehmer mit dem ihm anvertrauten Fremdkapital wie mit eigenem Kapital arbeiten kann. Darüber hinaus sind die vom Unternehmer getroffenen Dispositionen bestimmend für das Ausmaß drohender Risikoverluste. Sein Kapital hat deshalb eine Voraushaftungsfunktion (Garantiefunktion) gegenüber dem Fremdkapital zu übernehmen. Deshalb wird das Eigenkapital gelegentlich auch als Garantiekapital oder Haftungskapital bezeichnet. Der Begriff Garantie- oder Haftungskapital kann allerdings im konkreten Einzelfall umfassender sein als der Begriff Eigenkapital, gesehen auf der Basis der Betriebswirtschaft. Einerseits umschließen diese Begriffe noch nicht eingezahlte Eigenkapitalteile, die nach den gesetzlichen Vorschriften für die Verbindlichkeiten der Unternehmung haften (ausstehende Einlagen bei Kapitalgesellschaften oder von Kommanditisten), darüber hinaus umschließen diese Begriffe bei der Einzelfirma, bei Offenen Handelsgesellschaften und bei den Komplementären von Kommanditgesellschaften und Kommanditgesellschaften auf Aktien das gesamte weitere (private) Kapital des Inhabers oder Gesellschafters.

Diese zweite Funktion des Eigenkapitals kann nicht vom Fremdkapital übernommen werden. Der Fremdkapitalgeber erwartet aus Gründen der Sicherheit für sein Kapital ein den Risiken der Betriebswirtschaft angemessenes voraushaftendes Eigenkapital. Es gibt daher nur in Sonderfällen Betriebswirtschaften, die ohne Eigenkapital arbeiten und Fremdkapital aufnehmen können. Einen solchen Sonderfall stellen zum Beispiel die öffentlichen Sparkassen dar. Bei ihnen ist die sonst dem Eigenkapital zufallende Voraushaftungsfunktion durch eine Garantie der öffentlichen Trägerkörperschaft ersetzt (= Gewährträgerhaftung).

In verschiedenen Fällen hat der Gesetzgeber zum Schutz der Gläubiger sogar den Höchstbetrag des aufnehmbaren Fremdkapitals auf ein Mehrfaches des vorhandenen Eigenkapitals begrenzt: z. B. für reine und gemischte Hypothekenbanken. Es gibt weiterhin Fälle, in denen das Eigenkapital überwiegend nur die Garantiefunktion ausübt, während als Arbeitskapital (Arbeitsfunktion) überwiegend Fremdkapital eingesetzt wird, wie z. B. bei Versicherungsgesellschaften.

5. Das finanzwirtschaftliche Gleichgewicht

a) Die Bedeutung herkömmlicher Finanzierungsregeln

In der älteren betriebswirtschaftlichen Literatur finden sich zahlreiche Versuche, die Relation von Eigen- und Fremdkapital und die Verhältnisse der verschiedenen Kapitalarten zu Anlage- und Umlaufvermögen durch allgemeine Finanzierungsregeln zu bestimmen. Schon die Vielzahl solcher Regeln und ihrer Auslegungen zeigt, daß keine ein logisch begründetes optimales Verhältnis angibt. Da diese Regeln jedoch auch heute noch häufig als gültige Maßstäbe angesehen und besonders von Banken bei der Beurteilung der Kreditwürdigkeit anderer Unternehmungen verwendet werden und in Bilanzanalysen und Bilanzkritiken eingehen, müssen sie hier dargestellt und diskutiert werden.

Die Grundregel ist die sogenannte **goldene Finanzierungsregel** (goldene Bankregel). Sie besagt, daß die Fristigkeit des Kapitals der Umschlagdauer des damit finanzierten Vermögens entsprechen soll. Auf keinen Fall sollen Vermögensteile, die sich lang- oder mittelfristig umschlagen, mit kurzfristigen Mitteln finanziert werden, da dadurch die fristgerechte Rückzahlung gefährdet ist. Um den Wert dieser Regel beurteilen zu können, muß zunächst festgestellt werden, was durch ihre Beachtung erreicht werden soll. Offenbar soll die Abstimmung von Kapitalbindungsfrist und Laufzeit des aufgenommenen Kapitals der Liquiditätssicherung dienen. Dazu ist allerdings zu bemerken, daß die genaue Einhaltung der goldenen Finanzierungsregel nach den heutigen Erkenntnissen nicht die Liquidität des Betriebes sichert. Um die Liquidität völlig zu sichern, müßten zusätzlich folgende Annahmen gemacht werden:

1. Die aus der Kapitalanlage fließenden Erlöse sind mindestens so hoch wie der investierte Betrag.

2. Falls ein entsprechender Kapitalbedarf ständig besteht, muß bei der Rückzahlung des alten Kapitals ohne Schwierigkeiten neues Kapital beschafft werden können, um die fällige Ersatzinvestition durchführen zu können. Ohne diese Substitutions- oder Prolongationsmöglichkeit käme es zu einer Beeinträchtigung der Betriebsbereitschaft.

Die zweite notwendige Bedingung macht die goldene Finanzierungsregel aber zu einem Paradoxon: Wenn bei Fälligkeit des alten Kapitals die Aufnahme neuen Kapitals möglich ist, bedarf es keiner Fristengleichheit mehr, um die Liquidität zu sichern.

Andererseits ist es unter Umständen möglich, die goldene Finanzierungsregel außer acht zu lassen, ohne daß dadurch die Liquidität gefährdet ist: es ist ungefährlich, Anlagen zunächst kurz- oder mittelfristig zu finanzieren, wenn die Anschlußfinanzierung gesichert ist, sei es, daß die kurzfristigen Mittel mit

Sicherheit prolongiert werden, sei es, daß sie durch andere Mittel (aus Selbstfinanzierungen z. B.) substituiert (= ersetzt) werden. Auch hier kommt es also auf die Möglichkeiten von Prolongation und Substitution an.

Damit ist gezeigt, daß die goldene Finanzierungsregel weder hinreichend ist, die Liquidität zu sichern, noch eine notwendige Mindestbedingung darstellt. Sie ist nach den heutigen Erkenntnissen nur ein Hilfsmittel, das zur Liquiditätserhaltung beiträgt, indem es die Risiken der Finanzierung mindert; wenn die von der goldenen Bankregel geforderte Fristenentsprechung gegeben ist, sind nur bei Ablauf der Kapitalbindungsdauer jedes konkreten Vermögensteiles Anschlußfinanzierungen für die Wiederbeschaffung eines entsprechenden Vermögensgegenstandes nötig. Ist dagegen die Kapitalbindungsdauer größer als die Kapitalüberlassungsdauer, so sind häufige Substitutionen oder Prolongationen erforderlich, wodurch das Finanzierungsrisiko wächst. Da die Voraussage, daß eine Anschlußfinanzierung ohne Schwierigkeiten möglich sein wird, immer mit einer gewissen Unsicherheit behaftet ist, kann in dieser Risikominderung ein gewisser Beitrag zur Liquiditätssicherung gesehen werden.

Die praktischen Schwierigkeiten, die sich bei der Anwendung der goldenen Finanzierungsregel in gesamtbetrieblicher Betrachtung daraus ergeben, daß es nicht möglich ist, die Kapitalbindungsdauer von Vermögensgruppen und die Kapitalüberlassungsdauer von zusammengesetzten Kapitalpositionen zu bestimmen, führen zu einer Neuformulierung des Prinzips der Fristenkongruenz in praktikableren Relationen.

Die Neuformulierungen (Goldenen Bilanzregeln) versuchten das Problem der Bestimmung von Kapitalbindungsdauer und Kapitalüberlassungsdauer dadurch zu lösen, daß sie an die grundsätzlichen Bilanzgliederungen anknüpfen. Sie fordern in ihrer strengsten Fassung die Deckung des Kapitalbedarfs für das Anlagevermögen durch Eigenkapital[1]). Andere Autoren gestatten die Verwendung von langfristigem Fremdkapital, beziehen Teile des Umlaufvermögens in das langfristig zu finanzierende Vermögen ein oder nehmen noch andere Modifikationen vor. In allen Fällen verbleibt eine starre Regel, die ebensowenig wie die goldene Finanzierungsregel die Liquidität sichert und zusätzlich noch weitere Ungenauigkeiten durch die globale Orientierung an Bilanzpositionen in Kauf nimmt.

Ähnliche Bedenken müssen geltend gemacht werden, wenn versucht wird, ein Verhältnis von Eigen- und Fremdkapital anzugeben, wie das in der sogenannten „eins-zu-eins-Regel" oder der „zwei-zu-eins-Regel" getan wird. Zwar gibt es auch hierzu zahlreiche verschiedene Auslegungen, vor allem werden die Regeln gelegentlich auf das Verhältnis von Eigen- und Fremdkapital insgesamt, dann wieder auf die Finanzierung des Umlaufvermögens bezogen — stets aber liegt

---

[1]) So auch bei Kreditinstituten durch § 12 KWG.

der Mangel solcher Regeln in der Anwendung eines starren Finanzierungsgrundsatzes ohne Rücksicht auf Betriebstyp, Branche, Rechtsform, Konjunktursituation usw. Diese und viele andere Einflußfaktoren aber müssen berücksichtigt werden, wenn eine wirklich optimale Finanzstruktur ermittelt werden soll. In der vorliegenden Form dienen die Regeln allenfalls der Sicherung des aufgenommenen Fremdkapitals.

b) Die Bestimmungsgrößen der optimalen Finanzierung

Die optimale Finanzierung des Betriebes muß für jeden Fall individuell im Spannungsfeld von Rentabilität und Liquidität bestimmt werden, wobei auch Risikobereitschaft oder Sicherheitsbedürfnisse der Unternehmer und Kapitalgeber wesentlichen Einfluß haben.

Das dabei angestrebte Ziel ist das finanzwirtschaftliche Gleichgewicht der Unternehmung. Es ist erreicht, wenn bei der Maximierung der Rentabilität jederzeit die betriebliche Liquidität gewahrt ist.

Dem Rentabilitätsproblem ordnen sich dabei der Sachzins (Rentabilität, die das in einer Betriebswirtschaft gebundene Gesamtkapital erwirtschaftet) und der Marktzins (der für das jeweilige Fremdkapital zu entrichtende Zins) als Bestimmungsfaktoren für die Zusammensetzung des Gesamtkapitals aus Eigen- und Fremdkapital unter. So kann durch eine zusätzliche Aufnahme von Fremdkapital die Rentabilität des unveränderten Eigenkapitals noch so lange gefördert werden, als der hieraus zu erlösende zusätzliche Sachzins höher ist als der zu zahlende zusätzliche Marktzins. Ähnliche Überlegungen gelten hinsichtlich der Ersetzung von Eigenkapital durch Fremdkapital: Solange der Unternehmer für das freigesetzte Eigenkapital in einer sonstigen, außerbetrieblichen Verwendungsmöglichkeit einen höheren zusätzlichen Sachzins erzielen kann als der von ihm für das ersatzweise zusätzlich aufgenommene Fremdkapital zu bezahlende Marktzins ausmacht, solange kann die Rentabilität des vom Unternehmer insgesamt eingesetzten Eigenkapitals gesteigert werden.

Wenn die Frage der Liquidität eines Betriebes erörtert wird, stößt man sofort auf die verschiedenen Liquiditätsbegriffe, deren Unterscheidung für das Verständnis der Problematik unbedingt notwendig ist. Es handelt sich um die Unterscheidung der graduellen Liquidität, der statischen Liquidität und der dynamischen Liquidität.

Zur Ermittlung der **graduellen Liquidität** werden die in der Bilanz erfaßten Vermögensgegenstände nach ihrer zeitlichen Liquidierbarkeit (ihrer „Geldnähe") geordnet und zu verschiedenen Gruppen zusammengefaßt. Für jede dieser Gruppen wird ein Liquiditätsgrad festgelegt, der sie von den anderen Gruppen mit einer höheren oder geringeren Liquidität abheben soll. So erscheinen z. B. unter der Bezeichnung „Liquidität ersten Grades" der Kassenbestand, Bankguthaben, Postscheckguthaben und gegebenenfalls die kurzfristig fälligen Forderungen.

Die sich mit der **statischen Liquidität** befassende Betrachtung versucht dagegen die Frage zu beantworten, ob bzw. in welchem Umfang ein Betrieb zu einem bestimmten Zeitpunkt in der Lage ist, seine fälligen Zahlungsverpflichtungen aus dem Vorrat an liquiden Mitteln zu erfüllen.

Auch diese Betrachtung erfolgt in der Regel auf der Grundlage von Bilanzen. Hier wird, im Gegensatz zur graduellen Liquidität, eine Verbindung zwischen der Kapitalherkunft und der Kapitalverwendung hergestellt. Im Rahmen von Bilanzanalysen und Bilanzkritiken werden dann die weiteren, nach der zeitlichen Liquidierbarkeit gebildeten Gruppen von Vermögensteilen den nach dem Merkmal der Fristigkeit gebildeten Gruppen des Kapitals (des Eigen- und Fremdkapitals) gegenübergestellt. Diese Gegenüberstellung und die auf ihrer Grundlage vorgenommenen Aussagen gehen, strenggenommen, schon über den Bereich der statischen Liquiditätsbetrachtung hinaus. Sie stehen letztlich unter der Frage: Kann der Betrieb seinen schon zum Zeitpunkt der Bilanz bestehenden, aber erst zukünftig fälligen Zahlungsverpflichtungen unter Inanspruchnahme der bilanzmäßig ausgewiesenen liquidierbaren Vermögensteile entsprechen? Der Kreis der zu diesem Ausgleich heranzuziehenden Vermögensteile gibt dann den Ansatzpunkt zur Beurteilung der Liquidität sowie der Risikobereitschaft und des Finanzgebahrens der Unternehmung.

Dieses an der Bilanz orientierte Liquiditätsdenken spiegelt sich überwiegend in den liquiditätsbezogenen Finanzierungsregeln wieder, die oben schon kurz behandelt wurden.

Die **dynamische Liquidität** steht unter der Frage, ob ein Betrieb in einem bestimmten, zukünftigen Zeitraum und auf der Grundlage des geplanten oder zu erwartenden Betriebsprozesses jederzeit in der Lage ist, seinen Zahlungsverpflichtungen nachzukommen. Das setzt voraus, daß die für diesen Zeitraum aufzustellende Einnahmenreihe zuzüglich dem Anfangsbestand an Zahlungsmitteln zu jedem Zeitpunkt zumindest der Ausgabenreihe entspricht. Die Frage, ob die dynamische Liquidität für den zu betrachtenden Zeitraum gewährleistet ist, kann damit nur **auf der Grundlage eines Finanzplanes** beantwortet werden, der sämtliche Einnahmen und Ausgaben berücksichtigt, auch soweit sie auf Veränderungen von Eigen- und Fremdkapital zurückzuführen sind.

Schon daraus ergibt sich die große Bedeutung der Finanzplanung für alle betrieblichen Finanzierungsmaßnahmen, denn nur die durch den Finanzplan ermittelte dynamische Liquidität ist eine geeignete Größe, die die Liquidität so zu beurteilen gestattet, wie es bei der Suche nach der optimalen Finanzierung und damit zur Zukunftssicherung des Betriebes nötig ist. Die beiden anderen Liquiditätsbegriffe scheiden wegen ihrer Bilanzbezogenheit und Starre aus.

c) Grundsätze zur sachgerechten Finanzierung der Vermögensgruppen

Die oben angedeuteten Überlegungen zur Rentabilitäts- und Liquiditätsproblematik der Finanzierungsentscheidungen sind allerdings nicht geeignet, ohne weiteres die optimale Finanzierung bestimmbar zu machen; sie geben vielmehr nur einen Einblick in die wichtigsten Zusammenhänge.

Da jedoch bis heute keine praktikablen und umfassenden Kriterien für die Auswahl der optimalen betrieblichen Finanzierungsmaßnahmen aufgestellt werden konnten, bleibt auch weiterhin nur die Möglichkeit, Entscheidungshilfen für die Finanzierung der einzelnen Vermögensgruppen zu formulieren und dadurch einen gewissen Beitrag zur Verbesserung betrieblicher Finanzierungsentscheidungen zu leisten. Diese Grundsätze dienen vor allem der Sicherung des Betriebes gegen zu hohe Finanzierungsrisiken und tragen daher auch zur Sicherung des Fremdkapitals und zur Liquiditätserhaltung bei. Rentabilitätsüberlegungen aber werden durch sie nicht ersetzt; wenn sowohl Eigen- als auch Fremdkapital eingesetzt werden kann, muß die Entscheidung darüber in einem besonderen Entscheidungsakt rentabilitätsorientiert gefällt werden. Auch beanspruchen die hier zu entwickelnden Grundsätze keineswegs, in jedem Fall unabdingbare Erfordernisse zu sein.

Die Bedeutung eines Vermögensgegenstandes oder einer Vermögensgruppe für den Betrieb bestimmt sich aus der Wichtigkeit dieser Vermögensteile für die Erreichung des Betriebszieles und der diesem untergeordneten Betriebszwecke. Vermögensteile, die unmittelbar dem betrieblichen Hauptzweck dienen, sind von größerer Bedeutung für den Betrieb als solche, die anderen (zusätzlichen, untergeordneten) Betriebszwecken (Nebenzwecken) dienen, unabhängig davon, ob die einzelnen Vermögensteile zum Anlage- oder zum Umlaufvermögen gehören.

Wäre der Betrieb nämlich gezwungen, einen Vermögensgegenstand vorzeitig zu liquidieren, der dem Hauptzweck dient, so sieht er sich nicht nur der Gefahr eines Verlustes aus der vorzeitigen Liquidation gegenüber, sondern er muß außerdem eine Beeinträchtigung des betrieblichen Hauptzweckes hinnehmen; er kann damit sein Betriebsziel nicht mehr uneingeschränkt erreichen. Deshalb ist bei der Finanzierung des dem ursprünglichen Betriebszweck (Hauptzweck) dienenden Vermögens besonders darauf zu achten, daß die Finanzierungsrisiken gering gehalten werden.

Aus der Liquidation des betriebszweckfremden Vermögens droht dem Betrieb dagegen nur eine Gefahr: es können dabei Verluste auftreten. Da der Hauptzweck mit der Veräußerung dieser Vermögensteile nicht beeinträchtigt wird, können hier Finanzierungsrisiken eher hingenommen werden.

Damit ist schon klargeworden, daß Betrachtungen über die Finanzierung der verschiedenen Vermögensteile nicht von der Unterscheidung in Anlage- und Umlaufvermögen ausgehen dürfen und auch nicht auf der Gliederung des Vermögens in der Bilanz aufbauen können.

Sie müssen viel stärker differenzieren und individueller entscheiden. Als Ansatz und Muster zu solchen Überlegungen können die folgenden Betrachtungen angesehen werden, bei denen das dem ursprünglichen Betriebszweck (Hauptzweck) dienende Vermögen wegen der verschiedenen Bedeutung für den Betrieb wie folgt aufgeteilt wird:

Es kann sich zunächst um Vermögensteile handeln, die bei der gegenwärtigen Betriebskapazität im Leistungsprozeß benötigt werden — **kapazitätsgebundenes Vermögen**.

Die zweite Gruppe besteht aus Vermögensteilen, die eine volle Ausnutzung der Betriebskapazität auch dann gewährleisten sollen, wenn einzelne Teile des kapazitätsgebundenen Vermögens vorübergehend ausfallen — **kapazitätsorientiertes Reservevermögen**.

Schließlich gibt es noch Vermögensteile, die vom Betrieb schon im Hinblick auf eine zukünftig durchzuführende Kapazitätserweiterung angeschafft wurden — **kapazitätsorientiertes Erweiterungsvermögen**.

Alle anderen Vermögensgegenstände werden als **betriebszweckfremdes Vermögen** bezeichnet, da sie nicht dem betrieblichen Hauptzweck dienen.

Für diese verschiedenen Gruppen von Vermögensteilen können unterschiedliche Finanzierungsgesichtspunkte herausgearbeitet werden, wenn das unterschiedliche Risiko betrachtet wird, das mit einer vorzeitigen Liquidation der jeweiligen Vermögensteile verbunden ist.

Das **kapazitätsgebundene Vermögen** ist von größter Wichtigkeit für den ungestörten Betriebsablauf; es umfaßt die gesamten im betrieblichen Leistungsprozeß eingesetzten Vermögensteile, eventuell sogar jene Teile der Finanzanlagen, die einen reibungslosen Ablauf des Betriebsprozesses sichern sollen. Finanzierungsrisiken müssen unbedingt vermieden werden. Deshalb wird das kapazitätsgebundene Vermögen zweckmäßigerweise durch langfristiges Eigen-

oder Fremdkapital finanziert. Im letzten Fall ist aber darauf zu achten, daß entweder dem Kreditgeber während der vertraglichen Kreditlaufzeit kein Kündigungsrecht zusteht oder im Falle einer Kündigung die Anschlußfinanzierung gesichert ist. Von diesem Grundsatz kann nur für diejenigen Teile des kapazitätsgebundenen Anlagevermögens unter gewissen Voraussetzungen und in gewissen Grenzen abgewichen werden, die der regelmäßigen Abnutzung unterliegen. Auch bei der Rückzahlung des langfristigen Kapitals muß eine Anschlußfinanzierung gesichert sein, wenn erneut ein entsprechender Kapitalbedarf auftritt. Jede andere Finanzierung birgt die Gefahr in sich, daß der Betrieb Teile seines kapazitätsgebundenen Vermögens liquidieren und den Liquidationserlös zur Kapitalrückzahlung beanspruchen muß. Damit wäre es dem Betrieb nicht mehr möglich, seinen ursprünglichen Betriebszweck in dem von der bisherigen Betriebskapazität bestimmten Umfang zu verfolgen.

Das **kapazitätsorientierte Reservevermögen** wird nur dann in den betrieblichen Leistungsprozeß einbezogen, wenn Störungen den Einsatz der entsprechenden Teile des kapazitätsgebundenen Vermögens verhindern. Deshalb würde eine notwendige Liquidation derartiger Vermögensteile den Betriebsprozeß nicht mit der gleichen Zwangsläufigkeit beeinträchtigen wie die Liquidation kapazitätsgebundener Vermögensteile; die Folgen fehlender Reservevermögen können jedoch sehr ernst sein, wenn für die Beschaffung und Installation von Ersatzaggregaten ein längerer Zeitraum nötig ist und das Fehlen eines einsatzbereiten Aggregats den gesamten Produktionsprozeß wesentlich beeinträchtigt. In solchen Fällen wird ständig ein Reserveaggregat einsatzbereit gehalten, bei dessen Finanzierung kein Risiko eingegangen werden darf; wie bei der Finanzierung des kapazitätsgebundenen Vermögens ist also auch hier langfristiges Kapital einzusetzen.

In anderen Fällen hat das Fehlen geeigneter Reservevermögensgüter keine so ernsten Folgen oder die Beschaffung der Reserven ist bei Bedarf sofort möglich; hier genügt es, bei auftretendem Bedarf die nötigen Vermögensgegenstände unter Ausnutzung eines Kreditspielraumes beschaffen zu können. Wegen der geringeren Bedeutung solcher Reservegüter ist auch gegebenenfalls eine kurzfristige Finanzierung vorrätiger Reservegüter denkbar, wenn die geringeren Kosten es ratsam erscheinen lassen, diese begrenzten Risiken auf sich zu nehmen.

Das **kapazitätsorientierte Erweiterungsvermögen** besteht aus Vermögensteilen, die vorrätig gehalten werden, um die Möglichkeit von Kapazitätserweiterungen offen zu halten. Es wird sich dabei oft um Vorratsgrundstücke handeln, die sich in günstiger Lage zum bisherigen Betrieb befinden. Grundsätzlich sollte auch bei der Finanzierung dieser Vermögensbestandteile das Finanzierungsrisiko gering gehalten werden, damit die betrieblichen Erweiterungsmöglichkeiten nicht gefährdet sind. Es empfiehlt sich also eine Finanzierung mit langfristigem Kapital. Im Vergleich zu den vorangehenden Vermögensgruppen können aber die Risiken kurzfristiger Finanzierung eher in Kauf genommen werden, da die vorzeitige Veräußerung derartiger Vermögensteile nicht jede zukünftige Kapazitätserweiterung ausschließt, sondern gegebenenfalls nur die Kapazitätserweiterung am gegenwärtigen Standort des Betriebes.

Für das **betriebszweckfremde Vermögen** (z. B. reine Finanzanlagen, spekulative Bestände) verliert der Liquiditätsgesichtspunkt gegenüber dem Rentabilitätsgesichtspunkt an Bedeutung. Der Liquiditätsgesichtspunkt umschließt hier lediglich noch die Bedingung, daß der Vermögensgegenstand innerhalb der Laufzeit des zu seiner Beschaffung aufgenommenen Kapitals wieder liquidiert werden kann. Verluste, die bei plötzlich notwendiger Liquidation drohen, sind aber von vornherein in der Rentabilitätsrechnung zu berücksichtigen, die die Grundlage der Entscheidung im Beschaffungsprozeß bildet. Wenn die Haltung der betriebszweckfremden Vermögensgegenstände auch dann noch rentabel ist, braucht auf die zeitliche Finanzierungsmöglichkeit keine besondere Rücksicht genommen zu werden; es kann sowohl kurz- als auch langfristiges Kapital eingesetzt werden.

Diese Aussagen gelten für alle Betriebe unabhängig von der Betriebsgröße und Branchenzugehörigkeit. Sie gelten für die Zeit der Prosperität wie für die Zeit der Depression. Insbesondere in Zeiten der Prosperität vermögen die steigende Nachfrage, die Gewinnchancen und das relativ enge Angebot an Eigen- und Fremdkapital den Betrieb zu einer **leichtfertigen Finanzpolitik** zu veranlassen, deren Auswirkungen sich früher oder später in einer angespannten Liquiditätslage, in Notverkäufen, einer Gläubigerdiktatur oder sogar in Vergleichs- oder Konkursverfahren zeigen können, wenn eine Konsolidierung nicht rechtzeitig gelingt.

II. Der Kapitalbedarf

1. Begriff und Wesen des Kapitalbedarfs

Jede Betriebswirtschaft benötigt zur Erfüllung ihrer Aufgaben eine bestimmte Menge an Kapital, über deren Höhe Klarheit bestehen muß, bevor mit der Deckung dieses Kapitalbedarfs begonnen werden kann. Besondere Bedeutung erlangt die Ermittlung des notwendigen Kapitals bei der Gründung, da in dieser Phase die dem Betrieb langfristig dienende finanzielle Grundausstattung bereitzustellen ist. Der später im laufenden Betriebsprozeß auftretende Kapitalbedarf besteht lediglich in kurzfristig diese Grundausstattung übersteigenden Spitzen, es sei denn, der Betrieb strebt eine Erweiterung an, was unter Umständen eine Aufstockung der langfristig vorhandenen Kapitalbasis voraussetzt. In diesem Fall gelten ähnliche Überlegungen wie bei der Gründung.

Im folgenden wird nur der Bedarf an langfristigem Kapital behandelt, der in der Gründungs- oder Erweiterungsphase entsteht, und zwar insbesondere die Faktoren, die seine Höhe beeinflussen und die Methoden zu seiner Ermittlung.

Der Grund für diesen Kapitalbedarf liegt in dem Umstand, daß der Betrieb Zahlungen an die Lieferanten der einzusetzenden Sachgüter und Leistungen und an die Arbeitnehmer zu entrichten hat (= Ausgaben), bevor ihn selbst die Zahlungen der Kunden für die erstellten Leistungen erreichen (= Einnahmen).

Für eine genauere Analyse ist es vorteilhaft, die Ausgaben aufzuteilen in Beträge, die für langfristig gebundene Wirtschaftsgüter und nur bei der Gründung oder Erweiterung anfallende Ingangsetzungskosten aufzuwenden sind, und Beträge für sich schnell umschlagendes Vermögen und sonstige laufend zu bezahlende Leistungen. Die Ausgaben für die langfristig gebundenen Vermögensteile werden erst über mehrere Jahre im Verkaufspreis wiedergewonnen, so daß auch das Kapital zu ihrer Finanzierung dauerhaft zur Verfügung stehen sollte. Dagegen werden die Beträge für Umlaufvermögen und Dienstleistungen sofort in voller Höhe in die Produktpreise eingerechnet und, falls der Markt den Preis bezahlt, kurzfristig wiedergewonnen. Dennoch bleibt auch ein Teil des Kapitals für ihre Finanzierung permanent gebunden, was an einem einfachen Beispiel erläutert werden kann.

Es wird angenommen, einen Monat lang würden nach Beginn der Produktion am Ende jeder Woche Löhne und Material gezahlt werden und am Ende jeder Woche werde aus diesen Einsatzleistungen eine Produkteinheit erzeugt und sofort abgesetzt. Es sei angenommen, daß das Geld für das in der ersten Woche produzierte Gut vier Wochen nach dem Verkauf eingeht. Mit dieser Einnahme kann die Produktion der fünften Woche finanziert werden. Nach fünf Wochen wird das Produkt der zweiten bezahlt und mit diesem Geld die Produktion der sechsten Woche finanziert usw. Der Betriebsprozeß finanziert sich also von der vierten Woche ab selbst. Wie jedoch leicht ersichtlich ist, bleibt immer ein Betrag von Ausgaben der ersten vier Wochen gebunden, der durch langfristiges Kapital dauerhaft finanziert werden muß. Dieser Kapitalbedarf ergibt zusammen mit dem Anlagekapitalbedarf das ingesamt notwendige langfristige Kapital.

2. Die Bestimmungsfaktoren des Kapitalbedarfs

Der **Umfang des benötigten Kapitals** hängt von verschiedenen Faktoren ab: Entscheidend sind die B e t r i e b s g r ö ß e und das geplante P r o d u k t i o n s p r o g r a m m , da sie unmittelbar die Höhe der Ausgaben betreffen. Weiterhin ist die Struktur der betrieblichen Prozesse von Bedeutung (= P r o z e ß s t r u k t u r), denn es ist für den Kapitalbedarf nicht gleichgültig, ob die Erzeugung verschiedener Produkte z. B. zeitlich nacheinander abläuft wie bei sukzessiver Fertigung einzelner Objekte oder gleichzeitig wie bei der parallelen Fertigung mehrerer Produktarten.

Eine ebenso wichtige Bestimmungsgröße wie die Prozeßstruktur ist die Geschwindigkeit, mit der das betriebliche Geschehen abläuft (= U m s a t z g e s c h w i n d i g k e i t). Das wird klar, wenn man sich vorstellt, die Ausgabe- und Einnahmebeträge wären gleich groß und fielen auf einen Zeitpunkt. In diesem Fall wäre kein Kapital notwendig, da die Ausgaben sofort mit den Einnahmen beglichen werden könnten. Je weiter nun die Ausgabe- und Einnahmezeitpunkte auseinanderrücken, d. h. je langsamer der Umgangsprozeß verläuft, desto größer ist der Kapitalbedarf, da um so mehr Ausgaben vorfinanziert werden müssen.

Schließlich ist noch das P r e i s n i v e a u als Einflußfaktor zu nennen, das unmittelbar auf die Höhe der Einnahmen und Ausgaben einwirkt.

3. Die Ermittlung des Kapitalbedarfs

Für die Berechnung des während der Gründung oder Erweiterung benötigten Kapitals ist die anfangs erwähnte Trennung nach seiner zeitlichen Gebundenheit zweckmäßig. Einmal besteht Kapitalbedarf zur Finanzierung der Ausgaben, die mit der Anschaffung langlebiger Vermögensgegenstände und der anfänglichen Organisation und Ingangsetzung des Betriebes in Zusammenhang stehen, und zum anderen Kapitalbedarf zur Finanzierung der Auszahlungen, die laufend im Rahmen des Umsatzprozesses anfallen (wie Löhne, Gehälter, Materialien oder Energiekosten). Beide Kapitalbedarfsarten unterscheiden sich auf Grund ihres Verhältnisses zum Zeitablauf in der Form und der Schwierigkeit ihrer Berechnung.

a) Der Anlagekapitalbedarf

Das Kapital für den Aufbau und die Ingangsetzung des Betriebes dient vorwiegend der Finanzierung des Anlagevermögens, aber auch des Aufbaus einer leistungsfähigen Organisation und der Ausgaben, die mit der Planung und Realisierung der Betriebsbereitschaft zusammenhängen. Es bildet den langfristig gebundenen Grundstock des Gesamtkapitals und läßt sich auf der Grundlage eines in Zusammenarbeit mit den Technikern des Betriebes aufgestellten Investitionsplanes ermitteln. Die Schwierigkeiten liegen in den komplizierten Detailrechnungen der einzelnen Größen und der Unsicherheit, mit der diese behaftet sind, da sie zum Teil auf Schätzungen beruhen.

b) Der Umlaufkapitalbedarf

Die Messung des Kapitalbedarfs für die Finanzierung des laufenden Betriebsprozesses ist wesentlich problematischer, denn sie ist abhängig von der Zeit, in der sich die einzelnen einzusetzenden Leistungen umschlagen, d. h. in der die zu ihrer Beschaffung aufgewendeten Geldbeträge in Form der Verkaufserlöse für die fertigen Erzeugnisse wieder in den Betrieb gelangen. Würden sie am Morgen des ersten Produktionstages beschafft und bar bezahlt werden, während des Tages zu absatzfähigen Produkten umgeformt und am Abend gegen sofortige Bezahlung verkauft werden, so müßte die Produktion eines Tages finanziert werden, was gleichzeitig dem Bedarf an Umlaufkapital entspräche. In Wirklichkeit ist es jedoch so, daß der Zeitraum von der Bezahlung der Einsatzleistungen bis zur Bezahlung der Verkaufsprodukte durch den Kunden bedeutend länger als ein Tag ist, denn die beschafften Güter werden gelagert, die Produktion erstreckt sich über mehrere Tage oder Wochen, die Fertigprodukte werden eventuell wieder gelagert und wenn sie ihren Abnehmer endlich erreicht haben, vergeht noch einige Zeit bis zur Begleichung der Rechnung.

Während dieses Zeitraumes müssen Löhne und Gehälter gezahlt werden, muß neues Material beschafft und bezahlt werden, ohne daß diesen Ausgaben zunächst Einnahmen gegenüberstehen. Erst von dem Zeitpunkt ab, da durch die laufenden Einnahmen der Kunden die laufenden Ausgaben bestritten werden können, finanziert sich der Umsatzprozeß aus sich selbst, und lediglich kurzfristig auftretende Spitzen schaffen zeitweiligen zusätzlichen Kapitalbedarf. Das bis zu diesem Zeitpunkt benötigte Kapital ist jedoch dauerhaft gebunden und muß bei der Gründung aufgebracht werden.

Auf welche Weise läßt sich nun der Kapitalbedarf zur Finanzierung des Umsatzes berechnen?

Der einfachste Weg besteht als Faustformel in der Ermittlung von **durchschnittlichen Ausgaben pro Tag und ihrer durchschnittlichen Gebundenheit bis zur Freisetzung durch die anschließende Kundenzahlung.** Danach wäre der Umlaufkapitalbedarf gleich den täglichen Ausgaben für Materialien, Löhne und sonstige produktive Faktoren, multipliziert mit der Anzahl der Tage für Lagerung, Produktion und Zahlungsziel.

Solch eine Rechnung berücksichtigt nicht, daß die Ausgaben für die verschiedenen Beschaffungsgüter zu unterschiedlichen Zeitpunkten und in verschiedenen Abständen vorgenommen werden, so daß durch die Umformung in Durchschnittsgrößen große Ungenauigkeiten auftreten, insbesondere in der Gründungsphase, wenn die betrieblichen Vorgänge noch nicht reibungslos ablaufen und Umstellungen größerer Art möglich sind. Genauere Rechnungen stellen daher den Kapitalbedarf getrennt für verschiedene Ausgabenarten fest.

Weitere Fehler entstehen nach der Faustformel dann, wenn mehrere Produkte mit unterschiedlicher Lager- und Produktionsdauer und Zielgewährung gleichzeitig hergestellt werden, da sich dieses komplexe Muster der betrieblichen Prozesse nur ungenau in Durchschnittsgrößen zwängen läßt. Der Mangel kann auch darin bestehen, daß lediglich die Anlaufzeit in die Planungsüberlegungen eingeht.

Aufschlußreicher als solch eine fehlerhafte Faustformel ist daher für die Errechnung des Umlaufkapitalbedarfs ein **Finanzplan,** der alle Einnahmen und Ausgaben von der Gründung ab in ihrem genauen zeitlichen Anfall festhält. Aus diesem Finanzplan ist zu ersehen, von welchem Zeitpunkt ab sich der Betriebsprozeß aus den Einnahmen finanziert, wieviel Kapital notwendig ist, um ihn bis dahin mit finanziellen Mitteln zu versorgen und ob eventuell nach der Anlaufzeit permanente Kapitalüberschüsse entstehen, die den Kapitalbedarf mindern.

Ist die Gründungsphase überwunden, kann der Finanzplan anschließend den täglichen Dispositionen der betrieblichen Finanzpolitik dienen.

III. Die Deckung des Kapitalbedarfs

Bei der Darstellung der Möglichkeiten zur Deckung des Kapitalbedarfs wird die Unterscheidung in Eigenfinanzierung und Fremdfinanzierung zugrunde gelegt. Zuerst werden die Möglichkeiten der Eigenfinanzierung beschrieben, und zwar als Kapitalzuführung von außen (Außenfinanzierung) und als Selbstfinanzierung durch einbehaltene Gewinne. Dabei werden auch die besonderen Bestimmungen über die Bildung und Erhöhung des Grundkapitals und der Rücklagen von Aktiengesellschaften behandelt. Anschließend werden die Möglichkeiten der Fremdfinanzierung aufgezeigt. Zum Schluß dieser Darstellung einzelner Kapitalbeschaffungsmaßnahmen werden einige Fragen der Freisetzung von disponiblem Kapital angeschnitten.

Um zu große Überschneidungen mit anderen Sachgebieten zu vermeiden, werden besonders die Darstellung der Eigenkapitalstruktur der Unternehmungsformen und die Möglichkeiten der Fremdfinanzierung nur kurz behandelt.

1. Finanzierung mit Eigenkapital

a) Die Beschaffung und Struktur des Eigenkapitals

Eigenkapital ist ein Teil des abstrakten Kapitals von Betrieben, und zwar ist es **der in Geldwerten ausgedrückte Anteil der Unternehmer oder Gesellschafter am Betrieb.** Zur Errechnung der Höhe des Eigenkapitals (EK) gilt die Gleichung:

$$EK = \text{Vermögen} - \text{Fremdkapital.}$$

Das Eigenkapital kann auch aus dem Eigenkapitalbestand eines früheren Zeitpunktes errechnet werden; dazu benutzt man die Formel

$$EK_1 = EK_0 + \text{Einlagen} + \text{einbehaltene Gewinne}$$
$$- \text{Entnahmen} - \text{eingetretene Verluste}$$

Diese Formel macht die Faktoren deutlich, die eine Veränderung des Eigenkapitals bewirken können: Einlagen und Entnahmen (also: Vorgänge der Außenfinanzierung) und einbehaltene Gewinne (Selbstfinanzierung) sowie eingetretene Verluste, die beide Veränderungen des Eigenkapitals aus Vorgängen innerhalb der Unternehmung bewirken (Innenfinanzierung).

Das in Jahresbilanzen (Handelsbilanzen wie Steuerbilanzen) ausgewiesene Eigenkapital wird gelegentlich auch als **bilanzielles Eigenkapital** bezeichnet. Es ist meist geringer als das tatsächlich vorhandene Eigenkapital, weil die gesetzlichen Gläubigerschutzbestimmungen dahin wirken, daß durch Unterbewertung des Vermögens das Eigenkapital in der Bilanz niedriger ausgewiesen wird, als es in Wirklichkeit ist.

Die Differenz zwischen dem bilanziellen und dem tatsächlichen Eigenkapital wird als stille Rücklage (oder stille Reserve) bezeichnet; sie kann durch gesetzliche Bewertungsvorschriften erzwungen, freiwillig oder auch unbewußt gelegt worden sein. In jedem Fall sind stille Rücklagen in der Unternehmung zusätzlich vorhandenes Eigenkapital und damit eine zusätzliche Sicherheit für die Gläubiger.

Die Bestandteile des Eigenkapitals und die Wege und Schwierigkeiten der Eigenkapitalbeschaffung sind je nach der Rechtsform der Unternehmung verschieden. Deshalb soll auf die wichtigsten Rechtsformen gesondert eingegangen werden.

Die am weitesten gehende Beweglichkeit des Eigenkapitals ist bei der **Einzelfirma** gegeben.

Der Inhaber der Einzelfirma kann, ohne gesetzlichen Beschränkungen zu unterliegen, zu jeder Zeit das in der Unternehmung befindliche Eigenkapital durch Einlagen vermehren oder durch Entnahmen vermindern. Dieser rechtlichen Freiheit stehen aber wirtschaftliche Grenzen gegenüber; so würden z. B. übermäßige Entnahmen den Betriebsablauf stören und den Betriebsumfang schmälern. Andererseits steht dem Inhaber nicht unbegrenzt Privatkapital für Einlagen zur Verfügung, was sich immer wieder als die entscheidende Begrenzung für Einzelunternehmungen erweist. Gewinne und Verluste werden mit dem Kapital verrechnet, indem sie auf das Kapitalkonto gebucht werden.

Bei der **offenen Handelsgesellschaft** gibt es bereits gesetzliche und meist auch gesellschaftsvertragliche Beschränkungen des Entnahmerechtes. Damit besteht schon eine erste Begrenzung freier Eigenkapitalveränderungen, die im Interesse der anderen Gesellschafter nötig ist. Für jeden Gesellschafter wird ein Kapitalkonto geführt, auf das auch Gewinne und Verluste übernommen werden. Gelegentlich findet man die Aufspaltung des Kapitalkontos eines jeden Gesellschafters in zwei getrennt geführte Konten, von denen eines den im Gesellschaftsvertrag fixierten Kapitalanteil enthält (festes Kapital), während das andere den veränderlichen Kapitalanteil ausweist, der durch Einlagen und Entnahmen, Gewinne und Verluste entsteht. Es handelt sich dabei jedoch um eine rein buchhalterische Aufspaltung; beide Konten zusammen umfassen das Eigenkapital eines Gesellschafters.

In der **Kommanditgesellschaft** finden wir eine Unternehmensform mit sowohl festen als auch beweglichen Teilgrößen des Eigenkapitals. Die Komplementäre sind wie die Gesellschafter der OHG Vollhafter, deren Eigenkapitalteile bewegliche Größen darstellen. Das Entnahmerecht der Komplementäre bewegt sich gesetzlich in den gleichen Grenzen wie bei der OHG.

Da die Kommanditisten Teilhafter sind, beschränkt sich ihre Haftung auf den übernommenen (nicht den eingezahlten!) Kapitalanteil. Diese Haftungsbeschränkung schließt — im Gläubigerschutzinteresse — die Variierbarkeit des Kapitals durch Privatentnahmen aus. Gewinnanteile der Kommanditisten werden nicht den Kapitalkonten gutgeschrieben, sondern als Auszahlungsverbindlichkeiten der Gesellschaft ausgewiesen. Ist indes der übernommene Kapitalanteil noch nicht voll eingezahlt, so muß die Gutschrift der Gewinne als Kapitaleinlage auf dem entsprechenden Kapitalkonto erfolgen. Verluste werden gegen das Kapitalkonto verrechnet.

Die Gesellschafter von Personengesellschaften sind normalerweise wegen ihrer persönlichen Haftung und der Verbundenheit mit ihrer Unternehmung durch ein gegenseitiges Vertrauensverhältnis verbunden, das sich nur bedingt durch ein System von Regelungen und Kontrollen ersetzen läßt, wenn das Unternehmen gedeihen soll. Dadurch ist die Zahl der Gesellschafter meist auf wenige beschränkt. Ausnahmen sind vor allem bei der Kommanditgesellschaft zu finden, bei der mehrere hundert Kommanditisten auftreten können (kapitalistische Kommanditgesellschaft). Die Beschaffung von Eigenkapital stößt also in der Regel an eine enge Grenze. Die Suche nach neuen Gesellschaftern ist besonders dadurch erschwert, daß es kaum einen Markt für solches Beteiligungskapital gibt. Die vermittelnde Funktion wird von Zeitungsanzeigen und einigen Maklern wahrgenommen, aber auch die Banken und die dem Unternehmen verbundenen Berater (Steuerberater, Prüfungsgesellschaften, Wirtschaftsberater) werden oft eingeschaltet; sie können diese grundsätzliche Begrenzung der Eigenkapitalbeschaffung jedoch nicht ganz überwinden.

Für die Betrachtung der Möglichkeiten, Fremdkapital aufzunehmen, unterscheidet man zweckmäßigerweise zwischen dem vorhandenen Eigenkapital und dem haftenden Kapital. So umfaßt das haftende Kapital beim Einzelkaufmann, dem Gesellschafter einer OHG und dem Komplementär regelmäßig das gesamte Vermögen dieser Person, geht also über das eingezahlte Kapital hinaus. In der Kommanditgesellschaft kann, besonders wenn das Vermögen der Komplementäre und der Gesellschaft nicht als Kreditgrundlage ausreicht, ein zusätzliches Garantiekapital geschaffen werden, indem die Kommanditeinlagen sehr hoch festgesetzt, aber nur zum Teil eingezahlt werden. So kann man erreichen, daß das arbeitende Eigenkapital gering ist (z. B. aus Rentabilitätsüberlegungen), aber dennoch genug Garantiekapital zur Verfügung steht. Ähnliche Gestaltungsmöglichkeiten finden sich bei Kapitalgesellschaften (ausstehendes Stamm- oder Grundkapital) und bei Genossenschaften (Geschäftsanteil — Geschäftsguthaben).

Kapitalgesellschaften haben im Gegensatz zu den bisher behandelten Unternehmungsformen einen gesetzlich festgelegten Mindestbetrag des Eigenkapitals und eine komplexere Eigenkapitalstruktur; man unterscheidet in ihren Bilanzen mehrere Positionen, die zum Eigenkapital gehören, aber wegen ihres unterschiedlichen Charakters gesondert ausgewiesen werden müssen.

Bei der **Gesellschaft mit beschränkter Haftung** beträgt der gesetzlich vorgeschriebene Mindestbetrag des Stammkapitals 20 000 DM. Mindestens ein Viertel des Stammkapitals muß bei Eintragung der Gesellschaft in das Handelsregister eingezahlt sein, der nichteingezahlte Teil erscheint in der Bilanz als ausstehende Einlage. Das Stammkapital ist der fixierte Teil des Eigenkapitals; daneben bestehen meist Rücklagen, deren Höhe sich je nach der Geschäftslage der GmbH verändert.

Durch die Begrenzung der Haftung auf das Vermögen der Gesellschaft wird zwar die Bedrohung des Privatvermögens durch Haftung für Unternehmensverbindlichkeiten aufgehoben, aber auch die GmbH hat in der Regel nur wenige Gesellschafter und ist deshalb in der Eigenkapitalbeschaffung ebenfalls begrenzt. Der Grund dafür liegt in der mangelhaften Liquidierbarkeit der Anteile; auch für GmbH-Anteile besteht kaum ein Markt, so daß die Gesellschafter recht stark an ihr Unternehmen gebunden sind.

Zusätzliche Eigenkapital-Reserven bestehen grundsätzlich bei den Sonderformen der GmbH mit beschränkter oder unbeschränkter Nachschußpflicht. Die Gesellschafter sind hier durch den Gesellschaftsvertrag zur Leistung von Nachschüssen, also zu zusätzlichen Einzahlungen verpflichtet.

Breitere Eigenkapitalbeschaffungsmöglichkeiten bieten sich für die **Aktiengesellschaft,** deren Eigenkapital sich wie bei der GmbH in einen festen und einen beweglichen Teil gliedert. Der feste Teil des Eigenkapitals wird hier Grundkapital genannt und ist vom Aktiengesetz auf mindestens 100 000 DM festgelegt. Daneben bestehen noch variable Eigenkapitalteile, nämlich Rücklagen und Bilanzgewinn (bzw. Bilanzverlust).

Die Bildung und Auflösung der gesetzlichen Rücklage unterliegt strengen gesetzlichen Regelungen und selbst die Bildung der freien Rücklage unterliegt einigen Beschränkungen; dennoch sind dies (und die gelegentlich vorkommende satzungsmäßige oder statutarische Rücklage) bewegliche Teile des Eigenkapitals, wie auch der Bilanzgewinn(bzw. Bilanzverlust), der als weiterer Teil des Eigenkapitals anzusehen ist. Da die Aktionäre den Anspruch auf Ausschüttung des Bilanzgewinnes geltend machen können, handelt es sich dabei im allgemeinen um kurzfristiges Eigenkapital.

Damit setzt sich das bilanzielle Eigenkapital aus folgenden Positionen zusammen:

      Grundkapital (./. ausstehende Einlagen)
   + **gesetzliche Rücklage**
   + **satzungsmäßige Rücklage**
   + **freie Rücklage**
   + **Bilanzgewinn (bzw. ./. Bilanzverlust)**

Wenn man dazu noch die stillen Rücklagen hinzuzählt, erhält man das tatsächliche Eigenkapital.

Da die Anteile am Grundkapital (und damit an der Gesellschaft) in Form der Aktien verbrieft und dadurch mobilisiert sind, ist für Aktiengesellschaften die Beschaffung von Eigenkapital von außen wesentlich leichter möglich als für die bisher besprochenen Unternehmungsformen. Es existiert ein recht gut funktionierender Markt für Aktien, über den bestehende Aktiengesellschaften weiteres Eigenkapital aufnehmen können, wenn sie Kapitalerhöhungen beabsichtigen. Auch bei der Gründung einer neuen Aktiengesellschaft erleichtert die Existenz eines institutionalisierten Marktes für Aktien wesentlich die Eigenkapitalbeschaffung, da die Ersterwerber der Aktien damit rechnen können, daß sich ihr Kapital durch Verkauf der Aktien wieder freisetzen läßt, falls sie es wünschen. Das Bestehen dieses Marktes verbessert die Möglichkeiten der Eigenkapitalbeschaffung dadurch, daß durch die Stückelung der Aktien (nach dem Aktiengesetz beträgt der Mindest-Nennwert einer Aktie 50 DM) auch Kapitalgeber herangezogen werden können, die nur kleine Beträge anlegen, und durch die Ausgestaltung der Aktie als Wertpapier die Möglichkeit zur Veräußerung und zur Freisetzung des Kapitals gegeben ist, wodurch auch Anleger gewonnen werden können, die sich nicht fest an die Gesellschaft binden wollen, deren Aktien sie kaufen.

Die Aktiengesellschaft hat also die weitaus besten Möglichkeiten, Eigenkapital aufzunehmen. Der Aktie ist eine Transformationsfunktion zuzusprechen. Sie besagt, daß es der Gesellschaft möglich ist, auch die Einlagen jener Gesellschafter als langfristiges Kapital zu behandeln, die ihr Kapital unter Umständen nur kurzfristig in diesen Aktien anlegen wollen. Den Hintergrund dieser Transformationsfunktion bilden einerseits die Fungibilität der Aktien und andererseits die ausgeschlossene Kündigungsmöglichkeit des Aktionärs gegenüber der Gesellschaft.

Da die Haftung für Verbindlichkeiten der Gesellschaft auf ihr Vermögen beschränkt ist, übt nur das vorhandene Eigenkapital (unter Einbeziehung der gebenenenfalls ausstehenden Einlagen) die Garantiefunktion aus und dient so als Grundlage für die Fremdkapitalbeschaffung. Darüber hinaus können weitere Sicherheiten nur durch besondere Rechtsgeschäfte Dritter (z. B. Bürgschaftsübernahme) geschaffen werden. Wegen der günstigen Kapitalbeschaffungsmöglichkeiten der Aktiengesellschaft fällt dies jedoch kaum nachteilig ins Gewicht.

Auch bei den **Genossenschaften** bestehen mehrere Eigenkapitalteile nebeneinander; allerdings gibt es darunter keinen festen Kapitalteil. Der erste Teil des Eigenkapitals besteht aus der Summe der **Geschäftsguthaben** der Genossen. Die

Höhe dieses Eigenkapitalteiles ist von drei Faktoren abhängig: vom Geschäftsanteil, d. h. dem Höchstbetrag der zulässigen Einlage eines Genossen, von dem Teilbetrag, der auf diesen Geschäftsanteil tatsächlich eingezahlt ist (Geschäftsguthaben), und von der Zahl der Genossen.

Über keinen dieser drei Faktoren, die den ersten Eigenkapitalteil einer Genossenschaft bestimmen, sind generelle Aussagen möglich. Es gibt Geschäftsanteile von nur einer D-Mark, aber auch solche von einigen tausend D-Mark. Die Mindesteinlage auf den Geschäftsanteil ist vom Genossenschaftsgesetz auf nur 10 % festgelegt, so daß auch hier ein großer Spielraum besteht. Die Mitgliederzahl muß mindestens 7 betragen und ist nach oben nicht beschränkt; jederzeit können auch Mitglieder durch Kündigung ausscheiden.

Die Höhe der Summe der Geschäftsguthaben kann also stark schwanken; besonders die Kündigungsmöglichkeit der Genossen kann eine Gefahr für die Genossenschaft bedeuten.

Dieser Gefahr wirkt das Vorhandensein des zweiten Eigenkapitalbestandteiles entgegen, des sogenannten **Reservefonds,** der aus den Gewinnen der Genossenschaft gebildet wird und von der Mitgliederzahl unabhängig ist, da ein ausscheidender Genosse nur Anspruch auf Auszahlung seines Geschäftsguthabens hat. Deshalb ist der Reservefonds von großer Bedeutung für die langfristige Existenz und die Kreditwürdigkeit einer Genossenschaft.

Der dritte Eigenkapitalteil bei Genossenschaften besteht aus dem gesondert auszuweisenden **Gewinn** (oder Verlust) des Jahres.

Von einiger Bedeutung für die Kapitalausstattung der Genossenschaften ist weiter die Regelung der Nachschußverpflichtung der Genossen. Bei Genossenschaften mit unbegrenzter Haftpflicht kann die Genossenschaft über den Geschäftsanteil hinaus Nachschüsse ohne Begrenzung der Höhe von den Genossen verlangen, während bei Genossenschaften mit begrenzter Haftpflicht ein Höchstbetrag für die Nachschußverpflichtung festgelegt ist. Zwar hat die Haftverpflichtung der Genossen für die Gläubiger der Genossenschaft nicht den hohen Wert wie das Garantiekapital anderer Unternehmensformen, da die Zahlungsverpflichtung nur gegenüber der Genossenschaft besteht, so daß die Gläubiger die Genossen nicht direkt in Anspruch nehmen können. Sie bewirkt aber dennoch eine Verstärkung der Kreditgrundlagen.

Damit sind die wichtigsten Probleme der Eigenkapitalbeschaffung der häufigsten Unternehmungsformen behandelt, soweit es sich um die Außenfinanzierung handelt.

b) Die Selbstfinanzierung

Selbstfinanzierung ist Finanzierung aus einbehaltenen Gewinnen. Das neue Kapital wird dabei durch die Unternehmung selbst erwirtschaftet (Innenfinanzierung!).

Das kann einmal in Form der offenen Selbstfinanzierung geschehen, bei der Gewinne ausgewiesen und einbehalten werden, indem sie dem Eigenkapital zugeschlagen werden, es kann aber auch verdeckte Selbstfinanzierung vorliegen, indem schon der Ausweis von Gewinnen durch die Bildung stiller Rücklagen verhindert wird.

Offene Selbstfinanzierung liegt vor, wenn bei personenbezogenen Unternehmungen der Gewinn (oder Teile des Gewinnes) zum dauernden Verbleiben im Betrieb dem Kapital zugeschlagen werden oder wenn die zuständigen Organe einer Kapitalgesellschaft die Zuweisung von Gewinnteilen in die Rücklagen beschließen. Auch die Bildung eines Gewinnvortrages kann als Selbstfinanzierung angesehen werden, da der Gewinnvortrag zumindest für ein weiteres Geschäftsjahr im Unternehmen verbleibt.

Die Bildung offener Rücklagen wird teilweise vom Gesetz oder der Satzung erzwungen, teilweise von den zuständigen Organen der Gesellschaft freiwillig vorgenommen. Die speziellen Formen und Vorschriften über die Bildung von offenen Rücklagen bei Aktiengesellschaften werden später behandelt.

Die Bildung von stillen Rücklagen **(verdeckte Selbstfinanzierung)** kann auf zwei Wegen vor sich gehen: durch Verrechnung zu hoher Aufwendungen oder durch Ausweis zu geringer Erträge. Im allgemeinen werden zu hohe Aufwendungen verrechnet, so daß die Aktiva in der Bilanz unterbewertet oder die Schulden zu hoch angesetzt werden. Dabei kann auch die Bildung stiller Rücklagen gesetzlich erzwungen oder freiwillig durchgeführt werden. Außerdem ist sogar unbewußte Legung stiller Reserven möglich, wenn die Unternehmung z. B. den Wert von Aktiva unbewußt zu gering einschätzt. Da die Bildung stiller Rücklagen den ausgewiesenen und verteilungsfähigen Gewinn schmälert, kann sie bei Kapitalgesellschaften die Interessen der Eigenkapitalgeber verletzen, wenn diese keinen Einfluß auf die Rücklagenbildung haben. Deshalb wurde aus dem Gedanken des Aktionärsschutzes heraus im Aktiengesetz von 1965 die Möglichkeit zur bewußten Unterbewertung von Vermögensteilen beschränkt; sie ist aber auch bei dieser Unternehmungsform in gewissen Grenzen nach wie vor möglich.

Die Selbstfinanzierung bringt für den Betrieb viele **Vorteile** mit sich, so brauchen bei Betriebsausweitungen keine zusätzlichen Mittel von den bisherigen Gesellschaftern eingefordert bzw. keine neuen Gesellschafter aufgenommen zu werden; hierdurch wird bei Kapitalgesellschaften der Aufwand, der bei der Erhöhung des Nominalkapitals entstehen würde, eingespart; gleichzeitig wird eine Verschiebung der Herrschaftsverhältnisse verhindert. Wird durch die Selbstfinanzierung eine Aufnahme zusätzlichen Fremdkapitals erübrigt, so entfallen feste Zinszahlungen, Tilgungsbeträge und Fremdkapitalbeschaffungskosten, was sich liquiditätsmäßig günstig auswirkt und hinsichtlich der Preisuntergrenze von Vorteil ist. Es brauchen des weiteren keine Sicherheitsleistungen erbracht zu werden, so daß sich die ohnehin bei Selbstfinanzierung erhöhte Kreditwürdigkeit noch vergrößert. Es braucht nicht in dem Maße Rechenschaft über den Einsatz dieser Mittel abgelegt zu werden, wie es bei anderen Finanzierungsarten der Fall ist. Als besonderer Vorteil der Selbstfinanzierung ist auch der Umstand anzusehen, daß der Konkurrenz der Einblick in Forschungs- und Investitionsabsichten verwehrt ist, was insbesondere für den Fall der verdeckten Selbstfinanzierung gilt.

Im Rahmen der bisherigen Betriebsgröße ermöglicht die Selbstfinanzierung die zeitliche Verlagerung von Gewinnausschüttungen und räumt die Möglichkeit der Dividendenstabilisierung ein; daneben verhindert sie die Verschlechterung der Liquiditätssituation, die durch Gewinnausschüttungen eintreten würde.

Für Einzelunternehmen und Personengesellschaften, denen die Möglichkeit der Kapitalaufnahme am organisierten Kapitalmarkt verwehrt ist, bleibt der Weg der Selbstfinanzierung oft der einzig gangbare. Auch in Wirtschaftszweigen, deren Investitionen sehr risikobehaftet sind (Bergbau, Chemie), kann auf die Selbstfinanzierung schlechterdings nicht verzichtet werden.

Diesen betriebswirtschaftlichen Vorteilen der Selbstfinanzierung stehen folgende **Gefahren** gegenüber: Da die „Siebfunktion des Kapitalmarktes" fehlt, die Betriebsleitung darüber hinaus nicht Rechenschaft über den beabsichtigten Einsatz der Mittel abzulegen verpflichtet ist — besonders bei verdeckter Selbstfinanzierung —, ist zumindest die Gefahr der Fehlinvestition gegeben. Diese Gefahr findet weiterhin ihre Ursache in der Gefahr einer falschen Beurteilung der Rentabilitätssituation, wenn die Selbstfinanzierung als verdeckte Selbstfinanzierung erfolgt: Im Jahr der Bildung stiller Rücklagen erscheint die Rentabilität zu niedrig, während sie im Jahr der Beibehaltung der stillen Rücklagen zu hoch erscheint; werden stille Rücklagen aufgelöst, so erscheint die Rentabilität in diesem Jahr sogar verstärkt überhöht. Die Situation in den zuletzt genannten Zeitphasen kann die Ursache dafür sein, daß Investitionsvorhaben sogar verstärkt vorangetrieben werden, die bei richtiger Rentabilitätsberechnung schon jetzt als Fehlinvestition erkennbar wären.

Des weiteren besteht bei Selbstfinanzierung die Gefahr sinkender Fungibilität der Geschäftsanteile, weil die Gewinnausschüttungen unzureichend sind, wodurch das Interesse dividendenorientierter Kapitalgeber nachlassen kann, und im übrigen der Realwert der Geschäftsanteile gegenüber dem Nominalwert wächst.

Abschließend soll noch kurz auf die volkswirtschaftlichen Gefahren der Selbstfinanzierung hingewiesen werden, die oft als starke Gegenargumente gegen die Selbstfinanzierung angeführt werden. Die Selbstfinanzierung trocknet den Kapitalmarkt aus, da die Gewinne in den Unternehmungen zurückgehalten werden. Durch die Schwierigkeiten bei der Rentabilitätsermittlung, die schon geschildert wurden, und die Ausschaltung der Selektionsfunktion des Kapitalmarktes wächst die Gefahr der Fehlinvestition besonders bei guter Gewinnlage, d. h. in der Hochkonjunktur, wodurch die Selbstfinanzierungsmöglichkeiten zur Konjunkturüberhitzung beitragen können.

c) Besonderheiten der Eigenkapitalbeschaffung von Aktiengesellschaften

(1) Die Gründung

Nach den für die Gründung von Aktiengesellschaften vorgesehenen Bestimmungen ist zwischen einer Bargründung, einer Sachgründung und einer Nachgründung zu unterscheiden.

Der nach den gesetzlichen Bestimmungen einfachste Gründungsvorgang liegt bei der **Bargründung** vor. Diese ist dadurch gekennzeichnet, daß sämtliche auszugebenden Aktien der Gesellschaft von Aktionären gegen Bareinlage übernommen werden. Die Gesellschaft erhält also liquide Mittel in der Höhe der Einzahlungsverpflichtung, die in der Satzung festgelegt ist. Dabei ist zu beachten, daß Unterpari-Emissionen gemäß § 9 Abs. 1 AktG verboten sind und die Mindesteinlage von 25 % des Nennbetrages zuzüglich des vollen Agios gemäß § 36 Abs. 2 Satz 2 AktG zu leisten ist. Die Verpflichtung der Aktionäre zur Bareinlage besteht immer, soweit die Satzung nicht ausdrücklich das Recht zur Sacheinlage vorsieht (§ 54 Abs. 2 AktG).

Sofern den Aktionären das Recht zur Sacheinlage eingeräumt ist, liegt eine **Sachgründung** vor, die auch als qualifizierte Gründung oder Illationsgründung bezeichnet wird. In der Praxis ist diese Gründung deshalb häufig anzutreffen, weil die Gründung von Aktiengesellschaften in vielen Fällen erfolgt, um einem bisher schon in einer anderen Rechtsform bestehenden Betrieb den Weg zum Kapitalmarkt zwecks Erhöhung des Eigenkapitals zu öffnen. Es sollen also die Möglichkeiten des breiten Zugangs zum Kapitalmarkt durch Aktienausgabe (sowie gegebenenfalls zur Ausgabe von Obligationen zur Erlangung langfristigen Fremdkapitals) eröffnet werden. Daneben erfolgt die Gründung einer Aktiengesellschaft auch verschiedentlich aus steuerlichen Gründen und aus Haftungsgründen. Entscheidend für das Vorliegen einer Sachgründung ist, daß Vermögens- und Schuldteile eines schon bestehenden Betriebes in die Aktiengesellschaft eingebracht werden und daß daneben zusätzliche

Einzahlungsverpflichtungen der gleichen oder zusätzlicher Personen entstehen. Letzteres ist erforderlich, da sonst statt der Gründung eine Umwandlung[1]) vorliegen würde.

Die besonderen Schwierigkeiten und auch Gefahren einer Sachgründung bestehen in der Bewertung der einzubringenden Sacheinlagen. Eine Überbewertung kann den die Sacheinlage leistenden Aktionär gegenüber den anderen Aktionären begünstigen. Um derartige Schädigungen zu verhindern, sieht das Gesetz für Sachgründungen eine Gründungsprüfung durch einen oder mehrere Prüfer vor, die vom Gericht bestimmt werden und nicht Wirtschaftsprüfer zu sein brauchen (§ 33 Abs. 4 AktG). Der Gründungsprüfer hat sich hier also speziell mit der Bewertung der Sacheinlagen zu befassen. Das Gesetz unterscheidet in § 27 Abs. 1 AktG zwei Fälle der Sachgründung: die Einbringung von Sachen gegen Gewährung von Aktien (S a c h e i n l a g e) und die S a c h ü b e r n a h m e im Wege des Erwerbs durch die Gesellschaft.

Die besonderen Bestimmungen zur Sachgründung versuchte die Praxis verschiedentlich dadurch zu umgehen, daß Sacheinlagen oder Sachübernahmen nicht schon für den Zeitpunkt der Gründung, sondern erst für die Zeit nach erfolgter Gründung vorgesehen wurden. So konnte der Sacheinleger im Zeitpunkt der Gründung zunächst die Mindest-Bareinlage leisten, während nach der Gründung die Resteinlage als Sacheinlage erfolgte; es handelt sich in einem solchen Falle um eine Schein-Bargründung.

Diese Möglichkeit hat der Gesetzgeber durch die Bestimmungen über die **Nachgründung** sowie durch das Verbot der Umwandlung einer Geld- in eine Sacheinlage verhindert. Nach § 52 Abs. 1 AktG liegt eine Nachgründung dann vor, wenn innerhalb der ersten zwei Jahre nach der Eintragung der Gesellschaft Verträge geschlossen werden, nach denen die Gesellschaft zum Erwerb von Vermögensgegenständen verpflichtet wird, die ein Zehntel des Grundkapitals übersteigen. Derartige Verträge bedürfen zu ihrer Wirksamkeit der Zustimmung der Hauptversammlung mit Dreiviertel-Kapitalmehrheit nach Prüfung durch den Aufsichtsrat und durch den bzw. die Gründungsprüfer sowie der Eintragung in das Handelsregister. Eine Nachgründung unterliegt damit den gleichen Erschwernissen wie eine Sachgründung. Diese Absicht des Gesetzes würde allerdings nicht voll erreicht werden, wenn nachträgliche Sacheinlagen von weniger als einem Zehntel des Grundkapitals geleistet würden.

Hat der Aktionär seine Einlage geleistet, kann die Anmeldung zur Eintragung in das Handelsregister erfolgen (Sacheinlagen brauchen gemäß § 36 Abs. 2 AktG vor der Anmeldung zur Eintragung nicht geleistet zu sein). Die Anmel-

---

[1]) Für die Umwandlung einer Gesellschaft mit beschränkter Haftung in eine Aktiengesellschaft sagt § 381 AktG: „Das Stammkapital ist zum Grundkapital, die Geschäftsanteile sind zu Aktien geworden." Bei der Umwandlung besteht mithin Kapitalgleichheit.

dung hat durch sämtliche Gründer, Mitglieder des Vorstands und Mitglieder des Aufsichtsrats zu erfolgen. Es ist der Nachweis zu erbringen, daß die vorgesehenen Einlagen zur freien Verfügung des Vorstands stehen. Der Anmeldung sind die Satzung, schon geschlossene Verträge, Urkunden über Bestellung von Vorstand und Aufsichtsrat sowie Gründungs- und Prüfungsberichte beizufügen. Das Gericht hat weiterhin zu prüfen, ob die Gesellschaft ordnungsgemäß errichtet und angemeldet ist. Andernfalls ist die Eintragung abzulehnen.

Die Eintragung hat konstitutive Wirkung; mit der Eintragung ist die Aktiengesellschaft als eigene Rechtsperson entstanden. Erst jetzt können für die bei Einlage der Aktionäre ausgegebenen Kassenscheine Aktien oder Zwischenscheine (bei nicht voll geleisteter Einlage) ausgegeben werden.

Die Aufwendungen für die Gründung dürfen nach § 153 Abs. 4 AktG in der Bilanz nicht aktiviert werden. Soll die Gründungsbilanz nicht schon mit einem Verlust abschließen, dann müssen diese Kosten (sowie ein eventuell entstehender Gründerlohn) durch das Agio bei der Ausgabe der Aktien gedeckt sein.

(2) Die Eigenkapitalerhöhung

In diesem Abschnitt soll auf die verschiedenen Möglichkeiten der Eigenkapitalerhöhung bei Aktiengesellschaften eingegangen werden. Da sich das Eigenkapital einer Aktiengesellschaft aus Grundkapital und Zusatzkapital (Rücklagen, Gewinnvortrag) zusammensetzt, ist zwischen diesen möglichen Formen der Eigenkapitalisierung zu unterscheiden.

a) Die Erhöhung des Grundkapitals

(1) Allgemeines zur Erhöhung des Grundkapitals

Die Erhöhung des Grundkapitals durch die Ausgabe neuer Aktien setzt einen satzungsändernden Beschluß der Hauptversammlung und eine Änderung der Handelsregistereintragung voraus. Dementsprechend ist der Vorgang der Kapitalerhöhung im Aktiengesetz zwingenden Regelungen unterworfen. Das Gesetz unterscheidet zwischen der Kapitalerhöhung gegen Einlagen (§§ 182 bis 191 AktG), der bedingten Kapitalerhöhung (§§ 192—201 AktG), dem genehmigten Kapital (§§ 202—206 AktG) und der Kapitalerhöhung aus Gesellschaftsmitteln (§§ 207—220 AktG), die allerdings nicht zu den Maßnahmen der Kapitalbeschaffung zählt, sondern zu den Umfinanzierungen gehört. Sie betreffen in allen Fällen die Erhöhung des Grundkapitals der Gesellschaft. Daneben regelt das Aktiengesetz in § 221 die Ausgabe von Schuldverschreibungen mit Umtauschrecht (Wandelschuldverschreibungen), von Schuldverschreibungen mit Bezugsrecht (Optionsanleihen) und von Schuldverschreibungen mit Gewinnrechten (Gewinnschuldverschreibungen) als Formen der Aufnahme von Fremdkapital, die das Bezugsrecht der Aktionäre für neue Aktien bzw. das Dividendenrecht beeinflussen.

Bei der Ausgabe neuer Aktien steht den Aktionären gemäß § 186 AktG ein Bezugsrecht zu, d. h. jedem Aktionär muß auf sein Verlangen die Menge der jeweils neu ausgegebenen Wertpapiere zugeteilt werden, die seinem bisherigen Anteil am Grundkapital entspricht. Dieses Vorrecht der alten Aktionäre kann nur im Hauptversammlungsbeschluß über die Kapitalerhöhung ganz oder teilweise ausgeschlossen werden. Dabei ist es aber nicht als Ausschluß des Bezugsrechts anzusehen, wenn aus verwaltungstechnischen Gründen die Aktien von einem oder mehreren Kreditinstituten mit der Verpflichtung übernommen werden, sie den Aktionären zum Bezug anzubieten.

Das Bezugsrecht findet seine Begründung in der Änderung der Stimmrechtsverhältnisse und der Änderung des inneren Wertes der alten Aktien bei der Ausgabe von neuen Aktien.

Die Änderung der Stimmrechtsverhältnisse tritt dann ein, wenn die neuen Aktien mit einem Stimmrecht ausgestattet sind und wenn sie nicht entsprechend den bestehenden Anteilsrelationen auf die bisherigen Aktionäre verteilt werden. Diese Veränderung der Stimmrechtsverhältnisse wird durch die Einräumung und die Ausübung des Bezugsrechts durch die Altaktionäre verhindert. Um den Wert des Bezugsrechts ermitteln zu können, muß der Wert der alten Aktien bekannt sein. Hierfür kann einmal der Bilanzwert, der durch den Bilanzkurs

$$\text{Bilanzkurs} = \frac{\text{Eigenkapital} \times 100}{\text{Grundkapital}} \; \%$$

ausgedrückt wird, herangezogen werden. Üblich ist es jedoch, den Börsenkurs zu verwenden, der sich durch das Zusammenspiel von Angebot und Nachfrage gebildet hat. Der Vorteil des Börsenkurses gegenüber dem Bilanzkurs ist darin zu sehen, daß hierbei die im Unternehmen vorhandenen stillen Rücklagen mit berücksichtigt werden. Andererseits kann aber der Börsenkurs durch Börsenspekulationen sehr stark vom inneren Wert des Unternehmens abweichen.

Die Ausgabe neuer Aktien geschieht in der Regel zu einem Kurs, der den bisherigen Börsenkurs unterschreitet, weil mit der Ausgabe neuer Aktien das Angebot steigt, wodurch die Kurse normalerweise sinken werden. Zur Sicherung der Unterbringung der neuen Aktien wird dieser niedrigere Ausgabekurs angesetzt. Die damit zukünftig niedrigeren Kurse bedeuten für die Altaktionäre bei Veräußerung ihrer Aktien einen realisierten Verlust, anderenfalls einen unrealisierten Verlust. Dieser Verlust soll durch die Gewährung des Bezugsrechts ausgeglichen werden.

Der Wert des Bezugsrechtes wird nach folgender Formel ermittelt:

$$BR = \frac{Ka - Kn}{a + n} \cdot n$$

Es bedeuten:

BR = Bezugsrecht in Prozent des Nennwertes der erforderlichen Altaktien
Ka = Kurs der alten Aktien
Kn = Bezugskurs der neuen Aktien
a = Zahl der alten Aktien je Bezugsrecht
n = Zahl der neuen Aktien je Bezugsrecht

(2) Formen der Grundkapitalerhöhung im einzelnen

Zu den Formen der Grundkapitalerhöhung zählen im einzelnen: die Kapitalerhöhung gegen Einlagen, die bedingte Kapitalerhöhung und das genehmigte Kapital.

a) Die Kapitalerhöhung gegen Einlagen

Die Kapitalerhöhung gegen Einlagen (§§ 182—191 AktG) setzt eine Beschlußfassung in der Hauptversammlung mit Dreiviertel-Mehrheit des vertretenen Grundkapitals voraus (§ 182 Abs. 1 AktG). Wird diese Mehrheit, die laut Satzung höher liegen kann, nicht erreicht, so ist der Antrag auf Kapitalerhöhung abgelehnt.

Sofern die neuen Aktien mit einem Agio ausgegeben werden sollen, ist in dem Beschluß der Hauptversammlung festzulegen, unter welchem Mindestbetrag eine Ausgabe nicht erfolgen soll (§ 182 Abs. 3 AktG). Das Grundkapital soll solange nicht erhöht werden, wie noch erhebliche ausstehende Einlagen auf das bisherige Grundkapital bestehen[1].

Der Beschlußfassung in der Hauptversammlung (§§ 182, 183 AktG) schließt sich die Anmeldung des Beschlusses beim Handelsregister an (§ 184 AktG). Nach der Eintragung kann die Zeichnung der neuen Aktien durch schriftliche Erklärung — bezeichnet als Zeichnungsschein — erfolgen (§ 185 AktG). Dem Aktionär steht das Bezugsrecht zu, für dessen Ausübung eine Frist von mindestens zwei Wochen bestimmt werden kann (§ 186 AktG). Sobald von den Aktionären auf die neuen Aktien der eingeforderte Betrag — mindestens 25 % der Grund-

---

[1] Eine Ausnahme kann bei Versicherungsgesellschaften gegeben sein, sofern deren Satzung eine derartige Möglichkeit zuläßt (§ 182 Abs. 4 AktG).

kapitalerhöhung plus volles Agio — eingezahlt ist (§ 188 Abs. 2 AktG) und die Kapitalverkehrsteuer (Gesellschaftsteuer) entrichtet ist, um die Unbedenklichkeitsbescheinigung vom Finanzamt zu erlangen, kann die Durchführung der Kapitalerhöhung beim Handelsregister angemeldet und eingetragen werden (§ 188 Abs. 1 AktG). Erst mit dieser Eintragung ist das Grundkapital erhöht und es kann die Ausgabe der neuen Aktien erfolgen (§ 191 AktG).

Für die Unterbringung — Emission — der neuen Aktien kann der Weg der Eigenemission oder der Fremdemission beschritten werden.

Bei der **Eigenemission** legt die Gesellschaft selbst die Zeichnungsscheine aus. Sie tritt also unmittelbar mit den Erwerbern der Aktien in Verbindung.

Dieser Weg bedingt immer dann einen nicht unbedeutenden Zeitbedarf und besondere Verwaltungsmaßnahmen, wenn das Bezugsrecht einem breiten Kreis von Aktionären zusteht oder bei Nichtausübung von Bezugsrechten oder bei Ausschluß des Bezugsrechts neue Aktionäre gewonnen werden müssen. Besonders im letzten Fall besteht bei bedeutenden Kapitalerhöhungen die Gefahr, daß durch ein stark gestiegenes Angebot die Börsenkurse zukünftig stark sinken. Damit kann die Durchführbarkeit der Emission auf Grund des Verbotes der Unterpari-Emission gefährdet sein oder eine Minderung des Emissionserlöses zu Ungunsten der Gesellschaft verursacht werden. Bei der Eigenemission muß die emittierende Gesellschaft über ausreichende eigene Absatzorgane verfügen, weil sonst das Emissionsrisiko zu groß ist. Im übrigen darf der Kapitalbedarf wegen der möglichen Verkaufsmißerfolge nicht sehr dringend sein.

Diese Nachteile oder auch Gefahren der Eigenemission geben in der Regel die Veranlassung zur Ausgabe der neuen Aktien im Wege der **Fremdemission,** obwohl sich diese kostenmäßig für den Betrieb ungünstiger auswirken kann. Sie geschieht unter Einschaltung einer Bank oder eines Bankenkonsortiums. Die neuen Aktien werden von den Banken im Wege des Eigengeschäfts oder der Verkaufskommission übernommen. Im ersten Fall stehen der emittierenden Gesellschaft die Einzahlungsbeträge sofort zur Verfügung. Im zweiten Fall gewähren die Banken einen Zwischenkredit, der aus den jeweils erzielten Verkaufserlösen abgedeckt wird. Das zeitliche Verkaufsproblem verliert damit zugunsten der Gesellschaft an Bedeutung. Eine Bank oder ein Bankenkonsortium, das die neuen Aktien übernommen hat, wird die weitere Veräußerung zeitlich so gestalten, daß der Kurs möglichst wenig sinkt (Emissionspolitik). Das Bankenkonsortium übernimmt also gleichzeitig die Kurspflege. Dies geschieht letztlich nicht nur hinsichtlich des Verkaufserlöses oder der Provision im eigenen Interesse der Banken, sondern auch zu dem Zweck, sich zukünftig wiederum an einer Emission dieser oder anderer Gesellschaften beteiligen zu können.

Ein weiterer Vorteil der Fremdemission liegt in folgendem: Sollen die Aktien der emittierenden Gesellschaft an der Börse zum amtlichen Börsenhandel zugelassen werden, so ist ein Zulassungsantrag über eine Bank zu stellen. Zumindest in diesen Vorgang muß also eine Bank oder ein Bankenkonsortium eingeschaltet werden.

Bei der Fremdemission wird das Bezugsrecht der Aktionäre dadurch sichergestellt, daß die Bank oder das Bankenkonsortium verpflichtet wird, die Aktien innerhalb der für das Bezugsrecht bestimmten Zeit nur den bezugsberechtigten Personen anzubieten (mittelbares Bezugsrecht gemäß § 186 Abs. 5 AktG). Nach Ablauf dieser Zeit kann ein freier Verkauf erfolgen.

b) Die bedingte Kapitalerhöhung

Die bedingte Kapitalerhöhung (§§ 192—201 AktG) ist nach § 192 Abs. 1 AktG den Fällen vorbehalten, in denen von anderen Personen ein Umtauschrecht (Wandelobligationen) oder Bezugsrecht (Optionsanleihen) geltend gemacht wird. Daneben ist sie in § 192 Abs. 2 AktG vorgesehen für die Vorbereitung des Zusammenschlusses mehrerer Unternehmen und zur Gewährung von Bezugsrechten an Arbeitnehmer der Gesellschaft im Rahmen der Gewinnbeteiligung.

In allen Fällen gilt, daß der Nennbetrag des bedingten Kapitals 50 % des Grundkapitals nicht übersteigen darf und daß Aktien im Rahmen der beschlossenen Höhe nur insoweit ausgegeben werden dürfen, wie Umtausch- oder Bezugsrechte geltend gemacht werden. Das generelle Bezugsrecht der Altaktionäre ist bei dieser Form der Kapitalerhöhung also ausgeschlossen. Daher bestimmt § 221 AktG, daß bei der Ausgabe von Wandelschuldverschreibungen und Optionsanleihen eine Beschlußfassung in der Hauptversammlung mit mindestens Dreiviertel-Mehrheit erforderlich ist und daß den Aktionären ein Bezugsrecht zusteht, sofern es nicht ausdrücklich ausgeschlossen wurde.

Der Beschluß über die bedingte Kapitalerhöhung ist zur Eintragung in das Handelsregister anzumelden; er ist unbedingt, lediglich die Durchführung des Beschlusses ist aufschiebend bedingt. Bei der bedingten Kapitalerhöhung können schon nach der Eintragung dieses Beschlusses die neuen Aktien im Rahmen der Zweckbestimmung ausgegeben werden. Die Erhöhung des Grundkapitals tritt hier schon mit der Ausgabe ein, während sie bei der Kapitalerhöhung gegen Einlagen erst nach der Eintragung der Durchführung eintritt.

c) Das genehmigte Kapital

Das Wesen des genehmigten Kapitals (§§ 202—206 AktG) ist darin zu sehen, daß der Vorstand laut Satzung oder Satzungsänderung ermächtigt wird, das Grundkapital bis zu einem bestimmten Nennbetrag durch Ausgabe neuer Aktien gegen Einlagen zu erhöhen. Der für diese Ermächtigung notwendige Beschluß der Hauptversammlung muß gemäß § 202 AktG mit mindestens Dreiviertel-Mehrheit gefaßt werden und ist auf fünf Jahre beschränkt. Der Nennbetrag des genehmigten Kapitals darf die Hälfte des zur Zeit der Ermächtigung vorhandenen Grundkapitals nicht übersteigen. Der Zweck des genehmigten Kapitals ist darin zu sehen, daß dem Vorstand (mit Zustimmung des Aufsichtsrats) die Möglichkeit eingeräumt wird, eine günstige Gelegenheit für die Ausgabe neuer Aktien auszunutzen. Dabei besteht grundsätzlich ein Bezugsrecht der Altaktionäre, das vom Vorstand nur dann ausgeschlossen werden kann, wenn er dazu ausdrücklich ermächtigt worden ist (§ 203 Abs. 2 AktG).

b) *Die Bildung des Zusatzkapitals*

Als Zusatzkapital werden alle jene Teile des Eigenkapitals angesehen, die nicht Grundkapital sind. Positiv ausgedrückt gehören zum **Zusatzkapital**

- ❶ **die gesetzliche Rücklage,**
- ❷ **die statutarische Rücklage,**
- ❸ **die freiwillige Rücklage,**
- ❹ **der Gewinnvortrag und**
- ❺ **die stillen Rücklagen**

Von diesen fünf Erscheinungsformen des Zusatzkapitals ist die statutarische Rücklage einer allgemeinen Behandlung nicht zugänglich, da die Bedingungen bei den einzelnen Gesellschaften und dementsprechend die jeweiligen Formulierungen der Satzungen recht unterschiedlich sein können. Daher sollen in diesem Abschnitt nur die übrigen Bestandteile des Zusatzkapitals behandelt werden. Zunächst ist auf die gesetzliche Rücklage einzugehen, um daran anschließend die Möglichkeiten für die Bildung von freiwilligen Rücklagen und Gewinnvorträgen darzustellen. Außerdem werden die Möglichkeiten der Bildung stiller Rücklagen erörtert und eine betriebswirtschaftliche Würdigung der Rücklagenbildung angeschlossen.

(1) Die Bildung der gesetzlichen Rücklage

Bei der gesetzlichen Rücklage handelt es sich um einen gesetzlich vorgeschriebenen Teil des Zusatzkapitals, dessen Bildung und Auflösung an bestimmte Voraussetzungen gebunden sind, die im § 150 AktG festgelegt sind.

Die Möglichkeiten der Bildung der gesetzlichen Rücklage sind überwiegend in § 150 Abs. 2 AktG festgelegt, wenn auch noch sonstige Vorschriften (u. a. §§ 232, 237 Abs. 5, 300 AktG; DM-Bilanzgesetze, Lastenausgleichsgesetz) zu beachten sind.

Zunächst sind 5 % des Jahresüberschusses (§ 157 Abs. 1 Nr. 28 AktG) — vermindert um einen eventuellen Verlustvortrag aus dem Vorjahr — solange in die gesetzliche Rücklage einzustellen, bis sie auf 10 % des Grundkapitals angewachsen ist.

Es ist zu beachten, daß in einer Periode nicht mehr als 5 % des Jahresüberschusses in die gesetzliche Rücklage eingestellt werden können. Dafür ist es aber bei einer entsprechenden Satzungsvorschrift möglich, die gesetzliche Rücklage über den Betrag von 10 % des Grundkapitals hinaus anzufüllen. Ob die gesetzliche Rücklage allerdings im Einzelfall größer sein kann als das Grundkapital oder ob sie nur bis zu einem „Teil des Grundkapitals" anwachsen kann, ist noch nicht abschließend geklärt.

Eine weitere Möglichkeit für die Bildung der gesetzlichen Rücklage ist dann gegeben, wenn neue Aktien mit einem Aufgeld (Agio) ausgegeben werden. Der Betrag, der über den Nennbetrag hinausgeht, ist voll in die gesetzliche Rücklage einzustellen, ohne daß die Möglichkeit besteht, ihn um die Kosten der Aktienausgabe zu mindern. Eine ähnliche Vorschrift besteht bei dem Umtausch von Wandelschuldverschreibungen in Aktien. Der Betrag, der über den Rückzahlungsbetrag der Anleihe hinaus erlöst wird, ist in die gesetzliche Rücklage einzustellen. Eine letzte Möglichkeit, die in § 150 Abs. 2 AktG geregelt ist, betrifft die Zuzahlung der Aktionäre. Werden den Aktionären hierbei besondere Vorzüge gewährt, dann ist der Betrag voll, d. h. ohne Abzug von entstandenen Kosten, in die gesetzliche Rücklage einzustellen. Erfolgt die Zuzahlung der Aktionäre dagegen ohne Gewährung eines besonderen Vorzugs, dann kann der Betrag (unter Abzug von entstandenen Kosten) im Rahmen der allgemeinen Zuführungen in die freie Rücklage eingestellt werden.

Die Bestimmungen über die Auflösung der gesetzlichen Rücklage werden im Abschnitt über Kapitalherabsetzungen noch behandelt werden.

(2) Die Bildung der freien Rücklagen

Die Bildung von freien Rücklagen ist in § 58 AktG geregelt. Danach können diejenigen, die den Jahresabschluß feststellen — in der Regel Vorstand und Aufsichtsrat (§ 172 AktG)[1] — höchstens die Hälfte des Jahresüberschusses in die freie Rücklage einstellen. Eventuell ist der Jahresüberschuß noch um einen Verlustvortrag und eine Einstellung in die gesetzliche Rücklage zu kürzen.

Beispiel

Jahresüberschuß (§ 157 Abs. 1 Nr. 28)	100 000 DM
Verlustvortrag (§ 157 Abs. 1 Nr. 29)	40 000 DM
Einstellung in die gesetzliche Rücklage (§ 157 Abs. 1 Nr. 31 a)	3 000 DM
	57 000 DM

Höchstens die Hälfte dieses Restbetrages darf nach § 58 Abs. 2 AktG von Vorstand und Aufsichtsrat in die freie Rücklage eingestellt werden.

---

[1] Nur in Ausnahmefällen stellt die Hauptversammlung den Jahresabschluß fest (§ 173 AktG).

Durch diese Bestimmung wird sichergestellt, daß wenigstens ein Teil des Jahresüberschusses auch gegen den Willen der Aktionäre für die Bestandserhaltung des Unternehmens zurückbehalten werden kann. Darüber hinaus können durch die Satzung Vorstand und Aufsichtsrat ermächtigt werden, einen größeren Teil als die Hälfte des Jahresüberschusses in die freie Rücklage zu stellen, solange die freie Rücklage noch nicht auf die Hälfte des Grundkapitals angewachsen ist. Allerdings ist es strittig, ob auf Grund einer solchen Satzungsvorschrift die Verwaltung ermächtigt werden kann, den gesamten Jahresüberschuß in die freie Rücklage einzustellen, da gemäß § 254 AktG die Aktionäre grundsätzlich ein Anrecht auf eine mindestens 4 %ige Dividende haben.

Neben diesen bei der Feststellung des Jahresabschlusses gebildeten freien Rücklagen kann die Hauptversammlung im Rahmen des Gewinnverwendungsbeschlusses gemäß § 174 Abs. 2 Nr. 3 AktG beschließen, daß Teile des Bilanzgewinns (§ 157 Abs. 1 Nr. 32 AktG) in die freie Rücklage einzustellen sind. Eine Satzungsbestimmung ist hierfür nicht erforderlich; die Satzung kann diese Befugnis der Hauptversammlung auch nicht einschränken (§ 23 Abs. 4 AktG). Die Entscheidung der Hauptversammlung erfolgt mit einfacher Stimmenmehrheit (§ 133 Abs. 1 AktG). Zu beachten ist aber auch hier das grundsätzliche Anrecht der Aktionäre auf eine mindestens 4%ige Dividende (§ 254 AktG). Der Hauptversammlungsbeschluß über die Gewinnverwendung kann allerdings auch dahin gehen, daß der Bilanzgewinn nicht in die freie Rücklage eingestellt wird, sondern als **Gewinnvortrag** ausgewiesen wird (§ 174 Abs. 2 Nr. 4 AktG).

(3) Die Bildung von stillen Rücklagen

Neben den gesetzlichen Rücklagen und den freien Rücklagen, die offen in der Bilanz ausgewiesen werden, ist noch auf die stillen Rücklagen einzugehen. Bei den stillen Rücklagen handelt es sich um die Gewinnanteile des Unternehmens, die durch Unterbewertung der Vermögensposten oder durch Überbewertung der Schuldposten überhaupt nicht als Gewinn in der Bilanz in Erscheinung treten.

Die Bewertungsvorschriften des Aktiengesetzes (§§ 153—156 AktG) sind dadurch gekennzeichnet, daß grundsätzlich vorgeschrieben ist, mit welchem Wert die einzelnen Posten in der Bilanz anzusetzen sind (Grundsatz der Bestimmtheit des Wertansatzes). Das im Aktiengesetz von 1937 vorgeschriebene Prinzip der Höchstwertvorschriften ist im Aktiengesetz von 1965 durch ein System fester Wertansätze ersetzt worden, welches die Bewertung gleichzeitig nach oben und nach unten begrenzt. Die stillen Rücklagen brauchten daher als solche überhaupt nicht mehr angesprochen zu werden.

Diese Aussage gilt jedoch nur in formaler Hinsicht, da auch innerhalb dieses Systems die Möglichkeit für verschieden hohe Wertansätze besteht. Der einzelne Wertansatz muß zwar auf Grund einer bestimmten Bewertungs- oder Abschreibungsmethode ermittelt werden, wobei aber die jeweilige Wahl der Bewertungs- oder Abschreibungsmethode grundsätzlich in das Ermessen des Bilanzierenden gestellt ist. So verbleibt auch nach den Bewertungsvorschriften des Aktiengesetzes von 1965 noch ein erheblicher Bewertungsspielraum und damit die Möglichkeit für die Bildung von stillen Rücklagen, insbesondere beim Anlagevermögen und bei den Rückstellungen.

(4) Die betriebswirtschaftliche Beurteilung der Rücklagenbildung

Alle Rücklagen stellen eine Stärkung der Eigenkapitalbasis dar; das ist ihr gemeinsamer Vorteil. Sie können bei der Einlage neuen Eigenkapitals entstehen (wenn z. B. das Agio neu ausgegebener Aktien in die gesetzliche Rücklage eingestellt wird), sie können jedoch auch aus einbehaltenen betrieblichen Gewinnen gebildet werden (Selbstfinanzierung). Daher ist vieles, was bei der Beurteilung der Rücklagenbildung gesagt werden muß, schon bei der Besprechung der Selbstfinanzierung gesagt worden; es soll hier nur nochmals darauf hingewiesen werden, daß wichtige Vorteile in der Sicherung der bestehenden Herrschaftsverhältnisse (es wird kein neues Eigenkapital von außen hereingenommen), der Senkung der liquiditätsmäßigen Preisuntergrenze und der Ausweitung der Kreditbasis liegen. Ganz besonders schätzen viele Geschäftsleitungen die Tatsache, daß Außenstehenden bei Selbstfinanzierung weniger Einblick in die Verhältnisse der Unternehmung gewährt werden muß. Diesen Vorteilen stehen die Verzerrung der Rentabilitätsrechnung besonders durch stille Rücklagen und die Gefahr von leichtfertigen Entscheidungen und Fehlinvestitionen des vorhandenen Kapitals entgegen.

Die Gefahren der Selbstfinanzierung sind dann besonders groß, wenn das Ausmaß der stillen Rücklagen nicht hinreichend genau abgeschätzt werden kann. Daraus ergibt sich ein zusätzlicher, recht wesentlicher Einwand gegen stille Rücklagen.

2. Die Fremdfinanzierung

Die Fremdfinanzierung ist eine Finanzierung mit Beleihungskapital (Kreditkapital). Der Vorteil der Fremdfinanzierung gegenüber der Einlagenfinanzierung besteht darin, daß keine neuen Gesellschafter aufgenommen zu werden brauchen und daß infolgedessen keine Verlagerung der Stimmrechtsrelationen eintritt, so daß die bestehenden Herrschaftsverhältnisse unverändert bleiben. Ist allerdings ein verhältnismäßig großer Kredit aufgenommen worden, so kann hierdurch dem Gläubiger eine entscheidende Machtstellung eingeräumt werden, die ihm unter Umständen ein gewichtiges Mitspracherecht bei betrieblichen Entscheidungen oder sogar bei der Besetzung des Vorstandes und Aufsichtsrats gewährt. Als besonderer Vorteil der Fremdfinanzierung ist zu werten, daß die Zinsen steuerlich abzugsfähige Betriebsausgaben darstellen. Andererseits kann die laufende Zinsbelastung sich nachteilig auf die Liquidität auswirken, da die Zinsen ersatzbedürftige fixe Aufwendungen darstellen.

Ein weiterer Nachteil der Fremdfinanzierung ist in der Bereitstellung von Sicherheitsleistungen zu sehen. Abgesehen von den Kosten der Sicherheitsleistungen (z. B. bei der Hypothekeneintragung) handelt es sich hierbei in erster Linie um Verfügungsnachteile. Wird Sicherheit beispielsweise im Wege der Verpfändung geleistet, so wird dem Betrieb zumindest der unmittelbare Alleinbesitz der verpfändeten Güter entzogen. Im Falle der Sicherungsübereignung wird die Veräußerungsmöglichkeit ausgeschaltet, es sei denn, daß ein kommissionsähnliches Verhältnis zwischen Sicherungsgeber und Sicherungsnehmer vereinbart worden ist, demzufolge der Sicherungsgeber ermächtigt ist, für Rechnung des Sicherungsnehmers zu verkaufen. Werden Forderungen abgetreten, so können sich auch Nachteile daraus ergeben, daß der Kunde als Schuldner Kenntnis hiervon erlangt. Letztlich darf nicht übersehen werden, daß die Sicherheiten die Aufgabe haben, dem Fremdkapitalgeber die Möglichkeit einzuräumen, sich aus ihnen zu befriedigen, wenn der Kreditnehmer seinen Verpflichtungen aus dem Kreditvertrag (Zinspflicht, Rückzahlungspflicht, Pflicht zur Stellung zusätzlicher Sicherheiten) nicht nachkommt. Selbst wenn die Nichterfüllung der Verpflichtung von vorübergehender Natur ist, hat der Kreditgeber das Recht, seine Forderungen aus der Verwendung der Sicherheiten zu realisieren. Eine vorübergehende Engpaßsituation des Betriebes kann sich damit über die Verwendung der Sicherheiten einschneidend für den weiteren Bestand des Betriebes auswirken.

Auf dem Hintergrund der Sicherheitsleistungen sind im folgenden die einzelnen Finanzierungsarten zu sehen, wobei von einer Einteilung in kurz- und langfristige Fremdfinanzierungen ausgegangen wird.

a) Die kurzfristige Fremdfinanzierung

(1) Der Lieferantenkredit

Der Lieferantenkredit ist in verschiedenen Zweigen der Wirtschaft, speziell im Großhandel, stark verbreitet. Er ist verschiedentlich (so auch im Export nach Entwicklungsländern) geradezu zu einem Mittel des Wettbewerbs geworden, hinter dem der Preiswettbewerb nach Ansicht der Abnehmer unter Umständen zurücktritt. Das trifft speziell zu bei unzureichender Kapitalausstattung der Abnehmerbetriebe, bei unzureichender Liquidität auf dem Geld- und Kapitalmarkt oder bei unzureichender Verfügung über sachliche Sicherheiten zur Inanspruchnahme von Krediten des Geld- und Kapitalmarktes. Man kann zwei Arten des Lieferantenkredits unterscheiden, den Ausstattungs- und den Lieferungskredit.

Beim **Ausstattungs- oder Einrichtungskredit** gewährt der Lieferant Betrieben der Folgestufe einen Barkredit, der dem Betrieb die Möglichkeit geben soll, sich die erforderlichen Einrichtungsgegenstände zu beschaffen. Entsprechend der Verwendung der Kreditmittel beim Kreditnehmer ist dieser Kredit in der Regel allerdings als langfristiger Kredit zu gewähren. Der Kauf der Einrichtungsgegenstände erfolgt nicht beim Kreditgeber, sondern bei anderen Betrieben. Das Interesse des Kreditgebers ist in diesem Fall darauf gerichtet, den Kreditnehmer über die Kreditgewährung als Abnehmer für seine Leistungen zu gewinnen. Die Kreditgewährung kann mit einer Abnahmeverpflichtung für diese Leistungen verbunden sein. Typische Beispiele dafür finden wir in der Finanzierung von Gaststätten durch Brauereien und von Tankstellen durch Ölgesellschaften.

Die Kreditrückzahlung kann so geregelt sein, daß der Kreditnehmer für die Lieferungen des Kreditgebers nicht nur den üblichen Preis zu entrichten hat, sondern mit einem Preisaufschlag belastet wird, der als Annuität (Zins + Tilgung) für den Einrichtungskredit gedacht ist. Zins und Tilgung sollen also aus dem Warenbruttogewinn des Kreditnehmers gedeckt werden. Für den Kreditnehmer liegt in dieser Regelung ein geringes Kreditrisiko. Für den Kreditgeber besteht aber die Gefahr, daß der Kreditnehmer durch Käufe bei anderen Lieferanten die Abdeckung des Kredits zeitlich zu verzögern versucht.

Auf völlig anderen Grundlagen beruht der **Lieferungskredit.** Hier tritt der Lieferant nicht nur als Kreditgeber eines Barkredits auf, sondern die Kreditgewährung steht in unmittelbarem Zusammenhang mit einer Lieferung. Daher bezeichnen viele Autoren auch nur diesen Lieferungskredit als Lieferantenkredit. Ihm liegt zunächst ein Kaufvertrag zwischen dem Kreditgeber (Lieferant) und dem Kreditnehmer (Abnehmer) zugrunde. Die Kreditgewährung kommt darin zum Ausdruck, daß der Lieferant dem Abnehmer die geldliche Gegenleistung stundet.

Diese Stundung kann wie folgt zum Ausdruck kommen:

1. Der vom Lieferanten in Rechnung gestellte Preis ist ein Barpreis. Dem Abnehmer wird jedoch die Möglichkeit gewährt, Zahlung durch Dreimonatsakzept über den Rechnungsbetrag zuzüglich Diskont und Spesen zu leisten.

2. Der in Rechnung gestellte Preis ist ein Barpreis. Dem Abnehmer ist jedoch die Möglichkeit gewährt, Zahlung bis spätestens zu einem benannten zukünftigen Termin zu leisten unter Hinzurechnung von Zinsen zum Barpreis für die effektiv beanspruchte Kreditzeit.

3. Der vom Lieferanten in Rechnung gestellte Preis ist ein Zielpreis. Bei früherer Zahlung innerhalb einer benannten Zeitspanne nach Rechnungseingang ist der Abnehmer berechtigt, von diesem Zielpreis einen benannten prozentualen Abschlag (Skonto = Preisnachlaß für verfrühte Zahlung) vorzunehmen. Dabei kann der Zielpreis vom Lieferanten wie folgt berechnet sein:

a) Angegebener Skontosatz = 2 %
   Kalkulierter Barpreis = 98,— DM
   + 2,04 % Skonto = 2,— DM
   Zielpreis = 100,— DM

Hier enthält der Zielpreis 2 % Zins für die Zielgewährung.

b) Angegebener Skontosatz = 2 %

Der Lieferant will aber nur den Betrag in die Summe seiner monatlichen Zielpreisforderungen einkalkulieren, in dessen Höhe erfahrungsgemäß effektiv Skontobeträge von den Abnehmern beansprucht werden.

Das geschieht durch folgende Rechnung:

Umsatz des Vormonats = 100 000,— DM
effektive Skontobeanspruchung = 1 000,— DM = 1 %

Kalkulation der Zielpreisforderung für diesen Monat:

Barpreis lt. Kalkulation = 100,— DM
+ 1,01 % Skonto = 1,01 DM
Zielpreis mit 2 % Skontoklausel = 101,01 DM

Der Lieferant beansprucht für sich in diesem Fall keine Verzinsung für die gewährten Kredite, es sei denn, er habe bei Berechnung der kalkulatorischen Zinsen als Teil der Kosten bereits den Betrag der durchschnittlichen Kundenforderungen in das betriebsnotwendige Kapital mit einbezogen.

Die Gewährung der Lieferungskredite bedeutet für den Abnehmer — je nach der Kreditzeit im Verhältnis zur durchschnittlichen Lagerzeit der eingekauften Güter —

① eine teilweise Finanzierung der Lagervorräte durch den Lieferanten: Kreditzeit kleiner als Lagerzeit,
② eine volle Finanzierung der Lagervorräte: Kreditzeit = Lagerzeit,
③ eine volle Finanzierung der Lagervorräte und eine teilweise[1]) oder volle[2]) Finanzierung des kreditierten Verkaufs der Güter.

Tritt der Lieferungskredit in der Form des mit einer Skontoklausel versehenen Zielverkaufspreises in Erscheinung, was speziell für den Absatz von Herstellerbetrieben und Großhandelsbetrieben überwiegend zutrifft, dann ist die Inanspruchnahme dieses Kredits in der Regel mit hohen Kreditkosten zu Lasten des Kreditnehmers verbunden (vgl. folgende Beispiele).

---

[1]) teilweise = Kreditzeit größer als Lagerzeit, aber Kreditzeit kleiner als Lagerzeit + Absatzkreditzeit.
[2]) voll = Kreditzeit größer oder gleich Lagerzeit + Absatzkreditzeit.

Kreditfrist	Skontosatz	Skontozeit	Jahressatz[1]
4 Wochen	2 %	sofort	26,0 %
4 Wochen	2 %	1 Woche	34,6 %
4 Wochen	3 %	1 Woche	51,9 %
6 Wochen	3 %	1 Woche	31,2 %
8 Wochen	3 %	1 Woche	22,2 %

Diese hohen Kreditkosten sollten die Abnehmer veranlassen, so weit wie möglich den Barpreis in Anspruch zu nehmen und den Lagervorrat in anderer Weise — etwa durch Beanspruchung von Bankkrediten — zu finanzieren. Das trifft insbesondere dann zu, wenn der Skontosatz zu einem Mittel des Wettbewerbs wird, wie es seit einigen Jahren der Fall ist (Gewährung von indirekten Preisnachlässen durch Heraufsetzung des Skontosatzes). Damit wird gleichzeitig die Schaffung eines Abhängigkeitsverhältnisses gegenüber dem Lieferer verhindert.

(2) Der Kundenkredit

Eine umgekehrte Situation zeigt sich beim Kundenkredit. Hier leistet der Käufer eine Zahlung, bevor der Verkäufer oder der Hersteller eines Werkes seine Leistung erbringt. Der Kundenkredit ist von Bedeutung im Rahmen von Werksverträgen, wenn Individualleistungen mit einem erheblichen Kapitalbedarf und einer längeren Herstellzeit erstellt werden. Der Vorauszahlung kommt in diesen Fällen eine doppelte Bedeutung zu; sie dient der Finanzierung der Herstellung sowie der Sicherung der Abnahme. Wir finden sie überwiegend im Schiffsbau, im Wohnungsbau, im Brückenbau und in der Maschinenindustrie bei der Herstellung von Spezialmaschinen. Es werden hier die einzelnen ausgeführten Bauabschnitte gesondert abgerechnet. Dem Herstellerbetrieb wird dabei aus Sicherheitsgründen oft zur Auflage gemacht, daß er für das herzustellende Gut eine Gewährleistung übernimmt und diese durch eine Kaution oder statt dessen durch eine Bankbürgschaft oder Kautionsversicherung absichert.

---

[1] Die Skontosätze wurden nach dem Zeitverhältnis auf 52 Wochen umgerechnet.

(3) Der Bankkredit

(a) Der Kontokorrentkredit

Der Kontokorrentkredit umfaßt den größten Teil aller Bankkredite nach Zahl und Umfang. Seine Einräumung erfolgt überwiegend für einen kurzfristigen Zeitraum, schließt aber die Möglichkeit einer anschließenden Prolongation nicht aus. Im Kreditverkehr mit Wirtschaftsbetrieben wird er gewährt als kurzfristiger Betriebskredit (z. B. Gehaltstermin, Ausnutzung von Skonto), als Saisonkredit (Einkaufskredit), als Zwischenkredit (Vorfinanzierung, z. B. bei Bauvorhaben mit späterer Ablösung durch ein Darlehen, bei Emissionen von Wertpapieren) und in vereinzelten Fällen als Anlagekredit.

Der Kontokorrentkredit ist in den §§ 355—357 HGB geregelt. Daraus können folgende **Merkmale des Kontokorrentkredits** abgeleitet werden:

Die einzelnen im Kontokorrent erfaßten Beträge verlieren mit der Errechnung des Saldos ihre Bedeutung. Von rechtlicher Bedeutung ist lediglich der jeweilige Saldo. Im Saldo werden beiderseitige Ansprüche gegeneinander verrechnet. Der Saldo kann damit in einer Periode ein Habensaldo, in einer anderen ein Sollsaldo sein.

Die Verrechnung erfolgt in regelmäßigen Zeitabständen. In der Praxis sind die Banken heute weitgehend dazu übergegangen, die Saldoermittlung jeweils nach dem einzelnen Geschäftsvorfall vorzunehmen. Daneben wird dem Kunden halbjährlich oder jährlich der dann bestehende Saldo nochmals gesondert aufgegeben und um Bestätigung des Saldos gebeten. Handelt es sich bei diesem Saldo um einen Sollsaldo, so ist in dem Anerkenntnis ein Schuldanerkenntnis oder ein Schuldversprechen gemäß §§ 780, 781 BGB zu sehen.

Eine der Personen, die an dem Kontokorrentverkehr teilnehmen, muß Kaufmann im Sinne des HGB sein. Das trifft für eine Bank regelmäßig gemäß § 1 Ziff. 4 HGB zu (Bankier- und Geldwechslergeschäfte).

Für den Kontokorrentverkehr sieht der Gesetzgeber ausdrücklich die Zulässigkeit der Berechnung von Zinseszinsen vor, soweit der Saldo der Vorperiode schon Zinsen enthält.

Die Einrichtung eines Kontokorrentverkehrs zwischen einer Bank und ihrem Kunden ist nicht zwangsläufig mit dem Recht des Kunden verbunden, von der Bank Kredit in Anspruch zu nehmen. Ein Kontokorrent kann ohne ein derartiges Kreditverhältnis bestehen. Überschreiten die Verfügungen des Kunden sein Guthaben, ohne daß ihm eine Kreditzusage gewährt wurde, so liegt damit eine Kontoüberziehung vor, für die die Bank eine Überziehungsprovision berechnet, sofern sie auf Grund der Anweisung des Kunden den Kredit einräumt. Diese Überziehungsprovision liegt höher als die reguläre Kreditprovision. Es entfällt aber die Berechnung der Bereitstellungsprovision.

Das Kontokorrent eignet sich in besonderer Weise für die Gewährung und Inanspruchnahme von Betriebskrediten. Steht eine Bank mit einem Kunden im regelmäßigen Kontokorrentverkehr, so bekommt sie damit einen Einblick in verschiedene Gegebenheiten, die für die Beurteilung der Kreditwürdigkeit des Kunden von Bedeutung sind, wie Bankumsatz, Kreis der Lieferanten, Kreis der Abnehmer, regelmäßige Zahlungsverpflichtungen, regelmäßige Einnahmen, Pünktlichkeit von Zahlungen u. ä. Der Kontokorrentkredit kann in den verschiedensten Formen besichert werden; er ist nicht ursprünglich mit bestimmten Sicherheiten verbunden. Die Bank kann übersehen, ob der Kredit zu den vorgesehenen Zwecken beansprucht wird. Das Ausmaß der Kreditinanspruchnahme kann regelmäßigen Schwankungen unterliegen. Alle Kontobewegungen gehen mit dem beanspruchten Kredit in dem Saldo des Kontokorrents unter. Es kann also sein, daß zu verschiedenen Zeiten ein Sollsaldo oder ein Habensaldo besteht.

Unter dem Gesichtspunkt der Sicherheit ist die Bestimmung des § 356 HGB zu beachten: „Wird eine Forderung, die durch Pfand, Bürgschaft oder in anderer Weise gesichert ist, in die laufende Rechnung aufgenommen, so wird der Gläubiger durch die Anerkennung des Rechnungsabschlusses nicht gehindert, aus der Sicherheit insoweit Befriedigung zu suchen, als sein Guthaben aus der laufenden Rechnung und die Forderung sich decken."

Der Kontokorrentkredit kann durch Barabhebung des Kreditnehmers, Barabhebung eines Scheckgläubigers, Überweisung und Einlösung von Wechseln mit Zahlstellenvermerk in Anspruch genommen werden.

Neben dem Kontokorrentkredit stehen die verschiedenen Formen des einmaligen Kredits, die im folgenden zu behandeln sind und von denen als die wichtigste der Wechseldiskontkredit zu nennen ist.

(b) Der Wechseldiskontkredit

Der Wechseldiskontkredit besteht im Ankauf von Wechseln durch eine Bank, auch Diskontierung von Wechseln genannt. Für Banken liegt in dem Diskontgeschäft ein günstiger Weg für eine rentable Anlage von liquiden Mitteln, ohne daß ihre Liquidität berührt wird, sofern die Wechsel den Rediskontierungsanforderungen der Bundesbank entsprechen.

In § 19 des Gesetzes über die Deutsche Bundesbank sind folgende Bedingungen für die Rediskontierung genannt:

① Haftung durch drei als zahlungsfähig bekannte Verpflichtete.

② Die Wechsel müssen innerhalb dreier Monate, vom Tage des Ankaufs an gerechnet, fällig sein.

③ Es sollen gute Handelswechsel sein.

Neben dieser Grundsatzregelung im Bundesbankgesetz kann die Rediskontfähigkeit von Wechseln zu jeder Zeit durch Beschlüsse des Zentralbankrates eingeengt werden.

Sind die obigen Voraussetzungen für eine Rediskontierung gegeben, so kann das Kreditinstitut sich durch Rediskontierung der aufgekauften Wechsel zu jeder Zeit wieder liquide Mittel beschaffen, also auf einen Kredit der Bundesbank zurückgreifen, soweit das Kreditinstitut sein Rediskontkontingent noch nicht ausgenuzt hat.

Den Kreditinstituten bleibt es überlassen, auch solche Wechsel zu diskontieren, die den Rediskontbestimmungen nicht entsprechen. Sie verschließen sich damit die Rediskontmöglichkeit, müssen also den Kredit für die volle Laufzeit aus eigenen Mitteln gewähren.

Die Gewährung von Diskontkrediten wird den Banken dadurch besonders erleichtert, daß ihre Realisierung verhältnismäßig einfach und sicher ist. Der Wechsel ist ein abstraktes Schuldversprechen, das losgelöst von dem ursprünglichen Schuldverhältnis besteht und der besonderen Strenge des Wechselrechts unterliegt (Vereinfachung im Wechselprozeß, da nur Einreden gegen die Urkunde oder die Person des Forderungsberechtigten möglich sind). Außerdem kann jede Person, deren Unterschrift auf dem Wechsel erfaßt ist, im Regreßwege in Anspruch genommen werden, ohne daß eine Wechselklage erhoben werden muß.

(c) Der Akzeptkredit

Beim Akzeptkredit handelt es sich um ein Kreditleihgeschäft und nicht um ein Geldleihgeschäft. Es handelt sich um einen Wechselkredit, bei dem die **Bank** einen vom Kunden auf sie gezogenen Wechsel unter der Bedingung akzeptiert, daß der Kunde den Gegenwert vor Fälligkeit der Bank zur Verfügung stellt. Der Kunde kann nun das Bankakzept „zahlungshalber" weitergeben oder sich flüssige Mittel im Wege der Diskontierung bei einer anderen oder auch bei der akzeptierenden Bank beschaffen.

Das Akzept der Bank gibt dem Wechsel eine weitgehende Sicherheit und Fungibilität. Die Bank hat also dem Kunden ihre Kreditwürdigkeit geliehen (Kreditleihe). Das Interesse des Kunden liegt in den besonders günstigen Kreditkosten. Akzepte der Banken werden von Banken zum Privatdiskontsatz diskontiert. Dieser liegt in der Regel um $3/4$ bis $1\,1/4\,\%$ unter dem Bundesbank-Diskontsatz. Diese Begünstigung kann besonders die größeren Kunden einer Bank veranlassen, die Einräumung eines Akzeptkredits zu verlangen. Ist das der Fall, dann wird die Bank den akzeptierten Wechsel auch selbst diskontieren, sofern ihre Liquiditätsverhältnisse es gestatten, um sich dadurch den Kunden zu sichern. Dieser Eigendiskontierung kommt noch eine weitere Bedeutung zu. Die Banken sind bemüht, einen Teilbetrag der Liquiditätsreserve in der Form von Privatdiskonten zu halten, da diese einen besonders hohen Liquiditätsgrad aufweisen. Es hat sich aus der Praxis ergeben, daß die Banken eigene Wechsel zu diesen Zwecken austauschen. Damit wird das eigene Akzept durch jenes einer anderen Bank ersetzt. Nur wenn die Bank im Augenblick aus Liquiditätsüberlegungen nicht in der Lage ist, das eigene Akzept zu diskontieren, wird sie damit einverstanden sein, daß der Kreditnehmer es anderweitig verwendet, um den Kredit auszunutzen.

(d) Der Avalkredit

Bei der Einräumung eines Avalkredits gewährt die Bank einer dritten Person eine Bürgschaft für gegenwärtige oder zukünftige Zahlungsverpflichtungen ihres Kunden. Der Kunde der Bank bleibt also weiterhin der eigentliche Schuldner, die Bank tritt als Bürge hinzu.

Die besondere Funktion, die die Bank hier übernimmt, liegt also — ähnlich wie beim Akzeptkredit — in ihrer Zahlungsfähigkeit begründet. Eine Gewährung von Zahlungsmitteln ist mit dieser Kreditart ursprünglich nicht verbunden, so daß der Avalkredit gleichfalls als eine Kreditleihe anzusprechen ist.

Die Bankbürgschaft ist immer dann von Bedeutung, wenn der Kunde der Bank bei anderen Personen eine Stundung der diesen gegenüber bestehenden Zahlungsverpflichtungen anstrebt oder der Bankkunde gegenüber anderen Personen zukünftige Zahlungsverpflichtungen oder auch bedingte zukünftige Zahlungsverpflichtungen eingeht. Schließlich ist die Bankbürgschaft von Bedeutung, wenn die dritte Person Vorauszahlung auf zukünftige Leistungen des Bankkunden vornimmt und der Dritte Sicherheiten verlangt.

Die im Avalkredit liegende Bankbürgschaft kann immer nur auf Zahlungsverpflichtungen gerichtet sein und nicht auch auf Lieferungsverpflichtungen. Im Zusammenhang mit Lieferungsverpflichtungen kann sich eine Bank niemals dafür verbürgen, daß der Schuldner seiner Lieferungsverpflichtung nachkommt, sondern nur dafür, daß bei Auslösung der geldlichen Konventionalstrafe diese erfüllt wird.

Beispiele für den Avalkredit sind:

1. **Bürgschaft für vorgesehene Vertragstrafen,**

2. **Bürgschaft für ausstehende Einlagen auf Beteiligungen,**

3. **Bürgschaft für geleistete Anzahlungen,**

4. Bürgschaft für Prozeßverpflichtungen,

5. Bürgschaft bei Stundung von Steuern, Zöllen,

6. Bürgschaft bei Stundung von Frachten durch die Deutsche Verkehrskredit-Bank AG (diese zahlt regelmäßig an die Bundesbahn und verlangt dafür von ihren Kunden eine Bankbürgschaft),

7. Bürgschaft für Wechselschulden durch Bürgschaftserklärung oder Indossament,

8. Bürgschaft für Wechselregreßschulden durch Bürgschaftserklärung oder Indossament,

9. Bürgschaft bei Kreditgewährungen auf Grund eines Kreditauftrags (§ 778 BGB).

(e) Der Lombardkredit

Unter „lombardieren" versteht man allgemein die bankmäßige Beleihung von Wertpapieren oder Waren. Der Lombardkredit ist also ein Kredit auf der Grundlage der Verpfändung von Wertpapieren oder Waren. Ihm liegt somit eine dingliche Sicherheit an beweglichen Sachen, ein auf dem Sachenrecht beruhendes Recht zugrunde. Dadurch tritt beim Lombardkredit jedoch die in der Person des Kreditnehmers beruhende Kreditwürdigkeit nicht gegenüber der dinglichen Sicherheit zurück.

Eine gleiche sachliche Sicherheit wie beim Lombardkredit kann auch beim Kontokorrentkredit gegeben sein. Außerdem werden beide Kreditarten in der Regel als kurzfristige Kredite gewährt. Ein wesentlicher Unterschied ist aber darin zu sehen, daß der Lombardkredit auf einen festen Kreditbetrag lautet, der in einer Summe gewährt und in der Regel auch in einer Summe wieder abgelöst wird; beim Kontokorrentkredit wird dagegen ein Höchstbetrag für die Kontoüberziehung zugestanden, während die Höhe des Kontokorrentkredits fortwährend Schwankungen unterliegen kann. Der durch eine Verpfändung von beweglichen Sachen besicherte Kontokorrentkredit wird daher auch als uneigentlicher (unechter) Lombardkredit bezeichnet. Der Lombardkredit unterscheidet sich weiterhin vom Kontokorrentkredit darin, daß er als Warenumschlagskredit und als Wertpapierspekulationskredit gewährt wird, während der Kontokorrentkredit als kurzfristiger Betriebskredit, als Saisonkredit, als Zwischenkredit und in Sonderfällen als Anlagekredit beansprucht wird.

Lombardierungsfähige bewegliche Sachen können sein: Edelmetalle, Wertpapiere und lagernde, schwimmende oder rollende Kaufmannswaren.

(1) Das Effektenlombardgeschäft

Der wohl häufigste Anwendungsfall des Lombardkredits ist das Effektenlombardgeschäft. Es wird ein Kredit eingeräumt, der durch Verpfändung von Effekten (also fungiblen Wertpapieren: Aktien, Industrieobligationen, Pfandbriefen, Staatsanleihen, Schuldverschreibungen von Körperschaften des öffentlichen Rechts und Kuxen) gesichert ist. Für den Kreditnehmer ist die Beleihung seiner Effekten dann besonders vorteilhaft, wenn zum Zeitpunkt des Geldbedarfs eine Veräußerung der Papiere ungünstig erscheint oder er seinen Wertpapierbestand behalten möchte, weil sein Geldbedarf nur vorübergehend ist. Für den Kreditgeber liegt der Vorzug des Effektenlombards vor allem in der leichten Veräußerbarkeit der Wertpapiere. Gegen die Gefahr von Kursrückgängen, die eine Entwertung des Pfandobjekts verursachen würden, sichert sich der Kreditgeber dadurch, daß er das Pfand nur zu einem bestimmten Prozentsatz seines Wertes beleiht. Diese Beleihungsgrenze liegt um so höher, je leichter das Pfand verwertbar ist und je geringeren Kursschwankungen es ausgesetzt ist. Aus diesem Grunde werden üblicherweise börsengängige Staats- und Industrieanleihen, Kommunalobligationen und Pfandbriefe mit einem höheren Prozentsatz ihres derzeitigen Wertes beliehen als Aktien.

Was das Lombardkreditgeschäft der Zentralbank mit den Kreditinstituten betrifft, so können gemäß § 19 Abs. 1 Ziff. 3 des Bundesbankgesetzes „verzinsliche Darlehen" auf längstens drei Monate gegen folgende Pfänder gewährt werden:

1. Wechsel, die den Bestimmungen über den Ankauf von Wechseln, zahlbar im Bundesgebiet, entsprechen (zu höchstens neun Zehntel ihres Nennwertes);

2. Schatzwechsel (bis zu neun Zehntel ihres Nennwertes);

3. festverzinsliche Schuldverschreibungen und Schuldbuchforderungen, deren Aussteller oder Schuldner der Bund, ein Sondervermögen des Bundes oder ein Land ist, und Schatzanweisungen (bis zu 75 % ihres Kurswertes bzw. Nennbetrages);

4. Ausgleichsforderungen (bis zu 75 % ihres Nennbetrages).

(2) Das Warenlombardgeschäft

Die Deutsche Bundesbank ist gemäß den Bestimmungen des Bundesbankgesetzes vom Warenlombardgeschäft ausgeschlossen. Von Kreditinstituten wird das Warenlombardgeschäft jedoch betrieben.

Für die Lombardierung kommen nur Waren in Betracht, die der Kreditnehmer während der Kreditzeit entbehren kann, da die Waren in den unmittelbaren Besitz des Kreditgebers gelangen. Darin liegt eine wesentliche Einschränkung des Warenlombardgeschäfts. Eine zweite Einschränkung ist in der Sicherung des Pfandrechts zu sehen, sofern die Waren nicht bei einem Lagerhalter eingelagert sind, weil sie dann unter Mitverschluß der Bank zu halten sind. Befindet sich die Ware in Verwahrung bei einem Lagerhalter, so vereinfacht der über die Ware ausgestellte Lagerschein die Einräumung des Pfandrechts.

Lagerscheine sind Wertpapiere, in denen die Übernahme eines Gutes und die Verpflichtung zur Auslieferung verbrieft sind. Sie können sein: Namenspapiere (Übertragung durch Zession und Übergabe), Inhaberpapiere (Übertragung durch Einigung und Übergabe) und Orderpapiere (Übertragung durch Indossament und Übergabe). Der Orderlagerschein ist ein Dispositionspapier gemäß § 424 HGB. Mit dessen Übergabe geht das Eigentum an der Ware über. Dispositionspapiere sind Konnossemente im Seeverkehr, Ladescheine im Binnenverkehr und Orderlagerscheine (Warrants). Gemäß der Verordnung über Orderlagerscheine vom 16. 12. 1931 dürfen sie nur von Lagerhäusern ausgegeben werden, die dazu eine staatliche Ermächtigung haben.

Gegenüber der Lombardierung von Wertpapieren besteht aber auch in diesen Fällen noch die zusätzliche Schwierigkeit der Bestimmung der Beleihungsgrenze, eine Schwierigkeit, die sich insbesondere auch bei der Lombardierung rollender und schwimmender Waren ergibt.

Der Lombardierung rollender Ware liegt eine sehr kurzfristige Kreditgewährung zugrunde. Sie ist auf die Landtransportzeit der Ware begrenzt. Als Kreditnehmer tritt der Verkäufer auf, der mit diesem Lombardkredit die Transportzeit zu finanzieren versucht. Diese Kreditart kommt also nur in Frage, wenn der Käufer erst zu einem Zeitpunkt zur Zahlung verpflichtet ist, der dem Versand der Ware nachgelagert ist. In der Regel wird bei Inanspruchnahme dieses Lombardkredits Zahlung bei Ankunft am Lieferungsort oder bei erfolgter Einlagerung in ein Lagerhaus vorgesehen. Die Schwierigkeit, die hier mit der Verpfändung der Waren auftritt, liegt darin, daß der Frachtbrief kein Wertpapier, kein Dispositionspapier, sondern ein Begleitpapier ist. Er wird während der Transportzeit weder dem Versender noch dem Empfänger ausgehändigt, sondern verbleibt in der Hand des Frachtführers. Als Unterlage für die Bank kann daher nur ein Frachtbriefdoppel gewährt werden. Dieser Duplikatfrachtbrief ist aber lediglich eine Beweisurkunde für die erfolgte Versendung. Er gibt jedoch dem ihn vorweisenden Versender die Möglichkeit, vor Auslieferung der Ware eine Umdisposition vorzunehmen. Wird also der Duplikatfrachtbrief vom kreditnehmenden Versender der Bank übergeben, so kann der Versender die Ware nicht mehr umdisponieren. Die den Kredit gewährende Bank kann aber ein Interesse daran haben, vor Übergabe der Ware an den Empfänger eine Umdisposition zu treffen. Denn die Kreditbedingungen sehen in der Regel vor, daß die Ablösung des Kredits durch Zahlung des Kaufpreises seitens des Empfängers an die Bank erfolgen soll. Sie wird aus diesem Grunde verlangen, daß sie im Frachtbrief sowohl als Absender als auch als Empfänger der Sendung genannt wird.

Der Lombardierung rollender Ware liegt also in der Praxis in der Regel zugrunde:

1. der Verpfändungsvertrag oder die Sicherungsübereignung (uneigentlicher Lombard),

2. die Übergabe des Duplikatfrachtbriefes, in dem die Bank als Absender und Empfänger erscheint,

3. die Abtretung der Forderung des Verkäufers gegenüber dem Käufer an die Bank.

Im Falle der Verbindung der Sicherungsübereignung mit Fall 3 (Abtretung der Forderung) wird dieser Kredit auch als Vinkulationskredit bezeichnet. Die Mitteilung der Bank an den Käufer über die erfolgte Abtretung der Forderung wird Vinkulationsbrief genannt.

Bei der Lombardierung schwimmender Waren handelt es sich um Waren, die im Verkehr entweder der Binnenschiffahrt oder der Seeschiffahrt zur Verfrachtung gekommen sind. Bei Übernahme zur Verschiffung oder nach erfolgter Verschiffung wird in der Binnenschiffahrt der Ladeschein, in der Seeschiffahrt das Konnossement ausgestellt. Beide sind, im Gegensatz zum Frachtbrief, Dispositionspapiere im Sinne von § 363 HGB; das heißt, die Übergabe des Papiers ersetzt die für den Eigentumserwerb erforderliche Übergabe der Ware. Beide Dokumente sind in der Regel als Orderpapiere ausgestellt, so daß das Eigentum an der Ware durch Indossierung des Dokuments übertragen werden kann. Diese Indossierung kann erfolgen

1. im Zusammenhang mit der Eigentumsübertragung und

2. im Zusammenhang mit der Schaffung des Pfandrechts (Pfandindossament gemäß § 1292 BGB).

Den Erfordernissen des Lombardkredits entspricht die Pfandindossierung. Für die Lombardierung genügt also bei schwimmenden Waren

1. Einigung über die Pfandbestellung und

2. Übergabe des mit einem Pfandindossament versehenen Dispositionspapiers.

Die Rückgewähr des Kredits und damit die Aufhebung des Pfandrechts kann in verschiedenen Formen vorgesehen sein, z. B. Kreditrückgewähr durch den Kreditnehmer, Kreditrückgewähr durch Zahlung des Kaufpreises seitens des Käufers an die kreditierende Bank.

Wichtig für die Abgrenzung gegenüber den besonderen Finanzierungsformen im Außenhandel sind für den Lombardkredit bei schwimmender Ware aber folgende Merkmale:

1. Die im Dispositionspapier genannte berechtigte Person (der Verkäufer) stellt den Kreditantrag und ist zugleich auch Kreditbegünstigter. Es handelt sich also nicht um einen Kreditauftrag, bei dem eine dritte Person Begünstigter ist.

2. Die Dispositionspapiere werden zur Begründung des Pfandrechts und nicht zum Übergang des Eigentums indossiert.

b) Die langfristige Fremdfinanzierung

(1) Das langfristige Darlehen

Die Grundlage für das langfristige Darlehen ist in § 607 Abs. 1 BGB gegeben, in dem es heißt: „Wer Geld oder andere vertretbare Sachen als Darlehen empfangen hat, ist verpflichtet, dem Darleiher das Empfangene in Sachen von gleicher Art, Güte und Menge zurückzuerstatten."

Langfristige Darlehen werden überwiegend zur Neu- oder Umfinanzierung bebauter Grundstücke oder zur Finanzierung des Schiffbaus gewährt. Dementsprechend erfolgt die Besicherung der Darlehen durch Einräumung von Grundpfandrechten. In der Praxis findet sich überwiegend die Eintragung einer Hypothek als Sicherheit.

Langfristige Darlehen werden in erster Linie durch hierauf besonders spezialisierte Institute gewährt, von denen als die wichtigsten zu nennen wären:

1. die Realkreditinstitute (Bodenkreditinstitute, Grundkreditinstitute, Immobiliarkreditinstitute), die sich die erforderlichen Mittel durch Ausgabe von Pfandbriefen oder Rentenbriefen beschaffen,

2. die Sparkassen, die bis zu einem bestimmten Prozentsatz ihre Spareinlagen in Hypothekendarlehen anlegen dürfen,

3. die Versicherungsgesellschaften und

4. die Bausparkassen.

Die Rückzahlung dieser Darlehen kann erfolgen

1. nach Kündigung oder Ablauf der vorgesehenen Zeit (Kündigungs- und Rückzahlungsdarlehen),

2. in regelmäßigen Zahlungen mit gleicher Annuität (Annuitätendarlehen) oder

3. in regelmäßigen Zahlungen mit gleichen Tilgungsbeträgen (Tilgungsdarlehen).

Welche Rückzahlungsart im einzelnen Vertrag vorgesehen wird, hängt weitgehend davon ab, ob der Kreditgeber eine möglichst langfristige und gesicherte Anlage seiner Mittel anstrebt oder ob er mit Rücksicht auf sein Passivgeschäft eine regelmäßige Ablösung seiner Kredite zum Zwecke der Zuführung der freigewordenen Mittel zu neuen Kreditnehmern anstrebt. Im ersten Fall wird der Kredit überwiegend als Kündigungs- oder Rückzahlungsdarlehen gegeben. Das ist etwa der Fall bei Darlehen, die seitens der Sparkassen und auch der Versicherungsgesellschaften im Wohnungsbau gewährt werden. Die Rückzahlung des vollen Betrages zu einem festgesetzten Termin oder nach einer festgesetzten Kündigungsfrist vereinfacht die Verwaltungsarbeit der Kreditgeber.

Im Gegensatz dazu beruht gerade das System der Bausparkassen auf einer regelmäßigen Tilgung der eingeräumten Darlehen mit gleichen Annuitäten.

Es liegt hier also — im Gegensatz zu Fall 3 — eine fortwährende Zunahme der Tilgungsbeträge vor. Die in den einzelnen Monaten gleichmäßige Belastung des Kreditnehmers mit Zinsen und Tilgung entspricht seinem Finanzierungsvorhaben. Für die Vorfinanzierung, die durch Vermittlung der Bausparkassen verschiedentlich vor der Zuteilung der Bausparverträge erfolgt, kommt dagegen die Form des Rückzahlungsdarlehens zur Anwendung. Als Rückzahlungstermin wird der noch ungewisse Termin der Zuteilung des Bausparvertrages gewählt. Die Rückzahlung erfolgt aus den zugeteilten Mitteln unmittelbar durch die Bausparkasse, so daß in diesem Augenblick eine Umfinanzierung vorliegt.

(2) Die Ausgabe von Schuldverschreibungen

Die Ausgabe von Schuldverschreibungen öffnet dem Kreditnehmer sehr weitgehende Möglichkeiten auch am anonymen Kapitalmarkt dadurch, daß die Schuldverschreibung ein schuldrechtliches Wertpapier ist, wohingegen der weiter unten zu kennzeichnende Schuldschein nur als Beweisurkunde angesprochen werden kann.

Für die Ausgabe von Schuldverschreibungen bedarf es nach dem „Gesetz über die staatliche Genehmigung der Ausgabe von Inhaber- und Orderschuldverschreibungen" vom 26. 6. 1954 einer besonderen staatlichen Genehmigung. Diese Genehmigungspflicht war auch schon vorgesehen in § 795 BGB für die im BGB behandelte Schuldverschreibung auf den Inhaber. Das obengenannte Gesetz hat aber gleichzeitig das BGB um den § 808 a (Ausgabe von Orderschuldverschreibungen) erweitert und für diese gleichfalls die Genehmigungspflicht vorgesehen. Die Genehmigung wird durch den zuständigen Bundesminister im Einvernehmen mit der zuständigen obersten Landesbehörde erteilt. Besondere Voraussetzungen für eine derartige Genehmigung werden im Gesetz nicht genannt, jedoch können nur große Kapitalgesellschaften mit einer Genehmigung rechnen.

Merkmal sowohl der Inhaber- als auch der Orderschuldverschreibung ist es nach den Bestimmungen des BGB, daß in ihnen die Zahlung einer bestimmten Geldsumme versprochen wird. Für die Herbeiführung dieser Verpflichtung bedarf es keines besonderen Vertrages und auch nicht der bewußten Inverkehrsetzung der Urkunde; § 794 BGB stützt sich ausdrücklich auf die Kreationstheorie im Gegensatz zur Vertrags- oder Emissionstheorie. Das heißt, der Schuldner wird durch die Ausfertigung, also durch ein einseitiges, nicht der Annahme bedürftiges Schuldversprechen, verpflichtet. Nur dadurch ist es möglich, den vollen sachenrechtlichen Gutglaubenschutz zu gewähren. Schuldner können sein der Staat, eine öffentliche Körperschaft (Gemeinden, Bahn usw.), Grundkreditanstalten, private Betriebe. Die Laufzeit beträgt in der Regel über zehn Jahre. Sie ist während dieser Zeit durch den Gläubiger meist nicht kündbar.

Die Ausgabe der Schuldverschreibungen kann wie die der Aktien durch Eigen- oder Fremdemission erfolgen.

Schuldverschreibungen, deren einzelne Stücke als Teilschuldverschreibungen bezeichnet werden und auf einen Mindestnennbetrag von 100 DM lauten, können als Inhaberpapiere, Orderpapiere oder Rektapapiere ausgegeben werden. Neben dem „Mantel", der Haupturkunde, in der das Forderungsrecht verbrieft ist, werden zumeist Zinsscheine und Erneuerungsscheine als Nebenpapiere ausgegeben.

Als Inhaberpapiere wurden überwiegend Staatsanleihen und Anleihen von Provinzen, Gemeinden und öffentlichen Verbänden ausgegeben.

Bei Schuldverschreibungen ist in der Regel der Ausgabekurs kleiner als der Rückzahlungskurs. Dabei kann der Ausgabekurs dem Nennwert gleich sein oder den Nennwert unterschreiten.

Der Differenzbetrag wird als Disagio bezeichnet. Ihm kommt wirtschaftlich die Bedeutung eines zusätzlichen Zinses zu. Das rechtfertigt auch die Aktivierung in Handelsbilanzen unter den aktiven Rechnungsabgrenzungen und die anschließende Verteilung über die Laufzeit der Anleihe in der Form von Abschreibungen.

Diese Differenz zwischen dem Ausgabekurs und dem Rückzahlungskurs führt zu einer Erhöhung der effektiven Verzinsung gegenüber der nominellen Verzinsung. Hinsichtlich der Höhe des Zinssatzes ist noch auf die Möglichkeit der Konversion (der Heraufsetzung bzw. Heraufkonvertierung oder Herabsetzung bzw. Herabkonvertierung) hinzuweisen. Diese Konvertierbarkeit kann auf gesetzlicher Regelung (Zwangskonversion, 1931 bis 1933) oder auf vertraglicher Regelung beruhen; sie kann weiterhin durch Rückzahlung der Anleihe und Ausgabe einer neuen Anleihe mit geringerem Zinssatz erreicht werden.

Für die Tilgung können zunächst die Regelungen wie beim Darlehen vorgesehen werden:

1. Rückzahlung zu einem festgesetzten Termin,

2. Rückzahlung nach Kündigung mit Sperrzeit,

3. Rückzahlung mit gleichen Annuitäten,

4. Rückzahlung mit gleichen Tilgungsbeträgen.

Darüber hinaus kann die Rückzahlung erfolgen:

5. im Wege des freihändigen Rückkaufs an der Börse,

6. im Wege der Auslosung einzelner Gruppen zu bestimmten Terminen.

Schließlich besteht noch die Möglichkeit, die Anleihe als Rentenanleihe zu gestalten, bei der kein Tilgungszwang, sondern statt dessen die Verpflichtung zur Zahlung einer Rente besteht.

Als Sonderformen der Anleihen privater Betriebe, bei denen es sich überwiegend um Industriebetriebe handelt (Industrieobligationen), sind zu nennen:

1. die Gewinnobligation,

2. die Wandelobligation und

3. die Optionsanleihe.

Der Zweck ihrer Sonderausstattungen ist regelmäßig darin zu sehen, den Erwerb für die Kapitalgeber attraktiver zu gestalten. In den Fällen 2 und 3 kann damit gleichzeitig das Interesse des Betriebes verbunden sein, eine spätere Erhöhung des Grundkapitals zu erreichen.

Bei der Gewinnobligation steht den Kreditgebern neben einem Mindestzins eine Teilnahme am Gewinn zu (§ 221 AktG). Sie wird daher immer dann besonders attraktiv sein, wenn der Kreditnehmer hohe Dividenden zahlt oder wenn zukünftig mit hohen Gewinnen des Betriebes gerechnet werden kann. Im letzten Fall wird also besonders die Spekulation angesprochen (Beispiele: Neubau von Bahnen, Errichtung von Gewinnungsbetrieben).

(3) Das Schuldscheindarlehen

Für die moderne Industriefinanzierung ist nach der Währungsumstellung im Jahre 1948 das Schuldscheindarlehen immer mehr in den Vordergrund getreten. Bei dieser Finanzierungsart wird langfristiges Fremdkapital ohne Zwischenschaltung der Börse oder der Banken unter Ausstellung eines Schuldscheines direkt an die Industrie gegeben.

Aus dem Gesetz ergibt sich keine Definition des Begriffs „Schuldschein". Die Rechtsprechung hatte sich jedoch mit dem Begriff im Zusammenhang mit der Aufwertungsgesetzgebung nach der Inflation von 1923/1924 auseinanderzusetzen. So definierte das Reichsgericht damals den Schuldschein als eine „die Schuldverpflichtung begründende oder bestätigende, vom Schuldner zum Zwecke der Beweissicherung für das Bestehen der Schuld ausgestellte Urkunde". Da kraft bürgerlichen Rechts für einen Darlehensvertrag keine Formvorschriften gelten, ist ein Schuldschein zur Geltendmachung der Forderung nicht notwendig. Der Schuldschein ist mithin kein Wertpapier. Der Darlehensschuldschein hat also keine zusätzliche materielle Rechtswirkung, vielmehr ist in ihm lediglich die Umkehr der (sonst dem Gläubiger obliegenden) Beweislast auf den Schuldner zu sehen.

Als Kreditgeber kommen in erster Linie die Lebensversicherungsgesellschaften in Betracht. Diese haben Teile ihrer Bruttoprämien langfristig anzulegen, so daß langfristige Mittel zur Verfügung stehen. Diese Mittel setzen sich aus folgenden Bestandteilen der Beiträge zusammen: Zugrunde liegt die Nettoprämie, die sich nach Abzug des Verwaltungskostenanteils von der Bruttoprämie ergibt. Die Nettoprämie enthält die Sparprämie und die Risikoprämie. Neben der Sparprämie, die der Kapitalansammlung dient und folglich langfristig anzulegen ist, muß aber auch ein Teil der Risikoprämie langfristig reserviert werden, da das Risiko des vorzeitigen Eintritts des Versicherungsfalles mit zunehmendem Alter des Versicherten steigt. Für die Schadenversicherung besteht die Notwendigkeit der langfristigen Anlage von Prämienteilen in viel geringerem Umfang. Bei den Krankenkassen wird nur der Teil langfristig zurückgestellt, der sich durch das erhöhte Risiko mit zunehmendem Alter der Versicherten bei konstanter Beitragshöhe ergibt. In der Haftpflicht- und Unfallversicherung sind für verrentete Schäden langfristige Rückstellungen zu dotieren; außerdem sind für den Fall, daß Prämien bei Nichteintritt des Versicherungsfalles zurückgewährt werden, entsprechend langfristige Anlagen zu tätigen.

Die Versicherungen können indes in der Anlage ihrer langfristigen Rückstellungen nicht frei verfahren; vielmehr sind sie auf Grund des § 68 VAG gehalten, entsprechend dem Vertragsbestand ein Sondervermögen, den sogenannten Deckungsstock, zu bilden. Dieser entspricht umfangmäßig der Deckungsrückstellung (Summe der Barwerte aller künftigen Verpflichtungen abzüglich der Barwerte aller künftig noch eingehenden Nettobeiträge). Die Versicherungen müssen also besonderen Wert darauf legen, daß die von ihnen gewährten Schuldscheindarlehen deckungsstockfähig sind.

Bei der Gewährung von Schuldscheindarlehen gibt es ein vereinfachtes Verfahren dergestalt, daß die Versicherungsgesellschaft, die sich an einem Schuldscheindarlehen beteiligt, erst nachträglich die Genehmigung beim BAV[1]) einholt. Die Genehmigung und damit die Anerkennung der Deckungsstockfähigkeit wird unter folgenden Bedingungen erteilt:

1. Die Anlegung darf in Schuldscheindarlehen erster Industrieadressen erfolgen. Das Grundkapital dieser Gesellschaften muß mindestens 6 Mill. DM betragen; das Verhältnis des Fremdkapitals zum Eigenkapital soll in der Regel eine Relation von 2 : 1 nicht überschreiten. Die Schuldner dürfen nicht erheblichen Konjunkturschwankungen ausgesetzt sein.

2. Die Schuldscheindarlehen müssen dinglich erststellig gesichert sein; die Belastung darf 30 % des Taxwertes der belasteten Grundstücke, Gebäude, Bestandteile und des Zubehörs nicht übersteigen. Sofern es sich um Schuldscheindarlehen an Versorgungsunternehmen handelt, die sich zu mehr als 50 % im Besitz der öffentlichen Hand befinden, kann zur Sicherung — falls keine andere Sicherstellung zu erreichen ist — die sogenannte Negativklausel angewandt werden, das heißt, der Kreditnehmer kann sich verpflichten, keinem anderen Gläubiger ohne Zustimmung des Versicherungsunternehmens bessere Rechte einzuräumen, als sie dem Versicherungsunternehmen gewährt worden sind.

3. Sofern die Verwaltung der dinglichen Sicherheiten einem Treuhänder übertragen ist, muß sich aus dem Treuhandvertrag eindeutig ergeben, daß das Versicherungsunternehmen pro rata seines Anteils an dem Darlehen auch an den Sicherheiten beteiligt ist.

4. Insgesamt dürfen nur 20 % der zur Neuanlage zur Verfügung stehenden Mittel in Schuldscheindarlehen und Schuldverschreibungen angelegt werden. Für die Höhe der Darlehen im einzelnen sind in der Anordnung des BAV besondere Richtlinien erlassen.

5. Darlehensverträge mit einer längeren Laufzeit als 15 Jahre bedürfen der vorherigen Zustimmung des BAV. (Sie werden nur genehmigt, wenn dem Gläubiger nach Ablauf von 15 Jahren ein Kündigungsrecht eingeräumt wird.)

---

[1]) Bundesaufsichtsamt für das Versicherungswesen.

Schuldscheindarlehen können als Einzelkredite oder als Konsortialkredite gegeben werden. Übersteigt die Finanzkraft eines Versicherungsunternehmens die Kreditwünsche der Nachfrager, so wird die Form des Konsortialdarlehens gewählt, was in der Regel der Fall ist. Der Gesamtdarlehensbetrag verteilt sich auf diese Weise auf eine Vielzahl von Kreditgebern, was auch dem Prinzip der Risikostreuung entspricht. Hierbei dürfte sich die Einschaltung eines Vermittlers als praktisch erweisen; in Frage kommen Banken und Finanzmakler, die die formelle und materielle Bearbeitung des Kreditprojekts (ähnlich wie die federführende Bank eines Bankenkonsortiums) übernehmen und über ausreichende Geschäftsbeziehungen und notwendige Erfahrungen verfügen, die für das Zustandekommen eines Konsortialdarlehens unabdingbar sind.

Aus Beweisgründen wird die Darlehensforderung üblicherweise verbrieft. Wird das Darlehen als Konsortialdarlehen gegeben, so darf nicht das Konsortium als Inhaber der Forderung erscheinen, sondern die Urkunde muß so ausgestellt werden, daß jede Versicherungsgesellschaft, die einen Teilbetrag übernommen hat, in Höhe des Anteils als Vertragspartner des Kreditnehmers in Erscheinung tritt.

Die Tilgung von Schuldscheinkrediten vollzieht sich entweder in gleichen Raten oder aber mit gleichbleibenden Annuitäten. Daneben sind auch Darlehen als deckungsstockfähig anerkannt worden, für die andere Tilgungsmodalitäten vereinbart wurden.

Für nicht emissionsfähige Betriebe stellen die Schuldscheinkredite mitunter die einzige Möglichkeit dar, langfristiges Fremdkapital zu erlangen. Auch für Betriebe, die Anleihen emittieren können, bietet der Schuldscheinkredit Vorteile, weil er sich kostenmäßig günstiger stellt als eine Anleiheaufnahme.

Neben den Kostenvorteilen besteht für den Darlehensnehmer noch der Vorteil der größeren Anpassungsfähigkeit: Die Darlehen sind individueller an den Kapitalbedarf anpaßbar, ohne Rücksicht auf die Aufnahmebereitschaft des Anleihemarktes nehmen zu müssen. Es bestehen weiterhin nicht so weitgehende Publizitätspflichten wie bei der Anleihefinanzierung. Eine staatliche Genehmigung (wie bei Order- oder Inhaberschuldverschreibungen) braucht nicht eingeholt zu werden.

3. Die Kapitalfreisetzung

Da der hier verwendete Finanzierungsbegriff alle Maßnahmen umfaßt, die der Versorgung des Betriebes mit disponiblem Kapital dienen, umfaßt die „Deckung des Kapitalbedarfs" neben der Beschaffung von zusätzlichem Kapital durch Aufnahme von Eigen- oder Fremdkapital auch jene Vermögensdispositionen, durch die gebundenes Kapital freigesetzt und dadurch wieder für erneute Bindungen disponibel wird.

Diese Vorgänge der Kapitalfreisetzung sollen jetzt betrachtet werden. Sie unterscheiden sich von den besprochenen Maßnahmen der Kapitalbeschaffung schon dadurch, daß sie nicht zu einer Vermehrung des der Betriebswirtschaft zur Verfügung stehenden Kapitals führen und deshalb nicht als Vergrößerung der Aktiv- und Passivseite der Bilanz sichtbar werden. Es handelt sich vielmehr um Vorgänge, die in bilanzieller Betrachtung einen Aktivtausch darstellen. Allerdings kann nicht bei jedem Aktivtausch von Kapitalfreisetzung, also einem Finanzierungsvorgang gesprochen werden. Die weitaus meisten Vermögensumschichtungen vollziehen sich nämlich im Rahmen des betrieblichen Beschaffungs-, Produktions- und Absatzprozesses; wenn dabei Rohstoffe in Erzeugnisse und Erzeugnisse in Forderungen gegenüber Kunden verwandelt werden, wird offensichtlich kein Kapital freigesetzt, sondern nur die Erscheinungsform des gebundenen Kapitals verändert. Selbst wenn dem Betrieb bei der Zahlung durch den Kunden liquide Mittel zufließen, kann kaum von Kapitalfreisetzung gesprochen werden, da diese Mittel zur Aufrechterhaltung des betrieblichen Leistungsprozesses sofort wieder in den Wertekreislauf eingefügt werden müssen und damit nicht zur Deckung eines neuen, zusätzlichen Kapitalbedarfs zur Verfügung stehen.

Nur jene Vermögensumschichtungen sind zugleich Finanzierungsvorgänge, bei denen Kapital für eine gewisse Zeit aus seiner bisherigen Bindung freigesetzt wird, so daß es Gegenstand einer neuen, zusätzlichen Anlageentscheidung sein kann.

Kapitalfreisetzungen, die als Finanzierungsvorgänge betrachtet werden müssen, gibt es zunächst bei der **Veräußerung von nicht betriebsnotwendigen Vermögensteilen**. Das dabei freigesetzte Kapital muß nicht wieder für die Beschaffung gleichartiger Vermögensgegenstände eingesetzt werden, sondern steht für neue Investitionsvorhaben zur Verfügung.

Einen ähnlichen Kapitalfreisetzungseffekt kann man bei der **Verrechnung von Abschreibungen** erzielen; solange die in den Erlösen mitvergüteten Abschreibungsgegenwerte nicht zur Ersatzinvestition benötigt werden, vermehren sie die Bestände an liquiden Mitteln und können zur Finanzierung neuer Investitionen herangezogen werden.

Die Liquidation von nicht betriebsnotwendigen Vermögensteilen und die Finanzierung aus Abschreibungsgegenwerten sind aber nur die beiden wichtigsten Erscheinungsformen des Kapitalfreisetzungseffektes. Auch bei zahlreichen anderen betrieblichen Vorgängen wird ein gewisser Kapitalfreisetzungseffekt erzielt, der jedoch hinsichtlich des Betrages des freigesetzten Kapitals und der Dauer der Kapitalfreisetzung in der Regel weniger bedeutend ist. Solche kleinen Freisetzungseffekte, die im Einzelfall durchaus für die betriebliche Finanzierung wichtig sein können, treten überall da auf, wo die in den Erlösen enthaltenen Entgelte für betriebliche Gütereinsätze vereinnahmt werden, bevor

Ausgaben für die eingesetzten Güter anfallen (z. B. kalkulierte Entgelte für Garantieleistungen) oder wo die Verkaufserlöse nicht sofort wieder in den betrieblichen Wertekreislauf eingesetzt werden müssen, um den Leistungsprozeß unbehindert aufrecht zu erhalten. In diesem Zusammenhang müssen auch die Gewinne betrachtet werden, die beim Absatz von Produkten des Betriebes oder beim Verkauf von Vermögensgegenständen erzielt werden: Auch diese Gewinne vergrößern den Bestand des Betriebes an liquiden Mitteln und schaffen so disponibles Kapital, noch bevor über die Gewinnverwendung beschlossen wird. Falls man zu diesem Zeitpunkt noch nicht von Selbstfinanzierung spricht, da noch nicht über die Einbehaltung der Gewinne entschieden ist, muß man diese kurzfristige Kapitalvermehrung dennoch als einen Finanzierungsvorgang ansehen, da dem Betrieb für eine gewisse Zeit zusätzliches disponibles Kapital zur Verfügung steht.

4. Leasing und Factoring

An dieser Stelle sind zwei Sonderformen zu behandeln, deren Zugehörigkeit zu den Finanzierungsmaßnahmen nicht völlig eindeutig ist: Leasing und Factoring. Es handelt sich um (für Deutschland) noch recht junge Verfahren, die zweifellos bedeutende Auswirkungen auf den Finanzbereich einer Betriebswirtschaft haben können. Um ihre Bedeutung für die Finanzierung der Betriebe würdigen zu können, sollen diese Formen einzeln dargestellt werden.

a) Leasing

Beim Leasing handelt es sich um eine Form der Investitionsgüterbeschaffung, bei der auf Grund eines meist langfristigen Vertrages der sogenannte Leasinggeber sich verpflichtet, dem Leasingnehmer bestimmte Investitionsgüter gegen Zahlung eines festgesetzten (meist monatlichen) Entgeltes zur Verfügung zu stellen. Da die Investitionsgüter im Eigentum des Leasinggebers verbleiben, kann man den Leasingvertrag als eine besondere Art des Mietvertrages ansehen, bei der als Mieter Gewerbetreibende auftreten und vorwiegend bewegliche Investitionsgüter vermietet werden. Die Leasingverträge sind ausnahmslos während einer Grundmietzeit unkündbar. Nach den weiteren Vereinbarungen des Vertrages unterscheidet man zahlreiche Arten von Leasingverträgen, die heute meist in zwei Gruppen eingeteilt werden: Wenn das Investitionsrisiko (Risiko des zufälligen Untergangs, der wirtschaftlichen Überholung usw.) vom Leasingnehmer zu tragen ist (das ist die Regel), ist der Leasingnehmer als Investor anzusehen, der lediglich statt herkömmlicher Fremdfinanzierung eine besondere Form der Finanzierung durch Leasingvertrag gewählt hat. Diese Art von Leasingverträgen stellt wirtschaftlich eine besondere Variante der Fremdfinanzierung dar und wird als „finance leasing" bezeichnet. Kapitalbeschaffung durch finance leasing unterscheidet sich von den herkömmlichen Arten der Fremdkapitalbeschaffung dadurch, daß nicht Geldkapital zur Verfügung gestellt wird, sondern unmittelbar das gewünschte Sachkapital.

Jene Gruppe von Leasingverträgen, bei denen der Leasinggeber das Investitionsrisiko trägt, bezeichnet man als „operate leasing". Diese Leasingverträge sind als Alternative zur Eigeninvestition anzusehen wie Miete und Pacht und haben mit Finanzierungsvorgängen nichts zu tun. Finanzierung ist nicht nötig, wo nicht investiert werden soll.

b) Factoring

Als Factoring wird ein Verfahren bezeichnet, bei dem auf Grund eines langfristigen Vertrages die im Gewerbebetrieb eines Vertragspartners entstehenden Forderungen aus Warenlieferungen und Leistungen an den anderen Vertragspartner (Factoringgesellschaft) verkauft werden. Die Factoringgesellschaft bietet gleichzeitig ein ganzes Bündel von Leistungen an: sie trägt das Ausfallrisiko, übernimmt die Forderungen und deren Inkasso sowie alle damit zusammenhängenden Arbeiten der Debitoren- und Mahnbuchhaltung usw. Außerdem bietet sie Finanzierungsleistungen an, indem sie sich z. B. bereit erklärt, dem Klienten schon vor der Fälligkeit den Betrag seiner Forderungen zur Verfügung zu stellen. Da die Finanzierungsfunktion jedoch nicht das wesentliche Merkmal eines Factoringverhältnisses, sondern nach übereinstimmender Auffassung nur eine der Funktionen ist, die einen Factoringvertrag kennzeichnen, wäre es falsch, Factoring als eine besondere Finanzierungsform zu bezeichnen. Vielmehr bietet sich im Rahmen des Factoring lediglich neben anderen Leistungen eine spezielle Form der Finanzierung der Außenstände an.

Daher kann zusammenfassend festgestellt werden, daß weder Leasing noch Factoring generell als Finanzierungsmöglichkeiten bezeichnet werden können. Vielmehr stellt nur die spezielle Form des finance leasing eine Alternative zur herkömmlichen Fremdfinanzierung dar, während sich im Rahmen des umfassenden Factoringvertrages eine Möglichkeit zur Finanzierung der Außenstände bietet.

IV. Die Umfinanzierung

1. Überblick über die Formen der Umfinanzierung

Die Umfinanzierung hat eine Änderung der Kapitalstruktur des Betriebes zur Folge. Im Gegensatz zur Kapitalherabsetzung und zur Kapitalerhöhung wird die Menge des zur Verfügung stehenden Kapitals jedoch von diesen Maßnahmen nicht betroffen. Dagegen kann die Umfinanzierung die zeitliche Kapitalverfügbarkeit beeinflussen.

Die Formen der Umfinanzierung sind in dem folgenden Schema dargestellt; dabei wird zunächst davon ausgegangen, daß die Unternehmung in der Rechtsform der Aktiengesellschaft betrieben wird.

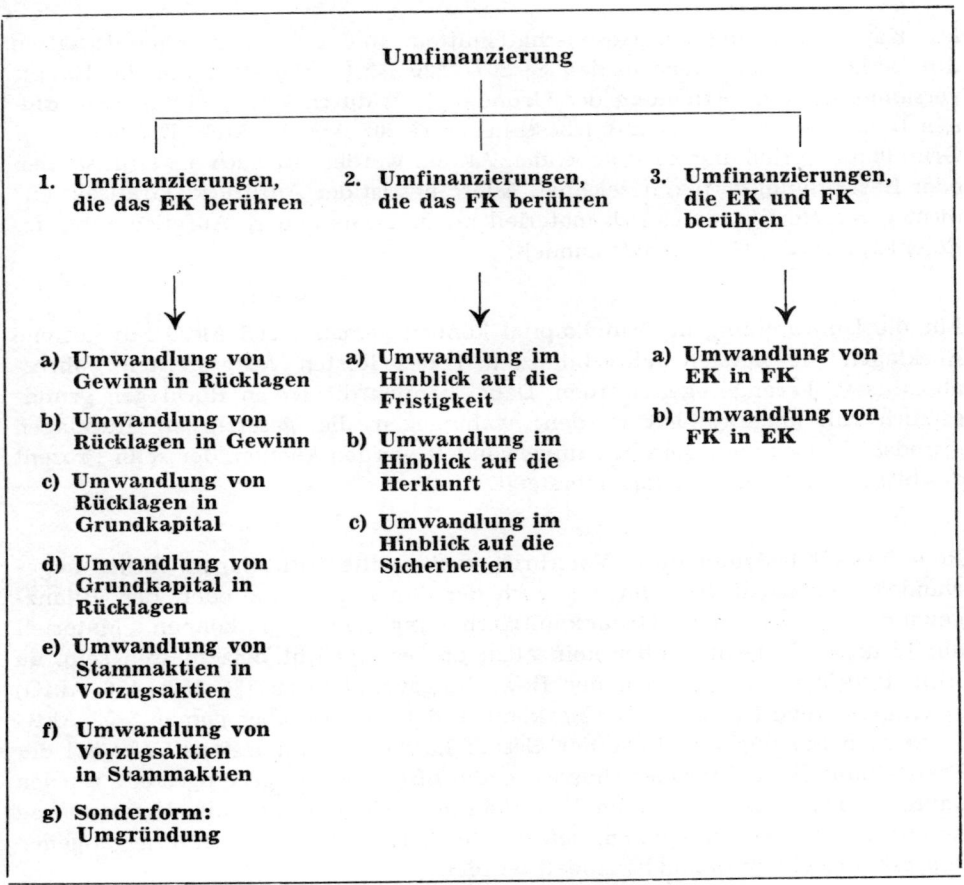

2. Die einzelnen Formen der Umfinanzierung

a) Umfinanzierungen, die das Eigenkapital berühren

Von den im Überblick aufgezeigten Umfinanzierungsmöglichkeiten, die das Eigenkapital berühren, sind nur die Umwandlung von Rücklagen in Grundkapital (Kapitalerhöhung aus Gesellschaftsmitteln) und die Sonderform der Umgründung aus finanzierungsbezogener Sicht von größerer Bedeutung, so daß allein auf diese beiden Erscheinungsformen im folgenden einzugehen ist.

(1) Die Kapitalerhöhung aus Gesellschaftsmitteln

Die Kapitalerhöhung aus Gesellschaftsmitteln findet für Aktiengesellschaften ihre rechtliche Grundlage in den §§ 207—220 AktG. Danach kann die Hauptversammlung eine Erhöhung des Grundkapitals durch Umwandlung von offenen Rücklagen in Grundkapital beschließen (§ 207 Abs. 1 AktG). Die bei dieser Grundkapitalerhöhung auszugebenden Aktien werden oft auch als Gratisaktien oder Berichtigungsaktien bezeichnet. Allerdings ist der Ausdruck „Gratisaktien" nicht gerechtfertigt, da es sich materiell nur um eine andere Aufgliederung des Eigenkapitals der Gesellschaft handelt.

Für die Umwandlung in Grundkapital können gemäß § 208 AktG nur „offene Rücklagen" der letzten Jahresbilanz, d. h. des letzten festgestellten Jahresabschlusses, herangezogen werden. Dabei können die freien Rücklagen grundsätzlich voll umgewandelt werden, wohingegen die gesetzlichen Rücklagen grundsätzlich nur mit dem Teil umgewandelt werden können, der zehn Prozent des bisherigen Grundkapitals übersteigt.

Rein formell bedeutet diese Vorschrift, daß „stille" Rücklagen nicht umgewandelt werden dürfen und daß auch der Gewinnvortrag oder der Bilanzgewinn nicht zu einer Grundkapitalerhöhung beitragen können. Materiell dürfte dieser Vorschrift aber kein allzu großes Gewicht beizumessen sein, da stille Rücklagen im Rahmen der Bewertungsvorschriften (§§ 153—156 AktG) gewinnerhöhend aufgelöst werden können, der Gewinn aber gemäß § 58 AktG — je nach Satzung und Lage der Gesellschaft — zu mindestens 50 % bei der Feststellung des Jahresüberschusses in die offene Rücklage eingestellt werden kann, so daß diese Größen im Bedarfsfalle auch mit für die Umwandlung herangezogen werden können, sofern sie bereits in der vorausgegangenen Jahresbilanz entsprechend behandelt wurden.

(2) Die Umgründung

Unter einer Umgründung ist eine Änderung der Rechtsform eines Betriebes zu verstehen. Da jede Rechtsform eine ihr eigentümliche Struktur des Eigenkapitals aufweist, führt jede Änderung der Rechtsform zwangsläufig eine Änderung im Aufbau des Eigenkapitals herbei. Das Fremdkapital muß davon nicht zwangsläufig betroffen werden.

Eine Umgründung kann aus steuerlichen, wirtschaftlichen oder rechtlichen Gründen durchgeführt werden.

Steuerliche Gründe können immer dann gegeben sein, wenn die Kapitalbewegungen und der Gewinn sowie seine Ausschüttung je nach der Rechtsform differenzierten Steuerbelastungen unterliegen. Mit der Umgründung wird in solchen Fällen die bezüglich der Steuer günstigste Rechtsform angestrebt. Darunter fallen oft die Umwandlung von Personen- in Kapitalgesellschaften oder von Kapital- in Personengesellschaften.

Rechtliche Gründe leiten sich insbesondere her aus

1. den unterschiedlichen Haftungsverhältnissen,
2. den unterschiedlichen Gesellschafterpflichten (z. B. Nachschußpflicht),
3. den unterschiedlichen Regelungen der Geschäftsführung und Vertretung,
4. den unterschiedlichen Publizitätspflichten,
5. den gesetzlichen Regelungen, die ein Fortbestehen in der bisherigen Rechtsform ausschließen, wenn ihnen nicht mehr entsprochen wird (z. B. Unterschreitung des Mindesgrundkapitals, Nichterreichung des Gesellschaftszweckes bei der GmbH, Ausscheiden der Komplementäre oder Kommanditisten aus einer KG).

Ein wirtschaftlicher Grund liegt überwiegend darin, daß mit Änderung der Rechtsform die Möglichkeiten zur Kapitalbeschaffung verbessert werden sollen. Viele Kapitalgesellschaften sind daher aus Personengesellschaften, viele Personengesellschaften aus Einzelfirmen hervorgegangen.

Es sind folgende grundsätzliche Möglichkeiten der Umgründung zu unterscheiden:

(1) Umgründungen im Wege der Gesamtrechtsnachfolge (= Umwandlungen)
    aa) formwechselnde Umwandlung
    bb) übertragende Umwandlung

(2) Umgründungen im Wege der Einzelrechtsnachfolge.

Eine **Gesamtrechtsnachfolge** ist grundsätzlich nur bei solchen Umgründungen möglich, für die sie in Gesetzen ausdrücklich fixiert ist. In allen anderen Fällen gilt für die Übertragung der Vermögens- und Schuldteile die Einzelrechtsnachfolge, das heißt Übertragung jedes einzelnen Teiles nach den dafür generell geltenden Vorschriften.

Die **formwechselnde Umwandlung** erfolgt durch Änderung der Satzungsbestimmung über die Rechtsform. Ein entsprechender Beschluß bedarf der qualifizierten Kapitalmehrheit ($3/4$ Mehrheit). Mit der Eintragung des Beschlusses entsteht die neue Rechtsform. Ausnahmsweise kann die formwechselnde Umwandlung bei der OHG oder der KG zwangsläufig erfolgen, wenn alle Gesellschafter bis auf einen ausscheiden (es entsteht eine Einzelfirma) oder wenn alle Kommanditisten einer KG ausscheiden (es entsteht eine Einzelfirma oder, bei mehreren Komplementären der KG, eine OHG). Bei der formwechselnden Umwandlung behält die Unternehmung ihre wirtschaftliche und rechtliche Identität; es findet keine Vermögensübertragung statt.

Bei der **übertragenden Umwandlung** bleibt die rechtliche Identität nicht gewahrt. Das Vermögen und die Schulden gehen im Wege der Gesamtrechtsnachfolge auf ein anderes Rechtssubjekt über. Man unterscheidet hier weiter zwischen der sogenannten verschmelzenden Umwandlung und der errichtenden Umwandlung.

Bei der **verschmelzenden Umwandlung** handelt es sich um eine der Fusion ähnliche Vereinigung von zwei bestehenden Unternehmen, bei der es allerdings nicht eines beiderseitigen Fusionsantrages bedarf, sondern nur eines Umwandlungsbeschlusses bei der Kapitalgesellschaft (Untergesellschaft). Voraussetzung für eine verschmelzende Umwandlung ist nach dem Umwandlungsgesetz, daß die übernehmende OHG, KG, Einzelunternehmung oder der übernehmende Alleinaktionär bzw. Hauptaktionär mindestens $9/10$ des Kapitals der übertragenden Kapitalgesellschaft besitzt. Das Umwandlungsgesetz enthält weitere spezielle Regelungen. Ausscheidende Minderheitsaktionäre sind angemessen abzufinden.

Eine **errichtende Umwandlung** liegt vor, wenn der Umwandlungsbeschluß die Übertragung des Vermögens auf eine gleichzeitig zu errichtende Personengesellschaft vorsieht. Der Umwandlungsbeschluß der übertragenden Kapitalgesellschaft muß nach dem Umwandlungsgesetz mit einer Mehrheit von $9/10$ des Eigenkapitals gefaßt werden.

Bei einer **Umgründung im Wege der Einzelrechtsnachfolge** sind ein Liquidationsbeschluß, ein Neubildungsbeschluß und eine anschließende Einzelübertragung der Vermögens- und Schuldteile erforderlich.

Vor der Umwandlung ist eine Umwandlungsbilanz aufzustellen. Sie kann der letzten Jahresbilanz entsprechen, wenn der Kreis der Gesellschafter und ihr Beteiligungsverhältnis von der Umwandlung nicht betroffen werden. Scheiden dagegen Gesellschafter aus oder werden Gesellschafter aufgenommen, dann wird die Bewertungsfrage für die Umwandlungsbilanz bedeutend. Eine Nichtauflösung von stillen Rücklagen würde ausscheidende Gesellschafter benachteiligen und eintretende Gesellschafter begünstigen.

Die Bewertung ist unter Liquidationsgesichtspunkten vorzunehmen. Liquidation kann aber erfolgen durch a) Veräußerung in Teilen oder b) Veräußerung als Ganzes. Im Fall a) wären Marktpreise, im Fall b) Gebrauchswerte anzusetzen. Da die Umwandlung die weitere Zweckverfolgung unter Änderung der Rechtsform anstrebt, nicht dagegen die effektive Veräußerung des Vermögens in Teilen, ist die Bewertung auf der Grundlage von Gebrauchswerten vorzunehmen. Gebrauchswerte können höher, aber auch niedriger sein als Marktpreise. Es kommt auf die Bedeutung des Gegenstandes im Rahmen des Betriebszwecks und des Gesamtwertes der Unternehmung an.

b) Umfinanzierungen, die das Fremdkapital berühren

Es handelt sich hier um Änderungen hinsichtlich der Fristigkeit, der Herkunft oder der Sicherheiten. Als Gründe kommen beispielsweise in Betracht:

1. Beseitigung einseitiger Abhängigkeitsverhältnisse (Verkehr mit mehreren Banken);

2. Erlangung von Zinsvorteilen (Bankkredit statt Lieferantenkredit);

3. Hinausschiebung von Fälligkeiten (langfristiges Darlehen statt Kontokorrentkredit bei Gläubigeridentität);

4. Erfüllung von Fälligkeiten (Abdeckung eines Kredits aus den Mitteln eines neuen Kredits bei unterschiedlichen Gläubigern);

5. Freistellung von Sicherheiten (wichtig bei Sicherheiten, die den Betriebszweck behindern: z. B. Hypothekeneinräumung statt Lombardierung, Abtretung von Forderungen, Sicherungsübereignung);

c) Umfinanzierungen, die das Eigenkapital und das Fremdkapital berühren

Der Anstoß zu solchen Umstrukturierungen des Kapitals kann sowohl vom Kapitalgeber als auch vom kapitalverwendenden Betrieb ausgehen. In beiden Fällen können Rentabilitäts- und Risikoüberlegungen Anlaß geben, die Umfinanzierung anzustreben.

Die Umwandlung von Eigenkapital in Fremdkapital kann beim Ausscheiden von Gesellschaftern gegeben sein, wenn die Auszahlung des Kapitalanteiles an den ausscheidenden Gesellschafter nicht sofort erfolgt.

Bei der Umwandlung von Fremdkapital in Eigenkapital sind verschiedene Fälle zu betrachten, die in der Praxis von Bedeutung sind. Dabei wäre, streng gesehen, zwischen Ersetzung oder Ablösung von Fremdkapital durch Eigenkapital und Umwandlung von Fremdkapital in Eigenkapital zu unterscheiden.

Für den ersten Fall soll zunächst die Ablösung von Vorfinanzierungskrediten für eine Aktienemission genannt werden. Der Vorfinanzierungskredit, der den Kapitalbedarf schon vor der Unterbringung der Aktien decken soll, wird aus den Erlösen der Verkaufskommission abgelöst. Ein weiterer Vorgang der Ablösung, der in der Praxis oft anzutreffen ist, ist die Ablösung von Fremdkapital durch Eigenkapital im Wege der Selbstfinanzierung. Hier wird beispielsweise ein im Rahmen der Betriebserweiterung auftretender zusätzlicher Kapitalbedarf zunächst im Wege der Fremdfinanzierung gedeckt. Die damit anfallenden zusätzlichen Bruttogewinne werden nicht ausgeschüttet, sondern zur Verzinsung und zur Tilgung des Fremdkapitals benutzt.

Eine Umwandlung im strengen Sinne liegt dagegen vor, wenn der bisherige Gläubiger zum Gesellschafter wird. Diese Umwandlung ist regelmäßig als Wahlrecht zugunsten des Gläubigers bei Wandelschuldverschreibungen vorgesehen.

Daneben versuchen Kapitalgeber verschiedentlich auf dem Umweg über die Kreditgewährung eine Beteiligung zu erlangen. Sie bieten dabei Betrieben mit einer guten Rentabilitätssituation so lange zinsgünstige Kredite an, bis diese Betriebe in ein starkes Abhängigkeitsverhältnis geraten. In dieser Situation verlangen sie sodann die Umwandlung von Beleihungskapital in Beteiligungskapital.

V. Die Kapitalherabsetzung

1. Die Herabsetzung des Eigenkapitals

a) Allgemeines zur Herabsetzung des Eigenkapitals

Für die Herabsetzung des Eigenkapitals bestehen bei den verschiedenen Rechtsformen unterschiedliche Möglichkeiten. Sie finden ihre Ursache in der unterschiedlichen rechtlichen Struktur des Kapitals als fixes oder als bewegliches Kapital und in der daraus resultierenden unterschiedlichen Behandlung von Gewinnen und Verlusten.

Die weitestgehenden Möglichkeiten bestehen bei der Einzelfirma. Die unbeschränkte Haftung und die alleinige Inhaberschaft ermöglichen Kapitalherabsetzung durch Verluste, durch Privatentnahmen als Entnahme eingelegten Kapitals und als Entnahme von Gewinnen. Bei der OHG ergibt sich auf Grund der gleichwertigen Kapitalleistungspflicht aller Gesellschafter (sofern der Vertrag keine andere Regelung vorsieht) insoweit eine Einengung, als Privatentnahmen gemäß § 122 HGB nur 4 % des letztjährigen Kapitals betragen dürfen. Wenn der Gewinn des Vorjahres höher war, darf der Mehrbetrag nur entnommen werden, soweit dies nicht der Gesellschaft schadet. Bei der OHG besteht daneben die Möglichkeit der Kapitalauszahlung, wenn ein Gesellschafter ausscheidet oder wenn ein Auszahlungsbeschluß aller Gesellschafter vorliegt.

Bei sonstigen Unternehmensformen sind ebenfalls gesetzliche oder auch privatrechtliche Begrenzungen in der Beweglichkeit des Eigenkapitals festzustellen. Es sollen hier aber nur die gesetzlichen Möglichkeiten und Grenzen der Eigenkapitalherabsetzung bei Aktiengesellschaften behandelt werden.

b) Die Herabsetzung des Grundkapitals von Aktiengesellschaften

Bei der Herabsetzung des Grundkapitals sind folgende Fälle zu unterscheiden:

(1) die ordentliche Kapitalherabsetzung (§§ 222—228 AktG)

(2) die vereinfachte Kapitalherabsetzung (§§ 229—236 AktG) und

(3) die Kapitalherabsetzung durch Einziehung von Aktien (§§ 237—239 AktG).

(1) Die ordentliche Kapitalherabsetzung

Die ordentliche Kapitalherabsetzung muß in der Hauptversammlung mit Dreiviertelmehrheit beschlossen werden. Weitere Erfordernisse können in der Satzung festgelegt sein. Der Zweck der Kapitalherabsetzung und beabsichtigte

Auszahlungen an Aktionäre müssen im Beschluß genannt sein. Weiterhin ist die Art der Herabsetzung der Summe der Aktiennennwerte anzugeben. Sie kann durch Nennwertherabsetzung bei jeder einzelnen Aktie geschehen, sofern dadurch nicht der Mindestnenntwert von 50 DM unterschritten und die Stückelungsvorschriften verletzt werden. Ferner kann die Herabsetzung durch Zusammenlegung der Aktien erfolgen; dabei wird eine genannte Zahl von Altaktien gegen eine geringere Zahl von neuen Aktien mit gleichem Nennbetrag je Aktie getauscht. Die Umtauschrelation kann dazu führen, daß Aktionäre zur Veräußerung von Aktien oder zum zusätzlichen Erwerb von Aktien gezwungen werden, was eine Änderung der Stimmrechtsverhältnisse bedeutet. Der Gesetzgeber schreibt daher vor, daß Zusammenlegungen nur dann erfolgen dürfen, wenn die Herabsetzung des Nennwertes zu einer Unterschreitung des Mindestnennwertes führen würde.

Unter Kostengesichtspunkten hat das erste Verfahren den Vorteil, daß die Nennwerte durch Stempelung herabgesetzt werden können. Die Gesellschaft spart damit die Kosten des Neudrucks von Aktien, die beim zweiten Verfahren regelmäßig anfallen.

Der Beschluß über die Herabsetzung ist zur Eintragung in das Handelsregister anzumelden. Mit der Eintragung ist das Grundkapital herabgesetzt. Eine Auszahlung an Aktionäre darf aber aus Gründen des Gläubigerschutzes zu diesem Zeitpunkt noch nicht erfolgen, sondern erst sechs Monate nach Bekanntmachung der Eintragung. Innerhalb dieser Zeit können Gläubiger, deren Forderungen vor dem Bekanntwerden bestanden, Sicherheitsleistung oder, sofern ihre Forderungen fällig sind, Befriedigung verlangen. Diese Rechte stehen den Gläubigern auch dann zu, wenn keine Zahlungen an Aktionäre geleistet werden.

Die Aktionäre sind nach Bekanntmachung der Kapitalherabsetzung verpflichtet, ihre Aktien der Gesellschaft zur Herabstempelung oder Zusammenlegung einzureichen. Reichen Aktionäre ihre Aktien nicht ein, so können diese Aktien nach Aufforderung in den Gesellschaftsblättern für kraftlos erklärt werden. Die an ihre Stelle tretenden neuen Aktien hat die Gesellschaft zugunsten der säumigen Aktionäre zum amtlichen Börsenpreis oder durch öffentliche Versteigerung zu verkaufen. Der Erlös ist den säumigen Aktionären auszuzahlen oder zu ihren Gunsten zu hinterlegen.

Die erfolgte Herabsetzung ist dem Handelsregister zur Eintragung anzumelden, obwohl das Grundkapital schon mit der Eintragung des Herabsetzungsbeschlusses als herabgesetzt gilt.

(2) Die vereinfachte Kapitalherabsetzung

Zweck dieser Kapitalherabsetzung ist die finanzielle Sanierung in der Form des Verlustausgleichs. Die Vereinfachung liegt hier in dem Fortfall besonderer Gläubigerschutzbestimmungen. Ein Schutz der Gläubiger ist dadurch gewährleistet, daß

❶ der Herabsetzungsbetrag nur zum Ausgleich von Wertminderungen, zur Deckung von sonstigen Verlusten und zur Einstellung in die gesetzliche Rücklage benutzt werden darf, also keine Kapitalausschüttung an Aktionäre erfolgen darf;

❷ vorher der über 10 % des neuen Grundkapitals hinausgehende Betrag der gesetzlichen Rücklage und alle freien Rücklagen aufgelöst werden müssen und daß kein Gewinnvortrag vorhanden sein darf;

❸ Gewinne zukünftig erst ausgeschüttet werden dürfen, wenn die gesetzliche Rücklage 10 % des Grundkapitals ausmacht;

❹ in den beiden ersten Jahren nach der Beschlußfassung über die vereinfachte Kapitalherabsetzung nur Gewinne in Höhe von 4 % ausgeschüttet werden dürfen.

Mit diesen Regelungen ist eine Schädigung der Gläubiger durch eine offene oder verdeckte Kapitalausschüttung an Aktionäre verhindert. Die vereinfachte Kapitalherabsetzung bedarf einer Beschlußfassung in der Hauptversammlung mit Dreiviertelmehrheit. Der Beschluß ist gleichfalls in das Handelsregister einzutragen.

(3) Die Kapitalherabsetzung durch Einziehung von Aktien

Es sind folgende Fälle der Aktieneinziehung zu unterscheiden:

❶ Zwangseinziehung bei Rückzahlung des Kapitals,

❷ entgeltlicher Erwerb durch die Gesellschaft,

❸ unentgeltliche Zurverfügungstellung zugunsten der Gesellschaft,

❹ Zwangseinziehung zu Lasten des Bilanzgewinns und

❺ Zwangseinziehung zu Lasten einer freien Rücklage, die zu diesem Zweck verwendet werden kann.

Eine Zwangseinziehung von Aktien ist nur dann möglich, wenn sie schon vor der Zeichnung oder Ausgabe der einzuziehenden Aktien in der Satzung der Gesellschaft vorgesehen oder angeordnet war. In allen anderen Fällen ist sie unzulässig, da sie einem Zwangsausschluß von Aktionären und damit gegebenenfalls einer Schädigung einzelner Aktionäre (zum Vorteil der in der Gesellschaft verbleibenden Aktionäre) gleichkommen würde.

In den Fällen 1 und 2 gelten die Vorschriften über die ordentliche Kapitalherabsetzung.

In den Fällen 3, 4 und 5 sind dagegen die Vorschriften über die ordentliche Kapitalherabsetzung, insbesondere die Gläubigerschutzbestimmungen, nicht zu beachten, da im Fall 3 keine Gesellschaftsmittel und in den Fällen 4 und 5 nur solche Gesellschaftsmittel an die Aktionäre gegeben werden, die ihnen auch in der Form von Dividenden zufließen könnten. Die Interessen der Gläubiger sind dann gewahrt, wenn eine zusätzliche Ausschüttung des außerordentlichen Gewinns in Fall 3 und der in Anspruch genommenen Beträge des Bilanzgewinns (Fall 4) sowie der freien Rücklage (Fall 5) verhindert wird. Zu diesem Zweck schreibt der Gesetzgeber vor, daß in Höhe des Gesamtnennbetrags der eingezogenen und anschließend vernichteten Aktien eine Einstellung in die gesetzliche Rücklage vorzunehmen ist.

Mit der Eintragung des Beschlusses in das Handelsregister oder mit der folgenden Einziehung ist das Grundkapital herabgesetzt. Die eingezogenen Aktien müssen vernichtet werden. Anschließend ist dem Handelsregister die Durchführung der Herabsetzung zur Eintragung anzumelden.

c) Die Herabsetzung des Zusatzkapitals von Aktiengesellschaften

Die Herabsetzung des Eigenkapitals kann bei einer Aktiengesellschaft neben der Herabsetzung des Grundkapitals weiterhin durch die Ausschüttung von Rücklagen oder Gewinnvorträgen erfolgen.

Die gesetzliche Rücklage darf gemäß § 150 AktG nur zum Ausgleich eines Jahresfehlbetrages oder eines Verlustvortrags aus dem Vorjahr herabgesetzt werden. Darüber hinaus kann der 10 % des Grundkapitals übersteigende Betrag zur Ausgabe von Gratisaktien (Kapitalerhöhung aus Gesellschaftsmitteln) verwandt werden. Eine Ausschüttung der gesetzlichen Rücklage ist — abgesehen von dem Fall der Auflösung der Gesellschaft — nicht möglich.

Die Auflösung von Gewinnvorträgen oder von freien Rücklagen erfolgt im Zuge der Feststellung des Jahresabschlusses durch das dafür zuständige Organ, in der Regel also durch die Verwaltung, gegebenenfalls auch durch die Hauptversammlung. Dabei kann es über Art und Umfang der Auflösung nach freiem Ermessen im Rahmen seiner Verantwortlichkeit entscheiden, sofern nicht Satzungsbestimmungen dem entgegenstehen. Gläubigerschutzbestimmungen sind hier nicht zu beachten, da es sich um aufgespeicherte Gewinne handelt, die nicht zum Grundkapital gehören und damit nicht in das Haftungskapital der Gesellschaft einbezogen sind.

Die Auflösung stiller Rücklagen und damit ihre Verwendung zum Verlustausgleich oder zur Ausschüttung von Dividenden kann

(1) zwangsläufig durch einen Umsatz der Rücklageträger oder

(2) freiwillig durch Änderung der Bewertung der Rücklageträger im Rahmen der gesetzlichen Bewertungsbestimmungen erfolgen.

Im Fall (1) entsteht ein realisierter Gewinn, im Fall (2) entsteht vordergründig nur ein Buchgewinn, der aber nicht als unrealisierter Gewinn bezeichnet werden kann; solange sich die neue Bewertung im Rahmen der gesetzlichen Bestimmungen hält, kann entweder der frühere Ausweis eines unrealisierten Verlustes rückgängig gemacht worden sein, oder aber ein schon früher realisierter Gewinn wird erst jetzt ausgewiesen. Unrealisierte Gewinne dürfen niemals ausgewiesen und können deshalb auch nicht ausgeschüttet werden.

2. Die Herabsetzung des Fremdkapitals

a) Gründe und Formen der Herabsetzung des Fremdkapitals

Die Herabsetzung des Fremdkapitals kann aus verschiedenen Gründen erfolgen, die zum Teil zu unterschiedlichen Formen der Herabsetzung führen.

Als Gründe sind zunächst zu nennen:

1. die Fälligkeit von Fremdkapitalien;

2. eine bestehende Überliquidität mit der Folge sinkender Rentabiltität;

3. die Beseitigung einer zu starken Beeinflussung durch Gläubiger;

4. die Beseitigung einer bestehenden Überschuldung.

Als Formen kommen zunächst die freiwillige Herabsetzung und die zwangsweise Herabsetzung des Fremdkapitals in Betracht. Bei der freiwilligen Herabsetzung gehen wir davon aus, daß sie nach freier Entscheidung des Kreditnehmers oder nach freier Absprache zwischen dem Kreditnehmer und dem Kreditgeber erfolgt.

Die Herabsetzung wird hier durch Rückzahlung des Fremdkapitals oder durch teilweisen oder völligen Erlaß von Rückzahlungsverpflichtungen vollzogen.

Diesen letzten Fall erfassen wir auch unter der Bezeichnung freiwilliger oder außergerichtlicher Vergleich.

Dagegen liegt die zwangsweise Herabsetzung des Fremdkapitals nicht in der freien Entscheidung der Kreditnehmer und Kreditgeber; es erfolgt die Einschaltung des Gerichts.

Als Formen erscheinen:

1. der gerichtliche Vergleich zur Abwendung des Konkurses (geregelt in der Vergleichsordnung — VglO —),

2. der Zwangsvergleich im Rahmen des Konkurses (geregelt in der Konkursordnung — KO —).

Beiden Fällen ist gemeinsam, daß Teilbeträge der bestehenden Verbindlichkeiten erlassen werden, die Restbeträge weiterhin als Verbindlichkeiten bestehen bleiben.

Im Fall 1 handelt es sich um ein Verfahren, das ein Betrieb, der wegen Zahlungsunfähigkeit oder Überschuldung das Konkursverfahren beantragen müßte, zur Abwendung des Konkurses auslöst. Sofern der zu beantragende Vergleich nicht zur Beseitigung der Konkursgründe führt, wird das Konkursverfahren eingeleitet.

Im Fall 2 ist dagegen bereits über das Vermögen eines Betriebes das Konkursverfahren eröffnet. Dieses Verfahren wird durch einen im Interesse der Gläubiger und des Gemeinschuldners durchgeführten Zwangsvergleich aufgehoben.

Für die Kapitalherabsetzung im Rahmen des Fremdkapitals kann somit, bei gleichzeitiger Einordnung der Kapitalumschichtung, der folgende Überblick gegeben werden.

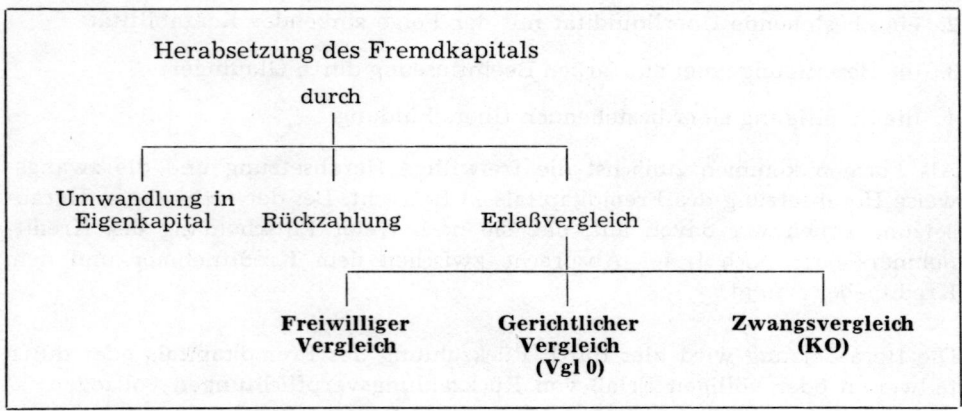

b) Der Vergleich

(1) Der freiwillige Vergleich

Ein anzustrebender freiwilliger Vergleich kann die Beseitigung einer unzureichenden Zahlungsfähigkeit durch Stundung (Moratorium) oder die Beseitigung einer Unterbilanz durch Erlaß von Verbindlichkeiten zum Gegenstand haben.

Eine Unterbilanz kennen wir nur bei Gesellschaften mit festem Eigenkapital. Sie ist dadurch gekennzeichnet, daß dem festen Eigenkapital in der Bilanz ein Verlust gegenübersteht. Dieser Verlust zeigt an, daß Teile des dem Fremdkapital gegenüber voraushaftenden Kapitals durch eingetretene Risiken vernichtet sind.

Nach § 92 Abs. 1 AktG gelten für einen Sonderfall der Unterbilanz, eine Bilanz, in der ein Verlust in Höhe von mindestens 50 % des Grundkapitals erscheint, besondere Vorschriften.

Eine weitere Sonderform der Unterbilanz zeigt sich in der Überschuldungsbilanz. Sie liegt dann vor, wenn das bilanzmäßig vorhandene Vermögen die bilanzmäßig vorhandenen Schulden nicht mehr deckt. Hier haben also eingetretene Risiken nicht nur das voraushaftende Eigenkapital beseitigt, sondern darüber hinaus auch schon Teile des Fremdkapitals beansprucht. Für Kapitalgesellschaften (mit Ausnahme der Genossenschaften) besteht bei Vorliegen einer Überschuldungsbilanz die Pflicht, das Konkursverfahren zu beantragen. Der freiwillige Vergleich mit dem Ziel der Herabsetzung der Schulden kommt also nur auf der Grundlage einer Unterbilanz in Frage, die noch keine Überschuldungsbilanz ist. Bevor eine Unterbilanz vorliegt, werden Gläubiger in der Regel nicht bereit sein, einen Teil ihrer Forderungen zu erlassen. Selbst bei Vorliegen einer Unterbilanz stellen sich vom Standpunkt des Gläubigers aus die Fragen:

1. Welche Ursachen haben zum Verlust geführt?

2. Sind diese Ursachen beseitigt, so daß zukünftig wieder eine Gewinnsituation eintreten wird, die das Fortbestehen des Betriebes sichert?

3. Welche Vorteile ergeben sich für den Gläubiger aus dem Fortbestehen des Betriebes? Welche Nachteile würden mit einer Liquidation verbunden sein?

4. Kann das Fortbestehen des Betriebes nicht auch dann erreicht werden, wenn der bisherige Verlust gegen das Eigenkapital verrechnet wird?

Die sachgerechte Beantwortung dieser Fragen, die Abwägung des gegenwärtigen Nachteils mit den zukünftigen Vorteilen, führt den Gläubiger zu der Entscheidung, ob und bis zu welchem Betrag er zu einem Nachlaß bereit ist.

Der außergerichtliche Vergleich setzt nicht voraus, daß sich alle Gläubiger mit gleicher Quote einem entsprechenden Vertrag unterwerfen. Für diejenigen, die sich einem Vergleich anschließen, kann die Ausgabe von Besserungsscheinen vorgesehen sein. Diese schriftlichen Bescheinigungen enthalten ein Versprechen des Vergleichsschuldners, an Vergleichsgläubiger bei einer zukünftigen Besserung der Situation über die Vergleichsquote hinausgehende Zahlungen zu leisten.

(2) Der gerichtliche Vergleich

Die Rechtsgrundlage bildet die Vergleichsordnung vom 26. 2. 1935 (VglO). In § 1 VglO ist der Grundsatz aufgestellt, daß der Konkurs durch ein gerichtliches Vergleichsverfahren abgewendet werden kann. Es ist also das Ziel, durch Abwendung des Konkurses den Betrieb zu erhalten, sofern die personellen und leistungswirtschaftlichen Voraussetzungen für ein gesichertes Fortbestehen des Betriebes gegeben sind. Voraussetzung für das Eröffnungsverfahren ist eine Illiquidität oder Überschuldung (§ 2 Satz 3 VglO). Illiquidität oder Zahlungsunfähigkeit besteht dann, wenn der Betrieb aus den flüssigen Mitteln heraus auch zukünftig nicht in der Lage ist, seine fälligen Verbindlichkeiten zu begleichen. Die Illiquidität geht also über eine vorübergehende Zahlungsstockung hinaus. Um Zahlungsstockung dürfte es sich dann handeln, wenn ein vorübergehender Liquiditätsengpaß besteht, das Vermögen aber noch größer ist als die Schulden und Vorrechtsforderungen (Steuern, Löhne, Gehälter, soziale Abgaben) noch beglichen werden können.

Verfahrensbeteiligte sind im Vergleich der Vergleichsschuldner und die Vergleichsgläubiger. Der Antrag auf Eröffnung des Vergleichsverfahrens kann nur vom Vergleichsschuldner gestellt werden. Vergleichsschuldner können natürliche Personen, Personengesellschaften, Kapitalgesellschaften, andere juristische Personen sowie Vereine sein, sofern der Konkurs über ihr Vermögen eröffnet werden kann. Daneben kann über einen Nachlaß und über das Gesamtgut einer fortgesetzten Gütergemeinschaft das Vergleichsverfahren eröffnet werden (§§ 108 ff. VglO).

Im Gegensatz zum Konkursverfahren berührt die Eröffnung des Vergleichsverfahrens nicht regelmäßig die Verwaltungs- und Verfügungsmacht des Schuldners.

Zu den Vergleichsgläubigern zählen alle Personen, die zur Zeit der Eröffnung des Verfahrens einen Vermögensanspruch gegen den Vergleichsschuldner haben, sofern deren Ansprüche nicht bevorrechtigt zu befriedigen sind.

Für den Gemeinschuldner und das Fortbestehen seines Betriebes ist es von entscheidender Bedeutung, daß mit der Eröffnung des Vergleichsverfahrens ein Konkursverbot (§ 46 VglO) und ein Vollstreckungsverbot (§ 47 VglO) bestehen. Hierunter ist folgendes zu verstehen:

Konkursverbot: Sobald ein Antrag auf Eröffnung eines Vergleichsverfahrens gestellt ist, bleibt eine Entscheidung über einen Antrag auf Konkurseröffnung ausgesetzt, bis das Vergleichsverfahren abgeschlossen ist.

Vollstreckungsverbot: Nach Eröffnung des Vergleichsverfahrens können bis zum Abschluß des Verfahrens keine Zwangsvollstreckungen gegen den Schuldner mehr betrieben werden. Darüber hinaus können für die Zeit von der Antragstellung bis zur Eröffnung des Verfahrens durch das Gericht auf Antrag des vorläufigen Verwalters anhängige Vollstreckungsmaßnahmen einstweilig eingestellt werden (§ 13 VglO).

Mit der Beantragung des Vergleichsverfahrens hat der Gemeinschuldner unter anderem einen Vergleichsvorschlag einzureichen. In diesem Vergleichsvorschlag müssen folgende Mindestsätze angeboten werden, damit das Gericht das Vergleichsverfahren eröffnen kann (§ 7 VglO):

1. der generelle Mindestsatz beträgt 35 % der Schulden;

2. beantragt der Schuldner eine Zahlungsfrist von mehr als einem Jahr bis zu 18 Monaten, so erhöht sich der Mindestsatz auf 40 %;

3. eine Zahlungsfrist von über 18 Monaten darf nur für Beträge beansprucht werden, die über 40 % hinausgehen.

Die genannten Mindestsätze müssen als Barzahlung geboten werden.

Der Vergleichsvorschlag ist in folgenden Fällen angenommen:

1. wenn die Mehrheit der anwesenden stimmberechtigten Gläubiger unter Einrechnung der schriftlich zustimmenden Gläubiger erreicht wird und

2. die zustimmenden Gläubiger mindestens Dreiviertel des stimmberechtigten Forderungsbetrages erreichen. Dieser Satz erhöht sich auf vier Fünftel, wenn der gebotene Mindestsatz 50 % unterschreitet.

Bestätigt das Gericht nach Beschlußfassung den Vergleich, so ist er für und gegen die Gläubiger wirksam. Er berührt jedoch nicht

1. Gläubigerrechte gegenüber Mitschuldnern und Bürgen und

2. Rechte aus Pfandrechten, Hypotheken, Grundschulden, Rentenschulden und aus den zu ihrer Sicherung eingetragenen Vormerkungen.

Der Schuldner wird jedoch befreit von Rückgriffsrechten, die andere, zum Beispiel beanspruchte Bürgen, ihm gegenüber haben, soweit sie über den Abfindungssatz hinausgehen.

Mit der Bestätigung gilt gleichzeitig ein zunächst ausgesetzter Konkursantrag als nicht gestellt. Kommt das Vergleichsverfahren nicht zu dem angestrebten Abschluß und wird daraufhin der Konkurs eröffnet, so ist dieser Konkurs als Anschlußkonkurs zu bezeichnen, für den die Bestimmungen der §§ 102 bis 107 VglO gelten. Kommt der Gemeinschuldner gegenüber Vergleichsgläubigern in Verzug, so wird damit die Stundung oder der Erlaß diesen Gläubigern gegenüber hinfällig (§ 9 VglO). Eine Hinfälligkeit gegenüber allen Gläubigern tritt dann ein, wenn vor vollständiger Erfüllung des Vergleichs der Konkurs eröffnet wird.

(3) Der Zwangsvergleich im Konkurs

Beim Zwangsvergleich wird die beim Konkurs notwendige Liquidation des Betriebsvermögens nach Eröffnung des Konkursverfahrens auf Antrag des Gemeinschuldners abgewendet. An die Stelle des Konkursverfahrens tritt ein Zwangsvergleich, der ein Fortbestehen des Betriebes ermöglichen soll. Die gesetzlichen Grundlagen finden sich in §§ 173—201 KO. Der Antrag kann durch den Gemeinschuldner in der Zeit gestellt werden, die nach dem Prüfungstermin für die Feststellung der bestehenden Forderungen und vor der Genehmigung der Schlußverteilung liegt. Der Zwangsvergleich erstreckt sich auch hier auf die nicht bevorrechtigten Gläubiger.

Entscheidend ist hier, daß für den Zwangsvergleich keine Mindestsätze vorgeschrieben sind wie beim gerichtlichen Vergleich. Dadurch kann ein Zwangsvergleich selbst dann erreicht werden, wenn ein gerichtlicher Vergleich wegen zu geringer Quote aussichtslos ist. Zuweilen überschreitet aber die den Gläubigern im Zwangsvergleich einräumbare Quote jene, die ihnen im Konkurs aus den erzielten Liquidationserlösen gewährt werden könnte.

Das gilt insbesondere dann, wenn

1. der Teilwert der Vermögensgegenstände ihren Liquidationswert überschreitet,

2. der Betrieb über bedeutende immaterielle Werte verfügt, die mit der Auflösung des Betriebes hinfällig werden, und

3. in dem fortbestehenden Betrieb zukünftig mit einer angemessenen Rentabilität gerechnet werden kann, die nicht nur den Zinsendienst für das Fremdkapital ausreichend sichert, sondern darüber hinaus Kapitalrückzahlungen ermöglicht.

Für den Gemeinschuldner ist der Zwangsvergleich im Gegensatz zum Konkurs noch mit dem entscheidenden Vorteil verbunden, daß die Gläubiger für die mit der Quote nicht ausgeglichenen Forderungen kein Recht auf eine zukünftige freie Nachforderung haben. Dagegen steht den Gläubigern im Konkursfall ein Nachforderungsrecht zukünftig zu. Dieses Nachforderungsrecht belastet jeden zukünftigen Vermögensaufbau des Gemeinschuldners.

3. Die Liquidation

Die Liquidation des Betriebes stellt einen Sonderfall betrieblicher Finanzierungsmaßnahmen dar, auf den hier nicht ausführlich eingegangen werden soll. Vielmehr sollen nur einige Hinweise gegeben werden.

Man unterscheidet nach dem Umfang der Liquidationsmaßnahme die **Teilliquidation**, worunter die Liquidation eines Vermögenskomplexes als Teil eines Gesamtbetriebes verstanden wird und die **Totalliquidation**.

Die Liquidation kann auf Beschluß des Inhabers oder der Gesellschafter zurückgehen (**freiwillige Liquidation**) oder durch gesetzliche Vorschriften erzwungen werden (**Zwangsliquidation**).

Das wichtigste Verfahren im Rahmen der Zwangsliquidation ist der Konkurs, der in der Konkursordnung vom 10. Februar 1877 geregelt ist. Die Rechtsbestimmungen über die Liquidation sind für die einzelnen Rechtsformen verschieden und finden sich in den jeweiligen Gesetzen; besonders wichtig sind die §§ 131 ff HGB für die OHG, die für die KG auf Grund des Verweises in § 161 Abs. 2 HGB ebenfalls gelten, §§ 60 ff GmbH, §§ 262 ff AktG und §§ 83 ff GenG.

Jede Liquidation bedingt eine Änderung der Zwecksetzung des Betriebes; es kommt für einen in Liquidation befindlichen Betrieb in erster Linie darauf an, die Liquidationsmasse zum höchstmöglichen Preis zu veräußern.

Zu Beginn des Zeitraumes, in dem die Liquidation abgewickelt wird, der sogenannten Liquidations- oder Abwicklungsperiode, wird eine Liquidationseröffnungsbilanz aufgestellt. Diese Bilanz unterliegt, entsprechend der geänderten betrieblichen Zwecksetzung, anderen Bewertungsnormen als die Jahresbilanz; alle Vermögensgegenstände werden in ihr, ebenso wie in den eventuell folgenden Liquidationszwischenbilanzen und in der Liquidationsschlußbilanz mit voraussichtlich erzielbaren Veräußerungspreisen bewertet.

VI. Die Finanzplanung

Der Finanzplan wurde bereits im Zusammenhang mit der Ermittlung des langfristigen Kapitalbedarfs bei der Gründung und Erweiterung des Betriebes und des kurzfristigen Kapitalbedarfs im Rahmen der Aufrechterhaltung der Liquidität im laufenden Umsatzprozeß erwähnt.

Seine Aufstellung ist die erste Aufgabe der Finanzplanung. Aufbauend auf den Zahlen des Finanzplans besteht die zweite Aufgabe in der Planung von Finanzierungsmöglichkeiten zur Deckung eines voraussichtlichen Kapitalbedarfs bzw. von Anlagemöglichkeiten eines Kapitalüberschusses. Die Finanzplanung vollzieht sich also in zwei Stufen.

Auf der ersten Stufe werden die erwarteten Einnahmen- und Ausgabenreihen ermittelt und im Finanzplan zusammen mit dem vorhandenen Geldbestand einander gegenübergestellt. Liegt nun auf lange Sicht ein Überschuß der Ausgaben über die Einnahmen vor, so handelt es sich um langfristigen Kapitalbedarf, der auch durch langfristig zur Verfügung gestellte Mittel gedeckt werden sollte. Diese Art von Kapitalbedarf tritt bei der Gründung oder der Erweiterung des Betriebes auf. Ist der Betrieb einmal mit langfristigem Kapital ausgestattet, so können zu bestimmten Zeitpunkten die laufenden Ausgaben höher sein als die Umsatzeinnahmen einschließlich der vorhandenen Geldbestände (Unterdeckung), was zur Illiquidität führen würde. Um diese Ausgabenüberschüsse zu decken, wird zusätzliches Kapital benötigt. Die erforderliche Fristigkeit des zusätzlich zu beschaffenden Kapitals ist davon abhängig, bis zu welchem zukünftigen Zeitpunkt der Finanzplan diese Unterdeckung ausweist. Umgekehrt können für einen bestimmten Zeitraum vorhersehbare Überschüsse an liquiden Mitteln (Überdeckungen) zinsbringend angelegt werden oder, sofern der Finanzplan sie längerfristig ausweist, zu Kapitalrückzahlungen eingesetzt werden. Alle diese Einnahmen-Ausgabenkonstellationen aufzuzeigen ist Aufgabe des Finanzplans.

Im folgenden wird nur die Liquiditätsüberwachung betrachtet, da dem Kapitalbedarf bereits ein eigenes Kapitel gewidmet wurde.

Als Grundlage für die Aufstellung des Finanzplans dienen die anderen Pläne des Betriebes. Die wesentlichen Teile der Ausgabenreihe werden aus dem Beschaffungs-, Lager- und Produktionsplan gewonnen. Die Einnahmen können aus dem Absatzplan ermittelt werden. Anschließend sind die Einnahmen und Ausgaben zu schätzen, die aus anderen betrieblichen Teilplänen hervorgehen, und der zu Beginn der Planungsperiode schon vorhandene Zahlungsmittelbestand ist festzustellen. Der Zahlungsmittelbestand und die voraussichtlichen Einnahmen werden dann über eine bestimmte Periode zu verschiedenen Zeitpunkten den Ausgaben gegenübergestellt. Wie weit sich die Planung in die

Zukunft erstreckt, ist eine Frage der Überschaubarkeit der zukünftigen finanziellen Vorgänge; die Grenze wird dort liegen, wo die Unsicherheit der Zahlen zu groß wird. Die Abstände innerhalb der Planungsperiode, in denen die Einnahmen und Ausgaben einander gegenübergestellt werden, sollten möglichst klein gewählt werden, da dann eine regelmäßige Liquiditätserhaltung um so sicherer erscheint. Der Idealfall ist ein Finanzplan, der die täglichen Zahlungsreihen beinhaltet. Wirtschaftlicher ist es dagegen, längere Abstände einzuhalten.

Um die Zahlungsfähigkeit des Betriebes jederzeit zu gewährleisten, muß folgende Bedingung erfüllt sein:

$$\text{Geldbestand} + \text{Einnahmen} - \text{Ausgaben} \geq 0$$

Durch eine Umformung der Gleichung kann die Liquiditätsbedingung auch folgendermaßen ausgedrückt werden:

$$\frac{\text{Geldbestand} + \text{Einnahmen}}{\text{Ausgaben}} \geq 1$$

Dieser letzte Ausdruck, **Deckungsrelation** genannt, muß in jedem Zeitpunkt größer als 1 sein, damit die Zahlungsfähigkeit gewährleistet ist. Ist dies nicht der Fall, so muß die Finanzwirtschaft in einem weiteren Schritt die Art, den Umfang und den Bereitstellungszeitpunkt des Kapitals planen, das der Deckung dieses Kapitalbedarfs dienen soll. Regelmäßig werden ihr zu diesem Zweck mehrere Alternativen gegeben sein, von denen sie die im Hinblick auf ihre Zielsetzung (z. B. Rentabilitätsmaximierung) günstigste wählen wird. Zeigt es sich, daß trotz aller Bemühungen der Kapitalbeschaffung die Mittel nicht ausreichen werden, den zukünftigen Bedarf zu decken, muß versucht werden, die Einnahme-Ausgabereihen direkt zu beeinflussen. Auf der Einnahmeseite wären Preiserhöhungen, Verkürzung der Zahlungsziele (gegebenenfalls über eine Anhebung der Skontosätze) oder eine Intensivierung des Mahnwesens zur Verringerung der Zeit, in der eine Forderung zur geldlichen Einnahme wird, mögliche Maßnahmen. Sicherer erscheint es jedoch, unmittelbar auf die Ausgaben Einfluß zu nehmen, indem sie vermieden oder wenigstens zeitlich verschoben werden. Beispiele sind die Streichung von Beschaffungsgeldern (die sicher nur im Notfall vorgenommen wird, da sie die Kontinuität des Betriebsprozesses stört), die Änderung der Bestellzeitpunkte in der Weise, daß weniger und dafür öfter bestellt wird oder Verlängerung der bei den Lieferanten beanspruchten Zahlungsziele. Die meisten Maßnahmen bringen jedoch auch Nachteile mit sich, die sich in einer Erhöhung der Ausgaben äußern. So führen die Vermehrung der Bestellzeitpunkte innerhalb des gleichen Zeitraums zu höheren Transportkosten und Ausfall von Rabatten und die Nichteinhaltung der Skontofrist zu erhöhten Ausgaben.

Da keine der alternativen Möglichkeiten zur Beseitigung der Illiquidität nur Vorteile bietet, ist genau zu analysieren, welche Alternative den erwarteten Ausgabenüberschuß am sichersten zu beseitigen verspricht und dabei die Rentabilität am wenigsten gefährdet.

Ist die Deckungsrelation über einen größeren Zeitraum deutlich größer als 1, gerät das Liquiditätsdenken in Konflikt mit dem Rentabilitätsstreben, denn brachliegende Geldbestände erbringen keine Zinsen, so daß versucht werden muß, aus den zahlreichen Anlagemöglichkeiten die gewinnbringendste zu finden. Dabei ist zu beachten, daß die Erhaltung des eingesetzten Kapitals gewährleistet ist, was z. B. durch seine Verteilung auf mehrere Anlageobjekte erreicht werden kann. Ist der Geldüberschuß nur von relativ kurzer Dauer, muß die Möglichkeit baldiger verlustloser Liquidierung gegeben sein.

Die besondere Problematik der Finanzplanung liegt in der Unsicherheit der zukünftigen Daten und betrifft besonders den langfristigen Finanzplan. Daher ist es nötig, den Plan elastisch zu halten, d. h. anpassungsfähig an Datenveränderungen; mit zunehmender Elastizität und laufender Ergänzung der Plandaten an die neuere Entwicklung wird die Zuverlässigkeit der Prognosen zunehmen.

Die Ausführungen über den Finanzplan werden im folgenden durch einen einfachen vom Tage des Produktionsbeginns ab aufgestellten Finanzplan erläutert werden. Der Anlagekapitalbedarf ist schon in einer gesonderten Rechnung ermittelt worden, der Finanzplan zeigt also nur noch die Höhe des permanenten Umlaufkapitalbedarfs und die laufende finanzielle Entwicklung nach der Gründungsphase.

Dem Beispiel liegen folgende Annahmen zugrunde:

❶ *Die Produktion beginnt am Anfang der zweiten Woche. Die erste Woche dient der Arbeitsvorbereitung, u. a. der Beschaffung von 200 Einheiten Material, die zur Mitte der Woche eingehen und pro Einheit 500 DM kosten. Mit derselben Lieferung trifft Material ein zur Haltung eines Eisernen Bestandes, der mit 10 % der Bestellmenge angesetzt ist.*

Als Einkaufsbedingung gelten 3 % Skonto bei Zahlung innerhalb von 14 Tagen; spätester Zahlungstermin soll nach Ablauf von acht Wochen sein. Es ist die Beanspruchung des Zahlungsziels vorgesehen[1])*.*

---

[1]) Diese Unterstellung zeigt bereits eine Möglichkeit der Deckung des Kapitalbedarfs durch einen Lieferantenkredit auf.

❷ *Die wöchentlichen Lohnzahlungen betragen*

  25 000 DM brutto
 ∕. 5 000 DM Steuern und Sozialabgaben
  ―――――――――――――――――――――――――
  20 000 DM netto

Die monatlichen Gehaltszahlungen betragen

  12 500 DM brutto
 ∕. 2 500 DM Steuern und Sozialabgaben
  ―――――――――――――――――――――――――
  10 000 DM netto

Monatlich sind demnach 22 500 DM an Steuern und Sozialabgaben abzuführen.

❸ *Sonstige wöchentliche Auszahlungen entstehen in einer Höhe von 2500 DM.*
❹ *Das Material reicht für eine Produktionsdauer von 4 Wochen, in denen 200 Produkteinheiten hergestellt werden.*
Die durchschnittliche Lagerzeit der fertigen Produkte beträgt 1 Woche. Anschließend werden die Produkte zum Preise von 1250 DM pro Einheit verkauft.
❺ *Die eine Hälfte der Kunden zahlt nach 2 Wochen unter Inanspruchnahme von 2 % Skonto, die andere Hälfte nach 4 Wochen ohne Skontoabzug.*

Wie aus dem Beispiel ersichtlich wird, entstehen bis zur 9. Woche insgesamt 268 700 DM (246 200 + 22 500) Ausgaben, die nicht durch Einnahmen gedeckt sind. Diese Mittel müssen also dem Betrieb zunächst einmal von Eigen- oder Fremdkapitalgebern zugeführt werden. In den folgenden Wochen übersteigen die laufenden Einnahmen die Ausgaben, so daß ein permanenter Kapitalüberschuß entsteht.

Der am Ende der 13. Woche bestehende kleinste Kapitalüberschuß von 23 800 DM kann in der 10. Woche bereits an die Kapitalgeber zurückgezahlt oder zinsbringend im Betrieb angelegt werden ohne die Zahlungsfähigkeit zu gefährden, denn diese ist solange gewährleistet, wie der Saldo nach Kapitalrückzahlung nicht negativ wird.

Am Ende der 14. Woche können noch einmal weitere 23 800 DM (47 600 ∕. 23 800) des Kapitalüberschusses zurückgezahlt oder im Betrieb zur Steigerung der Rentabilität verwendet werden.

Aus dem Beispiel läßt sich leicht errechnen, daß der ursprüngliche Kapitalbedarf von 268 700 DM geringer wird, wenn die Einnahmen durch die Verkürzung der Produktions-, Lager-, Skonto- und Restzielzeiten vorverlegt werden können oder wenn es möglich ist, die Ausgaben etwa durch Inanspruchnahme längerer Lieferantenkreditzeiten zeitlich weiter vom Produktionsbeginn entfernt zu verlagern. Umgekehrt würde eine Verlängerung der Produktions-, Lager-, Skonto- und Restzielzeiten wie auch eine Verkürzung der Zeitdauer des Lieferantenkredites mit einem erhöhten Kapitalbedarf der Unternehmung gleichbedeutend sein.

Finanzplan
(in TDM)

Gliederung der Zeiten

(P = Produktion, L = Lagerung, Skto = Skontozeit, R = Restziel)

Wochen	Vorb.-woche	P_1				L_1	P_2	$Skto_1$		L_2 R_1	P_3	$Skto_2$		L_3 R_2		P_4 $Skto_3$		L_4 R_3	
	1	2	3	4	5	6	7	8	9	10	11	12	13	14	15	16	17	18
I. Ausgaben																			
1. Material								100				100				100			
Eiserner Bestand	10							10											
2. Löhne	20	20	20	20	20	20	20	20	20	20	20	20	20	20	20	20	20	20	20
Gehälter				10					10			10				10			
Steuern/Sozialabgaben				22,5					22,5			22,5				22,5			
3. sonstige wöchentliche Ausgaben	2,5	2,5	2,5	2,5	2,5	2,5	2,5	2,5	2,5	2,5	2,5	2,5	2,5	2,5	2,5	2,5	2,5	2,5	2,5
4. Summen pro Woche	12,5	22,5	22,5	55,0	22,5	22,5	22,5	22,5	165,0	22,5	22,5	155,0	22,5	22,5	22,5	155,0	22,5	22,5	22,5
5. Summe bis zur 8. Woche									367,5										
II. Einnahmen																			
1. Skontozahlungen												121,3				121,3			
2. Kreditzahlungen										125					125				125
III. Saldo der Einnahmen und Ausgaben																			
1. Kapitalbedarf									246,2		102,5	80	46,3	23,8		103,8	70,1	47,6	150,1
2. Kapitalüberschuß										22,5					23,8 126,3				
IV. Rückzahlbare Kapitalbeträge															23,8				
V. Saldo nach Kapitalrückzahlung										78,7	78,7	56,3	22,5	0	78,7	56,2	22,5	0	102,5

Literaturhinweise

Adler - Düring - Schmaltz: Rechnungslegung und Prüfung der Aktiengesellschaft, Handkommentar, 4. Aufl., Stuttgart 1968.

Beckmann, L.: Die betriebswirtschaftliche Finanzierung, 2. Aufl., Stuttgart 1956.

Bellinger, B.: Langfristige Finanzierung, Wiesbaden 1964.

Deutsch, P.: Grundfragen der Finanzierung im Rahmen der betrieblichen Finanzwirtschaft, 2. Aufl., Wiesbaden 1967.

Godin - Wilhelmi: Aktiengesetz vom 6. September 1965, Kommentar, 3. Aufl., Berlin 1967.

Janberg, H. (Herausg.): Finanzierungshandbuch, Wiesbaden 1964.

Koch, H.: Artikel: Finanzplanung, in: Handwörterbuch der Betriebswirtschaft, 3. Auflage, Bd. II, Stuttgart 1958.

Lücke, W.: Finanzplanung und Finanzkontrolle in der Industrie, Wiesbaden 1965.

Rittershausen, H.: Industrielle Finanzierungen, Wiesbaden 1964.

Thiess, E.: Kurz- und mittelfristige Finanzierung, Wiesbaden 1958.

Vormbaum, H.: Finanzierung der Betriebe, Wiesbaden 1964.

H. Unternehmensführung und betriebliche Entscheidungen

Von Prof. Dr. Wolfgang Korndörfer

I. Aufgaben der Unternehmensführung

Die Aufgaben der Unternehmensführung lassen sich festlegen als

- **Vorgabe der unternehmerischen Zielsetzung,**
- **Fixierung der Unternehmenspolitik,**
- **Koordinierung der betrieblichen Teilbereiche.**

Bei der praktischen Realisierung dieser drei zentralen Aufgaben kommt es besonders bei der Koordinierung der Teilbereiche zu Schwierigkeiten. Die Unternehmensführung muß — wenn sie optimale Ganzheitsentscheidungen fällen will — alle in den einzelnen Teilbereichen getroffenen Einzelentscheidungen, seien es Beschaffungs-, Produktions-, Investitions- oder Absatzentscheidungen, irgendwie in Übereinstimmung bringen. Diese Koordinationsaufgabe erweist sich deshalb als schwierig, weil die in den einzelnen betrieblichen Teilbereichen vorgegebenen konkreten Ziele keineswegs von Haus aus gleichgerichtet sind. Es treten vielmehr zwangsläufig Zielkonflikte auf, da die in den Teilbereichen Beschäftigten zunächst nur ihre eigenen bereichsorientierten Unterziele vor Augen haben und dazu neigen, isolierte Einzelentscheidungen zu fällen. Auf der anderen Seite zwingt jedoch die **Interdependenz** zwischen allen Teil-

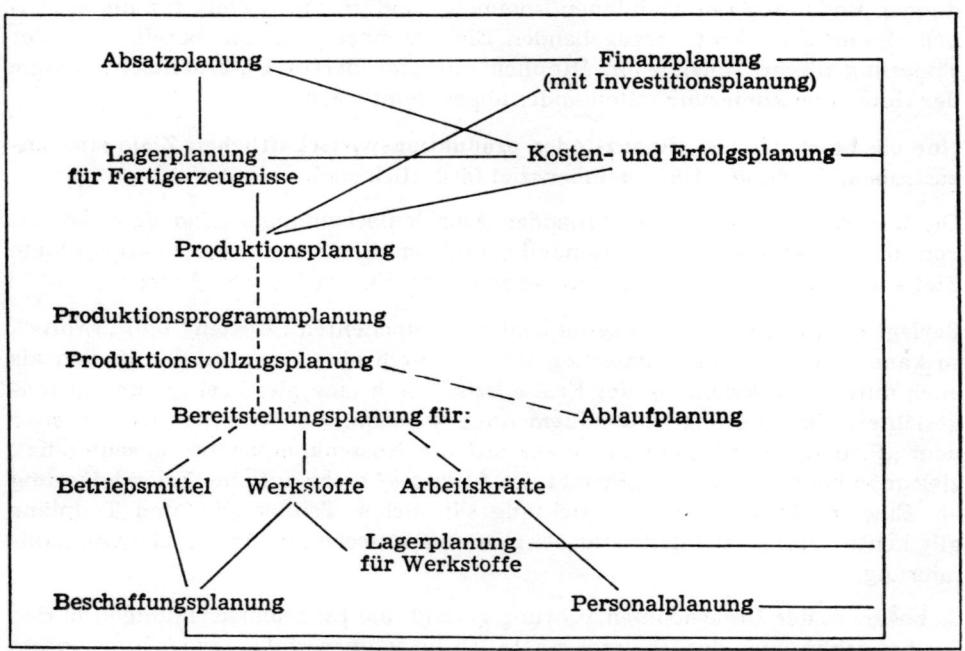

bereichen zu integrierten **Entscheidungen**. Betrachtet man einmal das Netz von Beziehungen zwischen den **Teilplänen** der Unternehmung, so werden diese Interdependenzen sichtbar.

Für die die Koordination der **Teilbereiche** erschwerenden **Zielkonflikte** findet man in der Praxis zahlreiche Beispiele. So wird man beispielsweise aus absatzwirtschaftlicher Sicht darauf bestehen, den Kunden mit einem breiten und tiefen Sortiment entgegenzukommen und sämtliche individuellen Kundenwünsche beispielsweise in bezug auf die Gestaltung der Produkte oder etwa im Hinblick auf bestimmte Lieferfristen so weit wie möglich zu befriedigen, einzig und allein aus der Zielsetzung heraus, den Umsatz zu maximieren.

Im Produktionsbereich dagegen wird man an dieser absatzorientierten Zielsetzung der Anpassung an differenzierte Bedarfsverhältnisse nicht allzusehr interessiert sein, sondern vielmehr eine einheitliche und kostenoptimale Massenfertigung anstreben. Der Einkaufsleiter wird unabhängig von der Wirtschaftlichkeit der Lagerhaltung versuchen, große Mengen zu bestellen, um in den Genuß günstiger Einkaufsbedingungen zu kommen; der Finanzleiter wird auch dann gegen eine an sich rentable Investition sein, wenn dadurch das finanzielle Gleichgewicht der Unternehmung gefährdet erscheint.

Diese wenigen Beispiele sollten ausreichen, um zu zeigen, daß es in einer Unternehmung zu einer Fülle isolierter Einzelentscheidungen kommen kann. Will die Unternehmung allerdings ihr vorgegebenes Unternehmensziel optimal erreichen, so darf es von vornherein nicht zu einem Nebeneinander von Einzelentscheidungen und isolierten Teilplänen kommen, sondern die jeweils für die einzelnen Bereiche konkret vorzugebenden Zielsetzungen müssen bereits bei der Fixierung dieser Teilziele im Hinblick auf die oberste **Unternehmensmaxime der Gewinnmaximierung** miteinander abgestimmt werden.

Nur die beschaffungs-, finanz- oder produktionswirtschaftlichen Ziele sind anzustreben, die diesem Unternehmensziel förderlich sind.

Die in den Teilbereichen zu fällenden Einzelentscheidungen sind dann bereits von der Zielsetzung her untereinander und im Hinblick auf das übergeordnete Ziel koordiniert und werden dann zu sog. integrierten Entscheidungen.

Zerlegt man den Gewinn in seine beiden Komponenten „Kosten" und „Erlöse", so kann eine Gewinnmaximierung sowohl durch eine Senkung der Kosten als auch durch eine Erhöhung der Erlöse bzw. durch eine gleichzeitige und gegengerichtete Veränderung beider Elemente geschehen. Während man früher unter dem „Primat der Produktion" mehr auf die Kostenkomponente geachtet hat, zielt man heute unter dem „Primat des Absatzes" mehr auf eine Erlössteigerung ab. Eine marktorientierte Ausrichtung sämtlicher Teilbereiche und Teilpläne gilt heute zumindest langfristig als Grundvoraussetzung für die Gewinnmaximierung.

Je besser es der Unternehmensführung gelingt, die Einzelentscheidungen in den Teilbereichen auf das übergeordnete Unternehmensziel auszurichten, desto größer wird der Erfolg der gesamten Unternehmenstätigkeit sein. Dabei spielt insbesondere auch das **Rechnungswesen** als internes Informationsinstrument eine entscheidende Rolle. Die Qualität und die Wirksamkeit einer jeden Unternehmensentscheidung hängen zum großen Teil von der Güte und Schnelligkeit der Datenerfassung, Datenverarbeitung und Datenbereitstellung im Rahmen des Rechnungswesens ab.

II. Begriff, Wesen und Abgrenzung der Unternehmensführung

Die Betriebswirtschaftslehre hat sich in jüngster Zeit verstärkt mit den Problemen der Unternehmensführung auseinandergesetzt. Dabei betrachten manche Autoren eine danach bezeichnete **Unternehmensführungslehre** nicht nur als einen neuen, zeitweiligen Schwerpunkt der betriebswirtschaftlichen Forschung und Lehre, sondern sie wollen damit den Charakter der Betriebswirtschaftslehre grundlegend ändern: Von einer vorwiegend analytischen, die betrieblichen Vorgänge erklärenden (explikativen) Disziplin will man zu einer Lehre gelangen, die vor allem zeigen soll, wie Unternehmen geführt werden bzw. wie Unternehmen geführt werden sollen.

Historischer Ausgangspunkt der Unternehmensführungslehre waren die Arbeiten von F. W. Taylor und H. Fayol, die versuchten, Organisations- und Produktionsprobleme, aber auch Fragen der Arbeitswissenschaften in Form einer allgemeinen Lehre zu behandeln. Im Gegensatz zu diesem naturwissenschaftlich orientierten „Scientific Management", bei dem das technische Denken der Ingenieure vorherrschendes Charakteristikum war, wurde die moderne Führungslehre vor allem unter dem Einfluß der amerikanischen Management-Lehre (u. a. P. F. Drucker), neben ökonomisch-organisatorischen, vorwiegend auch auf betriebssoziologischen und betriebspsychologischen Gesichtspunkten aufgebaut. Dabei kann man eine enge Berührung mit der „Lehre von der Personalwirtschaft" feststellen, die sich ohne weiteres dadurch erklärt, daß eine Unternehmensführung vor allem auch Menschenführung sein muß. Außerdem ist auf die gleichermaßen enge Beziehung zu der „Lehre von den unternehmerischen Entscheidungen" hinzuweisen. Im Rahmen unserer Untersuchung betrachten wir nämlich die Unternehmensführungslehre als eine Disziplin, die die Aufgabe hat, Grundsätze und Methoden für das Fällen von unternehmerischen Entscheidungen („decision making") zu entwickeln.

Bevor wir auf den Prozeß der Unternehmensführung näher eingehen, sind auch in diesem Zusammenhang zunächst einige einschlägige Begriffe zu definieren, die in Literatur und Praxis gebraucht werden, bisher jedoch keine einheitliche Begriffsfassung und Abgrenzung gefunden haben. Es handelt sich um die teils synonym, teils in unterschiedlicher Bedeutung gebrauchten Ausdrücke: Führung, Leitung, Verwaltung und Management.

Was zunächst die beiden Begriffe **Führung und Leitung** betrifft, so werden sie in der Praxis und in einem großen Teil der Fachliteratur meist als identisch behandelt.

Man bezeichnet damit die durch leitende und disponierende Tätigkeit gekennzeichnete Spitze einer Unternehmung.

Daneben findet man aber auch eine getrennte Behandlung beider Begriffe, die dem eigentlichen Inhalt und der praktischen Bedeutung der Worte eher gerecht wird. So findet sich zunächst einmal eine Unterscheidung hinsichtlich **Institution** und **Funktion**.

Während man mit der Unternehmensleitung die Institution und damit den mit der Führung und Leitung betrauten Personenkreis meint, ist die Unternehmensführung mehr auf die Funktion und den Aufgabenbereich dieser Personengruppe abgestellt und bedeutet dem Sinne nach „bewirken", daß ein bestimmtes Ziel durch Menschen erreicht wird.

Ein großer Teil der Organisationsliteratur und der speziellen Literatur zur Unternehmensführung dagegen bringt eine andere Abgrenzung, der wir uns in diesem Zusammenhang anschließen wollen. Diese Begriffsfassung, die auch in der Praxis anzutreffen ist, geht vom vertikalen Aufbau der Unternehmung aus und unterscheidet drei Ebenen:

① Führung,

② Leitung,

③ Ausführung.

Dabei werden die beiden ersten Bereiche auch als Grundfunktionen zur **Steuerung** der Unternehmung bezeichnet.

Nach dieser Einteilung versteht man unter „Führung" eine geistige Tätigkeit mit dem Ziel, für das Unternehmen richtige Entscheidungen zu fällen. Unternehmensführung gilt damit als das grundlegende dynamische und schöpferische Element im Hinblick auf den gesamten Leistungserstellungsprozeß der Unternehmung.

Die Führung ist als oberstes Entscheidungszentrum Inbegriff der unternehmerischen Funktion schlechthin. Die Entscheidungen, die von der Führungsspitze getroffen werden, wollen wir als sog. unternehmerische Entscheidungen bezeichnen. Es sind autonome Ganzheitsentscheidungen, die sich im Gegensatz zu sog. Ressortentscheidungen immer auf das gesamte Unternehmen beziehen müssen. Aus diesem Grund sind sie nicht delegierbar. Entscheidungen dieser Art setzen ein hohes Maß an Selbständigkeit und damit an Verantwortung voraus. Mitglieder des Führungsstabes einer Unternehmung sollten sich ausschließlich auf diese reinen Führungsaufgaben beschränken, wenn man auch in der Praxis nicht immer ausschließen kann, daß bestimmte Ausführungs- und Routineentscheidungen mit zu fällen sind. Dennoch sollte für die Führung einer Unternehmung stets das **„Prinzip der Ausnahme"** — auch **„Management by exception"** genannt — Geltung haben, d. h. die Führung hat nur dann in das betriebliche Geschehen einzugreifen, wenn Abweichungen vom Plan, den sie selbst aufgestellt hat, auftreten bzw. wenn außerordentliche Fragen auftauchen, für die noch keine Grundsatzentscheidung gefällt wurde. Zu den Führungsentscheidungen dieser Art zählen:

① Entscheidungen über Ziel und Gegenstand der Unternehmung;

② Entscheidungen über die einzuschlagende Geschäftspolitik und Geschäftsstrategie;

③ Entscheidungen im Hinblick auf die Erfüllung bestimmter repräsentativer Verpflichtungen in der Öffentlichkeit.

Während die erste Führungsaufgabe meist strukturbestimmte Grundsatzentscheidungen enthält, die nur in größeren Zeitintervallen auf die Unternehmensführung zukommen — so zum Beispiel, wenn ein Unternehmen der Textilbranche von der Herstellung von kunstseidenen Stoffen zur vollsynthetischen Faser übergeht —, gehören die Aufgaben im Rahmen der Geschäftspolitik zu den häufiger von der Unternehmensspitze zu lösenden Problemen. Dazu zählen u. a. Entscheidungen im Rahmen der Finanzierungs- und Bilanzpolitik, der Dividendenpolitik (bei Aktiengesellschaften), der Lohnpolitik, der Markt- und Exportpolitik sowie Entscheidungen im Hinblick auf unternehmerische Zusammenschlüsse.

Die Bedeutung von Führungsaufgaben in bezug auf wirtschaftspolitische Interessenvertretung, Verbindungspflege und Repräsentation („public relations") für den Erfolg der gesamten unternehmerischen Tätigkeit kann nicht hoch genug veranschlagt werden, eine Tatsache, die allerdings in den meisten betriebswirtschaftlichen Veröffentlichungen nicht genug gewürdigt wird.

Im Gegensatz zur Unternehmensführung handelt es sich bei der Unternehmensleitung nicht um originäre, sondern immer um abgeleitete Entscheidung.

Die Leitung einer Unternehmung hat die Aufgabe, durch Anordnen, Anleiten und Kontrollieren dafür zu sorgen, daß die von der Unternehmensführung vorgegebenen Ziele und Richtlinien der Geschäftspolitik durch konkrete Anweisungen in die Tat umgesetzt werden.

Die Leitung einer Unternehmung gilt damit quasi als verlängerter Arm der Führung, als mittelbare Exekutive der obersten Unternehmensspitze. Bei den Leitungsentscheidungen handelt es sich meist um delegierbare Entscheidungen, die als Ressort- oder Abteilungsentscheidungen über mehrere Leitungsstufen bis hinunter zum Meister und Vorarbeiter führen können.

Führungs- und Leitungsaufgaben können in der Praxis nicht immer exakt getrennt werden, vor allem auch deshalb nicht, weil sie in kleineren Unternehmen oft in einer Hand liegen. Dennoch erscheint eine weitestgehende Trennung in unserem Sinne als notwendig, wenn man beispielsweise einmal daran denkt, daß Führungs- und Leitungsentscheidungen unterschiedliche Anforderungen stellen, was man nicht nur in Großbetrieben bei der Aufgabenverteilung beachten sollte. Im übrigen folgt auch der Sprachgebrauch unserer obigen Abgrenzung: In bezug auf die Teilbereiche der Unternehmung findet des Ausdruck

„Führen" im Gegensatz zu „Leiten" kaum Verwendung. Man spricht nämlich in der Praxis meist von Werksleitung, Produktionsleitung, Verkaufs- und Finanzleitung oder auch von Abteilungsleitung.

In der Fachliteratur faßt man die Führungs- und Leitungsaufgaben einer Unternehmung meist unter dem Terminus der „dispositiven" Tätigkeiten zusammen und gebraucht dafür den Ausdruck „Management". Gemäß einer oft verwendeten Dreiteilung in „Top-Management", „Middle-Management" und „Lower-Management" wollen wir hier jedoch eine Differenzierung vornehmen und die Unternehmensführung, wie wir sie bisher definiert haben, allein mit dem Begriff des „Top-Managements" identifizieren. Die Funktion der Unternehmensführung gilt demnach als eine Teilfunktion des Managements. Die Leitung einer Unternehmung dagegen ist als eine typisch betriebliche Funktion identisch mit dem „Middle-Management" und dem „Lower-Management".

Auch der Begriff „Verwaltung" wird oft — besonders in der Praxis — in der gleichen Bedeutung gebraucht wie die Termini Führung und Leitung. Wir sind dagegen der Auffassung, daß der Verwaltung im Hinblick auf Führung und Leitung eine dienende Funktion zukommt, in der Art,

daß sie als Inbegriff einer bestimmten technischen Registratur betrieblicher Tätigkeiten und Vorgänge

die notwendigen Dispositionsunterlagen für Führungs- und Leitungsentscheidungen zur Verfügung zu stellen hat.

III. Die Aufgaben der Unternehmensführung als Ausgangspunkt des Entscheidungsprozesses

Die Unternehmensführung hat die Aufgabe, unternehmerische Entscheidungen zu fällen. Führungsentscheidungen dieser Art haben wir definiert als autonome, nicht-delegierbare Entscheidungen, die das Unternehmen als Ganzes betreffen. Eine Reihe von solchen Unternehmensentscheidungen haben wir bereits erwähnt. Wir wollen deshalb im folgenden noch einmal einen systematischen Überblick über diese Entscheidungen bringen:

① Unternehmerische Entscheidungen sind zu fällen im Hinblick auf Ziel und Gegenstand des Unternehmens.

② Unternehmerische Entscheidungen sind zu fällen in bezug auf die Unternehmens- oder Geschäftspolitik auf nahe und weite Sicht (Taktik und Strategie) unter Einbeziehung repräsentativer Verpflichtungen.

③ Unternehmerische Entscheidungen sind zu fällen im Hinblick auf die Koordinierung der großen betrieblichen Teilbereiche.

Echte Führungsentscheidungen in einer Unternehmung trifft also immer der, der selbständig unternehmerische Ziele setzt, die Möglichkeiten und Methoden zur Erreichung dieser Ziele auswählt und der die betrieblichen Teilbereiche koordiniert.

IV. Die Stufen des Entscheidungsprozesses

Der Entscheidungsprozeß in der Unternehmung vollzieht sich in vier Phasen:

① Suchen, Erkennen und Klarstellen eines zu lösenden betrieblichen Problems.

② Ausarbeiten und Abwägen von verschiedenen Lösungsmöglichkeiten. Dabei müssen immer alternative Wahlmöglichkeiten bestehen, die ein Mindestmaß an Entscheidungsfreiheit und Selbständigkeit des Entschlusses voraussetzen; denn sonst ist eine Entscheidung nicht denkbar.

③ Der Entscheidungsträger entscheidet sich für eine der möglichen Lösungen.

④ Die Entscheidung wird protokolliert und durch entsprechende Kommunikationsinstrumente den Ausführenden übermittelt.

Damit entsprechend diesen Phasen des Entscheidungsprozesses von der Unternehmensführung optimale Entscheidungen gefällt werden können, benötigt jede Führungsspitze zunächst einmal bestimmte Informationen; sie bedient sich ferner sog. Führungsinstrumente. Art, Umfang und Verarbeitung der Führungsinformationen, sowie die Behandlung der Instrumente Planung, Organisation und Kontrolle sind Gegenstand des folgenden Teils der Untersuchung.

V. Die Instrumente zur Realisierung unternehmerischer Entscheidungen

1. Der Informationsprozeß als Hilfsmittel der Unternehmensführung

a) Wesen und Arten der Führungsinformationen

Die Qualität einer jeden Entscheidung hängt zum großen Teil von den der Entscheidung zugrunde gelegten Informationen ab. Je genauer und sicherer die einzelnen Informationen sind, desto besser wird unter sonst gleichen Bedingungen die Entscheidung sein. Die Größe und Komplexität der meisten Unternehmen macht es der Führung unmöglich, sämtliche Informationen selbst zu beschaffen. Dem Auf- und Ausbau eines objektiv gesicherten Nachrichtenapparates innerhalb der Unternehmung kommt deshalb große Bedeutung zu. Die technische Bewältigung der Gewinnung und zum Teil auch der Verarbeitung der Informationen obliegt der Verwaltung, deren dienende Funktion wir bereits weiter vorn herausgestellt haben.

Die notwendigen Führungsinformationen exakt zu systematisieren, fällt schwer. Man könnte vielleicht zwischen innerbetrieblichen Führungsinformationen und solchen aus der Umwelt der Unternehmung unterscheiden. Dabei müßte man die Informationen aus der Unternehmung selbst nach den einzelnen Teilbereichen unterteilen, und zwar in Informationen aus dem Personal-, dem Investitions- und Finanz-, dem Absatz- und dem Produktionsbereich. Bei den Umweltinformationen könnte man vorwiegend wirtschaftliche, soziale oder politische Informationen unterscheiden. Wichtig erscheint auch als Unterscheidungskriterium die Einteilung in regelmäßig zu erstellende Routine-Informationen und solche, die unregelmäßig nur für spezielle Anlässe und Sonderaufgaben von der Führungsebene gewünscht werden.

Eine aus der Praxis stammende Zusammenfassung der laufenden Informationen eines Vorstandes einer Aktiengesellschaft sieht wie folgt aus:

① Informationen über die Konzernunternehmungen und Betriebe:

(a) Aufwands- und Ertragsrechnung (monatlich),

(b) Investitionsübersicht (monatlich),

(c) Kosten der Hauptverwaltung (monatlich),

(d) Kostenrechnung nach Produkten (monatlich),

(e) Monatsbilanz,

(f) Übersicht über die Vorräte (monatlich);

② Informationen über die Märkte:

(a) Absatzstatistik (monatlich),

(b) Brutto-Umsätze nach Tochtergesellschaften und Werken (monatlich),

(c) Statistik der Preisentwicklung für die Erzeugnisse des eigenen Sortiments (monatlich);

(d) Vertreterberichte aus dem In- und Ausland.

b) Die Aufbereitung und Verarbeitung von Führungsinformationen

ba) Das Problem der Informationsverarbeitung

Der Umfang und die Komplexität des Rohmaterials an Informationen setzt eine dem eigentlichen Entscheidungsprozeß vorgelagerte Auswertung und Verarbeitung der Informationen voraus. Die Bewältigung dieser Aufgabe erfordert die Bildung von Stabsstellen, die unabhängig vom Druck der täglichen Arbeit diese geistige Vorarbeit für die eigentlichen Führungsentscheidungen vollbringen. Da die Unternehmensentscheidungen — wie gesagt — abhängig sind vom Umfang und der Qualität der Informationen, sollten die wichtigsten Führungsdaten zentral zusammengestellt werden, damit Doppelarbeit vermieden und eine bessere Koordination durchgeführt werden kann. Die laufenden Informationen werden von der Stabsstelle systematisch geordnet und der Unternehmensführung regelmäßig zugestellt. Daneben haben wir es aber auch mit Informationen zu tun, die über den normalen routinemäßigen Ablauf des Informationsprozesses hinausgehen und die von der Führungsebene je nach Bedarf von den Mitarbeitern der Unternehmung mündlich oder schriftlich eingeholt werden. Der dabei einzuschlagende Informationsweg ist meist nicht nach der vorhandenen Dienststellengliederung des Unternehmens ausgerichtet, sondern entspricht der jeweiligen Zwecksetzung. So ist es nicht ungewöhnlich, daß sich der Vorstand einer Aktiengesellschaft auch direkt an den Sachbearbeiter wendet, um den mit dem Instanzenweg verbundenen Papierkrieg zu vermeiden.

bb) Die Bedeutung betrieblicher Kennzahlen im Rahmen des Informationsprozesses

(1) Begriff und Aufgaben betrieblicher Kennzahlen

Unter betrieblichen Kennzahlen — man spricht in der Literatur auch oft von Kennziffern — versteht man

empirische, betriebsindividuelle Zahlenwerte, die als Verhältniszahlen einen schnellen und zuverlässigen Einblick in das betriebliche Geschehen vermitteln. Sie gelten als wichtigstes Hilfsmittel bei dem Problem der Informationsgewinnung und der Informationsweitergabe und vermitteln der Unternehmensführung an Hand weniger Zahlenwerte einen sicheren Einblick in komplizierte betriebliche Zusammenhänge. Die Bedeutung betrieblicher Kennzahlen im Rahmen der Führung von Unternehmen ist damit offensichtlich:

Sowohl bei der schnellen und exakten Aufnahme von Informationen als auch bei der Weitergabe der unternehmerischen Entscheidungen an die leitenden und ausführenden Stellen haben wir es mit typischen Anwendungsgebieten betrieblicher Kennzahlen zu tun.

(2) Arten betrieblicher Kennzahlen

Über Gliederungsmöglichkeiten und Systematik von betrieblichen Kennzahlen gibt es in der Fachliteratur keine Übereinstimmung. Entsprechend ihrer in der Unternehmung möglichen Erscheinungsformen ist eine umfassende und systematische Gliederung aller Kennzahlen kaum möglich. Wir wollen für unseren Beitrag eine Zweiteilung vornehmen und die Kennzahlen danach einteilen, ob sie:

① eine Beurteilung der Unternehmung als Ganzes anstreben oder ob sie

② zur Beurteilung einzelner betrieblicher Teilbereiche dienen.

Zu den Kennzahlen, die eine Beurteilung der Unternehmung als Ganzes versuchen, gehören zunächst einmal die verschiedenen Rentabilitäts-Kennzahlen (u. a. Eigenkapital-, Gesamtkapitalrentabilität und Rentabilität des betriebsnotwendigen Vermögens), die Kennzahlen hinsichtlich der Wirtschaftlichkeit (u. a. Marktwirtschaftlichkeit, Kostenwirtschaftlichkeit, betriebliche Wirtschaftlichkeit) und bestimmte Kennzahlen zur Beurteilung von Leistung und Produktivität.

Daneben kann man zu diesen die Unternehmung insgesamt betreffenden Kennzahlen auch noch die im Hinblick auf die Darstellung der Kapital- und Vermögensverhältnisse relevanten Verhältniszahlen hinzuzählen. So werden beispielsweise auf der Kapitalseite der Bilanz u. a. folgende Kennzahlen gebildet:

① Eigenkapital : Gesamtkapital,
② Fremdkapital : Gesamtkapital (= Anspannungsgrad),
③ Fremdkapital : Eigenkapital (= Verschuldungskoeffizient),
④ Langfristiges Kapital : Gesamtkapital,
⑤ Kurzfristiges Kapital : Gesamtkapital.

Diese Kennzahlen geben Aufschluß über die Kapitalstruktur der Unternehmung und lassen zum Teil den Grad der finanziellen Abhängigkeit von fremden Kapitalgebern erkennen.

Auf der Vermögensseite der Bilanz kann man u. a. folgende Verhältniszahlen ermitteln:

⑥ Anlagevermögen : Gesamtvermögen,
⑦ Umlaufvermögen : Gesamtvermögen.

Dabei werden besondere Einsichten in die Vermögensstruktur dadurch gewonnen, daß man entsprechende Vermögensgruppen zueinander in Beziehung setzt, wie beispielsweise:

⑧ Gebäude : Gesamtvermögen,
⑨ Warenbestände : Betriebsvermögen,
⑩ Flüssige Mittel : Umlaufvermögen.

Schließlich können Kennzahlen dieser Art auch dadurch gebildet werden, daß man entsprechende Teile der Vermögens- und Kapitalstruktur ins Verhältnis setzt, wie beispielsweise Liquiditätskennzahlen (Barliquidität, einzugsbedingte Liquidität und umsatzbedingte Liquidität). Daneben bestehen in diesem Zusammenhang noch folgende Kennzahlen:

⑪ Anlagevermögen : Eigenkapital (= Anlagendeckung),
⑫ Anlagevermögen : Gesamtkapital (= Anlagenintensität),
⑬ Umlaufvermögen : Gesamtkapital,
⑭ Anlagevermögen : langfristiges Kapital,
⑮ Umlaufvermögen : Fremdkapital.

Schließlich kann man auch noch bestimmte Kapital- bzw. Vermögensumschlagskoeffizienten zu den für die Unternehmung als Ganzes interessierenden Kennzahlen rechnen. Umschlagszahlen dieser Art entstehen durch Gegenüberstellung einer Bestandsmasse mit einer Bewegungsmasse. Als Beispiele seien genannt:

⑯ Umsatz : Gesamtkapital (= Kapitalumschlag),
⑰ Umsatz : Anlagevermögen,

⑱ Umsatz : Lagerbeständen,

⑲ Betriebserträge : Betriebsvermögen.

Neben den Kennzahlen, die eine Beurteilung der Unternehmung im ganzen anstreben, gibt es eine mehr oder minder große Anzahl von aussagefähigen Größen, die sich auf die einzelnen Teilbereiche der Unternehmung beziehen und bis auf einzelne Arbeitsplätze differenziert sein können. Entsprechend der betrieblichen Teilbereiche lassen sich

(1) personalwirtschaftliche Kennzahlen,

(2) **beschaffungs- und lagerwirtschaftliche Kennzahlen,**

(3) fertigungswirtschaftliche Kennzahlen,

(4) finanzwirtschaftliche Kennzahlen und

(5) absatzwirtschaftliche Kennzahlen

unterscheiden. Die große Zahl der in diesem Zusammenhang grundsätzlich möglichen Kennzahlen lassen es als unmöglich erscheinen, auch nur die wichtigsten von ihnen zu nennen.

Die Bedeutung betrieblicher Kennzahlen als schnelles und exaktes Informationsinstrument im Rahmen des unternehmerischen Entscheidungsprozesses ist offensichtlich. Allerdings wollen wir nicht versäumen, an dieser Stelle darauf hinzuweisen, daß den Kennzahlen auch bestimmte Grenzen gesetzt sind, die es zu beachten gilt. So hat es der Unternehmer nicht immer mit Fakten zu tun, die er quantifizieren kann oder will. Es gibt im Rahmen der Führungsentscheidungen anfallende Probleme, die zur Kennzahlenbildung ungeeignet sind. Außerdem ist darauf aufmerksam zu machen, daß Kennzahlen sehr empfindlich auf Ungenauigkeiten des zugrunde liegenden Zahlenmaterials reagieren, so daß von dieser Seite aus die Gefahr besteht, daß die Unternehmensführung bei ihrer Analyse falsche Schlüsse zieht. Trotz dieser Schwierigkeiten sind betriebliche Kennzahlen ein relativ einfach zu handhabendes Mittel der Informationsgewinnung und der Informationsweitergabe. Sie gelten als wichtiges Instrument bei der Erfüllung unternehmerischer Führungsaufgaben.

c) Die Bedeutung der Datenverarbeitung im Rahmen des betrieblichen Informationsprozesses

Im Zusammenhang mit der Gewinnung und Verarbeitung von Informationen hat man in den letzten zwanzig Jahren neue, unkonventionelle Hilfsmittel entwickelt, die zum Teil erst in der Fachliteratur diskutiert werden, zum Teil aber auch schon praktisch erprobt sind. Dazu zählen die Entwicklung neuer Kommunikationssysteme, Ansätze im Rahmen der Wahrscheinlichkeitstheorie, die Informationstheorie, die Spieltheorie, die Kybernetik und die Weiterentwicklung der Datenverarbeitung im Hinblick auf die Elektronik.

Während die Forschung in den meisten dieser Wissenschaftsgebieten noch zum Teil in der Grundlagenarbeit steckt, stellt der Einsatz moderner Datenverarbeitungsgeräte im Rahmen des Informationsprozesses heute bereits ein praktikables Faktum dar. Mit Hilfe der Datenverarbeitung wird der Unternehmensführung die Möglichkeit gegeben, riesige Mengen an Informationen zu erfassen, zu ordnen und auszuwerten. Datenverarbeitungsanlagen ermöglichen auf Grund ihrer hohen Operationsgeschwindigkeit eine schnelle Gewinnung und Verarbeitung von Informationen. Diese Eigenschaft, die bereits traditionelle Anlagen besitzen, gewinnt besonders durch die Tatsache an Bedeutung, daß bei größeren Zeitverlusten bestimmte Informationen ihre Aktualität und damit ihren Wert für die Steuerung der Unternehmung verlieren. Die besten Ergebnisse werden abgewertet, wenn sie veraltet sind, wenn also der Datenfluß von der Gewinnung bis zur Verarbeitung eine zu hohe Zeit beansprucht.

Der Wert der gewonnenen Informationen hängt also nicht nur vom Informationsgehalt ab, sondern auch von der Aktualität. Neben der Schnelligkeit der Verarbeitung haben moderne Datenverarbeitungsanlagen durch die Verwendung externer Speichermittel, wie beispielsweise Magnetbänder und Magnetplatten, deshalb noch enorme Vorteile, weil bereits benutzte und auch für die Zukunft benötigte Informationen gespeichert und bei späteren Arbeitsgängen mit entsprechend hoher Geschwindigkeit wieder abgerufen werden können. Ein Vorteil, der sich besonders bei der weiter vorn als Führungsaufgabe charakterisierten Koordinierung der betrieblichen Teilbereiche bemerkbar macht; denn hier können sehr viele Daten relativ schnell und parallel behandelt werden.

Datenverarbeitungsanlagen — und darauf sollte man besonders hinweisen — sind kein Ersatz für die Unternehmensführung, weil sie von sich aus nicht in der Lage sind, unternehmerische Entscheidungen selbständig zu fällen. Sie erleichtern vielmehr nur die Führungsentscheidungen dadurch, daß sie aus der großen Zahl möglicher Entscheidungsalternativen die für die Unternehmensführung effektiven Wahlmöglichkeiten im Hinblick auf eine optimale Entscheidung erkennen lassen. Sie ermöglichen ferner eine relativ genaue Einschätzung von Risiken, die mit den einzelnen Entscheidungen verbunden sind und erhöhen dadurch das Risikobewußtsein der Führungsspitze für ihre Entscheidungen. Die Bedeutung der Datenverarbeitung für die Unternehmensführung wird schließlich noch dadurch herausgestellt, daß sie den Forderungen des „Management by Exception" entgegenkommt, weil sie ein „Weniger" an schnelleren und besseren Informationen ermöglicht. Die Führung einer Unternehmung braucht nämlich nur solche Informationen, die für die endgültige Entscheidung wissenswert sind. Die Entwicklung besonders der elektronischen Datenverarbeitung ist noch nicht abgeschlossen. Bei der praktischen Anwendung zeigt sich immer wieder, daß die Technik der Organisation davonläuft, weil sich die organisatorischen Probleme meist nur relativ langsam überwinden lassen. So sind beispielsweise die technischen Voraussetzungen beim „Real-Time-Processing" (Echtzeitverarbeitung), d. h. bei der Einführung von Sofortverarbeitungssystemen aller Daten unmittelbar im Anschluß an ihre Erfassung durch eine direkte Dateneingabe, weitestgehend erfüllt; für die organisatorischen Probleme dagegen fehlt bisher eine überzeugende Gesamtkonzeption. Das gleiche gilt für eine „simultane", d. h. gleichzeitige Datenverarbeitung verschiedener Teilbereiche im Rahmen eines integrierten Datenverarbeitungssystems („Integrated Data Processing"). Auch hier erlaubt die Schwerfälligkeit der bestehenden betrieblichen Organisation nur schrittweise Integrationseffekte. Die Lösung organisatorischer Probleme wird ohne Zweifel die Wirksamkeit von Datenverarbeitungsanlagen enorm steigern und damit gleichzeitig der Unternehmensführung schnellere und vielseitigere Informationsmittel an die Hand geben. Es sollte allerdings nicht unerwähnt bleiben, daß besonders die Einführung von integrierten Informationssystemen sicherlich auch für Großbetriebe eine Wirtschaftlichkeitsfrage sein dürfte und daß viele Unternehmen eher dazu neigen, die bestehenden Verfahren zu mechanisieren, als völlig neue und kostspielige Systeme einzuführen.

2. Die Planung als unternehmerisches Prinzip

a) Begriff, Wesen und Aufgaben der Unternehmensplanung

Die Beschaffung von Informationen reicht allein nicht aus, um optimale Unternehmensentscheidungen seitens der Führungsspitze zu garantieren. Die unternehmerischen Entscheidungen müssen vielmehr sorgfältig vorbereitet werden, wobei die zur Entscheidungsfindung wichtigen Daten gesammelt, analysiert und in Form eines meist schriftlich fixierten, systematischen Vorgehens konkretisiert werden. Damit wird erreicht, daß die eigentliche Entscheidung nicht etwa als Folge einer unsystematischen Intuition und bloßer Improvisation irrationalen Einflüssen unterworfen wird, sondern man strebt nach einer Versachlichung der Entscheidungsvorbereitung und will damit eine systematische, zielorientierte Steuerung in die Zukunft gerichteter Entscheidungen ermöglichen. Unter Unternehmensplanung — und nur diese steht hier im Gegensatz zur volkswirtschaftlichen Gesamtplanung zur Diskussion — verstehen wir

das Entwerfen einer vorgedachten, systematischen und zielorientierten Ordnung, nach der sich bestimmte Vorgänge des betrieblichen Geschehens vollziehen sollen.

In der Planung findet die zukünftige Unternehmenspolitik ihren konkreten, meist zahlenmäßig detaillierten Niederschlag. Die Planung gilt damit als wichtiges Instrument der Unternehmensführung und verfolgt folgende Ziele:

① Bestmögliche Vorausschau des betrieblichen Geschehens auf Grund einer systematischen Analyse aller voraussehbaren Bestimmungsfaktoren.
② Rationale Gestaltung des zukünftigen betrieblichen Ablaufs.
③ Kontrolle der gesamten Betriebsgebarung und daran anschließend Feststellung und Analyse der Soll-Ist-Abweichungen.
④ Erzieherische Wirkung durch Vorgabe und Kontrolle bestimmter Planziele bis hinunter zu den einzelnen Arbeitsplätzen.

b) Die Stufen der Planung

Ausgangspunkt einer jeden Planung ist die Bestimmung des anzustrebenden Ziels. Dabei wird man in einem marktwirtschaftlich orientierten System in der Regel das Ziel der langfristigen Gewinnmaximierung unterstellen können. Diese generelle Zielsetzung wird man allerdings in der betrieblichen Praxis durch Vorgabe konkreter Teilziele, wie etwa volle Auslastung der vorhandenen Kapazitäten, optimale Kapitalbeschaffung oder Gewinnung bzw. Erhöhung von Marktanteilen zu realisieren versuchen. Dabei wird es in der Unternehmung je nach den Teilbereichen sicherlich zu Zielkonflikten kommen, die durch die Unternehmensführung zu lösen und miteinander abzustimmen sind. Mit der Vorgabe der jeweils konkreten Zielsetzung beginnt also der eigentliche Planungsprozeß.

Die zweite Stufe der Planung enthält die Prognose. Mit Hilfe einer Prognose wird versucht, eine Vorstellung über die zukünftige Entwicklung der für die Unternehmensentscheidung wichtigen Beeinflussungsfaktoren zu erhalten. Dabei sind eine Reihe „exogener Variablen" zu analysieren, die der Unternehmer in der Regel nicht zu beeinflussen vermag, wie bestimmte politische und gesellschaftliche Ereignisse, gesamtwirtschaftliche Entwicklungstendenzen sowie die Entwicklung auf den spezifischen Firmenmärkten. In bezug auf die langfristige Entwicklung der Märkte spricht Gutenberg auch von sog. Trenderwartungen. Daneben muß der Unternehmer auch die Beeinflussungsmöglichkeiten des Marktes durch eigene Maßnahmen („Aktionserwartungen"), durch Maßnahmen der Konkurrenz („Reaktionserwartungen") und das zukünftige Verhalten der Nachfrager („Verhaltenserwartungen") bei der Analyse der gegenwärtigen und der Prognose der zukünftigen Marktlage beachten.

Die Prognose gilt als die Stufe des Planungsprozesses, bei der die Ungewißheit der Zukunft und damit die Unsicherheit der Informationen, auf denen die unternehmerischen Entscheidungen basieren, deutlich erkennbar werden. Mit Hilfe der Prognose über die zukünftige Entwicklung sämtlicher Umweltbedingungen werden verschiedene Möglichkeiten aufgezeigt, mit denen der Unternehmer das angestrebte Ziel verwirklichen kann.

Der Prognose folgt als dritte Stufe die Alternativ- oder Eventualplanung. Hier schlagen sich die verschiedenen unter den prognostizierten Bedingungen grundsätzlich realisierbaren Möglichkeiten nieder.

Die vierte Stufe des Planungsprozesses enthält die eigentliche **Planungsentscheidung.** Auf dieser Stufe muß sich die Unternehmensführung unter Würdigung aller Alternativen für den Plan entscheiden, der in der jeweils spezifischen Situation des Unternehmens am geeignetesten erscheint. Damit tritt aber zugleich auch eine Wandlung des Plancharakters ein: Durch die Festlegung der zukünftigen unternehmerischen Tätigkeit auf bestimmte Ziele und Verfahren wird aus dem Eventualplan der für alle ausführenden Mitarbeiter vollzugsverbindliche Sollplan.

Damit ist aber gleichzeitig auch die fünfte und letzte Stufe des Planungsprozesses angesprochen. Mit der Aufstellung eines Plansolls als Vorgabe und damit zugleich als Grundlage für die spätere Kontrolle der Ausführung durch einen Soll-Ist-Vergleich wird der gesamte Planungsprozeß abgeschlossen.

Als Ergebnis unserer Ausführungen wollen wir also folgende fünf Stufen des Planungsprozesses unterscheiden: (1) Zielbestimmung, (2) Prognose, (3) Alternativ- bzw. Eventualplanung, (4) Entscheidung und (5) Sollplanung.

c) Grundsätze und Prinzipien der Planung

Über die Notwendigkeit und Bedeutung unternehmerischer Planung gibt es in Literatur und Praxis keine Zweifel. Meinungsverschiedenheiten bestehen dagegen bei der praktischen Durchführung der Planung im Hinblick auf Umfang, Genauigkeit, Zeitraum usw. Dennoch hat man auch bei der Durchführung der Planung bestimmte Grundsätze aufgestellt, die zweckmäßigerweise überall dort angestrebt bzw. gewahrt werden sollten, wo betriebswirtschaftlich geplant wird. Dazu zählen vor allem:

(1) der Grundsatz der Vollständigkeit,
(2) der Grundsatz der Genauigkeit,
(3) der Grundsatz der Elastizität bzw. der Flexibilität,
(4) der Grundsatz der Einfachheit und Klarheit,
(5) der Grundsatz der optimalen Wirtschaftlichkeit.

(1) Grundsatz der Vollständigkeit

Vom Standpunkt der Unternehmensführung aus gesehen, verlangt der Grundsatz der Vollständigkeit, daß die Planung all die Ereignisse und Vorgänge mit einzubeziehen hat, die für die Steuerung der Unternehmung von Bedeutung sind. Jede unvollständige Planung, die für das Endergebnis belangvolle Informationen außer Betracht läßt, ist deshalb mangelhaft. Dabei bezieht sich dieser Grundsatz in erster Linie auf die Planungsbreite und nicht auf die Planungstiefe. So kann beispielsweise eine die wesentlichen Unternehmensbereiche umfassende Grobplanung, von diesem Grundsatz her gesehen, umfassender sein als eine unvollständige Detailplanung.

(2) Grundsatz der Genauigkeit

Eine jede Planung sollte nicht nur den Forderungen nach Vollständigkeit genügen, sondern auch eine bestimmte Genauigkeit aufweisen. Aber auch dieser Grundsatz fordert nicht etwa eine absolute und höchste Genauigkeit, sondern man versucht, eine relative und ausreichende Genauigkeit anzustreben. Jede Planung ist danach so genau durchzuführen, wie es zur Erfüllung des Planungszieles als notwendig erachtet wird. Bei einer Grobplanung wird man also nicht soviel Wert auf Genauigkeit legen wie bei einer bis in feinste Einzelheiten detaillierten Feinplanung.

(3) Grundsatz der Elastizität bzw. der Flexibilität

Jede Planung birgt die Gefahr in sich, daß sie zur Unbeweglichkeit und Starrheit gegenüber wechselnden Situationen führt. Der Grundsatz größtmöglicher Elastizität bzw. Flexibilität sollte deshalb als zentrale Maxime herausgestellt werden. Ein guter Plan muß für eventuell eintretende Änderungen der im Planungsprozeß unterstellten Produktions- und Umweltbedingungen alternative Zielsetzungen und die dazu notwendigen alternativen Maßnahmen ihrer Verwirklichung vorsehen. Dabei gibt es in der Praxis verschiedene Möglichkeiten, dem Ziel einer elastischen Planung gerecht zu werden:

● Man sollte bei der Aufstellung eines Planes stets bestimmte Reserven berücksichtigen, wie beispielsweise Kapazitäts-, Zeit- oder Liquiditätsreserven. Man sollte sich ferner bei Alternativdispositionen für die Wahlmöglichkeit entscheiden, die einen gewissen Anpassungsspielraum ermöglicht. So könnte sich die Unternehmensführung beispielsweise für eine flexible statt für eine starre Kapitalbeschaffungsmöglichkeit entscheiden oder etwa ihre Wahl zugunsten einer Mehrzweckmaschine statt einer Einzweckmaschine oder zugunsten eines Batteriesystems statt einer Großanlage treffen.

Dabei ist allerdings zu berücksichtigen, daß unausgenutzte Elastizitätsreserven die Rentabilität der Unternehmung beeinträchtigen!

● Man sollte für verschieden mögliche Situationen Eventualpläne aufstellen, um sich wechselnden Anforderungen der Datenkonstellation, manchmal auch besseren Einsichten, reibungsloser anpassen zu können. Das kann beispielsweise dann von Bedeutung sein, wenn mit Kampfmaßnahmen der Konkurrenz oder mit einer für die Unternehmung wichtigen Gesetzesänderung des Staates zu rechnen ist. Man spricht in diesem Zusammenhang auch von „Schubladenplanung", ein Ausdruck, der von der militärischen Planung in die betrieblichen Planungsüberlegungen eingedrungen ist.

● Die aufgestellten Pläne sollen laufend revidiert werden, damit eventuelle Abweichungen rechtzeitig berücksichtigt werden können. Das geschieht in erster Linie durch die sogenannte „überlappende" Planung: man budgetiert beispielsweise im Dezember für die Monate Januar, Februar und März; im Januar dann für Februar, März und April usw.

● Man sollte sich für bestimmte Entscheidungen erst dann endgültig festlegen, wenn dies unumgänglich ist. Da mit fortschreitendem Zeitverlauf damit zu rechnen ist, daß zusätzliche Informationen eingehen und daß dadurch der Informationsstand größer wird, können zeitlich verschobene Entscheidungen entsprechend wirkungsvoller ausfallen. Starre Bindungen sollte man auf jeden Fall so weit wie möglich hinauszögern.

(4) Grundsatz der Einfachheit und Klarheit

Jede betriebliche Planung sollte einfach, klar und übersichtlich durchgeführt werden. Das gilt sowohl für die Vorgabe klar definierter Planungsziele als auch für die genaue Formulierung und Beschreibung der durchzuführenden Maßnahmen. Jeder der in der Unternehmung Tätigen, von der obersten Unternehmensleitung über die Werks- und Abteilungsleitung bis hin zum einzelnen Mitarbeiter am Arbeitsplatz, sollte die ihm vorgegebenen Pläne sofort verstehen und deshalb in der Lage sein, seine Arbeit auf das Planungsoptimum einzustellen.

(5) Grundsatz der optimalen Wirtschaftlichkeit

Der Forderung nach Vollständigkeit, Genauigkeit und Elastizität der Planung steht das Wirtschaftlichkeitsprinzip als grundlegende Planungsmaxime gegenüber. Eine jede Planung findet ihre Grenze dort, wo der durch den Planungsprozeß erzielte Ertrag von dem dadurch verursachten Planungsaufwand überkompensiert wird. Da man sowohl den Planungsertrag als auch den korrespondierenden Aufwand nicht immer zahlenmäßig exakt ermitteln kann, ist dem Prinzip der Wirtschaftlichkeit in diesem Zusammenhang schon dadurch Genüge getan, daß eine Planungstätigkeit immer nur dort einsetzt, wo sie benötigt wird, und daß darüber hinaus eine jede Planung nur so genau, vollständig und umfassend durchgeführt wird, wie es zur Erfüllung ihres Zweckes unbedingt erforderlich erscheint.

d) Die Arten der Planung

Das Instrument betriebliche Planung kann man nach verschiedenen Planungsarten bzw. Planungsgebieten unterteilen. Über Inhalt und Umfang der einzelnen Planungsarten gibt es in der Literatur keine einheitliche Auffassung. Wir wollen in diesem Zusammenhang unterscheiden zwischen:

(1) Grob- oder Umrißplanung und Detail- oder Feinplanung;

(2) starrer Planung und elastischer Planung;

(3) kurzfristiger und langfristiger Planung;

(4) Gesamtplanung und Teilplanung.

(1) Grob- oder Umrißplanung — Detail- oder Feinplanung

Eine Planung, die den gewollten Ablauf nur in seinen wichtigsten Zügen festlegt und späteren Entscheidungen durch die Planenden oder sogar durch die mit dem Vollzug der Planung beauftragten Personen relativ weiten Raum läßt, ist eine Umriß- oder Grobplanung. Sie fixiert den allgemeinen Rahmen für die zukünftige betriebliche Entwicklung und dient damit der grundsätzlichen Richtungsbestimmung für eine mehr oder weniger lange Zukunftsperiode. Eine solche Umrißplanung basiert meist auf Schätzungen, Annahmen und Erfahrungswerten.

Dagegen spricht man von einer Detail- oder Feinplanung, wenn der gewollte Ablauf bis in die feinsten Einzelheiten festgelegt wird. Eine Detailplanung basiert meist auf konkreten Tatsachen, Berechnungen und Gegebenheiten.

Eine Entscheidung über das dabei angesprochene Problem der jeweils notwendigen Planungsintensität ist oft eine Folge der vorliegenden Fristigkeit der Planung. Die Intensität der Planung ist um so größer, je geringer der zeitliche Abstand zur gewollten Verwirklichung ist: Ziele und Maßnahmen, die die nächste Periode betreffen, werden im allgemeinen intensiver und damit detaillierter geplant als die für spätere Perioden.

(2) Starre Planung — elastische Planung

Von einer starren Planung sprechen wir dann, wenn sowohl Zielsetzung als auch Verhaltensstrategie im Plan fixiert sind und nicht auf eintretende Veränderungen der realen Verhältnisse reagieren. Eine starre Planung trägt dem Planungsrisiko, das durch die Ungewißheit des zukünftigen Geschehens entsteht, nicht genügend Rechnung.

Eine elastische Planung dagegen versucht, das Planungsrisiko und damit die möglichen Abweichungen der Fakten von den Erwartungsgrößen dadurch zu eliminieren, daß man — wie bereits erwähnt — bestimmte Elastizitätsreserven einbaut. Mit anderen Worten: Eine elastische Planung läßt auch der Improvisation einen gewissen Spielraum und sorgt dafür, daß die Planung nicht in Mechanismen erstarrt.

(3) Kurzfristige Planung — langfristige Planung

Für die Unterscheidung betrieblicher Pläne hinsichtlich ihrer Fristigkeit gibt es in der Literatur und der Praxis zwei verschiedene Auffassungen: Die sehr stark theoretisch orientierte Fachliteratur stellt auf den Umfang des sachlichen Planungsspielraums ab und unterscheidet die kurz- und langfristige Planung hinsichtlich der Zahl der jeweiligen Plandaten. Danach gehen in die langfristige Planung sämtliche Größen als Problem ein, die einer dispositiven Gestaltung seitens der Unternehmensführung zugänglich sind. Als Daten einer langfristigen Planung gelten dabei nur jene Größen, die die Unternehmung nicht zu beeinflussen vermag. In die kurzfristige Planung dagegen gehen nach jener Begriffsfassung auch sämtliche Größen als Daten ein, die die Unternehmensführung im Rahmen der langfristigen Planung fixiert hat. Die kurzfristige Planung nimmt damit Größen als gegeben hin, die einer dispositiven Gestaltung durchaus zugänglich sind. Man könnte auch sagen:

Die kurzfristige Planung ist auf den durch die Entscheidungen der langfristigen Planung eingeengten Raum beschränkt.

Ein großer Teil der mehr praxisorientierten Literatur — und die Praxis selbst — stellt dagegen auf die Länge des Planungszeitraums ab und unterscheidet hier zwischen:

① langfristiger Planung, wenn die Planungsperiode ein Jahr übersteigt und etwa drei bis fünf, manchmal sogar bis zu zehn Jahre umfaßt;

② mittelfristiger Planung, wenn als Planungsperiode ein Jahr unterstellt wird;

③ kurzfristiger Planung, wenn es um Fristen von unter einem Jahr geht, wie beispielsweise bei Halbjahres-, Monats- und Wochenplänen.

Man muß sich allerdings darüber im klaren sein, daß diese zeitliche Unterscheidung nicht für alle Wirtschaftszweige verallgemeindert werden kann: Die langfristige Planung eines Unternehmens der Damenoberbekleidung beispielsweise umfaßt vielleicht zwei Jahre; der langfristige Plan einer Schiffswerft dagegen ist möglicherweise auf zehn Jahre bemessen. Unabhängig von der branchenabhängigen Länge der Planungszeiträume gilt in der Regel für alle Unternehmen,

daß die langfristige Planung üblicherweise das Herausstellen der grundlegenden Unternehmensziele und der wesentlichen Strategien umfaßt.

Langfristige Ziele dieser Art können beispielsweise sein: Steigerung des Marktanteils für die Produktgruppe X um 30 % in den Jahren 1973 bis 1976, oder etwa: Steigerung des Umsatzes des gesamten Unternehmens um 40 % für die Jahre 1973 bis 1976. Diese Ziele werden im Plan durch die dafür vorgesehenen Strategien ergänzt, wie etwa: Vervollständigung des Verkaufssortiments durch Zukauf von Waren der Produktgruppe X von anderen Unternehmen, oder: Erschließung neuer Absatzmärkte und Absatzwege für die Produktgruppen Y und Z.

Die kurz- und auch die mittelfristigen Planungsüberlegungen dagegen sind vor allem auf die Durchführung des in der langfristigen Planung als Rahmen Vorgegebenen beschränkt; sie enthalten die zur Unternehmenstaktik zählenden Einzelmaßnahmen und haben mehr Routinecharakter.

(4) Gesamtplanung — Teilplanung

Man kann die betriebliche Planung schließlich noch dadurch unterteilen, daß man eine generelle, alle Unternehmensbereiche berührende Gesamtplanung und eine spezielle Funktionen umfassende Teilplanung unterscheidet. Die jeweiligen Teilpläne orientieren sich meist an den betrieblichen Hauptfunktionen. Im Rahmen der Teilpläne könnten beispielsweise die Personalplanung, die Beschaffungs- und Produktionsplanung sowie die Investitions-, Finanz- und Absatzplanung behandelt werden.

Die sämtliche Teilbereiche umfassende Gesamtplanung ist, langfristig gesehen, meist absatzwirtschaftlich orientiert, kurzfristig dagegen bildet der jeweils schwächste Teilbereich die Determinante (Bestimmungsgröße). Aus diesem Grund hat Gutenberg sein „Ausgleichsgesetz der Planung" formuliert.

Nach der „Dominanz des Minimumsektors" nivelliert sich nämlich die Planung jeweils auf den schwächsten Teilbereich betrieblicher Betätigung, d. h. auf den sogenannten Minimumsektor, sein.

e) Optimalplanung mit Hilfe der Methoden des „Operations Research"

(ea) Historische Entwicklung und Entstehung

In den letzten Jahren haben die Methoden des „Operations Research", die sich mit der Lösung konkreter betriebswirtschaftlicher Probleme befassen, in Theorie und Praxis eine immer größere Bedeutung erlangt. Sieht man einmal von einigen fragmentarischen Ansätzen ab, so beginnt die eigentliche Entwicklung des „Operations Research" während des zweiten Weltkriegs in England, und etwas später, nachdem die USA in den Krieg eingetreten waren, auch in Amerika. Unter dem Begriff „Operations Research" wurden damals verschiedene wissenschaftliche Methoden und Techniken zusammengefaßt, mit denen quantitative Unterlagen für optimale militärische Entscheidungen bereitgestellt wurden. Dazu zählten beispielsweise die Auswahl günstiger Strategien für bestimmte Angriffs- und Abwehrsituationen, die optimale Zusammenstellung von Geleitzügen und Bombengeschwadern sowie die Berechnung optimaler Nachschubsituationen. Nach dem zweiten Weltkrieg hat man dann die für militärische Zwecke gewonnenen Methoden und Erkenntnisse auch auf ökonomische Konfliktsituationen und konkrete betriebliche Probleme übertragen. „Operations Research" hat sich auch auf diesem Gebiet relativ schnell durchgesetzt, wobei neben einer eingehenden Behandlung in der Fachliteratur in der Zwischenzeit auch die Praxis bestimmte Erfahrungen mit den einzelnen Methoden sammeln konnte.

(eb) Begriff, Wesen und Methodik

Obwohl „Operations Research" auch in Deutschland in der einschlägigen Literatur, zum Teil auch schon in der Praxis, Eingang gefunden hat, gibt es bisher weder eine allgemein akzeptierte deutsche Übersetzung des Begriffs, noch eine sachlich genau abgegrenzte Definition. So haben sich von den in Deutschland verwendeten Bezeichnungen: Entscheidungsforschung, Verfahrensforschung, Programm- oder Planungsforschung, Operationsforschung oder Unternehmensforschung keine bisher fest eingebürgert, wenn man einmal davon absieht, daß es seit 1956 eine Zeitschrift für Unternehmensforschung und seit 1961 die Deutsche Gesellschaft für Unternehmensforschung gibt. Da sich der Begriff „Operations Research" auch im internationalen Sprachgebrauch durchgesetzt hat, sollte man vielleicht dazu übergehen, diese englische Bezeichnung auch bei uns beizubehalten. Da es außerdem in der Fachliteratur keine einheitliche Auffassung hinsichtlich des begrifflichen Inhaltes gibt, läuft auch eine exakte Definition Gefahr, entweder zu eng oder zu weit zu sein. In der Literatur finden sich verschiedene Möglichkeiten, den Ausdruck „Operations Research" zu definieren. Entweder versucht man, die unter diesem Oberbegriff untergeordneten Methoden und Techniken aufzuzählen oder man beschreibt die jeweiligen Anwendungsmöglichkeiten. So werden im ersten Fall unter „Operations Research" alle Methoden verstanden, die zur Lösung konkreter betrieblicher Probleme herangezogen werden, vor allem die Methoden der Programmierung (lineare, nicht-lineare, dynamische usw.), die Spieltheorie, die Warteschlangentheorie, die Monte-Carlo-Methode, die Informationstheorie usw. Im zweiten Fall zählt man die Hauptanwendungsgebiete auf, und zwar: Lagerhaltungsprobleme, Arbeitsablaufprobleme, Zuordnungsprobleme, Warteschlangenprobleme sowie kombinierte Warteschlangen-, Zuordnungs- und Lagerprobleme. Weder die eine noch die andere Art, eine Definition auf dem Weg über die Enumeration (Aufzählung) zu erreichen, kann befriedigen. Man hat deshalb versucht, „Operations Research" durch eine verbale Beschreibung zu definieren. Dabei gibt es eine Auffassung, nach der alle Verfahren, die unter Anwendung wissenschaftlicher Methoden quantitative Unterlagen für unternehmerische Entscheidungen bereitstellen, mit dem Terminus „Operations Research" belegt werden. Diese Definition ist allerdings so weit gefaßt, daß eine exakte Abgrenzung zu den traditionellen Methoden der wissenschaftlichen Unternehmensführung, angefangen von „Scientific Management" von Taylor bis zu den modernen Methoden eines instrumentalen Rechnungswesens nicht mehr möglich ist. Auch diese Verfahren müßte man in diesen weiten Begriffsinhalt mit einbeziehen. Damit würde man aber dem ursprünglichen Begriff und der Bedeutung des Wortes nicht mehr gerecht. Wir wollen deshalb den Begriff einengen und nur dann von „Operations Research" sprechen, wenn es um den

Einsatz eigenständiger Verfahren und Techniken, besonders der Mathematik und der Statistik, geht, mit deren Hilfe quantitative Unterlagen für optimale Entscheidungen beschafft werden sollen.

Dabei hat sich eine bestimmte Methodik des Vorgehens als typisch erwiesen. Die im Rahmen der Verwendung von Methoden des „Operations Research" benutzten Bearbeitungsstufen kann man schlagwortartig wie folgt systematisieren:

(1) Formulierung des Problems.

(2) Entwurf eines adäquaten (mathematischen) Modells für das zu untersuchende System.

(3) Ausarbeitung von Lösungen für das Modell.

(4) Überprüfung des Modells und der daraus abgeleiteten Lösungen an Tatbeständen der Realität.

(5) Vorsorge für eine Überwachung und Kontrolle der Veränderungen einzelner Variablen des Modells.

(6) Übertragung der Lösung auf das reale Problem.

Man ist davon überzeugt, daß allein die konsequente Befolgung dieses Bearbeitungsschemas nicht nur zu einem gründlichen Durchdenken der in der Praxis anstehenden offenen Fragen und damit zu einer gedankenmäßigen Neuformulierung alter Probleme führt, sondern daß sich damit oft schon eine greifbar nahe Lösung abzeichnet.

(ec) Bedeutung des „Operations Research" im Entscheidungsprozeß

Wenn wir unsere obige Zielsetzung unterstellen, wonach „Operations Research" der Beschaffung quantitativer Unterlagen für optimale Entscheidungen dient, und einmal versuchen, dieses Instrument in die Stufen unseres Planungsprozesses einzuordnen, so kann das nur auf den beiden ersten Stufen — nimmt man einmal die Zielsetzung als Stufe aus — geschehen, d. h. auf der Stufe der Prognose, besonders aber des Eventualplanes. Denn hier werden verschiedene Lösungsmöglichkeiten ausgearbeitet, zwischen denen später entschieden werden muß. Mit Hilfe der Methoden des „Operations Research" werden hier also optimale Unternehmensentscheidungen dadurch vorbereitet, daß man die notwendigen quantitativen Unterlagen bereitstellt. Der aus diesem Grund in jüngster Zeit in der Literatur für „Operations Research" benutzte Ausdruck Optimalplanung scheint deshalb von der Sache her der Zielsetzung und Bedeutung des Begriffs am ehesten zu entsprechen.

In diesem Zusammenhang muß mit Nachdruck eine in der Literatur und in der Praxis anzutreffende Auffassung zurückgewiesen werden, wonach „Operations-Research"-Methoden der Unternehmensführung das Fällen von Entscheidungen abnehmen würden.

Problemlösungen, die mittels „Operations Research" erzielt werden, sind kein Ersatz für unternehmerische Entscheidungen.

Ihre Aufgabe besteht vielmehr darin, der Unternehmensführung Unterlagen an die Hand zu geben, in denen die relevanten Probleme und die zugehörigen möglichen Entscheidungen mit den zu erwartenden Folgen beschrieben werden und aus denen vor allem der günstigste Lösungswert hervorgeht. Die eigentliche Entscheidung muß nach wie vor von der Führungsspitze selbst getroffen werden.

(ed) Offene Fragen und Probleme einer Anwendung des „Operations Research"

„Operations Research" ist ein Instrument der Unternehmensführung und soll als Zielsetzung die Entscheidungen der Unternehmensführung durch objektive zahlenmäßige Unterlagen aus der Sphäre des Emotionalen in den Bereich des Rationalen überführen. Obwohl man sich auch in Deutschland zum Teil mit Erfolg dieses Instrumentes bedient, gehen auch heute noch besonders in der Praxis die Ansichten weit auseinander, ob die verschiedenen Methoden des „Operations Research" praktikabel sind, d. h. ob man sie mit Erfolg benutzen kann. Bei dem derzeitigen Stand praktischer Anwendung ist man auf jeden Fall von einem allseits akzeptierten Instrument weit entfernt.

Die Gründe dafür sind mannigfaltiger Art. Einmal kann man die teilweise reservierte oder ablehnende Haltung der Praxis einfach aus der Tatsache heraus erklären, daß die meisten Methoden und Techniken des „Operations Research" von sehr komplizierter mathematischer Natur sind, die dem Betriebswirt und Nicht-Mathematiker den Zugang zu dieser Materie erschweren, dem vielbeschäftigten Praktiker meist ganz verwehren. Dazu kommt, daß sich wegen dieser Eigenart des neuen Forschungsgebietes vornehmlich Mathematiker mit diesen Problemen beschäftigt haben, denen es oft am nötigen Verständnis für die zugrunde liegenden ökonomischen Fragestellungen mangelte und deren formale Arbeitsergebnisse meist nicht dazu angetan waren, Skeptiker von der betriebswirtschaftlichen Nützlichkeit zu überzeugen. In jüngster Zeit hat sich allerdings auch die betriebswirtschaftliche Theorie mit diesen Fragen beschäftigt, so daß von dieser Seite aus eine Verbindung zwischen den abstrakten Modellen und den konkreten betrieblichen Problemen zu erwarten steht.

Darüber hinaus scheitert eine Verifikation formal-mathematischer Überlegungen meist daran, daß in der Praxis das betriebliche Informationswesen nicht in der Lage ist, die im Modell geforderten Daten zu beschaffen. Der weitere Ausbau vor allem des betrieblichen Rechnungswesens ist sicherlich eine wesentliche Voraussetzung für eine umfassendere Anwendung. Schließlich sollte man noch darauf hinweisen, daß sich nicht alle betrieblichen Teilbereiche für eine Anwendung operations-analytischer Verfahren gleichermaßen eignen, obwohl man gerade in jüngster Zeit dazu übergegangen ist, auch vorwiegend qualitativ orientierte Bereiche, wie den Personalbereich oder den Bereich werbewirtschaftlicher Entscheidungen, mit in die Anwendungsgebiete einzubeziehen.

Trotz all dieser Einwände kann jedoch nicht übersehen werden, daß sich bestimmte betriebswirtschaftliche Entscheidungsprobleme ohne diese zum Teil abstrakten Verfahren nicht ohne weiteres lösen lassen. So sind bestimmte umfangreiche und komplexe Optimierungsprobleme beispielsweise bei der Planung des Lagerbestandes, bei der Arbeitsablaufplanung, bei der Bestimmung von Maschinenersatz-Zeitpunkten, bei der Belegung von Aggregaten und bei der Aufstellung von Wartungsplänen und innerbetrieblichen Transportplänen nur mit Hilfe der neuen Planungsmethoden möglich. Die Zukunft wird zeigen, inwieweit die Beherrschung dieser Methoden zum festen Ausbildungsziel von Betriebswirten gehören wird und in welchem Umfang die Methoden des „Operations Research" als Vorbereitung unternehmerischer Entscheidungen Anwendung finden.

3. Die Organisation als Instrument der Unternehmensführung

a) Begriff, Wesen und Aufgabe der Organisation

Im Rahmen des Prozesses der Unternehmensführung haben wir bisher den Informationsprozeß und den Planungsprozeß als Hilfsmittel unternehmerischer Entscheidungsfindung dargestellt. Ein weiteres Instrument zur Durchsetzung des Willens der Unternehmensführung ist die Organisation. Auch mit diesem Führungsinstrument wollen wir uns kurz befassen.

Etymologisch gesehen, stammt das Wort Organisation vom Griechischen organikos (= das Organische, organisch); es bezog sich ursprünglich auf den Aufbau mehrteiliger Körper im Bereich der Natur. Seine analoge Verwendung im sozialen Bereich zeigen sehr viele Definitionen. Danach versteht man unter Organisation

eine zweckhafte Gestaltung einer Einheit aus einer Vielfalt von einzelnen Faktoren.

Wir wollen in diesem Zusammenhang den Begriff der Organisation allerdings etwas enger fassen und die Begriffsbestimmung an Wesen und Zielsetzung des vorher behandelten Führungsinstrumentes Planung anlehnen. Während die Planung die zukünftigen Aktionen und die zu erreichenden Ziele der Unternehmung im voraus fixiert, befaßt sich die Organisation in erster Linie mit dem betrieblichen Vollzug des Geplanten. Man könnte auch sagen: Planung ist die gedankliche Vorwegnahme des künftigen Geschehens; Organisation dagegen ist die materielle Vorbereitung des Handelns. Beide Führungsinstrumente sind also eng miteinander verknüpft: die Realisierung der betrieblichen Pläne erfordert eine organisatorische Gestaltung; die Organisation an sich ist ohne vorherige Planung undenkbar.

Wenn wir in unserem Zusammenhang die Organisation als einen besonderen Anwendungsbereich von Planungsentscheidungen definieren wollen, so sollen damit zwei Begriffsinhalte gemeint sein:

Organisation ist einmal ein System betriebsgestaltender Regelungen in Form von Anweisungen, Richtlinien und Übereinkommen bis hin zu gesetzlichen Bestimmungen und Vorschriften

(so beispielsweise aktienrechtliche Vorschriften hinsichtlich der einzelnen Organe), nach denen sich das Geplante in der Unternehmung vollziehen soll. Aber nicht nur diese Regeln und Richtlinien sind Organisation, sondern auch der betriebliche Vollzug dieser Regeln gehört eindeutig zum Begriffsinhalt. Mit anderen Worten:

Organisation ist auch das durch bestimmte Regeln und Richtlinien erreichte bewußte Zusammenführen der am Produktionsprozeß beteiligten Produktionsfaktoren zur optimalen Realisierung geplanter Ziele und Programme.

Aus den beiden hier vorgetragenen Begriffsinhalten ergeben sich die zwei zentralen Aufgabenbereiche der Organisation:

(1) eine klare Verteilung und Abgrenzung der betrieblichen Aufgaben, die planmäßige Festlegung der sich daraus ergebenden Aufgabenverteilung und damit gleichzeitig eine bestimmte Ordnung der Zuständigkeiten und der Verantwortung;

(2) eine planmäßige Zusammenfassung der Produktionsfaktoren und damit die Ordnung des Arbeitsablaufs, die der wiederholten Erfüllung der Aufgaben dient.

Im ersten Fall spricht man auch von der Organisation des Aufbaus der Unternehmung (Aufbauorganisation) und im zweiten Fall von der Organisation des Arbeitsablaufs (Arbeitsablauforganisation). Beide Teilbereiche sollen im folgenden kurz dargestellt werden. Dabei muß allerdings erwähnt werden, daß die von uns gewählte isolierte Behandlung weder durch die Natur der Sache vorgegeben, noch in der Praxis zweckmäßig erscheint, da beispielsweise der Aufbau den Ablauf bestimmt und der Ablauf sich nur in den Formen des Aufbaus vollziehen kann. Wir haben uns aus pädagogischen Gründen dennoch für eine getrennte Behandlung entschieden, um die typischen organisatorischen Probleme in der Unternehmung einmal unter diesen beiden zentralen Gesichtspunkten zu beleuchten.

b) Die Organisation des Aufbaus der Unternehmung

ba) Wesen und Probleme des horizontalen Aufbaus

Wir haben weiter oben festgestellt, daß die Organisation als Führungsinstrument zunächst einmal ganz allgemein die Aufgabe hat, die Führungsspitze bei der Realisierung der von ihr geplanten Ziele und Maßnahmen zu unterstützen. Dazu bedarf es in der Praxis einer Aufgabengliederung, d. h. einer Verteilung der jeweils vorliegenden Teilaufgaben der Unternehmung auf bestimmte Aufgabenträger. Während in einer Unternehmung, die nur aus einer Person besteht, sämtliche Teilaufgaben von dieser übernommen werden müssen, ist es bei größeren Gebilden unumgänglich, daß die Aufgaben im Rahmen einer Aufgabenanalyse verteilt werden. Dabei ist zunächst einmal zu fragen, nach welchen Gesichtspunkten eine Abgrenzung der verschiedenen, nebeneinander arbeitenden Aufgabenträger vorzunehmen ist. Ohne daß wir auf die Vielfalt der in der Praxis möglichen Gliederungsprinzipien eingehen wollen, sollen in diesem Zusammenhang nur drei Gesichtspunkte erwähnt werden, die im übrigen bei organisch gewachsenen Unternehmen im Ablauf der Zeit nacheinander zu beobachten sind: der Übergang von zunächst personellen zu materiellen und schließlich zu funktionellen Organisations-Merkmalen.

(1) Bei einer Gliederung nach personellen Gesichtspunkten, wie man sie bei der Errichtung einer Unternehmung oft beobachten kann, richtet sich die Bildung von einzelnen mit Kompetenz und Verantwortung ausgestatteten Abteilungen (Bereichen) nach den Fähigkeiten, Interessen, Sympathien oder Antipathien der vorhandenen Betriebsangehörigen. Diese an sich relativ primitive und labile Abgrenzung der einzelnen Verantwortungsbereiche hat zum Leidwesen der Unternehmensführung meist auch dann noch ein gewisses Beharrungsvermögen, wenn die größer werdende Unternehmung ihren horizontalen Aufbau bereits nach anderen Gesichtspunkten organisiert hat.

(2) Bei der Gliederung nach materiellen Gesichtspunkten kann u. a. zwischen vorwiegend sachlich orientierten und vorwiegend räumlich orientierten Maßstäben unterscheiden.

(a) Eine sachbezogene Gliederung wäre beispielsweise eine Gliederung nach Produktarten, wie man sie im Handel vorfindet (Gliederung der Abteilungen nach Textilien, Hartwaren, Lebensmittel usw.) oder auch in der Industrie bei einer Gliederung nach den zu erzeugenden Produkten. In der Praxis findet sich allerdings diese Einstellung in Industriebetrieben selten, da man die Aufgabenbereiche mehr nach einzelnen Arbeitsvorgängen und weniger nach Erzeugnissen abgrenzt.

(b) Eine raumbezogene Gliederung, d. h. eine Gliederung nach Orten, Gebäuden oder bestimmten Räumen findet man im allgemeinen nur bei räumlicher Dezentralisation.

Die in der Praxis zu beobachtende räumliche Zusammenfassung rührt meist daher, daß bereits konzipierte funktionelle Bereiche räumlich zusammengefaßt werden.

(3) Die heute in der Praxis vorherrschende Einteilung nach funktionellen Gesichtspunkten versucht eine Gliederung nach bestimmten Sachbereichen, wie beispielsweise nach den Funktionsbereichen Beschaffung, Produktion, Absatz und Finanzierung.

Dabei bleibt festzustellen, daß je nach Wirtschaftszweig, Rechtsform, Betriebsgröße, Produktionsverfahren und nicht zuletzt je nach den personellen Voraussetzungen unterschiedlich funktionelle Gliederungsmöglichkeiten praktiziert werden.

Je exakter die einzelnen Bereiche der Unternehmung und damit auch Zuständigkeit und Verantwortung gegeneinander abgegrenzt werden können, desto wirkungsvoller wird sich die Unternehmensführung dieses Instrumentes bedienen können. Die Wirtschaftlichkeit, Güte und Schnelligkeit des Umsetzens des von der Führungsspitze Geplanten in die betriebliche Wirklichkeit hängt zum großen Teil von einer sinnvollen Aufgabenverteilung ab.

bb) Wesen und Probleme des vertikalen Aufbaus

(1) Begriff und Aufgaben

Der Gliederung einer Unternehmung in horizontale Bereiche muß eine vertikale Gliederung folgen, d. h. eine Abgrenzung nicht gegenüber den parallel arbeitenden, sondern gegenüber den vorgeordneten (Auftraggeber) und den nachgeordneten (Beauftragten) Personen bzw. Abteilungen. Es handelt sich dabei in erster Linie um den organisatorischen Aufbau eines Befehlswegs, durch den verbindliche Weisungen an die verschiedenen Befehlsempfänger gegeben werden. Aus der Regelung dieser Befehlswege ergibt sich meist eine hierarchische Rangordnung der einzelnen Abteilungen, d. h. ein sog. Instanzenaufbau. Daneben werden in der Praxis jedoch nicht nur Befehle, sondern auch verschiedene Mitteilungen, Vorschläge und Informationen sowohl von oben nach unten als auch von unten nach oben gegeben. Diese sog. Kommunikationswege sind meist nicht identisch mit den Befehlswegen, spielen aber in der Praxis oft noch eine größere Rolle als diese.

(2) Formen des vertikalen Aufbaus

Wir haben festgestellt, daß der Instanzenaufbau die hierarchische Rangordnung der einzelnen Abteilungen bestimmt. Unter einer Instanz ist jede mit Befehlsgewalt ausgestattete Abteilung zu verstehen. Jede Instanz hat dabei eine bestimmte Kompetenz, d. h. das Recht, alle zur Erfüllung ihrer Aufgaben notwendigen Anordnungen zu treffen. Um Kompetenzüberschneidungen zu vermeiden, besteht in der Praxis das Problem einer exakten Kompetenzabgrenzung. In der Literatur haben sich dabei die folgenden Formen von Kompetenzsystemen herauskristallisiert:

● **Das Liniensystem**

Bei diesem System, das man dem Franzosen Fayol zuschreibt, sind alle Organisationsstellen in einen einheitlichen Befehlsweg gegliedert, der von der obersten Instanz bis zur untersten Stelle reicht. Dabei ist das Prinzip der „Einheit der Auftragserteilung" bis zur letzten Konsequenz verwirklicht, da die Verantwortungsbereiche klar und eindeutig abgegrenzt sind und für jeden Instanzenweg jeweils nur ein Verantwortlicher entscheidet.

Dem Vorzug dieses Systems in Form einer höchst wirksamen Kontrolle, Übersicht und Autorität von oben, steht der Nachteil einer ziemlichen Schwerfälligkeit gegenüber, so daß dieses System in seiner reinen Ausprägung nur in sehr kleinen Unternehmen Anwendung findet.

● **Das Funktionssystem (Funktionsorganisation)**

Bei diesem System, das auf das sog. Funktionsmeistersystem von Taylor zurückgeht, bestehen überhaupt keine Instanzenzüge, sondern nur nach Funktionen getrennte Zentralabteilungen, die alle direkt miteinander verkehren.

Dem Vorteil des „direkten Weges" aller spezialisierten Funktionen steht der damit verbundene Nachteil erheblicher Kompetenzschwierigkeiten entgegen. Der Grundsatz der „Einheit der Auftragserteilung" wird hier nicht gewahrt. Dieses System hat sich, von kleineren Ausnahmen abgesehen, in der Praxis ebenfalls nicht bewährt.

● **Das Stabliniensystem**

Im Stabliniensystem sind die Vorteile des Liniensystems — klarer Instanzenweg, Übersichtlichkeit und gute Kontrollmöglichkeit — mit den Vorteilen des Funktionssystems — Beweglichkeit und Spezialisierung — so miteinander kombiniert, daß man deren jeweilige Nachteile nicht in Kauf zu nehmen braucht. Es werden nämlich bestimmte Funktionen in beratenden Arbeitsstäben verselbständigt, ohne daß den Organisationsträgern Weisungsbefugnisse eingeräumt werden. Stabsabteilungen dieser Art sind beispielsweise die der obersten Führungsspitze zugeordnete Rechtsabteilung, Presseabteilung oder auch statistische Abteilung, aber auch bestimmte in Großunternehmen befindliche Zentralabteilungen, wie beispielsweise die Planungsabteilung oder die Organisationsabteilung, die allerdings zur Durchführung von Spezialaufträgen oft auch mit eigener Befehlsgewalt ausgerüstet sind.

c) Die Prinzipien der Unternehmensorganisation

Von den zahlreichen in der Praxis bestehenden Organisationsprinzipien und -grundsätzen interessieren an dieser Stelle nur die alternativen Möglichkeiten der zentralen und der dezentralen Organisation sowie die der fallweisen und der generellen Regelungen.

Von einer Zentralisation spricht man dann, wenn alle gleichartigen oder ähnlichen Arbeiten einheitlich von einer Stelle aus erledigt werden. Typische Beispiele für eine Zentralisation sind in Großunternehmen meist die Investitionspolitik und die langfristige Finanzierungspolitik, die Tarifpolitik und die Personalpolitik der Spitzenkräfte, die Produkt- und Sortimentpolitik sowie die Forschung und Entwicklung.

Die der Zentralisation nachgesagten Vorteile sind u. a. der Einsatz hochqualifizierter Arbeitskräfte und hochleistungsfähiger maschineller Organisationsmittel (elektronische Datenverarbeitungsanlagen), eine rationelle und kostensparende Überwachung des Raum- und Maschinenbedarfs, der Vorratshaltung und des Faktors Arbeit sowie eine Konzentration der Interessen und der Einheitlichkeit der Entscheidungen. Die Nachteile der Zentralisation sind in erster Linie in überlasteten und wegen des meist großen Arbeitsanfalles bürokratisch arbeitenden Führungs- und Leitungsstellen zu erblicken; des weiteren ist auf eine Beeinträchtigung der Initiative und der Verantwortungsfreudigkeit nachgeordneter Stellen zu verweisen.

Bei einer Dezentralisation geht es um die Übertragung (Delegation) von Aufgaben, Entscheidungs- und Befehlsbefugnissen an nachgeordnete Funktionsträger. Die Vorteile einer Dezentralisation, wie u. a. Betriebsnähe, größere Elastizität, Entlastung der übergeordneten Instanzen sowie Selbständigkeit und damit oft berufliche Befriedigung der mit Leitungsaufgaben beauftragten dezentralen Funktionsträger, müssen mit den Nachteilen verglichen werden, die u. a. in der Gefahr von Kompetenzstreitigkeiten liegen können.

Eine Entscheidung kann jeweils nur im Einzelfall durch Abwägen des Für und Wider gefällt werden. Je nach Situation und Lage des Falles wird man sich bei der einen Aufgabe zugunsten einer Zentralisation, bei der anderen zugunsten einer Dezentralisation entscheiden. Wieviel an Selbständigkeit und Verantwortung die Unternehmensführung an nachgeordnete Instanzen überträgt, ist damit keine generell zu beantwortende Frage. Die jeweilige Branche, die Unternehmensgröße und in besonderem Maße die personellen Gegebenheiten sind dabei wichtige Entscheidungskriterien. Bei der Fülle der in Großunternehmen anfallenden Aufgaben wird eine bestimmte Dezentralisation unumgänglich sein. Den mit einer weitgehend dezentralen Organisation oft verbundenen Kompetenzstreitigkeiten kann man dadurch begegnen, daß man von oben bestimmte Richtlinien (Rahmenordnungen) festlegt, die von den nachgeordneten Instanzen einzuhalten sind.

Die beiden anderen hier anzuführenden Organisationsprinzipien betreffen die Alternative der generellen und fallweisen Regelungen. Der Grundsatz der fallweisen Regelung bedeutet, daß Entscheidungen über bestimmte Fragen der Unternehmensorganisation immer nur für einen einmaligen Vorgang oder Tatbestand gelten. Fallweise Regelungen sind dann angebracht, wenn die betrieblichen Verhältnisse unübersichtlich und unbeständig sind, wenn also beispielsweise die Bezugs-, Produktions-, Absatz- oder Finanzverhältnisse, die Erzeugnisqualitäten, Preise und Lieferzeiten oder auch die technischen Verfahren keine Stetigkeiten aufweisen. Komplizierte, unregelmäßige und ungleichartige Organisationsaufgaben verlangen meist nach fallweisen Regelungen und Augenblicksentscheidungen.

Für eine generelle Regelung dagegen bedarf es bestimmter gleichartiger Vorgänge, die in mehr oder minder regelmäßigen Abständen wiederkehrende, gleichartige Organisationsaufgaben enthalten. Aufgaben dieser Art sind beispielsweise das regelmäßige Entnehmen von Materialien und Werkzeugen vom Lager oder das Durchrechnen und Kalkulieren von Verkaufsangeboten. Generelle Regelungen dieser Art bestehen meist in Form von schriftlich fixierten Geschäftsgrundsätzen, die in Verbindung mit den Aufgabenverteilungsplänen aufgestellt werden. Der nach außen erkennbare Niederschlag besteht in Formularen, Karteikarten, Nummernsystemen, Terminroutine und anderen Hilfsmitteln organisatorischer Rationalisierung.

Nach Gutenberg ist in der Praxis ein Trend zur Ablösung fallweiser durch generelle Regelungen zu beobachten, der sich um so stärker bemerkbar macht, je größer die betrieblichen Einheiten sind. Gutenberg spricht in diesem Zusammenhang auch von dem „Substitutionsgesetz der Organisation".

d) Die Organisation des Ablaufs der Unternehmung

Bisher haben wir das Führungsinstrument Organisation nur im Hinblick auf die Aufgabe der Arbeitsverteilung und, damit zusammenhängend, in bezug auf die Ordnung von Zuständigkeiten und Verantwortung hin untersucht. Wir haben aber bereits am Anfang darauf hingewiesen, daß die Organisation außerdem mit der Ordnung des betrieblichen Ablaufs die zweite große Aufgabe zu erfüllen hat. Dabei ist hier nicht nur an die Abläufe im Bereich der Fertigung gedacht, sondern auch an die Arbeitsabläufe in den kaufmännischen Abteilungen, die in den letzten Jahren immer mehr in den Vordergrund treten. Nach Hennig bildet der Arbeitsablauf das zeitliche Hinter- und Nebeneinander von Vorgängen; er dient der rationellen Erfüllung von Teilaufgaben in der Unternehmung bzw. dem Unternehmungsverbund. Die in der Unternehmung anfallenden Arbeitsabläufe sind jeweils so zu organisieren,

daß höchste Wirtschaftlichkeit, Güte, Schnelligkeit und Terminsicherheit erzielt werden und daß damit gleichzeitig eine relativ hohe Arbeitsfreude bei den Betriebsangehörigen erreicht wird.

e) Die Fixierung der Organisation als Hilfsmittel der Unternehmensführung

Damit die Unternehmensführung jederzeit einen genauen Überblick über das Führungsinstrument Organisation besitzt, sollten in jeder Unternehmung verschiedene Organisations-Schaubilder vorhanden sein, die den organisatorischen Aufbau und damit die Organisationsstruktur der Unternehmung ebenso darstellen wie den Arbeitsablauf. Während Strukturschaubilder als vorwiegend statische Instrumente den bestehenden Unternehmensaufbau erläutern mit dem Ziel, die grundsätzliche Regelung der Zuständigkeits- und Verantwortungsbereiche, die Stellenbesetzung und den Instanzenweg sichtbar zu machen, zeigt das Ablaufschaubild in erster Linie die Aufeinanderfolge der einzelnen Handlungen, die in den verschiedenen Bereichen zum Zwecke der Aufgabenerfüllung zu erledigen sind. Ablaufschaubilder haben somit vorwiegend dynamischen Charakter.

Da der schaubildlichen Darstellung der organisatorischen Struktur und des Ablaufs bestimmte Grenzen gesetzt sind, werden in der Praxis für die Aufgabenverteilung und die Durchführung der Aufgaben textliche Ergänzungen in Form von Bezeichnungen, Richtlinien und Vorschriften formuliert und zusammen mit den Schaubildern, systematisch geordnet, in einer Art „Organisations-Handbuch" festgehalten. Durch ein solches Handbuch erhält die Führungsspitze sofort einen vollständigen Überblick über die bestehende Organisation des Unternehmens. Dabei ist allerdings darauf aufmerksam zu machen, daß ein Organisations-Handbuch nur dann seine vielseitigen und wichtigen Aufgaben erfüllen kann, wenn es laufend auf den neuesten Stand gebracht wird. Wenn man in der Praxis den damit verbundenen nicht unerheblichen Arbeitsaufwand scheut, gibt man bereits an dieser Stelle ein wichtiges Führungsinstrument aus der Hand.

4. Die Kontrolle und Überwachung als Schlußphase des unternehmerischen Führungsprozesses

a) Begriff und Aufgabe der Kontrolle

Von seiner etymologischen Ableitung her gesehen, weist der Begriff Kontrolle auf den Tatbestand des Vergleichens und Gegenüberstellens hin. Überträgt man diesen Begriffsinhalt auf den betriebswirtschaftlichen Bereich, so ist

Kontrolle die laufende Überwachung betrieblicher Vorgänge mit dem Ziel, die betriebliche Wirklichkeit mit den im voraus fixierten Zielen und Maßnahmen zu vergleichen und sie an Hand bestimmter Maßstäbe zu beurteilen.

In dieser Zielsetzung findet die Kontrolle auf allen Stufen der Unternehmenshierarchie ihren Ansatzpunkt, da jeder im Stufenaufbau der Unternehmung Übergeordnete das Recht und die Pflicht hat zu überwachen, ob die in seinem Aufgaben- und Verantwortungsbereich festgelegten Ziele und Anordnungen auch befolgt werden. In der Fachliteratur versteht man deshalb auch

unter Kontrolle im engeren Sinn eine in das System eingebaute, ständige oder zeitweilige Überwachung des laufenden Arbeitsprozesses durch Personen,

die für den jeweiligen Arbeitsbereich verantwortlich sind oder durch einen von ihnen abhängigen Personenkreis.

Wenn wir hier allerdings von Kontrolle sprechen, so beziehen wir den Begriff nur auf die oberste Führungsebene der Unternehmung und fassen den Begriffsinhalt weiter. Die Kontrolle als Instrument der Unternehmensführung dient damit nicht der unmittelbaren und direkten Überwachung einzelner betrieblicher Vorgänge, sondern bezieht sich als vergleichendes und überwachendes Organ auf die Unternehmung als Ganzes und bildet so die Schlußphase des unternehmerischen Führungsprozesses.

b) Wesen und Bedeutung der Kontrolle auf der Ebene der Unternehmensführung

(ba) Der Ablauf des Kontrollprozesses

Die fortlaufende Überwachung des Unternehmensganzen unter dem Gesichtspunkt der bisher getroffenen Entscheidungen gilt als die logische Schlußphase des unternehmerischen Führungsprozesses. Die Kontrolle als Führungsinstrument setzt dort ein, wo auf Grund einzelner Planungsentscheidungen und organisatorischer Regelungen bestimmte Anordnungen, Weisungen oder Vorschriften ergangen sind. Dabei ist besonders die Beziehung zur Planung offensichtlich: Durch einen Vergleich der festgestellten Ist-Zustände mit den geplanten Soll-Größen wird nämlich erst die eigentliche Ausgangssituation für Kontrollentscheidungen fixiert.

Solange sich das betriebliche Geschehen entsprechend dem vorgegebenen Plan vollzieht, besteht für die Unternehmensführung kein Anlaß, die eingeplanten Entscheidungen zu ändern. Zeigt jedoch die Plankontrolle mehr oder weniger erhebliche Abweichungen vom Plan, dann muß sich die Unternehmensführung im Rahmen einer Abweichungsanalyse zunächst einmal über die Ursachen des Unterschieds zwischen Plan und Wirklichkeit klar werden. Dabei kann man zwischen einer Ergebniskontrolle und einer Maßnahmenkontrolle unterscheiden. Die Abweichungsanalyse kann nämlich ergeben, daß das vorgegebene Planziel auf Grund unzureichender Informationen nicht realistisch genug formuliert wurde: Die Folge davon sind notwendige Zieländerungen oder völlig neue Zielbestimmungen. Es kann aber auch sein, daß die gewählten Mittel und Maßnahmen im Hinblick auf das geplante Ziel nicht optimal fixiert wurden: In einem solchen Fall müßten nur die Maßnahmen überprüft werden und — wenn die zukünftigen Pläne nicht gefährdet werden sollen — dem Ziel angepaßt oder völlig geändert werden.

Die Kontrolle als Führungsinstrument erweist sich deshalb immer erst dann als sinnvoll, wenn sich aus der Abweichungsanalyse Rückwirkungen für die Zukunft ergeben, die Unternehmensführung also neue Informationen erhält.

(bb) Die Kontrollinformationen im Rahmen des Kontrollprozesses

Wir haben am Anfang dieses Abschnittes die Vielfalt an Informationen erwähnt, die notwendig sind, um ein Unternehmen optimal führen zu können. Damit die

Unternehmensspitze ihre Kontrollfunktion ausüben kann, muß sie ebenfalls regelmäßig und rechtzeitig über die wichtigsten Kontrolldaten in präziser und knapper Form unterrichtet werden. Dabei bedient sie sich bestimmter verwaltungstechnischer Mittel, wie Bilanzen, Erfolgsrechnungen, statistische Informationen, Übersichten und Berichte aus dem gesamten Unternehmensbereich. Es genügt also in der Regel nicht, daß die Unternehmensführung nur monatliche Bilanzen und Erfolgsrechnungen liest, sondern dazu kommen müssen Informationen über Umsatz- und Produktionszahlen, über Kapitalumschlagskoeffizienten und Lagergrößen sowie Informationen aus den Bereichen Investition und Finanzierung. Dabei interessieren nicht nur die Soll-Ist-Abweichungen in den jeweiligen Teilbereichen, sondern auch deren Einfluß auf Wirtschaftlichkeit und Rentabilität der gesamten Unternehmung. Erst dann, wenn es der Unternehmensführung gelingt, die Gesamtzusammenhänge in der Unternehmung so zu überblicken, daß sie eine möglichst genaue Vorstellung über den Einfluß von Datenänderungen im Hinblick auf das Unternehmensganze besitzt, kann sie sich des Führungsinstrumentes Kontrolle mit Erfolg bedienen.

(bc) Die Kontrolle als Schlußglied des Führungsprozesses

Der unternehmerische Führungsprozeß mit den Stufen Information, Planung und Organisation wird mit der Kontrolle abgeschlossen. Durch diese Schlußphase erhält die Unternehmensführung endgültig Antwort auf bestimmte Fragen, wie beispielsweise:

Sind die vorgegebenen Ziele der Unternehmung erreicht worden? In welchen Bereichen und aus welchen Gründen weicht das tatsächlich Erreichte vom Gewollten ab? Welche Folgerungen sind für die Unternehmensentwicklung daraus zu ziehen?

Man könnte die Kontrolle deshalb auch als wichtiges Informationsreservoir bezeichnen, das dadurch erst seine eigentliche Bedeutung erhält, daß es auf dem Weg der Doppelfunktion Rückwirkungen auf den gesamten Führungsprozeß ausstrahlt. Die Kontrolle gilt dabei als Vorstufe des neu beginnenden Informationsprozesses. Damit läßt sich aber der unternehmerische Führungsprozeß als eine Art Kreislauf darstellen, der als Informationsprozeß beginnt, sich der Planung und der Organisation bedient und schließlich durch die Kontrolle zu einem logischen Abschluß gebracht wird, wobei dieser Abschluß durch eine teilweise Überlappung mit dem Informationsprozeß gleichzeitig die Grundlage für den neu beginnenden Führungsprozeß ist.

c) Die Interne Revision als Instrument der Unternehmensführung

(ca) Begriff und Wesen der Internen Revision

Die Institution der Internen Revision hat in den letzten Jahren besonders in Großunternehmen zunehmend an Bedeutung gewonnen. Man versteht darunter eine meist der Unternehmensführung direkt unterstellte Stabstelle, die systematisch die an sich unternehmerische Funktion des „Nach-dem-Rechten-Sehen" ausübt. Wir gehen gerade in diesem Zusammenhang auf die Interne Revision ein, weil sie ungefähr das institutionell verkörpert, was wir gerade eben unter dem Begriff der Kontrollfunktion im weitesten Sinne erläutert haben.

Die Interne Revision als die rückschauende Überwachung abgeschlossener betrieblicher Tatbestände fand in der Vergangenheit in erster Linie in der Prüfung und Beurteilung der Zuverlässigkeit, Ordnungsmäßigkeit und Richtigkeit des im Rechnungswesen festgehaltenen Zahlenmaterials ihren wichtigsten, zum Teil einzigen Ansatzpunkt. In manchen Unternehmen beschränkt sich die Interne Revision auch heute noch auf eine vollständige oder stichprobenweise Belegprüfung des Kassen- und Geldverkehrs. Der in der Praxis oft als bloßer „Abhaker" verschriene Revisor findet hier seine Begründung.

In den letzten Jahren hat sich allerdings besonders bei Großunternehmen ein Wandel in der Aufgabenstellung bemerkbar gemacht. Das Aufgabengebiet der Internen Revision hat sich heute auf die gesamte kaufmännische Betriebsgebarung erweitert, wobei man ihr eine wesentliche Beratungsfunktion der Unternehmensführung zubilligt.

Um ihre Aufgabe korrekt und objektiv erfüllen zu können, bedarf die Interne Revision in der Praxis besonderer Rechte:

● Die Interne Revision muß organisatorisch direkt dem „Top-Management" unterstellt sein und eine größtmögliche Unabhängigkeit gegenüber allen anderen Unternehmensbereichen besitzen.

● Die Interne Revision muß ein uneingeschränktes Informationsrecht besitzen, das über das der jeweiligen Abteilungsdirektoren hinausgeht.

● Gegenüber der Internen Revision muß eine Informationspflicht sämtlicher Abteilungen bestehen, d. h. es muß gewährleistet sein, daß die Abteilungen die Interne Revision laufend und lückenlos über die wichtigsten Vorfälle informieren. Man spricht hier auch von einem passiven Informationsrecht.

Auf der anderen Seite fehlt der Internen Revision aber ein sog. Weisungsrecht, d. h. sie ist nicht befugt, unmittelbare Anweisungen an die von ihr geprüften und möglicherweise kritisierten Abteilungen zu geben.

In diesem Zusammenhang soll noch kurz auf den aus dem amerikanischen Sprachgebrauch herrührenden Begriff der „internal control" eingegangen werden. Unter „internal control" versteht man ein umfassendes System der Überwachung, das sich nicht nur auf die kaufmännische Verwaltung erstreckt, sondern von der Planung und Kontrolle über die Qualität der erzeugten Produkte und über Zeit- und Bewegungsstudien im Produktionsbereich bis hin zur Internen Revision alle Bereiche der Unternehmung umfaßt. Die Interne Revision ist damit nur ein Teilgebiet dieser überwachenden Basisfunktion der Unternehmung und hat damit den Zielen der „internal control" zu dienen.

(cb) Die Mitwirkung der Internen Revision im Rahmen des unternehmerischen Führungsprozesses

Entsprechend ihrer gewandelten Aufgabenstellung hat die Interne Revision einmal die Aufgabe, die Unternehmensführung bei Grundsatzentscheidungen zu unterstützen. Dabei trifft sie selbst keine Entscheidungen, sondern sorgt dafür, daß die zur Entscheidungsfindung notwendigen Informationen vollständig, objektiv und sicher erfaßt und zur Verfügung gestellt werden können. Grundsatzentscheidungen dieser Art sind die weiter vorn erwähnte Fixierung der Zielsetzung und des Gegenstandes der Unternehmung sowie die Festlegung der Unternehmenspolitik. Dabei zieht man in Großunternehmen die Interne Revision heute u. a. zur Klärung und Beurteilung von Fragen im Bereich der Bilanzpolitik, der steuerlichen Vorschriften und der Finanzpolitik ebenso heran wie zur Beurteilung der Rentabilität von Investitionen, zur Vorbereitung des Einsatzes von elektronischen Datenverarbeitungsanlagen oder zur Behandlung von Konzern- und Beteiligungsfragen sowie im Rahmen der Gesamtbewertung und des Ankaufs von ganzen Unternehmen.

Daneben wirkt die Interne Revision bei der Führungsaufgabe Koordination der Teilbereiche mit sowie beim wirkungsvollen Einsatz der Führungsinstrumente Planung und Organisation. Besonders im Bereich der Organisation stellen ständig durchzuführende Organisationsprüfungen hinsichtlich der Zweckmäßigkeit der vorhandenen Organisationsstrukturen sicher, daß sich die Unternehmung laufend den innerbetrieblichen und den Umweltbedingungen anpassen kann.

Dabei ist die Entwicklung auf diesem Gebiet sicherlich noch nicht abgeschlossen. Andere Aufgabengebiete werden hinzukommen und somit die Interne Revision als wichtigstes Führungsinstrument in den Vordergrund stellen, das auch die weiter vorn erwähnten Instrumente Planung und Organisation positiv befruchten wird.

VI. Der Entscheidungsprozeß unter Unsicherheit

1. Begriff und Wesen der Entscheidung unter Unsicherheit

Unternehmerische Entscheidungen unterliegen, wie alle in die Zukunft gerichteten Entscheidungen, der Ungewißheit zukünftigen Geschehens. Die Qualität der Entscheidungen hängt deshalb zum großen Teil vom Ausmaß und der Güte an Informationen ab, mit denen die zukünftige Entwicklung vorhergesagt werden kann. Da die für unternehmerische Entscheidungen notwendigen Informationen auch beim Einsatz modernster Methoden der Markt- und Meinungsforschung nie ganz vollständig sein werden, müssen sehr viele dieser Entscheidungen unter Unsicherheit gefällt werden. Die Unternehmensführung entscheidet also unter Risiko, d. h. als Folge der Unsicherheit besteht die Gefahr einer falschen Entscheidung. Dabei bleibt festzustellen, daß das Risiko um so größer ist, je lückenhafter und ungenauer die zugrunde gelegten Informationen sind und je länger die Planungsperiode ausgedehnt wird. Bei häufig wiederkehrenden Entscheidungen, die nur einen kurzen Planungsraum betreffen, ist dagegen die Unsicherheit und damit das Risiko geringer.

In der Regel hat die Unternehmensführung bei ihren Entscheidungen die Wahl zwischen mehreren Verhaltensweisen oder, wie man in der „spieltheoretischen" Terminologie sagt, zwischen verschiedenen Strategien. Da aber auch die Umwelt in Form von Lieferanten, Konkurrenten, Kunden und dem Staat ebenfalls Strategien hat, die der Unternehmung meist nicht genau bekannt sind — man spricht in der Fachliteratur in diesem Zusammenhang von sog. „Konstellationserwartungen" und versteht darunter die weiter vorn erwähnten Trend-, Aktions-, Verhaltens- und Reaktionserwartungen —, kommt es im rationalen Entscheidungsprozeß für die Unternehmensführung darauf an, den Sicherheitsgrad dieser Erwartungen zu fixieren.

Nach dem Sicherheitsgrad der Erwartungen kann man folgende vier Kategorien unterscheiden:

(1) Sichere Erwartungen

Die für die Entscheidung zur Verfügung stehenden Informationen sind so genau und vollständig, daß mit dem Eintreten des erwarteten Ereignisses mit Sicherheit gerechnet werden kann.

Unternehmerische Entscheidungen in der Praxis haben meist keine sicheren Erwartungen.

(2) Risikoerwartungen

Von Risikoerwartungen spricht man dann, wenn es sich bei den Abweichungen der tatsächlichen von den erwarteten Werten um im voraus berechenbare statistische Häufigkeitsverteilungen handelt. Der Unternehmer trifft hier „Entscheidungen unter Risiko", d. h. seine Entscheidungen basieren auf einer meßbaren Unsicherheit der Erwartungen. So gibt es beispielsweise bei der Erwartung über den Materialverbrauch eines bestimmten Fertigungsverfahrens einen für die Vergangenheit ermittelten statistischen Ausschuß, den der Unternehmer bei seinen zukünftigen Dispositionen berücksichtigen wird.

Im Gegensatz zu dem weiter oben erwähnten Begriff des Risikos wird hier der Terminus also sehr eng gefaßt.

Sichere Erwartungen und Risikoerwartungen werden in der Fachliteratur auch als sog. einwertige (eindeutige) Erwartungen bezeichnet.

(3) Subjektiv unsichere Erwartungen

Die für die Entscheidung zur Verfügung stehenden Informationen sind ungenau und lückenhaft, so daß die Unternehmensführung das Eintreten der jeweiligen Konstellationserwartungen nur auf Grund „subjektiver" Wahrscheinlichkeiten, die man auch als „Glaubwürdigkeiten" bezeichnet, schätzen kann.

(4) Objektiv unsichere Erwartungen

Die Unternehmensführung hat hier überhaupt keine Anhaltspunkte mehr, ob das erwartete Ereignis überhaupt eintritt oder ob es so wie erwartet eintritt. Subjektiv und objektiv unsichere Erwartungen werden in der Fachliteratur auch als sog. mehrwertige (mehrdeutige) Erwartungen bezeichnet.

2. Die Bedeutung von Entscheidungsregeln bei mehrwertigen Erwartungen

Wir haben bei der Behandlung des Führungsinstrumentes Planung bereits eine Reihe von Maßnahmen geschildert, die mit Hilfe einer elastischen Planung versuchen, die Ungewißheit zukünftigen Geschehens und damit die Gefahr einer falschen Entscheidung zu mindern. An dieser Stelle wollen wir die in der einschlägigen Literatur entwickelten sog. Entscheidungsregeln kritisch darstellen, die der Unternehmensführung helfen sollen, auch beim Vorliegen mehrdeutiger Erwartungen eine Entscheidung zu fällen. Wir wollen die einzelnen Entscheidungsregeln in ungefährer Anlehnung an ein praktisches Beispiel von Helmut Koch behandeln, und zwar zunächst Entscheidungshilfen, die bei subjektiv unsicheren Erwartungen, und anschließend solche, die bei objektiv unsicheren Erwartungen in Frage kommen.

Die Unternehmensführung einer Automobilfabrik hat sich zu entscheiden, ob man für die Zukunft Kleinwagen bis zu 1200 ccm, Pkw über 1200 ccm oder Lkw herstellen soll. Diesen drei möglichen Strategien der Unternehmung stehen drei als möglicherweise in Frage kommende Strategien der Umwelt gegenüber. Und zwar kann alternativ mit folgenden Möglichkeiten gerechnet werden:

a) stetiges Wachstum bei gleichbleibender Angebotsstruktur;

b) Verlangsamung des wirtschaftlichen Wachstums auf Grund einer Rezession;

c) stetiges wirtschaftliches Wachstum bei allerdings gleichzeitiger Verschärfung des Konkurrenzkampfes.

Je nach vorliegender Datenkonstellation wird mit folgenden durchschnittlichen Jahresgewinnzahlen gerechnet:

Strategie der Unternehmung			Erwartete Datenkonstellation		
			(a)	(b)	(c)
Kleinwagen	Gewinne	=	52	70	60
Pkw (über 1200 ccm)	„	=	100	25	50
Lkw	„	=	75	50	80

Bei den beiden zunächst erwähnten Entscheidungsregeln geht man davon aus, daß die Unternehmensführung in der Lage ist, bestimmte subjektive Wahrscheinlichkeiten (Glaubwürdigkeiten) in bezug auf das Eintreten der einzelnen Ereignisse festzulegen.

Entscheidungsregel 1:

Man reduziert die verschiedenen als glaubhaft angesehenen Datenkonstellationen auf die wahrscheinlichste. Unterstellen wir einmal, daß die Unternehmensführung der Konstellation (a) den höchsten Wahrscheinlichkeitsgrad zumißt, dann wird sie sich für die Pkw-Produktion entscheiden; denn hier würde sie die Alternative mit dem höchsten Gewinn (100) realisieren.

Diese Entscheidungsregel geht auf Irving Fisher und J. M. Keynes zurück.

Entscheidungsregel 2:

Bei dieser Konzeption, die vor allem von Albert G. Hart vertreten wird, ordnet man den verschiedenen Datenkonstellationen subjektive Wahrscheinlichkeitsgrade in Prozenten einer Gesamtwahrscheinlichkeit von 100 % zu. Wir gehen bei unserem Beispiel davon aus, daß die Unternehmensführung der Auffassung ist, daß folgende Wahrscheinlichkeitsverteilung realistisch sei:

Datenkonstellation (a)	= 50 %
Datenkonstellation (b)	= 30 %
Datenkonstellation (c)	= 20 %
Gesamtwahrscheinlichkeit	= 100 %

Strategien der Unternehmung	Datenkonstellation			Gesamt-erwartungswert
	(a)	(b)	(c)	
	Wahrscheinlichkeitsgrad			
	50 %	30 %	20 %	
Kleinwagen	Gewinn 52	70	60	
	Erwartungswert: 52 · 50/100 = 26	70 · 30/100 = 21	60 · 20/100 = 12	= 59
Pkw	Gewinn 100	25	50	
	Erwartungswert: 100 · 50/100 = 50	25 · 30/100 → 7,5	50 · 20/100 = 10	= 67,5
Lkw	Gewinn 75	50	80	
	Erwartungswert: 75 · 50/100 = 37,5	50 · 30/100 = 15	80 · 20/100 = 16	= 68,5

Für jede alternative Strategie ermittelt man nun dadurch den Gesamterwartungswert, daß man die jeweiligen Gewinnzahlen mit den oben angenommenen Wahrscheinlichkeitskoeffizienten (50/100, 30/100 und 20/100) multipliziert. Man erhält dadurch für jede Strategie der Unternehmung drei Erwartungswerte, deren Summe den Gesamterwartungswert jeder Strategie ergibt.

Das Optimum liegt bei der Alternative Lkw, weil hier der Gesamterwartungswert (68,5) am höchsten ist.

Während man bei den beiden bisher angeführten Entscheidungsregeln mit sog. Glaubwürdigkeits-Koeffizienten arbeitet, abstrahiert man bei den nun folgenden Entscheidungshilfen (3) bis (7) vom Vorliegen subjektiver Wahrscheinlichkeiten. Wir haben es also im folgenden mit Entscheidungsregeln zu tun, die für objektiv unsichere Erwartungen gelten.

Entscheidungsregel 3: Minimax-Prinzip

Das sog. Minimax-Prinzip, das von John v. Neumann, Oskar Morgenstern und Abraham Wald vertreten wird, ist dadurch charakterisiert, daß man die Gefahr der Enttäuschung völlig ausschließen möchte. Das versucht man dadurch zu erreichen, daß man zunächst einmal unter den verschiedenen Gewinnzahlen, die bei jeder Strategie der Unternehmung vorliegen, die jeweils niedrigste herausgreift. Unter den niedrigsten Gewinnzahlen wird dann die Alternative gewählt, die den geringsten Gewinn maximiert. Man spricht hier auch von einem „Maximum minimorum".

In unserem Beispiel sind die jeweils niedrigsten Gewinnzahlen:

Alternative Kleinwagen:	52
Alternative Pkw:	25
Alternative Lkw:	50

Die Alternative Kleinwagen bildet also nach dieser Entscheidungsregel das Optimum. Diese Entscheidungsregel, bei der man unterstellt, daß die Umwelt das Unternehmen so schlecht wie möglich stellen will, wird in der Literatur auch als die „Politik eines vorsichtigen Pessimisten" bezeichnet.

Entscheidungsregel 4: Minimax-Risiko-Regel

Bei dieser Konzeption, die von Leonhard Savage und Jürg Niehans vertreten wird, versucht man die maximale Enttäuschung zu minimieren. Man zieht deshalb zunächst vom Spaltenmaximum die jeweilige Feldeintragung ab und erhält auf diese Weise die Enttäuschung. In unserem Beispiel sieht das wie folgt aus:

Nach dieser Entscheidungsregel wird die Alternative gewählt, bei der die maximale Enttäuschung am geringsten ist. In unserem Beispiel ist der maximale Enttäuschungswert bei der Lkw-Produktion am geringsten; diese Alternative

Unternehmensführung und betr. Entscheidungen

Datenkonstellation → Untern.-Strategie	(a)	(b)	(c)	Maximaler Enttäuschungswert
Kleinwagen				
Gewinn:	52	70	60	
Enttäuschung:	48	0	20	48
Pkw				
Gewinn:	100	25	50	
Enttäuschung:	0	45	30	45
Lkw				
Gewinn:	75	50	80	
Enttäuschung:	25	20	0	25

wird gewählt. Die auf Grund dieser sog. Minimax-Risiko-Regel durchgeführte Entscheidung könnte man auch als die Politik eines „ängstlichen Geschäftsführers" bezeichnen.

Entscheidungsregel 5: Pessimismus-Optimismus-Kriterium

Bei dieser von Leonid Hurwicz stammenden und deshalb auch oft als „Hurwicz-Kriterium" bezeichneten Entscheidungsregel werden nicht nur die Minima — wie beim Minimax-Prinzip — sondern auch die Maxima, d. h. die bei jeder Wahlmöglichkeit höchsten Gewinne, mit berücksichtigt. Sowohl die jeweiligen Minimum- als auch die Maximum-Gewinne werden mit dem sog. Pessimismus-Optimismus-Index a, der für den Unternehmer eine psychologische Konstante ist, gewichtet.

Unterstellen wir einmal, die Größe a sei gleich $1/3$, so bedeutet das, daß die Unternehmensführung zu $1/3$ optimistisch und zu $2/3$ pessimistisch ist, wir haben es also mit einer relativ pessimistischen Unternehmensführung zu tun.

Gehen wir einmal bei unserem Beispiel von dieser Größe $a = 1/3$ aus, so erhalten wir folgende gewichtete Gewinnzahlen:

Strategie	Minimum	Maximum	Gesamtwert
Kleinwagen	$52 \cdot (2/3) = 34\ 2/3$	$70 \cdot (1/3) = 23\ 1/3$	= 58
Pkw	$25 \cdot (2/3) = 16\ 2/3$	$100 \cdot (1/3) = 33\ 1/3$	= 50
Lkw	$50 \cdot (2/3) = 33\ 1/3$	$80 \cdot (1/3) = 26\ 2/3$	= 60

Der größte Gesamtwert ergibt sich bei der Alternative Lkw; die Unternehmung wird deshalb in Zukunft zur Lkw-Produktion übergehen.

Entscheidungsregel 6: Laplace-Regel

Bei dieser auch als „Kriterium des unzureichenden Grundes" bezeichneten Entscheidungsregel werden allen Datenkonstellationen gleiche Wahrscheinlichkeiten zugeordnet. Das ergibt in unserem Beispiel folgende einfache Rechnung:

$$
\begin{aligned}
\text{Kleinwagen} \quad & (52 + 70 + 60) : 3 = 60{,}66 \\
\text{Pkw} \quad & (100 + 25 + 50) : 3 = 58{,}33 \\
\text{Lkw} \quad & (75 + 50 + 80) : 3 = 68{,}33
\end{aligned}
$$

Nach dieser Entscheidungshilfe müßte sich die Unternehmensführung für die Lkw-Produktion entschließen, denn hier liegt das höchste Gesamtergebnis (68,33) vor.

Bei einer kritischen Betrachtung dieser Entscheidungsregeln lassen sich vor allem zwei grundsätzliche Einwendungen vorbringen: Zunächst einmal fehlen bei den dargestellten Systemen Überlegungen, wie die Unternehmensführung zu der den einzelnen Datenkonstellationen zugeordneten Wahrscheinlichkeitsverteilung kommt und woher sie die Informationen bezüglich der den drei Konstellationen (a), (b) und (c) zugeordneten Gewinnzahlen nimmt. Das ist ein grundsätzliches Problem und in der Praxis abhängig vom jeweiligen Informationsstand des Unternehmens. Allerdings kann man dabei wohl die Auffassung vertreten, daß das Informationsreservoir der Unternehmen in der Praxis auch bei einer Verbesserung des Rechnungswesens und beim Einsatz modernster Methoden der Marktforschung nie so vollkommen sein wird, um sichere und genaue Gewinnzahlen für alle Alternativen vorzugeben.

Außerdem wird bei den Entscheidungsregeln nicht berücksichtigt, daß die Unternehmensführung ihre Entscheidungen stets nur unter Beachtung der individuellen Situation der Unternehmung treffen kann. Von Bedeutung für oder gegen eine risikoreiche Entscheidung sind u. a. die jeweilige Liquiditätslage der Unternehmung, das vorhandene Vermögen, die augenblickliche und zukünftige Geschäftslage oder auch die jeweilige Marktform, in der sich die Unternehmung befindet. Je nach Lage und Situation des Unternehmens also wird die Unternehmensführung in ihren Entscheidungen mehr oder weniger risikobereit sein.

In der deutschen Betriebswirtschaftslehre hat sich erstmalig Helmut Koch mit diesen einschlägigen Fragen intensiv beschäftigt und eine eigene Konzeption vorgelegt, die wir im folgenden als letzte Entscheidungsregel kurz diskutieren wollen.

Entscheidungsregel 7: Kochsche Regel

Koch geht davon aus, daß der Unternehmer in der Praxis Gewißheit darüber erhalten will, daß die Mehrwertigkeit der Zukunftsvorstellungen, auf die Dauer gesehen, nicht zu einem Verlust bzw. zu einem unerträglich niedrigen Gewinn führt. Ein solches Ziel ist jedoch dem grundlegenden Ziel der Gewinnmaximierung nicht gleichgeordnet, sondern es wird als eine Art Vorziel betrachtet, dessen Realisierung die Vorbedingung für die langfristige Gewinnmaximierung ist.

Um den erstrebten Mindestgewinn zu sichern, führt nun Koch sog. Sekundärkomponenten ein, d. h. Sicherungsmaßnahmen, wie beispielsweise Liquiditätsreserven, Elastizität der Produktionsmittel oder Risikoabwälzung. Risikopolitische Maßnahmen dieser Art sind jedoch kostspielig und mindern den zu erwartenden Gewinn.

Bei der Berechnung der optimalen Alternative geht nun Koch von zwei Möglichkeiten aus:

(1) Gilt der Eintritt der drei möglichen Datenkonstellationen (a), (b) und (c) als gleich wahrscheinlich, haben wir es also mit einer objektiven Unsicherheit zu tun, so wird die Strategie gewählt, bei der der Gewinn unter Berücksichtigung der Gewinnminderung durch die Sekundärkomponente am größten ist.

(2) Kann man dagegen den Datenkonstellationen verschiedene Glaubwürdigkeitsgrade zumessen, haben wir es also mit einer subjektiven Unsicherheit zu tun, dann wird der Optimumbestimmung lediglich die wahrscheinlichste Datenkonstellation zugrunde gelegt.

Unterstellen wir bestimmte Werte für die Kosten der Sekundärkomponente, so zeigt unser Beispiel folgende Optimumbestimmung:

	Ausgangsgewinne			Kosten der Sekundärkomponente			Gewinne nach Einführung der Sekundärkomponente		
	(a)	(b)	(c)	(a)	(b)	(c)	(a)	(b)	(c)
Kleinwagen:	52	70	60	10	7	8	42	63	52
Pkw:	100	25	50	20	4	6	80	21	44
Lkw:	75	60	80	14	10	18	61	50	62

Ist der Eintritt aller drei Datenkonstellationen für die Unternehmensführung gleich wahrscheinlich, dann wird man sich nach dieser Entscheidungsregel für die Pkw-Produktion entschließen (Gewinnmaximum von 80); gilt dagegen die Datenkonstellation (b) als die wahrscheinlichste, so wird sich die Unternehmung für die Produktion von Kleinwagen entscheiden, da hier das Gewinnmaximum zu erwarten ist (63). Die Probleme der Informationsbeschaffung gelten auch für die Konzeption von Koch; den Einwand, die individuelle Lage der Unternehmung nicht zu berücksichtigen, muß auch er gegen sich gelten lassen. Die Konzeption von Koch hat allerdings gegenüber den weiter vorn erwähnten Entscheidungsregeln den Vorteil, daß er ähnlich wie die Praxis versucht, durch Einbau seiner Sekundärkomponenten risikopolitische Maßnahmen und damit auch die entsprechenden Kosten bei der endgültigen Entscheidung ausdrücklich zu berücksichtigen.

Abschließend läßt sich zusammenfassend sagen, daß es auch heute noch keine befriedigende Entscheidungstheorie und damit auch keine generell akzeptierten und praktikablen Entscheidungsregeln gibt. Dennoch können die bisher entwickelten Entscheidungsregeln beim Vorliegen entsprechender Informationen und unter Berücksichtigung der jeweils individuellen Lage der Unternehmung der Unternehmensführung bei der Durchführung des unternehmerischen Entscheidungsprozesses eine wichtige Hilfestellung leisten.

VII. Möglichkeiten und Wege zur Ausbildung unternehmerischer Führungskräfte

1. Das Problem der Ausbildung unternehmerischer Führungskräfte

Die Qualität unternehmerischer Entscheidungen ist mit eine Folge des qualitativen Niveaus der mit der Unternehmensführung betrauten Personen. Über die zur Qualifikation zum Unternehmensführer notwendigen Voraussetzungen gibt es in Literatur und Praxis unterschiedliche, oft entgegengesetzte Auffassungen. Die einen sind beispielsweise der Meinung, daß man zur Führungskraft geboren sein müsse, daß also die Qualifikation ausschließlich auf persönlicher Begabung beruhe. Andere dagegen vertreten die Auffassung, daß man sich die zur Führung von Unternehmen erforderlichen Kenntnisse und das Beherrschen der Handlungstechniken aneignen könne, daß also Unternehmensführung durchaus erlernbar sei. Die Wahrheit liegt, wie so oft, in der Mitte. Die Qualität der mit der Unternehmensführung betrauten Personen hängt einerseits von bestimmten persönlichen, meist angeborenen Fähigkeiten ab, andererseits aber auch vom Grad der Bildung und Ausbildung in den speziellen der Unternehmensführung zugrunde liegenden Wissenschaften und nicht zuletzt auch von der praktischen Erfahrung.

Angeborene Anlagen (die aber auch ausgebildet werden müssen), wie intellektuelle Fähigkeiten, Pflichtbewußtsein, Willenskraft, Verantwortung, Menschenkenntnis und Menschenbehandlung, Initiative und Durchsetzungsvermögen, reichen nämlich heute allein nicht mehr aus, um die mit zunehmender Größe immer komplexer und unübersichtlicher werdenden Unternehmensgebilde zu führen und zu leiten. Man sollte aber auf der anderen Seite die Bedeutung bestimmter angeborener Fähigkeiten auch im Rahmen des Unternehmensführungsprozesses nicht unterschätzen; sie spielen eine wichtige, allerdings nicht allein ausschlaggebende Rolle.

Neben der persönlichen Eignung und damit also neben bestimmten angeborenen Fähigkeiten benötigt der moderne Unternehmer und Manager auch verschiedene erworbene Voraussetzungen für eine Position im „Top-Management". Diese können ohne Zweifel durch das „Heraufdienen von der Pike" also durch Erfahrung gewonnen werden, wobei allerdings immer die Gefahr des „trial and error" (Versuch und Irrtum) den zukünftigen Unternehmer unter Umständen lernmäßige Umwege machen läßt. Diese Erfahrungsumwege glaubt man nun heute dadurch abkürzen zu können, daß man die zukünftigen Führungskräfte durch eine gründliche wissenschaftliche Ausbildung systematisch schult.

Während man den Wert und die Bedeutung einer gezielten „Management-Education" in Amerika längst erkannt hat, beurteilt man bei uns die planmäßige Ausbildung von Unternehmensführern noch immer sehr skeptisch, weil man die Frage der Lehr- und Lernbarkeit der Unternehmensführung bezweifelt. Die in diesem Zusammenhang entscheidende Frage, ob das Führen von Unternehmen eine Art Kunst ist, die in erster Linie von der persönlichen Begabung abhängt, oder ob es erlernbar ist, wie jeder andere hochwertige Beruf, ist in der Tat nur sehr schwer zu unterscheiden. Es wird im Rahmen des Entscheidungsprozesses der Unternehmung immer Fragen und Probleme geben, die einer logisch-rationalen Analyse allein nicht zugänglich sind, da beispielsweise psychologische Faktoren bei jeder Entscheidung nie ganz ausgeschaltet werden können.

Auf der anderen Seite stellt sich die Unternehmensführung in der Praxis zum großen Teil auch als ein sachlich-technisches Problem, bei dem durch Rechnen, Vergleichen, Auswerten von Informationen und durch rationales Ermitteln von Optimalkombinationen Entscheidungen auf der rein sachlichen Ebene vorbereitet und damit oft bereits entschieden werden können. Der zielgerichtete Einsatz der unternehmerischen Führungsinstrumente und eine gewisse Technik im Hinblick auf Problemdiagnose und Entscheidungsfällen erscheint lehrbar und damit erlernbar. Bei der endgültigen Entscheidung dagegen werden auch in Zukunft persönliche Eigenschaften, wie Durchsetzungsvermögen, Entscheidungsfähigkeit und Verantwortung unlösbar mit Führungsentscheidungen verbunden sein.

2. Methoden zur Ausbildung unternehmerischer Führungskräfte

Eine systemathische Schulung und Förderung von Führungskräften sollte grundsätzlich drei Ziele beachten:

① Die zukünftigen Führungskräfte sind zu systematischem und folgerichtigem Denken durch Erkennen und Üben wichtiger Fähigkeiten zu veranlassen.

② Den Führungskräften ist ein Sachwissen über das Wesen der Unternehmerfunktion und bestimmte Handlungstechniken zu vermitteln.

③ Führungskräfte müssen planmäßiges Führungshandeln als arbeitsteiligen Prozeß verstehen und anwenden lernen.

Die Universitäten und Fachschulen in Deutschland sind im Gegensatz zu Amerika zu einer Management-Ausbildung meist nicht in der Lage, da einmal der dazu notwendige enge Kontakt zur Praxis fehlt und da außerdem die zur speziellen Ausbildung notwendigen Methoden, die einer aktiven Mitarbeit der Führungskräfte förderlich sind, heute noch zu wenig angewandt werden. Noch immer herrscht der dozierende Lehrstil vor, der aber gerade die zu erlernende „Technik des Entscheidungsfällens" völlig vernachlässigt. Außerdem sehen letztlich die Hochschulen nicht ihre primäre Aufgabe darin, unternehmerische Führungskräfte auszubilden. Man räumt deshalb heute in Deutschland einer nachuniversitären Aus- und Weiterbildung, bei der die Führungskräfte nach einigen Jahren in der Praxis wieder in Form von sog. „Kontaktstudien" oder sonstwie organisierten Weiterbildungsmöglichkeiten zusammengefaßt und hier speziell in den Führungstechniken („Management sciences") und im Führungsverhalten („Behavioral sciences") ausgebildet werden, eine größere Bedeutung ein.

In den verschiedenen, teils inner-, teils außerbetrieblich organisierten Weiterbildungsmöglichkeiten hat sich eine Reihe von Lehrmethoden durchgesetzt, die im Sinne einer zielgerichteten Management-Ausbildung eine aktive Mitarbeit der Teilnehmer fördern. Dazu gehören die verschiedenen Variationen der Fallmethode; dazu zählt ferner das Planspiel und das Rollenspiel. Wir wollen abschließend auf diese Methode kurz eingehen.

Die Fallmethode („Case-method")

Bei der Fallmethode im engeren Sinne werden zunächst ausführlich und mit Hilfe realer Angaben Struktur und augenblickliche Lage einer Unternehmung geschildert. Dabei wird ein kleiner Problemausschnitt aus dem komplexen Geschehen der Wirklichkeit — ein Fall also —, sei es aus dem Produktions-, Personal-, Finanz- oder Absatzbereich, herausgelöst und einer Ausbildungsgruppe vorgelegt. Die Gruppe muß dann den Fall in einer bestimmten Zeit mündlich oder schriftlich lösen.

Bei der sog. Incident-Methode, die auch unter der Bezeichnung „Vorfall-Methode" oder analytische Fallstudie bekannt ist, sind zum Unterschied zur obigen Methode nicht alle zur Lösung des Falles notwendigen Informationen vorgegeben, sondern sie können von den Teilnehmern vom Ausbildungsleiter zusätzlich erfragt werden.

Bei der sog. Projektmethode schließlich wird der Ausbildungsgruppe kein zu lösendes Problem mehr gestellt. Die Gruppe erhält vielmehr einen fingierten Auftrag, wie beispielsweise die Vorbereitung einer Hauptversammlung, und der nun vorgegebene thematische Rahmen ist durch Eigeninitiative der Gruppe zu erfüllen.

Das Unternehmensplanspiel

Unternehmensplanspiele haben die Aufgabe, Unternehmen, Betriebsabläufe und/oder Marktvorgänge zu simulieren, um so die Teilnehmer vor praktische Entscheidungssituationen zu stellen und sie in der Technik des Entscheidungsfällens zu üben. Man könnte das Planspiel auch definieren als eine Aneinanderreihung von Fällen unter Berücksichtigung eines größeren Datenkranzes. Dabei lassen sich je nach Umfang des Datenkranzes und der Anzahl der Variablen sog. generelle Planspiele („Integrationsspiele"), bei denen die Gesamtheit der Unternehmung Gegenstand des Planspiels ist, und sog. Funktionsspiele, bei denen u. a. bestimmte betriebliche Funktionsbereiche simuliert werden, unterscheiden.

Das Rollenspiel

Beim Rollenspiel schließlich ist der Übungsinhalt auf soziales Handeln und auf das Üben von Einfühlungsvermögen und Kontaktfähigkeit gerichtet. Die Teilnehmer müssen dabei thematisch umrissene Rollen aus dem Stegreif heraus so spielen, wie sie meinen, daß man das Problem in Wirklichkeit angehen sollte. Die jeweilige Ausgestaltung der Rollen obliegt dabei der Phantasie und dem Geschick der Beteiligten.

I. Bilanzanalyse/Bilanz- und Branchenvergleich

Von Dr. Fritz Erhard

I. Bilanzanalyse: Voraussetzungen, Grenzen und Möglichkeiten der Auswertung

Unter Bilanzanalyse versteht man die nach systematischer Aufbereitung von Abschlußbilanzen vorgenommene Untersuchung über Aufbau, Lage und Entwicklung eines Unternehmens.

Das damit verbundene Messen und Gegenüberstellen von Bilanzpositionen bedingt **Vergleichbarkeit** hinsichtlich ihrer Gliederung und ihres Aussagewertes. Hier liegen die Schwierigkeiten in der praktischen Durchführung. Einmal besteht in der Kontierung der Geschäftsvorgänge Spielraum, da die Einhaltung bestimmter, nach Branchen ausgerichteter Kontenpläne nicht generell vorgeschrieben ist. Zum anderen hat der Unternehmer in der Bilanzierung teilweise ein Wahlrecht, da zwischen Aktivierungsfähigkeit und Aktivierungspflicht, Passivierungsrecht und Passivierungspflicht unterschieden wird.

Vom Aktiengesetz 1965 werden einige Bewertungsfreiheiten ausdrücklich zugelassen (vgl. §§ 153—155 AktG 1965). Das handelsrechtlich weitgehend gebilligte **Niederstwertprinzip** fördert die Legung stiller Reserven (Unterbewertung von Aktiven und Überbewertung von Passiven). In guten Wirtschaftsjahren wird der Unternehmer verständlicherweise die gesetzlichen Möglichkeiten von Abschreibungen und vorsichtiger Bewertung ausnutzen, während in Zeiten schlechter Geschäfte manches höher zu Buche stehen mag, als es sich im Ernstfall realisieren läßt. So können „Rückstellungen" Rücklagencharakter haben oder unzureichend sein, gebuchter „Erhaltungsaufwand" tatsächlich aktivierungspflichtige Herstellungskosten enthalten oder ungenügend sein. Unausbleiblich ist jeder Bilanzansatz von subjektiven Vorstellungen desjenigen beeinflußt, der die Bilanz aufstellt.

Man denke ferner an folgende, an sich nicht ordnungswidrige Umstände, die dazu beitragen, daß die Erkenntnismöglichkeiten aus den Bilanzen getrübt werden:

- die durch den Geschäftsablauf bedingte unterschiedliche Ausweisung des Bilanzbildes je nach Zeitpunkt des Abschlusses (z. B. bei Saisonbetrieben),
- die nur zum Teil erfolgende Angabe über Eventualverbindlichkeiten, z. B. des Wechselobligos oder von Bürgschaften,
- Unklarheit über die Fristigkeit von Forderungen und Verbindlichkeiten; so kann z. B. eine an sich langfristige Hypothek kurzfristig fällig werden,

- mangelnde Angaben über Mengenumsätze, Auftragsbestand, Beschäftigtenzahl, Kapazitätsausnutzung usw.,

- ungenügende Darlegung der Produktionstiefe, die durch Angliederung vor- und nachgeordneter Fertigungsstufen, Betriebsaufspaltung usw. sehr divergieren kann,

- Mischung der einzelnen Bilanzpositionen zu unterschiedlichen Geldwerten entsprechend den jeweiligen Anschaffungszeitpunkten (Nominalwertprinzip, Mark = Mark), wodurch sich die Frage der „Substanzerhaltung" stellt. Diese Frage läßt sich nur dann beantworten, wenn den Erträgen die Aufwandselemente unter Zugrundelegung der **Wiederbeschaffungs- bzw. Wiederherstellungskosten** gegenübergestellt werden. Bei steigenden Preisen und Löhnen bedingt dies eine Verminderung des Nominalgewinns um die danach notwendige Erhöhung der Abschreibungen, des Materialverbrauchs und des Lohneinsatzes.

Auch die **Steuerbilanzen** weisen infolge mannigfacher Abschreibungsfreiheiten, des Imparitätsprinzips und anderer Gründe keine echten Wertzahlen aus. Damit ist der Aussagewert der Abschlüsse verfälscht, und vorbehaltlos darauf beruhende Diagnosen können zu Fehlschlüssen führen.

Angesichts dieser Umstände ist eine gewisse Skepsis gegenüber bilanzanalytischen Untersuchungen verständlich. Abgesehen davon, daß eine resignierende Kapitulation vor den praktischen Schwierigkeiten der Sache nicht dient, werden die Bedenken durch folgende Momente gemildert:

Eine Reihe von Bilanzpositionen ist für Manipulationen nicht geeignet. Dies gilt z. B. für die Akzept- und Warenverbindlichkeiten, Geldbestände, Darlehensschulden.

Werden Bilanzposten regelmäßig verfälscht, verbleibt trotzdem als Aussagewert der **Trend** über mehrere Bilanzstichtage hinweg, z. B. die Relation „Debitoren zu Kreditoren".

Widersprüche innerhalb der Rechnungslegung lassen in gewissem Umfang Rückschlüsse zu, z. B. das Verhältnis des Ertragsteuer-Aufwandes zu den handelsbilanzmäßig ausgewiesenen Reingewinnen.

Nach dem **Gesetz der großen Zahlen** wächst der Sicherheitsgrad statistischer Aussagen mit der Häufigkeit der Stichproben im Verhältnis zur Gesamtheit. Das gilt besonders für Vergleiche mit Branchen-Kennzahlen.

Ferner hat der **Aktiengesetz** vom 6. 9. 1965 (BGBl. I, S. 1089) die danach aufgestellten Bilanzen aussagefähiger gemacht. Seit dem 1. 1. 1967 dürfen Aktiengesellschaften willkürlich keine stillen Reserven mehr bilden. Sie haben sich, soweit es das **Anlagevermögen** betrifft, in der Höhe der Abschreibungen an einen einmal aufgestellten Plan zu halten. Der Plan ist mindestens alle drei

Jahre im Geschäftsbericht anzugeben. Ebenso sind wesentliche Änderungen der Bewertungs- und Abschreibungsmethoden im Geschäftsbericht zu erörtern.

Das **Umlaufvermögen** darf nur insoweit unter den Zeitwerten bewertet werden, wie der niedrigere Wertansatz *„bei vernünftiger kaufmännischer Beurteilung notwendig ist, um zu verhindern, daß in der nächsten Zukunft der Wertansatz dieser Gegenstände auf Grund von Wertschwankungen geändert werden muß."* Dabei sind allerdings steuerlich niedrigere Werte auch handelsrechtlich zulässig. Die Einhaltung dieser Vorschrift kann auf Antrag von mindestens 5 % des Aktienkapitals durch einen Sonderprüfer nachgeprüft werden. Die Hälfte dieses Jahresgewinns können Vorstand und Aufsichtsrat in die freien Rücklagen einstellen. Über die andere Hälfte beschließt die Hauptversammlung.

Neben dieser Einengung des Bewertungsspielraums sind in den Bilanzen seit 1967 zusätzliche **Gliederungsvorschriften** zu beachten und Erläuterungen zu geben, z. B.

- Angabe der Forderungen aus Lieferungen und Leistungen mit einer Restlaufzeit von mehr als einem Jahr (§ 151 AG).

- Aufgliederung der offenen Rücklagen (§ 152 AktG).

- Angaben zu den Pensionszahlungen und ihrer voraussichtlichen Entwicklung (§ 159 AktG).

- Gliederung der Gewinn- und Verlustrechnung in der Staffelform (§ 157 AktG).

- Bei Unternehmen, deren Geschäftszweig in der Erzeugung oder Fertigung von Gegenständen oder im Vertrieb von Waren besteht, sind als Umsatzerlös nur die Erlöse aus der Fertigung, Erzeugung oder Lieferung dieser Gegenstände oder Waren auszuweisen, und zwar nach Abzug von Preisnachlässen und zurückgewährten Entgelten. Andere Beträge dürfen nicht abgesetzt werden.

- Erweiterung des Geschäftsberichts über verbundene Unternehmen — Eintragungspflicht der Unternehmensverträge.

- Mitteilungspflicht für Schachtel- und Mehrheitsbeteiligungen.

- Aufstellung von Konzernabschlüssen und Konzernberichten (§§ 329, 330 AktG).

- Abhängigkeitsberichte bei faktischen Konzernen (§§ 311—318 AktG).

Im übrigen setzt sich bei den Geschäftsleitungen großer Unternehmen zunehmend die Erkenntnis durch, daß die Rechnungslegung als Instrument zur Rationalisierung und Überwachung des Geschäftsablaufs mittels Kennzahlen von so überragender Wichtigkeit ist, daß Verzerrungen aus Gründen vorübergehender Steuerersparnis, der Dividendenpolitik oder Management-Bequemlichkeit als störend empfunden werden. Nicht zuletzt wird diese Tendenz durch die Entwicklung der Technik in der Rechnungslegung gefördert. Wenn größere Transparenz und schnellere Abschlußbereitschaft erreicht werden sollen, ist eine exakte Organisation erforderlich, die willkürliche Handhabungen in der Buchführung und Bilanzierung nicht verträgt:

Beispielsweise setzt die permanente Errechnung des optimalen Lagerbestandes, unter Berücksichtigung der bei höheren Bestellmengen sinkenden Einkaufspreise und des Zinsverlustes durch Lagerung bis zum Verkauf, zutreffende Wertansätze voraus.

Bei Versandgeschäften ist eine exakte mengenmäßige Lagerbuchführung, u. U. elektronisch, Voraussetzung für die Kundenbelieferung und die Einkaufsdisposition. Damit ist weitgehend eine richtige Bestandsaufnahme zum Bilanzstichtag gewährleistet.

Der Abschluß wird bei größeren Unternehmen immer mehr zu einem **Rechenschaftsbericht** gegenüber vorgeplanten Zahlen (Soll-Ist-Vergleich). Planung, Realisation und Kontrolle im Betrieb schließen sich zu einem Regelkreislauf zusammen. Aber auch für kleinere und mittlere Betriebe ist die Bilanz als periodische Rechnungslegung eine wichtige Grundlage für betriebswirtschaftliche Überlegungen und Vergleiche. Wunder kann die mit so unzulänglichem Material arbeitende Bilanzanalyse nicht verrichten. Sie kann aber Diagnosen für Teilbereiche geben, damit ein Gesamturteil fundieren und Entscheidungen erleichtern.

Die eingangs wiedergegebenen Bedenken fallen zum großen Teil bei einer **internen Bilanzanalyse,** der die Bilanzunterlagen vollständig zur Verfügung stehen, weg. Sie kann beurteilen, ob die zu untersuchenden Bilanzen ordnungsgemäß aufgestellt worden sind und den Grundsätzen der Wahrheit und Klarheit entsprechen. (Grundsätze, die aus mancherlei Gründen nicht absolut, sondern nur relativ im Hinblick auf die jeweilige Zielsetzung verstanden werden können. So muß sich der Bewertungsmaßstab bei der periodischen Erfolgsermittlung eines rentierlichen Betriebs naturgemäß von dem eines in Liquidation befindlichen Unternehmens unterscheiden.)

Am Beginn interner analytischer Untersuchungen steht die **Aufbereitung des Zahlenmaterials** zur Herstellung der Vergleichbarkeit in der Gliederung und Bewertung der einzelnen Posten des Abschlusses. Gewöhnlich wird von den Zahlen der Steuerbilanz ausgegangen und der Gewinn vor Abzug der gewinnabhängigen Steuern als Erfolgsmaßstab genommen. Praktikable Auswertungsbereitschaft und eine die wirtschaftlichen Zusammenhänge frühzeitig aufzeigende Aussagefähigkeit sind hierbei wichtiger als eine bis ins Detail erfolgende zahlenmäßige Abstimmung. Zu diesen Aufbereitungsarbeiten gehört die Behebung störender Einflüsse von Geldwertschwankungen und strukturellen Veränderungen.

Beispiel:

Umsatz eines Warenhauses	200,0 Mill. DM
./. auf Geldwertveränderung beruhende Preiserhöhung = 3 % =	6,0 Mill. DM
	194,0 Mill. DM
./. Strukturänderung = Erweiterung der Verkaufsflächen um 5 % =	9,7 Mill. DM
vergleichbar mit dem Vorjahrsumsatz	184,3 Mill. DM

Echte Wertberichtigungsposten kürzen den betreffenden Bilanzposten auf der Gegenseite, z. B. das Delkredere bei den Debitoren. Rückstellungen sind zu bereinigen, soweit sie Rücklagencharakter (= Eigenkapital) haben. Etwaige stille Reserven beim Anlage- oder Umlaufvermögen sind u. U. durch Umwertungszahlen auszugleichen, z. B. an Hand der Versicherungswerte. Sonderabschreibungen, die den betriebsbedingten Wertverzehr übersteigen, sind zu eliminieren. Von der Ansetzung kalkulatorischer Zinsen und Wagnisse wird für Zwecke der Bilanzanalyse im allgemeinen abgesehen. Da die Beleihungsgrenze für Immobilien in der Regel bei 50—60 % liegt, kann bei einer sich bilanzmäßig ergebenden höheren Belastung insoweit auf stille Reserven geschlossen werden.

Die Ausschaltung all der vielen Störungsfaktoren ist für die Praxis der schwierigste Teil der Bilanzanalyse.

Bei einer **extern,** d. h. außerhalb des Unternehmens durchzuführenden Bilanzanalyse ist eine Aufbereitung in dem oben verstandenen Sinne nur begrenzt möglich. Sie muß sich im wesentlichen auf sonstiges, direktes oder indirektes **Quellenmaterial** stützen. Hierfür kommen vornehmlich in Betracht:

> Geschäftsberichte, Emissions-Prospekte, Börsenhandbücher, Hauszeitungen, Festschriften, Pressenotizen, statistische Veröffentlichungen, Bilanzbesprechungen in Wirtschaftszeitungen usw.

Der Aussagewert dieses Materials hängt von der Zuverlässigkeit der Zahlen, der systematischen und objektiven Darstellung, der Zeitnähe u. a. m. ab. Für die externe Bilanzanalyse gilt die resignierende Einschränkung, daß eine Bilanz zwar allerlei vermuten läßt, das Wesentliche aber — besonders bei geschickter „Kosmetik" — verbirgt. Infolge der Unzulänglichkeit der verfügbaren Unterlagen sind Fehlschlüsse nicht auszuschließen.

Aus der Analyse von Bilanzen, d. h. dem Zerlegen, Messen und Vergleichen ihrer einzelnen Positionen, ergeben sich durch Urteilsbildung **bilanzkritische Feststellungen.** Sie erstrecken sich vornehmlich auf die betriebswirtschaftliche Auswertung folgender Bereiche:

- Liquidität
- Vermögensaufbau
- Finanzierung

- Rentabilität

- Kostengestaltung

Hierbei lassen sich durch Gegenüberstellung bestimmter Positionen der Abschlüsse, zwischen denen ein wirtschaftlich bedeutsamer Zusammenhang besteht, Struktur und Lage eines Unternehmens beleuchten, um damit eine bestimmte Fragestellung zu beantworten oder die Beantwortung zu erleichtern. Das gilt z. B. für das wichtige Verhältnis von Anlagevermögen zu Eigenkapital. Unzureichend wäre es aber, derartige Beziehungszahlen nur an Hand der Bilanz e i n e s Zeitpunktes aufzustellen und auszuwerten. Ihre Ermittlung muß sich vielmehr auf eine Reihe von Stichtagen — möglichst im Vergleich mit entsprechenden betrieblichen Kennzahlen derselben Branche oder mit „Soll-Zahlen" — erstrecken, damit der Trend ersichtlich wird. Dem richtigen Erkennen des Trends sowie dem Aufzeigen von Ursache und Wirkung kommt bei der Bilanzanalyse entscheidende Bedeutung zu. Die aus den verschiedenen Beziehungszahlen gewonnenen Teilerkenntnisse sind dann systematisch zu einem umfassenden **Gesamtüberblick** zu verbinden, dessen entscheidende Aussage die **Rentabilität** ist. Als Kennzahlen erleichtern sie Informationsgewinnung und -weitergabe.

Die **steuerliche Betriebsprüfung** ist in der günstigen Lage, daß ihr für die Bilanzanalyse sehr weitgehende Möglichkeiten offenstehen. Sie erlangt nicht nur Kenntnis der vertraulichen Interna des betreffenden Unternehmens, sie kann auch Vergleiche mit ähnlich gelagerten Betrieben anstellen. In der Verwendung der durch Vergleich mit anderen Betrieben gewonnenen Erkenntnisse ist sie allerdings wegen ihrer Verpflichtung zur Wahrung des Steuergeheimnisses beschränkt (§ 22 OA). Aber schon die bei Vergleichen gefundene Bestätigung von Kennzahlen ist für ihre Arbeit wichtig. Das gilt besonders für die auf mengenmäßige Fakten bezogenen Zahlen des Abschlusses; z. B. Umsatz je qm Verkaufsfläche. Da die Betriebsprüfung eine umfassende Durchleuchtung des Unternehmens bezweckt, muß sie sich einen Überblick über dessen wirtschaftlichen Organismus verschaffen. Dies gilt um so mehr, als die Besteuerung zunehmend als Hilfsmittel der Wirtschaftspolitik eingesetzt wird und das Steuerrecht vielfach eine entsprechende Betrachtungsweise fordert. Eine rationell durchgeführte Betriebsprüfung muß sich auf Schwerpunkte, Anomalien und eine systematische Auswahl von Stichproben beschränken.

Diese **Abgrenzung der Prüfungsfelder** ist nur nach vorangegangener Bilanzanalyse sinnvoll möglich und so zu rechtfertigen. Nach den Umständen gebotene Schätzungen der Besteuerungsgrundlagen (§ 217 AO) beruhen vielfach auf durch Betriebsvergleich gewonnenen Kennzahlen, die damit materiell fühlbare Auswirkungen im Einzelfall haben können.

Für die Planwirtschaft kapitalistischer wie sozialistischer Prägung sind Kennzahlen zum wichtigsten Lenkungsinstrument geworden.

II. Betriebsvergleich

1. Innerer und äußerer Betriebsvergleich

Am häufigsten werden Bilanzanalysen durch Betriebsvergleich vorgenommen. **Unter Betriebsvergleich ist das systematische, zweckbestimmte Vergleichen betrieblicher Zahlengrößen zur Messung und Beurteilung wirtschaftlicher Tatbestände zu verstehen.**

Der Begriff „Betrieb" ist hierbei weit zu fassen. Es kann sich einmal um das Unternehmen im ganzen handeln, zum anderen nur um einzelne betriebliche Funktionen.

Derartige Betriebsvergleiche werden überwiegend in der Weise **durchgeführt**, daß die Abschlußzahlen mehrerer Jahre in vergleichender Betrachtung und systematischer Kombination gegenübergestellt werden. Dieses Verfahren beschränkt sich also auf die Untersuchung der Zahlen e i n e s Unternehmens und wird deshalb als i n n e r e r Betriebsvergleich bezeichnet. Er kommt vorwiegend bei Pflichtprüfungen zur Anwendung. Voraussetzung für einen solchen individuellen **Zeitvergleich** ist, daß die einzelnen Positionen des Abschlusses in Gliederung und Bewertung vergleichbar sind. Dies kann nur dann der Fall sein, wenn im Vergleichszeitraum bei unveränderter Betriebsstruktur die einzelnen Wirtschaftsvorgänge in gleicher Weise kontiert und kontinuierlich bewertet werden. Zieht sich ein Fehler konstant durch alle Abschlüsse, z. B. eine Unterbewertung des Warenbestandes, so wird er allerdings bei diesem Verfahren kaum bemerkbar sein. Unvermeidlich wird jeder innerbetriebliche Zeitvergleich durch äußere Einflüsse, wie Konjunkturschwankungen, Preis- und Lohnsituation, Rohstoffversorgung u. a. m., beeinträchtigt. Ein Nachteil dieses „einbetrieblichen" Vergleichs ist, daß es an einem echten Vergleichsmaßstab fehlt, d. h. es kann, wie Schmalenbach es ausdrückt, *„Schlendrian mit Schlendrian"* verglichen werden.

Zur Behebung dieses Mangels wird ergänzend der äußere Betriebsvergleich angewendet. Hierbei werden bestimmte, durch inneren Betriebsvergleich gewonnene Kennzahlen mit denen anderer Unternehmen derselben Branche oder mit dem Branchendurchschnitt verglichen. Dieses Verfahren bedingt jedoch, daß die Ermittlung der Kennzahlen nach übereinstimmenden Gesichtspunkten erfolgt und die Betriebe hinsichtlich Struktur und Größe vergleichbar sind. Das **Vergleichsmaterial** kann beispielsweise stammen

- aus dem Zahlenaustausch befreundeter Unternehmen,

- aus veröffentlichten Abschlüssen (vorwiegend von Aktiengesellschaften),

- aus statistischem Material der Verbände, Industrie- und Handelskammern und sonstigen Institutionen,

- aus der „Bilanzstatistik" des Statistischen Bundesamtes, die auf den Pflichtveröffentlichungen im Bundesanzeiger beruht.

Den praktischen Bedürfnissen und Möglichkeiten wird er in der Regel eine den Verhältnissen des Einzelfalles angepaßte Verbindung beider Verfahren am ehesten gerecht werden können.

2. Zeitvergleich an Hand der Bilanzen

Ausgangspunkt der vergleichenden Betrachtungen sind die nach einheitlichen Gesichtspunkten gegliederten Bilanzen. Sofern eine einheitliche Gliederung wegen Änderung des Kontenplans oder aus anderen Gründen nicht gegeben ist, muß sie durch entsprechende Umgruppierung herbeigeführt werden.

Die Bilanzen enthalten die **absoluten Zahlen.** Durch Umrechnung dieser absoluten Zahlen in Prozentanteile (Bilanzsumme = 100) tritt beim Vergleich mit den Vorjahren die anteilsmäßige Verschiebung der einzelnen Positionen im Bilanzgefüge deutlich hervor. Das Gewicht der Veränderung gegenüber dem Vorjahr kann als absoluter Betrag mit + oder ∕. eingesetzt werden. Diese Kombination in der Darstellung läßt die Schwergewichte der Veränderungen zahlenmäßig, aber auch in ihrer relativen Bedeutsamkeit erkennen. Dadurch bewahrt sie vor falschen „Diagnosen".

Bei Einbeziehung der **Prozentanteile** in den Zeitvergleich ist zu berücksichtigen, wie sich die Basis ihrer Betrachtung, nämlich die Bilanzsumme, entwickelt. So nimmt im Beispielsfall der Prozentanteil des Anlagevermögens trotz Erhöhung des absoluten Betrags infolge des stärkeren Anwachsens der Bilanzsumme ab. Die Anteilsätze hängen ferner stets voneinander ab. Wenn also ein Unternehmen beispielsweise nur über wenig Vorräte verfügt, steigen automatisch die Anteile der übrigen Positionen an der Bilanzsumme.

Bilanzanalyse — Zeitvergleich
Bilanzen der X-AG
(in 1000 DM)

Aktiva	Wirtschaftsjahr..01 DM	%	Wirtschaftsjahr..02 DM	%	Veränd. DM
I. Anlagevermögen					
1. Betriebl. Anlagevermögen					
Anfangsbestand	2 800		2700		
+ Zugang	1 000		1800		
	3 800		4500		
— Abschreibung	1 100		1500		
Endbestand	2 700	44,0	3000	42,0	+ 300
2. Finanzielles Anlagevermögen	100	1,6	200	2.8	+ 100
	2 800	45,6	3200	44,8	+ 400
II. Umlaufvermögen					
1. Roh-, Hilfs- und Betriebsstoffe	850	13,9	1050	14,6	+ 200
2. Halbfertige und fertige Erzeugnisse	380	6,2	330	4,6	— 50
3. Forderungen aus Warenlieferungen und Leistungen	1 300	21,1	1800	25,1	+ 500
4. Geldbestände (Kasse, Bank, Postscheck)	400	6,5	150	2,1	— 250
5. Besitzwechsel	250	4,1	100	1,4	— 150
6. Sonstige Forderungen	100	1,6	450	6,3	+ 350
	3 280	53,4	3880	54,1	+ 600
III. Aktive Rechnungsabgrenzung	60	1,0	80	1,1	+ 20
Bilanzsumme, aktiv	6 140	100	7160	100	+ 1020
Passiva					
I. Grundkapital	1 500	24,4	1500	21,0	—
II. Gesetzliche und freie Rücklagen	200	3,3	350	4,9	+ 150
III. Rücklage für Ersatzbeschaffung	—		250	3,5	+ 250
IV. Rückstellungen	800	13,0	1000	14,0	+ 200
V. Langfristige Verbindlichkeiten					
1. Hypothek	500	8,2	500	7,0	—
2. Darlehen	200	3,2	300	4,2	+ 100
	700	11,4	800	11,2	+ 100

VI. Kurz- und mittelfristige Verbindlichkeiten						
1. Warenverbindlichkeiten	1 200	19,5	1100	15,3	—	100
2. laufende Bankkredite	600	9,8	800	11,2	+	200
3. Eigene Akzepte	650	10,6	850	11,9	+	200
4. Sonstige Verbindlichkeiten	250	4,1	190	2,6	—	60
	2 700	44,0	2940	41,0	+	240
VII. Passive Rechnungsabgrenzung	80	1,3	120	1,7	+	40
VIII. Gewinn:						
Wirtschaftsjahr ..01	160	2,6	10	0,1	—	150
Wirtschaftsjahr ..02	—		190	2,6	+	190
Bilanzsumme, passiv	6 140	100	7160	100	+	1020
Beschäftigte im Durchschnitt	600		700		+	100
Arbeitsstunden, produktive	700 000 Std.		850 000 Std.		+	150 000
Gebäude-Nutzfläche	8 000 qm		9 500 qm		+	1 500

Eine **Kombination** des inneren und äußeren Betriebsvergleichs zeigt — in vereinfachter Darstellung — das folgende Beispiel unter bilanz- und umsatzmäßiger Betrachtung. Sie zeigt deutlich die — dank des stärkeren Umsatzanstiegs — günstigere Entwicklung des eigenen Betriebs und relativiert die bilanzmäßige Gliederung durch die Beziehungszahlen zum Umsatz.

	Eigener Betrieb		Vergleichsbetrieb	
Wirtschaftsjahr	..01	..02	..01	..02
I. Gliederungszahlen in % der Bilanzsumme (in Mill. DM)	(6,14)	(7,16)	(8,0)	(10,0)
Aktiva: Anlagevermögen	45,6	44,8	54,3	52,8
Vorratsvermögen	20,1	19,2	22,4	23,5
sonstige Aktiva	34,3	36,0	23,3	23,7
Passiva: Fremdkapital	69,7	67,9	65,3	68,2
Eigenkapital	30,3	32,1	34,7	31,8
Bilanzsumme	100,0	100,0	100,0	100,0
II. Beziehungszahlen in % vom Umsatz (in Mill. DM)	(12,34)	(16,9)	(15,0)	(18,0)
Aktiva: Anlagevermögen	22,7	18,9	28,9	29,4
Vorratsvermögen	10,0	8,2	11,9	13,1
sonstige Aktiva	16,6	14,8	12,4	13,2
Passiva: Fremdkapital	34,9	28,0	34,8	37,9
Eigenkapital	15,1	13,6	18,5	17,7
Bilanzsumme	49,8	42,9	53,3	55,5

Zum Branchenvergleich kann die **Bilanzstatistik** des Statistischen Bundesamtes herangezogen werden. Diese gliedert die **Aktivseite** der von ihr untersuchten Bilanzen — unterteilt nach Wirtschaftsgruppen — auf ihren anlage-, vorrats- und forderungsintensiven Vermögensaufbau hin wie folgt:

	in Prozent der Bilanzsumme
Sachanlagen	z. B. 48,4 %
Finanzanlagen	7,8 %
Vorräte	18,0 %
Forderungen, langfristige	2,5 %
Forderungen, kurzfristige	16,1 %
Flüssige Mittel	6,4 %

Die **Passivseite** ist wie nachstehend aufgegliedert:

	in Prozent der Bilanzsumme
Grundkapital	z. B. 22,5 %
Rücklagen (gesetzliche, freie sowie steuerbegünstigte Rücklagen und Gewinnvortrag ∕. Verlustvortrag)	12,4 %
Vermögensabgabe	1,0 %
Sonderwertberichtigungen	2,2 %
Langfristige Rückstellungen und Sozialverbindlichkeiten	8,4 %
Langfristige Verbindlichkeiten	19,9 %
Kurzfristige Rückstellungen und Verbindlichkeiten (ohne Einzebiehung der Rechnungsabgrenzungsposten)	30,6 %

3. Zeitvergleich an Hand der Gewinn- und Verlustrechnungen

Bilanzen geben nur den „Status", d. h. eine Momentaufnahme zum Stichtag des Abschlusses, wieder. Die „Dynamik" des Unternehmens geht jedoch aus den Gewinn- und Verlustrechnungen hervor. Letztlich schlägt sich alles betriebliche Geschehen in Kosten (Ausgaben) einerseits und Leistungen (Erlösen) andererseits nieder. Nur der Betrieb ist lebensfähig, der auf lange Sicht seine Kosten durch Leistungen deckt. Eine vergleichende Betrachtung von Aufwendungen und Erträgen in absoluten und prozentualen Zahlen zeigt die Quellen von Erfolg und Mißerfolg sowie etwaige Risiken. Dabei können die einzelnen Posten in Prozentsätzen des Umsatzes oder einer anderen Bezugsgröße, wie etwa des Produktionswertes, ausgedrückt werden.

Zeitvergleich — Indexverfahren
Gewinn- und Verlustrechnung
(in 1000 DM)

	Wirtschaftsjahr ..01			Wirtschaftsjahr ..02		
	DM	An-teil %	Verän-derung %	DM	An-teil %	Verän-derung[1]) %
I. Aufwendungen:						
1. Einsatz an Roh- und Hilfsstoffen	2 400	19,3		3 100	18,0	29
2. Bestandsveränderung bei Halb- und Fertigerzeugnissen	—	—		50	0,3	—
3. Löhne und Gehälter	4 750	38,2		6 250	36,4	32
4. Soziale Aufwendungen	950	7,6		1 300	7,6	37
5. Abschreibungen auf:						
a) Anlagevermögen	1 100	8,8		1 500	8,7	36
b) Forderungen	60	0,5		90	0,5	50
6. Instandhaltungskosten	420	3,3		840	4,8	100
7. Allgemeine Betriebsaufwendungen	650	5,2		930	5,3	43
8. Betriebliche Steuern, Beiträge usw.	120	1,0		150	0,9	25
9. Zinsen	200	1,6		250	1,5	25
10. Allgemeine Verwaltungsaufwendungen	450	3,6		700	4,1	55
11. Vertriebsaufwand	500	4,0		650	3,8	30
12. Provisionen usw.	600	4,8		800	4,6	33
13. Steuern vom Ertrag und Vermögen	100	0,8		150	0,9	50
14. Zuführung zur Rücklage	—	—		250	1,5	—
	12 300	98,7		17 010	98,9	
II. Erträge:						
1. Erlöse aus Lieferungen und Leistungen	12 340	99,1		16 900	98,3	37
2. a. o. Erträge	40	0,3		300	1,7	
3. Bestandsveränderung bei Halb- u. Fertigerzeugnissen	80	0,6		—	—	
	12 460	100		17 200	100	
III. Reingewinn (II ⁒ I)	160	1,3		190	1,1	18
+ Zuführung zu Rücklagen aus echten Gewinnen	—			—		
	160	1,3		190	1,1	

*) Die Veränderung ist ausgedrückt in % der Vergleichszahl ...01

Ein echter Aussagewert wird im allgemeinen nur dann gegeben sein, wenn die Aufwands- und Ertragsrechnung unsaldierte und weitgehend aufgegliederte Posten enthält. Eine Verfeinerung des Zeitvergleichs ist zu erreichen, wenn für das gleiche Objekt und den gleichen Zeitraum geplante bzw. geschätzte Soll-Zahlen mit den Effektivzahlen verglichen werden **(Soll-Ist-Vergleich)**. Bei zunehmender Betriebsgröße ist eine solche „Planrechnung" ein unentbehrliches Lenkungsinstrument für die Unternehmensleitung.

Wird die Veränderung gegenüber dem Vorjahr im einzelnen prozentual ausgedrückt (Index-Verfahren), so sieht man deutlich, welche Aufwandsposten im Vergleich mit der Umsatzentwicklung anomal liegen. Schlüsse aus solchen Veränderungszahlen können jedoch nur dann gezogen werden, wenn die Vergleichsgrundlage (z. B. des Vorjahrs) nicht aus dem Rahmen fällt. Ansonsten zeigen derartige Veränderungszahlen die Punkte auf, die einer näheren Betrachtung hinsichtlich ihrer Auswirkung auf das Betriebsergebnis zu unterziehen wären.

III. Vermögensaufbau und Finanzierung in bilanzkritischer Betrachtung

Zum Vermögen gehören die materiellen und immateriellen Wirtschaftsgüter eines Betriebs, während in seinen Kapitalposten die Quellen sichtbar werden, aus denen diese Wirtschaftsgüter finanziert worden sind. Beide finden in der **Bilanz** ihren Niederschlag. Vermögensaufbau und Finanzierung stehen für das Leben eines Unternehmens in einem schicksalhaften Verbund.

Für den Aufbau eines Unternehmens spielt die Herkunft der Mittel in rechtlicher wie in wirtschaftlicher Beziehung eine wichtige Rolle. Die Kapitalbeschaffung muß wirtschaftlich, also mit den geringstmöglichen Kosten erfolgen. Bei der Wahl der Finanzierungsmittel muß die konjunkturelle Lage berücksichtigt werden. Dies würde beispielsweise bedingen: Emission von Aktien in der Hausse, von Obligationen in der Baisse. Fremde Mittel haben feste Zinsbelastungen — „Geld kostet Geld" — unabhängig vom Umsatz und Ertrag zur Folge und engen wegen ihres Abzugs- und Prolongationsrisikos die Entscheidungsfreiheit ein. Fehldispositionen gefährden die Rentabilität, u. U. die Existenz des Unternehmens.

Vermögensaufbau und Finanzierungsart bedingen eine ständige harmonische Abstimmung von Stabilität, Liquidität und Rentabilität. So sollen Gelder, die kurzfristig aufgenommen sind, auch nur kurzfristig angelegt werden (Goldene Bankregel). Anzustreben ist eine Kapitalstruktur, bei der Gewinn- und Unternehmenswachstum nicht maximal, sondern optimal sind. Hohe Bestände an Zahlungsmitteln sind kein Maßstab für eine gute Finanzpolitik. Diese zeigt sich vielmehr in einem ausreichenden Überschuß kurzfristig und vollwertig, oder mit nur geringem Disagio, flüssig zu machender und bis zur Verwertung ertragbringender Vermögensteile. Wie zu finanzieren ist, bestimmen nicht starre Regeln, sondern letztlich die Gewinnerwartungen und die gegebenen Möglichkeiten zur Mittelbeschaffung. Unternehmerische Betätigung heißt: Streben nach Gewinnerzielung. Gewinne lassen sich in der Regel nicht ohne Risiken erzielen. Diese müssen aber unter Kontrolle bleiben. Entscheidend ist die Aufrechterhaltung des finanziellen Gleichgewichts, d. h. die Refinanzierung des Aufwands aus dem Ertrag.

1. Vermögensaufbau

Bilanzanalysen beginnen gewöhnlich mit dem Vermögensaufbau. Für die Beurteilung der Vermögensanlagen sind grundsätzlich von Bedeutung:

- **Sicherheit gegen Werteinbußen**

    beispielsweise durch technisches Veralten beim Anlagevermögen, durch Verderb oder Unmodernwerden beim Vorratsvermögen, durch Ausfallrisiken bei Kundenforderungen usw. (safety first);

- **Realisierbarkeit**

  d. h. die Möglichkeit, bestimmte Vermögensteile ohne Zeiteinbuße und Wertverlust flüssig zu machen;

- **Ertragsfähigkeit**

  unmittelbare, wie z. B. verzinsliche Forderungen, mittelbare, wie z. B. Sachanlagen.

Der Vermögensaufbau wird je nach Art (Grundstoffindustrie — Handelsbetrieb) und Größe (Publikums-Kapitalgesellschaft — Einzelunternehmen) unterschiedlich sein. Absolute Zahlen besagen meist nicht viel. Es gibt jedoch eine Reihe von Verhältniszahlen mit beachtlichem Aussagewert.

a) Verhältnis Anlagevermögen zum Umlaufvermögen

(Belastung mit fixen Kosten)

Beim Anlagevermögen sind nur die Gegenstände auszuweisen, die am Abschlußstichtag bestimmt sind, dauernd dem Geschäftsbetrieb der Gesellschaft zu dienen (§ 152 Abs. 1 AktG). Zur Führung eines Betriebs ist regelmäßig ein gewisser Mindestbestand an Waren erforderlich. Deshalb wird verschiedentlich ein solcher **„eiserner Bestand"** ebenfalls dem Anlagevermögen zugerechnet. Das Umlaufvermögen umfaßt alle Vermögensteile, die nicht zum Anlagevermögen gehören, d. h. in erster Linie die Wirtschaftsgüter, die zum Verbrauch und zur Veräußerung bestimmt sind. Das Anlagevermögen verursacht stets fixe, das heißt vom Beschäftigungsgrad unabhängige Kosten, wie z. B. Abschreibungen, Verzinsung, Wartung, Bewachung usw. Diese Kosten fallen auch bei stilliegenden Anlagen an. Je größer das Anlagevermögen im Verhältnis zum Umlaufvermögen ist, um so höher ist die Belastung mit den nur wenig beeinflußbaren Kosten der Betriebsbereitschaft. Anlageintensive Unternehmen der Grundstoffindustrie, z. B. Stahlwerke, reagieren aus diesem Grunde bei Konjunkturschwankungen vergleichsweise empfindlicher als Handelsbetriebe.

Im Beispielfall beträgt das Verhältnis Anlage- zu Umlaufvermögen (prozentual zur Bilanzsumme) 45,6 : 53,4 % im Wirtschaftsjahr .. 01, bzw. 44,8 : 54, % im Wirtschaftsjahr .. 02. Im allgemeinen wird bei Fertigungsbetrieben das Verhältnis „Anlage- zu Umlaufvermögen" mit 60 : 40 für angemessen gehalten. Diese Relation ist im vorliegenden Fall nahezu umgekehrt, also wesentlich günstiger, so daß man hieraus auf stille Reserven beim Anlagevermögen schließen kann.

b) Betriebswirtschaftlicher Deckungsgrad

(Goldene Bilanzregel)

Das Anlagevermögen verliert, wie die Erfahrung lehrt, an Wert, wenn es nicht mehr einem rentierlichen Betrieb dient. Bei seiner meist längere Zeit beanspru-

Vermögensaufbau   Wirtschaftsjahr..01   Wirtschaftsjahr..02
(Positionen nach Aktiengesetz)
in 1000 DM

1. *Verhältnis Anlage- zu Umlaufvermögen*
   (Belastung mit fixen Kosten)

   $\dfrac{\text{Anlagevermögen (I)}}{\text{Bilanzsumme}}$ $\dfrac{2800}{6140} = 45{,}6\,\%$ $\dfrac{3200}{7160} = 44{,}8\,\%$

   $\dfrac{\text{Umlaufvermögen (II)}}{\text{Bilanzsumme}}$ $\dfrac{3280}{6140} = 53{,}4\,\%$ $\dfrac{3880}{7160} = 54{,}1\,\%$

2. *Betriebswirtschaftlicher Deckungsgrad*

   $\dfrac{\text{Eigenkapital (I, II, VIII)} + \text{langfristiges Fremdkapital}}{\text{Anlagevermögen (I)}}$

   $= \dfrac{1500+200+160+700}{2800} = \dfrac{2560}{2800} = 91\,\%$ $\dfrac{\begin{array}{c}1500+350+190\\+10+250+800\end{array}}{3200} = \dfrac{3100}{3200} = 97\,\%$

3. *Grad der Betriebserneuerung*

   $\dfrac{\text{Anlagezugänge des Wirtschaftsjahrs}}{\text{Betriebliches Anlagevermögen am Anfang des Wirtschaftsjahrs (I, 1)}}$ $\dfrac{1000}{2800} = 35{,}7\,\%$ $\dfrac{1800}{2700} = 66{,}7\,\%$

4. *Mittelbindung durch Warenvorräte*

   $\dfrac{\text{Warenvorräte (II, 1, 2)}}{\text{Gesamtkapital (Bilanzsumme ./. VII)}}$ $\dfrac{850+380}{6080} = \dfrac{1230}{6080} = 20{,}3\,\%$ $\dfrac{1050+330}{7040} = \dfrac{1380}{7040} = 19{,}7\,\%$

5. *Entwicklung der Warenforderungen*

   $\dfrac{\text{Warenforderungen (II, 3)}}{\text{Umlaufvermögen (II)}}$ $\dfrac{1300}{3280} = 39{,}6\,\%$ $\dfrac{1800}{3880} = 46{,}4\,\%$

6. *Risikoausgleich*
   (Wahrung der Gleichwertigkeit)

   $\dfrac{\text{Geldwerte (II, 3—6, III)}}{\text{Fremdkapital (IV, V, VI, VII)}}$

   $= \dfrac{\begin{array}{c}1300+400+250\\+100+60\end{array}}{\begin{array}{c}200+700+2700\\+80\end{array}} = \dfrac{2110}{4280} = 49{,}3\,\%$ $\dfrac{\begin{array}{c}1800+150+100\\+450+80\end{array}}{\begin{array}{c}1000+800+2540\\+120\end{array}} = \dfrac{2530}{4860} = 53{,}0\,\%$

7. *Investition je Arbeitsplatz*

   $\dfrac{\text{Betriebliches Anlagevermögen (I, 1)}}{\text{Beschäftigtenzahl}}$ $\dfrac{2700}{600} = 4500\text{ DM}$ $\dfrac{3000}{700} = 4300\text{ DM}$

   $\dfrac{\text{Gebäudenutzfläche in qm}}{\text{Beschäftigtenzahl}}$ $\dfrac{8000}{600} = 13{,}3\text{ qm}$ $\dfrac{9500}{700} = 13{,}6\text{ qm}$

chenden Verwertung wird oft nur ein Bruchteil der investierten Kosten erlöst. Deshalb soll tunlichst das nur schwer realisierbare Anlagevermögen durch Eigenkapital oder langfristig verfügbare Fremdmittel gedeckt sein. Dieser als **„Goldene Bilanzregel"** bekannte Erfahrungssatz ist selbstverständlich nur als **grobe Leitlinie** zu verstehen. Ein Unternehmen, das hiergegen verstößt, braucht deshalb noch nicht in Liquiditätsschwierigkeiten zu geraten. Andererseits ist eine Beachtung dieser „Goldenen Bilanzregel" kein sicherer Schutz vor Illiquidität, wenn nicht bestimmte weitere Voraussetzungen gegeben sind. Es hat sich jedoch gezeigt, daß mit der „Goldenen Bilanzregel" dem Prinzip der Gewinnmaximierung im allgemeinen am besten Rechnung getragen wird.

Eigenkapital ist frei von dem Risiko der das Gleichgewicht störenden Rückzahlungsverpflichtungen. Eine hohe Eigenkapitalquote erleichtert deshalb die Aufrechterhaltung der finanziellen Ordnung. Andererseits darf nicht übersehen werden, daß Fremdfinanzierung zwar nicht besser, oft aber billiger ist als Eigenkapital. Dies gilt besonders für Kapitalgesellschaften, bei denen der Gewinnausschüttung als Verzinsung des Eigenkapitals eine steuerliche Belastung von Gewinn und Vermögen bei der Gesellschaft als selbständigem Steuersubjekt vorangeht. Die Annahme, daß Eigenkapital immer langfristig dem Unternehmen dient, gilt nur bedingt; so kann beispielsweise bei Personengesellschaften das Eigenkapital infolge von Kündigungsmöglichkeiten nur kurzfristig verfügbar sein. Versteuerte stille Reserven sind — in der Beurteilung der Finanzierung — den Eigenkapitalkosten zuzurechnen.

Wie unterschiedlich die Finanzierung durch Eigenkapital innerhalb einzelner Industriezweige verwirklicht ist, zeigt folgende auf bilanzstatistischen Untersuchungen des Instituts für Bilanzanalyse beruhende Übersicht:

Industriezweige	Eigenmittel, in Prozent des Anlagevermögens
Ruhrkohlenbergbau	55,0
Energieversorgung	50,0
Eisenschaffende Industrie	48,6
Eisen- und Stahlverarbeitung	79,7
Automobilindustrie	66,0
Elektroindustrie	89,7
Chemie	75,3
Textilindustrie	88,5
Brauereien	71,5

Im Beispielfall ist das Anlagevermögen zu 66 bzw. 72 % durch Eigenkapital gedeckt. Dieser Satz ist als günstig anzusehen. Die obere Beleihungsgrenze beträgt bei lang- und mittelfristigen Krediten im allgemeinen 40 % des modifizierten Nettobuchwerts des gesamten betrieblichen Anlagevermögens. Die Modifizierung besteht in der Hinzurechnung von Sonderabschreibungen und — erforderlichenfalls — einer Abschreibungsberechnung nach der linearen Methode.

Durch Eigenkapital und langfristig verfügbare Fremdmittel ist das Anlagevermögen nach den Zahlen des Beispielsfalles zu 91 bzw. 97 % gedeckt. Langfristige Investitionen mit kurzfristig kündbaren Fremdgeldern zu finanzieren, hat schon manche Zahlungseinstellung ausgelöst. Wie die Erfahrung gelehrt hat, läßt sich trotz noch so geschickter Dispositionen aus „kurz" nicht auf die Dauer „lang" machen. Deshalb ist darauf zu achten, daß neben vorsorglich eingeholten Kreditlinien ein ausreichendes Umlaufvermögen zur Verfügung steht, damit Verzinsung und Tilgung des Fremdkapitals auch dann gesichert sind, wenn bei Absatzschwankungen das Umlaufvermögen durch Preisrückgang bei Rohstoffen und Fertigerzeugnissen, Ausfällen bei Kunden, Krediteinschränkungen usw. eine Schrumpfung erfährt.

Der Unternehmer wird ferner zu prüfen haben, ob es nicht wirtschaftlicher ist, Anlagegüter zunächst — u. U. langfristig — zu mieten und sich einen späteren Kauf vorzubehalten, d. h. die Möglichkeiten des **Leasing** in Anspruch zu nehmen.

c) Grad der Betriebserneuerung

Als Maßstab dient hierfür die Höhe der Zugänge beim Sachanlagevermögen im Vergleich zu den Buchwerten am Jahresanfang. Im Beispielsfall machen diese „Investitionsquoten" 35,7 % im Wirtschaftsjahr .. 01 bzw. 66,7 % im Wirtschaftsjahr .. 02 aus, d. h. sie liegen verhältnismäßig hoch.

Wenn auch der Prozentsatz der Zuwachsrate in erheblichem Maße von der Abschreibungspolitik abhängig ist, erlaubt er doch aufschlußreiche Vergleiche mit anderen Unternehmen und der Branche.

Hohe Investitionen müssen sich nicht immer positiv auswirken; denn bei neuen Investitionen ist deren Rentabilität von Einfluß auf die durchschnittliche Rentabilität des Unternehmens. Je nachdem, ob die „Grenzrentabilität" höher oder geringer ist, erhöht oder vermindert sie die bisherige Durchschnittsrentabilität.

d) Mittelbindung durch Warenvorräte

Höhe und Umfang der Warenvorräte haben dem Auftragsbestand und der Umschlagshäufigkeit zu entsprechen. Das Verhältnis

„Warenvorräte zu Gesamtkapital"

zeigt, in welchem Umfang — abgesehen von stillen Reserven — durch die Warenbestände Mittel gebunden sind. Überhöhte Warenvorräte verursachen vermeidbare Zinsverluste und führen u. U. zur Illiquidität; zu geringe Warenvorräte können den Betriebsablauf hemmen und die Wettbewerbsfähigkeit mindern. Oft entzieht sich jedoch die Höhe der Lagerbestände der eigenen Disposition; z. B. wenn bei technisch bedingter konstanter Produktionshöhe die geplante Absatzmenge infolge anormaler Witterungsverhältnisse nicht erreicht wird.

Bilanzanalyse / Bilanz- und Branchenvergleich

Im Beispielsfall beträgt die Verhältniszahl 20,3 % bzw. 19,7 % vom Gesamtkapital. Dieser Prozentsatz kann nur im Rahmen der Branche und der dort üblichen Umschlagshäufigkeit beurteilt werden. Im allgemeinen sollen die Warenvorräte 50 % des Umlaufvermögens nicht übersteigen; nach den Zahlen im Beispielsfall ist ihr prozentualer Anteil am Umlaufvermögen:

$$\text{in . . 01} \quad \frac{1230}{3280} = \text{rd. } 37,5 \text{ \%}$$

$$\text{in . . 02} \quad \frac{1380}{3880} = \text{rd. } 35,5 \text{ \%}$$

Im übrigen sollte der durchschnittliche Lagerbestand (= eiserner Bestand) wie das Anlagevermögen möglichst durch langfristiges Fremdkapital oder Eigenkapital gedeckt sein. Dieses Ziel wurde im Beispielsfall nicht erreicht, das Deckungsverhältnis im Zweitjahr jedoch verbessert, wie nachstehende Zahlengegenüberstellung zeigt:

	Wirtschaftsjahr . . 01	Wirtschaftsjahr . . 02
Anlagevermögen	2800	3200
Warenvorräte	1230	1380
	4030	4580
Eigenkapital	1860	2300
Langfristiges Fremdkapital	700	800
	2560	3100
Deckungsverhältnis	64,0 %	67,8 %

e) Entwicklung des Bestandes an Warenforderungen

Neben den Warenvorräten sind die Warenforderungen die wichtigste Größe im Umlaufvermögen. Stellt man ihre Entwicklung nicht in prozentualer Beziehung zur Bilanzsumme, sondern zum Umlaufvermögen, so bleibt sie in ihrer relativen Höhe von den Veränderungen im Anlagevermögen unbeeinflußt, ihre Bedeutung innerhalb des Umlaufvermögens tritt dagegen hervor. Überhöhte Außenstände bringen Zinsverluste und zwingen oft zur Aufnahme teurer Kredite. Der Unternehmer wird dann zu prüfen haben, ob er sich nicht besser des Faktoringsystems bedient, wobei der Faktor diese Forderungen aufkauft und im eigenen Namen einzieht. Eine solche Entscheidung würde erleichtert, wenn die Jahresabschlüsse den Überhang von Forderungen erkennen lassen, deren Fälligkeit bereits eingetreten ist.

Daraus ergeben sich zugleich Anhaltspunkte für die Bemessung der Delkredere-Wertberichtigung in der Steuer-Bilanz. Die Besprechung der Position „Debitoren" bei den Pflichtprüfungen erstreckt sich meist auf eine gruppenweise Darstellung der Zusammensetzung der Forderungen nach ihrer Höhe — in Zahl der Einzelforderungen und Anteil am Forderungsbestand — sowie ihres Ausgleichs, beispielsweise innerhalb von zwei Monaten nach Bilanzstichtag.

z. B. Wirtschaftsjahr	..01	in %	..02	in %
Warenforderungen, insgesamt davon	1 590 000	100	2 340 000	100
bis zu 6 Monaten überfällig				
Zahl	40		45	
Betrag	460 000	28,9	900 000	38,5
mehr als 6 Monate überfällig				
Zahl	10		12	
Betrag	130 000	8,2	140 000	5,9
mehr als 1 Jahr Restlaufwert				
Zahl	2		3	
Betrag	159 000	10,0	351 000	15,0

Im Beispielsfall betrug der prozentuale Anteil der Warenforderungen bezogen auf

	Bilanzsumme	Umlaufvermögen
im Wirtschaftsjahr ..01	21,1 %	39,6 %
im Wirtschaftsjahr ..02	25,1 %	46,6 %

d. h., beide Relationen lassen ein starkes Anwachsen der Warenforderungen erkennen, das nicht auf eine Verschlechterung der Zahlungsbereitschaft der Kunden, sondern auf die Geschäftsausweitung (Umsatzsteigerung von 37 %) zurückzuführen sein dürfte.

f) Risiko-Ausgleich

gehört zu den vornehmlichen Aufgaben der Unternehmensleitung und kann in verschiedenster Weise erfolgen; z. B.

- hinsichtlich des Geschäftszweiges durch Kombination konjunkturempfindlicher mit konjunkturunempfindlichen Geschäften (beispielsweise Warenhauskonzerne mit Häusern höherer und niedrigerer Preislage, Herstellung absatzgefährdeter Modeartikel und verbrauchsbeständiger Nahrungsmittel, Vertrieb von Spirituosen und Fruchtsäften),
- durch räumliche Vermögensverteilung, z. B. Zweigbetriebe im Ausland, Betriebsaufspaltung z. B. in Besitz- und Betriebsfirmen;
- im zeitlichen Ablauf der Geschäfts, etwa hinsichtlich der Fälligkeit von Verbindlichkeiten;
- durch Abschluß von Rückversicherungsverträgen.

In Zeiten schwankenden Geldwertes kommt der Verteilung zwischen Geld- und Sachvermögen besondere Bedeutung zu. Durch Aufrechterhaltung des Grundsatzes der Gleichwertigkeit der Vermögens- und Kapitalstruktur kann den nachteiligen Folgen von Währungsschwankungen entgegengewirkt werden.

Entscheidend ist hier das Verhältnis

Fremdkapital zu Sach- bzw. Geldwerten.

Überwiegt das Fremdkapital gegenüber den Geldwerten, erwachsen bei sinkenden Geldwerten Vorteile, da die Fremdmittel dann zum Teil im wertbeständigen Sachvermögen angelegt sind.

Im Beispielsfall sind vom Eigen- und Fremdkapital in Geld- und Sachwerten angelegt:

Aktiva	1000 DM	Wirtschaftsjahr .. 01		1000 DM	Passiva
Sachwerte	4030	65,7 %	Eigenkapital	1860	30,3 %
Geldwerte	2110	34,3 %	Fremdkapital	4280	69,7 %
	6140	100,0 %		6140	100,0 %

Es stehen also im

	Wirtschaftsjahr .. 01		Wirtschaftsjahr .. 02	
dem Fremdkapital von	4280 =	100,0 %	4860 =	100,0 %
an Geldwerten gegenüber:	2110 =	49,3 %	2580 =	53,0 %.
so daß auf Sachwerte	2170 =	50,7 %	2280 =	47,0 %

entfallen, d. h. also, daß rd. die Hälfte des Fremdkapitals in Sachvermögen angelegt wurde, das von einem Sinken der Geldwerte unberührt bleibt.

g) Investition je Arbeitsplatz

Als Kennzahl für den Betriebsvergleich dient das für den Arbeitsplatz investierte Anlagevermögen. Im Beispielsfall beträgt es:

im Wirtschaftsjahr .. 01	im Wirtschaftsjahr .. 02
2 700 000 : 600 = 4500,— DM	3 000 000 : 700 = 4300,— DM

Ergänzend hierzu kann die Relation „Gebäudenutzfläche : Beschäftigtenzahl" dienen

im Wirtschaftsjahr .. 01	im Wirtschaftsjahr .. 02
8000 : 600 = 13,3 qm	9500 : 700 = 13,6 qm

Die durch Zunahme der Beschäftigtenzahl offenbar verursachte Vergrößerung der Gebäudenutzfläche hat zugleich zu einer räumlichen Verbesserung je Arbeitsplatz geführt, möglicherweise auch insoweit zu einer gewissen Kapazitäts-Reserve.

2. Finanzierung

Unter **Finanzierung** wird die **zur Begründung und Erhaltung von Vermögenswerten erforderliche Beschaffung von Eigen- und Fremdkapital in Geld- und Sachwerten** verstanden. Im weiteren Sinn fallen hierunter alle Transaktionen, die im Betriebsablauf zu Veränderungen in der Zusammensetzung der Vermögenswerte oder zu Umgruppierungen der Eigenkapital- und Schuldposten führen.

Die Zusammenhänge in der Finanzierung eines Unternehmens können zweckmäßig durch eine „**Bewegungs-Bilanz**" aufgezeigt werden. Grundgedanke ist hierbei, daß das Sichtbarwerden der Veränderungen der einzelnen Bilanzgrößen wichtiger für die Unternehmens-Beurteilung sein kann als die Kenntnis der Bestände zu den Abschlußzeitpunkten. Durch Gegenüberstellung der Veränderungen (+ oder ∕.) bei den einzelnen Vermögens- oder Schuldposten der Bilanz innerhalb zweier aufeinanderfolgender Wirtschaftsabschnitte in Kontenform wird ersichtlich, aus welchen Quellen dem Unternehmen die Mittel zugeflossen sind (Mittelherkunft) und zu welchen Zwecken sie Verwendung gefunden haben (Mittelverwendung). Eine solche Differenzrechnung zwischen zwei Bestands-Bilanzen (Bewegungsbilanz) verdeutlicht nicht die Finanzierung im einzelnen, wohl aber den Wertefluß insgesamt innerhalb des Wirtschaftsjahres. Eine exakte Zuordnung der Einnahmen zu bestimmten Ausgaben ist ohnehin praktisch unmöglich, da im Zuge der wirtschaftenden Tätigkeit des Betriebs das Anfallen und die Verwendung der Mittel laufend ineinander übergehen.

Die **Mittelverwendung** (Soll) zeigt sich in

- Anlage-Investitionen,
- Stärkung des Umlaufvermögens,
- Abbau von Verbindlichkeiten,
- Gewinnverwendung.

Die **Quellen** (Haben) hierzu beruhen — abgesehen von **Vermögensumschichtungen** (Umfinanzierungen) — auf

- Eigenfinanzierung, z. B. Einlagen, Kapitalerhöhung durch Aufnahme neuer Gesellschafter,
- Innenfinanzierung, z. B. durch Anlagen-Abschreibung, und Gewinn einschl. Rücklagenbildung (Selbstfinanzierung),
- Fremdfinanzierung, z. B. Bankkredit.

Die aus der Veränderung der Aktiva und Passiva resultierenden Plus- und Minus-Posten müssen sich — unter Einbeziehung des laufenden Gewinns und der Gewinnverwendung — decken.

Bewegungsbilanz
(in 1000 DM)

Wirtschaftsjahr .. 02

	DM	DM	%
Mittelverwendung:			
I. *Investierung in Anlagen*			
1. Betriebliches Anlagevermögen	1800		
2. Finanzielles Anlagevermögen	100	1900	57,9
II. *Vermehrung des Umlaufvermögens*			
1. Roh-, Hilfs- und Betriebsstoffe	200		
2. Forderungen aus Warenlieferungen und Leistungen	500		
3. Sonstige Forderungen	350		
4. Posten der Rechnungsabgrenzung	20	1070	32,6
III. *Minderung von Verbindlichkeiten*			
1. Warenverbindlichkeiten	100		
2. Sonstige Verbindlichkeiten	60	160	4,9
IV. *Gewinnverwendung*			
1. Zuführung zu Rücklagen	150		
2. Dividenden-Auszahlung	—	150	4,6
		3280	100,0
Mittelherkunft:			
I. *Eigenfinanzierung*		—	—
II. *Innenfinanzierung*			
1. Finanzierung aus Abschreibungen		1500	45,7
2. Minderung im Umlaufvermögen			
a) Halbfertige und fertige Erzeugnisse	50		
b) Geldbestände	250		
c) Besitzwechsel	150	450	13,7
3. Gewinn			
a) Gewinn des laufenden Jahres	190		
b) Gewinnvortrag aus Vorjahr	150	340	10,4
4. Bildung einer Ersatzbeschaffungsrücklage		250	7,6
III. *Fremdfinanzierung*			
1. Erhöhung der Rückstellung		200	6,1
2. Erhöhung der Verbindlichkeiten			
a) Darlehen	200		
b) Bankkredit	100		
c) Eigene Akzepte	200	500	15,3
3. Erhöhung der passiven Rechnungsabgrenzung		40	1,2
		3280	100,0

Beispiel einer Bewegungsbilanz

Wie allgemein bei bilanzanalytischen Betrachtungen gilt auch für die Bewegungsbilanz der Vorbehalt, daß ihr Ergebnis durch Bildung und Auflösung stiller Reserven beeinflußt sein kann.

Auch das Finanzierungsbild eines Unternehmens läßt sich durch eine Reihe von **Verhältniszahlen** beleuchten.

a) Finanzielle Abhängigkeit (Verschuldungs-Koeffizient)

Das Eigenkapital bildet rechtlich gewissermaßen den Garantiefonds des Unternehmens. Ja nach Unternehmensform werden die haftenden Mittel verschieden benannt. Zum Eigenkapital zählen auch einige Positionen, deren Bildung steuerlich gestattet ist; z. B.

- Rücklagen für Ersatzbeschaffungen (Abschn. 35 EStR),
- Preissteigerungsrücklagen (§ 74 EStDV),
- Sonderabschreibungen für bestimmte Zwecke nach § 51 EStG.

Diese Rücklagen haben nur insoweit echten Eigenkapitalcharakter, als sie über das wirtschaftlich erforderliche Maß hinausgehen, abzüglich der bei ihrer Auflösung zu zahlenden Steuern. Von der finanziellen Wirkung her betrachtet — nicht rechtlich — kann das „Sozialkapital" (= Rückstellungen für Pensionen und Altersfürsorge) mit gewisser Einschränkung wie Eigenkapital angesehen werden. Wenn auch die Zahlungen an ausgeschiedene Belegschaftsangehörige zu einer Beanspruchung der Rückstellungen führen, erhöhen sie sich andererseits durch neu eintretende Pensionsanwärter; d. h. das Sozialkapital wird sich bei einem gesund laufenden Unternehmen, wenn keine wesentliche Verringerung der Belegschaft eintritt, kaum vermindern.

Die Relation

„Eigenkapital : Fremdkapital"

zeigt den Grad der Deckung des Fremdkapitals durch eigene Mittel und damit die finanzielle Abhängigkeit bzw. Krisenfestigkeit. Als wünschenswertes Finanzierungsziel gilt, daß die Gläubiger des Unternehmens nicht mehr zum Gesamtkapital beisteuern sollen als die Eigentümer selbst. Leider ist das bilanzmäßig ausgewiesene Eigenkapital keine absolut zu nehmende Größe, da meist nicht bekannt ist, inwieweit sie durch Bilanzierungsmethoden, z. B. hinsichtlich des Ausweises von Pensionsverpflichtungen, und Bewertung, besonders die Legung stiller Reserven, beeinflußt worden ist.

Im Beispiel entfallen auf das

Wirtschaftsjahr	. . 01	. . 02
Eigenkapital	30,3 %	32,1 %
Fremdkapital	69,7 %	67,9 %
Bilanzsumme	100 %	100 %

Diese Sätze liegen noch unter dem für Industrie-Unternehmen allgemein als zu niedrig angesehenem Verhältnis, zeigen aber im Wj. . . 02 eine leichte Verbes-

Bilanzanalyse / Bilanz- und Branchenvergleich

Finanzierungen

	Wirtschaftsjahr..01	Wirtschaftsjahr..02
1. Finanzielle Abhängigkeit $\dfrac{\text{Eigenkapital (I, II, III, VIII)}}{\text{Fremdkapital (IV, V, VI, VII)}}$ (Prozentsätze bezogen auf die Bilanzsumme)	$= \dfrac{1500+200+160}{800+700+2700+80} = \dfrac{1860}{4280} = 30{,}7\%$	$= \dfrac{1500+350+250+190+10}{1000+800+2940+120} = \dfrac{2300}{4860} = 32{,}1\%$
2. Finanzierungsrisiko $\dfrac{\text{Kurzfristiges Fremdkapital}\ (^2/_3\ \text{von VI, 1, 3 und 4},\ ^1/_2\ \text{von IV})}{\text{Gesamtkapital (I—VI, VIII)}}$ (Bankkredit = mittelfristig)	$= \dfrac{800+432+166+400}{6060} = \dfrac{1798}{6060} = 29{,}6\%$	$= \dfrac{732+566+126+500}{7040} = \dfrac{1924}{7040} = 27{,}3\%$
3. Bankabhängigkeit $\dfrac{\text{Eigenkapital (I, II, III, VIII)}}{\text{Bankschulden (VI, 2)}}$	$\dfrac{1860}{600} = \dfrac{3{,}1}{1}$	$\dfrac{2300}{800} = \dfrac{2{,}9}{1}$
4. Kreditgeschäfte — Risikoausgleich $\dfrac{\text{Warenverbindlichkeiten (VI, 1) + Akzepte (VI, I)}}{\text{Kundenforderungen (II, 3) + Besitzwechsel (II, 5)}}$	$= \dfrac{1200+650}{1300+250} = \dfrac{1850}{1550} = 119\%$	$= \dfrac{1100+850}{1800+100} = \dfrac{1950}{1900} = 103\%$
5. Kreditanspannung $\dfrac{\text{Eigene Akzepte (VI, 3)}}{\text{Warenverbindlichkeiten (VI, 1)}}$	$\dfrac{650}{1200} = 54\%$	$\dfrac{850}{1100} = 77\%$
6. Kreditbeanspruchung durch Kunden $\dfrac{\text{Kundenforderungen + Besitzwechsel (II, 3 + II, 5)}}{\text{Jahresumsatz (Erlöse)}}$ zeitlich (Prozentsatz, auf das Jahr = 365 Tage bezogen)	$= \dfrac{1300+250}{12\,340} = \dfrac{1550}{12\,340} = 12{,}6\%$ = 46 Tage	$= \dfrac{1800+100}{16\,900} = \dfrac{1900}{16\,900} = 11{,}2\%$ = 41 Tage
7. Inanspruchnahme von Lieferantenkrediten $\dfrac{\text{Lieferantenverbindlichkeiten (VI, 1) + Akzepte (VI, 3)}}{\text{Wareneingang}^1}$ zeitlich (Prozentsatz, auf das Jahr = 365 Tage bezogen)	$\dfrac{1850}{2400} = 77\%$ = 280 Tage	$\dfrac{1950}{3300} = 59\%$ = 215 Tage

[1] Wj. ...01: angenommen in gleicher Höhe wie Wareneinsatz
Wj. ...02: 3100 + Bestandszunahme (200)

serung. Naturgemäß bestehen hinsichtlich dieser Relation bei den einzelnen Wirtschaftszweigen unterschiedliche Vorstellungen. So gilt es für Geschäftsbanken als ein ungeschriebenes, aber ängstlich respektiertes Gesetz, daß mindestens 5 % der Bilanzsumme durch Eigenkapital gedeckt sind. Nach Ansicht mancher Bilanzkritiker ist ein Unternehmen dann als „gesund" anzusehen, wenn das langfristige Fremdkapital (ohne Pensions- und sonstige Rückstellungen) nicht mehr als 60 % des haftenden Eigenkapitals ausmacht.

Eine **Kreditwürdigkeits-Prüfung** könnte sich mit dieser einzelnen Relation nicht begnügen. Es müßten noch mehrere Kennzahlen zur Vermögens-, Rentabilitäts- und Liquiditätslage sowie Zahlen über die Auftrags-, Umsatz- und Kostenentwicklung beigezogen werden.

Vom Fremdkapital entfällt gewöhnlich $^1/_3$ auf langfristige Verbindlichkeiten, im Beispielfall jedoch nur rd. 18 % (700 : 4200) bzw. rd. 17 % (800 : 4700). Anscheinend zeigt dies eine bisher nicht ausgeschöpfte Finanzierungsmöglichkeit.

Die Aufnahme von Geldschulden ist dann gerechtfertigt, wenn damit nutzbringende Umsatzsteigerungen oder günstigere Einkaufsbedingungen erreicht werden können. So kann sich die durch Aufnahme eines Kredits ermöglichte Ausnutzung des Lieferanten-Skontos sehr vorteilhaft auswirken.

Beispiel:

Warenbezug innerhalb eines Jahres　　　　　　　　　　　　　800 000 DM

Zahlungsbedingungen der Lieferanten: innerhalb von 10 Tagen mit 3 % Skonto oder innerhalb von 60 Tagen netto, Bankzinssatz: 8 %

Um — zwecks Skonto-Ausnutzung — 50 Tage früher die Lieferanten bezahlen zu können, würde die Aufnahme eines Bankkredits folgende Zinsbelastung bringen:

$$\frac{800\,000 \times 8 \times 50}{360 \times 100}$$

Zinsbelastung　　　　　　　　　　　　　　　　　　　　= 8 888,— DM

demgegenüber Skonto-Ertrag = 3 % von 800 000,— DM　　= 24 000,— DM

Finanzierungs-Vorteil durch Kreditaufnahme　　　　　　　15 112,— DM

Bei der Entscheidung, ob Eigen- oder Fremdfinanzierung zu wählen ist, spielt die unterschiedliche steuerliche Auswirkung eine wesentliche Rolle. Zinsen für Fremdkapital mindern den Gewinn und damit die steuerliche Zahllast. Bei langfristigem Kapital (Dauerschulden) kommt jedoch die Belastung durch die Gewerbesteuer hinzu; dies bewirkt eine effektive Erhöhung des Zinses um etwa 1,5 %. Eine Erhöhung des Gesellschaftskapitals „kostet" trotz des gespaltenen Körperschaftsteuersatzes erheblich mehr; so ergibt eine Netto-Dividende von 8 % eine „Bruttobelastung" von etwa 12 %.

Zeiten der Hochkonjunktur verführen zur Expansion mit Hilfe fremder Mittel. Dieser Weg ist jedoch nur dann wirtschaftlich vertretbar, wenn er lediglich vorübergehend beschritten und mit einer finanziellen Konsolidierung verbunden wird. In Zeiten der Rezession wird nämlich der Unternehmer feststellen müssen, daß die Rentabilität empfindlich leidet, wenn „ihm sein Anzug um einige Nummern zu groß ist". „Gesundschrumpfungs-Prozesse" bei ungenügendem Eigenkapital sind durch den Zangengriff sinkender Kapazitätsausnutzung und steigenden Zinsaufwands besonders schmerzhaft.

In diesem Zusammenhang sollten die Haftungsverhältnisse nicht unbeachtet bleiben. Sie sind nach § 152 Abs. 5 AktG von den Aktiengesellschaften im Jahresabschluß anzugeben, auch wenn ihnen Rückgriffsforderungen gegenüberstehen. Als Eventualverpflichtungen kommen vor allem in Betracht: Wechselobligo, Bürgschaften, Bestellung von Sicherheiten für fremde Verbindlichkeiten. Zweckmäßigerweise wird ihre Entwicklung mit der des Eigenkapitals verglichen.

b) Finanzierungsrisiko (Anspannungs-Koeffizient)

Die Art der Finanzierung muß dem Risiko der Investitionen gerecht werden. Kurzfristig in Anspruch genommenes Fremdkapital ist im Vergleich zum Gesamtkapital ein Gradmesser des akuten Finanzierungsrisikos. Deshalb ist diese Relation bei Banken und Lieferanten für die Bemessung der Kreditlinien von entscheidender Bedeutung. Als kurzfristiges Fremdkapital können im Regelfall in etwa angenommen werden:

- $2/3$ der Warenverbindlichkeiten,
- $2/3$ der Akzepte,
- $2/3$ der sonstigen Verbindlichkeiten,
- $1/2$ der Rückstellungen.

Bankkredite stehen gewöhnlich mittel- und langfristig zur Verfügung.

Unter Anwendung dieses Maßstabs macht im Beispielsfall die kurzfristige Verschuldung im Vergleich zum Gesamtkapital aus:

Im Wirtschaftsjahr	..01	..02
$\dfrac{\text{Kurzfristiges Fremdkapital}}{\text{Gesamtkapital}}$	$\dfrac{1798}{6060} = 29{,}6\,\%$	$\dfrac{1924}{7040} = 27{,}3\,\%$

Sie ist verhältnismäßig hoch, zeigt aber im Wj. ..02 eine leichte Besserung.

Zur Beurteilung des Risikos einer kurzfristigen Fremdfinanzierung dient ein Vergleich mit dem kurzfristig realisierbaren Umlaufvermögen, das möglichst überwiegen soll.

c) Bankenabhängigkeit

Je günstiger das Verhältnis

„Eigenkapital : Bankschulden"

ist, um so unabhängiger ist ein Unternehmen gegenüber den Banken. Das muß nicht immer zum Vorteil gereichen. So hat sich erwiesen, daß manche Zahlungseinstellung vermeidbar gewesen wäre, wenn eine starke Hausbank rechtzeitig beratend und stützend zugezogen worden wäre.

Im Beispielsfall ist das Verhältnis „Eigenkapital : Bankschulden" 3,1 bzw. 2,9 : 1, eine durchaus günstige Relation. Nicht mit Unrecht pflegen Banken die Kreditlinie am Eigenkapital zu messen, wobei sie gern eine doppelte Sicherung des Kredits durch Eigenkapital sehen.

d) Kreditgeschäfte und Risikoausgleich

Nach einer Faustregel sollen die aufgenommenen Warenkredite (Warenverbindlichkeiten + Akzepte) nicht größer als der weitergegebene Kredit (Kundenforderungen + Besitzwechsel) sein. Das entspricht dem Erfordernis des Risikoausgleichs und der anzustrebenden Übereinstimmung in der Fristigkeit von Forderungen und Verbindlichkeiten. Branchenmäßige Besonderheiten können Abweichungen von dieser Regel bedingen.

Im Beispielsfall ist das Gleichgewicht nicht ganz erreicht. Der aufgenommene Lieferanten-Kredit übersteigt den weitergegebenen Kunden-Kredit um rund 19 bzw. 3 %.

Wichtig ist bei den Liefer-Forderungen die Risiko-Verteilung der Größenordnung nach. Bei den Verbindlichkeiten ist die Frage von Bedeutung, wofür im einzelnen die Verpflichtungen eingegangen sind.

Diesen Gesichtspunkten dienen folgende, bei Pflichtprüfungen übliche Aufgliederungen (siehe Seite 30):

Solche Aufgliederungen tragen zur Transparenz der Rechnungslegung bei.

e) Kreditanspannung

Die Verhältniszahl

„Eigene Akzepte : Warenverbindlichkeiten"

ist ein Indiz für die Kreditanspannung. Je niedriger die Akzeptverbindlichkeiten gegenüber den Warenverbindlichkeiten sind, desto geringer ist die Kreditanspannung einzuschätzen.

Im Beispielsfall betragen die eigenen Akzepte 54 bzw. 77 % der Warenverbindlichkeiten, eine Entwicklung, die auf zunehmende Ausschöpfung des Lieferantenkredits schließen läßt. Eine starke Inanspruchnahme des Akzeptkredits, gewöhnlich verbunden mit dem Nichtausnutzen der Skontomöglichkeit, verschlechtert die Rentabilität in doppelter Hinsicht, nämlich durch höheren Zinsaufwand und geringeren Skontoertrag.

Debitorenbestand am 31. 12. . . 01:

Anzahl	Größenordnung	Betrag	Prozent
. . . . . .	bis 500 DM	. . . . . .	. . . .
. . . . . .	500 — 1 000 DM	. . . . . .	. . . .
. . . . . .	1 000 — 5 000 DM	. . . . . .	. . . .
. . . . . .	5 000 — 10 000 DM	. . . . . .	. . . .
. . . . . .	über 10 000 DM	. . . . . .	. . . .
. . . . . .		. . . . . . DM	100 %
./. Wertberichtigung		. . . . . . DM	. . . %
		. . . . . . DM	. . . %

Kreditorenbestand zum 31. 12. . . . 01:

Verbindlichkeiten für Rohstoffe	. . . . . . DM
Hilfs- und Betriebsstoffe	. . . . . . DM
Anlagenbeschaffung	. . . . . . DM
Betriebliche Aufwendungen	. . . . . . DM
Verwaltungskosten	. . . . . . DM
Vertriebskosten	. . . . . . DM

f) Kreditbeanspruchung durch Kunden

Die Zahlungsbereitschaft der Kunden zeigt sich in dem Verhältnis

„Außenstände einschließlich Besitzwechsel : Jahresumsatz".

Sieht man diese Relation zeitlich, so gibt sie einen Anhaltspunkt über die durchschnittliche Laufzeit der Außenstände, sofern die Verhältnisse zum Bilanzstichtag insoweit nicht anomal sind, d. h. etwa wegen des Weihnachtsgeschäfts die Außenstände außergewöhnlich hoch sind, oder ein größerer „Bodensatz" an überfälligen Forderungen besteht. Diese „Unebenheiten" lassen sich an Hand der Monatsbestände durch Errechnung eines „durchschnittlichen Forderungsbestandes" weitgehend beheben.

Nach den Zahlen des Beispiels beträgt die durchschnittliche Laufzeit der Außenstände 46 bzw. 41 Tage, sie hat sich also leicht verbessert.

Eine Verfeinerung der Berechnung der durchschnittlichen Laufzeit der Debitoren ist dadurch möglich, daß vom Gesamtumsatz die Barverkäufe und die unter Skontoabzug kurzfristig ausgeglichenen Kreditumsätze abgesetzt werden. Der unter Skontoabzug beglichene Kreditumsatz läßt sich wie folgt schätzen:

$$\text{Skontierter Kreditumsatz} = \frac{100 \times \text{Skontoabzug}}{\text{Skontosatz}}$$

Betrügen beispielsweise im Wj. ... 02

  die Barverkäufe   1,0 Mill. DM,
  der Skontoabzug   36 000 DM,
  bei einem Skontosatz von   2 %,

so ergäbe sich folgende variierte **Laufzeit-Berechnung**:

Gesamtumsatz		16 900 000 DM
./. Barverkäufe		1 000 000 DM
./. skontierter Kreditumsatz $=\dfrac{100 \times 36\,000}{2}=$		15 900 000 DM
		1 800 000 DM
echter Kreditumsatz		14 100 000 DM
Debitoren, insgesamt	1 900 000	
./. mutmaßlich unter Skonto-Abzug zur Regulierung kommende Debitoren		
$\dfrac{1\,800\,000}{15\,900\,000}=11{,}3\,\%\ =\ $ rd. 215 000		1 685 000 DM

in Prozent des echten Kreditumsatzes rd. 12 %

ergibt eine Laufzeit von rd. 44 Tagen

Diese Untersuchung ist für die eigenen **Zahlungsdispositionen** wertvoll. Zugleich verschafft sie einen Maßstab für die Beurteilung, inwieweit die Einziehung der Außenstände wirksam und rationell erfolgt. Unter Umständen kann hier der Einsatz datenverarbeitender Anlagen einen besseren Wirkungsgrad erzielen.

g) Inanspruchnahme von Lieferantenkrediten

Die meisten Lieferanten gewähren ihren Abnehmern, mit denen sie in regelmäßigen Geschäftsbeziehungen stehen, Zahlungsziele, zum Teil von mehreren Monaten. Zur Sicherung dient vielfach nur der Eigentumsvorbehalt an den gelieferten Waren. Eine Ausweitung des Lieferantenkredits ist oft leichter, als einen Bankkredit zu erhalten. Wegen der entgehenden Skontomöglichkeiten und einer gewissen Abhängigkeit im Warenbezug, z. B. Einräumung von Belieferungsrechten, ist diese Finanzierung wirtschaftlich nicht immer die beste.

Im Beispielsfall beträgt die durchschnittliche Laufzeit der Lieferantenkredite 280 bzw. 215 Tage, eine außergewöhnlich hohe Frist, die den Eindruck der Illiquidität erweckt. Näher liegt die Vermutung, daß die ungewöhnlich starke Inanspruchnahme von Lieferantenkrediten die finanzielle Anspannung überbrücken soll.

h) Selbstfinanzierung

Während unter **Eigenfinanzierung die Aufbringung des Kapitals von außen** durch die bisherigen Eigentümer oder neue Eigentümer (= Beteiligungsfinanzierung) verstanden wird, z. B. durch Einlagen, Ausgabe neuer Aktien, erfolgt die **Selbstfinanzierung von innen,** einmal durch die Einbeziehung der Abschreibungen, Pensionsrückstellungen usw. in die Kalkulation des Kostenpreises, zum anderen durch Zurückhaltung von Gewinnen (Überschußfinanzierung) bzw. die Bildung stiller Reserven. Ob die auf diese Weise im Unternehmen bleibenden Mittel zur Reinvestition oder für andere Finanzierungszwecke, z. B. Schuldentilgung, Bezahlung von Umlaufgütern, verwendet werden, ist für den Begriff „Selbstfinanzierung" unerheblich.

Gegen die Selbstfinanzierung werden — zum Teil nicht unberechtigte — Bedenken geltend gemacht, nämlich daß sie die Unternehmen zu Investitionen befähige, über deren volkswirtschaftliche Zweckmäßigkeit der Markt keine „Kontrolle" ausüben könne. Betriebswirtschaftlich gesehen, ist die Selbstfinanzierung, sinn- und maßvoll betrieben, eine unternehmerische Notwendigkeit.

ha) Selbstfinanzierung des Anlagevermögens durch Abschreibungen

Abschreibungen gehen in die Kostenrechnung ein. Finden sie im Preis ihre Deckung, so erfolgt die Finanzierung der Anlagezugänge (Investierungen) über die Erlöse. Zugleich mindern die Abschreibungen, soweit sie nicht nur kalkulatorisch erfolgen, das Jahresergebnis, d. h. den ausschüttbaren und zu versteuernden Gewinn, wodurch der Finanzbedarf eine wesentliche Entlastung erfährt. Neben den erforderlichen Reinvestitionen können damit u. U. auch zusätzliche Investitionen finanziert werden; d. h., die Abschreibungen werden zu einem gewichtigen Mittel der Kapitalbeschaffung. Das Ausmaß der Selbstfinanzierung der Anlagezugänge durch Abschreibungen ist bei den einzelnen Branchen und in Abhängigkeit vom Konjunkturverlauf sehr unterschiedlich. Nach den Bilanzstatistiken des Statistischen Bundesamtes schwankte es innerhalb weniger Jahre zwischen etwa 40 und 100 %.

Entscheidend für die damit ermöglichte Kapazitätserweiterung sind **Abschreibungsmethode und -satz**. So kann bei einer durchschnittlichen Abschreibung von 20 % (= Nutzungsdauer von 5 Jahren) eine 100%ige Finanzierung der Investitionen beweglicher Anlagegüter (insgesamt) durch Abschreibung innerhalb von rund $3^{1}/_{2}$ Jahren erzielbar werden, wenn die durch Abschreibung freiwerdenden Mittel sofort wieder der Investierung dienen.

Soweit **überhöhte Abschreibungen** steuerlich zugelassen werden, mindern sie zunächst die steuerliche Belastung, d. h., der Fiskus leistet insoweit eine Finanzierungshilfe, wenn sie auch im Ergebnis nur eine zinslose Hinausschiebung der Steuerforderungen bewirkt, wobei die Höhe des Steuersatzes im Zeitpunkt ihrer Fälligkeit ein unbekanntes Risiko ist, das den erwarteten Vorteil in einen Nachteil wandeln kann. Eine allzu großzügige Einräumung von Abschreibungsmöglichkeiten reizt, wie die Erfahrung lehrt, oft zu Investitionen, die zur **Überkapazität** mit der Folge hoher fixer Kosten führen. Die aus vorweggenommenen Abschreibungen später resultierenden höheren Steuerzahlungen können zu liquiditätsmäßigen Schwierigkeiten führen, wenn sie in Zeiten sinkender Erträge zu leisten sind. Im übrigen verzerren überhöhte Abschreibungen die gesamte Rechnungslegung, besonders die Beurteilung der Rentabilität.

Beispiel:

Anschaffungskosten einer Maschine 10 000 DM

angenommene Nutzungsdauer 5 Jahre

sofortige Reinvestierung bei gleichbleibenden Beschaffungspreisen

Investierung		1. J.	2. J.	3. J.	4. J.	5. J.	
	10 000	2000	2000	2000	2000	2000	AfA
AfA 1. J.	2 000		400	400	400	400	AfA
AfA 2. J.	2 000			400	400	400	AfA
	400			80	80	80	AfA
AfA 3. J.	2 000				400	400	AfA
	400				80	80	AfA
	400				80	80	AfA
	80				16	16	AfA
AfA 4. J.	2 000					400	AfA
	400					80	AfA
	400					80	AfA
	80					16	AfA
	400					80	AfA
	80					16	AfA
	80					16	AfA
	16					3	AfA
		2000	2400	2880	3456	4147	
Kumulativer Abschreibungsbetrag			4400	7280	10 736	14 883	

↑ Zeitpunkt der 100 %igen Ansammlung der Mittel durch Abschreibung

Im Beispielfall machen die Abschreibungen laut nachstehender Berechnung unter a) 110 bzw. 83,5 % der Anlagezugänge aus, ein vergleichsweise hoher Prozentsatz. Unter dem Gesichtswinkel der **Substanzerhaltung** kann man sagen, daß die buchmäßigen Abschreibungen durch Zugänge im Anlagevermögen nahezu ausgeglichen werden.

Bei Anwendung degressiver Abschreibungs-Methoden steigert sich dieser Effekt, auf dem nicht zuletzt der Wiederaufbau der deutschen Wirtschaft nach dem zweiten Weltkrieg beruhte.

Da in der Praxis die Maschinen oft auch nach buch- bzw. bilanzmäßiger Voll-Abschreibung benutzt werden und in der Kostenpreis-Berechnung kalkulatorische Abschreibungen Berücksichtigung finden, wächst die Quote der „Netto-Investitionen", ohne daß es zusätzlicher Mittel bedarf.

Selbstfinanzierung	Wirtschaftsjahr..01	Wirtschaftsjahr..02
a) durch Abschreibungen beim Anlagevermögen		
$\dfrac{\text{Abschreibungen}}{\text{Zugänge}}$	$\dfrac{1100}{1000} = 110\,\%$	$\dfrac{1500}{1800} = 83{,}5\,\%$
= Gewinn-Einbehalt ./. Ausschüttungen (bzw. Einnahmen)	160	190
b) durch Gewinn-Einbehalt Gewinn	—	
	160	

hb) Finanzierungseffekt durch Pensionsrückstellungen

Verpflichtet sich der Betrieb vertraglich, Arbeitnehmern eine Alters-, Invaliden- oder Hinterbliebenenversorgung zu gewähren, so kann er vom Jahre der Zusage an für diese „Pensionsanwartschaften" nach versicherungsmathematischen Grundsätzen schätzungsweise ermittelte, dem Nachholverbot unterliegende Rückstellungen in die Bilanz einsetzen. Eine Verpflichtung zur Passivierung derartiger verbindlicher Versorgungszusagen besteht jedoch weder nach Handelsrecht noch nach Steuerrecht. Das Unternehmen kann auch die effektiven Versorgungsleistungen erst im Jahr der Zahlung als aufwandwirksame Betriebsausgabe geltend machen. Vom betriebswirtschaftlichen Standpunkt aus wird man eine Passivierungspflicht bejahen, da es sich bei den künftigen Pensionsleistungen um Zahlungen handelt, die für die Inanspruchnahme von Arbeitsleistungen in früheren Jahren nachgezahlt werden. In bilanzanalytischer Sicht erhalten Gläubiger und Aktionäre sonst einen zu günstigen Eindruck von der Ertragslage des Betriebs.

Das handels- wie steuerrechtlich bestehende Wahlrecht hinsichtlich der zeitlichen Zuordnung des Versorgungsaufwands macht die „Pensionsrückstellungen" zu einem „lautlos" wirksamen Finanzierungs-Instrument. Die „Pensionsrückstellungen" werden nämlich im allgemeinen schon viele Jahre vor dem Eintritt des Versorgungsfalles zu Lasten des Ergebnisses gebildet. **Diese Pensionsaufwendungen werden in den Verkaufspreis der Produkte des Betriebs einkalkuliert und fließen über die erzielten Erlöse geldlich in den Betrieb.** Die Einsetzung einer solchen Rückstellung für später fällige Versorgungsleistungen verhindert einmal, daß insoweit ein — betriebswirtschaftlich unechter — Gewinn ausgeschüttet wird, d. h., die Finanzmittel zur Erfüllung der Pensionsverpflichtungen werden im Betrieb zurückgehalten. Zum anderen bewirkt die — zulässigerweise gebildete — Pensionsrückstellung sofort eine fühlbare steuerliche Entlastung und damit eine (zinslose) Liquiditätsverbesserung. Soll das Jahresergebnis, aus welchen Gründen auch immer, optisch günstiger erscheinen, so kann die Zuführung zur Pensionsrückstellung unterbleiben oder eingeschränkt werden, allerdings mit der Folge, daß eine spätere Nachholung steuerlich unzulässig ist.

Es wäre einseitig, nur die günstige Auswirkung der Zuführungen zu Pensionsrückstellungen hervorzuheben. Die Versorgungszusagen führen, früher oder später, sofern sie nicht wegen Ausscheidens des Arbeitnehmers oder aus anderen Gründen entfallen, zu Ausgaben, die infolge der dann insoweit gebotenen versicherungsmathematischen oder buchhalterischen Auflösung der Pensionsrückstellungen erfolgsneutral, d. h. zu diesem Zeitpunkt ohne steuerliche Entlastung, zu leisten sind. Bei in etwa gleichem Betriebsumfang und gleicher Altersgliederung der unter die Versorgung fallenden Belegschaftsmitglieder wird sich im Laufe der Jahre die von Zuführungen und Auflösungen abhängige Pensionsrückstellung in einer bestimmten Höhe einpendeln. Dieser durch Selbstfinanzierung gebildete „Pensionsfonds" wird allgemein dem **„Sozialkapital" mit eigenkapitalähnlichem Charakter** zugerechnet.

Hat der Betrieb zur Bewirkung der Versorgungsleistungen eine rechtlich selbständige, steuerbegünstigte Pensions- und Unterstützungskasse eingerichtet, können dieser in bestimmter Höhe Zuwendungen, als Betriebsausgaben steuerwirksam, gemacht werden. Den für Versorgungsleistungen zunächst nicht benötigten Teil der Zuwendungen beläßt die Pensions- und Unterstützungskasse gewöhnlich dem Betrieb darlehensweise gegen angemessene Verzinsung. Auch dieses Darlehen wird wegen seiner besonderen betrieblichen Bindung dem „Sozialkapital" — wie der „Pensionsfonds" s. o. — zugerechnet.

hc) Selbstfinanzierung durch Gewinnspeicherung

Die Möglichkeiten der Selbstfinanzierung aus realisierten, im Betrieb verbleibenden Gewinnen sind im Hinblick auf die ertragsteuerlichen Belastungen sowie die erforderlichen Entnahmen bzw. Ausschüttungen begrenzt. Dies gilt besonders für **Familiengesellschaften,** die bei stärkerem Wachstum meist gezwungen sind, sich unter Änderung der Rechtsform an den Kapitalmarkt zu wenden. Eine Gegenüberstellung der erzielten Gewinne zu den Privatentnahmen bzw. den Gewinnausschüttungen bei Kapitalgesellschaften läßt erkennen, in welchem Umfang Selbstfinanzierung durch Gewinnspeicherung betrieben wurde. Familiengesellschaften beschränken vielfach im Interesse der Selbstfinanzierung Entnahmen bzw. Ausschüttungen vertraglich. Bei Vergleich zwischen Unternehmen verschiedener Rechtsformen ist zu berücksichtigen, inwieweit nichtentnommener Gewinn auf nicht vergüteten „Unternehmerlohn" zurückzuführen ist.

Bei Aktiengesellschaften wird häufig das Verhältnis

Zuweisung an die offenen Rücklagen : ausgewiesenem Gewinn

verglichen. Der Aussagewert dieser Relation zur Ertragskraft des Unternehmens hängt aber davon ab, inwieweit der ausgewiesene Gewinn durch eine versteckte **Bildung stiller Reserven** bereits gekürzt wurde.

Bilanzanalyse / Bilanz- und Branchenvergleich

Beispiel:	Unternehmen A	Unternehmen B
effektiver Gewinn	1,2 Mill. DM	1,2 Mill. DM
Bildung stiller Reserven	0,2 Mill. DM	—
ausgewiesener Gewinn	1,0 Mill. DM	1,2 Mill. DM
Zuführung zu offener Rücklage	0,11 Mill. DM	0,31 Mill. DM
Zuführung zu offener Rücklage in Prozent	11 %	26 %

Die Legung stiller Reserven kann versteuert, d. h. durch Hinzurechnung bei der Ermittlung des Steuerbilanzgewinns, oder unversteuert erfolgen. In letzterem Fall ist der darauf noch zu erwartende Steueraufwand zu berücksichtigen. So löst die Zuführung zu den offenen Rücklagen — beispielsweise 200 000 DM — folgende ertragsteuerliche Belastung aus:

Rücklagenzuführung	200 000 DM
51 % KSt, berechnet i. H.	208 180 DM
	408 180 DM
Gewerbeertragsteuer	
(bei 5 % Meßzahl und 300 % Hebesatz	
= 15 %, unter Berücksichtigung ihrer	
Abzugsfähigkeit berechnet i. H.	
= $^{15}/_{115}$ = 13,04 %)	
13,04 %, berechnet i. H.	61 200 DM
	469 380 DM
Steuerbelastung	269 380 DM = 134,7 %

Dieser Steueraufwand würde durch die Bildung stiller Reserven, z. B. infolge Unterbewertung der Warenvorräte, aufgeschoben. Er fällt bei ihrer Auflösung, meist infolge Verkaufs, in der vorberechneten Höhe an, wenn dieser Buchgewinn im Unternehmen verbleibt. Gelangt er jedoch zur **Ausschüttung,** so ermäßigt sich der Steueraufwand wie folgt:

15 % KSt auf die Ausschüttung von 200 000 DM	= 30 000 DM
(= Netto-Dividende)	
15,61 % KSt = 51 % KSt für die auf die	
Ausschüttung übernommene KSt	= 31 220 DM
13,04 % GewSt (s. o.), berechnet i. H. unter	
Berücksichtigung ihrer Abzugsfähigkeit	= 39 271 DM
	100 391 DM
	= rd. 50,2 %

Auch die Relation

Offene Reserven : Grundkapital

ist aus den eben genannten Gründen nur bedingt aussagefähig. Hohe **offene** Reserven lassen in der Regel zusätzliche stille Reserven vermuten.

Die Summe der nicht entnommenen Gewinne läßt nur die „offene" **Selbstfinanzierung** erkennen. Die Tatsache, daß während der Nachkriegsjahre innerhalb verhältnismäßig kurzer Zeit trotz hoher Ertragsteuersätze die echte Betriebssubstanz in einem recht beachtlichen Umfang vermehrt werden konnte, liegt nicht zuletzt an

- *vorteilhaften Abschreibungsmöglichkeiten,*
  z. B. durch Anwendung degressiver Methoden,
  vorsichtiger Schätzung der Nutzungsdauer,

- *Sonderabschreibungen,*
  z. B. für geringwertige Anlagegüter,
  nach dem Berlinhilfegesetz,

- *Bildung von Rückstellungen mit Rücklagencharakter,*
  z. B. bei Garantie- und Pensionsverpflichtungen,

- *überhöhten Wertberichtigungen,*
  z. B. bei Warenvorräten, Kundenforderungen usw.

Die Gewinnspeicherung erfolgt hier **„versteckt"** durch Legen stiller Reserven.

i) Bilanzmäßige und reale Kapitalerhaltung

Da bei Kapitalgesellschaften das Eigenkapital in mehreren Bilanzpositionen teils konstant (z. B. das Grundkapital), teils variabel (z. B. der Gewinnvortrag) ausgewiesen wird, bedarf es einer Nebenrechnung, um festzustellen, ob das Eigenkapital bilanzmäßig erhalten geblieben ist bzw. inwieweit es sich positiv oder negativ verändert hat. Im Beispielsfalle würde sich folgende Berechnung (in 1000 DM) ergeben:

	..01	..02
In der Bilanz ausgewiesener Gewinn	160	200
+ Zuführung zu Rücklagen	—	150
	160	350
./. Gewinn-Vortrag	—	160
= erzielter Gewinn	160	190
./. ausgeschütteter Gewinn	—	—
= bilanzmäßige Kapitalveränderung	+ 160	+ 190

Betriebswirtschaftlich entscheidend ist jedoch die Frage, ob das Kapital **real** erhalten geblieben ist. Ihr kommt vor allem in Zeiten steigender Preise besondere Bedeutung zu. Um hier einer **Substanzauszehrung** zu begegnen, wären die Abschreibungen vom Anlagevermögen und der Materialverbrauch unter Zugrundelegung der **Wiederbeschaffungskosten** anzusetzen, ein Verfahren, das allerdings steuerlich keine Anerkennung findet. Danach erfährt die obige Berechnung folgende — praktisch nur überschlägig durchführbare — Korrektur:

	..01	..02
Bilanzmäßige Kapitalveränderung	+ 160	+ 190
∕. Erhöhung der Abschreibungen	50	60
∕. Erhöhung des Materialverbrauchs und Lohneinsatzes, da höhere Wiederbeschaffungs- bzw. Wiederherstellungskosten	30	40
= reale Kapitalveränderung	+ 80	+ 90

(in 1000 DM)

Soll bei Beurteilung der Kapitalerhaltung der technische Fortschritt berücksichtigt werden (= leistungs-äquivalente Kapitalerhaltung), müßte dies zu einer — steuerlich nicht zulässigen — Abschreibung über 100 % führen, um die spätere Anschaffung technisch vervollkommneter Anlagen sicherzustellen. Neben negativen Korrekturen kann es auch positive Momente geben, z. B. Wertsteigerungen am Grundbesitz, originäre Schaffung immaterieller Werte (know how, Warenmarken); d. h. Vorgänge, die sich handelsbilanzmäßig ebenfalls nicht niederschlagen dürfen bzw. steuerlich nicht müssen.

IV. Liquiditätsuntersuchungen und Zahlungsplan

1. Bedeutung und Beurteilung

Die bitteren Erfahrungen der Wirtschaftskrise in den dreißiger Jahren haben die Bedeutung der Liquidität drastisch vor Augen geführt. Sie haben gezeigt, wie rasch das Unheil über ein Unternehmen hereinbrechen kann, wenn der Absatz stockt, die Kunden nicht mehr mit gewohnter Pünktlichkeit zahlen und die Banken ihre Kredite kündigen. Eine Zahlungsunfähigkeit reißt lawinenartig weitere Insolvenzen mit sich. Andererseits ist die Speicherung von Liquidität nicht Selbstzweck eines Unternehmens, sie dient vielmehr der Gewinnerzielung. Unter Liquidität ist im engeren Sinne die geldliche Flüssigkeit, d. h. die jeweilige **Zahlungsbereitschaft**, im weiteren Sinn das Ausmaß der Sicherung der **Zahlungsfähigkeit** zu verstehen. Sie wird durch Menge, Wert, Flüssigkeitsgrad und Umschlagdauer der dem Unternehmen dienenden Wirtschaftsgüter einerseits, durch Höhe und Dringlichkeit der Zahlungsverpflichtungen andererseits bestimmt. Eine Unternehmung ist liquide, wenn sie rechtzeitig — nicht später und nicht früher — flüssige Mittel zur Verfügung hat, um ihren Verpflichtungen nachzukommen und ihre finanziellen Aufgaben zu erfüllen. Aus der Liquiditätslage des Schuldners zieht der Gläubiger Schlüsse, inwieweit er mit dem Eingang seiner Forderung rechnen kann.

2. Liquiditäts-Schwankungen

Ungenügende Liquidität kann ein Unternehmen in kritische Situationen führen. Andererseits kostet überhöhte Liquidität Zinsen; das beeinträchtigt die Rentabilität.

„Der Siedepunkt der Rentabilität ist oft der Gefrierpunkt der Liquidität";

deshalb ist ein wirtschaftlich optimales Verhältnis anzustreben. Bei Untersuchung der Ursachen von Liquiditätsveränderungen ist bedeutsam, ob diese nur vorübergehender Natur oder von längerer Dauer sind. Eine ständige Beobachtung der finanziellen Lage gehört deshalb zu den wichtigsten Aufgaben der Unternehmensleitung. Zu diesem Zweck werden laufend **Liquiditäts-Berichte** aufgestellt. Sie zeigen die Über- oder Unterdeckung der kurzfristig fälligen Verbindlichkeiten durch innerhalb dieser Zeitspanne verfügbare Mittel; hierzu ein Beispiel auf Seite 40:

Liquiditäts-Schwankungen können durch die Umsatzentwicklung bedingt sein. Bei **Umsatzsteigerungen** ist das vorhandene Eigenkapital oft nicht ausreichend, um die notwendigerweise vergrößerte Bestandshaltung an Rohstoffen, teilfertigen und fertigen Erzeugnissen und die angestiegenen Außenstände zu finanzieren. Dadurch verursachte Liquiditätsanspannungen bessern sich erst nach Realisierung der Umsatzgewinne. Umgekehrt bewirkt ein **Umsatzrückgang** durch

Liquiditätsbericht

	Stand 1. 1. ...01		Stand 24. 1. ...01		Veränderung 1.—24. 1. ...01	
	Soll	Haben	Soll	Haben	Soll	Haben
	DM	DM	DM	DM	DM	DM
Kasse	20 000	—	10 000	—	—	10 000
Postscheck	35 000	—	25 000	—	—	10 000
Banken	—	100 000	—	80 000	20 000	—
Besitzwechsel	150 000	—	130 000	—	—	20 000
Wertpapiere	40 000	—	40 000	—	—	—
sonst. kurzfristige Forderungen	—	—	10 000	—	10 000	—
Kundenforderungen	700 000	—	650 000	—	—	50 000
Lieferantenverbind.	—	400 000	—	350 000	50 000	—
Akzepte	—	200 000	—	150 000	50 000	—
sonst. kurzfristige Verbindlichkeiten	—	40 000	—	50 000	—	10 000
	945 000	740 000	865 000	630 000	130 000	100 000
Überdeckung		205 000		235 000		
Unterdeckung		—		—		—
Liquid. Verbesserung		—		—		+ 30 000
Liquid. Verschlechterung		—		—		—

geringere Produktionsaufwendungen und die Schrumpfung der Außenstände zunächst eine günstigere Liquidität, die allerdings bei anhaltender Rückläufigkeit der Umsatzzahlen durch die Ausgabenbelastung an fixen Kosten schnell aufgezehrt werden kann.

Bei **Saisonbetrieben** ist ein ständiger Wechsel zwischen Liquiditäts-Anspannung und -Verbesserung charakteristisch. Zeiten, in denen auf Lager produziert wird, sind finanziell angespannt, Zeiten, in denen die Bestände veräußert werden und die Außenstände eingehen, bieten das Bild der Flüssigkeit. Typisch hierfür ist beispielsweise das Kühlschrankgeschäft.

Die Liquiditäts-Anspannung kann aber auch durch Fehldispositionen ausgelöst sein. Finden die Kosten in den Verkaufserlösen nicht mehr ihre Deckung, so führt das zu einem Ausgaben-Überhang und damit zu einer Verschlechterung der Liquidität. Wenn Anlagevermögen und Warenvorräte steigen, ohne daß damit ein Anwachsen des Umsatzes und des Auftragseinganges verbunden ist, so deutet dies auf eine nutzlose, Kosten verursachende Bindung von Finanzierungsmitteln hin. Bei größeren, nachhaltigen Liquiditäts-Verschlechterungen ist eine

Stabilisierung der finanziellen Verhältnisse durch organisatorische Maßnahmen zur Beseitigung von Verlustquellen bzw. durch Erhöhung des Eigenkapitals bei Erweiterung des Geschäftsumfanges geboten. Notfalls ist die hierzu erforderliche Zeitspanne mit Hilfe weiterer Fremdmittel zu überbrücken.

3. Liquiditäts-Deckungsverhältnis und Liquiditätsreserve

Oberstes Ziel einer gesunden Finanzgebarung ist es, auf das Gleichgewicht zwischen verfügbaren Mitteln und fälligen Verbindlichkeiten zu achten.

Nach einer alten Faustregel sollen die kurz- und mittelfristigen Verbindlichkeiten, wozu auch ein Teil der Rückstellungen zu rechnen wäre, mindestens durch das — im allgemeinen leichter zu realisierende — Umlaufvermögen gedeckt sein.

Im Beispielsfall liegt danach folgendes **Deckungsverhältnis** vor:

(in TDM)	Wirtschaftsabschn...01		Wirtschaftsabschn...02	
Umlaufvermögen		3280		3880
kurz- und mittelfristige Verbindlichkeiten	2700		2940	
sonstige Rückstellungen, als kurz- und mittelfristig mit der Hälfte geschätzt	400	3100	500	3440
Über- bzw. Unterdeckung (net working capital)		+ 180		+ 440
in % rd.		+ 6 %		+ 13 %

D. h.: Die anzustrebende Deckung ist, wenn auch knapp, gegeben und hat sich im Wirtschaftsjahr ..02 verbessert.

Banken und andere Kreditgeber sehen als „gesund" ein Verhältnis von 2 : 1, d. h. eine Überdeckung von 100 % an; eine Vorstellung, die in der Praxis allerdings nur selten erreicht werden dürfte. Sie entspricht auch mehr Sicherungsbedürfnissen der Gläubiger als Finanzierungsnotwendigkeiten.

Das Ansehen eines Unternehmens leidet, wenn seine Zahlungsbereitschaft nicht zu jeder Zeit gesichert ist. Zahlungsunfähigkeit ist Konkursgrund. Deshalb ist eine gewisse, jederzeit verfügbare Liquiditätsreserve erforderlich.

Die Barmittel, wozu auch sofort diskontierbare Besitzwechsel zählen, sollen — als grober Anhaltspunkt — 15 bis 20 % der kurzfristigen Verbindlichkeiten nicht unterschreiten.

Als kurzfristig wird im allgemeinen die Fälligkeit innerhalb eines Monats angesehen.

Nach den Zahlen des Beispielsfalles ergibt sich hiernach folgende **Über- bzw. Unterdeckung:**

(in TDM)	Wirtschaftsabschn...01		Wirtschaftsabschn...02	
Als kurzfristig angesehene:				
Warenverbindlichkeiten (rd. ²/₃ von VI, 1)		800		732
eigene Akzepte (rd. ²/₃ von VI, 3)		432		566
sonstige Verbindlichkeiten (rd. ²/₃ von VI, 4)		166		126
Rückstellungen (rd. ½ von IV)		400		500
		1798		1924
hiervon als Liquiditätsreserve wünschenswert = rd.		20 % 360		20 % 385
demgegenüber kurzfristig verfügbar: Geldbestände (II, 4)	400		150	
½ der Besitzwechsel (II, 5), da sofort diskontierbar	125	525	50	200
Über- bzw. Unterdeckung		+ 165		⁒ 185

Nach den Bilanzzahlen des Beispielfalles wäre bei kurzfristiger Betrachtung im Wirtschaftsabschnitt 02 die gebotene Zahlungsbereitschaft nicht gesichert. Trotzdem muß dies nicht zu Schwierigkeiten führen, wenn entsprechende Kreditlinien der Banken vorliegen. Die Aufteilung der Bilanzpositionen nach der Fristigkeit — hier global geschätzt — bedarf einer Berücksichtigung der im Einzelfall gegebenen Verhältnisse.

Im Beispielsfall ergäbe dies folgende Zahlen:

(in TDM)	Wirtschaftsabschn...01	Wirtschaftsabschn...02
Aufwendungen lt. GuV-Rechnung	12 300	17 010
⁒ Abschreibungen	1 160	1 590
⁒ Zuführung zu Rücklagen	—	250
	11 140	15 170
+ Investitionen	1 000	1 800
	12 140 : 52	16 970 : 52
= durchschnittlicher Geldbedarf je Woche	233	326
+ 50 % = rd.	117	164
= durchschnittlicher Geldbedarf für 1 bis 2 Wochen	350	490
sofort verfügbare Mittel (s. o.)	525	200
Über- bzw. Unterdeckung	+ 175	⁒ 290

Ein weiterer, dem Betriebsablauf mehr entsprechender Maßstab zur Beurteilung der Zahlungsbereitschaft wäre ein Vergleich der sofort verfügbaren Mittel mit dem innerhalb von 1 bis 2 Wochen durchschnittlich anfallenden Geldbedarf.

Auch hiernach erscheint im Wirtschaftsjahr 02 die kurzfristige Liquidität nicht gewährleistet.

4. Liquiditätsstatus

Die Abschlußbilanz, primär ein Instrument zur Messung des periodischen Erfolgs, zeigt, selbst wenn sie zeitnahe vorliegt, nur ein **Augenblicksbild,** das sich durch die verschiedensten Umstände schnell ä n d e r n kann. So kann bewirkt werden:

Liquiditätsverbesserung durch	**Liquiditätsverschlechterung** durch
● Eingang hoher Kundenanzahlungen,	● Ausfall gewichtiger Kundenforderungen,
● schnelle Räumung des Lagers zu günstigen Preisen,	● Absatzstockung infolge schlechten Wetters,
● größere Einlagen der Betriebsinhaber,	● ungewöhnlich hohe Privatentnahmen der Betriebsinhaber,
● Aufnahme eines Stillen Gesellschafters mit erheblicher Kapitaleinlage,	● Abzug eines langfristigen Bankkredits,
● a. o. Erträge, z. B. Steuererstattungen	● Inanspruchnahme aus Bürgschaften, Giroverpflichtungen

Für die Beurteilung der Liquidität ist also die Abschlußbilanz ihrer Zweckbestimmung und ihren Bewertungsgrundsätzen nach wenig geeignet. Dies gilt weitgehend auch für die Steuerbilanz.

Um Fehlschlüsse zu vermeiden, genügt es nicht, lediglich eine Bilanz auf ihre „Flüssigkeit" hin zu untersuchen, vielmehr muß in möglichst kurzen Zeitabständen die Entwicklung durch Vergleich der Situation mehrerer Stichtage erkennbar gemacht werden. Es muß also in kurzfristigen Abständen, z. B. monatlich oder zu bestimmten Zeitpunkten, ein besonderer **Liquiditäts-Status** festgestellt werden.

Ein solcher Status ist eine zeitpunktbezogene Vermögensübersicht, bei dem ohne förmlichen Buchabschluß die Besitz- und Schuldposten zusammengestellt werden.

Soweit innerhalb des Geschäftsjahres keine inventurmäßigen Bestandsaufnahmen vorliegen bzw. die Bestände sich nicht buchmäßig ergeben (wie z. B. bei den Geldkonten), muß zu Schätzungen gegriffen werden; z. B. bei den Warenvorräten nach folgender Formel:

Bestand am Ende des Monats = Bestand am Anfang des Monats + Eingang im Monat lt. Warenkonto ./. Abgang im Monat (= Umsatz ./. Rohgewinn).

Dem Zweck der Untersuchung entsprechend ist die **Bewertung** der dem Unternehmen gewidmeten Wirtschaftsgüter zum jeweiligen Tageswert (= Teilwert unter dem Gesichtswinkel der Fortführung des Betriebes) vorzunehmen, wobei jedoch das Moment der möglichen Versilberung zu vorsichtigen Wertansätzen Anlaß geben sollte. Wird eine der Erfolgsermittlung dienende Abschlußbilanz in die Liquiditätsrechnung einbezogen, so wäre eine **Umwertung** nach diesen Maßstäben erforderlich. Da bei in Zahlungsschwierigkeiten geratenen Unternehmen oft die Tendenz besteht, das Bild günstiger erscheinen zu lassen, ist besonders darauf zu achten, daß die Bestandsaufnahmen zutreffend erfolgten, die Besitzposten nicht über-, die Schuldposten nicht unterbewertet wurden. Zusammengehörende Bilanzposten sind zusammenzufassen bzw. zu saldieren (z. B. Fertigerzeugnisse auf verschiedenen Lägern — Forderungen und entsprechende Wertberichtigungen). Inhaltlich ungleichartige Posten sind aufzuteilen, z. B. Reingewinn in auszuschüttenden Anteil (= Verbindlichkeit) und einzubehaltenden Anteil (= Eigenkapital).

Ferner sind die Posten der Aktivseite nach ihrer **Verflüssigungs-Möglichkeit** und die Posten der Passivseite nach ihrer **Zahlungsdringlichkeit** zu ordnen, d. h., sie sind nach den Zeiträumen aufzugliedern, innerhalb deren sie annehmbar zur geldlichen Einnahme bzw. Ausgabe führen; z. B.

- **kurzfristig** d. h. etwa innerhalb eines Monats fällige Kundenforderungen bzw. Lieferanten-Verbindlichkeiten,
- **mittelfristig,** d. h. etwa im Verlaufe eines Vierteljahres absetzbare Warenvorräte bzw. fällig werdende Akzeptverpflichtungen,
- **langfristig** gebundene Anlagegüter, z. B. Grundstücke, bzw. Dauerkredite, wie Darlehen, Anleihen usw.

Eine solche Liquiditätsbetrachtung geht also in die Zukunft; denn nur so kann beurteilt werden, inwieweit den Verbindlichkeiten entsprechend ihrer Fälligkeit flüssige Mittel bzw. realisierbare Vermögensgüter gegenüberstehen. Im allgemeinen wird die Liquiditäts-Untersuchung nach den oben genannten drei **Zeitstufen** — kurz-, mittel- und langfristig — vorgenommen.

Hinsichtlich des Zeitmaßstabes für die Einordnung zu den einzelnen Stufen bestehen branchenmäßig bedingte Unterschiede. So werden beispielsweise in der Grundstoffindustrie längere Fristen gelten als in einem Großhandelsunternehmen. Wo Zweifel über die Zuordnung bestehen, ist die ungünstigere Gruppe zu wählen. Ebenso ist bei den einzelnen Vermögensposten und Verbindlichkeiten nicht nach starren Regeln zu bestimmen, in welchem Umfang sie bei den verschiedenen Liquiditätsstufen anzusetzen sind. Der Zweck der Untersuchung macht die Frage der **Realisierbarkeit** vorrangig. Dies kann bedingen, daß in absehbarer Zeit nicht flüssig zu machende Vermögensposten auf der Aktivseite der Liquiditätsberechnung unberücksichtigt bleiben; z. B. der „Bodensatz" bei den Warenvorräten, ein ungünstig gelegenes und deshalb nur schwer verkäufliches Grundstück.

Andererseits braucht ein von Verwandtenseite gegebenes Darlehen nicht wie eine fremde Verbindlichkeit beurteilt werden, wenn hier mit einem „Stillhalten" gerechnet werden kann. Zum Teil gilt dies auch für das sogenannte „Sozialkapital". Entscheidend ist, daß die einmal als richtig gewählte Gliederung kontinuierlich beibehalten und nicht ohne zwingenden Grund geändert wird.

Nach den vorstehenden Grundsätzen ist auf den folgenden Seiten an Hand eines Beispielfalles eine **Liquiditätsberechnung** durchgeführt. (Es soll sich bereits um Zahlen nach einer „Umwertung" im genannten Sinne handeln.) Die Vermögenswerte und Verbindlichkeiten sind entsprechend ihrer Fälligkeit und Veräußerlichkeit in verschiedene Grade eingeteilt. Um dem Gebot kaufmännischer Vorsicht Rechnung zu tragen, wurde ein Drittel des Wertansatzes bei Rohstoffen sowie Halbfertig- und Fertigerzeugnissen nicht in die Liquiditätsberechnung einbezogen. Andererseits blieben bei dieser Berechnung die laufenden Aufwendungen, die für die Fortführung des Betriebs künftig benötigt werden, unberücksichtigt, da ihnen normalerweise entsprechende Einnahmen gegenüberstünden. Forderungen aus Anzahlungen an Warenlieferanten sind beim Vorratsvermögen aufzuführen, da sie sich früher oder später in Waren umwandeln. Anzahlungen von Warenkunden sind zwar Verbindlichkeiten, sie sind aber beim Liquiditätsstatus mit dem Vorratsvermögen aufzurechnen, da sie keine flüssigen Mittel erfordern. Wertberichtigungen sind mit den betreffenden Bilanzposten zu verrechnen. Transitorische Rechnungsabgrenzungsposten brauchen in den Liquiditätsstatus nicht aufgenommen zu werden, da sie keine Geldbewegungen mehr auslösen. Dagegen sind antizipative Rechnungsabgrenzungsposten zu berücksichtigen, da sie künftig zu Einnahmen oder Ausgaben führen.

Zu den einzelnen Liquiditätsgraden sei bemerkt:

a) Liquidität I. Grades

Diese soll durch die Gegenüberstellung sofort und kurzfristig, d. h. innerhalb eines Monats, greifbarer Mittel zu den kurzfristig, d. h. ebenfalls innerhalb eines Monats, fälligen Verbindlichkeiten bestimmt werden. Innerhalb dieses Zeitraumes soll — angenommen — die Hälfte der Kundenforderungen (./. Wertberichtigung) und Besitzwechsel eingehen. Warenverbindlichkeiten und Akzepte werden im allgemeinen mit zwei Dritteln als kurzfristig fällig anzusetzen sein. Von den Warenvorräten wird nur ein Drittel als kurzfristig realisierbar eingesetzt; ihnen wird die Hälfte der Lieferanten-Anzahlungen zugeordnet. Sonstige Verbindlichkeiten bzw. Forderungen werden im Beispielsfall mit der Hälfte, Rückstellungen, wie etwa für Steuern, Garantieverpflichtungen usw., mit zwei Dritteln als kurzfristig fällig behandelt. Pensionsrückstellungen dagegen werden zu den langfristigen Verbindlichkeiten gezählt. Im praktischen Anwen-

Liquiditätsuntersuchung
(in 1000 DM)

	Wirtschaftsjahr..01	Wirtschaftsjahr..02
Liquidität I. Grades		
Geldbestände und börsengängige Wertpapiere	400	150
Besitzwechsel (¹/₂)	125	50
Kundenforderungen ∕ Wertberichtigung (¹/₂)	650	900
sonstige Forderungen (¹/₂)	50	225
Rohstoffe (¹/₃) + ¹/₂ der Lieferanten-Anzahlungen	283	350
Halbfertige und fertige Erzeugnisse (¹/₃) ∕ Kundenanzahlungen	126	110
	1634	1785
Warenverbindlichkeiten (rd. ²/₃)	800	732
eigene Akzepte (rd. ²/₃)	432	566
sonstige Verbindlichkeiten (rd. ²/₃)	166	126
Rückstellungen (¹/₂)	400	500
	1798	1924
Über- bzw. Unterdeckung	∕ 164	∕ 139
in Prozent der Bilanzsumme	2,7 %	1,9 %
Liquidität II. Grades		
Besitzwechsel (¹/₂)	125	50
Kundenforderungen ∕ Wertberichtigung (¹/₂)	650	900
sonstige Forderungen (¹/₂)	50	225
Rohstoffe usw. (rd. ¹/₃) + ¹/₂ der Lieferanten-Anzahlungen	283	350
Halbfertige und fertige Erzeugnisse (¹/₃)	126	110
antizipative Rechnungsabgrenzung (¹/₂)	30	40
	1264	1675
Warenverbindlichkeiten (rd. ¹/₃)	400	368
eigene Akzepte (rd. ¹/₃)	218	284
sonstige Verbindlichkeiten (rd. ¹/₃)	84	64
Rückstellungen (¹/₂)	400	500
Bankkredit (rd. ²/₃)	400	532
antizipative Rechnungsabgrenzung (¹/₂)	40	60
	1542	1808
Über- bzw. Unterdeckung	∕ 278	∕ 133
in Prozent der Bilanzsumme	4,5 %	1,8 %
Über- bzw. Unterdeckung I. und II. Grades	∕ 442	∕ 272
in Prozent der Bilanzsumme	7,2 %	3,7 %

Liquidität III. Grades		
Anlagevermögen ($^1/_1$)	2800	3200
langfristige Verbindlichkeiten ($^1/_1$)	700	800
Bankkredit (rd. $^1/_3$)	200	268
Pensions-Rückstellungen	—	—
	900	1068
Über- bzw. Unterdeckung	+ 1900	+ 2132
in Prozent der Bilanzsumme	30,9 %	29,8 %
Abgleichung		
Nicht in die Liquiditätsuntersuchung einbezogen:		
+ Rohstoffe usw. ($^1/_3$)	284	350
Halbfertige und fertige Erzeugnisse ($^1/_3$)	128	110
transitorische Rechnungsabgrenzung ($^1/_2$)	30	40
	+ 442	+ 500
./. transitorische Rechnungsabgrenzung ($^1/_2$)	40	60
	+ 402	+ 440
Eigenkapital	+ 1860	+ 2300
in Prozent der Bilanzsumme	30,3 %	32,2 %

dungsfall müßte die Einordnung nach den einzelnen Stufen der effektiven Fristigkeit entsprechend erfolgen, im Zweifel zum nächstungünstigeren Grad.

Nach der Zahlenauswertung des Beispielfalles liegt in dieser Liquiditätsstufe eine Unterdeckung von 164 bzw. 139 TDM vor. Das entspricht 2,7 bzw. 1,9 % der Bilanzsumme.

b) Liquidität II. Grades

Es wird hier das Umlaufvermögen, soweit nicht bereits der ersten Liquiditätsstufe zugeordnet, mit Ausnahme von einem Drittel der Warenvorräte den bisher nicht berücksichtigten mittelfristigen Verbindlichkeiten gegenübergestellt. Als „mittelfristig" wurde hier eine Zeitspanne von mehr als einen Monat und weniger als drei Monate angenommen. In die Liquiditätsstufe II. Grades könnten auch Rechnungsabgrenzungsposten einbezogen werden, soweit sie antizipativer Natur sind; im Beispielsfall mit $^1/_2$ geschätzt.

Auch in dieser Stufe liegt eine Unterdeckung von 278 bzw. 133 TDM vor. Dies entspricht 4,5 bzw. 1,8 % der Bilanzsumme.

Bei Zusammenfassung der Liquiditätsstufen I und II (im Schrifttum wird sie häufig als Liquidität II. Grades genannt) beträgt die Unterdeckung

	..01	..02
im Wirtschaftsabschnitt		
absolut	442	272 TDM
in Prozent der Bilanzsumme	7,2	3,7 %

c) Liquidität III. Grades

In dieser Stufe wird das Anlagevermögen, das meist schwer realisierbar und für die Aufrechterhaltung des Betriebs notwendig ist, den langfristigen Verbindlichkeiten gegenübergestellt. Zum Anlagevermögen zählen auch darauf geleistete Anzahlungen sowie langfristige Darlehnsforderungen. Zu den langfristigen Verbindlichkeiten wird neben den Pensionsrückstellungen ein Teil des Bankkredits gerechnet werden können.

In der langfristigen Beurteilung liegt im Beispielsfall eine Überdeckung von 1900 bzw. 2132 TDM = 30,9 bzw. 29,8 % der Bilanzsumme vor.

Im Beispielsfall stehen

	im Wirtschafts- abschnitt 01	im Wirtschafts- abschnitt 02
dem Anlagevermögen von	2800 TDM	3200 TDM
an längerfristigen Verbindlichkeiten (ohne Pensionsverpflichtungen, jedoch incl. $^1/_2$ der Bankschuld) gegenüber	900 TDM	1068 TDM
Belastung also rund	35,0 %	33,4 %
	des Anlagevermögens	
	(Modifizierung entsprechend den vorherigen Ausführungen unterstellt)	

Zusammenfassend läßt sich aus dieser Liquiditätsuntersuchung in etwa folgern:

Die Liquidität ist infolge Umsatzerhöhung und starker Investition angespannt, hat sich aber im Wirtschaftsabschnitt ..02 gegenüber dem Vergleichszeitraum ..01 absolut und relativ verbessert. Das gilt besonders für die mittelfristige Beurteilung. Die Eigenkapitalbasis hat sich von 30,3 % auf 32,2 % der Bilanzsumme erhöht und reicht zur Sicherung der Verbindlichkeiten aus. Es besteht noch die Möglichkeit zum Einsatz von Fremdmitteln durch langfristige Belastung des Anlagevermögens. Der steten Sicherung der Zahlungsbereitschaft ist Aufmerksamkeit zu widmen.

5. Aufstellen von Zahlungsplänen

Der Liquiditätsstatus und die Bilanz enthalten Stichtagsbestände und verschaffen lediglich eine Beurteilungsgrundlage, inwieweit daraus Einnahmen und Ausgaben zu erwarten sind. Sollen hieraus praktische Konsequenzen gezogen werden, so ist an Hand der danach gewonnenen Erkenntnisse ein auf die künftige Zeit gerichteter Zahlungsplan aufzustellen. Er soll unter Berücksichtigung notwendiger Investitionen einerseits, möglicher Kreditaufnahmen oder -prolongationen andererseits den fristgerechten und störungsfreien Ausgleich der Verpflichtungen eines Unternehmens gewährleisten. Gerade in schwierig gelagerten Fällen ist er ein unentbehrliches Instrument zur Steuerung der Liquidität. Im Rahmen derartiger kurz- und langfristiger Zahlungspläne kann auch die Abdeckung besonderer Verpflichtungen, z. B. größerer Steuernachholungen auf Grund einer Betriebsprüfung, eingebaut werden. Aufstellung und Verwirklichung der Planzahlen bedingen in jedem Fall Zahlungswilligkeit und Mitwirkung des Schuldners sowie eine maßvolle, aber auch feste Durchsetzung des Rechtstitels seitens des Gläubigers.

Ein solcher Zahlungs- oder Finanzplan soll die voraussichtlichen künftigen Einnahmen und Ausgaben termingemäß erfassen und das jeweilige Deckungsverhältnis — monatlich oder vierteljährlich — errechnen.

Beim Ansatz der Zahlen ist von der Vergangenheit auszugehen, die erkennbare Entwicklung der Zukunft jedoch zu berücksichtigen. Möglichkeiten zur Verbesserung der Liquidität sind nach Abstimmung mit der Unternehmensleitung einzuarbeiten; z. B.

auf der **Einnahmenseite:**

- Aufnahme von Krediten oder neuem Eigenkapital,
- Veräußerung betrieblicher oder privater Vermögensgegenstände, beispielsweise von Wertpapieren,
- Abstoßen von verlustbringenden Geschäften oder Beteiligungen,
- Vergabe von Lizenzen und Know-how,
- Erhöhung der Sätze für Kundenskonti, um zu einer schnelleren Zahlung anzureizen,
- Umsatzsteigerungen durch gezielte Sonderaktionen, z. B. Schlußverkäufe unter Preisherabsetzungen;

auf der **Ausgabenseite:**

- zeitweiliges Abstoppen von Rohstoffbeschaffungen, d. h. Verringerung des Lagers,
- Drosselung der Aufwendungen und Investitionen,
- lizenzweise Übernahme von Patenten und Verfahren statt eigener Forschung und Entwicklung,
- Herabsetzung überhöhter Gehälter an Gesellschafter-Geschäftsführer bzw. Verminderung der Privatentnahmen,
- Tilgungsaussetzung bei langfristigen Geldern,
- Umwandlung von Verbindlichkeiten in Eigenkapital.

Muster eines Halbjahres-Zahlungsplans
(1. 4. bis 30. 9. ... 01)

(in 1 000 DM)	April	Mai	Juni	Juli	August	Sept.
Am Stichtag (1. 4.) vorhandene Bestände an Kasse, Bank, Postscheck	100	—	—	—	—	—
zu erwartende Zahlungsmittel						
aus Besitzwechseln (Stand 1. 4.)	100	50	50	—	—	—
aus Warenforderungen (Stand 1. 4.)	100	100	100	—	—	—
aus Rechnungsausgang April	800	400	200	200	—	—
aus Rechnungsausgang Mai		800	400	200	200	—
aus Rechnungsausgang Juni			800	450	250	200
aus Rechnungsausgang Juli				900	450	250
aus Rechnungsausgang August					800	400
aus Rechnungsausgang September						700
aus Barverkäufen	80	90	100	100	100	90
aus sonstigen Einnahmen (z. B. Mieten)	—	50	50	50	50	50
zusätzliche Liquiditätsverbesserung (z. B. Verkauf von Wirtschaftsgütern des Anlagevermögens)	150	—	50	—	—	—
	1 330	1 490	1 750	1 900	1 850	1 690
zu erwartende Ausgaben:						
Abdeckung des Bestands am Stichtag an Akzepten (1 Mill. DM)	200	200	200	200	200	—
Warenverbindlichkeiten (1,2 Mill. DM)	300	300	300	300	—	—
Laufende Ausgaben für Löhne und Gehälter	350	300	350	350	450	450
allgemeine Aufwendungen, Zinsen	200	200	250	250	250	250
unvermeidbare Anschaffungen	75	75	75	75	75	75
laufende betriebliche Steuern usw.	100	50	50	100	180	50
Warenbezüge	100	150	200	300	500	500
Vertriebs-Aufwendungen	40	40	40	140	140	140
Privatentnahmen	10	10	10	10	10	10
Mieten und Pachten	75	75	75	80	80	80
Erhaltungsaufwand	25	25	25	25	25	25
unter Berücksichtigung der erforderlichen Einsparungen	1 475	1 425	1 575	1 830	1 910	1 580
Einnahmen-Überschuß	—	65	175	70	—	110
Einnahmen-Fehlbetrag	145	—	—	—	60	—
frei zur Deckung der Steuerrückstände = Zahlungsrate	—	—	95	70	—	50
Entwicklung der Steuerrückstände, zum 1. 4. ... 01 = 400, bei planmäßiger Tilgung	400	400	305	235	235	185

Unsicherheitsfaktoren, z. B. möglichen Kundenausfällen und Folgen von Kreditmaßnahmen, z. B. Zinsbelastung bei Aufnahme eines Bankkredits, ist Rechnung zu tragen. Je nach Deckung der unvermeidbaren Ausgaben durch die mutmaßlich verfügbaren Mittel ist die Abtragung von Zahlungs-Rückständen, z. B. Steuerschulden, vorzusehen. Die Planzahlen sind mit den Ist-Zahlen zu vergleichen und die Ursachen etwaiger Abweichungen zu ergründen. Erforderlichenfalls sind die Planzahlen den veränderten Verhältnissen anzupassen.

Selbstverständlich lassen sich derartige Zahlungspläne auch in anderer Weise aufstellen, z. B. Abdeckung durch einen monatlichen, begrenzten Grundbetrag sowie einen zusätzlichen, umsatzabhängigen Steigerungsbetrag. „Eingefrorene" Kundenforderungen werden vielfach in Verbindung mit den laufenden Belieferungen, beispielsweise (bei Brauereien) von Bier, durch entsprechende Preisstellung und das Bestehen auf Barzahlung „aufgetaut".

Der Erfolg von Zahlungsplänen hängt nicht zuletzt davon ab, daß zugleich Rationalisierungsmaßnahmen durchgeführt und neue Vertriebswege beschritten werden. Häufig bedingt er auch personelle Veränderungen.

V. Rentabilität

Unter Rentabilität wird allgemein das Verhältnis des Erfolgs (positiv als Gewinn, negativ als Verlust) zu dem im Unternehmen arbeitenden Kapital verstanden.

Auch hier gibt es für die Beurteilung verschiedene Maßstäbe. Sie sind jedoch mit Vorbehalt zu verwenden; denn das Eigenkapital ist nicht eindeutig meßbar, sondern bewertungsabhängig. Ferner ist der Zähler, z. B. der Reingewinn, auf den Wirtschaftsabschnitt zeitraumbezogen, während der Nenner, das Kapital, zum Abschlußzeitpunkt stichtagbezogen ist. Bei Kapitalgesellschaften umschließt das eigene Kapital neben dem Grund- bzw. Stammkapital auch die Rücklagen, den Gewinnvortrag und ähnliches. Von Einfluß auf die Höhe des ausgewiesenen Gewinns ist die **Unternehmungsform**. Bei Kapitalgesellschaften mindern die Bezüge des Vorstands bzw. der Geschäftsführer den Gewinn, bei Einzelunternehmen bzw. Personengesellschaften steckt der Unternehmerlohn im Gewinn. Bei Kapitalgesellschaften werden der ausgeschüttete und einbehaltene Gewinn unterschiedlich besteuert. Deshalb sollte im Interesse der Vergleichbarkeit von dem Gewinn vor Abzug der Ertrag- und Vermögensteuern ausgegangen werden. Damit würde wie bei Einzelunternehmen und Personengesellschaften verfahren. Hier sind ja die nichtabzugsfähigen Steuern den Privatentnahmen zuzurechnen. In der Praxis — so auch im Beispielsfall — wird allerdings im allgemeinen nicht so verfahren, da für die Unternehmen die betriebliche Ertrags- und Vermögensbesteuerung Kostencharakter hat.

1. Verzinsung des nominellen Eigenkapitals bei Kapitalgesellschaften
(Ausgangspunkt für die Gewinnausschüttung)

Der bei Kapitalgesellschaften nach dem Abzug der steuerlich nicht absetzbaren Steuern vom Ertrag und Vermögen verbleibende Reingewinn zeigt im Verhältnis zum nominellen Eigenkapital die Obergrenze für den zu wählenden Gewinnausschüttungssatz, bei Aktiengesellschaften der Dividende. Dividende ist derjenige Gewinnanteil, der prozentual auf den Nennbetrag des Grundkapitals ausgezahlt wird. Diese Obergrenze war im Beispielsfall für das Wirtschaftsjahr ..01 = 10,7 %, für das Wirtschaftsjahr ..02 = 12,7 %.

Unter **Rendite** der Anteile wird ihre **effektive Verzinsung** unter Zugrundelegung des Börsenkurses verstanden; z. B. Börsenkurs = 300, Dividende = 12 %, Effektivverzinsung = 4 %. Bei Beurteilung dieser Rendite ist eine etwaige Gewinn-Anspeicherung nicht außer acht zu lassen.

	Rentabilität		
		Wirtschaftsjahr .. 01	Wirtschaftsjahr .. 02
1. *Verzinsung des Grundkapitals* (Ausgangspunkt für Dividendenvorschlag) $\dfrac{\text{Reingewinn}}{\text{Grundkapital}}$		$\dfrac{160}{1\,500} = 10{,}7\%$	$\dfrac{190}{1\,500} = 12{,}7\%$
2. *Verzinsung des Eigenkapitals* (Netto-Rentabilität) $\dfrac{\text{Reingewinn}}{\text{durchschnittliches Eigenkapital}}$		$\;\;\;\;\;\;\;\; = \;\;\;\;\%$	$\dfrac{190}{2\,080} = 9{,}1\%$
3. *Verzinsung des Gesamtkapitals* (Brutto-Rentabilität) $\dfrac{\text{Reingewinn} + \text{Zinsaufwand}}{\text{durchschnittliches Gesamtkapital}}$		$\;\;\;\;\;\;\;\; = \;\;\;\;\%$	$\dfrac{440}{6\,550} = 6{,}7\%$
4. *Umsatzgewinnrate* $\dfrac{\text{Reingewinn} + \text{Steuern vom Ertrag und Vermögen}}{\text{Umsatz}}$		$\dfrac{160 + 100}{12\,340} = 2{,}1\%$	$\dfrac{190 + 150}{16\,900} = 2{,}0\%$
5. *Cash flow* $\dfrac{\text{Reingewinn} + \text{Abschreibungen}}{\text{Umsatz}}$		$\dfrac{160 + 1\,100}{12\,340} = 10{,}3\%$	$\dfrac{190 + 1\,550}{16\,900} = 10{,}3\%$
6. *Return on Investment* $\dfrac{\text{Reingewinn} + \text{Zinsen}}{\text{Umsatz}} \times \dfrac{\text{Umsatz}}{\text{Gesamtkapital}}$		$\;\;\;\;\;\;\;\; = \;\;\;\;\%$	$\dfrac{190 + 250}{16\,900} \times \dfrac{16\,900}{6\,550} = 6{,}76\%$

2. Verzinsung des Eigenkapitals

(Netto-Rentabilität)

Den Unternehmer interessiert vornehmlich die Rentabilität seines im Betrieb durchschnittlich arbeitenden Eigenkapitals, das sich bei Kapitalgesellschaften aus Grund- bzw. Stammkapital, Rücklagen, Gewinnvortrag und Gewinn vor Ausschüttung zusammensetzt. Dieses ist mangels anderer geeigneterer Unterlagen wie folgt zu berechnen:

$$\frac{\text{Eigenkapital am Anfang} + \text{Eigenkapital am Ende}}{2} \; ; \; \frac{(1860 + 2300)}{2} = 2080$$

Diese Durchschnittsrechnung unterstellt, daß sich Kapitalveränderung und Gewinnerzielung gleichmäßig auf das Wirtschaftsjahr verteilen.

Es ist ferner zu beachten, daß der bilanzmäßig ausgewiesene Erfolg gegenüber dem tatsächlichen Betriebsergebnis durch außerordentlichen Aufwand und Ertrag sowie die Bildung und Auflösung stiller Reserven unter Umständen recht erheblich abweichen kann. Im Interesse der Vergleichbarkeit sind diese Faktoren zu eliminieren; z. B.

ausgewiesener Erfolg des Unternehmens			100 000,— DM
Neutrales Ergebnis			
neutrale Erträge	./. 10 000,— DM		
neutraler Aufwand	+ 30 000,— DM	+	20 000,— DM
stille Reserven			120 000,— DM
Auflösung	—		—
Bildung	+ 40 000,— DM		40 000,— DM
tatsächliches Betriebsergebnis:			160 000,— DM

Im Beispielsfall ergibt sich für das Wirtschaftsjahr ..02 eine Verzinsung des Eigenkapitals von

$$\frac{190}{2080} = 9{,}1\,\%$$

Auch dieser Satz gilt nur mit Vorbehalt, d. h., sofern nicht noch Bildung und Auflösung stiller Reserven zu berücksichtigen sind. Ein außerbetrieblicher Vergleich dieses Gewinnsatzes ist nur innerhalb des gleichen Wirtschaftszweigs sinnvoll, da je nach branchenbedingter Kapital- bzw. Arbeitsintensität Unterschiede bestehen müssen.

3. Verzinsung des Gesamtkapitals
(Brutto-Rentabilität)

Die echte Wirtschaftlichkeit des Unternehmens zeigt sich in der Verzinsung des Gesamtkapitals. Als Maßstab dient die Relation:

$$\frac{\text{Reingewinn} + \text{Zinsaufwand für Fremdkapital}}{\text{im Unternehmen durchschnittlich arbeitendes Gesamtkapital}}$$

Im Beispielsfall beträgt sie für das Wirtschaftsjahr ..02

$$\frac{190 + 250}{\frac{6060 + 7040}{2}} = \frac{440}{6550} = \underline{6{,}7\,\%}$$

Trotz Zunahme der Rentabilität des Unternehmens im ganzen kann bei stärkerem Steigen des Zinsaufwandes der Reingewinn sinken. Übersteigt der Verzinsungssatz des Gesamtkapitals den Zinssatz für das aufgenommene Fremdkapital, so erweist sich die Fremdfinanzierung als vorteilhaft für das Unternehmen.

Beispiel:

Rendite des Gesamtkapitals			= 12 %		
Zinssatz für Fremdkapital			= 6 %		
(a) Eigenkapital	750	Gesamtertrag		120	
Fremdkapital	250	./. Zins für Fremdkapital		15	
	1 000	= Ertrag des Eigenkapitals		105	= **14 %**
(b) Eigenkapital	250	Gesamtertrag		120	
Fremdkapital	750	./. Zins für Fremdkapital		45	
	1 000	= Ertrag des Eigenkapitals		75	= **30 %**

Der umgekehrte Effekt tritt ein, wenn die zu zahlende Zinsquote für Fremdkapital die Rendite des Gesamtkapitals übersteigt.

Als Nutzanwendung ergibt sich hieraus, daß bei geringer Rentabilität und bei hohem Fremdkapitalzins eine weitgehende Eigenfinanzierung anzustreben ist.

4. Umsatzgewinnrate

Der Erfolg eines Unternehmens entsteht nicht durch das Kapital an sich, sondern durch dessen „Arbeit". Deshalb ist von besonderem Interesse die Umsatzgewinnrate, auch als **dynamische Rentabilität** bezeichnet. Hier zeigt sich der Unterschied zwischen Aufwand und Ertrag in seiner absoluten und relativen Veränderung innerhalb der Entwicklung des Geschäftsvolumens. Gewöhnlich wird diese Kennzahl ausgedrückt durch den Bruttoüberschuß vor Steuern, d. h. der Summe des Jahresüberschusses zuzüglich Steuern vom Ertrag und Vermögen, im Verhältnis zum Umsatz:

$$\frac{\text{Gewinn}}{\text{Umsatz}} \cdot 100$$

Nach den Zahlen des Beispiels betrug der Umsatzgewinn, wie aus der Berechnung auf S. 53 hervorgeht, im Wirtschaftsjahr .01 = 2,1 %, im Wirtschaftsjahr .02 = 2 %.

Die Umsatzgewinnrate ist besonders für zwischenbetriebliche Vergleiche geeignet. Allgemein gilt:

Je geringer die Kapital-Umschlagshäufigkeit ist, um so höher muß die Umsatzgewinnrate sein. Als eindeutiger Maßstab für die unterschiedliche Ertragskraft der einzelnen Unternehmen kann auch diese Kennzahl nicht gewertet werden. Der Jahresüberschuß ist mit dem betriebswirtschaftlichen Gewinn nicht identisch. Der Steuerposten enthält gewinn-unabhängige Bestandteile. Ferner wird er durch die Art der Gewinnverwendung beeinflußt; je höher der Anteil des ausgeschütteten Gewinns, um so niedriger ist — infolge des gespaltenen Tarifs — der Steueraufwand. Die Umsatzerlöse sind nach dem Grad der **Wertschöpfung** unterschiedlich zu beurteilen. Sie können außerdem durch Handelserlöse, durchlaufende Posten und in anderer Weise, z. B. durch Verbrauchsteuern, beeinflußt sein. Nach den Ergebnissen bilanzanalytischer Untersuchungen gewinnt ein Unternehmen mit wachsender Größe durchaus nicht immer an — relativer — Ertragskraft. Dennoch sind Firmen mit hoher Ertragskraft stärker unter den Großunternehmen vertreten als bei Gesellschaften mit niedrigeren Umsätzen. Allerdings darf nicht übersehen werden, daß Großunternehmen wegen der bei ihnen größeren Last an fixen Kosten besonders konjunkturempfindlich sind. Relativ kleine Umsatzeinbußen können zu teilweise empfindlichen Gewinnrückgängen führen. Umgekehrt steigt bei wachsenden Umsätzen die Gewinnrate unverhältnismäßig rasch. („Die letzte Mark bringt den höchsten Gewinn.")

Eine nicht unerhebliche Rolle für die Gewinnhöhe spielt das Ausmaß der Skonti, gewährter wie in Anspruch genommener. Deshalb wird in Ergänzung der Umsatzgewinnrate folgender **Skontovergleich** vorgenommen:

$$\frac{\text{Kundenskonti} \times 100}{\text{Umsatz}} = \ldots \% \quad \text{z. B.} \quad \frac{150\,000 \times 100}{10\,000\,000} = 1{,}5\,\%$$

$$\frac{\text{Lieferantenskonti} \times 100}{\text{Einkauf}} = \ldots \% \quad \frac{80\,000 \times 100}{4\,000\,000} = 2\,\%$$

5. Cash-flow

(Kassen-Zufluß)

Hierunter wird der Teil des betrieblichen Einnahmestromes verstanden, der nicht kurzfristig zu Ausgaben führt, sondern in dem Unternehmen für längere Zeit „hängenbleibt" und ihm zur Ausschüttung der Dividende, zur Finanzierung von Investitionen und zur Rückzahlung von Verbindlichkeiten verfügbar ist. Gewöhnlich wird der Cash-flow, d. h. die einbehaltenen Erlösteile, wie folgt errechnet:

handelsbilanzmäßiger Reingewinn,
    d. h. nach Abzug der Ertragsteuern
+ Zuweisungen zu Rücklagen
∕. Entnahme aus Rücklagen
+ handelsbilanzmäßige Anlage-Abschreibungen
+ handelsbilanzmäßige Abschreibungen auf Finanzanlagen
+/∕. Veränderungen beim Pauschaldelkredere
+ Zuführungen zu langfristigen Rückstellungen mit Rücklagen-Charakter
+ Zuweisungen zu Unterstützungseinrichtungen
= Brutto-Cash-flow
    (∕. Gewinnausschüttung = Netto-Cash-flow)
    ausgedrückt in Prozent vom Umsatz oder
    in D-Mark je 100 DM Nominalkapital bzw. Stück.

Die „**Umsatz-Cash-flow-Rate**" zeigt an, inwieweit ein Unternehmen finanziellen Anforderungen aus eigener Kraft nachzukommen vermag. Der Cash-flow je Aktie schließt die sich aus Kursschwankungen ergebenden Zufälligkeiten aus.

Diese pragmatische Rentabilitätsformel bewahrt vor Fehlbeurteilungen, die dadurch entstehen können, daß der ausgewiesene Gewinn bei Unternehmen mit starker Investition infolge hoher Abschreibungsbeträge (u. U. überhöht durch Anwendung degressiver Abschreibungsmethoden, Ausnutzung von Abschreibungsfreiheiten) unverhältnismäßig gemindert wurde.

Im Beispielsfall beträgt er:

$$\text{im Wirtschaftsjahr ..01} \quad \frac{160 + 1\,100}{12\,340} = 10{,}3\,\%\ \text{vom Umsatz}$$

$$\text{im Wirtschaftsjahr ..02} \quad \frac{190 + 1\,550}{16\,900} = 10{,}3\,\%\ \text{vom Umsatz}$$

Das ist ein ungewöhnlich hoher Cash-flow-Satz, der bei normalrentierlichen Unternehmen etwa 3 bis 4 % des Umsatzes ausmacht, wobei naturgemäß innerhalb der Branchen Unterschiede bestehen. Allerdings läßt auch diese Verhältniszahl nicht erkennen, inwieweit stille Reserven, z. B. durch direkte Buchung von Investitionen über Aufwand, gebildet oder aufgelöst wurden. Das gilt ebenso hinsichtlich des außerordentlichen betriebs- und periodenfremden Aufwands und Ertrags. Eine Vergleichbarkeit des Cash-flow-Satzes erfordert neben Branchenidentität gleichen Vermögensaufbau der Unternehmen. Die Gegenüberstellung eines lohn- und eines anlageintensiven Betriebs ist deshalb nur begrenzt aussagefähig, da sich zwar die Abschreibungen, nicht aber die Personalkosten im Cash-flow-Satz niederschlagen. Ebenso können zwei Unternehmen mit gleicher Produktionsmittelausstattung nur mit Einschränkung verglichen werden, wenn das eine seine Anlagen gekauft, das andere sie im Wege des Leasings lediglich gemietet hat.

6. Return on Investment

(Rückfluß, Ertrag des investierten Kapitals)

Die Umsatzgewinnrate, vervielfacht mit dem Kapitalumschlag, ergibt als Kennzahl den Maßstab für die Verzinsung des eingesetzten Kapitals (= Return on Investment). Im allgemeinen wird folgende vereinfachte **Formel** angewendet:

$$\frac{\text{Gewinn}}{\text{Umsatz}} \times \frac{\text{Umsatz}}{\text{investiertes Kapital}} = \frac{\text{Gewinn}}{\text{investiertes Kapital}}$$

Der Umsatz wird netto, d. h. nach Abzug der Erlösschmälerungen, angesetzt. (Besser wäre es, um eine Gleichheit der Wertbasis mit dem investierten Kapital zu haben, vom Netto-Umsatz ./. Gewinn auszugehen.)

Unter investiertem Kapital wird in diesem Zusammenhang die Summe aller dem Unternehmen zur Verfügung stehenden Vermögenswerte verstanden. Der

Gewinn wird auf die Summe der Aktiven der Bilanz bezogen. Als Gewinn wird gewöhnlich die Verzinsung des Gesamtkapitals, also einschließlich der Fremdzinsen und vor Abzug der Ertragsteuern, zugrunde gelegt.

Beispiel:

(Werte in Mill. DM)		Wirtschaftsjahr	..01	..02	..03
Investiertes Kapital	(Inv.)		90	95	100
(Betriebskapital)					
Umsatz, netto	(U.)		160	180	200
Gewinn	(G.)		16	18	20
Umsatzgewinnrate	$\left(\frac{G}{U}\right)$		10 %	10 %	10 %
Kapitalumschlag	$\left(\frac{U}{Inv.}\right)$		1,78 ×	1,89 ×	2,0 ×
Return of Investment			17,8 %	18,9 %	20,0 %

Das Beispiel zeigt, daß die Steigerung der Rentabilität bei gleicher Umsatzgewinnrate allein auf einer Steigerung des Kapitalumschlags beruht.

Verkaufspolitisch wichtige Erkenntnisse verschafft die Berechnung des **Return on Investment** bei einer

Aufschlüsselung auf Kostenträger:		Prod. A	Prod. B	Gesamt
Investiertes Kapital	(Inv.)	50	50	100
(Betriebskapital)				
Umsatz, netto	(U.)	150	50	200
Gewinn	(G.)	15	5	20
Umsatzgewinnrate		10 %	10 %	10 %
Kapitalumschlag		3 ×	1 ×	2 ×
Return on Investment		30 %	10 %	20 %

Bei hoher Umschlagsgeschwindigkeit genügt schon eine geringere Gewinnspanne für eine gute Kapitalrendite.

Der Kapitalumschlag ist beeinflußbar; z. B. durch Beschränkung des Sortiments, durch Abstoßen nicht ausgenützter Anlagen. Anderseits bremst die zunehmende Mechanisierung der industriellen Fertigung mit dem dadurch verbundenen erhöhten Kapitalbedarf die Umschlagsgeschwindigkeit.

Die Konsequenz aus diesen Überlegungen zur Rentabilitätsgrundlage ist die Anwendung von **Mischkalkulationen,** besonders im Einzelhandel. Je kleiner die Kapitalumschlagdauer ist, um so niedriger kann der Gewinnaufschlag auf die Selbstkosten sein.

Im Beispielsfall würde sich folgende Berechnung des Return on Investment im Wirtschaftsjahr ..02 ergeben:

$$\frac{\text{Reingewinn} + \text{Zinsen für Fremdkapital}}{\text{Umsatz } (= \text{Nettoerlöse aus Lieferungen und Leistungen})} \times \frac{\text{Umsatz } (= \text{Nettoerlöse aus Lieferungen und Leistungen})}{\begin{array}{c}\text{durchschnittlich investiertes Kapital}\\\text{(Eigen- + Fremdkapital am Anfang}\\\text{+ Eigen- + Fremdkapital am Ende : 2)}\end{array}}$$

$$\frac{190 + 250 = 440}{16\,900} \times \frac{16\,900}{\frac{6060 + 7040}{2} = 6550}$$

$$2{,}6 \times 2{,}6 = 6{,}76\,\%$$

7. Ertragsteueraufwand — Steuerbilanzgewinn

Zwischen Handels- und Steuerbilanzgewinn besteht oft ein recht erheblicher Unterschied. Er beruht im wesentlichen auf divergierenden Bewertungsvorschriften. Da das Bilanzsteuerrecht eine Bewertungswillkür nicht zuläßt, wird vielfach angenommen, daß der Steuerbilanzgewinn dem „wahren" (d. h. nicht durch Bildung und Auflösung stiller Reserven getrübten) Ergebnis näher liege. Deshalb ist die externe Bilanzanalyse bemüht, aus den bei Aktiengesellschaften nach § 157 AktG gesondert auszuweisenden Aufwandsposten „Steuern vom Einkommen, Ertrag und Vermögen" Rückschlüsse auf die Höhe des Steuerbilanzgewinns zu ziehen.

Dieser zusammenfassende Aufwandposten enthält jedoch neben der Körperschaftsteuer noch folgende Steuerarten: Vermögensteuer, Gewerbekapital- und -ertragsteuern bzw. Lohnsummensteuer, Grundsteuer und sonstige Steuern, wie z. B. Lastenausgleichsabgaben. Um auf den Körperschaftsteueraufwand zu kommen, muß der Anteil der übrigen Steuerarten durch Schätzung eliminiert werden. Da die Tarifsätze bekannt sind, ist eine Rückrechnung vom Körperschaftsteueraufwand auf den ihm zugrunde liegenden Gewinn grundsätzlich möglich. Dabei ist der ermäßigte Satz für Ausschüttungen zu berücksichtigen.

Eine Rückrechnung mit so vielen Unbekannten kann aber nur zu einer groben Vermutung mit der Möglichkeit starker Fehlschätzungen führen.

Der Aussagewert einer solchen schätzungsweisen Berechnung ist auch aus anderen Gründen sehr fraglich. So können folgende Momente zu **Fehlschlüssen** führen:

- Der Körperschaftsteueraufwand braucht nicht in jedem Jahr **periodengerecht** sein. Er kann also Nachzahlungen für frühere Jahre enthalten.
- Der Körperschaftsteueraufwand kann durch Steuerpräferenzen (z. B. für West-Berlin) gemindert oder um Steuerbeträge vermehrt sein, die gar nicht mit dem Unternehmen selbst, sondern mit Tochtergesellschaften im Zusammenhang stehen.

Bilanzanalyse / Bilanz- und Branchenvergleich

- Durch Verlustabzug und steuerfreie Erträge kann der Körperschaftsteueraufwand gemindert sein.
- Der Körperschaftsteueraufwand kann durch Schachtelprivileg oder Organschaftsverträge Verzerrungen erfahren.
- Das steuerliche Vermögen, die Höhe der Einheitswerte des Grundvermögens und der Dauerschulden sind unbekannt und lassen sich extern nicht hinreichend genau schätzen.

Unter diesen Umständen erscheint es gewagt, den Steuerbilanzgewinn errechnen zu wollen. Im übrigen stellt das Ergebnis der Steuerbilanz ebenfalls nicht den betriebswirtschaftlich „wahren" Gewinn dar, da er auf steuerrechtlichen Vorschriften beruht, die neben fiskalischen Gesichtspunkten wirtschafts- und sozialpolitische Zielsetzungen enthalten. Trotz dieser Bedenken soll das folgende Beispiel die Methode einer Schätzung des Steuerbilanzgewinns — ausgehend von einem bereits aufgegliederten Steueraufwand — zeigen.

Eine gewissen Anhalt über die Entwicklung der Ertragskraft eines bestimmten Unternehmens kann ein Vergleich mit den veröffentlichten **Repräsentativzahlen** ergeben.

Schätzung des Steuerbilanzgewinns bei aufgegliedertem Ertragsteueraufwand

Steuern vom Einkommen, Ertrag und Vermögen		
Körperschaftsteuer	40 %	3 581 000 DM
Vermögensteuer	7 %	627 000 DM
Gewerbesteuer	33 %	2 954 000 DM
Grundsteuer	5 %	447 000 DM
Nachzahlungen	15 %	1 343 000 DM
	100 %	8 952 000 DM
Gezahlte Dividende = 12,5 % von 33,5 Mill. DM Grundkapital	=	4 022 400 DM
davon steuerfreie Erträge aus Beteiligungen,		
wegen Schachtelprivilegs (§ 9 KStG)	./.	814 700 DM
steuerpflichtige Dividende (zu 15 %)		3 207 700 DM
KSt-Aufwand insgesamt (s. o.)		3 581 000 DM
./. 15 % KSt auf Dividende von 3 207 700 DM	=	481 000 DM
KSt zum Satz von 51 %		3 100 000 DM
dem entspricht ein zu versteuernder Gewinn von		6 078 000 DM
davon entfallen auf nichtabzugsfähige Steuern		
KSt auf Dividende	481 000 DM	
VSt	627 000 DM	
²/₃ der gezahlten Vermögensabgabe	703 000 DM	1 811 000 DM
der KSt unterliegende Reservenbildung		4 267 000 DM
Hiernach ergibt sich folgender Steuerbilanzgewinn:		KSt
steuerfreie Erträge aus Beteiligungen	814 700 DM	—
Dividendenausschüttung (15 % KSt)	3 207 700 DM	481 000 DM
nicht abzugsfähige Steuern (51 % KSt)	1 811 000 DM	924 000 DM
zu versteuernde Reservenbildung		
(51 % KSt)	4 267 000 DM	2 176 000 DM
	10 100 400 DM	3 581 000 DM

VI. Kennzahlen

„Zahlenfriedhöfe" gibt es in jedem Unternehmen. Durch „Kennzahlen", d. h. Zahlenwerte oder Zahlenverhältnisse von Erkenntniswert, können die betrieblichen Daten zum Leben erweckt werden. Als Maßstab drücken Kennzahlen das Verhältnis betriebswirtschaftlicher Größen (Umsatz, Ertrag, Kapital, Vermögen, Kosten, Produktionsmenge) zueinander aus. Eine Gegenüberstellung mit den Zahlen früherer Zeitabschnitte gibt Aufschluß über eingetretene Veränderungen. Ein Vergleich derartiger Kennzahlen mit denen anderer Unternehmen oder der Branche läßt erkennen, wie der Betrieb „im Rennen liegt".

Ihr Aussagewert kann durch eine Kombination mehrerer Kennzahlen, z. B. die Beurteilung des Gewinnes auf Grund von Lagerumschlagshäufigkeit und Rohgewinnsatz, in sich verprobt und vertieft werden. Die Mehrzahl an Kennzahlen ist innerbetrieblicher Natur, z. B. hinsichtlich des Fertigungs- oder des Vertriebsbereiches. Sie sind teils informatorisch, teils kausalorientiert, d. h. um die Klarlegung von Ursache und Wirkung bemüht. Bei der großen Zahl der sich anbietenden Zahlenkombinationen kommt es entscheidend auf eine den Verhältnissen im Einzelfall gerecht werdende Auswahl an. Sie soll dem Unternehmer die „Position" und die sie bestimmenden wirtschaftlichen Faktoren aufzeigen und ihn vom reinen „Umsatzdenken" zur Beobachtung der Produktivität veranlassen. Die meisten Unternehmensleitungen lassen sich deshalb von der Buchhaltung eine systematisch aufgebaute Zusammenstellung von Kennzahlen — teils monatlich, teils jährlich — vorlegen.

Für die **Revision** sind derartige Kennzahlen wichtige Anhaltspunkte, besonders dann, wenn sie Divergenzen aufdecken. Im Rahmen der Besteuerung dienen sie der Verprobung und als Hilfsmittel bei Schätzungen.

1. Lagerumschlag

Die Lagerumschlagzahl ergibt sich als Quotient aus Lagerabgängen einer Periode und durchschnittlichem Bestand.

Je schneller der Lagerumschlag, desto geringer die Lagerdauer und damit Lagerrisiko, Lagerkosten und Kapitalbeanspruchung. Der **durchschnittliche Lagerbestand** läßt sich, sofern nicht der Inventurbestand, beispielsweise durch das Weihnachtsgeschäft desortiert, außergewöhnlich ist, aus dem Mittel von Anfangs- und Endbestand schätzungsweise errechnen. Sind zwischenzeitliche Bestandsaufnahmen vorhanden, so ist hiervon der Durchschnitt zu errechnen; z. B. Anfangsbestand + 12 Monatsbestände, dividiert durch 13. Um Verzerrungen durch Bewertungsunterschiede zu vermeiden, sind bei der Errechnung der Lagerumschlagzahl der Waren- bzw. Materialeinsatz und der durchschnittliche **Lagerbestand** zu Anschaffungs- bzw. Herstellkosten vor etwaigen Bewertungsabschlägen anzusetzen.

Bilanzanalyse / Bilanz- und Branchenvergleich

Die **Umschlagshäufigkeit** des Warenlagers

$$= \frac{\text{Waren- bzw. Materialeinsatz}}{\text{durchschnittlicher Lagerbestand}}$$

ist als Branchenkennzahl sehr unterschiedlich; bei einem Warenhaus z. B.: in der Lebensmittelabteilung 20 bis 25 mal, in der Möbelabteilung 3 bis 4 mal, insgesamt im Durchschnitt 6 bis 7 mal im Jahr.

Ist der Waren- bzw. Materialeinsatz nicht durch Aufzeichnung der Betriebsbuchhaltung oder Lagerverwaltung bekannt, so muß er schätzungsweise durch die Rückrechnung

Umsatz ./. Rohgewinn (./. Fertigungslohneinsatz)

ermittelt werden.

Die **Lagerdauer** ergibt sich aus der zeitlichen Umrechnung:

$$\frac{365 \text{ Tage}}{\text{Umschlagshäufigkeit}} \text{ ; z. B. } \frac{365}{7} = 52 \text{ Tage}$$

Nach dem Beispielsfall beträgt im Wirtschaftsjahr . . 02 entsprechend der Berechnung auf S. 784

- die Lagerumschlagshäufigkeit = 3,26
- die Lagerdauer = 112 Tage.

Aus der Lagerdauer läßt sich auf den für die Unterhaltung der Warenbestände erforderlichen Lagerungs- und Zinsaufwand schließen.

Eine solche Berechnung des Lagerumschlags ist bei Handelsbetrieben üblich. Sie ergibt auf indirektem Wege eine komplexe Aussage über die durchschnittliche Umschlagsgeschwindigkeit. Bei Fertigungsbetrieben ist aus technischen und organisatorischen Gründen die individuelle Durchlaufzeit vorrangig. Nach REFA ist das die Zeit, die der Werkstoff für die Einheit der Erzeugung von Eingang bis zur Ablieferung des be- oder verarbeiteten Werkstoffes an die Abnahmestelle benötigt.

2. Kapitalumschlag

Die Kennzahlen des Umschlags von durchschnittlichem Eigen- und Gesamtkapital zeigen den Wirkungsgrad des investierten Kapitals. Je höher der Kapitalumschlag, um so günstiger ist die Rentabilitätserwartung zu veranschlagen. Kapitaleinsatz und Umsatz sollen in einem der Art des Unternehmens angemessenen optimalen Verhältnis zueinander stehen. Das Unternehmen darf tunlichst keine Über- oder Unterkapitalisierung aufweisen. Überkapitalisierung beeinträchtigt die Rentabiltiät, Unterkapitalisierung stört den Betriebsablauf.

Sonstige Kennzahlen

	Wirtschaftsjahr .. 01	Wirtschaftsjahr .. 02

1. Lagerumschlag

a) Durchschnittlicher Lagerbestand:

$$\frac{\text{Anfangsbestand + Endbestand:}}{2} \qquad\qquad \frac{850 + 1050}{2} = 950$$

b) Umschlagshäufigkeit:

$$\frac{\text{Materialeinsatz}}{\text{durchschnittlicher Lagerbestand}} \qquad\qquad \frac{3\,100}{950} = 3{,}26\,\text{mal}$$

c) Lagerdauer:

$$\frac{365\ \text{Tage}}{\text{Umschlagshäufigkeit}} \qquad\qquad \frac{365}{3{,}26} = 112\ \text{Tage}$$

2. Kapitalumschlag

$$\frac{\text{Umsatz}}{\text{durchschnittliches Eigenkapital}} = \quad \text{mal} \qquad \frac{16\,900}{2\,080} = 8{,}1\,\text{mal}$$

$$\frac{\text{Umsatz}}{\text{durchschnittl. Gesamtkapital}} = \quad \text{mal} \qquad \frac{16\,900}{6\,650} = 2{,}6\,\text{mal}$$

3. Vermögensintensität

(je 1,— DM Umsatz)

$$\frac{\text{Anlagevermögen}}{\text{Umsatz}} \qquad \frac{2\,700}{12\,340} = \ {-}{,}22 \qquad \frac{3\,000}{16\,900} = \ {-}{,}17$$

$$\frac{\text{Umlaufvermögen}}{\text{Umsatz}} \qquad \frac{3\,280}{12\,340} = \ {-}{,}27 \qquad \frac{3\,880}{16\,900} = \ {-}{,}23$$

4. Kapitalintensität

$$\frac{\text{Gesamtkapital}}{\text{Beschäftigte}} \qquad \frac{6\,060}{600} = 10\,100{,}{-} \qquad \frac{7\,040}{700} = 10\,600{,}{-}$$

$$\frac{\text{Eigenkapital}}{\text{Beschäftigte}} \qquad \frac{1\,860}{600} = 3\,100{,}{-} \qquad \frac{2\,300}{700} = 3\,300{,}{-}$$

$$\frac{\text{Betriebliches Anlagevermögen}}{\text{Beschäftigte}} \qquad \frac{2\,700}{600} = 4\,500{,}{-} \qquad \frac{3\,000}{700} = 4\,300{,}{-}$$

5. Grad der Rationalisierung

a) $\dfrac{\text{Umsatz}}{\text{Beschäftigte}} \qquad \dfrac{12\,340}{600} = 20\,500{,}{-} \qquad \dfrac{16\,900}{700} = 24\,100{,}{-}$

b) $\dfrac{\text{Umsatz}}{\text{Arbeitsstunden, produktive}} \qquad \dfrac{12\,340}{700} = 17{,}60 \qquad \dfrac{16\,900}{850} = 19{,}90$

c) $\dfrac{\text{Umsatz}}{\text{qm Gebäude-Nutzfläche}} \qquad \dfrac{12\,340}{8} = 1\,540{,}{-} \qquad \dfrac{16\,900}{9{,}5} = 1\,780{,}{-}$

d) Investitionsgrad:

$$\frac{\text{Investitionen}}{\text{Umsatz}} \qquad \frac{1\,000}{12\,340} = 8{,}1\,\% \qquad \frac{1\,800}{16\,900} = 10{,}7\,\%$$

Im Beispielsfall beträgt die Umschlagszahl:

$$\text{beim Eigenkapital:} \quad \frac{\text{Umsatz}}{\text{durchschnittliches Eigenkapital}} \quad \frac{\text{Wj.} \ldots 02}{\frac{16\,900}{\frac{1\,860\,+\,2\,300}{2}}} = 8{,}1\text{mal}$$

$$\text{beim Gesamtkapital:} \quad \frac{\text{Umsatz}}{\text{durchschnittliches Gesamtkapital}} \quad \frac{16\,900}{\frac{6\,060\,+\,7\,040}{2}} = 2{,}6\text{mal}$$

Als durchschnittlich eingesetztes Kapital ist im allgemeinen das Mittel von Anfangs- und Endkapital anzunehmen.

Der Unterschied in der Umschlagszahl ergibt sich aus dem Anteil an Fremdkapital in der Gesamtkapitalausstattung. Je niedriger der Fremdkapitalanteil, desto geringer die Abweichung dieser beiden korrespondierenden Kennzahlen.

Handelsbetriebe haben einen höheren Kapitalumschlag als Unternehmen der Grundstoffindustrie und der Herstellung, da in diesem Bereich gewöhnlich ein größeres Anlagevermögen erforderlich ist und der Produktionsprozeß langfristig in stärkerem Maße Mittel bindet. Durch geeignete Rationalisierungsmaßnahmen im Sortiment (Artikelzahl, Lagergröße, Einkaufsdisposition) und im Vertrieb (gezielte Werbung, Sonderangebote, Verbesserung der Kundenstruktur) können Handelsbetriebe den Kapitalumschlag auch leichter positiv beeinflussen.

3. Vermögensintensität

Mittels Umrechnung der dem Unternehmen dienenden Vermögenswerte auf die Umsatzeinheit läßt sich als Kennzahl eine Intensitätszahl errechnen, die sich in ihrer Vergleichbarkeit der Dynamik des Unternehmens anpaßt. Sie soll möglichst niedrig sein, da dies auf eine günstige Kostensituation schließen läßt, vorausgesetzt, daß nicht eine Verzerrung durch Unterbewertung des Betriebsvermögens vorliegt.

Im Beispielsfall beträgt sie:

		Wj. ...01 DM	Wj. ...02 DM
beim betrieblichen Anlagevermögen	$\frac{\text{Anlagevermögen}}{\text{Umsatz}}$	$\frac{2\,700}{12\,340} = {-}{,}22$	$\frac{3\,000}{16\,900} = {-}{,}17$
beim Umlaufvermögen	$\frac{\text{Umlaufvermögen}}{\text{Umsatz}}$	$\frac{3\,280}{12\,340} = {-}{,}27$	$\frac{3\,880}{16\,900} = {-}{,}23$

4. Kapitalintensität

Eine weitere Schlüsselzahl für den Betriebsvergleich ist der Kapitaleinsatz je Beschäftigten. (Eine Differenzierung zwischen Arbeitern und Angestellten dürfte im Hinblick auf die fortschreitende technische und soziale Entwicklung wenig sinnvoll sein.) Die Kosten je Arbeitsplatz sind zum Teil sehr hoch, haben infolge zunehmender Technisierung steigende Tendenz und sind in den einzelnen Wirtschaftszweigen unterschiedlich. Meist werden der Beschäftigtenzahl gegenübergestellt: Gesamtkapital, Eigenkapital und betriebliches Anlagevermögen (I, 1).

Im Beispielsfall ergeben sich nach der Berechnung auf S. 63:

	Wirtschaftsjahr ..01 DM	Wirtschaftsjahr ..02 DM
Gesamtkapital / Beschäftigte	10 100	10 600
Eigenkapital / Beschäftigte	3 100	3 300
Betriebliches Anlagevermögen / Beschäftigte	4 500	4 300

Diese Kennzahlen liegen vergleichsweise — die Kosten eines Arbeitsplatzes bewegen sich, von Sonderfällen abgesehen, im allgemeinen zwischen 10 000 und 100 000 DM — niedrig, so daß man auf erhebliche stille Reserven im Anlagevermögen schließen kann.

Bei Unternehmen, die einheitliche oder verwandte Erzeugnisse herstellen, z. B. Bier, Blech verschiedener Stärken, kann ein Vergleich des je Produktionseinheit (z. B. Hektoliter, Tonne) eingesetzten Kapitals aufschlußreich sein.

5. Grad der Rationalisierung

Gewisse Rückschlüsse auf den Grad der Rationalisierung in Fertigung und Vertrieb läßt die Umsatzentwicklung je beschäftigte Person, je Arbeitsstunde und je qm Gebäudefläche zu, die wiederum mit dem Investitionsgrad zu vergleichen ist.

Im Beispielsfall betragen diese Kennzahlen:

	Wj...01 DM	Wj...02 DM	Veränderung
Umsatz je beschäftigte Person	20 500,—	24 100,—	+ 18 %
Umsatz je Arbeitsstunde, produktive	17,60	19,90	+ 13 %
Umsatz je qm Gebäudefläche	1 540,—	1 780,—	+ 16 %
Investitionen je 100 DM Umsatz	8,10	10,70	+ 32 %

(Berechnung s. S. 63)

Die durchweg positive Veränderung dieser Relationen läßt darauf schließen, daß die Umsatzsteigerung von 37 % (s. o.) nicht allein auf die zusätzlichen Arbeitskräfte (= 100) und die räumliche Vergrößerung (1500 qm), sondern — abgesehen von Markteinflüssen — auf eine echte Erhöhung des Wirkungsgrades zurückzuführen ist. Das zeigt sich in der Steigerung des Umsatzes je produktiver, d. h. der Fertigung (gleich ob im Arbeiter- oder Angestelltenverhältnis) dienender Arbeitsstunde um 13 %. Nicht zuletzt wird dies auf die Steigerung des Investitionsgrades von 8,1 % auf 10,7 % zurückzuführen sein.

Derartige Kennzahlen werden innerhalb der einzelnen Branchen zu Zwecken des Betriebsvergleichs herangezogen. Sie finden auch bei steuerlichen Verprobungen und Schätzungen Verwendung. In besonders ungünstigen Fällen können sie als Indiz für die Berechtigung von Teilwertabschreibungen herangezogen werden. Bei einer Beurteilung der Entwicklung dieser Kennzahlen sind störende Faktoren, wie Preisentwicklung, Intensivierung der Werbung, Erschließung neuer Absatzmärkte usw., zu eliminieren.

6. Kostenentwicklung

Bei Fertigungsbetrieben haben Materialeinsatz, Löhne und Gehälter (einschließlich Sozialleistungen) sowie die Instandhaltungsaufwendungen erhöhtes Gewicht. Zur Beurteilung der Kostenstruktur lassen sich im Beispielsfall folgende Zahlen gegenüberstellen:

		Wj...01	Wj...02
(a)	Materialeinsatz:		
	$\dfrac{\text{Materialeinsatz}}{\text{Fertigungsstunden}}$	$\dfrac{2\,400}{1\,250} = 1{,}92$ DM	$\dfrac{3\,100}{1\,550} = 2{,}{-}$ DM
(b)	Lohnentwicklung:		
	$\dfrac{\text{Löhne und Gehälter}}{\text{Zahl der Beschäftigten}}$	$\dfrac{4\,750}{600} = 7\,920{,}{-}$ DM	$\dfrac{6\,250}{700} = 8\,930{,}{-}$ DM
	$\dfrac{\text{Sozialleistungen}}{\text{Löhne und Gehälter}}$	$\dfrac{950}{4\,750} = 20\,\%$	$\dfrac{1\,300}{6\,250} = 21\,\%$
	$\dfrac{\text{Löhne und Gehälter}}{\text{Fertigungsstunden}}$	$\dfrac{4\,750}{1\,250} = 3{,}80$ DM	$\dfrac{6\,250}{1\,550} = 4{,}03$ DM
(c)	Instandhaltung:		
	$\dfrac{\text{Instandhaltungsaufwand}}{\text{Betriebliches Anlagevermögen am Anfang}}$	$\dfrac{420}{2\,800} = 15\,\%$	$\dfrac{840}{2\,700} = 31\,\%$

Derartige Kennzahlen sind besonders für den externen Betriebsvergleich geeignet.

Auffallend im Beispielsfall ist das Anwachsen des Lohn- und Gehaltsaufwands je Beschäftigten und die erhebliche — absolute wie relative — Zunahme des Instandhaltungsaufwands.

7. Kombination von Kennzahlen

Die Verwendung einzelner Kennzahlen vermittelt zwar bestimmte Eindrücke, lenkt aber unter Umständen von wesentlichen Fakten, z. B. Strukturveränderungen, ab. Dieser Gefahr kann durch eine sinnvolle Kombination begegnet werden, wobei sich Umfang und Darstellung des Zahlenmaterials aus den besonderen Verhältnissen und Schwerpunkten des betreffenden Unternehmens ergeben. Die Übersichtlichkeit darf durch eine Auffächerung von Kennzahlen nicht leiden. Bei ihrer Auswahl ist eine wechselseitige Kontrolle anzustreben.

In das von der Dupont Company entwickelte System („Pyramide") wurden die Zahlen des Beispielfalls eingearbeitet:

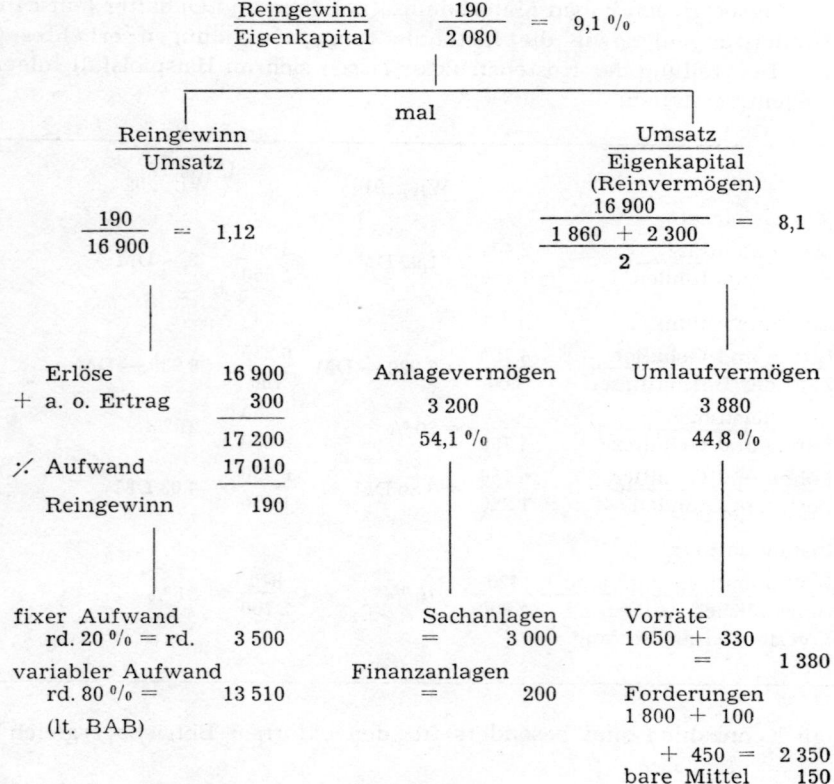

VII. Gesamtwert eines Unternehmens

Der Wert eines Unternehmens im ganzen als ein in sich abgeschlossenes Wirtschaftsgebilde wird vor allem aus Anlaß der Veräußerung, des Ein- und Austritts von Gesellschaftern, bei Umwandlungen, Fusionen sowie für Besteuerungszwecke ermittelt. Eine Ableitung des Unternehmenswertes aus Verkäufen scheidet aus, da es einen Markt hierfür — wie bei Aktien — nicht gibt. Es kann deshalb nur ein Schätzwert unter dem Gesichtswinkel sein, was ein real denkender Käufer für das Unternehmen zahlen würde. Seine Höhe hängt wesentlich von der nachhaltig zu erwartenden Ertragskraft ab. Um die von — oft nur zeitweise erzielten — Übergewinnen ausgehende Verzerrung des Ertragswerts zu eliminieren, wird zusätzlich der Sachwert (= Reproduktionswert zum Bewertungsstichtag) herangezogen. Deshalb wird der Gesamtwert eines Unternehmens im allgemeinen als modifiziertes Mittel zwischen Reproduktions- bzw. Substanz- und Ertragswert errechnet. Diese Methode entspricht dem in der Besteuerung früher für das Betriebsvermögen angewandten Berliner Verfahren:

$$\frac{\text{Gesamtwert des Unternehmens}}{} = \frac{\text{Vermögenswert} + \text{Ertragswert}}{2}$$

Dieser Gesamtwert kann niemals niedriger als der Liquidationswert sein.

1. Reproduktionswert (Sachwertverfahren)

Hierunter wird die Summe der dem Unternehmen dienenden Wirtschaftsgüter zu **Zeitwerten** abzüglich Verbindlichkeiten verstanden. Dieser Wert wird dadurch gefunden, daß die einzelnen Aktivposten der Bilanz zu den Kosten angesetzt werden, die aufzuwenden wären, wenn ein Unternehmen gleicher technischer und wirtschaftlicher Leistungsfähigkeit wie das bestehende Unternehmen errichtet würde (= Status zu Wiederbeschaffungs- bzw. Wiederherstellungskosten).

Dabei sind die der Abnutzung entsprechenden Abschreibungen sowie sonstige den Wertansatz beeinflussende Momente (Wertberichtigungen) zu berücksichtigen; d. h. also Ansatz zum Tageswert auf dem Beschaffungsmarkt. Bei Forderungen mindern etwaige Zinsverluste, Erlösschmälerungen und Ausfallrisiken den Nennwert. Anomale Umstände, z. B. ein erheblicher Überbestand beim Vorratsvermögen, sind im Rahmen der Bewertung zu berücksichtigen. Nicht betriebsnotwendige Wirtschaftsgüter nehmen eine Sonderstellung ein. Auszuscheiden ist ein vorhandener derivativer Geschäftswert. Die Findung der anzusetzenden „Zeitgebrauchswerte" wird vielfach nicht ohne Sachverständige möglich sein. Schulden, die ja vom Erwerber eines Betriebs üblicherweise übernommen werden, sind ebenfalls zu Tageswerten anzusetzen; z. B. Währungsverbindlichkeiten. Rückstellungen sind auf ihre Angemessenheit hin zu prüfen. Der Reproduktionswert wird in der Regel höher, kann aber auch niedriger als der

Buchwert sein. Aktivposten abzüglich Verbindlichkeiten ergeben den Eigenkapitalanteil.

In vereinfachter Weise läßt sich dieser vom Reproduktionswert ausgehende Eigenkapitalanteil im Beispielsfall zum Ende des Wirtschaftsjahres ..02 wie folgt schätzen:

Eigenkapital (I, II, III, VIII)	2 300 000 DM
+ Anpassung an die Tageswerte beim Anlagevermögen = 25 % von 3 200 000 =	800 000 DM
Anpassung an die Tageswerte beim Umlaufvermögen = 10 % der Warenvorräte = 10 % von 1 400 000 =	140 000 DM
Kürzung bei überhöht ausgewiesener Rückstellung = 10 % von 1 000 000 =	100 000 DM
Reproduktionswert/Eigenkapitalanteil	3 340 000 DM
bezogen auf das Grundkapital von	1 500 000 DM
ergibt einen „B i l a n z k u r s" von rd.	223 %

Selbstverständlich muß jede Schätzung den Verhältnissen des einzelnen Falles angepaßt werden. Die Summierung der Reproduktionskosten ergibt nur den Wert der isoliert gesehenen einzelnen Wirtschaftsgüter, berücksichtigt aber nicht, daß sie in einem lebenden „Betrieb" eine wirtschaftliche Einheit bilden. Persönliche Umstände und Ertragslage bleiben bei diesem Sachwertverfahren unbeachtet. Letztlich ist aber für den Wert der Produktionsmittel die entscheidende Schlüsselgröße ein kostendeckender Umsatz, der von manchen vermögensmäßig nicht bestimmbaren Fakten abhängig ist. Diesem Umstand wird durch Einbeziehung des Ertragswertes Rechnung getragen.

2. Ertragswert

Es wird darin der aus dem nachhaltigen Ertrag errechnete Wert für im Rahmen eines Unternehmens im ganzen genutzte Wirtschaftsgüter verstanden (= „arbeitendes Kapital"). Er ergibt sich, wenn der durchschnittlich erzielbare Ertrag eines Unternehmens nach folgender Formel kapitalisiert wird:

$$\frac{\text{Durchschnittsertrag} \times 100}{\text{landesüblicher Zinsfuß}}$$

Dieser Ertrag soll eine angemessene Verzinsung des investierten Kapitals, eine Risikoprämie für das Unternehmerwagnis sowie einen Unternehmerlohn für die tätige Mitarbeit im Betrieb abgelten.

Den für die Zukunft erwarteten **Durchschnittsertrag** errechnet die Praxis aus den Erträgen der vorangegangenen Jahre — meist der letzten drei bis fünf Jahre — unter Berücksichtigung der vermuteten Ertragsaussichten. Der durchschnittlich erzielte Ertrag ist hierbei vom neutralen Aufwand und Ertrag sowie von der Bildung und Auflösung stiller Reserven (z. B. durch Vornahme überhöhter Abschreibungen bzw. Rückgängigmachung übersetzter Wertberichtigungen) zu bereinigen. Nicht erfaßter Eigenverbrauch ist hinzuzurechnen. Fremdkapitalzinsen sind als Betriebsausgabe abzusetzen. Anomaler Zinsaufwand für Fremdkapital ist zu korrigieren, wenn der Erwerber günstige Zahlungsbedingungen (z. B. bei Verwandten-Darlehen) nicht weitererhalten oder umgekehrt hohe Zinsbelastungen (bei teuren kurzfristigen Krediten) durch Rückzahlungen mindern wird. Zu bemerken ist dabei, daß der Erwerber für den Geschäftswert zusätzlich Kapital aufbringen muß, das zu verzinsen ist, sofern ihm nicht eigene Mittel zur Verfügung stehen. Gewerbeertrag- und Körperschaftsteuer mindern den Ertragswert des Unternehmens, nicht jedoch — nach im allgemeinen vertretener Auffassung — die Einkommensteuer. Bei der Ermittlung des Ertragswerts von Einzelfirmen und Personengesellschaften ist wegen der hier üblichen unentgeltlichen Mitarbeit des Betriebsinhabers der Ansatz eines angemessenen Unternehmerlohns als Kostenfaktor begründet.

Der **Zinssatz**, zu welchem zur Gewinnung des Ertragswertes der Unternehmung der Durchschnittsertrag kapitalisiert wird, ist für die Berechnung von entscheidender Bedeutung. Als Ausgangsbasis wird im allgemeinen der landesübliche Zinssatz für langfristig angelegte, risikofreie Gelder (Pfandbriefe) gewählt. Hierzu wird gewöhnlich ein nach Branchen differenzierter **Risikozuschlag** gemacht. Andererseits ist das Moment der Substanzerhaltung zinssatzmindernd zu berücksichtigen. (Die Effektiv-Verzinsung der Aktien liegt im Durchschnitt unter der für festverzinsliche Papiere.) Für die Zinshöhe ist die Frage der **Mobilisation** (leichte oder schwere Verkäuflichkeit des Unternehmens) meist von sekundärer Bedeutung. Letztlich entspricht der Kapitalisierungszinssatz meist dem kalkulatorisch angesetzten Zinssatz. Allgemein kann man sagen, daß ein mit stärkerem Risiko behaftetes Unternehmen, beispielsweise durch hohe Fixkosten, einen höheren Kapitalisierungszinsfuß haben muß.

Im Beispielsfall wäre der Durchschnittsertrag der vergangenen zwei Jahre

$$\frac{160\,000 + 190\,000}{2} = 175\,000 \text{ DM.}$$

In der Annahme, daß der Ertrag bei Nichtbildung stiller Reserven um rund 20 % höher wäre, ergäbe sich ein durchschnittlicher Gewinn von 210 000 DM (175 000 + 35 000). Als Zinsfuß könnte, wenn die bisherigen Ertragskraft auch in Zukunft erwartet werden kann, mit 5 % (= 4 % Durchschnittsrendite bei Aktien + 25 % Risikozuschlag) gerechnet werden. Hiernach ergäbe sich durch Kapitalisierung folgender Ertragswert:

$$\frac{210\,000 \times 100}{5} = \underline{\underline{4\,200\,000 \text{ DM.}}}$$

Wäre von einem höheren Zinsfuß auszugehen, beispielsweise 8 %, würde der Ertragswert niedriger:

$$\frac{210\,000 \times 100}{8} = 2\,625\,000 \text{ DM.}$$

3. Differenzierung

Die Wertbestimmung eines Unternehmens im ganzen beruht auf Schätzungen. Hierbei ist den Verhältnissen des Einzelfalles weitestgehend Rechnung zu tragen. So ist zu berücksichtigen, ob es sich um einen kapital- oder arbeitsintensiven Betrieb handelt. Im ersten Fall ist dem Reproduktionswert, im zweiten Fall dem Ertragswert ein größerer Anteil zuzumessen.

Neben den Rechengrößen Substanz- und Ertragswert sind nach Möglichkeit **Vergleichswerte** heranzuziehen. Falls ein Börsenkurswert vorliegt, kann dieser brauchbar sein, sofern er nicht durch Faktoren bestimmt wird, die außerhalb einer echten Wertfindung liegen; z. B.

- Spekulationskäufe oder -verkäufe,
- Interessentenkäufe zur Abrundung des Aktienbesitzes,
- übermäßige Berücksichtigung der Gegenwarts-Rentabilität,
- ungenügende Einbeziehung von Rücklagen und stillen Reserven,
- psychologische Momente, politische Lage, wirtschaftliche Rezession oder Hochkonjunktur,
- Materialknappheit an der Börse, beispielsweise durch zu geringe Neu-Emissionen.

Nur wenn diese Faktoren keinen entscheidenden Einfluß auf die Kursbildung hatten, kann ein Durchschnittswert zwischen Höchst- und Niedrigstkurs der vorangegangenen Jahre hilfsweise herangezogen werden.

Beispiel:

Niedrigstkurs	90	
Höchstkurs	150	
	240 : 2	120 %
Nominalkapital		1 Mill. DM
durchschnittlicher Kurswert	=	1,2 Mill. DM

Bei Betrieben mit gleichförmiger Produktion können unter gewissen Voraussetzungen **technische Leistungseinheiten** einen branchegebundenen Bewertungsmaßstab abgeben; z. B. bei auf Wasserkraft beruhenden Elektrizitätswerken die Stromerzeugung in KWh, bei Zeitschriften-Verlagen die Abonnentenzahl oder die Höhe der verkauften Auflage.

Der Wert eines Betriebes kann sich für einen Erwerber höher stellen, wenn er ihn in eine bereits bestehende Organisation einbauen oder den Nutzeffekt durch

Rationalisierungsmaßnahmen steigern kann. Überhaupt entspricht der für ein Unternehmen erzielte Preis nur selten den errechneten Werten, da bei der endgültigen Einigung meist der wirtschaftlich Stärkere entscheidet und zahlreiche Imponderabilien, z. B. die Gewinnung von Einflußmöglichkeiten oder die Erlangung bestimmter Wirtschaftsgüter, eine Rolle spielen können. Ziel der Unternehmensbewertung ist die rechnerische Ermittlung eines objektiven Rahmens zur Findung des Preises zwischen den Vertragspartnern, wobei dann subjektive Erwägungen die Entscheidung haben.

4. Errechnung des Gesamtwertes

Die Unternehmensbewertung geht grundsätzlich vom „Substanzwert" aus, der jedoch nach Maßgabe der Ertragsfähigkeit zu berichten ist. Im Beispielsfall wird es sich um einen **arbeitsintensiven Betrieb** handeln. Deshalb wäre dem Ertragswert ein größeres Gewicht beizumessen.

Reproduktionswert	=	3 340 000,— DM		
hiervon 40 %			=	1 336 000,— DM
Ertragswert	=	4 200 000,— DM		
hiervon 60 %			=	2 520 000,— DM
Gesamtwert des Unternehmens:				3 856 000,— DM

Besondere Umstände können hierauf einen **Zu- oder Abschlag** begründen, z. B. 5 % Zuschlag wegen Abrundung des Verkaufssortiments und Einsparung beim Vertriebsapparat.

5. Geschäftswert

Aus dem Unterschied zwischen Gesamtwert der Unternehmung und Reproduktionswert ergibt sich der immaterielle Geschäftswert (Firmenwert, goodwill). Im Beispielsfall:

Gesamtwert	=	3 856 000,— DM
./. Reproduktionswert	=	3 340 000,— DM
= Geschäftswert		516 000,— DM

Dieser **innere Wert eines Unternehmens** beruht:
- auf seinen Beziehungen zum Markt (Verkehrslage, Ruf bezüglich Warenqualität, Preis und Kundendienst, Lieferantenverbindungen, Abnehmerkreis usw.),
- auf einem rationalisierten und organisierten Betriebsablauf mit Hilfe eines eingerichteten Mitarbeiterstammes,
- auf einer in der Vergangenheit erwiesenen und für die Zukunft zu erwartenden Rentierlichkeit.

Hängt der Firmenwert wesentlich von den Fähigkeiten und Beziehungen des Betriebsinhabers ab, so wird er nicht so nachhaltig mit dem Unternehmen verbunden sein, als wenn er auf gewichtigen Patenten, guter Organisation oder einer starken Marktstellung beruht. Einen solchen Geschäftswert kann das Unternehmen durch erfolgreiche Tätigkeit **originär**, d. h. von selbst, schaffen. Nach § 153 Abs. 5 AktG darf für den originären Firmenwert kein Aktivposten eingesetzt werden. Übersteigen bei entgeltlichem Erwerb eines Unternehmens die vom Käufer bewirkten Gegenleistungen die Zeitwerte der übernommenen Wirtschaftsgüter, so ist der Unterschiedsbetrag gesondert unter dem Anlagevermögen auszuweisen und handelsrechtlich in jedem folgenden Geschäftsjahr zu mindestens einem Fünftel durch Abschreibungen zu tilgen. In diesem Mehrbetrag drücken sich ersparte Anlaufkosten und die erwartete zusätzliche Rendite gegenüber der Normal-Verzinsung des in der Substanz investierten Kapitals aus. Einkommensteuerlich ist ein solcher **derivativer** (abgeleiteter) Geschäftswert ebenfalls zu aktivieren, eine Abschreibung ist jedoch nicht zulässig.

Es ist nur ein Herabgehen auf den niedrigeren Teilwert möglich, wenn dieser immaterielle Mehrwert des Unternehmens nachweislich eine Minderung von Bedeutung erfahren hat; z. B. wenn durch Wegfall einer ungewöhnlich günstigen Verkehrslage die bisherige Rentabilitätsbasis geschwunden ist. In diesem Mehrwert sieht die steuerliche Rechtsprechung ein **einheitliches Wirtschaftsgut**, das nicht zerlegt werden kann, beispielsweise in einen schwindenden derivativen und einen sich bildenden originären Geschäftswert; eine Auffassung, die nicht unbestritten ist, da die Lebensdauer eines derivativen Geschäftswerts begrenzt ist und ein originär entstehender Geschäftswert nicht aktiviert zu werden braucht, eine stille Reserve insoweit also geduldet wird. Die Folge der „Einheitstheorie" ist eine zusätzliche Belastung mit Vermögen- und Gewerbekapitalsteuer beim derivativen Geschäftswert. Der Begründer eines originären Geschäftswerts genießt insoweit gewissermaßen eine zinslose Steuerstundung, solange die Unternehmung in seinem Besitz bleibt. Erst bei deren Verkauf drückt sich der Geschäftswert im Veräußerungsgewinn aus und kann — unter Umständen zum ermäßigten Satz nach § 4 EStG — steuerpflichtig werden. Beim entgeltlichen Erwerb eines Geschäftswerts entfällt diese Vergünstigung. Hier erhöht der zu aktivierende Geschäftswert das Betriebsvermögen mit den entsprechenden steuerlichen Folgen. Ertragsteuerlich werden die Ausgaben für den derivativen Geschäftswert nur wirksam, wenn die Möglichkeit einer Teilwertabschreibung besteht (s. o.), oder bei einer späteren Veräußerung der Unternehmung dadurch, daß der Veräußerungsgewinn insoweit gemindert wird.

Überwiegt der Reproduktionswert, spricht man vom **„negativen Geschäftswert"**. In diesem Fall sind die Ursachen zu ermitteln. Möglicherweise sind die Zeitgebrauchswerte oder bzw. und der Kapitalisierungs-Zinssatz bei der Errechnung des Ertragswerts zu hoch angesetzt. Besteht kein Anlaß zu einer Korrektur, so entspricht der Ertragswert dem Gesamtwert der Unternehmung, der allerdings den **Liquidationswert** (= Liquidationserlös bei Einzelverkauf abzüglich Liquidationskosten) nicht unterschreiten darf.

Beim Erwerb von **Anteilen** an Kapitalgesellschaften findet der Geschäftswert im Preis der Anteile seinen Ausdruck.

VIII. Roh- und Reingewinn-Richtsätze

Mit welchen Schwierigkeiten die Vornahme des Betriebsvergleichs verbunden ist, zeigt die Anwendung der Roh- und Reingewinn-Richtsätze in der Besteuerung von Handels- und Handwerksbetrieben.

Die Grundlagen hierfür werden von den Finanzämtern durch zahlreiche „**Richtsatzprüfungen**" (§ 1 Abs. 2 der Betriebsprüfungs-Ordnung/Steuer [BpO-St]) bei solchen buchführenden Betrieben erarbeitet, die nach Art und Größe den Betrieben entsprechen, auf die sie angewendet werden sollen. Das sind im allgemeinen Betriebe bis zu 300 000 DM Umsatz und bis zu 25 000 DM Gewinn. Die Abschlußzahlen der zu Richtsatzzwecken herangezogenen Betriebe werden, um den vorgesehenen Vergleichszwecken dienen zu können, an Hand eines besonderen „**Betriebsvergleichsbogens**" durch Zu- und Abrechnungen „normalisiert". Die Ergebnisse der Einzelprüfungen werden — gebietsweise getrennt nach Richtsatzgruppen — zu Rahmensätzen und einem Mittelsatz ausgewertet. Der **Mittelsatz** ist das gewogene Mittel aus den Einzelergebnissen aller geprüften „Richtbetriebe" einer Gewerbeklasse. Die **Rahmensätze** sollen dazu dienen, in begründeten Fällen der besonderen wirtschaftlichen Lage Rechnung zu tragen, soweit dies nicht durch noch zu erläuternde Zu- und Abrechnungen zu geschehen hat.

Die zur Veröffentlichung freigegebenen Richtsätze sind ein **Hilfsmittel** (Anhaltspunkte) für die Veranlagungsstellen des Finanzamtes, Umsätze und Gewinne der Steuerpflichtigen zu erproben und bei Fehlen anderer geeigneter Unterlagen zu schätzen. Auf Steuerpflichtige, die nach §§ 160 und 161 AO verpflichtet sind, Bücher zu führen und auf Grund jährlicher Bestandsaufnahmen regelmäßige Abschlüsse zu machen, sind die Richtsätze grundsätzlich nicht anzuwenden, auch dann nicht, wenn diese Verpflichtung nicht erfüllt wurde. Bei freiwillig buchführenden Steuerpflichtigen können die Richtsätze erst dann herangezogen werden, wenn die Buchführung im ganzen verworfen werden mußte. Der Kreis der Steuerpflichtigen, auf die die Richtsätze anzuwenden sind, erscheint danach verhältnismäßig klein. In der Praxis ergibt sich jedoch vielfach die Notwendigkeit, auf die Richtsätze zurückzugreifen, wenn bessere Schätzungsmöglichkeiten nicht zur Verfügung stehen.

Die Richtsätze müssen notwendigerweise von einem **Normalbetrieb** ausgehen, der unter bestimmten Bedingungen arbeitet. Das hat zur Folge, daß bei der Anwendung der Richtsätze auf Betriebe, die von der normalen Struktur abweichen, Zu- oder Abrechnungen vorgenommen werden müssen. Dies entspricht der für jeden Betriebsvergleich unumgänglichen Aufbereitung.

1. Bezugsbasis — Normalisierung

Die Anwendung von Kennzahlen für Zwecke des externen Betriebsvergleichs bedarf einer einheitlichen Bezugsbasis. Als solche dient den steuerlichen Roh-

und Reingewinn-Richtsätzen der wirtschaftliche Umsatz (= Betriebsleistung) oder der Wareneinsatz bzw. der Einsatz an Fertigungsmaterial und -lohn. Die hierbei erforderliche Normalisierung macht eine bestimmte Abgrenzung und unter Umständen Zu- und Abrechnungen notwendig.

a) Wirtschaftlicher Umsatz

Bei **Handelsbetrieben** gelten als wirtschaftlicher Umsatz die Netto-Erlöse — abzüglich Skonti, Rabatte und Forderungsverluste — für Warenlieferungen und sonstige betriebsgewöhnliche Leistungen (z. B. Einnahmen aus der Automatenaufstellung in Gastwirtschaften) sowie der Wert des Eigenverbrauchs.

Bei **Handwerksbetrieben** und **gemischten Betrieben** gelten als wirtschaftlicher Umsatz die Netto-Erlöse (s. o.) für den wirtschaftlichen Materialeinsatz (ggf. auch den für Handelswaren), für den wirtschaftlichen (produktiven) Lohneinsatz (ohne Wert des Meisterlohns) und für sonstige betriebsgewöhnliche Leistungen, zuzüglich Wert des Eigenverbrauchs unter Verrechnung der Bestände an halbfertigen und fertigen Erzeugnissen zu Verkaufspreisen. Nicht zu den Erlösen bzw. Verkaufspreisen rechnet bei den der Regelbesteuerung unterliegenden Betrieben die Mehrwertsteuer. Im Netto-Preis enthaltene Verbrauchssteuern (z. B. Biersteuer, Tabaksteuer) sowie die noch von einzelnen Gemeinden erhobene Getränke- und Speiseeissteuer zählen zu den Entgelten im Sinne des Umsatzsteuerrechts. Diese im Nettopreis einkalkulierten und den Kunden berechneten Steuern sind daher in den wirtschaftlichen Umsatz einzubeziehen. Das gleiche gilt für die Bedienungsgelder. Freiwillig, z. B. an Friseurgehilfen, gezahlte Trinkgelder rechnen dagegen nicht dazu. Zum wirtschaftlichen Umsatz gehören auch Tauschgeschäfte und tauschähnliche Umsätze (Gegenlieferungen und Gegenleistungen), nicht dagegen Einnahmen aus Hilfsgeschäften (z. B. Verkauf von Anlagegegenständen) und andere besondere Einnahmen (z. B. aus gutachtlicher oder ehrenamtlicher Tätigkeit, Lotto- und Toto-Annahme).

Soweit üblicherweise Rabatte eingeräumt werden, sind sie bei der Aufstellung der Richtsätze berücksichtigt worden. (Die Richtsatztabellen enthalten Vermerke, inwieweit Rabatte, ausgedrückt in Prozenten vom wirtschaftlichen Umsatz, im Richtsatz bereits erfaßt sind). Wurden im Anwendungsfall der Richtsätze darüber hinausgehende, d. h. außergewöhnliche Rabatte gewährt, so sind diese, um einen vergleichbaren wirtschaftlichen Umsatz zu erhalten, zunächst hinzuzurechnen und dann vom Richtsatz-Reingewinn zu kürzen. Forderungsverluste sind bei den Richtsätzen berücksichtigt, soweit sie sich im gewöhnlichen Rahmen halten, d. h. 2 % des wirtschaftlichen Umsatzes nicht übersteigen. Für darüber hinausgehende Forderungsverluste gelten die zu den außergewöhnlichen Rabatten gemachten Ausführungen sinngemäß.

Der wirtschaftliche **Umsatz als Bezugsbasis** schließt den Wert des Eigenverbrauchs ein. Soweit bei einzelnen Gewerbeklassen Pauschbeträge für den Eigenverbrauch (Sachentnahmen) steuerlich zugelassen sind, werden in der Regel diese zugrunde gelegt. Der Wertansatz des Eigenverbrauchs erfolgt steuerlich nicht zu den vom Einzelhändler kalkulierten Netto-Verkaufspreisen, sondern zu den niedrigeren Einstandskosten bzw. zu Pauschsätzen, die an der unteren Wahrscheinlichkeitsgrenze liegen. Bei Ermittlung der Richtsätze wird ein normaler Eigenverbrauch angesetzt. Als „normal" gilt hier der Eigenverbrauch für einen Haushalt, dem bis zu fünf Personen angehören. Weicht die tatsächliche Zahl der Eigenverbraucher von der den Richtsätzen zugrunde liegenden ab, so ergeben sich Unterschiede zwischen tatsächlichen Gewinnen und Richtsatzgewinnen. Ist in einem Schätzungsfall unter Zugrundelegung der Richtsätze beispielsweise nur ein „Eigenverbraucher" gegeben, so wird der tatsächliche Gewinn mutmaßlich höher sein, da hinsichtlich der weiteren, im Richtsatz berücksichtigten Personen an Stelle des Eigenverbrauchs zu Einstandskosten der Verkauf mit Gewinnzuschlag tritt. Umgekehrt wird der effektive Gewinn bei einer höheren Eigenverbraucherzahl, als im Richtsatz eingearbeitet, absinken, da an Stelle des Verkaufs mit Gewinnzuschlag der Eigenverbrauch insoweit ertragsteuerlich lediglich zu Einstandskosten angesetzt zu werden braucht.

Mit Schwierigkeiten ist die Richtsatzschätzung bei **Handwerksbetrieben** wegen der dort anzutreffenden Unterschiedlichkeit in der Höhe der Bestände an Halb- und Fertigerzeugnissen verbunden. Zum Teil mangelt es auch an einer exakten Errechnung der Herstellungskosten. Im Interesse einer einheitlichen Ausgangsbasis werden deshalb bei der Ermittlung der Richtsätze dem Einsatz an Fertigungsmaterial und -lohn die entsprechenden Leistungen zu Netto-Verkaufswerten gegenübergestellt. Das hat zur Folge, daß vor Anwendung der Richtsätze bei Handwerks- bzw. Herstellungsbetrieben dem wirtschaftlichen Umsatz die **Bestände** an halbfertigen und fertigen Erzeugnissen am Ende des Wirtschaftsjahres zu Netto-Verkaufspreisen hinzugerechnet, die entsprechenden Bestände vom Anfang des Wirtschaftsjahres dagegen abgesetzt werden müssen. Die **Netto-Verkaufspreise** sind in der Regel wie folgt zu ermitteln:

	Herstellungskosten nach § 6 EStG	.... DM
+	anteiliger Unternehmerlohn, wenn der Unternehmer in der Fertigung mitgearbeitet hat (der Zuschlag ist nach dem Ausmaß der Mitarbeit zu bemessen)	.... DM
+	Zuschlag für die in den Herstellungskosten nicht erfaßten sonstigen Kosten (z. B. allgemeine Verwaltungs- und Vertriebskosten), für Risiko und Gewinn (bei Schätzung des Zuschlags ist der Fertigungsgrad zu berücksichtigen)	.... DM
=	Netto-Verkaufspreise bzw. anteilige Netto-Verkaufspreise der Bestände	.... DM

Die Bestände an Erzeugnissen werden also wie Forderungen angesehen.

Auch aus dieser Verfahrens-Handhabung können sich bei Anwendung der Richtsätze Unterschiede zwischen effektivem Gewinn und Richtsatzgewinn ergeben. Bei einer Zunahme an Erzeugnissen wird der effektive Gewinn niedriger als der Richtsatzgewinn sein, da bei der Bewertung von den Herstellungskosten und nicht von den Verkaufspreisen auszugehen ist. Bei einer Bestandsaufnahme ergibt sich die umgekehrte Wirkung.

Zusammenfassend ist die **Bezugsbasis „wirtschaftlicher Umsatz"** wie folgt zu berechnen:

Vereinbarte Entgelte (Rechnungsausgang einschließlich Barverkauf und Eigenverbrauch, jedoch ohne Mehrwertsteuer und Einnahmen aus in den Vorjahren ausgebuchten Forderungen)

+ Tauschgeschäfte, Gegenlieferungen

∕. Skonti, Rabatte (soweit nicht außergewöhnlich — s. o.)

∕. Entgelte aus Hilfsgeschäften (z. B. Verkauf von Anlagegütern) und aus besonderer Tätigkeit (z. B. als Gutachter)

∕. Ausbuchung von für uneinbringlich gehaltenen Kundenforderungen, soweit sie 2 % des Umsatzes nicht übersteigen.

Bei Handwerksbetrieben außerdem:

∕. Bestände an halbfertigen und fertigen Erzeugnissen am Ende des Wirtschaftsjahres zu Netto-Verkaufspreisen (unter Berücksichtigung des Fertigungsgrades)

∕. Bestände an halbfertigen und fertigen Erzeugnissen am Anfang des Wirtschaftsjahres zu Netto-Verkaufspreisen (unter Berücksichtigung des Fertigungsgrades).

Eine zutreffende Verprobung bzw. Schätzung des Reingewinns mit Hilfe der Richtsätze auf der Basis des wirtschaftlichen Umsatzes setzt voraus, daß dieser in seiner **tatsächlichen Höhe** ausgewiesen ist. Um dies zu überprüfen, dient im allgemeinen folgende kalkulationsmäßige Berechnung:

bei **Handelsbetrieben:**   Wareneinsatz + Rohgewinnaufschlag
= wirtschaftlicher Umsatz

bei **Handwerksbetrieben:**   Waren- bzw. Materialeinsatz
+ produktiver Lohneinsatz
+ Rohgewinnaufschlag
= wirtschaftlicher Umsatz

Unter Umständen ist der buchmäßige ausgewiesene wirtschaftliche Umsatz durch Zuschläge zu erhöhen, z. B. weil an Hand von Kontroll-Mitteilungen nicht verbuchte Einnahmen festgestellt wurden.

b) Einsatz an Waren, Material und Fertigungslöhnen

Bestehen gegen die Umsatzzahl als Bezugsbasis Bedenken oder liegt sie buchmäßig nicht vor, so kann nach Umwandlung der Rohgewinnsätze in Aufschlagsätze — ein Rohgewinn von beispielsweise 25 % des Umsatzes entspricht einem Aufschlag von 33$^1/_3$ %, bezogen auf den Wareneinsatz — zur Schätzung des mutmaßlichen Umsatzes von den Einsatzzahlen ausgegangen werden.

In der Praxis wird dieser Weg bevorzugt, da im allgemeinen den Aufzeichnungen des Wareneingangs und der Löhne erfahrungsgemäß eine größere Zuverlässigkeit beizumessen ist. Auch hier bedingt die Anwendung der Richtsätze, daß die Basis nach übereinstimmenden Grundsätzen ermittelt wird. Hierzu einige Bemerkungen:

● Zum Waren- und Materialeinsatz

gehören grundsätzlich — Ausnahmen s. u. — die Aufwendungen für alle zur Erzielung des wirtschaftlichen Umsatzes erforderlichen Waren (einschließlich Rohstoffen, zugekauften Halb- und Fertigwaren, Hilfsstoffen und Zutaten), die nach der Verordnung über die Führung eines Wareneingangsbuches in das Wareneingangsbuch (WEB) einzutragen sind.

Die dem wirtschaftlichen Umsatz entsprechende Wareneinsatzzahl umfaßt im Rahmen der Richtsätze auch den Eigenverbrauch.

Der Wareneingang i. S. der Richtsätze bemißt sich nach den steuerlichen Anschaffungskosten, d. h. Einkaufsskonti, Rabatte einschließlich Umsatzprämien und Treuerabatte, Preisnachlässe (auch nachträgliche wie Warenrückvergütungen) u. dgl. mindern den Wareneingangsbetrag. Andererseits erhöhen die bis zur Einlagerung der Waren anfallenden Nebenkosten (z. B. Frachten, Porti, Versicherungsgebühren, Kosten der Warenumschließung) den Wareneingang. Bei den der Regelbesteuerung unterliegenden Betrieben zählt die Vorsteuer nicht zu den Wareneinsatzkosten. Zum Wareneinsatz gehören auch die Werklieferungen und die — nicht in das WEB einzutragenden — Werkleistungen Dritter. Dagegen zählen nicht zum Wareneinsatz: Energie und Brennstoffe für Herstellungszwecke (z. B. bei Bäckereien), Schlachtgebühren, Getränke- und Speiseeissteuer. Geht die Wareneinsatzzahl von den Ausgaben für den Wareneingang aus, so sind die Bestandsveränderungen bei Lieferantenverbindlichkeiten und Warenakzepten sowie hinsichtlich der Forderungen aus Auszahlungen an Lieferanten zu berücksichtigen. Tauschgeschäfte sowie tauschähnliche Umsätze sind in die Ausgaben einzubeziehen. Die Warenanfangs- und -endbestände sind mit den steuerlichen Anschaffungskosten bzw., wenn der Teilwert niedriger ist, mit diesem anzusetzen. Für den wirtschaftlichen Materialeinsatz bei Fertigungsbetrieben gelten die vorstehenden Ausführungen sinngemäß. Zu den Materialbeständen am Anfang und Ende des Wirtschaftsjahres gehören nicht die Halbfertig- und Fertigerzeugnisse, da sie im Rahmen des wirtschaftlichen Umsatzes erfaßt werden.

● **Unter Fertigungslohn**

ist der Lohn zu verstehen, der in Handwerksbetrieben und in gemischten Betrieben (Handwerk mit Handel) produktiv auf den Fertigungsbereich entfällt. Der Einsatz an sonstigen Löhnen und Gehältern für Verwaltung und Vertrieb ist bei den allgemeinen sachlichen Betriebsausgaben auszuweisen. Bei der Richtsatzermittlung werden einige Gewerbe, die gewöhnlich in der Form gemischter Betriebe ausgeübt werden, aus Zweckmäßigkeitsgründen den Handelsbetrieben zugerechnet; z. B. Bäcker, Fleischer, Schuhmacher, Uhrmacher, Wäschereien. Der Lohneinsatz dieser Betriebe ist demzufolge unter den allgemeinen sachlichen Betriebsausgaben auszuweisen, gehört also nicht in die Bezugsbasis der Rohgewinn-Aufschlagsätze.

● **Die Mitarbeit des Unternehmers und seiner Angehörigen**

Bei der Aufstellung der Richtsätze wurde davon ausgegangen, daß der Unternehmer (bzw. ein Mitunternehmer bei einer Personengesellschaft) in normalem Umfang im Betrieb mitarbeitet. Seine Tätigkeit wird im Gewinn abgegolten. Die volle Mitarbeit kann mit 2000—2100 Stunden im Jahr angenommen werden. Das Ausmaß der produktiven, d. h. unmittelbar der Fertigung dienenden Mitarbeit ist bei Handwerksbetrieben von wesentlicher Bedeutung für die Höhe ihres Gewinns. Arbeitet der Unternehmer (oder ein nicht entlohnter Verwandter) mehr als normal in der Fertigung mit, ist dies durch einen Zuschlag beim Fertigungslohneinsatz (= ersparter Lohn) zu berücksichtigen. Dadurch erhöhen sich entsprechend Roh- und Reingewinn. Arbeitet dagegen der Unternehmer in der Fertigung nicht (z. B. bei einem Witwenbetrieb) oder weniger als normal (z. B. wegen Erkrankung) mit, so ist der Fertigungslohneinsatz durch einen entsprechenden Abschlag zu kürzen mit der Auswirkung, daß sich unter Anwendung der Richtsätze ein niedrigerer Roh- bzw. Reingewinn ergibt.

Bei Handwerksbetrieben — in der Regel auch bei gemischten Betrieben — wird die normale „produktive" Mitarbeit eines Unternehmers in der Fertigung im allgemeinen mit folgenden Prozentsätzen angenommen:

	Prozent einer vollen Arbeitskraft
Alleinmeister	90—100
Meister mit 1—2 Gesellen	75
Meister mit 3—4 Gesellen	50
Meister mit 5—6 Gesellen	20
Meister mit mehr als 6 Gesellen	0

Beispiel:

Die tatsächliche Unternehmer-Mitarbeit in der Fertigung eines Handwerksbetriebs von vier Gesellen wurde mit 75 % der Arbeitsleistung eines Gesellen festgestellt. Normal wäre eine produktive Mitarbeit von 50 %. Es werden deshalb für die 500—525 zusätzlichen Arbeitsstunden des Unternehmers (= 25 % von 2000—2100 Arbeitsstunden) der dadurch ersparte Lohn dem Lohneinsatz vor Anwendung des Aufschlags-Richtsatzes hinzugerechnet. (Als Stundenlohn wird der durchschnittliche örtliche Gesellenspitzenlohn angesetzt.)

Sind in einem Handwerksbetrieb Gesellen nicht während des ganzen Jahres beschäftigt, ist die **Gesellenzahl** wie folgt zu berechnen:

1 Geselle	12 Mon. im Jahr
1 Geselle	9 Mon. im Jahr
1 Geselle	3 Mon. im Jahr
zusammen	24 Mon.
=	2 Gesellen im Jahr

Meister, die nur Lehrlinge beschäftigen, deren Arbeitskraft die Hälfte einer vollwertigen Arbeitskraft nicht übersteigt, sowie Meister, bei denen sich nach vorstehender Berechnung ein Bruchteil von nicht mehr als 0,5 ergibt, gelten als Alleinmeister.

Die **Ehefrau** arbeitet normalerweise in der Fertigung nicht mit. Liegt in Ausnahmefällen eine unentgeltliche Mitarbeit in der Fertigung vor, so wird der Einsatz an Fertigungslöhnen bei Ermittlung der Bezugsbasis um den dadurch ersparten Lohn erhöht. Als „angemessener Lohn" ist im allgemeinen der Lohn für eine gleichartige fremde Arbeitskraft anzusetzen. Sinngemäß gilt dies für **sonstige Familienangehörige** ebenfalls. Erhalten sie keine Entlohnung oder entspricht diese nicht ihren tatsächlichen Arbeitsleistungen, so ist der Einsatz an Fertigungslöhnen um die ersparten Löhne zu erhöhen bzw. um überhöhte Löhne zu kürzen.

Beispiel:
Ein Schneider beschäftigt in der Werkstatt zwei Töchter. Sie leisten zusammen nur das, was normalerweise eine fremde Arbeitskraft leisten würde.

Die Töchter erhalten insgesamt	2000,— DM
Der Tariflohn einer Gehilfhin beträgt	4800,— DM
Ersparter Lohn	2800,— DM

Dieser wäre zur „Normalisierung" des Fertigungslohneinsatzes hinzuzurechnen.

● **Fremde Arbeitskräfte**

Beim Lohneinsatz wird von den Bruttolöhnen einschließlich aller Sachbezüge (freie Station, freie Wohnung, Deputate, Urlaubsgeld, Feiertagsvergütung usw.), jedoch ohne Arbeitgeberanteil zu den Sozialversicherungsbeträgen, die unter den sonstigen Betriebsausgaben enthalten sind, ausgegangen.

Werden **übertarifliche Löhne** gezahlt, so ist die Bezugsbasis „Fertigungslohn" zum Zwecke der Normalisierung insoweit zu kürzen.

Bei Beschäftigung von **Lehrlingen** ist der Unterschied zwischen der gezahlten Vergütung und dem sich für die tatsächliche Mitarbeit ergebenden Lohnwert dem Lohneinsatz hinzuzurechnen. Dabei sind anzusetzen:

> Lehrlinge im 1. und 2. Lehrjahr mit $1/4$ einer vollwertigen Arbeitskraft
> Lehrlinge im 3. und 4. Lehrjahr mit $1/2$ einer vollwertigen Arbeitskraft.

Beispiel:

Es wird ein Lehrling im 3. Lehrjahr beschäftigt.

Er erhält einen Bruttolohn von	1800,— DM
Für eine vollwertige Arbeitskraft wären zu zahlen	4800,— DM
Ansatz mit $1/2$ einer vollwertigen Arbeitskraft	2400,— DM
Lohnersparnis dem Fertigungslohn-Einsatz zwecks Normalisierung hinzuzurechnen	600,— DM

Zusammenfassend ist die **Einsatzzahl** an Waren, Material und Fertigungslöhnen als Ausgangsbasis für die Rohgewinn-Aufschlagsätze wie folgt zu berechnen:

  Rechnungseingang für Waren + Material,
    Werklieferungen und Werkleistungen fremder Unternehmer ....
+ Anschaffungsnebenkosten bis zur Einlagerung ....
+ Tauschgeschäfte und tauschähnliche Umsätze
  (Gegenlieferungen und Gegenleistungen)
./. Skonti, Rabatte, Preisnachlässe ....
= Eingang von Waren und Material ....
+ Material- und Warenbestand am Anfang
  (ohne Halbfertig- und Fertigerzeugnisse eigener Herstellung) ....
            Zwischensumme
./. Material- und Warenbestand am Ende
  (ohne Halbfertig- und Fertigerzeugnisse eigener Herstellung) ....
./. Unentgeltliche Material- und Warenabgaben aus betrieblichen
  Gründen, Material- und Warenverbrauch für eigenbetriebliche
  Zwecke; jeweils zu den Anschaffungskosten (ggf. zum Teilwert) ....
=   Material- und Wareneinsatz ....
+ Fertigungslöhne (Bruttolöhne für Fertigung ohne Unternehmerlohn-
  wert für normale Mitarbeit des Unternehmers in der Fertigung) ....
+ ersparte Fertigungslöhne ....

./. überhöhte Fertigungslöhne ....
  Einsatz an Material, Waren und Fertigungslöhnen (normalisiert) ....

= Ausgangsbasis für die Anwendung der Rohgewinn-Aufschlagsätze

Ist die Bezugsbasis — wirtschaftlicher Umsatz oder Einsatz an Waren, Material und Fertigungslöhnen — unzutreffend, so muß die Anwendung der Roh- und Reingewinn-Richtsätze zwangsläufig ebenfalls zu falschen Ergebnissen führen.

2. Die Anwendung der Richtsätze — Entnormalisierung

a) Welcher Satz ist innerhalb des gegebenen Rahmens zu wählen?

Die Richtsätze dürfen nicht schematisch angewendet werden. Das Ziel jeder Verprobung bzw. Schätzung von Besteuerungsgrundlagen ist es, der Wirklichkeit möglichst nahe zu kommen. Wenn die Umstände des Anwendungsfalles denen der Richtbetriebe entsprechen, wird im allgemeinen vom **Mittelsatz** auszugehen sein. Die **Rahmensätze** sind dazu bestimmt, den strukturell verschiedenen Verhältnissen der Betriebe einer Gewerbeklasse Rechnung zu tragen. Außerdem können innerhalb dieses Rahmens besondere wirtschaftliche Momente, wie z. B.

- die Lage des Betriebs (Verkehrs- und Konkurrenzlage),
- Kaufkraft und Zahlungsfähigkeit des Kundenkreises,
- persönliche Eignung des Inhabers (Geschäftstüchtigkeit, persönliche Beziehungen),
- betriebliche Umstände (günstiger oder ungünstiger Einkauf, personelle Unter- oder Überbesetzung),

berücksichtigt werden. Nach allgemeiner Erfahrung pflegt der Reingewinnsatz bei steigendem Umsatz abzunehmen, da entsprechend mehr bezahlte Arbeitskräfte beschäftigt werden müssen. Bei Handwerksbetrieben mit Handel sind bei Überwiegen des Umsatzes aus dem Handwerk die Richtsätze in der Regel aus der oberen Rahmenhälfte und bei Überwiegen des Handelsumsatzes aus der unteren Rahmenhälfte zu entnehmen. Bei Handwerksbetrieben sind die veröffentlichten Rahmensätze bereits nach der Zahl der beschäftigten Gesellen differenziert, z. B. drei bis fünf Gesellen. In der Regel sind hier die Richtsätze bei der geringeren Gesellenzahl der oberen, bei der höheren Gesellenzahl der unteren Rahmenhälfte zu entnehmen. Mit steigendem Anteil an sozialkalkulierten Waren bei den Lebensmittelhändlern und an Zigaretten bei Tabakwarenhändlern sinken die Roh- und Reingewinnsätze. Mit Zunahme der Einnahmen aus Beherbergung bei den Gastwirtschaften mit Fremdenbeherbergung steigt der Roh- und Reingewinnsatz. Die sich aus der Behandlung des Eigenverbrauchs möglicherweise ergebenden Unterschiede können durch den Richtsatzrahmen einen Ausgleich erfahren, d. h. bei geringer Eigenverbraucherzahl wird der Roh- bzw. Reingewinnsatz nach oben, bei großer Eigenverbraucherzahl nach unten tendierend anzusetzen sein.

Eine Auswahl an Rohgewinn-Richtsätzen ist auf S. 84 zusammengestellt, eine Tabelle zur Umrechnung von Rohgewinn- in Rohgewinnaufschlagsätze (bzw. umgekehrt) enthalten die Seiten 85 und 86. Hiernach wären beispielsweise, bezogen auf einen normalisierten wirtschaftlichen Umsatz bei einer Bäckerei, mit Umsätzen bis zu 80 000 DM,

                        die *Rahmensätze*
für den Rohgewinn   50—58 %

b) Die Entnormalisierung

Die Anwendung der Richtsätze erforderte zunächst die bereits erläuterte Schaffung einer vergleichbaren Berechnungsbasis. Den Besonderheiten des Einzelfalles ist jedoch durch Zu- und Absetzungen beim Richtsatz — Roh- bzw. Reingewinn (= Entnormalisierung) — Rechnung zu tragen.

● **Ersparte bzw. überhöhte Löhne**

Soweit zur Errechnung des Richtsatz-Rohgewinns ersparte Fertigungslöhne der Einsatzzahl hinzu- und überhöhte Fertigungslöhne von dieser abgesetzt wurden, sind diese Rechenposten durch entsprechende Erhöhung bzw. Verminderung des „normalisierten" Rohgewinns wieder rückgängig zu machen. Diese „Entnormalisierung" wirkt sich damit gleicherweise beim Reingewinn aus. Auch bei den unter „allgemeinen sachlichen Betriebsausgaben" auszuweisenden Löhnen und Gehältern für Vertrieb usw. kann es ersparte oder überhöhte Löhne geben.

Rohgewinnsätze[1])

Gewerbeklasse	Bemerkungen	Rohgewinn in Prozent des wirtsch. Umsatzes ohne MwSt
Bäckerei und Konditorei (ohne Ausschank)	A Umsätze bis 80 000 DM	50—58
	B Umsätze über 80 000 DM	53—61
Blumen und Pflanzen, Einzelhandel	(ohne Gärtnerei)	40—50
Brennstoffe, Einzelhandel	(auch mit Großhandel)	34—39
Dachdeckerei	A Umsätze bis 120 000 DM	53—65
	B Umsätze bis 270 000 DM	43—51
Drogerien		30—35
Fleischerei		26—35
Friseurgewerbe (auch mit Einzelhandel)	A Damen- und Herrenfriseurgewerbe	51—62
	B Damenfriseurgewerbe	57—69
Gast- und Speisewirtschaften	A Betriebe mit kalter Küche	49—62
	B Betrieb mit warmer Küche	51—62
Kürschnerei mit Einzelhandel		37—47
Leder- und Täschnerwaren, Einzelhandel	(auch mit Reparaturen)	34—38
Möbel- und sonstige Einrichtungsgegenstände, Einzelhandel		29—37
Obst, Gemüse, Südfrüchte und Kartoffeln, Einzelhandel		21—18
Schlosserei (Bauschlosserei)	A Umsätze bis 125 000 DM	49—67
	B Umsätze bis 200 000 DM	44—58
Tischlerei Bau- und Möbeltischlerei)	A Umsätze bis 85 000 DM	49—58
	B Umsätze bis 155 000 DM	42—52
	C Umsätze bis 250 000 DM	39—44

[1]) Ermittelt für den Bereich der OFD Berlin für 1967 und 1968. Für 1968 wurden wegen des Übergangs zur Mehrwertsteuer nur Rohgewinn-Richtsätze ermittelt. Die Reingewinne dieses Jahres müssen unter Absetzung der effektiven oder geschätzten Aufwendungen errechnet werden.

Tabelle A
Umrechnung der Hundertsätze des Rohgewinnaufschlags auf den Rohgewinn

Es entspricht		Es entspricht		Es entspricht	
ein Aufschlag auf den Wareneinsatz von .... %	einem Rohgewinn v. Umsatz von .... %	ein Aufschlag auf den Wareneinsatz von .... %	einem Rohgewinn v. Umsatz von .... %	ein Aufschlag auf den Wareneinsatz von .... %	einem Rohgewinn v. Umsatz von .... %
1	0,99	43	30,1	85	45,9
2	1,96	44	30,6	86	46,2
3	2,9	45	31,0	87	46,5
4	3,8	46	31,5	88	46,8
5	4,8	47	32,0	89	47,1
6	5,7	48	32,4	90	47,4
7	6,5	49	32,9	91	47,6
8	7,4	50	33,3	92	47,9
9	8,3	51	33,8	93	48,2
10	9,1	52	34,2	94	48,5
11	9,9	53	34,6	95	48,7
12	10,7	54	35,1	96	49,0
13	11,5	55	35,5	97	49,2
14	12,3	56	35,9	98	49,5
15	13,0	57	36,3	99	49,7
16	13,8	58	36,7	100	50,0
17	14,5	59	37,1	110	52,4
18	15,2	60	37,5	120	54,5
19	16,0	61	37,9	130	56,5
20	16,7	62	38,3	140	58,3
21	17,4	63	38,7	150	60,0
22	18,0	64	39,0	160	61,5
23	18,7	65	39,4	170	63,0
24	19,4	66,7	40,0	180	64,3
25	20,0	67	40,1	190	65,5
26	20,6	68	40,5	200	66,7
27	21,3	69	40,8	250	71,4
28	21,9	70	41,2	300	75,0
29	22,5	71	41,5	350	77,8
30	23,1	72	41,9	400	80,0
31	23,7	73	42,2	450	81,8
32	24,2	74	42,5	500	83,3
33,3	25,0	75	42,9	550	84,6
34	25,4	76	43,2	600	85,7
35	25,9	77	43,5	650	86,7
36	26,5	78	43,8	700	87,5
37	27,0	79	44,1	750	88,2
38	27,5	80	44,4	800	88,9
39	28,1	81	44,7	850	89,5
40	28,6	82	45,0	900	90,0
41	29,1	83	45,4	950	90,5
42	29,6	84	45,7	1000	90,9

Tabelle B
Umrechnung der Hundertsätze des Rohgewinns auf den Rohgewinnaufschlag

Es entspricht		Es entspricht		Es entspricht	
ein Rohgewinn v. Umsatz von .... %	einem Aufschlag auf den Wareneinsatz von .... %	ein Rohgewinn v. Umsatz von .... %	einem Aufschlag auf den Wareneinsatz von .... %	ein Rohgewinn v. Umsatz von .... %	einem Aufschlag auf den Wareneinsatz von .... %
1	1,01	32	47,0	62	163,1
2	2,04	33	49,2	63	170,3
3	3,1	34	51,5	64	177,8
4	4,2	35	53,8	65	185,7
5	5,3	36	56,2	66	194,1
6	6,4	37	58,7	67	203,0
7	7,5	38	61,3	68	212,5
8	8,7	39	63,9	69	222,6
9	9,9	40	66,7	70	233,3
10	11,1	41	69,5	71	244,8
11	12,3	42	72,4	72	257,1
12	13,6	43	75,4	73	270,4
13	14,9	44	78,6	74	284,6
14	16,3	45	81,8	75	300,0
15	17,6	46	85,2	76	316,7
16	19,0	47	88,7	77	334,8
17	20,5	48	92,3	78	354,5
18	21,9	49	96,1	79	376,2
19	23,4	50	100,0	80	400,0
20	25,0	51	104,1	81	426,3
21	26,6	52	108,3	82	455,5
22	28,2	53	112,8	83	488,2
23	29,9	54	117,4	84	525,0
24	31,6	55	122,2	85	566,7
25	33,3	56	127,3	86	614,3
26	35,1	57	132,6	87	669,2
27	37,0	58	138,1	88	733,3
28	38,9	59	143,9	89	809,1
29	40,8	60	150,0	90	900,0
30	42,8	61	156,4		
31	44,9				

Stichwortverzeichnis

Abrechnungsverfahren BöUSt 575
Absatz 34, 56
Absatzfinanzierung 137
Absatzfunktion 70
Absatzkontrolle 74
Absatzmethoden 72
Absatzplanung 72
Absatzquotenkartell 306
Absatzsyndikat 306
Abschreibung 132, 360, 476, 543, 753
Abschreibungsmethoden 362, 365
Absetzung für Abnutzung 543
Abteilungsbildung 191
Abzugsverbot 533
Äquivalenzmethode 407
Äquivalenzziffernkalkulation 397
Akkordarbeit 428
Akkordlohn 158
Aktie 124
Aktieneinzug 661
Aktiengesellschaft 238, 500, 615
Aktiva 94, 316, 469
Akzeptkredit 129, 637
Allgemeine Betriebswirtschaftslehre 36
Allphasensteuer 564
Alternativplanung 58
Anbauverfahren 388
Angebotskalkulation 392
Anlagenabrechnung 97
Anlagekapitalbedarf 610
Anlagevermögen 33, 478, 542, 724
Anleihe 130, 491, 644
Amortisationsrechnung 107
Annuitätenmethode 110
Anschaffungsgeschäft 574
Anschaffungskosten 475, 506, 538
Anspannungskoeffizient 749
Anstalt öffentlichen Rechts 281
Anti-Trust-Gesetz 312
antizipative Posten 493
Arbeit 10, 85, 139
Arbeitnehmer 150
Arbeitsentgelt 157
Arbeitsfunktion 598
Arbeitsgestaltung 156
Arbeitsgliederung 184
Arbeitsprozeß 32
Arbeitsstudien 156
arithmetisch-degressive Abschreibung 362
Arten der Betriebe 39
atypische Personengesellschaft 232
Aufgabenteilung 185
Auflösung 134

Aufsichtsorgane 212
Aufsichtsrat 241, 253
Aufsichtsratsteuer 528
Aufwand 92, 344
Aufwendungen 96, 496
Ausbildung Führungskräfte 718
ausführende Arbeit 150
Ausgaben 92, 344
Ausgabenplan 113
Ausgabenseite 770
Ausgliederung 197
Auslastung 333
Ausleihungen 482
Ausstattungskredit 632
ausstehende Einlagen 477
Außenfinanzierung 78, 595
außergewöhnliche Belastung 531
Autonomieprinzip 84
Avalkredit 129, 638

BAB 374
Bankabhängigkeit 747
Bankbürgschaft 638
Bankkredit 635 ff.
Bargründung 620
Bedarfsdeckung 12
bedingte Kapitalerhöhung 626
BGB-Gesellschaft 225
Beherrschungsvertrag 301
Beiträge 524
Beleihungsfinanzierung 595
Bereichshilfskostenstelle 373
Berggesetz 274
bergrechtliche Gewerkschaft 273
Berichtigungsaktie 654
Berlinhilfegesetz 577
Beschaffung 34, 56, 64
Beschäftigungsabweichung 419
Beschäftigungsgrad 432
Besitzsteuern 525
Bestandsveränderungen 494
Beteiligungen 481
Beteiligungsfinanzierung 78, 123, 595
Betrieb 19 ff., 83
betriebliche Kennzahlen 686 f.
Betriebsabrechnung 95, 317, 321, 349
Betriebsabrechnungsbogen 374
Betriebsaufwand 526
Betriebsausgaben 534
Betriebsbegriffe 23
Betriebseinnahmen 533
Betriebserfolgsrechnung 511
Betriebsergebnisrechnung 319

Betriebserneuerung 740
Betriebsertrag 346, 347, 348
Betriebsführung 56
Betriebsgestaltung 152
Betriebsgröße 48 f.
Betriebsmittel 85
Betriebsmittelkosten 359
betriebsnotwendiges Kapital 367
Betriebsprozeß 32
Betriebsprüfung 728
Betriebssteuern 523 ff.
Betriebsverfassungsgesetz 22
Betriebsvergleich 12, 729
Betriebsvermögen 505, 532, 558
Betriebswirtschaftslehre 9, 165
Betriebszuschlagsrechnung 401
Betriebszweck 11
Bewegungsbilanz 744
Bewertungsfreiheit 536
Bewertungsgrundsätze 541
Bezugsgrößenkalkulation 402
Bezugsgrößen 422
Bezugsrecht 624
Bezugsrechtsanleihe 131
Bilanz 94, 316, 451 ff., 455, 461 ff., 467, 505
Bilanzanalyse 723
Bilanzauffassungen 458 ff.
Bilanzdelikte 466
Bilanzgliederung 468
Bilanzkurs 119, 623
Börse 125
Börsenumsatzsteuer 572, 574
Branchen 39
Branchenerfolgsrechnung 517
Bruttolohnzusammenstellung 357
Bruttorechnung 472
Bruttorentabilität 775
Bruttoumsatzsteuer 565
Buchhaltung 451 ff.
Buchinventar 452
Bürgermeisterverfassung 213
Bürgschaftskredit 638
Bundessteuern 525

Case-method 720
Cash flow 777
Chargenfertigung 54

Dachgesellschaft 302
Darlehen 128, 643
Datenverarbeitung 16
Dauerschuld 562, 587
Deckungsbeitrag 413, 415, 438 ff.
Deckungsrelation 78, 672, 741, 762
Deduktion 18
degressive Abschreibung 365

derivativer Firmenwert 794
Desorganisation 180
Detailplanung 693
Dezentralisierung 147
Dienstleistungsbetrieb 83
Dienstleistungen 86
differenzierende Zuschlagskalkulation 402
Differenzierung 792
direct costing 438
direkte Steuern 525
Direktionsfunktion 29
Direktorialprinzip 57, 227
Direktvertrieb 73
Diskontkredit 128, 636
dispositive Arbeit 140
dispositiver Faktor 86
Divisionskalkulation 393
Doppelbesteuerung 550, 580
Doppelgesellschaft 305
doppelte Buchführung 451
Durchschnittskosten 326
dynamische Bilanzauffassung 458
dynamische Programmierung 144

Effektenlombard 640
Effektivverzinsung 773
Eigenbetrieb 24, 282
Eigenemission 625
eigene Aktien 124
Eigenfinanzierung 78, 118, 595
Eigenkapital 33, 597, 612
Eigenkapitalrentabilität 87
Eigenmittel 739
Eigentümerfunktion 28
Eigenverbrauch 567
einfache Buchführung 451
eingetragener Verein 258
Einheitskurs 126
Einheitswert 559
Einkauf 64
Einkommen 529
Einkommensteuer 527, 575
Einkunftsarten 530
Einlagen 548
Einlagenfinanzierung 79, 595
Einnahmen 92, 113, 346, 348, 770
Einrichtungskredit 632
Einzelbewertung 559
Einzelfertigung 52
Einzelfirma 613
Einzelkaufmann 43
Einzelrechtsnachfolge 656
Einzelunternehmung 222 ff.
Einziehung von Aktien 661
eiserner Bestand 33, 459, 737
Elastizität 692

Engpaß 424, 442
Entnahmen 548
Entscheidungen 677, 710
Entscheidungsregeln 713 ff.
Entwicklungsbereich 372
Erfolg 349
Erfolgsrechnung 408, 451 ff., 498, 504 ff.
Ergänzungsabgabe 528
Ergebnis 349
Ergebnisabführungsvertrag 582, 550
Erläuterungsbericht 456, 500
Erlös 92, 348
Ersatzbeschaffung 489
Ertrag 92, 95, 348, 495
Ertragsteueraufwand 780
Eventualverbindlichkeiten 493
Erwartungen 711
Erweiterungsfinanzierung 133
erwerbswirtschaftliches Prinzip 99, 223
Exportkartell 307

Factoring 137, 652
Faktorqualität 333
Fallmethode 720
Familienbetrieb 24
Feinplanung 693
Fertiglager 395
Fertigungsbereich 372, 373
Fertigungslohn 357, 427
Fertigungsmaterial 425
Fertigungsprogramm 517
Fertigungsweise 53
Fifo-Methode 483
Filialbetrieb 24
Finanzanlagen 481
Finanzierung 56, 105, 117, 593 ff., 538, 744
Finanzierungsregel 600
Finanzplan 78, 90, 110, 112, 603, 611, 671
finanzwirtschaftliches Instrumentarium 77
Firma 263
Fixkosten 326, 737
flexible Plankostenrechnung 342, 416
Flexibilität 692
Fließfertigung 67
flüssige Mittel 485
Forderungen 484
Forschungsbereich 372
Frankreich (Unternehmungsformen) 284
freie Berufe 21
freiwilliger Vergleich 665
Fremdemission 625
Fremdfinanzierung 78, 126, 595, 630
Führung 197, 679
Führungsgruppe 31
Führungsinformation 683
Führungskraft 31, 718

Führungsstil 146
Fundierungsgüter 92
Funktionalsystem 60, 148, 703
Fusion 134

Garantiefunktion 599
Gebietskartell 306
Gebrauchsgüter 92
Gebühren 524
gebundener Vorrat 459
Geldakkord 158
Geldstrom 76
Gemeindesteuern 525
Gemeinkosten 351, 426, 429, 430
Gemeineigentum 84
gemeinwirtschaftliches Prinzip 27, 42, 223
genehmigtes Kapital 626
Generalversammlung 251
Genossenschaften 42, 250, 501, 616
geometrisch-degressive Abschreibung 362
gerichtlicher Vergleich 666
Gesamterfolgsrechnung 511, 516
Gesamtkosten 332, 409, 512
Gesamtleistung 493
Gesamtplanung 695
Gesamtrechtsnachfolge 656
Gesamtrentabilität 87
Gesamtvermögen 558
Gesamtwert der Unternehmung 789
Geschäftsbericht 456, 499
Geschäftsbuchhaltung 94, 316
Geschäftsguthaben 254, 616
Geschäftsleitung 86, 197
Geschäftswert 793
Gesellschafterdarlehen 236
Gesellschaft mit beschränkter Haftung 233, 268, 501, 615
Gesellschaftsteuer 572
Gesellschaftsvertrag 261
Gestaltungsfunktion 29
Gewährleistungsrückstellung 490
Gewerbe 27
Gewerbebetrieb 24, 561
Gewerbekapital 561
Gewerbesteuer 561, 563, 578
Gewerbetreibender 535
Gewerkschaft, bergrechtliche 273
Gewerkenversammlung 275
Gewinn 87, 100, 531
Gewinnausschüttung 551
Gewinnermittlung 535 ff.
Gewinnmaximierung 100, 678
Gewinnobligationen 646
Gewinnschuldverschreibungen 130
Gewinnschwelle 337
Gewinnspeicherung 756

Gewinn- und Verlustrechnung 95, 316, 456, 471
Gewinnvortrag 534
Gläubigerschutz 463
Gleichordnungskonzern 302
Gleichungsverfahren 382
Gliederungsvorschriften 723
goldene Bilanzregel 115, 737
goldene Finanzierungsregel 600
Goodwill 793
Graphentheorie 142
Gratisaktie 125, 654
Grenzertrag 325
Grenzkosten 326, 413, 420, 515
Grenzplankostenrechnung 342, 420
Grenzproduktivität 324
Grobplanung 693
Großbetrieb 47
Grubenvorstand 275
Gründung 133, 620
Grundkapital 242, 477, 487
Grundkosten 345
Grundsätze der Bilanzierung 461 ff.
Grundstücke, Gebäude 479
Gruppenbewertung 484
Gruppenfertigung 68

Haftung 44, 224, 232
Händlergeschäft 575
Handelsbetrieb 24
Handelsname 263
Hauptabschlußübersicht 453
Hauptkostenstelle 373
Haushalt 21, 165
Herstellungskosten 475, 506, 538
Hilfsbetrieb 24
Hilfskostenstelle 373
Hilfslohn 357
Holdinggesellschaft 302
Horizontalaufbau 701
Hypothek 128

Immaterielle Werte 478
Imparitätsprinzip 463
Importkartell 307
Indexverfahren 734
indirekte Steuern 525
Induktion 17
Industriebetrieb 24
Informationsprozeß 683
Innenfinanzierung 78, 120, 595
Innenumsatz 567
innerbetriebliche Leistungen 381
innerer Wert 793
Instandhaltungsrückstellung 490

Instanzen 60, 191
Interessengemeinschaft 304
interne Revision 708
interner Zinsfuß 109
intervallfixe Kosten 361
Intuition 18
Inventur 452
Investition 75, 105
Investition und Steuer 584 ff.
Istkosten 339, 376
Istversteuerung 571
Italien (Unternehmensformen) 289

Jahresabschluß 452, 456
Jahresüberschuß-fehlbetrag 498
Jurisprudenz 37

Kalkulation 96, 321, 392 ff.
kalkulatorischer Ertrag 348
kalkulatorische Kosten 345, 365, 369
Kalkulationskartell 306
Kalkulationssätze 389
kameralistische Buchführung 451
Kampagnebetrieb 24
Kapazität 424
Kapital 9
Kapitalbedarf 115, 608
Kapitalbeschaffung 75, 593 ff.
Kapitalerhaltung 758
Kapitalerhöhung 622, 654
Kapitalertragsteuer 528
Kapitalfreisetzung 132, 649
Kapitalgesellschaften 43, 233, 267
Kapitalherabsetzung 659
Kapitalintensität 786
Kapitalkonto 230
Kapitalrisiko 224
Kapitalumschlag 783
Kapitalverkehrsteuer 572
Kapitalwertmethode 108
Kartell 304, 308 ff.
Kassenzuflußanalyse 777
Kennzahlen 685 ff., 782, 788
Kirchensteuer 525, 528
Kleinbetrieb 47
Kochsche Regel 716
Körperschaftsteuer 528, 549, 575
Kollegialprinzip 57, 227
Kollektivbeteiligung 154
Kommanditgesellschaft 613
Kommanditgesellschaft auf Aktien 246
kommunaler Eigenbetrieb 282
Konditionenkartell 306
Konkurs 668
Kontoform 472

Kontokorrentkredit 127, 588, 635
Kontrolle 63, 149, 209, 706
Konzentration 219, 300 ff.
Konzern 301
Koordinationskonzern 302
Koordination 207
Kosten 344
Kostenarten 350, 378
Kostenartenrechnung 96, 318, 349
Kostenauflösung 328
Kostencharakter 39
Kostenentwicklung 787
Kostenrechnung 95, 315 ff., 338 ff.
Kostenstellenrechnung 96, 318, 370
Kostenträgerrechnung 96, 381, 392 ff.
Kostenträgerzeitrechnung 408
Kostenvergleichsrechnung 106
Kostenverläufe 327
Kostenverteilung 380
Kreditanspannung 750
Kreditfinanzierung 80
Kreditplan 111
Kreditsicherung 131
Kreditwürdigkeitsprüfung 748 ff.
Kumulativwirkung 565, 570
Kundenkredit 127, 634
Kuppelproduktkalkulation 406
kurzfristige Erfolgsrechnung 406 ff., 509
Kux 275

Lagebericht 456, 499
Lager, -politik 64, 65, 782 f.
Landessteuer 525
land- und forstwirtschaftlicher Betrieb 25
langfristige Darlehen 643
Laplace-Regel 716
Leasing 135, 651
Leistung 92, 197, 347
Leistungsabschreibung 362
Leistungsfähigkeit 151
Leistung, innerbetriebliche 381
Leistungskurve 189
Leistungsverrechnung 382
Leitung 44, 679
Lieferantenkredit 126, 631 f., 748
Lifo-Methode 483
lineare Programmierung 141
Liniensystem 60, 148, 703
Liquidation 134, 670
Liquidität 78, 89, 102, 602 ff., 760, 766 ff.
Lohmann-Ruchti-Effekt 132, 650, 753
Lohn 157
Lohnabrechnung 97
Lohnerrechnung 358
Lohnsteuer 528

Lohnsummensteuer 563
Lohnzettel 358
Lohnzuschlagskalkulation 401
Lombardkredit 128, 639

Macht 102
Mammutunternehmen 51
management by exception 680
Markenware 310
Marketing 71
Marktbeherrschung 310
Marktwirtschaft 84
Maschinenstunden 404
Massenfertigung 53, 54
Maßgeblichkeitsgrundsatz 504
Materialabrechnung 97
Materialbereich 372
Materialbewertung 355
Materialkosten 353
Matrixorganisation 62
Mehrfachbesteuerung 556
Mehrpersonenleitung 209
Mehrstimmrecht 124
mehrstufige Kalkulation 395 ff.
Mehrwertsteuer 565
Mengenschlüssel 379
Methodenlehre der BWL 17
Miete 369
Mietfinanzierung 135, 651
Mindestgröße 52
Minimalkostenkombination 325
Minimaxprinzip 714
Mischkalkulation 779
Mitbestimmung 155
Mittelbetrieb 47
Mittelbindung 740
Mittelherkunft 94
Mittelverwendung 94, 744
Mobilien 479
Monopolist 336

Nachgründung 621
Nachkalkulation 97
Näherungsverfahren 386
Namensaktie 125
Nebenbetrieb 25
negatives Kapitalkonto 230
Negoziierungskredit 129
Nettorechnung 472
Nettorentabilität 774
Nettoumsatz 105
Nettoumsatzsteuer 565
Netzplantechnik 142
neutraler Aufwand, Ertrag 345, 346
nichtlineare Programmierung 142
Niederstwertprinzip 463, 536, 723

Normalkosten 376
Normalkostenrechnung 340
Normen 17
Normungskartell 307

Obergesellschaft 554
Objektsteuern 525
Obligationen 644
öffentliche Anstalt 281
öffentliche Betriebe 25, 27, 103
Öffentlichkeitsarbeit 72
ökonomisches Prinzip 88
Offene Handelsgesellschaft 613
Operations Research 141, 696
optimale Betriebsgröße 48 ff.
Optimalplanung 696
Optionsanleihe 646
Organisation 9, 145, 172, 699
Organisationsprinzipien 59
organische Bilanzauffassung 459
Organschaft 554, 556, 582 ff.
Organträger 555
Organvertrag 301
originärer Firmenwert 794

Paralellproduktion 53
paritätische Mitbestimmung 154
Partenreederei 271
Partiefertigung 54
Partnerschaft 31
Passiva 94, 316, 470
Pensionsrückstellungen 490, 755
Pensumlohn 162
Personalkosten 357
Personengesellschaften 43, 225, 262
Personensteuern 525
PERT 143
Pessimismus-Optimismus-Prinzip 715
Planbeschäftigung 421, 423
Plankalkulation 436
Plankostenrechnung 341, 415
Planung 140, 689
Planungsprinzipien 58
Planungsrechnung 98, 392
Planwirtschaft 84
Planzuschlagskalkulation 437
Platzkostenrechnung 391
Polipolist 336
Prämienlohn 160
Preisabsatzfunktion 335
Preisbindung 307
Preiskartell 306
Preispolitik 72
Preissteigerungsrücklage 489
Preisuntergrenze 392
Prestige 102

primäre Kosten 388
Privateigentum 84
private Unternehmung 27
Privatvermögen 505
privatwirtschaftliches Prinzip 42
Produktgestaltung 72
Produktgruppenorganisation 61
Produktion 34, 56
Produktionsfaktoren 66, 85
Produktionsfunktion 65, 69
Produktquotenkartell 306
Produktionsrechnung 472
Produktionsweisen 53
Produktivität 88
Programmplan 58
progressive Abschreibung 362, 265
proportionale Kosten 352
Proportionalitätsprinzip 322
Public Relations 72

Quellenmaterial 727
Quellentheorie 527

Rabattkartell 306
Rationalisierungsgrad 784
Rationalprinzip 88
Realisationsprinzip 463
Realisierbarkeit 737
Realsteuern 525
Rechenschaftsbericht 726
Rechnungsabgrenzung 492
Rechnungswesen 93, 315
Rechtsform 42, 219
Rechtswissenschaft 37
Reederei 271
Regiebetrieb 25
Reihenfertigung 54
Reingewinnrichtsatz 795
Reinvermögenzuwachstheorie 527
Rembourskredit 129
Rentabilität 87, 107, 168, 773
Rentabilitätsmaximierung 101
Reproduktionswert 789
Reservefonds 617
Restwertmethode 406
Return on Investment 107, 778
Revision 708
Richtsatzprüfung 795
Risikoausgleich 742
Risikoerwartungen 711
Risikofunktion 29
Risikoprämie 535
Rohgewinnrichtsatz 795
Rollenspiel 721
Rücklagen 487, 489, 627
Rückstellungen 490

Sachanlagen 478
Sachgründung 620
Sachleistungsbetrieb 83
Sachsteuern 525
Sachwertverfahren 789
Saisonbetrieb 25
Sanierung 134, 659
Satzung 267
Schachtelprivileg 550, 552, 581
Schiedsgericht 266
Schulden 588
Schuldenabzug 560
Schuldscheindarlehen 130, 647
Schuldverschreibung 644
Scientific management 30
Selbstfinanzierung 78, 120, 618, 752
Selbstverbrauch 568
Serienfertigung 54
Sherman Act 312
Sicherheit 736
Sicherung 131
Simplexmethode 142
Soll-Ist-Vergleich 380, 735
Sonderausgaben 526, 529
Sonderbilanzen 95
Sondereinzelkosten 351
sonstige Verbindlichkeiten 492
sonstige Vermögensgegenstände 487
Sortenfertigung 54
soziale Betriebsgestaltung 152
Sozialkapital 756
Skonto 633
Skontration 354
Spezialisierungskartell 306
Spieltheorie 144
sprungfixe Kosten 351
Stabliniensystem 61, 148, 703
Staffelform 472
Stammaktie 124
Stammkapital 236
Standort 39
starre Plankostenrechnung 416
statische Bilanzauffassung
Statistik 98, 319
Status 764
Stelleneinzelkosten 377
Stellengemeinkosten 377
Steuerbefreiungen 571
Steuerbelastung 757
Steuerbilanz 505 ff., 537
Steuerbilanzgewinn 780
Steuern 523 ff.
Stichtagssteuer 557
Strategien 713
Strukturanalyse 143
Stufenkalkulation 396

Stufenleiterverfahren 386
Stundung 632
Subjektsteuern 525
Submissionskartell 307
Substanzerhaltung 754, 758
Substitutionalität 69
Substraktionsmethode 406
summarische Zuschlagskalkulation 401

Teilkostenrechnung 343, 438 ff.
Teilliquidation 670
Teilplanung 695
Teilwert 506, 539
Tendenzbetrieb 26
Totalliquidation 670
transitorische Posten 493
Treppenverfahren 386
Trust 304, 313
Typenkartell

Überorganisation 180
überproportionale Kosten 353
Überwachung 209, 706
Umfinanzierung 653
Umgründung 655
Umlaufkapitalbedarf 610
Umlaufvermögen 484, 546, 725
Umrißplanung 693
Umsatz 70, 105, 796
Umsatz-Cash flow-Rate 778
Umsatzkostenverfahren 411, 513
Umsatzmaximierung 101
Umsatzrechnung 472
Umsatzrentabilität 87
Umsatzsteuer 564, 579
Umschichtungsfinanzierung 595
Umschlagshäufigkeit 783
Umwandlung 656
Unabhängigkeitsstreben 102
Unsicherheit 710
Unternehmer 223
Unternehmerlohn 369, 535
Unternehmensführung 677
Unternehmensplanspiel 720
Unternehmung 21, 26 ff., 84, 165, 566
Unternehmungsformen 44 ff., 219, 580
Unternehmungsgewinn 169
Unternehmungszusammenschluß 46
Unterordnungskonzern 301
unterproportionale Kosten 352
USA (Unternehmungsformen) 294

Variable Kosten 352
Verantwortungsbereiche 371
Verbindlichkeiten 491, 548
Verbrauchsabweichung 419

Verbrauchsfunktionen 329
Verbrauchsgüter 92
Verbrauchsteuern 525, 569
Verein 258
Verfahrensvergleich 12
Vergleich 665
Verkauf 70
Verkehrsteuern 525
Verlustübernahme 497
Verlustvortrag 534
Vermögen 605 ff.
Vermögensaufbau 736, 738
Vermögensintensität 784, 785
Vermögensteuer 526, 556, 583
Vermögensumformung 75
Vermögensvergleich 535
Verrechnungspreise 355
Verschuldungskoeffizient 746
Versicherungsverein a. G. 277
Verteilungsgrundlagen 380
Vertikalaufbau 702
Vertrieb 71
Vertriebsbereich 372, 374
Verursachungsprinzip 322
Verwaltungsbereich 372, 374
Volkswirtschaftslehre 9, 38
Vollkaufmann 233
Vollkostenbasis 411, 513
Vollkostenrechnung 339, 414
Vollständigkeit 320
Vollstreckungsverbot 667
Voraushaftungsfunktion 599
Vorkalkulation 97
Vorräte 482
Vorratsaktie 125
Vorsicht 462
Vorstand 240, 252
Vorsteuerabzug 568
Vorzugsaktie 124

Wagnisse 368
Wandelobligationen 646
Wandelschuldverschreibungen 130
Warenforderungen 741
Warenlombard 640

Warenvorrat 740
Wechseldiskont 128, 636
Werbung 72
Werkstattfertigung 67
Werkstoffe 85
Wertansätze 474, 506
Wertbildungsprozeß 32
Wertpapier 486
Wertpapiersteuer 572
Wertschlüssel 379
Wert-Umlauf-Modell 91
Wertverteilungsprozeß 32
Wiederbeschaffungskosten 724
Wirtschaft 9 ff.
wirtschaftlicher Umsatz 796
wirtschaftlicher Verein 258
Wirtschaftlichkeit 88, 166, 320
Wirtschaftsgesinnung 40
Wirtschaftlichkeitskontrolle 96
Wirtschaftlichkeitsprinzip 11
Wirtschaftszweig 39

Zahlungsbereitschaft 89, 764
Zahlungsdisposition 752
Zahlungsmittelplan 112
Zahlungsmittelstrom 76
Zahlungsplan 769
Zeitakkord 158
Zeitanalyse 143
Zeitlohn 158
Zeitwertprinzip 463
Zeitschlüssel 377
Zeitvergleich 12, 729, 731
Ziele 99, 677
Zonenrandgebiet 577
Zubuße 276
Zusatzkapital 627
Zusatzkosten 345
Zusatzlohn 428
Zuschlagskalkulation 400
Zwangsvergleich 668
Zweckaufwand 345
zweistufige Kalkulation 394
Zwischenkalkulation 97
Zwischenlager 395